高等學校文科教材

新編古代漢語

上　册

主　編　周及徐

副主編　李恕豪　袁雪梅

編著者（以姓氏筆劃爲序）

王玲娟　李恕豪　周及徐　袁雪梅

黄建寧　黄曉冬　鄭劍平　劉小文

鍾如雄

中華書局

圖書在版編目(CIP)數據

新編古代漢語/周及徐主編. —北京:中華書局,2009.7
(2023.7 重印)
ISBN 978-7-101-10228-4

Ⅰ.新… Ⅱ.周… Ⅲ.漢語-古代-高等學校-教材
Ⅳ.H109.2

中國版本圖書館 CIP 數據核字(2008)第 058116 號

書　　名	新編古代漢語(全二册)
主　　編	周及徐
副 主 編	李恕豪　袁雪梅
責任編輯	秦淑華　王　勉　陳　喬　周　楊
責任印製	陳麗娜
出版發行	中華書局 (北京市豐臺區太平橋西里 38 號　100073) http://www.zhbc.com.cn E-mail:zhbc@zhbc.com.cn
印　　刷	北京新華印刷有限公司
版　　次	2009 年 7 月第 1 版 2014 年 6 月第 2 版 2023 年 7 月第 8 次印刷
規　　格	開本/700×1000 毫米　1/16 印張 57¼　插頁 5　字數 1600 千字
印　　數	25001-26500 册
國際書號	ISBN 978-7-101-10228-4
定　　價	98.00 元

《新編古代漢語》編委會

目　録

前　言

這套教材主要是針對西南地區高等院校漢語言文學專業的古漢語教學而編寫的。目前,國内已經出版有多種同類教材,我們之所以編寫此書,一方面是爲了納入一些新的教學内容和新的研究成果,以適應近年來新形勢下的教學需要,同時也是爲了在古代漢語教學中增加一些與西南地區歷史文化相關的内容,以體現西南文化特色。另外,我們還兼顧到面向師範教學以及增强實用性等問題。

20 世紀末,教育部啓動了一項"高等教育面向 21 世紀教學内容和課程體系改革研究"工程。經教育部師範司批准立項,四川師範大學文學院主持了"高師漢語言文學專業主幹課程教學内容和課程體系改革"的研究課題。參加這一課題的還有當時的廣西師範大學、雲南師範大學、貴州師範大學、西南師範大學、重慶師範學院、四川師範學院等院校的有關院系。《新編古代漢語》就是從那時開始著手編寫的。近十年過去,幾經修改,這套教材終於完成了。

《新編古代漢語》教材的特點是:一、教學内容範圍的擴大;二、理論知識的更新;三、增加練習答案;四、西南地區特色。全書約一百五十萬字,分爲上下兩册。簡要介紹如下:

一、教學内容範圍的擴大

古代漢語有兩個系統,一個是以先秦口語爲基礎而形成的上古漢語書面語言以及後來仿古作品中的語言,也就是通常所謂的文言文;一個是唐宋以來以北方話爲基礎而形成的古白話。一般的古代漢語教材的重點都放在先秦兩漢時期的經典作品之中。之所以這樣安排,是因爲這些教材的編者認爲,古白話同現代漢語非常接近,比較容易讀懂,所以就不拿它作爲學習和研究的對象了。

但是,近年來隨著大量中古文獻的發現和研究的深入,人們的看法也發生了一些變化。

漢語是不斷發展變化著的,魏晋以後産生了許多新詞和新的語法現象,已經不同於先秦兩漢時期的漢語了。至於唐宋以來以北方話爲基礎所形成的古白話,其閱讀理解的困難程度,並不亞於文言文。我們認爲,中國古代的優秀文化遺産並不僅僅局限在先秦兩漢的作品之中,而是貫穿於整個古代。爲了全面瞭解中國各個歷史時期的古籍,教材的内容範圍應當包括文言文和古白話兩個系統。在古代作品的選擇上,應當選擇一定數量的各個時期的古代文獻,其中應當有魏晋南北朝時期比較接近口語的作品,也應當包括唐宋及其後的古白話作品。

因此,這套教材雖然仍然以先秦的作品爲源頭,但却擴大了文選的範圍。具體安排如下:

1. 增加了漢代以後各個時期的作品,以彌補同類教材中古白話課文很少甚至闕如的情況,這些作品包括《世説新語》、《水經注》、《洛陽伽藍記》、《顔氏家訓》、佛經、理學家的語録、敦煌變文、唐宋傳奇、元曲,等等。

2. 針對當前中國傳統文化熱,增加了儒、道兩家的作品,增選了《禮記》中的《大學》、《中庸》、《學記》以及《孝經》等。《老子》、《莊子》的文選亦有增選。

3. 針對當代師範教育的需要,加進了關於傳統道德教育的篇目,如《禮記》中的《學記》,《顔氏家訓》中的《教子》等。

4. 爲了適應西部大開發的需要以及西南地區學生的特點,增加了有關西南地區的古代文獻,如《史記》中的《西南夷列傳》、《司馬相如列傳》,《漢書》中的《揚雄傳》,《三國志》中的《諸葛亮傳》以及《華陽國志》中的《巴志》等。這樣做的目的,是爲了使學生瞭解西南地區悠久的歷史、燦爛的文化,從而增加他們對於自己家鄉的熱愛,增强他們建設自己美好家園的信心。

5. 增加了漢語史簡介,讓學生對漢語發展史有初步的宏觀的瞭解。

二、教材的編寫反映了近幾十年來新的學術研究成果。近幾十年來,尤其是改革開放以來,古代漢語的研究取得了很大的成績。其中很多新成果、新觀點及時地反映在教材中,例如中古漢語和近代漢語研究的材料引用至2000年;漢語古音學研究的新成果介紹下限至2003年。在教材的"參考書目"中,羅列出了大量反映這些研究成果的著作和論文的名稱、出處,以便讀者進一步查詢,更深入地學習。比起一些同類教材仍宥於20世紀60年代的學術背景的情況,這套教材有大量的更新。

三、針對"學了古代漢語,仍不知怎麽讀古書"的弊病,增加了"古文獻原文選"二十一篇,使學生在課堂上直接接觸古代文獻,打破對古書的懼怕心理,初步獲得閱讀古文獻的直接經驗和興趣,爲以後扔掉白話翻譯和現代注解的拐杖打下基礎。

四、編寫了練習和參考答案，以增强該教材的實用性。這樣做，既有利於學生鞏固已有的知識，又便於學生進一步自學，擴大知識範圍，提高閱讀古書的能力。

總之，這套教材擴充和更新了內容，完善了體例，具有文選豐富、吸收新知、視野廣闊、地域性强、學練結合的特色，適用於西南地區高等院校漢語言文學專業的教學，全國其他地區中文專業以及其他文史類專業也可選爲教材和教學參考資料。

這套教材的作者以四川師範大學文學院教師爲主，由西南地區五院校的教師合作編寫。參加編寫的作者都是漢語語言學專業的教師，從事教學工作多年，同時還從事本學科的科研工作，具有豐富的教學經驗和科研實力。在長達十年的時間中，我們對該教材初稿反復修改增删，使之不斷完善。本教材始由李恕豪教授擔任主編，組織編寫，他退休後，由周及徐教授繼任主編，最後完成了組織編寫、審稿和出版工作。參加編寫的同仁、所在單位和分擔的部分是（以姓氏筆劃爲序）：

王玲娟，重慶師範大學文學與新聞學院，第一單元、第二單元；

李恕豪，四川師範大學文學院，第六單元，附録一；

周及徐，四川師範大學文學院，第五單元，第八單元，附録二、三、四；

袁雪梅，四川師範大學文學院，第三單元，第四單元，第七單元；

黄曉冬，四川師範大學文學院，第十單元。

鄭劍平，西南科技大學文學與新聞學院，第九單元；

劉小文，重慶文理学院文學與傳播系，第十一單元（兩漢文獻部分）；

鍾如雄，西南民族大學中文系，第十一單元（先秦文獻部分）；

書稿的審定工作由李恕豪、周及徐、袁雪梅三位同志分擔，最後由周及徐統稿。

鄭張尚芳先生審閲了漢語上古音、中古音、近代音通論部分和《上古音 58 韻部諧聲表》，並提出寶貴意見，在此表示感謝。

四川師範大學文學院漢語言文字學專業 2006 級的研究生周艷波、王曉先、李冬梅、蒲鋭志、賴紹梅參加了《〈廣韻〉常用字表》整理校對工作，前三位同志還參加了《上古音 29 韻部諧聲表》的校對工作；張曉静、李賓宜參加了《〈中原音韻〉字音表》的整理校對工作。

我們希望從事古漢語教學工作的同仁和本書的其他讀者們將他們對於本

教材的意見和建議提供給我們，以便我們將來修訂此書。我們對此將十分感謝。

本書的出版得到中華書局語言文字編輯室的大力協助，謹此致謝！

編　者

2007 年 10 月

凡例

一、本書分爲上下兩册，包括十二個單元、六個附録（包括每一單元練習題的參考答案）。除第十一、十二單元外，每單元有文選和通論兩個部分。

二、文選大體上按時代編排，從先秦到明清。這樣做的目的是爲了讓讀者對於漢語的歷史發展有一個大概的瞭解。

三、每一古籍的若干選文前有【解題】，是關於該書及作者的簡要介紹，以及所用版本的説明等等。

四、每一篇選文的主要内容及有關背景的説明放在該文標題的注釋[1]中。

五、每一篇選文分段注釋。注釋用現代漢語，力求明確易懂。注解有多説的，一般注以通行的一説。

六、對詞語的解釋以單元爲單位，一般不重複出注。大範圍的知識（多在通論部分）則以全書爲單位，必要時注明見“前/後某單元某節”。

七、需要時，先通釋句子，再解釋句中的詞。

八、如果有不同意見的解釋，用“一説”、“又説”，一般不説明是誰的見解。

九、選文中，參照其他版本或後人的考證作出的校改，於注中扼要説明。

十、注釋詞義一般采用詞的詞典義，如果需要進一步解釋在上下文中的意義，用“指、這裏指、即”等加以説明。

十一、“三字”的注釋：通假字用“通某”，古今字用“即”，異體字用“同某”。

十二、生僻字用漢語拼音注明今讀音。一般不注舊讀和異讀。

十三、全書有通論三十節，包括與古代漢語有關的工具書、詞彙、語法、音韻、古書的句讀、注釋、修辭、文體和詩詞格律等方面的知識。其中音韻、詞彙和語法特點分爲上古、中古和近代三個時期介紹，以使讀者瞭解漢語在這三個階段發展變化的概要。

十四、通論的安排，盡可能地與本單元的文選相配合。

十五、由於一兩節通論課難以容納漢字學的内容，而且目前各院校漢語言文學專業一般專設有文字學課程講授漢字學的專門知識。故本教材略去了這方面的内容。

十六、每一單元附有練習,全書後附有練習的參考答案。文選部分練習的内容,包括本單元選文中重要字詞的音義和語法現象的解釋、有關典籍和作者的常識以及同類選文的標點和白話翻譯;通論部分的練習内容,以通論中要求掌握和熟悉的要點爲主。

十七、練習的目的是通過問答的形式使學生複習鞏固本教材介紹的知識,故參考答案以本教材相應部分的内容爲準,不涉及對有關問題的不同觀點的更深入的討論。

十八、第十一、十二單元選先秦兩漢典籍原文及注解,以古書式樣,正文單行,注文雙行,不加標點,只將豎排改爲横排。篇首附以作者、典籍、版本及選文内容的簡短説明。目的是訓練學生直接閱讀古書的能力,可選其部分作爲閱讀練習。

十九、附録包括:1. 中國傳統語言學簡介;2. 上古音韻部諧聲表;3.《廣韻》常用字表;4.《中原音韻》字音表。5. 第一至第十單元練習參考答案;6. 第十一、十二單元古文獻原文選標點。其中,2、3、4 三項不僅是爲三個時期古代漢語詩歌押韻提供韻字的檢索,更主要的目的是介紹漢語語音在各時期的音系面貌及其常用字的語音情況。

第一單元

文選

左傳

【解題】

《左傳》原名《左氏春秋》,以後又稱《春秋左氏傳》,爲《春秋》三傳之一。相傳是春秋晚期魯國史官左丘明所作。《浙江大學藏戰國楚簡》(浙江大學出版社 2012 年)影印《左傳》殘簡,與今本《左傳》内容基本一致,證實《左傳》的成書在戰國時期。這一發現結束了《左傳》是否爲“僞作”的千古争訟。

《春秋》即《魯春秋》,本是魯國的一部編年史,記載了從魯隱公元年(前 722)到魯哀公十四年(前 481)共 242 年之間的歷史。由於《春秋》的文辭非常簡略,因此後人爲之作了詳盡的解釋闡發,對其歷史事實也作了不少的補充,這就是所謂的“傳”。《春秋》一共有三傳流傳至今,即《春秋左氏傳》、《春秋穀梁傳》、《春秋公羊傳》。《左傳》起始年代與《春秋》相同,但止於魯哀公二十七年,比《春秋》多 14 年。

《左傳》以記事爲主,兼記言論,是我國第一部完備的編年史。與《公羊傳》、《穀梁傳》相比,《左傳》較少附會臆測成分,内容豐富而具體。《左傳》文筆簡煉,叙事精要,善於通過語言、行爲來刻畫人物的形象,表現戰争、外交等場面,具有很高的史學和文學價值。東漢以後,此書的傳誦甚廣。著名的經師賈逵、服虔等都爲之作注。到西晉時,杜預作《春秋左氏經傳集解》,唐孔穎達作疏,名爲《春秋左傳正義》,宋以後列入《十三經注疏》中。清代關於此書的注疏很多,許多著名的學者都作過補注。本文選所依據的版本是楊伯峻的《春秋左傳注》(中華書局 1981 年),部分標點有改動。原書無題目,以下各篇的題目均爲編者所加,不再注明。

鄭伯克段于鄢[1]

初,鄭武公娶于申,曰武姜[2],生莊公及共叔段[3]。莊公寤生,驚姜氏,故名曰寤生,遂惡之[4]。愛共叔段,欲立之[5]。亟請于武公,公弗許[6]。

【注釋】

[1]本文選自《左傳·隱公元年》,此處的題目是編者依據《春秋》經文所加。鄭伯:指鄭莊公。鄭,國名,姬姓,周宣王母弟桓公友之後。鄭屬伯爵,故稱鄭伯。段:即共(gōng)叔段。鄢:地名,在今河南鄢陵境内。這段文字深刻地描寫了鄭莊公的陰險僞善、工於心計,其母姜氏的偏心惡毒,其弟共叔段的貪婪愚蠢,表現了鄭國統治者母子、兄弟之間的激烈鬥争。此文的最後叙述鄭莊公母子相見,這到底是鄭莊公在繼續玩弄權術,還是由於母子之間的親情天性而心生悔恨的結果,歷來有不同的看法,讀者不妨自己加以判斷。[2]初:當初。這是追述往事時的慣用語。鄭武公:鄭國第二代君主,姓姬,名掘突。申:國名,姜姓,在今河南南陽。武姜:即武公的妻子姜氏。武是她丈夫的謚號,姜是她娘家的姓。[3]共叔段:莊公的弟弟,名段。古代兄弟姊妹以伯、仲、叔、季排列,段比莊公小,所以叫叔段,後來他出逃到共國,故稱“共叔段”。共:國名,在今河南輝縣。[4]寤生:胎兒出生時腳先出來,即難産。寤:通“牾”,倒,逆。驚:動詞,使吃驚。遂:副詞,於是,就。惡(wù):厭惡。[5]立:指立爲太子。[6]亟(qì):屢次,多次。許:准許,答應。

及莊公即位,爲之請制[1]。公曰:“制,巖邑也,虢叔死焉[2]。佗邑唯命[3]。”請京,使居之,謂之京城大叔[4]。祭仲曰[5]:“都城過百雉,國之害也[6]。先王之制:大都不過參國之一;中五之一;小九之一[7]。今京不度,非制也,君將不堪[8]。”公曰:“姜氏欲之,焉辟害[9]?”對曰:“姜氏何厭之有[10]?不如早爲之所,無使滋蔓[11]。蔓,難圖也[12]。蔓草猶不可除,况君之寵弟乎[13]?”公曰:“多行不義,必自斃,子姑待之[14]。”

【注釋】

[1]及:到,等到。即位:就位,指開始作國君。爲之請制:替共叔段請求要制這個地方作爲封邑。爲(wèi):介詞,相當於“替”。之:指示代詞,代共叔段。制:地名,在今河南滎(xíng)陽,又名虎牢,原爲東虢(guó)國的領地,東虢被武公滅後,成爲了鄭地。[2]巖邑:險要的城邑。巖:險要。虢叔:東虢的國君,爲鄭所滅。焉:指示代詞兼語氣詞,於是,於此,在那裏。[3]佗:同“他”。唯命:“唯命是聽”、“唯命是從”的省略。“唯……是……”是賓語前置的凝固結構。唯:語氣詞,可以不譯。是:指示代詞,複指前置賓語。[4]京:地名,在今河南滎陽縣東南。大:即“太”。[5]祭(zhài)仲:鄭國大夫,字足,“祭”是他的氏。[6]都:都會,城市。城:城牆。過:超過。雉:單位名詞。古代城牆長三丈高一丈爲一雉。[7]參:三。用作動詞,指三分。國:國都。參國之一:指國都(城牆)的三分之一。按照當時的制度,侯伯的國都,城牆爲三百雉。“參國之一”即一百雉。“中五之一”、“小九之一”分别是“中都不過五國之一”、“小都不過九國之一”的省略。[8]不度:不合乎法度。度:名詞活用作動詞,意思是合乎法度。非制:不是先王的制度。不堪:忍受不了。堪:能忍受。[9]焉:疑問代詞,怎麽,哪裏,作

狀語。辟:即"避",躲避。[10]何厭之有:賓語前置的句式,相當於"有何厭"。之,指示代詞,複指前置賓語"何厭"。厭:即"饜",滿足。[11]爲之所:給他安排一個地方。這是動詞帶雙賓語結構。爲(wéi):動詞,這裏有安排的意思。之:代共叔段,作"爲"的間接賓語。所:處所,地方,作"爲"的直接賓語。無:通"毋",副詞,不要。滋蔓:滋長,蔓延。指勢力的逐步擴大。[12]圖:圖謀。這裏有對付的意思。[13]猶:副詞,尚且,還。况:連詞,何況。[14]不義:指不義的事。斃:倒下。這裏指摔跟頭,跌跤。子:對對方的尊稱。姑:副詞,姑且。之:指代共叔段自斃之事。

既而大叔命西鄙、北鄙貳於己[1]。公子呂曰[2]:"國不堪貳,君將若之何[3]?欲與大叔,臣請事之[4];若弗與,則請除之,無生民心[5]。"公曰:"無庸,將自及[6]。"大叔又收貳以爲己邑,至於廩延[7]。子封曰:"可矣。厚將得衆[8]。"公曰:"不義,不暱。厚將崩[9]。"

【注釋】

[1]既而:不久,後來。這是一個由副詞"既"和連詞"而"組成的固定結構,常用來表示一件事過去不久又發生另一件事。鄙:邊境上的城邑。貳於己:指讓原來專屬於鄭莊公的西北邊邑也同時臣屬於共叔段。貳:動詞,兩屬,指同時臣屬於兩個主人。[2]公子呂:鄭國大夫,字子封。[3]貳:這裏指兩屬的情况。若之何:拿這件事情怎麽辦。"若……何"是古代漢語中的一種固定格式,意思是拿……怎麽辦。[4]與:動詞,給。指把鄭國交給大叔。請:指請允許自己做某事。事:服事,侍奉。[5]生民心:使老百姓(由於一國有二君而)産生二心。這裏的"生"是動詞的使動用法。[6]無庸:毋庸,不用。及:趕上。"自及"的意思是自己趕上(災禍),即指自取滅亡。[7]貳:指先前兩屬的西、北邊邑。廩(lǐn)延:地名,在今河南延津縣北。[8]厚:指土地、勢力範圍的擴大。衆:這裏指老百姓。[9]暱(nì):同"昵",親近。"不義不暱"是一個條件關係句,即"不義則不暱",意思是做事不義則别人就不會親近他。一説這是並列關係句,意思是對君主不仁義對兄長不親近。崩:本義是山坍塌,這裏用作比喻,指崩潰、垮臺。

大叔完聚[1],繕甲兵[2],具卒乘[3],將襲鄭[4],夫人將啓之[5]。公聞其期[6],曰:"可矣。"命子封帥車二百乘以伐京[7]。京叛大叔段。段入于鄢,公伐諸鄢[8]。五月辛丑,大叔出奔共[9]。

【注釋】

[1]完:修葺(qì),指修城牆。聚:指聚集老百姓。一説是聚集糧食。[2]繕甲兵:修整鎧甲和兵器。繕:修繕。甲:鎧甲。兵:兵器。[3]具卒乘(shèng):準備步卒和戰車。具:準備。乘:兵車,古代四馬一車爲一乘,車上甲士三人。[4]襲:偷襲。鄭:這裏專指鄭國的國都。[5]夫人:指武姜。啓之:爲共叔段開啓城門。啓:開門。之:指示代詞,代共叔段。[6]其期:指共叔段襲鄭的那個特定的日期。其:特指代詞,可譯爲"那"。[7]帥:動詞,率領。車二百乘:戰

車二百輛。乘爲古代軍隊組織單位，一乘有甲士(帶盔甲的士兵)三人，步卒七十二人。二百乘共有甲士六百人，步卒一萬四千四百人。[8]入：進入，這裏指逃入。諸："之於"的合音詞。"公伐諸鄢"就是"公伐之于鄢"，其中"之"指代共叔段。[9]五月辛丑：古人以干支記日，這裏指魯隱公元年五月二十三日。出奔：出逃。

書曰[1]："鄭伯克段于鄢。"段不弟，故不言弟[2]；如二君，故曰克；稱鄭伯，譏失教也：謂之鄭志[3]。不言出奔，難之也[4]。

【注釋】

[1]書：這裏指《春秋》經。[2]不弟：不像弟弟。弟：即"悌"，順從和敬愛兄長。[3]失教：失於教誨，有失教誨。鄭志：鄭莊公的意圖，指蓄意要殺死共叔段。[4]難之：認爲這件事困難，指史官難以對這件事下筆。難：形容詞的意動用法。"出奔"爲有罪之詞，史官此處如果用"出奔"，即斷定叔段有罪，其實莊公也有罪過，所以史官難於下筆。

遂寘姜氏於城潁[1]，而誓之曰："不及黃泉，無相見也[2]！"既而悔之[3]。

【注釋】

[1]寘(zhì)：置，安排。這裏有放逐的意思。城潁：地名，在今河南臨潁。[2]這句話的意思是不到死後我們母子倆不再相見。黃泉：指地下的泉水。[3]之：指示代詞，這裏指把姜氏放置在城潁並發誓的事情。

潁考叔爲潁谷封人，聞之，有獻於公[1]。公賜之食[2]。食舍肉[3]。公問之，對曰："小人有母，皆嘗小人之食矣；未嘗君之羹，請以遺之[4]。"公曰："爾有母遺，繄我獨無[5]！"潁考叔曰："敢問何謂也[6]？"公語之故，且告之悔[7]。對曰："君何患焉[8]？若闕地及泉，隧而相見，其誰曰不然[9]？"公從之。公入而賦[10]："大隧之中，其樂也融融[11]。"姜出而賦："大隧之外，其樂也洩洩[12]。"遂爲母子如初[13]。

【注釋】

[1]潁考叔：鄭國大夫。潁谷：鄭國邊邑，在今河南登封。封人：管理疆界的小官。封：邊界。獻：恭敬地送上。這裏用如名詞，指進獻的東西。[2]賜之食：雙賓語結構，賞賜給他吃的東西。[3]舍：即"捨"，放到一邊。[4]嘗：這裏指吃。羹(gēng)：帶汁的肉食。請以遺之：請允許我把這個送給我母親。"以"後面省略介詞賓語"之"。遺(wèi)：贈送。[5]繄(yī)：句首語氣詞，相當於"惟"，可以不譯。獨：單單，偏偏。[6]敢：表謙副詞，相當於"斗膽地"、"冒昧地"。何謂：即"謂何"，疑問代詞"何"作賓語前置於動詞前。[7]語(yù)：告訴。故：緣故。悔：後悔。"語之故"、"告之悔"均爲雙賓語結構。[8]您在這件事上擔心什麼呢？患：擔心，憂慮。何：疑問代詞作前置賓語。焉：指示代詞兼語氣詞，相當於"於此"。[9]闕：通"掘"，挖

掘。隧:名詞活用作動詞,挖隧道。其:句首語氣詞,加强反問語氣。然:代詞,這樣,指莊公發誓與母親在黄泉下相見這件事。[10]入:指進入隧道。賦:賦詩。[11]其:特指代詞,那。也:語氣詞,在句中表提頓。融融:形容和睦愉快的樣子。[12]洩洩(yìyì):愉快自在的樣子。[13]於是作爲母子就像當初一樣,指恢復母子關係。

君子曰[1]:"潁考叔,純孝也,愛其母,施及莊公[2]。《詩》曰:'孝子不匱,永錫爾類[3]。'其是之謂乎[4]!"

【注釋】

[1]君子:作者的假託,是《左傳》中用以發表評論的方式。[2]純:篤厚。施(yì):延及,擴展。[3]出自《詩經・大雅・既醉》。意思是:孝子的孝没有窮盡,永久地把這種孝賜給你(指孝子)的同類。匱:竭盡,窮盡。永:長久。錫:即"賜"。[4]大概就是説這種情況吧。其:語氣詞,表委婉推測的語氣。是:指示代詞,這個。作"謂"的前置賓語。之:指示代詞,複指前置賓語"是"。

齊桓公伐楚[1]

四年春,齊侯以諸侯之師侵蔡[2]。蔡潰,遂伐楚[3]。楚子使與師言曰[4]:"君處北海,寡人處南海,唯是風馬牛不相及也[5]。不虞君之涉吾地也[6],何故?"管仲對曰[7]:"昔召康公命我先君大公曰[8]:'五侯九伯,女實征之,以夾輔周室!'[9]賜我先君履,東至于海,西至于河,南至于穆陵,北至于無棣[10]。爾貢苞茅不入,王祭不共,無以縮酒,寡人是徵[11]。昭王南征而不復,寡人是問[12]。"對曰:"貢之不入,寡君之罪也,敢不共給[13]?昭王之不復,君其問諸水濱[14]!"師進,次于陘[15]。

【注釋】

[1]本文選自《左傳・僖公四年》。本文記叙了春秋初年齊國和楚國之間的一場鬥争。齊國爲了稱霸天下,尋找藉口向楚國進軍。楚國則以武力爲後盾,寸步不讓,同齊國展開鬥争。齊國恃强威脅,咄咄逼人。楚國使者針鋒相對,毫不畏懼,答辭强硬而得體。文章中的外交辭令非常洗煉。[2]四年:魯僖公四年,即公元前656年。齊侯:指齊桓公。齊屬侯爵,故稱齊侯。以:率領。諸侯之師:各個諸侯國家的軍隊。當時有魯、宋、衛、陳、鄭、許、曹等國家的軍隊同齊國一起參加這次戰争。師:軍隊。侵:侵入,指不宣而戰。蔡:蔡國,姬姓,侯爵,在今河南汝南、上蔡、新蔡一帶。蔡是楚國的盟國,"侵蔡"是爲伐楚作準備。[3]潰:潰敗。[4]楚子:這裏指楚成王。楚屬子爵,故稱楚子。使:動詞,派遣。後面省略了賓語。與:介詞。師:軍隊。這裏指以齊國爲首的諸侯之師。[5]寡人:謙稱,古代君主的一種自稱,意思是寡

德之人。處(chǔ):居住。北海:即今之渤海。齊臨北海,但楚境不到南海,這裏北海、南海泛指北方、南方,意在説明齊楚兩國地理上相隔遥遠。唯:句首語氣詞。是:指示代詞,此。風:指禽獸牝(pìn)牡(mǔ)相誘。及:動詞,達到。[6]虞:料到。涉:淌水過河,這裏是進入的意思。這是委婉的外交辭令,實指侵入。之:連詞,放在原來的主謂結構之中取消其獨立性,使整個結構在這裏作動詞"虞"的賓語。[7]管仲:齊國大夫,姓管,名夷吾,字仲,春秋時著名的政治家。[8]召(shào)康公:周文王庶子,名奭(shì),食邑在召(今陝西鳳翔縣)。周成王時爲太保。"康"是他的謚號。先君:先代的君主。大(tài)公:即姜太公,名尚。齊國的第一個國君。大:即"太"。[9]五侯九伯:這裏泛指天下所有的諸侯。五侯:指公侯伯子男五等爵位。九伯:九州之長。女:第二人稱代詞,你。實:句中語氣詞,表祈使或命令。征:討伐,征討。夾輔:輔佐。[10]履:本是動詞,踐踏。這裏用作名詞,指所能踐踏的地方,即齊國可以征伐的範圍。海:指今渤海。河:黄河。穆陵:地名,在今穆陵關,當時爲楚地。無棣(dì):在今山東。[11]苞茅:即"包茅",包裹成束的青茅。茅:青茅,即有毛刺的茅,楚地特産。入:納,交納。共(gōng):即供給。縮酒:古代祭祀之時,把青茅捆成束狀立放著,用酒從上往下澆,酒汁漸漸滲透下流,象徵鬼神飲酒享用。寡人是徵:等於説"寡人徵是"。徵:問,責問。是:指示代詞,指代苞茅不入的事,是"徵"的前置賓語。下文"寡人是問"結構同此句。[12]昭王:周昭王,名瑕,康王之子,成王之孫。征:行,巡行。復:返回。"昭王南征而不復"一事,《史記·周本紀》云:"昭王南巡狩不返,卒於江上。"張守節正義引《帝王世紀》云:"昭王德衰,南征,濟于漢,船人惡之,以膠船進王,王御船至中流,膠液船解,王及祭公俱没于水中而崩。"此事在召陵之盟三百年以前,當時漢水一帶也不屬楚國,管仲的責備顯然是"欲加之罪"的藉口,所以楚使答復"君其問諸水濱"。[13]寡君:臣子對别國人謙稱自己的國君。敢:表謙副詞,有"豈敢"的意思。"貢之不入,寡君之罪也"是一個判斷句,主語"貢之不入"是一個被"之"取消了獨立性的主謂結構。[14]其:語氣副詞,表示委婉語氣,在祈使句中有"還是"的意思。諸:"之於"的合音。水濱:水邊。[15]師:指諸侯之師。次:臨時駐紮。陘(xíng):楚地名,在今河南郾城縣南。

夏,楚子使屈完如師[1]。師退,次于召陵[2]。

【注釋】

[1]屈完:楚國大夫。如:往,到……去。[2]召(shào)陵:楚地名,在今河南郾城縣東。

齊侯陳諸侯之師,與屈完乘而觀之[1]。齊侯曰:"豈不穀是爲[2]?先君之好是繼,與不穀同好,如何[3]?"對曰:"君惠徼福於敝邑之社稷,辱收寡君,寡君之願也[4]。"齊侯曰:"以此衆戰,誰能禦之[5]?以此攻城,何城不克?"對曰:"君若以德綏諸侯[6],誰敢不服?君若以力,楚國方城以爲城,漢水以爲池,雖衆,無所用之[7]。"

【注釋】

[1]陳:陳列,這裏有"排列成戰陣"的意思。陳:即"陣"。齊侯讓諸侯之師排列成戰陣,是爲

了向楚國示威。乘：乘車。[2]豈不穀是爲：難道爲了我？不穀：不善。諸侯謙稱自己。是：指示代詞，複指前置賓語“不穀”。“先君之好是繼”中的“是”，用法相同。[3]同好：共同友好，即建立友好關係。這幾句話都是外交辭令。[4]承蒙您向我國的社稷之神求福，收容我們的國君，這是我們國君的願望。惠：表敬副詞，用於對方對自己一方的行爲，意思是您這樣做是對我的恩惠。徼(yāo)：求。敝邑：謙稱自己國家。社：土神。稷：穀神。辱：表敬副詞，意思是這樣做辱没了您。這幾句話是外交辭令，意思是我們的國君也願意與你們建立友好關係。[5]衆：名詞，這裏指衆將士。禦：抵擋。[6]綏(suí)：安撫。[7]以力：使用武力。方城：山名，在今河南葉縣南。在句中作介詞“以”的賓語，置於介詞前有强調作用。下句“漢水”用法相同。城：城墻。池：護城河。衆：衆多。無所用之：没有用它的地方。

屈完及諸侯盟[1]。

【注釋】

[1]盟：訂立盟約。

燭之武退秦師[1]

九月甲午[2]，晉侯、秦伯圍鄭，以其無禮於晉，且貳於楚也[3]。晉軍函陵，秦軍氾南[4]。

【注釋】

[1]本文選自《左傳・僖公三十年》。燭之武：鄭大夫。春秋時期各國之間矛盾交織。秦國本來協助晉國攻打鄭國，而燭之武的説辭，緊緊抓住滅亡鄭國只有利於晉國而不利於秦國這一關鍵之處，並用以往的事實説明晉國的貪得無厭，從而離間秦晉的關係，使秦穆公改變了主意。晉文公不肯進擊秦軍，也是出於戰略利益的考慮，不過見之於辭令，就塗上了一層堂皇的道義色彩。[2]九月甲午：九月十日。甲午：干支記日，指本年九月十日。[3]晉侯：指晉文公。秦伯：指秦穆公。以：因。其：指代鄭。無禮於晉：晉文公重耳爲公子時，因晉國内亂而流亡經過鄭，鄭文公没有以禮相待。事見《左傳・僖公二十三年》。貳：動詞，懷有二心。“貳於楚”的意思是鄭國傾向於楚，因而對晉國懷有二心。一説“貳”有“助”義。據《史記・鄭世家》記載，鄭文公四十一年時，鄭國曾經幫助楚國攻打晉國。此次晉文公會同秦穆公圍鄭，即爲討伐鄭兩年前助楚擊晉和當年未以禮相待之罪。[4]軍：動詞，駐紮。函陵：在今河南新鄭北。氾(fán)：氾水，此指東氾水，在今河南中牟縣南，早已湮没。氾南與函陵相距甚近。

佚之狐言于鄭伯曰[1]：“國危矣，若使燭之武見秦君，師必退。”公從之。辭曰[2]：“臣之壯也，猶不如人[3]；今老矣，無能爲也已[4]。”公曰：“吾不能早用子，今急而求子，是寡人之過也[5]。然鄭亡，子亦有不利焉[6]。”許之[7]。

【注釋】

[1]佚(yì)之狐:鄭國大夫。鄭伯:這裏指鄭文公。[2]辭:推辭。[3]意思是:當我壯年的時候,尚且不如其他的人(有才能)。壯:壯年。猶:尚且。[4]無能爲:没有能力做(這樣的事情)。也:語氣詞,表示確認。已:語氣詞,相當於"了"。[5]子:古代對男子的尊稱。是:指示代詞,這裏指代上文"吾不能早用子,今急而求子",作句子主語。先秦典籍中,"是"一般應當視爲指示代詞,而非判斷動詞。這個句子中"也"是一個語氣詞,表示判斷的語氣。[6]然:轉折連詞,然而。[7]許:答應。

夜,縋而出[1]。見秦伯曰:"秦、晋圍鄭,鄭既知亡矣[2]。若亡鄭而有益於君,敢以煩執事[3]。越國以鄙遠[4],君知其難也[5],焉用亡鄭以陪鄰[6]? 鄰之厚,君之薄也。若舍鄭以爲東道主[7],行李之往來[8],共其乏困[9],君亦無所害。且君嘗爲晋君賜矣[10],許君焦、瑕[11],朝濟而夕設版焉[12],君之所知也。夫晋,何厭之有[13]? 既東封鄭,又欲肆其西封[14]。若不闕秦,將焉取之[15]? 闕秦以利晋,惟君圖之[16]。"秦伯説,與鄭人盟,使杞子、逢孫、楊孫戍之[17],乃還。

【注釋】

[1]縋(zhuì):用繩懸物,這裏指用繩子把燭之武從城牆上送下來。[2]既:已經。[3]敢:表謙副詞,斗膽地,冒昧地。以:介詞,後面省略了指代賓語"亡鄭之事"的代詞"之"。煩:麻煩。執事:辦事人員。這裏是委婉的説法,實指秦伯本人。[4]越過晋國這個國家,把遥遠的鄭國作爲自己的邊邑。秦在西,鄭在東,晋在二者之間,故言"越國"。越:超過,超越。以:連詞,連接一前一後的兩個動作,後一個動作是前一個動作的目的,這裏可以譯爲"來"。鄙遠:把遠方的國家作爲自己的邊邑。鄙:邊邑,這裏用作動詞,意思是把……作爲自己的邊邑。遠:遥遠。這裏指遥遠的鄭國。[5]其:代詞,指代"越國以鄙遠"這件事情。[6]焉用:哪裏用得著? 焉:疑問代詞,哪裏。陪鄰:增加鄰國的土地。陪:增加,這裏指增加土地。鄰:鄰國。這裏指晋國。[7]舍(shě):即"捨",捨弃,即不滅掉。以:介詞,後面省略了賓語"鄭"。東道主:東方道上的主人(鄭在秦的東邊)。[8]行李:即行使,指外交使節。[9]共(gōng):即"供",供應。乏困:缺少。這裏指使者往來時資糧館舍等的不足。[10]爲晋君賜:雙賓語句。有賜於晋君,指秦穆公接納晋惠公夷吾的事情。爲:動詞,這裏可以譯成"給予"。賜:名詞,恩惠。[11]許:答應,答應給予。焦:本爲封國,姬姓,後被晋國吞併,成爲晋邑,在今河南三門峽市西郊。瑕:晋邑,在今山西芮城縣南。[12]濟:渡河。指晋惠公從秦國渡過黄河回國到晋國繼承君位。版:打土牆用的夾板。這裏指版築的土牆,防禦工事。先秦時代夯土築牆,用兩版相夾,稱爲版築。晋惠公依靠秦國的力量回國爲君,曾經答應給秦國焦、瑕兩邑作爲報答,但回國後不但不承認,而且修築版牆防禦秦國。朝、夕:比喻兩事相距極近。[13]何厭之有:賓語前置的句式,等於"有何厭"。之:指示代詞,複指前置賓語"何厭"。[14]東封鄭:把鄭作

爲東邊的疆界。封:疆界。這裏用作動詞。肆:延伸,擴張。[15]這句話的意思是:晉向西開拓,如果不損害秦國,它的土地將從哪裏取得?闕:通“缺”,這裏有損害的意思。焉:疑問代詞,哪裏。[16]惟:句首語氣詞,表示希望。圖:考慮。[17]說(yuè):即“悦”,喜悦,高興。杞子、逢孫、楊孫:三人都是秦大夫。之:代鄭國。

子犯請擊之[1]。公曰:“不可。微夫人之力不及此[2]。因人之力而敝之[3],不仁;失其所與,不知[4];以亂易整,不武[5]。吾其還也[6]。”亦去之[7]。

【注釋】

[1]子犯:狐偃,晉文公的舅父。之:指示代詞,指代秦。[2]大意是:如果没有這個人的力量,我不能有今天這樣的地位。微:否定副詞,用於事後的假設,大致相當於“如果不是”。夫人:那人,指秦穆公。夫(fú):指示代詞,那。及:達到,得到。[3]因:靠,依靠。敝:壞,敗。這裏指損害。[4]所與:指同盟國家。知(zhì):即“智”。[5]亂、整:晉攻秦爲亂,秦、晉和爲整,指盟國之間步調一致。武:和上文的“仁”都是上古抽象的道德觀念。[6]其:語氣副詞,表示委婉的語氣,可譯爲“還是”。[7]去:離開。之:指示代詞,代鄭國。

晉靈公不君[1]

晉靈公不君:厚斂以彫牆[2]。從臺上彈人,而觀其辟丸也[3]。宰夫胹熊蹯不孰[4],殺之,寘諸畚[5],使婦人載以過朝[6]。趙盾、士季見其手,問其故,而患之[7]。將諫,士季曰:“諫而不入,則莫之繼也[8]。會請先,不入,則子繼之[9]。”三進,及溜,而後視之[10],曰:“吾知所過矣,將改之[11]。”稽首而對曰[12]:“人誰無過,過而能改,善莫大焉[13]。《詩》曰:‘靡不有初,鮮克有終[14]。’夫如是,則能補過者鮮矣。君能有終,則社稷之固也,豈惟群臣賴之[15]。又曰:‘衮職有闕,惟仲山甫補之’[16],能補過也。君能補過,衮不廢矣。”

【注釋】

[1]本文選自《左傳·宣公二年》。晉靈公:名夷皋,晉襄公之子,晉文公之孫,是歷史上有名的暴君。不君:不行君道。君:名詞用作動詞。這段文字記載了晉靈公的殘忍暴虐,同時也記敘了趙盾的勇於進諫,忠心耿耿。這段故事,《公羊傳》的記載更爲詳細,可以參看。[2]厚斂:使賦税加重。厚:作動詞,加大。斂:指賦税。彫:畫。[3]彈人:用彈弓射人。辟:即“避”,躲避。丸:彈丸。[4]宰夫:厨子。胹(ér):煮。熊蹯:熊掌。蹯(fán):獸足掌。孰:即“熟”。[5]寘:放置。諸:“之於”的合音字。畚(běn):筐類器具。[6]載:用車裝。以:這裏相

當於連詞“而”。過朝:經過朝廷。[7]趙盾:趙衰之子,也稱趙宣子,晋國的正卿。士季:名會,封於隨,也稱隨會,晋國大夫。其手:指宰夫的手。故:缘故。這裏指宰夫被殺的缘故。患:擔心憂慮。[8]諫:下對上規勸。入:納,采納,指接受諫言。莫之繼:没有人跟著你(進諫)。莫:否定性無定代詞,没有人,没有誰。之:代詞,這裏作“繼”的前置賓語,指代趙盾。[9]先:動詞,指先進諫。之:這裏指代士季自己,可以譯成“我”。[10]三進:往前走了三次。及:到達。溜:通“霤”,屋檐滴水處。按當時的禮制,朝見國君,從進門到登堂分成三段走,每段行禮一次,稱爲進。國君在臣下一進以後就要起立準備接見。這裏的意思是晋靈公不願接見士季,士季三進到達屋檐下,才勉强表示見到了他。[11]過:犯錯誤。這句話是靈公搶先説話,想把士季的話擋回去。[12]稽(qǐ)首:古代一種最恭敬的跪拜禮,先拜,然後雙手合抱及地,頭伏在地上停留一會。[13]前一“過”是名詞,過錯。後一“過”是動詞,犯錯誤。善莫大焉:没有什麼善事比這個更大的了。焉:比較特殊的指示代詞,相當於“於之”。[14]引自《詩經·大雅·蕩》。大意是:向善都有開始的時候,但很少能堅持到底。靡:没有人。初:開始。鮮(xiǎn):少。克:能。[15]惟:僅僅,只。賴:依靠。之:指代“君能有終”。[16]引自《詩經·大雅·烝民》。大意是:周宣王没有盡責的地方,只有仲山甫來彌補。衮:天子及上公之禮服,這裏指代天子。職:職責。闕:通“缺”,過失。仲山甫:周宣王的大臣。

猶不改[1]。宣子驟諫,公患之[2],使鉏麑賊之[3]。晨往,寢門闢矣[4],盛服將朝[5]。尚早,坐而假寐[6]。麑退,嘆而言曰:“不忘恭敬,民之主也[7]。賊民之主,不忠;弃君之命,不信[8]。有一於此,不如死也[9]。”觸槐而死[10]。

【注釋】

[1]猶:仍然。[2]驟:屢次,多次。患:厭惡,討厭。之:指代“宣子驟諫”這件事情。[3]鉏麑(chúní):晋國的力士。賊:動詞,殺,刺殺。[4]寢門:卧室的門。闢:開。一本作“辟”。[5]盛服:指穿戴得整整齊齊。[6]假寐:不解衣冠而睡,亦即打瞌睡。[7]民之主:百姓的主宰。[8]信:誠信,守信用。[9]有一於此:有不忠不信中的一樣。[10]觸:撞。

秋九月,晋侯飲趙盾酒,伏甲[1],將攻之。其右提彌明知之,趨登[2],曰:“臣侍君宴,過三爵[3],非禮也。”遂扶以下[4]。公嗾夫獒焉,明搏而殺之[5]。盾曰:“弃人用犬,雖猛何爲[6]!”鬭且出[7]。提彌明死之[8]。

【注釋】

[1]飲(yìn):及物動詞用作使動,使……飲酒。伏:埋伏。甲:鎧甲,指穿戴鎧甲的士兵。[2]右:車右,又稱驂乘。古人乘坐馬車,一般是尊者居左,御者居中,驂乘居右。驂乘都是有勇力的人,負責戰争中的力役之事並保護尊者。趨登:快步登上堂。[3]爵:古代飲酒器具。[4]就扶著趙盾奔下堂。以:這裏相當於“而”。[5]嗾(sǒu):發出聲音來指使狗。夫:指示代

詞，那。獒(áo)：一種猛犬，身長四尺左右，兇猛善鬥，可做獵狗。搏：徒手打鬥。[6]何爲：做什麽，這裏的意思是有什麽用。[7]一邊打，一邊退出。且：連詞。[8]死之：爲他而死。

初，宣子田於首山[1]，舍於翳桑，見靈輒餓[2]，問其病。曰："不食三日矣。"食之，舍其半[3]。問之。曰："宦三年矣[4]，未知母之存否，今近焉，請以遺之[5]。"使盡之[6]，而爲之簞食與肉[7]，寘諸橐以與之[8]。既而與爲公介[9]，倒戟以禦公徒而免之[10]。問何故。對曰："翳桑之餓人也。"問其名居，不告而退，遂自亡也[11]。

【注釋】

[1]田：即"畋"，打獵。首山：又名首陽山，在今山西永濟縣南。[2]舍：住宿。翳桑：地名。靈輒：人名。餓：嚴重的飢餓，這裏指因飢餓而病倒。[3](趙盾)給他(指靈輒)吃東西，(靈輒)留下一半。食(sì)：及物動詞的使動用法，給……吃東西。舍(shě)：即"捨"，置於一邊。[4]宦：給貴族做奴僕。[5]請以遺(wèi)之：請你允許我把(這一半食物)留給她。"以"的後面省略賓語"之"，這個省略了的"之"指代食物。遺：贈送，送給。後一個"之"指代靈輒的母親。[6]盡：用作動詞，指吃完。之：指示代詞，指代留下的食物。[7]給他準備一簞飯和肉。爲：動詞，這裏有準備的意思。之：人稱代詞，這裏指代靈輒。簞(dān)：古代盛飯的圓形小筐。食：這裏指飯。[8]橐(tuó)：一種口袋。以：連詞，連接一前一後的兩個行爲。與(yǔ)：給。[9]與(yù)：參與，參加。介：甲。這裏指甲士，也就是衛兵。[10]倒戟(jǐ)：猶言倒戈。戟：古代兵器，是戈和矛的結合物，前有矛，側有戈刃。禦：抵擋。徒：指晋靈公手下的人。免之：使趙盾逃脱。[11]名居：姓名與居處。亡：出逃。

乙丑，趙穿殺靈公於桃園[1]。宣子未出山而復[2]。大史書曰[3]："趙盾弒其君[4]。"以示於朝[5]。宣子曰："不然[6]。"對曰："子爲正卿，亡不越竟，反不討賊[7]，非子而誰？"宣子曰："嗚呼！《詩》曰：'我之懷矣，自詒伊慼[8]。'其我之謂矣[9]。"孔子曰："董狐，古之良史也，書法不隱[10]。趙宣子，古之良大夫也，爲法受惡[11]。惜也，越竟乃免[12]。"

【注釋】

[1]乙丑：宣公二年九月二十六日。趙穿：趙盾堂侄。桃園：靈公的園囿。[2]山：指晋國國境處的山。復：回，返回，指返回晋國的都城。[3]大史：即"太史"。官名，負責記載國家大事。這裏指晋國太史董狐。書：寫，記下來。[4]弒(shì)：臣殺死君主或子女殺死父母。[5]把這個話拿到朝廷上公佈。[6]不是這樣。[7]竟：即"境"，邊境，國境。反：即"返"，返回。討：聲討。賊：大逆不道之人，指趙穿。[8]《詩經》文可能引自《邶風·雄雉》，今本《詩經》"慼"字作"阻"。這句話的意思是：因爲我懷念祖國，反而給自己帶來憂傷。懷：眷戀。詒：通"貽"。伊：句中語氣詞，不譯。慼(qī)：憂愁，悲哀。[9]大概説的就是我吧。其：表示委婉語氣的語

氣副詞。之:指示代詞,複指前置賓語。“我之謂”即“謂我”。[10]良史:好史官。書法:記事原則。隱:隱諱。[11]爲法受惡:指爲記事原則而承受惡名。[12]孔子認爲董狐是對的,趙盾也没有罪,要解决矛盾只有“越竟”,因爲“越竟則君臣義絶,可以不討賊”(見杜預注),這反映了孔子的正統思想。

宣子使趙穿逆公子黑臀於周而立之[1]。壬申,朝於武宫[2]。

【注釋】

[1]逆:迎。公子黑臀:晋文公之子,即晋成公。其母爲周人。[2]武宫:晋國祖先曲沃武公的廟宇,新君即位都要到這裏朝拜祭祀。

齊晋鞌之戰[1]

孫桓子還於新築,不入,遂如晋乞師[2]。臧宣叔亦如晋乞師[3]。皆主郤獻子[4]。晋侯許之七百乘[5]。郤子曰:“此城濮之賦也[6]。有先君之明與先大夫之肅,故捷[7]。克于先大夫,無能爲役[8],請八百乘。”許之。郤克將中軍,士燮佐上軍,欒書將下軍,韓厥爲司馬[9],以救魯、衛。臧宣叔逆晋師,且道之[10]。季文子帥師會之[11]。

【注釋】

[1]本文選自《左傳·成公二年》。魯成公二年(前589)春天,齊國和魯、衛兩國發生衝突,魯、衛向晋求救,晋郤克領兵救援,和齊國交戰。這段文字表現了齊師的驕傲輕敵和晋軍的同仇敵愾,同時也塑造了齊頃公這一雖有失誤但仍受國人擁戴的國君形象。鞌:齊地名,即歷下,在今濟南市的西邊。[2]孫桓子:名良夫,謚桓子,衛國的卿。這年四月爲齊所敗,因此到晋國求援。新築:衛地名,在今河北魏縣南。不入:指不入新築城,直接到晋國。如:往,到……去。乞師:請求出兵救援。[3]臧宣叔:名許,謚宣叔,魯國大夫。這年春天,齊軍侵魯,魯國兵敗。[4]主郤獻子:以郤獻子爲主人,指投奔郤獻子。主:主人,這裏是名詞的意動用法。郤獻子:郤克,也稱郤伯,晋大夫。這次戰役中爲晋國中軍主帥。三年前郤克曾經出使齊國,由於跛腳被齊頃公的母親恥笑,發誓要報仇。[5]晋侯:指晋景公。[6]城濮之賦:城濮之戰的兵員。城濮:春秋衛地。公元前632年,晋楚在城濮作戰,晋軍用七百乘兵力以弱勝强,晋文公藉此取威定霸。賦:兵,兵力。古代按照田賦出兵,故稱兵爲賦。[7]先君:指晋文公。明:明察,英明。先大夫:先代大夫,指晋文公時先軫、狐偃、欒枝等大夫。肅:敬業。捷:取勝。[8]無能爲役:大意是不能做到(以七百乘取勝)的事。無能:不能。爲役:進行戰事。役:戰事。[9]將(jiàng):率領。士燮(xiè):晋卿,士會之子,名燮,謚文子,又稱范文子。欒書:晋卿,名書,謚武子。韓厥:晋大夫,名厥,謚獻子。司馬:官名,掌軍法、祭祀等。公元前633年,晋國建立三軍,稱中軍、上軍、下軍,各軍都有主帥和副帥,叫將、佐,由六卿擔任。此

時郤克爲中軍主帥,荀庚爲上軍主帥,欒書爲下軍主帥。此戰士燮以上軍佐的身份率領上軍,故稱“佐”。[10]逆:迎。道之:爲他們帶路。道:即“導”,帶路,引導。[11]季文子:魯國的執政者,名行父,謚文子。會:會合。

及衛地[1],韓獻子將斬人,郤獻子馳[2],將救之。至,則既斬之矣。郤子使速以徇[3],告其僕曰:“吾以分謗也[4]。”

【注釋】

[1]及:到了。[2]韓獻子:即韓厥。斬人:指按軍法處死軍士。馳:驅車。[3]以徇:用首級示衆。以:介詞,省略賓語“之”。徇(xùn):示衆。[4]僕:御者,駕車人。分:分擔。謗:指責。韓厥斬人可能不合理,郤克救人不成,索性將死者示衆,以此來分擔大家對韓厥的指責議論。

師從齊師于莘[1]。六月壬申[2],師至于靡笄之下[3]。齊侯使請戰[4],曰:“子以君師辱於敝邑,不腆敝賦,詰朝請見[5]。”對曰:“晋與魯、衛,兄弟也[6],來告曰:‘大國朝夕釋憾於敝邑之地[7]。’寡君不忍,使群臣請於大國,無令輿師淹於君地[8]。能進不能退,君無所辱命[9]。”齊侯曰:“大夫之許,寡人之願也;若其不許,亦將見也[10]。”齊高固入晋師[11],桀石以投人[12],禽之而乘其車[13],繫桑本焉[14],以徇齊壘[15],曰:“欲勇者賈余餘勇[16]!”

【注釋】

[1]從:指追蹤追趕。莘(shēn):衛地,在今山東莘縣北。齊師伐魯敗衛而歸,晋師追蹤至此地。[2]壬申:成公二年六月十六日。[3]靡笄(jī):山名,齊地,即今山東省濟南市千佛山。[4]齊侯:指齊頃公,名無野。使:派人。請戰:挑戰。[5]這句話是齊侯的請戰言辭,意思是:你們率軍隊光臨敝國土地,敝國的軍隊雖然不强,也請明朝一見高下。辱:謙詞,表示某種行爲辱没了對方。腆(tiǎn):豐盛,豐厚,這裏有强大的意思。詰朝:次日早晨。[6]兄弟:晋與魯、衛同爲姬姓國,故云兄弟。[7]大國:指齊國。朝夕:早晚,這裏是經常的意思。釋憾:這裏是侵犯的意思。釋:釋放,發泄。憾:不滿。敝邑:魯、衛等國對自己國家的謙稱。[8]這幾句話的字面意思是:我們國君不忍心(見大國侵犯魯、衛等國),派我們這些臣子來向大國請求(不要爲難魯、衛等國),不要讓(我們)衆多的軍隊長期滯留在貴國土地上。這是用委婉的外交語言表達的威脅警告,實際意思是:如果你不同意我們的要求,我們就要派大量的軍隊侵入你的國土,速戰速决。無:通“毋”。輿師:衆多的軍隊。輿:多,衆多。師:軍隊。淹:久,這裏指久留。[9]這是應戰的委婉語。無所辱命:不會有命令落空的事情出現。命:指齊侯挑戰的命令。辱命:讓命令受辱,指命令不能實現。[10]這幾句的大意是:不管你們答應不答應,我都要同你們决戰。[11]高固:齊大夫,謚宣子。[12]桀:通“揭”,舉起。投:擲。[13]禽:即“擒”,抓獲。之:指示代詞,被高固俘獲的晋軍。其:指示代詞,可譯成“他的”。[14]桑本:桑樹根。本:樹根。[15]徇:巡行。壘:營壘。[16]賈(gǔ):買。余:第一人稱代詞,我。

癸酉[1],師陳于鞌[2]。邴夏御齊侯[3],逢丑父爲右[4]。晉解張御郤克,鄭丘緩爲右[5]。齊侯曰:“余姑翦滅此而朝食[6]。”不介馬而馳之[7]。郤克傷於矢,流血及屨,未絶鼓音[8],曰:“余病矣[9]!”張侯曰:“自始合[10],而矢貫余手及肘[11],余折以御[12],左輪朱殷[13],豈敢言病?吾子忍之[14]!”緩曰:“自始合,苟有險[15],余必下推車,子豈識之[16]?然子病矣[17]!”張侯曰:“師之耳目,在吾旗鼓,進退從之。此車一人殿之[18],可以集事[19]。若之何其以病敗君之大事也[20]?擐甲執兵[21],固即死也[22],病未及死,吾子勉之[23]!”左並轡[24],右援枹而鼓[25]。馬逸不能止,師從之[26]。齊師敗績[27]。逐之,三周華不注[28]。

【注釋】

[1]癸酉:壬申的第二日,即六月十七日。[2]陳:即“陣”,擺開陣勢。[3]邴(bǐng)夏:齊大夫。御:駕車。[4]逢(páng)丑父(fǔ):齊人。右:車右。[5]解(xiè)張:晉人,名侯,字張,下文稱張侯。鄭丘緩:晉人,鄭丘氏,名緩。[6]姑:姑且。翦滅:剪除,消滅。翦:同“剪”。朝食:吃早飯。[7]介:即“馻”,把馬尾編結起來。這是古代車馬戰鬥前的必要準備。[8]傷於矢:被箭所傷。屨(jù):鞋。絶:中斷。鼓音:古代車戰由主帥掌旗鼓指揮三軍。鼓音爲進軍的號令。[9]病:這裏指傷重。上古病重、傷重等均可稱“病”。[10]合:會合,這裏指雙方的軍隊相接觸,即交戰。[11]貫:貫穿,穿透。及:連詞,相當於“和”。[12]折:指折斷箭杆。[13]左輪:古代戰車中,御者居中,尊者在左,車右在右。但若尊者是國君或主帥則居中,御者在左。郤克爲主帥居中,解張在左爲御。朱:紅色。殷:紅中帶黑的顏色。[14]吾子:古代對對方的尊稱,比單用“子”顯得關係密切一些。[15]苟:如果。險:指難走的路。[16]識:知道。[17]然:連詞,但是。[18]殿:鎮守。[19]集事:成事。集:完成。[20]若之何:固定格式,意爲哪能、怎麽能。其:語氣副詞,加强反詰語氣。以:介詞,因,因爲。敗:壞。[21]擐(huàn)甲:穿上鎧甲。擐:穿上。執兵:拿起兵器。[22]固:副詞,本來。即:動詞,就,走向。前兩句大意是:參加戰鬥本來就抱定赴死的决心。[23]及:至,到。勉:努力。[24]並:合併,放在一起。轡(pèi):駕御牲口用的繮繩。[25]援:接過來。枹(fú):鼓槌,亦寫作“桴”。鼓:動詞,擊鼓。解張本應雙手執轡,這時把轡並於左手,以便用右手替郤克擊鼓。[26]逸:狂奔。師:指晉軍。[27]敗績:軍隊潰散、大敗。[28]逐:追趕。周:動詞,圍繞。華不(舊讀 fū)注:山名,在今濟南市東北。

韓厥夢子輿謂己曰[1]:“旦辟左右[2]!”故中御而從齊侯[3]。邴夏曰:“射其御者,君子也[4]。”公曰:“謂之君子而射之,非禮也[5]。”射其左,越于車下[6]。射其右,斃于車中[7]。綦毋張喪車[8],從韓厥曰[9]:“請寓乘[10]!”從左右,皆肘之[11],使立於後。韓厥俛[12],定其右[13]。

逢丑父與公易位[14]，將及華泉[15]，驂絓於木而止[16]。丑父寢於輚中[17]，蛇出於其下，以肱擊之，傷而匿之，故不能推車而及[18]。韓厥執縶馬前[19]，再拜稽首[20]，奉觴加璧以進[21]，曰："寡君使群臣爲魯、衛請，曰：'無令輿師陷入君地[22]。'下臣不幸[23]，屬當戎行[24]，無所逃隱[25]。且懼奔辟而忝兩君[26]。臣辱戎士[27]，敢告不敏[28]，攝官承乏[29]。"丑父使公下，如華泉取飲[30]。鄭周父御佐車，宛茷爲右[31]，載齊侯以免[32]。韓厥獻丑父，郤獻子將戮之，呼曰："自今無有代其君任患者[33]，有一於此，將爲戮乎[34]？"郤子曰："人不難以死免其君[35]，我戮之，不祥。赦之，以勸事君者[36]。"乃免之[37]。

【注釋】

[1]子輿：韓厥的父親。這裏是插叙頭一天晚上的事。[2]旦：早晨。辟：即"避"。左右：指兵車左右兩側。[3]中御：在中間位置駕車。中：方位名詞作狀語。在戰車上韓厥本應居左，這時他替代了御者的位置，居於中間。從：指追趕。[4]君子：貴族，地位高的人。[5]非禮：不符合禮節。[6]越：翻身落下，墜。[7]斃：倒下。[8]綦毋(qíwú)張：晋大夫。"綦毋"是複姓，"張"是其名。喪：喪失，丟失。[9]從：走向。[10]寓乘(shèng)：搭車。寓：寄。乘：車，指戰車。[11]肘：名詞活用作動詞，用肘推撞。[12]俛：同"俯"，低下身子。[13]定：放穩。右：指剛才"斃于車中"的那個車右。[14]易位：交換位置。在戰鬥的時候齊頃公本來居中，逢丑父居右。古代的兵服，國君與將佐相同，分辨主從是從其在兵車上的位置决定的。韓厥以前没有見過這兩個人，不能分辨他們的面貌。所以逢丑父與頃公交換了位置，以蒙騙對方，其後齊頃公因之得以逃脱。[15]華泉：泉名，在華不注山下。[16]驂(cān)：驂馬。古代一車四馬，夾著車轅中間的稱"服"，左右兩旁的稱"驂"。絓(guà)：同"掛"，絆住。木：樹。[17]這一句前部分也是插叙頭天晚上的事。輚(zhàn)：即棧車，一種竹木所制的卧車。[18]下：指身下。肱(gōng)：手臂從肩到肘的部分。匿之：隱瞞手臂受傷這件事情。及：(被韓厥)捉住，俘獲。[19]縶(zhí)：絆馬索。[20]再拜：拜了兩次。再：兩次。稽(qǐ)首：下跪，然後頭低至地。[21]奉：即"捧"。觴(shāng)：盛酒器。璧：一種圓形有孔的玉器。進：進獻。以上韓厥的動作是臣下對君主所行之禮，韓厥對敵國之君也行臣禮。[22]陷入：深入。[23]下臣：韓厥自稱。[24]屬(zhǔ)：適，恰好。當：對著，碰上。戎行：軍隊的行列。[25]没有逃避躲藏的地方。這幾句話的意思是：我既然參加了這次戰争，就不能不盡我作爲戰士的職責。[26]而且害怕(因)逃跑躲避而給兩國的國君帶來恥辱。忝：辱。這句的意思是自己不能不努力作戰。[27]辱：動詞的使動用法，使……受辱。戎士：戰士。[28]不敏：謙詞，不才，指愚鈍。這是當時慣用的謙詞。敏：聰明。[29]由於缺乏人手，只能由自己臨時代理。這是謙辭。攝：代，代理。官：指官職。承：承擔。乏：缺乏，指没有人擔任職務。韓厥這段話是委婉的外交辭令，但意思非常强硬，意思是我雖然無才，但必須要履行職責，俘虜齊侯。[30]如：往。飲：指飲用水。[31]鄭周父、宛茷(fèi)：都是齊人。佐車：副車。[32]以：連詞。免：指免於被俘。

[33]自今:“自今以往”的省略,即自古以來的意思。任患:承擔患難。[34]爲戮:被殺。爲(wéi):介詞,放在及物動詞的前面,表示被動。[35]難:作動詞,認爲難。免:動詞,使……免(於被俘)。[36]勸:鼓勵。[37]乃:於是。免:釋放。之:人稱代詞,代逢丑父。

齊侯免,求丑父,三入三出[1]。每出,齊師以帥退[2]。入於狄卒,狄卒皆抽戈楯冒之[3]。以入於衛師,衛師免之。遂自徐關入[4]。齊侯見保者[5],曰:“勉之!齊師敗矣!”辟女子[6]。女子曰:“君免乎?”曰:“免矣。”曰:“鋭司徒免乎[7]?”曰:“免矣。”曰:“苟君與吾父免矣,可若何[8]?”乃奔[9]。齊侯以爲有禮[10]。既而問之,辟司徒之妻也[11]。予之石窌[12]。

【注釋】

[1]求:尋找。三入三出:第一次入、出晋師,第二次入、出狄卒,第三次入、出衛師。狄卒、衛師都是晋的友軍。[2]這句話的意思是:齊侯每次從敵軍出來,齊軍都簇擁著保護他後退,使他免受傷亡。[3]狄卒:狄人軍隊。狄:古代的民族,當時主要活動於北方,這次作爲晋的盟軍參戰。卒:步兵。這裏指軍隊。楯:同“盾”。冒:蔽覆。這句話的意思是狄卒都抽出戈和盾來護衛齊侯,同後一句“衛師免之”,都説明了狄、衛雖然都是晋國的友軍,但不肯加害齊侯,反而保護他。[4]徐關:齊地,在今山東省淄博市西南。[5]“保者”即“守者”,指鎮守徐關的士兵。保:守衛,鎮守。[6]辟(pì):辟除,指辟除行人。古代統治者出外,有前驅開道,使行人避開。[7]鋭司徒:齊國掌兵器的官。[8]可若何:還要怎麼樣。意思是:没有什麽擔心的了。[9]奔:指跑開。[10]女子先問君後問父,所以齊侯以爲有禮。[11]辟(bì)司徒:即壁司徒,主管營建壁壘的官。辟:通“壁”。[12]雙賓語句,賜給他石窌作爲采邑。石窌(liù):齊邑名,在今山東省長清縣東南。

練習(一)

一、解釋下列句子中加點字的意義。

1. 莊公寤生,驚姜氏,故名曰寤生,遂惡之。
2. 多行不義,必自斃,子姑待之。
3. 既而大叔命西鄙、北鄙貳於己。
4. 不虞君之涉吾地也,何故?
5. 爾貢苞茅不入,王祭不共,無以縮酒,寡人是徵。
6. 師進,次于陘。

7. 晋軍函陵,秦軍氾南。

8. 秦伯說,與鄭人盟,使杞子、逢孫、楊孫戍之,乃還。

9. 宰夫胹熊蹯不孰,殺之,寘諸畚,使婦人載以過朝。

10. 公嗾夫獒焉,明搏而殺之。

11. 宦三年矣,未知母之存否,今近焉,請以遺之。

12. 我之懷矣,自詒伊慼。

13. 郤克將中軍,士燮佐上軍,欒書將下軍,韓厥爲司馬,以救魯、衛。

14. 大國朝夕釋憾於敝邑之地。

15. 下臣不幸,屬當戎行,無所逃隱。

二、用漢語拼音給下列句子中加點字注音。

1. 亟請于武公,公弗許。

2. 祭仲曰:"都城過百雉,國之害也。"

3. 東至于海,西至于河,南至于穆陵,北至于無棣。

4. 夜,縋而出。

5. 靡不有初,鮮克有終。

6. 秋九月,晋侯飲趙盾酒,伏甲,將攻之。

7. 擐甲執兵,固即死也。

三、説明下列句子中加點字的詞性、功能和意義。

1. 多行不義,必自斃,子姑待之。

2. 昭王之不復,君其問諸水濱!

3. 若亡鄭而有益於君,敢以煩執事。

4. 微夫人之力不及此。

5. 韓厥執縶馬前,再拜稽首。

四、分析下列句子的語法結構,指出劃線部分中的主語、謂語和(或)賓語。

1. 制,巖邑也,虢叔死焉。

2. 昭王南征而不復,寡人是問。

3. 其我之謂矣。

4. 晋與魯、衛,兄弟也。

5. 寡君使群臣爲魯、衛請。

五、將下列文字譯爲現代漢語。

及莊公即位,爲之請制。公曰:"制,巖邑也,虢叔死焉。佗邑唯命。"請京,使居之,謂之京城大叔。祭仲曰:"都城過百雉,國之害也。先王之制:大都不過參國之一;中五之一;小九之一。今京不度,非制也,君將不堪。”公曰:“姜氏欲之,焉辟害?”對曰:“姜氏何厭之有? 不如早爲之所,無使滋蔓。蔓,難圖也。蔓草猶不可除,况君之寵弟乎?”公曰:“多行不義,必自斃,子姑待之。”

六、填空。

1.《左傳》原名(　　),以後又稱(　　),爲《春秋》三傳之一。相傳是春秋晚期(　　)史官(　　)所作。

2.《春秋》即《魯春秋》,本是(　　)國的一部(　　)史,記載了從魯隱公元年到魯(　　)年共(　　)年之間的歷史。

3.《春秋》一共有三傳:(　　)、(　　)和(　　)。三傳中,(　　)在先,是用(　　)古文字寫成的;後兩傳是用(　　)書寫而成的。

4. 東漢以後,《左傳》的傳誦甚廣。著名的經師賈逵、服虔等都爲之作注。到西晋時,杜預作(　　),唐(　　)作疏,名爲《春秋左傳正義》,宋以後列入(　　)中。清代關於此書的注疏很多,許多著名的學者都作過補注。現代較爲著名的有楊伯峻的(　　)。

七、用現代標點符號標點下列文字。

齊景公出獵上山見虎下澤見蛇歸召晏子而問之曰今日寡人出獵上山則見虎下澤則見蛇殆所謂之不祥也晏子曰國有三不祥是不與焉夫有賢而不知一不祥知而不用二不祥用而不任三不祥也所謂不祥乃若此也今上山見虎虎之室也下澤見蛇蛇之穴也如虎之室如蛇之穴而見之曷爲不祥也

八、背誦。

1.《鄭伯克段于鄢》。

2.《齊晋鞌之戰》。

文　選

國　語

【解題】

《國語》是我國最早的國别史,相傳爲春秋時期的左丘明及其弟子所作,實際上是春秋時期各國史官所記史料的彙集整理。《國語》主要是“記言”,通過人物的言論、對話來敘述歷史，故名“國語”。全書共二十一卷，按國編排，分《周語》、《魯語》、《齊語》、《晋語》、《鄭語》、《楚語》、《吴語》、《越語》八部分。分别記載了西周末年周穆王征犬戎至三晋滅智伯（約前976～前453）期間周、魯、齊、晋、鄭、楚、吴、越八國的史事，其中以晋國的史事記叙最詳盡。

書中描述了各國貴族卿大夫的言論、生活，間或涉及一些人民的苦難和反抗鬥争，從不同的側面反映出當時的政治、經濟、軍事、文化等方面的情况。儒家的民本思想是貫穿《國語》一書的主要思想，强調取得民心的重要性，有些篇章還强調了勞動的價值。當然，書中也包含了不少迷信落後、宣揚宿命論的思想。唐人柳宗元所寫《非國語》中，就從反鬼神、天命等立論，對此作過批判。

《國語》有很高的史料價值，可與《左傳》相互參證。後來司馬遷作《史記》，如《十二諸侯年表》和不少《世家》的材料，都直接取諸《國語》。

《國語》的文學價值比起《左傳》來要遜色一些，但在寫人狀物方面，自有獨到之處，尤其是善於通過人物的語言來表現人物的内心活動，揭示其精神面貌。在叙事議論方面，以邏輯推理見長。所以《國語》仍不失爲先秦時期一部能反映現實生活的好作品。

現存最早的《國語》注本是三國時吴人韋昭的《國語注》。清人黄增齡的《國語正義》集漢唐以來各家的《國語》注，也很有參考價值。此處文選所依據的版本爲上海師範學院古籍整理組校點的《國語》（上海古籍出版社1978年）。原書無題目，以下各篇題目均係編者所加。

邵公諫厲王弭謗[1]

厲王虐，國人謗王[2]。邵公告曰：“民不堪命矣[3]！”王怒，得衛巫，使監謗者，以告[4]，則殺之。國人莫敢言，道路以目[5]。

【注釋】

[1]本文選自《國語・周語上》。周厲王是西周後期最殘暴的統治者，在位期間，重用榮夷公，壓迫百姓。邵公直言勸告，他不但不聽，反而變本加厲，越發貪婪暴虐。百姓忍無可忍，終於在公元前842年推翻了他的統治，把他流放到彘邑。本篇全文僅二百餘字，不但把事情的發生、經過、結果交代得很清楚，而且説理有比喻，論證有反有正，陳辭懇切，富有説服力。邵(shào)公：這裏指邵康公之孫邵穆公，名虎，爲周王卿士。“邵”一作“召”。厲王：周天子，名胡，公元前878～前842年在位。謗：公開議論或批評、指責。[2]虐：殘暴。國人：西周時稱居住在城邑中的人。國人基本上是周人，有參與議論國事的權利。[3]堪：能忍受，經得起。命：使令，差使。這裏指暴虐的政令。[4]衛巫：衛國的巫。衛：周的諸侯國，故地在今河北省

南部和河南省的北部。巫:古代以事鬼神爲業的人。以告:"以之告"的省略。把監視到的情況報告厲王。以:介詞。[5]莫:否定性的無定代詞,没有人,没有誰。道路以目:在路上相遇,只能用目光示意。指敢怒而不敢言。

王喜,告邵公曰:"吾能弭謗矣,乃不敢言[1]。"邵公曰:"是障之也[2]。防民之口,甚於防川[3]。川壅而潰[4],傷人必多,民亦如之。是故爲川者决之使導,爲民者宣之使言[5]。故天子聽政[6],使公卿至於列士獻詩[7],瞽獻曲[8],史獻書[9],師箴[10],瞍賦[11],矇誦[12],百工諫[13],庶人傳語[14],近臣盡規[15],親戚補察[16],瞽、史教誨[17],耆、艾修之[18],而後王斟酌焉[19],是以事行而不悖[20]。民之有口,猶土之有山川也[21],財用於是乎出[22];猶其有原隰衍沃也[23],衣食於是乎生。口之宣言也,善敗於是乎興[24],行善而備敗[25],其所以阜財用、衣食者也[26]。夫民慮之於心而宣之於口,成而行之,胡可壅也[27]?若壅其口,其與能幾何[28]?"王不聽,於是國人莫敢出言,三年,乃流王於彘[29]。

【注釋】

[1]弭(mǐ):止,消除。乃:就,於是。[2]是:指示代詞,此。障:堵塞,阻擋。[3]防:本義是堤壩,這裏用作動詞,堵塞。甚:超過,勝過。防川:在河道上築壩堵水。川:河流。[4]壅(yōng):堵塞。潰:水破堤而出。[5]爲川:治理河道。爲:動詞,這裏可譯爲"治理"。决:打開决口,導引水流。導:疏通。爲民:治理百姓。宣之:使之宣泄,使之發洩。[6]聽政:處理政事。聽:處理。[7]公卿:指三公和卿。周代三公太師、太傅、太保,是周代的最高官職。卿爲最高的執政官員,分上、中、下三級。列士:周代士分爲上、中、下三等,天子之上士稱列士或元士,以區别於諸侯之士。士的職位次於大夫。詩:這裏指采自民間的諷誦歌謡。[8]瞽(gǔ):無目者。古代多以瞽者爲樂官,因而也指樂官。曲:指反映民情的樂曲。[9]史:史官,主管文書、典籍。書:指歷史典籍。[10]師:指樂師。箴(zhēn):一種以規誡爲主題的文體。這裏指用箴告誡、規諫。[11]瞍(sǒu):眼中没有瞳仁的盲人。賦:公卿列士所獻的詩,這裏指朗誦這些詩。[12]矇(méng):有眸子而不能見物的盲人。誦:指背誦用於規諫的文辭。[13]百工:各種手藝人。諫:下對上規勸。[14]庶人:平民百姓。傳語:通過官吏向上傳遞自己的意見。[15]盡規:盡力規諫。[16]親戚:指父母兄弟等家人。補:指彌補過失。察:指明察是非。[17]樂師用樂曲、史官用典籍來教導天子。[18]耆、艾:泛指老人,這裏是指天子的師傅和朝中的老臣。耆:六十歲的老人。艾:五十歲的老人。修:整治,這裏指整理瞽、史之教誨(以供天子參考)。[19]斟酌:考慮取捨。焉:指示代詞兼語氣詞,相當於"於此","此"是指上述各種意見。[20]是以:因此。事行:指政令通行。悖(bèi):逆,違背。[21]猶:猶如,等於是。[22]財用:財物。於是乎出:從這裏産出。乎:句中語氣詞,可以不譯。[23]原:寬闊

平坦之地。隰(xí):低下潮濕的土地。衍(yǎn):低下而平坦的土地。沃:有河流可資灌溉的土地。[24]宣言:發表議論。善敗:指好的和不好的政令。興:興起,產生。[25]行善:施行大家認爲好的(政令)。備敗:防範大家認爲不好的(政令)。[26]所以阜財用、衣食者:所字結構,指用來使財用衣食增多的辦法。所:輔助性代詞,用在介詞或動詞的前面構成一個名詞性的結構。以:介詞,表示憑藉或方式。阜(fù):厚,多。這裏是形容詞用作使動,使……增加、豐富。衣食:指吃穿用度等生活資料。[27]夫(fú):句首語氣詞,表示要發議論。成:指考慮成熟。行:指發表言論。胡:疑問代詞,怎麽。[28]與:贊同,幫助。這裏指贊同、幫助的人。幾何:多少。[29]三年:指過了三年。流:放逐。彘(zhì):地名,在今山西省霍縣境内。

叔向賀貧[1]

叔向見韓宣子[2],宣子憂貧,叔向賀之。宣子曰:"吾有卿之名,而無其實[3],無以從二三子[4],吾是以憂[5],子賀我何故?"

【注釋】

[1]本文選自《國語・晋語八》。叔向:晋大夫,羊舌氏,名肸(xī)。韓起是晋國的正卿,爲自己缺乏財富跟卿大夫交往而發愁。叔向則認爲一個人應該擔憂自己的德行不立,而不應當擔憂財物的不足。文中以欒、郤兩家作對比,充分説明了清貧有德的可賀和富寵驕泰的可憂。貧:貧窮。[2]韓宣子:名起,晋國正卿。[3]其實:指正卿的財産收入。實:財物,財富。[4]無以:動詞"無"與介詞"以"組成的習用結構,意思是没有什麽用來。從:參與其事。二三子:幾個人。[5]是以:因此。

對曰:"昔欒武子無一卒之田[1],其宫不備其宗器[2],宣其德行,順其憲則[3],使越於諸侯[4],諸侯親之,戎、狄懷之[5],以正晋國,行刑不疚,以免於難[6]。及桓子驕泰奢侈[7],貪慾無藝[8],略則行志[9],假貸居賄[10],宜及於難[11],而賴武之德,以没其身[12]。及懷子改桓之行[13],而修武之德,可以免於難[14],而離桓之罪,以亡於楚[15]。夫郤昭子[16],其富半公室,其家半三軍[17],恃其富寵[18],以泰於國,其身尸於朝,其宗滅於絳[19]。不然,夫八郤,五大夫三卿[20],其寵大矣,一朝而滅[21],莫之哀也,唯無德也[22]。今吾子有欒武子之貧,吾以爲能其德也[23],是以賀。若不憂德之不建,而患貨之不足[24],將弔不暇,何賀之有[25]?"

【注釋】

[1]欒武子:名書,謚號武子,晋正卿。一卒之田:指百頃田地。正卿應該有一旅之田五百頃,

百頃是上大夫應有的田畝數。[2]宫:室。秦以前,所有的房屋都可以叫宫。秦以後,只有帝王居住的地方和某些寺廟可以稱宫。宗器:宗廟祭祀時用的器物,即祭器。[3]憲則:法度。[4]即"使之越於諸侯"的省略,使他的聲名超越了諸侯。越:本義是跨過,引申爲超出。[5]懷:指歸順。[6]正:使正直。刑:法。疚:病。不疚:没有弊端。以免於難:而樂書避免了(因爲殺害晋厲公,立悼公的)詰難。[7]及:到了。桓子:樂書的兒子黶。泰:放縱。[8]藝:準則,限度。[9]略則:輕視法律。行志:按照自己個人的意願做事。[10]放債蓄積財物。假貸:放債,借債。居:蓄積。賄:財物。[11]宜及於難:應該遇到災禍。[12]没其身:見《老子》第十六章"没身不殆",終身没有危險。没:盡、完。[13]懷子:桓子的兒子盈。[14]可以:"可以之"的省略。可:可以。以:介詞,表示用、依據。之:代詞,代前面所説的改桓子的惡行,修武子的德行。[15]而:表示轉折。離:通"罹",遭到,遭受。亡:出奔,逃亡。[16]郤昭子:郤至,晋卿。[17]其富半公室:大意是郤家財富有公室一半那麽多。公:諸侯國的國君。半:占一半。數詞用作動詞。家:卿大夫的領地。三軍:春秋時大國設三軍。晋有中軍、上軍、下軍。[18]恃:依靠,依仗。寵:榮耀。[19]其身尸於朝:大意是:郤昭子被殺以後,將他的屍體擺放在朝廷上示衆。身:身軀,這裏指屍體。尸:陳尸。宗:祭祀祖先的宗廟,這裏指郤氏的宗廟。絳:晋國的舊都,郤氏宗邑。[20]五大夫:有五人爲大夫。三卿:指郤錡、郤犨、郤至。[21]一朝而滅:在很短的時間裏滅亡。朝:本義是"早晨",在這裏指很短的時間。[22]莫之哀:没有人爲他感到悲哀。在這個否定句中,代詞"之"作"哀"的前置賓語。莫:否定性無定代詞,没有人或没有誰。唯無德也:是因爲没德政。唯:句首語氣詞。[23]吾子:古人用"子"表示對男子的尊敬,加上"吾"表示親近。能其德:能够發揚、推廣他(指樂武子)的德行。能:在這裏作實義動詞。[24]如果不擔憂德行没有建樹,却擔心財物不够。若:假設連詞。之:主謂間連詞,取消其獨立性。[25]弔:祭奠死者。不暇:没有時間。何賀之有:"有何賀"的倒置形式,意思是:有什麽可祝賀的呢?之:指示代詞,複指前置賓語"何賀"。

宣子拜,稽首焉,曰:"起也將亡,賴子存之,非起也敢專承之,其自桓叔以下嘉吾子之賜[1]。"

【注釋】

[1]這幾句話的意思是:我啊將要遭到滅頂之灾,是依賴了您這一番話才得以幸存,我是不敢一人獨自承受您的教誨的,恐怕從桓叔以下的很多人都要感謝您的恩賜呢!也:句中語氣詞,起調節音節作用。專:單獨,獨自。桓叔:韓氏祖先曲沃桓叔。嘉:贊許,這裏有感謝的意思。在這裏,宣子是表達心中的敬意,同時也是一種客套。

句踐滅吴[1]

越王句踐棲於會稽之上[2],乃號令於三軍[3],曰:"凡我父兄昆弟及國子姓，有能助寡人謀而退吴者，吾與之共知越國之政[4]。”大夫種進對曰[5]：“臣聞之賈人[6]，夏則資皮，冬則資絺，旱則資舟，水則資車，以待乏也[7]。夫雖無四方之憂，然謀臣與爪牙之士[8]，不可不養而擇也。譬如蓑笠，時雨既至必求之[9]。今君王既棲於會稽之上，然後乃求謀臣，無乃後乎[10]？”句踐曰：“苟得聞子大夫之言，何後之有[11]？”執其手而與之謀。

【注釋】

[1]本文選自《國語・越語上》。公元前494年，吴王夫差在夫椒大敗越軍，越王句（gōu）踐派大夫文種向吴國求和。當時夫差一心要同北方大國争霸，不采納大臣伍子胥的忠言，輕信伯嚭（pǐ）媚言，對越國失去了應有的警惕，答應媾和。越王句踐則利用了這個時機，忍辱負重，招賢納諫，勵精圖治，經過長期的艱苦奮鬥，最終達到了滅吴復仇的目的。全篇叙事簡明扼要，文字質樸無華，寫出了各個人物的個性。句踐：春秋時越王，公元前496年即位，卒於公元前465年。亦寫作“勾踐、鳩踐”。[2]棲：居住，停留。這裏指駐兵山上。會（kuài）稽：山名，在今浙江省紹興市東南。[3]三軍：泛指軍隊。[4]昆弟：兄弟。國子姓：國中的同姓，這裏泛指百姓。知：主持。“知政”即任命他爲卿相。[5]種：姓文名種，字子禽，楚國郢人。曾任楚國宛（今河南省南陽市）令，後任越國大夫。與范蠡同事句踐，出計滅吴，成功之後被句踐賜劍自殺。[6]賈（gǔ）人：商人。[7]資：蓄積。絺（chī）：細葛布。水：指水災，發大水。待：等待。乏：缺乏，缺少。[8]四方之憂：指四鄰各國的進攻侵擾。爪牙之士：得力幹將，這裏指武將。[9]蓑（suō）笠：蓑衣和斗笠。時雨：應時而下的雨。[10]無乃……乎：固定的句型結構，表示語氣委婉的問話，相當於“恐怕……吧”。後：遲，晚。[11]苟：假設連詞，相當於“假如、如果”。得：能願動詞，能够。子大夫：指文種。“子”是古代對男子的尊稱，在“大夫”之前加上“子”也是表敬稱。何後之有：“有何後”的倒置形式。之：指示代詞，複指前置賓語。

遂使之行成於吴[1]，曰：“寡君句踐乏無所使[2]，使其下臣種，不敢徹聲聞於天王[3]，私於下執事曰[4]：寡君之師徒不足以辱君矣[5]，願以金玉、子女賂君之辱[6]，請句踐女女於王[7]，大夫女女於大夫，士女女於士。越國之寶器畢從[8]，寡君帥越國之衆，以從君之師徒，唯君左右之[9]。若以越國之罪爲不可赦也[10]，將焚宗廟，係妻孥，沈金玉於江[11]，有帶甲五千人將以致死，乃必有偶[12]。是以帶甲萬人事君也[13]，無乃即傷君王之所愛乎[14]？與其殺是人也，寧其得此國也，其孰利乎[15]？”

【注釋】

[1]行成：求和，指春秋時代諸侯國之間訂立和議。成：和解，講和。[2]乏：缺乏，這裏指缺乏

合適的人才。無所使:没有可派遣的人。所:輔助性代詞,和後面的動詞“使”構成名詞性結構。使:派遣。[3]徹聲:傳達意見,指傳達越王句踐的意思。徹:通,達。聞:這裏有告知的意思。天王:這裏指吴王夫差。[4]意思是:不敢直接向吴王表達意見,只能向吴王的下屬私下裏説,以此表達對吴王威望的一種尊重。這些都是外交辭令。私:動詞,指私下交談。下執事:下面管事之人,指吴王的下屬。這是春秋時代常用的表敬辭,並非實指。[5]師徒:兵士,軍隊。不足以辱君:意思是不值得夫差親自來討伐。[6]賂:贈送人禮物。辱:表敬副詞,這裏的意思是我們用金玉、女子贈送給大王您,這是對您的辱没。[7]請:表敬副詞,請允許。女(nǜ)於王:作吴王的婢妾。女:名詞活用作動詞,意思是作婢妾。下文“女於大夫、女於士”中的“女”用法相同。[8]畢從:全部隨同(進獻吴國)。[9]帥:動詞,率領。唯:語氣詞,在這裏表示期望語氣。左右:支配。[10]赦:赦免。[11]宗廟:古代帝王或諸侯祭祀祖宗的處所。係妻孥:把妻子兒女捆綁起來。表示生死同命,决不做吴國的俘虜。係:繫,捆綁。孥(nú):兒女。沈(chén):沉没,可作及物動詞。[12]帶甲:指披甲的將士。致死:拼命。乃必有偶:於是一定有加倍的勇氣,意思是一個人當兩個人用,所以下文説“帶甲萬人”。[13]是:此,指示代詞,指前文若不許和,越軍將决一死戰的情况。事君:侍奉您(吴王)。這也是外交辭令,實際上指前文的“致死”,即拼死一戰。[14]即:副詞,就要。所愛:喜歡的東西,指金玉、女子等。[15]與其……,寧其……:連詞,表示在兩件事中間進行選擇。孰:疑問代詞,相當於“哪一個”。

夫差將欲聽與之成[1],子胥諫曰:“不可。夫吴之與越也,仇讎敵戰之國也[2]。三江環之,民無所移[3],有吴則無越,有越則無吴,將不可改於是矣[4]。員聞之,陸人居陸,水人居水。夫上黨之國[5],我攻而勝之,吾不能居其地,不能乘其車。夫越國,吾攻而勝之,吾能居其地,吾能乘其舟。此其利也,不可失也已,君必滅之。失此利也,雖悔之,必無及已[6]。”

【注釋】

[1]與之成:與它(越國)媾和。[2]子胥:伍子胥,名員(yún)。其父兄被楚平王殺害,逃到吴國,成爲吴王的重要謀臣。吴封之於申,又名申胥。讎(chóu):仇敵。[3]三江:指吴淞江、錢塘江、浦陽江。環:繞。之:代吴、越兩國。無所移:没有可遷移的地方。[4]是:指示代詞,指前面所舉的情况,即“三江環之,民無所移,有吴則無越,有越則無吴”。[5]上黨之國:指中原各國。上黨:高處。《釋名·釋州國》:“上黨:黨,所也。在山上,其所最高,故曰上也。”黨:處所,地方。當時的中原各國,陸多水少,相對吴越水多陸少而言,地勢較高,故稱“上黨之國”。[6]大意是:錯過這種有利形勢,將來就算後悔都來不及了。

越人飾美女八人納之太宰嚭[1],曰:“子苟赦越國之罪,又有美於此者將進之[2]。”太宰嚭諫曰:“嚭聞古之伐國者,服之而已。今已服矣,又何求焉?"夫差與之成而去之[3]。

【注釋】

[1]飾:修飾,打扮。納:獻,貢獻。太宰:官名,爲天官之長,輔佐帝王治理國家。嚭:姓伯名嚭,本爲楚人,公元前551年因内亂逃奔吴。《左傳・定公四年》:"楚之殺郤宛也,伯氏之族出。伯州犁之孫嚭爲吴大宰以謀楚。"[2]美於此:比這(些美女)更美的。於:介詞,引進比較的對象。進:進獻。[3]服:降服。何求:求何,求什麽。何:疑問代詞作賓語,前置。去之:離開它(越國)。

句踐説於國人曰[1]:"寡人不知其力之不足也[2],而又與大國執讎[3],以暴露百姓之骨於中原[4],此則寡人之罪也。寡人請更[5]。"於是葬死者,問傷者,養生者,弔有憂,賀有喜,送往者,迎來者,去民之所惡[6],補民之不足。然後卑事夫差[7],宦士三百人於吴[8],其身親爲夫差前馬[9]。

【注釋】

[1]説於國人:向國人解釋。説:解説。於:介詞,引進動詞"説"的對象。[2]其:這裏指代句踐自己。[3]執讎:結成仇怨。[4]大意是:使越國百姓屍骨暴露在荒野之中。暴(pù):暴露。中原:即"原中",指原野之中。[5]更(gēng):改。[6]問:問候。弔:哀悼,慰問。所惡:不喜歡的事情。惡(wù):厭惡。[7]卑事:降低自己的身份去服侍。卑:低賤。事:侍奉,服侍。[8]派三百名士人到吴國去做他們的臣仆。宦:宫中服役的僕隸。這裏用作使動,使(士)作奴隸、僕人。[9]前馬:馬前卒,前驅開道的人。

句踐之地,南至於句無,北至於禦兒,東至於鄞,西至於姑蔑[1],廣運百里[2]。乃致其父母昆弟而誓之曰[3]:"寡人聞,古之賢君,四方之民歸之,若水之歸下也。今寡人不能,將帥二三子夫婦以蕃[4]。"令壯者無取老婦[5],令老者無取壯妻。女子十七不嫁,其父母有罪;丈夫二十不取,其父母有罪。將免者以告,公令醫守之[6]。生丈夫,二壺酒,一犬;生女子,二壺酒,一豚[7]。生三人,公與之母;生二人,公與之餼[8]。當室者死,三年釋其政;支子死[9],三月釋其政。必哭泣葬埋之,如其子[10]。令孤子、寡婦、疾疹、貧病者,納宦其子[11]。其達士[12],絜其居[13],美其服,飽其食,而摩厲之於義[14]。四方之士來者,必廟禮之[15]。句踐載稻與脂於舟以行[16],國之孺子之遊者,無不餔也,無不歠也[17],必問其名。非其身之所種則不食,非其夫人之所織則不衣,十年不收於國,民俱有三年之食[18]。

【注釋】

[1]句(gōu)無:山名,在今浙江諸暨縣南,今諸暨有句無亭。禦兒(ní):地名,今浙江嘉興禦兒鄉。鄞(yín):地名,在今浙江寧波市鄞縣。姑蔑:地名,今浙江衢縣龍遊北有姑蔑城。[2]廣運:指土地面積。東西爲廣,南北爲運。[3]致:招致,召集。誓之:對他們發誓。[4]帥:動詞,率領。二三子:春秋時代表示複數的習慣用語,大致相當於"你們、他們",具體所指據上下文而定,這裏指前文的"父母昆弟"。蕃:繁殖。[5]取:即"娶"。[6]免:即"娩",分娩。公:官府。守:看護。[7]丈夫:這裏指男孩。豚(tún):小豬。[8]生三人,生二人:指一胎生三個,一胎生兩個。母:指乳母。餼(xì):糧食。[9]當室者:嫡子。當:掌管。釋:免除。政:即"征",賦稅。支子:指庶子。[10]意思是:埋葬、哭泣都一定要像嫡子那樣(不得有所差别)。如:如同,像。其子:這裏指嫡子。其:指示代詞,可以譯爲"那個"。[11]疾疹(chèn):疾病。疹:通"疢",病。納宦其子:官府收納他們的兒子,並且讓這些孩子到官府服務。這句的結構是兩個動詞帶一個賓語。[12]達士:通達之士,指知名人物。[13]絜其居:使他們的居處潔净。絜:即"潔",在句中爲使動用法。下文"美、飽"也是使動用法。[14]摩厲之於義:在義理方面磨礪他們。摩厲:即"磨礪"。[15]廟禮之:在廟堂上接待他們。廟:名詞作狀語,表處所。禮:名詞活用作動詞,禮遇,以禮相待。[16]稻:大米,這裏指粥。脂:肥肉,這裏泛指肉類。[17]孺子:年輕人。遊者:未仕而遊學的人。餔(bǔ):(給食物)吃。歠(chuò):(給水)喝。[13]身:親自。衣(yì):穿(衣)。不收於國:不在國内徵收賦税。俱:都。三年之食:古有耕三餘一的制度。《禮記·王制》:"三年耕,必有一年之食;九年耕,必有三年之食。"

國之父兄請曰:"昔者夫差恥吾君於諸侯之國,今越國亦節矣,請報之[1]。"句踐辭曰:"昔者之戰也,非二三子之罪也,寡人之罪也。如寡人者,安與知恥[2]?請姑無庸戰[3]。"父兄又請曰:"越四封之内,親吾君也,猶父母也[4]。子而思報父母之仇,臣而思報君之讎,其有敢不盡力者乎[5]?請復戰[6]。"句踐既許之,乃致其衆而誓之曰[7]:"寡人聞古之賢君,不患其衆之不足也,而患其志行之少恥也[8]。今夫差衣水犀之甲者億有三千[9],不患其志行之少恥也,而患其衆之不足也。今寡人將助天滅之。吾不欲匹夫之勇也,欲其旅進旅退也[10]。進則思賞,退則思刑,如此則有常賞。進不用命,退則無恥,如此則有常刑[11]。"果行,國人皆勸[12]。父勉其子,兄勉其弟,婦勉其夫,曰:"孰是君也,而可無死乎[13]?"是故敗吴於囿,又敗之於没,又郊敗之[14]。

【注釋】

[1]恥吾君:使我們國君蒙受恥辱。恥:使動用法。節:在副詞"亦"後面活用作動詞,有氣節,

有節操。報之：向它（吳國）報仇。[2]如寡人者，安與知恥：這是句踐自謙之辭。意思是：像我這樣的人，哪裏懂得什麼叫做蒙受恥辱呢？安：疑問代詞，哪裏。[3]姑：姑且，暫且。無庸：不用。[4]這幾句話的意思是：越國境内的百姓，都親近（愛戴）我們的君主，把他看成是自己的父母。四封：四境，指（越國的）東西南北四境。封：疆界。[5]意思是：兒子如果想着爲父母報仇，臣子如果想着爲君主報仇，難道還會有敢不盡力的嗎？而：連詞，表示假設。其：語氣副詞，加强反詰語氣。[6]復：再次。[7]致：召集。[8]志行：志向和行爲。[9]衣（yì）水犀之甲者：穿水犀皮鎧甲的（將士）。億有三千：十萬三千。億：十萬，秦以前十萬爲億。有：通"又"。[10]匹夫之勇：個人的勇猛。旅進旅退：一起前進一起後退，意即行動統一聽指揮。《禮記・樂記》："今夫古樂，旅進旅退。"鄭玄注："旅猶俱也。俱進俱退，言齊一也。"[11]常賞：固定的賞賜，這裏指國家規定的賞賜。常刑：固定的刑罰，這裏指國家規定的刑罰。《周礼・地官・大司徒》："其有不正，則國有常刑。"常：固定的。[12]果行：果真實行（誓言）。勸：勉勵。[13]韋昭注："孰，誰也。誰有恩惠如是君者，可不爲之死乎？"無死：不爲他而死，"死"後面承前省略了賓語"之"。[14]囿（yòu）：地名，在今吳淞江一帶。一説即今太湖。没：吳地，所在不詳。郊敗之：在城郊打敗它（吳國）。郊：名詞作狀語，表處所。吳都城在姑蘇，即今江蘇省蘇州市。

夫差行成[1]，曰："寡人之師徒，不足以辱君矣[2]。請以金玉、子女賂君之辱。"句踐對曰："昔天以越予吳，而吳不受命；今天以吳予越，越可以無聽天之命[3]，而聽君之令乎！吾請達王甬、句東，吾與君爲二君乎[4]！"夫差對曰："寡人禮先壹飯矣[5]，君若不忘周室[6]，而爲弊邑宸宇[7]，亦寡人之願也。君若曰：'吾將殘汝社稷[8]，滅汝宗廟。'寡人請死，余何面目以視於天下乎[9]？越君其次也[10]！"遂滅吳[11]。

【注釋】

[1]行成：指去和句踐講和。[2]師徒：軍隊。辱：表敬副詞。辱没，恥辱。這裏是外交辭令，表示對句踐的尊敬。[3]昔：以前。予：給，給予。不受命：不接受天命，指没有滅掉越國。無：不。[4]達王甬、句（gōu）東：把您（吳王）送到甬、句以東去。達：到達，這裏用作使動，使……到達，即遣送的意思。甬：甬江。句：句章，今浙江慈溪縣西南。《左傳》和《史記》都記作"甬東"，近人徐元誥認爲，甬東即今浙江定海東北海中之舟山（見《國語集解》卷二十）。吾與君爲二君：大意是我和你一起做越國的兩個國君（這顯然是不可能的，只是句踐要滅吳的委婉説法）。[5]禮先壹飯：按禮節（吳）先（對越）有壹飯之恩。禮：名詞用作狀語，表依據禮節。先：動詞，先有。壹飯：壹飯之恩，小小的恩惠，指夫差曾經没有滅越國一事。[6]不忘周室：吳是泰伯之後，是周之同姓。越是周所始封，所以夫差希望句踐看在周王朝的份上，與自己講和。[7]意思是：吳國願意被越國保護，即以越國爲吳國的宗主國。爲弊邑宸（chén）宇：做我國的屋霤與屋檐（保護者）。宸：屋霤。宇：屋檐。宸宇有庇護作用。[8]殘：本義是殺害，引申爲毁懷。社：土地神。稷（jì）：穀神。古之國君祭祀時必祭土地神和穀神，社、稷滅則

國滅,故古代常用“社稷”代稱國家。[9]余何面目以視於天下乎:我憑什麼臉面去面對天下人呢?這是“余以何面目視於天下乎”的倒置形式。“何面目”作介詞“以”的前置賓語。於:介詞,引進動作“視”的對象。[10]其:語氣副詞,表示委婉語氣,可譯爲“還是”。次:舍,進駐,指進駐到吴國的領土上。[11]遂:副詞,於是。

戰國策

【解題】

《戰國策》簡稱《國策》。相傳爲戰國時期各國史官或策士輯録的歷史資料,又有《國策》、《國事》、《事語》、《短長》、《長書》等不同名稱。這部書記録了戰國時期的歷史,具有很高的史料價值。西漢時,劉向對這些材料進行了整理,按照東周、西周、秦、齊、楚、趙、魏、韓、燕、宋、衛、中山等十二國次序,删去重複的部分,編定爲 33 篇,並定名爲《戰國策》。東漢高誘曾爲之作注。《戰國策》流傳到北宋的時候,正文和注解都有散佚的情況,曾鞏作了校補工作。到了南宋,在曾鞏校補本的基礎上,出現了兩種新本子:一種是姚宏的續注本;另一種是鮑彪的重定次序的新注本。元代吴師道在鮑本基礎上又作了補正。1973 年長沙馬王堆三號漢墓中出土了帛書《戰國縱横家書》,共有 27 篇,其中 11 篇的内容曾見於今本《戰國策》和《史記》。

這部著作主要記載當時謀臣、策士遊説各個諸侯國,以及互相辯論時所提出的政治主張和鬥争策略,反映了戰國時期各個國家、各個政治集團之間尖鋭複雜的矛盾和鬥争。由於這部書不是出於一人之手,也並非一家之言,前後難免有相互矛盾之處。作爲一部歷史著作,《戰國策》中有些史料是不太真實的,往往誇大遊説之士在當時的政治鬥争中所起的作用,但在中國文學史上它有很高的價值。此書的文字生動流暢,人物逼真,善於用寓言、故事來説明抽象的道理,是一部著名的散文集,當然更是一部研究戰國歷史的重要文獻。本教材文選所依據的版本是上海古籍出版社 1978 年出版的《戰國策》點校本,個别標點有所改動。原書無題目,以下各篇的題目均爲編者所加。

蘇秦拜相[1]

蘇秦始將連横,説秦惠王曰[2]:“大王之國,西有巴、蜀、漢中之利[3]，北有胡貉、代馬之用[4]，南有巫山、黔中之限[5]，東有肴、函之固[6]。田肥美，民殷富[7]，戰車萬乘，奮擊百萬[8]，沃野千里，蓄積饒多[9]，地勢形便，此所謂天府，天下之雄國也[10]。以大王之賢，士民之衆，車騎之用[11]，兵法之教，可以併諸侯，吞天下，稱帝而治[12]。願大王少留意，臣請奏其效[13]。"

【注釋】

[1]本文選自《戰國策・秦策一》。這是一篇生動的人物傳記。全文按時間先後順序，先寫蘇秦入秦遊説，用"連横"的主張遊説秦惠王，但不爲所用。説秦失敗後，蘇秦痛感自己知識才幹不足，遂發憤攻讀，一年後改用"合縱"的策略去遊説趙肅侯，取得成功，封侯拜相，權傾六國，達到了功成名遂的目的。蘇秦：生年不詳，約卒於公元前284年，字季子，東周洛陽（今河南洛陽）人。戰國中期縱横家的代表人物。主要從事合縱抗秦的事業，最顯赫的時候曾以一人之身佩六國相印。連横：西方的秦國聯合山東的個别國家，采取各個擊破的方針，最終實現消滅六國、統一中國的一種外交、政治和軍事策略。反之，山東六國，由北到南結成統一的陣線，共同對付秦國的蠶食，叫"合縱"。從地理上看，東西方向爲横，南北方向爲縱，故當時這兩種軍事外交政策，分别稱爲"連横"和"合縱"。説（shuì）：遊説，勸説。[2]秦惠王：秦國國君，姓嬴，名駟，秦孝公之子，公元前337年至前311年在位。[3]巴：指今重慶市及四川東部一帶。蜀：指今以成都爲中心的四川西部一帶。巴、蜀都是古代的國家名稱，當時已經被秦國兼併。漢中：在今陝西省南部。利：可資利用的東西，與下文中的"用"義近。[4]胡：指當時北方少數民族所居之地。貉：音hé。代：在今山西省東北部和河北蔚縣一帶。用：可用的東西。[5]巫山：今重慶市與湖北省之間的山脈，北接大巴山，長江穿流其中，形成著名的三峽。黔中：在今湖北、湖南、貴州交界處。限：阻隔，指險阻之地。[6]肴：即崤（xiáo）山，在今河南省西部，當時此山以西爲秦國，以東爲中原各國。函：函谷關，在今河南省靈寶縣東北，戰國時秦置。此關東自崤山，西至潼津，地形十分險要，爲當時秦國東邊的重要門户和戰略要地。固：堅固，指堅固的險要之地。[7]殷：富。"殷富"即富裕，同義連用。[8]乘：四馬一車爲一乘。奮擊：指奮力作戰的士兵。[9]饒：多。"饒多"即多、豐富，同義連用。[10]地勢形便：地理上占優勢，地形上有便利。天府：天然的倉庫，指物産豐富的地區。府：府庫，倉庫。雄國：强國。雄：强。[11]以：介詞，憑，憑藉。騎（jì）：騎兵。[12]可以：可以用來。"以"後面省略介詞賓語"之"。併：兼併。吞：吞併。而：順接連詞，可不譯。治：治理，指治理天下。[13]少（shāo）：程度副詞，稍微。請：表敬副詞。奏：陳述，特指向君主進言。效：效用，效果。

秦王曰："寡人聞之，毛羽不豐滿者不可以高飛[1]，文章不成者不可以誅罰[2]，道德不厚者不可以使民[3]，政教不順者不可以煩大臣[4]。今先生儼然不遠千里而庭教之[5]，願以異日[6]。"

【注釋】

[1]可以：可以用來。"以"後面省略介詞賓語"之"。後面三個"可以"與此相同。[2]文章：指

法令規章。誅罰：懲罰。誅：指責。[3]使：使唤，動用。[4]煩：勞，使……辛勞。[5]儼然：莊嚴的樣子。不遠千里：不以千里爲遠。遠：形容詞的意動用法。庭：通“廷”，朝廷，名詞作狀語，意思是“在朝廷上”。之：指示代詞，這裏代秦王自己。[6]以：介詞，引進時間，可以譯成“在”。異日：他日。

蘇秦曰：“臣固疑大王之不能用也[1]。昔者神農伐補遂[2]，黄帝伐涿鹿而禽蚩尤[3]，堯伐驩兜[4]，舜伐三苗[5]，禹伐共工[6]，湯伐有夏[7]，文王伐崇[8]，武王伐紂[9]，齊桓任戰而伯天下[10]。由此觀之，惡有不戰者乎[11]？古者使車轂擊馳[12]，言語相結[13]，天下爲一[14]；約從連横，兵革不藏[15]；文士並餝，諸侯亂惑[16]；萬端俱起，不可勝理[17]。科條既備，民多僞態[18]；書策稠濁，百姓不足[19]；上下相愁，民無所聊[20]；明言章理，兵甲愈起[21]；辯言偉服，戰攻不息[22]；繁稱文辭，天下不治[23]；舌弊耳聾[24]，不見成功；行義約信，天下不親[25]。於是，乃廢文任武，厚養死士[26]，綴甲厲兵，效勝於戰場[27]。夫徒處而致利，安坐而廣地[28]，雖古五帝、三王、五伯[29]，明主賢君，常欲坐而致之，其勢不能，故以戰續之[30]。寬則兩軍相攻，迫則杖戟相橦[31]，然後可建大功。是故兵勝於外，義强於内[32]；威立於上，民服於下。今欲併天下，凌萬乘[33]，詘敵國，制海内，子元元，臣諸侯[34]，非兵不可！今之嗣主，忽於至道[35]，皆惛於教[36]，亂於治，迷於言，惑於語，沈於辯，溺於辭。以此論之，王固不能行也[37]。”

【注釋】

[1]固：情態副詞，本來。[2]神農：傳説中的遠古帝王，傳説他制作農具，教民耕作，使先民由采集漁獵時代過渡到農耕時代。補遂：遠古部落名。又寫作“輔遂”。[3]黄帝：傳説中我國中原華夏民族的共同祖先，號軒轅氏。涿(zhuō)鹿：山名，在今河北省涿鹿縣。禽：即“擒”，捕獲，俘獲。蚩尤：傳説中南方九黎部落的首領。[4]堯：古帝名，名放勳，即陶唐氏。驩(huān)兜：堯時的惡臣。[5]舜：古帝名，繼堯而立，名重華，即有虞氏，後來傳位給禹。三苗：亦稱有苗，古代南方的部落名。[6]禹：古帝名，傳説中平治洪水的英雄，奉舜之命繼其父鯀(gǔn)治理洪水。治水成功後，繼承帝位，從而建立夏朝。共(gōng)工：水官，名康回。一説爲遠古時代的部落首領。[7]湯：商湯王，商朝開國君主。有夏：即夏朝，此指夏朝的末代暴君桀。[8]文王：即周文王，姬姓，名昌，號西伯。崇：諸侯國名，在今陜西鄠縣東，其君主崇侯虎助紂爲虐，被文王所滅。[9]武王：名發，周文王的兒子，西周開國君主。紂：殷朝末代暴君殷紂王。[10]齊桓：即齊桓公，姜姓，名小白，春秋五霸之一。任：用。伯：同“霸”。[11]惡(wū)：疑問代詞，哪裏。[12]車轂擊馳：應當理解爲“車馳轂擊”，意思是：車輛奔馳，車轂互相撞擊，形容

各諸侯國的外交使節頻繁地奔馳在道路上。轂(gǔ):車輪的中心部分,外以承輻,中有圓孔用以插軸。這裏用"轂"來指代整個車輪。[13]言語:這裏指外交協定。相結:互相結爲盟友。[14]指天下成爲一個統一的整體。[15]約從:即合縱。從:即"縱"。兵革不藏:兵器和鎧甲不收藏起來,指戰爭不斷。[16]文士:辯士。並:都,紛紛。餝:即"飾",一作"飭"(chì),巧的意思,即巧飾言辭。亂惑:指思想混亂,不知所從。惑:疑,疑惑。[17]萬端:指各種各樣的事情。俱:副詞,一起。起:産生,發生。勝(shēng)理:全部處理好。勝:盡,全部。理:治理,處理。[18]科條既備:指各種規定都已完全。科條:法律條文。科:法律,法令。僞:假,虚假。態:態度,行爲。[19]書策:書籍簡册,指法令文書。稠濁:繁多而混亂。不足:貧困。足:富裕。[20]上下相愁:指君臣上下爲上述情況感到憂愁。上下:這裏指君臣。民無所聊:指人民没有所依靠的生活資料。聊:賴,依靠。[21]明言章理:話講得明白,道理講得清楚。章:即"彰",彰顯,明白。章、明:這裏都用作使動。兵甲:兵器和鎧甲,這裏指戰爭。[22]辯言偉服:指遊説之士使其辭令雄辯,使其服裝華美。辯、偉:在這裏都用作使動。息:休,停。[23]繁稱文辭:策士治國的辭令紛繁華麗。繁:紛繁,多。稱:稱引,引用。文:文采,這裏有"修飾"的意思。繁、文:在這裏都用作使動。不治:治理得不好。[24]説話者説得舌弊,聽話者聽得耳聾。這是一種誇張的説法。弊:敗,壞,磨破。[25]行義約信:實行道義,以誠信相約束。約信:約之以信。約:約束。信:誠信。不親:不親近。[26]任:使用。死士:敢於效死之士。[27]綴:連。厲:即"礪",磨刀石,這裏作動詞,磨礪。效勝:取勝。效:致,取得,得到。[28]夫(fú):句首語氣詞,表示要發議論。徒:副詞,但,只,指什麽事情也不做。處:坐。致:得到。廣地:擴大土地。廣:使動用法。[29]雖:即使。五帝:我國上古時期的五個帝王,有不同的説法,一般指黄帝、顓頊、帝嚳(kù)、唐堯、虞舜。三王:指夏、商、周三朝的開國君主。五伯(bà):即五霸,指春秋時的五個霸主,其説不一,一般指齊桓公、晋文公、秦穆公、楚莊王、宋襄公。[30]勢:形勢。續:繼續,延續。[31]寬:指兩軍的距離較遠。迫:近,指兩軍的距離較近。杖戟(jǐ):持戟。杖:這裏作動詞,拿着。戟:古代兵器,是戈和矛的結合物,一端裝有矛頭(槍尖),側面有戈刀。橦(chōng):當作"撞",衝擊。[32]是故:因此。外:國外。義:道義。内:國内。[33]凌萬乘(shèng):凌駕擁有萬乘兵車的大國。[34]詘:通"屈",這裏用作使動,使……屈服。子元元:以元元爲子,即統治天下的百姓。子:名詞活用作使動。元元:指百姓。臣:名詞活用作使動,臣服。[35]嗣主:繼任的君主。忽:忽視,忽略。至道:最高的道理。[36]惛(hūn):不明,糊塗。教:教習。[37]固:情態副詞,本來。行:實行,指實行霸事。

説秦王書十上而説不行[1]。黑貂之裘弊,黄金百斤盡,資用乏絶,去秦而歸[2]。羸縢履蹻,負書擔橐[3],形容枯槁,面目犂黑,狀有歸色[4]。歸至家,妻不下紝,嫂不爲炊[5],父母不與言。蘇秦喟嘆曰:"妻不以我爲夫,嫂不以我爲叔,父母不以我爲子,是皆秦之罪也[6]。"乃夜發書,陳篋數十[7],得《太公陰符》之謀,伏而誦之,簡練以爲揣摩[8]。讀書欲睡,引錐自刺其股[9],血流至足。曰:"安有説人主不能出其金玉錦繡[10]、取卿相之尊者乎?”期年揣摩成[11],曰:“此真可以説當世之君矣!”

【注釋】

[1]説(shuì):遊説,勸説。書:指進獻給秦王的書奏。十上:指進獻了十次。説(shuō):指蘇秦的言論、主張。[2]裘:毛皮衣。弊:壞。資用。乏絶:錢財和食物全部耗盡。去:離開。[3]羸縢:打著裹腿。羸(léi):通“累”或“縲、纍”,纏繞。縢:綁腿布。履蹻(jué):穿著草鞋。蹻:即“屩”(jué),草鞋。橐(tuó):一種較小的口袋。[4]形容:體態,身體。枯槁:憔悴。犁:通“黧”,黑色。狀:狀態,指樣子,表情。歸(kuì):通“愧”,慚愧。[5]紝(rèn):織布帛的絲縷,這裏指織機。炊:煮飯。[6]喟(kuì):一本作“喟然”,嘆息的樣子。是:指示代詞,此。[7]發:打開。陳:擺出。篋(qiè):書箱。[8]《太公陰符》:指《陰符經》,相傳是周武王的軍師姜太公吕望著的一部兵書。簡練:指精心研習,選取精要。揣摩:反復琢磨。[9]睡:打瞌睡。引:拿過來。股:大腿。[10]安:疑問代詞,哪裏。説(shuì):遊説,勸説。出:這裏用作使動,使……出來。[11]期(jī)年:一年,指整整一年。

於是乃摩燕烏集闕[1],見説趙王於華屋之下,抵掌而談[2]。趙王大悦,封爲武安君,受相印[3]。革車百乘,綿繡千純[4],白璧百雙,黄金萬溢[5],以隨其後,約從散横[6],以抑强秦。

【注釋】

[1]摩:迫近,走到。燕烏集闕:趙國的宫闕名。闕:宫殿前面兩邊的樓臺。[2]華屋:即“夏屋”,大房屋,這裏指宫殿。“華、夏”二字古音相近,意義相通。夏:大。抵掌而谈:形容谈得非常投機、高興。抵掌:即拍掌。姚宏本和鮑彪本此處都作“抵”,《説文·手部》:“抵,側擊也。從手氏聲。”段玉裁注:“按抵字今多訛作抵,其音義皆殊。”可見,此處抵當作“抵”(zhǐ),意思是拍擊。“抵(抵)掌而談”的意思是:談得投機的時候,高興地拍起手來了。[3]武安:趙地,今河北省武安市。受:即“授”,授予。[4]革車:一種兵車。乘(shèng):輛。純(tún):量詞,束,匹。[5]璧:通“璧”,古代一種玉器,扁平,圓形,中間有小孔。溢:通“鎰”,量詞,二十兩爲一鎰。[6]從(zòng):合縱。散:使動用法,使……解散。横:連横。

故蘇秦相於趙而關不通[1]。當此之時,天下之大,萬民之衆,王侯之威,謀臣之權,皆欲决蘇秦之策[2]。不費斗糧,未煩一兵,未戰一士,未絶一絃,未折一矢,諸侯相親,賢於兄弟[3]。夫賢人在而天下服,一人用而天下從[4]。故曰:式於政,不式於勇;式於廊廟之内[5],不式於四境之外。當秦之隆,黄金萬溢爲用[6],轉轂連騎,炫熿於道[7],山東之國,從風而服,使趙大重[8]。且夫蘇秦特窮巷掘門、桑户棬樞之士耳[9],伏軾撙銜,横歷天下[10],廷説諸侯之王,杜左右之口,天下莫之能伉[11]。

【注釋】

[1]相於趙:在趙任相。相:名詞活用作動詞,擔任相。關不通:指六國結成合縱陣線,將秦兵堵在函谷關以西。關:這裏指函谷關。[2]决:取决(於)。策:謀略。[3]戰:這裏用作使動,使……作戰。絶:斷。絃:弓弦。折:損失。矢(shǐ):箭。賢於:勝過。[4]在:指在位。用:被任用。[5]式:用。廊廟:指朝廷。[6]隆:隆盛,指蘇秦飛黄騰達之時。爲用:爲蘇秦所用,"爲"後面省略代詞"之"。[7]轉轂:指車輪轉動。轂:這裏代指車輪。連騎:指蘇秦的騎從一個接著一個地跟隨著。騎(jì):騎士。炫熿:同"炫煌",炫耀。[8]從風而服:像草隨風(而倒)那樣服從。重:尊。[9]且夫(fú):連詞,提起下文。特:範圍副詞,只,只是。窮巷:走不通的小巷,即一般所謂的半節巷。窮:堵塞不通。掘門:即"窟門",挖掘墻洞爲門。掘:通"窟"。桑户:以桑枝做門户。棬(quān)樞:以彎木做門軸。棬:彎曲的木頭。樞:固定門扇的軸。這些都是説蘇秦本是一個貧窮潦倒的人。[10]伏軾撙銜:意思是乘車。伏軾:雙手伏在車軾上面。軾:古代車廂前面作扶手的横木。撙(zǔn)銜:勒住馬嚼子。撙:勒住。銜:馬嚼子。横歷:遍歷,走遍。横:遍。歷:行,經歷。[11]廷:名詞作狀語,在朝廷上。杜:塞。莫之能伉:"莫能伉之"的倒置形式。伉:通"抗",抗衡,匹敵。

將説楚王,路過洛陽,父母聞之,清宫除道,張樂設飲,郊迎三十里[1]。妻側目而視,傾耳而聽;嫂虵行匍伏,四拜自跪而謝[2]。蘇秦曰:"嫂,何前倨而後卑也[3]?"嫂曰:"以季子之位尊而多金[4]。"蘇秦曰:"嗟乎!貧窮則父母不子,富貴則親戚畏懼[5]。人生世上,勢位富貴,蓋可忽乎哉[6]!"

【注釋】

[1]除:修整,打掃。張:鋪排,陳設。郊迎:到郊外迎接。郊:名詞作狀語,表處所。[2]虵行:像蛇那樣爬行。虵:同"蛇",這裏是名詞作狀語。匍伏:即匍匐,聯綿詞,趴倒在地。四拜:拜了四次。謝:道歉。[3]倨(jù):傲慢。卑:謙恭。[4]季子:蘇秦字季子。一説季子是嫂子對小叔的稱呼。[5]不子:不把(自己)當作兒子。子:這裏是名詞的意動用法。親戚:指父母兄弟妻嫂等家中親屬,與後世的含義不同。[6]蓋:通"盍"(hé),怎麽。忽:忽視。

司馬錯論伐蜀[1]

司馬錯與張儀争論於秦惠王前[2]。司馬錯欲伐蜀,張儀曰:"不如伐韓[3]。"王曰:"請聞其説[4]。"

【注釋】

[1]本文選自《戰國策·秦策一》。秦國自商鞅變法之後,國力一天天强大,奠定了統一六國

的基礎。到秦惠王時,究竟采取什麽步驟來實現統一,這個問題已尖鋭地提到了議事日程上,故導致在秦惠王面前一場激烈的争辯。本文采用對比的手法,記述了這場争辯的全過程。張儀主張伐韓,司馬錯主張伐蜀,兩種主張針鋒相對,通過層層剖析,司馬錯伐蜀的主張得到了秦惠王的贊同。秦國吞併蜀地以後,國力大增,證明了司馬錯主張的正確性。司馬錯:秦國人,著名的將領,與張儀等人共同帶兵由石牛道伐蜀,滅蜀後被任命爲蜀郡守。蜀:古國名,位於以成都爲中心的今四川省及毗鄰地區。公元前 316 年秦滅蜀,秦於其地設置蜀郡。[2]張儀(? ～前 310):魏國人,公元前 328 年任秦相,封爲武信君。張儀主張連横,曾迫使魏國獻出上郡。他多次遊説各國諸侯,使之服從於秦國,從而瓦解了齊楚聯盟,奪取楚國的漢中地區。並使用各個擊破的方式助秦蠶食六國的土地,使秦國更爲强大。[3]韓:戰國七雄之一,與趙、魏瓜分晋國而立。其地在今山西東南角和河南中部,介於魏、秦、楚三國之間,爲當時軍事和戰略的必争之地。公元前 230 年爲秦所滅。[4]請:表敬副詞。其:指示代詞,表特指,指張儀主張伐韓的原因。

對曰[1]:"親魏善楚,下兵三川[2],塞轘轅、緱氏之口,當屯留之道[3],魏絶南陽,楚臨南鄭,秦攻新城、宜陽,以臨二周之郊[4],誅周主之罪[5],侵楚、魏之地。周自知不救,九鼎寶器必出[6]。據九鼎,桉圖籍,挾天子以令天下[7],天下莫敢不聽,此王業也。今夫蜀,西辟之國[8],而戎狄之長也,弊兵勞衆不足以成名[9],得其地不足以爲利。臣聞:'争名者於朝,争利者於市[10]。'今三川、周室,天下之市朝也,而王不争焉,顧争於戎狄[11],去王業遠矣。"

【注釋】

[1]此段是張儀的對答,省略了主語。對:回答。[2]親:動詞,親近。善:形容詞活用爲動詞,親善。下兵:出兵。三川:韓地名,在今河南滎陽、偃師一帶,因境内有黄河、洛河、伊河三條河流,故名。[3]塞:堵。轘(huán)轅:山名,屬韓國關口,在今河南登封縣西北,山道非常險要。緱(gōu)氏:山名,又名覆釜堆,屬韓國嵩山山口,在今河南偃師東南。當:佔據。屯留:在今山西長子縣北,韓國太行山的羊腸坂道(山路細如羊腸,故名)通過這裏。[4]絶:切斷。南陽:魏地名,指太行山以南、黄河以北。南鄭:在今河南新鄭。新城:在今河南伊川西南。宜陽:在今河南宜陽西。二周:指西周和東周。[5]誅:譴責。周主:指西周君和東周君。[6]九鼎:相傳爲夏禹所鑄之象徵國家政權之寶鼎。出:貢獻出來。[7]據:佔有。桉:通"按",考查。圖籍:地圖和户口册。挾:挾持,控制。天子:指周王,當時已經名存實亡。[8]今夫(fú):語氣詞,表示要發議論。西辟之國:西邊偏僻之國。辟:即"僻",偏僻。[9]弊:疲憊,使動用法。成名:成就王業之名。[10]朝:朝廷。市:市場。[11]顧:反而。

司馬錯曰:"不然[1]。臣聞之,欲富國者,務廣其地;欲强兵者,務富其民;欲王者[2],務博其德。三資者備,而王隨之矣[3]。今王之地小民貧，故臣願從事於易[4]。夫蜀，西辟之國也，而戎狄之長也，而有桀、紂之亂[5]。以秦攻之，譬如使豺狼逐群羊也。取其地，足以廣國也[6]；得其財，足以富民；繕兵不傷衆[7]，而彼已服矣。故拔一國[8]，而天下不以爲暴；利盡西海[9]，諸侯不以爲貪。是我一舉而名實兩附，而又有禁暴止亂之名[10]。今攻韓劫天子，劫天子，惡名也，而未必利也，又有不義之名，而攻天下之所不欲，危！臣請謁其故[11]：周，天下之宗室也；齊，韓、周之與國也[12]。周自知失九鼎，韓自知亡三川，則必將二國並力合謀，以因于齊、趙，而求解乎楚、魏[13]。以鼎與楚，以地與魏，王不能禁[14]。此臣所謂'危'，不如伐蜀之完也[15]。"惠王曰："善！寡人聽子[16]。"

【注釋】

[1]不然：不對。然：形容詞，對，正確。[2]富、廣、强、博：均爲形容詞用作使動用法。務：專力，致力於。王(wàng)：動詞，做王，稱王。[3]資：名詞，資貨，資本。三者於國，如人之有資貨。隨：從。[4]易：指比較容易辦到的事情。[5]夫(fú)：句首語氣詞。桀、紂之亂：桀、紂，歷史上有名的暴君，此用以比況蜀王兄弟間的戰亂。[6]廣：形容詞用作使動，使……廣大。[7]繕兵：整治軍備。繕：治。兵：兵器。[8]拔：攻取。[9]西海：古人認爲中國是在四海之内，故設想西面的疆土至於西海。[10]兩附：兩方面都有所得。止：原本作"正"，據《史記・張儀列傳》改爲"止"。[11]謁(yè)：陳述，説明。故：緣故，原因。[12]宗室：尊奉的王室。宗：尊。與國：同盟國。[13]因：動詞，憑藉，借助。乎：介詞，相當於"於"。[14]與：動詞，給。禁：阻止。[15]完：完備，指周全而没有損害。[16]善：好。聽：聽從。子：古代對男子的尊稱，這裏指司馬錯。

卒起兵伐蜀，十月取之[1]，遂定蜀。蜀主更號爲侯，而使陳莊相蜀[2]。蜀既屬，秦益强富厚，輕諸侯[3]。

【注釋】

[1]十月：據《史記・秦本紀》："(秦惠王後元)九年，司馬錯伐蜀，滅之。"時在公元前316年。故"十月"指秦惠王後元九年十月。取：攻取。之：指代蜀。[2]更(gēng)：改。陳莊：秦國的大臣。相(xiàng)蜀：出任蜀相。相：名詞活用作動詞，作相。[3]屬：歸屬，歸附。益：更加。輕：以……爲輕，輕視，形容詞的意動用法。

齊宣王見顔斶[1]

齊宣王見顔斶，曰："斶前[2]！"斶亦曰："王前！"宣王不悦。左右曰:"王,人君也。斶,人臣也。王曰'斶前',亦曰'王前',可乎?"斶對曰:"夫斶前爲慕勢,王前爲趨士[3]。與使斶爲趨勢[4],不如使王爲趨士。"王忿然作色曰[5]:"王者貴乎?士貴乎?"對曰:"士貴耳,王者不貴。"王曰:"有説乎[6]?"斶曰:"有。昔者秦攻齊,令曰:'有敢去柳下季壟五十步而樵采者[7],死不赦。'令曰:'有能得齊王頭者,封萬户侯,賜金千鎰[8]。'由是觀之,生王之頭,曾不若死士之壟也[9]。"宣王默然不悦。

【注釋】

[1]本文選自《戰國策·齊策四》。這是一篇生動的人物傳記,主要表現顔斶(chù)的思想、言行。全文結構完整,組織精當,通過顔斶與宣王直接展開"士貴還是王者貴"的激烈辯争,以及縱觀古今歷史變遷,總結出"得士則興,失士則敗"的經驗教訓。文章通過描寫顔斶寧願過"晚食以當肉,安步以當車"的隱退生活,表現出顔斶傲岸不羈的個性和不畏權勢的精神。齊宣王(? ~前 301):田氏,名辟疆。齊威王之子。公元前 314 年乘燕國内亂,舉兵攻佔燕國,在燕國人民的激烈反抗下被迫撤退。他曾經繼其祖桓公、父威王在稷下廣置學宫,招攬學者講學。顔斶:齊人。《漢書·古今人表》作"顔歜"。[2]前:走向前。[3]慕勢:仰慕權勢。趨士:尊敬賢士。[4]與:連詞,與其。趨勢:仰慕權勢。[5]忿(fèn)然:生氣的樣子。作色:改變了臉色。[6]説:理由,説法。[7]去:距離。柳下季:又叫柳下惠,春秋時魯國人,臧文仲執政時任士師(掌管刑獄的官)。壟:墳墓。樵采:打柴和摘采野果野菜。[8]鎰(yì):古代重量單位,二十兩爲一鎰。一説二十四兩爲一鎰。[9]曾:情態副詞,竟然。不若:不如。

左右皆曰:"斶來,斶來!大王據千乘之地,而建千石鐘,萬石簴[1]。天下之士,仁義皆來役處[2];辯知並進,莫不來語[3];東西南北,莫敢不服。求萬物[無]不備具,而百[姓]無不親附[4]。今夫士之高者,乃稱匹夫,徒步而處農畝[5];下則鄙野、監門、閭里[6]。士之賤也,亦甚矣[7]!"

【注釋】

[1]千石鐘:重達一千石的鐘,即十二萬斤重的鐘。石:重量單位,一百二十斤。鐘:銅鐘,樂器。簴(jù):懸挂鐘、磬的木架。[2]仁義:指仁者和義者。役處:供職服役。[3]辯知:指辯智之士。知:即"智"。莫:否定性無定代詞,没有誰。[4]這兩句話中分别脱掉"無、姓"二字。[5]匹夫:庶人,平民。徒步:步行,指出門無車。處:居住。農畝:指田間,鄉下。畝:田壟,這裏泛指農田。[6]鄙野:郊外之地,這裏指鄉野之人。鄙:指邊遠的地方。野:郊外。監門:守門的役卒。閭里:里巷,平民居住的地區。這裏指代平民。閭、里:都是二十五家的居民區,

中有巷門,設有守卒。[7]賤:地位低下。甚:厲害。

斶對曰:"不然。斶聞古大禹之時,諸侯萬國[1]。何則?德厚之道,得貴士之力也[2]。故舜起農畝,出於野鄙,而爲天子[3]。及湯之時[4],諸侯三千。當今之世,南面稱寡者[5],乃二十四。由此觀之,非得失之策與[6]?稍稍誅滅,滅亡無族之時,欲爲監門、閭里,安可得而有乎哉[7]?是故《易傳》不云乎[8]:'居上位',未得其實,以喜其爲名者[9],必以驕奢爲行。据慢驕奢[10],則凶從之。是故無其實而喜其名者削,無德而望其福者約,無功而受其禄者辱,禍必握[11]。故曰:'矜功不立,虚願不至[12]。'此皆幸樂其名,華而無其實德者也[13]。是以堯有九佐[14],舜有七友[15],禹有五丞[16],湯有三輔[17]。自古及今而能虚成名於天下者[18],無有。是以君王無羞亟問,不媿下學[19]。是故成其道德而揚功名於後世者,堯、舜、禹、湯、周文王是也。故曰:'無形者,形之君也[20]。無端者,事之本也[21]。'夫上見其原,下通其流[22],至聖(人)明學,何不吉之有哉[23]!老子曰:'雖貴[24],必以賤爲本;雖高,必以下爲基。是以侯王稱孤、寡、不穀[25]。是其賤之本與?非乎?'夫孤寡者,人之困賤下位也,而侯王以自謂,豈非下人而尊貴士與[26]?夫堯傳舜,舜傳禹,周成王任周公旦,而世世稱曰明主,是以明乎士之貴也[27]。"

【注釋】

[1]諸侯萬國:使萬國成爲他的諸侯國。諸侯:名詞用作使動。[2]道:途徑。貴士:以士爲貴,推崇賢士。貴:形容詞的意動用法。[3]起:興起,發達。而:表轉折的連詞。[4]及:等到。[5]南面:指當君王。古代君王在朝廷上坐在北邊面朝南邊。南:名詞作狀語。面:動詞,面向。稱寡:自稱寡人。寡人是古代的君主自稱,"稱寡"就是當君主。[6]得失之策:或得策,或失策。鮑彪注:"昔諸侯多,由得策也;今失策,故誅滅而寡。得策,貴士也。"[7]稍稍:時間副詞,漸漸。安:疑問代詞,哪裏。[8]是故:因此。《易傳》:《周易》中相對經文而言的部分,共十篇。云:動詞,説,其實是顔斶借題發揮,非直接引用,只有"居上位"引自《象傳》。"居上位"指《易》卦的位次,六十四卦,每卦六爻,順序自下而上,因爲第六爻在最上面,所以稱爲"居上位"。[9]實:德厚,政績顯著。名:名分,權勢。[10]据:通"倨"(jù),傲慢。[11]削:指土地削減。約:窮困。辱:受辱。握:《高士傳》作"渥",災難深重。[12]矜功:誇耀功勞。矜:矜持,這裏是誇耀的意思。虚願:不切實際的幻想。[13]幸樂:喜愛。華:鮑本無"華"字。[14]九佐:堯的九個輔助大臣。相傳當時舜爲司徒,契爲司馬,禹爲司空,后稷爲農師,夔爲樂正,垂(一作"倕")爲工師,伯夷爲秩宗,皋陶爲大理,益掌驅禽。[15]七友:相傳是

雄陶、方回、續牙、伯陽、東不訾、秦不虛、靈甫七人。[16]五丞：即益、稷、皋陶、垂、契。[17]三輔：指誼伯、仲伯、咎單。上述諸人其名皆後人追記，並不一定可靠。[18]虛成名：指無賢士輔佐而成名。[19]無羞亟(qì)問：不應羞於多次詢問。亟：多次，屢次。媿：同"愧"，羞愧。下學：向臣下學習。[20]意思是：有形的萬物是由無形的規律來主導的。此"無形者"指前面的"德政之道"。君：主宰。[21]意思是：事物尚在萌芽未見之時才是最重要的。[22]夫(fú)：句首語氣詞，表示要發議論。原：即"源"，溪流的源頭，這裏比喻事情的起始。流：溪流，比喻事情的過程或結果。[23]至聖：至聖之人，句中的"人"當是衍文。明學：明於學習。何不吉之有："有何不吉"的倒置形式。之：指示代詞，複指前置賓語。[24]雖：表讓步的連詞，即使。[25]是以：因此。孤：指孤獨之人。寡：即寡德之人。不穀(gǔ)：不善，不善之人。穀：善。[26]下人：處於别人的下方。下：動詞，在……的下面，居於……之下。尊貴：形容詞的意動用法，以……爲尊貴。[27]明乎士之貴：明白士很尊貴。乎：介詞，相當於"於"，引進"明"的對象。士：古代常指有才能的人。之：主謂間連詞，取消句子的獨立性而使之成爲句子中的一個成分。

宣王曰："嗟乎！君子焉可侮哉，寡人自取病耳[1]！及今聞君子之言，乃今聞細人之行[2]，願請受爲弟子。且顔先生與寡人遊[3]，食必太牢，出必乘車，妻子衣服麗都[4]。"

【注釋】

[1]焉：疑問代詞，哪裏。病：這裏指羞辱。[2]細人：小人，指無實德不知貴士的人，這是齊宣王的自稱。[3]遊：交往。[4]太牢：指牛、羊、豬。妻子：妻子兒女。麗都：華麗。

顔斶辭去曰："夫玉生於山，制則破焉[1]，非弗寶貴矣，然(夫)[大]璞不完[2]。士生乎鄙野，推選則禄焉，非不得尊遂也，然而形神不全[3]。斶願得歸，晚食以當肉，安步以當車，無罪以當貴，清静貞正以自虞[4]。制言者王也[5]，盡忠直言者斶也。言要道已備矣，願得賜歸，安行而反臣之邑屋[6]。"則再拜而辭去也[7]。

君子曰：斶知足矣，歸真反樸，則終身不辱也[8]。

【注釋】

[1]制：加工制作。破：指玉石受損傷。[2]夫璞：當依鮑本作"大璞"，指含有玉而未經加工的石頭。不完：不完整。[3]禄：指封官受禄。尊遂：尊貴顯達。然而：這樣就(會)。這裏爲兩個詞，跟現代漢語表示轉折的連詞不同。然：這樣，如此。[4]得：能够。安步以當車：即"以安步當車"，"安步"是介詞"以"的賓語，置於"以"之前，表示强調。下面兩句與此句結構相同。虞：通"娱"，娱樂。[5]制言者：裁斷言論是非的人。[6]要道：重要的道理。反：即"返"。[7]再拜：拜了兩次。再：兩次。[8]鮑本"斶"前有"曰"字，又補"君子"二字。鮑本"歸"下有"真"字。樸：通"璞"。不辱：没有受辱，指如其所願，没有任何罪過是非，故未受辱。這一句

其實是作者對顏斶過隱居避世生活的贊嘆。

練習(二)

一、解釋下列句子中加點字的意義。

1. 厲王虐,國人謗王。
2. 夫民慮之於心而宣之於口,成而行之,胡可壅也?
3. 宣其德行,順其憲則。
4. 願以金玉、子女賂君之辱。
5. 將焚宗廟,係妻孥,沈金玉於江。
6. 夫差與之成而去之。
7. 戰車萬乘,奮擊百萬。
8. 文章不成者不可以誅罰。
9. 弊兵勞衆不足以成名,得其地不足以爲利。
10. 君子焉可侮哉,寡人自取病耳。

二、用漢語拼音給下列句子中加點字注音。

1. 瞽獻曲,史獻書。
2. 而賴武之德,以沒其身。
3. 請句踐女女於王,大夫女女於大夫,士女女於士。
4. 由此觀之,惡有不戰者乎?
5. 臣請謁其故。
6. 大王據千乘之地,而建千石鐘,萬石簴。

三、説明下列句子中加點字的詞性、功能和意義。

1. 王怒,得衛巫,使監謗者,以告,則殺之。
2. 王不聽,於是國人莫敢出言,三年,乃流王於彘。
3. 必哭泣葬埋之,如其子。
4. 願大王少留意,臣請奏其效。
5. 生王之頭,曾不若死士之壟也。

四、分析下列句子的語法結構,指出其劃線部分中的主語、謂語和(或)賓語。

1. 是障之也。
2. 一朝而滅,莫之哀也,唯無德也。

3. 苟得聞子大夫之言,何後之有?

4. 王,人君也。斶,人臣也。

5. 齊宣王見顏斶,曰:"斶前!"

五、將下列文字譯爲現代漢語。

越王句踐棲於會稽之上,乃號令三軍,曰:"凡我父兄昆弟及國子姓,有能助寡人謀而退吴者,吾與之共知越國之政。"大夫種進對曰:"臣聞之賈人,夏則資皮,冬則資絺,旱則資舟,水則資車,以待乏也。夫雖無四方之憂,然謀臣與爪牙之士,不可不養而擇也。譬如蓑笠,時雨既至必求之。今君王既棲於會稽之上,然後乃求謀臣,無乃後乎?"句踐曰:"苟得聞子大夫之言,何後之有?"執其手而與之謀。

六、填空。

1.《國語》相傳爲春秋時期的(　　)及其弟子所作。全書共(　　)卷(　　)個部分。

2. 現存最早的《國語》注本是三國時吴人韋昭的(　　)。清人黄增齡的(　　)集漢唐以來各家的《國語》注,也很有參考價值。

3.《戰國策》簡稱(　　)。相傳爲戰國時期各國史官或策士輯録的歷史資料,有《國策》、(　　)、《事語》、《短長》、(　　)等不同名稱。這部書,記録了(　　)時期的歷史,具有很高的史料價值。

4. 西漢時,(　　)對材料進行了整理,按照東周、西周、秦、齊、楚、趙、魏、韓、燕、宋、衛、中山等十二國次序,删去重複,編定爲(　　)篇,並定名爲《戰國策》。東漢高誘曾爲之作注。《戰國策》流傳到北宋的時候,正文和注解都有散佚的情况,曾鞏作了校補工作。到了南宋,在曾鞏校補本的基礎上,出現了兩種新本子:一種是(　　)的續注本;另一種是(　　)的重定次序的新注本。元代(　　)在鮑本基礎上,又作了補正。

七、用現代標點符號標點下列文字。

子皮欲使尹何爲邑子産曰少未知可否子皮曰願吾愛之不吾叛也使夫往而學焉夫亦愈知治矣子産曰不可人之愛人求利之也今吾子愛人則以政猶未能操刀而使割也其傷實多子之愛人傷之而已其誰敢求愛於子子於鄭國棟也棟折榱崩僑[①]將厭焉敢不盡言子有美錦不使人學制焉大官大邑身之所庇也而使學者制焉其爲美錦不亦多乎僑聞學而後入政未聞以政學者也若果行此必有所害譬如

---

① 僑,子産的名。

田獵射御貫則能獲禽若未嘗登車射御則敗績厭覆是懼何暇思獲

八、背誦。

1.《邵公諫厲王弭謗》。

2.《蘇秦以連横説秦》。

通　論

(一)常用工具書介紹

學習古代漢語要接觸古代典籍,就必然會遇到不少語言文字、典故史實、典章制度以及社會習俗等方面的問題,這就需要我們熟悉和使用各類工具書。這裏,我們著重介紹與學習古代漢語關係密切的幾種常用工具書。

《説文解字》

《説文解字》簡稱《説文》,東漢許慎著。《説文解字》是我國現存最早的字典,全書共十五卷,其中正文十四卷,第十五卷是《叙》、《部首》和《後叙》。全書共收入9353字,另有重文1163字(今本所收字數與此有出入)。《説文》首創以部首統率漢字的字典編纂法,所收之字,據形系聯,歸屬於540部首之下。《説文》部首的次序大體上依據部首的形體相近或意義相關來排列,形成"始一終亥"的次序。各部首内的字一般先列專有名詞,後列普通名詞、形容詞、動詞等;先列帶美好祥和意義的詞,後列含醜惡災禍意義的詞。

《説文解字》以秦代通行的小篆爲正體,許慎根據自己所掌握的材料,按六書的原則,分析篆文結構,説明文字在造字時代的意義即本義。説解中包括對字義、字形和字音的説明幾部分,例如:

> 鳥,長尾禽總名也。象形,鳥之足似匕,從匕。凡鳥之屬皆從鳥。(《説文·鳥部》)
>
> 昌,美言也。從日從曰。一曰日光也。詩曰:"東方昌矣。"(《説文·日部》)
>
> 點,小黑也。從黑,占聲。(《説文·黑部》)
>
> 丌,下基也。薦物之丌,象形。凡丌之屬皆從丌。讀若箕同。(《説文·丌部》)

《説文》一般是先分析部首字,如上面所舉“鳥、丌”,説明凡屬這個部首的字都從這個部首字,同部的字在意義上也相關聯。對每個字,則先注釋字義,而後分析字的形體結構,若標注讀音則在最後。

《説文解字》對後世影響極大。許慎第一次按文字學原則建立部首編排的方法,給後代的字書帶來了巨大的影響,這種方式直到現在還在使用。《説文解字》以小篆字形作爲分析的對象,同時把當時所見的古文、籀文等别體作爲重文,附列於後,保存了大量先秦漢字的字體,爲研究古文字提供了極爲珍貴的比對資料,是溝通古今文字的橋梁。許慎首次對六書理論進行了具體説明和運用,這些,直到今天仍然是我們分析漢字結構的基本依據。

《説文解字》對於瞭解和研究古代漢語的詞義具有重要的意義。許慎著《説文》,旨在通過字的形體結構,分析其造字時代的本義,書中保存了東漢以前大量的古義,例如:

《詩經·周頌·臣工》:“命我衆人,庤乃錢鎛。”《説文·金部》:“錢,銚也,古田器。從金,戔聲。”

《孟子·梁惠王上》:“如有不嗜殺人者,則天下之民皆引領而望之矣。”《説文·頁部》:“領,項也。從頁,令聲。”

《國語·晋語》:“吕甥逆君於秦。”《説文·辵部》:“逆,迎也。從辵,屰聲。關東曰逆,關西曰迎。”

這類説解是我們今天學習古代漢語的寶貴資料,瞭解了這些字的本義,再掌握其引申義就能做到綱舉目張,豁然貫通,從而弄清詞義流變過程,提綱挈領地把握詞義系統。

由於時代的限制和古文字材料的不足,許慎的説解也有一些不準確和錯誤的地方,例如“爲”字,甲骨文和金文都是手牽象之形,本義應該是勞作,而許慎没有見過其甲金文字形,只根據小篆形體把“爲”的本義解釋成“母猴”。不過,《説文解字》中的大部分解釋是可靠的。因此,《説文》依然是我們今天瞭解詞的本義的基本工具書。

此外,《説文解字》中對佔總字數80%以上的形聲字聲符的説明和“讀若、讀同”等對字音的説明,以及聲訓材料等,是我們研究上古音的的寶貴資料。

漢代以後,許多學者對《説文》進行研究。南唐徐鍇作《説文解字繫傳》,世稱“小徐本”。其兄徐鉉又奉詔與葛湍、王惟恭、句中正等人於北宋太宗三年(986)對《説文》作了校訂,用《唐韻》的反切注音,增補了一些許慎未收之字,加上解説,附於各部之後,此本稱“大徐本”。這也是現在通行的本子。今有中華書局影印本，後附檢字，使用比較方便。

清代學者對《説文》的研究很有成就，其中以《説文》四大家最爲傑出，即段玉裁的《説文解字注》、桂馥的《説文解字義證》、王筠的《説文釋例》和《説文句讀》、朱駿聲的《説文通訓定聲》，其中段玉裁的《説文解字注》影響最大。

《古漢語常用字字典》

1979 年商務印書館出版，由北京大學中文系漢語專業的一些老師和學生等聯合編寫，是一本供學習古漢語用的專科性字典。全書共收常用單音字 3700 多個，同時也酌收了 2000 多個雙音詞。後還附有難字表，收難字 2600 多個，只有注音和釋義，没有例句。該字典按音序排列，也有部首檢字目録，查檢方便。

此書有以下幾個特點：

1. 字和義項都是古代漢語中常用的。例如“謝”下有 6 個義項：道歉、推辭、辭别、感謝、告訴、衰亡，都是古漢語中常見的用法。

2. 注意詞義的發展，儘可能地注出哪些意義是後起的。如“信”字，義項⑦注出書信是後起的意義，義項⑧注出副詞義是後起的意義，指出詞義發展的縱向線索。

3. 注意詞義的辨析。吸取傳統訓詁學渾言、析言分析字義的方法，注意區分一些字在意義上有泛指和特指的不同。如“禾”字，解釋爲穀子，又注明還泛指莊稼。“宫”字釋義爲房屋、住宅，又注明還特指帝王的房屋、宫殿。

除了解釋本字意義外，此書還另立【辨】這一項，對於某些常見的意義相同或相近的詞進行辨析。如“【辨】恭、敬。‘恭’和‘敬’是同義詞。‘恭’著重在外貌方面；‘敬’著重在内心方面”。“【辨】憐，憫。兩個字都有同情、憐憫的意義。但‘憐’字有憐愛的意思，‘憫’字有憂愁的意思，在這個意義上兩字互不相通”。

一些不便於在義項中或【辨】中解釋的意義，又另立【注意】一項。這一項的内容比較廣泛，有語音方面的，如“【注意】‘仇’字古音讀如‘求’(qiú)”；有字形方面的，如“【注意】上古‘太’、‘泰’多寫作‘大’”；也有意義方面的，如“【注意】在古代‘睡覺’没有睡眠的意思，只表示睡醒”。

這部小型字典注釋簡明通俗，對初學者很有參考價值。

《漢語大字典》

徐中舒主編，1986 年由四川辭書出版社和湖北辭書出版社出版。

這是一部以解釋漢字的形、音、義爲主要任務的大型語文工具書，是漢字楷書單字的彙編，共收列單字 56000 左右，傳世古籍中的字大都能在《漢語大字典》中找到。這部字典注重形音義的密切配合，儘可能歷史地、正確地反映漢字形音義的發展。

在字形方面，於楷書單字條目下收列了能够反映漢字形體演變關係的、有代表性的甲骨文、金文、小篆和隸書形體，並簡要説明其結構的演變。例如在"休"字下，就列出甲骨文的三種形體，金文的楊鼎、善夫克鼎、静簋和中山王鼎的四種形體，《説文解字》的小篆和或體以及隸書的四種形體，比較清楚地顯示了字體的演變過程。另，在釋義時繁簡字兼用。

在字音方面，它對所收列的楷書單字儘可能地注出了現代讀音，並收列了中古的反切，標注了上古的韻部（以近人考訂的三十部爲準）。出現於中古的字不標上古音，出現於近現代的字（或義）不標中古音和上古音。多音多義字用（一）（二）（三）……分列義項，同一音項下有幾個區别意義的反切用㊀㊁㊂……分列。下面以圖式略加説明：

字頭	音項	漢語拼音	反　切	中古調韻聲	上古韻
供	（一）	gòng	《廣韻》居用切	去用見	東部
	（二）	gōng	《廣韻》九容切	平鍾見	東部
𥝉	（一）	niǎn	《改併四聲篇海·木部》引《俗字背篇》尼展切		
	（二）	kā			
帞		mò	㊀《廣韻》莫白切，頭巾	入陌明	
			㊁《集韻》莫轄切，同"袹"。袹頭，始喪者頭上的邪巾	入鎋明	

在字義方面，一般先説明本義，再説明引申義、通假義等，每義項下都儘量引文獻書證。在義項設置上，以古義爲主，兼收今義。例如"崩"字下列出17個義項：(1)山陷塌。(2)敗壞。(3)分裂。(4)迸射。(5)槍斃。(6)爆炸。(7)僵。(8)關係破裂，鬧僵。(9)古代帝王死稱"崩"。(10)厚。(11)中醫病名。(12)離間；煽惑。(13)急。(14)奔騰。(15)奔跑。(16)通"背"。(17)姓。其中(1)是本義，(2)至(15)是引申義，(16)是通假義。(5)(6)(8)是今義。各義中既有"崩"的常用義，也注意保存其生僻義項，如(7)就僅有《廣雅》的解釋而無書證。

這部字典共八卷，按部首分部編排，查檢十分方便，是古漢語學習尤其是文字（形、音、義）學習與研究的重要工具書。

《辭源》（修訂本）

1915年商務印書館出版正編,1931年出版續編,1939年出版正續編合訂本。1964年出版修訂稿第一册,1979年至1983年出版修訂本共四册,1988年出合訂本。《辭源》本是一部以語詞爲主、兼收百科的綜合性語文工具書,經過修訂後成爲專門閱讀古籍和研究古代文史使用的工具書,可藉以解決閱讀古籍時遇到的語言文字以及古代文物典章制度等知識性疑難問題。本書共收詞語約十萬條,是綜合古代字書、韻書、類書和現代百科性質辭書爲一編的工具書。

《辭源》按部首排列(後附四角號碼索引),把所收單字分爲214部。同部首的字按筆畫多少排列。每個單字下的複合詞、詞組和慣用語等,按字數多少爲序,少的在前,多的在後;字數相同的,以第二字的筆畫數爲序,從少到多排列。

每個字頭的注音包括漢語拼音、注音字母、《廣韻》的反切與聲紐。如該字《廣韻》未收,則注明《集韻》的反切。有多個讀音的字分別注音。例如:

單　1. dān　ㄉㄢ　都寒切,平,寒韻,端。
　　2. dǎn　ㄉㄢˇ　《集韻》黨旱切,上,緩韻,端。
　　3. chán　ㄔㄢˊ　市連切,平,仙韻,禪。
　　4. shàn　ㄕㄢˋ　常演切,上,獮韻,禪。
　　時戰切,去,線韻,禪。

釋義先解釋單字的意義,再依次解釋複合詞、詞組等的意義。對多義詞的解釋一般以本義、引申義、通假義的順序進行。屬於不同讀音的意義分列在不同讀音下。每個義項下一般都有書證。例如:

墳　1. fén　ㄈㄣˊ　符分切,平,文韻,奉。

①堤岸,高地。《詩·周南·汝墳》:"遵彼汝墳,伐其條枚。"《楚辭·屈原〈九章·哀郢〉》:"登大墳以望遠兮,聊以舒吾憂心。"②墳墓。《禮·檀弓》上:"古也墓而不墳。"注:"土之高者曰墳。"③大。見"墳首"。④順從。《管子·君臣》下:"墳然若一父子,若一家之實。"注:"墳,順貌。或刑賞之莫敢違逆,若子之從父,家之從長。"⑤劃分。《楚辭·屈原〈天問〉》:"地方九則,何以墳之?"注:"墳,分也。"

2. fèn　ㄈㄣˋ　房吻切,上,吻韻,奉。

⑥土質肥沃。《書·禹貢》:"厥土黑墳。"……⑦高起。《左傳·僖四年》:"太子祭於曲沃,歸胙於公。……公祭之地,地墳。"

隕　1. yǔn　ㄩㄣˇ　于敏切,上,軫韻,于。

①墜落。《書·湯誥》:"慄慄危懼,若將隕于深淵。"②毀壞。《淮南子·覽冥》:"庶女叫天,雷電下擊,景公臺隕,支體傷折,海水大出。"③死。

通“殞”。《左傳·襄三一年》:“巢隕諸樊,閽戕戴吴。”

2. yuán ㄩㄢˊ 《集韻》于權切,平,仙韻,于。

④周圍。通“員”。《詩·商頌·長發》:“禹敷下土方,外大國是疆,幅隕既長。”箋:“隕當作員,員謂周也。”參見“幅員”。

《辭源》對古代的典章制度、器物形制等也多有説明。例如“堵”的土牆義下進一步説明:“古垣牆之制,五版直累爲堵。版寬二尺,積高五版爲一丈。版之長各説不同,故堵長亦説法不一。後人多主古《周禮》及《左傳》之説,謂一堵之牆長高各一丈。”

《辭源》的收詞範圍比較廣,古書中常用的詞語一般都能在書中查到,使用也比較方便,基本能滿足我們閲讀古籍的需要。不過需要注意,《辭源》儘管對所收詞語都儘量探索起源,但它不是詞源辭典,在作進一步研究時不能以《辭源》中所引的書證作爲判斷詞語出現時代的充分依據。

《辭海》(修訂本)

1936年中華書局出版,共二册。1947年出版縮印合訂本。1965年出版《辭海》(未定稿)。1979年由上海辭書出版社出版《辭海》三卷本,1980年出版縮印本,1999年出版新修訂本。

《辭海》是一部兼有字典和百科性質的綜合辭書。1979年版選收單字14872個,選收詞目91706條,所收條目除單字外還包括成語、典故、人物、著作、歷史事件、古今地名、團體組織和各學科的名詞術語等。編寫目的主要以解決一般讀者在學習工作中的疑難爲主。

《辭海》收字按部首排列,同部首的單字按筆畫排列。同一單字起首的詞目列於該單字之後,按字數順序排列;字數相同的,按第二字的筆畫數排列。本書一律以簡化漢字作字頭,有時在繁體字中並不相同的字會歸在一個簡化字下,在使用時要特别注意通過括弧中注明的繁體字去核對。《辭海》注音采用漢語拼音字母,標明聲調,比較冷僻的加注直音。單字一字多音的分别注音、分别釋義。例如單字“干”的注音和義項排列:

干㊀(gān)①犯;冒犯;衝犯。②求取。③關涉。④盾。⑤涯岸;水邊。⑥通“竿”。⑦通“幹”。⑧猶“箇”。⑨通“澗”。⑩姓。

㊁[乾、乹、亁](gān)①没有水分或水分很少。與“湿”相對。②竭;盡;空。③徒然;白白地。④名義上的。

㊂[幹](gàn)①動植物軀體的主要部分。②器物的本體。③做事;办事。④幹部。⑤主管的。

㈣[榦、幹](gàn)树幹。

《辭海》内容豐富,新舊兼收,包羅甚廣。其古代語詞部分所收條目的數量不及《辭源》,但釋文主要介紹基本知識,材料翔實,解説全用現代書面語,通俗明白,容易爲普通讀者理解。

《辭海》有筆畫查字表、中文拼音索引,查閲方便。全書附插圖三千餘幅,有中國工農紅軍長征圖、中國歷史年表、中國少數民族分佈簡表、國際音標表等十四種附録,可供翻檢之用。

《漢語大詞典》

這是一部大型的、歷史性的漢語語文辭典,1986 年上海辭書出版社出版,全書十二卷,共收單字約二千二百多個,詞目約三十七萬條,五千餘萬字。另有檢索表和附録一卷。

《漢語大詞典》涉及的知識面極爲廣泛,如社會生活、古今習俗、中外文化乃至各種宗教教義等,考訂源流,儘可能地避免異説紛陳或模棱兩可。

《漢語大詞典》所收條目分爲單字條目與多字條目。單字條目按 200 個部首歸部,部首相同的按畫數(減去部首本身畫數)的順序,畫數相同的按起筆筆形一、丨、丿、丶、乙的順序排列。多字條目按"以字帶詞"的原則,列於單字條目之下。爲便利檢索,在單字和多字條目的左上角,用阿拉伯數字標注畫數序號。單字條目的畫數,以全字畫數減部首畫數計算,多字條目的畫數,以該條第二字的全畫數計算。只在每頁的第一條和同一畫數起始的單字或多字條目上標號。

在字形和字體方面,除個别字外,均采用中華人民共和國文化部和中國文字改革委員會 1964 年聯合發佈的《印刷通用漢字字形表》規定的新字形。新舊字形的變動,見《新舊字形對照舉例》。《漢語大詞典》繁體字與簡體字、正體字與異體字並用。在注音方面,字頭下依次標注現代音與古音。現代音用漢語拼音字母標注,古音包括中古音與近古音,用反切標注,以中古音爲主。古音有辨義異讀的,不論現代音相同與否,均分列條目。作爲附條的異體字一般不注音,簡化字條目一律不注音。通假字有古代韻書、字書、注疏音據的,歸入同音字頭之下。無所歸屬的另立字頭,有韻書音據的,注出古音和現代音;僅有字書或注疏音據的,只注現代音,並列出音據,没有古代音據的,歸入常用字頭之下。在釋義用語與例證方面,通假義用"通'×'"表示。"'×'的古字"、"後多作'×'",表示古今字關係,前者表示初文與後起字的關係,後者表示本無其字的假借字同區别字的關係。本詞典的例證,一般均標明時代、作者、書名、篇名或卷次章節，並按時代順序排列。少量以現代通行語作例證的，只出例句本身。

《詞詮》、《古書虛字集釋》

這是兩部古代漢語的虛詞詞典。

《詞詮》爲近人楊樹達所著，十卷，1928 年商務印書館出版，在當時是解釋周、秦、兩漢古書虛詞水平較高的工具書。1965 年中華書局出版重印本。

《詞詮》是按語法詞類來分析詞的意義和用法的專著，概括了許多常用虛詞的一般用法和特殊用法。作者在《序例》中說："是書取古書中恒用之介詞、連詞、助詞、嘆詞及一部分之代名詞、内動詞、副詞之用法，加以說明。"又說"此編意在便於初學，不問用法爲常爲偶，一一詳說"，"本書以治虛爲主"。這基本概括了該書的編寫目的和主要內容。

談到《詞詮》解釋的體例，《序例》中說："首別其詞類，次説明其義訓，終舉例以明之。"即先辨明其詞類，再解説其意義和用法，然後列舉書證。例如：

稍　表態副詞　漸也，頗略也。◎子尾多受邑而稍致諸君。《左傳》昭十年◎吴王之弃其軍亡也，軍遂潰，往往稍降太尉梁軍。《史記·吴王濞傳》◎上怒稍解，因上書請朝。又《梁孝王世家》◎上以爲能，稍遷至大中大夫。又《趙禹傳》◎項羽乃疑范增與漢有私，稍奪之權。又《項羽本紀》◎上以德施，實分其國，不削而稍弱矣。又《主父偃傳》◎及慶死後，稍以罪去，孝謹益衰矣。又《萬石君傳》◎陛下必欲上，稍上，即無風雨，遂上封矣。又《封禪書》◎其後漕稍多，而渠下之民頗得以溉田矣。又《河渠書》

有的詞有多種用法，則分別加以説明。例如：

向　(一)動詞　近也。◎餘寇殘盡，將向殄滅。《後漢書·段熲傳》◎軍興已來，已向百載。《吴志·華覈傳》◎池水始浮，庭雪向飛。梁簡文帝《謝竹火籠啓》

(二)時間副詞　曩也，先時也。◎由嘗從人飲，敕御者曰："酒若三行，便宜嚴駕。"既而趣去。後主人舍有鬬相殺者，人請問：何以知之？由曰："向社中木上有鳩鬬，此兵賊之象也。"《後漢書·方術·楊由傳》◎南問其遲留之狀。使者曰：向度宛陵浦里航，馬踠足，是以不得速。又《李南傳》

(三)方所介詞　◎餘虜走向落川，復相屯結。《後漢書·段熲傳》

(四)假設連詞　與"假若"同。◎向使能瞻前顧後，援鏡自誡，則何陷於凶患乎？《後漢書·張衡傳》

可以看出，《詞詮》解釋詞義清楚，引證也比較豐富。

這部書是按注音字母(ㄅ、ㄇ、ㄈ、ㄓ等)音序編排的，附有按部首和注音字母順序排列的目録，詳載每字的卷數和字數，便於查閲。

《古書虚字集釋》爲近人裴學海所著,共十卷,1934 年商務印書館出版,1954 年中華書局出版重印本。

這部書是過去和當時的虚字專著和涉及虚字的著述的總結。《古書虚字集釋》以清王引之的《經傳釋詞》爲基礎,並酌采諸書的材料加以補充、訂正。書的體例仿照《經傳釋詞》,按三十六字母編次。《經傳釋詞》所收虚字絶大部分都采入,只有少數編者認爲不恰當而不收,原書訓釋也一概采入。書中的例句,主要取自先秦兩漢。爲了"釋義"的需要,在解詞時也涉及實義。全書共收 290 字。對每個虚字先列解説,後引例證。

《古書虚字集釋》的主要價值在於擴大和引申了《經傳釋詞》等虚詞詞典的内容,取材豐富,解説詳細,能博采各家之長,如"其"字的通常用法和特殊用法就舉出了 45 種之多(《詞詮》只舉了 12 種);還收録複音虚詞,如和"其"有關的"其諸、其者、夫其、彼其"等的用法。這些對我們閲讀古書都很有幫助。

《詩詞曲語辭匯釋》

近人張相著,1953 年中華書局出版。《詩詞曲語辭匯釋》彙集了唐宋金元明以來流行於詩詞曲中的特殊語辭並進行解釋,收録的詞目有方言、俗語和詩詞中常見的古代口語語辭,共六卷。張相在該書《叙言》中説這些特殊語辭"其性質泰半通俗,非雅詁舊義所能賅,亦非八家派古文所習見也,自來解釋,未有專書"。對這類當時通行但後人却不易理解的口頭語辭,張相進行了大量考釋。

該書釋詞的體例是先對其作簡單解釋,然後大量引例證明,根據詩詞曲中的用例分析、歸納。例如:

> 生　甚辭,猶偏也;最也;只也;硬也。盧照鄰《長安古意》詩:"生憎帳額繡孤鸞,好取門簾帖雙燕。"生憎,猶云偏憎或最憎。……林逋《春陰》詩:"苦憐燕子寒相並,生怕梨花晚不禁。"生怕,猶云只怕或最怕。……楊萬里《雪後十日,日暖雪猶未融》詩:"生愁便銷去,將抵伴銀髭。"生愁,猶云只愁或偏愁。……楊萬里《負丞零陵更盡而代者未至》詩:"吾母病肺生怯寒,晚風鳴屋正無端。"生怯,猶云最怯。《又清明雨寒》詩:"梅子猶粘雪前蕊,海棠生恨夜來風。"生恨猶云只恨。賀鑄《南鄉子》詞:"無限鮮飇吹芷若,汀洲,生羡鴛鴦得自由。"生羡猶云最羡。韓愈《李花》詩:"東風來吹不解顔,蒼茫夜氣生相遮。"生相遮,猶云偏相遮。《太平樂府》七,酸齋《鬪鵪鶉》套,《憶别》:"遥岑十二遠煙迷,生隔斷,武陵溪。"生隔斷,猶云偏隔斷或硬隔斷。

這樣的考證和解釋很有説服力。

這類語辭,以往注釋者往往未加詳解,舊有詞典也少有收録,張相在書中比較詳細地説明了它們的意義和用法。書後有附録《語辭筆畫索引》,查檢方便。該書是我們閱讀和研究唐宋金元明以來詩詞曲的重要工具書。

此外,《新華字典》和《現代漢語詞典》也可以作爲學習古代漢語的輔助工具書。它們本是爲學習現代漢語所編的字典和詞典,但其中也收録了一些古詞古義和常見文言詞語,注音和解釋比較準確,可以用來解決一些古書閱讀中遇到的問題。

以上主要介紹了學習古代漢語常用的語文工具書,這些書基本上能滿足解決古書閱讀時來自語言文字方面的問題。但在學習中還可能遇到不少其他方面的問題,這就需要查閲專門的工具書。例如,查人名和人物生平有《中國人名大辭典》等,查地名的有《中國古今地名大辭典》、《中國地名大辭典》、《中國地名索引》、《中國歷史地圖集》等,查歷史年代的有《中國歷史紀年表》、《歷代人物年里碑傳綜表》、《兩千年中西曆對照表》等,查書目和索引的有《四庫全書總目提要》、《中國叢書綜録》、《書目答問》、《藝文志二十種綜合引得》、《十三經索引》以及各種專書索引、引得等。

(二)詞義的古今變化

我們閱讀古籍時,來自詞彙方面的困難最多。事實上,在語言的發展變化中,詞彙的變化是最快的。社會的發展、人們認識的改變以及語言内部變化等諸多原因,都會引起詞彙的變化。

詞彙的發展變化主要表現在兩個方面:一方面是舊詞的消亡和新詞的産生,例如"冔",是殷代的一種帽子,後來這個詞在語言中消失了。又如"椅"和"桌",六朝以前並没有這兩個詞,它們是伴隨著家具的變化到唐宋才出現的新詞。另一方面是詞義在歷史過程中的不斷演變,即一個詞本身意義的變化。下面談談這方面的問題。

一、詞義古今變化的基本情況

就個體的詞而言,每個詞在歷史發展過程中詞義的變化情況是不同的。概括起來大致有三種情況:

1. 古今詞義基本没有變化。這主要是指一些基本詞彙,如:山、水、人、手、牛、羊、馬、哭、大、小、高、一、二、十、千、百、萬,等等。還有一些複音詞,如:蟋蟀、梧桐、逍遥，等等。這一部分詞，古今詞義基本相同，所表達的概念基本没有變化。

這類詞在詞彙中只佔少數，由於它們的意義在長期的歷史過程中基本没有發生變化，成爲語言繼承性和穩固性的一個重要表現。這類詞在學習中一般不會産生困難。

但我們也應該看到，還有一些詞所表示的概念雖然從古至今基本上未發生什麽變化，但詞的内部組成成分和結構却發生了變化。例如：鼠—老鼠、月—月亮、耳—耳朵等，前者雖然保存在語言中，但是只作爲構詞語素使用。又如：日，現在説“太陽”；目，現在説“眼睛”，則换用了完全不同的語素。這個現象叫做詞語的替换。

2. 古今詞義差别明顯。這主要是指古代漢語中有的詞的意義同現在常用的意義完全不同。例如“案”，現代的常用義項指長形的桌子、案子、案卷，而古代是指矮腳托盤，詞義迥然不同。《後漢書·梁鴻傳》：“爲人賃舂，每歸，妻爲具食，不敢仰視，舉案齊眉。”如果用現代義中的長形桌子去解釋，就很難理解“舉案齊眉”了。又如：

宋玉《招魂》：“招具該備，永嘯呼些。”王逸注：“該，亦備也。言撰設甘美招魂之具，靡不畢備，故長嘯大呼以招君也。”又枚乘《七發》：“滋味雜陳，肴糅錯該。”左思《吴都賦》：“耳目之所不該。”

《論語·泰伯》：“故舊不遺，則民不偷。”《孫臏兵法·將史》：“令數變，衆偷，可敗也。”

《左傳·隱公三年》：“可薦於鬼神，可羞於王公。”《國語·楚語上》：“不羞珍異，不陳庶侈。”

《左傳·僖公三十年》：“若舍鄭以爲東道主，行李之往來，共其乏困，君亦無所害。”

上面的例子中，“該”是完備的意思，不是應該。“偷”是苟且、怠惰的意思，不是偷盜。“羞”是進獻的意思，不是羞恥。“行李”是外交使節的意思，不是旅行攜帶的東西。

古義和今義差别很大，其中又有兩種情况：一種是今義和古義還存在著一定聯繫，經過研究可以找到這種聯繫，例如“行李”，先秦是指外交使節，東漢以後産生外出、行路義，如蔡琰《胡笳十八拍》：“追思往日兮行李難，六拍悲來兮欲罷彈。”唐代産生行裝即今行李義，如韓愈《送石處士序》：“宵則沐浴，戒行李，載書册。”詞義從古到今的演變綫索比較清晰。而另一種是古今義之間看不出有意義的聯繫，甚至可以認爲它們是用一個字記録了古今完全不同的兩個詞，例如“找”在《集韻》中是“劃”的異體字，與尋找義没有聯繫。

古今詞義差别明顯的詞，對初學者來説有一定的難度，但相對而言，其識别相對容易，因爲在閲讀古書時往往無法用今義去作出合理的解釋，只要勤查辭書、字典，這類詞還是不難掌握的。

3. 古今詞義有同有異。這主要是指那些古代和現代都在使用的詞，它們的古義和今義既有聯繫，又有區别，有時看似相同，實際上又有差異。這類詞在漢語中大量存在，而且也最容易使人誤解而以今釋古、誤讀古書。下面我們就著重討論這一類。

二、古今詞義差别的主要表現

古今詞義的差别主要可以從兩個方面來考察：一是從詞的角度，即從詞的義項在歷史發展過程中的變化來考察；二是從義項的角度，即某個義項的變化情況來考察。這兩種方式既有區别，又有交叉。

1. 義項的多少不同

義項的增減是以詞爲單位進行考察的。在詞義的變化過程中，有的詞增加了新的義項，後代的義項多於前代；有的詞舊有的義項消失了，後代的義項少於前代；有的詞在舊有義項的基礎上産生了新的義項，而取代了舊的義項，從而形成了詞的義項的增加、減少或替换。例如：

乏　上古的常用義是缺乏，如《戰國策·齊策一》：“孟嘗君使人給其食用，無使乏。”《鹽鐵論·力耕》：“豐年歲登，則儲積以備乏絶。”後來又産生了一個義項疲倦，如《晋書·王敦傳》：“因作勢而起，困乏，復卧。”《新五代史·周德威傳》：“因其勞乏而乘之，可以勝也。”這就是義項的增加。

拐　本義是拐杖，《廣韻·蟹韻》：“拐，手脚之物枝也。”後來又産生了幾個義項：①把人或物騙走。元張國賓《羅李郎》第四折：“佚興拐出我來，賣與這老爹家。”②轉彎。《老殘遊記》第三回：“進了大門，望西一拐，便是三間客廳。”③瘸腿走路。《西遊記》第一回：“猴王縱身跳起，拐呀拐的走了兩遍。”這也是義項的增加。

陪　在古代漢語中主要有四個義項：①增加，增益。《左傳·僖公三十年》：“越國以鄙遠，君知其難也，焉用亡鄭以陪鄰？”②輔佐。《史記·孝文本紀》：“若舉有德以陪朕之不能終，是社稷之靈，天下之福也。”③附加。《左傳·昭公五年》：“宴有好貨，飧有陪鼎。”注：“陪，加也。加鼎所以厚殷勤。”④伴隨。司馬遷《報任安書》：“鄉者僕常厠下大夫之列，陪外廷末議。”

現代漢語中常用義只有伴隨義作爲“陪”的義項保留下來,其他幾個或作爲語素義還存在,或者消失。

貨　上古“貨”作名詞的主要義項有三個:①財物。《説文解字·貝部》:“貨,財也。”《尚書·洪範》:“八政,一曰食,二曰貨。”孔穎達疏:“貨者,金玉布帛之總名。”《齊民要術·序》:“民可百年無貨,不可一朝有飢。”②商品。《易·繫辭下》:“日中爲市,致天下之民,聚天下之貨,交易而退,各得其所。”《漢書·食貨志上》:“通財鬻貨曰商。”③貨幣。《漢書·叙傳下》:“商以足用,茂遷有無,貨自龜貝,至此五銖。”這幾個義項在現代漢語中作爲詞的義項只有商品、貨物保存了下來,其他義項消失了。這就是義項的減少。

有時候,詞的義項還會發生替换。例如:

走　古代漢語中的基本義是跑。《左傳·昭公七年》:“三命而俯,循牆而走。”注:“言不敢安行。”《孟子·梁惠王上》:“兵刃既接,弃甲曳兵而走。”蘇軾《十二月十四日夜微雪明日早往南溪小酌至晚》:“南溪得雪真無價,走馬來看未及消。”現代漢語中“走”的基本義是人或鳥獸的腳交互向前移動,這個義項代替了跑(跑的意義只作爲語素義存在於一些成語和慣用語中,如“走馬觀花、奔走相告”)。這就是義項的替换。

義項的增加或減少也不是孤立地存在的,具體到各個詞上,我們通常既可以看到義項的增加,又可以看到義項的減少。例如:

替　上古漢語中常用義是廢弃、衰微。《尚書·旅獒》:“無替厥服。”傳:“使無廢其職。”《左傳·僖公三十三年》中“不替孟明”,是説秦國大將孟明打了敗仗,秦穆公認爲過錯不在孟明,不廢弃(即不撤銷)孟明的職務。潘岳《西征賦》:“寮位儡其隆替,名節漼以隳落。”文言詞“興替”中的“替”是衰微。“替”的後起義是代替,《木蘭詩》:“願爲市鞍馬,從此替爺征。”到現代漢語中,“替”的實詞義就是代替,廢弃和衰微都不用了。這個詞的義項既有增加又有減少。

2. 義項的變化

義項在變化過程中有種種變異,這些變異涉及到詞義的理性意義、附加色彩等方面。

①理性意義的變化

詞義在理性意義方面的變化非常複雜,詞義範圍的變化、詞義的輕重程度不同等都屬於詞義在理性意義方面的變化,下面我們簡要地進行介紹。

首先是詞義範圍的變化，這是從詞義與概念的關係著眼的。在古今詞義的變化過程中，有的詞義擴大，有的詞義縮小，有的詞義轉移。

詞義擴大是指今義所表示的概念外延比舊義擴大了，例如：

皮　本是帶毛的獸皮，與“革”(去毛的獸皮)、“膚”(人的皮膚)不同。《左傳·僖公十四年》：“皮之不存，毛將安傅？”後來所指的範圍擴大，一切物體的表面都可以用“皮”。《漢書·高帝紀上》：“高祖爲亭長，乃以竹皮爲冠。”晁錯《言守邊備塞疏》：“木皮三寸。”韓愈《題于賓客莊》：“榆莢車前蓋地皮，薔薇蘸水笋穿籬。”

好　本義是女子貌美。《詩經·魏風·葛屨》：“要之襋之，好人服之。”《戰國策·趙策三》：“鬼侯有子而好，故入之於紂。”漢王褒《四子講德論》：“故毛嬙、西施，善毁者不能蔽其好；嫫姆、倭傀，善譽者不能掩其醜。”用來泛指各種事物的美好，《詩經·小雅·正月》：“好言自口，莠言自口。”《詩經·檜風·匪風》：“誰將西歸，懷之好音。”《景德傳燈録》十二《紹宗禪師》：“好事不出門，惡事行千里。”

詞義範圍擴大後，今義表達屬概念，古義表達種概念。類似的例子還有很多，例如，“河”，古專指黄河(《左傳·成公十六年》：“晋師濟河”)。今泛指一般河流。“江”，古專指長江(《荀子·子道》：“昔者江出於岷山”)。今泛指大的河流。“睡”古時是指坐寐，即坐著打盹兒(《史記·商君列傳》：“孝公既見衛鞅，語事良久，孝公時時睡，弗聽”)。現在不管是坐著還是躺著，不管是白天還是晚上，都可以叫做“睡”。

詞義縮小是指今義表示的概念外延比舊義小了，例如：

肥　最初的意義是肌肉豐滿。《説文解字·肉部》：“肥，多肉也。”“肥”可以形容人，《禮記·禮運》：“四體既正，膚革充盈，人之肥也。”《史記·陳丞相世家》：“人或謂陳平曰：‘貧何食而肥若是？’”“肥”也可以形容動物，《論語·雍也》：“赤之適齊也，乘肥馬，衣輕裘。”《莊子·田子方》：“百里奚爵禄不入於心，故飯牛而牛肥。”而現在普通話中“肥”的這個義項一般只用來形容動物，形容人時僅限於駡人或開玩笑，意義所指範圍縮小。

宫　本是房屋的通稱，《説文解字·宀部》：“宫，室也。”《墨子·號令》：“父母妻子，皆同其宫。”《戰國策·秦策一》：“將説楚王，路過洛陽，父母聞之，清宫除道，張樂設飲，郊迎三十里。”《韓非子·難二》：“景公過晏子曰：‘子宫小，近市，請徙子家豫章之圃。’”秦漢以後，“宫”逐漸成爲帝王所居房屋的專稱，詞義範圍縮小。

詞義範圍縮小後，今義表達種概念，古義表達屬概念。類似的例子還很多。又如，"丈人"古泛指老年男性(《論語・微子》："子路從而後，遇丈人，以杖荷蓧")。現特指妻子的父親。"親戚"古代是包括自己家庭成員在内的親屬(《大戴禮記・曾子疾病》："親戚既殁，雖欲孝，誰孝？"《戰國策・秦策》："貧窮則父母不子，富貴則親戚畏懼")。後來自己的家庭成員如父母則不能稱"親戚"了。

詞義的轉移，是變化後的意義和原來的意義相互關聯但不在同一意義範圍内。例如：

聞　本義是聽見，指用耳朵獲取信息，所以字從耳。《論語・公冶長》："賜也何敢望回，回也聞一以知十，賜也聞一以知二。"《禮記・大學》："心不在焉，視而不見，聽而不聞。"後來轉而指用鼻子嗅，《孔子家語・六本》："與善人居，如入芝蘭之室，久而不聞其香，即與之化矣。"唐李商隱《和張秀才落花有感》："晴暖感餘芳，紅苞雜絳房。落時猶自舞，掃後更聞香。"現代漢語中"聞"作爲詞只保留了後一義。

葷　上古指有辛辣味的蔬菜。《禮記・玉藻》："膳於君，有葷桃茢。"《荀子・富國》："然後葷菜百疏以澤量。"注："葷，辛菜也，疏與蔬同。"唐姚合《乞新茶》："嫩緑微黄碧澗春，采進聞道斷葷辛。"後來"葷"指肉食，所指範圍發生了轉移。

上面所談的義項的替换一類中有不少都和詞義的轉移有關。

其次，詞義輕重程度不同也屬於詞的理性意義的變化。有一些詞的意義在詞義發展過程中輕重程度發生了變化。有的古義輕，今義重。例如：

誅　本義是用言語責備，字從言。《論語・公冶長》："於予與何誅。"成語"口誅筆伐"，這裏的"誅"都是責備的意思。後來發展爲殺戮的意思，詞義加重了。

恨　在古代的常用義是遺憾、後悔、不滿意。《荀子・成相》："不知戒，後必有恨。"楊倞注："恨，悔。"諸葛亮《前出師表》："先帝在時，每與臣論此事，未嘗不嘆息痛恨於桓靈也。"如果把"恨"解爲仇恨、懷恨，就與文義不合，白居易《長恨歌》中的"恨"也是這個意義。這個意義在近代都還在使用，例如《鏡花緣》第十八回："奈小子福薄重聽，不能暢聆大教，真是恨事。"

餓　在古代是指嚴重的飢餓，《左傳・宣公二年》："初，宣子田於首山，舍於翳桑，見靈輒餓，問其病。"文中靈輒已經"不食三日矣"，餓得非常厲害。《韓非子・飾邪》："家有常業，雖飢不餓。"這也體現出"餓"的程度比"飢"要嚴重。相比而言，今天"餓"的程度就要輕得多了。

感激　古義是感奮激發。韓愈《張中丞傳後叙》:"皆感激爲雲泣下。"《異苑》卷五:"正月十五日,感激而死。""感激"甚至能至於死,程度很深。而今義是感謝,意義要輕得多。

②詞義色彩的變化

一些詞在理性意義發生變化的同時,其附加色彩也隨之而變化,其中褒貶色彩的變化尤其明顯。有的詞在古代是褒義,現在是貶義。例如:

爪牙　上古指武臣,也指輔佐君王的人,帶有贊美意味。《詩經·小雅·祈父》:"祈父,予王之爪牙。"《國語·越語》:"夫雖無四方之憂,然謀臣與爪牙之士,不可不養而擇也。"《漢書·李廣傳》:"將軍者,國之爪牙也。"到唐代這個詞都還可以用作褒義,如韓愈《與鳳翔邢尚書書》:"今閣下爲王爪牙,爲國藩垣。"而在現代漢語裏是指幫凶、走狗,是貶義。

嘍囉　本是機警、伶俐的意思。唐盧仝《寄男抱孫》:"嘍囉兒讀書,何異摧枯朽。"又作"婁羅",《敦煌變文集·維摩詰經講經文四》:"我長於諸處,誇汝婁羅,心田無荆棘之林,性行絶波濤之險。"現在成了走狗的意思。

有的詞在古代含貶義,到現代完全成了褒義詞,例如:

鍛煉　《後漢書·韋彪傳》:"鍛煉之吏,持心近薄。"這裏的"鍛煉"是從冶煉義引申出來的,指玩弄法律對人進行誣陷,這是"鍛煉"在中古的一個常用義,是貶義,而在現代漢語中這個意義消失,"鍛煉"完全成了褒義詞,如"鍛煉身體"。

客氣　古義是言行虛矯,不真誠。《左傳·定公八年》:"(冉)猛逐之,顧而無繼,僞顛。(陽)虎曰:'盡客氣也。'"杜預注:"言皆客氣,非勇。"《宋書·顔延之傳》:"雖心志薄劣,而高自比擬。客氣虛張,曾無愧畏,豈可複弼亮五教,增曜臺階。"也指文章華而不實,如劉知幾《史通·周書》:"其書文而不實,雅而不檢,真迹甚寡,客氣尤煩。"這兩個義項都是貶義。今天則轉爲褒義,指謙恭有禮。

有的詞在古代無所謂褒貶,是中性詞,後來具有了感情色彩,例如:

謗　指公開議論。《左傳·襄公十四年》:"士傳言,庶人謗。"杜預注:"庶人不與政,聞君過則誹謗。"《國語·周語上》:"厲王虐,國人謗王。"《史記·孝文本紀》:"古之治天下,朝有進善之旌,誹謗之木。"這裏的"謗"和"誹謗"是批評議論的意思,是中性詞,與今天含有貶義的"誹謗、毀謗"大不一樣。

勾當　作動詞是辦事,《北史·序傳》:"事無大小,(梁)士彦一委(李)

仲舉，推尋勾當，絲發無遺。”作名詞指事情，《水滸》第十六回：“夫人處分付的勾當，你三人自理會。”都是中性詞。現代漢語中則是貶義詞。

除了上述的幾種主要情況外，還有一種現象值得我們注意。有的詞義古今基本没有大的變化，但在現代漢語中這些意義一般只作爲語素義使用。例如：

濟　古代常用義有三個：①渡河。《左傳・文公三年》：“秦伯伐晋，濟河焚舟。”漢王褒《四子講德論》：“故膺騰撇波而濟水，不如乘舟之逸也。”②成功。《左傳・僖公二十三年》：“以欲從人則可，以人從欲，鮮濟。”③幫助，救助。《易・繫辭上》：“知周乎萬物，而道濟天下。”

這些意義現代漢語中依然存在，不過由於“濟”本身現在已經不獨立成詞，所以這些意義都保留在一些複合詞或成語中，如“同舟共濟”中“濟”是渡河義，“接濟、救濟”中是幫助義，“(不)濟事”中用的是成功義。

如果不懂得古漢語中這類詞的意義，就不能真正理解現代漢語中某些詞的意義，或者是對它們習焉不察。在學習中如果能以今證古、古爲今用，把古今聯繫起來分析，往往能收到舉一反三、觸類旁通的效果。

在討論古義和今義時還要注意“古今”是相對的，古代漢語和現代漢語也是相對的，它們之間不可能截然劃出一條明確的界線。而且，古代漢語内部還有時代先後的問題。因此詞義的變化有歷史層次的分别。同是古代漢語，先秦與漢魏六朝不同，漢魏六朝又和唐宋不同。漢語有文獻記載的歷史長達三千三百多年，有的詞義在古代就有重要的變化。例如：

幣　本是一種絲織品。《左傳・襄公八年》：“敬共幣帛，以待來者。”引申指禮物。《左傳・僖公十年》：“幣重而甘言，誘我也。”作爲禮物贈送的玉、皮、圭、馬等都可統稱爲幣。漢代，“幣”産生了貨幣義。《史記・平準書》：“黄金以溢名，爲上幣，銅錢識曰半兩，重如其文，爲下幣。而珠玉龜貝銀錫之屬，爲器飾寶藏，不爲幣。”

還應看到，在詞義的漸變過程中，新的詞義産生以後，舊的詞義有的並没有立即消亡，常常並存一個時期。例如，“兵”這個詞，其本義爲兵器，在古代漢語中的常用義也是兵器，但同時它還有兵士、軍隊等引申意義，這些意義在古代漢語裏是並用的。又如“爪牙”，前面我們談到在唐代它還可以作爲褒義詞，但在唐代它作貶義詞的例子也同樣可以見到，如李延壽《南史・顏延之傳》：“師伯專斷朝事，不與沈慶之參懷，謂令史曰：‘沈公爪牙耳，安得豫政事？’”我們不能僅僅認爲它在現代漢語中用作貶義。

在辨析古今詞義的異同時特别要注意那些區别細微的詞。有的詞古今意義表面看似乎相同,實際並不相同。例如,“去”這個詞,在古代是離開的意思,《孟子・公孫丑下》:“孟子去齊。”只能理解成孟子離開齊國。又如,“涕”,上古是指眼泪,《列子・湯問》:“悲愁垂涕相對。”如果用鼻涕去解釋就很荒唐。有的詞古今義差别很小,甚至用今義有時也能把句子講通,但却不能準確讀懂古書。例如《戰國策・齊策一》中“孟嘗君使人給(jǐ)其食用”,“給”很容易讓人理解爲給予,這樣講好象也無不妥。但文中“給”却不是給予義,它不是指偶然的行爲,而是指有責任地供給,是連續的行爲。

因此在學習中最應注意的就是這些詞,因爲這種不是很明顯的差異有時很容易被忽略,人們往往以爲已經懂了,其實是用今義去解古義,歪曲了原義。我們一定要本著實事求是的精神,力求甚解,從而爲順利讀懂古書打下堅實的基礎。

(三)詞的本義和引申義

語言中的許多詞都不止一個義項,這些詞就是多義詞,它們在詞彙中佔絶大多數。多義詞的形成就是詞義引申的結果。多義詞的各個義項都直接或間接地來自詞義引申的起點——詞的本義。因此,分析詞的本義和引申義,掌握詞義引申的規律,對我們學習古代漢語是非常必要的。

一、什麽是詞的本義

1. 什麽是詞的本義

詞的本義就是詞的本來意義,這裏所説的本義是指由漢字和由漢字記録的古代書面語所體現出來的詞本來的意義,或者説有歷史文獻材料可以考察的詞的最早的意義。

在漢字産生以前,漢語已經有悠久的歷史了,那時的詞的意義我們稱作詞的原始意義。由於没有歷史文獻材料證明,我們現在對於詞的原始意義無法考證清楚。所以,我們現在所説的“本義”只能是指有語言文字材料證明的詞的最早的意義。

詞的本義是我們瞭解詞的意義系統的關鍵,不知道本義,就很難把握整個詞義系統的脈絡,甚至讓人感到某些詞的若干義項之間毫無關聯。例如“紀”在古書中的常用義項有:

①絲的頭緒。《説文解字・糸部》:“紀,别絲也。”《禮記・禮器》:“紀散而衆亂。”《墨子・尚同上》:“譬若絲縷之有紀,罔罟之有綱。”

②治理。《詩經・大雅・棫樸》:“勉勉我王,綱紀四方。”《國語・周語上》:“稷則徧誡百姓,紀農協功。”

③法度,準則。《墨子・小取》:“審治亂之紀。”《吕氏春秋・孟春紀》:“無變天之道,無絶地之理,無亂人之紀。”

④古代紀年的單位。通常以十二年爲一紀,李商隱《馬嵬》:“如何四紀爲天子,不及盧家有莫愁。”這裏用四紀虚指唐玄宗在位的時間(玄宗實際在位44年)。有的以一千五百年爲一紀,也有的以一代爲一紀。

⑤史書的一種體裁,記一代帝王的事迹,爲全史之綱。如《史記・高祖本紀》。

這幾個義項初看好像看不出有太多關係,但只要抓住本義是絲的頭緒,這個詞的意義系統就清楚了:

絲的頭緒→治理(治理使之有頭緒)
絲的頭緒→法度,準則(一切事物的頭緒)
絲的頭緒→紀年單位(時間的頭緒)
絲的頭緒→史書體裁(把零散的歷史編纂起來)

所以,探求本義可以以簡馭繁地掌握詞義,瞭解詞義演變規律。

2. 如何分析詞的本義

根據本義的性質和特點,分析本義主要可以從兩個方面入手:

第一,根據詞的書寫形式分析。漢字屬於意音文字體系,造字與這個詞當時所表示的意義(也就是本義)相關。而且離造字時代越近的形體越能反映本義,如甲骨文、金文、小篆,它們的字形所提供的意義在多數情況下可以滿足我們分析本義的要求。前代學者也正是通過這種辦法去尋求本義,許慎的《説文解字》就是從分析小篆的字形入手力求説明本義的。

《説文解字》有“六書”,涉及漢字構造的只是象形、指事、會意和形聲“四書”。我們可以利用這四種結構的字來分析字的本義。

象形字,許慎的定義是:“畫成其物,隨體詰詘,日月是也。”即畫出事物的外形或輪廓,“日”和“月”就是這樣的字。象形字是獨體字,最能反映出字的本義。例如:

行　甲骨文作,象十字路口,它的本義就是道路。《詩經・豳風・七月》:“女執懿筐,遵彼微行。”毛傳:“微行,牆下徑也。”

回　金文作,爲回轉之形。《説文解字・口部》:“回,轉也。”本義旋轉、回轉。《詩經・大雅・雲漢》:“倬彼雲漢,昭回于天。”屈原《九章・悲回風》:“悲回風之摇蕙兮,心冤結而内傷。”

州　甲骨文作,象水中高地形,本義是水中陸地。《説文解字・川部》:"水中可居曰州。……昔堯遭洪水,民居水中高土,或曰九州。《詩》曰'在河之州'。"

其他如"水、文、木、果、斤、工、止、我、來、人"等都是象形字。

指事字,許慎的定義是:"視而可識,察而見意,上下是也。"指事字是在象形字的基礎上加指事符號(通常是點或短横),表示整個圖形的某個局部才是這個字的意義。指事字也是獨體字。要細加分析,才能瞭解其本義。例如:

亦 甲骨文作,在人的兩腋之下加點,是"腋"的本字。《説文解字·亦部》:"亦,人之臂亦也,从大,象兩亦之形。"

本 金文作,是在木的根部加圓點表示樹根。《説文解字·木部》:"本,木下曰本。"《莊子·逍遥遊》:"吾有大樹,人謂之樗,其大本臃腫而不中繩墨。"

其他如"末、办、寸、甘、旦、天、元"等都是指事字。指事字比較少。

會意字,許慎的定義是:"比類合誼,以見指撝,武信是也。"會意字由兩個以上的表意字符組成,是合體字。會意字的本義可從它的字符聯合反映出的意義中獲得。例如:

步 甲骨文作,由兩隻腳合起來,表示兩腳一前一後,本義是行走。《尚書·武成》:"王朝步自周。"《左傳·僖公三十三年》:"寡君聞吾子將步師出於敝邑,敢犒從者。"《經典釋文》:"步師,步猶行也。"

逐 甲骨文作,是一個人的足(即"止",後來寫成"趾")在豕的後面,其本義是追趕。《説文解字·辵部》:"逐,追也。"《列子·湯問》:"夸父不量力,欲追日影,逐之於隅谷之際。"

其他如"男、友、婦、北、比、从、好、取、折、牧、占"等都是會意字。

形聲字,許慎的定義是:"以事爲名,取譬相成,江河是也。"形聲字由聲符和形符兩部分構成,聲符表音,形符表示字義所屬的意義範圍,是合體字。形聲字雖然不能直接表意,但它的形符可表示其本義所在範圍。例如"阜",甲骨文作,象大山之形,凡從"阜(阝在左)"的字,本義多跟山陵、地勢高低等意義有關。例如:

阿 本義是大山陵。《説文解字·阜部》:"大陵也。"《詩經·鄘風·載馳》:"陟彼阿丘,言采其蝱。"

防 本義是堤防。《説文解字·阜部》:"隄也。"《吕氏春秋·慎山》:"巨防容螻而漂邑殺人。"

隊 即"墜"的古字,本義是從高處落下。《説文解字·阜部》:"從高隊也。"《左傳·莊公八年》:"豕人立而啼,公懼,隊于車,傷足,喪屨。"《荀子·王制》:"職而不通,則職之所不及者必隊。"

除　本義是臺階。《説文解字·阜部》:“殿階也。”張衡《東京賦》:“乃羡公侯卿士,登自東除。”

其他如“固、居、涂、徐、説、脱、國、聞、歸、穀”等都是形聲字。形聲字最多。

根據字形探求本義時要注意,因爲漢字隸變後,許多字形已符號化了,很難由它們推求字的本義。所以我們在分析字形時,主要是依據甲骨文、金文和小篆等古文字的形體。《説文解字》是識讀這些古文字的重要依據。

第二,根據文獻語言用例。僅僅依靠分析漢字的結構來推求本義是遠遠不够的。我們還必須尋找古代文獻中該字的用例來證明對本義的推求。

文獻證明,就是看某個詞在上古典籍中的用法是否與其字形所反映出的意義相吻合。一般而言,如果兩者相合,這就是造字時代的本義;如果不能找到書證,則不傾向於認定其爲本義。例如:

權《説文解字·木部》:“權,黄華木。……一曰反常。”

從理論上講,一個詞的本義只應該有一個,但是這裏許慎給出了兩種解釋。原因是從“權”的字形來看,其本義應該與木有關,解釋爲黄華木是合理的,但許慎在古書中没有找到相應的用例。“反常”這個意義是許慎從先秦典籍裏“權”的各種用法中歸納出的意義,看不出它與“權”的字形有什麽關係。應該説這是許慎給出的一個比較實事求是的解釋,他考慮到了字形,但同時也注意到文獻用例的問題。對這個例子,我們傾向於認爲“權”的本義在上古已經不再使用。

這種情况告訴我們,文獻佐證在考察本義時是必不可少的。上面我們所舉的若干詞的本義也都用了古籍中的用例加以證明。

在具體分析詞的本義時,應該把上面的兩種方法綜合運用,僅用某一個方法很難確定詞的本義。

在利用上面的方法分析詞的本義時還要注意幾個問題:一是要注意字形的訛變。《説文解字》對字形的分析往往是我們今天認識本義的基礎,但許慎依據的小篆的形體有不少已經與造字時代的形體不同了。例如“射”,《説文解字·矢部》:“弓弩發於身而中於遠也。從矢從身。篆文射從寸,寸,法度也,亦手也。”許慎按照他所見的字形作出解釋。但是“射”在甲骨文中作,金文中作,就是射箭。許慎根據訛變後的字形所作的解釋就顯得迂回了。二是依據字形解釋本義時不宜把本義理解得過窄,這在利用《説文解字》時尤其要注意。例如《説文解字·牛部》:“牢,閑,養牛馬圈也。”又“牧,養牛人也。從攴從牛”。從字形來看,“牢”和“牧”均從“牛”,所以許慎解釋時都具體地從“牛”入手,實際上這兩個字造字時是把“牛”作爲牲畜這一類事物的典型代表，因此在説解時不宜僅僅局限於“牛”本身。

二、詞的引申義

1. 什麽是詞的引申義

一般而言，一個詞只有一個本義，但語言中大多數詞都不止一個意義，一詞多義的現象是普遍存在的，這種現象同詞的引申義有密切關係。詞的引申義是指在本義基礎上發展、派生出來的意義。一個詞的引申義可能有一個或數個，這些引申義和本義之間都有或近或遠的聯繫。

引申義有遠近之分。近引申義又叫直接引申義，是指從本義直接派生出來的意義。例如“日”，本義是太陽，由太陽的一升一落而引申指一天。一般來説，直接引申義與本義的關係很近，産生的時間也比較早，比較容易理解。

遠引申義指間接引申義，是由詞的引申義再引申出來的意義。例如“朝(zhāo)”，本義是早上。古代群臣上朝的時間在早晨，由此引申爲上朝(cháo)、朝拜。由上朝的地點又引申爲朝廷。又由朝廷的延續引申爲整個朝代。朝廷、朝代等都是間接引申義。

從上面的例子可以看出，間接引申義和本義的關係是間接的、曲折的，有時它們之間的聯繫還必須通過專門的考察才能看出。例如：

和 《説文解字·口部》：“和，相譍也。從口，禾聲。”這正是“和”的本義，這個意義同今天常用的“和”作連詞的用法之間的關係就必須經過研究才能發現。由“和”的本義引申爲和諧、和順，《禮記·中庸》：“發而皆中節謂之和。”又引申爲摻和，杜甫《歲晏行》：“往日用錢捉私鑄，今許鉛鐵和青銅。”又引申爲連帶，杜荀鶴《山中寡婦》：“時挑野菜和根煮，旋斫生柴帶葉燒。”由連帶義虚化爲介詞，晏幾道《阮郎歸》：“夢魂縱有也成虚，那堪和夢無。”秦觀《阮郎歸·湘天風雨破寒初》：“衡陽猶有雁傳書，郴陽和雁無。”再虚化爲連詞，岳飛《滿江紅》：“三十功名塵與土，八千里路雲和月。”

由此可見，引申義與本義之間的關係是可尋覓的。詞的直接引申義和間接引申義有時不止一個。例如上面的“和”，就有若干間接引申義，它們以本義爲起點，遞相引申出幾個相聯繫的意義，詞的各個義項之間的關係是：

和：和聲→和諧，和順→摻和→連帶→連(介詞)→和(連詞)

這種引申方式叫連鎖式引申。

有時一個詞同時有多個直接引申義。例如：

問 本義是詢問，《尚書·仲虺之誥》：“好問則裕，自用則小。”引申爲審訊,《詩經・魯頌・泮水》:"淑問如皋陶,在泮獻囚。"又引申爲聘問,《儀禮・聘禮》:"小聘曰問。"引申爲問候,《論語・雍也》:"伯牛有疾,子問之。"引申爲責問,《左傳・僖公四年》:"昭王南征而不復,寡人是問。"引申爲命令,《左傳・莊公八年》:"期戍,公問不至。請代,弗許。"引申爲音訊,《晉書・陸機傳》:"既而羈寓京師,久無家問。"引申爲過問,柳宗元《童區寄傳》:"恣所爲不問。"這些引申義都是由本義詢問直接引申而來,其引申線索是:

聘問　問候　責問
↖　↑　↗
審訊 ← 詢問 → 命令
↙　↘
音訊　過問

這種引申方式又稱爲輻射式引申。

很多情況下,詞義的引申是連鎖式和輻射式交織在一起的。例如:

奉　本義是恭敬地捧著,《禮記・曲禮上》:"長者與之提攜,則兩手奉長者之手。"引申爲:①進獻,《周禮・地官・大司徒》:"祀五帝,奉牛牲。"又引申爲接受,《戰國策・燕策二》:"臣雖不佞,數奉教於君子矣。"又引申爲遵循,《周易・乾文言》:"後天而奉天時。"②侍奉,《孟子・告子上》:"爲宫室之美,妻妾之奉,所識窮乏者得我與?"③輔助,《左傳・隱公十一年》:"鄭伯使許大夫百里奉許叔以居許東偏。"其中既有連鎖式引申,又有輻射式引申:

↗ 進獻 → 接受 → 遵循
奉:恭敬地捧 → 侍奉
↘ 輔助

2. 如何分析詞的引申義

分析詞的引申義,關鍵在於抓住詞的本義,以此爲綱,儘可能多地佔有材料,從中把握多義詞各個義項之間的關係。例如:

字　常見義項有生育、養育、愛、文字等,要瞭解它們之間的聯繫,應從本義開始分析。《説文・宀部》:"字,乳也。從子在宀下,子亦聲。""乳"是生子的意思,"字"本義是生孩子。《周易・屯卦》:"女子貞不字。"《山海經・中山經》:"其上有木焉,名曰黄棘,黄華而員葉,其實如蘭,服之不字。"《論衡・氣壽篇》:"婦人疏字者子活,數(shuò)乳者子死。"這些"字"都是用的本義。引申出哺育、養育的意思。《詩經·大雅·生民》:"誕寘之隘巷,牛羊腓字之。"《左傳·成公十一年》:"不能字人之孤而殺之。"又引申出愛的意思。《尚書·康誥》:"不能字厥子,乃疾厥子。"《左傳·成公四年》:"楚雖大,非吾族也,其肯字我乎?""字"作文字講也與其本義有關。秦以前,文字只稱"文"或"書",不叫"字"。秦石刻才開始把"文字"連用。《説文解字·叙》:"蓋依類象形,故謂之文;其後形聲相益,即謂之字。"這就是説,獨體爲文,合體爲字。又説:"字者,言滋乳而浸多也。"説"字"是由"文"滋生出來的。但漢代"文"和"字"在一般用法上已經不再有分别。《漢書·藝文志》:"説五字之文,至於二三萬言。"通過這樣的分析,我們就能把握"字"的各個義項之間的關係:

字:生孩子 → 哺育,養育
字:生孩子 → 愛
字:生孩子 → 文字

有時,經過多次引申後的間接引申義彼此之間可能已經看不出有什麽聯繫了,這就是所謂"展轉爲他訓",就更需要理清詞的各個義項的引申關係。例如:

寫　有多個義項:①描摹,《史記·秦始皇本紀》:"秦每破諸侯,寫放其宫室,作之咸陽北坂上。"②宣洩,排除,《詩經·邶風·泉水》:"駕言出遊,以寫我憂。"③謄寫,抄寫,《漢書·藝文志》:"於是建藏書之策,置寫書之官。"《晋書·左思傳》:"於是豪貴之家競相傳寫,洛陽爲之紙貴。"④傾注,傾瀉,《周禮·地官·稻人》:"稻人掌稼下地,……以澮寫水。"《春秋繁露·考功名》:"其爲天下除害也,若川瀆之寫於海也,各順其勢傾側而制於南北。"在這個意義上,後來寫作"瀉"。⑤書寫,寫字,《三國志·魏書·文帝紀》:"臣等昧死以請,輒整頓壇場,至吉日受命,如前奏,分别寫令宣下。"《顔氏家訓·書證篇》:"雲當爲雨,俗寫誤耳。"⑥移置,《禮記·曲禮上》:"器之溉者不寫,其餘皆寫。"⑦寫作,《三國志·吴書·韋曜傳》:"又作《官職訓》及《辯釋名》各一卷,欲表上之。新寫始畢。"⑧模仿,《韓非子·十過》:"乃召師涓而告之曰:'有鼓新聲者,使人問左右,盡報弗聞。其狀似鬼神,子爲我聽而寫之。'師涓曰:'諾。'因静坐撫琴而寫之。"

這些義項之間的關係有的現在還可以看出來,如模仿和描摹、描摹和謄寫,但有的却很難設想它們有什麽聯繫,如傾注和寫字。這就要在確定本義的基礎上,分析各義項之間的邏輯聯繫,從而認清它們之間意義聯繫的層次。《説文·宀部》:"寫,置物也。"段玉裁注:"謂去此注彼也。"這就是"寫"的本義,即上面的

⑥。由本義引申出④，由④抽象引申爲②；由本義又引申出⑧，由⑧引申爲①，再引申爲③，再引申爲⑤，由⑤引申爲⑦。這様，各義項間的關係就清楚了：

寫：移置 ↗ 傾瀉 ⟶ 宣洩
　　　　 ↘ 模仿 ⟶ 描摹 ⟶ 謄寫 ⟶ 書寫 ⟶ 寫作

有的詞引申義的讀音有變化。例如：

長　本義是兩端距離大，音 cháng，《孟子·滕文公上》："布帛長短同，則賈相若。"引申爲長度，《論語·鄉黨》："必有寢衣，長一身有半。"引申爲時間長久，《詩經·大雅·卷阿》："爾受命長矣，茀禄爾康矣。"再引申爲經常，王安石《書湖陰先生壁》："茅簷長掃净無苔，花木成畦手自栽。"引申爲遠，《詩經·秦風·蒹葭》："遡洄從之，道阻且長。"引申爲延長，《左傳·宣公十二年》："實其言，必長晋國。"由延長引申爲生長、生育，音 zhǎng，《孟子·公孫丑上》："宋人有閔其苗之不長而揠之者。"《莊子·達生》："長於水而安於水，性也。"再引申爲撫養，音 zhǎng，《詩經·小雅·蓼莪》："拊我畜我，長我育我。"由延長又引申爲增長，音 zhǎng，《易·泰》："君子道長，小人道消也。"引申爲擅長，《孫臏兵法·奇正》："故善戰者，見敵之所長，則知其所短。"《華陽國志》卷十中："師楊公叔，能暢鳥言，長於災異，教授弟子以百數。"再引申爲長處，《晏子春秋·内篇問上》："任人之長，不强其短。"由生長引申爲年歲大，音 zhǎng，《孟子·告子上》："鄉人長於伯兄一歲，則誰敬？"又引申爲成年，音 zhǎng，《禮記·曲禮下》："問國君之年，長，曰能從宗廟社稷之事矣。"又引申爲年長或位高者，音 zhǎng，《孟子·萬章下》："不挾長，不挾貴。"又引申爲列首位、排第一，音 zhǎng，《易·乾》："元者，善之長也。"《禮記·檀弓下》："延陵季子適齊，於其反也，其長子死。"再引申爲居首位者、首領，音 zhǎng，僞古文《尚書·咸有一德》："萬夫之長，可以觀政。"再引申爲做長官、主管，音 zhǎng，《戰國策·楚策一》："天帝使我長百獸。"由本義引申爲多，音 zhàng，《世説新語·德行》："恭作人無長物。"各義項間的關係是：

　　　　　　　　　經常　　　增长 ⟶ 擅长
　　　　　　　　　　↗　　　　↗
　　　　　　　时間長久 ⟶ 延長 ⟶ 生長 ⟶ 年岁大 ⟶ 高位者、長官
　　　　　　　↗
長：兩端距離大 ⟶ 長度 ⟶ 空間距離远
　　　↘
　　　　多

有的詞本義和引申義的字形發生分化。例如：

解　本義分解動物，引申爲解體、解開、分解、解除、理解、懈怠等，表示

懈怠、鬆弛的意義時改讀 xiè，後來字也寫作“懈”。

赴　本義是趨往、投入，引申爲告喪，如《左傳・隱公三年》：“平王崩，赴以庚戌，故書之。”這個意義後來寫作“訃”。

益　本義是水漫出來，《吕氏春秋・察今》：“澭水暴益。”引申義有增加、好處、更加等，其本義後來寫作“溢”。

詞義在字形上的分化往往出現在一些義項比較多的詞中，這種分化表現了漢字對於漢語詞彙的記録趨於細密的發展。

3. 詞義引申的規律

詞的一個意義能够引申出哪些意義，並無一定之規，但通過對大量詞的意義的分析，仍然可以歸納出詞義引申的一般規律。分析瞭解這些規律對我們分析引申義有很大的好處。

詞義引申的基本規律是從個別到一般，從具體到抽象。例如：

表　本義是指裘有毛的一面。古人穿皮衣服，有毛的一面在外，所以“表”字在篆文中從毛從衣，作。《禮記・玉藻》：“表裘不入公門。”“表裘”就是皮有毛的一面在外邊。引申指上衣（即外衣），《莊子・讓王》：“子貢乘大馬，中紺而表素。”又泛指外表、外面，與“裏”相對。《尚書・立政》：“方行天下，至於海表。”《左傳・僖公二十八年》：“表裏山河，必無害也。”“表”的意義由個別指向一般。

秉　《説文解字・又部》：“禾束也。”甲骨文象手拿禾束，《詩經・小雅・大田》：“彼有遺秉，此有滯穗。”引申爲手拿，《尚書・周書・牧誓》：“王左杖黄鉞，右秉白旄以麾。”再引申爲主持、掌握，意義抽象化，《説苑》卷十三：“今霍氏秉權，天下之人疾害之者多矣。”再引申爲權力，《管子・小匡》：“治國不失秉，臣不如也。”《史記・絳侯周勃世家》：“侯八歲爲將相，持國秉，貴重矣。”“秉”的意義由具體的禾束逐步抽象化。

網　本義是用繩編織成的捕魚或鳥獸的工具，《易・繫辭下》：“作結繩而爲網罟，以佃以魚。”引申爲廣泛搜求，《史記・太始公自序》：“網羅天下放失舊聞。”完全抽象化了。

詞義引申的規律和人對客觀世界的認識過程是密切相關的，人對客觀世界的認識都是從個體到集合，從個別特徵到類型特點，從具體事物到抽象概念，因此詞義引申在多數情況下是由個別到一般、由具體到抽象。

任何一個引申義都與它的來源義有一定的聯繫，例如“寫”的描摹義引申出謄寫，是因爲二者都要照原樣複制。詞的引申義和其來源義之間的聯繫一般可概括爲相似性聯繫和相關性聯繫。

相似性聯繫是指甲乙兩類現實現象之間存在著某種相似性特徵，因而用原來指稱甲事物的詞去指稱乙事物，從而使詞產生新義，實現詞義的引申。這種引申往往通過比喻的方式而完成。例如：

瞽　本義是眼瞎，《莊子·逍遥遊》："瞽者無以與乎文章之觀。"《荀子·解蔽》："瞽者仰視而不見星。"引申爲不懂道理，《荀子·勸學》："故未可與言而言謂之傲，可與言而不言謂之隱，不觀氣色而言謂之瞽。"兩個意義間有内在的相似性。

流　本義是水流動，引申爲河流，《楚辭·漁父》："寧赴湘流，葬身于江魚之腹中。"由河流義引申爲流派，《漢書·藝文志》："儒家者流，蓋出於司徒之官。"河流與流派在性狀上有相似之處。

好　本義是女子貌美，《戰國策·趙策三》："鬼侯有子而好。"引申指事物美好，《詩經·檜風·匪風》："誰將西歸，懷之好音。"這是由於二者給人的感覺有相似之處。

相關性聯繫中的兩類現象不一定有相似性，但兩者間存在著某種聯繫，在這種情況下，用原來指稱甲事物的詞去指稱乙事物，使詞產生新義，實現詞義的引申。這種引申往往通過借代的方式完成。例如：

兵　本義是兵器，《左傳·隱公元年》："繕甲兵，具卒乘，將襲鄭。"引申爲士卒、軍隊，《戰國策·西周策》："所以進兵者，欲王令楚割東國以與齊也。"由指兵器而轉指拿兵器的人，二者無相似性，但有密切關係。

素　本義是未染過色的生絹，《禮記·玉藻》："大夫素帶辟垂，士練帶率下辟，居士錦帶，弟子縞帶。"古詩《上山采蘼蕪》："新人工織縑，故人工織素。"引申爲白色的、本色的，《詩經·召南·羔羊》："羔羊之皮，素絲五紽。"用指稱某事物的詞轉指這種事物所具有的某種特性。

官　本義是官府，《禮記·玉藻》："在官不俟屨，在外不俟車。"引申指官職、官員，僞古文《尚書·咸有一德》："任官惟賢材。"用官員所在地指稱它。

從上面的分析可以看到，詞的引申義和本義之間總有這樣或那樣的聯繫。如果一個字的不同意義之間毫無聯繫，就不能看作是詞的本義和引申義的關係。例如"莫"字，甲骨文作，從日在茻(mǎng)中，是"暮"的本字，本義是日落的時候，如《莊子·齊物論》"朝三而莫四"。又指時間晚，如《左傳·成公十二年》："日云莫矣，寡君須矣，吾子其人也。"這個意義同本義有聯繫，是"莫"的引申義。

後來“莫”借作否定性的無定代詞,這種用法同“莫”原來的意義毫無關係。因此,作無定代詞的“莫”和表示日落黄昏的“莫”是不同的詞。

通過學習我們看到,詞在長期的發展過程中形成一詞多義現象,但看似紛繁複雜的詞義之間並不是彼此割裂的,它們之間必然有“主”有“從”、有“綱”有“目”,這就是我們所説的本義和引申義。只要我們以本義爲起點,理清本義和引申義以及引申義之間的聯繫,做到主從分明、綱舉目張,就可以把握一個詞的整個意義系統。清代語言學家江沅説“本義明而後餘義明,引申之義亦明”,這是很有道理的。

(四)單音詞和複音詞

漢代以後漢語中的複音詞增多,是漢語詞彙發展的内部規律之一。這使古今漢語詞彙的構成發生了很大的變化。

古代漢語以單音詞爲主,這在上古時期尤其明顯。據研究,甲骨卜辭中只有少數名詞是複音詞,如“上帝、小臣”等。周秦漢語仍以單音詞爲主,但複音詞呈現出增加的趨勢,《論語》全書約 1700 多個詞,除去人名等專有名詞,複音詞有 200 多個;《左傳》有複音詞近 800 個。到漢代,複音詞有了更大的發展,桓寬《鹽鐵論》除專有名詞外的複音詞共有 1500 多個,出現 4300 多次,複音詞的出現頻率比較高。現代漢語中,複音詞(主要是雙音詞)在詞彙中佔絶對優勢。

由於漢語詞彙的形式存在這種明顯的變化,我們學習古代漢語的時候,就需要對單音詞和複音詞的關係作一定的瞭解。

一、古代單音詞向現代雙音詞發展的主要途徑

古代漢語中的單音詞向複音詞發展主要有兩個途徑:

1. 用完全不同的雙音詞替换原來的單音詞,例如:

古	日	目	師	伐	弈	常	亡
今	太陽	眼睛	軍隊	攻打	下棋	規律	消失

2. 利用原來的單音詞作爲構詞語素,加上其他語素構成複音詞。又有兩種情況,一是添加實語素,例如:

古	聰	衣	恩	馳	行	存	强	儉	備
今	聰明	衣裳	恩情	馳騁	運行	存在	强大	節儉	完備

另一種情況是添加虛語素，即用原來的單音詞加上詞綴構成雙音詞，例如：

古	虎	斧	姨	鼠
今	老虎	斧頭	阿姨	老鼠

二、古代漢語雙音詞的主要類型：

1. 單純複音詞

單純複音詞只有一個語素，記録詞的每一個字只代表一個音節，兩個音節合起來才有意義。包括兩種情況：

①叠音詞。叠音詞是由同一個音節重叠的單純詞。例如：

關關雎鳩，在河之洲。（《詩經・周南・關雎》）

心憧憧若涉大川。（桓寬《鹽鐵論・刺複》）

又如"森森、斤斤、丁丁、漣漣、洋洋"等。

②聯綿詞。聯綿詞由兩個不同的音節構成單純詞，兩個音節多有語音上的聯繫。有的是雙聲聯綿詞，即前後兩個音節的上古音聲母相同或相近，如：

凡民有喪，匍匐救之。（《詩經・邶風・谷風》）

故磅礴萬物以爲一世蘄乎亂。（《莊子・逍遥遊》）

又如"參差、倉促、凜冽、躑躅"等。

有的是叠韻聯綿詞，即前後兩個音節的上古音韻母相同或相近，例如：

舒夭紹兮，勞心慘兮。（《詩經・陳風・月出》）

肌膚若冰雪，綽約若處子。（《莊子・逍遥遊》）

又如"須臾、窈窕、崔嵬、逍遥、蹉跎、徘徊、蹣跚、逡巡"等。

聯綿詞中也有既雙聲也叠韻的情況，這類聯綿詞就叫做雙聲兼叠韻聯綿詞，例如：

悠哉悠哉，輾轉反側。（《詩經・周南・關雎》）

佩繽紛其繁飾兮，芳菲菲其彌章。（《楚辭・離騷》）

當然也有少數聯綿詞既没有雙聲關係也没有叠韻關係，其前後兩個音節在語音上没有任何相似之處，例如：

鳳凰于飛，翽翽其羽。（《詩經・大雅・卷阿》）

制芰荷以爲衣，集芙蓉以爲裳。（《楚辭・離騷》）

非雙聲叠韻聯綿詞以動植物名居多，如"鸚鵡、科斗、珊瑚"等。

另外還應當注意的是，聯綿詞的兩個字記録的是兩個音節，與字形代表的意義無關，因此可以寫作多個上古音同或音近的字，例如"匍匐"，在古籍中又作

"扶服、蒲伏、蒲服"等，它們記録的實際上是同一個詞。

2. 合成複音詞

合成複音詞由兩個或兩個以上構詞語素構成。古漢語中的合成複音詞大致可分爲三種類型：

①重叠詞。重叠詞由一個單音節詞根語素重叠而成，又稱爲叠根詞。其基本意義和這個單音語素的語素義接近，但描繪性和形象性大大增强，例如：

青青子衿，悠悠我心。（《詩經·小雅·鹿鳴》）

寧昂昂若千里之駒乎？（《楚辭·卜居》）

就其構詞形式來説，由一個單音節語素重叠而成的叠根詞，如上述例子中的"青青、悠悠、昂昂"等，應當屬於聯合式複合詞，只不過其構詞語素完全相同罷了。應當注意的是，有一部分詞與重叠詞不同，例如，《詩經·秦風·蒹葭》："蒹葭采采，白露未已。"其中"采采"的意思並不是采了又采，而是茂盛、衆多的意思。毛亨解釋道："采采，猶萋萋也。"陶潛《榮木》："采采榮木，結根于兹。"用的也是這個意思。這類詞只應視爲由一個語素構成的單純詞。

②複合詞。這裏複合詞是指由兩個不同的詞根語素構成的詞，而不包括上面所説的由一個單音節語素重叠而成的叠根詞。複合詞按語素間的結構關係可以分爲聯合式、偏正式、支配式、補充式、表述式等類型，例如：

聯合式：干戈、廣大、心腹、子孫、歌謡、貧苦、消息、往來、泛濫、是非；

偏正式：百姓、農夫、諸侯、土龍、天子、先生、不肖；

支配式：將軍、執政、相國、司空、當家、牽牛、屏風、懷土；

補充式：澄清、制服、織成（古代的名貴絲織物）；

表述式：家生、意解、口快。

複合詞中數量最多的是聯合式和偏正式兩類。

複合詞中有一類叫偏義複詞，指雙音複合詞中的一個語素有意義，另一個語素只是作爲陪襯，這類複合詞多是聯合式的，兩個語素間往往存在反義、近義或類義關係，如：

作息　《古詩爲焦仲卿妻作》："晝夜勤作息，伶俜縈苦辛。""作息"本指劳作和休息，這裏只取前者。

出入　《史記·項羽本紀》："遣將守關者，備他盗出入與非常也。""出入"本指出去和進來，這裏只取後者。

存亡　諸葛亮《出師表》："今天下三分，益州疲弊，此誠危急存亡之秋。""存亡"本指生存和衰亡，這裏偏指"亡"。

緩急　《史記・絳侯周勃世家》："孝文且崩時，誡太子曰：'即有緩急，周亞夫真可任將兵。'"這裏的"緩急"實際上是指急。

園圃　《墨子・非攻上》："今有一人，入人園圃，竊其桃李。""園"是種樹的地方，"圃"是種菜的地方。這裏偏指"園"。

府倉　《韓非子・解老》："田荒則府倉虚。""府"指財庫，"倉"指糧庫。這裏偏指"倉"。

股掌　《國語・吴語》："大夫種勇而善謀，將還玩吾國於股掌之上，以得其志。""股"是大腿，這裏偏指"掌"。

偏義複詞所謂的"偏義"大都是在一定的上下文語境中產生的臨時意義，如果離開了這一特定的語境，其中的兩個語素仍然各自都有自己的意義。例如，白居易《偶作》詩之二："一日分五時，作息率有常。"《詩經・小雅・北山》："或出入風議，或靡事不爲。"《易・乾》："知進退存亡而不失其正者，其唯聖人乎。"這裏的"作息、出入、存亡"中的兩個語素都保持了原有的意義。這一點與詞義的併吞不一樣。所謂詞義的併吞是指在複合詞中，其中一個語素的意義已經被另外一個語素併吞而消失掉了，如現代漢語中的"窗户、妻子、國家、質量"等，其中的"户、子、家、量"的意義已經消失。屬於詞義併吞的複合詞，在任何語境中，都只有其中一個語素的意義，其意義已經固定，而非臨時意義。

③派生詞。派生詞由詞根和詞綴構成。古代漢語中"若、爾、然、阿、老、子"等都是詞綴，例如：

桑之未落，其葉沃若。（《詩經・衛風・氓》）

既竭吾才，如有所立卓爾。（《論語・子罕》）

朝，與下大夫言，侃侃如也。（《論語・鄉黨》）

天油然作雲，沛然下雨，則苗勃然興之。（《孟子・梁惠王上》）

道逢鄉里人，家中有阿誰？（《樂府詩集・十五從軍征》）

柳元景、垣護之雖並北人，而玄謨獨受老傖之目。（《宋書・王玄謨傳》）

甲齧下乙鼻，……甲稱乙自齧落。吏曰："夫人鼻高口低，豈能就齧之乎？"甲曰："他踏床子上齧之。"（魏邯鄲淳《笑林》）

瞭解古代漢語詞彙的這種特點後，在學習古代漢語時要注意兩個問題：

第一，在古代漢語中，特別是先秦時的文獻中，單音詞佔優勢，合成詞尤其是複合詞，有不少都還處於臨時組合的階段，不十分穩定。這主要表現爲幾個同義語素可以自由組合，甚至可以顛倒；構成複合詞的語素有時合用，有時分用，合用時是一個複合詞，分用時又是兩個單音詞。例如表示軍隊的意思，《國語・吴語》:"其民殷衆,以多甲兵。"又在同一篇裏出現:"又非懾畏吾兵甲之强也。"《戰國策・秦策一》:"兵革大强。""甲兵、兵甲、兵革"這幾個詞,儘管語素位置不太穩定,有時變换,但合成以後,都表示一個完整的意思,像這種情況,我們還是應理解爲複音詞。

又如,"險、阻、隘"是意義相近之詞,在上古常常單用,又可以互相組合。《左傳・僖公二十二年》:"古之爲軍也,不以阻隘也。"又"阻而鼓之,不亦可乎?",又"利而用之,阻隘可也"。《左傳・成公二年》:"自始合,苟有險,余必下推車。"《左傳・成公十三年》:"文公躬擐甲胄,跋履山川,逾越險阻。"《淮南子・兵略》:"一人守隘而千人弗敢過也。"《荀子・議兵》:"然而秦師至而鄢郢舉,若振槁然。是豈無固塞隘阻也哉?"

這種情況説明,許多上古漢語中的複合詞大都經過臨時組合階段,以後逐漸過渡成爲穩定的組合,進而發展成爲一個詞。

第二,有一些組合在現代漢語中是複音詞,但在古代漢語中却不是詞,閲讀古書時不能以今律古、望文生義。例如:

卑鄙　諸葛亮《出師表》:"先帝不以臣卑鄙,猥自枉屈,三顧臣於草廬之中。""卑"指出身低微,"鄙"指見識淺陋,不是現在品質惡劣的"卑鄙"。

行爲　《莊子・養生主》:"每至於族,吾見其難爲,怵然爲戒,視爲止,行爲遲。""行爲"是"行爲爲此"的意思,是兩個單音詞,不能理解爲今天的複合詞。

特徵　《後漢書・張衡傳》:"安帝雅聞衡善術學,公車特徵。""特"指特地,"徵"指徵召,也是兩個單音詞。

睡覺　白居易《長恨歌》:"雲髻半偏新睡覺。""睡覺"指睡覺醒來,不像在現代漢語中是一個詞。

消息　賈誼《鵩鳥賦》:"合散消息兮,安有常則。"這裏的"合、散、消(消亡)、息(生長)"是四個並列的動詞,"消息"二字跟今義迥然不同。

此外,還有"雖然、然則、其實"等虚詞,一般也應理解爲兩個詞,這些將在後面的語法部分談到。

參考書目

郭錫良等《古代漢語》,天津教育出版社 1991 年。
何九盈、蔣紹愚《古漢語詞彙講話》,北京出版社 1980 年。

蔣紹愚《古漢語詞彙綱要》,商務印書館 2005 年。
王力《古代漢語》,中華書局 1962 年。
徐朝華《上古漢語詞彙史》,商務印書館 2003 年。
趙克勤《古代漢語詞彙學》,商務印書館 2005 年。

練習(三)

一、填空。

1.《説文解字》簡稱(　　),東漢(　　)著。《説文解字》是我國現存最早的(　　),全書共(　　)卷,其中正文十四卷,第十五卷是《叙》、《部首》和《後叙》。全書共收入(　　)字,另有重文(　　)字(今本所收字數與此有出入)。《説文》首創(　　)的字典編纂法,所收之字,據形系聯,歸屬於(　　)部首之下。

2.《漢語大字典》由(　　)主編,1986 年四川辭書出版社和湖北辭書出版社出版。這是一部以解釋漢字的(　　)爲主要任務的大型語文工具書,是漢字楷書單字的彙編,共收列單字(　　)左右,是目前我國搜集漢字(　　)最多的字典。

3.《辭源》本是一部以(　　)爲主、兼收百科的(　　)性語文工具書。本書共收詞語約(　　)條,是綜合古代字書、韻書、類書和現代百科性質辭書爲一編的工具書。《辭源》按(　　)排列,把所收單字分爲(　　)部。同部首的字按(　　)多少排列。每個單字下的複合詞、詞組和慣用語等,按(　　)多少爲序,少的在前,多的在後;字數相同的,以第二字的筆畫數爲序,從少到多排列。

4.《漢語大詞典》是一部大型的、歷史性的漢語(　　)辭典,1986 年(　　)出版社出版,全書(　　)卷,共收單字約(　　)多個,詞目約(　　)條,(　　)萬字。另有(　　)一卷。

5. 古代漢語的虚詞詞典,有近人楊樹達所著的(　　)十卷,1928 年商務印書館出版,在當時是解釋(　　)時期古書虚詞水平較高的工具書。1965 年中華書局出版重印本。《古書虚字集釋》的作者是近人(　　),本書共(　　)卷,1934 年商務印書館出版,1954 年中華書局出版重印本。

二、解釋。

1. 詞的本義。

2. 詞的引申義。

三、簡答。

1. 簡要介紹《古漢語常用字字典》的主要特點。

2. 簡述詞義古今變化的基本情況。

3. 簡述古代單音詞向現代雙音詞發展的主要途徑。

四、分析。

(一)找出下列詞中的單純詞。

斧頭　躑躅　干戈　司空　珊瑚　須臾　蒲服　天子　崔嵬　鳳凰

(二)解釋下列句中加點字的意義,並説明古今詞義的變化情況。

1. 招具該備,永嘯呼些。

2. 鬼侯有子而好,故入之於紂。

3. 三命而俯,循牆而走。

4. 然後葷菜百疏以澤量。

5. 四體既正,膚革充盈,人之肥也。

6.(冉)猛逐之,顧而無繼,偽顛。(陽)虎曰:"盡客氣也。"

(三)解釋下列句中加點字的意義,並説明用的是本義還是引申義。

1. 陟彼高岡,我馬玄黃。

2. 祀五帝,奉牛牲。

3. 女子貞不字。

4. 故善戰者,見敵之所長,則知其所短。

5. 網羅天下放失舊聞。

6. 所以進兵者,欲王令楚割東國以與齊也。

第二單元

文 選

論 語

【解題】

《論語》是記載孔子及其弟子言行的一部書,由孔子的弟子和再傳弟子們編纂而成。其編纂工作當開始於春秋末期,最後成書約在戰國初期。《漢書・藝文志》:"《論語》者,孔子應答弟子、時人及弟子相與言而接聞于夫子之語也。當時弟子各有所記,夫子既卒,門人相與輯而論纂,故謂之《論語》。"

孔子(前 551~前 479),名丘,字仲尼,春秋時魯國人。孔子出生於没落的殷商貴族,曾周遊列國,想推行自己的政治主張,終不被采納,晚年又回到魯國。他一生主要從事教育和古代文獻整理工作,是中國歷史上偉大的思想家、教育家、政治家,儒家學派的創始人,孔子的思想對中國古代思想史、文化史和教育史的影響極爲深遠。

《論語》是集中反映孔子思想的一部著作,内容涉及孔子的政治主張、教育方法和原則、倫理觀念、道德修養等方面。"論"是編纂的意思,"論語"是當時的編纂者給該書的命名,意思是語言的編纂。《論語》全書共二十篇,篇内又分若干章。《論語》本來没有篇名,後人從每篇前一句話中摘取兩至三個字作爲篇名,如《學而》取自"學而時習之"。

《論語》是我國歷史上第一部語録體的著作,語言質樸,簡明平易,是當時規範口語的代表,對後代文學語言有深刻影響,也是研究上古漢語的珍貴語料。

從漢代開始就有不少人給《論語》作注,可是漢人的注多已亡佚。現在能够見到的重要注本有《論語注疏》(魏何晏集解,宋邢昺疏)、宋朱熹《論語集注》、清劉寶楠的《論語正義》。今人楊伯峻的《論語譯注》最能深入淺出,適合初學,同時也具有很高的學術價值。本文選所依據的版本是楊伯峻的《論語譯注》(中華書局 1980 年),文選中各章標題均係編者所加。

其爲人也孝弟[1]

有子曰[2]:“其爲人也孝弟[3],而好犯上者[4],鮮矣[5]。不好犯上,而好作亂者,未之有也[6]。君子務本,本立而道生[7]。孝弟也者,其爲仁之本與[8]!”

【注釋】

[1]本章選自《論語·學而》。本章的大意是:做人要孝順父母,敬愛兄長,這是“仁”的基礎。[2]有子:孔子的學生,姓有,名若。孔子去世後,有若很受孔門弟子敬重,《論語》中尊稱他爲“有子”。[3]孝:子女對待父母的正確態度。弟(tì):即“悌”,弟弟對待兄長的正確態度。[4]犯:冒犯,違反,抵觸。[5]鮮(xiǎn):少,稀少。[6]未之有:即“未有之”。之:指示代詞在否定句中作賓語,放在動詞前面。[7]務:致力,從事。本:根本,基礎。道:爲人之道,立身之道。[8]仁:孔子提倡的最高的道德準則。與:即“歟”,疑問語氣詞。

何爲則民服[1]

哀公曰[2]:“何爲則民服[3]?”孔子對曰:“舉直錯諸枉[4],則民服;舉枉錯諸直,則民不服。”

【注釋】

[1]本章選自《論語·爲政》。本章的大意是:要使老百姓服從,必須選用正直之人。[2]哀公:即魯哀公,姓姬,名蔣,定公之子,春秋時魯國第二十六任國君,在位27年(前494～前466)。“哀”是他的謚號。[3]何爲:做什麽。疑問代詞“何”作賓語要前置。[4]舉:舉薦,推舉。直:指正直之人。錯:通“措”,放置。諸:“之”、“於”兩字的合音。枉:指邪曲之人。

管仲之器小哉[1]

子曰:“管仲之器小哉!”或曰[2]:“管仲儉乎?”曰:“管氏有三歸[3],官事不攝[4],焉得儉?”“然則管仲知禮乎[5]?”曰:“邦君樹塞門[6],管氏亦樹塞門。邦君爲兩君之好[7],有反坫[8],管氏亦有反坫。管氏而知禮[9],孰不知禮?”

【注釋】

[1]本章選自《論語·八佾》。本章中孔子認爲作爲政治家,管仲的氣量還不够大。管仲:名

夷吾,春秋時齊國人,著名政治家,齊相,輔佐齊桓公稱霸諸侯。器:氣量。[2]或:肯定性的無定代詞,有人,有的人。[3]三歸:有多種不同的説法。程樹德《論語集釋》所引《論語發微》:"三歸,臺名,古藏貨幣之所"義較勝。[4]官事:即宫中之事,管仲家裏的事。攝:兼職。[5]然則:指示代詞"然"和連詞"則"連用,相當於"如此,那麽"。[6]邦君:諸侯國國君。邦:諸侯國。樹:動詞,立。塞門:用以間隔内外視線的一種東西,作用與今照壁相仿。[7]好:友好,指友好關係。[8]反坫(diàn):放還酒杯的平臺,在房屋的兩楹之間。坫是土築的平臺,互相敬酒後,把空杯放還在坫上,是周代諸侯宴會時的一種禮節。[9]而:連詞,放在主語和謂語之間表示假設,在意義上屬於逆接關係,可譯爲"假如、假若"。

吾道一以貫之[1]

子曰:"參乎[2]!吾道一以貫之[3]。"曾子曰:"唯[4]。"子出,門人問曰:"何謂也?"曾子曰:"夫子之道,忠恕而已矣[5]。"

【注釋】

[1]本章選自《論語・里仁》。本章的意思是説孔子學説貫穿了一個基本概念,即忠和恕。[2]參:曾參,字子輿,春秋時魯國人,是孔子晚年最重要的學生之一。[3]道:指學説,思想。一以貫之:即"以一貫之",用一個道理貫穿。以:介詞。一:介詞"以"的賓語,前置。貫:貫穿。[4]唯:應答聲。[5]夫子:孔門弟子尊稱孔子爲夫子。忠:即孔子所謂的"己欲立而立人,己欲達而達人"。恕:即孔子所謂的"己所不欲,勿施於人"。

宰予晝寢[1]

宰予晝寢。子曰:"朽木不可雕也,糞土之牆不可杇也[2]。於予與何誅[3]?"子曰[4]:"始吾於人也,聽其言而信其行;今吾於人也,聽其言而觀其行。於予與改是[5]。"

【注釋】

[1]本章選自《論語・公冶長》。本章講孔子從"宰予晝寢"一事得到啓發,改變了對人的態度,即聽了一個人怎麽説,還要考察他怎樣做,才會加以信任。宰予:孔子學生,姓宰,名予,字子我。晝:白天。寢:睡覺。[2]糞土:穢土。杇(wū):本指用泥土抹牆的工具,這裏引申指抹牆、塗飾。[3]於:介詞,相當於"對於"。與(yú):句中語氣詞。誅:責備,責怪。[4]子曰:以下的話是孔子對"宰予晝寢"而發的感慨。[5]與(yú):句中語氣詞。改是:改變這(看法)。是:指示代詞,此。

子華使於齊[1]

子華使於齊，冉子爲其母請粟[2]。子曰："與之釜[3]。"請益[4]。曰："與之庾[5]。"冉子與之粟五秉[6]。子曰："赤之適齊也，乘肥馬，衣輕裘[7]。吾聞之也：君子周急不繼富[8]。"

【注釋】

[1]本章選自《論語·雍也》。在本章中，孔子認爲君子對於人應當是雪中送炭，而不應當是錦上添花。子華：孔子學生，姓公西，名赤，字子華。使：動詞，出使。[2]冉子：冉求，字子有，孔子學生。粟：小米。[3]與：動詞，給。釜（fǔ）：古代量名，當時爲六斗四升。[4]益：增加。[5]庾（yǔ）：古代量名，當時爲二斗四升。[6]秉：古代量名，十六斛。五秉就是八十斛。古代以十斗爲一斛。[7]適：去，往。乘肥馬：乘著肥馬拉的車。衣：舊讀去聲，動詞，穿衣。[8]周：周濟，救濟。急：指困難。繼：增益，接濟。

若聖與仁[1]

子曰："若聖與仁，則吾豈敢[2]？抑爲之不厭[3]，誨人不倦，則可謂云爾已矣[4]。"公西華曰："正唯弟子不能學也[5]。"

【注釋】

[1]本章選自《論語·述而》。在本章中，孔子認爲自己還談不上聖與仁。《孟子·公孫丑上》："昔者子貢問於孔子曰：'夫子聖矣乎？'孔子曰：'聖則吾不能，我學不厭而教不倦也。'子貢曰：'學不厭，智也；教不倦，仁也。仁且智，夫子既聖矣。'夫聖，孔子不居。"[2]説到聖和仁，那我怎敢當？[3]抑：轉折連詞，可譯爲"不過"。爲：動詞，做。之：代詞，這裏代學問。厭：即"饜"，滿足。[4]誨：教誨。云爾：語氣詞，表示如此而已。已矣：句末語氣語連用，相當於"矣"。[5]唯：句中語氣詞，可不譯。

篤信好學[1]

子曰："篤信好學，守死善道[2]。危邦不入，亂邦不居。天下有道則見，無道則隱[3]。邦有道，貧且賤焉，恥也；邦無道，富且貴焉，恥也。"

【注釋】

[1]本章選自《論語・泰伯》。本章體現了孔子做人的原則。篤信:堅定地信奉善道。篤(dǔ):堅實。[2]守死:堅守至死而不改變。死:這裏作"守"的補語,表示程度。[3]有道:指政治清明。見(xiàn):即"現",這裏指出世做事。無道:指政治黑暗。隱:隱居避世。

顏淵喟然嘆曰[1]

顏淵喟然嘆曰:"仰之彌高,鑽之彌堅[2]。瞻之在前,忽焉在後[3]。夫子循循然善誘人[4],博我以文,約我以禮[5],欲罷不能[6]。既竭吾才,如有所立卓爾[7]。雖欲從之,末由也已[8]。"

【注釋】

[1]本章選自《論語・子罕》。本章通過顏淵的口,贊揚了孔子的道德、學問以及循循善誘的教學方法。顏淵:孔子最喜愛的學生,名回,字子淵。喟然:嘆息的樣子。然:形容詞後綴。[2]仰:抬頭看,仰望。之:指示代詞,代孔子。彌:更加。鑽:鑽研,探索。[3]瞻:看。忽焉:相當於"忽然"。焉:形容詞後綴。[4]循循然:有順序的樣子。[5]博:使……廣博,形容詞用作使動。約:約束。[6]大意是:自己想停止學習都不可能。罷:停止。[7]竭:盡。所立:建立的功績。卓爾:相當於"卓然",形容超群出衆。[8]大意是:想要接著向前邁進,又不知道怎麽辦。末由:没有路可走,指在學習上不知道怎樣著手。也已:語氣詞連用,表示肯定加感嘆語氣。

執　圭[1]

執圭,鞠躬如也[2],如不勝[3]。上如揖,下如授[4]。勃如戰色[5],足蹜蹜如有循[6]。享禮,有容色[7]。私覿,愉愉如也[8]。

【注釋】

[1]本章選自《論語・鄉黨》。本章描述了孔子出使到他國時在不同外交場合的舉止情貌。圭:古代帝王諸侯朝聘、祭祀、喪葬時舉行隆重儀式所用的玉制禮器。[2]鞠躬如:恭敬謹慎的樣子。如:形容詞詞綴。[3]如:好像。勝(shēng):能承受,擔負得了。[4]上:向上舉。下:向下拿著。授:給予,交付。[5]勃如:因心情緊張而變色的樣子。戰色:敬畏的神色。[6]蹜蹜(sù):形容小步快走的樣子。循:順著(即沿著一條路線)走。[7]享禮:使臣向朝聘國君主進獻禮物的儀式。享:進獻。有容色:這裏指神情自然和悦。容色:容貌神色。[8]私覿(dí):指以私人身份拜會出使國國君。覿:見。愉愉如:輕鬆愉快的樣子。

子路曾皙冉有公西華侍坐[1]

子路、曾皙、冉有、公西華侍坐。

子曰："以吾一日長乎爾，毋吾以也[2]。居則曰：'不吾知也！'如或知爾[3]，則何以哉？"

子路率爾而對曰[4]："千乘之國，攝乎大國之間，加之以師旅，因之以饑饉[5]。由也爲之，比及三年，可使有勇，且知方也[6]。"

夫子哂之[7]。

"求！爾何如？[8]"

對曰："方六七十，如五六十[9]，求也爲之，比及三年，可使足民[10]。如其禮樂，以俟君子[11]。"

"赤！爾何如？"

對曰："非曰能之，願學焉[12]。宗廟之事，如會同，端章甫，願爲小相焉[13]。"

"點！爾何如？"

鼓瑟希，鏗爾，舍瑟而作[14]，對曰："異乎三子者之撰[15]。"

子曰："何傷乎[16]？亦各言其志也。"

曰："莫春者，春服既成，冠者五六人，童子六七人[17]，浴乎沂，風乎舞雩，咏而歸[18]。"

夫子喟然嘆曰："吾與點也[19]！"

三子者出，曾皙後[20]。曾皙曰："夫三子者之言何如？"

子曰："亦各言其志也已矣[21]。"

曰："夫子何哂由也？"

曰："爲國以禮，其言不讓[22]，是故哂之。"

"唯求則非邦也與[23]？"

"安見方六七十如五六十而非邦也者[24]？"

"唯赤則非邦也與？"

"宗廟會同，非諸侯而何？赤也爲之小，孰能爲之大[25]？"

【注釋】

[1]本章選自《論語・先進》。本章通過孔子與四個弟子的對話,生動地表現出四個弟子的不同性格。子路:孔子的學生,名仲由,字子路,又稱季路。曾皙:名點,與其子曾參同爲孔子的學生。侍坐:在尊長近旁陪坐。[2]大意是:由於我比你們的年齡要大一些,就不用我了。以:介詞,相當於"由於",引進原因。長:年長。乎:介詞,相當於"於"。毋:不。吾:作"以"的賓語,前置。以:動詞,用。一説大意是不要因爲我的年紀比你們大就不敢回答我了(依孔安國説)。[3]居:居常,平時。知:瞭解。或:肯定性的無定代詞,有人。[4]率爾:輕率、不假思索的樣子。爾:形容詞後綴。對:回答,指下對上的回答。[5]千乘之國:擁有一千輛兵車的國家(當時屬於中等國家)。乘:兵車。攝:夾,局促、窘迫地處於。乎:介詞,相當於"於"。加:强加,加在……之上。師旅:軍隊,這裏指侵略軍隊。因之:相當於"繼之"。饑饉:指饑荒。《爾雅・釋天》:"穀不熟爲饑,蔬不熟爲饉。"[6]由:子路自稱其名,表示謙虚。也:句中語氣詞。爲:動詞,這裏的意思是"治理"。比及:等到。方:這裏指道理、道義。[7]哂(shěn):笑。[8]何如:如何,怎麽樣。[9]方:古代計量面積的用語,表示縱横若干長度的意思。六七十:指六七十里。如:或者。[10]使足民:使之足民,省略的"之"代治理之小國。足:富裕,用作使動。[11]如其禮樂:至於那禮樂之事。俟(sì):等待。[12]大意是:不是説我能够做這些事,但我願意在這方面學習。焉:指示代詞兼語氣詞,相當於"於此"。[13]宗廟之事:指諸侯祭祀祖先的事情。如:或者。會同:指諸侯朝見天子之事。古代諸侯朝見天子,如不按規定的時間去朝見叫"會",衆諸侯一起去朝見叫"同"。端:古代禮服,用作動詞,穿著禮服。章甫:古代禮帽,用作動詞,戴著禮帽。相(xiàng):名詞,祭祀或會盟時主持贊禮和司儀的人。[14]希:稀疏,指鼓瑟聲已近尾聲。鏗爾:鏗的一聲響。鏗:象聲詞。爾:形容詞後綴。舍:即"捨",放下。作:站起來。[15]異乎:異於。撰:指才具,才幹。[16]何傷乎:有什麽妨礙呢?傷:妨礙。[17]莫:即"暮",傍晚。成:定。冠(guàn)者:成年人。古代男子一般二十歲行冠禮,標誌其成人。童子:未成年的男子。[18]乎:介詞,相當於"於"。沂(yí):水名,源出山東鄒縣東北,西流經曲阜與洙水合,入泗水。風:吹風,乘凉。舞雩(yú):舞雩臺,是古時求雨的壇,在曲阜東南。咏:唱歌。歸:歸去,一説通"饋"。[19]與(yù):動詞,贊同。[20]後:動詞,走在後面。[21]亦:連詞,只不過。[22]爲國:治理國家。讓:謙讓,謙遜。[23]大意是:冉有説的就不是治理國家的事嗎?唯:句首語氣詞,可不譯。[24]安:疑問代詞,哪裏。[25]大意是:公西赤只能給諸侯做小相,那誰能給諸侯做大相?爲之小、爲之大:都是雙賓語結構。爲:做。之:指代諸侯國。小:小相。大:大相。

顏淵問仁[1]

顏淵問仁。子曰:"克己復禮爲仁[2]。一日克己復禮,天下歸仁焉[3]。爲仁由己,而由人乎哉?"

顔淵曰:“請問其目[4]。”子曰:“非禮勿視[5],非禮勿聽,非禮勿言,非禮勿動。”

顔淵曰:“回雖不敏,請事斯語矣[6]。”

【注釋】

[1]本章選自《論語·顔淵》,本章比較集中地體現了孔子關於“仁”的觀點。[2]克己復禮:約束自我,使自己的言行合乎先王之禮。克:克制。己:這裏指人的私欲。復:返回,返回到。[3]一日:一旦。歸:回歸。焉:語氣詞,可不譯。[4]目:條目,指“克己復禮”的具體條目。[5]非禮:不符合禮儀禮節。[6]不敏:謙詞,意爲遲鈍,不聰明。事:從事,實踐。斯:指示代詞,這。

一言而可以興邦[1]

定公問:“一言而可以興邦,有諸[2]?”

孔子對曰:“言不可以若是其幾也[3]。人之言曰:‘爲君難,爲臣不易。’如知爲君之難也,不幾乎一言而興邦乎[4]?”

曰:“一言而喪邦,有諸?”

孔子對曰:“言不可以若是其幾也。人之言曰:‘予無樂乎爲君,唯其言而莫予違也[5]。’如其善而莫之違也,不亦善乎?如不善而莫之違也,不幾乎一言而喪邦乎?”

【注釋】

[1]本章選自《論語·子路》。在本章中,孔子解釋一句話可以使國家興盛,也可以使國家喪失的理由。這對於爲君者來説,確實是值得深思的道理。興:興旺,昌盛。這裏用作使動。[2]定公:魯定公姬宋,春秋時魯國第二十五任國君,在位15年(前509～前495)。諸:“之乎”的合音。[3]若是:如此。其:語氣副詞,表揣測,可譯爲“恐怕”。一説應斷句爲“言不可以若是,其幾也,人之言曰”,大意是:不可能有這樣的話,但有近乎這樣的話,有人説過。幾:接近。[4]幾乎:接近於。[5]大意是:我做國君没有别的快樂,只是我説話没有人違抗。予:第一人稱代詞,我。乎:介詞,相當於“於”。唯:副詞,只。其言:指國君説的話。莫予違:否定句中代詞“予”作賓語,前置。下文“莫之違”的結構與此同。莫:否定性無定代詞,没有人,没有誰。

子路問君子[1]

子路問君子。子曰:“修己以敬[2]。”

曰："如斯而已乎[3]？"曰："修己以安人[4]。"

曰："如斯而已乎？"曰："修己以安百姓。修己以安百姓，堯舜其猶病諸[5]？"

【注釋】

[1]本章選自《論語・憲問》。在本章中，孔子認爲對君子的最高要求是使百姓安樂。子路問君子：子路問要做到哪些事情才可以算作君子。[2]修：學習，修養。敬：恭敬，嚴肅。這裏指嚴肅認真地對待工作。[3]如斯：如此，這樣。已：止。[4]安：安樂，這裏用作使動。人：這裏指上層人物。[5]其：表揣測的語氣副詞，可譯爲"大概、恐怕"。猶：副詞，尚且，還。病：不完善，這裏指難，不容易做到。諸："之乎"的合音。

志士仁人[1]

子曰："志士仁人，無求生以害仁，有殺身以成仁[2]。"

【注釋】

[1]本章選自《論語・衛靈公》。在此章中，孔子認爲仁人志士不會因爲要求活命而損害仁德，寧願犧牲自已的生命也要保全仁德。志士：有遠大志向的人。仁人：有德行的人。[2]害：損害。成：成就，成全。

季氏將伐顓臾[1]

季氏將伐顓臾。冉有、季路見於孔子曰[2]："季氏將有事於顓臾[3]。"

孔子曰："求！無乃爾是過與[4]？夫顓臾[5]，昔者先王以爲東蒙主[6]，且在邦域之中矣[7]，是社稷之臣也[8]。何以伐爲[9]？"

冉有曰："夫子欲之[10]，吾二臣者皆不欲也。"

孔子曰："求！周任有言曰：'陳力就列[11]，不能者止。'危而不持，顛而不扶，則將焉用彼相矣[12]？且爾言過矣，虎兕出於柙，龜玉毁於櫝中，是誰之過與[13]？"

冉有曰："今夫顓臾，固而近於費[14]。今不取，後世必爲子孫憂。"

孔子曰："求！君子疾夫舍曰欲之而必爲之辭[15]。丘也聞有國有家者[16]，不患寡而患不均，不患貧而患不安[17]。蓋均無貧，和無寡，安無傾[18]。夫如是，故遠人不服，則修文德以來之[19]。既來之，則安之[20]。今由與求也，相夫子[21]，遠人不服，而不能來也；邦分崩離析，而不能守也；而謀動干戈於邦内[22]。吾恐季孫之憂，不在顓臾，而在蕭牆之内也[23]。”

【注釋】

[1]本章選自《論語·季氏》。本章闡明了孔子力主和睦、反對戰争的思想。季氏：季孫氏，魯國最有權勢的家族，幾世都把持魯國的政權。這裏指季孫肥，即季康子，魯國的正卿。“康”是他的謚號。當時冉有和季路都在季康子家任家臣。顓臾（zhuānyú）：魯國的附庸國家，故地在今山東省費縣西北。[2]季路：即子路。見（xiàn）：謁見，求見。[3]有事：指用兵。《左傳·成公十三年》：“國之大事，在祀與戎。”[4]無乃……與：恐怕要……吧。這是古代漢語的一種固定格式。爾是過：責備你，歸罪於你。是：指示代詞，複指前置賓語“爾”。過：動詞，責備。[5]夫（fú）：指示代詞，那，那個。[6]先王：指周代的先王。東蒙主：主祭東蒙山神的人。東蒙：即蒙山，在今山東蒙陰縣南，與費縣接壤。主：主持祭祀的人。[7]指在魯國疆域之内。[8]是：指示代詞，此，這，指顓臾。社稷：國家，指魯國。[9]爲什麽要攻打它呢？爲：句末語氣詞。[10]夫子：指季康子。[11]周任：古代的一位史官。陳：動詞，施展，發揮。就列：指就任官職。列：這裏指位次，職位。[12]危：不穩。持：扶持。顛：倒，跌倒。焉用：何用。焉：疑問代詞，何。相（xiàng）：攙扶盲人走路的人。[13]過：前一個“過”爲形容詞，意爲錯；後一個“過”爲名詞，意爲過錯。兕（sì）：一種野獸，近似於犀牛。柙（xiá）：關野獸的木籠子。龜：這裏指龜甲，用來占卜。龜、玉都是寶物。櫝（dú）：匣子。[14]今夫（fú）：發語詞。固：指城牆堅固。費（bì）：魯國季氏采邑，故地在今山東費縣。[15]大意是：君子討厭那種不説想要什麽却一定要爲這樣做找些説辭的態度。疾：動詞，痛恨，厭惡。夫：那，那種。舍：即“捨”，捨弃。爲之辭：給它找一個藉口。這是一個雙賓語句。辭：托辭，藉口。[16]也：句中語氣詞，表提頓。有國有家者：指諸侯和大夫。國：諸侯國。家：卿大夫所統治的地方。[17]當作“不患貧而患不均，不患寡而患不安”。“貧”和“均”是從財富著眼，下文“均無貧”可以爲證；“寡”和“安”是從百姓著眼，下文“和無寡”可以爲證。詳見俞樾的《群經平議》。寡：指人口少。[18]蓋：承接上文，引出原因，有推測意味。和：和睦。安：安定。傾：傾覆。[19]夫（fú）：句首語氣詞，表示將發議論。如是：如此，這樣。文德：指禮樂教化。來：使……來，使動用法。[20]既：已經。安：使……安定，使動用法。[21]相：輔助，輔佐。[22]干戈：指戰争。干：盾牌。戈：一種長柄武器。[23]蕭牆：古代宫室内作爲屏障的矮牆。這裏“蕭牆之内”指魯君。全句暗指季氏最大的担憂應當來自於對他已有疑心的魯國國君。

陽貨欲見孔子[1]

陽貨欲見孔子，孔子不見，歸孔子豚[2]。孔子時其亡也，而往拜之[3]。遇諸塗[4]。

謂孔子曰："來！予與爾言。"曰："懷其寶而迷其邦[5]，可謂仁乎？"曰："不可。——好從事而亟失時，可謂知乎[6]？"曰："不可。——日月逝矣，歲不我與[7]。"

孔子曰："諾。吾將仕矣[8]。"

【注釋】

[1]本章選自《論語·陽貨》。本章描寫了孔子對權臣陽貨的態度。陽貨：又叫陽虎，季氏家最有權勢的家臣，把持季氏的家政。見(xiàn)：謁見，使動用法。[2]歸(kuì)：通"饋"，贈送。豚：小豬，這裏指做熟了的小豬。[3]時：通"伺"，探察。亡：不在家。之：指示代詞，代陽貨。[4]塗：也寫作"途"，道路。[5]懷：動詞，懷揣著。寶：這裏比喻本領、才能。迷：迷惑，使……迷惑。[6]好：喜歡。從事：從政，即做官。亟(qì)：屢次。時：時機。知(zhì)：即"智"，智慧。[7]日月：歲月，時間。逝：往，離去。我：否定句中作"與"的賓語，前置。與：這裏可以理解爲"等待"。[8]諾：應答之辭。仕：做官。

柳下惠爲士師[1]

柳下惠爲士師，三黜[2]。人曰："子未可以去乎[3]？"曰："直道而事人，焉往而不三黜[4]？枉道而事人[5]，何必去父母之邦？

【注釋】

[1]本章選自《論語·微子》。本章充分體現了柳下惠的高尚品德。柳下惠：姓展，名獲，字禽，春秋時期魯國人。柳下是他的食邑，惠是他的謚號。士師：古代執掌禁令刑獄的官，法官。[2]三黜：多次被罷免。三：多次。古漢語中數詞三往往爲虚指，言其多。[3]去：離開，指離開魯國。[4]直道：正道，指用正确的準則。事：侍奉。焉：疑問代詞，哪裏。[5]枉：違背正道。

叔孫武叔毁仲尼[1]

叔孫武叔毁仲尼。子貢曰："無以爲也[2]！仲尼不可毁也。他人之賢者，丘陵也，猶可踰也[3]。仲尼，日月也，無得而踰焉[4]。人雖欲自絶，其何傷於日月乎[5]？多見其不知量也[6]。"

【注釋】

[1]本章選自《論語·子張》。本章體現了孔子在學生心目中的崇高地位。叔孫武叔：魯大

夫,名州仇。毁:詆毁,貶低。[2]無以爲:不要這樣做。無:通"毋",不要。[3]踰:逾越,超過。[4]無得:不能。焉:兼詞,於此。[5]自絶:指自己絶弃於日月,即絶弃於孔子。傷:損害。[6]不知量:不知道自己的能力,即不自量力。

不知命無以爲君子[1]

孔子曰:"不知命,無以爲君子也。不知禮,無以立也[2]。不知言[3],無以知人也。"

【注釋】

[1]本章選自《論語·堯曰》。本章中,孔子討論了"知命、知禮、知言"的重要性。知命:指懂得事物生滅變化都由天命决定的道理。無以:没有(什麽)用來……的。這是古代漢語中的一種固定格式。[2]立:立身,立足。[3]知言:指善於分析别人的言語,辨其是非善恶。知:瞭解,懂得。

練習(一)

一、解釋下列句子中加點字的意義。

1. 其爲人也孝弟,而好犯上者,鮮矣。
2. 舉枉錯諸直,則民不服。
3. 朽木不可雕也,糞土之牆不可杇也。
4. 赤之適齊也,乘肥馬,衣輕裘。
5. 抑爲之不厭,誨人不倦,則可謂云爾已矣。
6. 夫子循循然善誘人,博我以文,約我以禮,欲罷不能。
7. 仰之彌高,鑽之彌堅。
8. 千乘之國,攝乎大國之間,加之以師旅,因之以饑饉。
9. 夫子哂之。
10. 回雖不敏,請事斯語矣。
11. 修己以安百姓,堯舜其猶病諸?
12. 君子疾夫舍曰欲之而必爲之辭。
13. 陽貨欲見孔子,孔子不見,歸孔子豚。
14. 柳下惠爲士師,三黜。

15. 人雖欲自絶,其何傷於日月乎?

二、用漢語拼音給下列句子中的加點字注音。

1. 邦君爲兩君之好,有反坫,管氏亦有反坫。

2. 子曰:“與之釜。”

3. 篤信好學,守死善道。

4. 勃如戰色,足蹜蹜如有循。

5. 私覿,愉愉如也。

6. 比及三年,可使有勇,且知方也。

7. 季氏將我顓臾。

8. 夫如是,故遠人不服,則修文德以來之。

三、説明下列句子中加點字的詞性、功能和意義。

1. 管氏而知禮,孰不知禮?

2. 於予與改是。

3. 正唯弟子不能學也。

4. 瞻之在前,忽焉在後。

5. 安見方六七十如五六十而非邦也者?

6. 一言而可以興邦,有諸?

四、分析下列句子的語法結構,指出其劃線部分中的主語、謂語和(或)賓語。

1. 子出,門人問曰:“何謂也?”

2. 居則曰:“不吾知也!”

3. 予無樂乎爲君,唯其言而莫予違也。

4. 丘也聞有國有家者,不患寡而患不均,不患貧而患不安。

5. 子路、曾晳、冉有、公西華侍坐。

五、將下列文字譯爲現代漢語。

子曰:“篤信好學,守死善道。危邦不入,亂邦不居。天下有道則見,無道則隱。邦有道,貧且賤焉,恥也;邦無道,富且貴焉,恥也。”

六、填空。

1.《論語》是記載(　　　　　)的一部書。其編纂工作當開始於春秋末期,最後成書約在(　　　　)。

2. 孔子,名(　　　),字(　　　　),春秋時(　　　　　)國人。

3. 孔子一生主要從事(　　　　)和(　　　　)工作。

4. 現在能夠見到的最古老的《論語》注本,是曹魏時期(　　)的《論語集解》。

此外比較重要的注本還有宋朱熹的(　　　)、今人楊伯峻的(　　　)。

七、用現代標點符號標點下列文字。

長沮桀溺耦而耕孔子過之使子路問津焉長沮曰夫執輿者爲誰子路曰爲孔丘曰是魯孔丘與曰是也曰是知津矣問於桀溺桀溺曰子爲誰曰爲仲由曰是孔丘之徒與對曰然曰滔滔者天下皆是也而誰以易之且而與其從辟人之士也豈若從辟世之士哉耰而不輟

八、背誦。

1.《論語·子路曾晳冉有公西華侍坐》。

2.《論語·季氏將伐顓臾》。

文　選

禮　記

【解題】

《禮記》是一部儒家禮學彙編性質的著作,其作者是從孔門七十弟子開始到西漢時代的歷代儒家學者。其書記録了戰國到秦漢間儒家的各種言論,内容駁雜,涉及到政治、法律、道德、哲學、歷史、祭祀、文藝、日常生活、曆法、地理等諸多方面,集中體現了先秦儒家的政治、哲學和倫理思想,是研究先秦社會的重要資料。"禮記"原意是對禮的解釋,《禮記》本是當時儒家學者解釋説明經書《儀禮》的集子,所以其中關於禮制方面的記述最爲集中,包括解釋禮經、考證記載禮節制度、討論有關禮制的理論等各個方面的内容。根據劉向《别録》,今本《禮記》大致從制度、明堂陰陽、喪服、世子法、祭祀、吉禮吉事、通論、論樂等八個方面,來記載與論述禮樂制度,反映了當時極爲豐富的禮學思想。

《禮記》有兩種本子,都是西漢人輯録的。戴德輯録的爲《大戴禮記》,原有八十五篇,到唐代就只剩下三十九篇。他的侄子戴聖輯録的叫《小戴禮記》(又叫《小戴記》),共四十九篇,這就是現在通行的《禮記》。東漢末年鄭玄爲《小戴禮記》作了注,後來這個本子便盛行不衰,從漢代開始,《禮記》就由解説經文的著作逐漸成爲儒家的重要經典。

《禮記》全書用散文寫成,一些篇章極富文學色彩,具有相當高的文學價值。

書中還收録了大量富有哲理的格言、警句，精闢而深刻。

《禮記》注本中最重要的有《禮記注疏》(東漢鄭玄注、唐孔穎達疏)，收入《十三經注疏》中。另外還有元代陳澔的《禮記集説》，清代朱彬的《禮記訓纂》、孫希旦的《禮記集解》。

本文選所依據的版本爲清阮元校刻的《十三經注疏》本(中華書局影印，1980年)。

大　學[1]

大學之道，在明明德，在親民，在止於至善[2]。

知止而后有定，定而后能静，静而后能安，安而后能慮，慮而后能得[3]。物有本末，事有終始，知所先後，則近道矣[4]。

【注釋】

[1]《大學》原來只是《禮記》中的一篇，唐朝時的韓愈、李翱開始把此篇和《中庸》提高到與六經相同的地位。北宋的程顥、程頤兄弟也十分重視這兩篇文章。南宋的朱熹把這兩篇與《論語》、《孟子》並列，稱爲四書，並爲這四部書分别作了注釋，即《大學章句》、《中庸章句》、《論語集注》、《孟子集注》。後人將它們合起來，稱《四書章句集注》，簡稱《四書集注》。從此以後，廣爲刊刻流傳，成爲科舉取士制度中的必考内容，也成爲士人的必讀書，對後世産生了極爲重要的影響。朱熹在《大學章句序》中説："大學者，大人之學也。"又説："大學之書，古之大學所以教人之法也。"可見，所謂"大學"，就是成爲"大人"的學問，也就是成爲君子乃至於聖人的學習目標、方法和爲學的次第。[2]這幾句話是全篇的總綱，以下各節都是圍繞這個總綱來加以闡述和發揮的。明明德：發揚(人固有的)光明的德性。第一個"明"本是形容詞，這裏是動詞，明確，闡明。第二個"明"是形容詞，作定語。"明德"指人本來具有的光明的德性。朱熹認爲，人的德性本來是光明的，但由於受後天的人欲及環境所蔽，有時而昏，所以這種光明的德性顯現不出來。"明明德"就是要使這種光明的德性重新顯現出來。親：當作"新"，更新、自新。新民：使民改過自新。止於至善：以至善作爲最終極的目標。止：停止，指停留而不再改變遷徙。至善：極善。這是儒家認爲人的道德修養能達到的最高境界。[3]止：指至善的境界。后：通"後"。定：指确定的方向。静：沉静，指心不妄動。安：指所處而安。慮：指深思熟慮。得：指有所获得。[4]所先後：先後的順序。這是一個名詞性的結構。近道：接近大道。

古之欲明明德於天下者，先治其國[1]；欲治其國者，先齊其家[2]；欲齊其家者，先脩其身[3]；欲脩其身者，先正其心[4]；欲正其心者，先誠其意[5]；欲誠其意者，先致其知[6]；致知在格物[7]。物格而後知至，知至而後意誠，意誠而後心正，心正而後身脩，身脩而後家齊，家齊而後國治，國治而後天下平。自天子以至於庶人，壹是皆以脩身爲本[8]。其本亂而末治者，否矣[9]。其所厚者薄，而其所薄者厚，未之有也[10]。此謂知本，此謂知之至也[11]。

【注釋】

[1]國：指諸侯國。[2]齊家：治家。齊：整治，整顿。家：指大夫統治的地方。[3]脩：通“修”。修身：培養自身的品德。[4]正其心：使其心正直。[5]誠其意：使其意誠。誠：真诚。這裏用作使動。[6]致知：把認識功能發揮到極點(依朱熹説)。致：使……至。知：識，指認識、認識功能。[7]格物：推究事物的規律。格：推究。物：指事物的道理、规律。[8]庶人：平民。壹是：一概，一切。[9]本：指修身。末：指齊家、治國、平天下。否：無，没有。[10]所厚者：指應該重視的事情。厚：注重。所薄者：指應該忽略的事情。薄：忽略，輕視。之：代詞，否定句中作賓語，前置。[11]知之至：認識能力達到頂點。至：極點。

所謂誠其意者，毋自欺也[1]。如惡惡臭，如好好色，此之謂自謙[2]。故君子必慎其獨也[3]。小人閒居爲不善，無所不至，見君子而後厭然揜其不善而著其善[4]。人之視己，如見其肺肝然，則何益矣[5]！此謂誠於中，形於外[6]，故君子必慎其獨也。曾子曰：“十目所視，十手所指，其嚴乎[7]！”富潤屋，德潤身，心廣體胖[8]，故君子必誠其意。

【注釋】

[1]毋(wú)：否定副詞，不要。自欺：欺騙自己。[2]惡(wù)惡(è)臭：厭惡不好聞的氣味。前一個“惡”是動詞，意思是厭惡；後一個“惡”是形容詞。臭：氣味。好(hào)好(hǎo)色：指喜歡漂亮女子。前一“好”爲動詞，後一“好”爲形容詞。好色：美色。自謙：自己感到心滿意足。謙：通“慊(qiè)”，滿意。[3]所以君子對獨處要謹慎。[4]閒(xián)居：避人獨處。厭然：躲躲閃閃的樣子，掩藏的樣子。揜(yǎn)：遮蔽，掩藏。著(zhù)：表現，顯露。[5]如……然：好像……一樣。何益：有什麽好處。[6]誠於中，形於外：有真實的意念在内，(就自然會)顯露在外。誠：真實，指真實的情況。中：指内心。形：動詞，表現，顯現。[7]曾子：即孔子的弟子曾參，字子輿，魯國人。十目、十手：虚指，言其多。曾子這句話的意思是：獨處時也要像有很多眼睛看著你，很多手指指著你那樣，多麽嚴肅可畏呀！[8]潤：使……豐潤、滋潤，形容詞用作使動。心廣體胖(pán)：心胸寬廣(才能)身體安舒。胖：安適，舒坦。

《詩》云[1]：“瞻彼淇澳，菉竹猗猗[2]。有斐君子[3]，如切如磋，如琢如磨[4]。瑟兮僩兮，赫兮喧兮[5]。有斐君子，終不可諠兮[6]。”“如切如磋”者，道學也[7]；“如琢如磨”者，自脩也[8]。“瑟兮僩兮”者，恂慄也[9]。"赫兮喧兮"者，威儀也[10]。"有斐君子，終不可諠兮"者，道盛德至善[11]，民之不能忘也。

《詩》云："於戲，前王不忘[12]！"君子賢其賢而親其親[13]，小人樂其樂而利其利[14]，此以没世不忘也[15]。

【注釋】

[1]以下這段詩文引自《詩經・衛風・淇澳》。意思是：看那淇水彎曲處，緑竹美好又繁多。那個文雅的君子，好像象牙經切磋，如同美玉經琢磨。多麽莊重又剛毅，光明顯赫心寬闊。那個文雅的君子，始終不可忘懷啊。[2]瞻：看。彼：那個。淇：淇水，在今河南省北部。澳(yù)：水邊彎曲處。《説文・水部》："澳，隈厓也。其内曰澳，其外曰隈。"菉竹：今傳本《毛詩》作"緑竹"。猗猗(yī)：美盛的樣子。[3]有：形容詞的詞頭。斐(fěi)：五色相錯，引申爲有文采的樣子，這裏指君子的文雅風度。[4]切：把骨頭切削成各種器物。磋(cuō)：把象牙切磨成各種器物。琢：雕刻玉石，以作成各種器物。磨：用砂石磨光。[5]瑟：莊嚴的樣子。僩(xiàn)：勇猛剛毅的樣子。赫：顯赫，盛大。喧：顯著，光明。[6]諠(xuān)：通"諼"，忘記。[7]道：言説。學：指學問方面的事情。[8]自脩：修養自己的德行。脩：通"修"。[9]恂慄(xúnlì)：恐懼戰慄，指謹慎小心的態度。[10]威儀：威嚴的儀表。[11]道：言説。盛德：高尚的品德。[12]詩句引自《詩經・周頌・烈文》。於戲：讀作"嗚呼"，嘆詞。前王：前代的君王，這裏指周文王、周武王。[13]君子：這裏指後世的君主。賢其賢：第一個"賢"是動詞，意動用法；第二個"賢"是名詞，指賢人。親其親：其語法關係與"賢其賢"相同。親：指包括父母在内的骨肉至親。[14]小人：這裏與君子相對，指無德之人。樂其樂：(小人)以一己之樂爲樂。第一個"樂"是動詞，意動用法；第二個"樂"是名詞，快樂。利其利：意思是(小人)獲取一己私利。前一個"利"用如動詞，後一個"利"爲名詞。[15]此以：是以，因此。没(mò)世：終身。

《康誥》曰："克明德[1]。"《大甲》曰："顧諟天之明命[2]。"《帝典》曰："克明峻德[3]。"皆自明也[4]。

【注釋】

[1]《康誥》：《尚書・周書》中的篇名。克：能。明德：使德行彰明。明：發揚，顯明。[2]《大(tài)甲》：《尚書・商書》中的篇名。顧：念，思念。諟：指示代詞，此，這。朱熹《大學章句》説"諟"爲古"是"字。明命：聖明的命令。[3]《帝典》：即《堯典》，《尚書・虞書》中的篇名。峻德：大德，高尚的德行。峻：大。[4]皆：都。指以上各段的文字。

湯之《盤銘》曰[1]："苟日新，日日新，又日新[2]。"《康誥》曰："作新民[3]。"《詩》曰："周雖舊邦，其命惟新[4]。"是故君子無所不用其極[5]。

【注釋】

[1]湯：商湯王，商朝的開國君主。盤銘：盤上的銘文。盤：古代用來沐浴盥洗的器皿。[2]苟：如果。新：指自新，即改過從善。又日新：大意是新了之後還要自新。[3]作：振作，這

裏可以講作鼓勵。新民:使民自新,教民向善。“新”是形容詞用作使動。[4]引自《詩經·大雅·文王》。其命惟新:它的國運是新的。惟:句中語氣詞。[5]極:這裏指前面所說的至善。

《詩》云:“邦畿千里,惟民所止[1]。”《詩》云:“緡蠻黄鳥,止於丘隅[2]。”子曰:“於止,知其所止,可以人而不如鳥乎[3]?”《詩》云:“穆穆文王,於,緝熙敬止[4]!”爲人君止於仁,爲人臣止於敬,爲人子止於孝,爲人父止於慈,與國人交止於信[5]。

【注釋】

[1]引自《詩經·商頌·玄鳥》。邦畿(jī):直屬於天子的土地。惟:句中語氣詞,幫助判斷。所止:所居住的地方。止:居止,居住。[2]引自《詩經·小雅·緡蠻》(今傳本《毛詩》作“緜蠻”)。緡蠻:鳥鳴聲。丘隅:山丘的幽深避静處。隅(yú):角落。[3]子:指孔子。於止:指鳥在天空中要停下來的時候。可以:何以。[4]引自《詩經·大雅·文王》。穆穆:深遠的樣子。於(wū):表示贊嘆的語氣詞,相當於“啊”。緝熙:光明的樣子。止:語氣詞。[5]止於:這裏有“做到”的意思。仁:指對人的愛護和關心。敬:恭敬,認真,指認真辦事。孝:子女對長輩的孝順。慈:慈愛。信:誠信。

子曰:“聽訟,吾猶人也。必也使無訟乎[1]。”無情者不得盡其辭,大畏民志[2]。此謂知本[3]。

【注釋】

[1]又見《論語·顔淵》。聽訟:審理案件。訟:訴訟。猶:如同。必:一定。[2]大意是:聖人能讓作假者不能够盡情地編造謊言,使民心大爲畏服。情:實情,真實情况。盡:竭盡,即完全表達出來。辭:言辭,言論。畏:使害怕。民志:民心。[3]本:根本,指根本的道理。

所謂脩身在正其心者,身有所忿懥[1],則不得其正;有所恐懼,則不得其正;有所好樂[2],則不得其正;有所憂患,則不得其正。心不在焉[3],視而不見,聽而不聞,食而不知其味。此之謂脩身在正其心。

【注釋】

[1]正其心:使他的心正。正:形容詞用作使動。身:這裏指“心”。忿懥(zhì):發怒,生氣。懥:憤怒。[2]好(hào)樂(yào):喜好,喜歡。[3]心不在焉:心思不在這兒。焉:指示代詞,此。

所謂齊其家在脩其身者,人之其所親愛而辟焉,之其所賤惡而辟焉,之其所畏敬而辟焉,之其所哀矜而辟焉,之其所敖惰而辟焉[1]。故好而知其惡[2],惡而知其美者[3],天下鮮矣[4]。故諺有之曰:“人莫知其子之惡,莫知其苗之碩[5]。”此謂身不脩不可以齊其家。

【注釋】

[1]這一部分認爲修身齊家的一項重要内容，就是要克服自身感情因素的干擾。之：於，對於（依朱熹說）。辟：即“僻”，偏向。賤惡（wù）：輕視討厭。哀矜：可憐，哀憐。敖惰：輕視。[2]好（hào）：喜歡。惡（è）：缺點，不善之處。[3]惡（wù）：討厭，不喜歡。美：優點。[4]鮮（xiǎn）：少。[5]莫：否定性無定代詞，没有人，没有誰。碩：大，壯。

所謂治國必先齊其家者，其家不可教，而能教人者無之[1]。故君子不出家而成教於國[2]。孝者所以事君也，弟者所以事長也，慈者所以使衆也[3]。

《康誥》曰：“如保赤子[4]。”心誠求之，雖不中，不遠矣。未有學養子而後嫁者也[5]。

一家仁，一國興仁；一家讓，一國興讓；一人貪戾，一國作亂[6]。其機如此[7]。此謂“一言僨事，一人定國[8]”。

堯、舜帥天下以仁，而民從之[9]；桀、紂帥天下以暴，而民從之[10]。其所令反其所好[11]，而民不從。是故君子有諸己，而後求諸人；無諸己，而後非諸人[12]。所藏乎身不恕，而能喻諸人者[13]，未之有也。故治國在齊其家。

《詩》云：“桃之夭夭，其葉蓁蓁。之子於歸，宜其家人[14]。”宜其家人，而後可以教國人。《詩》云：“宜兄宜弟[15]。”宜兄宜弟，而後可以教國人。《詩》云：“其儀不忒，正是四國[16]。”其爲父子、兄弟足法[17]，而後民法之也。此謂治國在齊其家。

【注釋】

[1]無之：没有這種事。之：指示代詞，代前文所説“其家不可教，而能教人”。[2]成教：成就教化。[3]事長：侍奉長者。使衆：指使和領導民衆。[4]今本《尚書・康誥》作“若保赤子”。這是周成王告誡康叔的話。大意是：對民衆要像母親愛護嬰兒那樣。保：養育。赤子：嬰兒。[5]大意是：内心真誠地追求滿足民衆的要求，即使不能完全符合，也相差不遠了。誠：真誠。中（zhòng）：符合要求。未有學養子而後嫁者也：没有先學會了養孩子再出嫁的。[6]興：興起，流行。貪戾：貪婪乖戾。[7]機：關鍵，機要。[8]僨（fèn）：覆敗，敗壞。定：安定。[9]堯、舜：古代傳説中的賢君。從：聽從，隨從。[10]桀、紂：夏、商兩朝的末代君主，中國古代有名的暴君。暴：凶惡殘暴。而民從之：一説當是“而民不從”，文意乃通。[11]好（hào）：喜好，喜愛。反：與……相反。[12]有諸己：指自己有善行。無諸己：指自己所没有的惡劣行爲。非諸人：指責他人的惡劣行爲。非：動詞，責難。諸：“之於”的合音字。[13]乎：介詞，用法同“於”。恕：推己及人。喻：曉諭，告訴。[14]引自《詩經・周南・桃夭》。這句話的意思是：桃

樹嬌嫩多美好,桃葉蓁蓁多繁茂。這個女子出嫁了,可使家人都和睦。夭夭:嬌嫩美好的樣子。蓁蓁:枝葉繁茂的樣子。之:近指代詞,這個。子:這裏指女子。於:動詞前面的詞頭。歸:女子出嫁。宜:使……相宜,和睦。[15]引自《詩經·小雅·蓼蕭》。[16]引自《詩經·曹風·鳲鳩》。這兩句話的意思是:他的威儀没有什麼差錯,可以領導四方各國。忒(tè):差錯。正:使……端正,形容詞用作使動。是:此。四國:指四方各國。[17]足:够得上。法:動詞,效法。

所謂平天下在治其國者:上老老而民興孝,上長長而民興弟[1],上恤孤而民不倍[2],是以君子有絜矩之道也[3]。

所惡於上,毋以使下;所惡於下,毋以事上;所惡於前,毋以先後;所惡於後,毋以從前;所惡於右,毋以交於左;所惡於左,毋以交於右;此之謂絜矩之道。

《詩》云:"樂只君子,民之父母[4]。"民之所好好之,民之所惡惡之,此之謂民之父母。《詩》云:"節彼南山,維石巖巖。赫赫師尹,民具爾瞻[5]。"有國者不可以不慎,辟則爲天下僇矣[6]。《詩》云:"殷之未喪師,克配上帝;儀監于殷,峻命不易[7]。"道得衆則得國,失衆則失國[8]。

是故君子先慎乎德[9],有德此有人[10],有人此有土,有土此有財,有財此有用。德者本也,財者末也。外本内末[11],争民施奪[12]。是故財聚則民散,財散則民聚。是故言悖而出者,亦悖而入。貨悖而入者[13],亦悖而出。

《康誥》曰:"惟命不于常[14]。"道善則得之,不善則失之矣。《楚書》曰:"楚國無以爲寶,惟善以爲寶[15]。"舅犯曰:"亡人無以爲寶[16],仁親以爲寶。"

《秦誓》曰[17]:"若有一個臣,斷斷兮無他技,其心休休焉,其如有容焉[18]:人之有技,若己有之;人之彦聖[19],其心好之。不啻若自其口出[20],寔能容之,以能保我子孫黎民,尚亦有利哉[21]。人之有技,娼疾以惡之[22]。人之彦聖,而違之,俾不通,寔不能容,以不能保我子孫黎民,亦曰殆哉[23]。"唯仁人放流之,迸諸四夷,不與同中國[24]。此謂唯仁人爲能愛人,能惡人。見賢而不能舉,舉而不能先,命也[25]。見不善而不能退,退而不能遠,過也[26]。好人之所惡,惡人之所好,是謂拂人之性,菑必逮夫身[27]。是故君子有大道,必忠信以得之,驕泰以失之[28]。

生財有大道，生之者衆，食之者寡，爲之者疾，用之者舒，則財恒足矣[29]。仁者以財發身，不仁者以身發財[30]。未有上好仁而下不好義者也，未有好義其事不終者也，未有府庫財非其財也[31]。孟獻子曰[32]："畜馬乘，不察於鷄豚[33]。伐冰之家[34]，不畜牛羊。百乘之家，不畜聚斂之臣[35]。與其有聚斂之臣，寧有盗臣[36]。"此謂國不以利爲利，以義爲利也。長國家而務財用者，必自小人矣[37]。彼爲善之，小人之使爲國家，菑害並至[38]。雖有善者，亦無如之何矣[39]。此謂國不以利爲利，以義爲利也。

【注釋】

[1]老老：尊敬老人。長長：尊敬長上。前一個"老、長"用作動詞，後一個"老、長"爲名詞。[2]恤(xù)：體恤，周濟。孤：孤兒，幼年喪父的未成年人。倍：通"背"，違背，背叛。[3]絜(xié)矩：法度。儒家以絜矩象徵道德規範。絜：度量。矩：畫直角或方形用的曲尺。[4]引自《詩經・小雅・南山有臺》。大意是：令人快樂的君子，是民衆的父母。只：句中語氣詞，可以不譯。[5]引自《詩經・小雅・節南山》。這幾句話的意思是：高峻的南山啊，山岩高聳。顯赫的師尹啊，民衆都看著你。節：通"巀"，高峻的樣子。維：句首語氣詞。巖巖：山石矗立的樣子。赫赫：勢位顯盛的樣子。師：太師。尹：姓氏。具：皆，都。爾瞻："瞻爾"的倒置形式。[6]辟：偏，偏邪，指離開了正確的道德規範。僇：通"戮"，殺。[7]引自《詩經・大雅・文王》。師：衆，大衆，指百姓。克：能。配上帝：配得上祭祀上帝，即上帝能够接受他，使他爲天子。上帝：天帝。儀：通"宜"，《詩經》原文正作"宜"。監：即"鑒"，借鑒。峻命：大命，即天命。峻：大。易：容易。[8]道：言，説。[9]乎：介詞，於。[10]此：則，就。[11]將根本的(德)看作是外在的東西，將枝末的(財)看作是根本的東西。外、内：此處皆爲意動用法。[12]争民：指與民争利。施奪：施行劫奪。[13]悖(bèi)：逆，違背，指違背正理。貨：財物。[14]大意是：天命不常在。惟：句首語氣詞。命：天命。常：恒常，不變化。[15]《楚書》：指《國語》中的《楚語》。無以爲寶：没有什麽作爲寶物。惟：句首語氣詞。善以爲寶：以善爲寶，把善作爲寶物。[16]舅犯：春秋時晋文公之舅狐偃，字子犯，曾隨晋公子重耳(即後來的晋文公)流亡在外十九年。亡人：流亡在外的人，指晋公子重耳。[17]《秦誓》：《尚書・周書》中的一篇。[18]個：《尚書》本作"介"。斷斷：誠實專一的樣子。他：其他的，别的。技：才能，技能。休休：(心胸)寬廣的樣子。焉：語氣詞，可不譯。有容：寬宏大量，指能够包容一切。[19]彦：美好。聖：聰明睿智。[20]不僅僅像從他口裏説出來的。這是説此人愛才之心真誠，心口一致。啻(chì)：副詞，只，僅。[21]寔(shí)：通"是"，這。黎民：指百姓。尚：庶幾，也許可以。[22]媢(mào)疾：忌妒。疾：即"嫉"。[23]俾(bǐ)：使。殆：危險。[24]放流：流放。之：代不能容人的人。迸：通"屏"(bǐng)，放逐，斥逐。諸："之於"的合音字。四夷：古代對中原以外四方各族的統稱。不與同中國：不與(之)同處於中原之地。同：在一起。中國：指中原地區。[25]這幾句話的

意思是：發現賢才却不能舉薦，舉薦了却不使賢者的地位在自己之上，這是怠慢。賢：指賢能的人。舉：舉薦，推薦。先：居於前，指位次在前，這裏爲使動用法，使……位次在前。命：通"慢"（依鄭玄注），輕慢，怠慢。[26]發現德行不好的人却不能罷退，罷退了却不能疏遠他，這是過錯。遠：疏遠。[27]好（hào）、恶（wù）：都作動詞講。拂：違逆。菑（zāi）：通"災"。逮：及。夫（fú）：指示代詞，那。[28]君子：指在位者，統治者。大道：正道，大的原則。驕態：驕恣放縱。[29]爲：做，生産。疾：快，迅速。舒：緩慢。恒：長久。[30]大意是：仁愛的人以財富發揚自身的德行，不仁的人則用盡心力以求擴大財富。發身：成名，起家。[31]義：合適的事情，指言行都合乎道德規範。府庫：貯存財物的地方。非其財：指君主由於無道而失去財物的情況。[32]孟獻子：魯大夫，姓仲孫，名蔑，獻是他的謚號。[33]意思是：做了大夫的人，不應當關心養鷄養豬的財利。畜馬乘：指剛由士上升爲大夫的人（依朱熹説）。畜（xù）：喂養，豢養。乘（shèng）：四馬一車爲一乘，大夫才能乘坐四馬拉的車。察：察看，關心。豚（tún）：小豬，這裏泛指豬。[34]伐冰之家：指卿大夫以上之家，古代卿大夫以上的貴族之家辦喪事時才有資格用冰。伐冰：鑿取冰块。[35]百乘之家：擁有一百輛車的人，即有封地的諸侯王。畜：養。聚斂之臣：指專門搜刮百姓財物的臣下。聚：聚集財物，指把百姓的財物聚集到諸侯之家。斂：徵收租税。[36]與其……，寧……：表示選擇的句式，"寧"之後爲所選之項。盜臣：指盜竊諸侯府庫的臣下。[37]意思是：國家的統治者一心專注於財利，必定是出自小人的誘導。長（zhǎng）：統治。務：致力於。自：由。[38]朱熹認爲，此句前後可能有闕文誤字。現姑且作如下解釋。彼：代詞，那個，這裏指代國君。爲善之：認爲他們（小人）是好人。小人之使：使用小人。之：指示代詞，複指前置賓語"小人"。爲國家：治理國家。菑害並至：災害一起到來。至：到來。[39]即使有好的政令，也拿它没有辦法。善者：好的政令。如……何：古代漢語的固定格式，對……怎麽樣，怎麽辦。

中庸（節選）[1]

天命之謂性，率性之謂道，脩道之謂教[2]。道也者，不可須臾離也[3]，可離非道也。是故君子戒慎乎其所不睹，恐懼乎其所不聞[4]，莫見乎隱，莫顯乎微，故君子慎其獨也[5]。

喜怒哀樂之未發謂之中[6]，發而皆中節謂之和[7]。中也者，天下之大本也[8]；和也者，天下之達道也[9]。致中和，天地位焉，萬物育焉[10]。

【注釋】

[1]中庸是儒家的政治哲學思想。"中"是恪守中道、不偏不倚，"庸"是恒常不變，"中庸"就是常守中道。本篇節選了《中庸》的部分文字。在此節中，作者論述了性、道、教的關係。提出中、和爲天下之大本大道，提出"誠"是"天之道"，是人們努力修養、完善自我的最高境界。文

章指出，要達到這一境界，其根本的方法就是要“擇善而固執之”，刻苦努力，遵循博學、審問、慎思、明辨、篤行的次第才能最終完成。[2]天命：天賦。性：指上天所賦予人的本性，如仁義、忠恕等善性。率：順著，隨著。道：道理，即“性”的外在表現形式。脩道之教謂：教化就是遵循本性修正過與不及，使一切都合於正道。教：教育，教化。[3]須臾：時間副詞，頃刻，一會兒。[4]大意是：君子在没人看見的時候更小心，在没人聽見的時候更害怕。戒慎：警惕，謹慎。睹：見到。[5]大意是：最隱蔽的就是最容易顯現的(指隱藏在内心深處的東西，自己最容易感覺到)，最細微的就是最容易顯露的，所以君子在一個人獨處時特別謹慎。見：即“現”，顯露。隱：指隱藏在内心深處的東西。微：細微的事情。獨：指人所不知而只有自己才知道的境地。[6]發：表現出來。中：指恰到好處，不偏不倚，這裏指心情平和。[7]中(zhòng)：符合。節：節度，指各種典章制度和道德規範。和：調和，諧和。[8]大本：根本，最重要的基礎。[9]達道：四通八達的道路，比喻天下人所共同遵循的準則、大道。[10]致：達到。位：佔據其應有的位置。育：生育，生長。

哀公問政[1]。子曰：“文、武之政，布在方策[2]。其人存則其政舉，其人亡則其政息[3]。人道敏政，地道敏樹[4]。夫政也者，蒲盧也[5]。故爲政在人，取人以身[6]，脩身以道，脩道以仁。仁者，人也，親親爲大；義者，宜也，尊賢爲大[7]。親親之殺，尊賢之等[8]，禮所生也。(在下位不獲乎上，民不可得而治矣[9]。)故君子不可以不脩身，思脩身不可以不事親[10]，思事親不可以不知人，思知人不可以不知天。天下之達道五，所以行之者三[11]，曰：君臣也，父子也，夫婦也，昆弟也[12]，朋友之交也。五者，天下之達道也。知、仁、勇三者，天下之達德也，所以行之者一也[13]。或生而知之，或學而知之，或困而知之。及其知之，一也[14]。或安而行之，或利而行之，或勉强而行之[15]，及其成功一也。”

【注釋】

[1]哀公：魯哀公，姓姬名蔣。[2]文、武：指周文王和周武王。布在方策：記載在方版和簡策上。布：動詞，記載。方策：簡册，典籍。[3]舉：這裏是推行的意思。息：消失。[4]人道：治人之道。敏政：努力搞好政事。敏：勉，努力。地道：指經營土地的措施、方法。樹：種植。[5]蒲盧：即蜾蠃，也就是土蜂，亦稱細腰蜂，古人認爲蒲盧自己不能生子，必取桑蟲之子去而變化之以爲己子(這是古人缺乏科學知識的説法)。[6]人：指賢人，人才。身：指國君。[7]親親：親近親人。第一個“親”用作動詞，第二個“親”爲名詞。宜：應該，指應該做的事情。尊賢：尊重賢人。[8]殺(shài)：等差，差别。這裏指因親屬的遠近親疏不同，而其禮也有所差異。等：指不同的等級。[9]這兩句應當在下文，這裏誤重。[10]事：動詞，侍奉。[11]意思是：天下的通理有五條，用來實行這五條的原則有三德。達道：四通八達的道路，即人所共同遵循的道路。[12]昆弟：兄弟。昆：兄，哥哥。[13]知：即“智”。達德：通行的道德準則。所

以行之者一也：清代學者王引之在其《經義述聞》中引其父王念孫的説法，認爲這裏的“一”字是衍文。[14]或：肯定性無定代詞，有的人。知：知道。一：一樣，相同。[15]利而行之：大意是爲了某種好處而去做。而：連詞，連接狀語和中心語，表行爲的方式、狀態等。勉强(qiǎng)：努力，盡力而爲。

子曰：“好學近乎知，力行近乎仁[1]，知恥近乎勇。知斯三者，則知所以脩身；知所以脩身[2]，則知所以治人；知所以治人，則知所以治天下國家矣。

【注釋】

[1]近乎：近於。力行：努力實踐。[2]所以：用來……的方法。所：輔助性代詞。以：介詞。

凡爲天下國家有九經[1]，曰脩身也，尊賢也，親親也，敬大臣也，體群臣也，子庶民也，來百工也，柔遠人也，懷諸侯也[2]。脩身則道立，尊賢則不惑，親親則諸父、昆弟不怨，敬大臣則不眩，體群臣則士之報禮重，子庶民則百姓勸，來百工則財用足，柔遠人則四方歸之，懷諸侯則天下畏之[3]。

齊明盛服[4]，非禮不動，所以脩身也。去讒遠色，賤貨而貴德[5]，所以勸賢也。尊其位，重其禄，同其好惡[6]，所以勸親親也。官盛任使[7]，所以勸大臣也。忠信重禄，所以勸士也。時使薄斂[8]，所以勸百姓也。日省月試，既稟稱事[9]，所以勸百工也。送往迎來，嘉善而矜不能[10]，所以柔遠人也。繼絶世，舉廢國，治亂持危，朝聘以時，厚往而薄來[11]，所以懷諸侯也。

凡爲天下國家有九經，所以行之者一也[12]。凡事豫則立[13]，不豫則廢。言前定則不跲，事前定則不困，行前定則不疚，道前定則不窮[14]。

【注釋】

[1]爲：動詞，治理。經：原指織布機上的縱線，這裏引申爲“原則”。[2]體：體貼，體諒。子：以……爲子，把……當作兒女來看待，名詞的意動用法。庶民：平民，百姓。來百工：使百工來。來：不及物動詞的使動用法。百工：制造各種器皿的工匠。柔：懷柔，安撫。遠人：遠方的人，亦指其他國家的人。懷：安撫。[3]諸父：父親的兄弟，即伯父、叔父。眩：迷，迷惑。士：指有知識、才能的人。報：回報。勸：鼓勵，努力。歸：歸順。畏：敬畏。[4]齊(zhāi)：即齋戒。古人在祭祀前沐浴更衣，整潔身心，以示虔誠。明：潔净。盛服：整潔的禮服，指穿上整潔的衣服。[5]去：離開。讒：讒言。遠：遠離。色：美色。賤、貴：這裏都是形容詞的意動用

法,以……爲賤(貴)。[6]尊其位,重其禄:使其位尊貴,使其禄厚重。尊、重:都是形容詞用作使動。同:動詞,共同擁有。[7]官盛:指屬官很多。盛:衆多。任使:使用,使唤。[8]時使:按照一定的季節使用(民力)。時:季節,這裏是名詞作狀語。使:使唤,役使。薄斂:減少賦税。薄:減少,減輕。[9]省(xǐng):察看。試:檢查。既稟稱事:授予的禄糧與事工相稱。既:通"餼"(xì),俸禄。稟:糧食。稱(chèn):相符合。事:指百工的工作、勞動。[10]嘉:嘉奖。矜:憐惜。[11]繼:延續。絶世:指中斷了世襲地位的貴族世家。舉:舉起,這裏有"使……恢復"的意思。廢國:指已經滅亡了的國家。治亂持危:治理亂國,扶持處於危亡的國家。持:扶持。朝(cháo)聘:古代諸侯親自或派使臣去朝見周天子。以時:按照一定的時間。《禮記・王制》:"諸侯之於天子也,比年(每年)一小聘,三年一大聘,五年一朝。"厚往:指厚禮相送。薄來:指薄收貢品。[12]一:一個,即下文所講的"誠"。[13]豫:預先有準備。[14]跲(jiá):絆倒,這裏指言語不當,即失言。疚:病,指出差錯。窮:不通達,指走投無路。

在下位不獲乎上,民不可得而治矣[1]。獲乎上有道[2],不信乎朋友,不獲乎上矣。信乎朋友有道,不順乎親[3],不信乎朋友矣。順乎親有道,反諸身不誠[4],不順乎親矣。誠身有道[5],不明乎善,不誠乎身矣。

誠者,天之道也;誠之者,人之道也[6]。誠者,不勉而中,不思而得,從容中道,聖人也[7]。誠之者,擇善而固執之者也[8]。

博學之,審問之,慎思之,明辨之,篤行之[9]。有弗學,學之弗能,弗措也[10]。有弗問,問之弗知,弗措也。有弗思,思之弗得,弗措也。有弗辨,辨之弗明,弗措也。有弗行,行之弗篤,弗措也。人一能之,己百之;人十能之,己千之[11]。果能此道矣,雖愚必明[12],雖柔必强。

【注釋】

[1]意思是:處於下級的地位,如果不能獲得上級的信任,就不可能使民衆從而治理民衆。獲:指獲得信任。乎:介詞,作用與"於"同。[2]道:方法。[3]順:孝順,順從。親:指父母。[4]反:即"返"。諸:"之於"的合音字。身:自身,自己。誠:真誠。《中庸》的作者認爲,"誠"是人類最高的道德信念,是天所賦予人們的與生俱來的崇高品德。[5]誠身:使自身誠。誠:用作使動。[6]意思是:誠本身是天之道,而努力使自己達到誠的境界則是人之道。誠之:使之誠。誠:用作使動。之:指代自己、自身。[7]意思是:天生就有誠德的人,不用努力就能符合誠,不用思考就能獲得誠,自然而然就能符合於(至誠之)道,這就是聖人。誠者:指天生就具有誠德的人。勉:努力。中(zhòng):符合。從(cōng)容:不用費力,自然而然。[8]誠之者:指要通過努力才能達到誠的境界的人。固執:牢牢地把握住。[9]這一段詳細講述"擇善而固執之"的方法。博:廣博,廣泛。之:代詞,以下分别指代"學、問、思、辨、行"的對象。審:詳細。慎:慎重。明:明白,清楚。篤:踏實。[10]大意是:除非不學,學了就一定要學會,不學會就不罷休。有弗學:有不學的時候。這裏的實際意思是"不學則已"(依朱熹説)。措:放

置，放弃。[11]大意是：别人付出一分努力能學會這事，自己就要對它付出百分的努力；别人付出十分努力能學會這事，自己就要對它付出千分的努力。[12]果：副詞，果然，果真。能：能做到，能推行。道：方法。雖：表讓步的連詞，即使。

學　記[1]

發慮憲，求善良，足以謏聞，不足以動衆[2]。就賢體遠，足以動衆，未足以化民[3]。君子如欲化民成俗，其必由學乎[4]。

【注釋】

[1]《學記》是中國最早的體系嚴整的教育專論，它系統而全面地闡明了教育的作用和任務、教育原則和方法、教師的地位和功能以及教育過程中師生關係和同學關係的重要作用。《學記》在總結先秦儒家教學經驗的基礎上提出教學原則和方法以及尊師重道的思想，對中國教育學産生了重大影響，它是研究中國古代教育思想和實踐的寶貴資料。全文結構完整，中心思想明確，層次清楚，是我國古代教育理論中的一篇優秀論文，也是《禮記》中少有的好文章。[2]發慮憲：引發思慮。發：引起，發出。慮：謀慮。憲：思慮。善良：好人，指賢能的人。謏聞：小有名氣，小有名聲。謏（xiǎo）：小。動：指從事勞役或軍事活動，用作使動。衆：百姓。[3]就：動詞，接近，靠近。體：體察。遠：指遠方之人。化民：教化老百姓。[4]化民成俗：教化民衆，形成良好的風俗。其：語氣副詞，表揣測，可譯爲"大概、恐怕"。

玉不琢，不成器[1]。人不學，不知道[2]。是故古之王者，建國君民[3]，教學爲先。《兑命》曰："念終始典於學[4]。"其此之謂乎。

【注釋】

[1]玉如果不經過打磨、琢磨，就不會成爲有形有狀的器物。[2]道：道理，大學問。[3]君民：統治人民。君：主宰，統治。[4]《兑命》：鄭玄注曰："兑，當爲'説（yuè）'，字之誤也。"《説命》：《尚書》佚篇名。念終始典於學：想法念頭始終以學習爲標準，也就是説要始終想著學習。典：動詞，作爲標準。

雖有嘉肴，弗食，不知其旨也[1]。雖有至道[2]，弗學，不知其善也。是故學然後知不足，教然後知困[3]。知不足，然後能自反也[4]。知困，然後能自强也。故曰教學相長也[5]。《兑命》曰："學學半[6]。"其此之謂乎。

【注釋】

[1]肴（yáo）：泛指魚肉等食物。旨：味美。[2]至道：最好的學問、道理。至：極點。[3]困：阻塞不通，指不能通達的地方。[4]自反：反省自己。[5]相長：指互相促進。[6]學學半：教别人，其中一半也是自己在學習。第一個"學"念 xiào，指教别人。

古之教者，家有塾[1]，黨有庠[2]，術有序[3]，國有學。比年入學，中年考校[4]。一年視離經辨志[5]，三年視敬業樂群，五年視博習親師[6]，七年視論學取友，謂之小成[7]。九年知類通達，强立而不反，謂之大成[8]。夫然後足以化民易俗[9]，近者説服，而遠者懷之[10]，此大學之道也。《記》曰："蛾子時術之[11]。"其此之謂乎。

【注釋】

[1]塾（shú）：包括以下的"庠（xiáng）、序、學"，都是學校的名稱。家有塾：據《周禮》所載，百里之内二十五家爲閭，同居一巷，巷首有門，門邊有塾。"家有塾"即指民在家之時，朝夕出入，都能够在塾中受教。[2]黨：據《周禮》，上古五百家爲一黨。[3]術：當爲"遂"。遂是古代統轄五縣的行政區劃。《周禮》稱一萬二千五百家爲一遂。[4]比（bì）年：每年。中年：間隔一年。考校：考核。[5]離經：指讀經斷句的能力。辨志：指辨别學生的志意趨向。[6]樂群：與朋友友好相處。博習：廣博學習。親師：親愛其師。[7]論學：論説學問，指議論所學知識的是非。取友：指是否能够選擇善友。小成：小有成就。這是與下面"大成"相比較而言的。[8]知類：知道義理事類。通達：指全部明白而没有疑問。强立：明辨不疑，指有堅定不移的見解。反：違反，指違反老師的教導。大成：大的成就，指懂得聖賢之道，而不是小學技藝之類的學問。[9]夫（fú）：句首語氣詞，表示要發議論。易俗：改變社會風氣。俗：風俗，風氣。[10]説（yuè）：即"悦"。懷：歸附。[11]《記》：這裏指舊人之所記。蛾（yǐ）子時術之：幼蟻時時學習銜土（也能造成土堆）。蛾子：幼蟻。陸德明《經典釋文》："蛾，魚起反。……本或作蟻。"術：學習，效法。

大學始教，皮弁祭菜[1]，示敬道也。《宵雅》肄三，官其始也[2]。入學，鼓篋，孫其業也[3]。夏、楚二物，收其威也[4]。未卜禘，不視學，遊其志也[5]。時觀而弗語，存其心也[6]。幼者聽而弗問，學不躐等也[7]。此七者，教之大倫也[8]。《記》曰："凡學，官先事，士先志[9]。"其此之謂乎。

【注釋】

[1]皮弁（biàn）：冠名，用白鹿皮制作。這裏用如動詞，指戴上皮弁。祭菜：禮名，是把菜放在先聖、先師的神位前進行祭祀的一種禮。[2]大意是：（教學生）學習《小雅》中的三首詩以激勵學生一開始就以官事作爲自己學習的目標。《宵雅》：即《小雅》。鄭玄注："宵之言小也。"肄：習。三：指《鹿鳴》、《四牡》、《皇皇者華》三篇（依鄭玄注），這三篇内容都與君臣燕樂相互慰勞有關。[3]鼓：動詞，意思是擊鼓（招集學生）。篋（qiè）：箱子。這裏作動詞，意思是打開書箱（發給學生書籍）。孫（xùn）：即"遜"，恭順，這裏用作使動。[4]夏：指榣木，這裏指用榣木做的體罰用具。楚：這裏指用荊條做的體罰用具。收其威：指整肅威儀。[5]卜禘：占卜擇定禘祭的日期。禘（dì）：上古時代天子舉行的大祭。視學：指天子諸侯視察考核學生的學業。遊其志：指讓學生有充足的時間發揮自己的特長，確定自己的志向。[6]意思是：教師應當時

常觀察學生而不應當有過多的説教，這是爲了使學生心中存在疑難而多加思考(這樣，教師才便於進行啓發教育)。時：時常。觀：觀察。存其心：指學生將疑難問題存於自己的心中。[7]幼者：指幼小的學童。躐(liè)：超越，越級。等：等級。[8]倫：道理。[9]官先事：學做官要先學處理各種事情。士先志：做讀書人要先樹立自己的志向。

大學之教也時，教必有正業，退息必有居[1]。學，不學操縵，不能安弦[2]；不學博依，不能安詩[3]；不學雜服，不能安禮[4]；不興其藝，不能樂學[5]。故君子之於學也，藏焉，脩焉，息焉，遊焉[6]。夫然故，安其學而親其師，樂其友而信其道，是以雖離師輔而不反[7]。《兑命》曰："敬孫，務時敏，厥脩乃來[8]。"其此之謂乎。

【注釋】

[1]大學之教也時：大學開始教育要有一定的時候。也：句中語氣詞，可不譯。正業：大學中規定的課業。退息：指事罷休息。居：常居之處。[2]此句講學樂。操：拿，這裏指操作。縵(màn)：琴弦。安弦：指彈好琴。[3]此句講學詩。博依：广博的比喻(依鄭玄注)，針對詩的比興而言。安詩：指學好詩。[4]此句講教禮。雜服：指古代的各種服飾制度。安禮：指學好禮。[5]興：喜歡。藝：指禮、樂、射、御、書、數這六個教學科目。樂學：好學，樂於學習。[6]藏：指把所學的東西藏於心中。焉：指示代詞兼語氣詞，於此。脩：通"修"，修習，學習，練習。息焉：意思是休息的時候也不忘記學業。息：休息。遊焉：意思是散步漫遊時也不忘記學習。遊：閒暇無事之時漫遊。[7]夫(fú)：句首語氣詞，表示將發議論。然故：由於這樣的原因。然：指示代詞，這，這樣。故：原因。師輔：師友。輔：友，指同學。同學之間經常切磋學問，能輔助自己的學業，故稱之爲輔(依孔穎達疏)。反：違反，指違反所學之道。[8]敬孫：對學業認真嚴肅，謙遜遜順。敬：嚴肅。孫(xùn)：順，順從。務：從事，致力於。時敏：指時時進步，從不懈怠。敏：勤勉。厥脩乃來：那所修習的學業就會來到。厥：指示代詞，其。脩：通"修"，指所修習的學問。

今之教者，呻其佔畢，多其訊[1]。言及於數，進而不顧其安[2]。使人不由其誠[3]，教人不盡其材[4]。其施之也悖[5]，其求之也佛[6]。夫然故，隱其學而疾其師，苦其難而不知其益也[7]。雖終其業，其去之必速[8]。教之不刑，其此之由乎[9]。

【注釋】

[1]呻其佔畢：指經師不解經義，只誦讀竹簡上文字教學生。呻：吟咏。佔(zhān)：視，看。畢：竹簡。訊：訊問，提問。[2]大意是：講課時只顧急速向前進，指趕進度。安：指懂得義理。[3]大意是：不用真心誠意來教導學生。使人：教人。由：用。誠：真誠。[4]教學生不衡量學生的具體情況。盡：竭盡。材：指學生的資質。[5]施：施教。也：句中語氣詞。悖：違背，指違反正確的教學原則。[6]求：指求學。佛：通"拂"，違逆。[7]隱其學：(學生)學東西學得不

清楚。隱：隱蔽。疾：怨恨。苦其難：（學生）苦於那些疑難的問題。益：好處。[8]去之：離開它（學業），即忘記。速：迅速。[9]刑：成，成功。由：由於，指原因。

大學之法，禁於未發之謂"豫"[1]，當其可之謂"時"[2]，不陵節而施之謂"孫"[3]，相觀而善之謂"摩"[4]。此四者，教之所由興也。

【注釋】

[1]未發：指錯誤没有發生。豫：預防。[2]可以教誨的時候加以教導就是合乎時宜。時：適時。[3]陵節：超越一定的範圍。這裏指超越一定的年齡和接受能力。陵：越，超越。節：節度。施：指施教。孫（xùn）：即"遜"，順。[4]學生相互觀察切磋，學習他人的長處叫做"摩"。摩：觀摩（現代漢語"觀摩"一詞，即出自這裏）。

發然後禁，則扞格而不勝[1]。時過然後學，則勤苦而難成。雜施而不孫，則壞亂而不脩[2]。獨學而無友，則孤陋而寡聞[3]，燕朋逆其師，燕辟廢其學[4]。此六者，教之所由廢也。

【注釋】

[1]禁：止，禁止。扞格（hàngé）：抵觸。不勝（shēng）：指不能成功施教。勝：能够承擔，能够承受。[2]雜施：指教以過分龐雜的内容。不孫（xùn）：指教學不依照一定的順序。脩：通"修"，修治，指學有成效。[3]孤陋：見聞少，學識淺陋。[4]燕：褻（xiè），輕慢，不恭敬。辟（pì）：邪僻，不老實。

君子既知教之所由興，又知教之所由廢，然後可以爲人師也[1]。故君子之教喻也，道而弗牽，强而弗抑，開而弗達[2]。道而弗牽則和，强而弗抑則易，開而弗達則思。和、易以思，可謂善喻矣[3]。

【注釋】

[1]所由興、所由廢：爲什麽興、爲什麽廢，即"興"和"廢"的緣由。爲：做，當。[2]教喻：教導。喻：曉喻，使人明白。道（dǎo）：即"導"，動詞，引導。牽：牽制。强：鼓勵。抑：壓抑。開：開導，啓發。達：通達，指教師把所有的知識或事理都非常詳細地講清楚。[3]和：指師生融洽。以：而。喻：曉喻。

學者有四失[1]，教者必知之。人之學也，或失則多，或失則寡，或失則易，或失則止[2]。此四者，心之莫同也[3]。知其心，然後能救其失也。教也者，長善而救其失者也[4]。

【注釋】

[1]失：缺陷、失誤。[2]或：肯定性無定代詞，有的人。則：連詞，表示並列平等的關係。可不譯。多：指貪多。寡：少，指見識少。易：輕忽，不重視。止：停，這裏指到一定程度就停止不

前，半途而廢。[3]莫：否定性無定代詞，没有誰，没有哪一個。[4]長(zhǎng)善：增加美德。

善歌者，使人繼其聲[1]。善教者，使人繼其志[2]。其言也約而達，微而臧，罕譬而喻[3]，可謂繼志矣。

【注釋】

[1]繼其聲：接著唱歌。繼：繼續。聲：指歌聲。[2]志：心志，志向。[3]也：句中語氣詞。約：簡約。達：暢達。微：幽微，指所説的道理非常微妙。臧：善。罕：少。譬：比喻。喻：明白，曉暢。

君子知至學之難易，而知其美惡，然後能博喻[1]。能博喻，然後能爲師；能爲師，然後能爲長[2]；能爲長，然後能爲君。故師也者，所以學爲君也[3]。是故擇師不可不慎也。《記》曰："三王四代唯其師[4]。"此之謂乎。

【注釋】

[1]君子：這裏指優秀的教師。至學：進入學習之途。其：代詞，指代學生。美惡：長處和短處。博喻：指廣泛地教導。[2]長(zhǎng)：指官長。[3]所以：用來……的人。[4]三王四代唯其師：三王四代(的君主之所以聖明)，就因爲有好老師。三王：謂夏、商、周的開國之君。四代：指虞、夏、商、周。

凡學之道，嚴師爲難[1]。師嚴然後道尊[2]，道尊然後民知敬學。是故君之所不臣於其臣者二[3]：當其爲尸則弗臣也[4]，當其爲師則弗臣也。大學之禮：雖詔於天子，無北面。所以尊師也[5]。

【注釋】

[2]嚴師爲難：尊敬老師算是最難的。嚴：動詞，尊敬。爲：這裏可譯作"算是"。[2]然後：不同於現代漢語的連詞"然後"。然：指示代詞，這樣。後：以後。[3]意思是：國君不敢把臣下當作是臣下來對待的情况有兩種。之：連詞，連接定中結構。前一個"臣"字用作動詞，意思是"把……當作臣下來看待"。二：作謂語，指有兩種(情况)。[4]尸：主，祭主，指古代祭祀時代表死者受祭的人。[5]詔：教導。無：毋，否定副詞。北面：面朝北。臣拜君、卑幼拜尊長，都面朝北面行禮。面：動詞，面向。所以：用來……的辦法。

善學者，師逸而功倍，又從而庸之[1]。不善學者，師勤而功半，又從而怨之[2]。善問者如攻堅木，先其易者，後其節目，及其久也，相説以解[3]。不善問者反此[4]。善待問者如撞鐘，叩之以小者則小鳴[5]，叩之以大者則大鳴。待其從容，然後盡其聲[6]。不善答問者反此。此皆進學之道也[7]。

【注釋】

[1]師逸而功倍:老師輕鬆而成效却加倍地好。逸:安逸,輕鬆。倍:作動詞,加倍。從:隨,接著。庸之:歸功於他(老師)。庸:功,作動詞,歸功。[2]勤:勤苦。半:作動詞,一半,減半。怨:怨恨。[3]堅:堅硬。節目:指樹木枝幹交接處堅硬而紋理糾纏不順的部分。相説以解:相脱而解,互相脱離分解開。説:通"脱"。[4]反此:與此相反。反:這裏作動詞,與……相反。[5]善待問者:善於解答提問的人。待:對待,這裏有處理、解答的意思。叩:擊。[6]等到他(問問題的人)不慌不忙地把問題全部提出來,在這之後老師才給他作完全的回答。盡其聲:指完全回答。[7]進學:增進學問。

記問之學,不足以爲人師[1]。必也其聽語乎[2]!力不能問然後語之[3],語之而不知,雖舍之可也[4]。

【注釋】

[1]記問:指誦詩書以待問或作爲談資。爲人師:做别人的老師。[2]大意是:一定要聽到學生提問(然後才根據學生的問題來進行教學)。其:指示代詞,學生。乎:語氣詞,相當於"啊"。[3]力不能問:指學生因能力有限不能提出問題。語(yù)之:告訴他(學生)。[4]大意是:對學生解説了,但學生仍不理解,先放一放也行。

良冶之子,必學爲裘[1];良弓之子,必學爲箕[2];始駕馬者反之,車在馬前[3]。君子察於此三者,可以有志於學矣[4]。

【注釋】

[1]良冶:精於冶煉鑄造的工匠。冶:冶煉。爲:制,做。裘:毛皮衣服。[2]良弓:擅長做弓人。箕(jī):簸箕。這兩句話的大意是:冶煉和制毛皮有相通之處,制弓和做簸箕也有相通之處,所以其子弟比較容易學好其餘的兩種技藝。這兩個比喻是説,有些專業雖然並不一樣,但却有相通之處,因此,掌握了一種專業之後,也就可以比較容易地學會另外的專業。[3]車在馬前:指開始讓馬駒學駕車時,先要讓成年的馬拉著馬車走在馬駒前面,這樣馬駒就慢慢學會拉車了。這個比喻的意思是:學習時應當先有人帶領,漸漸熟悉,以後才能獨立地學習。[4]察:體察,體會。有志於學:在學習上立下志向。

古之學者比物醜類[1]。鼓無當於五聲,五聲弗得不和[2]。水無當於五色,五色弗得不章[3]。學無當於五官,五官弗得不治[4]。師無當於五服[5],五服弗得不親。

【注釋】

[1]比物醜類:指以類相推,類比各種事物。比:類比,類推。醜:類。這裏與"比"的意思相同,指類比,類推。[2]大意是:彈奏發出來的聲音,並不是宫商角徵羽五聲,但是在奏樂時,假如宫商角徵羽五聲没有受到鼓聲的節制,其音樂就會不和諧。當:符合。五聲:宫、商、角、

徵、羽。弗得:没有得到(琴聲)。[3]水:此處指清水。五色:青、赤、黄、黑、白。章:鮮明。[4]五官:泛指政府的各級官吏。治:指治理家、國、天下。[5]五服:古代以親疏爲差等的五種喪服,即斬衰、齊衰、大功、小功、緦麻五服。

君子[1]:"大德不官[2],大道不器[3],大信不約[4],大時不齊[5]。"察於此四者,可以有志於學矣[6]。

三王之祭川也,皆先河而後海,或源也,或委也[7]。此之謂務本。

【注釋】

[1]君子:下脱"曰"字,宋刊本及他本皆有"曰"字。[2]大德:指德行高尚的人。不官:指不拘於一官之任。官:用作動詞,指擔任一定的官職。[3]大道:指最高的治世原則。不器:不拘於一器之用。器:用作動詞,作爲一個器物。[4]大信:指最高的誠信,即聖人之信。約:動詞,訂立誓約。[5]大時:指天時,即春夏秋冬。不齊:不整齊,指春夏秋冬不會同時到來。[6]大意是:仔細體察這四件事情,就可以憑藉這個道理而有志於學了。四者:指大德不官,而爲群官之本;大道不器,而爲群器之本;大信不約,而爲群約之本;大時不齊,而爲群齊之本。以此類推,學是一切的根本。[7]三王:夏、商、周的開國之君。祭川:祭祀河流。川:河流。河:黄河。或:肯定性無定代詞,有的。這裏,前一個"或"指河,後一個"或"指海。源:源頭,指河。委:水流所聚之處,下游,這裏指海。

禮運(節選)[1]

昔者仲尼與於蜡賓[2],事畢,出遊於觀之上,喟然而嘆[3]。仲尼之嘆,蓋嘆魯也[4]。言偃在側曰:"君子何嘆[5]?"孔子曰:"大道之行也,與三代之英,丘未之逮也[6],而有志焉[7]。

【注釋】

[1]本篇節選自《禮記·禮運》。記載了孔子對上古大同社會、三代時期小康社會的議論,表現出孔子對當時社會現實的不滿,以及對古代的"大同"和"小康"社會的向往。[2]與(yù):動詞,參加,參與。蜡(zhà):祭名,古代年終大祭。賓:指陪祭者。[3]觀(guàn):闕,指宫殿及廟祠、陵墓前的高建築物,通常左右各一,建成高臺,臺上起樓觀。喟(kuì)然:長嘆的樣子。[4]蓋:語氣副詞,表示推測。[5]言偃:孔子的弟子,字子遊。君子:這裏指孔子。[6]大道:指遠古時期的社會準則,即下文所述的"大同"社會的準則。行:實行。也:句中語氣詞。與:和,同。三代:指夏、商、周。英:這裏指傑出人物,亦即下文提到的禹、湯、文、武、成王、周公等人物,他們都是儒家所稱頌的聖人。逮:及,趕上。之:代詞,指"大道之行"與"三代之英"的時代。在句中作"逮"的賓語,前置。[7]却有記載在這裏。志:記載,這裏指上古文獻(依鄭玄注、孔穎達疏)。焉:指示代詞兼語氣詞,於此。

“大道之行也，天下爲公[1]。選賢與能，講信脩睦[2]。故人不獨親其親，不獨子其子[3]。使老有所終[4]，壯有所用[5]，幼有所長[6]，矜寡孤獨廢疾者皆有所養[7]。男有分，女有歸[8]。貨惡其弃於地也，不必藏於己[9]；力惡其不出於身也[10]，不必爲己。是故謀閉而不興，盗竊亂賊而不作[11]，故外户而不閉，是謂大同[12]。

【注釋】

[1]意思是：在大道實行的時候，天下屬於公衆。[2]選：選拔。賢：賢人。與：通“舉”。講：講求。信：誠信。脩：通“修”，培養，培育。睦：和睦，指人與人之間的和睦關係。[3]第一個“親”和“子”爲意動用法，“以……爲親、以……爲子”。[4]有所終：指享盡天年而去逝，即有善終。[5]有所用：有使用他們的地方，意即有其施展才華的用武之地。[6]有所長（zhǎng）：有使他們成長的條件。[7]矜（guān）寡孤獨：《孟子·梁惠王下》：“老而無妻曰鰥，老而無夫曰寡，老而無子曰獨，幼而無父曰孤。”矜：通“鰥”。廢疾者：傷殘和患病的人。[8]分（fèn）：職分，職業。歸：出嫁，這裏指夫家。[9]貨：財物。惡（wù）：嫌惡，痛恨。必：一定。藏於己：指放在自己家中。[10]力：氣力。身：指自身。以上兩句中的“貨、力”，都不是“惡”這個動作的施事。句中“惡”這個動作實際上的施事應該是隱含著的“人”。“貨、力”是這兩句話的話題，後面部分是説明。句中的兩個“其”是代詞，分别指代“貨”和“力”。[11]謀閉而不興：陰謀詭計被扼制而不得施展。謀：計謀，指算計别人的壞主意。閉：關閉，指被抑制、被扼制。興：起，發生。盗：搶劫。亂：指内亂。賊：殘害。作：發生。[12]外户：使户向外開。外：名詞的使動用法。閉：用門閂插門。是：指示代詞，此。大同：指和平、平等、没有戰争和動亂的美好社會。同：和平，安定。

“今大道既隱，天下爲家[1]。各親其親，各子其子，貨力爲己。大人世及以爲禮，城郭溝池以爲固[2]。禮義以爲紀[3]，以正君臣[4]，以篤父子[5]，以睦兄弟，以和夫婦，以設制度，以立田里[6]，以賢勇知[7]，以功爲己[8]。故謀用是作，而兵由此起[9]。禹、湯、文、武、成王、周公，由此其選也[10]。此六君子者，未有不謹於禮者也[11]。以著其義[12]，以考其信[13]，著有過[14]，刑仁講讓[15]，示民有常[16]。如有不由此者[17]，在埶者去，衆以爲殃[18]。是謂小康[19]。”

【注釋】

[1]既：已經。隱：消失。天下爲家：天下成爲私家所有。[2]“世及、城郭溝池”分别是介詞“以”的賓語，其所以前置，是爲了强調。大人：指天子、諸侯。世：父子相傳。及：兄弟相傳。禮：禮制，制度。城：城牆，這裏專指内城。郭：外城。溝池：護城河。固：用於軍事的防守設施。[3]紀：綱紀。[4]這裏省略了介詞“以”的賓語“之”（指代禮義）。以下幾句與此結構相

同。正:使動用法,“正君臣”即“使君臣之間的關係正”。以下幾句中的“篤、睦、和”都活用作使動。[5]篤:厚,指感情深厚。這裏用作使動。[6]設、立:都是設立、建立的意思。田里:“田”指土地制度,“里”指户籍制度。[7]賢勇知:把勇敢和有智慧的人當作賢能之人。賢:活用作動詞,意動用法。知(zhì):即“智”。[8]功爲己:把爲自己看作是功業。功:活用爲動詞,意動用法。[9]用:由。是:此。作:産生。兵:指戰争。[10]由此其選:因此成爲三代的傑出者。選:指選拔出來的人物,即英才、傑出人士。[11]謹:謹慎,認真,指認真對待。[12]意思是:用禮來表彰他們(民)做得對的地方。以:介詞,後面省略賓語,下句同。著(zhù):顯著,明顯,這裏是使動用法。其:代詞,指代“民”。[13]考:成就,成全。信:誠信。[14]“以之著其有過”的省略。大意是:用禮來揭示他們有過錯的地方。過:過失,過錯。[15]刑仁:以仁義爲準則。刑:即“型”,法則,準則。這裏用作意動,以……爲準則。講讓:提倡謙讓。[16]“以之示民有常”的省略。意思是:用禮來指示人民有一定的常法。示:指示,顯示。常:常法,指那些永遠不變的原則、標準。[17]由:遵循。此:指示代詞,指代“禮”。[18]在埶者:執掌政權的人,指君主。埶:即“勢”,權勢。去:離開,這裏指遭到廢黜。以爲:即“以之爲”,省略賓語“之”。殃:禍害。[19]小康:小安。康:安。小康社會是明君以禮義統治的社會,這雖然比當時春秋時期“禮崩樂壞”的社會局面要好得多,但天下爲家,各私其私,人與人之間不平等,因此必須靠禮義來維持社會秩序。孔子認爲這與大同時代相比,要差很多,故這種社會雖然“康”(安),也只能稱爲“小”。

孝　經

【解題】

《孝經》是中國封建時代倫理學的經典,也是後來編纂的儒家經典——《十三經》之一,它是封建社會上層建築和指導思想的重要組成部分。

《孝經》成書於戰國晚期,是孔門七十二子之後的儒家弟子所作。《孝經》有今文和古文兩種本子,還有從今文、古文中衍生出來的宋代朱熹的《孝經刊誤》本和元代吴澄的《孝經》定本(習稱“草廬本”)。

《孝經》將“孝”視爲封建道德教化的基礎,貫穿了以孝勸忠、以孝治天下的宗旨,並提出了“五等之孝”的道德規範,肯定了孝敬父母的倫理原則。這些思想内容非常適合封建統治階級的政治需要,因而在歷史上,歷代封建統治者都大肆宣揚,備加推崇,對中國廣大百姓也影響頗深。

《孝經》最早由東漢鄭玄作注,漢以後研究《孝經》都要依據鄭注。《孝經》主要的注本有晋代荀昶的《孝經集解》、南朝顧越的《孝經義疏》、宋代邢昺的《孝經注疏》、明代黄道周的《孝經集傳》、清康熙有《御定孝經衍義》、雍正有《御纂孝經集注》，此外還有毛奇齡的《孝經問》、阮福的《孝經義疏》、皮錫瑞的《孝經鄭注疏》等。

《孝經》共有十八章，此處我們只節選了其中的前六章。文選所依據的版本爲清阮元校刻的《十三經注疏》中的《孝經注疏》(唐玄宗李隆基注、宋邢昺疏，中華書局影印，1980 年)。

開宗明義章第一[1]

仲尼居，曾子侍[2]。子曰："先王有至德要道，以順天下，民用和睦[3]，上下無怨。汝知之乎？"曾子避席曰："參不敏[4]，何足以知之？"子曰："夫孝，德之本也，教之所由生也[5]。復坐，吾語汝[6]。身體髮膚，受之父母，不敢毁傷，孝之始也；立身行道，揚名於後世，以顯父母，孝之終也。夫孝，始於事親[7]，中於事君，終於立身。《大雅》云：'無念爾祖，聿脩厥德[8]。'"

【注釋】

[1]本章通過孔子與曾子的對話，闡明了孝道的基本思想，即孝是立德之本，是建業立身的基礎。[2]居：閑居，閑坐。曾子：孔子弟子曾參。侍：侍坐，陪坐。[3]至：最高的。要：關鍵的。順：形容詞用作使動。用：介詞，因(此)。這裏的"以、用"都是介詞，後面省略代詞賓語"之"。[4]避席：離開座位(恭敬地站起來)。參：曾參。古人稱自己的名以示謙恭。不敏：謙詞，不才，遲鈍。[5]夫(fú)：句首語氣詞，提起下文，可不譯。所由生：產生的地方，即基礎。所：輔助性代詞，和後面的動詞性短語一起構成名詞性短語。由：介詞，從。[6]復坐：回到座位上坐下來。語(yù)：告訴。[7]立身：處事，爲人。顯：光顯，這裏用作使動。事：侍奉，伺候。[8]引自《詩經・大雅・文王》。大意是：思念你的祖先，要發揚繼承他們的美德啊！無：詞頭，可不譯。聿(yù)：詞頭，可不譯。厥：指示代詞，那。

天子章第二[1]

子曰："愛親者，不敢惡於人；敬親者，不敢慢於人[2]。愛敬盡於事親，而德教加於百姓，刑于四海[3]，蓋天子之孝也。《甫刑》云：'一人有慶，兆民賴之[4]。'"

【注釋】

[1]本章講天子在孝方面應該做的事情。指出天子應當把敬愛之情完全注入到侍奉雙親之中，就可以給天下人作出盡孝的表率。[2]親：雙親，父母。惡：憎惡。慢：輕慢。人：這裏指

父母。[3]德教：德行和教化。加：施加。刑：法，這裏指作表率。[4]《甫刑》：指《尚書·甫刑》（一稱《吕刑》）。一人：指天子。慶：善，指敬愛父母的好品行。兆民：億萬百姓。兆：極言其多。賴：仰賴。

諸侯章第三[1]

在上不驕，高而不危；制節謹度，滿而不溢[2]。高而不危，所以長守貴也；滿而不溢，所以長守富也。富貴不離其身，然後能保其社稷，而和其民人[3]，蓋諸侯之孝也。《詩》云："戰戰兢兢，如臨深淵，如履薄冰[4]。"

【注釋】

[1]本章講諸侯在孝方面應該做的事情。指出諸侯雖然居於人之上而不應當驕横，能厲行節約，恪守法度，這樣才能保全社稷，協和人民。[2]在上：指在人民之上。危：不穩。制節：節儉克制。謹度：謹守法度。度：法度，禮法。滿：指府庫充實。溢：本義爲水充滿而流出來，這裏指奢侈浪費。[3]所以：用來……的方法。跟現代漢語連詞"所以"不同。保：保全。社：土地神。稷(jì)：穀神。社和稷都爲古代國君所祭。祭祀土地神和穀神的地方也叫社稷。古代國君必立社稷，社稷的安全存亡就象徵著國家的安危存亡，因此古代就把社稷作爲國家的代稱。和：協和。[4]引自《詩經·小雅·小旻》。戰戰：恐懼的樣子。兢兢：戒慎的樣子。履：行走。

卿大夫章第四[1]

非先王之法服不敢服，非先王之法言不敢道，非先王之德行不敢行[2]。口無擇言，身無擇行[3]。言滿天下，無口過；行滿天下，無怨惡[4]。三者備矣，然後能守其宗廟，蓋卿大夫之孝也。《詩》云："夙夜匪懈，以事一人[5]。"

【注釋】

[1]本章講卿大夫在孝方面應該做的事情。指出卿大夫應當在服飾、言語、德行幾個方面符合，才能長久保全自己的宗廟。[2]法服：指先王制定的、符合禮制的衣服。後一個"服"是動詞，穿。法言：合乎禮法的言論。道：説。德行：符合道德規範的行爲。[3]大意是：其言行都合乎禮法，因此在説話行事時不用再加選擇。[4]滿天下：言其多。怨惡：怨恨。[5]引自《詩經·大雅·烝民》。夙(sù)：早晨。匪：非。懈：懈怠。事：侍奉。一人：原詩指天子一人，這裏泛指君主，也可以包括諸侯在内。

士章第五[1]

資於事父以事母而愛同[2]，資於事父以事君而敬同。故母取其愛，而君取其敬，兼之者父也[3]。故以孝事君則忠，以敬事長則順。忠順不失，以事其上，然後能保其禄位，而守其祭祀，蓋士之孝也。《詩》云："夙興夜寐，無忝爾所生[4]。"

【注釋】

[1]本章講士在孝方面應該做到忠、順兩全，不能有辱於自己的父母親人。[2]資：取。事：侍奉。同：一樣。[3]兼之：兼有愛與敬。兼：動詞。之：代詞，代愛與敬。[4]引自《詩經·小雅·小宛》。無：通"毋"，不要，别。忝(tiǎn)：動詞，辱。所生：所由生，指父母。

庶人章第六[1]

用天之道，分地之利，謹身節用，以養父母，此庶人之孝也[2]。故自天子至於庶人，孝無終始，而患不及者[3]，未之有也。

【注釋】

[1]本章首先講庶人之孝主要是孝養父母，然後提出無論尊卑，孝道是一切人都應當遵循的道德標準，而且只要努力，都是可以做到的。[2]用天之道：指利用大自然的四季規律，妥善安排勞作。分地之利：指分辨不同土地所能生産的財富，因地制宜地加以開發。謹：使……謹慎。庶人：群衆，指普通的民衆。庶：衆。[3]無始終：没有開始和結束，指始終如一，一樣的。而：連詞，在語義上表示逆接。患：擔心。不及：做不到，指擔心盡不了孝道。

練習(二)

一、解釋下列句子中加點字的意義。

1. 大學之道，在明明德，在親民，在止於至善。
2. 致知在格物。
3. 見君子而後厭然揜其不善而著其善。
4. 上老老而民興孝，上長長而民興弟。
5. 人道敏政，地道敏樹。

6. 凡爲天下國家有九經。

7. 入學，鼓篋，孫其業也。

8. 幼者聽而弗問，學不躐等也。

9. 禮義以爲紀，以正君臣，以篤父子。

10. 昔仲尼與於蜡賓。

11. 一人有慶，兆民賴之。

12. 夙夜匪懈，以事一人。

13. 資於事父以事母而愛同，資於事父以事君而敬同。

14. 夙興夜寐，無忝爾所生。

15. 故自天子至於庶人，孝無終始，而患不及者，未之有也。

二、用漢語拼音給下列句子中的加點字注音。

1. 如惡惡臭，如好好色，此之謂自謙。

2. 富潤屋，德潤身，心廣體胖，故君子必誠其意。

3. 瑟兮僩兮，赫兮喧兮。

4. 發而皆中節謂之和。

5. 言前定則不跲，事前定則不困，行前定則不疚，道前定則不窮。

6. 復坐，吾語汝。

三、説明下列句子中加點字的詞性、功能和意義。

1. 所謂誠其意者，毋自欺也。

2. 心不在焉，視而不見，聽而不聞，食而不知其味。

3. 不啻若自其口出，寔能容之，以能保我子孫黎民，尚亦有利哉。

4. 道也者，不可須臾離也，可離非道也。

5. 滿而不溢，所以長守富也。

四、分析下列句子的語法結構，指出其劃綫部分中的主語、謂語和（或）賓語。

1. <u>天命之謂性</u>，率性之謂道，脩道之謂教。

2. <u>五者，天下之達道也</u>。

3. <u>君子知至學之難易</u>，而知其美惡，然後能博喻。

4. 故母取其愛，而君取其敬，<u>兼之者父也</u>。

五、將下列文字譯爲現代漢語。

古之教者，家有塾，黨有庠，術有序，國有學。比年入學，中年考校。一年視離經辨志，三年視敬業樂群，五年視博習親師，七年視論學取友，謂之小成。九年知類通達，强立而不反，謂之大成。夫然後足以化民易俗，近者説服，而遠者懷之，此大學之道也。

六、填空。

1.《禮記》有兩種本子。西漢人戴德輯録的爲（　　），原有85篇，現存39篇。其侄戴聖輯録的叫（　　）或《小戴記》，共（　　）篇，即現在通行的《禮記》。

2.《禮記》注本中最重要的有東漢鄭玄注、唐孔穎達疏的（　　）。另外還有元代（　　）的《禮記集説》，清代朱彬的（　　）、孫希旦的（　　）。

3.《孝經》成書於（　　），有今文和古文兩種本子，還有從今文、古文中衍生出來的宋代（　　）的《孝經刊誤》本和元代（　　）的《孝經》定本。

4.《孝經》最早由東漢（　　）作注，主要的注本有晋代荀昶的（　　）、南朝顧越的《孝經義疏》、宋代邢昺的（　　）、近人皮錫瑞的（　　）等。

七、用現代標點符號標點下列文字。

公叔文子卒其子戍請謚於君曰日月有時將葬矣請所以易其名者君曰昔者衛國凶饑夫子爲粥與國之餓者是不亦惠乎昔者衛國有難夫子以其死衛寡人不亦貞乎夫子聽衛國之政修其班制以與四鄰交衛國之社稷不辱不亦文乎故謂夫子貞惠文子

八、背誦。

1.《禮記·學記》。

2.《孝經·庶人章第六》。

通　論

（五）古代漢語的詞序

漢語詞在句中的次序比較固定，從古到今變化也比較小。主語在謂語之前，動詞在賓語之前，修飾語在被修飾語之前，古今都是一致的，這是語法穩固性的表現。但是，古漢語的詞序也有一些特殊的規律，它們是現代漢語所没有的，這些特殊的詞序實際上只存在於先秦以前的上古漢語裏，到漢代就已經從口語中逐漸消失，但由於一些寫文章的人習慣於仿古，因此在歷代的古文中也常常出現。瞭解這些特殊現象，有助於我們的古文閱讀。

一、賓語前置

古代漢語的賓語在一般情况下都是放在動詞謂語之後的，但在某些情况下，它也經常放在謂語動詞之前，這就是我們常説的賓語前置。

1. 否定句中代詞作賓語前置

這類句子中賓語前置有兩個條件：一是句子中的否定詞是否定副詞“不、未、毋(無)”或表示否定的無定代詞“莫”；二是句子中的賓語必須是代詞。在這樣的情况下，賓語通常要放在動詞之前、否定詞之後。如：

我無爾詐，爾無我虞。(《左傳·宣公十五年》)

——我不欺騙你，你也不要欺騙我。

以吾一日長乎爾，毋吾以也。(《論語·先進》)

——(孔子説)因爲我比你們年紀都大，人家不再用我了。

自古及今，未之嘗聞。(賈誼《論積貯疏》)

——自古及今，還没有聽説過這樣的事。

殘賊公行，莫之或止；大命將泛，莫之振救。(同上)

——危害社會的行爲盛行，没有誰來制止它；國家的命運將要覆滅，没有誰來拯救它。

但是，如果作賓語的不是代詞，即使是否定句，賓語仍然置於動詞之後。如：

不患人之不己知，患不知人也。(《論語·學而》)

——不怕别人不瞭解自己，怕不瞭解别人啊。

我未見力不足者，蓋有之矣，我未之見也。(《論語·里仁》)

——我没有看見過力量不足的人。大概有這種人吧，(不過)我没有看見過啊。

“不己知”的“己”是代詞，故放在動詞“知”前，“不知人”的“人”是名詞，則放在動詞“知”後；“力不足者”是詞組，放在動詞“見”後，“之”是代詞，則放在動詞“見”前。這兩例前後對比，特别具有啓發性。這樣的例子還有，如：

君子不重傷，不禽二毛。(《左傳·僖公二十年》)

未絶鼓音。(《左傳·成公二年》)

宫婦左右莫不私王，朝廷之臣莫不畏王。(《戰國策·齊策一》)

另一方面，即使是代詞作賓語，但若不是否定句，賓語也仍然放在動詞後邊，對比下列句中的前後情况就能看出這一點：

吾問狂屈，狂屈中欲告我而不我告。(《莊子·知北遊》)

——我問狂屈，狂屈心裏想要告訴我而没有告訴我。

“告我”和“不我告”同樣是代詞“我”作動詞“告”的賓語，但是，“告我”是肯定形式，賓語不能前置；“不我告”是否定形式，賓語放在動詞前。

用否定副詞“弗、勿”的否定句一般是不帶賓語的，但如果出現代詞賓語，同樣要放到動詞之前。這多是後來仿古的作品，例如：

天大寒，硯冰堅，手指不可屈伸，弗之怠。（宋濂《送東陽馬生序》）

——（即使）天氣非常寒冷，硯池裏結了厚冰，手指頭也不能屈攏或伸展，但我還是不放鬆筆録。

古漢語否定句中的代詞賓語，也有放在動詞後面的。例如：

知我者，謂我心憂，不知我者，謂我何求。（《詩經・王風・黍離》）

——瞭解我的，説我心裏憂愁；不瞭解我的，説我在尋找什麽。

板印書籍，唐人尚未盛爲之。（沈括《夢溪筆談》卷十八）

——雕版印刷書籍，唐朝人還没有大規模推廣它。

後一例是仿古作品。

下面兩個例子都引自《詩經》，一個代詞賓語前置，一個代詞賓語後置，最能説明兩種情況並存的現象：

不我知者，謂我士也驕。（《詩經・魏風・園有桃》）

不知我者，謂我何求。（《詩經・王風・黍離》）

這可以説明從先秦時代起，否定句中的代詞賓語就已經開始從前置向後置發展，因此出現兩種情況並存的現象。秦以後這種發展實際上早已完成，但歷代書面語仍舊是兩種情況並存。下面兩個例子都引自《漢書》，代詞賓語的位置就不相同：

匈奴必以我爲大軍之誘，不我擊。（《漢書・李廣傳》）

漢果不擊我矣。（《漢書・趙充國傳》）

可以這樣認爲，漢以後的文章中，否定句代詞賓語後置是反映了當時語言的實際情況。至於把代詞賓語仍舊放在動詞之前，則主要是爲了仿古。

2. 疑問句中，疑問代詞作賓語前置

上古漢語中，疑問代詞作賓語一般前置。作賓語的疑問代詞主要有“誰、孰、何、安、奚、曷”等。如：

三虱相與訟，一虱過之，曰：“訟者奚説？”（《韓非子・説林下》）

——三個虱子相互在争吵，另外一個虱子經過它們那裏，問道：“你們這些争論者在争論什麽？”

陛下誰憚而久不爲此？（賈誼《治安策》）

——陛下還害怕誰而遲遲不這樣辦呢？

沛公安在？（《史記·項羽本紀》）

——沛公（劉邦）在哪兒？

豫州今欲何至？（《資治通鑒·漢紀》）

——豫州（劉備）現在打算去何處？

但是，作賓語的若不是疑問代詞，即使在疑問句裏，賓語則仍置於動詞之後。如：

吾誰欺？欺天乎？（《論語·子罕》）

——我欺騙誰呢？是欺騙天嗎？

以上例句前後對比對我們很有啓發，這裏的"誰欺"是疑問句疑問代詞作賓語，故賓語"誰"放在動詞"欺"前；"欺天乎"雖是疑問句，但作賓語的是名詞"天"，故"天"仍放在動詞後。

在掌握疑問句中疑問代詞作賓語前置時，我們要注意不能把疑問句中疑問代詞作主語或作狀語當成前置賓語。如：

孰知賦斂之毒有甚是蛇者乎？（柳宗元《捕蛇者説》）

——誰知道苛捐雜税的毒害比這毒蛇嚴重呢？

是安可不咥？（《聊齋志異·中山狼傳》）

——像這樣的人怎麼能不吃掉呢？

前一例的"孰"作主語，後一例的"安"作狀語，它們都不能理解爲前置賓語。

在上古漢語中，疑問代詞作賓語，也有放在動詞後面的，如《論語·子張》"子夏云何？"（子夏説什麼？）《漢書·酷吏傳》武帝問："言何？"（説什麼？）不過這種情況先秦很少，漢代以後才逐漸多起來。

上古漢語中疑問代詞作賓語和否定句中代詞作賓語是兩種正常的表達式，没有强調賓語的作用，不能認爲是倒裝句。

3. 叙述句中的賓語前置

上古漢語中，叙述句的賓語，無論其是代詞、名詞或名詞性詞組都有放在動詞前面的情況。這種情況往往出現在需要强調的句子中。這一類賓語前置的特點是在賓語前置的同時，又常常在賓語後面用"之、是"等指示代詞，一般認爲這是在複指前置賓語，也有學者通過與藏語比較，認爲這是一個後置的指示代詞[①]。如：

---

① 俞敏《俞敏語言學論文集》第195—196頁，商務印書館1999年。

日居月諸，下土是冒。(《詩經・邶風・日月》)

——太陽呀月亮呀，照耀大地。

"唇亡則齒寒"，其斯之謂與？(《穀梁傳・僖公二年》)

——"嘴唇没有了，牙齒就會感到寒冷"，大概講的就是這種事吧？

前世不同教，何古之法？帝王不相復，何禮之循？(《商君書・更法》)

——古代的政教不同，我們效法哪個古人？帝王不相因襲，我們遵循誰的禮制？

君亡之不恤，而群臣是憂。(《左傳・僖公十五年》)

——我們的國君(晋惠公)不憐恤自己流亡在外，却憂慮著我們群臣。

以上各例的賓語都同複指的代詞"之、是"一起放在動詞謂語前面。其中"斯(是、此)之謂"更已成爲賓語前置的凝固形式。

在使用這種賓語前置的格式時，爲了强化語氣，還可以在賓語之前加上語氣詞"惟(唯)"。如：

當臣之臨河持竿，心無雜念，唯魚之念。(《列子・湯問》)

——當我走到河邊，手上拿著釣竿的時候，心裏就毫無雜念，一心想著魚兒。

余雖與晋出入，余唯利是視。(《左傳・成公十三年》)

——我雖然與晋國有來往，我看的是利益。

這種格式在現代漢語裏有時還沿用，如"唯利是圖、唯命是聽、唯你是問"等。如果要强調的賓語本身就是代詞，用來複指的代詞一般只用"之"，例如：

古者民有三疾，今也或是之亡也。(《論語・陽貨》)

由這種格式形成的"是之謂、此之謂"已成爲一種凝固形式，在古文中很常見。例如：

"我之懷矣，自詒伊感"，其我之謂矣！(《左傳・宣公二年》)

太上有立德，其次有立功，其次有立言，雖久不廢，此之謂不朽。(《左傳・襄公二十四年》)

上不失天時，下不失地利，中得人和，而百事不廢，是之謂政令行。(《荀子・王霸》)

4. 代詞賓語放到動詞之前

不用指示代詞，直接把代詞賓語放到動詞之前，這個代詞賓語一般只限於"是"，其他代詞不多見，例如：

昭王南征而不復，寡人是問。(《左傳・僖公四年》)

——周昭王南巡没有回來，我要責問這件事。

維葉莫莫，是刈是濩。（《詩經・周南・葛覃》）

——（葛覃）葉長得茂盛，割這個煮這個。

舉匈奴之衆唯上之令。（賈誼《治安策》）

——全體匈奴人都只讓皇上命令他們。

第一例的"寡人是問"，"寡人"是主語，"是"是提前的代詞賓語，這一句相當於"寡人問是"，而不是"問寡人"；第三例的"唯上之令"，"上"是主語，代詞"之"是"令"的前置賓語，"唯上之令"即相當於"唯上令之"。第二例是典型的代詞賓語"是"前置句，不如其他兩例那樣容易混淆。

二、數量詞的位置

古代漢語的數量詞在句中的位置，跟現代漢語比起來，有相同的，也有不相同的。不同的地方主要有以下幾方面：

1. 數量詞修飾名詞時，一般是跟數詞一起，放在所修飾的名詞後邊。如：

於是爲長安君約車百乘，質於齊。（《戰國策・趙策四》）

——在這種情况下，爲長安君套好了一百輛車，讓他到齊國去做人質。

軍書十二卷，卷卷有爺名。（《木蘭詩》）

——很多卷的徵兵名册，卷卷都有爹爹的名字。

這種數量詞後置的現象，現代漢語裏還使用，如説"桌子三張"、"鉛筆四支"，但在一般叙事時則以前置爲常，因此上述譯文都將它們提到名詞前面。

2. 上古漢語表示物量，往往不用量詞，只是將數詞放在名詞後邊。如：

御，叀（唯）牛三百。（《殷墟書契前編》四.八.四）

——用三百頭牛祭祀。

錫牛三。（《友簋》）

——賞賜了三頭牛。

箱簾六七十，緑碧青絲繩。（《古詩爲焦仲卿妻作》）

——大小箱匣有六七十個，都用青絲繩子捆紮著。

通計一舟，爲人五。（魏學洢《核舟記》）

——總計整個核舟，共刻了五個人。

上述例子在譯成現代漢語時，都要將數詞移至它所修飾的名詞的前面，且在數詞後加上量詞。

3. 表示動量，上古漢語没有動量詞，而是直接將數詞放在動詞之前，作狀語。如：

公輸盤九設攻城之機變，子墨子九拒之。(《墨子・公輸》)

——公輸盤多次設置了機巧變化的攻城方法，墨子也多次抵擋住了他的進攻。

寒暑易節，始一反焉。(《列子・湯問》)

——冬夏交換季節，才回來一次。

他日，驢一鳴，虎大駭，遠遁。(柳宗元《黔之驢》)

——有一天，驢子叫了一聲，老虎很害怕，遠遠避開。

又與之遇，七遇皆北。(《左傳・文公十六年》)

——又與他們遭遇，遭遇七次都打敗了。

上述各例表示動量的數詞在譯成現代漢語時，一般都要移置在動詞謂語之後，並加上動量詞，在句中充當補語。古漢語的這種格式，在現代一些成語中還保存著，如"一勞永逸、千變萬化、百戰百勝"等。

此外，在强調某一行爲的數量時，還可以改變句式，即把數詞從動詞前移到句尾，並在這個數詞前加上代詞"者"，同前面的詞組成"者"字結構作主語，移到句尾的數詞就成了全句的謂語。如：

范增數目項王，舉所佩玉玦以示之者三。(《史記・項羽本紀》)

——范增多次向項王使眼色，並舉起所佩戴的玉玦向他示意好幾次。

于是平原君欲封魯仲連，魯仲連辭讓者三，終不肯受。(《戰國策・趙策三》)

——在這種情況下平原君想要分封魯仲連，魯仲連辭讓多次，最終不肯接受。

古漢語的這種數詞謂語只對主語起説明作用，它類似形容詞的作用，並不表示動作和變化，因此不能把它看成數詞活用作動詞。

(六)古代漢語的判斷句

上古漢語中用名詞或名詞性詞組作謂語表示判斷的句子，叫判斷句。現代漢語的判斷句主語和謂語之間要用表示判斷的動詞"是"聯繫，但上古漢語中判斷句一般不用"是"，而是借助其他方式幫助判斷。

一、古漢語判斷句的主要格式

1. 主語後用語氣詞"者"字表示提頓，句末用語氣詞"也"字煞尾。這是古漢語判斷句的典型格式，句末"也"的功能是幫助判斷。例如：

陳勝者，陽城人也。(《史記・陳涉世家》)

楚左尹項伯者,項羽季父也。(《史記·項羽本紀》)

南冥者,天池也。(《莊子·逍遥遊》)

彼秦者,弃禮義而尚首功之國也。(《戰國策·趙策三》)

彼吾君者,天子也。(同上)

2. 只在謂語後用"也"煞尾,這類判斷句主語後面没有語氣詞。例如:

周公,弟也;管叔,兄也。(《孟子·公孫丑下》)

我,子瑜友也。(《資治通鑒·漢紀》)

制,巖邑也。(《左傳·隱公元年》)

虢,虞之表也。(《左傳·僖公五年》)

董狐,古之良史也。(《左傳·宣公二年》)

而母,婢也。(《戰國策·趙策三》)

都城過百雉,國之害也。(《左傳·隱公元年》)

3. 只在主語後用"者"字表示提頓。例如:

陳嬰者,故東陽令史。(《史記·項羽本紀》)

粟者,民之所種。(晁錯《論貴粟疏》)

兵者,不祥之器。(《老子》第三十一章)

陳軫者,遊説之士。(《史記·張儀列傳》)

4. 只有主語和謂語,没有幫助判斷的語氣詞。例如:

此人力士。(《史記·魏公子列傳》)

劉備,天下梟雄。(《資治通鑒·漢紀》)

夫魯,齊晋之唇。(《左傳·哀公八年》)

荀卿,趙人。(《史記·孟軻荀卿列傳》)

以上四種是肯定判斷句的基本格式。

有時在主語和謂語之間加上語氣詞"惟(維)",副詞"乃、即",連詞"則"等加强肯定語氣。例如:

爾惟舊人。(《尚書·大誥》)

我馬維騏。(《詩經·小雅·皇皇者華》)

是乃狼也。(《左傳·宣公四年》)

梁父即楚將項燕。(《史記·項羽本紀》)

此則岳陽樓之大觀也。(范仲淹《岳陽樓記》)

無論"乃、即",還是"惟(維)",都不是判斷詞。"乃"和"即"是副詞,用來加强肯定語氣,大致相當於現代漢語的"便(是)、就(是)",因此,到後代出現了判斷詞“是”以後，它們可以加在“是”前面，構成“乃是、即是”。“惟（維）”有時看去很像判斷詞，但實際上是放在句中的語氣詞，起引出謂語的作用，在多數情況下，它後面的謂語並不一定和前面的主語發生判斷關係。例如：

百工維時。（《尚書・皋陶謨》）

周雖舊邦，其命維新。（《詩經・大雅・文王》）

蚩尤惟始作亂。（《尚書・吕刑》）

關於“惟（維）”的作用，在“語氣詞和詞綴”一節中還會談到。

這些副詞和語氣詞還常常和否定副詞“非”配合起來使用。例如：

非其父兄，即其子弟。（《左傳・襄公八年》）

黍稷非馨，明德惟馨。（《左傳・僖公五年》）

從這裏也可以看出，“非”的作用和“乃、即”等相近，它是加在判斷句謂語之前的副詞，而不是判斷詞。

表示否定判斷，一般在主語和謂語之間加副詞“非”。例如：

惠子曰：“子非魚，安知魚之樂？”（《莊子・秋水》）

今者所養非所用，所用非所養。（《史記・老子韓非列傳》）

楚雖大，非吾族也。（《左傳・成公四年》）

耕漁與陶，非舜官也。（《韓非子・難一》）

此庸夫之怒也，非士之怒也。（《戰國策・魏策四》）

此非所以跨海内、制諸侯之術也。（李斯《諫逐客書》）

這種“非”字雖然可以譯成現代漢語的“不是”，但它本身並不是判斷詞，而是副詞。

二、古漢語判斷句的主要表意類型

1. 表示判斷

句中的主語和謂語是同一事物或同一類别。如：

當立者乃公子扶蘇。（《史記・陳涉世家》）

——應當立爲皇帝的是公子扶蘇。

奪項王天下者，必沛公也。（《史記・項羽本紀》）

——奪取項王天下的，必定是沛公。

此則岳陽樓之大觀也。（范仲淹《岳陽樓記》）

——這些就是岳陽樓上（看到）的雄偉景象。

這是古漢語判斷句的最主要的表意類型。

2. 表示比喻

晋與魯衛，兄弟也。(《左傳·成公二年》)

——晋國與魯國、衛國的關係，像兄弟一樣。

夫魯，齊晋之唇。(《左傳·哀公八年》)

——魯國，就像齊國和晋國的嘴唇一樣(重要)。

如今人方爲刀俎，我爲魚肉。(《史記·項羽本紀》)

——現在别人就像刀和砧板一樣，我們就像魚和肉一樣。

3. 表示對事物的解釋與説明

夫戰，勇氣也。(《左傳·莊公十年》)

——作戰，靠的是勇氣。

劫天子，惡名也。(《戰國策·秦策一》)

——劫持天子，會落下惡名。

朱紱皆大夫，紫綬悉將軍。(白居易《輕肥》)

——戴著朱紱的都是大夫，戴著紫綬的都是將軍。

這些句子，我們既不能按一般邏輯關係來理解，認爲它們不是判斷句；也不能不注意到它們在表達上的特殊方式。我們認爲這些句子是一種内容壓縮了的判斷句。

4. 解釋原因，説明因果關係

吾所以爲此者，以先國家之急而後私仇也。(《史記·廉頗藺相如列傳》)

——我所以這樣做，是因爲把國家的急事放在前面，把個人的恩怨放在後面。

持其踵爲之泣，念悲其遠也。(《戰國策·趙策四》)

——(您)拉著燕后爲她哭泣，是因爲傷心地想到她要遠行。

良庖歲更刀，割也；族庖月更刀，折也。(《莊子·養生主》)

——好的厨師一年换一次刀，是由於他用割的方法；一般的厨師一個月换一次刀，是由於他用砍的方法。

這些句子的謂語都是動詞或動詞性詞組，是判斷句的又一種特殊類型。這種用判斷句形式説明原因的用法，在現代漢語中已不常見。

三、判斷句中的“是”和“爲”

在學習古漢語判斷句式時，我們要注意不能把上古漢語裏大量出現的“是”字誤認爲判斷詞。“是”在古漢語裏是一個常見的指示代詞。如：

故善附民者，是乃善用兵者也。(《荀子·議兵》)

——所以善於使人民親附的人,這才是善於用兵的人。

"是"是一個指示代詞,在句中作主語。

日月星辰瑞曆,是禹桀之所同也。……繁啓蕃長於春夏,畜積收藏於秋冬,是又禹桀之所同也。(《荀子・天論》)

——日月星辰和曆法,這些是大禹、夏桀所共同的。……(農作物)繁茂地生長於春夏,蓄備收藏於秋冬,這些又是大禹、夏桀所共同的。

這一例前一個"是"字,表面看起來很象判斷詞,但對比後一個"是",則可看出它仍然是指示代詞,是用來複指"日月星辰瑞曆"的。

是不爲也,非不能也。(《孟子・梁惠王上》)

——這是不肯做,不是不能做。

這一例,表肯定的判斷句和表否定的判斷句連在一起,後者用"非"來加强否定判斷,前者雖用了"是",但這個"是"仍是個指示代詞,用作兩個判斷句的主語。

"是"作判斷詞的用例,出現於戰國文獻,大量應用是西漢的《史記》。從漢語的發展來看,判斷詞"是"正是由上述的指示代詞"是"發展來的。如:

客人不知其是商鞅。(《史記・商君列傳》)

——旅店的人不知道他是商鞅。

問今是何世。(陶淵明《桃花源記》)

——問現在是什麼時代。

不知木蘭是女郎。(《木蘭詩》)

——不知道木蘭是個女孩子。

此外,上古漢語中的"爲"字,在一般情況下也不能看作判斷動詞,而是一般動詞。如:

四體不勤,五穀不分,孰爲夫子?(《論語・子張》)

——四肢不勤勞,五穀不能分辨,誰算作夫子?

陳勝自立爲將軍,吴廣爲都尉。(《史記・陳涉世家》)

——陳勝封自己做大將軍,吴廣做都尉。

如今人方爲刀俎,我爲魚肉,何辭爲?(《史記・項羽本紀》)

——現在人家好比刀和砧板,我們好比魚肉,爲什麼還要告辭?

這些句子,我們只能説是動詞"爲"來表示判斷,或者説是用叙述句或反問句的形式來表達判斷句的内容,句中的"爲"都不是真正的判斷詞。只有在少數情況下,"爲"的動詞義消失了,才可看作是判斷詞。如:

桀溺曰:“子爲誰?”曰:“爲仲由。”(《論語 · 微子》)

——桀溺問:“你是哪個?”答:“是仲由。”

公子姊爲趙惠文王弟平原君夫人。(《史記 · 魏公子列傳》)

——魏公子的姐姐是趙惠文王的弟弟平原君的夫人。

上面兩句中的“爲”字,與現代漢語的判斷詞“是”近似。由於“爲”的判斷作用較弱,所以上面提到的用“者、也”的各種判斷句式裏,一般都不能在主謂之間加“爲”。

練習(三)

一、判斷正誤。

1. 古代漢語的賓語前置句和現代漢語將賓語放在句首的倒裝句性質是一樣的。(　)

2. 否定句中,賓語如果不是代詞,仍然要前置。(　)

3. 如果賓語是代詞“是”,可以直接前置。(　)

4. 數量詞修飾名詞時,一般是跟數詞一起,放在所修飾的名詞後邊。(　)

5. 用名詞或名詞性詞組作謂語,表示判斷的句子,叫判斷句。(　)

6.“乃、即、惟”等是古代漢語判斷句的標誌。(　)

7. 古漢語表示否定判斷,一般在主謂之間加否定副詞“不”。(　)

8.“是”作判斷詞用,大約出現於漢代。(　)

二、簡答。

1. 簡要叙述古漢語賓語前置句的主要類型。

2. 簡要叙述古漢語判斷句的主要格式。

3. 簡要叙述古漢語判斷句的主要表意類型。

三、找出下面句子中的前置賓語並説明其前置的條件(或類型)。

1. 我無爾詐,爾無我虞。

2. 陛下誰憚而久不爲此?

3. 昭王南征而不復,寡人是問。

4. 匈奴必以我爲大軍之誘,不我擊。

5. 君亡之不恤,而群臣是憂。

6. 三虱相與訟,一虱過之,曰:“訟者奚説?”

通　　論

（七）古代漢語的被動表示法

漢語被動句是指主語和謂語動詞之間的關係是被動關係的句子，即主語是謂語動詞所表示行爲的受事者，而不是主動者、施事者。古代漢語的被動表達式通常有兩種：一種是無標誌的被動句，一種是有標誌的被動句。

無標誌被動句又被稱作意念上的被動句，句中没有專門用來表示被動的詞語，被動意義只能從意思上去理解。如：

鍥而不捨，金石可鏤。（《荀子·勸學》）

——雕刻一件東西，一直雕刻下去不放手，金屬和石頭都可以被鏤空。

人固不易知，知人亦不易也。（《史記·范睢蔡澤列傳》）

——人本來就不容易被别人瞭解，瞭解别人也不容易。

蔓草猶不可除，况君之寵弟乎？（《左傳·隱公元年》）

——滋蔓的野草尚且不能除去，更何况是您尊貴的弟弟呢？

冀復得兔，兔不可復得。（《韓非子·五蠹》）

——希望再這樣不勞而獲地得到兔子，兔子再也得不到了。

這種被動表示法從句法格式看和主動句没有差異，實際上没有形成真正表示被動的句式。而且這種被動表示法在現代漢語中仍然廣泛運用，我們理解起來並不困難。

有標誌的被動句，是指句子中有專門用來表示被動的詞語，從這些詞語本身就能看出主語的被動性質。我們這裏主要討論的就是這類被動句。

古漢語被動句的形式標誌主要有以下幾種情况：

1."於（于）"字句

用介詞"於（于）"，引出行爲的主動者。例如：

郤克傷於矢，流血及屨。（《左傳·成公二年》）

——郤克被箭射傷，血一直流到鞋上。

（懷王）故内惑於鄭袖，外欺於張儀。（《史記·屈原賈生列傳》）

——所以懷王在内被鄭袖所迷惑，在外被張儀欺騙。

夫趙强而燕弱，而君幸於趙王，故燕王欲結於君。（《史記·廉頗藺相如列傳》）

——趙國强大，燕國弱小，而且你被趙王寵愛，所以燕王想和你交朋友。

妻與子皆養於我者也。（韓愈《圬者王承福傳》）

——妻子兒女都是由我供養的。

古漢語在表示正反兩方面的情况對比時，經常采用這種方法，在這種對比的句子裹，一表主動，一表被動，非常清楚。如：

物物而不物於物，則胡可得而累邪！（《莊子·山木》）

——支配事物而不被事物支配，那麼怎麼會受累呢？

勞心者治人，勞力者治於人。（《孟子·滕文公上》）

——腦力勞動者統治别人，體力勞動者被别人統治。

先發制人，後發制於人。（《漢書·項羽傳》）

——先發動進攻就能制服别人，後發動進攻就被别人制服。

在用"於"的被動句式中，並不是介詞"於"本身能表示被動，而是主語本身就是語義上的受事，用介詞"於"引進了行爲的主動者，全句的被動意義就更加明確。我們還要注意，古代漢語裹，引進行爲主動者的"於"組成的介賓詞組放在動詞後面，"郤克傷於矢"用現代漢語的被動句式來表達就是"郤克被矢射傷"。

2. "爲"字句

用介詞"爲"放在動詞之前引進行爲的主動者，使主語的被動性質明顯地表現出來。這種"爲"在句子結構中的地位和作用很像現代漢語裹的"被"。如：

身死人手，爲天下笑者，何也？（賈誼《過秦論上》）

——自己死在别人手裹，被天下人恥笑，爲什麼呢？

而身爲宋國笑。（《韓非子·五蠹》）

——自己反而被宋國人譏笑。

止，將爲三軍獲。（《左傳·襄公十八年》）

——停下來，就會被三軍擒獲。

多多益善，何爲爲我禽？（《史記·淮陰侯列傳》）

——越多越好，爲什麼被我擒住了？

有時，"爲"後面所引進的行爲主動者也可以不出現，"爲"直接放在動詞前面，仍然形成被動句式。如：

吴廣素愛人，士卒多爲用者。（《史記·陳涉世家》）

——吴廣一向待人很好,士兵中有許多人(願意)被他使唤。

秦之遇將軍可謂深矣,父母宗族皆爲戮没。(《史記・刺客列傳》)

——秦王對待將軍可以説是殘酷極了,您的父母宗族都被他殺盡了。

以上二例,介詞"爲"後的行爲主動者没有出現,但讀者仍可以根據上下文補足。這一點也是跟現代漢語的"被"完全相同的。

漢代以後,出現了一種新的被動表示格式,用介詞"爲"引進行爲的主動者,再把"所"放在動詞前,構成"爲……所"式。這時,"爲"還是被動的標誌,"所"作爲輔助性代詞的功能已經虚化,後面的動詞詞性仍未改變。所以"爲+主動者+所+動詞"跟"爲+主動者+動詞"實質上是一樣的。例如:

夫直議者,不爲人所容。(《韓非子・外儲説左下》)

——那些有意見直接發表的人,不被人容納。

少北,則爲匈奴所得。(《漢書・張騫傳》)

——稍微向北走,就被匈奴抓住了。

融馳騎略陣,欲以帥退者,馬倒,爲晋兵所殺。(《資治通鑒・晋紀》)

——苻融騎馬在陣地上飛馳巡視,打算指揮整頓那些後退的士兵,他所騎的馬跌倒了,苻融被晋兵殺死。

"爲……所"式這種古代漢語常見的被動句式,一直沿用到現代書面語裏,因此我們掌握起來並没有什麽困難。

古代漢語裏"爲"後的行爲主動者有時也可以不出現,"爲"和"所"連在了一起。例如:

不者,若屬皆且爲所虜。(《史記・項羽本紀》)

——不這樣的話,你們這些人都將被俘虜。

嵩將詣州訟理,爲所殺。(韓愈《張中丞傳後叙》)

——于嵩要到州治去打官司,被殺了。

3."見"字句

"見"在動詞之前形成被動句式。例如:

故君子恥不修,不恥見汙;恥不信,不恥不見信;恥不能,不恥不見用。(《荀子・非十二子》)

——所以君子把自己不修身養性作爲恥辱,不把被别人玷污作爲恥辱;把自己不誠信作爲恥辱,不把不被别人相信作爲恥辱;把自己没有能力作爲恥辱,不把不被人任用作爲恥辱。

厚者爲戮,薄者見疑。(《韓非子・説難》)

——在重大的事情上用智不當的人被殺掉，在一般的事情上用智不當的人則被懷疑。

高祖且至楚，信欲發兵反；自度無罪，欲謁上，恐見禽。(《史記·淮陰侯列傳》)

——高祖將要到楚地，韓信想要發動兵變反叛；自己揣測無罪，想要拜見君主，又擔心被抓住。

秦城恐不可得，徒見欺。(《史記·廉頗藺相如列傳》)

——秦國城市恐怕得不到，白白地被欺騙。

"見"在這裏是助動詞，它可以直接受副詞的修飾，如"同遊而不見愛者，吾必不仁也"(《荀子·法行》)。"堪弟子張猛，光禄大夫給事中，大見信任"(《漢書·楚元王傳》)。用"見"的被動句與用"爲"的被動句不同，"爲"後可以引進主動者，而"見"後則不能。"見"字句如果要引進主動者，必須和"於"結合，構成"見＋動詞＋於＋主動者"的格式。如：

彌子瑕見寵於衛君。(《韓非子·説難》)

——彌子瑕被衛君寵信。

吾長見笑於大方之家。(《莊子·秋水》)

——我常常被行家笑話。

臣誠恐見欺於王而負趙，故令人持璧歸，間至趙矣。(《史記·廉頗藺相如列傳》)

——我真的擔心被大王您欺騙而辜負了趙國，所以命令手下拿著璧玉回去，抄小路已經回到趙國了。

4."被"字句

動詞之前用"被"表示被動。例如：

國一日被攻，雖欲事秦，不可得也。(《戰國策·齊策一》)

——(如果)有一天國家被攻克，即使想要侍奉秦國，也不可能了。

萬乘之國，被圍於趙。(同上)

——有萬輛戰車的國家，被趙國圍困。

表示被動的"被"字句實際上在戰國末期就已經開始出現，但比較少見，漢代以後才逐漸多了一些。例如：

今兄弟被侵，必攻者，廉也；知友被辱，隨仇者，貞也。(《韓非子·五蠹》)

信而見疑，忠而被謗，能無怨乎？(《史記·屈原賈生列傳》)

兄固被召詣校書郎。(《後漢書·班超傳》)

臣被尚書召問。(蔡邕《被收時表》)

前三例“被”字都還有遭受、蒙受的意思,但它是後代被動句式的源頭。《史記》例用“見”和“被”對舉,更可説明“被”的作用在當時已和“見”或“爲”相同了。但是,上古漢語中的“被”不能引進行爲的主動者,這是與現代漢語不同的。要引進主動者,還得在動詞後用“於”,如“被圍於趙”。漢末以後,“被”才能够引進行爲的主動者,如“被尚書召問”,逐漸發展成爲漢語被動句的主要形式。

(八)古代漢語的詞類活用

漢語的詞類,在上古就已奠定了基礎。古代漢語的實詞同現代漢語一樣,可分爲名詞、動詞、形容詞、數量詞和代詞五類。它們的語法功能也大致跟現代漢語相當,比如名詞經常用作主語、賓語、定語,動詞經常用作謂語,形容詞經常用作定語、狀語和謂語,數量詞經常用作定語,代詞則依據它所稱代的詞類充當相應的句子成分。但是古代漢語中有些詞,按照一定的語言習慣可以靈活運用,在句中臨時改變它的語法功能,這種靈活運用的現象就叫詞類活用。上古漢語的詞類活用現象主要體現在以下幾方面:

一、名詞的活用

1. 名詞用作一般動詞

在古漢語中,名詞用作一般動詞的現象很常見。如:

(1)子房前!(《史記·留侯世家》)

——子房上前來!

(2)趙主之子孫侯者,其繼有在者乎?(《戰國策·趙策四》)

——趙國的子孫做侯的,他們的後人還有在的嗎?

(3)漢敗楚,楚以故不能過滎陽而西。(《史記·項羽本紀》)

——漢打敗了楚,楚因此不能越過滎陽西進。

(4)左右欲刃相如,相如張目叱之,左右皆靡。(《史記·廉頗藺相如列傳》)

——(秦王)左右的人想殺相如,相如張大了眼睛呵叱他們,左右的人都嚇跑了。

(5)若闕地及泉,隧而相見,其誰曰不然?(《左傳·隱公元年》)

——如果挖地到有泉的地方,挖隧道相見,誰説不可以這樣?

(6)秦師遂東。(《左傳·僖公三十二年》)

——秦國的軍隊於是向東挺進。

(7)乃丹書帛曰:"陳勝王。"(《史記·陳涉世家》)

——就用丹砂在白絹上寫了"陳勝要成爲王"。

判斷名詞是否活用作動詞有一些條件:

第一,兩個名詞或名詞性詞語連用,没有構成並列結構或定中結構,此時其中一個名詞或名詞性詞語活用作動詞,如例(1)(2)(4)(7)。

第二,名詞在副詞或能愿動詞後面,活用作動詞,如例(4)(6)。

第三,名詞用"而"連接,根據上下文,活用作動詞,如例(3)(5)。

從以上例句還可以看出,名詞活用爲動詞後,不僅語法功能有所改變,詞義也相應發生一些變化,因此,在翻譯成現代漢語時都要换成有關的動詞或動詞性詞語。

2. 名詞的意動用法

名詞的意動用法,是把賓語看成是名詞所代表的人或物。例如:

扁鵲過齊,齊桓公客之。(《史記·扁鵲倉公列傳》。客之:以之爲客)

尹君何壹魚肉涉也?(《漢書·遊俠傳》。顔師古注:"以涉爲魚肉也,不以人遇之。")

侶魚蝦而友麋鹿。(蘇軾《前赤壁賦》。把魚蝦看成伴侶,把麋鹿當作朋友)

名詞用作意動時,賓語有時候也可以省略。例如:

當此三行者,布衣弗友,人君弗臣。(《淮南子·氾論》。弗友:不以之爲友。弗臣:不以之爲臣)

名詞意動用法的判斷,主要把握"主觀認爲"的特點,有"認爲賓語怎麽樣"的意思,則爲意動用法。

3. 名詞作狀語

名詞中的時間詞、方位詞能修飾動詞,作狀語用,這是古代漢語和現代漢語共同的。這裏所説的名詞作狀語,是指普通名詞直接修飾動詞作狀語。一般有如下四種情況:

第一,表示比喻。例如:

將不勝其忿而蟻附之。(《孫子·謀攻》)

項莊拔劍起舞,項伯亦拔劍起舞,常以身翼蔽沛公。(《史記·項羽本紀》)

又間令吴廣之次所旁叢祠中，夜篝火，狐鳴呼曰："大楚興，陳勝王。"（《史記・陳涉世家》）

失時不雨，民且狼顧。（賈誼《論積貯疏》。狼顧：像狼那樣回頭看。這裏形容驚恐不安）

天下雲集而響應，贏糧而景從。（賈誼《過秦論》。景：即"影"）

西門豹簪筆磬折，嚮河立待良久。（《史記・滑稽列傳》）

戰國虎争，馳説雲涌。（劉知幾《史通・言語》）

表示比喻的名詞狀語，一般可對譯爲"像……一樣"，如"磬折"，身子躬得像磬一樣；"雲集響應"，像雲一樣地聚合，像回聲一樣地應和。

第二，表示對人的態度。例如：

君爲我呼入，吾得兄事之。（《史記・項羽本紀》。兄事之：像對待兄長那樣侍奉他）

田單乃起，引還，東鄉坐，師事之。（《史記・田單列傳》）

齊將田忌善而客待之。（《史記・孫子吴起列傳》）

臣事范（吉射）、中行氏（荀寅），范、中行氏皆衆人遇我，我故衆人報之。至於智伯，國士遇我，我故國士報之。（《史記・刺客列傳》。衆人遇我：像對待衆人那樣對待我）

第三，表示工具或行爲方式。例如：

遂率子孫荷擔者三夫，叩石墾壤，箕畚運於渤海之尾。（《列子・湯問》。箕畚運於渤海之尾：用箕畚把土運到渤海邊上）

伍子胥橐載而出昭關。（《史記・范睢蔡澤列傳》。橐載：用口袋裝載）

今王將東面目指氣使以求臣，則厮役之才至矣。（《説苑・君道》。目指氣使：用眼色和聲氣指使人，表示態度驕横）

元豐七年六月丁丑，余自齊安舟行適臨安。（蘇軾《石鍾山記》）

不用則以紙貼之，每韻爲一貼，木格貯之。（沈括《夢溪筆談》卷十八）

第四，表示處所。例如：

夫山居而谷汲者，膢臘相遺以水；澤居苦水者，買庸而决竇。（《韓非子・五蠹》。澤居：在低窪的地方居住）

是故敗吴於囿，又敗之於没，又郊敗之。（《國語・越語上》）

卒廷見相如，畢禮而歸之。（《史記・廉頗藺相如列傳》。卒廷見相如：終於在朝廷上接見藺相如）

陸行乘車，水行乘船，泥行乘橇，山行乘檋。（《史記・夏本紀》。檋

(jú):古人登山的一種用具)

要判斷普通名詞活用作狀語,其一,看句子有無其他名詞、代詞等作主語。如已有主語,則易判斷,如“民且狼顧”、“天下雲集而響應”、“伍子胥橐載”等,已有明確的主語,那麽,動詞前面的另外的名詞容易判斷爲作狀語。其二,如果句子没有其他詞作主語,則要根據上下文,如果該名詞不是後面緊跟的動詞動作的發出者,可判斷爲名詞作狀語。

4. 名詞的使動用法

名詞有時也用作使動,表示使後面的詞成爲這個名詞所指的人或事物。例如:

君王之於越也,緊(是)起死人而肉白骨也。(《國語·吴語》)

“肉白骨”,即使白骨生肉,是恩同再生的意思。但名詞的使動用法,爲數極少。有些表示官職的名詞後面帶有賓語時,有時是使動用法。例如:

辛戎者,太后之所親也。今亡於楚,在東周。公何不以秦、楚之重,資而相之於周乎?(《戰國策·秦策五》。高誘注:“使辛戎爲周相也。”)

例句中的“公”,是指秦國的大臣公孫消,他只能幫助辛戎爲周相,所以是使動用法。

判斷名詞用爲使動用法,與意動用法的步驟一樣,只是在第二步把握住“使賓語怎麽樣”的意思。

二、動詞的活用

動詞的活用主要是使動用法,即這個動詞具有“使(賓語)怎麽樣”的意思。在古代漢語裏,動詞的使動用法主要出現於不及物動詞,不及物動詞本來不帶賓語,用於使動時,後面往往就帶上了賓語。如:

項伯殺人,臣活之。(《史記·項羽本紀》)

——項伯殺了人,我救活了他。

廣故數言欲亡,忿恚尉。(《史記·陳涉世家》)

——吴廣故意屢次説(自己)要逃走,(以便)使將尉惱怒。

例中的“活、忿恚”本來都是不及物動詞,後面一旦帶上賓語,就用作了使動。又如:

天下已平,高祖乃令賈人不得衣絲乘車,重租税以困辱之。(《史記·平準書》)

吾不能虧主之法令而親刖子之足,是子報仇之時也,而子何故乃肯逃我?(《韓非子·外儲説》)

不及物動詞用作使動時，後面的賓語也可以省略。如：

養備而動時，則天不能病。……養略而動罕，則天不能使之全。（《荀子・天論》）

——糧食、衣物儲備充足又能適應大自然的變化進行勞作，那麼上天就不能使人困頓。……生活必需品不足而又很少勞作，那麼上天也不能使人得到保全。

操軍方連船艦，首尾相接，可燒而走也。《資治通鑒・漢紀》

——曹操的軍隊剛剛連起了船艦，船頭船尾相接，（我們）可以用火攻使他們逃跑。

"天不能病"同下文"天不能使之全"對比，就可肯定"不能病"就是"不能使之病"，"病"後省略了"之"。"燒而走"則是"燒而走之"的省略，"走"不是我們跑，而是使操軍逃跑。這一點還可以和"燒"對照起來理解，"燒"是主語發出的動作，是動詞的一般用法，"走"是動詞的使動用法。這兩例也還告訴我們，省略了賓語的不及物動詞的使動用法同不及物動詞的一般用法，在形式上是没有什麼差别的，判斷它們是不是用作使動，只能根據上下文的意思。

在古代漢語裏，及物動詞也有使動用法，不過比較少見。通常用作使動用法的及物動詞有語音變化。例如：

胡不見我於王？（《墨子・公輸》。見：xiàn）

——爲何不讓我見到王？

沛公從百餘騎來見項王。（《史記・項羽本紀》。從：zòng）

——沛公讓百餘個騎兵跟隨著來見項王。

及物動詞的使動用法和一般用法都帶賓語，在形式上難以分辨，只有根據上下文意才能區分。如：

晋侯飲趙盾酒。（《左傳・宣公二年》。飲：yìn）

（噲）立而飲之。（《史記・項羽本紀》。飲：yǐn）

前一例是晋侯讓趙盾喝酒，"飲"用作使動。後一例是樊噲站著飲酒，這裏的"飲"是及物動詞的一般用法。

及物動詞的使動用法和一般用法，都可以帶兩個賓語，但表達的意義却不相同。如：

均之二策，寧許以負秦曲。（《史記・廉頗藺相如列傳》）

使人遺趙王書。（同上）

"負秦曲"即"使秦負曲"，"秦"是動作"負"的發出者，"曲"是"負"的承受者，

“負”是使動用法。“遺趙王書”,“趙王”和“書”都是“遺”的承受者,“遺”是一般用法。這説明,使動詞的雙賓語,只有第一個賓語才是使動的對象。

三、形容詞的活用

1. 形容詞的使動用法

在古代漢語裏,形容詞常常用作使動,它表示使賓語所代表的人或事物具有這個形容詞的性質或狀態。例如:

是以聖人苟可以强國,不法其故。(《商君書·更法》。强國:使國强盛)

諸侯恐懼,會盟而謀弱秦。(賈誼《過秦論》)

臣聞之,欲富國者務廣其地,欲强兵者務富其民。(《戰國策·秦策一》)

(謝)石聞(苻)堅在壽陽,甚懼,欲不戰以老秦師。(《資治通鑒·晋紀》)

今媪尊長安君之位。(《戰國策·趙策四》)

强本而節用,則天不能貧。……本荒而用侈,則天不能使之富。(《荀子·天論》)

至於殘害至親,傷恩薄厚。(《漢書·藝文志·諸子略》)

春風又緑江南岸。(王安石《泊船瓜州》)

“强國”,使國强盛。“老秦師”,使秦師老,使秦師士氣衰竭,“尊長安君之位”的形容詞“尊”用作使動,後面帶賓語“長安君之位”,意思是使長安君之位尊。“强本、不能貧”與下文“本荒、不能使之富”對比,“强本”就是“使本强”,“不能貧”就是“不能使之貧”。“薄厚”是“使厚者薄”。“又緑江南岸”就是“又使江南岸緑”。有的動詞或形容詞的使動用法,可用動賓結構對譯,如“弱秦”,可譯爲“削弱秦國”。有的動詞或形容詞的使動用法,可用動補結構對譯,如“又緑江南岸”,也可譯爲“又吹緑江南岸”。

2. 形容詞的意動用法

形容詞作意動,是主觀上認爲後面賓語具有這個形容詞的性質或狀態。例如:

是故明君貴五穀而賤金玉。(晁錯《論貴粟疏》。貴五穀:以五穀爲貴。賤金玉:以金玉爲賤)

其家甚智其子,而疑鄰人之父。(《韓非子·説難》)

君聞而賢之,曰:“孝哉!爲母之故,忘其刖罪。”(同上)

漁人甚異之,復前行。(陶淵明《桃花源記》)

形容詞所表示的意動用法,往往帶有主觀成分,同客觀實際不一定一致。例如:

孔子登東山而小魯。(《孟子・盡心上》。小魯:是感覺上以爲魯國的地方小了,而實際上魯國並没有小)

農夫漁父過而陋之。(柳宗元《鈷鉧潭西小丘記》。陋之:以爲它不美,而實際上並非不美)

使動用法是使賓語怎麽樣,意動用法則是認爲(或以爲)賓語怎麽樣,是主觀的看法,客觀不一定必然如此。下面兩個例子可以看出使動用法和意動用法形式上相同、意義上不同:

君子之學也以美其身。(《荀子・勸學》)

吾妻之美我者,私我也;妾之美我者,畏我也;客之美我者,欲有求於我也。(《戰國策・齊策一》)

上例的"美其身"是使動用法,即"使其身美",是使自己得到提高的意思。下例的三個"美我"都是意動用法,是"以我爲美(認爲我美)",而不是"使我美"。

參考書目

郭錫良等《古代漢語》,天津教育出版社 1991 年。
康瑞琮《古代漢語語法》,遼寧出版社 2003 年。
李佐豐《上古漢語語法研究》,北京廣播學院出版社 2003 年。
王力《古代漢語》,中華書局 1962 年。
許嘉璐《古代漢語》,高等教育出版社 1993 年。
楊伯峻、何樂士《古漢語語法及其發展》,語文出版社 2001 年。

練習(四)

一、解釋。

1. 詞類的活用。
2. 使動用法。
3. 意動用法。

二、簡答。

1. 簡要叙述古漢語有標誌被動句式的幾種情況。

2. 簡要叙述名詞作狀語的幾種情況。

三、找出下面被動句的標誌。

1. 先發制人,後發制於人。

2. 身死人手,爲天下笑者,何也?

3. 少北,則爲匈奴所得。

4. 厚者爲戮,薄者見疑。

5. 萬乘之國,被圍於趙。

四、找出下面句子中的詞類活用現象,並説明活用的條件。

1. 漢敗楚,楚以故不能過滎陽而西。

2. 趙主之子孫侯者,其繼有在者乎?

3. 然則仲尼之聖堯奈何?

4. 田單乃起,引還,東鄉坐,師事之。

5. 養備而動時,則天不能病。……養略而動罕,則天不能使之全。

6. 伍子胥橐載而出昭關。

7. 晉侯飲趙盾酒。

第三單元

文　選

老　子

【解題】

《老子》亦稱《道德經》，是春秋戰國時代道家學派的代表著作，分上篇《道經》和下篇《德經》，今本《老子》共八十一章，約五千多字。《老子》相傳爲春秋末年老聃所著，但該書的思想具有濃厚的戰國時代的特點，一般認爲是老子的後學者在戰國初年編定，基本保留了老子本人的主要思想。

老子，姓李名耳，字伯陽，即老聃，相傳爲春秋楚國人。曾做過周朝"守藏室之史"（管理藏書的史官），是道家學派的創始人。老子學説以"道"來説明宇宙萬物的演變，代替商周以來的天命觀。老子思想中包含有樸素的辯證法因素，認爲一切事物都有正反兩方面的對立、對立雙方可以互爲轉化等。在政治文化方面又主張虛無主義和復古主義。老子的思想學説對中國哲學發展産生了重大影響。《老子》一書的語言質樸簡潔，文約而義豐，被稱爲哲學詩。

《老子》的注本比較重要的有後人假託題作"漢河上公撰"的《老子章句》、魏王弼《老子注》。今人馬敘倫《老子校詁》、高亨《老子正詁》也可作參考。1973 年長沙馬王堆漢墓出土有帛書《老子》甲、乙兩種抄本。甲本字體介於篆書和隸書之間，不避劉邦的諱，应是西漢以前的寫本。乙本爲隸書，避劉恒的諱，應是漢文帝時期的寫本。帛書《老子》先《德經》，後《道經》，和今本的字句也有不小出入，對校勘和研究《老子》一書具有重要參考價值。1993 年，在湖北荆門郭店戰國楚墓出土三種竹簡本《老子》，是目前所見的最早的《老子》版本。本教材所用版本爲陳鼓應的《〈老子〉注譯及評介》（中華書局 1984 年）。

三十輻共一轂[1]

三十輻共一轂。當其無[2]，有車之用。埏埴以爲器，當其無[3]，有器之用。鑿户牖以爲室,當其無[4],有室之用。故有之以爲利,無之以爲用[5]。

【注釋】

[1]本章係《老子》的第十一章,此處的標題是編者所加,下同。本章説明"有、無"的依存關係和相互作用,其目的是排除人們重"有"輕"無"的偏見,以此來强調"無"的重要性。輻:車的輻條。古代的車輪有十幾根至三十根輻條。轂(gǔ):車輪中心有圓孔的圓木,中間貫軸,外面承輻。[2]無:指轂中空處。[3]埏埴:和泥制作陶器。埏(shān):以水和土。埴(zhí):黏土。無:指器中空。[4]户:門。牖(yǒu):窗户。無:指室中空。[5]這裏的"有、無"是抽象了的哲學概念。

大成若缺[1]

大成若缺,其用不弊[2]。大盈若沖,其用不窮[3]。大直若屈,大巧若拙,大辯若訥[4]。静勝躁,寒勝熱,清静爲天下正[5]。

【注釋】

[1]本章係《老子》的第四十五章。本章體現了老子的辯證法思想,同時也體現了他清静治國的方法。缺:缺損,殘缺。[2]弊:衰敗。[3]盈:滿,充實。沖:空虚。窮:盡。[4]屈:彎曲。拙:笨拙。訥:語言遲鈍。[5]躁:擾動。正:模範,楷模。

江海能爲百谷王[1]

江海之所以能爲百谷王者,以其善下之,故能爲百谷王。是以聖人欲上民,必以言下之[2];欲先民,必以身後之[3]。是以聖人處上而民不重,處前而民不害,是以天下樂推而不厭[4]。以其不争,故天下莫能與之争。

【注釋】

[1]本章係《老子》的第六十六章。本章以江海容納百川爲喻,説明聖人治世待人應該謙讓不争,才能"天下莫能與之争"。谷:兩山之間的水道,這裏指山谷中的小溪流。百谷即百川。王:君王,君主,這裏有歸往之地的意思。《説文解字·王部》:"王,天下所歸往也。"[2]上:動詞,指處在上面,居於……之上。下:動詞,居於…之下。[3]先:作動詞,處在……之先。後:作動詞,處在……之後。[4]重:形容詞的意動用法,認爲重,指作爲負擔。害:意動用法,認爲有妨害。樂推:指樂於推舉聖人。厭:厭惡,厭弃。

信言不美[1]

信言不美，美言不信[2]。善者不辯，辯者不善[3]。知者不博[4]，博者不知。聖人不積[5]。既以爲人己愈有，既以與人己愈多[6]。天之道，利而不害[7]；聖人之道，爲而不争。

【注釋】

[1]本章係《老子》的第八十一章，即最後一章。老子認爲言語應當"信"和"善"，主張返樸歸真。然後指出聖人之道，無非是爲他人多作貢獻，這種"爲而不争"是與"天道"的"利而不害"完全吻合的。信言：真話，由衷之言。信：言語真實。[2]美言：華美之言。[3]辯：巧言。[4]知：即"智"。博：淵博。[5]積：藏，積聚。[6]爲人：這裏指幫助人。與：動詞，給予。[7]利：施利，給好處。害：妨害。

莊　子

【解題】

《莊子》係戰國時期的哲學家莊子及其後學者所著，是先秦道家學派的重要著作。道教産生以後，也非常尊崇此書，稱之爲《南華經》，将其作爲道教的主要經典。

據《漢書·藝文志》著録，《莊子》有五十二篇，今存三十三篇。一般認爲其中内篇七篇是莊子所著，外篇十五篇、雜篇十一篇中有一部分可能是其弟子和後來的道家學者的作品。《莊子》多采用寓言故事形式，想象豐富，長於思辯，文章汪洋恣肆，形象生動，文辭絶美，是一部優秀的文學作品。《莊子》在中國哲學思想史和文學史上有著很高的地位。

莊子（約前369～前286），名周，戰國宋國蒙（今河南省商丘）人，曾爲漆園吏。他繼承和發展了老子"道法自然"的觀點，主張清静無爲。他認識到事物的矛盾和發展變化，認爲一切事物都是相對的，强調事物的自生自化。莊子思想包含著樸素的辯證法因素，同時也有濃厚的相對主義和宿命論觀點，對後代産生了很大影響。

歷代《莊子》的注本很多，今存晉郭象注、唐成玄英疏，清代王先謙《莊子集解》、郭慶藩《莊子集釋》是很重要的注本。今人馬叙倫《莊子義證》、劉文典《莊子補正》、王叔岷《莊子校釋》等也有很高的參考價值。當代有陳鼓應《莊子今注今譯》(中華書局 1983 年)。教材選文據郭慶藩《莊子集釋》(中華書局 1981 年)。目前較好的注本有陳鼓應《莊子今注今譯》(中華書局 1983 年)。

齊物論(節選)[1]

南郭子綦隱机而坐,仰天而嘘,荅焉似喪其耦[2]。顏成子游立侍乎前,曰:"何居乎?形固可使如槁木,而心固可使如死灰乎[3]?今之隱机者,非昔之隱机者也。"

子綦曰:"偃,不亦善乎,而問之也[4]!今者吾喪我,汝知之乎?女聞人籟而未聞地籟,女聞地籟而未聞天籟夫[5]!"

子游曰:"敢問其方[6]?"

子綦曰:"夫大塊噫氣[7],其名爲風。是唯无作,作則萬竅怒呺[8]。而獨不聞之翏翏乎[9]?山林之畏佳,大木百圍之竅穴,似鼻,似口,似耳,似枅,似圈,似臼,似洼者,似污者[10];激者,謞者,叱者,吸者,叫者,譹者,宎者,咬者,前者唱于而隨者唱喁[11]。泠風則小和,飄風則大和,厲風濟則衆竅爲虚[12]。而獨不見之調調、之刁刁乎[13]?"

子游曰:"地籟則衆竅是已,人籟則比竹是已[14]。敢問天籟?"

子綦曰:"夫吹萬不同,而使其自己也,咸其自取,怒者其誰邪[15]!"

【注釋】

[1]《齊物論》是内篇中的第二篇。本篇主要闡述了莊子齊是非、齊彼此、齊物我、齊夭壽的觀點,集中代表了莊子哲學思想中最重要的内容。這裏選取文章的前面部分。[2]南郭子綦:《莊子》中的寓言人物,一説爲楚昭王庶弟。隱:倚,靠著。机:一本作"几",案。嘘:緩緩出氣。荅(tà)焉:茫然自失的樣子。"荅"一本作"嗒"。耦:通"寓",寄。神寄於身,故稱身爲寓。"喪其耦"即後文的"吾喪我"。[3]顏成子游:子綦弟子,姓顏,名偃,謚成,字子游。槁木:枯木。形如槁木、心如死灰是南郭子綦當時肉體的狀態,其精神已從肉體分離。[4]而:你。[5]吾:指精神主體。我:指肉體。天籟:指自然發出的聲音。籟:從空穴中發出的聲音。夫(fú):句尾語氣詞,意義同現代漢語的"吧"。[6]方:道理,指三籟的道理。[7]大塊:大自然。噫(ài)氣:吐氣,出氣。[8]作:起,開始。竅:孔竅,洞穴。呺(háo):同"號",大聲叫喊。[9]翏翏(liù,又音 liáo):一本作"飂",長風聲。[10]畏佳:應爲"畏隹",亦寫作"嵔崔",即"崔嵬",聯綿詞,山阜高峻的樣子。圍:計度圓周的量詞,一説五寸爲圍,一説一抱爲圍,説法不一。枅(jī):柱上的方木。圈(quān):屈木所制的器皿。臼:舂米器。洼:深池。污:亦寫作"汙"或

“洿”,小池,淺池。[11]激:水流激蕩,指如水流激蕩的聲音。謞(hè):飛箭的聲音。叱:呵叱,指呵叱的聲音。吸:呼吸聲。譹(háo):大聲呼叫聲。宎(yǎo):風吹入洞穴的聲音。咬:哀切的聲音。于、喁(yóng):都是相唱和的聲音。[12]泠(líng)風:小風,微風,清風。飄風:大風,疾風。厲風:烈風。濟:止。[13]調調、刀刀:動摇的樣子。[14]比竹:指簫、笙一類編管樂器。已:通“矣”。[15]夫(fú):句首語氣詞,表示要發議論。萬:萬物。自己:指天然,自然。咸:皆,全,全部。自取:自得。怒:通“努”,發動。

大知閑閑,小知閒閒[1];大言炎炎,小言詹詹[2]。其寐也魂交,其覺也形開[3],與接爲搆,日以心鬥[4]。縵者,窖者,密者[5]。小恐惴惴,大恐縵縵[6]。其發若機栝,其司是非之謂也[7];其留如詛盟,其守勝之謂也[8];其殺若秋冬,以言其日消也[9];其溺之所爲之,不可使復之也[10];其厭也如緘,以言其老洫也[11];近死之心,莫使復陽也[12]。喜怒哀樂,慮嘆變慹,姚佚啓態[13];樂出虚,蒸成菌[14]。日夜相代乎前,而莫知其所萌[15],已乎[16],已乎!旦暮得此,其所由以生乎[17]!

【注釋】

[1]大知(zhì):指具有大智慧的人。閑閑:廣博的樣子,指心胸寬廣。小知(zhì):知識淺陋、見識少的人。閒閒(jiàn):有所分别;一説好伺察人過。這兩句講人們的智慧不同。[2]炎炎:猛烈盛大,指在言語上盛氣凌人。詹詹:喋喋不休,指語言囉唆。這兩句講人們的言語不同。[3]大意是:人們雖然寤寐不同,但精神都與外物相接,從而處於不得安寧的狀態之中。寐:睡,指在睡夢中。魂交:指精神與外界事物相接觸。魂:指精神。交:指與外物相交。覺:覺醒,睡醒。形開:指身體放開,而與外境相接。形:形體,身體。開:放開。[4]大意是:與外境相接,發生交搆,從而每天都處在勾心鬥角的狀態之中。搆(gòu):同“構”,交接。[5]縵:寬緩,疏慢。窖:深,深藏。密:綿密,謹慎。這是説人的不同性格。[6]惴惴(zhuì):恐懼的樣子。縵縵:沮喪的樣子。[7]發:發動,指先出口攻擊他人。機栝(kuò,又音 guā):指弩上發箭的機件。機:弩牙。栝:箭末的扣弦之處。司:主管,主其事。是指“其發”是因主其“是非”而起。[8]留:固守,不發,指沉默不言。詛盟:誓約。守勝:以守爲勝。[9]大意是:這種勾心鬥角對身心有極大的摧殘,就像秋冬的草木,使人一天天衰老,以至於消亡。殺(shài):衰減,凋零,枯竭。日消:一天天消亡,指衰老。[10]溺:沉溺。之(“溺之”中的“之”):於。復:返回。指沉溺於是非之争而不能使之回頭。[11]大意是:人們由於整天勾心鬥角,其心靈遭到封閉,就像被繩索捆綁一樣。厭:閉藏。緘(jiān):繩索,這裏有捆綁的意思。老洫:老而愈深。指沉溺於争鬥,牢不可破,至老而愈甚。[12]復陽:復生。[13]慮:思慮。慹(zhí):畏懼。姚:美好,妖艷,輕浮。佚:放縱。啟:開,指不知收斂,不知約束自己的情欲。態:作態,即裝模作樣。以上十二字概括了衆生的各種心態。[14]樂出虚:樂音出於虚空之處。蒸成菌:濕熱的蒸氣形成菌類。這兩句的意思是:天地間的萬事萬物都如同樂、菌一樣,忽生忽滅,變動不居,而人們却因此而争鬥,真是悲哀。[15]代:更替。萌:初生。[16]已乎:算了吧。已:止,

停止。乎：語氣詞，可以譯成“吧”。[17]大意是：一旦知道這些事物産生的道理，就可以明白這些情態發生的緣故吧。旦暮：指很短的時間。得：得到，瞭解。

非彼无我，非我无所取[1]。是亦近矣，而不知其所爲使[2]。若有真宰，而特不得其眹[3]。可行己信，而不見其形，有情而无形[4]。百骸、九竅、六藏，賅而存焉，吾誰與爲親[5]？汝皆説之乎？其有私焉[6]？如是皆有爲臣妾乎[7]？其臣妾不足以相治乎？其遞相爲君臣乎[8]？其有真君存焉？如求得其情與不得，無益損乎其真[9]。一受其成形，不忘以待盡[10]。與物相刃相靡[11]，其行盡如馳，而莫之能止，不亦悲乎！終身役役而不見其成功，苶然疲役而不知其所歸[12]，可不哀邪！人謂之不死，奚益[13]！其形化，其心與之然[14]，可不謂大哀乎？人之生也，固若是芒乎[15]？其我獨芒，而人亦有不芒者乎？夫隨其成心而師之[16]，誰獨且无師乎？奚必知代而心自取者有之[17]？愚者與有焉[18]。未成乎心而有是非，是今日適越而昔至也[19]。是以無有爲有。無有爲有，雖有神禹，且不能知，吾獨且奈何哉[20]！

【注釋】

[1]大意是：没有它（自然），就没有我；没有我，誰來稟受自然呢？彼：指示代詞，那，那個，指與我相對的自然。取：稟受。[2]是：指示代詞，這。指上兩句所説的道理。使：役使。這兩句認爲，自然與我相互依存，不是爲誰役使。[3]若：仿佛，好像。真宰：即下文之“真君”。特：只，只是。眹（zhèn）：眼珠，瞳人，這裏指精髓。一説通“朕”，徵兆，迹象。[4]大意是：可以從大自然的運動中，使自己相信真宰是存在的，但却看不到它的形體，有這種真實的情况，而没有形迹。行：指大自然的運行，如四時交替、日落日出、萬物生長死亡等。信：相信。形：形體，行迹。情：實情，真實情況。[5]這幾句舉人的身體爲例來説明上述道理。百骸：指人體的所有骨頭。骸：骨。九竅：眼耳鼻口七竅以及尿道、肛門。竅：孔穴。六藏（zàng）：指心肝脾肺二腎。藏：即“臟”，臟腑。賅：完全。吾誰與爲親：我與它們中的哪一個更親近呢？[6]説（yuè）：即“悦”。其：語氣詞，可譯爲“還是”。私：偏愛。[7]如是：如此，這樣。臣妾：臣事君，妾事夫，指處於被支配地位。[8]遞：交替。[9]其：指示代詞。真君：支配者，指人體的主宰。其情：這個真實的存在（指人體内的真君）。情：真實。乎：介詞，意義和用法與“於”同。真：真實，指真實的存在。莊子在這幾句話中，以人體内有個主宰來説明自然界也有一個主宰，指出人體内的真君與自然界的真宰都是存在著的，只是没有形體罷了。[10]大意是：一個人稟受自然之化而有人身，在活著的時候，其實也在等死。成形：即成就人身，指來到世間。形：指人的形體。忘：通“亡”。以：而。待：等待。盡：指死亡。[11]物：指外界的事物及社會上的人群。刃：指逆。靡：順。[12]役役：指勞累，既包括形體的勞累，也包括心理的勞累。苶（nié）然：疲倦困頓的樣子。[13]大意是：人們即使説他還活著，但這樣活著還有什麽

益處呢？奚：何，什麽。[14]化：變化，指死亡。心：心理狀況，思想。[15]芒：暗昧，模糊不清。[16]成心：既成之心，即所謂成見，指已經形成的思想觀點。[17]必：一定。知代：即"知代者"，指知道改變自己看法的人。代：更，更改。心自取者：指有主見的人。"知代者"知道自己過去的錯誤認識，因此能够不斷地更改其看法和見解，應該算是聰明人。但是，"知代者"一旦形成了自己的看法也就有了"成心"，有了主見，於是又會産生無限多的是非争執。[18]大意是："成心"不一定只是"知代者"有，愚人也一樣具有。與(yù)有：也有。[19]大意是：正確的見解還没有在心中形成，就已經有是非了，這同今天出發去越國而昨天就已經到達的説法，是同樣的荒謬。適：往，到。[20]神禹：夏禹，傳説中的遠古夏部落首領。奈何：如何，怎麽辦。

夫言非吹也，言者有言，其所言者特未定也[1]。果有言邪？其未嘗有言邪[2]？其以爲異於鷇音，亦有辯乎[3]，其無辯乎？道惡乎隱而有真僞[4]？言惡乎隱而有是非[5]？道惡乎往而不存[6]？言惡乎存而不可[7]？道隱於小成，言隱於榮華[8]。故有儒墨之是非[9]，以是其所非而非其所是[10]。欲是其所非而非其所是，則莫若以明[11]。

【注釋】

[1]吹：指風吹的聲音。言者有言：説話的人有他的説法。有言：有説法，"言"指説話的内容、道理。定：確定，即無法確定其是非。[2]大意是：果真有道理嗎？恐怕並没有道理吧？果：果然，果真。其：表示委婉的語氣詞，可譯爲"恐怕、大概"。[3]鷇(kòu)音：新雛孵出時的叫聲。辯：通"辨"，區别。[4]大意是：大道隱藏到什麽地方去了，而産生了真僞的區别？道：大道。惡(wū)乎：於何，在哪裏。隱：隱蔽，消失。[5]言：指正確的言論，也就是能够反映大道的言論。[6]往而不存：逝去而不存在。[7]存而不可：已經存在而不被認可。[8]小成：即上文所説的"成心"，成見，如世俗所謂的仁義道德之類。榮華：指虚言浮辭。[9]儒墨：儒家和墨家，這是先秦時期的兩派顯學，這裏泛指諸子百家。[10]是、非：都用如意動，認爲……正確、認爲……不正確。其：指示代詞，這裏指對方、對手、論敵。[11]大意是：想要消除儒墨的是非之見，不如以無是無非來説明。莫若：不如。以：用，使用。明：指超越於是非彼此之上的虚静之心。

物无非彼，物无非是[1]。自彼則不見，自知則知之[2]。故曰彼出於是，是亦因彼[3]。彼是方生之説也[4]，雖然，方生方死，方死方生；方可方不可，方不可方可[5]；因是因非，因非因是[6]。是以聖人不由，而照之於天，亦因是也[7]。是亦彼也，彼亦是也。彼亦一是非，此亦一是非[8]。果且有彼是乎哉？果且无彼是乎哉？彼是莫得其偶，謂之道樞[9]。樞始得其環中，以應无窮[10]。是亦一无窮，非亦一无窮也[11]。

故曰莫若以明。以指喻指之非指,不若以非指喻指之非指也;以馬喻馬之非馬,不若以非馬喻馬之非馬也[12]。天地一指也,萬物一馬也[13]。

【注釋】

[1]大意是:萬物没有不是作爲他物的“彼”而存在,也没有不是作爲自己的“是(此)”而存在。彼、是:是指對立的兩方面。[2]大意是:從“彼”(他物)的角度就認識不到此,從“是(此)”的這方面來瞭解就清楚了。“自知”當作“自是”。[3]大意是:所以說,“彼”、“是(此)”是互相對待而成立,其中的任何一方都以對方爲自己的存在條件。因:憑藉。[4]方生:並生,即同時產生。[5]大意是:雖然如此,在生的時候,死亡也同時開始了;在死亡的時候,生也就開始了。在肯定的時候,也就意味著否定;在否定的時候,也就意味著肯定。可:認可,肯定。[6]大意是:是非相因而成,有是即有非,有非亦有是。[7]大意是:(由於是非聯繫如此緊密,)因此聖人不走是非對立之路,而觀照自然的規律,也就順著這個自然規律來行事。是以:因此。不由:指不走是非對立之路。由:經由,走。指經由是非對立之路。照:觀照。天:指自然。亦:也。因:沿襲,順著。是:此,指“天”,即自然。[8]大意是:此方(如果從彼方的角度看)也就會被認爲是彼方,彼方(如果從彼方自己的角度看)也就成了此方。彼方有彼方的是非,此方有此方的是非。[9]大意是:“彼”、“是(此)”不成對立,這就是理解大道的關鍵。偶:二,對立物。樞:樞紐,門軸。引申爲關鍵。莊子認爲,“彼是(此)”、“是非”的對立,並非真實世界的本質,而是從人們心靈中所產生的分別,因而是虚妄的,不真實的。因此,只有取消“彼”、“是(此)”的對立,泯除一切差別與對立(“彼是莫得其偶”),才是認識真實世界的關鍵。[10]環:門軸所插入的門上下的門洞,其狀圓空如環,故名。這兩句話的直接意思是:門軸一進入到門環的中心,不管門的開閉旋轉,它都能够處於中心的地位。其譬喻意思是:取消了彼是(此)、是非的對立,便得到了“道樞”(即“道”的關鍵)。得到了“道樞”,就像是門軸進入了門環,旋轉自如,以應無窮。也就是說,不管外界的環境怎樣變化,心靈在這些變化之中,獨處中心位置,而能够順應一切。[11]大意是:人們的是非觀念没有窮盡。[12]指:手指。喻:說明。“指”、“馬”之喻是先秦名家討論現實事物是非的重要論題,不過名家的討論是在承認事物及其差别存在的前提下進行的,而莊子認爲事物本無差别。[13]天地萬物皆爲一體,没有差别。

可乎可,不可乎不可[1]。道行之而成,物謂之而然[2]。惡乎然?然於然[3]。惡乎不然?不然於不然。物固有所然,物固有所可。无物不然,无物不可。故爲是舉莛與楹,厲與西施,恢恑憰怪[4],道通爲一。其分也,成也;其成也,毁也[5]。凡物无成與毁,復通爲一[6]。唯達者知通爲一,爲是不用而寓諸庸[7]。庸也者,用也;用也者,通也;通也者,得也;適得而幾矣[8]。因是已[9]。已而不知其然,謂之道[10]。勞神明爲一而不知其同也,謂之朝三[11]。何謂朝三?狙公賦芧[12],曰:"朝三而暮四。"衆狙皆怒。曰:"然則朝四而暮三。"衆狙皆悦。名實未虧而喜怒爲用,亦因是也[13]。是以聖人和之以是非而休乎天鈞,是之謂兩行[14]。

【注釋】

[1]王叔岷等認爲此句當在"无物不然,无物不可"之下。此句大意是:可與不可皆以是否合意而定,實則無可無不可。[2]道:道路。謂:稱。[3]大意是:在什麼地方正確?在它正確的地方正確。然:是,正確。[4]莛(tíng):草本植物的莖。楹(yíng):房屋的柱子。厲:通"癩",癩病,麻瘋。西施:春秋時越國美女。恢恑(guǐ)憰(jué)怪:指各種離奇神異的事物。[5]大意是:舊事物的分離,就意味著新事物的形成;新事物的形成就意味著舊事物的毁壞。[6]大意是:任何事物,從大處看,不存在形成和毁壞,從通的角度看,實爲一體。[7]達者:指達於道者。不用:指不自用,即不使用一己之見進行判斷。寓:寄。庸:常用。[8]適得:指順其自然而得。適:順應。得:自得。幾:近,指近於道。[9]順應這個罷了。因:因循,順應。是:這,指自然。已:通"矣"。[10]大意是:因循自然却不知所以然,稱爲道。已而:即"因是已而"的省略,這是《莊子》一書的特殊用法,從上文而省"因是"。[11]大意是:愚人不知道道體現在一切事物之中,因而用盡心思去尋找一個離開具體事物的道,這就叫做朝三。神明:精神,心思。爲一:去找尋這個一(指道)。爲:動詞,這裏可以譯成"找尋"。同:相同,一樣。莊子認爲,道存在於一切事物之中,因而站在道的角度上看,一切事物都是相同的。[12]狙(jū)公:養獼猴的老人。狙:獼猴。賦:給。芧(xù):橡子,似栗而小。[13]虧:減少。用:這裏有"升起"的意思。因是:因此,由於這個原因,也就是上文所説的"不知其同"。[14]和:調和,等同。休:止。乎:介詞,於。天鈞:指天道的自然運行。鈞:制陶時使用的轉輪,這裏用"鈞"來比喻自然。兩行:兩相並行,指物與我各得其所。

古之人,其知有所至矣[1]。惡乎至?有以爲未始有物者[2],至矣,盡矣,不可以加矣。其次以爲有物矣,而未始有封也[3]。其次以爲有封焉,而未始有是非也。是非之彰也,道之所以虧也。道之所以虧,愛之所以成[4]。果且有成與虧乎哉?果且无成與虧乎哉?有成與虧,故昭氏之鼓琴也;無成與虧,故昭氏之不鼓琴也[5]。昭文之鼓琴也,師曠之枝策也,惠子之據梧也,三子之知幾乎,皆其盛者也,故載之末年[6]。唯其好之也,以異於彼,其好之也,欲以明之[7]。彼非所明而明之,故以堅白之昧終[8]。而其子又以文之綸終,終身无成[9]。若是而可謂成乎?雖我亦成也。若是而不可謂成乎?物與我無成也。是故滑疑之耀,聖人之所圖也[10]。爲是不用而寓諸庸,此之謂以明。

【注釋】

[1]至：極點。[2]未始有物：没有物質世界。未始：未曾。[3]封：界限，即彼此的界限。[4]愛：偏好，偏私。成：形成。[5]昭氏：古代善彈琴者，即下文的“昭文”。這兩句大意是：彈琴者彈一聲則必失四聲，故昭文不彈琴則不成也無所謂虧。[6]師曠：晋平公的樂師，以精通音律而著稱。枝策：舉杖擊節。惠子：名家代表人物，以善思辯而聞名。據梧：《德充符》有“倚樹而吟，據槁而瞑”，指爲名辯而思考。幾：近。盛：强。載之末年：指記載下來一直流傳至今。[7]彼：指他人，一般人。明：明示，使他人明白、瞭解。[8]所明：指三人各執之道術。堅白：戰國時名家學派代表人物公孫龍提出的一個命題，他認爲堅、白是脱離石而獨立存在的，因此人不能同時認識石頭的堅與白。這種觀點誇大了事物的差别，割裂了主體感知的整體性，最後流於詭辯而難以論辯清楚。昧：不清楚。[9]大意是：而昭文的兒子也以其父親的職業終其一生，一輩子没有什麽成就。其子：指昭文的兒子(一説惠施之子)。綸：絲線，這裏與上文的昭文鼓琴相應，指琴瑟之弦。[10]滑疑之耀：惑亂人心的聰明。滑疑：惑亂。耀：光耀，這裏指聰明才智。圖：當爲“鄙”(依聞一多《莊子内篇校釋》)。

今且有言於此，不知其與是類乎[1]？其與是不類乎？類與不類，相與爲類，則與彼无以異矣。雖然，請嘗言之[2]。有始也者，有未始有始也者，有未始有夫未始有始也者[3]。有有也者，有无也者，有未始有无也者，有未始有夫未始有无也者。俄而有无矣[4]，而未知有无之果孰有孰无也[5]。今我則已有謂矣，而未知吾所謂之其果有謂乎，其果无謂乎？天下莫大於秋豪之末，而大山爲小[6]；莫壽於殤子，而彭祖爲夭[7]。天地與我並生，而萬物與我爲一。既已爲一矣，且得有言乎？既已謂之一矣，且得无言乎？一與言爲二，二與一爲三。自此以往，巧曆不能得，而況其凡乎[8]！故自无適有以至於三，而況自有適有乎！无適焉，因是已[9]。

【注釋】

[1]今且：假設連詞。言：言論。類：像，相似。[2]嘗：嘗試。[3]有始：指宇宙萬物之始。未始：未曾。有未始有夫(fú)未始有始也者：有未曾開始那“未曾開始”的開始。指可以追溯到天地開始以前再以前。未始有：未曾有。[4]忽然産生了“有”、“无”。俄而：忽然。[5]而不知道這個“有”、“无”果真是“有”，果真是“无”。果：果真。[6]秋豪：動物秋天所生的新毛，極細。豪：通“毫”。大(tài)山：一作“太山”，即泰山。[7]殤子：未成年而死者。彭祖：古代傳説中的長壽者，據説活了八百歲。[8]巧曆：善於推曆算數的人。凡：一般人。[9]不用往前推算了，順其自然就行了。无：通“毋”。適：到，往，指往下推算。已：通“矣”。

夫道未始有封，言未始有常，爲是而有畛也[1]。請言其畛：有左，有右，有倫，有義，有分，有辯，有競，有争，此之謂八德[2]。六合之外，聖人存而不論[3]；六合之内，聖人論而不議[4]。春秋經世先王之志，聖人議而不辯[5]。故分也者，有不分也；辯也者，有不辯也。曰：何也？聖人懷之，衆人辯之以相示也[6]。故曰辯也者有不見也。夫大道不稱，大辯不言，大仁不仁，大廉不嗛，大勇不忮[7]。道昭而不道，言辯而不及，仁常而不成，廉清而不信[8]，勇忮而不成。五者园而幾向方矣[9]，故知止其所不知，至矣。孰知不言之辯[10]，不道之道？若有能知，此之謂天府[11]。注焉而不滿，酌焉而不竭，而不知其所由來，此之謂葆光[12]。

【注釋】

[1]封：界限。常：恒常之理。爲是：因此。是：此，指上文"自有適有"的現象。畛：田間的道路，引申爲界限。[2]倫：理，常理。義：宜，權宜。辯：通"辨"，分别。八德：指以上界限的八種表現。[3]六合：指天地。天地被東、南、西、北、上、下所包圍，故稱六合。存而不論：指不置一詞。[4]論：論述，論説。議：評議。[5]"春秋經世先王之志"應當理解爲"春秋先王經世之志"。春秋：泛指史書。經世：治理世間之事。經：治理。世：指世間的事情。先王：指歷代賢王。志：即"誌"，記，記録。辯：争辯。[6]懷：藏，指藏於胸中。相示：相互顯示。[7]夫(fú)：句首語氣詞。稱：稱説，稱道。嗛(qiān)：通"謙"，謙遜。忮(zhì)：嫉恨。[8]道：解説。昭：明白。及：達到，指闡述透徹。信：真，真實。[9]意思是以上五種情况都適得其反。园：通"圓"。幾：近。[10]孰：誰。[11]天府：自然之府藏，這裏比喻聖人的心胸。[12]注：注入。酌：酌取。葆光：隱蔽的光芒。

匠石之齊[1]

匠石之齊，至於曲轅，見櫟社樹[2]。其大蔽數千牛，絜之百圍，其高臨山，十仞而後有枝，其可以爲舟者旁十數[3]。觀者如市，匠伯不顧，遂行不輟[4]。弟子厭觀之，走及匠石[5]，曰："自吾執斧斤以隨夫子，未嘗見材如此其美也[6]。先生不肯視，行不輟，何邪？"曰："已矣[7]，勿言之矣！散木也[8]。以爲舟則沈，以爲棺槨則速腐，以爲器則速毁，以爲門户則液樠，以爲柱則蠹[9]。是不材之木也，無所可用，故能若是之壽[10]。"

【注釋】

[1]此文選自《莊子・内篇・人間世》，題目係編者所加。以無用爲大用，是莊子重要的處世

哲學之一，本文闡述了這個觀點。匠：工匠，此指木匠。石：木匠的名字。之：往，到。[2]曲轅：地名。櫟(lì)社樹：當作社的櫟樹。社：這裏指象徵土地神的樹或木柱。[3]蔽：遮蔽。絜(xié)：用繩圍量。圍：計量圓周的單位，一説五寸爲圍，一説一尺爲圍。仞：舊説七尺或八尺爲仞。旁：通"方"，且。[4]市：集市。匠伯：即匠石。伯指工匠之長。不顧：不看。顧：回頭看。輟(chuò)：停止。[5]厭觀：飽看，看够了。走：跑。及：趕上。[6]斧：斧頭。斤：斧子一類的工具。夫子：老師，指匠石。材：指木材。美：好。[7]已矣：罷了。已：停止。[8]散木：不成材之木。[9]沈：沉。棺槨(guǒ)：古代棺木有兩重，外曰槨，内曰棺。"槨"又寫作"椁"。液樠(mán)：脂液滿溢。樠：滲出的樣子。蠹(dù)：蛀木蟲，這裏用爲動詞。[10]不材：不成材，不可以作爲材料。若是：如此。壽：長命。

匠石歸，櫟社見夢曰[1]："女將惡乎比予哉？若將比予於文木邪[2]？夫柤梨橘柚，果蓏之屬[3]，實熟則剝，剝則辱；大枝折，小枝泄[4]。此以其能苦其生者也，故不終其天年而中道夭，自掊擊於世俗者也[5]。物莫不若是。且予求无所可用久矣，幾死，乃今得之[6]，爲予大用。使予也而有用，且得有此大也邪[7]？且也若與予也皆物也，奈何哉其相物也[8]？而幾死之散人，又惡知散木[9]！"匠石覺而診其夢[10]。弟子曰："趣取無用，則爲社何邪[11]？"曰："密[12]！若無言！彼亦直寄焉[13]，以爲不知己者詬厲也[14]。不爲社者，且幾有翦乎[15]！且也彼其所保與衆異，而以義喻之[16]，不亦遠乎！"

【注釋】

[1]見(xiàn)夢：在夢中顯現，即托夢。[2]女：汝。惡乎：於何。比：比擬。予：我。若：你。文木：有紋理的樹木，這裏指對人類有用的樹木。[3]柤(zhā)：山楂。梨：同"梨"。果蓏(luǒ)：草木所結之實，在木爲果，在草爲蓏。屬：類。[4]辱：扭折。泄：通"抴(yè)"，拉，拖。剝，通"撲"，打落。[5]以其能苦其生：因它的才能(指用處)損害了它的生命。苦：形容詞用作使動。掊(pǒu)擊：打擊，指遭受打擊、損害。世俗：指世上的人。[6]幾(jī)：接近，差不多。乃今：如今。[7]使：假如。也：句中語氣詞。而：連詞，連接主謂結構。且得：豈能，難道能够。大：指樹木高大。[8]而且你和我都是物，爲什麽要互相看作是可用不可用之物呢？且：而且。也：句中語氣詞。奈何：如何，爲什麽。相物：以物相視，即相互都把對方看作是(無用之)物。[9]幾死：接近死亡。散人：無用之人，與"散木"相應，這裏指匠石。惡(wū)：怎麽。[10]診：占夢，卜問夢的吉凶。[11]趣：意趣，指希望，追求。爲社：做社廟的神樹。[12]密：保密，指不要輕言。[13]直：特，不過。寄：寄托，指櫟樹把自己寄托於社。言外之意是：它並不想要做社神樹，只是借這個名來保全自己罷了。[14]以：因此。這裏"以"後省略了一個代詞"之"。爲：介詞，引進行爲的主動者，從而使此句成爲被動句。詬(gòu)厲：辱駡。[15]且：將要。幾：幾乎。翦：翦伐，砍伐。乎：句末語氣詞，可以譯成"罷"。[16]所保：指保全自身的

方法。義:指常理,即一般的道理。喻:説明。

馬　蹄[1]

馬,蹄可以踐霜雪,毛可以禦風寒[2]。齕草飲水,翹足而陸[3],此馬之真性也。雖有義臺路寢[4],無所用之。及至伯樂,曰:"我善治馬[5]。"燒之,剔之,刻之,雒之[6],連之以羈馽,編之以皁棧,馬之死者十二三矣[7]!飢之,渴之,馳之,驟之,整之,齊之[8]。前有橛飾之患,而後有鞭筴之威[9],而馬之死者已過半矣。陶者曰:"我善治埴,圓者中規,方者中矩[10]。"匠人曰:"我善治木,曲者中鉤,直者應繩[11]。"夫埴木之性,豈欲中規矩鉤繩哉?然且世世稱之曰"伯樂善治馬而陶匠善治埴木",此亦治天下者之過也。

【注釋】

[1]《馬蹄》是《莊子》中的第九篇,屬於其書的外篇。本篇以馬喻人,指出原始社會時人們無羈無束,依據人的自然本性來生活,最爲幸福美好。後來的"聖人"提倡仁義禮樂,是對人性的無情壓抑,因此所謂"聖人",其實是破壞人類道德、摧殘人的自由本性的罪人。此篇是體現莊子的政治觀點與社會理想的名篇。[2]踐:踩,踏。禦:抵抗。[3]齕(hé):咬。翹:舉起。足:此字當作"尾"(依郭慶藩説)。陸:通"踛",跳躍。[4]義臺:即"儀臺",舉行禮儀的高臺,亦稱靈臺。路寢:天子、諸侯的正室,即大殿。路:大,正。[5]伯樂:春秋時期秦穆公時的人,善於相馬治馬。治馬:訓練馬。[6]燒:用熱鐵燒烙。剔:剪,指剪馬毛。刻:指刻削馬的足蹄。雒(luò):通"絡",馬籠頭,這裏用作動詞,給馬戴上籠頭。[7]連:捆綁上。羈:帶嚼子的籠頭。馽(zhí):也作"縶",用來絆馬足的繩索。編:編織。皁棧:這裏泛指馬厩。皁(zào):同"皂",喂馬的槽櫪。棧:竹木編成的墊子,又叫马床,墊在牲口腳下以防潮。十二三:十分之二三。[8]馳:疾驅。驟:馬跑。飢、渴、馳、驟、整、齊:均是使動用法。[9]橛(jué)飾:加以裝飾的馬銜。橛:馬口所銜的横木。筴:同"策"。鞭、策都是趕馬的鞭子,末端帶皮者爲鞭,無皮者爲策。[10]陶者:燒制陶器的工匠。埴(zhí):黏土。規:畫圓的工具。矩:畫方的工具。[11]匠人:工匠,這裏指木工。鉤:定曲綫的工具。應:中(zhòng),合,合乎。繩:定直綫的工具。

吾意善治天下者不然。彼民有常性,織而衣,耕而食,是謂同德[1];一而不黨,命曰天放[2]。故至德之世,其行填填,其視顛顛[3]。當是時也,山無蹊隧,澤無舟梁[4];萬物群生,連屬其鄉[5];禽獸成群,草木遂長[6]。是故禽獸可係羈而遊,烏鵲之巢可攀援而闚[7]。夫至德之世，同與禽獸居，族與萬物並，惡乎知君子小人哉[8]！同乎无知，其德不離；同乎无欲，是謂素樸[9]；素樸而民性得矣。及至聖人，蹩躠爲仁，踶跂爲義[10]，而天下始疑矣。澶漫爲樂，摘僻爲禮[11]，而天下始分矣。故純樸不殘，孰爲犧尊[12]！白玉不毁，孰爲珪璋[13]！道德不廢，安取仁義！性情不離，安用禮樂[14]！五色不亂，孰爲文采[15]！五聲不亂，孰應六律[16]！夫殘樸以爲器，工匠之罪也；毁道德以爲仁義，聖人之過也！

【注釋】

[1]常性：恒常不變的天性。同德：共性，共同的本性。[2]一：齊一，同一。黨：阿附，偏私，偏愛。命：命名，稱之爲。天放：天賜予的自由。放：放任自由。[3]至德：最高尚的道德。"至德之世"是莊子的理想世界。填填：悠閑滿足的樣子。顛顛：專一的樣子；一説高直的樣子。[4]蹊（xī）：小路。隧：道路，指開山劈石形成的道路。梁：橋。[5]群生：並生，共生。連屬其鄉：指居處相連而彼此没有分界。連屬：連結。[6]遂長：成長。遂：成。[7]大意是：人與鳥獸和諧相處，彼此關係融洽，無相互傷害之心。係羈而遊：牽係著遊玩。係羈：束縛，羈絆。攀援：指攀援樹木。闚（kuī）：同"窺"，探視。[8]族：聚集在一起。並：共處。惡（wū）乎：哪裏。[9]乎：介詞，意義和用法與"於"同。離：異，分散。素樸：樸素，簡樸無華。素是生絲，樸是未經加工的原始木材，這裏用其引申義。[10]蹩躠（biésà）：本指跛者走路的樣子，引申爲勞神費力的樣子。踶跂（zhìqí）：用心力的樣子。[11]澶（dàn）漫：放縱。摘僻：拳曲手足，指自加拘束；一説指煩碎。[12]純樸：未經加工的木材。殘：破，破損。孰：何，怎麽。爲：動詞，可譯爲"制造"。犧尊：古代酒器，通常作犧牛形，也有在尊腹刻畫牛形的。尊：也作"樽"。[13]白玉：這裏指未經加工的玉。毁：壞，指加工時的損壞，與上句中的"殘"同義。珪（guī）璋：均爲朝會所執的玉器。[14]性情：人的稟賦和氣質。性情因乎自然，禮樂出自人爲，故離性情方能用禮樂。[15]五色：青黄赤白黑。亂：破壞。文采：錯雜艷麗的彩色。[16]五聲：宫商角徵羽，是古樂五聲音階的五個階名。六律：原指古代確定樂音高低的長短不同的竹管，有十二支，陰陽各六，陽爲律，陰爲吕，是定音的標準。六律這裏是指樂律。參見本書第九單元通論(二十七)。

夫馬，陸居則食草飲水，喜則交頸相靡，怒則分背相踶，馬知已此矣[1]。夫加之以衡扼，齊之以月題，而馬知介倪闉扼鷙曼詭銜竊轡[2]。故馬之知而態至盗者，伯樂之罪也[3]。夫赫胥氏之時，民居不知所爲，行不知所之，含哺而熙，鼓腹而遊，民能以此矣[4]。及至聖人，屈折禮樂以匡天下之形，縣跂仁義以慰天下之心[5]，而民乃始踶跂好知[6]，争歸於利，不可止也。此亦聖人之過也。

【注釋】

[1]交頸：兩頸相依，表示親密。靡：通"摩"，接觸。分背：指背對背。踶（dì）：踏。知（zhì）：指

所知道的事情。已:止。[2]衡:車轅前端的横木。扼:通“軛”,駕在牛馬頸上的夾木。月題:馬絡頭。介倪:陸德明《經典釋文》引李頤云:“介倪,猶睥睨也。”睥睨,側目而視。闉(yīn):蜷曲。鷙曼:指猛戾不馴,欲狂突以去羈勒。詭銜、竊轡:指馬吐出口中的鐵勒,掙脱頭上的籠頭,以擺脱羈絆。意思是束縛愈甚,則求解脱之心愈切。[3]大意是:馬所知道的事情和表現就像盗賊一樣,這是伯樂的過錯。而:連詞,功能與“與”同。態:情態,表現。至:到。[4]赫胥氏:傳説中的古代酋長名。哺:口中所含食物。熙:通“嬉”,嬉戲。鼓腹:吃飽肚子。能:能力,指能够做到的事情。以:通“已”,止。[5]匡:正。形:指行爲舉止。縣跂(xuánqǐ):即“懸企”,懸示於空中使人企足而望,可理解爲“提倡”。縣:即“懸”。跂:踮起腳尖。慰:安。[6]好知(hàozhì):推崇才智。

練習(一)

一、解釋下面句子中加點字的意義。

1. 大成若缺,其用不弊。
2. 大盈若冲,其用不窮。
3. 大直若屈,大巧若拙,大辯若訥。
4. 静勝躁,寒勝熱,清静爲天下正。
5. 信言不美,美言不信。
6. 既以爲人己愈有,既以與人己愈多。
7. 南郭子綦隱机而坐,仰天而嘘,荅焉似喪其耦。
8. 其寐也魂交,其覺也形開,與接爲搆,日以心鬭。
9. 喜怒哀樂,慮嘆變慹,姚佚啓態;樂出虚,蒸成菌。
10. 百骸、九竅、六藏,賅而存焉,吾誰與爲親?
11. 未成乎心而有是非,是今日適越而昔至也。
12. 其以爲異於鷇音,亦有辯乎,其無辯乎?
13. 道惡乎隱而有真僞? 言惡乎隱而有是非?
14. 故曰彼出於是,是亦因彼。
15. 是以聖人不由,而照之於天,亦因是也。
16. 以馬喻馬之非馬,不若以非馬喻馬之非馬也。
17. 唯達者知通爲一,爲是不用而寓諸庸。
18. 道昭而不道,言辯而不及,仁常而不成,廉清而不信,勇忮而不成。
19. 觀者如市,匠伯不顧,遂行不輟。

20. 女將惡乎比予哉？若將比予於文木邪？

21. 且予求無所可用久矣，幾死，乃今得之，爲予大用。

22. 匠人曰："我善治木，曲者中鉤，直者應繩。"

23. 一而不黨，命曰天放。

24. 當是時也，山無蹊隧，澤無舟梁；萬物群生，連屬其鄉。

二、説明下面句子中加點字的詞性、功能和意義。

1. 以其不争，故天下莫能與之争。

2. 若有真宰，而特不得其眹。

3. 百骸、九竅、六藏，賅而存焉，吾誰與爲親？汝皆説之乎？其有私焉？

4. 如求得其情與不得，無益損乎其真。一受其成形，不忘以待盡。

5. 終身役役而不見其成功，苶然疲役而不知其所歸，可不哀邪！人謂之不死，奚益！

6. 果有言邪？其未嘗有言邪？

7. 欲是其所非而非其所是，則莫若以明。

8. 地籟則衆竅是已，人籟則比竹是已。敢問天籟？

9. 子綦曰："夫吹萬不同，而使其自已也，咸其自取，怒者其誰邪！"

10. 使予也而有用，且得有此大也邪？

11. 而幾死之散人，又惡知散木！

12. 密！若無言！彼亦直寄焉，以爲不知己者詬厲也。

三、用漢語拼音給下列句子中的加點字注音。

1. 鑿户牖以爲室，當其無，有室之用。

2. 其厭也如緘，以言其老洫也。

3. 故爲是舉莛與楹，厲與西施，恢恑憰怪，道通爲一。

4. 觀者如市，匠伯不顧，遂行不輟。

5. 齕草飲水，翹足而陸，此馬之真性也。

四、將下面這段文字譯爲現代漢語。

江海之所以能爲百谷王者，以其善下之，故能爲百谷王。是以聖人欲上民，必以言下之；欲先民，必以身後之。是以聖人處上而民不重，處前而民不害，是以天下樂推而不厭。以其不争，故天下莫能與之争。

五、填空。

1.《老子》亦稱（　　），相傳爲春秋末年老聃所著。1993 年，在湖北荆門郭店戰國楚墓出土三種（　　）《老子》，是目前所見的《老子》的最早版本。漢墓出土的

(　　)《老子》有(　　)兩種抄本。後人假托題作"漢河上公撰"的(　　)、魏王弼(　　)是《老子》比較重要的注本。

2.《莊子》是先秦道家學派的重要著作。道教産生以後,也非常尊崇此書,稱之爲(　　)。

六、用現代標點符號標點下面的古文。

孔子與柳下季爲友柳下季之弟名曰盗跖盗跖從卒九千人横行天下侵暴諸侯穴室樞户驅人牛馬取人婦女貪得忘親不顧父母兄弟不祭先祖所過之邑大國守城小國入保萬民苦之孔子謂柳下季曰夫爲人父者必能詔其子爲人兄者必能教其弟若父不能詔其子兄不能教其弟則無貴父子兄弟之親矣今先生世之才士也弟爲盗跖爲天下害而弗能教也丘竊爲先生羞之丘請爲先生往説之柳下季曰先生言爲人父者必能詔其子爲人兄者必能教其弟若子不聽父之詔弟不受兄之教雖今先生之辯將奈之何哉且跖之爲人也心如涌泉意如飄風强足以距敵順其心則喜逆其心則怒易辱人以言先生必無往孔子不聽顔回爲馭子貢爲右往見盗跖

七、背誦。

1.《老子》各段。

2.《莊子·馬蹄》全文。

文　選

孟　子

【解題】

《孟子》是儒家經典之一,是戰國時孟子及其弟子萬章等所著,記載了孟子的政治活動、政治學説以及教育思想等。《孟子》現存七篇,每篇各分上下,共三萬四千六百八十五字。全書涉及的内容非常廣泛,對仁義道德、政治經濟、性命禍福等均有論述。《孟子》文辭長於譬喻,形象生動,説理透徹,論辯色彩濃厚,具有很高的文學價值。

孟子(約前 372～前 289),名軻,字子輿,戰國鄒(今山東鄒縣東南)人,著名思想家、政治家、教育家。孟子繼承和發展了孔子的學説,兼言仁義,主張"法先王"、

“行仁政”，反對武力兼併；指出“民爲貴”、“君爲輕”，勸告統治者重視人民；認爲人性本善，强調人要存心養性、深造自得，同時也重視環境和教育對人的影響。孟子的學説對後世産生了巨大影響，他被認爲是孔子學説的發揚光大者，有“亞聖”之稱。

《孟子》最早的注本是東漢趙岐的《孟子章句》，南宋朱熹《孟子集注》（在其《四書章句集注》中）、清焦循《孟子正義》是重要的注本。今人楊伯峻《孟子譯注》深入淺出，適合初學，具有很高的參考價值。本文選所依據的版本是楊伯峻的《孟子譯注》（中華書局 1960 年）。原書無小標題，以下各篇的題目均係編者所加。

夫子加齊之卿相[1]

公孫丑問曰：“夫子加齊之卿相，得行道焉，雖由此霸王，不異矣[2]。如此，則動心否乎[3]？”

孟子曰：“否。我四十不動心。”

曰：“若是，則夫子過孟賁遠矣[4]。”

曰：“是不難，告子先我不動心[5]。”

【注釋】

[1]本文選自《孟子·公孫丑上》。此文主要體現出孟子對意、氣關係及品德修養的看法。加：居（依趙岐説），擔任。[2]公孫丑：孟子的弟子。霸王：指成霸王之業。異：奇怪。[3]動心：意志動摇，指不能保持常態。[4]孟賁（bēn）：古勇士名。[5]是：指示代詞，此，這件事。告子：戰國人，主張生之謂性，性無善惡，與孟子的性善説不同。

曰：“不動心有道乎？”

曰：“有。北宫黝之養勇也：不膚橈，不目逃，思以一豪挫於人，若撻之於市朝[1]。不受於褐寬博，亦不受於萬乘之君[2]。視刺萬乘之君，若刺褐夫[3]。無嚴諸侯，惡聲至，必反之[4]。孟施舍之所養勇也，曰：‘視不勝猶勝也[5]。量敵而後進，慮勝而後會，是畏三軍者也。舍豈能爲必勝哉[6]？能無懼而已矣。’孟施舍似曾子，北宫黝似子夏[7]。夫二子之勇，未知其孰賢，然而孟施舍守約也[8]。昔者曾子謂子襄曰[9]：‘子好勇乎？吾嘗聞大勇於夫子矣：自反而不縮，雖褐寬博，吾不惴焉[10]。自反而縮，雖千萬人，吾往矣。’孟施舍之守氣，又不如曾子之守約也。”

【注釋】

[1]北宫黝(yǒu):人名,其事已不可考。膚橈(náo):指肌膚爲人所刺而後退。橈:退却。目逃:眼睛爲人所刺而轉睛。豪:通“毫”,比喻小。撻:用鞭棍等打人。市朝:市爲交易買賣的場所,朝是官府治事的處所。“市朝”是偏義複詞,僅有市義,意爲大庭廣衆之中。[2]褐(hè)寬博:指貧賤之人。趙岐注:“獨夫被褐者。”褐:粗麻或粗毛短衣,爲貧賤之人所穿。寬博:指寬大之衣,爲賤者之服。萬乘(shèng)之君:大國君主。[3]褐夫:貧賤者。[4]無:不。嚴:整肅,這裏指懼怕。反:指反擊,回擊。[5]孟施捨:也作“孟施舍”,人名,事迹已不可考。視不勝猶勝:看待不能戰勝的敵人同自己能戰勝的敵人一樣。[6]量:衡量,估量。會:合,指交戰。舍:孟施捨自稱。[7]曾子:春秋魯國人,名參,字子輿,孔子的學生。子夏:卜商,字子夏,春秋衛人,孔子的學生。[8]守約:掌握要領。約:少,簡略,引申爲“要領”。[9]子襄:曾子的弟子。[10]反:反省。縮:直,正義(依楊伯峻説)。惴:使動用法,使害怕。焉:指示代詞兼語氣詞,相當於“於是”。

曰:“敢問夫子之不動心與告子之不動心,可得聞與?”

“告子曰:‘不得於言,勿求於心[1];不得於心,勿求於氣[2]。’不得於心,勿求於氣,可;不得於言,勿求於心,不可。夫志,氣之帥也[3];氣,體之充也[4]。夫志至焉,氣次焉[5]。故曰:‘持其志,無暴其氣[6]。’”

“既曰:‘志至焉,氣次焉。’又曰:‘持其志,無暴其氣。’何也?”

曰:“志壹則動氣,氣壹則動志也。今夫蹶者趨者[7],是氣也,而反動其心。”

“敢問夫子惡乎長[8]?”

曰:“我知言,我善養吾浩然之氣[9]。”

【注釋】

[1]不得於言:指不能用言語獲勝。勿求於心:不要從思想上找原因。[2]氣:指意氣。[3]夫(fú):指示代詞,那個。志:意志,志向。氣:氣勢,氣質。帥:統帥,主導。[4]充:充滿體内的東西。[5]大意是:意志到了哪裏,意氣也就停留在哪裏。焉:指示代詞兼語氣詞,意思是於是。至:到。次:止。[6]持:保持。暴:趙岐注爲“亂也”,此指濫用。[7]壹:專一。蹶:顛仆,跌倒。趨:跑,疾走。[8]惡(wū)乎:於何,在哪裏。長:擅長。[9]言:言語,言辭。養:培養,養育。浩然之氣:正大剛直之氣。

“敢問何謂浩然之氣?”

曰:“難言也。其爲氣也,至大至剛,以直養而無害,則塞於天地之間[1]。其爲氣也，配義與道；無是，餒也[2]。是集義所生者，非義襲而取之也[3]。行有不慊於心[4]，則餒矣。我故曰：告子未嘗知義，以其外之也[5]。必有事焉，而勿正[6]，心勿忘，勿助長也。無若宋人然[7]：宋人有閔其苗之不長而揠之者，芒芒然歸[8]。謂其人曰：'今日病矣[9]！予助苗長矣！'其子趨而往視之，苗則槁矣[10]。天下之不助苗長者寡矣。以爲無益而舍之者，不耘苗者也[11]。助之長者，揠苗者也。非徒無益，而又害之。"

【注釋】

[1]直：正直，正義。害：妨害，傷害。塞：充實，充滿。[2]餒：空虛，内中不足。[3]集：聚集，彙集。襲：沿襲，繼承。[4]慊(qiè)：滿意。[5]外：作動詞，當作身體以外的事物。[6]必有事：指一定要培養義。正：目的，目標。一説"正"訓爲止。[7]無若……然：不要像……那樣。[8]閔：擔憂。揠(yà)：拔。芒芒然：疲倦的樣子。[9]病：指疲倦至極。[10]槁：乾枯。[11]舍：放弃。指放弃培養工作。耘：除草。

"何謂知言？"

曰："詖辭知其所蔽，淫辭知其所陷，邪辭知其所離，遁辭知其所窮[1]。生於其心，害於其政；發於其政[2]，害於其事。聖人復起，必從吾言矣[3]。"

【注釋】

[1]詖(bì)辭：指偏於一隅之辭，即不全面的言論、見解。詖：偏頗。辭：言辭，言語，言論。其：代詞，指代"詖辭"。後面的三個"其"分别指代"淫辭、邪辭、遁辭"。蔽：遮蔽，指遮蔽真相。淫辭：指誇大事實的言辭。淫：過分。陷：指陷於錯誤之中。離：分離，指與正道的分歧。遁辭：指躲躲閃閃的言辭。遁：躲閃。窮：盡，指理盡、理屈。[2]發：體現，顯現。[3]從：聽從，指認可。

"宰我、子貢善爲説辭，冉牛、閔子、顔淵善言德行[1]。孔子兼之，曰：'我於辭命[2]，則不能也。'然則夫子既聖矣乎？"

曰："惡！是何言也[3]？昔者子貢問於孔子曰：'夫子聖矣乎？'孔子曰：'聖則吾不能，我學不厭而教不倦也[4]。'子貢曰：'學不厭，智也；教不倦，仁也。仁且智，夫子既聖矣。'夫聖，孔子不居。是何言也？"

"昔者竊聞之：子夏、子游、子張皆有聖人之一體，冉牛、閔子、顔淵則具體而微，敢問所安[5]。"

曰："姑舍是[6]。"

【注釋】

[1]以上諸人皆孔子弟子,其學各有所長。宰我名宰予;子貢名端木賜;冉牛名冉耕,字伯牛;閔子名閔損,字子騫;顔淵名顔回,字子淵。[2]辭命:辭令,指古代各國使者之間聘問應對之辭。[3]惡(wū):感嘆詞,表示驚訝。是:指示代詞,此,這。[4]《論語・述而》:"子曰:'若聖與仁,則吾豈敢;抑爲之不厭,誨人不倦,則可謂云爾已矣。'"與此處意思大致相同。[5]竊:謙詞,私下,私自。子夏名卜商,子遊名言偃,子張名顓孫師。他們都是孔子的弟子。一體:一部分。具體而微:内容大體具備而規模較小。指冉牛等人的學問道德同孔子大體相近,但不如孔子博大精深。敢問所安:我冒昧地問一下,先生您屬於哪一類呢?敢:表謙副詞。"敢問"可譯爲"我冒昧地問一下"。安:安放,放置。指安於某個位置。[6]姑:暫且。舍(shě):即"捨"。孟子對前面提及的孔門諸弟子都有不屑之意,但又不想明説,因此避而不談。

曰:"伯夷、伊尹何如[1]?"

曰:"不同道。非其君不事,非其民不使[2]。治則進,亂則退,伯夷也。何事非君,何使非民[3];治亦進,亂亦進,伊尹也。可以仕則仕,可以止則止,可以久則久[4],可以速則速,孔子也。皆古聖人也,吾未能有行焉。乃所願[5],則學孔子也。"

"伯夷、伊尹於孔子,若是班乎[6]?"

曰:"否。自有生民以來,未有孔子也。"

【注釋】

[1]伯夷:孤竹君之子。商末周初人,與其弟叔齊相互讓位,最終一同逃走。武王伐紂建立周朝後,二人義不食周粟,餓死於首陽山。事見《史記・伯夷列傳》。伊尹:商湯的賢臣。[2]其君、其民:指其理想中的國君、百姓。[3]何事非君,何使非民:趙岐注:伊尹曰:"事非其君者何傷也?使非其民者何傷也?"大意是:侍奉的不是理想的國君、使喚的不是理想的百姓没有什麽妨害。[4]仕:做官。止:與"仕"相對,指退處。久:與"速"相對,指遲緩。[5]乃:至於。[6]班:同等,齊等。

曰:"然則有同與?"

曰:"有。得百里之地而君之,皆能以朝諸侯[1],有天下。行一不義,殺一不辜[2],而得天下,皆不爲也。是則同。"

曰:"敢問其所以異。"

曰:"宰我、子貢、有若,智足以知聖人,汙不至阿其所好[3]。宰我曰:'以予觀於夫子,賢於堯、舜遠矣[4]。'子貢曰:'見其禮而知其政,聞其樂而知其德,由百世之後,等百世之王,莫之能違也[5]。自生民以來,未有夫子也。'有若曰:'豈惟民哉?麒麟之於走獸,鳳凰之於飛鳥,太山之於丘垤，河海之於行潦，類也[6]。聖人之於民，亦類也。出於其類，拔乎其萃[7]，自生民以來，未有盛於孔子也。'"

【注釋】

[1]君：用作動詞，做君主。朝：動詞的使動用法，使朝拜。[2]辜：罪。"不辜"即無罪之人。[3]有若：孔子弟子，魯國人。知：瞭解。汙：誇大。阿(ē)：偏私，偏袒。[4]予：宰我名予，這裹用名自稱，表示謙遜。堯、舜：傳説中的兩位遠古賢君。[5]等：比較，衡量。違：背離。[6]垤(dié)：小山丘。行潦(lǎo)：溝中積水。類：同類。[7]乎：介詞，功能同"於"。拔：超出，超越。萃：類，群。

墨者夷之求見[1]

墨者夷之因徐辟而求見孟子[2]。孟子曰："吾固願見，今吾尚病，病癒，我且往見[3]。夷子不來[4]！"

【注釋】

[1]本篇選自《孟子・滕文公上》，孟子在這裹對墨家學説進行了批判。墨者：信奉墨家學説的人。夷之：人名，其事已不可考。[2]因：依托，通過。徐辟：孟子的弟子。[3]固：本來。且：將，將要。[4]不：毋，不要。

他日，又求見孟子。孟子曰："吾今則可以見矣。不直，則道不見[1]。我且直之。吾聞夷子墨者，墨之治喪也，以薄爲其道也[2]。夷子思以易天下[3]，豈以爲非是而不貴也。然而夷子葬其親厚，則是以所賤事親也[4]。"

【注釋】

[1]直：指直説。道：大道，指真理。見(xiàn)：即"現"。[2]薄：指薄葬。墨家主張節用薄葬，這點與儒家不一樣。[3]以：介詞，後面省略賓語"之"。易：改變，改革。[4]親：父母。所賤：認爲低賤、不對的東西。事：侍奉。

徐子以告夷子。

夷子曰："儒者之道，古之人若保赤子[1]。此言何謂也？之則以爲愛無差等，施由親始[2]。"

【注釋】

[1]保：保護，養育。赤子：嬰兒。[2]之：墨者夷之自稱其名，以示禮貌，可譯爲"我"。差等：等級，區別，指親疏厚薄的差別。施：施行。

徐子以告孟子。

孟子曰:“夫夷子,信以爲人之親其兄之子,爲若親其鄰之赤子乎[1]？彼有取爾也[2]。赤子匍匐將入井,非赤子之罪也。且天之生物也,使之一本,而夷子二本故也[3]。蓋上世嘗有不葬其親者。其親死,則舉而委之於壑[4]。他日過之,狐狸食之,蠅蚋姑嘬之[5]。其顙有泚,睨而不視[6]。夫泚也,非爲人泚,中心達於面目,蓋歸反虆梩而掩之[7]。掩之誠是也,則孝子仁人之掩其親,亦必有道矣[8]。”

徐子以告夷子。夷子憮然爲閒曰:“命之矣[9]。”

【注釋】

[1]信:真。親:愛。若:如同。[2]彼:指夷子。有取:指僅僅抓住這一點。取:抓住。爾:語氣詞,相當於“罷了”。[3]本:根本,根源,這裏指父母。“一本”指自己的父母,“二本”指自己的父母和别人的父母。[4]蓋:語氣副詞,大概。上世:遠古。委:放弃,丢弃。壑:山谷。[5]蚋(ruì):蚊子。姑:通“盬(gǔ)”,指吸飲。嘬(chuài):咬,叮。[6]其:指示代詞,這裏指“不葬其親者”。顙(sǎng):額。泚(cǐ):指汗。睨(nì):斜視。[7]夫(fú):指示代詞,那。中心:即“心中”,指内心。蓋:語氣副詞,大概。反:即“返”,返回。虆(léi):盛土器。梩(lí):鐵鍤一類的挖土器具。[8]誠:的確。是:對,正確的。道:道理。[9]憮(wǔ)然:茫然自失的樣子。爲閒(jiān):指時間過了一會兒。命:指教,教導。之:指夷之自己。

孟子謂戴不勝[1]

孟子謂戴不勝曰:“子欲子之王之善與？我明告子。有楚大夫於此,欲其子之齊語也,則使齊人傅諸[2]？使楚人傅諸？”

曰:“使齊人傅之。”

曰:“一齊人傅之,衆楚人咻之,雖日撻而求其齊也[3],不可得矣。引而置之莊岳之閒數年[4],雖日撻而求其楚,亦不可得矣。子謂薛居州,善士也,使之居於王所[5]。在於王所者,長幼卑尊皆薛居州也,王誰與爲不善？在王所者,長幼卑尊皆非薛居州也,王誰與爲善？一薛居州,獨如宋王何[6]？”

【注釋】

[1]本文選自《孟子・滕文公下》。孟子此處以語言學習爲喻,强調了統治者必須與賢人朝夕相處,經常受賢人的影響熏陶,才能正己治國。戴不勝:宋國的臣子。[2]有……於此:古代漢語中的一種表示假設的結構。傅:師傅。這裏用作動詞,教導。諸:“之乎”的合音。[3]咻

(xiū):喧嚷。雖:即使,即便。日:每天。撻:用鞭棍打人。[4]引:帶,帶領。莊岳:齊國都城臨淄城内街里名。[5]薛居州:人名。王所:指正宫。[6]如……何:把……怎麽樣。

荀　子

【解題】

《荀子》是戰國時荀子所著,《漢書·藝文志》著録《孫卿子》33 篇,西漢劉向叙録稱《孫卿新書》爲十二卷三十二篇,唐楊倞編爲二十卷,始更名《荀子》。《荀子》全面闡述了荀子的政治、哲學、倫理、邏輯以及認識論思想,並對先秦諸子的學術思想進行了總結。

荀子(約前 313～前 238),名况,被尊稱爲"荀卿",漢時避宣帝諱,稱爲孫卿。荀子是戰國趙人,後期儒家的代表人物,傑出的唯物主義思想家、教育家。荀子學説以孔子爲宗,他反對天命,提出"制天命而用之";主張人性惡,須以禮義矯正,重視環境和教育對人的影響;堅持儒家"正名"之説,强調尊卑名分等級的重要性;認識到人能通過感官認知客觀世界。荀子對先秦各學派進行了批判性的總結,發展了古代唯物主義思想,其"正名"學説對建立古代名學作出了貢獻,他的《賦篇》對漢賦的興起産生了一定影響。

《荀子》的重要古注本有唐楊倞注、清王先謙《荀子集解》等。今人梁啟雄《荀子簡釋》參校各本,也頗有見地。本教材選文所依據的版本爲梁啟雄《荀子簡釋》(中華書局 1983 年)。

正名(節選)[1]

後王之成名[2]:刑名從商,爵名從周,文名從《禮》[3]。散名之加於萬物者[4],則從諸夏之成俗曲期,遠方異俗之鄉[5],則因之而爲通。散名之在人者[6]:生之所以然者謂之性[7]。性之和所生,精合感應,不事而自然謂之性[8]。性之好、惡、喜、怒、哀、樂謂之情。情然而心爲之擇謂之慮[9]。心慮而能爲之動謂之僞[10]。慮積焉、能習焉而後成謂之僞[11]。正利而爲謂之事[12]。正義而爲謂之行[13]。所以知之在人者謂之知,知有所合謂之智[14]。智所以能之在人者謂之能[15]。能有所合謂之能[16]。性傷謂之病[17]。節遇謂之命[18]。是散名之在人者也,是後王之成名也。

【注釋】

[1]《正名》是體現荀子語言學思想的重要文章，對語言的産生、名稱和事物關係，以及語言的使用等重要問題進行了比較全面的闡述。[2]後王：後代的帝王。這裏指當代的帝王。成名：確定事物的名稱。名：名稱，大體上可以相當於語言中的詞或詞語。[3]刑名：刑法的名稱。從：依照，仿照。商：商代。爵名：爵位的名稱。周：周代。文名：禮節儀式的名稱。《禮》：指周代的《儀禮》。[4]散名：一般事物的各種名稱。[5]王先謙以爲"曲期"二字屬下句，當是。該句大意是：一般事物的名稱以諸夏使用的名稱爲標準，以相互溝通。諸夏：古時中原地區，即黄河流域一帶。成俗：業已形成的習俗。曲期：委曲變通以相約定。曲：委曲周遍。期：約定。[6]指與人本身有關的事物之名稱。[7]性：指人的天賦的本性。[8]王先謙以爲第一個"性"爲"生"之誤。和：和氣，指陰陽所生之氣。古代樸素唯物主義認爲，宇宙萬物是陰陽二氣所産生和構成的。精合感應：精神和事物相互接觸相互感應。事：作，作爲，指人爲。性：大致指人的感官的本能反應。[9]擇：決擇。慮：思考。[10]能：指人的官能、本能。動：動作。僞：行爲，指人後天的行爲。[11]習：習慣。成：成功。僞：作爲。指行爲的結果。[12]正利而爲：爲了求利而做。正：正對，正當，符合。事：事業。指農工商之類事業。[13]行：德行。[14]知：感知。"所以知"指認識能力。在人者：指人固有的。知有所合：認識與事物相接觸。合：會合，這裏指接觸。智：智慧，知識。指對事物的認識。[15]句首"智"爲衍文。所以能：指人掌握才能的能力。[16]能有所合：人掌握才能的能力與事物相接觸。後一個"能"指才能、能耐。[17]性：天性，本性。[18]節遇：時遇，偶然的遭遇。節：時節。

故王者之制名，名定而實辨，道行而志通，則慎率民而一焉[1]。故析辭擅作名以亂正名，使民疑惑，人多辨訟，則謂之大姦，其罪猶爲符節、度量之罪也[2]。故其民莫敢托爲奇辭以亂正名，故其民慤[3]。慤則易使，易使則公[4]。其民莫敢托爲奇辭以亂正名，故壹於道法而謹於循令矣[5]。如是，則其迹長矣[6]。迹長功成，治之極也，是謹於守名約之功也[7]。

【注釋】

[1]名：名稱。實：指事物本身。辨：分辨清楚。道：制定名稱的原則。志：指思想、意志。通：溝通。慎：小心，謹慎。一：統一，一致遵守。[2]析辭：玩弄詞句。擅作名：擅自制造名稱。辨訟：争論。其罪猶爲符節、度量之罪："析辭擅作名"的罪過同擅作符節度量衡的罪過一樣重。符節：古代出入門關和傳達政令的憑證。度量：指度、量、衡之類的標準。[3]托：假托。奇辭：奇異的言辭。慤(què)：誠實。[4]公：當爲"功"，指收到功效。[5]壹：統一。道法：指政令。謹：小心。循令：遵守政令。[6]迹：通"績"，指業績、政績、功業。[7]極：極點，頂點。名約：指制定名稱的社會約定。

今聖王没，名守慢，奇辭起，名實亂，是非之形不明，則雖守法之吏，誦數之儒[1]，亦皆亂也。若有王者起，必將有循於舊名，有作於新名[2]。然則所爲有名，與所緣以同異，與制名之樞要[3]，不可不察也。

【注釋】

[1]聖王：荀子理想中的君主。没：消失。名守慢：指遵守統一名稱的事怠慢了。誦：誦讀。數：指各種典章文獻。[2]循：沿用，沿襲。作：創造。[3]所爲有名：所以要有名稱的道理。所緣以同異：指名稱之所以相同或相異的根據。緣：根據。樞要：關鍵，指基本原則。

異形離心交喻，異物名實玄紐，貴賤不明，同異不别，如是則志必有不喻之患，而事必有困廢之禍[1]。故知者爲之分别，制名以指實[2]，上以明貴賤，下以辨同異。貴賤明，同異别，如是，則志無不喻之患，事無困廢之禍，此所爲有名也。

【注釋】

[1]異形離心：不同的人有不同的想法。交喻：指交際。交：互相。喻：告訴。玄：通"眩"，混亂，混淆。紐：紐結。患：弊病。困廢：停滯，做不成。[2]知(zhì)：即"智"。指：指明，表達。

然則何緣而以同異？曰：緣天官[1]。凡同類、同情者，其天官之意物也同[2]。故比方之疑似而通，是所以共其約名以相期也[3]。形、體、色、理以目異[4]；聲音清濁、調竽奇聲[5]，以耳異；甘、苦、鹹、淡、辛、酸、奇味[6]，以口異；香、臭、芬、鬱、腥、臊、灑、酸、奇臭[7]，以鼻異；疾、養、滄、熱、滑、鈹、輕、重[8]，以形體異；説、故、喜、怒、哀、樂、愛、惡、欲[9]，以心異。心有徵知[10]，徵知則緣耳而知聲可也，緣目而知形可也。然而徵知必將待天官之當簿其類[11]，然後可也。五官簿之而不知，心徵之而無説，則人莫不然謂之不知，此所緣而以同異也[12]。

【注釋】

[1]天官：自然具有的感覺器官。[2]同類、同情者：同一類别、情感相同的，指人類。一説，泛指同一類的事物。意物：對事物的感覺印象。[3]比方：譬喻，類推，類比。疑似：擬似，指摹仿得大體相似。疑：通"擬"，摹仿。似：相似。通：瞭解。共：共有，共同具有。約名：約定的名稱。相期：指相互交流思想。[4]理：紋理。異：不同，用作意動，認爲不同。[5]"調竽"爲"調節"之誤(依王先謙説)。調節：指和諧的樂曲。奇聲：雜亂不和諧的聲音。[6]甘：甜。辛：辣。奇味：不同一般的味道。[7]芬：花草的香氣。鬱：腐臭。灑：當爲"漏"(依楊倞説)，馬膻氣。酸：當爲"庮"(yǒu)，牛膻氣。奇臭(xiù)：奇特的氣味。[8]疾：痛。養：通"癢"。滄(cāng)：寒。鈹：當爲"鈒"(sà)，通"澀"。[9]説(yuè)：即"悦"，指發自内心的喜悦。故：事，指

人爲做出的感情。[10]心:指思維器官。徵:考察,驗證。[11]當:對,面對。簿:通"薄",接觸。類:指感知的對象。[12]無説:指没有表達出來。此所緣而以同異:這是根據感官接觸外物而確定名稱同和不同的情况。

然後隨而命之[1]:同則同之,異則異之[2];單足以喻則單,單不足以喻則兼[3];單與兼無所相避則共,雖共,不爲害矣[4]。知異實者之異名也,故使異實者莫不異名也,不可亂也,猶使異實者莫不同名也[5]。故萬物雖衆,有時而欲徧舉之[6],故謂之物。物也者,大共名也[7]。推而共之,共則有共[8],至於無共然後止。有時而欲徧舉之,故謂之鳥獸[9]。鳥獸也者,大别名也[10]。推而别之,别則有别,至於無别然後止。名無固宜[11],約之以命,約定俗成謂之宜,異於約則謂之不宜。名無固實,約之以命實,約定俗成謂之實名[12]。名有固善,徑易而不拂[13],謂之善名。物有同狀而異所者[14],有異狀而同所者,可别也。狀同而爲異所者,雖可合,謂之二實[15]。狀變而實無别而爲異者,謂之化[16]。有化而無别,謂之一實。此事之所以稽實定數也,此制名之樞要也[17]。後王之成名,不可不察也。

【注釋】

[1]隨:接著,跟著。命:命名。[2]相同的事物就取相同的名稱,不同的事物就取不同的名稱。[3]單:單名,指一個字的名稱。兼:複名,指不止一個字的名稱。[4]避:違背。共:共名,指高一級的類概念。害:妨礙。[5]最後一"異實"爲"同實"之誤(依王念孫説)。[6]衆:多,衆多。徧:同"遍",全面。[7]物這個概念,是最大的"共名"。[8]推:推論,推演。有:通"又"。[9]徧:當爲"偏"(依俞樾之説)。偏舉:部分地概括。[10]别名:指與"共名"相對的小類概念。[11]固:本來。宜:合適。[12]名稱没有本來就代表某種事物,大家共同約定某個名稱來爲某種事物命名,約定俗成就成爲事物的名稱。[13]有:當爲"無"。徑易:直接平易。拂:違背,違反,這裏指矛盾。[14]狀:形狀,外貌。所:處所,指事物的實體。[15]合:指合用一個名稱。實:實體。[16]化:變化。[17]這就是所以要考察事物的實質,確定制定事物名稱的法度的緣故,這是制定名稱的關鍵所在。稽:考察。

墨　子

【解題】

《墨子》舊題爲墨翟(dí)所作,實際上是墨家學派的著作總彙。《漢書・藝文志》著録有七十一篇，今存五十三篇。大部分篇章是墨翟的弟子或再傳弟子記述墨翟言行的集録，代表了墨子的主要思想。

墨子(約前 468～前 376)，名翟，相傳原爲宋國人，後來長期住在魯國。生平資料不詳，是春秋戰國之際的思想家、政治家，墨家學派創始人。他主張“兼愛”、“非攻”，提出“尚賢”、“尚同”，反對儒家的繁禮厚葬，提倡“節葬”、“非樂”，其“取實予名”的觀點具有唯物主義傾向。墨家學派弟子衆多，組織嚴密，有著宗教般的熱情，他們以“興天下之利，除天下之害”爲教育目的，力行勤儉，重視艱苦實踐。墨子學説對當時的思想界影響很大，與儒家並稱爲“顯學”。《孟子·滕文公下》記載孟子的話：“楊朱、墨翟之言盈天下，天下之言，不歸楊，則歸墨。”

清孫詒讓《墨子閒詁》疏正文字，頗爲精詳，是通行的注本。近人吴毓江《墨子校注》也可作閱讀時的參考。本教材所依據的版本爲孫詒讓《墨子閒詁》(《新編諸子集成》，中華書局 2001 年)。

兼愛(節選)[1]

子墨子言曰[2]：“仁人之所以爲事者，必興天下之利，除去天下之害，以此爲事者也。”然則天下之利何也？天下之害何也？

子墨子言曰：“今若國之與國之相攻，家之與家之相篡，人之與人之相賊[3]，君臣不惠忠，父子不慈孝[4]，兄弟不和調[5]，此則天下之害也。”然則崇此害亦何用生焉[6]？以不相愛生邪？

子墨子言：“以不相愛生。今諸侯獨知愛其國，不愛人之國，是以不憚舉其國[7]，以攻人之國。今家主獨知愛其家[8]，而不愛人之家，是以不憚舉其家，以篡人之家。今人獨知愛其身，不愛人之身，是以不憚舉其身，以賊人之身。是故諸侯不相愛則必野戰[9]，家主不相愛則必相篡，人與人不相愛則必相賊，君臣不相愛則不惠忠，父子不相愛則不慈孝，兄弟不相愛則不和調。天下之人皆不相愛，强必執弱，富必侮貧，貴必敖賤，詐必欺愚[10]。凡天下禍篡怨恨，其所以起者，以不相愛生也，是以仁者非之[11]。”

【注釋】

[1]“兼愛”是墨子的重要主張。墨子認爲，社會混亂的根源，在於人們出於一己的私利，不能够互相關愛。因此他提出“兼愛”的主張，希望天下的人都能够愛人如己，大家相親相

愛,只要愛人就能够得到别人的愛。這樣,世界上就不會有傷害,就不會有戰争和掠奪,天下也就太平無事了。[2]子墨子:我們的老師墨子。第一個"子"有老師、師父的意思。[3]家:指卿、大夫所統治的地方。篡(cuàn):篡奪,非法奪取。賊:傷害。[4]這兩句話運用了並提這種修辭手法,應當理解爲:君不惠,臣不忠;父不慈,子不孝。惠:恩惠,用作動詞,施加恩惠。忠:指臣盡忠於君。慈:慈愛。[5]和調:和睦,和諧,融洽。[6]崇:應爲"察"字之誤。何用:何以。"用"是一個介詞,用法與"以"同。[7]其:指示代詞,表示特指,此處可以譯成"自己的"。憚:畏懼,害怕。舉:發動。[8]家主:指有封邑的卿、大夫。[9]野戰:交戰於曠野。[10]執:控制。敖:通"傲",傲視,看不起。詐:奸詐,狡詐。[11]非:責難,批評。

既以非之,何以易之[1]?子墨子言曰:"以兼相愛交相利之法易之[2]。"然則兼相愛交相利之法將奈何哉[3]?

子墨子言:"視人之國,若視其國;視人之家,若視其家;視人之身,若視其身。"是故諸侯相愛,則不野戰;家主相愛,則不相篡;人與人相愛,則不相賊;君臣相愛,則惠忠;父子相愛,則慈孝;兄弟相愛,則和調。天下之人皆相愛,强不執弱,衆不劫寡[4],富不侮貧,貴不敖賤,詐不欺愚。凡天下禍篡怨恨可使毋起者,以相愛生也,是以仁者譽之。

【注釋】

[1]"既以"之"以":通"已"。易:改變。[2]交相利:互相得到好處。[3]奈何:怎樣,怎麼樣。[4]劫:威脅,强迫。

然而今天下之士君子曰:"然,乃若兼則善矣。雖然,天下之難物於故也[1]。"

子墨子言曰:"天下之士君子,特不識其利、辯其故也[2]。今若夫攻城野戰,殺身爲名,此天下百姓之所皆難也。若君説之[3],則士衆能爲之,况於兼相愛,交相利,則與此異。夫愛人者,人必從而愛之;利人者,人必從而利之;惡人者,人必從而惡之;害人者,人必從而害之。此何難之有?特上弗以爲政,士不以爲行故也[4]。昔者晉文公好士之惡衣[5],故文公之臣,皆牂羊之裘[6],韋以帶劍[7],練帛之冠,入以見於君[8],出以踐於朝。是其故何也?君説之,故臣爲之也。昔者楚靈王好士細要[9],故靈王之臣皆以一飯爲節[10],脅息然後帶[11],扶牆然後起。比期年,朝有黧黑之色[12]。是其故何也?君説之,故臣能之也。

昔越王句踐好士之勇，教馴其臣，和合之[13]。焚舟失火，試其士曰：'越國之寶盡在此。'越王親自鼓其士而進之[14]。士聞鼓音，破碎亂行，蹈火而死者[15]，左右百人有餘。越王擊金而退之。"是故子墨子言曰："乃若夫少食、惡衣、殺人而爲名[16]，此天下百姓之所皆難也；若苟君説之[17]，則衆能爲之，况兼相愛，交相利，與此異矣。夫愛人者，人亦從而愛之；利人者，人亦從而利之；惡人者，人亦從而惡之；害人者，人亦從而害之。此何難之有焉？特上不以爲政，而士不以爲行故也。"

【注釋】

[1]兼：指兼愛。物：事。於：通"迂"。"迂故"指迂遠難行之事。[2]特：只，不過。辯：通"辨"，分辨。[3]説(yuè)：即"悦"。[4]惡(wù)：厭惡，不喜歡。上：君主。士：做官的人。[5]惡(è)衣：粗劣的衣服。[6]牂(zāng)：母羊。裘：皮衣。[7]韋：熟牛皮。帶：佩帶。[8]練帛：白色的熟絹。踐：踏。[9]楚靈王：春秋時楚君。細要：即細腰。要：即"腰"。[10]一飯：一頓飯。節：節制。[11]脅息：斂縮氣息。帶：動詞，繫上腰帶。[12]比：等到。期(jī)年：一周年。黧：色黑而黄。色：面色，臉色。[13]句(gōu)踐：春秋末年越國國君。馴：通"訓"。和合：和睦同心。[14]鼓：擊鼓。古代作戰，擊鼓進軍，鳴金收兵。進：動詞的使動用法。下文"退"用法同此。[15]碎：疑爲"萃"之借字(依孫詒讓説)，行列。蹈：踏，踩。[16]乃若、夫(fú)：都是句首語氣詞，這是多個語氣詞的連用。少食：吃得少，指楚靈王之臣節制飲食。惡(è)衣：用如動詞，指晋文公的大臣穿粗劣的衣服。殺人：指越王句踐的兵士勇於犧牲生命。爲名：求名。[17]若苟：假若，如果。

然而今天下之士君子曰："然，乃若兼則善矣，雖然，不可行之物也，譬若挈太山越河濟也[1]。"

子墨子言："是非其譬也。夫挈太山而越河濟，可謂畢劫有力矣[2]，自古及今未有能行之者也。况乎兼相愛、交相利，則與此異，古者聖王行之。……"是故子墨子言曰："今天下之君子，忠實欲天下之富而惡其貧，欲天下之治而惡其亂，當兼相愛交相利，此聖王之法，天下之治道也，不可不務爲也[3]。"

【注釋】

[1]物：事。挈(qiè)：提著，提起。太山：泰山。越：超越，跨越。河：黄河。濟：濟水。[2]劫：爲"劼"之誤。畢劼：有力的樣子。[3]忠：通"中"，内心。實：實在，的確。惡(wù)：厭惡，不喜歡。治道：治理的辦法。務爲：努力去做。

韓非子

【解題】

《韓非子》爲戰國末期韓非所作,是法家思想的代表作。《韓非子》今傳五十五篇,與《漢書·藝文志》所載相符。其中大部分篇章爲韓非所作,如《五蠹》、《顯學》、《定法》、《難勢》、《問辯》、《孤憤》等,保存了韓非的有關思想及古代歷史的許多珍貴資料。《韓非子》在先秦諸子散文中很有特色,行文嚴刻峻峭,謹嚴細致,對後代散文産生了一定影響。

韓非(約前280～前233),韓國諸公子,爲當時儒家學派大師荀卿的學生。韓非繼承和發展了荀子思想中的法術成分,吸取了以前的法家學説,成爲先秦法家思想的集大成者。秦始皇十四年(前233),因受李斯讒害,下獄自殺。其著述後人編輯成《韓非子》。韓非反對儒家的"禮治",提倡"法治",提出以"術"(君主駕馭臣下的方法)和"勢"(統治的權力)與"法"相結合,君主乘勢執術,臣下守法奉令,主張用嚴刑峻法進行統治。《韓非子》繼承了荀子的唯物主義思想,反對復古,反對法先王,具有歷史發展的觀點。《韓非子》的法治學説爲建立中央集權的封建專制制度奠定了理論基礎,後來基本上被秦始皇采用。

《韓非子》通行的注本是清人王先慎《韓非子集解》,今人陳奇猷《韓非子集釋》、梁啟雄《韓子淺解》的資料比較完備,可資參考。本教材所依據的版本爲梁啟雄《韓子淺解》(中華書局1960年)。

五蠹(節選)[1]

儒以文亂法,俠以武犯禁,而人主兼禮之[2],此所以亂也。夫離法者罪,而諸先生以文學取[3];犯禁者誅,而群俠以私劍養[4]。故法之所非,君之所取;吏之所誅,上之所養也。法趣上下,四相反也,而無所定[5]。雖有十黄帝[6],不能治也。故行仁義者非所譽,譽之則害功[7];工文學者非所用[8],用之則亂法。楚之有直躬,其父竊羊而謁之吏[9]。令尹曰:"殺之[10]。"以爲直於君而曲於父,報而罪之[11]。以是觀之,夫君之直臣,父之暴子也[12]。魯人從君戰。三戰三北[13]。仲尼問其故,對曰:“吾有老父,身死莫之養也。”仲尼以爲孝,舉而上之[14]。以是觀之,夫父之孝子,君之背臣也[15]。故令尹誅而楚姦不上聞[16],仲尼賞而魯民易降北,上下之利,若是其異也。而人主兼舉匹夫之行,而求致社稷之福,必不幾矣[17]。

【注釋】

[1]蠹(dù):蛀蟲。韓非將儒者、遊俠、縱横家、患御者(國君的近臣)、商工之民合稱爲五蠹,認爲這五種人都是對國家有害的人。韓非在文章中斥責五蠹,同時抨擊時政,提出重農尚武、以法治國的主張。本文是闡發韓非法家思想的代表作。[2]儒:儒家。文:指古代的文獻經典。法:法令,法制。俠:遊俠。禁:指國家的禁令。人主:人君,國君。兼禮之:同時以禮對待他們。[3]離:通“罹”,觸犯。罪:治罪。諸先生:指儒生。文學:古代經典文獻。取:被録用。[4]以私劍養:靠行刺的行徑被供養。[5]法:指法之所非。趣:通“取”,指君之所取。上:指上之所養。下:指吏之所誅。無所定:没有確定的標準。[6]黄帝:軒轅氏,遠古時期的帝王,傳説中的中華民族的祖先,被法家推崇爲實行法治的聖王。[7]非所譽:不是應該稱贊的。功:事情,指耕戰之事。[8]工:擅長。[9]直躬:直身而行的人。謁:稟告。[10]令尹:楚國的最高官職名,相當於宰相。之:這裏指代“直躬”。[11]曲:不直,此指不孝。報:判决。[12]暴子:逆子,不孝之子。暴:凶惡。[13]北:即敗北,逃跑。[14]舉:舉薦。[15]背臣:叛臣。[16]姦:此指邪惡之事。上聞:向上報告使國君知道。[17]舉:稱贊。幾:達到。

古者蒼頡之作書也,自環者謂之“私”,背私謂之“公”[1]。公私之相背也,乃蒼頡固以知之矣[2]。今以爲同利者[3],不察之患也。然則爲匹夫計者,莫如脩行義而習文學[4]。行義脩則見信,見信則受事;文學習則爲明師,爲明師則顯榮[5]。此匹夫之美也。然則無功而受事,無爵而顯榮,有政如此,則國必亂,主必危矣。故不相容之事,不兩立也。斬敵者受賞,而高慈惠之行[6];拔城者受爵禄[7],而信廉愛之説;堅甲厲兵以備難,而美薦紳之飾[8];富國以農,距敵恃卒[9],而貴文學之士;廢敬上畏法之民,而養遊俠私劍之屬;舉行如此,治强不可得也[10]。國平養儒俠,難至用介士[11],所利非所用,所用非所利。是故服事者簡其業[12],而遊學者日衆,是世之所以亂也。……

【注釋】

[1]蒼頡:即倉頡,相傳是黄帝的史官、我國文字的創造者。自環:自繞。私:應當寫作“厶”。古文“厶”作“〇”,故曰“自環”。公:從“八”從“厶”,“八”有分開、分解、分散之義。[2]固:本來。以:通“已”。[3]同利:指公私利益一致。[4]計:考慮。脩:通“修”。行:當作“仁”,下句“行”亦同此(依王先慎説)。[5]受事:接受工作。顯榮:顯貴榮耀。[6]高:形容詞的意動用

法,以……爲高。[7]拔:攻克。[8]美:形容詞的意動用法,以……爲美。薦:通"搢",插。紳:大帶。古時仕官者插笏於帶間,因稱士大夫爲薦紳,又稱爲縉紳。[9]距:通"拒"。恃:依靠。[10]舉行:行動,舉動。治:和"亂"相對,指政治清明、國家太平。强:强盛。[11]平:太平。介士:武士。介:甲骨文字形像人身上穿著鎧甲,即"甲"。[12]服事:服役,指勞動、做事。簡:怠慢,荒疏。

今境内之民皆言治,藏商、管之法者家有之[1],而國愈貧;言耕者衆,執耒者寡也[2]。境内皆言兵,藏孫、吴之書者家有之,而兵愈弱;言戰者多,被甲者少也[3]。故明主用其力,不聽其言;賞其功,必禁無用;故民盡死力以從其上。夫耕之用力也勞,而民爲之者,曰:可得以富也[4];戰之爲事也危,而民爲之者,曰:可得以貴也。今修文學,習言談,則無耕之勞而有富之實,無戰之危而有貴之尊,則人孰不爲也?是以百人事智而一人用力[5]。事智者衆,則法敗;用力者寡,則國貧。此世之所以亂也。故明主之國,無書簡之文[6],以法爲教;無先王之語[7],以吏爲師;無私劍之捍[8],以斬首爲勇。是境内之民,其言談者必軌於法,動作者歸之於功,爲勇者盡之於軍[9]。是故無事則國富,有事則兵强,此之謂王資[10]。既畜王資而承敵國之舋,超五帝侔三王者[11],必此法也。

【注釋】

[1]商:商鞅,戰國衛人,輔佐秦孝公變法,使秦國富强。管:管仲,春秋齊人,相齊桓公富國强兵,使之成爲春秋五霸之首。家:每家。[2]耒:一種翻土農具。[3]孫:孫武,春秋齊人,以兵法被吴王闔閭用爲將。另外,戰國時齊人孫臏,亦爲軍事家。兩人都有兵書。吴:吴起,戰國衛人,先爲魏文侯將,後爲楚悼王令尹,軍事家。被(pī):即"披"。[4]可得以富:能够靠(耕種)富裕。[5]事智:從事智力活動。用力:指用體力勞動。[6]書簡:書籍。[7]先王:指古代聖王。[8]捍:通"扞",觸犯,干犯。[9]軌:遵循。動作者:指勞動者。歸:使動用法。功:事,指耕作之事。盡之:使之盡,使他們全部到……去。[10]王資:建立王業的資本。資:資本。[11]畜:通"蓄",積蓄。承:通"乘",趁機。舋(xìn):間隙,指破綻。五帝:傳説中上古的五個帝王,一般指黄帝、顓頊、帝嚳(kù)、堯、舜。侔(móu):相等。三王:指夏禹、商湯、周文王和周武王。

今則不然。士民縱恣於内,言談者爲勢於外[1]。外内稱惡,以待强敵,不亦殆乎[2]?故群臣之言外事者,非有分於從衡之黨,則有仇讎之患,而借力於國也[3]。從者,合衆弱以攻一强也;而衡者,事一强以攻衆弱也。皆非所以持國也。今人臣之言衡者,皆曰:"不事大,則遇敵受禍矣!”事大未必有實,則舉圖而委,效璽而請兵矣[4]。獻圖則地削,效璽則名卑。地削則國削,名卑則政亂矣。事大爲衡,未見其利也,而亡地亂政矣。人臣之言從者,皆曰:“不救小而伐大,則失天下[5],失天下則國危,國危而主卑。”救小未必有實,則起兵而敵大矣。救小未必能存,而交大未必不有疏[6],有疏則爲强國制矣。出兵則軍敗,退守則城拔。救小爲從,未見其利,而亡地敗軍矣。

【注釋】

[1]士民:指儒士、遊俠。縱恣:放縱,驕横。内:指國内。言談者:指縱横家。爲勢於外:指憑藉國外力量造成自己的權勢。[2]稱惡:做壞事。稱:舉,行。惡:指壞事。殆:危險。[3]外事:外交事務。分:情分,指關係。從:通“縱”,即合縱,戰國時合六國之力共同對付强秦的主張。衡:通“横”,連横,秦國分别同六國結成聯盟以各個擊破的主張。仇讎:仇怨。借力於國:借助於國家的力量。[4]未:衍文(依俞樾説,見《諸子平議》)。下文“救小未必有實”中的“未”同此。實:實際行動。圖:地圖。委:托付。效:獻。璽:國君的印。兵:衍文(依俞樾説,見《諸子平議》)。[5]失天下:指失去天下人的信任。[6]交:當爲“敵”(依王先慎説)。

是故事强,則以外權市官於内[1];救小,則以内重求利於外[2]。國利未立,封土厚禄至矣。主上雖卑,人臣尊矣;國地雖削,私家富矣。事成,則以權長重;事敗,則以富退處[3]。人主之聽説於其臣,事未成而爵禄已尊矣。事敗而弗誅,則遊説之士,孰不爲用矰繳之説,而徼倖其後[4]?故破國亡主,以聽言談者之浮説[5],此其故何也?是人君不明乎公私之利,不察當否之言,而誅罰不必其後也[6]。皆曰:“外事,大可以王[7],小可以安。”夫王者,能攻人者也,而安則不可攻也,强則能攻人者也,治則不可攻也。治强不可責於外,内政之有也[8]。今不行法術於内,而事智於外,則不至於治强矣[9]。……

【注釋】

[1]外權:國外勢力。市:買,指取得。内:國内。[2]内重:指國内權勢。外:指國外。[3]長重:長期受重用。退處:指退居。[4]矰繳(zhuó):一種射鳥的工具,這裏指縱横家用來獵取功名的言辭。矰:繫有絲繩用以射鳥的短箭。繳:繫在短箭上的生絲繩。徼倖其後:指如果事敗則能徼倖免於禍患。[5]浮説:虚言浮辭。[6]當:適當。否:與“當”相對,指不適當。必:一定。[7]外事:應當爲“事外”。王(wàng):稱王,統一天下。[8]責:求。外:指外交活動。有:取得。[9]事智:動腦筋,指外交計謀。至:達到。

夫明王治國之政,使其商工遊食之民少而名卑,以寡趣本務而趨末作[1]。今世近習之請行[2],則官爵可買,官爵可買,則商工不卑也矣。姦財貨賈得用於市[3],則商人不少矣。聚斂倍農,而致尊過耕戰之士,則耿介之士寡。而高價之民多矣[4]。

【注釋】

[1]遊食:不務農而食。寡:衍文(依《韓非子纂聞》)。趣:通"趨",趨向。本務:根本的事務,指農耕之事。趨:當爲"外"(依王先慎説),有排斥、疏遠之義。末作:不重要的行業。古籍中言本末時,末常指工商而言。[2]近習:君主親近的人。請:請求。行:實行。[3]貨賈(gǔ):指商業活動。用:指施行。[4]聚斂:指聚集財物。倍農:是農民收入的一倍。致尊:得到社會的尊重。致:得到。過:超過。耿介:光明正大。高價:當爲"商賈"(依《韓非子纂聞》)。

是故亂國之俗:其學者,則稱先王之道以籍仁義,盛容服而飾辯説,以疑當世之法,而貳人主之心[1]。其言古者,爲設詐稱,借於外力,以成其私,而遺社稷之利[2]。其帶劍者,聚徒屬立節操以顯其名,而犯五官之禁[3]。其患御者,積於私門,盡貨賂,而用重人之謁,退汗馬之勞[4]。其商工之民,修治苦窳之器,聚沸靡之財,蓄積待時,而侔農夫之利[5]。此五者,邦之蠹也。人主不除此五蠹之民,不養耿介之士,則海内雖有破亡之國,削滅之朝,亦勿怪矣[6]。

【注釋】

[1]以:而。籍:通"藉",憑藉。盛容服:使容飾和衣冠華美。盛:形容詞用作使動。飾辯説:修飾辭令。疑:迷惑,惑亂。貳:不專一,這裏是使動用法。[2]古:當爲"談"(依顧廣圻説,見《韓非子識誤》)。爲設:指虚構事實。爲:即"僞"。詐稱:謊稱。遺:遺弃,不管,不顧。[3]徒屬:黨徒,門徒。五官:指司徒、司空、司馬、司士、司寇五官,這裏用來泛指百官。[4]私門:私家之門。貨賂:財物。重人:權重之人。謁:請托。汗馬之勞:指戰功。[5]修治:制造,制作。苦窳(yǔ):粗劣。沸靡:奢侈揮霍。侔:通"牟",謀取,求得。[6]削滅:遭到削弱滅亡。勿怪:"勿怪之"的省略,不要認爲奇怪。

練習(二)

一、解釋下面句子中加點字的意義。

1. 今夫蹶者趨者,是氣也,而反動其心。
2. 宋人有閔其苗之不長而揠之者,芒芒然歸。
3. 詖辭知其所蔽,淫辭知其所陷,邪辭知其所離,遁辭知其所窮。

4. 伯夷、伊尹於孔子,若是班乎?

5. 得百里之地而君之,皆能以朝諸侯,有天下。

6. 宰我、子貢、有若,智足以知聖人,汙不至阿其所好。

7. 見其禮而知其政,聞其樂而知其德,由百世之後,等百世之王,莫之能違也。

8. 儒者之道,古之人若保赤子。

9. 之則以爲愛無差等,施由親始。

10. 其親死,則舉而委之於壑。

11. 掩之誠是也,則孝子仁人之掩其親,亦必有道矣。

12. 後王之成名:刑名從商,爵名從周,文名從《禮》。

13. 今諸侯獨知愛其國,不愛人之國,是以不憚舉其國,以攻人之國。

14. 天下之人皆相愛,强不執弱,衆不劫寡,富不侮貧,貴不敖賤,詐不欺愚。

15. 故行仁義者非所譽,譽之則害功;工文學者非所用,用之則亂法。

16. 魯人從君戰。三戰三北。

17. 而人主兼舉匹夫之行,而求致社稷之福,必不幾矣。

18. 是故服事者簡其業,而遊學者日衆,是世之所以亂也。

19. 境内皆言兵,藏孫、吴之書者家有之,而兵愈弱;言戰者多,被甲者少也。

20. 其患禦者,積於私門,盡貨賂,而用重人之謁,退汗馬之勞。

二、説明下面句子中加點字的詞性、功能和意義。

1. 夫志,氣之帥也;氣,體之充也。

2. 惡! 是何言也?

3. 孟子曰:"吾固願見,今吾尚病,病癒,我且往見。夷子不來!"

4. 蓋上世嘗有不葬其親者。其親死,則舉而委之於壑。

5. 一齊人傅之,衆楚人咻之,雖日撻而求其齊也,不可得矣。

三、用漢語拼音給下面句子中的加點字注音。

1. 敢問夫子惡乎長。

2. 宋人有閔其苗之不長而揠之者,芒芒然歸。

3. 夷子憮然爲閒曰:"命之矣。"

4. 故其民莫敢託爲奇辭以亂正名,故其民慤。

5. 比期年,朝有黧黑之色。

四、將下面文字譯爲現代漢語。

名無固宜,約之以命,約定俗成謂之宜,異於約則謂之不宜。名無固實,約之以命實,約定俗成謂之實名。名有固善,徑易而不拂,謂之善名。物有同狀而異所者,有異狀而同所者,可別也。狀同而爲異所者,雖可合,謂之二實。狀變而實無別而爲異者,謂之化。有化而無別,謂之一實。此事之所以稽實定數也,此制名之樞要也。

五、填空。

1.《孟子》最早的注本是東漢趙岐的(　　),南宋(　　)的《孟子集注》(在其《四書章句集注》中)、清(　　)的《孟子正義》是重要的注本。

2. 荀子是戰國(　　)國人,後期(　　)學派的代表人物,傑出的唯物主義思想家、教育家。

六、背誦。

《正名》中"然後隨而命之"至"後王之成名,不可不察也"一段。

七、用現代標點符號標點下列文字。

昔者彌子瑕見愛於衛君衛國之法竊駕君車者罪至刖既而彌子之母病人聞往夜告之彌子矯駕君車而出君聞之而賢之曰孝哉爲母之故而犯刖罪與君游果園彌子食桃而甘不盡而奉君君曰愛我哉忘其口而念我及彌子色衰而愛弛得罪於君君曰是嘗矯駕吾車又嘗食我以其餘桃故彌子之行未變於初也前見賢而後獲罪者愛憎之至變也故有愛於主則知當而加親見憎於主則罪當而加疏故諫説之士不可不察愛憎之主而後説之矣夫龍之爲蟲也可擾狎而騎也然其喉下有逆鱗徑尺人有嬰之則必殺人

通　論

(九)古代漢語的代詞

古代漢語代詞體系在甲骨卜辭中還不完備,到春秋戰國時期則有了全面的充實和發展,人稱代詞和指示代詞大大豐富,産生了一整套疑問代詞。

古代漢語代詞體系與現代漢語代詞體系有一定差異,除了有許多與現代漢語完全不同的形式外,還有一些現代漢語所没有的代詞類型,如無定代詞"或、莫",輔助性代詞"者、所"。

一、人稱代詞

古代漢語人稱代詞大致可以分爲三類：

1. 第一人稱代詞

上古漢語的第一人稱代詞有“我、余、朕、吾、卬(áng)、台(yí)、予”等。例如：

父母之不我愛，於我何哉？(《孟子·萬章上》)

名余曰正則兮，字余曰靈均。(屈原《離騷》)

爾謂朕曷震動萬民以遷。(《尚書·盤庚》)

我張吾三軍而被吾甲兵。(《左傳·桓公六年》)

人涉卬否，卬須我友。(《詩經·邶風·匏有苦葉》)

非台小子敢行稱亂。(《尚書·湯誓》)

嗟予子，行役夙夜無已。(《詩經·魏風·陟岵》)

這些人稱代詞出現的頻率和環境各不相同。

“我”在先秦作品中應用普遍，可以充當主語、賓語、定語，例如：

我未見力不足者。(《論語·里仁》)

如有復我者，則吾必在汶上矣。(《論語·雍也》)

此非吾君也，何其聲之似我君也。(《孟子·盡心上》)

“我”的這些用法，現代漢語中依然常用。

“吾”在先秦作品中一般作主語和定語，作賓語則通常出現在否定句中，位置在動詞前。例如：

我善養吾浩然之氣。(《孟子·公孫丑上》)

今者吾喪我，汝知之乎？(《莊子·齊物論》)

居則曰：“不吾知也。”(《論語·先進》)

漢代以後，“吾”和“我”在口語中逐漸合一，也可以出現在動詞後面作賓語。例如《三國志·蜀書·先主傳》：“今人歸吾，吾何忍弃去！”書面語中“吾”的出現頻率變少。

“余、予”的用法一致，實際上是同一個詞的不同書寫形式，在書寫上有時代的差異。它們都可以作主語、賓語、定語。例如：

予既烹而食之。(《孟子·萬章上》)

自始合，而矢貫余手及肘。(《左傳·成公二年》)

王如用予，則豈徒齊民安？天下之民舉安。(《孟子·公孫丑下》)

“朕”在先秦作品中是第一人稱代詞，從商代卜辭到周秦，呈現出逐漸衰落的趨勢。秦始皇二十六年規定“朕”爲天子自稱，臣下不得使用，以後一直沿用下來。

“台”見於《尚書》和東周銅器銘文，“卬”則偶見於《詩經》和《尚書》。

上古漢語中還常以“孤、寡人、不穀、臣、僕”等作爲自己的謙稱，它們都是名詞而不是代詞，但在句中起稱代作用。例如：

秦伯素服郊次，鄉師而哭曰：“孤違蹇叔，以辱二三子，孤之罪也。”（《左傳·僖公三十三年》）

吾不能早用子，今急而求子，是寡人之過也。（《左傳·僖公三十年》）

豈不穀是爲？先君之好是繼，與不穀同好，何如？（《左傳·僖公四年》）

聶政曰：“臣所以降志辱身居市井屠者，徒幸以養老母。”（《史記·刺客列傳》）

太子曰：“僕病未能也。”（枚乘《七發》）

此外，古人也常常自稱其名作爲一種謙稱。例如：

孔子曰：“求，君子疾夫舍曰欲之而必爲之辭。丘也聞有國有家者，不患寡而患不均，不患貧而患不安。”（《論語·季氏》）

孔子自稱其名“丘”。

將諫，士季曰：“諫而不入，則莫之繼也。會請先，不入，則子繼之。”（《左傳·宣公二年》）

士季名會，這裏也是自稱爲“會”。

六朝時期，“身”用於自稱代替第一人稱代詞的用法也很普遍。例如：

使飛將二十騎拒後。飛據水斷橋，瞠目橫矛曰：“身是張翼德也，可來共決死！”（《三國志·蜀書·張飛傳》）

丞相自起，解帳帶麈尾，語殷曰：“身今日當與君共談析理。”（《世説新語·文學》）

中古以後，“奴、臣”等也逐漸由第一人稱代詞的謙稱發展爲第一人稱代詞。例如：

夫人語大王曰：“占看氣色，道奴身亡，即後七朝，已過兩日。臣今恐命定不存留，暫擬歸舍，辭別父母，伏願帝聽，放奴歸家。”（《敦煌變文集·歡喜國王緣》）

2. 第二人稱代詞

上古漢語第二人稱代詞有“女（汝）、乃、爾、而、若、戎”等。

“女”在甲骨文中即已出現，“汝”與“女”是同詞異字，甲骨文、金文、《詩經》、《論語》、《左傳》用“女”，《尚書》用“汝”，《孟子》、《荀子》、《莊子》等兩字並用，漢以後一般用“汝”不用“女”。“女、汝”主要作主語、賓語、定語。例如：

上帝臨女，無貳爾心！（《詩經·大雅·大明》）

吾與汝事夫子於洙泗之間，退而老於西河之上，使西河之民疑汝於夫子，爾罪一也。（《禮記·檀弓上》）

曩者使女狗白而往，黑而來，子豈能毋怪哉？（《韓非子·説林下》）

"汝"在六朝及唐宋仍然廣泛使用，並逐漸取代了上古的其他第二人稱代詞。

"乃"在甲骨文中已出現，只用作定語，周秦以後偶有作主語的情況。如：

余嘉乃勛。（《左傳·僖公十二年》）

今欲發之，乃肯從我乎？（《漢書·翟方進傳》）

"爾"始見於金文，先秦典籍中普遍應用，常用作定語，也可以作主語、賓語。例如：

我無爾詐，爾無我虞。（《左傳·宣公十五年》）

盍各言爾志！（《論語·公冶長》）

以爾車來，以我賄遷。（《詩經·衛風·氓》）

今常用的第二人稱代詞"你"即從"爾"分化而來，中古以後使用頻繁。例如：

武成因怒李后，罵紹德曰："你父打我時，竟不來救！"（《北齊書·文宣四王傳》）

化及墨然，俯視良久，乃瞋目大言曰："共你論相殺事，何須作書語邪？"（《隋書·李密傳》）

"而"作代詞在春秋以後盛行，主要作主語和定語，不作賓語。例如：

夫差，而忘越王之殺而父乎？（《左傳·定公十四年》）

且而與其從辟人之士也，豈若從辟世之士哉？（《論語·微子》）

威王勃然怒曰："叱嗟！而母，婢也。"（《戰國策·趙策三》）

"若"在金文中偶有出現，上古漢語中可以作主語、定語、賓語。例如：

使若國家蕃昌，子孫茂，毋失。（《墨子·明鬼下》）

我勝若，若不吾勝，我果是也，而果非也邪？（《莊子·齊物論》）

吾翁即若翁，必欲烹而翁，則幸分我一桮羹。（《史記·項羽本紀》）

"戎"僅見於《詩經·大雅》，作主語和定語。例如：

周邦咸喜，戎有良翰。（《詩經·大雅·崧高》）

纘戎祖考，王躬是保。（《詩經·大雅·烝民》）

古代稱人時常用敬稱"子、君、先生、公、足下"等名詞稱呼對方。例如：

將子無怒，秋以爲期。（《詩經·衛風·氓》）

其妻曰："君美甚，徐公何能及君也。"（《戰國策·齊策一》）

今吾事先生久矣。(《墨子・公孟》)

夜乃解縱所送徒曰:"公等皆去,吾亦從此逝矣!"(《史記・高祖本紀》)

今足下遠歸,揚名於匈奴,功顯於漢室。(《漢書・蘇武傳》)

上古還有"夫子、執事"等亦爲敬稱,漢魏以後又有"卿"等出現,不過這些敬稱依然是名詞而非代詞。例如:

若亡鄭而有益於君,敢以煩執事。(《左傳・僖公三十年》)

弟子厭觀之,走及匠石,曰:"自吾執斧斤以隨夫子,未嘗見材如此其美也。先生不肯視,行不輟,何邪?"(《莊子・人間世》)

阮裕嘗戲之曰:"卿志大宇宙,勇邁終古。"(《晉書・何充傳》)

3. 第三人稱代詞

上古漢語中,嚴格地説没有用法完備的純粹的第三人稱代詞,往往借用"其、之、彼"等指示代詞來指稱第三者。

"其"指代第三人稱時,一般作定語,表示領屬關係。例如:

龍戰於野,其血玄黄。(《易經・坤上》)

北冥有魚,其名爲鯤。(《莊子・逍遥遊》)

"其"有時作主謂詞組或分句的主語,但是這時"其"所代替的是"名詞+之"。例如:

其爲人也,發憤忘食,樂以忘憂,不知老之將至云爾。(《論語・述而》)

客人不知其是商君也。(《史記・商君列傳》)

且夫水之積也不厚,則其負大舟也無力。(《莊子・逍遥遊》)

"其"獨立作單句主語的情況在上古罕見。

"之"指代第三人稱,起源很早,甲骨文、金文中都有,絶大多數作賓語。例如:

愛共叔段,欲立之。(《左傳・隱公元年》)

子曰:"我非生而知之者,好古,敏以求之者也。"(《論語・述而》)

臣聞上古王者之遣將也,跪而推轂,曰閫以内者,寡人制之;閫以外者,將軍制之。(《史記・張釋之馮唐列傳》)

"之"可以指代人,也可以指代時間、地點、事物。

"彼"指代第三人稱在春秋戰國以後出現得比較多,可以作主語、定語、賓語。例如:

彼,君之讎也,天或者將弃彼矣。(《左傳・襄公二十七年》)

孫子曰:"今以君之下駟與彼上駟,取君上駟與彼中駟,取君中駟與彼

下駟。"(《史記·孫子吴起列傳》)

魏晋以後,第三人代稱詞系統逐步完備。其表現如下:

第一,"其"的使用範圍擴大,可以作句子的主語和賓語。例如:

乞白服相見,其永不肯。(《南齊書·垣榮祖傳》)

我有一兒,年已十七,頗曉書疏,教其鮮卑語及彈琵琶。(《顔氏家訓·教子》)

第二,魏晋以後又産生了一些新的第三人稱代詞,如"渠、伊"等,至唐宋一直都在普遍運用。例如:

女婿昨來,必是渠所竊。(《三國志·吴書·趙達傳》)

渠笑我在後,我笑渠在前。(寒山《詩三百三首》之三六)

王僧恩輕林公。藍田曰:"勿學汝兄,汝兄自不如伊。"(《世説新語·品藻》)

我爲伊索得元家女。(《隋書·文四子傳》)

第三,現代漢語第三人稱代詞"他"産生於南北朝時期,在唐代口語裏大大發展了,宋代以後在口語中佔據絶對優勢,以致逐漸取代了"渠、伊",並一直使用到今天。

學習古代漢語中的人稱代詞還應注意兩點:

第一,古代漢語人稱代詞單複數同形,要通過上下文區分其是單數還是複數。如果要表示不止一人,可以在第一、第二人稱代詞後加上"儕、屬、曹"等。例如:

吾儕何知焉?(《左傳·昭公二十四年》)

不者,若屬皆且爲所虜。(《史記·項羽本紀》)

吾愛之重之,不願汝曹效也。(《後漢書·馬援傳》)

但是"儕、屬、曹"的意義比較具體,是實詞而不是虚詞,加在代詞後表示"(我們或你們)這班人",與現代漢語的"你們、我們"的結構和意義均不同。

第二,古代漢語人稱代詞比現代用得少,主要是由於兩個原因:一是因爲古代漢語省略主語的地方較多,另一方面是很多地方用謙稱和尊稱代替了人稱代詞。

二、指示代詞

古代漢語指示代詞分爲近指、遠指、旁指、虚指、無定指、特指等類型。

1. 近指代詞

上古漢語近指代詞有"是、此、茲、時、斯、之"等。

“玆”出現最早，甲骨文中已出現，在戰國以前廣泛使用，戰國以後逐漸從口語中消失。它可以作主語、定語、賓語。例如：

念玆皇祖，陟降庭止。（《詩經・周頌・閔予小子》）

君富於季氏，而大於魯國，玆陽虎所欲傾覆也。（《左傳・定公九年》）

子畏於匡，曰：“文王既没，文不在玆乎！”（《論語・子罕》）

“是”在周代金文及《易》、《詩經》、《尚書》中出現，並逐漸盛行，可以作主語、定語、賓語。例如：

孔子謂季氏：“八佾舞於庭，是可忍也，孰不可忍也？”（《論語・八佾》）

魏武子有嬖妾，無子。武子疾，命顆曰：“必嫁是！”（《左傳・宣公十五年》）

是鳥也，海運則將徙於南冥。（《莊子・逍遥遊》）

“是”還可以用來複指前置的賓語，參見本書通論（五）《古代漢語的詞序》。

“時”主要用於《尚書》和《詩經》中，與“是”的作用相近，只是應用範圍要小一些。例如：

厥初生民，時維姜嫄。（《詩經・大雅・生民》）

率時農夫，播厥百穀。（《詩經・周頌・噫嘻》）

帝曰：“我其試哉！女於時，觀厥刑於二女。”（《尚書・堯典》）

“此”作指示代詞在《詩經》時代以後廣泛應用，可以作主語、定語、賓語。例如：

大任有身，生此文王。維此文王，小心翼翼。（《詩經・大雅・大明》）

魯君之宋，呼於垤澤之門，守者曰：“此非吾君也，何其聲之似我君也？”（《孟子・盡心上》）

庚辰，陳恒執公於舒州，公曰：“吾早從鞅之言，不及此。”（《左傳・哀公十四年》）

“斯”在《論語》等書中常用，也可以用作主語、定語、賓語。例如：

斯人也而有斯疾也！斯人也而有斯疾也！（《論語・雍也》）

子在川上曰：“逝者如斯夫，不舍晝夜！”（《論語・子罕》）

子謂子賤：“君子哉若人！魯無君子者，斯焉取斯？”（《論語・公冶長》）

“之”作指示代詞一般放在名詞前面作定語，例如：

之子于歸，宜其室家。（《詩經・周南・桃夭》）

之二蟲又何知？（《莊子・逍遥遊》）

“之”也可以用來表示近指，也可以遠指，所以“之”字可以翻譯成“這”或

"那"。

唐代産生了近指代詞"這",一直沿用至今。

2. 遠指代詞

上古漢語遠指代詞有"彼、匪、夫、其"等。

"彼"的指示性很强,與"此"相對。可作主語、定語、賓語。例如:

是以聖人爲腹不爲目,故去彼取此。(《老子》第十二章)

陟彼崔嵬,我馬虺隤。(《詩經·周南·卷耳》)

彼亦一是非,此亦一是非。(《莊子·齊物論》)

"匪"和"彼"音近,《詩經》中常用,主要作定語。例如:

匪風發兮,匪車偈兮。(《詩經·檜風·匪風》)

如匪行邁謀,是用不得於道。《詩經·小雅·小旻》

"夫(fú)"主要作主語、定語,例如:

非夫人之爲慟而誰爲?(《論語·先進》)

此一是非,隅曲也;夫一是非,宇宙也。(《淮南子·齊俗》)

比較而言,"夫"的指示性較弱,尤其是放在句首時,常常可以不譯。例如:

夫人必自侮,然後人侮之;家必自毁,而後人毁之。(《孟子·離婁上》)

"其"有時也作遠指代詞,例如:

其巫,老女子也,已年七十。(《史記·滑稽列傳》)

六朝時,遠指代詞"那"産生,並一直沿用至今。

3. 旁指代詞

旁指代詞又稱他指代詞,上古主要用"他(它、佗)",可作賓語、定語、主語。例如:

之死矢靡它。(《詩經·鄘風·柏舟》)

子不我思,豈無他人?(《詩經·鄭風·褰裳》)

請著功令。佗如律令。(《史記·儒林列傳》)

上古"他(它、佗)"不是第三人稱代詞,意思相當於"别的、旁的、其他"。

4. 虚指代詞

有些人或事物,説話人不知道、不願意或不屑於説出,則用"某"指代。例如:

於是使勇士某者往殺之。(《公羊傳·宣公六年》)

某時某喪,使公主某事,不能辦,以故不任公。(《漢書·項籍傳》)

5. 無定指代詞

無定指代詞即無定代詞,是古代漢語中特有的,常用的有"或"和"莫"。

"或"是肯定性無定指代詞,既可指人,也可指物,表示"有人、有的(物、事)",一般作主語。例如:

或謂季孫曰:"不足以害吴。"(《左傳・哀公八年》)

客有説公子曰:"物有不可忘,或有不可不忘。"(《史記・魏公子列傳》)

有時"或"前出現先行詞,"或"指代其中的一些人或一個人。例如:

唐人或相與謀。(《左傳・定公三年》)

曹人或夢衆君子立於社宫而謀亡曹。(《左傳・哀公七年》)

先秦古籍中"或"一般只用作無定代詞,漢代以後則多用作副詞或連詞。例如:

漢武帝乳母嘗於外犯事,帝欲申憲,乳母求救東方朔。朔曰:"此非唇舌所争,將去時,但當屢顧帝,慎勿言!此或可萬一冀耳。"(《世説新語・規箴》)

今之刑賞,或由喜怒,或出好惡。(《新唐書・魏徵傳》)

"莫"是否定性無定代詞,既可指人,也可以指物,表示"没有人、没有什麽東西"。例如:

溥天之下,莫非王土。(《詩經・小雅・北山》)

殺臣,宋莫能守,乃可攻也。(《墨子・公輸》)

先秦古籍中,"莫"一般可以理解爲無定代詞。漢以後,"莫"逐漸産生新的用法,成爲表示禁止的否定副詞,並沿用至今。例如:

我以第一理期卿,卿莫負我。(《世説新語・寵禮》)

吾亡後,當大荒,雖爾,而慎莫賣宅也。(《搜神記》卷三)

6. 特指代詞

特指代詞"其、爾、然、若"有如此、這樣的意思,與近指代詞不同,它們經常在句子中作定語、狀語或謂語。例如:

富與貴,是人之所欲也;不以其道得之,不處也。(《論語・里仁》)

帝命率育,無此疆爾界。(《詩經・周頌・思文》)

生而同聲,長而異俗,教使之然也。(《荀子・勸學》)

以若所爲,求若所欲,猶緣木而求魚也。(《孟子・梁惠王上》)

富歲子弟多賴,凶歲子弟多暴,非天之降才爾殊也,其所以陷溺其心者然也。(《孟子・告子上》)

中古以後,又有"恁、能、許"等産生。例如:

芳意何能早,孤榮亦自危。(張九齡《庭梅》)

讀書只恁逐段子細看，積累去，則一生讀多少書！（《朱子語類·卷十·學四》）

世間那有千尋竹，月落庭空影許長。（蘇軾《次韻答文與可見寄》）

三、疑問代詞

疑問代詞是針對人、事物、處所等表示詢問的代詞。上古漢語中，"誰、孰"等一般用於問人，"何、曷、奚"等主要用於問事物，"惡(wū)、安焉"等多用於問處所，但其中又有交叉。

"誰"可作主語、賓語、定語和判斷句的謂語。例如：

誰謂河廣？一葦杭之。（《詩經·衛風·河廣》）

有慟乎？非夫人之爲慟而誰爲？（《論語·先進》）

虎兕出於柙，龜玉毁於櫝中，是誰之過與？（《論語·季氏》）

孟嘗君怪之曰："此誰也？"（《戰國策·齊策四》）

"誰"有時也指物，這是從指人的用法引申出來的。例如：

子墨子曰："吾將上太行，駕驥與羊，子將誰驅？"（《墨子·天志》）

"孰"晚於"誰"出現，主要指人，也用於問物，可作主語、賓語、定語、狀語。例如：

孰可以代之？（《左傳·襄公三年》）

聖王有百，吾孰法焉？（《荀子·非相》）

曾不知夏之爲丘兮，孰兩東門之可蕪？（《楚辭·九章·哀郢》）

孰城？衛也。（《公羊傳·僖公二年》）

"誰"和"孰"的用法有差異，就其在句子中的作用而言，"誰"不用作狀語而"孰"可以用作狀語。表示選擇時"誰"只能指人，而"孰"既可指人也可指物。此外，"孰"常和"與"構成"孰與"這種固定結構，用在表示比較或選擇的問句中，例如：

我孰與城北徐公美？（《戰國策·齊策一》）

田侯召大臣而謀曰："救趙孰與勿救？"（《戰國策·齊策一》）

"何"在先秦作品中最爲常見，主要用於問事物，在句子中可作定語、賓語、判斷句謂語以及主語。例如：

萬川歸之，不知何時止而不盈。（《莊子·秋水》）

内省不疚，夫何憂何懼？（《論語·顔淵》）

人之所惡何也？（《荀子·强國》）

公笑曰："子近市，識貴賤乎？"對曰："既利之，敢不識乎！"公曰："何貴？

何賤？"(《左傳·昭公三年》)

"何"又能作狀語，詢問有關的程度、方式、原因等，例如：

君美甚，徐公何能及君也？(《戰國策·齊策一》)

伐孔子之説，何逆於理？(《論衡·問孔》)

"曷"可以作賓語、定語，例如：

曷爲先言王而後言正月？王正月也。(《公羊傳·隱公元年》)

懷哉懷哉，曷月予還歸哉？(《詩經·王風·揚之水》)

是若不行，則湯、武在上曷益？紂在上曷損？(《荀子·榮辱》)

"曷"也常作狀語，用以詢問時間、原因等，例如：

時日曷喪，予及汝偕亡。(《尚書·湯誓》)

高后丕乃崇降罪疾，曰："曷虐朕民？"(《尚書·盤庚》)

"胡"可作賓語、定語，但主要作狀語。例如：

卒然邊境有急，數十百萬之衆，國胡以饋之？(賈誼《論積貯疏》)

然而田原不遇歲，事君不遇世，賓於鄉里，逐於州部，則胡罪乎？(《莊子·達生》)

胡不見我於王？(《墨子·公輸》)

"奚"詢問事物，常作賓語、狀語。例如：

衛君待子而爲政，子將奚先？(《論語·子路》)

或謂孔子曰："子奚不爲政？"(《論語·爲政》)

在詢問事物的疑問代詞中，"曷、胡、奚"的使用範圍比"何"小。"何、奚"有時也可問處所。例如：

今軫不忠其君，楚亦何以軫爲忠乎？忠且見弃，軫不之楚何歸乎？(《史記·張儀列傳》)

彼且奚適也？(《莊子·逍遥遊》)

"安、惡、焉"主要用於詢問處所，除都能作狀語、賓語外，"安"還能作定語。例如：

姜氏欲之，焉辟害？(《左傳·隱公元年》)

先生又惡能使秦王烹醢梁王？(《戰國策·趙策三》)

擇可勞而勞之，又誰怨？欲仁而得仁，又焉貪？(《論語·堯曰》)

子當爲王，欲安所置之？(《史記·滑稽列傳》)

它們作狀語時往往詢問事理，相當於現代漢語的"哪裏"。

四、輔助性代詞“者”和“所”

古代漢語中“者”和“所”有一定的稱代作用，但與其他代詞不同的是它們作代詞時不能獨立充當句子成分，必須放在别的詞語後面或前面，構成“者”字結構和“所”字結構，使整個結構具有名詞性，作爲整體充當句子的一個成分。因此，可以把它們叫做輔助性代詞。

1.“者”

輔助性代詞“者”在上古漢語中主要有兩種用法：

(1)放在動詞、形容詞、數詞或動詞性、形容詞性詞組之後，構成名詞性的“者”字結構，在句子中可以充當主語、賓語、定語。例如：

於是葬死者，問傷者，養生者。(《國語·越語上》)

是故智者之慮必雜於利害。(《孫子兵法·九變》)

吾聞君子務知大者、遠者，小人務知小者、近者。(《左傳·襄公三十一年》)

猛如虎，很如羊，貪如狼，彊不可使者，皆斬之。(《史記·項羽本紀》)

仲尼之徒無道桓文之事者。(《孟子·梁惠王上》)

這種用法一直保存至今。

老而無妻曰鰥，老而無夫曰寡，老而無子曰獨，幼而無父曰孤。此四者，天下之窮民而無告者。(《孟子·梁惠王下》)

必不得已而去，於斯三者何先？(《論語·顔淵》)

“者”放在數詞之後，表示一定的範圍或種類，這種用法保存至今。

(2)放在時間詞之後，構成“者”字結構，在句子中作狀語。例如：

昔者，吾舅死於虎，吾夫又死焉，今吾子又死焉。(《禮記·檀弓下》)

曩者辱賜書，教以慎於接物，推賢進士爲務。(司馬遷《報任安書》)

“者”放在時間詞後的用法現在已没有了。

2.“所”

輔助性代詞“所”常常放在動詞或動詞性詞組前面，構成“所”字結構，“所”指代行爲所涉及的對象、處所等。

(1)“所”＋動詞或動詞性詞組

王之所大欲可得聞與？(《孟子·梁惠王上》)

奪其所憎而與其所愛。(《戰國策·趙策三》)

“所”分别指代“大欲、憎、愛”的對象。

其北陵，文王之所避風雨也。(《左傳·僖公三十二年》)

舟車所至，人力所通，天之所覆，地之所載，日月所照，霜露所墜，凡有血氣者，莫不尊親。（《禮記・中庸》）

"所"指代行爲所涉及的處所。

"所"字結構後還可以加上"者"，作用同"所"字結構。例如：

其所善者，吾則行之；其所惡者，吾則改之。（《左傳・襄公三十二年》）

所愛者，撓法活之；所憎者，曲法誅滅之。（《史記・酷吏列傳》）

"所"字結構雖然是名詞性的，但離開上下文，它本身很難具體表明是什麽人、什麽事物。因此，它後面還可以出現名詞，表示其具體所指的對象。例如：

仲子所居之室，伯夷之所築與？（《孟子・滕文公下》）

秦王謂軻曰："取舞陽所持地圖。"（《史記・刺客列傳》）

這種形式中，"所"字結構後面的名詞也就是"所"後面動詞的受事。

"所"後面如果是名詞、形容詞或名詞性和形容詞性詞組，均用爲動詞。例如：

子所雅言，《詩》、《書》、執禮，皆雅言也。（《論語・述而》）

然則是所重者在乎色樂珠玉，所輕者在乎人民也。（李斯《諫逐客書》）

(2)"所"＋介詞＋動詞或動詞性詞組

"所"後面常常加介詞"以、從、由、爲、與"等，這時"所"指代介詞所介紹的對象，表示行爲賴以實現的工具、手段和方式方法，行爲産生的原因，與行爲有關的人物，行爲動作經由的處所或時間，等等。例如：

驕奢淫佚，所自邪也。（《左傳・隱公三年》）

所由入者隘，所從歸者迂。（《孫子兵法・九地》）

秦之所與鄰者，三晋也。（《商君書・徠民》）

梁乃召故所知豪吏，諭以所爲起大事。（《史記・項羽本紀》）

其中最常見的是"所"加"以"的形式，其用法也最複雜。例如：

計者，所以定大事也，不可不察也。（《韓非子・存韓》）

彼兵者，所以禁暴除害也，非爲奪也。（《荀子・議兵》）

這是用以表示行爲所憑藉的工具、方式、方法。

晋所以霸，師武臣力也。（《左傳・定公十二年》）

吾所以爲此者，以先國家之急而後私讎也。（《史記・廉頗藺相如列傳》）

這是用來説明原因。這種用法現代漢語書面語中還沿用，一般用"之所以"的形式。

此外,現代漢語的"所以"已經發展成爲連詞,與古代漢語"所以"的性質完全不同。

有時候,在"所"與動詞或動詞性詞組之間,雖然没有介詞,但"所"字結構的意義相當於有介詞的那一類。例如:

夙興夜寐,毋忝爾所生。(《詩經·小雅·小宛》)

所愛其母者,非愛其形也。(《莊子·德充符》)

"爾所生"即"爾所由生",指生你的人(父母)。"所愛其母者"相當於"所以愛其母者",指愛其母的原因。對這類用法要注意區分。

"所"與介詞、動詞或動詞性詞組構成的依然是名詞性結構。

"所"還經常與"謂"搭配使用,後面可以再帶賓語。例如:

所謂故國者,非謂有喬木之謂也。(《孟子·梁惠王下》)

此所謂戰勝於朝廷。(《戰國策·齊策一》)

從上面例句可以看到,"所"字結構在句子中可以作主語、定語、賓語以及判斷句謂語。

(十)古代漢語的副詞

副詞表示行爲或狀態的各種特徵,具有修飾動詞、形容詞的功能,經常在句子中充當狀語。副詞一般不能直接修飾名詞,但可以修飾名詞謂語。副詞的意義大都比較具體,用法也較靈活。根據意義,古代漢語的副詞可以分爲八大類。

一、時間副詞

時間副詞表示行爲發生的不同時間,在先秦已大量産生,它們無論是數量還是出現頻率,都在副詞中佔首位,其表示的意義也有不同的類型。這裏只就常用的時間副詞作舉例式的説明。

"初、昔、向、鄉、曩(曩者)、故"等表示對往事的追溯。例如:

初,鄭武公娶於申,曰武姜。(《左傳·隱公元年》)

昔我往矣,楊柳依依。今我來思,雨雪霏霏。(《詩經·小雅·采薇》)

向吾見若眉睫之間,因以得汝矣。(《莊子·庚桑楚》)

鄉爲身死而不受,今爲宫室之美爲之。(《孟子·告子上》)

寡人曩不知子,今知矣。(《韓非子·外儲説左下》)

周故與秦國合而别,别五百歲復合,合十七歲而霸王出。(《史記·秦

本紀》)

"已、業、既、嘗、曾"等表示行爲已經發生。例如：

季子將入,遇子羔將出,曰:"門已閉矣!"(《左傳·哀公十五年》)

良業爲取履,因長跪履之。(《史記·留侯世家》)

及衛地,韓獻子將斬人,郤獻子馳,將救之。至,則既斬之矣。(《左傳·成公二年》)

俎豆之事則嘗聞之矣;軍旅之事,未之學也。(《論語·衛靈公》)

梁王以此怨盎,曾使人刺盎。(《史記·袁盎鼂錯列傳》)

"方、正、猶、尚"等表示行爲動作正在發生或動作狀態正在持續。例如：

如今人方爲刀俎,我爲魚肉,何辭爲?(《史記·項羽本紀》)

前日一男子詣闕,自謂故太子,長安中民趣鄉之,正讙不可止,大將軍恐,出兵陣之,以自備耳!(《漢書·燕剌王傳》)

今君雖終,言猶在耳。(《左傳·文公七年》)

秦師過周北門,左右免冑而下,超乘者三百乘。王孫滿尚幼,觀之,言於王曰:"秦師輕而無禮,必敗。"(《左傳·僖公三十三年》)

"將、行、且、其、今、方"等表示行爲動作將要發生。例如：

夏五月,楚師將去宋。(《左傳·宣公十五年》)

十畝之間兮,桑者閑閑兮,行與子還兮。(《詩經·魏風·十畝之間》)

大王且何以報魏。(《戰國策·魏策三》)

晋楚治兵,遇於中原,其辟君三舍。(《左傳·僖公二十三年》)

奪項王天下者,必沛公也。吾屬今爲之虜矣!(《史記·項羽本紀》)

信方斬,曰:"吾悔不用蒯通之計,乃爲兒女子所詐,豈非天哉!"(《史記·淮陰侯列傳》)

"卒、終、竟"等表示行爲動作終於發生了。例如：

左右不明,卒從吏訊。(鄒陽《獄中上書》)

今足下雖自以與漢王爲厚交,爲之盡力用兵,終爲之所禽矣。(《史記·淮陰侯列傳》)

主父偃盛言其便,上竟用主父計。(《史記·平津侯主父列傳》)

"俄、旋、須臾"等表示時間短暫。例如：

俄又置一石赤菽東門之外。(《韓非子·内儲説上》)

則刺其足心各三所,案之無出血,病旋已。(《史記·扁鵲倉公列傳》)

道也者,不可須臾離也。(《禮記·中庸》)

二、程度副詞

程度副詞通常修飾動詞和形容詞，表示行爲、性狀的程度。古代漢語程度副詞大致可以分爲三類：

1. 表示程度高的副詞

這類程度副詞中有一些從古到今一直沿用，意義和用法變化不大，例如"甚、極、至、最、太"等，但也有一些古今用法發生變化的副詞值得注意。

良　由形容詞發展演變爲副詞，表示很、非常的意思。例如：

天子以爲老，弗許；良久乃許之，以爲前將軍。（《史記·李將軍列傳》）

上既聞廉頗、李牧爲人，良説。（《漢書·馮唐傳》）

六朝以後這種用法仍然使用，例如：

良多趣味。（《水經注·江水》）

雅　作程度副詞表示很、極的意思，例如：

婦趙女也，雅善鼓瑟。（楊惲《報孫會宗書》）

及見，雅以爲美。（《後漢書·竇后紀》）

這種用法現代已經消失。

都　作程度副詞，表示完全的意思。例如：

王子猷、子敬俱病篤，而子敬先亡。子猷問左右："何以都不聞消息？"（《世説新語·傷逝》）

屏人論事，都忘右軍在帳中，便言逆節之謀。（《世説新語·假譎》）

這類"都"的用法和它作範圍副詞的用法有區別。

2. 表示程度輕微的副詞

表示程度不高，有稍微、略微的意思。常用的有"少、略、微、頗"等。

少　先秦時表示略微的意思多用"少"。例如：

吾撫女以從楚，輔之以晉，可以少安。（《左傳·僖公五年》）

今予病少痊。（《莊子·徐無鬼》）

戰少利，陳餘復請兵。（《史記·項羽本紀》）

頗　在古代漢語中有表示程度輕微和程度深兩種用法，現代漢語中後一種用法繼續使用，但在古代漢語中前一種用法更爲常見。例如：

至於序《尚書》則略，無年月；或頗有，然多闕。（《史記·三代世表序》）

然戰國之權變，亦有可頗采者，何必上古。（《史記·六國年表》）

涉淺水者見蝦，其頗深者察魚鼈，其尤深者觀蛟龍。（《論衡·别通》）

3. 表示程度有所變化的副詞

這類副詞主要表示程度加深，有更加、越來越一類的意思，常見的有"加、更、益、彌、兹、愈"等。例如：

仰之彌高，鑽之彌堅。（《論語·子罕》）

以虧人愈多，其不仁兹甚，罪益厚。（《墨子·非攻》）

鄰國之民不加少，寡人之民不加多，何也？（《孟子·梁惠王上》）

修士不能以貨賂事人，恃其精絜而更不能以枉法爲治。（《韓非子·孤憤》）

三、範圍副詞

表示行爲、性質涉及的範圍或施事、受事者的範圍，可以分爲兩類。

1. 表示全體、總括、多數

這類副詞常用的有"畢、並、皆、俱、舉、悉、咸、凡"等。例如：

自曹參薦蓋公言黄老，而賈生、晁錯明申、商，公孫弘以儒顯，百年之閒，天下遺文古事，靡不畢集太史公。（《史記·太史公自序》）

既醉而出，並受其福。（《詩經·小雅·賓之初筵》）

羞惡之心，人皆有之。（《孟子·告子上》）

昔者諸侯事吾先君皆如不逮，舉言群臣不信。（《左傳·宣公十七年》）

故凡同類者，舉相似也。（《孟子·告子上》）

萬邦咸休。（《尚書·洛誥》）

格爾衆庶，悉聽朕言。（《尚書·湯誓》）

五年一朝，凡三朝。（《漢書·文三王傳》）

其中"凡"有兩種用法：一是表示事物數量或動作次數的總和（如最後一例）；二是强調所説範圍的全體，表示"所有的"（如第五例）。

2. 表示限定範圍

這類副詞表示僅限於某種情況或者是有關的範圍之小，常用的有"但、特、獨、徒、直、唯、第（弟）、止、祇（只）、僅"等。例如：

匈奴匿其壯士肥牛馬，但見老弱及羸畜。（《史記·劉敬叔孫通列傳》）

然則人之所以爲人者，非特以其二足而無毛也，以其有辨也。（《荀子·非相》）

民莫不逸，我獨不敢休。（《詩經·小雅·十月之交》）

吾豈將徒殺之，吾將以公子重耳代之。（《國語·晋語三》）

直不百步耳，是亦走也。（《孟子·梁惠王上》）

唯我與爾有是夫。（《論語·述而》）

陰使人至豨所，曰："弟舉兵，吾從此助公。"（《史記·淮陰侯列傳》）

止可以一宿，而不可以久處。（《莊子·天運》）

吾所争，周人所恥，何往爲，祇取辱耳。（《史記·周本紀》）

齊王遁而走莒，僅以身免；珠玉財寶車甲珍器盡收入于燕。（《史記·樂毅列傳》）

這些副詞往往可以理解爲只、僅僅。其中"僅"有時用爲幾乎、接近義，這是中古時期才有的意義，應注意區分，例如：

士卒僅萬人，城中居人户亦且數萬。（韓愈《張中丞傳後序》）

江國踰千里，山城僅百層。（杜甫《泊岳陽城下》）

四、情態副詞

情態副詞表示動作行爲進行的方式、狀態、頻率等，其數量很多，這裏只能選擇其中常見的或古今意義變化較大的部分情態副詞加以介紹。

固　意思是堅决、本來或當然。例如：

禹拜稽首固辭。（《尚書·大禹謨》）

王視晏子曰："齊人固善盜乎？"（《晏子春秋·内篇雜下》）

人固有一死，或重於泰山，或輕於鴻毛。（司馬遷《報任安書》）

前一例表示態度堅决，後兩例表示確信無疑。

間　微　竊　表示動作行爲是秘密進行的，可以理解爲悄悄地、秘密地。例如：

良亡，間行歸漢王，漢王亦已還定三秦矣。（《史記·留侯世家》）

與其客語，微察公子。（《史記·魏公子列傳》）

公弗許，自雩門竊出，蒙皋比而先犯之。（《左傳·莊公十年》）

屢　亟（qì）　數　表示行爲動作的重複，意思是多次。例如：

屢賞者窘也，數罰者困也。（《孫子·軍争》）

亟請於武公，公弗許。（《左傳·隱公元年》）

稍　古今用法有所變化，上古漢語中"稍"表示動作行爲的漸進，可以理解爲逐漸。例如：

其後秦稍蠶食魏，十八歲而虜魏王，屠大梁。（《史記·魏公子列傳》）

項王乃疑范增與漢有私，稍奪之權。（《史記·項羽本紀》）

"稍"表示稍微、略微是其後起的用法，漢以後漸漸多起來。例如：

陛下素驕之，弗稍禁，以至此；今又暴折之。（《漢書·袁盎晁錯傳》）

稍不如意，則鞭笞酷瘧。（方勺《泊宅編》）

這種用法一直保持到現代。

且　表示姑且、暫且或尚且的意思。例如：

因欲至郢，將軍孫武曰："民勞，未可，且待之。"(《史記·伍子胥列傳》)

臣死且不避，卮酒安足辭？(《史記·項羽本紀》)

這兩種用法在現代漢語書面語中依然使用。

"且"又可以作時間副詞和連詞，在具體語境中應注意區分。例如：

大王且何以報魏？(《戰國策·魏策三》)

百工之事，固不可耕且爲也。(《孟子·滕文公上》)

這兩例中"且"分别作時間副詞和連詞。

五、否定副詞

古代漢語常用的否定副詞有"不、弗、毋、勿、非、匪、微、未、否、莫"等，它們的意義都比較單純，但是用法却比較複雜。

不　弗　都表示一般的否定，"不"的應用範圍很廣，可以否定動詞、形容詞，與現代用法基本相同。"弗"在先秦典籍中常常用在及物動詞不帶賓語的句子中。例如：

大司馬固諫曰："天之弃商久矣，君將興之，弗可赦也已。"弗聽。(《左傳·僖公二十二年》)

晋人不救。(《左傳·哀公七年》)

風之積也不厚，則其負大翼也無力。(《莊子·逍遥遊》)

秦漢以後，原來出現不多的"弗"用在動詞帶賓語的句子中的情况增多，並且可以用來否定形容詞。例如：

今吕氏王，大臣弗平。(《史記·吕太后本紀》)

毋　勿　表示禁止或勸阻，相當於今天的"不要、别"。二者在用法上的區别近似於"不"和"弗"的區别，一般説來，"勿"用在動詞不帶賓語的句子中更多一些，"毋"則没有這種限制。例如：

大毋侵小。(《左傳·襄公十九年》)

左右皆曰不可，勿聽；諸大夫皆曰不可，勿聽。(《孟子·梁惠王下》)

但是"勿"後的動詞不帶賓語的規則在先秦並不很嚴格。例如：

約絶之後，雖勿與地，可。(《戰國策·楚策一》)

在古書中"毋"常常寫作"無"，例如：

王無怒，請爲王説之。(《戰國策·趙策三》)

未　常用在動詞或形容詞前，表示事情還没有發生，通常可以理解爲没有。

例如：

趙旃求卿，未得。(《左傳·宣公十二年》)

雖然，願及未填溝壑而托之。(《戰國策·趙策四》)

“未”常常與“嘗”連用，“未嘗”相當於“未曾”。例如：

問其與飲食者，盡富貴也，而未嘗有顯者來。(《孟子·離婁下》)

有時候，“未”只是表示一般的否定，相當於“不”。例如：

見兔而顧犬，未爲晚也；亡羊而補牢，未爲遲也。(《戰國策·楚策四》)

人固不易知，知人亦未易也。(《史記·范雎蔡澤列傳》)

非　匪　作否定副詞，實際上是一個詞，只是寫成兩個不同的字，在句子中通常用來否定整個謂語部分。例如：

使我兩君匪以玉帛相見而以興戎。(《左傳·僖公十五年》)

子非魚，安知魚之樂？(《莊子·秋水》)

城非不高也，池非不深也，兵革非不堅利也。(《孟子·公孫丑下》)

分別否定動詞、名詞和形容詞性的謂語。

“非”和“匪”常常用在否定判斷句中，但應當注意這時它們依然是否定副詞，而不是判斷詞。

微　作否定副詞有時同“非”相當。例如：

微我無酒，以遨以遊。(《詩經·邶風·柏舟》)

有時“微”又用來表示假設性的否定，相當於“如果不是”。例如：

微禹，吾其魚乎！(《左傳·昭公元年》)

微管仲，吾其被髮左衽矣。(《論語·憲問》)

“微”常同副詞“獨”結合，表示不但、非但，例如：

微獨趙，諸侯有在者乎？(《戰國策·趙策四》)

否　經常單用，構成獨詞句，對前面的事實加以否定；或者與動詞和形容詞連用，構成肯定與否定並列的短語。例如：

“許子必織布而後衣乎？”曰：“否。許子衣褐。”(《孟子·滕文公上》)

宦三年矣，未知母之存否。(《左傳·宣公二年》)

晋人侵鄭，以觀其可攻與否。(《左傳·僖公三十年》)

其後一種用法在現代漢語書面語中依然保留，例如“是否、能否、可否”中的“否”都是這種用法。

莫　除作否定性無定代詞外，還用作否定副詞。例如：

曰莫爲盜，莫爲殺人。(《莊子·則陽》)

秦惠王車裂商君以徇，曰："莫如商鞅反者！"（《史記·商君列傳》）

三人相視而笑，莫逆於心，遂相與爲友。（《莊子·大宗師》）

前兩例表示禁止性否定，後一例是一般性否定。

六、語氣副詞

語氣副詞用在謂語前面起修飾作用，表示各種語氣，常見的是表示推測、祈使、反詰、驚異等語氣。

其　蓋　表示委婉的推測語氣，對情況作大致的揣測，有大約、恐怕的意思。例如：

《詩》曰："孝子不匱，永錫爾類。"其是之謂乎？（《左傳·隱公元年》）

少長有禮，其可用也。（《左傳·僖公二十八年》）

蓋上世嘗有不葬其親者。（《孟子·滕文公上》）

"其"又可以表示反詰語氣和祈使語氣。例如：

雖欲救之，其將能乎？（《左傳·隱公六年》）

"其"在這裏表達反詰語氣，但語氣比較緩和。

吾子其無廢先君之功。（《左傳·隱公三年》）

"其"表示祈使。

豈　獨　寧　庸　常用在謂語前面表示反詰，意思相當於難道、怎麼。例如：

晉，吾宗也，豈害我哉？（《左傳·僖公五年》）

君獨不觀夫博者乎？（《史記·范雎蔡澤列傳》）

上欲自持兵救賈姬，都伏上前曰："亡一姬復一姬進，天下所少寧賈姬等乎？陛下縱自輕，奈宗廟太后何！"（《史記·酷吏列傳》）

彗星之出，庸可懼乎？（《晏子春秋·外篇第七》）

毋（無）乃　得無　表示揣測、估計的語氣，有大約、莫非一類意思。例如：

居簡而行簡，無乃大簡乎？（《論語·雍也》）

日食飲得無衰乎？（《戰國策·趙策四》）

它們在句中常常帶有詢問語氣，經常與疑問語氣詞"乎"搭配使用。

七、謙敬副詞

謙敬副詞用在謂語前面，表示對對方的尊敬和自己的謙恭。這類副詞原來一般都有比較具體的意義，後來虛化爲謙敬副詞。謙敬副詞可以分爲表謙和表敬兩類，但實際上表謙時包含著對對方的尊敬，表敬時也含有自身的謙遜。謙敬副詞在對話、書信、章表中常見。

1. 表敬副詞:常用的有"幸、辱、請、敬、謹、蒙"等。例如:

先生幸告之以便計,請奉教。(《史記·滑稽列傳》)

君惠徼福於敝邑之社稷,辱收寡君,寡君之願也。(《左傳·僖公四年》)

徒屬皆曰:"敬受命!"(《史記·陳涉世家》)

誠若先生之言,謹奉社稷而以從。(《史記·平原君列傳》)

故超萬里歸誠,自陳苦急,延頸踰望,三年於今,未蒙省録。(《後漢書·班超傳》)

2. 表謙副詞:一般放在代表自己行爲的動詞前面,常用的有"敢、竊、忝、伏、猥"等。例如:

敢問何謂浩然之氣?(《孟子·公孫丑上》)

老臣竊以爲媪之愛燕后賢於長安君。(《戰國策·趙策四》)

太守忝荷重任,當選士報國。(《後漢書·史弼傳》)

臣青翟、臣湯、博士臣將行等伏聞康叔親屬有十,武王繼體,周公輔成王,其八人皆以祖考之尊建爲大國。(《史記·三王世家》)

猥以微賤,當侍東宫。(李密《陳情表》)

謙敬副詞在現代漢語中偶爾有"謹、敬"等少數幾個出現於書面語中,大多數已不再使用。

八、指代性副詞

指代性副詞有指代作用,但它們通常用在動詞前面作狀語,不能充當主語、賓語或定語。古代漢語中的指代性副詞主要是"相"和"見"。

相 有兩種用法:一是表示互指,指行爲對雙方都發生作用,有相互的意思。例如:

兄及弟矣,式相好矣,無相猶矣。(《詩經·小雅·斯干》)

鄰國相望,鷄犬之聲相聞,民至老死不相往來。(《老子》第八十章)

第二種用法是表示一方對另一方發生作用,"相"指代動作受事的一方。例如:

乃如之人兮,逝不相好。(《詩經·邶風·日月》)

從許子之道,相率而爲僞者也,惡能治國家?(《孟子·滕文公上》)

而公擁兵數萬,不肯相救。(《史記·張耳陳餘列傳》)

在上述例句中"相"分别指代交好、率領、救的對象,由於有副詞"相"指代受事者,動詞後不再出現受事賓語。

"相"的這兩種用法一直保存到了現代漢語中。

見 常用在及物動詞前面,表示他人行爲施於自己,一般可以理解爲我、自

己,但依然是副詞,作狀語。例如:

偏報諸侯所嘗見德者。(《史記·蘇秦列傳》)

凡舉事無爲親厚者所痛,而爲見仇者所快。(《後漢書·朱浮傳》)

故今具道所以,冀君實或見恕也。(王安石《答司馬諫議書》)

"見德"指對自己有恩德,"見仇"是仇恨自己,"見恕"是原諒自己。

古漢語的副詞大多由實詞演變而來,數量衆多,有的依然保存著兩種以上詞類的用法,而且一些常用副詞往往又兼有不同類別副詞的意義和用法,因此副詞系統内部的情况是很複雜的。從副詞在古書中的使用情况來看,至遲在上古中後期副詞系統已經形成,有關行爲或性質的程度、範圍、語氣等都有相應的副詞表達,句子的語法結構日趨精密,表義日趨精確。以後,隨著交際的需要,副詞也不斷變化,新生副詞不斷産生,複音副詞逐漸增多,表義趨向單一化,副詞系統更加完備。

練習(三)

一、簡答。

1. 什麽是輔助性代詞?

2. 程度副詞主要有哪幾種類型?

二、説明下面句子中加點字的詞性和意義。

1. 使遂蚤得處囊中,乃穎脱而出,非特其末現而已。

2. 人涉卬否,卬須我友。

3. 直不百步耳,是亦走也。

4. 君美甚,徐公何能及君也!

5. 先生又惡能使秦王烹醢梁王?

6. 鄉爲身死而不受,今爲宫室之美爲之。

7. 吾豈將徒殺之,吾將以公子重耳代之。

8. 是鳥也,海運則將徙於南冥。

9. 江山之外,第見風帆沙鳥、煙雲竹樹而已。

10. 屏人論事,都忘右軍在帳中,便言逆節之謀。

11. 厥初生民,時維姜嫄。

12. 卒之東郭墦間之祭者,乞其餘。

13. 但願人長久，千里共嬋娟。
14. 之子於歸，宜其室家。
15. 故凡同類者，舉相似也。
16. 非夫人之慟而誰爲？
17. 至於序《尚書》則無年月，或頗有，然多闕。
18. 之死矢靡它。
19. 婦趙女也，雅善鼓瑟。
20. 項羽乃疑范曾與漢有私，稍奪其權。
21. 卒然邊境有急，數十百萬之衆，國胡以饋之？
22. 郤獻子馳，將救之。至，則既斬之矣。
23. 太后之色少解。
24. 老臣病足，曾不能疾走。
25. 微管仲，吾其被髮左衽矣。

三、多項選擇題。

1. 下面各句中"之"是代詞的句子有
   A. 宦三年矣，未知母之存否。
   B. 今近焉，請以遺之。
   C. 昭王之不復，君其問諸水濱。
   D. 王見之，曰："牛何之？"
   E. "我之懷矣，自詒伊戚！"其我之謂矣！
2. 下面各句中"或"作代詞表示"有人"的有
   A. 或百步而後止，或五十步而後止。
   B. 景公母弟后子鍼有寵，景公母弟富，或譖之。
   C. 夫物之不齊，物之情也，或相倍蓰，或相什百。
   D. 殘賊公行，莫之或止。
   E. 一夫不耕，或受之饑；一女不織，或受之寒。
3. 下面各句中"其"作代詞的句子有
   A. 昭王之不復，君其問諸水濱。
   B. 越國以鄙遠，君知其難也。
   C. 晉侯、秦伯圍鄭，以其無禮於晉，且貳於楚也。
   D. 若闕地及泉，隧而相見，其誰曰不然？
   E. 我非愛其財而易之以羊也。

4. 下面各句中"乃"作副詞的句子有

A. 王師北定中原日，家祭無忘告乃翁。

B. 王素慢無禮，今拜大將，如呼小兒耳，此乃信所以去也。

C. 嗚呼！士窮乃見節義。

D. 至拜大將，乃韓信也，一軍皆驚。

E. 羽復引而東，至東城，乃有二十八騎。

5. 下面各句中"莫"作副詞的有

A. 殺臣，宋莫能守，可攻也。

B. 人誰無過，過而能改，善莫大焉。

C. 吾亡後，當大荒，雖爾，而慎莫賣宅也。

D. 在天者莫明於日月，在地者莫明於水火。

E. 我以第一理期卿，卿莫負我。

6. 下面各句中"是"作代詞的有

A. 人以自是，反以相誹。

B. 故文王行仁義而王天下，偃王行仁義而喪其國，是仁義用於古而不用於今也。

C. 直不百步耳，是亦走也。

D. 且爾言過矣，虎兕出於押，龜玉毀於櫝中，是誰之過與？

E. 生之所謂"立言"者，是也。

四、找出下面句子中的"所"字結構和"者"字結構。

1. 吾所以爲此者，以先國家之急而後私讎也。

2. 貧與賤，是人之所惡也。

3. 故行仁義者非所譽，譽之則害功；工文學者非所用，用之則亂法。

4. 吾知所以距子矣。

5. 故群臣之言外事者，非有分於從衡之黨，則有仇讎之患，而借力於國也。

6. 故言有召禍也，行有招辱也，君子慎其所立乎！

7. 庸詎知吾所謂知之非不知邪？庸詎知吾所謂不知之非知邪？

8. 是亦近矣，而不知其所爲使。

9. 臣所以降志辱自居市井屠者，徒幸以養老母。

10. 然而夷子葬其親厚，則是以所賤事親也。

11. 猛如虎、狠如羊、貪如狼、彊不可使者，皆斬之。

12. 在於王所者，長幼卑尊皆薛居州也，王誰與爲不善？在王所者，長幼卑尊皆非薛居州也，王誰與爲善？

13. 然則所爲有名，與所緣以同異，與制名之樞要，不可不察也。

14. 凡天下禍篡怨恨，其所以起者，以不相愛生也。

通　論

（十一）古代漢語的介詞

古代漢語的介詞在句子中主要起聯結作用，其主要功能是把詞、詞組介紹給動詞或形容詞，以表示某種語法和意義關係。從形式上看，介詞經常用在名詞、代詞或名詞性詞組的前面，組成介詞結構，作動詞或形容詞的狀語或補語。古代漢語的介詞一般是從動詞虛化而來的。

古代漢語常用的介詞有“于(於、乎)、以、爲、與、自、由、從、被”等，它們所構成的介詞結構可以用來表示時間、處所、目的、方式、原因、行爲依據和對象以及比較對象和行爲的主動者等。例如：

賞以春夏，刑以秋冬。(《左傳·襄公二十六年》)

自此，冀之南、漢之陰無隴斷焉。(《列子·湯問》)

當是時，項羽兵四十萬。(《史記·項羽本紀》)

以上是引進與行爲動作有關的時間。

千里之行，始於足下。(《老子》第六十四章)

虢叔自北門入。(《左傳·莊公二十一年》)

千乘之國，攝乎大國之間。(《論語·先進》)

十月庚寅，蝗蟲從東方來，蔽天。(《史記·秦始皇本紀》)

以上是引進與行爲動作有關的處所。

殺人以梃與刃，有以異乎？(《孟子·梁惠王上》)

趙襄子最怨知伯，而將其頭以爲飲器。(《戰國策·趙策一》)

鑒於水者見面之容，鑒於人者知吉與凶。(《史記·范雎蔡澤列傳》)

以上是引進與行爲動作有關的工具、手段或方式。

故凡舉事必循法以動，變法者因時而化。(《吕氏春秋·察今》)

善戰者因其勢而利導之。(《史記·孫子吴起列傳》)

何由知吾可也?(《孟子·梁惠王上》)

以上是引進行爲的依據。

千丈之堤以螻蟻之穴潰。(《韓非子·喻老》)

項羽聞之,乃引兵去齊,從魯出胡陵,至蕭,與漢大戰彭城靈壁東睢水上,大破漢軍,多殺士卒,睢水爲之不流。(《史記·高祖本紀》)

始知文章合爲時而著,歌詩合爲事而作。(白居易《與元九書》)

以上是引進行爲的原因或目的。

伯楚以吕、郤之謀告公。(《國語·晉語四》)

太子怒,入爲王泣曰:"爲我誅戮廷理。"(《韓非子·外儲説右上》)

我有禁方,年老,欲傳與公,公毋泄。(《史記·扁鵲倉公列傳》)

以上是引進行爲動作涉及的對象。

我諸戎飲食衣服不與華同。(《左傳·襄公十四年》)

與人善言,暖於布帛;傷人之言,深於矛戟。(《荀子·榮辱》)

以上是引進比較對象。

萬嘗與莊公戰,獲乎莊公。(《公羊傳·莊公十二年》)

禦人以口給,屢憎於人。(《論語·公冶長》)

吾嘗三仕三見逐於君。(《史記·管晏列傳》)

以上是引進行爲主動者。

總之,古代漢語裏介詞的數量衆多,用法也很複雜。下面介紹幾個古代漢語中的常用介詞。

于(於、乎)

"于、於"這兩個介詞上古讀音相近,但並不相同,作爲介詞,它們的用法有一致的地方。"于"作介詞有悠久的歷史,甲骨文中已大量出現。甲骨文、西周金文、《易·爻辭》、《春秋》都只用"于"。《詩經》、《尚書》中"于"仍佔絶大多數,少數地方用"於"。《左傳》中"于、於"均運用普遍。隨著時間的推移,"於"逐漸占據了優勢,《論語》、《孟子》、《莊子》、《墨子》、《韓非子》等書中,都主要用"於",有極少數地方用"于"。魏晉以後,除了引用古籍或在固定格式中以外,"于"就很少出現了。"乎"上古音與"於、于"相近,作介詞時用法基本同"于、於"。

"于(於、乎)"的用法主要有:

1. 引進行爲動作發生的時間。例如:

自朝至于日中昃不遑暇食。(《尚書·無逸》)

是干戚用於古,不用於今也。(《韓非子·五蠹》)

子於是日哭，則不歌。(《論語・述而》)

生乎今之世而志乎古之道。(《荀子・君道》)

這種用法相當於現代漢語的介詞"到、在"等，除"乎"外，現代漢語書面語中也一直沿用。

2. 引進與行爲動作有關的處所。例如：

召莊公於鄭而立之。(《左傳・桓公二年》)

子墨子聞之，起於齊。(《墨子・公輸》)

是鳥也，海運則將徙於南冥。(《莊子・逍遥遊》)

顔成子遊立侍乎前。(《莊子・齊物論》)

"于"和"於"的這種用法現代漢語書面語依然沿用。應當注意，古代漢語中處所名詞可以直接跟在謂語之後，而不使用介詞，這種用法在《史記》中很常見，而在現代漢語書面語中，則少有這種情況。例如：

吾聞秦軍圍趙王鉅鹿，疾引兵渡河，楚擊其外，趙應其内，破秦軍必矣。(《史記・項羽本紀》)

3. 引進與行爲動作有關的對象。例如：

群臣不盡力於魯君者，非不能事君也。(《左傳・昭公二十六年》)

口之於味也，目之於色也，耳之於聲也，鼻之於臭也，四肢之於安佚也，性也。(《孟子・盡心下》)

先民有言："詢於芻蕘。"言博問也。(《荀子・大略》)

東方朔割炙於細君。(《漢書・揚雄傳》)

何憂乎驩兜，何遷乎有苗，何畏乎巧言令色孔壬。(《尚書・皋陶謨》)

這種用法相當於現代漢語的介詞"對(對於)、向、給、爲"等，除"乎"之外也依然保存在現代漢語書面語中。

4. 引進比較對象。例如：

夫子曰："小子識之，苛政猛於虎也。"(《禮記・檀弓下》)

德之流行，速於置郵而傳命。(《孟子・公孫丑上》)

老臣竊以爲媪之愛燕后，賢於長安君。(《戰國策・趙策四》)

德隆乎三皇，功羡於五帝。(《史記・司馬相如列傳》)

這種用法，古漢語中一般用"於"和"乎"，少用"于"。它們構成的介詞結構一般只放在形容詞謂語之後，同現代漢語中介詞"比"構成的介詞結構位置不同。"於"的這種用法也保存到現代漢語書面語中。

5. 引進行爲動作的工具或依據。例如：

慈，於(之)戰則勝，以(之)守則固。(《韓非子・解老》)

今吴王前有太子之郄，詐稱病不朝，於古法當誅。(《史記・吴王濞列傳》)

6. 引進行爲動作的主動者。例如：

憂心悄悄，慍於群小。(《詩經・邶風・柏舟》)

勞心者治人，勞力者治於人；治於人者食人，治人者食於人。(《孟子・滕文公上》)

刑賞已諾，信乎天下矣。(《荀子・王霸》)

對於這種用法，可參見本書《古代漢語的被動表示法》一節。

總體而言，古代漢語中介詞"于、於"的運用比"乎"更爲普遍。"乎"的用法基本同"於"，但"於"及其賓語既可置於動詞前，也可放在動詞後，而"乎"及其賓語一般只能出現在動詞之後。疑問代詞作"乎"的賓語只限於"惡"，位置在"乎"前，並且"惡乎"這個介詞結構也必須放在動詞之前。例如：

女將惡乎比予哉？若將比予於文木邪？(《莊子・人間世》)

敢問夫子惡乎長？(《孟子・公孫丑上》)

以

介詞"以"由動詞虚化而來，其用法最爲靈活，幾乎擁有介詞的所有用法，其中最主要的用法有以下幾種：

1. 引進行爲動作的工具或憑藉。例如：

醒，以戈逐子犯。(《左傳・僖公二十四年》)

方今之時，臣以神遇而不以目視。(《莊子・養生主》)

百工爲方以矩，爲圓以規，直以繩正以縣。(《墨子・法儀》)

這種用法相當於現代漢語的介詞"用、拿"，其賓語所指代的既可以是具體事物，也可以是抽象事理。

2. 引進行爲動作所涉及的對象。例如：

滔滔者天下皆是也，而誰以易之？(《論語・微子》)

天子不能以天下與人。(《孟子・萬章上》)

民，可以樂成，不可與慮始。(《史記・滑稽列傳》)

3. 表示憑藉某種身份、資格或地位。例如：

吾以布衣提三尺劍取天下，此非天命乎？(《史記・高帝本紀》)

立嫡以長不以賢，立子以貴不以長。(《公羊傳・隱公元年》)

騫以郎應募使月氏。(《漢書・張騫傳》)

4. 引進行爲動作的原因。例如：

君子不以言舉人，不以人廢言。(《論語·衛靈公》)

乃欲以一笑之故殺吾美人，不亦甚乎？(《史記·平原君列傳》)

5. 引進與行爲動作有關的時間。例如：

入郢必以庚辰。(《左傳·昭公三十一年》)

巫馬期以星出以星入。(《吕氏春秋·察賢》)

始以彊壯出，及還，須髮盡白。(《漢書·李廣蘇武傳》)

關於介詞"以"的用法，還有兩點值得注意：

第一，"以"的賓語的位置。爲了强調"以"的賓語，可以把賓語放在"以"之前。例如：

楚國方城以爲城，漢水以爲池。(《左傳·僖公四年》)

吾道一以貫之。(《論語·里仁》)

江漢以濯之，秋陽以暴之，皜皜乎不可尚已！(《孟子·滕文公上》)

第二，"以"的賓語的省略。如果賓語在前文已經出現過，這個賓語有時可以省略。例如：

公使如楚乞師，欲以伐齊。(《左傳·宣公十八年》)

民可以樂成，不可與慮始。(《史記·滑稽列傳》)

公輸般爲楚造雲梯之械，將以攻宋。(《墨子·公輸》)

同"以"有關的固定搭配有"有以、無(亡)以、是以"。"有以"相當於"有什麽可以拿來"，"無以"則等於説"没有什麽可以拿來"，這種情況下，"以"後面一般不再帶賓語。例如：

爾貢包茅不入，王祭不共，無以縮酒，寡人是徵。(《左傳·僖公四年》)

故不積蹞步，無以至千里；不積小流，無以成江海。(《荀子·勸學》)

臣乃得有以報太子。(《戰國策·燕策三》)

"是以"中的指示代詞"是"是介詞"以"的賓語，"是以"大致相當於"因此"。例如：

敏而好學，不恥下問，是以謂之文。(《論語·公冶長》)

仲尼之徒無道桓文之事者，是以後世無傳焉。(《孟子·梁惠王上》)

爲

"爲"在周代以後發展成爲介詞，也是由動詞虚化而來的，具有多種功能。其主要用法有：

1. 引進與行爲動作有關的對象。例如：

及莊公即位，爲之請制。(《左傳・隱公元年》)

齊桓公獨與管仲謀伐莒，而國人知之，桓公謂管仲曰："寡人獨爲仲父言，而國人知之，何也？"(《韓詩外傳四》)

"爲"所引進的對象同行爲動作的關係是多方面的。第一例是引進行爲受益的對象，相當於現代漢語的"爲、替"；第二例引進行爲動作涉及的對象，相當於現代漢語的"對、與、同"。

2. 引進動作行爲的原因或目的。例如：

天行有常，不爲堯存，不爲桀亡。(《荀子・天論》)

漢卒十餘萬人皆下睢水，睢水爲之不流。(《史記・項羽本紀》)

天下熙熙，皆爲利來；天下攘攘，皆爲利往。(《史記・貨殖列傳》)

3. 引進行爲動作的主動者。例如：

今有構木鑽燧於夏后氏之世者，必爲鯀、禹笑矣。(《韓非子・五蠹》)

衛太子爲江充所敗。(《漢書・霍光傳》)

介詞"爲"的賓語有時也可以省略。例如：

禹之時，十年九潦，而水弗爲加益；湯之時，八年七旱，而崖不爲加損。(《莊子・秋水》)

項羽大怒曰："旦日饗士卒，爲擊破沛公軍！"(《史記・項羽本紀》)

"爲"作介詞的幾種用法都保留在現代漢語裏。

(十二)古代漢語的連詞

連詞是連接詞、詞組、句子或句群的虚詞。甲骨文中只有少數連詞，應用範圍也比較窄。到了周秦，連詞的數量大大增加，應用範圍也有很大擴展。

連詞不獨立作句子成分，也没有修飾作用。雖然並列連詞可以和它連接的前後兩項共同充當句子的一個成分，但連詞本身不屬於任何一個句子成分。

根據連詞所連接的前後兩項的關係，也即連詞的功能，可以將連詞分爲並列、承接、選擇、遞進、轉折、因果、假設、讓步等八類。例如：

時日曷喪，予及汝皆亡。(《尚書・湯誓》)

是子也，熊虎之狀而豺狼之聲。(《左傳・宣公四年》)

邦有道，貧且賤焉，恥也；邦無道，富且貴焉，恥也。(《論語・泰伯》)

地東至海暨朝鮮，西至臨洮、羌中。(《史記・秦始皇本紀》)

以上爲並列連詞。

見兔而顧犬，未爲晚也；亡羊而補牢，未爲遲也。(《戰國策·楚策四》)

我欲仁，斯仁至矣。(《論語·述而》)

思則得之，不思則不得也。(《孟子·告子上》)

三十四十之間無藝，即無藝矣。(《大戴禮記·曾子立事》)

以上爲承接連詞。

子以秦爲將救韓乎？其不乎？(《戰國策·韓策二》)

安見方六七十如五六十而非邦也者？(《論語·先進》)

夫子至於是邦也，必聞其政，求之與？抑與之與？(《論語·學而》)

以上爲選擇連詞。

大夫何罪？且吾不以一眚掩大德。(《左傳·僖公三十年》)

吾未聞枉己以正人者也，況辱己以正天下者乎？(《孟子·萬章上》)

小民正月朔日尚恐毀敗器物，何況於日虧乎？(《漢書·鮑宣傳》)

多算勝，小算不勝，而況於無算乎？(《孫子兵法·計篇》)

以上爲遞進連詞。

不見子都，乃見狂且。(《詩經·鄭風·山有扶蘇》)

公曰："吾不能早用子，今急而求之，是寡人之過也。然鄭亡，子亦有不利焉。"(《左傳·僖公三十年》)

若聖與仁，則吾豈敢，抑爲之不厭，誨人不倦，則可謂云爾已矣。(《論語·述而》)

夫以秦王之威，而相如廷叱之，辱其群臣，相如雖駑，獨畏廉將軍哉？顧吾念之，彊秦之所以不敢加兵於趙者，徒以吾兩人在也。(《史記·廉頗藺相如列傳》)

以上爲轉折連詞。

以伯舅耋老，加勞，賜一級，無下拜。(《左傳·僖公九年》)

因不忍見也，故於是復請至於陳，而葬原仲也。(《公羊傳·莊公二十七年》)

由所殺蛇白帝子，殺者赤帝子，故上赤。(《史記·高祖本紀》)

以上爲因果連詞。

心則不競，何憚於病？(《左傳·僖公七年》)

王若欲霸，必親中國，而以爲天下樞，以威楚、趙。(《戰國策·秦策三》)

如有用我者，吾其爲東周乎！(《論語·陽貨》)

以上爲假設連詞。

失火而取水於海，海水雖多，火必不滅矣，遠水不救近火也。（《韓非子·説林上》）

吾縱生無益於人，吾可以死害於人乎哉？（《禮記·檀弓上》）

自天子不能具鈞駟，而將相或乘牛車。（《漢書·高帝紀》）

以上爲讓步連詞。

上述各類連詞既可以單獨使用，也可以相互配合或與一些副詞搭配使用，使句子結構更加嚴密，表義更明確。例如：

高帝已定天下，爲中國勞苦，故釋佗弗誅。（《史記·南越列傳》）

楚雖無德，亦不艾殺其民。（《左傳·哀公元年》）

寧其死爲留骨而貴乎？寧其生而曳尾於塗中乎？（《莊子·秋水》）

臣以爲布衣之交尚不相欺，况大國乎？（《史記·廉頗藺相如列傳》）

有一部分連詞如"與、以、及、同、將"等，同時又可以用作介詞，要注意區分。

古代漢語的連詞數量很多，一些連詞用法靈活，下面討論幾個常用連詞。

而

"而"的用法非常靈活，既可以連接詞和詞組，又可以連接句子。

1."而"連接詞或詞組。

(1)"而"在句子中連接形容詞、動詞或形容詞和動詞性詞組，構成聯合結構，表示兩種性質或行爲的聯繫。例如：

美而艷。（《左傳·桓公元年》）

曾子曰："士不可不弘毅，任重而道遠。"（《論語·泰伯》）

王者之迹熄而《詩》亡，《詩》亡然後《春秋》作。（《孟子·離婁下》）

吾聞沛公慢而易人，多大略。（《史記·酈生陸賈列傳》）

不知彼而知己，一勝一負。（《孫子兵法·謀攻》）

這種結構中，"而"所連接的前後兩項在意義上的聯繫，要視具體的上下文而定，有的是平行關係（如第1、2例），有的是時間上的連接關係（如第3例），有的是意思上的承接關係（如第4例），有的則是意思上有轉折關係（如第5例）。

古代漢語中"而"一般不連接名詞或名詞性詞組。《荀子·勸學》的"蟹六跪而二螯"，"而"連接"六跪"和"二螯"，是因爲它們在句子中作謂語，帶有描寫性質。

(2)"而"用在偏正結構中，連接狀語和中心語。例如：

夫子莞爾而笑曰："割鷄焉用牛刀。"（《論語·陽貨》）

吾嘗終日而思矣，不如須臾之所學也。(《荀子·勸學》)

太后盛氣而揖之。(《戰國策·趙策四》)

在現代漢語中没有與這種"而"相當的連詞。

(3)"而"用在主謂結構中，連接主語和謂語。例如：

先生獨未見夫僕乎？十人而從一人者，寧力不勝，智不若耶？畏之也。(《戰國策·趙策三》)

君子而不仁者有矣夫。(《論語·憲問》)

上兩例中，"而"的前後兩項在意義上有轉折關係。

有時"而"放在主語和謂語中間，句子含有假設意味。例如：

子產而死，誰其嗣之？(《左傳·襄公三十年》)

管氏而知禮，孰不知禮？(《論語·八佾》)

意而安之，願假冠以見；意如不安，願無變國俗。(《説苑·奉使》)

2."而"連接複句中的分句，表示分句間的不同關係。例如：

夫子焉不學，而亦何常師之有？(《論語·子張》)

蓋明者遠見於未萌，而智者避危於無形。(《史記·司馬相如列傳》)

丙申，殺甘悼公，而立成公之孫。(《左傳·昭公十二年》)

以上"而"分别用在轉折、並列、順承複句中。

連詞"而"在古代漢語中運用得非常頻繁，它的多種用法在現代漢語中依然沿用。

以

"以"也可以連接詞、詞組和句子。

1. 連接詞和詞組。

(1)連接動詞或動詞性詞組，後一行爲往往是前一行爲的目的或結果。例如：

晉侯假道於虞以伐虢。(《左傳·僖公五年》)

勞師以襲遠，非所聞也。(《左傳·僖公三十二年》)

回也聞一以知十，賜也聞一以知二。(《論語·公冶長》)

焉用亡鄭以陪鄰？(《左傳·僖公三十年》)

有時"以"的前後兩項有時間上的先後關係，例如：

自始合，而矢貫余手及肘，余折以御，左輪朱殷。(《左傳·成公二年》)

(2)"以"用在並列結構中。例如：

其愛心感者，其聲和以柔。(《禮記·樂記》)

賓入大門而奏《肆夏》，示易以敬也。（《禮記·郊特牲》）

狐偃，其舅也，而惠以有謀。（《國語·晋語四》）

這種"以"相當於連詞"而"。

(3)"以"用在偏正結構中，連接狀語和中心語。例如：

願夫子輔吾志，明以教我。（《孟子·梁惠王上》）

2."以"用在複句中，表示分句間的不同關係。例如：

升彼虚矣。以望楚矣。（《詩經·鄘風·定之方中》）

五國以破秦，必南圖楚。（《戰國策·楚策一》）

吾所以爲此者，以先國家之急而後私讎也。（《史記·廉頗藺相如列傳》）

在上述例句中，"以"分别用在目的、假設、因果複句中。

則

"則"主要用於複句中表示分句間的承接、假設、對舉、讓步等關係。常見的用法有：

1."則"用在條件複句中。例如：

諫而不入，則莫之繼也。（《左傳·宣公二年》）

聖人已死，則大盗不起，天下平而無故矣。（《莊子·胠篋》）

先生之方能若是，則太子可生也。（《史記·扁鵲倉公列傳》）

也可以用於緊縮的條件複句中。例如：

用之則行，舍之則藏。（《論語·述而》）

故木受繩則直，金就礪則利。（《荀子·勸學》）

2."則"連接在時間上有前後相承關係的兩件事情。例如：

今有一人，入人園圃，竊其桃李，衆聞則非之，上爲政者得則罰之。（《墨子·非攻上》）

私學而相與非法教，人聞令下，則各以其學議之，入則心非，出則巷議，夸主以爲名，異取以爲高，率群下以造謗。（《史記·秦始皇本紀》）

3."則"連接在意義上有轉接關係的兩件事情。例如：

公使陽處父追之，及諸河，則在舟中矣。（《左傳·僖公三十三年》）

使子路反見之，至則行矣。（《論語·微子》）

其子趨而往視之，苗則槁矣。（《孟子·公孫丑上》）

這裏"則"後面連接的是出乎意料的已經發生了的事情。

4."則"表示讓步關係，例如：

其室則邇，其人甚遠。（《詩經·鄭風·東門之墠》）

多則多矣，抑君似鼠。夫鼠，晝伏夜出。(《左傳·襄公二十三年》)

仁則仁矣，恐不免其身。(《莊子·漁父》)

善則善矣，未可戰也。(《國語·吴語》)

先承認某個事實，再轉到另外的意思上。

5. "則"用於假設複句中，例如：

大寇則至，使之持危城，則必畔。(《荀子·議兵》)

謹守成皋，則漢欲挑戰，慎勿與戰。(《史記·項羽本紀》)

一般用在表示假設的分句中。

6. "則"在並列複句中，表示意義上的對舉。例如：

穀則異室，死則同穴。(《詩經·王風·大車》)

是故無事則國富，有事則兵强。(《韓非子·五蠹》)

應之以治則吉，應之以亂則凶。(《荀子·天論》)

之

"之"作連詞主要有兩種用法。

1. 用在偏正結構中，連接定語和中心語。例如：

仲尼之徒，無道桓文之事者，是以後世無傳焉。(《孟子·梁惠王上》)

今臣之刀十九年矣。(《莊子·養生主》)

今欲以先王之政治當世之民，皆守株之類也。(《韓非子·五蠹》)

這裏"之"的前後兩項有修飾或領屬關係。"之"一般可以用現代漢語的"的"來對譯，但二者的詞性並不相同，"之"是連詞，它所連接的定語和中心語都必須出現，與現代漢語的結構助詞"的"的功能和出現條件均不相同。

2. "之"用在主謂結構中，連接主語和謂語，使主謂結構成爲一個更大的單位的一部分，或者作單句的一個成分，或者作複句中的一個分句。例如：

貢之不入，寡君之罪也。(《左傳·僖公四年》)

不識王之不可以爲湯武，則是不明也。(《孟子·公孫丑下》)

湯之問棘也是已。(《莊子·逍遥遊》)

不虞君之涉吾地也，何故？(《左傳·僖公四年》)

以上是"之"插在主謂之間，取消其獨立性，使之成爲主謂詞組，作句子成分。

臣之壯也，猶不如人；今老矣，無能爲也已。(《左傳·僖公三十年》)

大道之行也，天下爲公。(《禮記·禮運》)

媪之送燕后也，持其踵爲之泣，念悲其遠也，亦哀之矣。(《戰國策·趙

策四》)

這是"之"放在主語和謂語之間,使該句成爲複句的一個分句,這在表示時間的分句中尤其常見。

上述各例中,主謂結構的主語都是名詞,如果這個名詞已在上文出現,則常常用"其"來指代,這時"其"的作用相當於名詞加連詞"之"。例如:

孟子,吾見師之出,而不見其入也。(《左傳・僖公三十二年》)

宋人有曹商者,爲宋王使秦。其往也,得車數乘。(《莊子・列禦寇》)

有時候,"之"放在主語和介詞結構之間,這時介詞結構往往具有動賓詞組的性質,"之"的作用也相當於放在主謂結構中,例如:

民之於仁也,甚於水火。(《論語・衛靈公》)

君子之於禽獸也,見其生,不忍見其死。(《孟子・梁惠王上》)

今秦之與齊也,猶齊之與魯也。(《史記・張儀列傳》)

翻譯時,放在主謂結構中的"之"在現代漢語中没有與之相應的詞,可不譯。

(十三)古代漢語的語氣詞和詞綴

一、古代漢語的語氣詞

語氣是人們説話時的口氣,句子的各種作用往往可以通過不同的語氣來表達。説話的不同語氣可以通過語調、語氣詞以及其他形式表現出來。不過,對於古代漢語而言,其語調没有在書面語中保存下來,今天無法從語調入手去探討句子的語氣。因此,語氣詞就成爲分析句子語氣的重要依據,它同時也是各種不同句子類型的重要標誌。

語氣詞是漢語特有的詞類,和其他虚詞不同,它既不充當句子成分,也不表示句子成分或分句間的關係。但是,語氣詞在配合文義表示句子的語氣和感情色彩上起著很大的作用,並且對句型有著重要的標誌作用。

句子的語氣多種多樣,如陳述、祈使、疑問、感嘆、擬測等,語氣詞也可以分成不同的類别。一般而言,每個語氣詞都有自己的基本用法,同時帶有其次要用法,因爲在具體語言運用中,語氣詞通常要受上下文語境的制約,有較大的依附性,使其用法呈現出一定的靈活性。

按照語氣詞在句子中的位置,古代漢語語氣詞可以分爲句首語氣詞、句中語氣詞和句尾語氣詞三類,其中句尾語氣詞古今漢語都有,並且發生了很大變化,而專門的句首和句中語氣詞則在現代漢語中已經基本消失。

1. 句尾語氣詞

古代漢語句尾語氣詞比較豐富,它們也是古代漢語語氣詞的主體。常見的有"也、矣、乎、哉、耳、焉、已、邪(耶)、與、夫"等,它們處在句子末尾,表達各種不同的語氣。一般説來,"也、矣、耳"等表陳述語氣,"乎、與、邪"等用在疑問句末尾,"哉、夫"等則表感嘆語氣,但是在具體的上下文中,它們在不同類型的句子中所表示的語氣會有些變化。因此,我們既要掌握常用句尾語氣詞的基本用法,又要瞭解其在具體句子中的語氣,準確理解句子的內容和感情色彩。

也

句尾語氣詞"也"在《詩經》、《左傳》等上古典籍中常見,其主要功能是表示判斷和肯定語氣。

"也"用在判斷句末尾,幫助表示判斷。例如:

> 公子州吁,嬖人之子也。(《左傳·隱公三年》)
>
> 貧與賤,是人之所惡也。(《論語·里仁》)

這種用法在本書《古代漢語的判斷句》中已經介紹過。

在一般的陳述句末尾,"也"則往往表示對所陳述的事實加以肯定、確認。例如:

> 牆有茨,不可掃也。中冓之言,不可道也。(《詩經·鄘風·牆有茨》)
>
> 夫子之文章,可得而聞也;夫子之言性與天道,不可得而聞也。(《論語·公冶長》)
>
> 二者不可得兼,舍魚而取熊掌者也。(《孟子·告子上》)
>
> 鄙賤之人,不知將軍寬之至此也。(《史記·廉頗藺相如列傳》)

這些句子中的"也"都是在陳述句裏加强肯定語氣。

在複句中,"也"常用在分句末尾,對前面的論斷加以肯定。例如:

> 若潛師以來,國可得也。(《左傳·僖公三十二年》)
>
> 雖殺臣,不能絕也。(《墨子·公輸》)
>
> 螾無爪牙之利,筋骨之强,上食埃土,下飲黄泉,用心一也。(《荀子·勸學》)

上面例句中的"也"分别用在假設、讓步、因果複句中,對所叙述的結果或原因加以强調。

"也"在陳述句中表示肯定和確認語氣,和它在判斷句裏幫助表示判斷語氣的作用是一致的,都是對前面的論斷或事物加以確定,在一些用判斷句的形式解釋原因的句子中,這一點體現得更爲充分。例如:

井蛙不可以語於海者，拘於虛也；夏蟲不可以語於冰者，篤於時也；曲士不可以語於道者，束於教也。(《莊子·秋水》)

這是在解釋原因時利用“也”對自己的判斷加以肯定。

表示判斷和肯定、確認的語氣，是句尾語氣詞“也”的基本用法。但是在古代漢語中，“也”顯得十分活躍，不僅出現在陳述句中，也用在祈使句、疑問句、感嘆句中，用法比較靈活。例如：

南冠縶者誰也？(《左傳·成公九年》)

齊人無以仁義與王者言，豈以仁義爲不美也？(《孟子·公孫丑下》)

王曰：“儀以子爲之楚，吾又自知子之楚。子非楚，且安之也？”(《戰國策·秦策一》)

以上例句中的“也”用在疑問句中，一般情況下，句子中已有别的疑問詞出現，如例句中的“誰、豈、安”，句子本身已帶有疑問性質。

不及黄泉，無相見也。(《左傳·隱公元年》)

夫人有德於公子，公子不可忘也；公子有德於人，願公子忘之也。(《史記·魏公子列傳》)

攻之不克，圍之不繼，吾其還也。(《左傳·僖公三十三年》)

這三個句子是祈使句，句中有“無、願、其”這類表示祈使、勸説的詞語，再用語氣詞“也”。

始陛下與臣等起豐沛，定天下，何其壯也！今天下已定，又何憊也！(《史記·樊酈滕灌列傳》)

何子居之高，視之下，儀貌之壯，語言之野也！(《論衡·書虛》)

淮南太史公者，其多知與？曷其雜也！(《法言·問神》)

這幾個句子是感嘆句，“也”在句尾，句中還有“何其、何、曷其”這樣表示一定程度的詞語。

從上面的三種句式中“也”出現的情况來看，“也”往往不獨立地表示疑問、祈使或感嘆語氣，但它可以與表示這些語氣的詞語或句式配合起來表達相應的語氣。

矣

“矣”大量出現在陳述句中，它主要表示事實已經發生或設想中的將來已經發生，著眼於時間的過程，大多用於叙述動態事物。例如：

雞既鳴矣，朝既盈矣。(《詩經·齊風·雞鳴》)

其子趨而往視之，苗則槁矣。(《孟子·公孫丑上》)

吾知所以距子矣。(《墨子·公輸》)

秦晋不和久矣。(《左傳·襄公二十六年》)

吾君已老矣,已昏矣。(《穀梁傳·僖公十年》)

這些句子中"矣"幫助强調事情已經發生了變化,陳述已經實現的事實,並把這種事實作爲現階段的新情况報告出來,陳述的是已然狀况。

有時候,叙述尚未發生的事情,也用"矣"煞尾。例如:

彼,虎狼也,見我在子之側,殺我無日矣。(《左傳·哀公六年》)

孔子曰:"諾,吾將仕矣。"(《論語·陽貨》)

今吾將胡服騎射以教百姓,而世必議寡人矣。(《戰國策·趙策二》)

大王必欲急臣,臣頭今與璧俱碎於柱矣。(《史記·廉頗藺相如列傳》)

奪項王天下者,必沛公也,吾屬今爲之虜矣。(《史記·項羽本紀》)

這些句子裏所叙述的情况雖然還没有發生,但是説話人把它們作爲將要發生的或者是理論上和預料之中必然會發生的事實,當作新情况提示出來,依然强調了事物的發展變化,不過陳述的是將然情况。

在上述基本用法之外,"矣"也出現在其他類型的句子中。例如:

寡人萬歲千秋之後,誰與樂此矣?(《戰國策·楚策一》)

危而不持,顛而不扶,則將焉用彼相矣?(《論語·季氏》)

這是用在疑問句中,句子中已有疑問詞。

孟嘗君不悦,曰:"諾,先生休矣!"(《戰國策·齊策四》)

公子勉之矣,老臣不能從。(《史記·魏公子列傳》)

這兩例是"矣"用在祈使句末尾,仍然有表示將然的作用,表示希望、勸令對方完成某種行爲的語氣。

美哉禹功,明德遠矣!(《左傳·昭公元年》)

嘻,亦太甚矣,先生之言也!(《戰國策·趙策三》)

這是在感嘆句末尾,"矣"幫助表示感嘆語氣,同時把事物狀態作爲新情况報告出來。

總的來看,句尾語氣詞"矣"的基本用法是陳述事情已經發生或將要發生,同時在疑問句、感嘆句、祈使句中也能配合句子的其他要素表達或强調相應的語氣。

乎　與(歟)　邪(耶)

這組語氣詞用在疑問句中表達疑問語氣。

"乎"表達的疑問語氣最强,在是非、反詰以及選擇、特指等各種類型的問句中經常出現。例如：

曾子曰："吾日三省吾身，爲人謀而不忠乎？與朋友交而不信乎？傳不習乎？"（《論語·學而》）

今亡亦死，舉大計亦死，等死，死國可乎？（《史記·陳涉世家》）

上面都是是非問句，在句子中，先把事情叙述出來，再用"乎"表達疑問語氣，"乎"的作用相當於現代漢語中的"嗎"。

學而時習之，不亦説乎？（《論語·學而》）

三過其門而不入，雖欲耕，得乎？（《孟子·滕文公上》）

"乎"用在反問句中，句子形式上是疑問句，但表示的意思是確定的肯定或否定，句尾加上"乎"使疑問語氣更明顯，其作用相當於現代漢語的"嗎"或"呢"。

滕，小國也，間於齊、楚，事齊乎？事楚乎？（《孟子·梁惠王下》）

子以秦爲將救韓乎？其不乎？（《戰國策·韓策二》）

上面的"乎"用在選擇句裏，句子列出多種答案，讓回答者選擇，"乎"則用在每個問句的末尾，相當於現代漢語裏的"呢"。

今復六國，立韓、魏、燕、趙、齊、楚之後，天下游士各歸事其主，從其親戚，反其故舊墳墓，陛下與誰取天下乎？（《史記·留侯世家》）

樓蘭王後妻，故繼母也，謂王曰："先王遣兩子質漢皆不還，奈何欲往朝乎？"（《漢書·西域傳上》）

這裏"乎"用在特指問句中。特指問句本身有疑問代詞"誰、何"或一些表示疑問的固定搭配"何故、奈何"等，先秦時特指問句末尾常常不再用疑問語氣詞，戰國中期以後特指問句用"乎"的情況才逐漸多起來。

"乎"有時同"其、無乃、得無、殆"等詞語配合，表達委婉推測的語氣。如：

大義滅親，其是之謂乎？（《左傳·隱公四年》）

弃此四者，以徼天禍，無乃不可乎？（《國語·晋語四》）

這種句子是用疑問句形式對事情的狀態進行不確定的推測。

"乎"除表達疑問語氣的主要用法外，有時也用在感嘆句中。例如：

故言有召禍也，行有招辱也，君子慎其所立乎！（《荀子·勸學》）

文帝曰："惜乎！子不遇時。如令子當高帝時，萬户侯豈足道哉！"（《史記·李將軍列傳》）

"與（歟）、邪（耶）"這兩個語氣詞出現得比較晚，先秦有的古籍如《論語》、《孟子》等只用"與（歟）"而不用"邪"，而有的古籍如《莊子》、《韓非子》等則多用"邪"。這兩個詞的古音很接近，可能是方言的不同。

“與(歟)”和“邪(耶)”可以用在各種類型的疑問句末尾。例如:

誰與,哭者?(《禮記·檀弓上》)

怒者其誰邪?(《莊子·齊物論》)

這是用於特指問句。

曰:“是魯孔丘與?”曰:“是也。”(《論語·微子》)

治亂,天邪?(《荀子·天論》)

這是用於是非問句。

天之蒼蒼,其正色邪?其遠而無所至極邪?(《莊子·逍遥遊》)

此天下之害與?天下之利與?(《墨子·兼愛下》)

這是用於選擇句。

庸詎知吾所謂知之非不知邪?庸詎知吾所謂不知之非知邪?(《莊子·齊物論》)

然則治天下,獨可耕且爲與?(《孟子·滕文公上》)

這是用於反問句。

孔子曰:“求,無乃爾是過與?”(《論語·季氏》)

今民生長於齊不盜,入楚則盜,得無楚之水土使民善盜邪?(《晏子春秋·内篇雜下》)

上面例句中“與、邪”分别同“無乃、得無”搭配,表示委婉的測度語氣。

“與(歟)、邪(耶)”一般表示疑問語氣,有時也可以用在感嘆句中。如:

子在陳曰:“歸與!歸與!”(《論語·公冶長》)

東郭子問於莊子曰:“所謂道,惡乎在?”……莊子曰:“在螻蟻。”曰:“何其下邪?”(《莊子·知北遊》)

哉 夫

“哉”作句尾語氣詞,主要表示强烈的感嘆語氣,在先秦典籍中常見。例如:

欽哉欽哉,惟刑之恤哉!(《尚書·舜典》)

子曰:“管仲之器小哉!”(《論語·八佾》)

在謂語前置的句子中,“哉”表示的感嘆語氣更加突出。例如:

自衛如晋,將宿於戚,聞鐘聲焉,曰:“異哉!吾聞之也,辯而不德,必加於戮。”(《左傳·襄公二十九年》)

君哉!舜也。(《孟子·滕文公上》)

“哉”又經常出現在疑問句特别是反問句中。例如:

晋,吾宗也,豈害我哉?(《左傳·僖公五年》)

子曰："默而識之，學而不厭，誨人不倦，何有於我哉？"（《論語·述而》）

應當注意的是，這類句子的疑問語氣主要由表疑問的代詞或副詞體現，"哉"在句末仍然表達感嘆語氣。這些句子同時兼有疑問和感嘆語氣，這與反問句無疑而問、加强語氣的特徵是一致的。

"夫"作句尾語氣詞的基本用法也是表達感嘆語氣。例如：

逝者如斯夫！不舍晝夜。（《論語·子罕》）

率天下之人而禍仁義者，必子之言夫！（《孟子·告子上》）

同"哉"相比，"夫"表達的語氣常有惋惜、哀嘆的意味，顯得低沉一些。如：

悲夫！悲夫！事未易一二爲俗人言也。（司馬遷《報任安書》）

上面這幾個語氣詞是古代漢語中最常用的語氣詞，出現頻率高，用法也比較靈活。它們都有自己相對固定的基本用法，同時又能配合上下文文義表達一些其他的語氣，因此在分析其具體作用時還應該把它們納入句子的整體中加以考慮，以便更準確地把握句子所表達的語氣。

句尾語氣詞在古代漢語中還經常連用，兩個或三個句尾語氣詞同時出現在一個句子中，這時每個語氣詞都保持自己的作用，使句子的語氣顯得比較複雜，但語氣的重點是落在最後一個語氣詞上。例如：

子曰："莫我知也夫！"（《論語·憲問》）

"也"表示確定的語氣，"夫"表示感嘆的語氣，語氣重點在"夫"上。

子曰："泰伯，其可謂至德也已矣。"（《左傳·襄公二十五年》）

"也"表示確認語氣，"已"表示限止語氣，"矣"是報告新情況的陳述語氣、同時也是語氣的重點。

語氣詞連用的例子還很多，例如：

官爵可買，則工商不卑也矣。（《韓非子·五蠹》）

代翕代張，代存代亡，相爲雌雄耳矣。（《荀子·議兵》）

這是表陳述的語氣詞連用。

疑問語氣詞和感嘆語氣詞經常用在其他語氣詞的後面。例如：

然則夫子既聖矣乎？（《孟子·公孫丑上》）

季康子問："仲由可使從政也與？"（《論語·雍也》）

故先王明之，豈特玄之耳哉？（《荀子·正論》）

子臧之服，不稱也夫！（《左傳·僖公二十四年》）

苗而不秀者有矣夫！秀而不實者有矣夫！（《論語·子罕》）

感嘆語氣詞和疑問語氣詞也可以連用，語氣的重點仍然落在後面。例如：

善敗由己,而由人乎哉!(《左傳·僖公二十二年》)

若白黑然,可詘邪哉!(《荀子·君道》)

美哉乎,山河之固!此魏國之寶也。(《史記·吴起列傳》)

2. 句首、句中語氣詞

古代漢語的句首、句中語氣詞出現在句子中的位置和所起的作用與句尾語氣詞都不同,現代漢語中已經没有這兩類語氣詞。古人一般稱古代漢語的句首、句中語氣詞爲發語辭或發聲詞,現代的文言語法著作有的又稱之爲語首助詞、語中助詞,其内部的情况比較複雜。這裏只扼要介紹幾個意義和作用都比較清楚而又經常出現的句首、句中語氣詞。

夫

“夫”作句首語氣詞的作用是表明要發議論或提起下文。例如:

夫戰,勇氣也。(《左傳·莊公十年》)

夫將者,國之輔也。(《孫子·謀攻》)

夫人必自侮,然後人侮之。(《孟子·離婁上》)

這些“夫”在句首,雖然不能用相應的詞譯出,但其作用是明顯的,如果没有“夫”,句子就只表示一般的陳述語氣;用了“夫”就突出了闡明道理、發表議論的語氣。

“夫”還可以和“且、故、若、今”等結合,構成“且夫、故夫、若夫、今夫”等結構,用在句首,幫助句子加强議論的語氣。例如:

且夫水之積也不厚,則其負大舟也無力。(《莊子·逍遥遊》)

故夫作法術之人,立取捨之行,别辭争之論,而莫爲之正。(《韓非子·問辯》)

若夫山林川澤之實,器用之資,皂隸之事,官司之守,非君所及也。(《左傳·隱公五年》)

今夫顓臾,固而近於費。(《論語·季氏》)

句首語氣詞“夫”是從指示代詞“夫”虚化而來的,同指示代詞相比,它已没有實指的意義,也不能充當句子成分。

惟(唯、維)

“惟”作語氣詞時可以寫作“唯、維”,用在句首或句中。

“惟(唯、維)”用在句首有兩種作用:一是起提示性作用,引出主語或時間。例如:

維桑與梓,必恭敬止。(《詩經·小雅·小弁》)

惟十有三年春，大會於孟津。(《尚書・泰誓》)

這種用法多見於《尚書》、《詩經》，後代的仿古文言文有時也用，例如：

維禹浚川，九州攸寧。(《史記・太史公自序》)

惟永初之有七兮，余隨子乎東征。(班昭《東征賦》)

第二種用法是表達期望的語氣，例如：

闕秦以利晉，唯君圖之。(《左傳・僖公三十年》)

唯大王與群臣孰計議之。(《史記・廉頗藺相如列傳》)

這種用法通常寫作"唯"。

"惟(唯、維)"用在句中主要起引出謂語的作用。例如：

蚩尤惟始作亂。(《尚書・吕刑》)

周雖舊邦，其命維新。(《詩經・大雅・文王》)

厥土惟白壤。(《尚書・禹貢》)

這種用法在《尚書》、《詩經》中常見。上面三個例句裏"惟"和"維"分别用在動詞謂語句、形容詞謂語句和名詞謂語句中，加强肯定的語氣。

也

句中語氣詞"也"的基本作用是表示停頓、舒緩的語氣。例如：

大隧之中，其樂也融融。(《左傳・隱公元年》)

女也不爽，士貳其行。士也罔極，二三其德。(《詩經・衛風・氓》)

古者民有三疾，今也或是之亡也。(《論語・陽貨》)

"也"還可以用在複句中，表示分句之間的停頓，並提起下文。例如：

孔子時其亡也，而往拜之。(《論語・陽貨》)

昭公立，懼其殺己也，辛卯，弑昭公。(《左傳・桓公十七年》)

句中語氣詞"也"的語氣並不强烈，但它在句中的有無能使語氣産生不小的差異，有"也"的句子語氣要舒緩得多，而且提示文意未完，引起對"也"後面内容的注意。

二、古代漢語的詞綴

古代漢語的詞綴附加在詞根的前後構成新詞，但本身不能獨立成詞。加在詞根前面的叫前綴，又被稱作前加成分或詞頭；加在詞根後面的叫後綴，又叫後加成分(有的漢語語法著作又稱之爲詞尾)。用詞綴和詞根結合在一起構成新詞的方式在漢語中自古有之，而且詞綴的形式一直在不斷豐富。但是，與現代漢語相比，古代漢語中的詞綴與詞根的結合，一般要顯得鬆散一些，有時候並没有完全凝固成爲一個詞。

有

“有”是上古漢語中名詞的前加成分，它最常見的用法是用來構成專有名詞，如朝代名、邦國名、部落名、地名、水名等。例如：

我不可不監於有夏，亦不可不監於有殷。（《尚書·召誥》）

有扈氏威侮五行，怠弃三正。（《尚書·甘誓》）

有周不顯，帝命不時。（《詩經·大雅·文王》）

任、宿、須句、顓臾，風姓也，實司大皞與有濟之祀。（《左傳·僖公二十一年》）

先秦古籍中還有“有虞、有商、有苗、有莘、有熊”等。朝代名前加“有”的用法一直爲後代所用，如“有唐、有明”。

“有”有時也出現在一般名詞的前面。例如：

有衆率怠弗協。（《尚書·湯誓》）

予欲左右有民。（《尚書·皋陶謨》）

取彼譖人，投畀豺虎。豺虎不食，投畀有北。有北不食，投畀有昊。（《詩經·小雅·巷伯》）

名詞前加成分“有”在《尚書》、《詩經》中出現較多，秦漢以後除用在朝代名之前的，其他用法逐漸消失。

此外，“有”用在某些單音節形容詞前面，帶有描寫性質，作用類似前加成分。例如：

彤管有煒，説懌女美。（《詩經·邶風·静女》）

子興視夜，明星有爛。（《詩經·鄭風·女曰鷄鳴》）

這種用法主要見於《詩經》。

然　而　如　焉　若　乎　爾

古代漢語中這幾個詞綴通常作形容詞或副詞的詞綴，它們在上古漢語中已經出現，同動詞、形容詞或副詞結合，構成的組合一般具有形容詞或副詞的作用。

由這些詞綴構成的形容詞的形象化色彩比較突出。例如：

天油然作雲，沛然下雨，則苗浡然興之矣。（《孟子·梁惠王上》）

朝，與下大夫言，侃侃如也。與上大夫言，誾誾如也。君在，踧踖如也，與與如也。（《論語·鄉黨》）

我心憂傷，惄焉如擣。（《詩經·小雅·小弁》）

桑之未落，其葉沃若。（《詩經·衛風·氓》）

以無厚入有間，恢恢乎其於遊刃必有餘地矣。(《莊子·養生主》)

夫子莞爾而笑。(《論語·陽貨》)

這些詞綴也可以與副詞結合，其作用仍然相當於副詞。例如：

未幾見兮，突而弁兮。(《詩經·齊風·甫田》)

仰之彌高，鑽之彌堅。瞻之在前，忽焉在後。(《論語·子罕》)

昔者莊周夢爲蝴蝶，栩栩然蝴蝶也。自喻適志與，不知周也。俄然覺，則蘧蘧然周也。(《莊子·齊物論》)

這幾個詞綴中的"然、而、如、若、爾"在語音上有雙聲關係，都屬於泥母，在先秦典籍中出現的情況各不相同，可能是同一個詞在不同方言裏的變體。其中"然"最常見。中古以後，除了"然"繼續使用外，其他的在口語中逐漸消失了。

阿

"阿"產生於漢代，最早用於構成人名，如漢武帝后名阿嬌，曹操小名阿瞞。魏晉以後，"阿"作爲名詞前加成分用得更加普遍，適用範圍也更廣。例如：

阿母謂阿女，汝可去應之。……阿兄得聞之，悵然心中煩。(《古詩爲焦仲卿妻作》)

顧長康畫人，或數年不點目精。人問其故，顧曰："四體妍蚩，本無關於妙處，傳神寫照，正在阿堵中。"(《世説新語·巧藝》)

上數與同坐，呼爲阿三。(《隋書·滕穆王瓚傳》)

梨園弟子白髮新，椒房阿監青娥老。(白居易《長恨歌》)

上面的"阿"分別同親屬稱謂名詞、代詞、數詞及一般名詞結合。

六朝至唐代名詞前加成分"阿"應用普遍，宋元以後北方話漸漸不用了，但在吴、粵等南方方言中一直保存著。

老

名詞前加成分"老"產生於魏晉時期，既可稱人，也可稱物。例如：

每被老元偷格律，苦教短李伏歌行。(白居易《編集拙詩成一十五卷，因題卷末，戲贈元九、李二十》)

老可能爲竹馬真，小坡今與竹傳神。(蘇軾《題過所畫枯木竹石》)

大丈夫豈當以老姊求名？(《晉書·郭奕傳》)

君不見，昔日蜀天子，化作杜鵑似老烏。(杜甫《杜鵑行》)

孤往日厭卿老拳，卿亦飽孤毒手。(《晉書·石勒載記下》)

孝武狎侮群臣，隨其狀貌，各有比類……劉秀之儉吝，呼爲老慳。(《宋書·王玄謨傳》)

“老元”是元稹，“老可”是文與可，“老烏”是烏鴉，“老拳”即拳頭，“老慳”指吝嗇的人。

“老”作名詞前加成分的用法現代漢語中仍然保存。

子　兒　頭

都是名詞的後加成分，也都是由名詞虛化而來的。

詞綴“子”上古已經産生，主要用於人名和指稱小而圓的東西，以後用法逐漸擴大。例如：

存乎人者，莫良乎眸子。（《孟子·離婁上》）

淑女總角時，唤作小姑子。（《樂府詩集·歡好曲》）

家貧無好衣，造得一襖子。（王梵志《家貧無好衣》）

雙雙新燕子，依舊已銜泥。（杜甫《春日梓州登樓》）

小片慈姑白，低叢柚子黄。（元稹《景中秋》）

詞綴“兒”由兒子的“兒”虛化而來，大約起源於六朝，唐以後盛行。例如：

打起黄鶯兒，莫教枝上啼。（金昌緒《春怨》）

細雨魚兒出，微風燕子斜。（杜甫《水檻遣興》二首之一）

小車兒上看青天。（邵雍《小車吟》）

詞綴“頭”産生於漢代，南北朝以後普遍使用。例如：

東方千餘騎，夫婿居上頭。（《樂府詩集·陌上桑》）

蔡司徒在洛，見陸機兄弟住參佐廨中，三間瓦屋，士龍住東頭，士衡住西頭。（《世説新語·賞譽》）

鋤頭三寸澤。（《齊民要術·雜説》）

城外土饅頭，餡草在城裏。（王梵志《城外土饅頭》）

“子、兒、頭”在構詞時有時是詞根語素，有時作名詞詞綴，當它們保留原來作爲名詞的意義時不能看作是詞綴。例如《後漢書·班超傳》：“不入虎穴，焉得虎子。”《樂府詩集·折楊柳歌辭》：“我是虜家兒，不解漢兒歌。”《世説新語·容止》：“帝自捉刀立床頭。”這些句子中的“子、兒、頭”都不是詞綴。

名詞詞綴“子、兒、頭”産生以後，具有較强的構詞能力，顯示出很强的生命力，至今仍然活躍在漢語口語中。

參考書目

何樂士《古代漢語虚詞詞典》，語文出版社 2006 年。

何樂士等《古代漢語虛詞通釋》,北京出版社 1985 年。
柳士鎮《魏晋南北朝歷史語法》,南京大學出版社 1992 年。
馬貝加《近代漢語介詞》,中華書局 2002 年。
裴學海《古書虛字集釋》,中華書局 2004 年。
孫錫信《漢語歷史語法叢稿》,漢語大辭典出版社 1997 年。
《近代漢語語氣詞》,語文出版社 1999 年。
孫良明《古代漢語語法變化研究》,語文出版社 1994 年。
王力《漢語語法史》,商務印書館 1989 年。
《漢語史稿》,中華書局 1980 年。
向熹《簡明漢語史》,高等教育出版社 1993 年。
楊伯峻《古漢語虛詞》,中華書局 1981 年。
楊伯峻、何樂士《古漢語語法及其發展》(修訂本),語文出版社 2001 年。
中國社會科學院語言研究所古代漢語研究室編《古代漢語虛詞詞典》,商務印書館 1999 年。
周法高《中國古代語法·稱代編》,臺北中研院 1959 年。

練習(四)

一、簡答。

1. 古代漢語中的連詞"之"和現代漢語的助詞"的"用法相同嗎?
2. 舉例説明介詞"于(於)"的主要用法。

二、説明下面加點詞在句中的詞性和作用(或意義)。

以

1. 醒,以戈逐子犯。
2. 廣以良家子從軍擊胡。
3. 以不能取容當世,故終身不仕。
4. 賞以春夏,刑以秋冬。
5. 子曰:"以吾一日長乎爾,毋吾以也。"
6. 願夫子輔吾志,明以教我。
7. 齊侯以諸侯之師侵蔡。
8. 民,可以樂成,不可與慮始。

9. 陛下以絳侯周勃何如人也?
10. 斧斤以時入山林,材木不可勝用也。
11. 其愛心感者,其聲和以柔。

爲

1. 鄧通既至,爲文帝泣曰:"丞相幾殺臣。"
2. 爲歸汶陽之田故,諸侯貳於晋。
3. 然孔子脩道魯衛之間,教化洙泗之上,弟子不爲變,當世不爲治,魯國之削甚。
4. 沛公欲王關中,使子嬰爲相。
5. 經北艦十餘里,爲巡船所物色,幾從魚腹死。
6. 天行有常,不爲堯存,不爲桀亡。
7. 南方有鳥焉,名曰蒙鳩,以羽爲巢。
8. 今不取,後世必爲子孫憂。

而

1. 夫差,而忘越王之殺而父乎?
2. 子路拱而立。
3. 管氏而知禮,孰不知禮?
4. 左右皆惡之,以爲貪而不知足。
5. 覆杯水於坳堂之上,則芥爲之舟;置杯焉則膠,水淺而舟大也。
6. 吾嘗終日而思矣,不如須臾之所學也。
7. 夫子莞爾而笑曰:"割鷄焉用牛刀。"

則

1. 定公以孔子爲中都宰,一年,四方皆則之。
2. 既其出,則或咎其欲出者。
3. 其子趨而往視之,苗則槁矣。
4. 愛其子,擇其師而教之;於其身也,則恥師焉,惑矣。
5. 父母之年,不可不知也。一則以喜,一則以懼。
6. 今聞章邯降項羽,項羽乃號爲雍王,王關中。今則來,沛公恐不得有此。
7. 巧則巧矣,非盡善也。

乎

1. 其聞道也,固先乎吾。
2. 醉翁之意不在酒,在乎山水之間也。
3. 長鋏歸來乎!食無魚。

4. 巍巍乎其有成功也,焕乎其有文章!

5. 有志乎古者希矣,志乎古必遺乎今。

6. 子以秦爲將救韓乎? 其不乎?

7. 如是者,其亦足樂乎?

與

1.(重耳)乞食於野人,野人與之塊。

2. 楚攻魏。張儀謂秦王曰:"不如與魏以勁之。"

3. 執子之手,與子偕老。

4. 陳涉少時,嘗與人傭耕。

5. 凡有爵者,與七十者,與未齓者,皆不爲奴。

6. 漁父見而問之曰:"子非三閭大夫與? 何故至於斯?"

7. 孔子曰:"歸與歸與! 吾黨之小子狂簡,進取不忘其初。"

8. 子曰:"始吾於人也,聽其言而信其行;今吾於人也,聽其言而觀其行。於予與改是。"

且

1. 吾不忍夢得之窮,無辭以白其大人。且萬無母子俱往理!

2. 富貴者驕人乎? 且貧賤者驕人乎?

3. 北山愚公者,年且九十,面山而居。

4. 先生且休矣,我將念之。

5. 失時不雨,民且狼顧。

6. 居一二日,何來謁上,上且怒且喜。

7. 陵軍五千人,兵矢既盡,士死者過半,而所殺傷匈奴亦萬餘人,且引且戰。

8. 臣死且不避,卮酒安足辭?

三、指出下面各句中的語氣詞,並說明其作用。

1. 且夫水之積也不厚,則其負大舟也無力。

2.《詩》曰:"孝子不匱,永賜爾類。"其是之謂乎?

3. 亦各言其志也已矣。

4. 如是者,其亦足樂乎? 其無足樂也?

5. 天之蒼蒼,其正色邪?

6. 當其取於心而注於手也,惟陳言之務去,戛戛乎其難哉!

7. 今由與求也,相夫子……

8. 丘也聞有國有家者,不患寡而患不均。

第四單元

文　　選

史　　記

【解題】

《史記》原名《太史公書》或《太史公記》，魏晉之際始稱《史記》，西漢司馬遷（前145～前90左右）著。《史記》記事起自我國遠古傳説中的黄帝時代，止於漢武帝，首尾共約三千年。《史記》包括十二本紀、十表、八書、三十世家、七十列傳（其中包括《太史公自序》一篇），共一百三十篇，約五十二萬六千五百字（其中有一小部分爲西漢元帝、成帝間褚少孫補撰）。全書以“本紀”和“列傳”爲主體，故被稱爲紀傳體，是我國第一部紀傳體通史。這種體例爲後來史家所繼承，《史記》也因此成爲我國紀傳體史書的鼻祖和典範。

《史記》内容豐富，取材廣泛，采用了《尚書》、《左傳》、《國語》、《戰國策》以至諸子百家等大量文獻資料，並將作者自己多年收集的材料熔鑄其中，從而保存了大量珍貴的史料。通過對大量歷史事實的記述，《史記》深刻反映了社會各方面的狀況，同時作者也提出了自己的評論。司馬遷在書中注意到社會經濟問題，記載了少數民族及漢民族與異族交往的歷史，把項羽同帝王並列，把老莊、儒林、刺客、遊俠等與公卿並列，這些都反映了司馬遷進步的歷史觀。《史記》叙事簡明，文辭優美，語言生動，塑造了許多鮮明的人物形象，在文學史上有很高的地位。《史記》所記録的人物語言簡潔，接近口語，對後代的散文創作産生了很大影響。《史記》不僅是我國古代傑出的史學名著，也是優秀的文學巨著，所以魯迅在《漢文學史綱要》中稱之爲“史家之絶唱，無韻之《離騷》”。

《史記》作者司馬遷，字子長，西漢夏陽（今陝西韓城南）人，著名史學家和文學家。少年時開始學習當時的古文，曾跟隨董仲舒、孔安國學《公羊春秋》、《古文尚書》。二十歲以後出外遊歷，足迹遍佈南北，廣泛搜集舊聞傳説，考察民情風俗。漢武帝元封三年（前108）繼任父親司馬談太史令之職，武帝太初元年（前104）開始撰寫《史記》。後因替投降匈奴的李陵辯護，下獄受宫刑。出獄後忍辱負重，發憤著書，約在漢武帝征和二年（前91）完成了《史記》這部巨著。

後代《史記》注本衆多，主要有南朝宋裴駰的《史記集解》，唐司馬貞的《史記索隱》，張守節的《史記正義》，被稱爲《史記》"三家注"。清梁玉繩的《史記志疑》對書中史事進行了考證。近人張森楷的《史記新校注》，日本瀧川資言的《史記會注考證》，彙集諸書，便於參考。本教材采用中華書局的校點本(1982 年第 2 版)。

伯夷列傳[1]

夫學者載籍極博，猶考信於六蓺[2]。《詩》、《書》雖缺，然虞夏之文可知也[3]。堯將遜位，讓於虞舜，舜禹之閒，岳牧咸薦，乃試之於位，典職數十年，功用既興，然後授政[4]。示天下重器，王者大統，傳天下若斯之難也[5]。而説者曰堯讓天下於許由[6]，許由不受，恥之逃隱。及夏之時，有卞隨、務光者[7]。此何以稱焉？太史公曰：余登箕山，其上蓋有許由冢云[8]。孔子序列古之仁聖賢人，如吴太伯、伯夷之倫詳矣[9]。余以所聞由、光義至高，其文辭不少概見[10]，何哉？

【注釋】

[1]本篇是伯夷、叔齊的合傳，二人在封建社會中被當作高尚守節的典型。司馬遷借對他們善行的褒揚，表達了對當時黑暗社會的不滿和憤慨，質疑了"天道無親，常與善人"的説法。該篇爲《史記》列傳中的第一篇。[2]載籍：書籍。考信：考查真實情況。六蓺：即六經，指《詩》、《書》、《禮》、《樂》、《易》、《春秋》。蓺(yì)：即"藝"。"蓺、藝"都是後起字，它們的古字爲"埶"。[3]《詩》、《書》雖缺：指二書中有亡佚的篇章。虞夏之文：《尚書》中的《堯典》、《舜典》、《大禹謨》記載了虞夏禪讓的事迹。虞：虞舜，傳説中古帝名，受禪繼堯位，後又禪位於禹。夏：夏禹，相傳爲夏朝建立者。[4]遜：讓。岳牧：相傳堯舜時有四岳、十二州牧分管政務和方國諸侯，合稱岳牧。薦：舉薦。典職：任職。典：掌管。功用：業績，成就。授政：授予帝位。相傳舜、禹皆任職二十餘年才繼承帝位。[5]重器：寶器，象徵國家、社稷。大統：帝位。傳天下若斯之難：傳天下如此謹慎。難：謹慎。[6]説者：指諸子雜説。許由：傳説中上古高士，隱居於箕山。[7]卞隨、務光：古隱士，相傳商湯戰勝夏桀後，欲把天下讓給他們，二人不受，投水而死。[8]太史公：司馬遷自稱。箕山：又名許由山，相傳許由隱居於此山，在今河南登封縣東南。蓋：大概。冢(zhǒng)：墳墓。[9]吴太伯：商朝時周太王長子，傳説因太王將立幼子季歷(即周文王姬昌之父)爲嗣，他和弟仲雍逃奔到荆蠻(今江南地區)，斷髮文身，改從當地風俗，以示不可用。自號句(gōu)吴，立爲吴太伯，爲春秋時代吴國的始祖。倫：類，輩。[10]概：梗概，指略、大略。全句意思是古代的文辭很多，但是很簡略。

孔子曰："伯夷、叔齊，不念舊惡，怨是用希[1]。""求仁得仁，又何怨

乎?”余悲伯夷之意,睹軼詩可異焉[2]。其傳曰:

伯夷、叔齊,孤竹君之二子也[3]。父欲立叔齊,及父卒,叔齊讓伯夷。伯夷曰:“父命也。”遂逃去。叔齊亦不肯立而逃之。國人立其中子。於是伯夷、叔齊聞西伯昌善養老,盍往歸焉[4]。及至,西伯卒,武王載木主,號爲文王,東伐紂[5]。伯夷、叔齊叩馬而諫曰:“父死不葬,爰及干戈[6],可謂孝乎?以臣弑君,可謂仁乎?”左右欲兵之[7]。太公曰[8]:“此義人也。”扶而去之。武王已平殷亂,天下宗周,而伯夷、叔齊恥之,義不食周粟,隱於首陽山,采薇而食之[9]。及餓且死,作歌,其辭曰:“登彼西山兮[10],采其薇矣。以暴易暴兮,不知其非矣[11]。神農、虞、夏忽焉没兮,我安適歸矣[12]?于嗟徂兮[13],命之衰矣!”遂餓死於首陽山。

由此觀之,怨邪?非邪?

【注釋】

[1]這句話出自《論語·公冶長》。念:記,記得。舊惡:以前的怨恨。怨:仇。是用:因此。是:此。用:介詞,因。希:少。[2]語出《論語·述而》:“求仁而得仁,又何怨?”悲:悲憐,同情。睹:看,閱讀。軼詩:指下文《采薇》之詩,未收入《詩》三百篇,故稱軼詩。軼:散軼。異:不同,指與孔子所説的伯夷、叔齊没有怨恨的看法不同。[3]孤竹:古國名,存在於商、西周、春秋時,故地在今河北盧龍南。[4]西伯昌:即後來的周文王姬昌。西伯:西方諸侯之長。盍:“何不”的合音字。[5]武王:周武王。木主:爲死者立的木制牌位。紂:商代最後的一位君主,歷史上有名的暴君。[6]叩馬:勒緊馬繮繩。爰:於是,就。[7]兵:名詞用如動詞,意思是用兵器刺殺。[8]太公:指姜太公吕尚,輔佐武王滅殷,周朝建立後封於齊,爲齊國始祖。[9]宗:尊奉。義:指堅持氣節。首陽山:一稱雷首山,在今山西永濟縣。薇:菜名,可生食或作羹。後來以“采薇”指隱居不仕。[10]餓:指嚴重的飢餓。且:將要。西山:即首陽山。[11]以暴易暴:指周武王以暴力代替了暴君商紂王的統治。易:代替,替换。非:錯誤。[12]神農:傳説中的古帝名,相傳他教導耕作,遍嘗百草爲民治病。忽焉:遥遠的樣子。焉:形容詞後綴,與“然”的用法相同。没:消失。安:疑問代詞,什麽地方。適:往,到。[13]于(xū)嗟:感嘆詞。徂(cú):即“殂”,往,離開,這裏指死。

或曰:“天道無親,常與善人[1]。”若伯夷、叔齊,可謂善人者非邪?積仁絜行如此而餓死[2]!且七十子之徒,仲尼獨薦顔淵爲好學。然回也屢空,糟糠不厭,而卒蚤夭[3]。天之報施善人[4],其何如哉?盜蹠日殺不辜,肝人之肉,暴戾恣睢,聚黨數千人橫行天下,竟以壽終[5]。是遵何德哉?此其尤大彰明較著者也[6]。若至近世,操行不軌,專犯忌諱，而終身逸樂，富厚累世不絶[7]。或擇地而蹈之，時然後出言，行不由徑，非公正不發憤，而遇禍災者，不可勝數也[8]。余甚惑焉，儻所謂天道[9]，是邪？非邪？

【注釋】

[1]或：肯定性無定代詞，有人，有的人。天道：天意。與(yù)：幫助。[2]絜：即"潔"，清潔，乾净，這裏用作使動。行：行爲。[3]回：顔回，字子淵。屢空：常空，指經常無食物。糟糠不厭：形容極度貧困。糟糠：酒渣穀皮。厭：飽，吃飽。卒：最終。蚤：通"早"。夭：夭折，早死。相傳顔淵二十九歲白髮，三十二歲死。[4]報施：酬勞。[5]盜蹠：相傳爲春秋末期人，是天下有名的大盜。肝人之肉：據傳盜蹠把人肝當肉吃。暴戾：粗暴乖張，殘酷凶惡。恣睢(zìsuī)：任意胡爲。黨：黨徒。横行：指胡作非爲。竟：最後。[6]尤：尤其，格外。彰明較著：明顯清楚，這裏是四個同義詞連用。[7]近世：近代，這裏實際上指的是當世。操行：品行。不軌：越出常軌，不合法度。忌諱：這裏指不合乎道德的言論和行爲。逸樂：安閑享樂。富厚：富裕，財富多。累世：歷代。[8]擇地：指選擇安身的地方。蹈：踏，往。時：時機，這裏指選擇時機。徑：小路，引申指邪路。發憤：發泄憤懣。勝(shēng)：盡。[9]儻(tǎng)：未定之辭，或許。

子曰："道不同，不相爲謀[1]。"亦各從其志也。故曰"富貴如可求，雖執鞭之士，吾亦爲之。如不可求，從吾所好[2]"。"歲寒，然後知松柏之後凋[3]"。舉世混濁，清士乃見[4]。豈以其重若彼，其輕若此哉？

【注釋】

[1]引自《論語・衛靈公》，意思是：主張不同，不互相商議。[2]源自《論語・述而》，原文開頭是"富而可求也"。執鞭：這裏指市場執鞭守門的人（依楊伯峻《論語譯注》説）。[3]引自《論語・子罕》。[4]見(xiàn)：即"現"，顯現。

"君子疾没世而名不稱焉[1]"。賈子曰："貪夫徇財，烈士徇名，誇者死權，衆庶馮生[2]。""同明相照，同類相求[3]。""雲從龍，風從虎，聖人作而萬物覩[4]。"伯夷、叔齊雖賢，得夫子而名益彰[5]。顔淵雖篤學，附驥尾而行益顯[6]。巖穴之士，趣舍有時若此，類名堙滅而不稱，悲夫[7]！閭巷之人，欲砥行立名者，非附青雲之士，惡能施於後世哉[8]？

【注釋】

[1]引自《論語・衛靈公》。疾：痛恨。没世：一生。稱：指爲他人所稱道。[2]賈子：賈誼，西漢政治家、文學家。徇：通"殉"，爲某種目的而死。烈士：有志於功業的人。誇者：矜誇的人。死權：爲權勢而死。死：爲動用法，爲……而死。衆庶：百姓。馮生：指貪生惡死。馮：即"憑"，依靠。[3]以下引文出自《易・繫辭》。[4]雲從龍，風從虎：龍起生雲，虎嘯生風，指同類事物互相感應。舊時用以喻聖主賢臣之遇合。作：起，出現。覩：顯露。[5]意思是：伯夷、

叔齊雖有賢行，得到孔子的贊揚名聲便更大了。夫子：指孔子。彰：顯著。[6]篤學：勤學。附驥尾：指昆蟲附著在良馬的尾巴上，可以奔騰以致千里。這裏比喻顔淵借助於孔子而名聲大顯於世。驥：千里馬。[7]意思是：隱居之士，有的有機會能够像顔淵那樣附驥尾而名聞於天下，但大多數的人則湮滅無聞，這真是悲哀啊！巖穴之士：指山野隱居之人。趨舍：取捨。指爲人所取和不爲人所取，即能被世人知曉和不能够被世人知曉。有時：有一定的時機。若此：如此，像這樣。類：大抵，大都。堙滅：埋没。[8]閭巷：鄉里，泛指民間。砥：磨刀石，這裏是動詞，指磨礪、鍛煉。青雲之士：德隆望尊、地位顯赫的人。施(yì)：延續，留傳。

老子列傳[1]

老子者，楚苦縣厲鄉曲仁里人也，姓李氏，名耳，字聃，周守藏室之史也[2]。

【注釋】

[1]本文選自《史記·老子韓非列傳》關於老子的部分，故更名爲《老子列傳》。《老子韓非列傳》是先秦道家代表人物老子、莊子和法家代表人物申不害、韓非的合傳。西漢前期既采用道家的無爲之説以休養生息，又推行法家的嚴刑峻法以遏制奸邪。政治上的需要，形成道家和法家在理論上的合流。司馬遷認爲申韓學説"本於黄老"，將老莊申韓作合傳處理，正是這一特殊歷史現象的反映。本文介紹了老子的主要思想和他的政治主張。老子：春秋楚國人，道家學派創始人。[2]苦縣：縣名，屬淮陽郡，故地在今河南鹿邑縣東。聃(dān)：同"聃"，本義是耳朵長大。藏室：國家的藏書室。

孔子適周，將問禮於老子。老子曰："子所言者，其人與骨皆已朽矣，獨其言在耳[1]。且君子得其時則駕，不得其時則蓬累而行[2]。吾聞之，良賈深藏若虚；君子盛德[3]，容貌若愚。去子之驕氣與多欲，態色與淫志[4]，是皆無益於子之身。吾所以告子，若是而已。"孔子去，謂弟子曰："鳥，吾知其能飛；魚，吾知其能遊；獸，吾知其能走。走者可以爲罔，遊者可以爲綸，飛者可以爲矰[5]。至於龍，吾不能知，其乘風雲而上天。吾今日見老子，其猶龍邪[6]！"

【注釋】

[1]獨：只，單單。[2]得其時：指遇到合適的時機或遇到明主。駕：駕車，這裏指出去做官。蓬累：比喻人行蹤不定。張守節《正義》："蓬，沙磧上轉蓬也；累，轉行貌。"[3]良賈：善於經商的人。賈(gǔ)：商人。盛德：大德，這裏指品德美好。[4]態色：指驕傲的神色。淫志：過大的志向。[5]走：跑。爲罔：指用網捕捉。爲：動詞，這裏可以譯爲"用"。罔：即"網"。綸(lún)：鈞絲。矰(zēng)：古代繫上生絲用來射鳥雀的箭。[6]其：語氣副詞，表示揣測語氣，相當於

“大概”。

老子脩道德，其學以自隱無名爲務[1]。居周久之，見周之衰，迺遂去[2]。至關，關令尹喜曰：“子將隱矣，彊爲我著書[3]。”於是老子迺著書上下篇[4]，言道德之意五千餘言而去，莫知其所終。

【注釋】

[1]脩：通“修”，研習，學習。學：學説。隱：隱晦不顯，指隱藏才學、不露鋒芒。務：事，事情。[2]迺：同“乃”。[3]關：門關，指函谷關，在今河南靈寶縣西南。一説指散關，在今陝西寶鷄西南大散嶺上。關令：官名，周代管理門關的人。尹喜：春秋時東周大夫，自著《關尹子》九篇。彊（qiǎng）：勉强。[4]書：即《道德經》，通稱《老子》，分爲《道經》、《德經》。

或曰：老萊子亦楚人也[1]，著書十五篇，言道家之用，與孔子同時云。

【注釋】

[1]老萊子：相傳是春秋時楚國隱士，耕於蒙山下，楚王欲用他，他便與妻子到江南，隱居不出。《漢書・藝文志》著録《老萊子》十六篇，早佚。

蓋老子百有六十餘歲，或言二百餘歲，以其脩道而養壽也。

自孔子死之後百二十九年，而史記周太史儋見秦獻公曰：“始秦與周合，合五百歲而離[1]，離七十歲而霸王者出焉。”或曰儋即老子，或曰非也，世莫知其然否。老子，隱君子也。

【注釋】

[1]秦獻公：秦國國君，公元前384年～公元前362年在位。據《史記・周本紀》和《秦本紀》，周太史儋見秦獻公在周烈王二年，即秦獻公十一年（前374），距孔子之死實爲105年。太史：官名，當時爲史官和曆官之長。儋：即“聸”，“聸”的上古音*taam與“耼”的上古音*nhaam相近。秦與周合：秦的先祖非子，善養馬，周孝王封之於秦（今甘肅張家川東），爲周之附庸，不是正式的諸侯，所以説“秦與周合”。合五百歲而離：公元前770年，秦襄公護送周平王東遷洛邑（今河南洛陽）有功，被封爲諸侯，成爲正式的諸侯，所以稱“離”。這裏的記載同《史記》的《周本紀》、《秦本紀》以及《封禪書》的記載均有出入，未知孰是。

老子之子名宗，宗爲魏將，封於段干[1]。宗子注，注子宫，宫玄孫假，假仕於漢孝文帝。而假之子解爲膠西王卬太傅[2]，因家于齊焉。

【注釋】

[1]段干：魏國邑名。[2]膠西：漢郡國名，轄境相當於今山東高密縣地。漢文帝時封漢高祖庶子齊悼惠王之子劉卬爲膠西王。太傅：老師。

世之學老子者則絀儒學[1]，儒學亦絀老子。“道不同不相爲謀”，豈謂是邪？李耳無爲自化[2]，清静自正。

【注釋】

[1]絀：通“黜”，貶斥。[2]無爲：指順應自然，不求有所作爲。

西南夷列傳[1]

西南夷君長以什數，夜郎最大[2]；其西靡莫之屬以什數，滇最大[3]；自滇以北君長以什數，邛都最大[4]。此皆魋結，耕田，有邑聚[5]。其外西自同師以東，北至楪榆，名爲嶲、昆明，皆編髮，隨畜遷徙，毋常處，毋君長，地方可數千里[6]。自嶲以東北，君長以什數，徙、筰都最大[7]；自筰以東北，君長以什數，冄駹最大[8]。其俗或土箸[9]，或移徙，在蜀之西。自冄駹以東北，君長以什數，白馬最大，皆氐類也[10]。此皆巴蜀西南外蠻夷也。

【注釋】

[1]西南夷：漢代對西夷、南夷的合稱，西夷包括今四川西部、雲南以及甘肅東南地區，南夷主要指牂柯、夜郎（今貴州及廣西的部分地區）一帶，西南夷就是漢代對這些地區少數民族的總稱。《史記·西南夷列傳》叙述了西南夷各民族歷史，注意到各民族有共同的地域、共同的經濟生活以及共同的文化習俗，爲最終形成一個統一和睦的多民族國家奠定了基礎。在《史記》中，司馬遷首創民族史傳，具有民族大一統的觀念。[2]君長：部落首領。什：一十。夜郎：古國、部族名，戰國至漢時主要在今貴州西部和北部，包括雲南東北、四川南部及廣西北部部分地區。[3]靡莫：古部族名，在今雲南會澤一帶。滇：古國、部族名，在今雲南東部滇池附近地區。戰國時，楚將莊蹻至其地稱滇王。從事農牧漁紡織，並經營采礦。漢武帝元狩年間，滇王曾協助漢使探求通往今印度的道路。元封二年，漢置益州郡。[4]邛：古部族名，分佈在今四川凉山州地區，從事農業。漢武帝元鼎六年（前111）於此地置越嶲郡，治所在邛都，即今四川省西昌。[5]魋（zhuī）結：一種髮式，髻形如椎，又稱“椎結”。邑聚：村落，指定居地。[6]同師：地名，《漢書》作“桐師”，今在何地各説不一，一説在今雲南沾益北，一説已遠至今潞江高黎貢山界。楪（yè）榆：地名，在今雲南大理。嶲（xī）：地名，後來漢置越嶲郡，故址在今四川西昌地区。昆明：漢代昆明，即今雲南大理。編髮：編髮爲辮，與當時中原髮式不同。毋：通“無”。常處：指定居地。可：大約。[7]徙：古族名，國名，故地在今四川天全县一帶。筰（zuó）：古部族名，其地産名馬，主要分佈在今四川雅安地區大相嶺以南、凉山州雅礱江以西一帶。漢武帝元鼎六年（前111）置沈黎郡，治所筰都縣，在今四川漢源。[8]冄駹（rǎnmáng）：古族名，在今四川茂縣汶川一帶。冄：同“冉”。[9]土箸：當爲“土著”，指世代定居一

地。[10]白馬:即白馬氐,古氐族的一支,分佈在今甘肅武都、文、成諸縣境内。氐:古族名,當時分佈在今甘肅南部和四川西北部,從事畜牧業,漢武帝元鼎六年(前111)於其地置武都郡。

始楚威王時,使將軍莊蹻將兵循江上,略巴、蜀黔中以西[1]。莊蹻者,故楚莊王苗裔也[2]。蹻至滇池,地方三百里,旁平地,肥饒數千里,以兵威定屬楚[3]。欲歸報,會秦擊奪楚巴、黔中郡,道塞不通,因還,以其衆王滇,變服,從其俗,以長之[4]。秦時常頞略通五尺道,諸此國頗置吏焉[5]。十餘歲,秦滅。及漢興,皆弃此國而開蜀故徼[6]。巴蜀民或竊出商賈,取其筰馬、僰僮[7]、髦牛,以此巴蜀殷富。

【注釋】

[1]楚威王:公元前339年～公元前329年在位。莊蹻入滇在楚頃襄王(前298～前263在位)時,這裏楚威王當是楚頃襄王之誤。《後漢書》、《華陽國志》皆作頃襄王。莊蹻:楚將。江:長江。略:攻取。巴:古族名、國名,主要分佈在今川東、重慶、鄂西一帶。蜀:王念孫認爲此處"蜀"字爲衍文。見《讀書雜誌・史記第六》。黔中:戰國楚地,故城在今湖南沅陵縣西。[2]楚莊王:春秋時楚國國君,爲春秋五霸之一。苗裔:後裔。[3]滇池:湖名,在今雲南省昆明市西南。方:王念孫認爲此處"方"字爲衍文。見《讀書雜誌・史記第六》。旁:旁邊,周圍。兵威:軍事威力。屬:歸屬。[4]會:恰巧。秦擊奪楚巴、黔中郡:指公元前277年,秦國奪取了楚國的黔中郡和巫地。王(wàng):稱王,統治。長(zhǎng):這裏用作動詞,指做首領。[5]常頞(àn):秦臣。略通:略取開通。略:奪取。五尺道:秦統一中國後,爲控制西南地區,在四川宜賓和雲南曲靖間修了一條路,道寬五尺,稱五尺道。頗:稍微。置吏:設置官員。[6]開:《漢書》作"關"。王念孫在《讀書雜誌・史記》中也認爲"開"當作"關",意思是"設置邊關"。蜀:蜀郡,屬益州,在今四川川西地區。徼(jiào):邊界。[7]僰(bó):古族名,分佈在今以四川宜賓爲中心的川南以及滇東一帶。僮:僕婢。漢代有許多僰人被掠賣爲奴,稱"僰僮"。

建元六年,大行王恢擊東越,東越殺王郢以報[1]。恢因兵威使番陽令唐蒙風指曉南越[2]。南越食蒙蜀枸醬,蒙問所從來,曰:"道西北牂柯,牂柯江廣數里,出番禺城下[3]。"蒙歸至長安,問蜀賈人,賈人曰:"獨蜀出枸醬,多持竊出市夜郎[4]。夜郎者,臨牂柯江,江廣百餘步,足以行船。南越以財物役屬夜郎,西至同師,然亦不能臣使也[5]。"蒙乃上書説上曰:"南越王黄屋左纛,地東西萬餘里,名爲外臣[6],實一州主也。今以長沙、豫章往,水道多絶[7],難行。竊聞夜郎所有精兵,可得十餘萬,浮船牂柯江,出其不意,此制越一奇也。誠以漢之彊,巴蜀之饒,通夜郎道,爲置吏,易甚。"上許之。乃拜蒙爲郎中將,將千人,食重萬餘人,從巴蜀筰關入[8],遂見夜郎侯多同。蒙厚賜,喻以威德,約爲置吏[9],使其子爲令。夜郎旁小邑皆貪漢繒帛,以爲漢道險,終不能有也,乃且聽蒙約[10]。還報,乃以爲犍爲郡[11]。發巴蜀卒治道,自僰道指牂柯江[12]。蜀人司馬相如亦言西夷邛、筰可置郡[13]。使相如以郎中將往喻,皆如南夷,爲置一都尉[14],十餘縣,屬蜀。

【注釋】

[1]建元:漢武帝的第一個年號(前140～前135)。建元六年即公元前135年。大行:官名,掌管接待賓客的事情。王恢:生年不詳,卒於公元前133年。初爲邊吏,後任大行、將屯將軍,後因誘襲匈奴單于不成而下獄自殺。東越:古代越人的一支,相傳爲越王勾踐的後裔,居住在今福建、浙江一帶,這裏指漢代的閩越國。郢:閩越國的國王。由於閩越攻打南越,南越向漢朝求救,漢武帝派遣大行王恢、大農韓安國分别出兵討伐閩越。閩越恐懼,閩越王郢的弟弟余善及相、宗族商議,殺死閩越王郢,將其頭獻給王恢謝罪。王恢、韓安國派遣使節報告給漢武帝,遂罷兵。報:報告。[2]因:憑藉。番(pó)陽:縣名,在今江西鄱陽。風:通"諷",委婉勸告。指曉:告訴。指:旨意。南越:古族名、國名,也作南粵,古代南方越人的一支。漢武帝元鼎六年(前111)滅南越,設置九郡,在今廣西、廣東及越南的北部和中部一帶。見《史記·南越列傳》。[3]食(sì):給人東西吃。枸(jǔ)醬:即"蒟酱",枸木似桑,浆果味酸,爲醬味美,漢代産於蜀中。道:作動詞,取道。牂(zāng)柯:地名。漢武帝元鼎六年(前111)置郡,治所在故且蘭(今貴州凱里西北),轄境包括今貴州大部及雲南東境和廣西北境的一部分。牂柯江:今貴州省境内北盤江,順江行船,可至番禺、南海。番(pān)禺:南越國都,故地在今廣州市。[4]賈(gǔ)人:商人。市:買賣。[5]役:役使。屬:動詞的使動用法,使……歸屬。臣:名詞用作狀語,像臣一樣。[6]説(shuì)上:勸説皇上。上:皇上,皇帝。黄屋:帝王車蓋以黄繒爲蓋裏,故稱黄屋。漢制只有皇帝才能用黄屋。左纛(dào):古代帝王之車的裝飾物,用牦牛尾或雉尾制成,設在車衡的左邊。纛:旗。外臣:國外之臣。[7]長沙:漢長沙國,包括今湖南全省。豫章:郡名,屬揚州,故治在今江西南昌,轄境相當今江西省地。絶:斷。[8]食重:指糧食、輜重。巴蜀筰關:爲"巴符關"之誤(見王念孫《讀書雜誌·史記》),符關在今四川合江縣。[9]約:約定。置:設置。[10]有:佔有,指被漢佔有。聽:聽從,接受。[11]犍(qián)爲郡:治所在僰道(今四川宜賓縣西南),屬益州。轄境相當於今四川簡陽和新津以南,大足、合江、貴州綏陽以西,岷江下游、大渡河下游和金沙江下游以東,雲南會澤、貴州水城、金沙以北地區。[12]治:修。指:指向,通往。[13]司馬相如:西漢文學家,漢武帝時出使西南夷,事見《史記·司馬相如列傳》。[14]喻:告訴。都尉:郡府官名,掌管郡中軍事、治安。

當是時,巴蜀四郡通西南夷道,戍轉相饟[1]。數歲,道不通,士罷餓離溼[2],死者甚衆;西南夷又數反,發兵興擊[3],秏費無功。上患之,使公孫弘往視問焉[4]。還對,言其不便[5]。及弘爲御史大夫,是時方築朔方以據河逐胡，弘因數言西南夷害，可且罷，專力事匈奴[6]。上罷西夷，獨置南夷夜郎兩縣一都尉，稍令犍爲自葆就[7]。

【注釋】

[1]巴蜀四郡：即漢中郡（故治在今陝西南鄭）、巴郡、廣漢郡（治所在今四川金堂東的繩鄉，轄境相當今甘肅文縣、陝西寧强以南，四川旺蒼、劍閣、蓬溪以西，潼南、遂寧、新都以北，什邡、北川以東地區）、蜀郡。戍：戍邊士卒。轉：指運送物資的人。饟（xiǎng）：運送軍糧。[2]罷（pí）：通"疲"，疲困。離：通"罹"，遭逢，遭受。溼：同"濕"，潮濕。[3]興：發動。[4]公孫弘：公元前200年～公元前121年，獄吏出身，後被任爲丞相，封平津侯。[5]便：便利，適宜。[6]御史大夫：官名，與丞相、太尉合稱三公。朔方：郡名，轄境相當於今内蒙古自治區河套西北部及以南地區。河：黄河。胡：即匈奴。因：趁機。罷：停止。事：指對付。[7]稍：逐漸。自葆就：指自己保全。

及元狩元年，博望侯張騫使大夏來，言居大夏時見蜀布、邛竹杖，使問所從來，曰："從東南身毒國，可數千里[1]，得蜀賈人市。"或聞邛西可二千里有身毒國。騫因盛言大夏在漢西南，慕中國，患匈奴隔其道，誠通蜀，身毒國道便近[2]，有利無害。於是天子乃令王然于、柏始昌、吕越人等，使閒出西夷西，指求身毒國[3]。至滇，滇王嘗羌乃留。爲求道西十餘輩[4]，歲餘，皆閉昆明[5]，莫能通身毒國。

【注釋】

[1]元狩：漢武帝年號（前122～前117）。張騫：事見《漢書・張騫傳》。大夏：古西域國名，在今阿富汗一帶。來：回來。張騫出使大夏歸來在元狩元年之前。《漢書》刪"使大夏來"爲是。蜀布：蜀中出産的細布。邛竹杖：邛崍山出産的竹杖。身（yuān）毒：印度的古譯名。可：大約。[2]便：方便。[3]閒（jiàn）出：暗中出發。指：意旨。求：尋找。[4]十餘輩：指十多批人。[5]閉：閉道，道路阻塞。

滇王與漢使者言曰："漢孰與我大？"及夜郎侯亦然。以道不通故，各自以爲一州主，不知漢廣大。使者還，因盛言滇大國，足事親附[1]。天子注意焉[2]。

【注釋】

[1]足事親附：值得讓他們親近歸附。[2]注意：留意。

及至南越反，上使馳義侯因犍爲發南夷兵[1]。且蘭君恐遠行，旁國虜其老弱[2]，乃與其衆反，殺使者及犍爲太守。漢乃發巴蜀罪人嘗擊南越者八校尉擊破之[3]。會越已破，漢八校尉不下，即引兵還，行誅頭蘭[4]。頭蘭,常隔滇道者也。已平頭蘭,遂平南夷爲牂柯郡。夜郎侯始倚南越,南越已滅,會還誅反者,夜郎遂入朝。上以爲夜郎王。

【注釋】

[1]南越反:漢武帝元鼎五年(前 112),南越丞相吕嘉叛亂,後被平定,南越亡國。事見《史記·南越列傳》。馳義侯:西漢將領,名遺。因:憑藉。[2]且(jū)蘭:古地名,屬牂柯郡,故地在今貴州境内。旁國:附近國家。虜:擄掠。[3]罪人:這裏指被赦免罪過而充當軍人的人。校尉:漢軍職名。[4]下:指沿牂柯江南下(討伐南越)。行誅:在行軍途中誅滅。頭蘭:即且蘭。

南越破後,及漢誅且蘭、邛君,並殺筰侯,冄駹皆振恐,請臣置吏。乃以邛都爲越巂郡,筰都爲沈犂郡,冄駹爲汶山郡,廣漢西白馬爲武都郡[1]。

【注釋】

[1]越巂郡:故地在今四川西昌,雲南麗江、楚雄一帶。汶山郡:治所在汶江(今四川茂縣汶川一帶),轄境相當於今四川黑水、邛崍山以東,岷山以南,北川、都江堰以西地區。武都郡:治所在武都,轄境相當於今甘肅武都、成縣、徽縣、西和、兩當、康縣及陝西鳳縣、略陽等地。

上使王然于以越破及誅南夷兵威風喻滇王入朝。滇王者,其衆數萬人,其旁東北有勞浸、靡莫[1],皆同姓相扶,未肯聽。勞浸、靡莫數侵犯使者吏卒。元封二年,天子發巴蜀兵擊滅勞浸、靡莫,以兵臨滇。滇王始首善[2],以故弗誅。滇王離(難)西(南)夷[3],舉國降,請置吏入朝。於是以爲益州郡,賜滇王王印,復長其民[4]。

【注釋】

[1]勞浸:古僰族的一支,分佈在今雲南曲靖、陸良間,本屬滇國。浸,即"浸"。靡莫:古族名,分佈在今雲南會澤一帶。[2]始首善:才開始有善意。[3]大意是滇王離開西夷,到東邊去侍奉漢朝。滇王離難西南夷:《漢書·西南夷傳》作"滇王離西夷",此句中"難"與"南"當是衍文。[4]益州郡:治所在滇池(今雲南晋寧),轄境大部分在今雲南省境内。復:重新。長(zhǎng):統治。

西南夷君長以百數,獨夜郎、滇受王印。滇小邑,最寵焉。

太史公曰:楚之先豈有天禄哉[1]?在周爲文王師,封楚[2]。及周之衰,地稱五千里。秦滅諸侯,唯楚苗裔尚有滇王。漢誅西南夷,國多滅矣,唯滇復爲寵王。然南夷之端,見枸醬番禺,大夏杖邛竹。西夷後揃,剽分二方,卒爲七郡[3]。

【注釋】

[1]天禄：天賜的福禄。[2]楚之先祖鬻熊爲周文王師，其曾孫熊繹在周成王時封於楚，姓芈氏，居丹陽，此爲春秋楚之始。[3]揃（jiǎn）：分割。剽：這裏也是分的意思。二方：指兩個部分。七郡：即犍爲、牂柯、越嶲、益州、武都、沈犂、汶山。

司馬相如列傳[1]

司馬相如者，蜀郡成都人也，字長卿。少時好讀書，學擊劍，故其親名之曰犬子[2]。相如既學，慕藺相如之爲人[3]，更名相如。以貲爲郎，事孝景帝，爲武騎常侍，非其好也[4]。會景帝不好辭賦，是時梁孝王來朝，從遊説之士齊人鄒陽、淮陰枚乘、吴莊忌夫子之徒，相如見而説之，因病免[5]，客遊梁。梁孝王令與諸生同舍，相如得與諸生遊士居數歲，乃著《子虛之賦》[6]。

【注釋】

[1]司馬相如（前179～前118）：西漢蜀郡成都人。一説四川蓬安縣人，梁武帝天監六年（507）在當地置相如縣，有相如故宅、琴臺、相如坪等遺迹。《史記》、《漢書》皆有傳。《史記·司馬相如列傳》采用“以文傳人”（見章學誠《文史通義·詩教下》）的寫法，記述司馬相如一生中的幾件大事。本篇只選取其中記叙部分，略去原著中司馬相如的辭賦和文章部分。[2]成都：今四川省成都市。擊劍：以劍擊刺的技術。親：指父母。犬子：司馬相如的小名。[3]既學：指完成學業。藺相如：戰國趙人，當時因完璧歸趙、澠池之會等事立功而爲上卿，位在功臣廉頗之上，引起廉頗不滿。藺相如以國家利益爲重，退讓再三，最後廉頗負荆請罪，傳下將相和的佳話。[4]貲（zī）：通“資”，財物，錢財。郎：官名，爲侍從之職。漢律，家財超過四萬的良家子弟，可以被選爲郎，稱“貲郎”。孝景帝：漢景帝劉啓（前188～前141）。武騎常侍：官名，常當侍從搏殺猛獸。好：愛好。[5]會：恰巧，適逢。梁孝王：西漢文帝之子劉武，立爲代王，徙淮陽（今河南淮陽），又徙梁（漢代的國名，治所在睢陽，即今河南商丘，作曜華宫及兔園，招延四方豪傑，山東遊士多歸依他。從：使……跟隨。鄒陽：漢臨淄人，以文辯知名。《史記》、《漢書》有傳。枚乘：漢淮陰人，善辭賦，好詼諧，據傳有賦一百二十篇，今多不傳。《漢書》附有傳。莊忌：漢會稽吴人，善辭賦，與鄒陽、枚乘同爲梁孝王的上客。莊忌名望頗高，被稱作夫子。説（yuè）：即“悦”。因：趁，借。免：辭官。[6]諸生：衆生，指門客弟子。同舍：同住。遊士：從事遊説活動的人。《子虛之賦》：即《子虛賦》，借三個假想人物子虛、烏有先生、無是公的相互詰難和議論，推言天子諸侯苑囿之盛，最後歸於節儉，用以諷諫。此賦“不師故轍，自攄妙才，廣博閎麗，卓絶漢代”（魯迅《漢文學史綱要》），對後來的大賦很有影響。

會梁孝王卒，相如歸，而家貧，無以自業[1]。素與臨邛令王吉相善，吉曰："長卿久宦遊不遂，而來過我[2]。"於是相如往，舍都亭[3]。臨邛令繆爲恭敬，日往朝相如[4]。相如初尚見之，後稱病，使從者謝吉，吉愈益謹肅[5]。臨邛中多富人，而卓王孫家僮八百人，程鄭亦數百人，二人乃相謂曰："令有貴客，爲具召之[6]。"並召令。令既至，卓氏客以百數。至日中，謁司馬長卿[7]，長卿謝病不能往，臨邛令不敢嘗食，自往迎相如。相如不得已，彊往，一坐盡傾[8]。酒酣，臨邛令前奏琴曰："竊聞長卿好之，願以自娛。"相如辭謝，爲鼓一再行[9]。是時卓王孫有女文君新寡，好音，故相如繆與令相重，而以琴心挑之[10]。相如之臨邛，從車騎，雍容閒雅甚都[11]；及飲卓氏，弄琴，文君竊從户窺之，心悦而好之，恐不得當也[12]。既罷，相如乃使人重賜文君侍者通殷勤[13]。文君夜亡奔相如[14]，相如乃與馳歸成都。家居徒四壁立[15]。卓王孫大怒曰："女至不材[16]，我不忍殺，不分一錢也。"人或謂王孫，王孫終不聽。文君久之不樂，曰："長卿第俱如臨邛，從昆弟假貸猶足爲生[17]，何至自苦如此！"相如與俱之臨邛，盡賣其車騎，買一酒舍酤酒，而令文君當鑪[18]。相如身自著犢鼻褌，與保庸雜作，滌器於市中[19]。卓王孫聞而恥之，爲杜門不出[20]。昆弟諸公更謂王孫曰[21]："有一男兩女，所不足者非財也。今文君已失身於司馬長卿，長卿故倦遊[22]，雖貧，其人材足依也，且又令客，獨奈何相辱如此！"卓王孫不得已，分予文君僮百人，錢百萬，及其嫁時衣被財物。文君乃與相如歸成都，買田宅，爲富人。

【注釋】

[1]自業：指自以爲生。[2]素：向來，舊時。臨邛：縣名，即今四川邛崍。宦遊：外出求官任職。遂：成，指官運通達。過：拜訪，探望。[3]舍：住宿。都亭：古代城郭附近的亭舍。[4]繆(miù)：通"謬"，詐僞，假裝。朝：拜訪。[5]謝：推辭。謹肅：恭敬。[6]卓王孫、程鄭：二人皆爲臨邛大富豪。令：指縣令。爲具：準備酒席。爲：動詞，這裏可譯爲"準備"。具：酒肴，酒席。召：召唤，這裏的意思是"請"。[7]日中：中午。謁：請。[8]彊(qiǎng)：勉强。傾：傾倒，指被司馬相如的談吐風度所傾倒。[9]辭謝：謙讓，推辭。一再行：一兩曲。行：指樂章。[10]相重：相敬重。以琴心挑之：用琴從内心挑動她。心，名詞作狀語。[11]之：往，到。從(zòng)：使……相從，使……跟隨。車騎(jì)：指車輛和跟隨的騎士。雍容：指容儀温文。閒(xián)雅：從容高雅。都：優雅。[12]竊：偷偷地。户：門。窺：偷看。恐不得當：擔心自己不能與他匹配。當：相當，指匹配。一説通"黨"，知。擔心相如不瞭解自己的心情。《方言》卷一："黨、曉、哲，知也。"[13]通：傳達。殷勤：親切的情意。[14]亡奔：指私下逃走。[15]家居徒四壁立：家中空無所有，只有四壁而已。王念孫認爲"家"爲衍文，"居"即"家"，其義相同。見《讀

書雜誌·史記第六》。徒:空,指一無所有。[16]至:極。不材:不長進,不成器。[17]第:但,且。俱:一同。如:往。從:介詞,相當於"向"。昆弟:兄弟。假貸:借貸。[18]酤酒:賣酒。鑪:古時酒店前安放酒甕酒壇的土臺,借指酒店。當鑪即賣酒的代稱。[19]犢鼻褌(kūn):有襠的短褲。一説圍裙。保庸:雇工,僕役。雜:俱,一同。作:勞作。滌:洗滌。市:市場。[20]杜門:閉門。[21]諸公:指父輩長者。更:交替,交相。[22]故:本來。遊:宦遊。

居久之,蜀人楊得意爲狗監,侍上[1]。上讀《子虛賦》而善之,曰:"朕獨不得與此人同時哉!"得意曰:"臣邑人司馬相如自言爲此賦。"上驚,乃召問相如。相如曰:"有是。然此乃諸侯之事,未足觀也。請爲天子遊獵賦,賦成奏之[2]。"上許,令尚書給筆劄[3]。相如以"子虛",虛言也,爲楚稱;"烏有先生"者,烏有此事也,爲齊難;"無是公"者,無是人也,明天子之義[4]。故空藉此三人爲辭[5],以推天子諸侯之苑囿。其卒章歸之於節儉,因以風諫[6]。奏之天子,天子大説。……

【注釋】

[1]狗監:漢代掌管皇帝獵犬的官。上:指漢武帝。[2]奏:進獻。[3]劄:木簡。[4]子虛、烏有先生、無是公是司馬相如在《子虛賦》中虛構的三個人物。稱:稱説,陳述。難:詰難,指詰難楚事。明天子之義:闡明做天子的道理。[5]藉:假借。[6]卒章:結束章。風諫:微言勸諫。風:即"諷"。

賦奏,天子以爲郎。……相如爲郎數歲,會唐蒙使略通夜郎西僰中,發巴蜀吏卒千人,郡又多爲發轉漕萬餘人,用興法誅其渠帥[1],巴蜀民大驚恐。上聞之,乃使相如責唐蒙,因喻告巴蜀民以非上意[2]。……

【注釋】

[1]唐蒙:漢武帝時爲番陽令,任中郎將,於建元六年(前135)奉命赴夜郎,使夜郎侯多同歸漢。夜郎、僰:見《史記·西南夷列傳》注。發:徵發。轉:用車運糧食。漕:從水路運糧食。用興法:《漢書》作"用軍興法",可見,此處脱一"軍"字。渠帥:大帥,魁首,首領。[2]責:責備,詰問。喻:曉喻,開導。上意:指皇帝的旨意。

相如還報。唐蒙已略通夜郎,因通西南夷道,發巴、蜀、廣漢卒,作者數萬人。治道二歲,道不成,士卒多物故,費以巨萬計[1]。蜀民及漢用事者多言其不便[2]。是時邛、筰之君長聞南夷與漢通,得賞賜多,多欲願爲内臣妾,請吏,比南夷[3]。天子問相如,相如曰:"邛、筰、冉駹者近蜀,道亦易通,秦時嘗通爲郡縣,至漢興而罷[4]。今誠復通,爲置郡縣，愈於南夷[5]。"天子以爲然，乃拜相如爲中郎將，建節往使[6]。副使王然于、壺充國、吕越人馳四乘之傳，因巴蜀吏幣物以賂西夷[7]。至蜀，蜀太守以下郊迎，縣令負弩矢先驅，蜀人以爲寵[8]。於是卓王孫、臨邛諸公皆因門下獻牛酒以交驩[9]。卓王孫喟然而嘆，自以得使女尚司馬長卿晚，而厚分與其女財，與男等同[10]。司馬長卿便略定西夷，邛、筰、冄駹、斯榆之君皆請爲内臣[11]。除邊關，關益斥，西至沫、若水，南至牂柯爲徼，通零關道，橋孫水以通邛都[12]。還報天子，天子大説。

【注釋】

[1]物故：死亡。巨萬：萬萬。[2]漢用事者：指漢代朝廷中掌權的人，如公孫弘等人。[3]爲内臣妾：指成爲漢朝的臣下、百姓。請吏：請求爲他們設置官吏。吏：官員。比：比照，與……相同。南夷：指牂柯、夜郎（今貴州及廣西的部分地區）這些民族。[4]罷：撤消。[5]愈：勝，超過。[6]建節：執持符節，古代使臣執持符節以爲徵信。節：符節。[7]傳（zhuàn）：官家使用的車輛。因：由。幣物：禮物，這裏指準備禮物。賂：贈送財物。[8]郊迎：到郊外去迎接。負弩矢：背著弩和箭。這是一種禮節，表示作爲僕從，爲他服務。先驅：騎馬走在前面，表示爲他清道開路。寵：榮耀。[9]交驩：相互都十分快樂。驩：通"歡"。[10]喟（kuì）然：嘆息的樣子。尚：配。男：這裏指兒子。[11]便：《漢書·司馬相如傳》作"使"。使，派遣。略定：巡視並安撫。略：巡視。斯榆：一作"斯俞"，古代西南民族名，在邛都。一説即徙，見前《西南夷列傳》注。[12]除：取消。斥：廣，開廣。沫水：指今大渡河。若水：指今雅礱江及與金沙江合流後的金沙江。徼（jiào）：邊界。零關道：古道路名，指從大渡河南岸通向西昌平原的道路。"零"亦作"靈"。橋：用如動詞，架橋。孫水：即今四川境内的安寧河。相傳司馬相如橋孫水處在今冕寧縣西。

相如使時，蜀長老多言通西南夷不爲用，唯大臣亦以爲然[1]。相如欲諫，業已建之，不敢，乃著書，籍以蜀父老爲辭，而已詰難之，以風天子，且因宣其使指[2]，令百姓知天子之意。……

【注釋】

[1]長老：年高者之通稱。唯：通"雖"，即使。[2]業已：已經。建：公布，古時布告以帛書樹立於竿上。籍：通"藉"，借。因：趁機。宣：宣示，顯示。使指：指出使西南夷的旨意。

其後人有上書言相如使時受金，失官。居歲餘，復召爲郎。

相如口吃而善著書。常有消渴疾[1]。與卓氏婚，饒於財。其進仕宦，未嘗肯與公卿國家之事[2]，稱病閒居，不慕官爵。常從上至長楊獵，是時天子方好自擊熊彘[3]，馳逐野獸，相如上疏諫之。……

【注釋】

[1]消渴：病名，今稱糖尿病。[2]與(yù)：參與。[3]常：通"嘗"，曾經。長楊：漢行宮長楊宮，因宮有長楊樹而得名。彘(zhì)：豬。

相如拜爲孝文園令[1]。天子既美《子虛》之事，相如見上好僊道，因曰："上林之事未足美也，尚有靡者。臣嘗爲《大人賦》，未就，請具而奏之[2]。"相如以爲列僊之傳居山澤閒，形容甚臞[3]，此非帝王之僊意也，乃遂就《大人賦》。……

【注釋】

[1]孝文：漢孝文皇帝，即漢文帝劉恒。園令：陵園令，職責是守護陵園。[2]僊：同"仙"。上林：苑名，苑中養禽獸，供皇帝春秋打獵。靡：美好，靡麗。就：完成。具：準備，這裏指寫好。[3]傳(chuán)：相傳，傳説。形容：形體容貌。臞(qú)：清瘦。

相如既奏《大人之頌》[1]，天子大説，飄飄有淩雲之氣，似遊天地之閒意。

相如既病免，家居茂陵[2]。天子曰："司馬相如病甚，可往後悉取其書[3]；若不然，後失之矣。"使所忠往，而相如已死，家無書。問其妻，對曰："長卿固未嘗有書也。時時著書，人又取去，即空居。長卿未死時，爲一卷書，曰有使者來求書，奏之。無他書。"其遺劄書言封禪事[4]，奏所忠。忠奏其書，天子異之[5]。……

【注釋】

[1]《大人之頌》：即《大人賦》。[2]茂陵：縣名，漢初爲茂鄉，後來漢武帝葬於此，因置縣，今屬陝西興平。[3]甚：厲害。後：《漢書·司馬相如傳》作"從"。悉：盡，全部。[4]封禪：帝王祭天地的典禮。在泰山上築土爲壇祭天，報天之功，稱"封"。在泰山下梁父山上祭地，報地之功，稱"禪"。秦漢以後，歷代封建王朝都把封禪作爲國家的大典。[5]異：形容詞的意動用法，認爲……奇異。

司馬相如既卒五歲，天子始祭后土[1]。八年而遂先禮中岳，封於太山，至梁父禪肅然[2]。

【注釋】

[1]后土：土地神。[2]遂：終於。禮：指行祭祀之禮。中岳：指嵩山，在今河南登封縣北，古名嵩高，爲五岳之一。太山：即泰山。梁父：山名，在泰山腳下東北方。肅然：山名，泰山東麓，在山東萊蕪縣東北。

相如他所著，若《遺平陵侯書》、《與五公子相難》、《草木書》篇不采[1],采其尤著公卿者云。……

【注釋】

[1]遺(wèi):送,給。平陵侯:即蘇建,因從衛青擊匈奴有功,封平陵侯。采:收録。

遊俠列傳(節選)[1]

韓子曰:“儒以文亂法,而俠以武犯禁[2]。”二者皆譏,而學士多稱於世云[3]。至如以術取宰相卿大夫,輔翼其世主,功名俱著於春秋[4],固無可言者。及若季次、原憲,閭巷人也,讀書懷獨行君子之德,義不苟合當世[5],當世亦笑之。故季次、原憲終身空室蓬户,褐衣疏食不厭[6]。死而已四百餘年,而弟子志之不倦[7]。今遊俠,其行雖不軌於正義,然其言必信,其行必果,已諾必誠,不愛其軀,赴士之阸困,既已存亡死生矣,而不矜其能,羞伐其德,蓋亦有足多者焉[8]。

【注釋】

[1]《史記·遊俠列傳》記述漢代著名俠士朱家、劇孟、郭解的事迹,贊揚了俠士的高貴品質,並對他們的不幸遭遇寄予同情,反映了司馬遷進步的歷史觀。本文選取其中叙論部分。[2]注見《韓非子·五蠹》。[3]譏:非難,非議。學士:學者,文人,指儒生。稱:指被人稱揚。[4]術:方法,指權術。輔翼:輔助。世主:國君。春秋:古代國史的通稱。[5]及若:至於。季次、原憲:都是孔子學生,兩人皆品德高尚,終身未仕。閭巷:里巷,泛指民間。獨行:志節高尚,不隨俗浮沉。苟合:隨便附合。[6]蓬户:編蓬爲户,常指窮人的住處。褐衣:粗麻衣服。疏食:粗劣的食物。厭:即“饜”,飽。[7]志:記住,想念。[8]軌:作動詞,遵循,符合。正義:當時的道德準則和法律。果:有決斷。諾:應允,允諾。誠:真實,真誠。阸困:困厄,貧苦。“阸”:同“阨”。矜:誇耀。伐:誇耀自己的功勞、才能。多:贊美。

且緩急[1],人之所時有也。太史公曰:昔者虞舜窘於井廩[2],伊尹負於鼎俎[3],傅説匿於傅險[4],吕尚困於棘津[5],夷吾桎梏[6],百里飯牛[7],仲尼畏匡,菜色陳蔡[8]。此皆學士所謂有道仁人也,猶然遭此菑,况以中材而涉亂世之末流乎[9]?其遇害何可勝道哉[10]!

【注釋】

[1]緩急:危急之事。“緩”無義,“緩急”爲偏義複詞。[2]太史公曰:是司馬遷在《史記》中發表自己議論時的説法。虞舜窘於井廩:傳説舜未爲天子時,屢遭其父瞽瞍、弟象的迫害,舜修倉廩,其父瞽瞍撤梯燒倉;舜淘井,其父與弟又把井填死,舜皆逃脱,大難不死。窘:困迫。井廩:水井和倉廩。[3]伊尹:商湯的賢臣,曾做商湯厨師,以烹調之理暗示爲政之道,深得商湯

賞識。鼎：古炊具，相當於鍋。俎（zǔ）：切肉用的案板。[4]傳說（yuè）：殷相，傳說本爲在傅巖（今山西省平陸縣東二十五里）服苦役的犯人，後被武丁發現，委以重任，使商代出現中興的局面。傅險：即傅巖。[5]吕尚：又稱姜太公，輔佐周武王伐紂有功，封於齊，爲齊國始祖。傳説太公行年七十，在棘津賣食。棘津：古水名，在今河南省延津縣東北，現已湮没。[6]夷吾：管仲，字夷吾，春秋時齊相，輔佐齊桓公成就霸業。管仲初事桓公之弟公子糾，桓公與公子糾爭鬥獲勝後，命魯殺公子糾，縛押管仲至齊，後用爲相。[7]百里飯牛：春秋時秦穆公的賢相百里奚，早年自賣爲奴，替人喂牛，尋找機會，終得秦穆公信任。飯：以食喂牲口（或人）。[8]據《史記·孔子世家》記載，孔子周遊列國，路過衛國匡地，匡人把他當成了他們痛恨的陽虎，將他圍困，幾乎害死他。路過陳國、蔡國時，無糧可吃，餓得面黄肌瘦。[9]菑（zāi）：通"災"，災難。亂世之末流：指衰亂時代的不良風習。[10]遇害：遭遇災禍。勝（shēng）：盡，窮盡。

鄙人有言曰："何知仁義，已饗其利者爲有德[1]。"故伯夷醜周，餓死首陽山，而文、武不以其故貶王[2]；蹠、蹻暴戾[3]，其徒誦義無窮。由此觀之，"竊鉤者誅，竊國者侯，侯之門仁義存[4]"，非虚言也。

【注釋】

[1]鄙人有言曰：等於説俗諺這樣説。鄙人：淺陋之人，這裏指一般的人民大衆。饗：享受。[2]伯夷：事見《史記·伯夷列傳》。醜：形容詞意動用法，認爲醜。文、武：指周文王和周武王。貶王：指損害王者的名聲。[3]蹠、蹻：盗蹠、莊蹻，傳説中的大盗。[4]語出《莊子·胠篋》，原文爲："彼竊鉤者誅，竊國者爲諸侯。諸侯之門，而仁義存下。"鉤：同"鈎"，衣帶鈎。

今拘學或抱咫尺之義，久孤於世，豈若卑論儕俗，與世沈浮而取榮名哉[1]！而布衣之徒，設取予然諾，千里誦義，爲死不顧世，此亦有所長，非苟而已也[2]。故士窮窘而得委命，此豈非人之所謂賢豪閒者邪[3]？誠使鄉曲之俠，予季次、原憲比權量力，效功於當世，不同日而論矣[4]。要以功見言信，俠客之義又曷可少哉[5]！

【注釋】

[1]拘學：指拘謹的學者。咫尺：比喻其小。咫：八寸。久孤於世：長久地孤立於社會之外，而不被重視。豈若：不如。卑論儕俗：指放低論調，以遷就世俗。卑：下，低，這裏用如動詞，降低。儕俗：與世俗混同。儕：輩，類，這裏用如動詞，有一同、等同的意思。與世沈浮：指隨俗進退。榮名：指功名富貴。[2]設：大，指重視。取予：收受與給予。然諾：應允。爲死：指爲道義而死。苟：隨便。[3]委命：委托性命。賢：賢人。豪：豪俠。閒者：傑出的人材。[4]鄉曲：鄉間，民間。予：通"與"。比權量力：較量權勢、力量的大小。效功：獻功。不同日而論：意思是不可相提並論。[5]要：總，總要。功：事情。見：即"現"。言信：指言必有信。曷：何。少：輕視。

古布衣之俠,靡得而聞已[1]。近世延陵、孟嘗、春申、平原、信陵之徒,皆因王者親屬,藉於有土卿相之富厚[2],招天下賢者,顯名諸侯,不可謂不賢者矣。比如順風而呼,聲非加疾,其埶激也[3]。至如閭巷之俠,脩行砥名,聲施於天下,莫不稱賢,是爲難耳[4]。然儒、墨皆排擯不載[5]。自秦以前,匹夫之俠,湮滅不見,余甚恨之。以余所聞,漢興有朱家、田仲、王公、劇孟、郭解之徒,雖時扞當世之文罔,然其私義廉絜退讓[6],有足稱者。名不虛立,士不虛附。至如朋黨宗彊比周,設財役貧,豪暴侵凌孤弱,恣欲自快[7],遊俠亦醜之。余悲世俗不察其意,而猥以朱家、郭解等令與暴豪之徒同類而共笑之也[8]。

【注釋】

[1]靡:無,没有。已:通"矣"。[2]延陵:春秋時吴國的公子季札封於延陵,稱延陵季子,當時以見多識廣、重然諾而著稱。孟嘗:即孟嘗君,姓田名文,戰國時齊國的貴族,承其父封爵爲薛公。春申:戰國時的楚相,名黄歇,封春申君。平原:名趙勝,戰國趙武靈王之子,封於東武城,號平原君。信陵:名無忌,戰國魏安釐王異母弟,封信陵君。孟嘗君、春申君、平原君、信陵君皆以好客養士著稱,後人稱之爲四公子。藉:借助。有土:指有封地。[3]埶:即"勢",形勢,態勢。激:猛烈,急疾。[4]脩行砥名:指磨礪德行,建立功名。脩:通"修"。施(yì):蔓延,傳播。是爲難耳:這很難做到啊。[5]排擯:排斥,擯除。[6]扞(hàn):觸犯。文罔:法網,法禁。罔:即"網"。私義:指私下的所作所爲。廉絜:即廉潔。絜:即"潔"。退讓:謙讓。[7]朋黨:爲私利而相互勾結的集團。宗彊:指地方豪强。比周:結夥營私。設財:置辦財物。設:置。役貧:役使窮苦之人。豪暴:豪强凶惡。侵凌:侵犯欺凌。恣欲:放縱私欲。恣:放縱。自快:求得自己的快樂。[8]猥:曲,不正確地。令:使。

滑稽列傳(節選)[1]

淳于髡者,齊之贅壻也[2]。長不滿七尺,滑稽多辯,數使諸侯[3],未嘗屈辱。齊威王之時喜隱,好爲淫樂長夜之飲,沈湎不治,委政卿大夫[4]。百官荒亂,諸侯並侵,國且危亡,在於旦暮[5],左右莫敢諫。淳于髡説之以隱曰:"國中有大鳥,止王之庭,三年不蜚又不鳴[6],王知此鳥何也?"王曰:"此鳥不飛則已[7],一飛沖天;不鳴則已,一鳴驚人。"於是乃朝諸縣令長七十二人[8],賞一人[9],誅一人[10],奮兵而出[11]。諸侯振驚,皆還齊侵地。威行三十六年[12]。語在《田完世家》中[13]。

【注釋】

[1]《史記·滑稽列傳》是滑(gǔ)稽人物淳于髡(kūn)、優孟、優旃(zhān)三人的合傳。司馬遷肯定了這些地位低下的小人物的智慧、勇氣與社會作用,藉以抒發胸中的憤慨。本文選取其中關於淳于髡的一段。滑稽:辯才敏捷,言語詼諧。[2]淳于髡:淳于,複姓。贅壻:入贅至女家的女婿,當時贅壻的社會地位非常低下。"壻":同"婿"。[3]數(shuò):多次。使:出使。[4]齊威王:戰國時齊王,姓田名因。隱:謎語的古稱,又叫隱語,指不把本意直接説出而借别的話暗示。淫樂長夜之飲:無節制地享樂和通夜飲酒。淫:過分。沈湎:指沈迷於酒。不治:不治理國家。委:托付。[5]並:一起,同時。且:將,將要。旦暮:早晚,言時間之短。[6]説(shuì):勸説。國:國都。蜚:通"飛"。[7]已:停止,停留。[8]朝:動詞的使動用法,使朝見。縣令長:當時稱縣大夫,後來稱縣令長,是縣的行政長官,萬户以上爲令,不足萬户爲長。[9]賞一人:"一人"指即墨大夫。相傳威王左右的人總是説他的壞話,威王派人視察,又見莊稼茂盛,人民富裕,生活安寧。威王認爲他不諂事其左右,於是賞其萬户作爲他的食邑。[10]誅一人:"一人"指阿(ē)大夫。相傳威王左右的人總説他的好話。派人視察却只見田地荒蕪,人民貧困,敵人侵犯却不能守衛國土。威王認爲他諂事厚賂其左右,於是烹了他。[11]指威王發兵西擊趙、魏,魏敗,趙懼,於是兩國退還侵地,與齊和解。奮兵:發兵。[12]《史記·田敬仲完世家》記載爲"諸侯聞之,莫敢致兵於齊二十餘年"。威王在位爲37年(前356～前320)。[13]《田完世家》:即《史記》中的《田敬仲完世家》。

威王八年[1],楚大發兵加齊。齊王使淳于髡之趙請救兵,齎金百斤,車馬十駟[2]。淳于髡仰天大笑,冠纓索絶[3]。王曰:"先生少之乎[4]?"髡曰:"何敢!"王曰:"笑豈有説乎[5]?"髡曰:"今者臣從東方來,見道傍有禳田者,操一豚蹄,酒一盂,祝曰:'甌窶滿篝,汙邪滿車,五穀蕃熟,穰穰滿家[6]。'臣見其所持者狹而所欲者奢[7],故笑之。"於是齊威王乃益齎黄金千溢[8],白璧十雙,車馬百駟。髡辭而行,至趙。趙王與之精兵十萬,革車千乘[9]。楚聞之,夜引兵而去。

【注釋】

[1]威王八年:即公元前371年。[2]齎(jī):送。駟:一車四馬爲駟。[3]索:盡。絶:斷裂。[4]少:形容詞的意動用法,認爲……少。[5]説:説法,解説,這裏指原因。[6]傍(páng):通"旁"。禳(ráng)田:祭田。禳:祭名,去邪除惡之祭。豚:小豬。祝:以言語告神求福。甌窶(ōujù):高狹之地。篝:竹籠。汙(wū)邪:低田。蕃:茂盛。穰穰(ráng):衆多的樣子。[7]奢:多。[8]溢:古代計量單位,二十兩爲溢。[9]革車:古代戰車。

威王大説,置酒後宫,召髡賜之酒。問曰:"先生能飲幾何而醉?"對曰:"臣飲一斗亦醉,一石亦醉[1]。"威王曰:"先生飲一斗而醉,惡能飲一石哉[2]!其説可得聞乎?"髡曰:"賜酒大王之前,執法在傍,御史在後,髡恐懼俯伏而飲,不過一斗徑醉矣[3]。若親有嚴客,髡帣韝鞠𩓐,侍酒於前,時賜餘瀝,奉觴上壽[4],數起,飲不過二斗徑醉矣。若朋友交遊,久不相見,卒然相覩,歡然道故[5],私情相語,飲可五六斗徑醉矣。若乃州閭之會,男女雜坐,行酒稽留,六博投壺,相引爲曹,握手無罰,目眙不禁,前有墮珥,後有遺簪,髡竊樂此,飲可八斗而醉二參[6]。日暮酒闌,合尊促坐,男女同席,履舄交錯,杯盤狼藉,堂上燭滅,主人留髡而送客,羅襦襟解,微聞薌澤[7],當此之時,髡心最歡,能飲一石。故曰酒極則亂,樂極則悲;萬事盡然。"言不可極,極之而衰。以諷諫焉。齊王曰:"善。"乃罷長夜之飲,以髡爲諸侯主客[8]。宗室置酒,髡嘗在側[9]。

【注釋】

[1]斗、石:古代酒器,俗稱大酒杯爲酒斗。一石約相當於十斗。[2]惡(wū):疑問代詞,何,怎麼。[3]執法:執法官。御史:官名,三公之一,掌文書及記事。這裏的執法、御史都是監視酒政、糾察失儀者的。徑:就。[4]親:父母雙親。嚴客:尊客。帣(juàn):卷衣袖。韝(gōu):革制袖套,用來束籠衣袖,便於動作。鞠𩓐(jì):曲腰小跪,表示恭敬。"𩓐":同"跽"。餘瀝:殘酒。奉觴:舉杯。上壽:祝壽。[5]卒(cù)然:突然。道:述説。故:舊,指過去的事情、友情等。[6]若乃:至於。州閭之會:指鄉間不拘禮法的飲宴。州閭:州里,鄉間。行酒:依次勸酒。稽留:停留。六博:古代的一種下棋的遊戲,又叫"六簙"或"陸博",流行於春秋晚期。投壺:古人宴會時的遊戲,賓主依次以矢投壺,多中者爲勝,負者罰酒。引:拉,牽。爲曹:遊戲中分組。曹:群。眙(chì):直視。珥:耳環。醉二參:有二三分醉意。[7]酒闌:行酒結束時。合尊:把剩酒倒在一起。尊:酒器。促坐:迫近而坐,擠在一起坐。履舄(xì):鞋。"履、舄"都是鞋,這是同義連用。交錯:指亂七八糟地擺放。狼藉:雜亂。羅襦:絲織短衣。薌(xiāng)澤:香澤,香汗。"薌"通"香"。[8]諸侯主客:接待諸侯賓客的交際官。[9]宗室:宗廟。嘗:通"常"。

貨殖列傳(節選)[1]

昔者越王句踐困於會稽之上,乃用范蠡、計然[2]。計然曰:"知鬬則修備,時用則知物,二者形則萬貨之情可得而觀已[3]。故歲在金,穰;水,毀;木,饑;火,旱[4]。旱則資舟,水則資車,物之理也[5]。六歲穰,六歲旱,十二歲一大饑。夫糶,二十病農,九十病末[6]。末病則財不出,農病則草不辟矣[7]。上不過八十,下不減三十,則農末俱利,平糶齊物，關市不乏[8]，治國之道也。積著之理，務完物，無息幣[9]。以物相貿，易腐敗而食之貨勿留，無敢居貴[10]。論其有餘不足[11]，則知貴賤。貴上極則反賤，賤下極則反貴。貴出如糞土，賤取如珠玉[12]。財幣欲其行如流水。"修之十年，國富，厚賂戰士，士赴矢石，如渴得飲，遂報彊吴，觀兵中國[13]，稱號"五霸"。

【注釋】

[1]《貨殖列傳》集中體現了司馬遷的經濟學思想，反映了當時各地的物産、經濟及風俗狀況，也記載了一些人善於經營而致富的故事。貨殖：財富增加。貨：財富。殖：生殖，這裏指增加、積累。[2]范蠡：春秋時楚國人，字少伯，在越國官至大夫，輔佐句踐滅吴。計然：相傳是春秋越葵丘濮上人，姓辛，字文子，是范蠡的老師。[3]知鬥則修備：知道要打仗了，就要做好準備。時用則知物：瞭解什麽時候用什麽東西才算真正懂得貨物商品。二者：指時和用。形：顯現。[4]歲：歲星，即木星。古代人們依據歲星運行的方位預測年成的好壞。歲在金，指歲星運行至正西方；在水，運行至正北方；在木，運行至正東方；在火，運行至正南方。穰(ráng)：豐收。[5]旱則資舟：指久旱時買船以備水澇之用。資：指買進。理：法則，規律。[6]糶(tiào)：賣出穀物。二十：指一斗糧食值二十錢。病：損害。九十：即指一斗糧食值九十錢。末：指與農相對的工商業者。[7]財不出：指財物不流通。草不辟：指土地荒蕪，不被開墾。[8]平糶：官府於荒年將存糧平價出售。齊物：指調節物價。關市：人員物資聚集之地。[9]積著：指積蓄。務：力求。完：完好，完整。息幣：指積壓貨物。息：停息。[10]貿：買賣。食：通"蝕"，虧損，損耗。居貴：指等高價。[11]論：探討。[12]貴的時候大量出售，像扔糞土一樣，賤的時候大量買進，像取珠玉一樣。[13]厚賂：給很多財物。赴矢石：指上戰場。古代作戰以箭射敵，以石擊人。報：報復，復仇。觀兵：檢閱軍隊以顯示兵威。

范蠡既雪會稽恥，乃喟然而嘆曰："計然之策七，越用其五而得意[1]。既已施於國，吾欲用之家。"乃乘扁舟浮於江湖，變名易姓，適齊爲鴟夷子皮，之陶爲朱公[2]。朱公以爲陶天下之中，諸侯四通，貨物所交易也。乃治産積居，與時逐而不責於人[3]。故善治生者[4]，能擇人而任時。十九年之中三致千金，再分散與貧交疏昆弟[5]。此所謂富好行其德者也。後年衰老而聽子孫，子孫脩業而息之，遂至巨萬[6]。故言富者皆稱陶朱公。

【注釋】

[1]雪會稽之恥：指協助句踐滅吴。得意：因如願以償而感到滿意。[2]扁(piān)舟：小船。湖：這裏泛指太湖流域一帶的湖泊。鴟夷子皮：范蠡佐句踐滅吴後，知句踐爲人不可以共安

樂,便浮海出齊,變易姓名,自號鴟夷子皮。事見《史記·越王句踐世家》。陶:地名,在今山東定陶縣境内。范蠡至陶稱朱公,經商致富,後即以"陶朱公"稱富者。[3]與時逐:指隨時而取利。責:求。[4]治生:謀生計,經營家業。[5]再:兩次。貧交:窮朋友。疏昆弟:遠房兄弟。疏:遠。昆弟:兄弟。[6]聽:聽憑。息:繁殖,發展。巨萬:萬萬。

練習(一)

一、解釋下列句子中加點字的意義。

1. 孔子序列古之仁聖賢人,如吴太伯、伯夷之倫詳矣。
2. 余以所聞由、光義至高,其文辭不少概見,何哉?
3. 及餓且死,作歌。
4. 神農、虞、夏忽焉没兮,我安適歸矣?
5. 或曰:"天道無親,常與善人。"
6. 然回也屢空,糟穅不厭,而卒蚤夭。
7. 或擇地而蹈之,時然後出言,行不由徑,非公正不發憤。
8. 去子之驕氣與多欲,態色與淫志,是皆無益於子之身。
9. 欲歸報,會秦擊奪楚巴、黔中郡,道塞不通。
10. 今以長沙、豫章往,水道多絶,難行。
11. 於是天子乃令王然于、柏始昌、吕越人等,使閒出西夷西,指求身毒國。
12. 素與臨邛令王吉相善,吉曰:"長卿久宦遊不遂,而來過我。"
13. 臨邛令繆爲恭敬,日往朝相如。
14. 長卿第俱如臨邛,從昆弟假貸猶足爲生,何至自苦如此!
15. 死而已四百餘年,而弟子志之不倦。
16. 若朋友交遊,久不相見,卒然相覩,歡然道故,私情相語,飲可五六斗徑醉矣。

二、用漢語拼音給下面句子中的加點字注音。

1. 于嗟徂兮,命之衰矣!
2. 閭巷之人,欲砥行立名者,非附青雲之士,惡能施於後世哉?
3. 相如之臨邛,從車騎,雍容閒雅甚都。
4. 雖時扞當世之文罔,然其私義廉絜退讓,有足稱者。
5. 齊王使淳于髡之趙請救兵,齎金百斤,車馬十駟。

三、找出句子中活用的詞,并説明其意義和用法。

1. 左右欲兵之。太公曰:“此義人也。”扶而去之。

2. 賈子曰:“貪夫徇財,烈士徇名,誇者死權,衆庶馮生。”

3. 南越以財物役屬夜郎,西至同師,然亦不能臣使也。

4. 會景帝不好辭賦,是時梁孝王來朝,從遊説之士齊人鄒陽、淮陰枚乘、吴莊忌夫子之徒,相如見而説之,因病免,客遊梁。

5. 其遺劄書言封禪事,奏所忠。忠奏其書,天子異之。

6. 先生少之乎?

四、將下列文字譯爲現代漢語。

或曰:“天道無親,常與善人。”若伯夷、叔齊,可謂善人者非邪?積仁絜行如此而餓死!且七十子之徒,仲尼獨薦顔淵爲好學。然回也屢空,糟糠不厭,而卒蚤夭。天之報施善人,其何如哉?盗蹠日殺不辜,肝人之肉,暴戾恣睢,聚黨數千人横行天下,竟以壽終。是遵何德哉?此其尤大彰明較著者也。

五、填空。

1.《史記》原名(　　),魏晋之際始稱《史記》,是我國第一部(　　)。

2.《史記》注本中,南朝宋裴駰的(　　),唐司馬貞的(　　),張守節的(　　),被稱爲《史記》“三家注”。

六、背誦。

1.《伯夷列傳》全文。

2.《遊俠列傳》全文。

七、用現代標點符號標點下列文字。

張夫子問褚先生曰詩言契后稷皆無父而生今案諸傳記咸言有父父皆黄帝子也得無與詩謬乎褚先生曰不然詩言契生於卵后稷人迹者欲見其有天命精誠之意耳鬼神不能自成須人而生奈何無父而生乎一言有父一言無父信以傳信疑以傳疑故兩言之堯知契稷皆賢人天之所生故封之契七十里後十餘世至湯王天下堯知后稷子孫之後王也故益封之百里其後世且千歲至文王而有天下詩傳曰湯之先爲契無父而生契母與姊妹浴於玄丘水有燕銜卵墮之契母得故含之誤吞之即生契契生而賢堯立爲司徒姓之曰子氏子者兹兹益大也詩人美而頌之曰殷社芒芒天命玄鳥降而生商商者質殷號也文王之先爲后稷后稷亦無父而生后稷母爲姜嫄出見大人迹而履踐之知於身則生后稷姜嫄以爲無父賤而弃之道中牛羊避不踐也抱之山中山者養之又捐之大澤鳥覆席食之姜嫄怪之於是知其天子乃取長之堯知其賢才立以爲大農姓之曰姬氏姬者本也詩人美而頌之曰厥初生

民深修益成而道后稷之始也孔子曰昔者堯命契爲子氏爲有湯也命后稷爲姬氏爲有文王也大王命季歷明天瑞也太伯之吴遂生源也天命難言非聖人莫能見舜禹契后稷皆黄帝子孫也黄帝策天命而治天下德澤深後世故其子孫皆復立爲天子是天之報有德也人不知以爲氾從布衣匹夫起耳夫布衣匹夫安能無故而起王天下乎其有天命然

文　選

漢　書

【解題】

《漢書》爲東漢班固(32～92)所撰,記載漢高祖元年(前 206)到王莽地皇四年(23)二百三十年間發生的主要事件。全書有十二紀、八表、十志、七十傳,共一百篇(其中八表和《天文志》未成稿,由班固之妹班昭和馬續完成),總計約八十一萬字,後人分爲一百二十卷。《漢書》是我國第一部紀傳體斷代史,開創了斷代成書的先例。《漢書》是研究西漢歷史的重要資料,對考察西漢的政治經濟、科學文化、地理沿革、天文以及邊疆少數民族等情况有極其重要的價值。

《漢書》作者班固,字孟堅,扶風安陵(今陝西咸陽東)人。漢明帝時任蘭臺令史,漢和帝時曾隨大將軍竇憲出征匈奴,後因竇憲謀反而被牽連,死於獄中。班固博學多才,受漢明帝之命,歷時二十五年,在其父班彪編寫的《史記後傳》基礎上,整理補充而編成《漢書》。

《漢書》成書後注者有數十家,早在東漢末年,服虔、應劭就曾爲《漢書》作注,後來的通行本爲唐顔師古注本。清王先謙《漢書補注》校勘各本異同,采集諸家考釋,所收資料較爲詳備。今人楊樹達《漢書窺管》對王先謙補注又有所補正。教材依據中華書局點校本(1962 年)。

藝文志諸子略[1]

儒家者流,蓋出於司徒之官,助人君順陰陽明教化者也[2]。遊文於六經之中[3],留意於仁義之際。祖述堯舜,憲章文武,宗師仲尼,以重其言[4]，於道最爲高。孔子曰："如有所譽，其有所試[5]。"唐虞之隆[6]，殷周之盛，仲尼之業，已試之效者也。然惑者既失精微，而辟者又隨時抑揚，違離道本，苟以譁衆取寵[7]。後進循之，是以《五經》乖析，儒學寖衰，此辟儒之患[8]。

【注釋】

[1]藝文：指書籍。略：概要。歷代官史常以當時所存典籍彙目成編，稱爲藝文志。《漢書・藝文志》是班固根據劉歆《七略》寫成，其中諸子略是根據劉歆《輯略》中有關諸子部分及其《諸子略》寫成的。本文只選其中的論述部分，删去書目。從本文可以看出，班固是站在儒家正統立場來評論諸子學派的。[2]流：流派。司徒：官名，主管教化。陰陽：古以陰陽解釋萬物化生，這裏指儒家所説的陰陽之道，也即天地人事自然之道。[3]遊文：習文。六經：指《詩》、《書》、《易》、《禮》、《樂》、《春秋》。[4]祖述：師法前人，加以陳説。憲章：用作動詞，效法。宗：尊崇。師：以……爲師。重其言：增加自已學説的重要性。重：形容詞用作使動，使……重要。[5]語出《論語・衛靈公》，原文是："如有所譽者，其有所試矣。"大意是如果對人有所稱贊，是因爲試用過他。[6]唐虞：唐是陶唐氏，即堯；虞是有虞氏，即舜。[7]精微：精細隱微。辟者：邪僻之人。辟：即"僻"。抑揚：壓抑或擡高。道本：指儒道的本旨。苟：苟且，隨隨便便。[8]後進：後輩，後學者。乖：背離，不一致。這裏指違背《五經》的本義。析：分散，分離。這裏指使經義支離破碎。寖(jìn)：逐漸。患：災禍，禍患。

道家者流，蓋出於史官，歷記成敗、存亡、禍福、古今之道，然後知秉要執本。清虚以自守，卑弱以自持，此君人南面之術也[1]。合於堯之克攘，《易》之嗛嗛，一謙而四益[2]。此其所長也。及放者爲之[3]，則欲絶去禮學，兼弃仁義，曰：獨任清虚，可以爲治。

【注釋】

[1]史官：主管文書、典籍之官。要：要點，關鍵。清虚：清净虚無。這是道家的主張。卑弱：柔弱，道家認爲弱能勝强、柔能克剛。君：用作動詞，統治。南面：面朝南。古代以坐北朝南爲尊位，故天子皆南面而坐，後來即以南面指統治。[2]克：能够。攘：通"讓"。《尚書・堯典》稱堯之德"允恭克讓"。嗛嗛：通"謙謙"，《周易・謙卦》有"謙謙君子"，極言其謙讓。四益：《周易・謙卦》："天道虧盈而益謙，地道變盈而流謙，鬼神害盈而福謙，人道惡盈而好謙。"益：增加。[3]放：放蕩，放任。

陰陽家者流，蓋出於羲和之官，敬順昊天，歷象日月星辰，敬授民時[1]，此其所長也。及拘者爲之，則牽於禁忌，泥於小數[2]，舍人事而任鬼神。

【注釋】

[1]陰陽家：春秋戰國時九流之一，研究陰陽律曆、五行學説。羲和：指羲氏、和氏，相傳是唐

虞時掌管天地四時的官。《尚書·堯典》:"乃命羲和,欽若昊天,曆象日月星辰,敬授民時。"昊天:天。歷象:指推曆觀象,觀測推算天體的運行。歷:通"曆"。敬:謹慎。時:季,季節。[2]拘:拘束,限制。牽:牽制,限制。禁忌:忌諱。後來的陰陽家講究擇日占星、預測吉凶的迷信之説,生出許多忌諱。泥(nì):拘泥。小數:小的技能。

法家者流,蓋出於理官,信賞必罰[1],以輔禮制。《易》曰"先王以明罰飭法[2]",此其所長也。及刻者爲之,則無教化,去仁愛,專任刑法而欲以致治,至於殘害至親,傷恩薄厚[3]。

【注釋】

[1]理官:司法官。信賞必罰:有功者必得賞,有罪者必受罰。信:誠。必:一定。[2]語出《周易·噬嗑(shìhé)》。飭(chì):整頓,整治。[3]刻:刻薄。薄厚:使仁厚變成刻薄。"薄"爲使動用法。

名家者流,蓋出於禮官[1]。古者名位不同,禮亦異數[2]。孔子曰:"必也正名乎!名不正則言不順,言不順則事不成[3]。"此其所長也。及警者爲之,則苟鉤鈲析亂而已[4]。

【注釋】

[1]名家:戰國時諸子百家學派之一,以辯論名實爲主題。禮官:掌禮儀的官。[2]名位:名號地位,即官職。數:禮數,指差等、等級。[3]語出《論語·子路》。[4]警(jiào):揭發他人隱私,這裏指挑剔。鉤鈲(pì):找出詭怪的道理而破壞名實。鉤:取。鈲:破。析亂:分析得支離破碎而使名實混亂。

墨家者流,蓋出於清廟之守[1]。茅屋采椽,是以貴儉[2];養三老、五更[3],是以兼愛;選士大射,是以上賢[4];宗祀嚴父,是以右鬼[5];順四時而行,是以非命[6];以孝視天下,是以上同[7]:此其所長也。及蔽者爲之[8],見儉之利,因以非禮,推兼愛之意,而不知别親疏。

【注釋】

[1]清廟:指宗廟。清:肅穆清静。守:爲"官"字之誤(依余嘉錫説)。[2]采椽:指用椺木做的屋椽。采:通"椺",即柞木。貴儉:以儉爲貴。"貴"爲意動用法。[3]三老、五更:相傳古代設三老、五更之位,以養老人。更:依照清人錢大昕的説法,是"叟"字之誤,見《潛研堂文集》卷十一。[4]選士:才能出衆、受推薦的士人。相傳周代有選士制度。大射:爲祭禮而舉行的射禮。相傳諸侯將有祭祀之事時,先與群臣射,屢中者參與祭祀,否則不得參與。上賢:即尚賢,墨子主張選擇賢者居上位,即便天子也不應世襲。[5]宗祀:廟祭,後統稱祭祀祖宗。嚴父:即父親。右鬼:尊崇鬼神。右:指尊崇,古以右爲尊。[6]非命:反對天命之説。[7]視:通"示"。上同:指與在上者取得一致,然後天下太平。墨子主張最終上同於天。《墨子》一書中

有《節用》、《兼愛》、《上賢》、《明鬼神》、《非命》、《上同》等篇，這裏班固因以序意。[8]蔽：遮蔽，指見解不全。

從横家者流，蓋出於行人之官[1]。孔子曰："誦《詩》三百，使於四方，不能專對，雖多，亦奚以爲[2]？"又曰："使乎，使乎[3]！"言其當權事制宜，受命而不受辭[4]，此其所長也。及邪人爲之，則上詐諼而弃其信[5]。

【注釋】

[1]從横家：指辯士。從(zòng)：亦寫作"縱"。行人：官名，《周禮》有大行人、小行人，掌朝覲聘問之事，類似後代的外交官。[2]語出《論語·子路》。專對：獨自應對。[3]語出《論語·憲問》，是孔子贊美使者的話。[4]權事制宜：權衡具體的事實，定出合適的對策。受命而不受辭：只接受使命而不接受具體的應對言辭。[5]上：崇尚，提倡。詐諼：欺詐，指詐言。諼(xuān)：詐言。

雜家者流，蓋出於議官[1]。兼儒、墨，合名、法，知國體之有此，見王治之無不貫[2]，此其所長也。及盪者爲之，則漫羨而無所歸心[3]。

【注釋】

[1]雜家：古九流之一，集衆家之説，融會貫通而成一家之言。議官：諫議之官。[2]國體：國家的典章制度，指治國之法。王治之無不貫：指王者之治對各家學説無不貫通。[3]盪：同"蕩"，指學識浮泛。漫羨(yǎn)：即漫衍，指抓不住要點。

農家者流，蓋出於農稷之官[1]。播百穀，勸耕桑，以足衣食，故八政一曰食[2]，二曰貨。孔子曰"所重民食"[3]，此其所長也。及鄙者爲之，以爲無所事聖王，欲使君臣並耕，誖上下之序[4]。

【注釋】

[1]農家：戰國時代的一個學派，主張勸耕桑，以足衣食。稷：農官名。[2]八政：古代國家施政的八個方面，《尚書·洪範》以食、貨、祀、司空、司徒、司寇、賓、師爲八政。食列第一，表明其重要性。[3]語出《論語·堯曰》，原文意爲治理國家，所重要的是民和食，這裏强調的是食。[4]鄙：鄙陋。並：一同。誖(bèi)：违背；擾亂。農家認爲統治者也應和平民一樣參加農業勞動，而儒家認爲參加農業勞動是鄙陋之事。

小説家者流，蓋出於稗官[1]。街談巷語，道聽塗説者之所造也。孔子曰："雖小道，必有可觀者焉，致遠恐泥，是以君子弗爲也[2]。"然亦弗滅也。閭里小知者之所及，亦使綴而不忘[3]。如或一言可采，此亦芻蕘狂夫之議也[4]。

【注釋】

[1]小説:原指淺薄瑣屑的言論,後來叢雜的著作都稱爲小説。稗官:小官,負責記述閭巷風俗的官。[2]語出《論語·子張》,但今作"子夏曰","弗爲"作"不爲"。小道:指小道理。泥(nì):滯,阻滯。[3]綴:聯綴,這裏指記録下來。[4]芻蕘(ráo):割草打柴,這裏指一般平民。

凡諸子百八十九家,四千三百二十四篇。

諸子十家,其可觀者九家而已[1]。皆起於王道既微,諸侯力政,時君世主,好惡殊方,是以九家之説,蠭出並作[2],各引一端,崇其所善,以此馳説,取合諸侯。其言雖殊,辟猶水火[3],相滅亦相生也。仁之與義,敬之與和,相反而皆相成也。《易》曰:"天下同歸而殊塗,一致而百慮[4]。"今異家者各推所長,窮知究慮,以明其指,雖有蔽短,合其要歸,亦《六經》之支與流裔[5]。使其人遭明王聖主,得其所折中,皆股肱之材已[6]。仲尼有言:"禮失而求諸野[7]。"方今去聖久遠,道術缺廢,無所更索,彼九家者,不猶瘉於野乎[8]?若能修六藝之術,而觀此九家之言,舍短取長,則可以通萬方之略矣[9]。

【注釋】

[1]九家:指除小説家之外的九家。[2]政:通"征"。殊方:不同的方向。蠭出:像群蜂一樣出現。蠭:同"蜂"。[3]辟:即"譬"。[4]語出《易·繫辭》。一致而百慮:趨向雖然相同,却有各種不同的考慮。[5]窮、究:極、盡。指:宗旨。蔽:蔽塞不通。要:要點,主要的道理。歸:歸宿,目的。支:分支。流裔:水的下流,衣的末裔,指末流。[6]使:假如。折中:調和過與不及,取其中正,無所偏頗。股肱:比喻得力之臣。股:大腿。肱(gōng):上臂。[7]野:指民間。[8]索:求。瘉:同"愈",勝。[9]六藝:指六經。萬方:四方,天下。略:道術。

張騫傳[1]

張騫,漢中人也,建元中爲郎[2]。時匈奴降者言匈奴破月氏王,以其頭爲飲器[3],月氏遁而怨匈奴,無與共擊之。漢方欲事滅胡,聞此言,欲通使,道必更匈奴中,乃募能使者[4]。騫以郎應募,使月氏,與堂邑氏奴甘父俱出隴西[5]。徑匈奴,匈奴得之,傳詣單于[6]。單于曰:"月氏在吾北[7],漢何以得往使?吾欲使越,漢肯聽我乎?"留騫十餘歲,予妻,有子,然騫持漢節不失[8]。

【注釋】

[1]本文選自《漢書·張騫李廣利傳》,只選取了其中有關張騫的部分。文中記載了西漢傑出

的外交家、探險家張騫兩次出使西域的情況。[2]漢中:漢郡名,郡治在南鄭(今陝西漢中)。建元:漢武帝年號(前140～前135)。郎:漢代官名,屬郎中令,負責宫廷侍衛,隨從皇帝出行。[3]匈奴:我國古代北方民族,散居在大漠南北,過遊牧生活,善騎射。月氏(zhī):古西域族名,也作“月支”。原居今甘肅敦煌與青海祁連山一帶,漢文帝時被匈奴攻破,西遷至今阿姆河流域,擊破大夏,建立王朝,稱大月氏;其餘一部分入祁連山區,稱小月氏。飲器:飲酒的器具;一説爲溺器。[4]事:從事。更(gēng):經過。募:招募。[5]堂邑氏:漢人,姓堂邑。甘父:人名,堂邑氏的奴僕。隴西:漢郡名,在今甘肅東南部。[6]徑:道路,這裏用作動詞,意思是取道。傳(zhuàn):驛站的車馬,這裏是名詞用作狀語,意思是用傳車。單于(chányú):匈奴君主的稱號。[7]月氏實際在匈奴西。[8]留:扣留。漢節:漢朝給予使臣的出使憑證,以竹爲竿,節以羽或毛。

居匈奴西,騫因與其屬亡鄉月氏,西走數十日至大宛[1]。大宛聞漢之饒財,欲通不得,見騫,喜,問欲何之[2]。騫曰:“爲漢使月氏而爲匈奴所閉道,今亡,唯王使人道送我[3]。誠得至,反漢,漢之賂遺王財物不可勝言[4]。”大宛以爲然,遣騫,爲發譯道,抵康居[5]。康居傳致大月氏[6]。大月氏王已爲胡所殺,立其夫人爲王[7]。既臣大夏而君之,地肥饒,少寇,志安樂,又自以遠遠漢,殊無報胡之心[8]。騫從月氏至大夏,竟不能得月氏要領[9]。

【注釋】

[1]屬:部屬。亡:逃亡。鄉:即“嚮”,朝向。大宛(yuān):古西域國名,故地在今烏兹别克斯坦東部,産汗血馬。北通康居,西南鄰大月氏。[2]饒:多。通:交往,交流。之:往。[3]閉道:封鎖道路。道:即“導”,引導,帶路。[4]誠:果真。反:即“返”,返回。賂遺:贈送。賂、遺(wèi):都有贈送的意思,這是同義連用。勝:盡。[5]發:派遣。譯道:翻譯和向導。康居:古西域國名,東南臨大宛,南鄰大月氏、大夏。[6]致:送到。[7]《史記·大宛列傳》作“立其太子爲王”。[8]臣:名詞用作使動,使……臣服。大夏:古西域國名,後爲大月氏所滅。故地在今阿富汗北部一帶。君:名詞用作動詞,做君主,統治。遠:第一個“遠”義爲遥遠;第二個“遠”音 yuàn,意義爲離開、疏遠。殊無:完全没有。報胡之心:向胡人報仇的想法。[9]竟:終,最終。要領:比喻問題的關鍵,主要的情況。這裏指明確的表示。

留歲餘,還,並南山,欲從羌中歸[1],復爲匈奴所得。留歲餘,單于死,國内亂[2],騫與胡妻及堂邑父俱亡歸漢。拜騫太中大夫,堂邑父爲奉使君[3]。

【注釋】

[1]並:通“傍”,沿著。南山:指祁連山。羌中:我國古代西羌所居之地,在今甘肅一帶。[2]

公元前 126 年，匈奴軍臣單于死，其弟左谷蠡(lùlí)王伊穉斜打敗軍臣單于太子，自立爲單于。[3]拜：朝廷授予官職。太中大夫：郎中令的屬官，主管議論政事。堂邑父：即前文所説的堂邑氏奴甘父。奉使君：堂邑父的封號。

騫爲人彊力，寬大信人[1]，蠻夷愛之。堂邑父胡人，善射，窮急射禽獸給食[2]。初，騫行時百餘人，去十三歲，唯二人得還。

【注釋】

[1]彊力：堅强而有毅力。寬大：寬厚大度。[2]窮急：窮困。給：供給。

騫身所至者，大宛、大月氏、大夏、康居，而傳聞其旁大國五六，具爲天子言其地形、所有[1]。語皆在《西域傳》[2]。

【注釋】

[1]身：親自。其旁大國五六：指大宛、大月氏等國附近的五六個大國。具：全部。所有：指物産。[2]張騫當時對漢武帝所説的話都記載在《漢書·西域傳》中。

騫曰："臣在大夏時，見邛竹杖、蜀布，問安得此，大夏國人曰：'吾賈人往市之身毒國[1]。身毒國在大夏東南可數千里。其俗土著，與大夏同，而卑濕暑熱[2]。其民乘象以戰，其國臨大水焉[3]。'以騫度之，大夏去漢萬二千里，居西南。今身毒又居大夏東南數千里，有蜀物，此其去蜀不遠矣。今使大夏，從羌中，險，羌人惡之；少北[4]，則爲匈奴所得；從蜀，宜徑[5]，又無寇。"天子既聞大宛及大夏、安息之屬皆大國，多奇物，土著，頗與中國同俗[6]，而兵弱，貴漢財物；其北則大月氏、康居之屬，兵彊，可以賂遺設利朝也[7]。誠得而以義屬之，則廣地萬里，重九譯，致殊俗[8]，威德徧於四海。天子欣欣以騫言爲然。乃令因蜀犍爲發間使，四道並出：出駹，出莋，出徙、邛，出僰[9]，皆各行一二千里。其北方閉氐、莋，南方閉嶲、昆明[10]。昆明之屬無君長，善寇盜，輒殺略漢使[11]，終莫得通。然聞其西可千餘里，有乘象國，名滇越，而蜀賈間出物者或至焉，於是漢以求大夏道始通滇國[12]。初，漢欲通西南夷，費多，罷之。及騫言可以通大夏，乃復事西南夷。

【注釋】

[1]邛竹杖：邛崍山出産的竹杖。蜀布：蜀地所産的細布。賈(gǔ)人：商人。市：買。身(yuān)毒：印度的古譯名。[2]土著：指定居，與遊牧生活相對而言。卑濕：地勢低濕。[3]大水：指恒河。[4]少(shāo)：稍微。[5]宜：應該。徑：徑直。[6]安息：西亞古大國名，故地在今伊朗

和伊拉克一帶。頗:副詞,很。[7]設利:施利。朝:動詞的使動用法,使……朝見。[8]屬:動詞的使動用法,使……歸附。重九譯:指要經過多次輾轉翻譯才能聽懂的地方。致:招致。[9]因:由。間(jiàn)使:秘密使者。駹(máng):古部族名,在蜀之西。犍爲、莋(笮)、徙、邛,見前《史記・西南夷列傳》注。僰:僰道,漢縣名,屬犍爲郡,爲我國古代西南少數民族僰人所居,在今四川宜賓境内。[10]氐:古族名。巂(xī):古地名,故地在今四川西昌境内。昆明:漢昆明,即今雲南大理。[11]輒:總是。殺略:殺害搶掠。[12]滇越:即滇國,古國名,故地在今雲南西部。

騫以校尉從大將軍擊匈奴[1],知水草處,軍得以不乏,乃封騫爲博望侯。是歲元朔六年也[2]。後二年,騫爲衛尉,與李廣俱出右北平擊匈奴[3]。匈奴圍李將軍,軍失亡多,而騫後期當斬,贖爲庶人[4],是歲驃騎將軍破匈奴西邊[5],殺數萬人,至祁連山。其秋,渾邪王率衆降漢,而金城、河西並南山至鹽澤[6],空,無匈奴。匈奴時有候者到,而希矣[7]。後二年,漢擊走單于於幕北[8]。

【注釋】

[1]校尉:漢武官名,是掌管特種軍隊的將領。大將軍:武官名,漢武帝以衛青爲大將軍,他是當時擊敗匈奴的主將之一。[2]元朔:漢武帝年號(前128～前123)。[3]衛尉:官名,漢時爲九卿之一,掌管宫門警衛。李廣:漢代名將。公元前121年,李廣帶四千騎、張騫帶一萬騎出擊匈奴。右北平:漢郡名,在今河北東北部。[4]後期:晚於所約定的時間到達,遲到。當:判罪。贖爲庶人:根據漢朝法律,犯死罪者可用錢贖罪免死,有爵位者則因罪失去爵位。[5]驃騎將軍:漢代將軍名號,漢武帝元狩二年始以霍去病爲驃騎將軍,秩禄同大將軍。公元前121年春夏,霍去病兩次攻打匈奴。匈奴西邊:匈奴西部,今甘肅河西走廊一帶。[6]渾邪:漢朝時匈奴西部的部落,居住在今甘肅武威、張掖一帶。金城:地名,故城在今甘肅皋蘭縣。河西:指黄河以西今甘肅西北部一帶。並:通"傍",沿著。南山:指祁連山。鹽澤:又名蒲昌海,即今新疆羅布泊。[7]候:望,偵察。希:稀少。[8]走:逃跑。幕北:即漠北,這裏指陰山以北的沙漠。公元前119年,衛青、霍去病各帶兵五萬多人,深入匈奴作戰,匈奴大敗,這是漢朝擊敗匈奴的一次決定性戰役。

天子數問騫大夏之屬[1]。騫既失侯,因曰:"臣居匈奴中,聞烏孫王號昆莫[2]。昆莫父難兜靡本與大月氏俱在祁連、焞煌間[3],小國也。大月氏攻殺難兜靡,奪其地,人民亡走匈奴。子昆莫新生,傅父布就翖侯抱亡置草中,爲求食,還,見狼乳之,又烏銜肉翔其旁[4],以爲神,遂持歸匈奴,單于愛養之。及壯,以其父民衆與昆莫,使將兵[5],數有功。時,月氏已爲匈奴所破,西擊塞王[6]。塞王南走遠徙,月氏居其地。昆莫既健,自請單于報父怨,遂西攻破大月氏。大月氏復西走,徙大夏地。昆莫略其衆,因留居,兵稍彊[7],會單于死,不肯復朝事匈奴。匈奴遣兵擊之,不勝,益以爲神而遠之。今單于新困於漢,而昆莫地空[8]。蠻夷戀故地,又貪漢物,誠以此時厚賂烏孫,招以東居故地,漢遣公主爲夫人,結昆弟,其勢宜聽[9],則是斷匈奴右臂也。既連烏孫,自其西大夏之屬皆可招來而爲外臣[10]。"天子以爲然,拜騫爲中郎將,將三百人,馬各二匹,牛羊以萬數,齎金幣帛直數千鉅萬,多持節副使[11],道可便遣之旁國。騫既至烏孫,致賜諭指,未能得其决[12]。語在《西域傳》[13]。騫即分遣副使使大宛、康居、月氏、大夏。烏孫發譯道送騫,與烏孫使數十人,馬數十匹,報謝,因令窺漢[14],知其廣大。

【注釋】

[1]數(shuò):多次。[2]烏孫:漢代西域民族,先居敦煌、祁連間,後驅逐大月氏而建立烏孫國。昆莫:烏孫王的名號,也譯作"昆彌"。"昆"義爲王,與"君"音義皆近;"莫、彌、靡"音近,是烏孫王的姓。說見周及徐《歷史語言學論文集》(2003 年)169 頁。[3]焞煌:即敦煌,地名,漢武帝元鼎六年置郡,郡治在今甘肅敦煌。[4]傅父:古代保育、輔導貴族子女的老年男子。布就翎(xī)侯:傅父的官號。布就:翎侯中的别號。翎侯:烏孫的官名。乳:喂奶。烏:烏鴉。[5]將:帶領。[6]塞(sài):古部族名,原居住在今伊犁河一帶。[7]略:通"掠",搶掠。稍:逐漸。[8]昆莫地空:烏孫本在祁連、敦煌間,後來爲月氏所逐,月氏又被匈奴擊破,這一帶就爲匈奴所有。公元前 121 年,漢擊破匈奴,此地便爲漢王朝所有,因此説"昆莫地空",即烏孫故地空。[9]誠:果真。厚賂:大量饋贈財物。昆弟:兄弟。勢:形勢。宜:應該。[10]外臣:古代諸侯國的士大夫對别國君主的自稱。此指没有正式君臣關係,但臣服於漢朝。[11]中郎將:官職名。齎(jī):攜帶。幣帛:用於贈送的禮物,如玉、帛、馬等。直:通"值",價值。持節:拿著節杖。[12]致:送給。賜:指賞賜的禮物。諭:告訴。指:通"旨",指漢武帝的旨意。决:决定,指是否東遷的决定。[13]據《漢書·西域傳》記載,烏孫距匈奴近,長期以來服從匈奴,又不知漢之大小,烏孫大臣都不願回祁連、敦煌間。[14]報謝:答謝。因:乘機會。窺:私下察看。

騫還,拜爲大行[1]。歲餘,騫卒。後歲餘,其所遣副使通大夏之屬者皆頗與其人俱來,於是西北國始通於漢矣[2]。然騫鑿空,諸後使往者皆稱博望侯,以爲質於外國[3],外國由是信之。其後,烏孫竟與漢結婚[4]。

【注釋】

[1]大行:接待賓客的官吏,九卿之一。[2]其人:指西北諸國的人。於是:從這時起。[3]鑿

空：開通道路。爲質：取信。質：誠信，真實。[4]竟：終於，最終。後來漢武帝以江都王劉建女細君爲公主、以楚王劉戊孫女解憂爲公主，先後嫁烏孫王。

揚雄傳（節選）[1]

揚雄字子雲，蜀郡成都人也。其先出自有周伯僑者，以支庶初食采於晉之揚，因氏焉，不知伯僑周何別也[2]。揚在河、汾之間[3]，周衰而揚氏或稱侯，號曰揚侯。會晉六卿爭權，韓、魏、趙興而范、中行、知伯弊[4]。當是時，偪揚侯，揚侯逃於楚巫山[5]，因家焉。楚漢之興也，揚氏遡江上，處巴江州[6]。而揚季官至廬江太守[7]。漢元鼎間避仇復遡江上，處㟭山之陽曰郫，有田一壥，有宅一區[8]，世世以農桑爲業。自季至雄，五世而傳一子，故雄亡它揚於蜀[9]。

【注釋】

[1]揚雄（前 53～18）：字子雲，西漢蜀郡成都人，著名文學家、哲學家、語言學家。著有歷史上第一部方言專著《輶軒使者絶代語釋別國方言》。[2]有周：即周代。有：名詞詞頭，多用於朝代名、部族名之前。支庶：宗族旁出支派。采：采邑。氏：上古時代姓的分支，用以區別子孫的支派。這裏指以揚爲氏。別：支派。[3]河：黄河。汾：汾水，黄河支流。[4]春秋末年，晉由趙、韓、魏、知（zhì）、范、中行等六卿專權，晉國國君形同傀儡。公元前 490 年，趙氏擊敗范、中行氏，范、中行氏出奔。公元前 458 年，四家分范、中行地。公元前 453 年，趙聯合韓、魏滅知氏，分其地。公元前 376 年，趙、韓、魏三家分晉，晉亡。弊：衰落。[5]偪：同"逼"。巫山：戰國時楚巫郡，治所在今重慶市巫山縣。[6]遡：逆流而上。江：長江。江州：古縣名，原巴國國都，後爲巴郡治所，在今重慶市區。[7]廬江：郡名，治所在舒（今安徽廬江西南）。[8]元鼎：漢武帝年號，公元前 116～公元前 111 年。㟭山：即岷山，在今四川省北部。陽：山的南面。郫：郫縣，今屬四川省成都市。壥：即"廛"，一家所居之地。區：地域，有一定界限的地方。[9]雄亡它揚於蜀：揚雄這一支在蜀中没有其他支派。亡（wú）：没有。

雄少而好學，不爲章句，訓詁通而已[1]，博覽無所不見。爲人簡易佚蕩，口吃不能劇談，默而好深湛之思，清静亡爲，少耆欲，不汲汲於富貴，不戚戚於貧賤，不修廉隅以徼名當世[2]。家産不過十金，乏無儋石之儲，晏如也[3]。自有大度[4]，非聖哲之書不好也；非其意，雖富貴不事也[5]。顧嘗好辭賦[6]。

【注釋】

[1]章句：漢代注家以分章析句方式來解説古書意義的一種著作體。訓詁：亦稱訓故、詁訓、

故訓,解釋古書中詞句的意義。[2]簡易:簡略輕忽,即爲人隨和,不拘禮節。佚(dié)蕩:一寫作"佚宕",舒緩,悠閒自在。劇談:流暢地談話。劇:迅速。深湛:深沈。湛:通"沈"。耆欲:即嗜欲,嗜好與欲望。耆:通"嗜"。汲汲:急切的樣子。戚戚:憂懼。廉隅:棱角,比喻人的行爲品性端正不苟。徼名:求名。徼:通"邀",求,求取。[3]儋(dān)石:儋容一石,故稱儋石。儋:通"甔",一種陶制罌類容器。晏如:安然。[4]大度:度量闊達,不拘小節。[5]意:意願。事:做。[6]顧:反而。

先是時,蜀有司馬相如,作賦甚弘麗温雅,雄心壯之,每作賦,常擬之以爲式[1]。又怪屈原文過相如,至不容[2],作《離騷》,自投江而死,悲其文,讀之未嘗不流涕也。以爲君子得時則大行,不得時則龍蛇,遇不遇命也,何必湛身哉[3]!乃作書,往往摭《離騷》文而反之,自㟭山投諸江流以弔屈原[4],名曰《反離騷》;又旁《離騷》作重一篇[5],名曰《廣騷》;又旁《惜誦》以下至《懷沙》一卷[6],名曰《畔牢愁》。……

【注釋】

[1]弘麗:弘大華麗。擬:模仿。式:標準,模範。[2]不容:不爲時人所容。[3]得時:指得到適當的機遇。大行:指自己的政治理想能够大行於世。龍蛇:《易》有"龍蛇之蟄,以存身也",後因以"龍蛇"喻隱退。湛身:指投水而死。湛:通"沈"。[4]摭(zhí):拾取。諸:"之於"的合音字。江:指岷江,古代以岷江爲長江正源。弔:哀悼。[5]旁(bàng):依,仿照。[6]《惜誦》、《懷沙》均是屈原所作《九章》中的篇名。

孝成帝時,客有薦雄文似相如者,上方郊祠甘泉泰畤、汾陰后土,以求繼嗣,召雄待詔承明之庭[1]。正月,從上甘泉,還奏《甘泉賦》以風[2]。……

【注釋】

[1]孝成帝:漢成帝劉驁。郊:古代皇帝每年冬至在南郊祭天。甘泉:甘泉宫,一名雲陽宫,故址在今陝西淳化縣西北甘泉山。泰畤(zhì,又音 shì):古天子祭天地五帝之處。汾陰:縣名,以在汾水之南而得名,屬河東郡,治所在今山西萬榮。漢武帝時於此得寶鼎。后土:土地神。承明:承明殿,在未央宫。[2]上:皇上。風:即"諷",用含蓄的話暗示或勸告。

其三月,將祭后土,上乃帥群臣横大河,凑汾陰[1]。既祭,行遊介山,回安邑,顧龍門,覽鹽池,登歷觀,陟西岳以望八荒,迹殷周之虚,眇然以思唐虞之風[2]。雄以爲臨川羨魚不如歸而結罔[3],還,上《河東賦》以勸。……

【注釋】

[1]横:横渡。大河:古指黄河。凑:趨,奔赴。[2]介山:山名,在山西聞喜縣。安邑:縣名,今

屬山西運城。顧:回望。龍門:山名,在今陝西韓城與山西河津之間,因在安邑以北偏西,故稱"顧龍門"。鹽池:即解(xiè)池,在今山西運城境内,以其地出池鹽而名。歷觀:漢代樓觀名。顔師古注:"舜耕歷山,故云然。"陟:登上。西岳:即華山。八荒:八方荒遠的地方。迹:追蹤。虚:墟,指故地。眇然:高遠貌。[3]臨淵羡魚:比喻只空想而無行動。結罔:織網。罔:即"網"。

其十二月羽獵[1],雄從。以爲昔在二帝三王,宫館臺榭沼池苑囿林麓藪澤財足以奉郊廟,御賓客,充庖厨而已,不奪百姓膏腴穀土桑柘之地[2]。女有餘布,男有餘粟,國家殷富,上下交足,故甘露零其庭,醴泉流其唐,鳳皇巢其樹,黄龍遊其沼,麒麟臻其囿,神爵棲其林[3]。昔者禹任益虞而上下和,中木茂[4];成湯好田而天下用足;文王囿百里,民以爲尚小;齊宣王囿四十里,民以爲大:裕民之與奪民也[5]。武帝廣開上林,南至宜春、鼎胡、禦宿、昆吾,旁南山而西,至長楊、五柞,北繞黄山,瀕渭而東,周袤數百里[6]。穿昆明池象滇、河,營建章、鳳闕、神明、馺娑,漸臺、泰液象海水周流方丈、瀛州、蓬萊[7]。遊觀侈靡,窮妙極麗[8]。雖頗割其三垂以贍齊民,然至羽獵田車戎馬器械儲偫禁御所營,尚泰奢麗誇詡,非堯、舜、成湯、文王三驅之意也[9]。又恐後世復修前好,不折中以泉臺,故聊因《校獵賦》以風[10]。……

【注釋】

[1]羽獵:帝王狩獵,士卒負羽箭隨從,故稱羽獵。[2]二帝:指堯、舜。三王:指夏禹、商湯、周文王和武王。臺榭:積土高起者爲臺,臺上所蓋之屋爲榭。後泛指高地所建供遊觀的建築物。苑囿:畜養禽獸的圈地。林麓:山林。藪:大澤。財:通"纔"。奉:供應。御:侍奉。充:供應。膏腴:土地肥沃。柘(zhè):樹名,葉可養蠶。[3]零:落。醴泉:甘美的泉水。唐:宗廟門内的道路。巢:築巢。臻:至。神爵:即"神雀",鳳凰一類的神鳥。[4]益:舜、禹時的人。虞:古時掌管山澤的官。上:指山上。下:指平地。中:即"草"。[5]田:即田獵,打獵。齊宣王(? ～前301):戰國時齊國的國君。裕:形容詞用作使動,使……富裕。[6]上林:苑名。本爲秦舊苑,漢武帝擴建,周圍至三百里。宜春:縣名,屬汝南郡,在今河南省汝南縣西南。鼎胡:宫名,故址在今陝西藍田。禦宿:漢宫苑名,故址在今陝西西安市南。昆吾:山名。旁(bàng):依傍。南山:指終南山,屬秦嶺山脈,在今陝西西安市南。長楊、五柞:漢行宫名。黄山:又名黄麓山,在陝西興平縣北。瀕:靠近。渭:渭水。周袤(mào):周長。[7]昆明池:湖澤名。漢武帝欲通身毒,爲越嶲、昆明所阻,元狩三年於長安近郊仿昆明滇池挖地作昆明池,以習水戰。池周圍四十里,廣三百餘頃。建章、鳳闕、馺(sà)娑:均是宫殿的名稱。神明:臺名,在建章宫内,臺上立銅人,有承露盤。漸臺:臺名,在泰液池中。泰液:池名,漢武帝時建於建章宫北,又叫太液池,中起三山,象征瀛洲、蓬萊、方丈三神山。故址在今陝西西安市西。方

丈、瀛洲、蓬萊：傳説中的三座神山。[8]遊觀(guàn)：供遊樂的宫觀。侈靡：奢侈浪費。窮：極，盡。[9]三垂：猶三邊。李善注："三垂，謂西方、南方、東方。"贍：供給，供應。齊民：平民。儲偫：存儲。偫(zhì)：儲備。禁御：同"禁籞"，禁苑周圍的藩籬，指禁苑。泰：太，過甚。誇詡：誇大。三驅：古代帝王田獵之制，田獵時須讓開一面，從三面驅趕獵物，以示好生之德。一説"三驅"是古射獵之等，一爲籩豆，二爲賓客，三爲充君之庖(見顔師古《漢書注》)。[10]折中：調和，取其中正，無所偏頗。泉臺：臺名，春秋時魯莊公所築，後爲魯文公所毁。聊因：借助，憑藉。

明年，上將大誇胡人以多禽獸，秋，命右扶風發民入南山，西自褒、斜，東至弘農，南敺漢中，張羅罔罝罘，捕熊羆豪豬虎豹狖玃狐菟麋鹿，載以檻車，輸長楊射熊館[1]。以罔爲周阹，縱禽獸其中[2]，令胡人手搏之，自取其獲，上親臨觀焉。是時，農民不得收斂[3]。雄從至射熊館，還，上《長楊賦》，聊因筆墨之成文章，故藉翰林以爲主人，子墨爲客卿以風[4]。……

【注釋】

[1]誇胡人：向胡人誇耀。誇：誇耀。右扶風：漢郡名，治所在今陝西省長安縣以西。褒、斜：終南山兩個山谷名。弘農：漢縣名，弘農郡治。故城在今河南靈寶縣北。敺：驅，驅趕。漢中：漢郡名，故治在今陝西省南鄭縣。羅罔：即"羅網"，捕鳥的工具。罔：即"網"。罝罘(jū fú)：泛指捕獸的網。罝：捕獸的網。罘：捕兔的網。羆(pí)：獸名，又叫人熊。豪豬：獸名，也稱箭豬。狖(yòu)：長尾猿猴。玃(jué)：一種體型較大的猿猴。菟：通"兔"。麋鹿：獸名，俗稱四不像。檻(jiàn)車：裝猛獸(或囚禁犯人)的有栅欄的車。輸：運送。[2]周阹(qū)：圍禽獸的圈子。縱：放。[3]收斂：收藏，指收穫農作物。[4]藉：借，假借。翰林、子墨：都是《長楊賦》中的人名。

雄以爲賦者，將以風也，必推類而言，極麗靡之辭，閎侈鉅衍，競於使人不能加也，既乃歸之於正[1]，然覽者已過矣。往時武帝好神仙，相如上《大人賦》，欲以風，帝反縹縹有陵雲之志[2]。繇是言之[3]，賦勸而不止，明矣。又頗似俳優淳于髡、優孟之徒，非法度所存，賢人君子詩賦之正也，於是輟不復爲[4]。……

【注釋】

[1]麗靡：華美。閎侈：文辭繁富。鉅：通"巨"，大。衍：豐富。競：强，强勁。正：指宗旨。[2]相如：司馬相如。縹縹：即"飄飄"，輕舉的樣子。陵雲：駕雲飛升。[3]繇：通"由"。[4]俳(pái)優：古代以樂舞作諧戲的藝人。俳：表演雜戲、滑稽戲的人。優：演戲的人。淳于髡、優孟：滑稽人物，事見《史記·滑稽列傳》。輟：停止。

雄見諸子各以其知舛馳，大氐詆訾聖人，即爲怪迂，析辯詭辭，以撓世事，雖小辯，終破大道而或衆[1]，使溺於所聞而不自知其非也。及太史公記六國，歷楚漢，訖麟止，不與聖人同，是非頗謬於經[2]。故人時有問雄者，常用法應之，譔以爲十三卷[3]，象《論語》，號曰《法言》。……

【注釋】

[1]舛(chuǎn)：相違背。大氐：大抵。氐：通"抵"。詆訾(zǐ)：詆毁。迂：迂遠。析辯詭辭：巧辯異辭。撓：擾亂。或：即"惑"。[2]歷：經過，經歷。訖：止。麟止：指漢武帝至雍獲白麟，後鑄金幣爲麟止(趾)。《史記・太史公自序》："於是卒述陶唐以來，至於麟止。"《史記》記事起於傳説中的黄帝，迄於漢武帝。謬：乖錯。[3]法：禮法。後面的《法言》主要就是用儒家的禮義批判先秦諸子及讖緯迷信，所以稱"法言"。譔(zhuàn)：撰述。

贊曰：雄之自序云爾。初，雄年四十餘，自蜀來至遊京師，大司馬車騎將軍王音奇其文雅，召以爲門下史，薦雄待詔[1]。歲餘，奏《羽獵賦》，除爲郎，給事黄門，與王莽、劉歆並[2]。哀帝之初，又與董賢同官[3]。當成、哀、平間，莽、賢皆爲三公，權傾人主，所薦莫不拔擢[4]，而雄三世不徙官。及莽篡位，談説之士用符命稱功德獲封爵者甚衆，雄復不侯，以耆老久次轉爲大夫，恬於勢利乃如是[5]。實好古而樂道，其意欲求文章成名於後世，以爲經莫大於《易》，故作《太玄》；傳莫大於《論語》，作《法言》；史篇莫善於《倉頡》[6]，作《訓纂》；箴莫善於《虞箴》[7]，作《州箴》；賦莫深於《離騷》，反而廣之；辭莫麗於相如，作四賦。皆斟酌其本，相與放依而馳騁云[8]。用心於内，不求於外，於時人皆曶之[9]；唯劉歆及范逡敬焉，而桓譚以爲絶倫[10]。

【注釋】

[1]贊：《漢書》中紀、傳後面的結尾，相當於一個總評。門下：門庭之下。待詔：漢代以才技徵召未有正官者，使之待詔。詔：皇帝詔書。[2]除：拜官授職。給事：供職。黄門：官署名。王莽(前45～23)：新莽王朝建立者。王莽是漢元帝皇后之侄，平帝時爲大司馬，以外戚掌朝政，公元8年，改國號爲"新"。劉歆：劉向之子，繼承父業，整理六藝群書，編成《七略》，對經籍目録學作出了很大的貢獻。曾任新政權的國師，後因參與謀殺王莽事件，事敗自殺。並：並列。[3]董賢：漢雲陽人，漢哀帝時因貌美、巧言而得寵倖，遷爲光禄大夫，封高安侯，官至大司馬衛將軍。後爲王莽所劾，畏罪自殺。[4]三公：西漢以大司馬、大司徒、大司空爲三公。拔擢：提升，提拔。[5]符命：敘述祥瑞徵兆爲帝王歌功頌德的文章。侯：封侯。耆老：年老。次：停留。轉：遷職。恬：安然。勢利：權勢與財利。[6]《倉頡》：即《倉頡篇》，古字書名。[7]箴：文

體名，以規誡爲主題。《虞箴》：周武王的太史辛甲命百官各爲箴辭，虞人因以田獵爲箴，後稱《虞箴》。[8]四賦：指揚雄所獻《甘泉賦》、《河東賦》、《羽獵賦》、《長楊賦》。放依：仿效。[9]曶：同“忽”，輕視。[10]桓譚(約前 23～50)：漢沛國相人，官至議郎。好音樂，善鼓琴，遍習五經，精天文，主張渾天説，著《新論》29 篇。絶倫：不可類比。絶：無，没有。倫：類，類别。

王莽時，劉歆、甄豐皆爲上公，莽既以符命自立，即位之後，欲絶其原以神前事，而豐子尋、歆子棻復獻之[1]。莽誅豐父子，投棻四裔，辭所連及，便收不請[2]。時雄校書天禄閣上，治獄使者來，欲收雄，雄恐不能自免，乃從閣上自投下，幾死[3]。莽聞之曰：“雄素不與事[4]，何故在此？”間請問其故，乃劉棻嘗從雄學作奇字，雄不知情[5]。有詔勿問[6]。然京師爲之語曰：“惟寂寞，自投閣；爰清静，作符命[7]。”

【注釋】

[1]上公：漢制，太傅位在三公之上，稱上公。符命：古代謂天賜祥瑞與人君，以爲受命的憑证。王莽篡漢時假托漢高祖劉邦傳命以王莽爲真天子，以示其稱帝順應天意。欲絶其原：想要摒弃根除符命之説(王莽篡位後，當初利用符命幫助他登上帝位的甄豐等人不斷利用假造的符命爲自己撈取實際利益，讓王莽十分惱火而又無奈，因此不願再用符命)。棻：音 fēn。[2]四裔：東西南北四邊的荒野地區。裔：邊遠的地方。辭：言辭，指告發的言語。連及：牽連。收：拘捕。請：奏請。[3]校(jiào)：校讎。天禄閣：漢宫中的藏書閣，在未央宫内，收藏各地所獻的秘書。幾：幾乎。[4]素：平素，平常。與(yù)事：指參與世事。[5]間：乘間，私下。奇字：漢王莽時有六體書，其一曰古文，其二曰奇字，古文指孔子壁中書，奇字即古文而異者。見許慎《説文解字・叙》。情：實情，指劉棻獻符命之事。[6]問：審問。[7]這是以揚雄《解嘲》中的話來譏諷他。

雄以病免，復召爲大夫。家素貧，耆酒，人希至其門。時有好事者載酒肴從遊學，而鉅鹿侯芭常從雄居[1]，受其《太玄》、《法言》焉。劉歆亦嘗觀之，謂雄曰：“空自苦！今學者有禄利，然尚不能明《易》，又如《玄》何？吾恐後人用覆醬瓿也[2]。”雄笑而不應。年七十一，天鳳五年卒，侯芭爲起墳，喪之三年[3]。

【注釋】

[1]耆：通“嗜”。希：少。鉅鹿：縣名，在今河北平鄉。[2]空自：白白，徒勞。自：詞尾。瓿(bù)：古代盛醯醬之類的瓦器。[3]天鳳：王莽年號，14～19 年。喪：指服喪。

時大司空王邑、納言嚴尤聞雄死[1]，謂桓譚曰：“子嘗稱揚雄書，豈能傳於後世乎？”譚曰：“必傳。顧君與譚不及見也[2]。凡人賤近而貴遠，親見揚子雲禄位容貌不能動人，故輕其書。昔老聃著虚無之言兩篇[3]，薄仁義，非禮學，然後世好之者尚以爲過於《五經》，自漢文景之君及司馬遷皆有是言。今揚子之書文義至深，而論不詭於聖人，若使遭遇時君，更閲賢知，爲所稱善，則必度越諸子矣[4]。”諸儒或譏以爲雄非聖人而作經，猶春秋吴楚之君僭號稱王[5]，蓋誅絶之罪也。自雄之没至今四十餘年，其《法言》大行，而《玄》終不顯，然篇籍具存[6]。

【注釋】

[1]納言：官名，掌出納王命。[2]顧：只不過，只是。不及：來不及。[3]指老子《道德經》，《道德經》分上、下二篇。[4]詭：違背。時：應時，合時。更(gēng)：經過。度越：超過。[5]僭(jiàn)號：超越本分的稱號。春秋吴、楚之君本爲諸侯，但自稱王，故稱“僭號”。[6]篇籍：書籍。具：皆，全都。

循吏傳(節選)[1]

漢興之初，反秦之敝，與民休息，凡事簡易，禁罔疏闊，而相國蕭、曹以寬厚清静爲天下帥，民作“畫一”之歌[2]。孝惠垂拱，高后女主，不出房闥，而天下晏然，民務稼穡，衣食滋殖[3]。至於文、景[4]，遂移風易俗。是時循吏如河南守吴公、蜀守文翁之屬，皆謹身帥先，居以廉平，不至於嚴，而民從化[5]。……

【注釋】

[1]循吏：奉職守法的官吏。循：順。顔師古注：“循，順也；上順公法，下順人情也。”[2]敝：破敗。與：給與。簡易：指政令簡略便易。禁罔：指法令。疏闊：寬鬆。相國：即丞相。漢高祖初即位，置丞相，十一年更名相國。蕭：蕭何(？～前193)，漢沛人，佐劉邦建立漢王朝，天下既定，論功第一，封酇侯。曹：曹參(？～前190)，漢沛人，佐劉邦滅項羽，封平陽侯。惠帝時繼蕭何爲相，以無爲爲治，一遵蕭何之規。“畫一”之歌：據顔師古注，其歌詞爲：“蕭何爲法，講若畫一；曹參代之，守而勿失。”“講若畫一”的意思是和協整齊如一。[3]孝惠：漢惠帝劉盈，漢高祖劉邦之子。垂拱：垂衣拱手，形容不費力氣。多用以頌揚帝王無爲而治。高后：劉邦之妻吕雉(？～前180)。漢惠帝死後，吕后臨朝稱制，主政八年。闥：門。晏然：安然，安逸。務：致力。滋殖：增多，增加。[4]文、景：指漢文帝劉恒和漢景帝劉啓。他們在位期間重農抑末、整頓吏治，使國家安定富裕，史稱文景之治。[5]吴公：漢上蔡人。曾師事李斯。漢文帝時爲河南守，後徵爲廷尉。廉：儉約。嚴：嚴厲，嚴酷。從化：順從教化。

文翁，廬江舒人也[1]。少好學，通《春秋》，以郡縣吏察舉[2]。景帝末，爲蜀郡守[3]，仁愛好教化。見蜀地辟陋有蠻夷風，文翁欲誘進之，乃選郡縣小吏開敏有材者張叔等十餘人親自飭厲，遣詣京師，受業博士，或學律令[4]。減省少府用度，買刀布蜀物，齎計吏以遺博士[5]。數歲，蜀生皆成就還歸，文翁以爲右職，用次察舉，官有至郡守刺史者[6]。

【注釋】

[1]廬江：郡名，周舒巢國故地，楚、漢之際分秦九江郡置，漢代轄境相當於今安徽巢縣、舒城、霍山以南，長江以北，湖北英山、武穴、黄梅和河南商城等縣地。舒：縣名，爲廬江郡治，在今安徽廬江西南。[2]《春秋》：編年體史書，相傳是孔子根據魯史修訂而成。所記起於魯隱公元年，止於魯哀公十四年，共 242 年。吏：原是古代百官的通稱，漢以後稱職位低微的官員爲吏。察舉：選拔。[3]蜀郡：漢郡名，屬益州，治所在今四川成都。守：職官名，一郡之長。[4]辟陋：地偏遠而俗粗鄙。辟：即“僻”。誘：教導，引導。進：向前，指改進、改善。開敏：明白，通達。飭厲：戒勉。飭：通“敕”。詣：到。受業：從師學習。博士：六國時有博士，秦漢相承，西漢屬太常，諸子、詩賦、術數、方技，都立博士。律令：法令。[5]少府：郡中掌管財物之府，以供應太守的用度。刀布蜀物：當時蜀人善作佩刀、細布等物。計吏：考察官吏的官員。[6]右職：重要的職位。古以右爲尊。刺史：官名，責任是監督各郡，官階低於郡守。

又修起學官於成都市，招下縣子弟以爲學官弟子，爲除更繇，高者以補郡縣吏，次爲孝弟力田[1]。常選學官僮子，使在便坐受事[2]。每出行縣，益從學官諸生明經飭行者與俱，使傳教令，出入閨閤[3]。縣邑吏民見而榮之[4]，數年，争欲爲學官弟子，富人至出錢以求之。繇是大化，蜀地學於京師者比齊魯焉[5]。至武帝時，乃令天下郡國皆立學校官，自文翁爲之始云。

文翁終於蜀，吏民爲立祠堂，歲時祭祀不絶。至今巴蜀好文雅，文翁之化也。

【注釋】

[1]起：興建。學官：校舍，指學校。下縣：四郊各縣，即蜀郡所屬的各縣。更（gēng）：力役名，男子 23 歲至 56 歲要輪番戍邊服兵役，稱爲更。繇（yáo）：徭役，勞役。孝弟力田：漢代有孝弟力田科。孝弟：指孝順父母、敬愛兄長。力田：官名，農官之屬。[2]便坐：别坐。受事：接受職事。[3]行縣：指巡行所管轄的各縣。益：多。從：動詞的使動用法，使……跟隨。明經：通曉經術。飭（chì）：謹慎。閨閤：屋内的小門，這裏指内室。[4]榮：形容詞意動用法，以……

爲榮。[5]繇:通"由"。大化:指教化廣遠深入。比:並列,指趕上。齊魯:齊魯爲文化興盛之地。

論　衡

【解題】

《論衡》是東漢唯物主義哲學家王充傾注畢生精力,歷時三十多年完成的一部著作。全書二十多萬字,三十卷,分八十五篇,現缺《招致篇》。《論衡》的内容具有很强的針對性和戰鬥性,疾虚妄而求實證,深入批判了當時流行的讖緯神學和宗教唯心主義思想,捍衛和發展了古代唯物主義思想。

王充(27～約97),東漢傑出的唯物主義思想家,一生致力於反對宗教神秘主義和目的論。他認爲"天地合氣,萬物自生"(《論衡·自然篇》),自然的"災異"同人事無關;對人而言,没有脱離形體而獨立存在的靈魂。這些主張嚴重打擊了當時盛行的"天人感應"的目的論和災異、鬼神等迷信思想。他認爲感官經驗是知識的來源,批判了"生而知之"的唯心論調。王充還具有歷史發展的觀點,否定今不如古的復古主義傾向。王充的思想和言論在當時被視爲異端邪説,長期受到埋没。王充的主要觀點都保存在《論衡》中。

《論衡》在清朝以前不受重視,少有人整理。近人劉盼遂的《論衡集解》和黄暉的《論衡校釋》可以參考。本教材所依據的版本爲黄暉《論衡校釋》(中華書局1990年)。

自紀篇(節選)[1]

充既疾俗情,作《譏俗》之書[2]。又閔人君之政,徒欲治人,不得其宜,不曉其務,愁精苦思,不睹所趨[3],故作《政務》之書。又傷僞書俗文多不實誠[4],故爲《論衡》之書。夫賢聖歿而大義分,蹉跎殊趨,各自開門[5]。通人觀覽,不能訂銓[6]。遥聞傳授,筆寫耳取,在百歲之前,歷日彌久。以爲昔古之事,所言近是,信之入骨,不可自解,故作是論[7]。其文盛,其辯争,浮華虚僞之語,莫不澄定[8]。没華虚之文,存敦龐之樸,撥流失之風,反宓戲之俗[9]。

【注釋】

[1]《自紀篇》是王充晚年寫成的一篇自傳，記述了自己的家世、經歷、思想性格，闡明了他寫作《論衡》等書的目的，著重反駁了當時豪强地主對自己的攻擊，是王充一生思想言行的真實寫照。本文節選其中的部分段落，主要是王充對各種責難的答辯。[2]疾：痛恨。《譏俗》：王充針對俗情所寫的一部書。[3]閔：憂慮。徒：只。務：事務。趨：趨向。[4]傷：痛心。實誠：真實。[5]歿：死。分：分歧，歧異。蹉跎：虛耗時光。殊趨：指朝不同的方向發展。各自開門：各立門户，指形成不同派别。[6]通人：博古通今的人。訂銓：平議衡量。[7]彌：愈。是：對，正確。是論：此論，指《論衡》。[8]其文盛：指内容豐富。其辯争：指論證深入。澄定：澄清訂正。[9]没：消除。敦龎：敦厚。樸：樸素，質樸。撥：矯正。反：即"返"。宓戲之俗：指古老淳樸的習俗。宓戲：即伏羲，傳説中古代部落首領，三皇之一。

充書形露易觀。或曰："口辯者其言深，筆敏者其文沈[1]。案經藝之文，賢聖之言，鴻重優雅，難卒曉睹[2]。世讀之者，訓古乃下[3]。蓋賢聖之材鴻，故其文語與俗不通。玉隱石間，珠匿魚腹，非玉工珠師，莫能采得。實物以隱蔽不見，實語亦宜深沈難測[4]。《譏俗》之書，欲悟俗人，故形露其指，爲分别之文[5]。《論衡》之書，何爲復然？豈材有淺極，不能爲覆[6]。何文之察，與彼經藝殊軌轍也[7]？"

【注釋】

[1]敏：敏捷。筆敏指擅長寫文章。沈：深沉，含蓄不露。[2]案：通"按"，考查。鴻重：博大精深。卒：通"猝"，一下子。曉睹：指讀懂，看懂。[3]訓古：即訓詁，解釋古書字句。下：指讀下去。[4]見：即"現"，顯露。實語：真實的話。[5]指：意旨，用意。分别：分明，明白易懂。[6]淺極：淺薄到極點。覆：掩蓋，指含蓄深刻。[7]察：淺顯，一目瞭然。殊軌轍：比喻截然不同。軌轍：車輪碾過的痕迹。

答曰：玉隱石間，珠匿魚腹，故爲深覆；及玉色剖於石心，珠光出於魚腹，其猶隱乎[1]？吾文未集於簡劄之上，藏於胸臆之中[2]，猶玉隱珠匿也。及出荴露[3]，猶玉剖珠出乎！爛若天文之照，順若地理之曉，嫌疑隱微，盡可名處[4]。且名白，事自定也[5]。《論衡》者，論之平也[6]。口則務在明言[7]，筆則務在露文。高士之文雅，言無不可曉，指無不可睹。觀讀之者，曉然若盲之開目，聆然若聾之通耳[8]。三年盲子，卒見父母，不察察相識，安肯説喜[9]？道畔巨樹，塹邊長溝，所居昭察[10]，人莫不知。使樹不巨而隱，溝不長而匿，以斯示人，堯、舜猶惑。人面色部七十有餘，頰肌明潔，五色分别，隱微憂喜，皆可得察，占射之者[11]，十不失一。使面黝而黑醜，垢重襲而覆部[12]，占射之者，十而失九。

【注釋】

[1]及：等到。其：副詞，相當於"難道"。[2]未集於簡劄之上：指還没有寫在竹簡木牘上的時候。簡劄：竹簡，木牘。胸臆：内心。[3]荴(fū)露：鋪陳表露。[4]爛：燦爛。天文：指日月星辰。照：照耀。順：有條理。地理：地的紋理，指山脈河流。曉：清楚。嫌疑：疑惑，不清楚。隱微：隱晦，不明白。名：指説出來名目。處：指作出判斷。[5]名：名目，概念。白：清楚。定：確定。[6]平：衡，指標準。[7]務：力求。[8]曉然：明白清楚的樣子。聆然：形容聽得清楚的樣子。[9]卒(cù)：同"猝"，突然。察察：分辨清晰。説(yuè)：即"悦"。[10]畔：旁邊。塹：壕溝，護城河。所居：指所處的位置。昭察：明顯。[11]色：氣色。部：部位。古代相面的人將人的面孔分爲七十多個部位，根據它們的氣色變化就能相面定吉凶。五色：指各種氣色。占射：這裏的意思是相面。占(zhān)：察看。射：猜測。[12]黝：黑。重襲：重叠。

夫文由語也，或淺露分别，或深迂優雅，孰爲辯者[1]？故口言以明志，言恐滅遺，故著之文字。文字與言同趨[2]，何爲猶當隱閉指意？獄當嫌辜，卿决疑事，渾沌難曉[3]，與彼分明可知，孰爲良吏？夫口論以分明爲公，筆辯以荴露爲通，吏文以昭察爲良[4]。深覆典雅，指意難睹，唯賦頌耳[5]！經傳之文，賢聖之語，古今言殊，四方談異也[6]。當言事時，非務難知，使指閉隱也[7]。後人不曉，世相離遠，此名曰語異，不名曰材鴻。淺文讀之難曉，名曰不巧，不名曰知明[8]。秦始皇讀韓非之書，嘆曰："獨不得此人同時[9]！"其文可曉，故其事可思。如深鴻優雅，須師乃學，投之於地，何嘆之有？夫筆著者，欲其易曉而難爲，不貴難知而易造[10]；口論務解分而可聽，不務深迂而難睹。孟子相賢，以眸子明瞭者[11]。察文，以義可曉[12]。

【注釋】

[1]由：通"猶"，如同。迂：迂回曲折。辯：有口才。[2]趨：方向，目的。[3]獄：這裏指獄吏。當：判罪。嫌辜：指疑難案件。卿：此指廷尉，漢中央主管司法的高級官吏，是九卿之一。渾沌：含混不清。[4]公：公正，正確。通：通達。吏公：公文。[5]典雅：文章有根柢，高雅而不淺俗。賦、頌：古代的兩種文體，内容和行文講究深奥典雅。[6]大意爲：經傳的文字、聖賢的語言之所以不易懂，是由於古今語言的不同和各地方言的差異造成的。經：指儒家的經書。傳：解釋經書的著作。談：言談。[7]非務難知：不是盡力使人難懂。指：旨意。閉隱：隱晦，不清楚。[8]不巧：笨拙。知(zhì)明：才智高明。[9]獨：偏偏。[10]欲其易曉而難爲：想要作品通俗易懂難做到。貴：形容詞的意動用法，以……爲貴，推崇。[11]相：識别。眸子：瞳仁。事見《孟子・離婁上》："孟子曰：'存乎人者，莫良於眸子。眸子不能掩其惡。胸中正，則眸子

瞭焉;胸中不正,則眸子眊焉。聽其言,觀其眸子,人焉廋哉?'"[12]察:考察。義:道理。

充書違詭於俗[1]。或難曰:"文貴夫順合衆心,不違人意,百人讀之莫譴[2],千人聞之莫怪。故《管子》曰:'言室滿室,言堂滿堂[3]。'今殆説不與世同,故文刺於俗[4],不合於衆。"

【注釋】

[1]違詭:違反。[2]難:非難。譴:指責。[3]引文參見《管子·牧民》,大意是:無論在室内還是在廳堂發言,都符合滿座人的心意。[4]殆:大概。説:學説。刺:違背。

答曰:論貴是而不務華,事尚然而不高合[1]。論説辯然否,安得不譎常心[2],逆俗耳?衆心非而不從,故喪黜其僞而存定其真[3]。如當從衆順人心者,循舊守雅,諷習而已[4],何辯之有!孔子侍坐於魯哀公,公賜桃與黍,孔子先食黍而啖桃,可謂得食序矣,然左右皆掩口而笑,貫俗之日久也[5]。今吾實猶孔子之序食也,俗人違之,猶左右之掩口也。善雅歌,於鄭爲不悲[6];禮舞,於趙爲不好[7]。堯、舜之典,伍伯不肯觀[8];孔、墨之籍,季、孟不肯讀[9]。寧危之計,黜於閭巷;撥世之言,訾於品俗[10]。有美味於斯,俗人不嗜,狄牙甘食[11];有實玉於是,俗人投之,卞和佩服[12]。孰是孰非?可信者誰?禮俗相背,何世不然?魯文逆祀[13],去者三人;定公順祀,畔者五人[14]。蓋獨是之語,高士不舍,俗夫不好;感衆之書,賢者欣頌,愚者逃頓[15]。

【注釋】

[1]是:正確。華:美觀,有文采。尚:崇尚,講究。然:正確。高:形容詞意動用法,以……爲高。合:迎合。[2]辯:通"辨",區别,辨别。譎(jué):違背。[3]非:不對。從:順從。喪:消除。黜:排斥,貶斥。定:肯定。[4]雅:規範,章程。諷:誦讀。[5]侍坐:陪坐。魯哀公:春秋末期魯國國君。啖:吃。據《韓非子·外儲説左下》記載,魯哀公賜給孔子桃和黍,孔子先吃黍後吃桃,旁邊的人都捂着嘴笑。哀公説黍是擦桃的,不是讓他吃的。孔子説,五穀之中黍爲上,六種水果桃居下,按照高下貴賤,應先吃黍。貫俗:習俗,習慣。貫:即"慣",習慣。[6]善:擅長。雅歌:正聲,周代的正規高雅的音樂。鄭:春秋時鄭國,在今河南新鄭縣一帶。悲:指音樂動人。春秋時期,鄭、衛民間音樂流行,雅樂反而不受歡迎。[7]禮舞:舉行各種典禮時的樂舞,爲當時趙國女子擅長表演的一種民間流行舞蹈。趙:戰國時趙國,在今河北西部、山西北部及河套地區。[8]堯、舜之典:《尚書》中的《堯典》、《舜典》。伍伯:即五霸,春秋五霸指齊桓公、晉文公、楚莊王、鄭莊公、秦穆公。[9]孔:孔子。墨:墨子。季、孟:指魯國的大夫季孫氏和孟孫氏。[10]寧:安定。撥世之言:矯正世俗的言論。訾:詆毁。品:衆多。[11]狄牙:即易牙,春秋時人,以善烹調得寵於齊桓公。[12]投:拋弃。卞和:春秋時楚國著名玉工,

善於鑒别寶玉。佩服：佩帶。[13]魯文：魯文公，春秋時魯國君主。逆祀：據《公羊傳·文公二年》記載，魯文公違反祭祖的正常順序，把他的生父魯僖公的神主牌位放到魯閔公之前。[14]定公：魯定公，春秋時魯國君主。順祀：據《公羊傳·定公八年》記載，魯定公按照禮法祭祀，把魯僖公的神主牌位又移到閔公之後。畔者五人：指魯國有五個臣子已習慣於逆祀，反而因不滿順祀而離開。畔：通"叛"。[15]獨是：唯一正確。逃頓：跑掉。

……充書既成，或稽合於古，不類前人[1]。或曰："謂之飾文偶辭，或徑或迂，或屈或舒[2]。謂之論道，實事委瑣，文給甘酸，諧於經不驗，集於傳不合，稽之子長不當，内之子雲不入[3]。文不與前相似，安得名佳好、稱工巧[4]？"

【注釋】

[1]稽：考查。合：對照。類：類似。[2]飾文：修飾文字。偶辭：排比字句。徑：直接。屈：彎曲不直，指轉彎抹角。舒：舒展，指平鋪直叙。[3]道：道理。委瑣：瑣碎，煩瑣。文給甘酸：形容文章中充斥著各種東西。給：充滿。甘酸：指各種味道。諧：合，指對照。驗：符合。集：聚集，放在一起，指比較。子長：司馬遷，字子長。内（nà）：即"納"，歸入。子雲：揚雄。[4]安得：怎能，怎麼能够。名：叫做。

答曰：飾貌以强類者失形，調辭以務似者失情[1]。百夫之子，不同父母，殊類而生，不必相似，各以所稟[2]，自爲佳好。文必有與合，然後稱善，是則代匠斲不傷手[3]，然後稱工巧也。文士之務，各有所從，或調辭以巧文，或辯僞以實事[4]。必謀慮有合，文辭相襲，是則五帝不異事，三王不殊業也[5]。美色不同面，皆佳於目；悲音不共聲，皆快於耳。酒醴異氣[6]，飲之皆醉；百穀殊味，食之皆飽。謂文當與前合，是謂舜眉當復八采，禹目當復重瞳[7]。

【注釋】

[1]强：强求，勉强。類：類似。調辭：遣詞造句。情：真情。[2]所稟：指從父母處接受的東西。稟：承受。[3]代匠斲不傷手：語出《老子》第七十四章："夫代大匠斲者，希有不傷其手乎。"王充反其義而用之。斲：砍削。[4]辯僞以實事：辨别真僞以説明事實真相。[5]異事：不同的事迹。殊業：不同的功業。[6]醴：甜酒。[7]八采：即八彩。傳説堯的眉毛有八種顔色，後因以"八彩"指堯眉或形容帝王容顔。重瞳：雙瞳仁，傳説舜的每只眼睛有兩個瞳仁。

……

充細族孤門[1]。或啁之曰："宗祖無淑懿之基，文墨無篇籍之遺，雖著鴻麗之論，無所稟階[2]，終不爲高。夫氣無漸而卒至曰變，物無類而妄生曰異，不常有而忽見曰妖，詭於衆而突出曰怪[3]。吾子何祖？其先不載。況未嘗履墨涂，出儒門，吐論數千萬言，宜爲妖變，安得寶斯文而多賢[4]？"

【注釋】

[1]細族孤門：單門小户，與豪門大族相對而言。[2]啁(cháo)：嘲笑，調笑。宗祖：祖輩。淑懿：善，美好。文墨：指著述。籍：書册。稟階：稟承，指師承和淵源。[3]漸：逐漸，指逐漸發展的過程。變：災變。類：種類，同類。妄：胡亂。異：怪異。詭：違反，不同。突出：突然産生。[4]履墨涂，出儒門：指具有前代學派的師承關係。墨：墨家。涂：即"塗、途"，道路。寶：珍愛。多賢：贊許，推崇。

答曰：鳥無世鳳凰，獸無種麒麟，人無祖聖賢，物無常嘉珍[1]。才高見屈，遭時而然[2]。士貴，故孤興；物貴，故獨産[3]。文孰常在，有以放賢，是則醴泉有故源，而嘉禾有舊根也[4]。屈奇之士見，倜儻之辭生，度不與俗協，庸用不能程[5]。是故罕發之迹，記於牒籍；希出之物，勒於鼎銘[6]。五帝不一世而起，伊、望不同家而出[7]。千里殊迹，百載異發[8]。士貴雅材而慎興，不因高據以顯達[9]。母驪犢騂，無害犧牲[10]；祖濁裔清，不牓奇人[11]。鯀惡禹聖，叟頑舜神[12]。伯牛寢疾，仲弓潔全[13]。顔路庸固，回傑超倫[14]。孔、墨祖愚，丘、翟聖賢。楊家不通，卓有子雲。桓氏稽古，遹出君山[15]。更稟於元，故能著文[16]。

【注釋】

[1]世：世代。常：永久不變。嘉珍：美好珍貴。[2]見：助動詞，表示被動。遭：碰上。時：時運。[3]孤、獨：單獨。興：指出現。[4]孰：即"熟"，成熟。放：通"仿"，仿效。醴泉：甘甜的泉水。嘉禾：生長得特别茁壯的禾稻，古時認爲醴泉、嘉禾都是吉瑞的象徵。[5]屈(jué)奇：怪異，這裏指傑出。倜儻：卓越豪邁。度：風度，度量。庸：常人，俗人。用：因此。程：衡量。[6]罕發之迹：罕見的事迹。牒：木簡。希：少。勒：刻。傳説禹鑄九鼎時曾將許多罕見之物刻在上面。參看《論衡·儒增篇》。[7]伊：伊尹，商代開國功臣。望：姜太公吕尚，輔佐周武王滅殷，封於齊，爲齊國始祖。[8]大意是：地域相隔千里，事迹各異；時代相隔甚遠，産生的人才也不同。發：發生，産生。[9]慎興：指對升遷持慎重態度。興：指升遷，發迹。高據：指出身高貴。[10]驪：黑色(或説通"犁"，黄黑雜色的牛)。犢：小牛。騂：純赤色。害：妨礙。犧牲：供祭祀用的純色全體牲畜。[11]裔：後裔。牓：通"妨"，妨礙。奇人：傑出人才。[12]鯀(gǔn)：傳説是禹的父親，因治洪水失敗被舜放逐而死。禹：傳説中的治水英雄，夏朝建立者。叟：瞽叟，傳説中舜的父親，聽信後妻和幼子象之言，曾企圖謀害舜。頑：愚頑，不懂道理。[13]伯牛：冉耕，春秋魯國人，孔子弟子，孔門十哲之一。據説他因患重病而卧床不起，

後來詩文中用“伯牛之疾”指不治的惡疾。仲弓:伯牛之子冉雍,孔子弟子。潔全:指身體健康清潔。[14]顔路:顔回之父,孔子弟子。庸固:平庸遲鈍。回:顔回,即顔淵,孔子高足。倫:同類,同輩。[15]通:通達,顯貴。子雲:即揚雄。桓氏:指桓譚的家族。稽古:即“稽故”,延滯,指官運不通。遹(yù):朱本作“譎”,奇,指奇異人才。君山:桓譚字君山,漢代唯物主義思想家,著《新論》二十九篇。[16]大意爲:自己受了特殊的元氣,因此能著書立説,而不是被祖師傳授。元:元氣。王充認爲人都是稟元氣而生的,人與萬物的各種區别,在於各自所稟之氣不同。

練習(二)

一、解釋下面句子中加點字的意義。

1. 後進循之,是以《五經》乖析,儒學濅衰,此辟儒之患。

2. 道家者流,蓋出於史官,歷記成敗、存亡、禍福、古今之道,然後知秉要執本。

3. 及放者爲之,則欲絶去禮學,兼弃仁義,曰:獨任清虚,可以爲治。

4. 及拘者爲之,則牽於禁忌,泥於小數,舍人事而任鬼神。

5. 漢方欲事滅胡,聞此言,欲通使,道必更匈奴中,乃募能使者。

6. 大宛聞漢之饒財,欲通不得,見騫,喜,問欲何之。

7. 堂邑父胡人,善射,窮急射禽獸給食。

8. 騫身所至者,大宛、大月氏、大夏、康居,而傳聞其旁大國五六,具爲天子言其地形、所有。

9. 昆明之屬無君長,善寇盜,輒殺略漢使,終莫得通。

10. 匈奴圍李將軍,軍失亡多,而騫後期當斬,贖爲庶人。

11. 匈奴時有候者到,而希矣。

12. 自季至雄,五世而傳一子,故雄亡它揚於蜀。

13. 故甘露零其庭,醴泉流其唐,鳳皇巢其樹,黄龍遊其沼,麒麟臻其囿。

14. 歲餘,奏《羽獵賦》,除爲郎,給事黄門,與王莽、劉歆並。

15. 繇是大化,蜀地學於京師者比齊魯焉。

16. 没華虚之文,存敦龐之樸,撥流失之風,反宓戲之俗。

17.《譏俗》之書,欲悟俗人,故形露其指,爲分别之文。

18. 爛若天文之照,順若地理之曉,嫌疑隱微,盡可名處。

19. 充書既成,或稽合於古,不類前人。

20. 是故罕發之迹,記於牒籍;希出之物,勒於鼎銘。

二、用漢語拼音給下面句子中的加點字注音。

1. 及邪人爲之,則上詐諼而弃其信。

2. 漢方欲事滅胡,聞此言,欲通使,道必更匈奴中,乃募能使者。

3. 自季至雄,五世而傳一子,故雄亡它揚於蜀。

4. 使面黝而黑醜,垢重褱而覆部,占射之者,十而失九。

5. 時雄校書天禄閣上。

三、找出下面句子中有後起字的古字,並説明其在句中的意義。

1. 然惑者既失精微,而辟者又隨時抑揚,違離道本,苟以譁衆取寵。

2. 成湯好田而天下用足。

3. 没華虚之文,存敦龐之樸,撥流失之風,反宓戲之俗。

4. 三年盲子,卒見父母,不察察相識,安肯説喜?

5. 爲漢使月氏而爲匈奴所閉道,今亡,唯王使人道送我。

四、將下面這段話譯爲現代漢語。

大宛聞漢之饒財,欲通不得,見騫,喜,問欲何之。騫曰:"爲漢使月氏而爲匈奴所閉道,今亡,唯王使人道送我。誠得至,反漢,漢之賂遺王財物不可勝言。"大宛以爲然,遣騫,爲發譯道,抵康居。康居傳致大月氏。大月氏王已爲胡所殺,立其夫人爲王。既臣大夏而君之,地肥饒,少寇,志安樂,又自以遠遠漢,殊無報胡之心。騫從月氏至大夏,竟不能得月氏要領。

五、填空。

1.《漢書》爲東漢(　　)所撰,是我國第一部(　　)。

2. 東漢唯物主義哲學家王充傾注畢生精力、歷時三十多年完成的一部著作是(　　)。

3. 六經是指(　　)、(　　)、(　　)、(　　)、(　　)、(　　)。

六、背誦《自紀篇》中"鳥無世鳳凰"至"更稟於元,故能著文"一段。

七、用現代標點符號標點下列文字。

夫儒者以六蓺爲法六蓺經傳以千萬數累世不能通其學當年不能究其禮故曰博而寡要勞而少功若夫列君臣父子之禮序夫婦長幼之别雖百家弗能易也墨者亦尚堯舜道言其德行曰堂高三尺土階三等茅茨不翦采椽不刮食土簋啜土刑糲粱之食藜霍之羹夏日葛衣冬日鹿裘其送死桐棺三寸舉音不盡其哀教喪禮必以此爲萬民之率使天下法若此則尊卑無别也夫世異時移事業不必同故曰儉而難遵要曰彊本節用則人給家足之道也此墨子之所長雖百長弗能廢也法家不

别親疏不殊貴賤一斷於法則親親尊尊之恩絶矣可以行一時之計而不可長用也故曰嚴而少恩若尊主卑臣明分職不得相踰越雖百家弗能改也名家苛察繳繞使人不得反其意專决於名而失人情故曰使人儉而善失真若夫控名責實參伍不失此不可不察也道家無爲又曰無不爲其實易行其辭難知其術以虚無爲本以因循爲用無成埶無常形故能究萬物之情不爲物先不爲物後故能爲萬物主有法無法因時爲業有度無度因物與合故曰聖人不朽時變是守虚者道之常也因者君之綱也

通　論

(十四)古書的句讀

古書一般是不斷句的,古人讀書需要自己斷句,才能理解古書的内容。因此,弄清句讀就成爲讀懂古書的前提。前人很早就注意到這個問題,《禮記·學記》:"一年,視離經辨志。"鄭玄注:"離經,斷句絶也。"説明當時小孩讀書一年之後就要考查其閲讀古書辨明句讀的能力了,也證明能否句讀古書正是檢驗古人讀書的基本功的一個重要指標。如果斷句無誤,雖然不一定能證明就完全能讀懂古書,但至少説明對古書有了初步瞭解;但是如果斷句有錯誤,則一定還没有領會古書的相關内容。因此,要完全讀懂古書,必須具備句讀的能力。學習古代漢語有一個基本的目的,就是要能讀懂古書,尤其是那些卷帙浩繁的未經標點的白文,從而培養和提高閲讀能力。由此可見,掌握古書句讀的基本常識和技巧是十分重要的。

句和讀分開來講是有區别的。一般而言,在句終語意完結處叫句,過去大都是在此處的字旁加一圓圈。語意未完但需要停頓的地方叫讀(dòu),舊時的做法是加一小點在字句中間。現代人斷句則使用新式標點符號來標點白文。

要能正確地爲古書斷句,必須對古代漢語的詞彙、語法、古音常識以及古代文化常識等有一定的瞭解,並能綜合運用這些知識。因此,在句讀古書時必須注重這些方面知識的積累,才能順利地讀懂古書、正確標點。

在爲古書斷句時應從文理通暢、符合古人説話習慣、符合古音韻規律等方面入手進行判斷。

一、辨明詞義、疏通文理

斷句時必須讀懂原文意思。一篇或一段古文，只要没有錯簡或文字訛誤現象，都應該文從字順，上下連貫。如果斷句時能够弄清詞義、疏通文理，自然會正確標點；反之，則會錯誤斷句，要麽使文理不通，要麽誤解原文。例如：

今往僕少小所著辭賦一通。相與夫街談巷説。必有可采。擊轅之歌。有應風雅。匹夫之思。未易輕弃也。（曹植《與楊修書》，中華書局1977年版《文選》594頁）

這樣斷句，"相與夫街談巷説"很難理解。仔細體會原文，"往"是送的意思，"相與"也是送給對方，應屬上句，"夫"是句首語氣詞、引出下文的議論。因此正確的斷句應當是：

今往僕少小所著辭賦一通相與。夫街談巷説，必有可采；擊轅之歌，有應風雅。匹夫之思，未易輕弃也。

之所以産生前面斷句的錯誤，正是由於不明白"往、相與"的意義以及"夫"的用法。又如：

收天下之兵。聚之咸陽。銷鋒鍉鑄。以爲金人十二。以弱天下之民。（賈誼《過秦論》，引自商務印書館《國學基本叢書簡編》本《文選》）

文中"鍉"是箭鏃，"鑄"是動詞鎔鑄義，斷句者不明詞義，將其連讀，文義不通。正確的標點應當是：

收天下之兵，聚之咸陽，銷鋒鍉，鑄以爲金人十二，以弱天下之民。

這兩個例子都是因爲不明詞義而導致斷句錯誤，使句子不能成立。有時候，由於此斷者未能全面理解文義，斷句之後雖然個别的句子可以成立，但放在上下文中却難以讓人讀懂。例如：

嶺南嘗獻入筒細布一端八丈……（《資治通鑒》卷一百一十九，中華書局1956年）

這句意思似乎是嶺南曾進獻了一端八丈長的入筒細布，這顯然不合情理。細玩文意，"一端八丈"應當同上文分開，指每一端入筒細布有八丈長，並不是談進獻細布的數量，所以應該是：

嶺南嘗獻入筒細布，一端八丈……

又如：

時人始而驚。中而笑。且排先生益堅。終而翕然隨以定。（李漢《韓昌黎集序》，商務印書館《國學基本叢書簡編》本《韓昌黎集》）

這樣斷句，"且排先生益堅"意思是時人更堅决地排斥韓愈，與作者的意思相違。

作者想表達的是韓愈遭衆人嘲笑和排斥後，意志更加堅定，因此正確的斷句應當是：

時人始而驚，中而笑且排，先生益堅，終而翕然隨以定。

這樣文義便怡然理順。

綦毋張喪車，從韓厥曰："請寓乘，從左右。"皆肘之，使立於後。（《左傳·成公二年》，見王伯祥《春秋左傳讀本》250頁）

原文意思是綦毋張喪失兵車後請韓厥讓他搭車，他站在韓厥的左右，韓厥都用手肘捅他，讓他站到身後。但句中把"從左右"當成綦毋張的話，顯然於理不通，應該是：

綦毋張喪車，從韓厥曰："請寓乘。"從左右，皆肘之，使立於後。

有時候，不懂古代文化常識，也容易斷錯句。例如：

彗星復見西方。十六日，夏太后死。（《史記·秦始皇本紀》，見《史記會注考證》）

這樣標點似乎夏太后死在十六日這一天，但是古人紀日在東漢以前都是用干支，《史記》也不例外。《史記》中數位和"日"連用都是指有多少天，正確的標點是：

彗星復見西方十六日，夏太后死。

意思是彗星又在西方出現，過了十六天，夏太后死了。

又如：

癸丑，以光禄勳陳國、袁滂爲司徒。（《資治通鑒》卷五十七，中華書局1956年）

這裏把陳國、袁滂都作爲人名，實際上陳國並非人名，而是光禄勳袁滂的籍貫，因此應當這樣標點：

癸丑，以光禄勳陳國袁滂爲司徒。

又如：

史記天官書云："牽牛爲犧牲，其北河鼓。河鼓大星上將左右。"左右將……（《苕溪漁隱叢話》後集，人民文學出版社1962年）

《史記》張守節《正義》："河鼓三星，在牽牛北，主軍鼓。蓋天子三將軍：中央大星，大將軍；其南左星，左將軍；其北右星，右將軍。"原文"牽牛爲犧牲"指牽牛星代表祭祀用的犧牲。看過張守節的正義，瞭解古代天文知識，自然就知道該如何標點了：

《史記·天官書》云："牽牛爲犧牲，其北河鼓。河鼓大星，上將；左右，左右將。……”

由此可見,要正確標點,必須對古代文化常識,包括天文、地理、科舉、法律、職官等典章制度,都要有所瞭解。

二、弄清古代漢語語法特點

爲古書斷句必須符合古人説話、行文的習慣,實際上也就是要同古代漢語語法特點一致。有時候,如果不瞭解古代漢語詞類、句子成分、句子格式的特點,往往造成斷句的錯誤。例如:

廄焚,子退朝,曰:“傷人乎?”不問馬。(《論語·鄉黨》)

這是正確的標點。陸德明《經典釋文》説:“一讀至‘不’字絶句。”王若虚《滹南遺老集》卷五“論語辨惑”批評這種斷法:“義理之是非,姑置勿論,且道世之爲文者,有如此語法乎?故凡解經,其論雖高,其於文勢語法不順者,亦未可遽從,况未高乎!”王若虚的看法無疑是正確的,不管解經時有什麽傾向性,必須首先要讓字句符合語法規律。上古漢語中没有在疑問語氣詞後加“不”的疑問句,陸德明爲了想説明聖人既關心人,也關心牲畜,違反語法規則,以臆斷之,當然會出錯。

《老子》中有“三十輻,共一轂。當其無,有車之用”這句話,清人畢沅認爲應該這樣斷句:“三十輻,共一轂。當其無有,車之用。”楊樹達説:“‘無有’爲句,‘車之用’句不完全。畢説可酌。”楊樹達的看法是對的,“車之用”在古代漢語裏無法單獨成句,畢沅忽略了這一點導致斷句的錯誤。

或曰“東方物所始生,西方物之成孰”。(《史記·六國年表》,見中華書局1959年點校本《史記》)

這種斷句容易讓人把“東方、西方”當作“物”的定語,這樣句子就分成了兩個並列的名詞性詞組,不能成句。實際上,前後兩部分分别是兩個判斷句,這樣斷句就不會出現理解的錯誤了:

或曰“東方,物所始生;西方,物之成孰”。

給古書斷句時還應當注意古代漢語虚詞的用法。例如:

建一官而三物成,能舉善也夫。唯善,故能舉其類。(《左傳·襄公三年》,見王伯祥《春秋左傳讀本》)

這裏“夫”應該是同“唯”連用,放在句首,同後面的“故”呼應,構成“夫唯……故……”的句式,正確的斷句是:

建一官而三物成,能舉善也。夫唯善,故能舉其類。

前一句話是一般的判斷,後一句話針對前面的事進行議論。

有時候,利用句首、句尾語氣詞,以及一些表示句子間關係的連詞、副詞等虛詞的特點,來幫助斷句,往往能起到比較好的效果。

古今英才貴位,其所生往往出自卑賤非第,無損於其子之賢,而愈形其母之貴。(金埴《不下帶編》卷三,中華書局 1982 年)

這裏,"非第"是兩個副詞連用,意思是不僅,下句的"而愈"與之呼應表遞進關係,因此"非第"應屬下句爲"……非第無損於其子之賢……"。

斷句時還需注意古人行文的習慣,他們往往喜歡用對稱平行的句式結構。例如:

虞舜爲父弟所害,幾死再三,有遇唐堯,堯禪舜立爲帝。嘗見害,未有非;立爲帝,未有是前時未到,後則命時至也。(《論衡·禍虚》,見中華書局《諸子集成》本)

從内容上看,"堯禪舜"當斷句。下文"未有非"和"未有是"相對,兩句意思是虞舜被害的時候没有做錯什麽,立爲帝時也没有做對什麽。前後兩句意思相對,句式相同,應當標點爲:"……堯禪舜,立爲帝。嘗見害,未有非;立爲帝,未有是。……"

三、瞭解音韻常識

要正確標點還應有一定的音韻學知識,否則也可能影響到句讀的準確性。例如顏師古注《漢書·高五王傳》時有這樣的斷句:

趙王餓,乃歌曰:"……我妃既妒兮,誣我以惡,讒女亂國兮,上曾不寤。我無忠臣兮何故。弃國自快中野兮,蒼天與直。籲嗟不可悔兮,寧早自賊。"

從整首詩行文的格式看,"兮"字後一般爲四字或三字句,"我無忠臣兮何故"與此不合;從文意看,這句話也不易講通;從音韻角度看就更加清楚,"國"與下面的"直、賊"上古屬職部。因此應當斷爲:"……我無忠臣兮,何故弃國。……"

吴黄龍中,童謡云:"行白者君,追汝句驪馬。"(《歷代詩話續編》)

童謡一般句末要押韻,唱讀都十分順口。因此應斷爲:"行白者,君追汝,句驪馬。"上古押魚部韻。

總體而言,古書的句讀是一項綜合性的工作,它所涉及的知識範圍很廣,本身的情況又很複雜,因此要正確地標點古書不是件容易的事情,就是古代的注疏家也難免會有疏漏之處。要避免句讀古書時出錯,提高閱讀古文的能力,必須具備比較豐富的古代漢語知識,重視詞彙、語法、音韻以及古代文化常識的學習,多讀古書,多進行練習。這樣,經過長時期的積累,方能具備較强的古書句讀能力。

（十五）古書的注解

閱讀古書不可避免地要參看注解，這是學習古代漢語的一條重要途徑。古人和今人都做了大量的爲古書作注的工作，爲我們今天讀懂古書提供了便利。今人讀古書一般是從看現代人的注解入手的，因爲這些注本用現代漢語寫成，淺顯易懂，便於初學者使用。但是，同浩如煙海的古籍相比，今人爲之作注的古書只是極少數；而且今人作注時不可避免地要參考古注，對古注進行取捨，因此判斷今注是否正確也要依靠古注。可見，要比較深入地學習和研究古代作品，必須要參考古注。閱讀古注對一般人而言有一定的難度，但只要把握了古注的體例、内容以及一些常用的古注術語，就能逐步提高我們閱讀古注和古書的能力。

一、古書注解的歷史

注解古書的工作始於漢代。先秦的古籍傳到漢代，由於語言的發展變化、文字的差異、簡策的錯亂等諸多原因，漢代人已經不能完全讀懂先秦古籍，於是就有人專門爲古書作注解，像毛亨、孔安國、馬融、鄭玄、高誘等都是漢代著名的注解家。毛亨有《毛詩故訓傳》（簡稱《毛傳》）傳世。鄭玄集兩漢經學之大成遍注群經，完整保存至今的就有《毛詩箋》、《儀禮注》、《周禮注》、《禮記注》。漢代人爲古書所作的注解對後人瞭解先秦古籍有很大作用，如果没有這些資料，許多先秦古籍資料今人是很難讀懂的。

漢代人注解古書的精力主要集中在儒家經書如《詩經》、《周易》、《尚書》等上面。不過到東漢時學者治學範圍已經擴展，一些經書以外的典籍也納入他們注解的範圍，其中趙岐的《孟子章句》（當時《孟子》尚未列入經書），王逸的《楚辭章句》，高誘的《戰國策注》、《吕氏春秋注》、《淮南子注》等等，都具有相當高的價值。

漢代人注解古書，一般著重在訓釋字句、加注讀音，有時也通釋全章大意。

魏晋南北朝時代玄學盛行，受此影響，注解者不僅詮釋古書，而且好發揮義理。魏王弼《老子注》、何晏《論語集解》，晋郭象《莊子注》、杜預《春秋左氏經傳集解》等都是很重要的著作。這一時期還産生了一批保存了大量故訓和文獻資料的古書注解，例如晋郭璞《山海經注》、《方言注》、《爾雅注》，宋裴松之《三國志注》，梁劉孝標《世説新語注》，後魏酈道元《水經注》等等，都與一般訓釋文義的注解不同,具有很高的史料價值。

南北朝時出現了一些疏解經義的"義疏"和"講疏",對唐人撰《五經正義》等經疏産生了很大影響。

到唐代,古書的注解又有了新的發展,重要的經書都有了新的注解,這是因爲漢代人的注解在唐代人看來又不那麽容易理解了,於是出現了一種新的注解方法:不僅解釋正文,而且給前人的注解作注,這種注解叫疏或正義。例如現在最通行的《十三經注疏》中的《詩經》,就是漢毛亨傳,鄭玄箋,唐孔穎達等正義。毛傳的"傳"和鄭箋的"箋"當時都有其特定的含義,"傳"指闡明經義,"箋"有補充訂正毛傳的意思。唐人注疏的優點是解釋詞句和考證名物制度翔實,引證豐富,對我們閱讀經傳本文和注文大有幫助。孔穎達主撰的《五經正義》、賈公彦的《周禮疏》和《儀禮疏》、徐彦的《春秋公羊傳疏》、楊士勳的《春秋穀梁傳疏》,後來與宋代邢昺爲《論語》、《孝經》和《爾雅》作的疏,以及孫奭爲《孟子》作的疏,加上唐陸德明《經典釋文》的注音,合刊成一部書,就是現在通行的《十三經注疏》。

唐人還爲經書以外的許多古書作了注解,如司馬貞《史記索隱》、張守節《史記正義》、顔師古《漢書注》、成玄英《莊子疏》、李善《文選注》等。

此時注解内容也有一些變化,由於漢以後作家寫作時用典成風,注明出典成爲注解家的一項重要任務。李善爲梁蕭統編撰的《文選》作注時就幾乎用盡全力注明出典。

宋代理學興盛,理學家爲經籍作了一些傳注,其中價值較高的是南宋朱熹《大學章句》、《中庸章句》、《論語集注》、《孟子集注》(合稱《四書章句集注》,簡稱《四書集注》)、《詩集傳》、《楚辭集注》等。

到清代,考據之學極爲興盛,清儒所作的古籍注釋數量很大,幾乎所有重要的古籍,清人都進行了認真的、高水準的注釋、整理和研究,而且往往不止一種本子。其中比較著名的有惠棟《周易述》、閻若璩《古文尚書疏證》、馬瑞辰《毛詩傳箋通釋》、焦循《孟子正義》、郭慶藩《莊子集釋》、王先謙《漢書補注》、孫詒讓《墨子閒詁》等。清代學者注解古書比較重視從材料出發,解決了古書中的許多疑難問題,並在校勘方面也做了許多工作,阮元就爲《十三經注疏》作了《校勘記》。

經過歷代注疏家的努力,許多古籍都有了注解,爲今天我們讀古書提供了極大的便利。

二、古書注解的體例

要讀懂古書注解,必須對其體例有所瞭解。

一般而言,先秦經書的注解比較難讀,一方面因爲注家衆多、難於取捨,另一方面是由注文較簡略,注解體例又比較複雜。下面就以《詩經・周南・桃夭》爲例,介紹古書注解的基本體例(注文一般用雙行小字排在正文之下。這裏爲保持原樣,正文和注疏均不加標點,只是爲方便排版改爲横排):

桃之夭夭灼灼其華興也桃有華之盛者夭夭其少壯也灼灼華之盛也箋云興者喻時婦人皆得以年盛時行也○少詩照反○之子于歸宜其室家之子嫁子也于往也宜以有室家無踰時者箋云宜者謂男女年時俱當○當丁浪反○[疏]桃之至室家○毛以爲少壯之桃夭夭然復有灼灼然此桃之盛華以興有十五至十九少壯之女亦夭夭然復有灼灼之美色正於秋冬行嫁然是此行嫁之子往歸嫁於夫正得善時宜其爲室家矣○鄭唯據年月不同又宜者謂年時俱善爲異○傳桃有華之盛者○正義曰夭夭言桃之少灼灼言華之盛桃或少而未華或華而不少此詩夭夭灼灼並言之則是少而有華者故辨之言桃有華之盛者由桃少故華盛以喻女少而色盛也○箋時婦至時行○正義曰此言年盛時謂以年盛二十之時非時月之時下云宜其室家乃據時月耳○箋宜者至俱當○正義曰易傳者以既説女年之盛又言之子于歸後言宜其室家則揔上之辭故以爲年時俱當○

桃之夭夭有蕡其實蕡實貌非但有華色又有婦德○蕡浮雲反之子于歸宜其家室家室猶室家也桃之夭夭其葉蓁蓁蓁蓁至盛貌有色有德形體至盛也○蓁側巾反之子于歸宜其家人一家之人盡以爲宜箋云家人猶室家也○盡津忍反或如字他皆放此[疏]箋家人猶室家○正義曰易傳者以其與上相類同有宜其之文明據宜其爲夫婦據其年盛得時之美不宜横爲一家之人桓十八年左傳曰女有家男有室室家謂夫婦也此云家人家猶夫也猶婦也以異章而變文耳故云家人猶室家也

單排大字是《詩經》正文,雙排小字是注文。正文之後没有"箋云"的注是毛亨的傳,如"之子,嫁子也。于,往也。宜,以有室家無踰時者。""箋云"之後的注是鄭玄的箋,如"宜者,謂男女年時當"。圓圈後是唐代陸德明《經典釋文》所收漢魏以來各家爲正文和注文所注的音,如"當,丁浪反"。"疏"字以下是唐孔穎達的疏,疏一般都是先舉出所疏經文或注文開頭和結尾的兩三個字,用圓圈隔開後再進行疏解,如"桃之至室家"就是指對經文這個部分的疏解,"箋時婦至時行"指後面是對鄭箋這段話的疏解。夾在注文中的圓圈實際是起區别作用的間隔符號,用在疏文前的是區分傳、箋與陸德明音義的界限;在疏文中的圓圈則起劃分小段落的作用,圓圈後"正義曰"以下的部分是孔穎達對經傳的説解。例如"正義曰:夭夭,言桃之少。灼灼,言華之盛。桃或少而未華,或華而不少。此詩夭夭灼灼並言之,則是少而有華者。故辨之,言桃有華之盛者,由桃少故華盛,以喻女少而色盛也。"是孔穎達對《詩經》原文"桃之夭夭灼灼其華"部分的解説。通常情況下,疏一般先解正文,後解注文,疏的内容非常豐富,有時直解正義,有時辨正注文,視具體需要而定。

一般而言,一部古書的注解編排體例,往往在序言、凡例一類文字中會有説明,仔細閲讀後再參看注解,就很容易掌握。有的古書注本没有這類説明,就需要自己先讀一部分注解，從中歸納出其基本體例，以便下一步的閱讀和使用。

三、古書注解的内容

古書注解的内容非常豐富，解釋詞句、串講文意、考證名物制度、闡發義理、補充文獻資料、注明出典、分析句讀説明表現方法或修辭手段、校勘文字等等，均包羅其中。古書注解最常見的内容有以下幾方面：

1. 解釋詞義

解釋詞義是古書注解的基礎工作，也是古注的一項重要内容。例如《詩經·陳風·衡明》："泌之洋洋，可以樂饑。"毛傳："泌，泉水也。洋洋，廣大也。"對"泌"和"洋洋"進行了解釋。又如《詩經·小雅·斯干》："乃生女子，載寢之地，載衣之裼，載弄之瓦。"毛傳："裼，褓也。瓦，紡塼也。"解釋了"裼"和"瓦"的意義。古注中保存了許多詞的古義和古代方言俗語，是學習和研究漢語發展史的重要資料。

2. 串講文意

古書注解常常在解釋詞義以外，還要串講文句的大意。例如《詩經·魏風·碩鼠》："三歲貫女，莫我肯顧。"鄭箋對這句話作了串講："我事女三歲矣，曾無教令恩德來顧眷我。"這種方式往往在串講中附帶解釋了詞義，如以"事"釋"貫"，以"眷"釋"顧"。又如《詩經·邶風·柏舟》："微我無酒，以敖以遊。"毛傳："非我無酒可以敖遊忘憂也。"在串講中又以"非"釋"微"。

有時古注中也闡明篇章旨意。趙岐《孟子章句》每章之後的"章指"就是通釋全章正文的大意的，例如《孟子章句·梁惠王》"寡人之于國也"章"章指言：王化之本在於使民養生之用滿足，然後導之以禮義，責己矜窮，則斯民集矣"。這使文章意義更明確，幫助讀者對全章大意有一個總的瞭解。

3. 注明出典、詮釋成語

用典故成語是漢以後作家的寫作習慣，這又恰恰爲後人讀古書帶來很大困難，古書注解中注明典故、詮釋成語就成爲一個重要内容。唐李善《文選注》就以此而著稱，例如他在左思《咏史八首》之七中的注解：

主父宦不達，骨肉還相薄。《史記》，或説主父偃曰：太横。主父偃曰：臣結髮遊學四十年，身不得遂，親不以爲子，昆弟不收。杜預《左氏傳注》曰：宦，仕也。《吕氏春秋》曰：父母之於子也，子之於父母也，此之謂骨肉之親。薄，輕鄙之也。《史記》曰：君薄淮陽邪？買臣困采樵，伉儷不安宅。《漢書》曰：朱買臣家貧，常刈薪樵，賣以給食。簷束薪，行且誦書。妻亦負戴相隨，數止買臣無謳歌道中，買臣愈益疾歌，妻羞之，求去，買臣笑曰：我年五十當富貴也，今已四十餘矣。汝苦日久，待我富貴，報汝功力。妻恚怒曰：如公等終餓死溝中耳，能何富貴？買臣不能留，即聽去。《左氏傳》曰：施氏之婦怒施氏曰：己不能庇其伉儷。杜預曰：儷，偶也。伉，敵也。陳平無産業，歸來翳負郭。《漢書》曰：陳平家貧，好讀書，負郭窮巷，以席爲門，然門外多長者車轍。《方言》曰：翳，薆也。郭璞曰：謂蔽薆也，音愛。鄭玄《禮記注》曰：負之言背也。

長卿還成都，壁立何寥廓。《史記》曰：卓文君奔司馬相如，相與馳歸成都，居徒四壁立。郭璞曰：貧窮也。《楚辭》曰：嗟寥廓而無處。《廣雅》曰：廓，空也。

四賢豈不偉？遺烈光篇籍。班固説東平王蒼曰：遺烈著於無窮。《漢書》曰：吴起、商鞅，垂著篇籍。當其未遇時，憂在填溝壑。《孟子》曰：志士不忘在溝壑。英雄有屯邅，由來自古昔。《周易》曰：屯如邅如。《國語》曰：古曰在昔。何世無奇才？遺之在草澤。《孫子》曰：何世之無才？何才之無施？

有了李善的注解，原文的那些典故就清楚了。又如：李密《陳情表》

既無伯叔，終鮮兄弟。毛詩曰：終鮮兄弟。維予與女。

李善指出"終鮮兄弟"出自《詩經》。

4. 闡明義理

有一類古書注解側重於闡明哲學思想，有的在闡明原著中的哲理的同時，還寄寓了注者的思想觀點。晉代郭象《莊子注》就屬這一類，例如《逍遥遊》中的一句：

之二蟲又何知二蟲，謂鵬蜩也。對大於小，所以均異趣也。夫趣之所以異，豈知異而異哉？皆不知所以然而自然耳。自然耳，不爲也。此逍遥之大意。注文大部分是闡明"之二蟲又何知"所包含的自然、不爲的哲理。

四、古注常用術語

讀古書注解時，還應對古人作注解時常用的術語有所瞭解。

1. 某，某也　這是直接用某詞訓釋另一個詞。例如《詩經·秦風·蒹葭》："白露未晞。"毛傳："晞，乾也。"以"乾"釋"晞"。又如《詩經·鄘風·相鼠》："人而無止，不死何俟。"毛傳："俟，待也。"也是如此。

2. 曰、爲、謂之　使用這幾個術語時，被釋詞往往放在"曰、爲、謂之"之後。它們既用於一般釋義，也用來辨析同義詞和近義詞的差别。例如：

《詩經·周南·卷耳》："陟彼高岡。"毛傳："山脊曰岡。"

《左傳·隱公元年》："公曰：'不義不暱，厚將崩。'"孔穎達疏："高大而壞謂之崩。"

《詩經·邶風·終風》："終風且霾，惠然肯來。"陸德明《音義》："風而雨土爲霾。"

這幾個例子是單純釋義的。

《論語·先進》："加之以師旅，因之以饑饉。"朱熹注："穀不熟曰饑，菜不熟曰饉。"

《楚辭·離騷》："各興心而嫉妒。"王逸注："害賢爲嫉，害色爲妒。"

這就是在區别近義詞。

3. 謂　用"謂"時一般被釋詞放在"謂"前面，大多用於以狹義釋廣義，以具

體釋抽象,“謂”的主要作用就是具體説明被釋詞的特定意義,相當於現代漢語的“指”。例如:

《論語·陽貨》:“君子學道則愛人。”孔安國注:“道,謂禮樂也。”

《論語·子罕》:“後生可畏。”何晏注:“後生謂少年。”

《楚辭·離騷》:“恐美人之遲暮。”王逸注:“美人謂懷王也。”

“道”的概念比較抽象,就用這裏它具體所指的“禮樂”解釋。“後生”這裏指“後生”中的“少年”。“美人”具體指楚懷王。分别用“謂”説明。

4. 貌、之貌　一般用在動詞或形容詞後面,説明被釋詞表示的某種狀態,相當於現代漢語的“……的樣子”。例如:

《詩經·邶風·柏舟》:“泛彼柏舟。”朱熹注:“泛,流貌。”

《莊子·逍遥遊》:“夫列子御風而行,泠然善也。”郭象注:“泠然,輕妙之貌。”

《楚辭·離騷》:“老冉冉其將至兮。”王逸注:“冉冉,行貌。”

班固《西都賦》:“靡微風,澹淡浮。”李善注:“澹淡,蓋隨風之貌也。”

5. 猶　一般用於以近義詞作注,注釋詞與被釋詞的意義並不完全相同。“猶”略相當於現代漢語“等於説”。例如:

《詩經·召南·羔羊》:“羔羊之革。”毛傳:“革,猶皮也。”

《孟子·梁惠王上》:“直不百步耳。”朱熹注:“直,猶僅也。”

班固《西都賦》:“西郊則有上囿禁苑,林麓藪澤,陂池連乎蜀漢。繚以周牆,四百餘里。”李善注:“繚,猶繞也。”

6. 言　一般用來點明詞語在上下文中的含義,也用於串講句義或闡發文意,相當於現代漢語“説的是”。例如:

《詩經·鄘風·君子偕老》:“鬒髮如雲。”毛傳:“如雲,言美長也。”

《楚辭·九歌·山鬼》:“若有人兮山之阿,被薜荔兮帶女蘿。”王逸注:“言山鬼仿佛若人,見於山之阿,被薜荔之衣,以兔絲爲帶也。”

7. 之言、之爲言　這兩個術語一般用於聲訓,訓釋詞和被釋詞除了意義上的聯繫外,還有音同音近的關係。例如:

《論語·季氏》:“吾恐季孫之憂,不在顓臾,而在蕭牆之内也。”鄭玄注:“蕭之言肅也。……”

“肅”和“蕭”古代雙聲,韻母也相近。

《論語·爲政》:“爲政以德,譬如北辰,居其所,而衆星拱之。”朱熹注:“政之爲言正也,所以正人之不正也;德之爲言得也,得於心而不失也。”

“政、正”同音;“德、得”同音。

用聲訓作注便於記憶。聲訓也是古人指明同源詞的一種方法。聲訓必須依據上古音,後人所作聲訓有的帶有主觀隨意性,閱讀時應當注意。

8. 讀爲、讀曰　一般用於以本字解釋假借字。例如:

《詩經·衛風·氓》:“淇則有岸,隰則有泮。”鄭箋:“泮讀爲畔。”

《尚書·堯典》:“播時百穀。”鄭玄注:“時,讀曰蒔。”

9. 讀若、讀如　主要用於注音,例如:

《儀禮·聘禮》:“門外米三十車,車秉有五藪。”鄭玄注:“藪,讀若不數之數。”

《吕氏春秋·重己》:“其爲飲食酏醴也,足以適味充虛而已矣。”高誘注:“酏讀如《詩》‘虵虵碩言’之虵。”

有時它們也以本字説明假借字,這時作用與“讀曰、讀爲”相近。例如:

《禮記·儒行》:“雖危,起居竟信其志。”鄭玄注:“信,讀如屈伸之伸,假借字也。”

10. 如字　這個術語用於注音,表示被注的字在特定的上下文中要按照它本來的讀音讀。例如:

《禮記·大學》:“所謂誠其意者,毋自欺也,如惡惡臭,如好好色。此之謂自謙。”陸德明《音義》:“惡惡,上烏路反,下如字。……好好,上呼報反,下如字。”

説明第一個“惡”讀去聲,第二個按它本來的音讀,即醜惡的“惡”,舊讀入聲。第一個“好”讀去聲,第二個“好”讀它本來的上聲,即美好的“好”。

11. 衍文(衍)、脱文(脱)　這是校勘古書的專門用語。

“衍文”又叫“衍字”,簡稱“衍”,用來指明古籍中多出了文字的現象。例如:

《禮記·檀弓》:“從母之夫,舅之妻,二夫人相爲服。”俞樾《古書疑義舉例》:“‘夫’字衍文也,‘二人’兩字合爲‘夫’。”

“脱文”也叫“脱字”,簡稱“脱”(有時也叫“奪”),指古籍中脱落了文字的現象。例如:

《論語·顔淵》:“雖有粟,吾得而食諸?”阮元《校勘記》:“皇本、高麗本‘吾’下有‘豈’字。案,《史記·仲尼世家》、《漢書·武五子傳》並作‘豈’,與皇本合,疑今本‘吾’下有脱字。”

12. 當作、當爲　這兩個術語專門用來説明誤字。例如:

《周禮·天官·内饔》:“凡祭祀,共豆脯,薦脯,膴胖,凡臘物。”鄭玄注:

“脯非豆實，豆當爲羞，聲之誤也。”

潘岳《射雉賦》：“鯨牙低鏃，心平望審。”李善注：“鯨，當作擎，舉也。”

學習古代漢語，參閲古書注解非常重要，阮元就曾談到：

竊謂士人讀書，當從經學始，經學當從注疏始。空疏之士，高明之徒，讀注疏不終卷而思卧者，是不能潛心研索，終身不知有聖賢諸儒經傳之學矣。至於注疏諸義，亦有是有非；我朝經學最盛，諸儒論之甚詳，是又在好學深思實事求是之士，由注疏而推求尋覽之也。（見《十三經注疏·重刻宋版注疏總目録》）

阮元認爲讀古書應先從先秦作品入手，閲讀時要依靠注解，這是一個很好的方法。同時他談到讀書時不能迷信注解，這一點尤其重要。參考古注時必須采取分析的態度，對其中的解説要正確取捨，不可盲從，批判地吸收古注中一切對今天有用的東西。

（十六）古代漢語的修辭方式

中國是一個有幾千年文明史的文化發達國家，古人從很早的時候就重視寫作、重視修辭。《易·大傳·乾卦》：“君子進德修業。忠信，所以進德也；修辭立其誠，所以居業也。”這裏“修辭”就是要修飾調整語詞和文辭，提高語言表達效果，藉以傳達自己真誠的思想。正是由於古人講究修辭，我們要提高閲讀古書的能力，就需要通曉古人常用的修辭表達方式，減少閲讀障礙，從而更順利地讀懂古書。同時，學習古代漢語修辭方式也可以幫助我們探求與追溯現代漢語修辭方式的源流。

這裏我們著重介紹古代漢語常用的幾種修辭方式，其名目和内容與現代漢語常用的修辭方式有很多不同。

一、代稱

事物本來都有自己約定俗成的名稱，有時爲了修辭上的需要，作者不用某個事物固有的名稱，而臨時借用與該事物有某種内在聯繫的詞語作爲它的稱謂，這就是代稱，又叫借代。

代稱的方式多樣、範圍很廣，在古漢語裏很常見。

1. 以事物的性狀、特徵代稱事物。例如：

君子不重傷，不禽二毛。（《左傳·僖公二十二年》）

帶甲百萬，而專屬之昭奚恤。（《戰國策·楚策一》）

為肥甘不足於口與？輕煖不足於體與？(《孟子·梁惠王上》)

知否，知否，應是緑肥紅瘦。(李清照《如夢令·春晚》)

管城子無食肉相，孔方兄有絶交書。(黄庭堅《戲呈孔毅父》)

"二毛"指頭髮花白，是老年人的特徵，用來代指老年人。"帶甲"是戰士的裝扮，用來指代軍隊。"肥甘、輕煖"分别作爲好吃的東西和輕暖的衣物的代稱。"緑"代指葉、"紅"代指花。"管城子"是筆的代稱，"孔方兄"則是金錢的代稱。

2. 用特稱代泛稱。例如：

送君南浦，傷如之何？(江淹《别賦》)

遠弃風雅，近師辭賦。(《文心雕龍·情采》)

許史相經過，高門盈四牡。(王維《偶然作》)

"南浦"本是一個地名，屈原《九歌·河伯》："送美人兮南浦。"後來就用"南浦"泛指送别之地。"風雅"是《詩經》的主要部分，藉以作爲《詩經》的代稱。"許史"是漢宣帝時的兩家貴戚，這裏借指貴戚大臣。

有時摘取一篇作品中個别詞或詞組代指整篇作品。例如：

子建函京之作，仲宣霸岸之篇，子荆零雨之章，正長朔風之句，並直舉胸臆，非傍詩史。(沈約《謝靈運傳論》)

曹植《贈丁儀王粲詩》："從軍度函谷，驅馬過西京。"王仲宣《七哀詩》："南登霸陵岸，回首望長安。"孫子荆《陟陽侯詩》："晨風飄歧路，零雨被秋岸。"王正長《雜詩》："朔風動秋草，邊馬有歸心。"都是以個别詞或詞組代表整首詩。

把專名作通名的代稱也屬這一類，例如"伯樂"指代善識英才的人，"伯夷、叔齊"代稱品行高潔的人，"鍾子期"則是知音的代稱。又如：

子之笑我玄之尚白，吾亦笑子病甚不遇俞跗與扁鵲也。(揚雄《解嘲》)

"俞跗、扁鵲"泛指良醫。

3. 以原料代成品。例如：

許子以釜甑爨，以鐵耕乎？(《孟子·滕文公上》)

我二十五年矣，又如是而嫁，則就木矣。(《左傳·僖公二十三年》)

鏤心鳥迹之中，織辭魚網之上。(《文心雕龍·情采》)

麝煤鼠尾過年年。(黄庭堅《戲贈米元章二首》)

"鐵"是製造農具的原料，用以指代鐵農具。"木"用以指代棺木，"魚網"是古代造紙的材料之一，《後漢書·宦者傳》："(蔡)倫造意用樹膚、麻頭及敝布、魚網以爲紙。"這裏即以"魚網"代稱紙。"麝煤、鼠尾"分别是制墨和制筆的原料，用來代稱墨和筆。

4. 以具體代抽象。例如：

今皇帝並天下，别黑白而定一尊。（李斯《論焚書》）

顔色類相似，手爪不相如。（《漢樂府·上山采蘼蕪》）

我爲趙將，有攻城野戰之大功，而藺相如徒以口舌爲勞，而位居我上。（《史記·廉頗藺相如列傳》）

"黑白"是以兩種具體的顔色代指抽象概念是非。"手爪"代稱紡織手藝。"口舌"代稱言談。

這種代稱方式古人經常使用，例如常以刑具"徽索、縲紲、刀鋸"作爲刑罰這個抽象概念的代稱，以"繩墨、規矩"作爲法度的代稱，以"絲竹、管弦"作爲音樂的代稱等等。

5. 以地代人、以官代人。例如：

平原不在，正見清河。（《世説新語·自新》）

睢園緑竹，氣凌彭澤之樽；鄴水朱華，光照臨川之筆。（王勃《滕王閣序》）

陸機是平原内史，陸雲爲清河内史，陶淵明是彭澤令，謝靈運爲臨川内史，例句中均是以做官的地點代稱人。

直接以官名代稱人也是表示對人的尊重。例如：

驃騎發迹于祁連。（揚雄《解嘲》）

及三閭橘頌，情采芬芳。（《文心雕龍·頌贊》）

劉伶正促酒，中散欲彈琴。（庾信《暮秋野興賦得傾壺酒》）

"驃騎"指驃騎將軍霍去病，"三閭"是三閭大夫屈原，"中散"是中散大夫嵇康。

6. 以事物所在的地點或器物代稱事物。例如：

四海之内，皆舉首而望之。（《孟子·滕文公下》）

更吹羌笛關山月，無那金閨萬里愁。（王昌齡《從軍行》）

人生如夢，一樽還酹江月。（蘇軾《念奴嬌·赤壁懷古》）

"四海之内"代指天下人，"金閨"代指閨中婦女，"一樽"代指杯中之酒。

7. 割裂式代稱。

這種代稱方式往往截取古書原句或原詞組的一個部分，來代稱其句子或詞組的全部或另一個部分。例如：

及雲之論機，亟恨其多，而稱清新相接，不以爲病，蓋崇友于耳。（《文心雕龍·鎔裁》）

《尚書·君陳》有"惟孝友于兄弟"，例句便以"友于"代稱兄弟。

君非從流，臣進逆耳。（蕭統《文選序》）

《左傳·成公八年》有“從善如流”，這裏以“從流”相代。

以彼行媒，同之抱布。（沈約《奏彈王源》）

《詩經·衛風·氓》：“氓之蚩蚩，抱布貿絲。”例句以“抱布”代指作買賣，意義有所轉移。

割裂式代稱往往將原文割裂，在表達上顯得隱晦曲折，讓人費解，在閱讀古書時尤其要注意辨别。

由於代稱不是事物固定的稱謂，因此同一事物可能有不同的代稱，而同樣的詞語也可能成爲不同事物的代稱。例如《史記·越王句踐世家》“乘堅驅良逐狡兔”，《漢書·食貨志》“乘堅策肥”，《水經注·巫山巫峽》“雖乘奔御風，不以疾也”，其中“良、肥、奔”均代稱馬。陸遊《新買啼鷄》：“秋衣初縫惜不得，急典三百新青銅。”《枕上口占》：“五十年間萬事空，懶將白髮對青銅。”陸遊以“青銅”分别作爲錢和鏡子的代稱。

二、互文

互文又叫互文見義，在中國古代詩文中很常見，又稱爲“互言、互辭、互義、互見義”。互文是把一組相關聯的意思，分開在兩句或兩個詞組（或多個句子和詞組）中表達，用詞交錯，意義互補，例如：

花徑不曾緣客掃，蓬門今始爲君開。（杜甫《客至》）

兩句詩互文見義，藴涵的意思是花徑不曾緣客掃、蓬門不曾爲客開，花徑今始爲君掃、蓬門今始爲君開。利用互文言簡意賅，上下文義互相補足。

開我東閣門，坐我西閣床。（《木蘭詩》）

悍吏之來吾鄉，叫囂乎東西，隳突乎南北。（柳宗元《捕蛇者説》）

兩句均爲互文，前一例突出了木蘭歸家後的歡快情緒，後一例則渲染出悍吏在鄉間狂呼亂叫逼人交税的緊張氣氛。

秦時明月漢時關，萬里長征人未還。（王昌齡《出塞》）

煙籠寒水月籠沙，夜泊秦淮近酒家。（杜牧《泊秦淮》）

兩例的首句均是互文，既表達了詩意，又使詩句構思新奇。

正是因爲互文在修辭和表達上具有前後響應、錯落有致、言簡意賅的特點，能使文字精煉、新奇，又能適應表達需要渲染氣氛，並且能增强語言的形式美和節奏感，因此它歷來爲人們所喜用。

總體而言，互文的上下文的語意是相加的，在理解時要特别注意。例如：

不聞夏殷衰，中自誅褒妲。（杜甫《北征》）

字面意思是没有聽説夏殷滅亡那樣的事，是因爲殺掉了褒姒和妲己一類的女人。實際上，夏代亡國之君桀寵愛妹喜，商紂寵愛妲己，周幽王寵愛褒姒。杜甫在這裏采用互文手法，上句中自然包括周，而下句則包括妹喜，理解時必須合在一起，文意方足。

三、並提

古人行文時有時把本來應該寫成兩個句子或兩個短語的話合併爲形式上的一個句子或一個短語，這樣客觀上造成一個句子或短語同時表達兩件事情的結果，這種修辭方式叫並提，或者叫分承、合叙。例如：

夫種蠡無一罪，身死亡。（《史記·韓信盧綰列傳》）

根據史實，大夫文種自殺而死，范蠡亡命出逃，句子的實際意義是：夫種無一罪，身死；夫蠡無一罪，身亡（逃走）。理解這類句子應著重從文意方面分析句子的搭配關係。又如：

掾主吏蕭何、曹參曰："君爲秦吏，今欲背之，帥沛子弟，恐不聽。"（《漢書·高帝紀》）

自非亭午夜分，不見曦月。（《水經注·巫山·三峽》）

"掾主吏蕭何、曹參"實際是主吏蕭何、掾曹參。最後一例指自非亭午不見曦、自非夜分不見月。理解時要注意把並提的部分分開。

並提這種修辭方式是古人爲了盡力簡省文句而運用的，但它同時又容易産生"以辭害義"的毛病，現代漢語已經不用了。

四、比喻

比喻是古今漢語都很常用的修辭手法，它利用事物之間的相似性進行聯想，使表達更加具體、生動。古代漢語中比喻手法的運用很普遍，據吕珮芬《經言明喻篇》統計，十三經中共有7319條比喻，足見其使用之廣。

古人將比喻的種類分得很細，宋人陳騤《文則》就分十類。實際上，古漢語中最基本的種類還是明喻、隱喻和借喻。

1. 明喻　本體、喻體和比喻詞都出現。例如：

君子之交淡若水，小人之交甘若醴。（《莊子·山木》）

去年相送，余杭門外，飛雪似楊花。今年春盡，楊花似雪，猶不見還家。（蘇軾《少年遊》）

"若、如、似"等比喻詞出現，很容易判斷。

2. 隱喻　只出現本體和喻體，没有比喻詞。古漢語的隱喻常常以判斷句的形式出現，例如：

君者,舟也;庶人者,水也。(《荀子·王制》)

曹公,豺虎也。(《資治通鑑·漢紀》)

笠是兜鍪蓑是甲,雨從頭上濕到胛。(楊萬里《插秧歌》)

有時也用"爲、成、作"等連接隱喻的本體和喻體。例如:

如今人方爲刀俎,我爲魚肉,何辭爲?(《史記·項羽本紀》)

君當作磐石,妾當作蒲草。(《古詩爲焦仲卿妻作》)

餘霞散成綺,澄江静如練。(謝朓《晚登三山》)

3. 借喻　直接在句中用喻體代替本體,把本體略去不提。例如:

嗟乎,燕雀安知鴻鵠之志哉!(《史記·陳涉世家》)

繰成白雪桑重緑,割盡黄雲稻正青。(王安石《木蘭詩》)

"燕雀、鴻鵠"分别比喻庸人和有遠大志向者,"白雪、黄雲"分别比喻絲和麥子。

借喻是古漢語中比較難把握的一種,有時如果不知道是比喻,就會錯解古書,鬧出笑話。南朝顔之推《顔氏家訓·勉學篇》就記載了一件事情,《漢書·王莽傳·贊》有"紫色蛙聲,餘分閏位"這樣的描寫,顔書説:"謂以僞亂真爾。昔吾嘗共人談書,言及王莽形狀。有一俊士,自許史學,名價甚高,乃云:'王莽非直鴟目虎吻,亦紫色蛙聲。'"對《漢書》的這句話,應劭注:"紫,間色;蛙,邪音也。"服虔注:"言莽不得正王之命,如歲月之餘分爲閏也。"顔師古注:"蛙者,樂之淫聲,非正曲也。"這些注釋者都體會到班固是以比喻的手法,把王莽政權斥爲紫色(雜色,非正色)、蛙聲(邪聲)、閏月(非正式的月份)。而顔之推筆下的這位名士却把"紫色蛙聲"當作對王莽外表的描寫了。由此可見,對比喻這種常見修辭手法,也不能掉以輕心。

古代漢語中還有一種運用比喻的特殊方式,即博喻。博喻是用多種事物來比喻某一事物或一個事物的各個方面。它可以是明喻、隱喻的多種使用。其主要作用是使用多種比喻,讓本體的特徵更加鮮明、具體、突出。例如白居易《琵琶行》:

大弦嘈嘈如急雨,小弦切切如私語。嘈嘈切切錯雜彈,大珠小珠落玉盤。間關鶯語花底滑,幽咽泉流冰下難。冰泉冷澀弦凝絶,凝絶不通聲暫歇。别有幽情暗恨生,此時無聲勝有聲。銀瓶乍破水漿迸,鐵騎突出刀槍鳴。曲終收撥當心劃,四弦一聲如裂帛。

通過一群比喻,使琵琶聲的急徐、高低、停頓和突作都顯得更加具體形象。

又如蘇軾《百步洪》(之一),用了七個比喻渲染水波沖瀉的壯觀景象:

有如兔走鷹隼落,駿馬下注千丈坡,斷絃離柱箭脱手,飛電過隙珠翻荷。

博喻在古代的詩、文、詞、曲等文學作品中經常使用,相對而言,現代漢語中用得少一些。

五、倒置

倒置,有的修辭學著作叫顛倒,是古代漢語特有的一種修辭方式。

在古詩文中,由於對仗、平仄、押韻的要求,或是表達上的需要,古人往往造出一些詞序不合常規的句子,這就是倒置。例如:

使人意奪神駭,心折骨驚。(江淹《别賦》)

正常詞序是“心驚骨折”,但爲了對仗和平仄的要求(“心”對“意”,平對仄;“骨”對“神”,仄對平),以及押韻的需要(“驚”與韻文上下文的“名、盈、精、英”等押韻),采用倒置的手法。

香稻啄餘鸚鵡粒,碧梧棲老鳳凰枝。(杜甫《秋興八首》之八)

詩句應理解爲“鸚鵡啄餘香稻粒,鳳凰棲老碧梧枝”,但只有按倒置後的詞序,才合乎該聯詩句“仄仄平平平仄仄,平平仄仄仄平平”的平仄要求,否則不合格律。

倒置現象是不能按語法規律來解釋的,只能説是一種修辭方式,理解句子的意義時,應當按照正常的詞序,但要注意不要隨意更改古書原文。

六、委婉

委婉就是不直言其事,有意識地用婉轉曲折、含蓄有致的話語來表述事情,這種修辭方式又被稱爲婉曲,古漢語中運用廣泛。

委婉語主要有三種形式:

1. 謙敬語　古人在交際中涉及到自己時往往用謙詞,涉及對方則好用敬詞,都是爲了表示對對方的尊敬或客氣。例如:

僕雖罷駑,亦嘗側聞長者之遺風矣。(司馬遷《報任安書》)

君惠徼福於敝邑之社稷,辱收寡君,寡君之願也。(《左傳・僖公四年》)

上兩例中,“僕、敝邑、辱、寡君”都是謙詞,“惠”是敬詞。

謙敬語在古漢語中很多,例如用於自稱的有“臣、妾、奴、小人”等等,用於稱對方的有“足下、執事、左右”等等,表示謙敬的副詞也相當豐富,至於涉及到具體的人、事就更加多樣了。

有時候涉及到君上的問題,也要用委婉的言辭,以免“冒瀆天威”。例如《史記・李斯列傳》説“陛下富於春秋”,就不説皇帝年輕,因爲年輕也可能讓人聯想到閱歷淺、經驗少、辦事能力弱,换成“富於春秋”則避免了這類聯想。

2. 避諱語　古人説話多忌諱,對一些不吉利、不光彩或不雅的事情,往往采用委婉的方式。例如：

一旦山陵崩，長安君何以自托於趙。(《戰國策·趙策四》)

恐太后玉體之有所郤也。(《戰國策·趙策四》)

“山陵崩”是死亡的避諱語，“有所郤”是生病的避諱語。

行年四歲，舅奪母志。(李密《陳情表》)

“舅奪母志”是母親改嫁的委婉語。

玄成深知其非賢雅意，即陽爲病狂，卧便利，妄笑語昏亂。(《漢書·韋賢傳》)

“便利”是大小便的避諱語。

3. 交際辭令　古人在交際中尤其是外交活動中，常常拐彎抹角，委婉曲折地把意思表達出來，言在此而意在彼。例如：

後期年，齊王謂孟嘗君曰：“寡人不敢以先王之臣爲臣。”(《戰國策·齊策四》)

齊王的真實意圖是不再任用孟嘗君，但却説不敢以故去國君的臣子爲臣。

韓厥執縶馬前，再拜稽首，奉觴加璧以進，曰：“寡君使群臣爲魯衛請，曰無令輿師陷入君地。下臣不幸，屬當戎行，無所逃隱，且懼奔辟而忝兩君。臣辱戎士，敢告不敏，攝官承乏。”(《左傳·成公二年》)

韓厥説了一大堆似乎很謙恭的客套話，用意只有一個：我必須同你們齊國作戰，現在要把你抓起來。對這種交際辭令一定要注意把握其真實的含義。

參考書目

陳望道《修辭學發凡》，上海教育出版社 2002 年。

管敏義《怎樣標點古書》，書目文獻出版社 1985 年。

管錫華《中國古代標點符號發展史》，巴蜀書社 2002 年。

郭在貽《訓詁學》(修訂本)，中華書局 2005 年。

季永興《古漢語句讀》，商務印書館 2001 年。

李索《古代漢語修辭學》，天津人民出版社 2000 年。

陸宗達《訓詁簡論》，北京出版社 2002 年。

王希傑《漢語修辭學》，商務印書館 2004 年。

王占福《古代漢語修辭學》，河北教育出版社 2001 年。

吴禮權《現代漢語修辭學》，復旦大學出版社 2006 年。

楊樹達《古書句讀釋例》,中華書局 2003 年。
　　《漢文文言修辭學》,中華書局 1980 年。
趙克勤《古代漢語修辭簡論》,商務印書館 1983 年。
鄭子瑜、宗廷虎《中國修辭學通史》,吉林教育出版社 1998 年。
周大璞《訓詁學初稿》,武漢大學出版社 2003 年。
周振甫《中國修辭學史》,江蘇教育出版社 2006 年。

練習(三)

一、填空。

1. 鄭玄遍注群經,後人所謂的"三禮注"就是他所注的(　　)、(　　)、(　　)。

2. 漢代出現了一批重要的訓詁著作,例如毛亨的(　　)、趙岐的(　　),王逸的(　　),高誘的(　　)、(　　)、(　　)。

3. 魏晉南北朝時代重要的注釋書有魏王弼的(　　)、何晏的(　　),晉郭象的(　　)、杜預的(　　)、郭璞的(　　)、(　　)、(　　),宋裴松之的(　　),梁劉孝標的(　　),後魏酈道元的(　　)等。

4.《四書集注》是指朱熹的(　　)、(　　)、(　　)、(　　)。

二、名詞解釋。

1. 疏　2.《史記》三家注　3. 之言　4. 讀爲

5. 衍　6. 代稱　7. 並提

三、爲下面的經文和古注加上現代標點符號。

柏舟詁訓傳第四〇陸曰鄘音容鄭云紂都以南曰鄘王云王城以西曰鄘也

柏舟共姜自誓也衛世子共伯蚤死其妻守義父母欲奪而嫁之誓而弗許故作是詩以絶之共伯僖侯之世子〇共音恭下同姜居羊反共姜共伯之妻也婦人從夫謚姜姓也蚤音早僖許其反史記作釐曹大家音僖汎彼柏舟在彼中河興也中河河中箋云舟在河中猶婦人之在夫家是其常處〇汎芳劍反處昌慮反髧彼兩髦實維我儀髧兩髦之貌髦者髮至眉子事父母之飾儀匹也箋云兩髦之人謂共伯也實是我之匹故我不嫁也禮世子昧爽而朝亦櫛纚笄總拂髦冠緌纓〇髧本又作优徒坎反髦音毛説文作髳音同禮子生三月翦髮爲鬌長大作髦以象之鬌音丁果反昧莫背反朝直遥反櫛側乙反纚色蟹反又色綺反總子孔反緌汝誰反之死矢靡它矢誓靡無之至也至已之死信無它心〇它音他母也天只不諒人只諒信也母也天也尚不信我天謂父也〇只音紙汎彼柏舟在彼河側髧彼兩髦實維我特特匹也〇特如字韓詩作直云相當值也之死矢靡慝慝邪也〇慝他得反邪似嗟反母也天只不諒人只

四、指出下面句子各采用了哪種修辭手法。

1. 繰成白雪桑重緑,割盡黄雲稻正青。

2. 普施行之,年九十餘,耳目聰明,齒牙完堅。

3. 暮帆歸夏口,寒雨對巴邱。

4. 秦時明月漢時關,萬里長征人未還。

5. 顔色類相似,手爪不相如。

6. 使人意奪神駭,心折骨驚。

7. 六宫粉黛無顔色。

8. 曹公,豺虎也。

第五單元

文　選

詩　經

【解題】

《詩經》是我國最早的一部詩歌總集，收入自西周初年（前11世紀）至春秋中葉（前6世紀）五百多年間的詩歌三百零五篇，分爲風、雅、頌三類。《詩經》編定於春秋時期，曾經孔子整理删定。《詩經》原只稱《詩》，漢代尊爲經書，故稱《詩經》，是儒家"五經"之一。

《風》又稱《國風》，包括周南（今洛陽以南到江漢流域）、召（shào）南（從洛陽西南至江漢流域）、邶、鄘、衛（今河南北部）、王（今洛陽地區）、鄭（今河南中部）、齊、魏、唐（今山西）、秦、陳（今河南东部）、鄶（kuài）、曹、豳（陝西西北部）等十五個國家或地區的詩歌，共一百六十篇，大部分是民間歌謡。

《雅》分爲大雅、小雅，共一百零五篇。《雅》即"夏"，是中原地区即周王朝統治中央區域内的作品，小雅大部分是貴族作品，小部分是民歌，大雅則全是貴族的叙事詩和祭祀詩。

《頌》分爲周頌、商頌和魯頌，共四十篇。周頌作於西周前半期，魯頌大約作於公元前7世紀的魯國，商頌大約作於公元前8、7世紀，都是周、商貴族統治者的宗廟祭祀樂歌。

《詩經》的題材十分豐富，從各個方面反映了周代的社會生活，諸如政治事件、征戰殺伐、民風民俗、生産勞作、男女愛情等等，具有很高的現實主義精神，同時也是研究我國上古歷史的重要的、不可多得的史料。

《詩經》在漢語史研究中也具有重要的地位。它保存了從西周初年到春秋中葉的漢語的真實面貌，對於研究上古漢語的詞彙和音韻，尤其是後者，是極爲寶貴的材料。

《詩經》經秦火後，在西漢又流傳開來。漢初傳《詩》的有齊人轅固，所傳爲齊詩，魯人申培所傳爲魯詩，燕人韓嬰所傳爲韓詩。這三家都是用當時的通行文字隸書來傳授的,屬於今文經。魯人毛亨和毛萇所傳的毛詩是用先秦的古文字書寫的,屬古文經。東漢經學家鄭玄爲《毛詩故訓傳》(簡稱《毛傳》)作箋(即"毛詩傳箋",簡稱"鄭箋"),毛詩成爲流行的版本,其他三家詩逐漸亡佚了。今天通行的《詩經》就是毛詩。

歷代的《詩經》注本很多,較好的有《毛詩正義》(西漢毛亨傳、東漢鄭玄箋、唐孔穎達疏),宋朱熹的《詩集傳》,清陳奐的《詩毛詩傳疏》,清馬瑞辰的《毛詩傳箋通釋》,今人余冠英的《詩經選》也可參閱。這裏的原文據四部叢刊本《毛詩》(宋刊影印本)。

國　風

漢廣(周南)[1]

南有喬木[2],不可休思[3]。漢有游女[4],不可求思。漢之廣矣,不可泳思[5],江之永矣[6],不可方思[7]。

【注釋】

[1]漢廣:篇名。《詩經》每篇都用第一句(有時也用前幾句)的幾個字(一般是兩個字)作爲篇名。這是一首漢江畔樵夫的愛情歌謡,表現了一位青年得不到他所愛慕的姑娘的惆悵。周南:西周初年周公旦在東部建洛邑(今洛陽東北),以統治周王朝的東部地區,周南的區域指洛邑以南直至江漢的地區。[2]喬木:高大的樹木。[3]休:休息。思:句尾語氣詞。此字原誤作"息",陸德明《經典釋文》:"息,一本作思。"據以改動。[4]漢:即漢水,我國南方主要河流之一,發源於陝西省西南部,東經漢中盆地、秦嶺北麓和江漢平原,在今湖北武漢入長江。游:通"遊"。朱熹《詩集傳》:"江漢之俗,其女好遊,漢魏以後猶然,如大堤之曲可見也。"[5]泳:潛泳。《説文》:"泳,潛行水中也。"[6]江:長江。永:水流長。[7]方:用木筏渡江。毛傳:"泭也。"《説文解字》:"泭,編木以渡也。"

翹翹錯薪[1],言刈其楚[2]。之子于歸[3],言秣其馬[4]。漢之廣矣,不可泳思,江之永矣,不可方思。

【注釋】

[1]翹翹:高起的樣子。錯:錯雜。薪:柴火。[2]言:動詞詞頭,無實義。刈(yì):割。楚:即荆,一種叢生落葉灌木。鄭箋:"楚,雜薪之中尤翹翹者。"[3]之子:這位女子,指游女。之:指

示代詞,作定語,相當於"這"。子:這裏指女子。于:動詞詞頭。歸:出嫁。後世用"于歸"指出嫁。[4]秣(mò):喂馬的穀物,這裏用作動詞。

翹翹錯薪,言刈其蔞[1]。之子于歸,言秣其駒[2]。漢之廣矣,不可泳思。江之永矣,不可方思。

【注釋】

[1]蔞(lóu):蔞蒿,一種多年生草本植物,可以吃。毛傳:"蔞,草中之翹翹然。"[2]駒:小馬。

【押韻】

一章:休、游、求:幽部;廣、永、泳、方:陽部。二章:楚、馬:魚部;廣、泳、永、方:陽部。三章:蔞、駒:侯部;廣、泳、永、方:陽部。

谷風(邶風)[1]

習習谷風[2],以陰以雨。黽勉同心,不宜有怒[3]。采葑采菲,無以下體[4]。德音莫違,及爾同死[5]。

【注釋】

[1]這是一位被丈夫抛弃的婦女的歌吟。詩中表達了對過去生活的眷戀、被遺弃的痛苦和對薄情負心的丈夫的譴責。邶(bèi):國名,在今河南淇縣以北至湯陰縣一帶。周武王封紂子武庚於此,在殷故都朝歌之北故稱邶,後併入衛國。[2]習習:柔和的樣子。谷風:東風。《爾雅·釋天》:"東風謂之谷風。"本詩以東風吹來、陰雨連綿起興(xìng)。[3]這兩句大意是:我盡力與你(指她的丈夫)同心,你不應該對我發怒。黽(mǐn)勉:努力的樣子,聯綿詞。[4]大意是:采摘蕪菁和蘿蔔,有人竟然不用它們的塊根(而只看葉子長得好看)。隱喻丈夫不取妻子的美德而只看新婦的美色。葑(fēng):蕪菁,即大頭菜。菲:蘿蔔。無:通"毋",不。以:用,使用。下體:指葑和菲的塊根。[5]大意是:你如果不違背曾説過的好聽話,我願與你一同度過此生。德音:善言,好話。及:與。爾:你,指其丈夫。

行道遲遲,中心有違[1]。不遠伊邇,薄送我畿[2]。誰謂荼苦?其甘如薺[3]。宴爾新昏[4],如兄如弟。

【注釋】

[1]這兩句寫她離開夫家,心中依依不捨。行道:走在道路上。遲遲:緩慢行走的樣子。中心:心中。[2]丈夫不遠送我,只是勉强送到很近的門口。伊:語氣詞。邇:近。薄:動詞詞頭。畿(jī):門檻。[3]誰説荼菜味苦?比起我的痛苦,它就像薺菜一樣甘甜。荼(tú):苦菜。薺(jì):一種甜菜。[4]宴爾:快樂的樣子。爾:形容詞詞尾,與"然、如、若"的用法和意義相同。昏:即"婚"。

涇以渭濁[1]，湜湜其沚[2]。宴爾新昏，不我屑以[3]。毋逝我梁，毋發我笱[4]。我躬不閲，遑恤我後[5]！

【注釋】

[1]大意是：原本和睦的家由於新婦的介入而横生濁波。涇、渭：陝西省的兩條河流，在陝西高陵縣匯合，涇清渭濁，涇水由於渭水的混入而變得渾濁。以：因爲。[2]比喻自己保持了高尚的人格。湜湜(shí)：清澈的樣子。沚(zhǐ)：水中的小陸地。[3]不肯理我，把我扔在一邊。"不我屑以"即"不屑以我"，代詞賓語"我"前置。屑：肯。以：用。[4]這是告訴新婦不要動自己的東西。逝：往。梁：即魚梁，擋水的石堰，留有缺口讓魚通過。發：打開。笱(gǒu)：捕魚的竹籠，放在魚梁的缺口處。[5]我自己尚且不被收容，何暇顧及離去之後的這個家！躬：自身。閲：容納。遑：閒暇。恤：顧念。

就其深矣，方之舟之[1]。就其淺矣，泳之游之[2]。何有何亡，黽勉求之[3]。凡民有喪，匍匐救之[4]。

【注釋】

[1]到了河水深的地方，就乘筏乘船渡過它。就：即，往。深：指深水處。方：併船。也指竹木編成的筏。這裏用作動詞，乘筏。舟：這裏作動詞，用船渡。[2]上四句比喻自己從前持家勤勞，盡力應對各種困難。[3]大意是：生活所需或有或缺，我總是努力把事情辦好。亡：通"無"。[4]大意是：凡是鄰里有了危難，我總是奮力救濟。民：指鄰里。喪：災禍。匍匐(púfú)：聯綿詞，爬行，這裏指盡力。

不我能慉，反以我爲讎[1]。既阻我德，賈用不售[2]。昔育恐育鞫，及爾顛覆[3]；既生既育，比予于毒[4]！

【注釋】

[1]慉(xù)：愛。讎(chóu)：仇人。[2]你既然拒絕了我的情義，我就像賣東西賣不出去一樣。阻：拒絕。賈(gǔ)：賣。用：因。售：賣出去。[3]以前一起生活，總擔心生活窮困。育：應爲"有"，形似而誤，通"又"(依高亨《詩經今注》説)。鞫(jú)：窮困。顛覆：指受苦受累。[4]現在生活有所好轉，却把我當作妨礙你的人。生：這裏指生活好轉。育：應爲"有"，指富有。予：第一人稱代詞。毒：害，指有害的人。

我有旨蓄，亦以御冬[1]。宴爾新昏，以我御窮[2]。有洸有潰，既詒我肄[3]。不念昔者，伊余來塈[4]。

【注釋】

[1]旨：美味。蓄：指儲藏的食物。御：通"禦"，抵禦，對付。[2]朱熹《詩集傳》認爲以上四句的言外之意是：我之所以蓄聚美菜者，蓋欲以禦冬月乏無之時。至於春夏，則不食之矣。今君子安於新婚而厭弃我，是但使我禦其窮苦之時，至於安樂則弃之也。[3]你對我威風八面，

怒氣衝衝，總把勞苦的活兒扔給我。有：形容詞詞頭。洸（guāng）：威風的樣子。潰（kuì）：憤怒的樣子。詒（yí）：通"貽"，給與。肄（yì）：勞苦。[4]你不顧念我們的舊情，我只好死了心。伊：語氣詞。塈（jì）：息，指死心。

【押韻】

一章：風、心：侵部；雨、怒：魚部；菲、違：微部；體、死：脂部。交韻。二章：遲、邇、薺、弟：脂部；違、畿：微部。不完全交韻。三章：沚、以：之部；笱、後：侯部。四章：舟、游、求、救：幽部。五章：慉、鞫、覆、育、毒：覺部；讎、售：幽部。幽覺合韻。六章：冬、窮：冬部；肄：質部；塈：物部。質物合韻。

牆有茨（鄘風）[1]

牆有茨，不可埽也[2]。中冓之言，不可道也[3]。所可道也，言之醜也[4]。

牆有茨，不可襄也[5]。中冓之言，不可詳也[6]。所可詳也，言之長也。

牆有茨，不可束也[7]。中冓之言，不可讀也[8]。所可讀也，言之辱也。

【注釋】

[1]鄘（yōng）：國名，在今河南汲縣。周武王封其弟管叔於此，後來併入衛國。這是一篇諷刺衛國荒淫的宮廷生活的詩。衛宣公死後，他的庶長子公子頑與宣公之妻宣姜私通。這首詩即諷刺此事。茨（cí）：蒺藜，一種藤蔓植物，果實有刺。[2]埽：同"掃"。[3]内室醜聞的傳言，令人難以啓齒。中冓（gòu）：即冓中，室内。冓：房舍的木構架，這裏指房舍。[4]可以説出來的東西，談論它是多麼醜惡啊。道：説。言：談論。[5]襄（xiāng）：除去。[6]詳：詳述，細説。[7]束：捆束，指收拾。朱熹《詩集傳》："束而去之也。"[8]讀：大聲地説出，宣揚。

【押韻】

一章：埽、道、道、醜：幽部。二章：襄、詳、詳、長：陽部。三章：束、讀、讀、辱：屋部。

伯兮（衛風）[1]

伯兮朅兮，邦之桀兮[2]。伯也執殳，爲王前驅[3]。
自伯之東，首如飛蓬[4]。豈無膏沐，誰適爲容[5]？
其雨其雨，杲杲出日[6]。願言思伯，甘心首疾[7]！

焉得諼草，言樹之背[8]。願言思伯，使我心痗[9]。

【注釋】

[1]這是一篇婦女思念出征的丈夫的詩。女主人公既以她丈夫的威武英勇而自豪，又切盼其早日歸來，憂思成疾。衛：國名，在今河南省北部。周武王封他的弟弟康叔於此。伯：本爲兄弟中的排行之首，這裏爲周代婦女對其丈夫的稱呼。兮：句中語氣詞。[2]朅(jiē)：威武强壯的樣子。邦：國家。桀：通“傑”，才能出衆的人。[3]殳(shū)：一種杖類的長兵器，無刃，爲戰車上的勇士所使用。前驅：前導，先鋒。[4]之：動詞，到……去。首如飛蓬：自己無心梳頭打扮，頭髮就像蓬草一樣亂。飛蓬：即蓬草，秋天開花似球，子實有毛，遇風吹起旋轉故稱飛蓬。[5]膏：指潤髮的油脂。沐：洗頭。誰適爲容：爲誰裝飾打扮呢(所謂“女爲悦己者容”)？“誰”是“適”的前置賓語。適(dí)：動詞，作主，專主。爲容：修飾打扮。容：容貌。[6]心裏盼著快下雨吧，快下雨吧，但明晃晃的太陽却出來了！這是比喻事與願違，希望丈夫回來，但實際上却没有回來。其：語氣副詞，表示祈使。雨：動詞，下雨。杲杲(gǎo)：明亮的樣子。[7]願：思念的樣子(一説每，每每)。言：形容詞詞尾，相當於“然”。甘心首疾：思念得頭痛，也還是心甘。首疾：頭痛。[8]焉：何，何處。諼(xuān)草：即“萱草”，又名忘憂草，即金針菜，俗稱黄花菜。傳説食之令人忘憂。樹：種植。背：北堂。言北堂爲“背”，語義雙關，暗指伯的遠征。[9]此四句説：怎樣才能覓得忘憂草，種於北堂而令我不受相思之苦(忘憂草也不能驅散愁思)？對丈夫的思念使我痛徹心肺。痗(mèi)：病。

【押韻】

一章：朅、桀：月部；殳、驅：侯部。二章：東、蓬，容：東部。三章：日、疾：質部。四章：背：職部；痗：之部；之職合韻。

鴇羽(唐風)[1]

肅肅鴇羽，集于苞栩[2]。王事靡盬，不能蓺稷黍[3]。父母何怙[4]？悠悠蒼天，曷其有所[5]？

肅肅鴇翼，集于苞棘[6]。王事靡盬，不能蓺黍稷。父母何食？悠悠蒼天，曷其有極[7]？

肅肅鴇行，集于苞桑[8]。王事靡盬，不能蓺稻粱[9]。父母何嘗[10]？悠悠蒼天，何其有常[11]？

【注釋】

[1]這首詩表現了農夫對繁重徭役的憤怒和抗議。朱熹云：“民從征役而不得養父母，故作此詩。”唐：國名，因堯(陶唐氏)故都在其地，故稱唐。周成王封叔虞爲唐侯，在今山西省南部，南有晋水。後代改稱晋，又遷都曲沃、絳。鴇：鳥類，似雁，足有蹼，能游水，背有黑斑。[2]肅

肅：翅膀拍擊的聲音。集：群鳥棲樹上。苞：叢生。栩(xǔ)：櫟(lì)樹。[3]王事：指勞役。靡：無，没有。盬(gǔ)：停止，止息。蓺：種植。稷黍：泛指糧食。稷(jì)：即粟，我國古代重要的糧食作物。黍(shǔ)：黄米，我國古代重要的糧食作物。[4]怙(hù)：依靠。[5]曷其有所：什麽時候才能安居生活呢？曷：何時。所：住所，指安居生活。[6]棘(jí)：酸棗樹，枝上多刺。[7]極：盡頭。[8]行(háng)：翮，即鳥的羽莖，這裏指翅膀。桑：桑樹。[9]稻：即水稻。粱：上等的粟。[10]嘗：吃。[11]常：指正常的生活。

【押韻】

一章：羽、栩、盬、黍、怙、所：魚部。二章：翼、棘、稷、食、極：職部。三章：行、桑、粱、嘗、常：陽部。

蒹葭(秦風)[1]

蒹葭蒼蒼[2]，白露爲霜。所謂伊人[3]，在水一方。遡洄從之，道阻且長[4]。遡游從之，宛在水中央[5]。

【注釋】

[1]這是一首愛情詩，描寫了對思念之人的追尋，但所追尋的人却始終可望而不可及。秦：國名。公元前770年，周平王遭犬戎侵犯東遷。秦襄公率軍隊護送有功，周王封以周西都岐、豐舊地，即今陝西關中地區。蒹(jiān)：荻，蘆葦類植物。葭(jiā)：蘆葦。[2]蒼蒼：茂盛的樣子。[3]伊人：那人。伊：指示代詞，那，那個。[4]遡(sù)：通"溯"，逆流而上。洄：彎曲的水道。從：跟隨，指尋覓。阻：險阻，路難行。[5]游：指直的水道。宛：彷彿。

蒹葭萋萋，白露未晞[1]。所謂伊人，在水之湄[2]。遡洄從之，道阻且躋[3]。遡游從之，宛在水中坻[4]。

【注釋】

[1]萋萋：茂盛的樣子。晞(xī)：乾。[2]湄(méi)：水邊，水草交接處。[3]躋(jī)：登，指道路升高。[4]坻(chí)：水中的小塊陸地。

蒹葭采采，白露未已[1]。所謂伊人，在水之涘[2]。遡洄從之，道阻且右[3]。遡游從之，宛在水中沚[4]。

【注釋】

[1]采采：茂盛鮮明的樣子。已：止，停止，指乾了。[2]涘(sì)：水邊。[3]右：向右轉彎。這裏指道路迂回彎曲，轉而離開河岸。[4]沚(zhǐ)：水中的陸地。

【押韻】

一章：蒼、霜、方、長、央：陽部。二章：萋、湄、躋、坻：脂部；晞：微部。脂微合韻。三章：采、已、涘、右、沚：之部。

無衣（秦風）[1]

豈曰無衣？與子同袍[2]。王于興師[3]，修我戈矛[4]，與子同仇[5]！
豈曰無衣？與子同澤[6]。王于興師，修我矛戟[7]，與子偕作[8]！
豈曰無衣？與子同裳[9]。王于興師，修我甲兵[10]，與子偕行[11]！

【注釋】

[1]這首詩大概是秦人的軍歌。描寫秦人慷慨從軍、勇敢無畏的精神。詩中充滿了對同伴的關懷和昂揚的戰鬥激情。衣：上衣。[2]袍：長衣。[3]于：動詞詞頭。興師：起兵出征。[4]戈矛：都是長柄兵器。戈有刃，可刺可擊。[5]同仇：同一個仇敵。[6]澤：汗衣，即内衣。[7]戟：是戈和矛結合的兵器，可刺、擊、鈎。[8]與您一同行動起來。偕：一同，一起。作：起來。[9]裳：下衣。[10]甲：鎧甲。兵：兵器，武器。[11]與子偕行：與您一同出征。

【押韻】

一章：衣：微部；師：脂部。脂微合韻。袍、矛、仇：幽部。二章：澤、戟、作：鐸部。三章：裳、兵、行：陽部。

東山（豳風）[1]

我徂東山，慆慆不歸[2]。我來自東，零雨其濛[3]。我東曰歸，我心西悲[4]。制彼裳衣，勿士行枚[5]。蜎蜎者蠋，烝在桑野[6]。敦彼獨宿，亦在車下[7]。

【注釋】

[1]這是一篇叙述出征士兵歸家與其妻團聚的詩。以征人的口吻把從軍之苦、思家之悲和重逢之樂寫得生動感人。《詩經·序》曰："一章言其完也，二章言其思也，三章言其室家之望女（汝）也，四章樂男女之得及時也。"豳（bīn）：古國名，也寫作"邠"。周的祖先公劉率衆移徙豳地立國（事見《詩經·大雅·公劉》）。豳的故地在何處有兩説：一説在今陝西省郇（xún）邑縣西南，一説在山西省南部汾水流域。[2]徂（cú）：往。東山：指征戍之地，具體地點無考。慆慆（tāo）：長久。[3]零：落。其：形容詞詞頭。濛：細雨濛濛的樣子。[4]曰：動詞詞頭，無實義。西悲：即思念西邊的家。[5]大意是：不要再去行軍作戰了。士：通"事"，從事。行枚：即銜枚，古時行軍時爲了制止説話聲，士兵將繫於頸前的細木棍（枚）含在口中。[6]蜎蜎（yuān）：幼蟲蠕動的樣子。今西南官話稱彎曲的樣子爲蜎蜎（juān），音義皆近。蠋（zhú）：蛾蝶的幼蟲。烝：發語詞（依朱熹説）。[7]敦：通"團"，蜷縮成一團。以上四句的大意是：你看

那蜷曲的蠋，長久地露宿桑野；士兵們也總是縮成一團，露營於戰車之下。

我徂東山，慆慆不歸。我來自東，零雨其濛。果臝之實，亦施於宇[1]。伊威在室，蠨蛸在户[2]。町畽鹿場，熠燿宵行[3]。不可畏也，伊可懷也[4]。

【注釋】

[1]果臝：亦稱栝樓(guālóu)、瓜蔞，多年生攀援草本植物，果實卵圓形。施(yì)：延伸。宇：屋檐。[2]伊威：在牆腳或水缸下等潮濕地方生長的一種扁圓多足小蟲，俗稱地虱、地鼈蟲。蠨蛸(xiāoshāo)：一種長腳蜘蛛。户：單扇門，這裏指屋門。[3]屋旁空地因無人而閒置成爲鹿的棲息地，螢火蟲在夜晚閃爍著光芒。町畽(tǐngtuǎn)：屋舍空地。熠燿(yìyào)：閃爍的樣子。宵行(háng)：螢火的一種。此六句是征人想象室家廢敗田園荒蕪的情形。[4]家園的荒敗並不可怕，只會使人更加想念。伊：指示代詞，那。這裏指代家園。懷：懷念，想念。

我徂東山，慆慆不歸。我來自東，零雨其濛。鸛鳴于垤[1]，婦嘆于室。灑埽穹窒，我征聿至[2]。有敦瓜苦，烝在栗薪[3]。自我不見，于今三年[4]。

【注釋】

[1]鸛：一種較大的食魚水鳥，似鶴，亦似鷺。垤(dié)：蟻穴旁的土堆。[2]大意是：妻子知丈夫將歸，先洗滌掃除，修整居室。穹窒：堵塞空隙。穹：空穴。窒：堵塞。聿：動詞詞頭。[3]有：形容詞詞頭。敦(tuán)：通“團”，飽滿的樣子。瓜苦：即苦瓜。烝(zhēng)：語氣詞。栗薪：栗木劈成的柴。栗：栗樹。[4]意思是：苦瓜果實纍纍，挂在門前的栗木柴堆上，我不見這熟悉的景物，已經整整三年(參用朱熹説)。

我徂東山，慆慆不歸。我來自東，零雨其濛。倉庚于飛，熠燿其羽[1]。之子于歸，皇駁其馬[2]。親結其縭，九十其儀[3]。其新孔嘉，其舊如之何[4]？

【注釋】

[1]倉庚：黄鶯。熠燿：鮮明的樣子。[2]皇：馬黄白色。駁：雜色馬。[3]親：指母親。縭(lí)：古代女子繫在身上的佩巾。女兒出嫁時，母親把佩巾繫在她身上。九十其儀：言禮儀之繁多(“皇駁其馬”和“親結其縭”僅其中之二)。儀：指婚禮中的禮節儀式。[4]遠征歸來新婚的人十分幸福，那原來的夫婦又當如何呢？這裏運用烘托的寫法，意在指後者。新：新人，指新婚夫婦。孔：很。嘉：美好。

【押韻】

一章：歸、歸、悲、衣、枚：微部；東、濛：東部；野、下：魚部。二章：東、濛：東部；實、室：質部；宇、户：魚部；場、行：陽部；畏、懷：微部。三章：東、濛：東部；垤、室、窒、至：質部；薪：真部；見、年：

元部。真元合韻。四章：東、濛：東部；飛、歸：微部；羽、馬：魚部；縭、儀、嘉、何：歌部。

七月（豳風）[1]

七月流火，九月授衣[2]。一之日觱發，二之日栗烈[3]。無衣無褐，何以卒歲[4]？三之日于耜，四之日舉趾[5]。同我婦子，饁彼南畝，田畯至喜[6]。

【注釋】

[1]這是一首農諺詩。上古時期的先民們要戰勝惡劣的自然環境而求得生存，需要計算時日，預知季節、氣候等與人類生活相關的種種自然界的變化，以安排農事和生活。這些在後世看來十分平常的農業生産知識，在那個時代却極爲寶貴，事關生存。《七月》就是這樣一首口訣似的歌謡，它告訴人們一年之中自然物候的變化和相應的月份時間，以及在此時應該做什麽，這些都是重要的生産經驗和生活知識。這首詩在在當時應該是被人們廣泛傳唱的（今天我們仍然有類似的歌謡和諺語）。舊説西周初年，"周公以成王未知稼穡之艱難，故陳后稷、公劉風化之所由，使瞽矇朝夕諷誦以教之"（朱熹《詩集傳》）。又《周禮·春官·籥章》："中春晝擊土鼓、龡（古"吹"字）豳詩以逆暑。中秋夜迎寒亦如之。凡國祈年于田祖，龡豳雅、擊土鼓以樂田畯。國祭蜡，則龡豳頌、擊土鼓以息老物。"豳詩、豳雅、豳頌皆與《七月》有關，可見它在當時的地位。《七月》的一些章節也客觀地反映了當時的社會關係和生産分配的情況。七月：指夏曆（即今農曆）七月。以下稱某月都是指夏曆。[2]流：向下行。火：指大火，星名，即心宿。夏曆六月黄昏，大火出現於正南天頂。以後便逐漸偏西而下，故稱流火。授衣：把做冬衣的材料交給婦女去制成衣服。[3]一之日：指周曆一月的日子，相當於夏曆十一月。下文"二之日"等類推。夏曆三月稱"春"，而不叫"五之日"。詩中從四月到十月依夏曆。周代兼用周曆和夏曆。觱發（bìbō）：雙聲聯綿詞，寒風吹過發出的聲音。栗烈：雙聲聯綿詞，即凜冽，寒冷。[4]大意是：如果不在九月準備冬衣，則會没有禦寒的衣物，怎麽能够度過歲末的嚴寒呢？褐：粗毛編織的衣服。卒：終，終了。[5]于：動詞詞頭。耜（sì）：農具，用來翻土耕地，這裏用作動詞，指修理耜。舉趾：指擡腳踩耒耜而翻土耕地。趾：腳。[6]同：偕同。我：一家之長的農夫的自稱。饁（yè）送飯。南畝：泛指田地。田畯（jùn）：農官。這句是説田畯來到，看見大家協力耕作，不誤農時，很高興。

七月流火，九月授衣。春日載陽，有鳴倉庚[1]。女執懿筐，遵彼微行，爰求柔桑[2]。春日遲遲，采蘩祁祁[3]。女心傷悲，殆及公子同歸[4]。

【注釋】

[1]春日：指夏曆三月。載：開始。陽：暖和。有：動詞詞頭。[2]懿筐：深筐。遵：沿著，循。

微行(háng):小路。爰:動詞詞頭。柔:嫩。[3]遲遲:緩慢的樣子,指春天的白晝一天天變長了。蘩(fán):白蒿。用蘩煮水澆蠶卵,幼蠶易出。祁祁:衆多的樣子,指采蘩的人多。[4]采蘩的姑娘心中憂傷,只怕是要遠嫁他鄉(參用朱熹及戴震説)。殆:恐怕,大概。公子:國君(豳公)之子。歸:出嫁。

七月流火,八月萑葦[1]。蠶月條桑,取彼斧斨[2],以伐遠揚[3],猗彼女桑[4]。七月鳴鵙,八月載績[5]。載玄載黄[6],我朱孔陽,爲公子裳[7]。

【注釋】

[1]萑葦:用作動詞,指割取萑葦。萑葦可作蠶箔。萑(huán):即荻,蘆葦的一種。葦:蘆葦。[2]蠶月:指三月,養蠶的月份。條:名詞作動詞,截取枝條。斨(qiāng):方孔斧。[3]遠揚,長得過長的枝條。[4]猗(yǐ):取葉存條。女桑:即柔嫩的桑葉。"女"有小、柔嫩等義。[5]鵙(jué):伯勞鳥。績:把麻的纖維用紡錘或紡輪紡成紗線,俗稱打麻紗。麻紗可織麻布。[6]載:又。玄:黑紅色。[7]朱:大紅色。孔:很。陽:鮮明。這一章和前面一章,述説養蠶、績麻的時令和必須做的各個事項,都是"授衣"之事。

四月秀葽,五月鳴蜩[1]。八月其穫,十月隕蘀[2]。一之日于貉,取彼狐狸[3],爲公子裘。二之日其同,載纘武功[4]。言私其豵,獻豜於公[5]。

【注釋】

[1]秀:植物開花。葽(yāo):植物名,即遠志。蜩(tiáo):蟬。[2]其,動詞詞頭。穫:收穫莊稼。隕:落。蘀(tuò):樹木落下的葉或皮。[3]于:動詞詞頭。貉(hé):一種小野獸,似狐,這裏用作動詞,指獵取貉之類的動物。狐狸:狐狸和野猫,這裏指這兩種動物的毛皮。狐:狐狸。狸:野猫。[4]同:會同,指出獵前會合衆人。載:則。纘(zuǎn):繼續。武功:指打獵。[5]言:動詞詞頭。私:用作動詞,指獵獲者私有。豵(zōng):一歲的小豬,這裏指小獸。豜(jiān):三歲的豬,這裏泛指大獸。公:公家,指統治者。此章言在隆冬季節,可以圍獵來得到衣服和食物。

五月斯螽動股[1],六月莎鷄振羽[2]。七月在野,八月在宇,九月在户,十月蟋蟀入我床下。穹窒熏鼠,塞向墐户[3]。嗟我婦子,曰爲改歲[4],入此室處。

【注釋】

[1]斯螽(zhōng):蝗類昆蟲。動股:振動大腿,指鳴叫。股:大腿。[2]莎(suō)鷄:昆蟲,可能是指紡織娘。振羽:振翅而鳴。[3]穹:空隙。窒:堵塞。向:朝北的窗户。墐(jìn):用泥塗抹。[4]嗟(jiē):嘆詞。曰:句首語氣詞。改歲:更改年歲。這章根據物候變化(蟋蟀入室)告訴人

們,在隆冬來臨之前(夏曆十月)修整房屋以禦寒。

六月食鬱及薁[1],七月亨葵及菽[2]。八月剥棗[3],十月穫稻。爲此春酒,以介眉壽[4]。七月食瓜,八月斷壺[5],九月叔苴[6]。采荼薪樗,食我農夫[7]。

【注釋】

[1]鬱(yù):果木名,即郁李,果實如李,可食。薁(yù):又叫蘡薁,野葡萄。[2]亨(pēng):即“烹”,煮。葵:即冬葵,俗名冬寒菜,是我國古代一種常見的蔬菜。菽:豆,這裏指豆葉,七月豆尚未成熟。[3]剥(pū):通“攴”,打。[4]春酒:冬季釀制及春而成的酒。介:通“丐”,求。眉壽:長壽。長壽的人眉毛長得很長,所以稱長壽爲眉壽。[5]斷:指摘下。壺:通“瓠”,葫蘆。[6]叔:拾取。苴(jū):麻籽,可食。[7]荼(tú):苦菜。薪樗:把樗木作爲木柴。薪:柴,用作動詞。樗:臭椿樹。食(sì):給……吃,指養活。這章告訴人們在秋收到來之前可充飢食用的蔬菜、瓜果及可采食的月份。

九月築場圃,十月納禾稼[1]。黍稷重穋,禾麻菽麥[2]。嗟我農夫,我稼既同,上入執宮功[3]。晝爾于茅,宵爾索綯[4]。亟其乘屋,其始播百穀[5]。

【注釋】

[1]築場圃:即築場於圃。古代北方農村中場圃同地,春夏種菜,秋收之時則夯實以爲打穀場。築:夯實。場:打穀場。圃:菜地。納:收入,指收到打穀場上。禾稼:泛指穀物。[2]重(tóng):通“穜”,早種晚熟的穀。穋(lù):同“稑”,晚種早熟的穀。禾:專指粟,即小米。[3]既同:已經會同,指穀物集中於穀倉。上:通“尚”,還要。執:操作,指從事,做。宮功:指修葺房舍之類的事情。宮:房屋。功:事。[4]爾:語氣詞。于:動詞詞頭。茅:茅草,用作動詞,割茅草。宵:夜晚。索:繩索,用作動詞,搓(繩索)。綯(táo):繩子。[5]亟(jí):急忙。乘屋:指登上屋頂修葺茅屋。乘:登。其始:指歲始春初。此章叙述收穫以及其後緊接著的要務:修葺居室以備來年雨季的到來。

二之日鑿冰沖沖,三之日納于凌陰[1]。四之日其蚤,獻羔祭韭[2]。九月肅霜,十月滌場[3]。朋酒斯饗,曰殺羔羊[4]。躋彼公堂,稱彼兕觥,萬壽無疆[5]!

【注釋】

[1]沖沖:鑿冰聲。凌陰:冰窖。古人冬季藏冰於地窖,備暑天之用。陰(yìn):通“窨”,地窖。[2]蚤:通“早”,這裏指早朝,是一種祭祀儀式。韭:韭菜。古人開窖取冰,要祭祀司寒之神。[3]肅霜:即肅爽,雙聲聯綿詞,指秋日天清氣爽。滌場:即滌蕩,雙聲聯綿詞,指天地肅清(依王國維説)。[4]朋酒:兩杯酒。斯:指示代詞,複指前置賓語“朋酒”。饗(xiǎng):鄉人聚會宴

飲。曰:句首語氣詞。[5]躋(jī):登。公堂:國君(豳公)接待客人的堂屋。稱:舉起。兕觥(sì gōng):犀牛角做的酒器。兕:犀牛。萬壽無疆:祝福、祝願之語,意思是:千秋萬世,永遠存在。疆:邊界,止境。此章叙述農夫們歷盡艱辛,終於换來歲末的穀倉盈滿、羔羊肥壯。於是歡聚於國君的大堂,宴飲慶祝。

【押韻】

一章:火、衣:微部;發、烈、褐、歲:月部;耜、趾、子、畝、喜:之部。二章:火、衣:微部;陽、庚、筐、行、桑:陽部;遲、祁:脂部;悲、歸:微部。三章:火、葦:微部;桑、斨、揚、桑:陽部;鵙、績:錫部;黄、陽、裳:陽部。四章:葽:宵部;蜩:幽部。宵幽合韻。穫、蘀、貉:鐸部;貍、裘:之部;同、功、豵、公:東部。五章:股、羽、野、宇、户、下、鼠、户、處:魚部。六章:薁、菽:覺部;棗、稻、酒、壽:幽部;瓜、壺、苴、樗、夫:魚部。七章:圃、稼:魚部;穋:覺部;麥:職部。覺職合韻。同、功:東部;茅、綯:幽部;屋、穀:屋部。八章:沖:冬部;陰:侵部。冬侵合韻。蚤、韭:幽部;霜、埸、饗、羊、堂、觥、疆:陽部。

雅

采薇(小雅)[1]

采薇采薇,薇亦作止[2]。曰歸曰歸,歲亦莫止[3]。靡室靡家,玁狁之故[4]。不遑啓居[5],玁狁之故。

【注釋】

[1]這首詩大約作於西周宣王時期。詩中以一位戍邊士兵的口吻描述了他艱苦的戰鬥生活和他强烈的思家之情。薇(wēi):巢菜,即野豌豆苗。[2]作:起,指剛剛長出。止:句尾語氣語。[3]曰:動詞詞頭。莫:即"暮"。歲莫(暮),指年終。前四句大意是:(離家時)采薇,它才剛剛發芽(是春天);如今盼望歸來却未能歸,但已經到了歲暮。[4]征人有家難回,只因玁狁來侵犯的緣故。靡(mǐ):無。玁狁(xiǎnyǔn):北方少數民族,又稱葷粥(xūnyù),也寫作"獯鬻、薰育",就是秦漢時的匈奴。[5]遑(huáng):暇,空閒。啓居:指休息。啓:通"跽"(jì),跪。居:即"踞",坐。古人席地而坐,直身爲跪。

采薇采薇,薇亦柔止[1]。曰歸曰歸,心亦憂止。憂心烈烈,載飢載渴[2]。我戍未定,靡使歸聘[3]。

【注釋】

[1]柔:嫩。[2]烈烈:火勢猛烈的樣子,指憂心如焚。載……載……:又……又……。[3](由

於不斷作戰)戍守之處遷移不定,没有使者送信致問。戍:駐守。這裏指駐守之所。使:傳送消息的人。聘:問候。

采薇采薇,薇亦剛止[1]。曰歸曰歸,歲亦陽止[2]。王事靡盬,不遑啓處[3]。憂心孔疚,我行不來[4]。

【注釋】

[1]剛:强勁,指莖葉已老,與"柔"相對。以薇菜由"作"而"剛",暗指征戍之期漫長。[2]陽:指夏曆十月。[3]盬(gǔ):止息。啓處:即啓居。[4]孔:很。疚:痛苦。我行不來:我遠行不歸。

彼爾維何?維常之華[1]。彼路斯何?君子之車[2]。戎車既駕,四牡業業[3]。豈敢定居,一月三捷[4]。

【注釋】

[1]彼:指示代詞,那。爾:通"薾",花朵盛開的樣子。維:句中語氣詞。常:常棣,又作棠棣,即郁李,棠棣春季開小白花。華:即"花"。[2]路:通"輅",一種戰車。斯:乃,則。君子:指將帥。[3]牡:駕車的雄馬。業業:高大健壯的樣子。[4]三:泛指多次。捷:通"接",交戰。此章是説棠棣花開,又一個春天來臨。出征的將士仍在與敵人苦戰,不得喘息。

駕彼四牡,四牡騤騤[1]。君子所依,小人所腓[2]。四牡翼翼,象弭魚服[3]。豈不日戒,玁狁孔棘[4]。

【注釋】

[1]騤騤(kuí):馬强壯的樣子。[2]小人:指士兵。腓(féi):通"庇",庇護,指隱蔽。古代作戰時,將帥和甲士在戰車上,步卒跟在戰車後。[3]翼翼:行列整齊的樣子。象:象牙。弭(mǐ):弓兩端係弦的地方。魚服:海豹之類的皮做的箭袋(依朱熹説)。服:通"箙",箭袋。[4]日戒:天天警戒。棘:急,緊張。此章描述了戍邊將士整齊的軍威、精良的裝備和緊張的生活。

昔我往矣,楊柳依依[1]。今我來思,雨雪霏霏[2]。行道遲遲,載渴載飢[3]。我心傷悲,莫知我哀。

【注釋】

[1]依依:指柳枝隨風飄動的樣子。[2]思:句末語氣詞。雨(yù):落。霏霏:雪下得很大的樣子。[3]行道:走在道路上。遲遲:緩慢。載:又。此章述説歸路漫漫,征人飢渴難捱的悲涼。

【押韻】

一章:薇、歸:微部;作、莫:鐸部;家、故、居、故:魚部。二章:薇、歸:微部;柔、憂:幽部;烈、渴:月部;定、聘:耕部。三章:薇、歸:微部;剛、陽:陽部;盬、處:魚部;疚、來:之部。四章:華、車:魚部;業、捷:葉部。五章:騤:脂部;依、腓,微部;脂微合韻。翼、服、戒、棘:職部。六章:依、霏:微部;遲、飢:脂部;悲、哀:微部。

生民(大雅)[1]

厥初生民,時維姜嫄[2]。生民如何?克禋克祀,以弗無子[3]。履帝武敏,歆!攸介攸止[4]。載震載夙,載生載育,時維后稷[5]。

【注釋】

[1]這是周人歌頌其始祖后稷的一首頌詩,生動地反映了早期周部落人民的生活、宗教和文化。詩歌在神話和傳奇故事背後,透露出周民族發源的重要歷史信息。民:人,指周人。[2]厥:指示代詞,意義同“其”。時:是,這。維:語氣詞,幫助表示判斷的語氣。姜嫄:后稷的母親,傳説中有邰(tái)氏部落之女。姜:姓,其祖先爲炎帝。[3]克:能。禋(yīn):燒柴升煙以祭。祀:祭祀,這裏指求子的祭祀,又叫郊禖。弗:通“祓”(fú),以祭祀等方法消除邪祟,這裏指消除無子的災禍。[4]履:踩,踐踏。帝:天帝。武:足迹。敏:通“拇”,指腳的大拇趾。歆(xīn):心動,驚異。攸(yōu):語氣詞。介:通“界”,分隔,指分居。止:處,指懷孕後獨處(依馬瑞辰《毛詩傳箋通釋》)。這兩句説姜嫄踩了天帝的腳印有所感受而懷孕,然後分居獨處。[5]震:通“娠”,指胎動。夙:通“肅”,肅静。這幾句描寫后稷未出生時的情況。

誕彌厥月,先生如達[1]。不坼不副,無菑無害[2]。以赫厥靈,上帝不寧[3]。不康禋祀,居然生子[4]。

【注釋】

[1]誕:句首語氣詞,下同。彌厥月:滿其月,指姜嫄懷孕足月。彌:滿。厥:其。先生:指頭胎生産。達:通“羍”,小羊。羊生産容易,這裏以周部落生活中常見的母羊生産比喻后稷出生順利。[2]坼(chè):裂開。副(pì):割裂,剖分。菑:義同“災”。[3]赫:顯示。靈:靈異。不寧:即寧,安寧。不(pī):詞頭,無實義。下文“不康”中的“不”用法與此同。[4]不康禋祀:安享禋祀。康:安樂。居然:安然。這句説上帝的確接受了姜嫄的祭祀,使獨處的姜嫄生了兒子。

誕寘之隘巷,牛羊腓字之[1]。誕寘之平林,會伐平林[2]。誕寘之寒冰,鳥覆翼之[3]。鳥乃去矣,后稷呱矣[4]。實覃實訏,厥聲載路[5]。

【注釋】

[1]寘:置。隘:狹窄。腓:小腿後的肌肉,這裏用作動詞,用腓庇護。字:哺乳。[2]平林:平原上的樹林。會:適逢。[3]覆:遮蓋。翼:名詞作動詞,用翅膀保護。[4]呱(gū):嬰兒啼哭聲。[5]實:副詞,實在。覃:長。訏(xū):大。厥:其。載:滿。這句説后稷的哭聲響亮持久,整條路上都能聽見。此章描述的弃置后稷的情形,可能是古人的一種習俗。后稷因此名“弃”。

誕實匍匐,克岐克嶷[1]。以就口食,蓺之荏菽[2]。荏菽旆旆,禾役穟穟[3]。麻麥幪幪，瓜瓞唪唪[4]。

【注釋】

[1]匍匐：爬行，雙聲聯綿詞。克：能。岐：聰明。嶷（nì）：（幼小時）聰明懂事。[2]就：成就。口食：即口糧。藝：種植。荏（rěn）菽：大豆。這兩句是説后稷少年時便能種植農作物，以養活自己。下面四句是對其農藝才能的具體的陳述（依陳奂《毛詩傳疏》）。[3]旆旆（pèi）：茂盛的樣子。役：列，行列。穟穟（suì）：禾苗茂盛美好的樣子。[4]幪幪（měng）：茂密的樣子。瓞（dié）：小瓜。唪唪（běng）：果實累累的樣子，一作"菶"。這章寫后稷少時的農藝才能。

誕后稷之穡，有相之道[1]。茀厥豐草，種之黄茂[2]。實方實苞，實種實褎[3]。實發實秀，實堅實好，實穎實栗[4]。即有邰家室[5]。

【注釋】

[1]穡（sè）：收穫莊稼，這裏泛指種莊稼。有相之道：有輔助（農作物）生長的方法。相（xiàng）：幫助。[2]茀（fú）：拔除（雜草）。黄茂：指五穀，特指嘉穀。[3]方：通"旁"，遍佈、廣大。苞：茂盛。種：通"腫"，指禾苗粗壯。褎（yòu）：指禾苗長高。[4]發：指禾苗生長。秀：禾苗抽穗開花。堅：指莖幹粗壯。穎：指禾穗因子實飽滿而下垂。栗：即栗栗，密密實實的樣子。[5]有：名詞詞頭。邰：地名。傳説堯以后稷教民稼穡有功，封於邰。這句説后稷在邰建立了家室。此章寫后稷在種植技藝方面的貢獻。

誕降嘉種，維秬維秠，維穈維芑[1]。恒之秬秠，是穫是畝[2]；恒之穈芑，是任是負[3]；以歸肇祀[4]。

【注釋】

[1]降嘉種：指后稷把優良的穀種分賜給衆民。降：給予，賜予。維：句中語氣詞。秬（jù）：黑黍。秠（pī）：一稃（fú，穀殼）二米的黑黍。穈（mén）：赤色的黍。芑（qǐ）：白色的黍（或粟）。[2]恒（gèng）：遍及，指遍種。是：指示代詞，這裏作前置賓語。畝：名詞作動詞，指按畝計算産量。這兩句説在田裏種滿了秬秠，收穫它們並計算它們的畝産量。[3]任：抱。負：背。上句秬秠説穫、畝，此句穈芑説任、負，這是互文見義的修辭方法（朱熹説）。[4]肇（zhào）：開始。祀：祭祀天帝。這章寫后稷培育良種的功績。

誕我祀如何？或舂或揄，或簸或蹂[1]。釋之叟叟，烝之浮浮[2]。載謀載惟，取蕭祭脂[3]，取羝以軷[4]。載燔載烈，以興嗣歲[5]。

【注釋】

[1]舂（chōng）：搗去穀物的皮殼。揄（yóu）：舀取。簸：用箕揚去穀皮等雜質，使米更純净。蹂：踩禾以脱粒取穀。[2]釋：淘米。叟叟（sōu）：淘米聲。烝：通"蒸"。浮浮：又作"烰烰"，湯在鍋裏沸騰的聲音（依俞敏説）。[3]謀：商議。惟：思考。取蕭祭脂：指用香蒿與牛腸脂混合起來燒，祭祀時用，取其芳香的氣味。蕭：香蒿，一種香草。[4]羝（dī）：公羊。軷（bá）：對行道

之神的祭祀，祭祀之後，用車在用作祭獻的犧牲的軀體上碾壓而過，以求道途平安。古代郊祀上帝之前先行軷祭。[5]燔(fán)：焚燒，指燒香蒿和牛腸脂。烈：指燒烤羝羊。興：興旺，使動用法，使……興旺。嗣歲：接續的一年，即來年。此章寫宗廟之祭和軷祭。

卬盛于豆，于豆于登[1]。其香始升，上帝居歆[2]。胡臭亶時[3]。后稷肇祀，庶無罪悔，以迄於今[4]。

【注釋】

[1]卬(áng)：我。豆：盛食物的器皿，形似高腳盤。這裏指木制的豆。登：陶制的食器，其形與豆相似。[2]居：安。歆(xīn)：鬼神享受祭祀的香氣。[3]此句説祭祀的濃烈香氣的確很好。胡：大。臭(xiù)：氣味，這裏指香氣。亶(dǎn)：誠，確實。時：善，好。[4]庶：副詞，幸。悔：罪過，災咎。迄：至。此章寫郊祀上帝。

【押韻】

一章：民：真部；嫄：元部。真元合韻。祀、子、敏、止：之部。夙、育：覺部；稷：職部。覺職合韻。二章：月、達、害：月部；靈、寧：耕部；祀、子：之部。三章：字：之部；翼：職部。之職合韻。林、林：侵部；去、呱、訏：魚部；路：鐸部。魚鐸合韻。四章：匐、嶷、食：職部；菽：覺部。職覺合韻。旆：月部；穟：物部。月物合韻。幪、唪：東部。五章：道、草、茂、苞、褎、秀、好：幽部；栗、室：質部。六章：秠、芑、秠、畝、芑、負、祀：之部。七章：揄：侯部；蹂、叟、浮：幽部。侯幽合韻。惟：微部；脂：脂部。微脂合韻。軷、烈、歲：月部。八章：登、升：蒸部；歆、今：侵部；時、祀、悔：之部。

頌

思文（周頌）[1]

思文后稷，克配彼天[2]。立我烝民，莫匪爾極[3]。貽我來牟，帝命率育[4]。無此疆爾界，陳常于時夏[5]。

【注釋】

[1]這是周人祭祀后稷的樂歌。思：語氣詞。文：有文德，指禮樂教化，與“武功”相對。[2]克：能够。配：配享。天：天帝，即上帝。周人郊祀上帝，以后稷配享。[3]立：通“粒”，即粒食，以穀米爲食。這裏用作使動。《尚書・益稷》：“烝民乃粒。”烝：衆。匪：非。爾：你的。極：極至，至德。[4]后稷把麥種賜給人民，是遵從上帝之命而養育人民。貽(yí)：贈給。來：小麥。牟：通“麰”(móu)，大麥。率：循，遵從。育：養。[5]無論是哪個方國，在我們華夏的土

地上，都應該繼承后稷的美德。陳：陳列，放置。常：常道，指后稷的文德。時：這，這些。夏：諸夏，這裏指周王統領下的中原各諸侯國。

【押韻】

稷、極：職部。牟：幽部；育：覺部。幽覺合韻。界：月部；夏：魚部。月魚合韻。

臣工（周頌）[1]

嗟嗟臣工，敬爾在公[2]。王釐爾成，來咨來茹[3]。嗟嗟保介，維莫之春，亦又何求？如何新畬[4]？於皇來牟，將受厥明[5]。明昭上帝，迄用康年[6]。命我衆人，庤乃錢鎛，奄觀銍艾[7]。

【注釋】

[1]這是周天子告誡臣民勉力務農的詩。臣工：百官群臣。工：官。[2]群臣百官們啊，要敬奉你們承擔的公家的職事。嗟嗟：嘆息聲。公：公家。[3]本王要清理你們的業績，來詢問來量度。釐（lí）：治理。成：功績，成就。咨：詢問。茹：度，估量。[4]暮春時節已到，職掌農事的官員們，田地治理得如何？保介：掌管農事的小官（依朱熹説）。莫春：暮春，指夏曆三月，亦即周曆的五月。莫：即“暮”。新：開墾了二年的熟田。畬（yú）：開墾了三年的熟田。[5]燦爛的小麥和大麥啊，我們很快要享受你們的光輝了。預言麥將成熟豐收。於（wū）：嘆詞，可譯爲“啊”。皇：光明。厥：其，指來牟。[6]光明偉大的上帝將賜予我們豐年。明昭：光明。迄：至。用：以。康年：豐年。康：安樂。[7]（衆農官要）傳命給人民，準備好農具（以治新田畬田），很快就會見到收穫了（依朱熹説）。“庤乃錢鎛”句承前“如何新畬”，“奄觀銍艾”句承前“於皇來牟”句。庤（zhì）：儲備。乃：你，你們。錢（jiǎn）：翻土的農具。鎛（bó）：鋤草的農具，即鋤頭。奄：忽然，很快。銍：收穫的農具，短鐮。艾（yì）：通“刈”，割。

【押韻】

工、公：東部；求、牟：幽部；畬：魚部；明：陽部；年、人：真部。

練習（一）

一、解釋下列句子中加點字的意義。

1. 江之永矣，不可方思。
2. 翹翹錯薪，言刈其楚。
3. 之子于歸，言秣其駒。
4. 不遠伊邇，薄送我畿。
5. 毋逝我梁，毋發我笱。
6. 牆有茨，不可襄也。
7. 肅肅鴇翼，集於苞棘。
8. 所謂伊人，在水之湄。

9. 豈曰無衣？與子同澤。
10. 制彼裳衣，勿士行枚。
11. 果蠃之實，亦施於宇。
12. 親結其縭，九十其儀。
13. 七月流火，九月授衣。
14. 七月鳴鵙，八月載績。
15. 七月亨葵及菽。
16. 王事靡盬，不遑啓處。
17. 誕寘之隘巷，牛羊腓字之。
18. 卬盛于豆，于豆於登。
19. 立我烝民，莫匪爾極。
20. 命我衆人，庤乃錢鎛。

二、用漢語拼音給下列句子中的加點字注音。

1. 豈無膏沐，誰適爲容？
2. 黍稷重穋，禾麻菽麥。
3. 今我來思，雨雪霏霏。
4. 鳥乃去矣，后稷呱矣。
5. 恒之穈芑，是任是負。

三、説明下列句子中加點字的詞性、功能和意義。

1. 南有喬木，不可休思。
2. 有洸有潰，既詒我肄。
3. 伯也執殳，爲王前驅。
4. 悠悠蒼天，何其有常？
5. 之子于歸，皇駁其馬。

四、分析下列句子的語法結構，指出劃線部分中的主語、謂語和(或)賓語。

1. 七月在野，八月在宇，九月在户，十月蟋蟀入我床下。
2. 恒之秬秠，是穫是畝。
3. 貽我來牟，帝命率育。
4. 朋酒斯饗，曰殺羔羊。

五、將下列文字譯爲現代漢語。

誕我祀如何？或舂或揄，或簸或蹂。釋之叟叟，烝之浮浮。載謀載惟，取蕭祭脂，取羝以軷。載燔載烈，以興嗣歲。

卬盛于豆，于豆於登。其香始升，上帝居歆。胡臭亶時。后稷肇祀，庶無罪悔，以迄於今。

六、填空。

1.《詩經》是我國最早的一部詩歌總集，收入自西周初年(　　)至春秋中葉(　　)五百多年間的詩歌共計(　　)篇，分爲(　　)、(　　)、(　　)三類。《詩經》編定於(　　)時期。

2. 歷代的《詩經》注本很多，較好的有《毛詩正義》，由西漢(　　)作傳、東漢(　　)作箋、唐(　　)作疏。宋代有朱熹的(　　)。

3.《詩經》保存了從西周初年到春秋中葉的漢語的真實面貌，對於研究(　　)的詞彙和(　　)，尤其是後者，是極爲寶貴的材料。

4. 漢初傳《詩》的有齊人轅固所傳的（　　），魯人申培所傳的（　　），燕人韓嬰所傳的（　　），魯人毛亨所傳的（　　）。其他三家詩逐漸亡佚了。今天通行的《詩經》就是（　　）。

5.《雅》分爲大雅、小雅。《雅》即“（　　）”，是（　　）地区——周王朝統治中央區域内的作品。

七、用現代標點符號標點下列文字。

國者諸侯所封之域而風者民俗歌謡之詩也謂之風者以其被上之化以有言而其言又足以感人如物因風之動以有聲而其聲又足以動物也是以諸侯采之以貢於天子天子受之而列於樂官於以考其俗尚之美惡而知其政治之得失焉舊説二南爲正風所以用之閨門鄉黨邦國而化天下也十三國爲變風則亦領在樂官以時存肄備觀省而垂監戒耳合之凡十五國云

八、背誦。

1.《衛風·伯兮》。　2.《豳風·东山》。　3.《大雅·生民》。

文　選

楚　辭

【解題】

《楚辭》是古代的一種詩歌體裁，由戰國時期楚國詩人屈原等人在楚地民歌的基礎上加工而成，具有濃厚的南方民歌色彩。與《詩經》相比較，《楚辭》句式長短錯落，形式自由，篇幅也更長，適於表達更爲豐富的思想感情。

《楚辭》的代表作家是屈原（約前 340～前 278）。屈原出生於楚國貴族家庭，有很高的文化修養。屈原曾頗得楚懷王的信任，後來遭到保守勢力的排斥而被放逐。流放生活使屈原深入民間，從楚地人民的生活中得到了寶貴的文學創作材料。屈原的主要作品有《離騷》、《九歌》、《天問》、《九章》等。他的詩歌表達了强烈的憂國憂民的愛國主義精神，也表現了濃厚的楚地民間風情。

楚國的範圍很大，據研究，楚地本土早期的語言是比較複雜的，除漢語外，還有分屬於藏緬語族、侗台語族和苗瑶語族的各種語言。《楚辭》是用記録漢語的漢字寫成的。《楚辭》的押韻基本上與《詩經》押韻相符，而在詞彙和句法上有些特别。這説明當時楚國的官方語言是漢語的一種方言。

《楚辭》由西漢劉向輯録、校定而成，收入屈原、宋玉以及漢代淮南小山、劉向等人的作品，後王逸增收己作《九思》。現存最早的注本是東漢王逸的《楚辭章句》。比較好的注本有宋代洪興祖《楚辭補注》、朱熹《楚辭集注》，清代蔣驥《山帶閣注楚辭》。今人姜亮夫《重訂屈原賦校注》也有許多精到的見解。這裏用的是四部叢刊本《楚辭章句》(影宋本)。

山鬼(九歌)[1]

若有人兮山之阿[2]，被薜荔兮帶女蘿[3]。既含睇兮又宜笑[4]，子慕予兮善窈窕[5]。

【注釋】

[1]《山鬼》是《九歌》中的一篇。楚地民俗，經常舉行祭祠。祭鬼神時伴以音樂舞蹈和歌唱。屈原將其加以整理成爲《九歌》。山鬼即山林女神。本篇以自述的口吻，描寫山鬼對愛情的追求和她對愛人的思戀。[2]若有人：指山鬼。王逸曰："若有人，謂山鬼也。……言山鬼仿佛若人，見於山之阿。"若：彷彿。阿：山的彎曲處。[3]被(pī)：即"披"。薜荔：蔓生香草。帶：名詞用作動詞，繫帶。女蘿：即兔絲。[4]睇(dì)：斜視。《説文・目部》："南楚謂眄曰睇。"宜笑：指笑得恰到好處。宜：合適，合宜。[5]子：山鬼稱自己的愛人。慕：愛。予：我，山鬼自稱。善窈窕：善良美好。窈窕：美好的樣子。《楚辭》中經常有一種表示性質或狀態的三字結構，這種結構由一個單音節詞與一個叠音詞或聯綿詞結合而成，兩詞的意義相同或相近。這是《楚辭》中特有的語言現象，如這裏的"善窈窕"，以及"杳冥冥、爛昭昭、芳菲菲"等。

乘赤豹兮從文貍[1]，辛夷車兮結桂旗[2]。被石蘭兮帶杜衡[3]，折芳馨兮遺所思[4]。余處幽篁兮終不見天[5]，路險難兮獨後來[6]。

【注釋】

[1]乘赤豹：讓赤豹駕車。乘：駕車。赤豹：一種野獸，赤毛黑紋。從(zòng)：及物動詞的使動用法，使……跟隨。文貍：有花紋的野猫。赤豹、文貍都是奇異的野獸。[2]辛夷：香木名，今俗稱玉蘭。結：編結。桂旗：用桂樹的樹枝做旗幟。[3]石蘭：香草名。杜衡：香草名。又名馬蹄草。[4]芳馨：代指芳香的花木。馨：香。遺(wèi)：贈。所思：指山鬼所思念的人。[5]幽篁：幽深的竹林。篁(huáng)：大的竹林。[6]險：道路崎嶇。後來：來晚了。

表獨立兮山之上[1]，雲容容兮而在下[2]。杳冥冥兮羌晝晦[3]，東風飄兮神靈雨[4]。留靈修兮憺忘歸[5]，歲既晏兮孰華予[6]？

【注釋】

[1]表：特出地。[2]容容：雲飄動的樣子。[3]杳冥冥：指天色昏暗。杳(yǎo)：昏暗。冥冥：

黑暗的樣子。羌:語氣詞,爲《楚辭》所特有。晦:陰暗。[4]雨(yù):下雨。這兩句説白晝變得昏暗,東風驟起,神靈降雨。[5]靈修:指山鬼所思戀之人。憺(dàn):安樂的樣子。[6]年歲漸老,誰能使我再年輕漂亮呢?晏:晚。孰:誰。華予:使我再年輕。華:即“花”,比喻青春年華,這裏用作使動。

采三秀兮於山閒[1],石磊磊兮葛蔓蔓[2]。怨公子兮悵忘歸[3],君思我兮不得閒[4]。

【注釋】

[1]三秀:指靈芝草,一年開三次花,故稱三秀。秀:開花。[2]磊磊(lěi):石頭堆積的樣子。蔓蔓:蔓延的樣子。[3]公子:即前文的“子、靈修”,下文的“君”,皆指稱山鬼所思戀的人。悵:惆悵。[4]你是思戀我的,只是不得空閒來相會。這是山鬼的自慰之詞。

山中人兮芳杜若[1],飲石泉兮蔭松柏[2]。君思我兮然疑作[3]。靁填填兮雨冥冥[4],猨啾啾兮又夜鳴[5]。風颯颯兮木蕭蕭[6],思公子兮徒離憂[7]。

【注釋】

[1]山中人:山鬼自稱。芳杜若:像杜若那樣芳香。杜若:香草名。[2]蔭松柏:以松柏爲庇護。蔭:樹蔭,這裏用作動詞,遮蔽。這兩句是説山鬼的飲食居處潔净芳香,暗示她的品行高潔。[3]你是否思念我,我信疑交加。然疑:信和不信。作:起,發生。[4]靁:同“雷”。填填:形容雷聲的象聲詞。[5]猨:同“猿”。啾啾(jiū):猿鳴叫聲。又:通“狖”(yòu),長尾猿。[6]颯颯(sà):風聲。蕭蕭:風吹草木的聲音。[7]徒離憂:空懷憂愁。徒:白白地。離:通“罹”,遭受。

【押韻】

阿、蘿:歌部;笑、窕:宵部;貍、旗、思、來:之部;下、雨、予:魚部;間、蔓、閒:元部;若、柏、作:鐸部;冥、鳴:耕部;蕭、憂:幽部。

國殤(九歌)[1]

操吴戈兮被犀甲[2],車錯轂兮短兵接[3]。旌蔽日兮敵若雲[4];矢交墜兮士争先[5]。

【注釋】

[1]《國殤》是《九歌》中的一篇,是悼念爲國犧牲的戰士的祭祀歌詞,描寫了壯烈的戰鬥場面和戰士們英勇不屈、爲國捐軀的勇武精神。國殤:死於國事,即爲國犧牲。殤(shāng):未成年而死或在外而死。[2]操:持。吴戈:吴地制造的戈,指好戈。吴人善於制造兵器。犀甲:

犀牛皮做的甲。[3]車錯轂：指敵我雙方戰車的車輪撞在一起。錯：交錯，碰在一起。轂(gǔ)：車輪中心承受車輻插入車軸的圓形部分。短兵：指刀、劍等短柄兵器，與殳(shū)、戈等長柄兵器不同。敵我雙方迫近，長兵器不能施展，故以短兵器混戰。[4]旌(jīng)：用羽毛和牦牛尾裝飾的旗幟，用以指揮軍隊。這裏指雙方的軍旗。[5]矢交墜：飛箭在空中碰撞而墜落。描寫戰鬥激烈、矢密如雨的情形。争先：搶先向前迎敵。

凌余陣兮躐余行[1]，左驂殪兮右刃傷[2]。霾兩輪兮縶四馬[3]，援玉枹兮擊鳴鼓[4]。天時墜兮威靈怒[5]，嚴殺盡兮弃原壄[6]。

【注釋】

[1]凌：侵犯。躐(liè)：踐踏。行(háng)：行列，隊伍。指敵人衝進自己的戰陣，衝擊自己的隊伍。[2]左驂：左側的邊馬。驂(cān)：邊馬。殪(yì)：死。右：右驂的省略。刃傷：被刃所傷。[3]霾兩輪：戰車的輪子陷入泥土中。霾：通"埋"。縶四馬：戰馬被繩索套住，完全不能行動。縶(zhí)：絆住。四馬：古戰車一車四馬，兩匹服馬在中，兩驂馬在外側。[4]援：拿過來。玉枹(fú)：玉飾的鼓槌。枹：又寫作"桴"，鼓槌。[5]天命不利，神靈震怒。天時墜：意爲天命逆轉，指天時對我軍不利。天時：天象。墜：落(王逸注)。威靈：指神靈。[6]嚴：嚴酷地，殘酷地。殺盡：被殺盡。壄：即"野"。

出不入兮往不返[1]，平原忽兮路超遠[2]。帶長劍兮挾秦弓[3]，首身離兮心不懲[4]。誠既勇兮又以武[5]，終剛强兮不可凌[6]。身既死兮神以靈[7]，魂魄毅兮爲鬼雄[8]！

【注釋】

[1]戰士身死不得歸家返國。出、往：指離開家。入、返：指回家。[2]忽：遥遠廣闊的樣子。超遠：遥遠。[3]秦弓：秦地造的弓，指良弓。[4]犧牲的戰士雖然首身分離仍無所畏懼。懲：受創而戒懼。[5]誠：的確。勇：勇敢戰鬥。以：通"已"。武：軍事技藝高超。[6]剛强之氣至死不屈。凌：凌犯。[7]神：指英雄死後成爲神。靈：靈驗，即戰士的精神能够顯現。[8]犧牲的戰士魂魄剛毅，爲鬼中的雄傑。

【押韻】

甲、接：葉部；雲、先：文部；行、傷：陽部；馬、鼓、怒、壄：魚部；返、遠：元部；弓、懲、凌、雄：蒸部。

橘頌(九章)[1]

后皇嘉樹，橘徠服兮[2]。受命不遷，生南國兮[3]。深固難徙，更壹志兮[4]。緑葉素榮，紛其可喜兮[5]。曾枝剡棘，圓果摶兮[6]。青黄雜糅，文章爛兮[7]。精色内白，類任道兮[8]。紛緼宜修，姱而不醜兮[9]。

【注釋】

[1]《橘頌》是屈原《九章》中的一篇。該詩托物言志,在歌頌橘樹的美質和美德的同時,寄托了自己的人生理想。從該詩咏物的内容和句式上看,它與屈原其他作品不同,可能是屈原早期的作品。[2]天地間美好的橘樹,是上蒼所賜予的。后皇:"后土皇天"之省,是對天地的尊稱。徠服:意義不詳。有人認爲是"天降"之意(姜亮夫《屈賦校注》)。徠:同"來"。[3]受命:受天之命。不遷:指不能遷移到北方生長。《周禮·冬官·考工記》:"橘逾淮而北爲枳。"南國:指楚國。[4]深固:指根深蒂固。難徙:難於遷徙。壹志:專一的意志。[5]素榮:白花。榮:本指草本植物的花,這裏泛指花。紛:茂盛的樣子。[6]曾枝:枝條重叠茂密。曾(céng):通"層",重累(lěi)。剡(yǎn):尖鋭。棘:刺。摶(tuán):圓。[7]這句描寫一樹之上,橘子或青或黄,色彩燦爛。雜糅:混雜。文章:指色彩。爛:燦爛,鮮明。[8]橘子的顔色明亮而内心潔白,可以擔負道義。精色:明亮的顔色。内白:橘皮内白。類:似,像。任道:承擔道義。[9]紛緼(yūn):聯綿詞,茂盛的樣子。宜修:修飾得體,恰到好處。姱(kuā):美好。醜:種類。"不醜"就是"不類",指異於其他種類樹木。

嗟爾幼志,有以異兮[1]。獨立不遷,豈不可喜兮?深固難徙,廓其無求兮[2]。蘇世獨立,横而不流兮[3]。閉心自慎,終不失過兮[4]。秉德無私,參天地兮[5]。願歲並謝,與長友兮[6]。淑離不淫,梗其有理兮[7]。年歲雖少,可師長兮[8]。行比伯夷,置以爲像兮[9]。

【注釋】

[1]嗟(jiē):嘆詞。幼志:幼時的志向。有以異:有所異,即有與衆不同的地方。[2]廓:寬闊的樣子。無求:指不求私利。[3]清醒而得獨立於人世,堅强而不隨俗。此與《楚辭·漁父》"衆人皆醉我獨醒"的意思相同。蘇:寤,即清醒。横:充盛。這裏有堅强的意思。[4]閉心:意爲反省自己。自慎:自知謹慎。失過:即"過失",犯錯誤。[5]秉德:保持操守。秉:持。參天地:與天地並列、共存。參:並列。[6]歲月流逝,願與橘樹長爲伴侣。歲:年歲。並:一起。謝:消逝。與:介詞,省略賓語"之"(指橘樹)。友:用作動詞,交友。[7]淑:善,指品質。離:通"麗",美麗,指外貌。梗:强硬,挺直。理:紋理,指橘樹的紋理,這裏比喻道理。[8]師長:用作動詞,作爲師長。[9]行(xìng):品德。比:並列。伯夷:商末孤竹君的長子,周武王滅紂,他不食周粟,餓死在首陽山。置:設置。像:法式,榜樣。

【押韻】

服、國:職部;志、喜:之部;摶、爛:元部;道、醜:幽部;志:之部;異:職部;喜:之部。之職合韻。求、流:幽部;過、地:歌部;友、理:之部;長、像:陽部。

卜　居[1]

屈原既放,三年不得復見[2]。竭知盡忠,而蔽鄣於讒[3]。心煩慮亂，不知所從。乃往見太卜鄭詹尹曰[4]："余有所疑，願因先生决之[5]。"詹尹乃端策拂龜[6]，曰："君將何以教之[7]？"

【注釋】

[1]該文爲屈原遭放逐後所作。卜：占卦。居：即處(chǔ)，這裏指處世之道。朱熹《楚辭集注》："屈原哀憫當世之人，習安邪佞，違背正直，故陽(佯)爲不知二者之是非可否，而將假蓍龜以决之，遂爲此詞，發其取捨之端，以警世俗。"[2]放：放逐。復見：指再見到楚王。[3]竭知：竭盡了智慧。知(zhì)：即"智"。蔽鄣：遮蔽。鄣：同"障"。讒：指讒佞小人。[4]太卜：卜筮官之長。楚國掌卜筮之官名卜尹(楚國官多稱尹)，這裏用通稱。[5]有所疑：有不明白的事。因：靠。决：决定。[6]端策：擺正蓍草。端：使動用法，使……端正。策：蓍(shī)草。拂龜：擦净龜殼。以蓍占爲筮，以灼龜占叫卜。[7]您將用什麽指教我？這是客氣話，實際意思是你要占卜什麽事？

屈原曰："吾寧悃悃款款，朴以忠乎[1]？將送往勞來，斯無窮乎[2]？寧誅鋤草茅，以力耕乎[3]？將遊大人，以成名乎[4]？寧正言不諱，以危身乎[5]？將從俗富貴，以媮生乎[6]？寧超然高舉，以保真乎[7]？將哫訾栗斯[8]，喔咿儒兒[9]，以事婦人乎[10]？寧廉潔正直以自清乎[11]？將突梯滑稽[12]，如脂如韋，以絜楹乎[13]？寧昂昂若千里之駒乎[14]？將氾氾若水中之鳧，與波上下，偷以全吾軀乎[15]？寧與騏驥亢軛乎[16]？將隨駑馬之迹乎[17]？寧與黄鵠比翼乎[18]？將與鷄鶩争食乎[19]？此孰吉孰凶？何去何從？世溷濁而不清[20]：蟬翼爲重，千鈞爲輕；黄鍾毁弃，瓦釜雷鳴[21]；讒人高張，賢士無名[22]。吁嗟默默兮，誰知吾之廉貞[23]！"

【注釋】

[1]寧……將……：寧願……還是……。悃悃(kǔn)款款：忠誠的樣子。朴：通"樸"，樸實。以：表並列關係的連詞，相當於"而"。[2]送往勞來：指逢迎應酬。勞(lào)：慰勞。斯：則。無窮：指通達無礙，即官運亨通。[3]草茅：即"茅草"，這是大名冠小名的結構方式。以力耕：用力氣來耕作。[4]遊大人：與地位高的人交遊。大人：指權貴。成名：取得名位。[5]正言不諱：説正直的言語而無所忌諱，指向楚王進諫。危身：使自己處於危險的境地。危：形容詞的使動用法，使……受危害。[6]媮(yú)：快樂。使動用法。[7]高舉：高尚的舉止行爲。真：誠實本性。[8]哫(zú)訾(zī)、栗(當爲"粟")斯：都是聯綿詞，《集韻》訓爲"以言求媚"，即强作笑顔以承人意的樣子。"哫訾"兩字皆精母，"粟斯"兩字皆心母，"哫、粟"皆屋部字，"訾、斯"皆支部字。[9]喔(wò)咿(yī)、儒兒(又寫作"嚅唲")：聯綿詞，意義同上。"喔咿"兩字皆影母，"儒兒"兩字皆日母，"喔"是屋部字，"儒"是侯部字。屋部是侯部的入聲。"咿"是脂部字，"兒"是

支部字。脂支兩韻音近。“呢訾、粟斯、喔咿、儒兒”四詞音近義通。[10]事:侍奉。婦人:指楚懷王的寵妃鄭袖。[11]自清:使自己清白。[12]突梯、滑(gǔ)稽:雙聲聯綿詞,都是圓滑的樣子。“突梯”兩字皆透母,“滑稽”兩字皆見母,“突、滑”皆物部字,“梯、稽”皆脂部字。[13]如脂如韋:比喻圓滑軟弱無骨氣。脂:油脂。古人加脂於車軸以潤滑。韋:熟皮,質柔軟。絜(xié):測量圓形。楹:房屋的圓柱。戴震《屈原賦注》:“凡度直曰度,圍度曰絜,莊周所謂‘絜之百圍’,賈誼所謂‘度長絜大’是也。”測量圓形是用線或繩順著圓周測量,隨圓彎曲。這裏比喻隨世沉浮,趨炎附勢。下面的比喻與此相同。[14]昂昂:昂首的樣子。千里之駒:駿馬。[15]氾氾(fàn):飄浮不定的樣子。鳧(fú):野鴨。偷:苟且。全:保全。[16]騏(qí)、驥(jì):皆爲良馬。亢軛(è):駕車。亢:舉。軛:車轅前用來駕馬的部分。[17]駑馬:劣馬。[18]黃鵠(hú):天鵝之類的大鳥。比翼:一起飛翔。比:並列。[19]鶩(wù):鴨。[20]溷(hùn):污濁。[21]鈞:三十斤。黃鍾:六律之首。這裏指編鍾中的黃鍾,器最大,聲低沉洪亮。瓦釜:陶制炊具。雷鳴:像雷一樣轟鳴。奏樂不用黃鍾却用瓦釜,取捨顛倒。[22]高張:指地位高聲勢顯赫。張:大。無名:没有名位。[23]默默:指自己默默無名。貞:堅定,有操守。

詹尹乃釋策而謝[1],曰:“夫尺有所短,寸有所長;物有所不足,智有所不明[2];數有所不逮[3],神有所不通。用君之心,行君之意。龜策誠不能知此事[4]。”

【注釋】

[1]釋:放下。謝:致歉。[2]物有所不足:事物有欠缺之處。智有所不明:才智也有不能知道的東西。[3]數:術數,指占卜。逮:及,到。[4]誠:確實。

【押韻】

疑、之:之部;忠、窮:冬部;耕、名:耕部;身:真部;生:耕部。真耕合韻。真、人:真部。清、楹;耕部。斯、兒:支部;稽:脂部;韋;微部。脂微合韻。駒、軀:侯部;軛、迹:錫部;翼、食:職部;凶、從:東部;清、輕、鳴、名、貞:耕部;長、明:陽部;通:東部。陽東合韻。意:職部;事:之部。職之合韻。

漁　父[1]

屈原既放,遊於江潭[2],行吟澤畔[3],顔色憔悴,形容枯槁[4]。漁父見而問之,曰:“子非三閭大夫與[5]? 何故至於斯[6]?”

屈原曰:“舉世皆濁我獨清,衆人皆醉我獨醒,是以見放[7]。”

【注釋】

[1]王逸《楚辭章句》:“《漁父》者,屈原之所作也。屈原放逐,在江湘之間,憂愁嘆吟,儀容變

易。而漁父避世隱身,釣魚江濱,欣然自樂。時遇屈原川澤之域,怪而問之,遂相應答。楚人思念屈原,因叙其辭以相傳焉。"漁父(fǔ):打魚人。當是隱者。父:又寫作"甫",男子的美稱。[2]江潭:泛指楚地的江湖。潭:深淵。[3]澤畔:湖邊。澤:湖,沼澤。[4]顔:眉目之間。色:指臉上的氣色。形:身形。容:容貌。枯槁:乾枯。[5]三閭大夫:掌管楚國王族昭、屈、景三姓的官名。閭(lǘ):里巷的門。[6]怎麽到了這個地步?斯:指示代詞,這。[7]是以:因此。見:表示被動的助詞。

漁父曰:"聖人不凝滯於物,而能與世推移[1]。世人皆濁,何不淈其泥而揚其波[2]?衆人皆醉,何不餔其糟而歠其釃[3]?何故深思高舉,自令放爲[4]?"

【注釋】

[1]凝滯:凝固不流動,指固執不變。物:指外界,時勢。與世推移:指隨世俗而不斷變化自己。[2]淈(gǔ):攪渾。[3]餔(bū):吃。糟:酒渣。歠(chuò):飲。釃:《文選》作"醨",薄酒。[4]自令放:自己招致放逐。令:使。爲:句尾語氣詞,表示疑問。

屈原曰:"吾聞之:'新沐者必彈冠,新浴者必振衣[1]。'安能以身之察察,受物之汶汶者乎[2]?寧赴湘流,葬於江魚之腹中,安能以皓皓之白,而蒙世俗之塵埃乎?"

【注釋】

[1]沐:洗頭。浴:洗澡。彈冠、振衣:指抖落衣帽上的灰塵。[2]察察:潔白的樣子。汶汶(mén):污濁。

漁父莞爾而笑,鼓枻而去[1]。乃歌曰:"滄浪之水清兮,可以濯吾纓;滄浪之水濁兮,可以濯吾足[2]。"遂去,不復與言。

【注釋】

[1]莞(wǎn)爾:微笑的樣子。爾:形容詞詞尾,與"然"用法同。鼓枻:拍打船身(以節歌)。鼓:拍打,敲。枻(yì):船身的木板。[2]滄浪:水名。濯(zhuó):洗。纓:冠帶。此歌亦見於《孟子·離婁上》:"有孺子歌曰:'滄浪之水清兮,可以濯我纓;滄浪之水濁兮,可以濯我足。'"

【押韻】

清、醒:耕部;移、波、釃、爲:歌部;清、纓:耕部;濁、足:屋部。

練習(二)

一、解釋下列句子中加點字的意義。

1. 若有人兮山之阿。
2. 余處幽篁兮終不見天。
3. 思公子兮徒離憂。
4. 旌蔽日兮敵若雲。
5. 凌余陣兮躐余行。
6. 首身離兮心不懲。
7. 緑葉素榮,紛其可喜兮。
8. 紛緼宜修,姱而不醜兮。
9. 將送往勞來,斯無窮乎。
10. 將氾氾若水中之鳧,與波上下,偷以全吾軀乎。
11. 詹尹乃釋策而謝。
12. 顔色憔悴,形容枯槁。
13. 世人皆濁,何不淈其泥而揚其波?
14. 漁父莞爾而笑,鼓枻而去。
15. 滄浪之水清兮,可以濯吾纓。

二、用漢語拼音給下列句子中加點字注音。

1. 被薜荔兮帶女蘿
2. 援玉枹兮擊鳴鼓。
3. 曾枝剡棘,圓果摶兮
4. 漁父見而問之。
5. 將突梯滑稽,如脂如韋以絜楹乎?

三、説明下列句子中加點字的詞性、功能和意義。

1. 子慕予兮善窈窕。
2. 乘赤豹兮從文貍。
3. 杳冥冥兮羌晝晦。
4. 詹尹乃端策拂龜。
5. 寧誅鋤草茅,以力耕乎?

四、分析下列句子的語法結構,指出劃線部分中的主語、謂語和(或)賓語。

1. <u>猨啾啾兮又夜鳴</u>。
2. <u>左驂殪兮右刃傷</u>。
3. 年歲雖少,<u>可師長兮</u>。
4. <u>子非三閭大夫與</u>?
5. <u>安能以身之察察,受物之汶汶者乎</u>?

五、指出下列詩歌中的押韻字和所屬的上古韻部。

1. 乘赤豹兮從文貍,辛夷車兮結桂旗。被石蘭兮帶杜衡,折芳馨兮遺所思。余處幽篁兮終不見天,路險難兮獨後來。表獨立兮山之上,雲容容兮而在下。杳冥冥兮羌晝晦,東風飄兮神靈雨。留靈修兮憺忘歸,歲既晏兮孰華予?

2. 吾寧悃悃款款,朴以忠乎?將送往勞來,斯無窮乎?寧誅鋤草茅,以力耕乎?將遊大人,以成名乎?寧正言不諱,以危身乎?將從俗富貴,以媮生乎?寧超然高舉,以保真乎?將哫訾栗斯,喔咿儒兒,以事婦人乎?寧廉潔正直以自清乎?將突梯滑稽,如脂如韋,以絜楹乎?寧昂昂若千里之駒乎?將氾氾若水中之鳧,與波上下,偷以全吾軀乎?寧與騏驥亢軛乎?將隨駑馬之迹乎?寧與黄鵠比翼乎?將與鷄鶩争食乎?此孰吉孰凶?何去何從?世溷濁而不清:蟬翼爲重,千鈞爲輕;黄鍾毁弃,瓦釜雷鳴;讒人高張,賢士無名。吁嗟默默兮,誰知吾之廉貞！

六、填空。

1.《楚辭》是一種詩歌體裁，由（　　）時期楚國詩人屈原等人在（　　）的基礎上加工形成，有濃厚的（　　）民歌色彩。

2. 屈原的主要作品有《離騷》、（　　）、（　　）、（　　）等。

3.《楚辭》使用的文字是（　　）。《楚辭》的押韻基本上與（　　）的押韻相符。這些現象説明當時楚國的（　　）語言是漢語的一種方言。

4.《楚辭》由（　　）輯録、校定而成。

5. 現存最早的注本是東漢王逸的（　　）。比較好的注本有宋代洪興祖的（　　）、朱熹的（　　），清代蔣驥的《山帶閣注楚辭》。

七、用現代標點符號標點下列文字。

離騷經者屈原之所作也屈原與楚同姓仕於懷王爲三閭大夫三閭之職掌王族三姓曰昭屈景屈原序其譜屬率其賢良以厲國士入則與王圖議政事决定嫌疑出則監察群下應對諸侯謀行職脩王甚珍之同列大夫上官靳尚妬害其能共譖毁之王乃疏屈原屈原執履忠貞而被谗衺憂心煩亂不知所愬乃作離騷經離别也騷愁也經徑也言己放逐離别中心愁思猶陳道徑以風諫君也故上述唐虞三后之制下序桀紂羿澆之敗冀君覺悟反於正道而還己也是時秦昭王使張儀譎詐懷王令絶齊交又使誘楚請與俱會武關遂脅與俱歸拘留不遣卒客死於秦其子襄王復用讒言遷屈原於江南屈原放在草野復作九章援天引聖以自證明終不見省不忍以清白久居濁世遂赴汨淵自沈而死

八、背誦。

1.《九歌·山鬼》。

2.《九歌·國殤》。

3.《楚辭·漁父》。

通　論

（十七）上古漢語的語音系統

一、古漢語語音研究的意義

在漢語漫長的歷史演變進程中，語音和語法、詞彙一樣，發生了巨大的變化。研究古代漢語語音在各個歷史階段的面貌及其在各階段之間的發展脈絡，是漢語史研究的重要領域之一。

對於漢語言文學專業的學生來説，掌握一定的古漢語語音知識，以便更好地理解古代書面語，解决其中的一些疑難問題，更好地欣賞古代文學作品，特别是其中的韻文，是很有必要的。此外，古漢語語音知識能幫助我們解釋現代漢語各個方言之間的語音差别，瞭解它們不過是古代漢語在不同地域歷史發展的結果。

不僅如此，在有關古代的歷史、哲學、宗教、考古和文獻整理等方面，都需要有一定的古漢語音韻學知識，才能準確、深入地領會古代典籍所表達的意義，使這些研究建立在可靠的基礎之上。如果以更開闊的視野來看，漢語語音的歷史研究對於考察華夏民族和其他民族共同發展、相互交往以至融合的歷史具有重要的意義。尤其是史前時期，在没有文字記載的情况下，語言成了我們瞭解早期人類社會生活的重要"窗口"。從這個意義上説，漢語語音史研究的意義已經大大超越了漢語和漢民族歷史研究的範疇了。

按照漢語語音的歷史發展，我們可以將其大致劃分爲上古、中古、近古和現代四個時期。上古音時期指先秦兩漢時期(約前 11 世紀～2 世紀)的語音，以《詩經》音系爲代表。中古音時期指六朝至唐宋時代(約 3 世紀～12 世紀)的語音，以隋陸法言的《切韻》音系爲代表。近古音時期指元明清時代(約 13 世紀～19 世紀)的語音，以元代周德清的《中原音韻》爲代表。現代音時期指"五四"以後的語音(20 世紀初～現在)，以現代漢語普通話爲代表。

學習古代漢語，重點是學習以先秦文言爲代表的上古漢語，所以瞭解一些上古音知識對我們是很重要的。本節介紹以《詩經》爲代表的上古音系。

上古時期的語音雖然不能完整地保存到現在，但語言學家根據當時的書面記録以及其他一些材料，還是可以瞭解當時語音的大致情况。從所反映古代語音的情况來看，世界上各種語音的古代文字材料大致可歸納爲如下四種：(1)拼音文字材料；(2)系統記録音系的韻書；(3)韻文作品；(4)其他比較零散的材料，如表意文字中的通假、聲符等等。其中前兩種最有價值，後兩類則不能完整地反映音系全貌。

與使用拼音文字的語言相比，上古漢語語音研究的困難要大得多。漢字屬於意音文字體系，不能直接反映上古漢語語音的面貌。另外，記録漢語語音系統的韻書在魏晋以後才開始出現，其時間大大晚於先秦，而且只記録韻(母)類和聲(母)類，没有直接記録其音值。不過，我們仍然可以對上古漢語的語音進行研究，可以利用以下的材料和方法：(1)《詩經》以及先秦時期的其他韻文材料，其押韻情況可爲我們提供當時漢語音節中韻母的部分信息；(2)漢字形聲字中的大量的聲符(即諧聲系統)所提供的漢字的語音信息。這是因爲漢字屬於意音文字，形聲字佔80%以上(以《説文解字》計)。形聲字的聲符可以做爲研究上古漢語語音的綫索。上古文獻中的假借字可以提示同音或音近詞，也是重要的材料，只是數量比較少；(3)運用歷史語言學的方法，研究漢語上古音向中古音的發展規律，比較上古漢語和其他親屬語言的對應關係，從而重建漢語上古音的音值。

可見，比起在很早的時期就有拼音文字的語言，如古梵語、古希臘語，以及很早就由意音文字轉變成拼音文字的語言，如古埃及語、古蘇美爾語，漢語上古音的研究面臨著巨大的困難。上古漢語是世界上唯一有古老文字系統記載，却在語音體系上尚未被完全破譯的語言。漢語上古音研究是世界語言學研究的前沿課題之一。

二、《詩經》的韻例

上古漢語的韻部主要是根據《詩經》押韻的情況歸納的。要瞭解上古漢語韻部，先要瞭解《詩經》的押韻規律即韻例。《詩經》三百零五篇，絶大部分押韻。據前人歸納，《詩經》的韻例如下：

(一)從入韻字在句子中的位置看，有句尾韻和句中韻。

1. 句尾韻　即句子最後一字押韻，後代詩歌押韻繼承了這個特點。例如：

(1)自伯之東，首如飛蓬。豈無膏沐，誰適爲容？(《衛風·伯兮》二章)

(2)豈曰無衣，與子同袍。王于興師，修我戈矛，與子同仇。(《秦風·無衣》一章)

2. 句中韻　即在句子的倒數第二字押韻。此時句尾字是一虚詞。例如：

(3)牆有茨，不可襄也。中冓之言，不可詳也。所可詳也，言之長也。(《鄘風·牆有次》二章)

(4)參差荇菜，左右流之。窈窕淑女，寤寐求之。(《周南·關雎》二章)

(5)南有喬木，不可休思。漢有游女，不可求思。漢之廣矣，不可泳思。江之永矣，不可方思。(《周南·漢廣》一章)

(二)從一章之中用韻的數量來看，可以分爲一韻到底和换韻。

1. 一韻到底　如例(1)、(2)、(3)、(4)都是一韻到底，分别押東、幽、陽、幽部。

2. 换韻　一章之中换用兩個以上的韻。如例(5)，“休、游、求”押幽部，“廣、泳、永、方”押陽部，一章之中换了一次韻。又例如：

(6)約之閣閣，椓之槖槖。風雨攸除，鳥鼠攸去，君子攸芋。(《小雅·

斯干》三章）

“閣、橐”鐸部，“除、去、芋”魚部。

（三）從韻脚的距離看，主要有以下三種情況：

1. 句句押韻　用韻很密，是《詩經》用韻的特點。例如：

（7）碩鼠碩鼠，無食我黍！三歲貫女，莫我肯顧。逝將去女，適彼樂土。樂土樂土，爰得我所。（《魏風·碩鼠》一章）

（8）陟彼砠矣，我馬瘏矣。我仆痡矣，云何吁矣。（《周南·卷耳》四章）

以上兩例押魚部。

2. 偶句押韻　奇句不押韻，偶句押韻。這是《詩經》中最常見的押韻方式。例如：

（9）昔我往矣，黍稷方華。今我來思，雨雪在塗。王事多難，不遑啓居。豈不懷歸，畏此簡書。（《小雅·出車》四章）

（10）正月繁霜，我心憂傷。民之訛言，亦孔之將！念我獨兮，憂心京京。哀我小心，癙憂以痒。（《小雅·正月》一章）

前一例押魚部，後一例押陽部。後一例是首句入韻的偶句押韻。偶句押韻和首句入韻的偶句押韻成爲後世詩歌押韻的標準形式。

3. 交韻　指奇句和奇句押韻，偶句和偶句押韻。例如：

（11）肅肅兔罝，椓之丁丁。赳赳武夫，公侯干城。（《周南·兔罝》首章）

（12）我心匪石，不可轉也。我心匪席，不可卷也。威儀棣棣，不可選也。（《邶風·伯舟》三章）

（13）習習谷風，以陰以雨。黽勉同心，不宜有怒。采葑采菲，無以下體。德音莫違，及爾同死。（《邶風·谷風》首章）

例（11）“罝、夫”相押（魚部），“丁、城”相押（耕部）。例（12）“石、席”相押（鐸部），“轉、卷、選”相押（元部）。例（13）“風、心”相押（侵部），“雨、怒”相押（魚部），“菲、違”相押（微部），“體、死”相押（脂部）。其中例（11）是典型的交韻，例（12）是不完全交韻（“棣”字不入韻），例（13）是一章中用了四個交韻形式，可以叫做複交韻。

關於《詩經》的韻例，清代學者已經有不少的研究，如江永的《古韻標準·詩韻舉例》，孔廣森的《詩聲分例》等。

《詩經》中有許多是民歌，有隨口傳唱的特點，因此用韻格式雖然有規律，但也有靈活多變的一面。對《詩經》具體篇章的押韻字的分析，關係到上古韻部的歸納，古音學家對此多有論述和詳細的説明。可參看清代學者的著作，如顧炎武的《詩本音》，段玉裁的《六書音均表・詩經韻分十七部表》，江有誥的《詩經韻讀》等。另外，今人的著作亦可參閱，如王力的《詩經韻讀》，向熹的《詩經詞典》、《詩經研究》等。初學者一般應當先閲讀今人的著作。

三、上古韻部的研究

上古韻部的研究分爲三個步驟：《詩經》押韻字的歸納，諧聲字的分部，古音的構擬。

1.《詩經》押韻字的歸納

《詩經》互相押韻的字，有的今天讀起來仍是和諧的，例如《秦風・蒹葭》第一章的"蒼、霜、方、長、央"字相押。但是《詩經》有許多入韻字今天讀起來並不押韻，例如《豳風・七月》五章的"股、羽、野、宇、户、下、鼠、處"八字互相押韻，今天讀起來却包含了[u]、[y]、[iɛ]、[ia]四類元音。在當時，它們既然互相押韻，就一定屬於同一個韻部。今天的差異是近三千年來語音演變的結果。

古音學家根據《詩經》中的入韻字，進行研究歸類，互相押韻的字就歸爲一類。《七月》五章中的"股、羽、野、宇、户、下、鼠、處"八字就屬同一韻部。而在《魏風・碩鼠》首章裏，"鼠"字又跟"黍、女、顧、土、所"押韻；在《唐風・鴇風》中"羽"字又跟"栩、盬、黍、怙、所"相押。在《詩經》的其他篇章中，上述字又各自和另外一些字相系聯。所有這些字歸納爲一類，就成爲一個韻部。這個研究方法叫"系聯法"。韻部的名稱，或以序數編號，例如段玉裁稱上述韻字所在的部爲古韻第五部；或選其中一個字（常常是中古韻目字）作爲韻部名，例如王力稱上述字所在的韻部爲魚部。

由於《詩經》押韻的格式並没有嚴格的規定，古音學家對具體篇章中押韻字的分析認定也不盡相同，例如某字究竟是否入韻、某幾個字相押是屬於同一韻部還是兩韻相近而合韻等等。各家對上古韻部的歸納是有一些差異的。

2. 諧聲字的分部

《詩經》三百零五篇所用的韻字大約是一千多個，不能够反映出當時所有漢字的韻的歸屬。清代古音學家段玉裁提出了"同聲必同部"的著名論斷，即同一諧聲偏旁的漢字應歸屬同一個上古韻部。因爲，漢字形聲字造字之時（約相當於西周之前），同一聲符的字應當是音同或音近的。用"同聲必同部"的原則對諧聲字進行歸類的結果，與以《詩經》韻腳歸納的結果大體上相同。如《豳風・東山》第三章"垤、室、窒、至"相押，屬同一韻部；這四字諧聲偏旁都爲"至"，也應屬同一韻部。又例如《唐風・鴇羽》首章的"羽、栩、盬、黍、怙、所"相押，屬同一韻部；其中"羽"爲"栩"的聲符，"盬、怙"聲符同爲"古"聲，也應歸入同部。《詩經》和漢字諧聲字是兩種不同的材料,韻腳系聯和諧聲偏旁歸類是兩種不同的方法。運用兩種不同的材料和方法進行研究得出了同樣的結果,説明上古韻部的歸納是符合漢語歷史事實的。

由於漢字中形聲字佔了絶大部分(《説文解字》中的形聲字約有七千五百字左右),"同聲必同部"的方法使得上古時期的大部分漢字能够歸入相應的韻部。例如《詩經》中押韻字有"盬、怙、胡、故、固、苦、辜"(魚部),則諧聲偏旁爲"古"的没有入韻的字如"沽、姑、酤、詁、錮、棝、祜、湖、餬、楛、蛄、岵"等字都應歸入魚部。《詩經》押韻系聯和漢字諧聲歸類兩種方法基本上解决了漢字歸入上古韻部的問題。

不過,使用這兩種方法所得出的一些結論有時會有矛盾。諧聲字的造字時代要早於《詩經》時代(甲骨文中的諧聲字已佔四成左右)。由於語音演變,同一諧聲偏旁的字到了《詩經》時代有的變得不同音了。例如以"旦"爲聲符的字本應屬上古韻元部。但在《鄶風·匪風》首章"匪風發兮,匪車偈兮。顧瞻周道,中心怛兮"中"發、偈、怛"押韻,前二字是月部字。在這種情況下,應以《詩經》用韻爲准,把"怛(dá)"字歸入月部。我們把這種在《詩經》中押韻與諧聲偏旁所屬韻部不符的字叫做"散字"。

3. 古音的構擬

從清初直到20世紀初,經過近三百年的研究,以《詩經》爲主要材料的上古韻分部和歸字已基本完成。清代的古音學家,從顧炎武始,歷經江永、段玉裁、戴震、孔廣森、江有誥、王念孫、夏炘(xīn),直至民國初年的章炳麟、黄侃,對上古韻部的劃分做出了卓越的貢獻。總的來説是越來越細緻、深入,所謂"前修未密,後出轉精"。顧炎武分古韻爲十部,江永分爲十三部,段玉裁分爲十七部,王念孫和江有誥都分爲二十一部(但具體韻部有出入),章炳麟分爲二十三部,黄侃分爲二十八部。至此以《詩經》押韻字爲主要依據的上古韻部已基本劃分清楚。但這僅僅是韻類的劃分。這些韻的音值是什麽樣的,清代古音學家們却没有解决。這是因爲古音學家手中運用的歸納法至多只能完成語音分類的任務,而音值構擬的任務則需要一種新的現代語言學理論——歷史比較語言學,和新的方法——歷史比較法的指導才能完成。

語言學歷史比較法在19世紀成熟於歐洲,並在西方語言學界普遍使用。瑞典漢學家高本漢(Bernhard Karlgren)是第一個把語言學歷史比較法帶到中國並應用於漢語史研究的,他著有《中國音韻學研究》(1926年)。高本漢構擬(reconstruct)上古音值的方法和步驟主要是:(1)根據現代漢語方言和中古韻書的音系，以及部分域外對音材料，構擬出中古音值；(2)根據清儒劃分的上古韻部與中古音之間的聯繫，構擬出上古音值[①]。今天看來，高本漢構擬的漢語中古音是成功的，他構擬的上古音存在著一些缺陷，但其開創之功是不可磨滅的。後來的語言學家沿著這個方向繼續研究，不斷取得進展，上古音的研究日漸深入。從 20 世紀 30 年代到現在，有成就的古音學家有羅常培、王力、董同龢、周法高、李方桂、蒲立本(E. G. Pulleyblank，加拿大)、雅洪托夫(S. Yakhontov 前蘇聯)、包擬古(N. Bodman，美國)、白一平(W. Baxter，美國)、鄭張尚芳、斯塔羅斯金(S. Starostin，俄國)等等。

清代顧炎武所分的古韻十部是以《詩經》中的入韻字和《廣韻》韻系進行比較而分出的。把《廣韻》同一韻下的字分開歸屬於不同的上古韻部，是顧氏的卓越之處。例如支韻的一部分屬第二部，另一部分屬第六部；尤韻的一部分屬第二部，另一部分屬第五部；庚韻的一部分屬第七部，另一部分屬第八部。這種劃分建立在完全以《詩經》押韻字歸納韻部的客觀基礎上，終於跳出了長期以來人們總是以多個完整的中古韻的合併來歸納上古韻部的誤區。這種成就隱含了現代語言學最基本的原則：嚴守語言事實，從中尋找規律。"顧氏最大的功勞是開始離析唐韻"[②]。表中列出顧炎武的古韻部所包括的《廣韻》韻目，舉平聲以賅上去[③]：

第一部　東冬鍾江
第二部　支半脂之微齊佳皆灰咍尤半
第三部　魚虞模侯麻半
第四部　真諄臻文殷元魂痕寒桓删山仙
第五部　蕭宵肴豪幽尤半
第六部　歌戈麻半支半
第七部　陽唐庚半
第八部　耕清青庚半
第九部　蒸登
第十部　侵覃談鹽添咸銜嚴凡

---

① 這不是完全的歷史比較法，而是漢語文獻資料和歷史比較方法的綜合，當代學者稱之爲"内部比較法"。

② 王力《清代古音學》31 頁，中華書局 1992 年。

③ 爲了簡明，入聲韻目没有列出。《廣韻》及其韻目，請參看第八單元通論"中古漢語的語音系統"。

王力上古韻部名稱和構擬的音值如下表：

甲類	1	之 ə	支 e	魚 a	侯 ɔ	宵 o	幽 u
	2	職 ək	錫 ek	鐸 ak	屋 ɔk	藥 ok	覺 uk
	3	蒸 əŋ	耕 eŋ	陽 aŋ	東 ɔŋ		(冬 uŋ/əm)
乙類	4	微 əi	脂 ei	歌 ai			
	5	物 ət	質 et	月 at			
	6	文 ən	真 en	元 an			
丙類	7	緝 əp		盍 ap			
	8	侵 əm		談 am			

以元音結尾的韻叫陰聲韻，包括表中第一、四行的九個韻；以塞音結尾的韻叫入聲韻，包括表中第二、五、七行的十一個韻；以鼻音-m、-n、-ŋ 結尾的韻叫陽聲韻，包括表中的九個韻。甲類韻帶舌根輔音尾或零尾；乙類韻帶舌尖輔音尾或-i 尾；丙類韻帶唇音尾。冬部是略晚些時候（戰國時期，以《楚辭》爲代表）從侵部中分出的，算上它則爲古韻三十部。每個韻部所屬的字可查上古韻部諧聲表，根據諧聲偏旁來判斷該字歸屬的韻部。也可以查閱工具書，郭錫良的《漢字古音手册》、唐作藩的《上古音手册》、何九盈、陳复華的《古韻通曉》都是按王力的上古音系統來分類的。

需要指出的是，上古韻的研究遠沒有結束。在王力提出古韻二十九部的前後，其他古音學家也都提出了自己的古音系統。李方桂的上古音系統（李方桂《上古音研究》，商務印書館 1982）在海内外都有廣泛的影響。近年來，鄭張尚芳、斯塔羅斯金、白一平各自提出漢語上古音系統，在前人的基礎上有了很多新的進展，並且有許多一致的地方①。

鄭張尚芳的《上古音系》，提出了全新的漢語上古音系統，是漢語上古音研究的重要著作。其特點是：第一，重視活的語言材料。將上古音研究放在歷史文獻語言、古代對音資料、漢語方言和相關民族語言的基礎上，其上古音系統有更强的解釋力。第二，突破複聲母結構分析這一薄弱環節，參照親屬語言提出複聲母的結構和不同音變模式；第三，繼承和發展傳統的上古音研究成果，批判地吸收當代海内外各家的古音學理論。下面是鄭張尚芳漢語上古音系的韻

① 鄭張尚芳《上古音研究十年與展望》，《古漢語研究》1998 年第 6 期、1999 年第 1 期。

類表[①]：

	-0	-g	-ŋ	-w	wg	-b	-m	-l/-i	-d	(-s)	-n
i	脂$_{\text{豕}}$	質$_{\text{節}}$	真$_{\text{黽}}$	幽$_{\text{黝}}$	覺$_{\text{吊}}$	緝$_{\text{揖}}$	侵$_{\text{添}}$	脂$_{\text{齊}}$	質	[至]	真
ɯ	之	職	蒸	幽$_{\text{蕭}}$	覺$_{\text{肅}}$	緝$_{\text{澀}}$	侵$_{\text{音}}$	微$_{\text{尾}}$	物$_{\text{迄}}$	[隊]$_{\text{氣}}$	文$_{\text{欣}}$
u	幽$_{\text{媼}}$	覺$_{\text{睦}}$	終	×	×	緝$_{\text{納}}$	侵$_{\text{枕}}$	微$_{\text{畏}}$	物$_{\text{術}}$	[隊]	文$_{\text{諄}}$
o	侯	屋	東	宵$_{\text{夭}}$	藥$_{\text{沃}}$	盍$_{\text{乏}}$	談$_{\text{贛}}$	歌$_{\text{戈}}$	月$_{\text{脱}}$	[祭]$_{\text{兑}}$	元$_{\text{算}}$
a	魚	鐸	陽	宵$_{\text{豪}}$	藥$_{\text{樂}}$	盍	談	歌	月$_{\text{曷}}$	[祭]$_{\text{泰}}$	元$_{\text{寒}}$
e	支	錫	耕	宵$_{\text{堯}}$	藥$_{\text{的}}$	盍$_{\text{夾}}$	談$_{\text{兼}}$	歌$_{\text{地}}$	月$_{\text{滅}}$	[祭]	元$_{\text{仙}}$

每一韻類所屬諧聲字聲符可檢查本教材附録二《上古音韻部諧聲表》。

我們相信，隨著科學的發展和研究的深入，語言學家們將不斷克服上古漢語没有拼音文字記載的困難，越來越接近真實地揭示出漢語發展的歷史。

四、上古音聲母系統的研究

（一）清代和近代學者的研究

清代學者對上古音的研究，其主要精力放在對韻類的研究上，成績很大，而對漢語聲類即聲母的研究則比較少。

在聲類研究方面有所建樹的有清代的錢大昕、近代的章炳麟、黄侃、曾運乾等人。他們的研究方法，是在宋代三十六字母的基礎上[②]，根據諧聲、異文、反切、聲訓、讀若以及現代方言的材料，來推斷這些中古字母在上古時期的分化與合併。他們得出的一些結論如下：

（1）古無輕唇音　這是錢大昕提出來的。“輕脣”指脣齒音，在三十六字母中爲“非敷奉微”這四個輕脣音。“古無輕脣音”指在上古漢語中只有“幫滂並明”這四個重脣音（即雙脣音[p-、ph-、b-、m-]），没有輕脣音。輕脣音是後來從重脣音中分化出來的。錢氏指出：古音負（奉母）讀如背（並母）、附（奉母）讀如部（並母）、佛（奉母）讀如弼（並母）、文（微母）讀如門（明母）等例子[③]。從諧聲關係看，傍從方聲、捧從奉聲、蒲從甫聲、盼從分聲、裴從非聲，重脣字以輕脣字爲聲符。也有輕脣字用重脣字爲聲符的例子：副從畐聲、憤從賁聲。從《廣韻》的反切看，有輕脣和重脣互切的現象，例如：卑，府移切（以非切幫）；披，敷羈切（以敷

① 鄭張尚芳《上古音系》64頁，上海教育出版社2003年。

② 關於宋人三十六字母，請參看第八單元通論“中古漢語的語音系統”。

③ 錢大昕《十駕齋養新録》卷五。

切滂);平,符兵切(以奉切並);明,武兵切(以微切明)。這説明直至《切韻》時代(7 世紀初)[1]輕唇音尚未完全從重唇音中分化出來[2]。錢氏的結論是正確的。

(2)古無舌上音　錢大昕同時提出古無舌頭音和舌上音之分[3]。舌上音指三十六字母中的"知徹澄娘"四紐,舌頭音指"端透定泥"四紐。錢大昕認爲舌上音是後來從舌頭音中分化出來的。他舉出這樣一些證據:陟如得、直如特、竹如篤、陳如田、棖如棠,等等。從諧聲關係來看,治(澄紐)從台(透紐)聲、墜(澄紐)從隊(定紐)聲、董(端紐)從重(澄紐)聲,等等。從反切來看,也有端組字和知組字互相爲切的情況,如樁,都江切;貯,丁吕切;爹,陟邪切;罩,都教切。在《切韻》時代舌上音已經從舌頭音中分化了出來,所以反切互切的情況遠比重唇輕唇互切的情況要少。錢大昕"古無舌上"的結論也是成立的。

(3)娘日歸泥　這是章炳麟提出來的[4]。泥紐指三十六字母中的舌頭音[n-],娘紐爲舌上音[ȵ-],日紐爲半齒音[nʑ-][5],這是説上古聲母只有泥,娘日二紐是後來從泥紐中分化出來的。從諧聲關係看有很多證據。例如:涅、衵皆從日聲,涅屬泥紐,衵屬娘紐字;女,娘紐,而汝茹如爲日紐,奴怒爲泥紐;若,日紐,匿,娘紐,諾,泥紐;懦,泥紐,儒孺,日紐;搦(nuò),泥紐,弱,日紐。從聲訓看[6],《釋名》:"男,任也。"男屬泥紐,任屬日紐。"女,如也。""爾,昵也。"爾屬日紐,昵屬泥紐。從異文看,"然"又寫作"蘸",從難[n-]聲,當屬泥紐。章炳麟的這個結論爲後來的一些學者所采納。

(4)照$_{二}$歸精　這是黄侃的主張[7]。照组指三十六字母中的照穿床審禪五個正齒音,其中屬於二等的叫做照$_{二}$,屬於三等的叫做照$_{三}$。照$_{二}$组可稱爲照$_{二}$、穿$_{二}$、床$_{二}$、審$_{二}$,一般又稱做莊、初、崇、生/山。精组指三十六字母中的齒頭音精、清、從、心、邪。這是説宋人三十六字母中的正齒音照组字更早的時候是分爲兩組的,其中照$_{二}$字應該和齒頭音精組爲一類,照$_{三}$字應該和端組爲一類。從

---

① 錢大昕《十駕齋養新録》卷五《古無輕唇音》,又見《潛研堂文集》卷十五《答問十二》。

② 《廣韻》雖然成書於宋代,但其所據的音系來自《切韻》,反映了《切韻》的語音系統,而不能反映宋代的實際語音。

③ 錢大昕《十駕齋養新録》卷五《舌音類隔之説不可信》。

④ 《國故論衡》上《古音娘日二紐歸泥説》。

⑤ 聲母依王力《漢語史稿》擬音。下同。

⑥ 聲訓又稱音訓,是一種訓詁方式。采用聲音相同相近,或者具有雙聲叠韻關係的詞來解釋另外一個詞。東漢劉熙的《釋名》,全書都采用這種訓詁方式。下面所舉的各例中,用來解釋詞和被解釋的詞都具有雙聲關係,也就是説,在當時,它們的聲母相同或相近。

⑦ 《音略》,載《黄侃論學雜著》,上海古籍出版社 1980 年。

諧聲關係看證據很多,例如:則爲精紐,測惻爲初紐,側爲莊紐;積爲精紐,責幘簀爲莊紐,嘖賾爲崇紐;宗爲精紐,崇爲崇紐;祖爲精紐,阻爲莊紐,鋤助爲崇紐。宵霄消銷削爲心紐,捎梢稍筲爲生紐。從一字兩讀看,"参"字既讀倉含切(清紐,cān),又讀所今切(生紐,shēn);"省"字既讀所景切(生紐,shěng),又讀息井切(心紐,xǐng)。黄侃的照$_{二}$歸精的結論有一定的依據,後來的研究者有的采納了這個結論。

(5)喻$_{三}$歸匣　由近代的曾運乾在他的《喻母古讀考》中提出。喻$_{三}$指三十六字母中的喉音曉匣影喻中的喻母的三等字,喻$_{三}$又稱于紐或云紐。這是説上古時期喻$_{三}$與匣紐是一個聲母[ɣ-](王力擬匣紐),中古晚期喻$_{三}$已從匣紐中分化出來變成了[j-]。從諧聲關係來看,或爲匣紐,域爲喻$_{三}$;華爲匣紐,爗爲喻$_{三}$;魂爲匣紐(云聲),云爲喻$_{三}$。曾氏還舉出古讀喻$_{三}$字音同匣紐的例子:古讀營如環、古讀援如换、古讀圍如回、古讀員如魂、古讀有如或等等(以上前一字爲喻$_{三}$,後一字爲匣紐)。王力在他的上古聲母系統的構擬中采用了曾運乾的這個主張。

(6)喻$_{四}$歸定　這也是曾運乾提出來的。喻$_{四}$又叫以紐或余紐,指三十六字母中的喻紐[j-]四等字。説喻$_{四}$字在上古與舌頭音定紐[d-]是一個聲母,後來的喻$_{四}$字是從定紐中分化出來的。從諧聲關係看,悦爲喻$_{四}$,而從兑聲(定紐);炎爲喻$_{四}$,而談爲定紐;弋爲喻$_{四}$,而代爲定紐。曾氏還舉出喻$_{四}$古讀如定紐的例子:古讀夷如弟、古讀易如狄、古讀逸如軼、古讀遺(yí)如隤(tuí)(以上後一字爲定母)。曾氏的意見很有啓發性,使人們認識到喻$_{四}$和定紐的密切關係。不過,從現在的研究看,上古喻$_{四}$只是接近定母的一個聲母。

(二)王力的上古聲母系統

王力先生在前人研究成果的基礎上,結合自己的研究,提出上古聲母系統,包含了三十三個聲母,根據他的《同源字典》整理如下表:

喉音:影(/ʔ-/零聲母)

牙音(舌根音):見[k-]　溪[kh-]　群[g-]　疑[ŋ-]　曉[x-]　匣(喻$_{三}$)[ɣ-]

舌音

a. 舌頭:端(知)[t-]　透(徹)[th-]　定(澄)[d-]　泥(娘)[n-]　來[l-]

b. 舌上:章[tɕ-]　昌[tɕh-]　船[ȡ-]　日[ȵ-]　喻(喻$_{四}$)[ʎ-]①　書[ɕ-]　禪[ʑ-]

齒音

a. 正齒:莊[tʃ-]　初[tʃh-]　崇[dʒ-]　山[ʃ-]　俟[ʒ-]

① [ʎ]是與[ȵ]同部位的邊音,即比[l]部位較後的音。

b. 齒頭：精[ts-]　清[tsh-]　從[dz-]　心[s-]　邪[z-]

脣音：幫(非)[p-]　滂(敷)[ph-]　並(奉)[b-]　明(微)[m-]

從上表可見，王力吸收了前人古無輕脣(非組)、古無舌上(知組)、照$_{二}$歸(近)精[①]、照$_{三}$歸(近)端知、喻$_{三}$歸匣、喻$_{四}$歸(近)定等結論。其中前兩點，當代各家以進一步的研究證明是成立的。王力上古聲母系統的特點，是在中古聲母系統的基礎上向上推，並進行了一些分合。這個系統代表了20世紀50年代前後的研究成果[②]。

(三)當代上古聲母研究的進展

20世紀60年代以來，在海内外學者的共同努力下，漢語上古音的研究，特别是上古聲母系統的研究取得了比較大的進展。這是由於在以下兩個方面采用了一些新的研究方法，獲得了更多的研究資料：

1. 系統地清理諧聲關係，更詳盡地利用諧聲材料。特别是將其用於上古聲母的研究，並參以音位學原理的合理解釋。例如蒲立本(E. G. Pulleyblank)的《上古漢語的輔音系統》(1962)，雅洪托夫(S. Yakhontov)《漢語史論文集》(1960～1978)，李方桂《上古音研究》(1971發表)。

2. 采用外部比較構擬的方法，將漢語和親屬語言相比較(例如漢藏語系各個語言的比較)，也和域外的漢語借詞相比較。例如白保羅(Benedict，美國)的《漢藏語概論》(1972)，包擬古(Bodman，美國)的《原始漢語與漢藏語》(1980)，白一平(W. Baxter，美國)的《漢語上古音手册》(1995)，潘悟雲的《漢語歷史音韻學》(2000年)。

在上述兩個方面進行研究，系統地完成了上古聲母構擬的是鄭張尚芳的《上古音系》(2003)。該書的後面附録《上古音字表》，列出了一萬九千餘字的上古音擬音，及其所屬的上古韻類、諧聲關係和中古音韻地位，可供查閲。

下面從幾個主要的方面簡要地介紹目前上古聲母系統特别是複聲母研究的新進展：

1. 來母的上古形式　來母在中古爲l-，在上古當爲*r-。雅洪托夫發現來母字和二等字諧聲的有規律的現象[③]，例如(前一字是來母字，後一字是二等字)：

---

① 王力的系統只是照$_{二}$近精，保留了莊組的構擬。如果依黄侃的意見將莊組合入精系，則爲28聲母。

② 1956年《漢語史稿》上册已經出版。

③ 雅洪托夫《上古漢語的複輔音聲母》(1960)，《漢語史論文集》，北京大學出版社1986年。

録:剥;裹:埋;來:麥;練:柬;隆:降;吏:史。這種諧聲現象提示剥、埋、柬等字顯然是帶有來母的複輔音聲母,譬如*pl-、*ml-、*kl-等。而二等字的演變規律説明,二等字的第二個輔音(或介音)應該是*-r-。因此雅洪托夫接受了蒲立本的中古來母 l-來源於*r-的意見,構擬*r->l-(中古來母)。在李方桂的上古音系統中,二等介音爲*-r-,來母却是*l-,不一致。

2. 上古余母　《漢書》中以"烏弋山離"對譯 Alexandria,第二音節 lek 用喻四字"弋"(中古音 jik)。説明喻四在上古近於 l-。前面提到曾運乾提出"喻四歸定",但是從諧聲關係來看喻四不僅與定母諧聲,也與透、書、邪母有密切的諧聲關係。例如逸從兔(透)聲;台聲(透)有怡(喻四)、始(書);俞聲(喻四)有偷(透)、輸(書);兑聲(定)有悦(喻四)、蜕(透)、税(書);也聲(喻四)有他(透)、施(書);余聲(喻四)有途(透)、徐(邪)等等。根據這種現象,蒲立本、雅洪托夫等構擬了上古聲母 l-①,在三等變爲中古 j-(喻四),在一四等變成中古 d-(定母的一部分),二等變爲澄母 ȡ-的一部分。李方桂的構擬清流音 hl-,演變爲透、徹和書母的一部分。潘悟雲将其歸納如下表(h 代表清音符號)②:

一二四等	三等
*l->d-(一四等定母)	*l->j-(三等以母)
*hl->th-(一四等透母)	*hl->ɕ-(三等書母)
*rl->ɖ-(二等澄母)	*rl->ɖ-(三等澄母)
*rhl->ʈh-(二等徹母)	*rhl->ʈh-(三等徹母)

總之,不是喻四由定母分化出來,而是上古的*l-分化成了中古不同的幾個聲母,包括喻四和定母。

中古的喻四還有一個來源,鄭張尚芳指出,喻四的一部分字(重紐合口的字)都歸上古云母,比如喻四字"營、穎、役、尹、匀"等,這些字與云母字有相同的聲符。這些字本應變爲中古喻三,由於重紐四等韻前的-i-介音的影響,而併入喻四。

3. 精莊組的上古聲母　上古聲母精、清、從通常構擬爲*ts-、*tsh-、*dz-,與中古聲母完全一樣。一些學者的研究證明,精組聲母在上古是以*s-开頭的複聲母。這最初由包擬古提出,其他學者也多有論證。李方桂(1971)構擬的這種複聲母的兩個類型如下:

---

① 李方桂構擬喻四爲相近的流音*r-,應與他的來母*l 互换。參見前文。

② 潘悟雲《漢語歷史音韻學》273 頁,上海教育出版社 2000 年。這裏有改動。

a. *st->s-,*sth->tsh-,*sd->dz-;

b. *sk(w)->s(w)-,*skh(w)->tsh(w)-,*sg->dz-;

諧聲的例子,舌尖音有賜(s-):剔(th-);修(s-):條(d-);隋(s-):墮(d-);邃(s-):隊(d-);犀(s-):遲(d-);泄(s-):堞(d-)。舌根音的例子有楔(s-):契(kh-);歲(s-):劌(k-);繐(s-):惠(ɦ-);所(sr-):户(ɦ-);恤(s-):血(h-);荀(s-):絢(h-)等等。

鄭張尚芳更證明早期上古音的精組聲母(a 行)是擦音精 ʔs-、清 sh-、從 z-、心 s-,後來塞化爲塞擦音。莊組聲母應當與精組合併,它們的上古音差别只是莊組聲母後面多了一個介音*-r-(鄭張尚芳 2003:104 頁)。

4. 照$_{三}$(章)组聲母的上古來源　中古的章 tɕ-、昌 tɕh-、船 dʑ-、書 ɕ-、禪 ʑ-①,也是由不同的上古聲母合併而來的。其在上古的兩種主要來源是舌尖音(a)和舌根音(b)的顎化系列:

a. *tj->tɕj-,*thj->tɕhj-,*dj->dʑj-;

b. *kj->tɕj-,*khj->tɕhj-,*gj->dʑj-;

*krj->tɕj-,*khrj->tɕhj-,*grj->dʑj-,*hrj->ɕj,*Nrj->ʑj-;

*klj->tɕj-,*khlj->tɕhj-,*glj->dʑj-;*hlj->ɕj-,*ɦlj->ʑj-;

a 類的諧聲例子有終(tɕ-):冬(t-);充(tɕh-):統(th-);禪(dʑ-):單(t-);神(ʑ-):電(d-)。這跟黄侃的照$_{三}$歸端(知)是一致的。b 類的第一行是蒲立本的構擬,第二行是李方桂的構擬,第三行是鄭張尚芳的構擬(他的構擬也包括第一行的[kj-]型)。章系跟舌根音諧聲的例子有赤(tɕhj-):赫(x-);示(ʑj-):祁(gj-);纸(tɕj-):衹(gj-);鍼(tɕj-):咸(g-)等。厦門話讀音:指(章母)ki,枝(章母)ki;齒(昌母)khi,處(昌母)khi。章組字與舌根音諧聲的現象董同龢在 20 世紀 40 年代就已經提出。現在從同源詞、方言和漢藏語比較證明有相當數量的章組字是上古的舌根音顎化而來的。李方桂舉出的就有:枝只蒸箴抵旨、樞杵處赤車臭、丞豉氏視示腎頤誘摇藥裕欲邪鹽等等。章組聲母顎化的條件,有不同意見,仍在繼續研究。

5. 清鼻流音聲母

漢字中有這樣一種諧聲關係:每(m-):悔誨晦(h-);勿(m-):忽(h-);墨(m-):黑(h-);民(m-):昏(h-);亡(m-):荒(h-)。對明母和曉母的諧聲關係,高本漢構擬爲*xm-。李方桂構擬爲清鼻音,寫作*hm-:

---

① 這裏是王力的構擬。現在多數學者擬作禪 dʑ-、船 ʑ-,即船禪音互换。

*hm->h-(悔、忽、黑、昏、荒)

與之相似，舌尖鼻音泥母、娘母與送氣清塞音透母、徹母也有諧聲關係：能(n-)：態(th-)；紐(ȵ-)：丑(ȶh-)；耳(nʑ-)：耻(ȶh-)；若(nʑ-)：慝(ȶh-)；餒(n-)：妥(th-)。李方桂把這種諧聲關係的上古聲母擬作舌尖清鼻音*hn-。其演變規律爲：

*hn->th-(透)　*hnr->ȶh-(徹)

舌根鼻音疑母字也有和曉母字互諧的現象：吪(ŋ-)：化貨(h-)；午(ŋ-)：許(h-)；義(ŋ-)：羲(h-)；虐(ŋ-)：謔(h-)；鬳(ŋ-)：獻(h-)等等。與前兩種清鼻音相配合，李方桂把這種諧聲關係的上古聲母構擬爲 hŋ-、hŋw-，其演變規律爲：

*hŋ->h-(曉)，*hŋw->hw-(曉)

鄭張尚芳將上述語音現象歸納爲送氣的鼻流音聲母和帶前冠音的複聲母兩套輔音：

a. 送氣的變送氣塞音：mh 撫　nh 帑　ŋh 哭　lh 胎　rh 寵

b. 帶有 h 冠音的變曉母：hm 悔　hn 漢　hŋ 謔　hl 咍　hr 罅

a 行爲單聲母，b 行爲複聲母。這個構擬解釋了鼻流音與送氣塞音和曉母之間的諧聲關係，有整齊的規律(鄭張尚芳 2003：109 頁)。

目前，上古複聲母問題還在繼續研究之中。

五、上古漢語的聲調問題

現代漢語是有聲調的。漢語的親屬語言藏語在 7、8 世紀尚未産生聲調，現代藏語拉薩話的聲調是後來産生的，而藏語安多方言至今未産生音位意義上的聲調①。上古漢語聲調的情況如何？上古漢語究竟有没有聲調？如果没有聲調，與後來的聲調有相同作用的語音特徵在上古漢語裏是什麽形式？下面依時代先後簡要介紹幾種不同的意見：

(一)段玉裁的"古無去聲"説

這是清代學者關於上古聲調的討論中最有見地的主張。段玉裁説：

> 考周秦漢初之文，有平上入而無去。洎乎魏晋，上入聲多轉而爲去聲，平聲多轉而爲仄聲，於是乎四聲大備，而與古不侔。有古平而今仄者，有古上入而今去者，細意搜尋，随在可得其條理。……上聲備於三百篇，去聲備於魏晋。《六書音均表・古四聲説》

《詩經》裏去入字押韻的情況如(下加・爲入聲，下加—爲去聲)：

> 一之日觱發，二之日栗烈。無衣無褐，何以卒歲？(《豳風・七月》一

① 胡坦《藏語拉薩話聲調研究》，《民族語文》1980 年第 1 期。

章）

鸛鳴于垤，婦嘆于室。灑掃穹窒，我征聿至。（《豳風·東山》二章）

還有去聲和平聲相押的例子（·爲平聲，下加—爲去聲）：

不吊昊天，亂靡有定。式月斯生，俾民不寧。夏心如酲，誰秉國成？不自爲政，卒勞百姓。（《小雅·節南山》）

就其深矣，方之舟之。就其浅矣，泳之游之，何有何亡，黽勉求之。凡民有丧，匍匐救之。（《邶風·谷風》二章）

同一諧聲偏旁的字，分別屬於去聲和平聲、入聲。如上面例子，"垤室窒"爲入聲，而"至"爲去聲；"生"爲平聲，"姓"爲去聲；"求"爲平聲，而"救"爲去聲；"正征鉦"爲平聲，而"政"爲去聲。因此段玉裁認爲上古没有去聲，魏晋以後的去聲字在上古或是平上聲字，或是入聲字。

（二）王力的古四聲説

王力同意段玉裁"古無去聲"的觀點，主張上古漢語有"舒促兩大類，但又細分爲長短。舒而長的聲調就是平聲，舒而短的聲調就是上聲。促聲……一律稱爲入聲。促而長的聲調就是長入，促而短的聲調就是短入"①。王力的長入就是後來的去聲，短入就是後來的入聲。在他的古音系統中，中古的大部分去聲字在上古音中都構擬作帶-t、-k尾的長元音入聲字，這是我們在閲讀有關的書籍和文章時要注意的。

（三）當代的研究

目前的研究越來越清楚地提示出這樣一個事實：漢語的聲調是在漫長的歷史發展中逐漸産生的。在上古漢語階段，聲調尚未形成，或者説，還未形成能够區别意義的音位性的四個調類，只能説是一些伴隨性的語音特徵。大致的情况是：

1. 韻尾的-s或以-s結尾的複輔音形成了後來的去聲②；

2. 清塞尾-p、-t、-k發展爲後來的入聲；

3. 韻尾的喉塞音-ʔ發展爲後來的上聲③；

---

① 王力《漢語史稿》上册第65頁，中華書局1980年。

② Haudricourt，1954，Del'origine des Tons en Vietnamien，Journal Asiatiqre 242；蒲立本《上古漢語的輔音系統》，1962年；梅祖麟《四聲别義中的時間層次》，《中國語文》1980年第6期。

③ 同上前兩條。

4. 其餘的零尾和輔音尾發展爲後來的平聲①。

以上四點,前兩點是比較肯定的。後兩點中的一些問題,尚需進一步研究。

練習(三)

一、填空。

1. 上古音時期指(　　)時期,約(　　)世紀的語音,以(　　)爲代表。

2. 中古音時期指(　　)時代,約(　　)世紀的語音,以隋(　　)的(　　)音系爲代表。

3. 近古音時期指(　　)時代,約(　　)世紀的語音,以元代(　　)的(　　)爲代表。

4. 從書面記録反映古代語音的情況來看,世界上各種語言的古代文字材料大致可歸納爲如下四種:(　　　);(　　　);(　　　);(　　　)。

5. 上古韻部研究的三個步驟是:(　　),(　　),(　　)。

6. 以零尾或元音結尾的韻叫(　　),以塞音結尾的韻叫(　　),以鼻音結尾的韻叫(　　)。

7."古無輕唇音"指在上古漢語中只有(　　)這四個重唇音,没有輕唇音(　　)。

8. 舌上音指三十六字母中的(　　)四紐,舌頭音指(　　)四紐。錢大昕以爲上古無舌頭舌上之分,(　　)是後來從(　　)中分化出來的。

9.《漢書》中以"烏弋山離"對譯 Alexandria,第二音節 lek 用喻$_{四}$字"弋"。説明喻$_{四}$在上古近於(　　)。

10. 一些學者的研究證明,精組聲母在上古是以*s-开頭的(　　)。

二、爲什麼與上古時期使用拼音文字的語言相比,上古漢語語音研究的困難要大得多?

三、上古漢語語音的研究利用了哪些材料和方法?

四、高本漢構擬上古音值的方法和步驟主要是什么?

五、爲什么説顧氏最大的功勞是開始離析唐韻?

六、20 世紀 60 年代以來漢語上古音的研究取得了比較大的進展。這是由於在

① 李方桂構擬陰聲韻爲濁塞尾。

哪些方面獲得了新的研究方法和研究資料?

七、有聲調的語言從一開始就有聲調嗎?

通　論

(十八)上古音知識的運用

學習古漢語時,雙聲叠韻、古音通假、同源詞、破讀以及其他讀音問題,都涉及到音韻學知識。下面分别介紹。

一、雙聲叠韻

上古漢語中,有一些雙音節的單純詞,叫做聯綿詞,前人又稱之爲連綿字。聯綿詞中,兩個字上古聲母相同的叫雙聲聯綿詞①,兩個字上古韻部相同的叫叠韻聯綿詞②。例如:

1. 雙聲聯綿詞

[脣音]斑駁　觱發　匍匐　旁薄　黽勉

[舌音]顛倒　踟躕　侘傺　突梯　蝃蝀

[齒音]倉猝　憔悴　參差　蟋蟀　蠨蛸

[喉音]荒忽　伊威　鴛鴦　顑頷

[牙音]契闊　慷慨　滑稽

[半舌]栗烈　陸離　玲瓏　流連

2. 叠韻聯綿詞

[元部]輾轉　潺湲　嬋媛;[宵部]窈窕　窈糾　逍遥　蠨蛸;[侯部]須臾;[侵部]顑頷;[微部]虺隤　崔嵬;[陽部]倉庚;[之部]鎡基;[文部]紛緼　[屋部]觳觫　[支部]薜荔

聯綿詞有以下三個特點:

①聯綿詞是單純詞,只有一個語素,因此不能拆開來講。例如"猶豫"這個詞,就是遲疑不決的意思,"猶"和"豫"兩個字只代表這個詞的兩個音節,而不是

① 包括發音部位相同而發音方法不同的情况。

② 包括韻部相近的情况。

它們各自的字面意義合起來構成這個詞的意義。有人因爲不了解這一點，以字面義去解釋聯綿詞而鬧出笑話。北齊顔之推《顔氏家訓·書證》云："《尸子》曰：'五尺犬爲猶。'《説文》云：'隴西謂犬子爲猶。'吾以爲將犬行，犬好豫在人前，待人不得又來迎候，如此往還至於終日。斯乃'豫'之所以爲未定也，故稱'猶豫'。"又如《莊子·秋水》"望洋向若而嘆"，"望洋"爲叠韻聯綿詞，意爲迷惘地向前直視。有人却錯誤地理解爲"望著海洋"。

②一個聯綿詞往往有不同的書寫形式。例如：望洋又寫作望陽、望羊、望佯；狼狽又寫作狼跟、狼貝、狼跋；顛倒又寫作顛到、丁倒；跋扈又寫作拔扈、拂扈；匍匐又寫作匍伏、俯伏、服伏，等等。這是因爲聯綿詞的兩個字只記音，所以可以寫成同音字或音近字。

③聯綿詞大多是形容詞性的，其上下兩字大多有雙聲或叠韻的關係，這可能和上古漢語的構詞法有關係。《詩經》、《楚辭》中的聯綿詞很多，後代的聯綿詞多是襲用先秦時期的。聯綿詞的研究對先秦漢語辭彙研究有重要意義。

二、古音通假

古音通假是指古代漢語文獻中用同音字或音近字替代本字的現象。例如《詩經·魏風·碩鼠》"逝將去女"，"逝"指發誓，本應寫作"誓"，由於"逝"與"誓"在上古時期同音*gljeds（禪紐祭2部去聲）[①]，便用"逝"來表示*gljeds這個音，意義是發誓。通常把字形和意義一致的字叫做本字，把借用來的字形和意義不一致的字叫做借字，習慣稱爲某通某。上述例子即逝通誓。

這種現象常常被認爲是古人寫别字，張冠李戴。其實這種現象有更深刻的原因。漢字是意音文字，字形不僅與字音，也和字義相聯繫。上古漢語中，幾個不同的詞或語素可能具有相同或相近的聲音形式。按照表意文字的規則，應當使用與詞義一致的形體。然而，人類記録語言最直接、最方便的辦法是記音，即按照表音的規則，用一個統一的簡單的符號記下它的聲音就行了，語言環境能够幫助人們理解其意義。

在公元前的十幾個世紀中，世界上一些民族在記録自己的語言時，都不約而同地向表音文字的方向發展，例如古埃及聖書文字和蘇美爾楔形文字。漢字也不例外。漢字中的假借字、形聲字中的聲符以及文字使用中的通假字都是這種發展的體現。

但是，由於中國歷史發展中的特殊原因，例如漢語的方言分歧、崇尚傳統的

① 上古音構擬依鄭張尚芳上古音系統，雙寫字母表示相應的長元音。下同。

文化習俗，以及政治手段的干預等因素，使得漢字向表音文字發展的過程在兩千年前就基本停了下來，漢字因此成爲了當今世界上獨一無二的意音文字。上古時期的漢語文獻中留下的大量的表音成分，就是漢字未能完成表音化發展的遺迹①。

通假字不同於不規則的寫别字現象，而有相當的一致性，也正是這個原因。例如“庖、匏”古音同*bruu（並紐幽1部平聲），“伏犧”可寫作“庖犧”，却不寫作“匏犧”；“早、蚤、棗”同音*tsuuʔ（精紐幽1部上聲），“早晨”的“早”可用“蚤”來代替，却不寫作“棗”；“逝”可以通“誓”（發誓），但逝去的“逝”却不寫作“誓”；“修、脩、羞”同音*sluw（心紐幽部平聲），“修”（修飾）常常寫作“脩”，却不寫作“羞”。另外，不同的地域和時期，使用通假字也有一定的一致性。例如“維、唯”*Gwi都可作句首語氣詞，而《左傳》、《論語》多用“唯”，《詩經》多用“維”；“與*la、邪*laa”都可作句尾語氣詞，而《論語》用“與（yú）”不用“邪（yé）”，《莊子》用“邪”不用“與”。

通假字的同音或音近，是指上古音相同或相近，就是指本字和通假字的上古聲母和韻部相同或相近。相同好辦，只需在《古音字表》（鄭張尚芳 2003：260頁）中去查一查就行（也可查閲前一節提到的漢語上古音的其他工具書）。古音相近可以初步根據下述方法去判斷：古聲母相近：發音部位相同的塞音或塞擦音可算作古聲母相近；古韻部相近：王力上古韻部中同類同直行或横行的韻部可算作古韻部相近。但是要注意，不能認爲只要符合上述條件就是通假。還應當有確切的文獻證據。例如（借字在前，本字在後）：

矢→屎《莊子・人間世》：“夫愛馬者，以筐盛矢。”（同爲書母脂部上聲）

矢→誓《詩經・鄘風・柏舟》：“之死矢靡它。”（矢，書母脂部上聲；誓，禪母月部去聲）

惠→慧《列子・湯問》：“甚矣，汝之不惠！”（惠，匣母質部；慧，匣母月部）

直→特《孟子・梁惠王上》：“直不百步耳，是亦走也。”（直，澄母職部；特，定母職部）

信→伸《易・繫辭下》：“尺蠖之曲，以求信也。”（信，心母真部；伸，書母真部）

歸→饋《論語・陽貨》：“歸孔子豚。”（歸，見母微部；饋，群母物部）

趣→促《漢書・陳勝傳》：“趣趙兵亟入關。”（趣，清母侯部；促，清母屋部）

---

① 秦漢以後書面語中的通假現象多是因襲前代的。

詳→佯《史記・淮陰侯列傳》："擊龍且，詳不勝。"（詳，邪母陽部；佯，余母陽部）

亡→無《漢書・食貨志》："四時之間，亡日休息。"（亡，明母陽部；無，明母魚部）

矜→鰥《禮記・禮運》："矜寡孤獨廢疾者皆有所養。"（矜，群母真部；鰥，見母文部）

闕→掘《左傳・隱公六年》："若闕地及泉，隧而相見，其誰曰不然？"（闕，溪母月部；掘，群母物部）

古書中的通假字，前人的注解中大都已經注明。特别是在清代學者的著作中，運用"即古音求古義"，"因聲求義，不限形體"的訓詁方法，揭示了很多以前没有解讀的通假現象。我們可以查閲這方面的專著，如段玉裁的《説文解字注》，王念孫的《廣雅疏證》、《讀書雜志》、朱駿聲的《説文通訓定聲》，郝懿行的《爾雅義疏》等著作。當然，前代學者也有没有弄清的問題或者失誤的地方。今天我們的音韻學知識比以前更爲進步，可以在前人的基礎上做得更好。

通假字的讀音，一般要按本字的讀音來讀，所謂"學者改本字讀之，則怡然理順；依借字解之，則以文害辭"①。例如：

《詩經・小雅・節南山》："赫赫師尹，民具爾瞻。"（"具"通"俱"，讀 jū）

《禮記・儒行》："雖危，起居竟信其志。"（"信"通"伸"，讀 shēn）

《史記・陳涉世家》："發閭左適戍漁陽九百人。"（"適"通"謫"，讀 zhé）

《史記・范雎列傳》："攻適伐國。"（"適"通"敵"，讀 dí）

《漢書・霍光傳》："朕知是書詐也，將軍亡罪。"（"亡"通"無"，讀 wú）

《國語・越語上》："命壯者無取老婦，令老者無取壯妻。"（"無"通"毋"，讀 wú）

《史記・秦始皇本紀》："百姓内粟千石，拜爵一級。"（"内"通"納"，讀 nà）

《詩經・豳風・七月》："八月剥棗。"（"剥"通"攴"，讀 pū）

三、同源詞

同源詞是從同一詞根發展而來的語音和語義都有歷史聯繫的一組詞。同源詞之間，上古音多數相近，有的則由於語音的歷史演變而差别較大；同源詞的詞義多數相近，有的則由於輾轉引申，意義相去漸遠，而看不出它們原有的意義上的聯繫。但是，如果追溯它們的原始形式，可以看出它們都出自同一個詞根。簡單地説，判定一組詞爲同源詞有兩個條件：一是它們的詞根相同，二是它們的

① 王引之《經義述聞》卷三十二"經文假借"條。

古義相通。例如下面的一組詞：

捝*lhoot＞thuat＞tuō①(他括切，透母月 3 部)，這個字在上古時期的意義是“解脱”。《説文·手部》：“捝，解捝也。”這個字又有異讀*l’oot＞duat＞duó(徒活切)。

脱*lhoot＞thuat＞tuō(他括切)，《説文·肉部》：“脱，消肉臞(qú 瘦)也。”段玉裁注：“今俗謂瘦太甚者曰脱形，言其形如解蜕也。”又一個意義是將骨頭與肉分離。《玉篇·肉部》：“脱，肉去骨。”又爲離開、分離。《國語·齊語》：“脱衣就功。”韋昭注：“脱，解也。”《史記·魯周公世家》：“恒子詐而得脱。”這個字又有異讀*l’oot＞duat＞duó(徒活切)。

税*hljots＞ɕĭuɛi-＞shuì(舒芮切，書母祭 3 部)上古義是解開、釋放。《方言》卷七：“税，舍車也。宋趙陳魏之間謂之税。”《吕氏春秋·慎大》：“乃税馬于華山，税牛于桃林。”高誘注：“税，釋也。”《左傳·莊公九年》：“管仲請囚，鮑叔受之，及堂阜而税之。”釋放重負就得到了休息、止息，故《詩經·召南·甘棠》：“蔽芾(fèi)甘棠，勿翦勿拜，召伯所説。”毛傳：“舍也。”陸德明《經典釋文》：“説，本或作‘税’。”“召伯所説”意爲(甘棠樹)是召伯休息的地方。

説*hljot＞ɕĭuɛt＞shuō(失爇切，書母月 3 部)；又音*hljots＞ɕĭuɛt＞shuì(舒芮切)。上古在釋放、解脱、休息的意義上與“税”同。《詩經·大雅·瞻卬》：“此宜無罪，女反收之；彼宜有罪，女覆説之。”止息、休息的意義如《左傳·宣公十二年》：“鷄鳴而駕，日中而説。”由休息(從緊張中鬆馳下來)引申爲愉悦。如《詩經·召南·草蟲》：“未見君子，憂心惙惙。亦既覯止，我心則説。”這個意義詞形上略有變化，作*lot＞jĭuɛt＞yuè(弋雪切，余母月部)，字形後來寫作“悦”。説話是把腦子裏想的東西從口裏釋放出來。故“説話”的“説”的詞源義也是釋放。《説文·言部》：“説，説釋也。一曰談説。”《論語·顔淵》：“惜乎，夫子之説君子也，駟不及舌！”比較英語 loosen one’s tongue(隨口亂説，信口開河)。“説”的四個意義，即釋放、止息、愉悦、説話是源於同一詞源的。

蜕*lhoots＞thai-＞tuì(湯卧切，透母祭 3 部)，《説文·蟲部》：“蜕，蛇蟬所解皮也。”指蛇或蟬脱下的皮殼，其詞源義是解脱。《廣雅·釋詁一》：“蜕，解也。”《淮南子·説林》：“蟬飽而不食，三十日而蜕。”這個字還有*hljots＞ɕĭuɛt＞shuì(舒芮切)和*lot＞jĭuɛt＞yuè(弋雪切)的異讀。

奪*l’oot＞duat＞duó(徒活切，定母月 3 部)，《説文·奞部》：“奪，手持隹失

① 帶 * 號的是上古音，後面是中古音，最後是現代漢語音(用拼音表示)。上古音、中古音按鄭張尚芳系統構擬，但入聲尾作清塞音。

之也。”本義是手裏抓的鳥掙脱飛跑了，引申爲失去。段玉裁注：“引申爲凡失去物之稱，凡手中遺落物當作此字。”《孟子·梁惠王上》：“百畝之田，勿奪其時，數口之家可以無飢矣。”“勿奪其時”即不要失去它們的季節①。這個“奪”在古書中常寫作“脱”，如“脱文”、“脱字”，意爲失去或遺漏的文字。

根據以上比較，“捝、脱、稅、説、蜕、奪”是同源詞，詞根爲*loot-(常見形式*loot，*loots)，意義爲解開、釋放。詞根聲母*l-是根據這組詞定母、透母、書母、以母的諧聲關係構擬的。通過這個例子可以看到，同源詞主要是根據詞的音義的歷史發展關係來確定的。

需要指出的是，探求同源詞的語音原則和説明通假字的語音原則是不一樣的。確定通假是根據借字與本字語音(上古音)相同或相近的原則。而探求同源詞是根據構詞方式上的共源聯繫，並不一定要語音相同或相近。正如法國歷史語言學家梅耶(A. Meillet)所説：“有效的語源上的符合决不是根據一些語音形式間的相似而確定的，而是根據一些對應的規律。”②目前漢語同源詞的研究整理尚在起步階段。

四、破讀

破讀又叫讀破，是改變一個字的讀音以區别意義或詞性的方法。例如《詩經·小雅·采薇》：“今我來思，雨雪霏霏。”“雨”讀作去聲 yù，意義爲下、落，詞性由名詞變成了動詞。

破讀現象大部分來源於古代漢語的附加後綴構詞法，主要是附加*-s 尾，後來成爲去聲聲調。因此，破讀在語音上主要表現爲非去聲字變成去聲的讀音。在上古漢語階段，可以用改變詞的詞首輔音、元音或韻尾輔音的辦法來構成新詞或改變一個詞的詞性。例如前面舉的“脱”(*lhoot，將肉從骨頭上分解下來)、“稅”(*hljots，解開，釋放)，這從詞形上看就是改變了詞首、詞尾輔音構成了新詞。但是後來造了“脱”和“稅”兩個字形來分别表示這兩個同一詞根變來的詞，我們便不把它們視爲一個詞的破讀了。如果改變了詞形而又不另造新字，就形成了一字兩讀的結果，到後世便成了破讀。例如前面舉的“説”(*hljot，shuō，説話；*hljots，shuì，説服)。又由於人們對多數變讀爲去聲(上古時期是在詞尾加-s後綴)的詞不另造新字③，故破讀多數是一個字由原來的讀音變爲去聲。

① 搶奪的“奪”，《説文》作“敚，彊取也”。應是同音的另一個詞。

② 梅耶《歷史語言學中的比較方法》29 頁，科學出版社 1957 年。

③ 參看通論(十七)之“五、上古漢語的聲調問題”一節，人們把詞尾加上*-s 的變化看作是一個詞的不同形式，故不另造新字。

破讀主要有以下三種情况：

1. 動詞轉化爲名詞，讀爲去聲

乘 chéng，乘車，乘坐，動詞。《左傳·僖公四年》："齊侯陳諸侯之師，與屈完乘而觀之。"乘 shèng，一車四馬，輛，名（量）詞。《左傳·隱公元年》："大叔完聚繕甲兵，具卒乘。"

觀 guān，觀察，動詞。《論語·公冶長》："始吾於人也，聽其言而觀其行。"觀 guàn，宗廟或宫庭大門外兩旁高大的建築物，名詞。《禮記·禮運》："事畢，出遊於觀之上。"

傳 chuán，傳遞，動詞。《史記·淮陰侯列傳》："三秦可傳檄而定也。"傳 zhuàn，傳遞信件的車馬，驛車，名詞。《史記·蒙恬列傳》："而遣御史曲宫乘傳之代。"

藏 cáng，收藏，動詞。《荀子·王制》："春耕、夏耘、秋收、冬藏。"藏 zàng，儲存財物的庫房，名詞。《左傳·僖公二十四年》："晋侯之豎頭須，守藏者也。"

2. 名詞或形容詞轉化爲動詞，讀爲去聲

衣 yī，衣服，名詞。《詩經·豳風·七月》："七月流火，九月授衣。"衣 yì，穿衣，動詞。《史記·淮陰侯列傳》："（漢王）解衣衣（yì）我，推食食（sì）我。"

冠 guān，帽子，名詞。《史記·屈原賈生列傳》："吾聞之：新沐者必彈冠，新浴者必振衣。"冠 guàn，戴（帽子），動詞。《莊子·盜蹠》："冠（guàn）枝木之冠。"

好 hǎo，貌美，形容詞。《陌上桑》："秦氏有好女，自名爲羅敷。"好 hào，愛好，動詞。《禮記·大學》："所謂誠其意者，毋自欺也。如惡（wù）惡臭，如好（hào）好色。"

惡 è（入聲），醜，形容詞。《戰國策·趙策》："鬼侯有子而好，入之於紂。紂以爲惡。"惡 wù，討厭，動詞。《荀子·天論》："天不爲人之惡寒也輟冬，地不爲人之惡遼遠也輟廣。"

3. 部分及物動詞和形容詞在使動意義時讀爲去聲

食 shí，吃。《詩經·魏風·碩鼠》："碩鼠碩鼠，無食我黍。"食 sì，使……吃，及物動詞用作使動。晁錯《論貴粟疏》："聖王在上而民不凍飢者，非能耕而食之，織而衣之也，爲開其資財之道也。"

從 cóng，跟隨。《論語·微子》："子路從而後，遇丈人，以杖荷蓧。"從 zòng，使……跟隨。及物動詞用作使動。《莊子·盜蹠》："盜蹠從卒九千人，横行天下，侵暴諸侯。"

飲 yǐn，喝。《孟子·告子上》："冬日則飲湯，夏日則飲水。"飲 yìn，使……喝。

及物動詞用作使動。《左傳·宣公十二年》:"將飲馬於河而歸。"

遠 yuǎn,遠。《老子·小國寡民》:"使民重死而不遠徙。"遠 yuàn,使……遠,離開。《漢書·張騫李廣利傳》:"(大月氏)既臣大夏而君之,地肥饒,少寇,志安樂,又自以遠遠(yuàn)漢,殊無報胡之心。"

破讀是古代漢語中的構詞現象,許多破讀今天還在沿用。例如:

難 nán,難易(形容詞):nàn,災難(名詞);

吐 tǔ,吐出(動詞,主動義):tù,嘔吐(動詞,被動義);

中 zhōng,中間(名詞):zhòng,與某物相合(動詞);

空 kōng,虛(形容詞):kòng,空閒(名詞);

好 hǎo,好壞(形容詞):hào,喜好(動詞);

惡 è,善惡(形容詞):wù,厭惡(動詞);

彈 tán,彈奏(動詞):dàn,彈弓(名詞);

處 chǔ,處置(動詞):chù,處所(名詞);

藏 cáng,躲藏(動詞):zàng,内臟(名詞);

飲 yǐn,喝(動詞):yìn,飲花(西南官話,即澆花,使動用法);

聽 tīng,用耳朵聽(動詞):tìng,聽從(服從)①;

許多在古書中注明的破讀,在今天的口語中不再分别。例如:

來 lái,來,動詞。《論語·陽貨》:"來!予與爾言。"來 lài,使……來,使動意義。《論語·季氏》:"故遠人不服,則修文德以來之。"

行 xíng,行走,動詞。《墨子·公輸》:"子墨子聞之,起於齊,行十日十夜而至於郢。"行 xìng,品行,名詞。《莊子·逍遥遊》:"故夫知效一官,行比一鄉,德合一君,而徵一國者,其自視也亦若此矣。"

將 jiāng,率領,動詞。《史記·項羽本紀》:"將卒數萬人而軍鉅鹿之北。"將 jiàng,將領,名詞。《史記·魏公子列傳》:"將在外,主令有所不受。"

勞 láo,辛勞,形容詞。《韓非子·五蠹》:"夫耕之用力也勞。"勞 lào,慰勞,動詞。《史記·鄭世家》:"詐以十二牛勞軍。"

妻 qī,妻子,名詞。《列子·湯問》:"鄰人京城氏之孀妻,有遺男。"妻 qì,把女兒嫁給人爲妻,動詞。《論語·先進》:"孔子以其兄之子妻之。"

使 shǐ,派遣,動詞。《史記·高祖本紀》:"項羽使人陰弒義帝江南。"使 shì,使者,名詞。《漢書·蘇武傳》:"匈奴使來。"又:"單于使使(shì)曉武。"

---

① 四川方言中,"聽從、聽用"的"聽"讀去聲。

聞 wén,聽見,動詞。《禮記·大學》:“心不在焉,視而不見,聽而不聞。”聞 wèn,名聲,名譽,名詞。《詩經·大雅·卷阿》:“如圭如璋,令聞令望。”

王 wáng,君王,名詞。《荀子·王制》:“故百王之法不同。”王 wàng,做……的王,動詞。《韓非子·五蠹》:“禹之王天下也,身執耒臿,以爲民先。”

騎 qí,騎馬,動詞。杜甫《戲簡鄭廣文兼呈蘇司業》:“醉則騎馬歸,頗遭官長罵。”騎 jì,騎兵,名詞。《史記·項羽本紀》:“沛公旦日從百餘騎來見項王。”

易 yì(入聲),變易,動詞。《荀子·樂論》:“移風易俗,天下皆寧。”易 yì(去聲),容易,形容詞。《史記·淮陰侯列傳》:“夫功者,難成而易敗;時者,難得則易失也。”

古代的破讀有許多沒有保留到現在。其原因是:在上古漢語向中古漢語的演變過程中,在漢語的歷史上曾經十分活躍的附加構詞逐漸失去了它的作用,被淘汰了。漢語不再用它來構詞或構形。那些在古代最常用的破讀形式後來便凝固在漢語中,作爲有别於本音的另一個詞保存了下來。古代漢語中的大部分有破讀形式的詞(字),我們通過古代文獻的記載才得以瞭解,有的則成爲今天口頭語言中還在使用的語言現象[①]。另一些古代的破讀現在不能分辨的原因是:語音系統的變化使本音和破讀音混而爲一。如前面所舉的“易”字,在變易這個意義上本來讀作入聲,是次濁喻母字。由於次濁聲母入聲字變作了去聲,跟原來破讀爲去聲的“易”(容易)混同了。類似的例子還有“右、坐、受、下、陳、涕”等等。

在讀音上,對於破讀的字我們應該注意:對古代文章中常見的破音字,教材、工具書又注明讀音的,應當區别本音和破讀音,以準確地把握其意義;對其餘不常見的破音字,則不必特别地去區分。

五、“叶(xié)音”説和古詩入韻字的讀音

古人的詩歌大多是押韻的,後世的人用自己當時的語音來讀,往往會覺得不押韻,這是語音發展變化的結果。在清代的古音學家成功地研究上古韻部之前,多數人不懂得這個道理。於是,便臨時改變韻腳字的讀音,以求和諧,這就叫做“叶音”。

叶音説的代表人物是南宋的朱熹。在朱熹的《詩集傳》和《楚辭集注》中,凡是他認爲應該押韻而又不和諧的地方,就注上“叶某某反”或“叶某音”,强改字音以求和諧。例如《詩經·邶風·擊鼓》二章:“爰居爰處,爰喪其馬。于以求

① 現代漢語方言口語中還活躍著很多破讀形式。

之，于林之下。”“馬”和“下”在宋代也是押韻的，朱熹在“馬”字下没有注音，認爲它讀本有的音。但是《詩經・大雅・綿》二章：“古公亶父，來朝走馬。率西水滸，至于岐下。”朱熹認爲這裏“父、馬”押韻，而宋代的讀音却不和諧，於是便在“馬”字下注“叶滿補反”，以和“父”押韻。這樣，同一個“馬”字，既讀 mɣa 又讀 mo，難道上古時同一個字同一個意義竟有幾個不同的讀音？這顯然是不可能的。這違反了語言作爲交際工具的一般規律：詞（字）有定音。實際上，在上述二例中，“處、馬、下”和“父、馬、滸、下”都押同一個韻，屬上古韻魚部上聲。“馬”字無論在上古時期還是在中古時期，都不讀滿補反。叶音説的錯誤在於不瞭解漢語語音在漫長的歷史中是發展變化的。

《詩集傳》的注解對於閱讀《詩經》具有重要的意義，朱熹也是一位嚴謹的訓詁大師。但是對《詩集傳》中滿本皆是的“叶音”，我們却應該批判地來對待。清代的《康熙字典》在部分字條中也襲用朱熹叶音的辦法來注解字音。例如《康熙字典・酉集上・言部》“言”字注：“又叶五剛切，音昂。《詩・商頌》‘鬷假無言’叶上‘羹、平’，下‘争、彊’（當爲‘疆’）。‘羹’音郎，‘平’音旁，‘争’音章。……”完全照抄《詩集傳》所注的叶音[①]，這是閱讀時要注意的。

對於古代詩歌中的押韻字，我們可以按現代漢語的讀音去讀。同時要瞭解一點古代漢語的語音知識，知道這些押韻字在當時的韻是相同的，這對於我們理解和欣賞這些詩歌是有幫助的。

參考書目

[美]本尼迪克特（Benedict，P. 1972）《漢藏語言概論》（*Sino-Tebetan：A Conspectus*），樂賽月、羅美珍譯，民族研究所 1984 年。

段玉裁《六書音均表》、《説文解字注》，上海古籍出版社1988 年。

姜亮夫《重訂屈原賦校注》，天津古籍出版社 1987 年。

李方桂《上古音研究》，商務印書館 1981 年。

[瑞典]高本漢《漢文典》（修訂本），上海辭書出版社 1997 年。

毛亨等《毛詩正義》，阮元校刊十三經注疏本，中華書局1980 年。

[法]梅耶《歷史語言學中的比較方法》，科學出版社 1957 年。

潘悟雲《漢語歷史音韻學》，上海教育出版社 2000 年。

---

① 見朱熹《詩集傳》的《商頌・烈祖》注。

王力《同源詞典》,商務印書館 1987 年。
王力《漢語史稿》(上册),中華書局 1980 年。
王逸《楚辭章句》,四部叢刊本。
[俄]雅洪托夫《漢語史論集》,北京大學出版社 1986 年。
鄭張尚芳《上古音系》,上海教育出版社 2003 年。
朱熹《詩集傳》,四部叢刊本。
朱熹《楚辭集注》,四部叢刊本。
Baxter, W. H. III(1992), *A Handbook of Old Chinese Phonology*, Mouton de Gruyter.

練習(四)

一、填空。

1. 上古漢語雙音節的(　　)叫做聯綿詞。聯綿詞中,兩個字上古聲母相同的叫(　　)聯綿詞,兩個字上古韻部相同的叫(　　)聯綿詞。

2. 同源詞是從同一(　　)發展而來的(　　)和(　　)都有歷史聯繫的一組詞。

3. 判定一組詞爲同源詞有兩個條件:一是它們的(　),二是它們的(　)。

4. "破讀"是改變一個字的(　　)以區别(　　)的方法。破讀現象大部分來源於古代漢語的(　　)構詞法。

二、試述聯綿詞的三個特點。

三、漢字古音通假現象的原因是什麽?

四、注出下列句子中加點字的本字和讀音。

1. 赫赫師尹,民具爾瞻。
2. 雖危,起居竟信其志。
3. 發閭左適戍漁陽九百人。
4. 攻適伐國。
5. 朕知是書詐也,將軍亡罪。
6. 令壯者無取老婦,令老者無取壯妻。
7. 百姓内粟千石,拜爵一級。
8. 八月剥棗。

五、"脱、奪"(失去)字形不同,爲什麽説它們是同源詞?

六、爲什么説探求同源詞的語音原則和説明通假字的語音原則是不一樣的?

七、注出下列句子中加點字的讀音和詞性。

1. 齊侯陳諸侯之師,與屈完乘而觀之。/大叔完聚,繕甲兵,具卒乘。

2. 始吾於人也,聽其言而觀其行。/事畢,出遊於觀之上。

3. 三秦可傳檄而定也。/而遣御史曲宫乘傳之代。

4. 春耕、夏耘、秋收、冬藏。/晋侯之豎頭須,守藏者也。

5. 新沐者必彈冠,新浴者必振衣。/冠枝木之冠。

6. 秦氏有好女,自名爲羅敷。/如惡惡臭,如好好色。

7. 子路從而後,遇丈人,以杖荷蓧。/盗蹠從卒九千人,横行天下,侵暴諸侯。

8. 夫耕之用力也勞。/詐以十二牛勞軍。

9. 項羽使人陰弑義帝江南。/匈奴使來。

10. 醉則騎馬歸,頗遭官長罵。/沛公旦日從百餘騎來見項王。

八、什麽是"叶音説",它爲什麽是錯誤的?

第六單元

文　選

三 國 志

【解題】

《三國志》是記載我國三國時期魏、蜀、吴三國歷史的一部紀傳體史書，西晋陳壽撰，共六十五卷。陳壽(233～297)，字承祚，巴西安漢(今四川南充北)人，著名的歷史學家。年少時曾師事同郡著名學者譙周，在蜀漢時歷任衛將軍主簿、東觀秘書郎、散騎黄門侍郎等職。西晋建立以後，任佐著作郎、巴西郡中正、平陽侯相、著作郎、治書侍御史等職。《晋書》卷八十二、《華陽國志》卷十一《後賢志》有傳。除《三國志》外，還著有《益部耆舊傳》、《古國志》等。

《三國志》中，《魏書》三十卷，《蜀書》十五卷，《吴書》二十卷。只有紀、傳，而没有表、志。書中以魏爲正統，對魏國的君主稱“帝”，對蜀、吴兩國的君主则稱“主”。此書取材嚴謹，文筆簡練，忠於史實。

由於此書過於簡略，對許多重要的歷史事實有所遺漏，因此後人作了一些注釋、補遺和刊謬的工作。如南朝劉宋時裴松之的《三國志注》，廣泛收集资料，補充原書的不足，所徵引的著作多達二百餘種。此外還有清杭世駿的《三國志補注》、潘眉的《三國志考證》、梁章鉅的《三國志旁證》、姚振宗的《三國藝文志》，近人盧弼的《三國志集解》等。本教材依據陳乃乾校點本《三國志》(中華書局1959年)。

諸葛亮傳[1]

諸葛亮，字孔明，琅邪陽都人也[2]。漢司隸校尉諸葛豐後也[3]。父珪，字君貢，漢末爲太山郡丞[4]。亮早孤，從父玄爲袁術所署豫章太守[5]，玄將亮及亮弟均之官[6]。會漢朝更選朱皓代玄[7]。玄素與荆州牧劉表有舊[8]，往依之。玄卒，亮躬畊隴畝[9]，好爲《梁父吟》[10]。身長八尺，每自比於管仲、樂毅[11]，時人莫之許也[12]。惟博陵崔州平[13]、潁川徐庶元直與亮友善[14]，謂爲信然[15]。

【注釋】

[1]諸葛亮(181～234)：三國時代傑出的政治家和軍事家。本文全面介紹了諸葛亮幫助劉備建立蜀漢政權、輔佐後主劉禪治理蜀國、北伐中原等事迹，體現出他致力於蜀漢政權的鞏固和發展，爲了統一大業而努力奮鬥的一生。[2]琅邪(yá)：漢郡國名，東漢時的治所在開陽(今山東臨沂市北)。陽都：在今山東省沂南縣。[3]司隸校尉：掌管糾察朝廷及京師附近官員。諸葛豐：西漢時人，字少季。以明經爲郡文學，爲人剛直不阿。漢元帝時任司隸校尉，不懼權貴，後被免爲庶人。[4]太山郡：即泰山郡，治所在奉高(今山東省泰安東北)。郡丞：太守的助理官。[5]從父：父親的兄弟。袁術(？～199)：字公路，汝南汝陽(今河南省商水西南)人，袁紹弟，東漢末年起兵，割據揚州(今長江下游和淮河下游之間)。建安二年(197)於壽春(今安徽壽縣)稱帝，後爲曹操所破，病死。署：代理或暫時担任。豫章：漢郡名，治所在南昌(今江西南昌市)。太守：郡的最高行政長官。[6]將：帶領。之官：上任。之：往，到。官：官職，職位。[7]會：適逢，恰逢。更：另外。選：選拔，這裏有派遣的意思。[8]荆州：漢武帝所置十三刺史部之一，轄境主要在今湖南、湖北兩省，東漢時的治所在漢壽(今湖南常德市東)。牧：指一州的軍政長官。劉表(142～208)：字景升，山陽高平(今山東魚台東北)人。漢末起兵據有荆州，任荆州牧。[9]躬：親自。畊：同“耕”。隴畝：指農田。[10]《梁父吟》：又名《梁甫吟》，樂府楚調曲名，歌辭悲凉慷慨，今所傳歌辭相傳爲諸葛亮所作。[11]管仲(？～前645)：名夷吾，字仲，潁上(即潁水之濱)人，春秋時著名的政治家，幫助齊桓公進行了一系列政治和經濟方面的改革，使齊國成爲一個强大的國家。在外交上以“尊王攘夷”爲號召，九合諸侯，一匡天下，確立了齊國的霸主地位。樂毅：戰國時燕將，中山國靈壽(今河北平山東北)人。燕昭王二十八年(前284)，率軍大敗齊軍，攻破齊國七十餘城，後來客死趙國。[12]許：同意。[13]博陵：東漢所置郡國名，治所在今河北蠡縣南。[14]潁川：郡名，因潁水而得名，治所在陽翟(今河南禹縣)。[15]信然：確實，的确如此。

時先主屯新野[1]。徐庶見先主，先主器之[2]，謂先主曰：“諸葛孔明者，卧龍也，將軍豈願見之乎[3]？”先主曰：“君與俱來。”庶曰：“此人可就見[4]，不可屈致也[5]。將軍宜枉駕顧之[6]。”由是先主遂詣亮[7]，凡三往，乃見。因屏人曰[8]：“漢室傾頹[9]，姦臣竊命[10]，主上蒙塵[11]。孤不度德量力[12]，欲信大義於天下[13]，而智術短淺，遂用猖蹶[14]，至于今日。然志猶未已[15]，君謂計將安出？”亮答曰：“自董卓已來[16]，豪傑並起[17]，跨州連郡者不可勝數[18]。曹操比於袁紹[19]，則名微而衆寡[20]，然操遂能克紹，以弱爲强者，非惟天時[21]，抑亦人謀也[22]。今操已擁百萬之衆，挾天子而令諸侯[23]，此誠不可與争鋒。孫權據有江東[24]，已歷三世[25]，國險而民附[26]，賢能爲之用，此可以爲援而不可以圖也。荆州北據漢、沔[27]，利盡南海[28]，東連吴會[29]，西通巴、蜀[30]，此用武之國，而其主不能守，此殆天所以資將軍[31]，將軍豈有意乎？益州險塞[32]，沃野千里，天府之土[33]，高祖因之以成帝業[34]。劉璋闇弱[35]，张魯在北[36]，民殷國富而不知存恤[37]，智能之士思得明君。將軍既帝室之胄[38]，信義著於四海[39]，總攬英雄[40]，思賢如渴，若跨有荆、益，保其巖阻[41]，西和諸戎[42]，南撫夷越[43]，外結好孫權，内脩政理[44]，天下有變，則命一上將將荆州之軍以向宛、洛[45]，將軍身率益州之衆出於秦川[46]，百姓孰敢不簞食壺漿以迎將軍者乎[47]？誠如是，則霸業可成[48]，漢室可興矣。"先主曰："善！"於是與亮情好日密。關羽、張飛等不悦[49]，先主解之曰[50]："孤之有孔明，猶魚之有水也。願諸君勿復言。"羽、飛乃止。

【注釋】

[1]先主：指劉備。劉備（161～223）：字玄德，涿郡涿縣（今河北涿縣）人，東漢末年起兵镇壓黄巾起義，曾先後投靠過公孫瓚、陶謙、曹操、袁紹、劉表等人。後來接受諸葛亮聯合孫權抗拒曹操的建議，在赤壁大敗曹軍。接著佔領荆州，又奪取益州和漢中。221年在成都稱帝，建立蜀漢政權。死後謚號爲漢昭烈帝。新野：縣名，在今河南新野。[2]器：器重。[3]卧龍：比喻隱居的俊傑。豈：可，是否。用在是非問句中作推度副詞。[4]就：往。[5]屈：委屈，指委屈諸葛亮。致：招引。[6]枉駕：敬辭，降低身份相訪。顧：拜訪。[7]由是：因此。遂：就。詣(yì)：往，去。[8]屏(bǐng)：排除，避開。[9]傾頹：覆没。[10]姦臣：指曹操。竊命：竊取國家政權。命：天命，指國家政權。[11]主上：指漢獻帝。蒙塵：蒙受風塵，帝王遭受磨難的婉辭。[12]孤：古代侯王的自稱。度(duó)：計算，估計。[13]信(shēn)：通"伸"，伸展。[14]猖蹶：偏義複詞，只有"蹶"義。蹶：跌倒，引申爲失敗。[15]志：志向。猶：仍然。已：停止。[16]董卓（？～192）：字仲穎，隴西臨洮（今甘肅岷縣）人。本爲凉州豪强，後來担任并州牧。漢昭寧元年（189），率軍進入洛陽，廢除少帝，立漢獻帝劉協，把持朝政。袁紹、曹操等起兵討伐，他焚燒洛陽，挾持獻帝逃往長安。後來被王允、吕布所殺。已：通"以"。[17]豪傑：指各個割據勢力。並：同時，一下子。起：指起兵。[18]跨州連郡：指佔據幾個相鄰的州郡。跨：兼有。連：相連接。勝(shēng)：盡。數(shǔ)：計算。[19]曹操（155～220）：字孟德，譙縣（今安徽亳縣）人。著名的政治家、軍事家和詩人。東漢末年，在鎮壓黄巾軍的過程中，逐漸擴大勢力。建安元年（196）迎漢獻帝到許（今河南許昌東），"挾天子而令诸侯"，勢力迅速壯大，先後消滅吕布、袁紹、袁術等割據勢力，統一了中國北方，但在赤壁敗於孫權和劉備的聯軍。後來封爲魏王，死後其子曹丕稱帝，建立魏朝，追尊他爲武帝。袁紹（？～202）：字本初，汝南汝陽（今河南商水西南）人，出身於四世三公的大官僚家庭。董卓專政，他號召起兵討伐。後來佔有冀、

青、幽、并四州，成爲當時最大的割據勢力。建安五年(200)在官渡(今河南中牟東北)之戰中被曹操擊潰，不久病死。[20]衆：擁護者。[21]非惟：不僅，不但。[22]抑：或許。亦：也，也是。[23]挾(xié)：挾持，脅迫。[24]孫權(182～252)：字仲謀，吴郡富春(今浙江富陽)人。東漢末年，隨其父兄孫堅和孫策起兵，佔據江東六郡。父兄死後，繼承其權力。建安十三年(208)聯合劉備敗曹操於赤壁。蜀漢章武二年(222)，在吴蜀彝陵之戰中，又大敗劉備。吴黄龍元年(229)在武昌(今湖北鄂城)稱帝，國號吴，不久遷都建業(今江蘇南京)。史稱吴大帝。據：佔據。江東：指長江下游的江南地區。[25]三世：指孫堅、孫策和孫權。世：代。[26]國：地方。[27]據：依靠，憑靠。漢：漢水。沔(miǎn)：沔水，漢水的上游，這裏亦指漢水。[28]南海：郡名，其治所在番禺(今廣州市)。[29]吴會：吴郡和會稽郡，其治所分别在吴縣(今江蘇蘇州)和山陰(今浙江紹興)。[30]巴、蜀：巴郡和蜀郡，其治所分别在江州(今重慶市市區)和成都(今四川成都)。[31]殆：大概。資：资助，幫助。[32]益州：漢武帝所置十三刺史部之一，轄境主要在今四川、重慶及其周圍的地區，當時的治所在成都。險塞(sài)：指艱險、不平坦的地方。[33]天府：天然的府庫，比喻物産豐富的地方。[34]高祖：指漢高祖劉邦。因：憑借，借助。成：成就。[35]劉璋(? ～219)：字季玉，江夏竟陵(今湖北潛江西北)人。繼其父劉焉爲益州牧。建安十六年，爲抗击張魯，迎劉備入蜀。後來劉備進攻成都，他無法抵抗，出城投降。闇(àn)：昏暗，愚昧。弱：懦弱。[36]張魯：字公祺，沛國豐縣(今屬江蘇)人，天師道領袖，爲天師道創始人張道陵之孫。漢初平二年(191)，任益州牧劉焉的督義司馬時，攻佔漢中，建立了自己的政權，以宗教的方式治理所統治的地區，境内安寧。建安二十年(215)，曹操進攻漢中，他退避入巴中，不久投降曹操。[37]殷：衆多。存恤：慰問撫恤。[38]胄：後代，劉備是漢景帝之子中山靖王劉勝的後代。[39]著：昭著。[40]總攬：聚集，招攬。[41]巖阻：指險要之地。[42]和：和好，交好。戎：指西方的少數民族。[43]撫：安撫。夷越：這裏泛指南方的少數民族。[44]脩：通"修"。政理：政治。[45]上將：大將。將：帶領，率领。宛：南陽郡的治所，即今河南南陽。洛：洛陽，東漢建都於此。[46]身：親自。秦川：今陝西渭水流域一帶。[47]簞(dān)：盛飯的竹籃子，這裏用如動詞，用竹籃子盛。食：食物。壺：這裏用如動詞，用壺盛裝。漿：這裏指酒。[48]霸業：指建立强大國家的事業。[49]關羽(? ～219)：字雲長，河東解縣(今山西運城西南)人，三國時蜀漢的大將。漢末亡命涿郡，從劉備起兵，深受劉備信任。建安十九年(214)，鎮守荆州，二十四年(219)孫權襲取荆州，關羽兵敗被殺。張飛(? ～221)：字翼德，涿郡(治所在今河北涿縣)人，三國時蜀漢的大將。漢末從劉備起兵，後來隨劉備奪取益州，任車騎將軍。蜀漢章武元年(221)，隨劉備攻吴時，被部下刺殺。[50]解：解釋。

劉表長子琦，亦深器亮[1]。表受後妻之言，愛少子琮，不悦於琦。琦每欲與亮謀自安之術，亮輒拒塞[2]，未與處畫[3]。琦乃將亮游觀後園，共上高樓，飲宴之間，令人去梯，因謂亮曰："今日上不至天，下不至地，言出子口，入於吾耳，可以言未?"亮答曰："君不見申生在内而危[4]，重耳在外而安乎[5]?"琦意感悟，陰規出計[6]。會黄祖死[7]，得出，遂爲江夏太守[8]。俄而表卒[9]，琮聞曹公來征[10]，遣使請降。先主在樊聞之[11]，率其衆南行，亮與徐庶並從[12]，爲曹公所追破，獲庶母。庶辭先主而指其心曰："本欲與將軍共圖王霸之業者，以此方寸之地也[13]。今已失老母，方寸亂矣，無益於事，請從此别。"遂詣曹公。

【注釋】

[1]器：器重。[2]輒：總是。拒塞：拒絶，推辭。[3]處畫：謀划，商議。[4]申生：春秋時晋獻公的太子，晋獻公因聽信其夫人驪姬的讒言，逼迫申生自殺。内：指在朝廷内。[5]重耳（前697～前628）：亦爲晋獻公之子，遭驪姬讒言，逃亡國外達十九年，後回國即位，爲春秋五霸的晋文公。外：指在朝廷外。[6]陰：悄悄。規：策划。[7]會：恰逢。黄祖：劉表的江夏太守，袁術曾經叫孫權的父親孫堅進攻荆州，被黄祖射殺。孫權爲報父仇，多次攻打黄祖，黄祖兵敗，被部下所殺。[8]江夏：漢代郡名，治所在安陸（今湖北雲夢）。[9]俄：不久。卒：去世。[10]曹公：指曹操。[11]樊：即樊城，今湖北襄樊市。[12]並：一起。從：跟隨。[13]方寸：一寸見方，比喻其小，這裏比喻心。

先主至於夏口[1]，亮曰："事急矣，請奉命求救於孫將軍[2]。"時權擁軍在柴桑[3]，觀望成敗。亮説權曰[4]："海内大亂[5]，將軍起兵，據有江東，劉豫州亦收衆漢南[6]，與曹操並争天下。今操芟夷大難，略已平矣[7]，遂破荆州，威震四海。英雄無所用武，故豫州遁逃至此。將軍量力而處之。若能以吴、越之衆與中國抗衡[8]，不如早與之絶；若不能當[9]，何不案兵束甲[10]，北面而事之[11]。今將軍外托服從之名，而内懷猶豫之計，事急而不斷，禍至無日矣！"權曰："苟如君言[12]，劉豫州何不遂事之乎？"亮曰："田横[13]，齊之壯士耳，猶守義不辱，況劉豫州王室之胄，英才蓋世，衆士慕仰，若水之歸海，若事之不濟[14]，此乃天也，安能復爲之下乎！"權勃然曰："吾不能舉全吴之地，十萬之衆，受制於人。吾計决矣！非劉豫州莫可以當曹操者，然豫州新败之後，安能抗此難乎？"亮曰："豫州軍雖敗於長阪[15]，今戰士還者及關羽水軍精甲萬人，劉琦合江夏戰士亦不下萬人[16]。曹操之衆，遠來疲弊，聞追豫州，輕騎一日一夜行三百餘里，此所謂'彊弩之末，勢不能穿魯縞'者也[17]。故兵法忌之[18]，曰：'必蹶上將軍[19]。'且北方之人，不習水戰，又荆州之民附操者，偪兵勢耳[20]，非心服也。今將軍誠能命猛將統兵數萬，與豫州協規同力[21]，破操軍必矣。操軍破，必北还，如此，则荆吴之勢彊，鼎足之形成矣[22]。成敗之機，在於今日。"權大悦，即遣周瑜、程普、魯肅等水軍三萬[23]。隨亮詣先主,并力拒曹公[24]。曹公敗於赤壁[25],引軍歸鄴[26],先主遂收江南[27],以亮爲軍師中郎將,使督零陵、桂陽、長沙三郡[28],調其賦税,以充軍實。

【注釋】

[1]夏口:地名,夏水(漢水下游的古稱)入長江之處,即今武昌。[2]孫將軍:指孫權,建安五年(200),曹操曾以漢天子的名義封孫權爲討虜將軍。[3]柴桑:縣名,治所在今江西九江市西南。[4]説(shuì):勸説。[5]海内:指中國全境。古人認爲我國疆土四面環海,故稱國境之内爲海内。[6]劉豫州:指劉備,漢獻帝興平元年(194),劉備曾經担任豫州刺史,故尊稱爲劉豫州。收:收集。衆:士兵。漢南:漢水以南。[7]芟(shān)夷:剷除,平定。大難:大亂,指北方吕布、袁紹兄弟等的割據勢力。略:幾乎完全。[8]吴越之衆:指孫權統治的民衆,吴越指古代吴國和越國的故地。中國:中原一帶,即曹操統治的地區。抗衡:對抗。[9]當:抵擋,對抗。[10]案兵束甲:意思是放下武器,不抵抗。案:壓住。兵:兵器,武器。束:捆,綁。甲:鎧甲。[11]北面:臉面向北,表示臣服。古代的君主坐北朝南,臣子則面向北面朝見君主。事:侍奉,服侍。[12]苟:假如。[13]田横:戰國齊國王室的後裔,秦亡後曾自立爲齊王,後來被劉邦打敗。劉邦稱帝後,田横率领部下五百餘人退入海岛。劉邦强迫他到洛陽,答應封他爲王侯,田横不願向劉邦稱臣,在去洛陽的途中自殺。留居海岛的五百部下聽到這個消息以後,也全部自殺了。[14]濟:成功。[15]長阪:在今湖北當陽東北。[16]合:會合。[17]意思是:强弩發射出來的箭到了射程的最後,連最薄的絹也不能穿透。這個典故出自《漢書・韓安國傳》:"彊弩之末,力不能入魯縞。"弩:一種用機械力量發射的弓。末:末端,指射程的最後。勢:力量。魯縞:魯地所出産的一種細絹。[18]兵法:這裏指《孫子兵法》。[19]蹶:跌倒,遭受挫折,這裏用作使動。上將軍:這裏指先頭部隊的將領。《孫子兵法・軍争篇》:"五十里而争利,則蹶上將軍。"[20]偪兵勢耳:等於"偪於兵勢耳"。偪:同"逼",逼迫。兵勢:指軍隊的武力。[21]協:協同,一起。規:謀划,商議。[22]鼎足之形:指天下三分的形勢。鼎:古代烹煮食物的器皿,三足。[23]周瑜(175～210):字公瑾,廬江舒縣(今安徽舒城)人,幫助孫策在江東建立政權,孫策死後,又輔助孫權,任大都督。赤壁之戰中,與劉備聯合,親率大軍大破曹操,後病死。程普:生卒年無考,字德謀,右北平土垠(今河北豐潤東南)人。初隨孫堅起兵,後來跟隨孫策,屢建戰功。孫策死後,又與張昭等人輔助孫權,爲孫吴政權的元老重臣。與周瑜大破曹操於赤壁。魯肅(172～217):字子敬,臨淮東城(今安徽定遠東南)人。出身世族,曾率部屬百餘人隨周瑜至江東,深得孫權器重。赤壁之戰時,他與周瑜都堅決主張聯合劉備共同抵抗,被任命爲贊軍校尉。周瑜死後,代領其軍。[24]并力:合力,指把幾支軍隊的力量結合在一起。拒:抵抗。[25]赤壁:山名,即今湖北武昌西的赤矶山,與紗帽山隔江相望。[26]鄴(yè):城名,在今河北臨漳境内。[27]收:佔領。江南:指長江中游以南的地區。[28]督:監督,監察。零陵、桂陽、長沙:皆郡名,其治所分别在今湖南省的零陵、郴縣、長沙。

建安十六年[1]，益州牧劉璋遣法正迎先主[2]，使擊張魯。亮與關羽鎮荆州。先主自葭萌還攻璋[3]，亮與張飛、趙雲等率衆泝江[4]，分定郡縣[5]，與先主共圍成都。成都平，以亮爲軍師將軍，署左將軍府事。先主外出，亮常鎮守成都，足食足兵[6]。二十六年[7]，群下勸先主稱尊號[8]，先主未許，亮説曰："昔吴漢、耿弇等初勸世祖即帝位[9]，世祖辭讓，前後數四，耿純進言曰[10]：'天下英雄喁喁[11]，冀有所望。如不從議者，士大夫各歸求主[12]，無爲從公也。'世祖感純言深至[13]，遂然諾之[14]。今曹氏篡漢，天下無主，大王劉氏苗族[15]，紹世而起[16]，今即帝位，乃其宜也。士大夫隨大王久勤苦者，亦欲望尺寸之功如純言耳。"先主於是即帝位，策亮爲丞相曰[17]："朕遭家不造[18]，奉承大統[19]，兢兢业业，不敢康寧[20]，思靖百姓[21]，懼未能綏[22]。於戲[23]！丞相亮其悉朕意[24]，無怠輔朕之闕[25]，助宣重光[26]，以照明天下，君其勖哉[27]！"亮以丞相録尚書事[28]，假節[29]。張飛卒後，領司隸校尉[30]。

【注釋】

[1]建安十六年：即211年。"建安"是漢獻帝的年號。[2]法正(176～220)：字孝直，右扶風郿縣(今陝西眉縣)人。先侍奉劉璋，後來勸劉備奪取益州。劉備佔領益州後，被任命爲蜀郡太守，後任尚書令、護軍將軍。[3]葭萌：縣名，在今四川省廣元西南。還：回過頭來。劉備在葭萌，本來應當向北進攻漢中的張魯，現在却回過頭來向南邊的成都進兵，故稱還。[4]泝：同"溯"，逆水而上。江：長江。[5]分：分兵。定：平定。[6]足：充足。這裏用作使動。[7]二十六年：指漢獻帝建安二十六年(221)。建安二十五年十月，曹丕廢漢獻帝自立，建立魏朝，改年號爲魏黄初元年，東漢滅亡。由於劉備不承認曹魏政權，仍然尊奉漢獻帝年號，因此稱次年爲建安二十六年。[8]稱尊號：指稱帝。[9]吴漢(？～44)：字子顔，南陽宛縣(今河南南陽)人。新莽末年亡命漁陽，後歸劉秀，幫助劉秀擊敗各個割據勢力。劉秀稱帝後，被任命爲大司馬，封廣平侯，率軍消滅割劇益州的公孫述。耿弇(yǎn)(3～58)：字伯昭，扶風茂陵(今陝西省興平東北)人。率領上谷郡兵歸順劉秀，任大將軍，鎮壓銅馬、赤眉等農民軍。劉秀即位後，任建威大將軍，封好畤侯，平定齊地的割據勢力。世祖：即東漢光武帝劉秀，"世祖"是他的廟號。[10]耿純(？～37)：字伯山，鉅鹿宋子(今河北趙縣北)人，率領宗族賓客二千餘人歸附劉秀，轉戰南北。劉秀即位後，任東郡太守，封東光侯。[11]喁喁(yóng)：衆人向往、仰慕的樣子。[12]士大夫：這裏指跟随起兵的部下。[13]深至：深刻、精到。[14]然諾：答應。[15]大王：指劉備。建安二十四年(219)秋，劉備的臣下擁載劉備爲漢中王。苗族：苗裔，後裔。[16]紹世：繼世。[17]策：策封，任命。[18]遭：遇，遇到。家：這裏指漢室。造：善，吉祥。這是借用《詩經》中的現成句子，《詩經·周頌·閔予小子》："閔予小子，遭家不造。"[19]奉承：接受。大統：指帝位。[20]康寧：這裏有逸樂、懈怠的意思。[21]靖(jìng)：安

定。[22]綏：安撫。[23]於戲(wūhū)：同“嗚呼”。[24]其：句中語氣詞，表希望。悉：詳盡瞭解。[25]無：通“毋”。怠：懈怠。輔：正，糾正。闕：通“缺”，缺失，過失。[26]助：幫助，輔助。宣：顯揚，發揚。重光：指日月星，比喻後代君主繼承前代君主的功德。意思是劉備登上帝位，將會重新發揚漢朝前代帝王的功德。《尚書・顧命》：“昔君文王、武王，宣重光。”孫星衍疏：“重光者，……言文、武化成之德，比於日月也。”[27]勖(xù)：努力。[28]録：總領。尚書事：尚書的事情。尚書掌管文書，群臣章奏都得經過尚書。[29]假節：古代大臣享有的一種權力。大臣出時，由朝廷假以符節，稱爲假節，亦稱持節，有此稱號者，享有很大的權力。假：借用。[30]領：兼任。

章武三年春[1]，先主於永安病篤[2]，召亮於成都，屬以後事[3]，謂亮曰：“君才十倍曹丕，必能安國，終定大事[4]。若嗣子可輔[5]，輔之；如其不才，君可自取。”亮涕泣曰：“臣敢竭股肱之力[6]，效忠貞之節，繼之以死！”先主又爲詔敕後主曰[7]：“汝與丞相從事，事之如父。”建興元年[8]，封亮武鄉侯，開府治事[9]。頃之，又領益州牧。政事無巨細，咸決於亮。南中諸郡[10]，並皆叛亂[11]，亮以新遭大喪[12]，故未便加兵，且遣使聘吳[13]，因結和親，遂爲與國[14]。

【注釋】

[1]章武：漢昭烈帝劉備的年號，章武三年即223年。[2]永安：即永安宫，在白帝城，故址在今重慶市奉節縣境内。劉備伐吳失敗後，駐軍白帝城，建此宫。篤：重，沉重。[3]屬(zhǔ)：即“囑”，托咐。[4]大事：指統一大業。[5]嗣子：帝王的嫡子，這裏指劉備的太子劉禪。[6]竭：盡，竭盡。股肱(gōng)：本指大腿和手臂，比喻輔佐君主的大臣。[7]敕(chì)：告誡。後主：指劉禪。[8]建興：後主劉禪的年號，建興元年即223年。[9]開府：成立府署，可自選僚屬。在漢代只有三公、大將軍、將軍才可以開府。[10]南中：蜀漢的南部地區，即今四川省大渡河以南，及雲南、貴州二省。[11]叛亂：劉備死後，益州郡(治所在今雲南晋寧)豪强雍闓，執太守張裔，依附吳國，進攻永昌郡(治所在今雲南保山)，並派遣郡人孟獲到各地煽動反叛。牂柯郡太守朱褒、越巂郡夷王高定也響應雍闓叛亂。[12]大喪：指劉備去世。[13]聘：派使節問候。[14]與國：結盟的國家。與：同盟。

三年春[1]，亮率衆南征，其秋悉平[2]。軍資所出，國以富饒，乃治戎講武[3]，以俟大舉[4]。五年，率諸軍北駐漢中[5]，臨發[6]，上疏曰[7]：

“先帝創業未半[8]，而中道崩殂[9]，今天下三分[10]，益州疲弊[11]，此誠危急存亡之秋也[12]。然侍卫之臣不懈於内[13]，忠志之士忘身於外者[14]，蓋追先帝之殊遇[15]，欲報之於陛下也[16]。誠宜開張聖聽[17]，以光先帝遺德[18]，恢弘志士之氣[19]，不宜妄自菲薄[20]，引喻失義[21]，以塞忠諫之路也。宫中府中俱爲一體[22]，陟罰臧否[23]，不宜異同[24]。若有作姦犯科及爲忠善者[25]，宜付有司論其刑賞[26]，以昭陛下平明之理[27]，不宜偏私，使内外異法也[28]。"

【注釋】

[1]三年：指後主劉禪建興三年，即 225 年。[2]悉平：完全平定。[3]治戎講武：整治軍務，講習武備。[4]俟：等待。大舉：大的動作，指派大軍北伐曹魏。[5]漢中：郡名，轄今陝西秦嶺以南的地區，治所在南鄭（今陝西漢中東）。[6]臨發：將要出發。[7]疏：上給皇帝的奏議。[8]先帝：指劉備。創業：指創立統一的事業。[9]中道：中途。崩殂（cú）：指死亡。崩：原指山倒塌，借指帝王死亡。《禮記·曲禮》："天子死曰崩。"殂：死亡。[10]三分：指當時中國分裂爲魏、蜀、吴三個國家。[11]益州：這裏指蜀漢所統治的地方。疲弊：困乏。[12]誠：的確。秋：時刻。[13]侍衛之臣：這裏指朝廷内的官員。[14]忠志之士：指在朝廷外的將士和各級地方官。[15]蓋：連詞，表示推論原因。追：追念，懷念。殊遇：特殊待遇。[16]報：報答，報效。[17]開張：打開，擴大。聖聽：聖上的聽聞。意思是希望劉禪能够廣開言路聽取各種意見。[18]光：發揚。遺德：遺留下來的美好品德。[19]恢弘：擴大，擴展，張大。[20]妄自菲薄：過分看轻自己。妄：虚妄，錯誤地。自：自己，自我。菲薄：鄙薄。[21]引喻：這裏指説話。失義：不合乎道理。[22]宫中：指皇宫内。府中：指丞相府。一體：一個整體。[23]陟（zhì）：提拔。罰：處罰。臧（zāng）：善，這裏用作動詞，褒揚，表揚。否（pǐ）：惡，這裏用作動詞，批评。[24]異同：偏義複詞，只有"異"，不同。[25]作姦：做壞事。姦：壞事。犯科：觸犯法律。科：指法律條文。爲忠善：做善事。[26]付：交付，交給。有司：主管部門。論：討論。刑：處罰。賞：獎勵。[27]昭：顯示。平明：公正廉明。理：治理。[28]内外異法：指宫内宫外有不同的執法標準。

侍中、侍郎郭攸之、费禕、董允等[1]，此皆良實[2]，志慮忠純[3]，是以先帝簡拔以遺陛下[4]。愚以爲宫中之事，事無大小，悉以咨之[5]，然後施行，必能裨補闕漏[6]，有所廣益[7]。將軍向寵[8]，性行淑均[9]，曉暢軍事[10]，試用於昔日[11]，先帝稱之曰能，是以衆議舉寵爲督[12]。愚以爲营中之事[13]，悉以咨之，必能使行陳和睦[14]，優劣得所[15]。親賢臣[16]，遠小人[17]，此先漢所以興隆也[18]；親小人，遠賢臣，此後漢所以傾頽也[19]。先帝在時，每與臣論此事，未嘗不嘆息痛恨於桓、靈也[20]。侍中、尚書、長史、参軍[21]，此皆貞良死節之臣[22]，願陛下親之信之，則漢室之隆[23]，可計日而待也[24]。

【注釋】

[1]侍中：皇帝的近侍官，掌管應對顧問等事情。侍郎：這裏指給事黄門侍郎，與侍中同爲皇

帝的近侍官。郭攸之:字演長,南陽(治所在今河南南陽)人,當時任侍中。費禕(yī):字文偉,江夏(治所在今湖北雲夢)人,當時也任侍中。董允:字休昭,南郡枝江(今湖北枝江)人,當時任黄門侍郎。[2]良實:忠良篤實。[3]志慮:志向和思慮。忠純:忠實純正。[4]簡拔:選拔。[5]悉:全部。咨:咨詢。[6]裨(bì):彌補,補益。闕:過失,缺點。漏:漏失,疏失。[7]廣益:補益,幫助。[8]向寵:襄陽(今湖北襄陽)人,後主建興元年(223)封都亭侯,任中部督。[9]性行:品行和性情。淑:善。均:公正。[10]曉暢:通曉。[11]試用於昔日:劉備伐吴,大敗於秭歸,軍隊損失很大,只有向寵的部隊保持完整。[12]舉:推舉。督:指中部督,統領禁衛軍。[13]營中:指在禁衛軍中。[14]行陣(zhèn):軍隊的行列,這裏指軍隊。陳:即"陣"。和睦:協調,安排得當。[15]優秀的和低劣的都能得到合理的使用,各得其所。[16]親:親近。[17]遠:疏遠。[18]先漢:指西漢。[19]後漢:指東漢。傾頹:覆滅。[20]痛:痛心。恨:遺憾,可惜。桓:指漢桓帝劉志,147～167 在位。靈:指漢靈帝劉宏,167～189 在位。東漢後期桓、靈二帝在位時,政治腐敗,民不聊生,種下了日後漢朝覆滅的禍根。[21]侍中:指郭攸之、费禕、董允。尚書:主管朝廷政事的高級官員,指陳震。陳震,字孝起,南陽(治所在今河南省南陽市)人。長史:丞相府中掌管文書檔案的官員,指張裔。張裔,字君嗣,蜀郡成都(今四川省成都市)人。參軍:丞相府中的屬官,指蔣琬。蔣琬,字公琰,零陵湘鄉(今湖南湘鄉)人。[22]貞:堅貞。良:善。死節:爲節義而死,指能爲國盡忠,不惜犧牲生命。[23]隆:興盛。[24]計日:計算時日,指時間不久。

臣本布衣[1],躬耕於南陽,苟全性命於亂世[2],不求聞達於諸侯[3]。先帝不以臣卑鄙[4],猥自枉屈[5],三顧臣於草廬之中[6],諮臣以當世之事[7],由是感激[8],遂許先帝以驅馳[9]。後值傾覆[10],受任於敗軍之際,奉命於危難之間,爾來二十有一年矣[11]。先帝知臣謹慎,故臨崩寄臣以大事也[12]。受命以來,夙夜憂嘆[13],恐托付不效[14],以傷先帝之明[15],故五月渡瀘[16],深入不毛[17]。今南方已定,兵甲已足,當獎率三軍[18],北定中原,庶竭駑鈍[19],攘除姦凶[20],興復漢室,還於舊都[21]。此臣所以報先帝,而忠陛下之職分也[22]。

【注釋】

[1]布衣:平民百姓的代稱。[2]苟全:馬馬虎虎地保全。[3]聞達:揚名顯達。諸侯:指當時割據州郡的統治者。[4]卑:地位低下。鄙:見解淺陋。[5]猥(wěi):謙詞,辱。枉屈:委屈,猶如屈尊就卑、降低身份。[6]顧:拜訪。草廬:茅屋。[7]諮:咨詢,詢問。[8]由是:因此。感激:因感動而奮發。[9]驅馳:謙詞,奔走。[10]值:遇上。傾覆:指兵敗。漢獻帝建安十三年(208),曹操在當陽長阪大敗劉備。[11]爾來:從那時以來。爾:那,那時,指諸葛亮在隆中與劉備初次相見的時後。[12]寄:托,托付。[13]夙(sù)夜:早晚,朝夕。夙:早。[14]效:奏效。[15]傷:傷害,損傷。明:英明,明察。[16]瀘:瀘水,即今金沙江。[17]不毛:不長莊稼

的地方，即荒凉的未經開發的地區。毛：可食的植物，莊稼。[18]獎率：鼓勵，勉勵。[19]庶：副詞，表示希望。竭：竭盡。駑(nú)鈍：比喻自己的才能低下。駑：劣馬。鈍：不鋒利。[20]攘(rǎng)除：鏟除，消除。攘：排除，排斥。姦凶：指曹魏政權。[21]舊都：原來的都城，指洛陽。[22]職分：職責，分内的事情。

至於斟酌損益[1]，進盡忠言，則攸之、禕、允之任也。願陛下托臣以討賊興復之效；不效，則治臣之罪，以告先帝之靈。若無興德之言[2]，則責攸之、禕、允之慢[3]，以彰其咎[4]。陛下亦宜自謀[5]，以諮諏善道[6]，察納雅言[7]，深追先帝遺詔[8]。臣不勝受恩感激[9]。今當遠離，臨表涕零[10]，不知所言[11]。”

遂行，屯于沔陽[12]。

【注釋】

[1]斟酌：指反覆考慮事情的得失，作出决斷。損益：指在具體實施過程中的取捨和修訂。損：减少。益：增加。[2]興德之言：啟發帝王德行的言論。興：興起，用作使動，使……興起。德：這裏指帝王之德。[3]慢：怠慢，懈怠。[4]彰：明顯，顯著。用作使動，使……昭顯。咎：過錯，過失。[5]謀：考慮。[6]諮諏(zīzōu)：詢問。[7]察：審察，察看。納：采納，接受。雅言：正確的意見。雅：正。[8]追：追念。[9]不勝受恩：承受不起先帝給予我的恩德。意思是，我得到先帝的恩德太多太多。[10]臨：面臨，面對。表：指這篇奏章，即《出師表》。涕：眼泪。零：落下。[11]不知道説了些什麽，這是謙詞。[12]屯：駐軍。沔陽：縣名，治所在今陝西勉縣東，因在沔水(即漢水)之陽(北)而得名。

六年春[1]，揚聲由斜谷道取郿[2]，使趙雲、鄧芝爲疑軍[3]，據箕谷[4]，魏大將軍曹真舉衆拒之[5]。亮身率諸軍攻祁山[6]，戎陳整齊[7]，賞罰肅而號令明[8]，南安、天水、安定三郡叛魏應亮[9]，關中響震[10]。魏明帝西鎮長安[11]，命張郃拒亮[12]，亮使馬謖督諸軍在前[13]，與郃戰於街亭[14]。謖違亮節度[15]，舉動失宜[16]，大爲郃所破。亮拔西縣千餘家[17]，還於漢中，戮謖以谢衆[18]。上疏曰：“臣以弱才[19]，叨竊非據[20]，親秉旄鉞以厲三軍[21]，不能訓章明法[22]，臨事而懼[23]，至有街亭違命之闕[24]，箕谷不戒之失[25]，咎皆在臣授任無方[26]。臣明不知人，恤事多闇[27]，《春秋》責帥[28]，臣職是當[29]。請自貶三等，以督厥咎[30]。”於是以亮爲右將軍[31]，行丞相事[32]，所總統如前[33]。

【注釋】

[1]六年：蜀漢建興六年，即228年。[2]揚聲：聲稱。斜(yé)谷道：古道路名，位於終南山斜

谷北口，今陝西眉縣西南。取：攻佔。郿(méi)：縣名，故址在今陝西眉縣東渭水北岸。[3]趙雲(？～229)：字子龍，蜀國大將，常山真定(今河北正定南)人。初隨公孫瓚，後歸劉備。劉備敗於當陽長阪，弃妻儿南逃，趙雲身抱劉備幼子劉禪，保護劉禪母甘夫人，被譽爲"一身是胆"。建興元年，爲中護軍、征南將軍，封永昌亭侯，遷鎮東將軍。鄧芝(？～251)：字伯苗，義陽新野(今河南新野南)人。劉備據益州時，爲蜀廣漢太守，入爲尚書。建興元年，赴吴説孫權與蜀結好，共禦曹魏。此時爲中監軍、揚武將軍。[4]據：佔據。箕谷：在今陝西褒城縣西北。[5]大將軍：武官名，位在三公之上，多由貴戚担任。曹真：字子丹，曹操族子。魏文帝曹丕臨終時，與陳群、司馬懿等受遺詔輔政。魏明帝即位，封邵陵侯，遷大將軍。舉：這裏有"率領"的意思。[6]祁山：山名，在今甘肅省禮縣東北。[7]戎陳(zhèn)：軍陣，指軍隊的行列。[8]肅：嚴肅。[9]南安：治所在豲(huán)道(今甘肅隴西渭水東岸)。天水：治所在冀縣(今甘肅甘谷東南)。安定：治所在臨涇(今甘肅鎮原西南)。應：響應。[10]關中：函谷關以西，以長安爲中心的地區。響震：震驚。[11]魏明帝：魏文帝曹丕子曹叡(ruì)，227～239在位。鎮：鎮守。[12]張郃(hé，？～231)：字儁乂(jùnyì)，河間鄚(mò)縣(今河北任丘北鄚州鎮)人。初附袁紹，官渡之戰後歸曹操，任左將軍。街亭之戰，大破蜀軍。諸葛亮再度攻魏，張戰死於木門(今甘肅天水境内)。[13]馬謖(sù，190～228)：字幼常，襄陽宜城(今湖北宜城南)人，從劉備征蜀，任越嶲太守。因喜好談論軍事，爲諸葛亮所重。後敗於街亭，被處死。督：監督，監察。[14]街亭：古地名，故址在今甘肅莊浪東南。[15]節度：部署，節制調度。[16]舉動：行動，指軍事行動。失宜：不當。[17]拔：這裏指遷徙、遷移。西縣：縣名，治所在今甘肅省天水西南。[18]谢：向……表示歉意。[19]弱才：低下的才能。弱：劣，不足。[20]不應當佔據現在的職位。叨：謙詞，猶如"忝、辱"。竊：竊取。非：不恰當。據：佔據。[21]親秉旄鉞：親自指揮軍隊。親：親自。秉：手拿，掌握。旄(máo)：牦牛尾，這裏指用牦牛尾做裝飾的旗幟。鉞(yuè)：一種狀如大斧的兵器。"旄鉞"是古代帝王或統帥的儀仗，是軍權的代稱。《尚書・牧誓》："王左杖黄鉞，右秉白旄以麾。"厲：即"勵"，勉勵，激勵。[22]訓：解釋，解說。章：章程，規章制度。明：用作使動，使……明白，昭著。法：法令。[23]意思是：小心謹慎。《論語・述而》："暴虎馮河，死而無悔者，吾不與也。必也臨事而懼，好謀而成者也。"[24]至：以至。闕：缺失，失利。[25]戒：戒備，防備。[26]授任：交授任務。[27]恤：這裏有"安排"的意思。[28]大意是：《春秋》這部書認爲，部下有過錯，主帥應當承擔責任。公元前597年春天，楚國進攻鄭國，包圍了鄭國的都城，鄭君出城投降。六月，晋國派軍隊救鄭，以荀林父爲統帥。到達黄河岸邊時，聽説鄭國已經與楚國媾和。荀林父打算回師，其部下先縠(彘子)不服從命令，堅持渡河。韓厥認爲，部下不聽從主帥的調遣，這雖然是先縠的個人行爲，但主帥應當負主要的責任。[29]我應當承担這個責任。職：職責，責任。當：承當，承担。[30]督：責備，處罰。厥：其，指代諸葛亮自己。[31]右將軍：漢代的右將軍爲三品，丞相爲上公第一品。[32]行：代理。諸葛亮本任丞相，自求貶責，因此叫做"行丞相事"。[33]總統：總攬，總管。

冬，亮復出散關[1]，圍陳倉[2]，曹真拒之，亮糧盡而還。魏將王雙率騎追亮,亮與戰,破之,斬雙。七年[3],亮遣陳式攻武都、陰平[4]。魏雍州刺史郭淮率衆欲擊式[5],亮自出至建威[6],淮退還,遂平二郡。詔策亮曰[7]:"街亭之役,咎由馬謖,而君引愆[8],深自貶抑[9],重違君意[10],聽順所守[11]。前年燿師[12],馘斬王雙[13],今歲爰征[14],郭淮遁走[15],降集氐、羌[16],興復二郡[17],威鎮凶暴[18],功勳顯然[19]。方今天下騷擾[20],元惡未梟[21],君受大任,幹國之重[22],而久自挹損[23],非所以光揚洪烈矣[24]。今復君丞相,君其勿辭[25]!"

【注釋】

[1]散關:在陝西寶鷄西南大散嶺上,地當秦蜀要道,扼秦嶺咽喉,爲古來兵家必争之地。[2]陳倉:古縣名,治所在今陝西寶鷄市東。[3]七年:建興七年,即229年。[4]陳式:蜀漢將軍。武都:郡名,治所在下辨道(今甘肅成縣西)。陰平:郡名,治所在陰平(今甘肅文縣西北)。[5]雍州:州名,今陝西、甘肅一帶,其治所在長安(今陝西省西安市西北)。郭淮(? ~255):字伯濟,太原陽曲(縣治今山西陽曲縣西南)人。漢末建安中舉孝廉,歷任雍州刺史、征西將軍,都督雍凉諸軍事。鎮守關西三十餘年,因功爲車騎將軍、儀同三司,進封爲陽曲侯。[6]建威:城名,在今甘肅成縣西北。[7]詔策:皇帝所發布的文書,這裏用作動詞。[8]引愆:自己承担錯誤的責任。[9]貶抑:貶低,壓抑。[10]重(zhòng)違:難違。重:這裏有難、不容易的意思。[11]聽順:聽從,順從。所守:這裏有意願的意思。[12]前年:指建興六年。燿師:炫耀軍力,即出兵的美稱。燿:同"耀",炫耀,誇耀。[13]馘(guó)斬:斬殺。馘:割取所殺敵人的左耳,以計戰功。[14]爰征:出征。爰:動詞詞頭。[15]遁走:逃竄。[16]降:降服。集:聚集。氐、羌:皆爲我國西部的少數民族。武都、陰平二郡多氐族和羌族。[17]興復:收復。[18]凶暴:指曹魏政權。[19]顯然:明白,顯赫。[20]騷擾:動蕩不安。[21]元惡:首惡,元凶,指魏明帝曹叡。梟:懸頭示衆,這裏有誅殺的意思。[22]幹國:作爲國家的骨幹。[23]挹損:貶低,謙讓。挹(yì):通"抑"。[24]光揚:發揚。洪:大,宏大。烈:事業,功業。[25]其:句中語氣詞,表希望。

九年[1],亮復出祁山,以木牛運[2],糧盡退軍,與魏將張郃交戰,射殺郃。十二年春[3],亮悉大衆由斜谷出[4],以流馬運,據武功五丈原[5],與司馬宣王對於渭南[6]。亮每患糧不繼,使己志不申[7],是以分兵屯田[8],爲久駐之基[9]。耕者雜於渭濱居民之間[10],而百姓安堵[11],軍無私焉[12]。相持百餘日。其年八月,亮疾病[13],卒於軍,時年五十四。及軍退,宣王案行其營壘處所[14],曰:"天下奇才也!"

【注釋】

[1]九年:建興九年,即公元231年。[2]木牛:與下文的"流馬"皆爲諸葛亮所創制的運輸工

具。[3]十二年:建興十二年,即234年。[4]大衆:大軍。[5]武功:縣名,治所在今陝西武功縣西。五丈原:地名,在今陝西眉縣西南斜谷口西側。[6]司馬宣王:即司馬懿。司馬懿(179～251):字仲達,河内温縣(今河南温縣西)人。多謀略,善權變。初爲曹操主簿,後爲太子中庶子,深得曹丕信任。魏明帝時任大將軍,多次率軍與諸葛亮對峙。魏明帝死後,受遺詔輔政,殺宗室大臣曹爽,把持朝政。死後其子司馬師、司馬昭相繼專權。265年,其孫司馬炎代魏自立,建立晋朝,司馬懿被追尊爲宣帝。對:對峙。渭南:渭水南岸。[7]志:志向,即戰勝魏軍的志向。不申:不得申張,不能實現。[8]屯田:指軍隊耕種土地,以供軍糧。[9]基:基礎,基業。[10]居民:指平民百姓。[11]安堵:安居,安定,亦作"按堵、案堵"。[12]無私:指没有佔爲己有。[13]疾病:病重。[14]案行:巡視。營壘:軍營周圍的壁壘。

亮遺命葬漢中定軍山[1],因山爲墳[2],冢足容棺[3],斂以時服[4],不須器物[5]。詔策曰:"惟君體資文武[6],明叡篤誠[7],受遺托孤[8],匡輔朕躬[9],繼絶興微[10],志存靖亂[11],爰整六師[12],無歲不征,神武赫然[13],威鎮八荒[14],將建殊功於季漢[15],參伊、周之巨勳[16]。如何不弔[17],事臨垂克[18],遘疾隕喪[19]! 朕用傷悼[20],肝心若裂。夫崇德序功[21],紀行命謚[22],所以光昭將來[23],刊載不朽[24]。今使使持節左中郎將杜瓊[25],贈君丞相武鄉侯印綬[26],謚君爲忠武侯[27]。魂而有靈[28],嘉兹寵榮[29]。嗚呼哀哉[30]! 嗚呼哀哉!"

【注釋】

[1]定軍山:山名,在今陝西勉縣東南。[2]大意是:把定軍山本身作爲墳堆,不再堆土作墳。因:憑借,依靠。墳:墳墓的土堆。[3]冢:墓地。足:够得上。容:容納。[4]斂(liàn):裝殮,把遺體裝進棺材。斂:即"殮"。時服:當時通行的服裝。[5]器物:指陪葬的物品。[6]惟:句首語氣詞。體資文武:指具有文武兩方面的全才。體資:天性,稟賦。[7]明叡:聰明,有智慧。叡:同"睿"。篤誠:忠誠。[8]受遺:接受遺命。孤:孤兒,指劉禪。[9]匡輔:幫助,輔助。躬:身,自己。[10]大意是:使滅絶的國家能够繼續存在下去,使弱小的國家重新興旺起來。《論語・堯曰》:"興滅國,繼絶世。"繼:使動用法,使……繼續存在下去。絶:絶國,滅亡了的國家。興:使動用法,使……興盛。微:指弱小的國家。"絶、微"皆指漢朝政權。[11]靖亂:平定禍亂。靖:安定,平定。[12]爰:動詞詞頭。整:整頓。六師:即六軍。這裏泛指朝廷的軍隊。[13]神:指異乎尋常。武:武功。赫然:盛大的樣子。[14]八荒:八方荒遠之地。[15]殊功:特殊的功勳,指恢復漢朝政權。季漢:漢朝末年。[16]大意是:諸葛亮的功勳可與前代的伊尹、周公的巨大功積並列爲三。參(sān):通"三",這裏指相配而成爲三。伊:伊尹,名摯,商初的大臣,曾經幫助湯攻滅夏桀建立商朝。湯去世以後,輔助卜丙、仲任二王。太甲即位,荒淫無道,不理國政,他放逐太甲,待其悔過後,又將其迎回復位。

周:周公,名旦,周武王弟。曾幫助武王滅商。武王去世以後,成王年幼,由其攝政。他出兵東方,平定叛亂,分封諸侯,營建洛邑,制禮作樂,建立典章制度。[17]大意是:怎麽這樣地不幸啊!如何:怎麽。不弔:不幸。[18]事:指統一大事。臨垂:臨近。克:成功。[19]遘:遭遇。隕喪:指死亡。[20]用:以,因爲。傷悼:悲痛。[21]夫(fú):句首語氣詞。崇德:崇尚德行。序功:按照功勞大小排列順序。[22]紀:記録,記載。行:行爲,事迹。命:命名,確定名號。謚:謚號,人死後根據其生前的功過是非所加的稱號。[23]光昭:發揚光大。[24]刊載:記載。[25]使:派遣。使持節:官職的一種稱號,有此稱號者,往往有誅殺下級官員之權。左中郎將:官名,統率宫中侍衛的官長。杜瓊(? ~250):字伯瑜,蜀郡成都人。年少時,受學於任安。劉備時爲議曹從事,後主時,拜諫議大夫,遷左中郎將、大鴻臚、太常。有《韓詩章句》十餘萬言。[26]贈:生後追封爵位。印:印章。綬:用來拴印的絲帶。[27]謚:授予……謚號。[28]而:若,如果。[29]嘉:贊美。兹:此,這個。寵榮:榮耀。[30]嗚呼哀哉:悲悼死者的哀嘆之辭。

初,亮自表後主曰[1]:"成都有桑八百株,薄田十五頃[2],子弟衣食,自有餘饒[3]。至於臣在外任[4],無别調度[5],隨身衣食,悉仰於官[6],不别治生[7],以長尺寸[8]。若臣死之日,不使内有餘帛,外有贏財[9],以負陛下。"及卒,如其所言。

【注釋】

[1]表:臣下給皇帝上的奏章,這裏用作動詞。[2]薄田:貧瘠的田土。[3]餘饒:多餘,富足。[4]外:指在朝外。任:任職。[5]别:另外。調度:指收入。[6]悉:全部。仰:仰仗。官:官家,公家。[7]治生:謀求生計。[8]長(zhàng):多餘,剩餘。尺寸:比喻數量微小。[9]贏:多餘的。

亮性長於巧思,損益連弩[1],木牛流馬,皆出其意;推演兵法[2],作八陳圖[3],咸得其要云[4]。亮言教書奏多可觀[5],别爲一集[6]。

【注釋】

[1]損益:這裏有"改進"的意思。連弩:裝有機栝、可以連發數矢的弓。[2]推演:研究並有所創新。[3]八陳(zhèn)圖:作戰時的一種戰鬥隊形及兵力部署。陳:即"陣"。[4]要:要點。云:句尾語氣詞。[5]言教:指教化的言論。書:書信。奏:奏章。[6]别:另外。

景耀六年春[1],詔爲亮立廟於沔陽。秋,魏鎮西將軍鍾會征蜀[2],至漢川[3],祭亮之廟,令軍士不得於亮墓所左右芻牧樵采[4]。亮弟均,官至長水校尉。亮子瞻,嗣爵[5]。

【注釋】

[1]景耀六年:263年。"景耀"是後主劉禪的年號。[2]鍾會(225~264):潁川長社(今河南長

葛東北)人,字士季,鍾繇子。263年,與鄧艾分兵滅蜀。次年因叛被殺。鍾會博學多闻,擅長名家之學,著有《道論》二十篇,今已不存。[3]漢川:即漢水,[4]芻(chú):割草。[5]嗣:繼承。爵:爵位。

陳情表

李　密

【解題】

陳:陳述。情:實情。表:臣下上给皇帝的奏章。《陳情表》就是向皇帝陳述實情的奏章。李密(224～287):《華陽國志》作"李宓",一名虔,字令伯,犍(qián)爲武陽(縣治在今四川彭山縣東)人。父親早亡,母親何氏改嫁,由祖母劉氏撫養成人。蜀漢時曾任從事、尚書郎、大將軍主簿、太子洗馬等職,曾奉命出使吴國,頗有辯才。晋武帝時,徵他爲太子洗馬。因祖母年事已高,需他侍奉送終,不能赴闕,故上此《陳情表》以示心迹。晋武帝感其孝心,特賜奴婢二人,命郡縣供養其祖母。祖母卒後,守孝畢,才出任尚書郎、河内温縣縣令、漢中太守等官。著有《述理論》十篇。《晋書》卷八十八、《華陽國志》卷十一皆有傳。本文選自梁蕭統所編《文選》(上海古籍出版社1986年),原題爲《陳情事表》。

臣密言[1]:臣以險釁[2],夙遭閔凶[3]。生孩六月[4],慈父見背[5];行年四歲[6],舅奪母志[7]。祖母劉,愍臣孤弱[8],躬親撫養[9]。臣少多疾病,九歲不行[10];零丁孤苦,至於成立[11]。既無伯叔,終鮮兄弟。門衰祚薄[12],晚有兒息[13]。外無期功强近之親[14],内無應門五尺之僮[15]。煢煢獨立[16],形影相弔[17]。而劉夙嬰疾病[18],常在床蓐[19]。臣侍湯藥,未曾廢離。

【注釋】

[1]臣……言:這是古代臣下給君主上表的套用格式。[2]險釁:坎坷,不幸。險:地勢不平坦。釁(xìn):缝隙,裂痕。[3]夙:早,早年。遭:遭遇,遇上。閔凶:指喪事。[4]孩:嬰兒笑。全句意思是出生六個月剛會笑的時候。[5]見背:死亡的委婉説法。見:指代性副詞,指代作者自己。背:背弃,離去。[6]行年:到了……的年齡。[7]大意是:舅父强迫母親改嫁。志:這裏指不再改嫁的志向。[8]愍(mǐn):同"憫",可憐。[9]躬親:親自。[10]不行:不能行走。[11]至于:直到。成立:指成人。[12]既……,終……。連詞,又……,又……。鮮:無。門庭衰落,福祚淺薄。祚:福。[13]兒息:兒子。息:子息,子女。[14]大意是:在外没有任何能够依靠的親屬。外:在外面,指親屬。期(jī):期服的簡稱。期服:喪服名,縫邊的粗麻布喪服。

給祖父母、叔伯父母、兄弟、姊妹、妻、在家姑姊妹以及侄輩、嫡孫等守喪，皆服期服，守喪一年。功：功服的簡稱，分大功和小功兩種。穿粗麻布喪服守喪九個月叫做大功，其對象是堂兄弟、未嫁堂姊妹、已嫁姑姊妹；穿細麻布喪服守喪五個月的叫做小功，其對象是曾祖父母、伯叔祖父母等。强：有力。近：親近。[15]内：這裏指家内。應門：照應門户。五尺：指未成年。僮：僮僕，奴僕。[16]煢煢(qióng)：孤獨的樣子。[17]身體和影子互相哀憐慰問，即形影相伴的意思。弔：弔問，慰問。[18]夙：早，引申爲"一直"的意思。嬰：縈繞，纏繞。[19]蓐(rù)：通"褥"。

逮奉聖朝[1]，沐浴清化[2]。前太守逵[3]，察臣孝廉[4]，後刺史臣榮[5]，舉臣秀才[6]。臣以供養無主[7]，辭不赴命[8]。詔書特下[9]，拜臣郎中[10]。尋蒙國恩[11]，除臣洗馬[12]。猥以微賤[13]，當侍東宫[14]，非臣隕首所能上報[15]。臣具以表聞[16]，辭不就職。詔書切峻[17]，責臣逋慢[18]；郡縣逼迫，催臣上道[19]；州司臨門[20]，急於星火[21]。臣欲奉詔奔馳[22]，則劉病日篤[23]；欲苟順私情[24]，則告訴不許。臣之進退，實爲狼狽[25]。

【注釋】

[1]逮：及，到了。奉：事奉。聖朝：指晋朝。[2]這是對晋朝新政權的歌頌。沐浴：比喻受到滋潤。沐：洗頭。浴：洗澡。清化：清明的教化。[3]逵：其人不詳。[4]察：考察後予以舉薦。孝廉：本爲漢代選拔官吏的兩種科目名，始行於漢武帝。漢武帝元光元年，下令郡國舉孝廉各一人。後來合稱孝廉。晋代因襲這一制度。顔師古説："孝謂善事父母者，廉謂清潔有廉隅者。"[5]榮：董榮。[6]舉：舉薦，選拔。秀才：漢以來舉薦人才的科目之一，亦始於漢武帝。漢武帝元封五年，下令州郡舉秀才。[7]供養：指供養祖母。主：主持，負責。[8]辭：推辭。赴命：指上任。[9]特：專門。下：下達。[10]拜：授予官職。郎中：皇宫中的近侍之官。[11]尋：不久。蒙：蒙受。[12]除：除去舊官而授予新職。洗(xiǎn)馬：太子的屬官，秦置，漢代沿用。太子出行則爲先導。晋以後改爲掌管圖籍。[13]猥(wěi)：謙詞，辱。[14]侍：侍奉。東宫：指太子。太子居東宫，因以東宫指代太子。這是以地代人的一種修辭手法。[15]隕首：掉腦袋，亦即死亡。隕(yǔn)：落，墜落。[16]具：全部，詳細地。聞：使動用法，使……聞。[17]切峻：嚴厲。[18]逋(bū)慢：拖延遲緩。[19]上道：上路。[20]州司：州官。臨：來到。門：指家門。[21]星火：流星的光，比喻急迫。[22]奔馳：指立即上任。[23]日：一天一天地。篤：加重。[24]苟：馬馬虎虎。順：順從，依從。私情：指不出仕在家侍奉祖母的想法。[25]狼狽：窘迫，進退兩難。

伏惟聖朝以孝治天下[1]，凡在故老[2]，猶蒙矜育[3]，况臣孤苦，特爲尤甚。且臣少仕僞朝[4]，歷職郎署[5]，本圖宦達[6]，不矜名節[7]。今臣亡國賤俘[8]，至微至陋，過蒙拔擢[9]，寵命優渥[10]，豈敢盤桓[11]，有所希冀[12]。但以劉日薄西山[13]，氣息奄奄[14]，人命危淺[15]，朝不慮夕。臣無祖母，無以至今日；祖母無臣，無以終餘年[16]。母孫二人更相爲命[17]，是以區區不能廢遠[18]。臣密今年四十有四，祖母劉九十有六。是臣盡節於陛下之日長，報養劉之日短也。烏鳥私情[19]，願乞終養[20]。

【注釋】

[1]伏惟：下對上陳述時的表敬之辭。聖朝：指晋朝。[2]在：健在。故老：年老而有聲望的人，亦指先代的舊臣。[3]猶：尚且。蒙：蒙受，受到。矜育：愛護養育。[4]僞朝：指蜀漢政權。[5]歷職：歷任。李密在蜀漢時，先担任尚書郎中，後來升任爲尚書郎。郎署：官署名，指尚書臺。[6]本：本來。圖：希望。宦達：即所謂官運亨通。宦：做官。達：顯達。[7]矜：顧惜。名節：節操，指爲蜀漢政權守節而不仕晋的節操。[8]亡國：指蜀漢政權。賤俘：卑賤的俘虜，這裏作蜀漢舊臣的賤稱。[9]過：過分地。拔擢：提拔。[10]寵命：受到恩寵而被任命爲官。優渥：優厚。優：充足。渥(wò)：厚，重。[11]盤桓：遲疑猶豫的樣子。[12]希冀：指希望爲自己立名節。[13]但：只是。日薄西山：比喻時日不多。薄：迫近，臨近。[14]氣息：呼吸。奄奄：氣息微弱的樣子。[15]人命：生命。危淺：危急。[16]終：終結，過完。餘年：餘下的歲月。[17]更相爲命：相當於“相依爲命”。更相：互相。[18]區區：誠摯的樣子。廢：指廢置劉氏不顧。遠：遠離，指赴京上任。[19]大意是：我有像烏鴉那樣希望報恩於祖母的心願。烏鳥：烏鴉。相傳烏鴉是孝鳥，能反哺於母。[20]願：希望。乞：請求，即請求晋武帝准許自己。終養：指奉養劉氏終其天年。

臣之辛苦[1]，非獨蜀之人士及二州牧伯所見明知[2]，皇天后土[3]，實所共鑒[4]。願陛下矜愍愚誠[5]，聽臣微志[6]。庶劉僥倖[7]，保卒餘年[8]，臣生當隕首，死當結草[9]。臣不勝犬馬怖懼之情[10]，謹拜表以聞[11]。

【注釋】

[1]辛苦：痛苦。[2]非獨：不但，不僅。二州：指梁州和益州。益州，其治所在成都(今四川成都)。梁州是在魏景元四年(263)分益州地而設置，治所初在沔陽(今陝西勉縣東)，西晋太康中移治南鄭(今陝西漢中)。牧伯：即一州之長。[3]即天地。[4]鑒：鏡子，用作動詞，照鏡子，照見。這裏有知道、瞭解的意思。[5]矜愍：憐憫。愚：謙詞。誠：指對祖母盡孝的誠心。[6]微：謙詞。志：志向，心意。[7]庶：副詞，表示希望。[8]大意是：享盡天年。保卒：保有，過完。餘年：指餘下的歲月。[9]結草：相傳春秋時，晋大夫魏武子愛妾無子。魏武子生病時，吩咐其子魏顆在他死後讓她出嫁，但到了臨終時，却改口説一定要她爲自己殉葬。魏武子死後，魏顆遵循前命，不用後命，没有讓她殉葬，而把她嫁了出去。後來秦晋交戰，魏顆看見一個老人，把草結了起來，絆倒秦將杜回，使他被魏顆俘獲。晚上老人向魏顆托夢，説自己就是魏武子愛妾的父親，爲了感謝魏顆救他女兒性命之恩，所以在這次戰争中幫助魏顆。

[10]不勝:不堪,承受不了。[11]謹:敬詞。拜表:上表。聞:使動用法,使……知曉。

華陽國志

【解題】

東晉常璩的《華陽國志》是我國現存最早的一部地方志。它記載了從上古到347年之間我國四川、雲南、貴州三省以及陝西、甘肅、湖北的部分地區(即古九州中的梁州地區)的歷史和地理狀況,具有很高的學術價值和歷史價值。"華陽"即華山之陽。《尚書·禹貢》有"華陽黑水惟梁州"句,故此書以《華陽國志》命名。常璩,字道將,蜀郡江原縣(今四川省崇州市)人。成漢李勢時曾任散騎常侍,晉穆帝永和三年(347)桓温伐蜀,他勸説李勢投降,被晉朝封爲歸義侯。除《華陽國志》外,還著有《漢之書》(後來改名爲《蜀李書》),已佚。全書共十二卷,附録一卷,約十一萬字,内容大致由三部分組成:卷一至卷四分别爲《巴志》、《漢中志》、《蜀志》、《南中志》,記載當時梁、益、寧三州的歷史和地理,而以地理爲主。卷五至卷九爲《公孫述劉二牧志》、《劉先主志》、《劉後主志》、《大同志》、《李特雄期壽勢志》,相當於正史中的本紀。卷十《先賢士女總贊》、卷十一《後賢志》、卷十二《序志》、《益梁寧三州先漢以來士女目録》,則相當於正史中的列傳。南宋時《華陽國志》已殘闕,清代顧廣圻校勘的題襟館本是比較好的本子。今人任乃强有《華陽國志校補圖注》(上海古籍出版社1987年)。本文所依據的文本爲劉琳的《華陽國志校注》(巴蜀書社1984年)。

巴志(節選)[1]

昔在唐堯[2],洪水滔天,鯀功無成[3]。聖禹嗣興[4],導江疏河[5],百川蠲修[6],封殖天下[7],因古九囿[8],以置九州[9];仰禀参伐[10],俯壤華陽[11],黑水、江、漢爲梁州[12]。厥土青黎[13],厥田惟下上[14],厥賦惟下中[15],厥貢璆、鐵、銀、鏤、砮、磬、熊、羆、狐、貍、織皮[16]。於是四隩既宅[17],九州攸同[18],六府孔修[19],庶土交正[20],厎慎財賦[21],成貢中國[22]。蓋時雍之化東被西漸矣[23]。

【注釋】

[1]本文選自《華陽國志》卷一,係《巴志》中的"總叙"部分。此文概括地叙述了巴地的地理面

貌、歷史沿革、物産狀況、風土人情以及與中原和周邊地區的密切關係等，表現了作者對自己的故鄉以及對故鄉人民的深切熱愛和衷心的贊揚。[2]堯：傳説我國古時代的君主，陶唐氏，名放勳，史稱唐堯。相傳在他統治時，曾經發生了持續多年的洪水。[3]鯀(gǔn)：居住在有崇的部落首領，又號崇伯。唐堯時，由於四岳的推薦，奉堯之命治水，但治水九年，毫無成就，後來被舜殺死在羽山。功：指治水的事業。無成：没有成效。[4]禹：鯀的兒子，又稱大禹、夏禹，這裏稱"聖禹"，是對其贊美的稱呼。鯀死後，禹奉舜之命繼續治理洪水，經過十三年的努力，終於取得成功。嗣：繼承，繼續。興：興起，發動，這裏有工作、事業的意思。[5]導：疏通。疏：疏導，疏通。[6]蠲(juān)修：疏通修整。蠲：疏通。[7]封：封疆，邊界，這裏用作動詞，修整封疆。殖：種植，指種植五穀。[8]因：因仍，沿襲。古九囿(yòu)：即下文中人皇氏兄弟所統治的九個地區。囿：域，區域，地區。[9]九州：傳説中國古代所劃分的九個地區。按照《尚書・禹貢》的説法，九州是：冀州、兖州、青州、徐州、揚州、荆州、豫州、梁州、雍州。[10]稟：稟承，承受。參(shēn)伐：即二十八宿中的參宿。《晋書・天文志上》："參十星，一曰參伐。"古人將天上星宿的位置與地上各個州的位置相對應，認爲益州地區(即《禹貢》中的"梁州")與參伐相應。《史記・天官書》："觜觿、參，益州。"《晋書・地理志上》引《春秋元命苞》："參伐流爲益州。"[11]壤：土地。華：華山，在今陝西華陰縣南。陽：山之南。[12]黑水：關於黑水，有多種説法，但這裏的"黑水"指今天的金沙江比較恰當。亦有人認爲所謂"黑水"是一條假想的河流，實際上並不存在。江：指長江，古人以岷江爲長江正源，與今天長江的概念不完全一致。漢：漢水，這裏爲狹義的漢水，指今湖北省均縣以上的漢水上游。另外，嘉陵江古代一稱西漢水。[13]厥：其。青：青色。黎：黑色。從這句開始到"織皮"係引用《禹貢》中的現成文句，文字略有出入。[14]惟：句中語氣詞。下上：《禹貢》將九州的土質和貢賦各分爲九等，即上、中、下内又分爲上、中、下三等。"下上"就是第七等。[15]賦：貢賦，即向中央王朝所貢之賦。下中：即第八等。[16]璆：同"球"，一種美玉。鏤(lòu)：鐵之剛硬者，可以用來雕刻。砮(nǔ)：一種可以作箭鏃的石頭。磬(qìng)：古代一種石制樂器，形狀彎曲。羆(pí)：熊的一種，又稱馬熊、人熊。貍(lí)：同"狸"，狸子，又叫野猫、山猫。織皮：用毛織成的布。[17]四方的邊遠地區已經可以居住了。四隩：四海的邊涯，這裏指古代四方的邊遠地區。隩(yù)：水涯，特指水之向内彎曲之處。《爾雅・釋丘》："厓(涯)内爲隩，外爲隈。"既：已經。宅：居，指可以供人們居住。從這句開始到"成貢中國"也是用《禹貢》中的現成文句，文字上有一些省略和出入。[18]攸：是，此。同：等於説"平定"。[19]六府：指水、火、金、木、土、穀。《左傳・文公七年》："水、火、金、木、土、穀，謂之六府。"孔：甚。修：治，治理好。[20]大意是：各種土地的優劣和高下都得到了正確的評定。庶：衆，衆多。交：俱，都，全部。[21]底(zhǐ)：致，送達，交納。慎：慎重，看重。財賦：賦税。[22]成貢：進貢，向……進貢。中國：中原，指帝王所在的地方。[23]蓋：連詞，表示原因。時雍：和善。時：善。雍：和。化：教化。被：覆蓋。漸：浸潤。

歷夏、殷、周，九州牧伯率職[1]。周文爲伯[2]，西有九國[3]。及武王克商，并徐合青[4]，省梁合雍[5]，而職方氏猶掌其地[6]，辨其土壤[7]，甄其貫利[8],迄於秦帝[9]。漢興,高祖藉之成業[10],乃改雍曰凉,革梁曰益[11],故巴、漢、庸、蜀屬益州[12]。

【注釋】

[1]牧伯:指州的長官。率職:守職,盡職。[2]周文:周文王,姓姬,名昌,商紂王時,爲西伯,亦稱伯昌。在他的治理下,國力日益强大,爲其子武王伐滅商朝統治天下奠定了基礎。伯:一方的首領。[3]有:擁有,這裏有統治、統領的意思。九國:許多國家。九:多。[4]并徐合青:《周禮·夏官·職方氏》中的九州是:揚州、荆州、豫州、青州、兖州、雍州,幽州、冀州、并州,即把《禹貢》中的徐州合併於青州,把梁州合併到雍州中去。《周禮》相傳爲西周初年周公所作,其實係戰國時人假托周公而作。因此,《職方氏》中所説的九州,並非真正的周制。[5]省:減省,取消。[6]職方氏:官名。據《周禮·夏官·職方氏》載,其職責爲"掌天下之國,以掌天下之地。辨其邦國、都鄙、四夷、八蠻、七閩、九貉、五戎、六狄之人民與其財用,九穀、六畜之數要,周知其利害。乃辨九州之國,使同貫利"。[7]大意是:分辨其土壤的優劣等第。[8]甄(zhēn):辨别。貫:事。[9]迄(qì):至,到。秦帝:指秦朝。[10]高祖:指漢高祖劉邦。藉:憑藉。業:指帝王之業。[11]革:改。漢高祖時並没有設州,到漢武帝元封五年(前 106)時,才將全國除京師附近的七郡外分爲十三部,每部置刺史一人。其中十一部沿用《禹貢》和《職方氏》中的州名。漢成帝時,罷部刺史,改置州牧。[12]巴:古國名,其故城在今重庆市區嘉陵江北岸,公元前 316 年被秦國所滅。漢:指漢中郡,秦惠王置,其治所在南鄭(今陝西漢中東)。庸:古代的國名,其故城在今湖北竹山縣境内,春秋時介於巴、秦、楚三國之間,公元前 611 年被楚國所滅。蜀:古國名,其故城在今四川省成都市,公元前 316 年被秦國所滅。

至魏咸熙元年平蜀[1],始分益州巴漢七郡置梁州[2],治漢中[3],以相國參軍中山耿黼爲刺史。元康六年[4],廣漢還益州[5],更割雍州之武都、陰平、荆州之新城、上庸、魏興以屬焉[6]。凡統郡一十二[7],縣五十八。

【注釋】

[1]咸熙:三國時魏元帝曹奂的年號,咸熙元年即 264 年。[2]巴漢七郡:指漢中、梓潼、廣漢、涪陵、巴、巴西、巴東七郡。[3]治:治所。漢中:今陝西省漢中市。[4]元康:晋惠帝年號,元康六年即 296 年。[5]廣漢:郡名,原屬益州,後歸新置之梁州,此時還歸益州。[6]雍州:州名,當時的治所在長安(今陝西省西安市西北)。武都:郡名,其治所在今甘肅成縣西。陰平:郡名,其治所在今甘肅文縣西北。新城:郡名,其治所在房陵(今湖北房縣)。上庸:郡名,其治所在今湖北省竹山縣西南。魏興:郡名,其治所在西城(今陝西省安康西)。[7]指漢中、梓潼、涪陵、巴、巴西、巴東、宕渠、武都、陰平、新城、上庸、魏興等十二郡。

《洛書》曰[1]:人皇始出[2],繼地皇之後,兄弟九人分理九州,爲九囿,人皇居中州,制八輔[3]。華陽之壤,梁岷之域[4],是其一囿,囿中之國則巴、蜀矣。其分野[5]：輿鬼、東井[6]。其君上世未聞。五帝以來[7]，黄帝、高陽之支庶世爲侯伯[8]。及禹治水，命州巴、蜀[9]，以屬梁州。禹娶於塗山[10]，辛壬癸甲而去[11]，生子啟[12]，呱呱啼[13]，不及視[14]，三過其門而不入室[15]，務在救時[16]，今江州塗山是也[17]，帝禹之廟銘存焉。會諸侯於會稽[18]，執玉帛者萬國[19]，巴、蜀往焉。周武王伐紂，實得巴、蜀之師，著乎《尚書》[20]。巴師勇鋭，歌舞以凌殷人[21]，前徒倒戈[22]，故世稱之曰"武王伐紂，前歌後舞"也。武王既克殷，以其宗姬封於巴[23]，爵之以子[24]，——古者遠國雖大，爵不過子[25]，故吴、楚及巴皆曰子。

【注釋】

[1]《洛書》：相傳爲古代洛水中所出現的一部書。《易·繫辭上》："河出圖，洛出書，聖人則之。"《漢書·五行志》認爲，《洛書》就是《尚書·洪範》中的"九疇"（指治理天下的九種法則），即《洪範》中從"初一曰五行"到"威用六極"這六十五個字。這裏所引用的《洛書》不是前者，而是東漢時出現的一種讖書。[2]人皇：傳説中的三皇之一，三皇包括天皇、地皇、人皇。《初學記》卷九引《春秋緯》："天皇、地皇、人皇，兄弟九人，分九州，長天下。"[3]制：控制，掌握。八輔：指中州以外的八個州。輔：這裏指周圍的地區。[4]皆指巴蜀地區。壤：土地。梁：梁山，即今四川劍閣之大劍山。岷：岷山，在今四川省北部。域：地區。[5]分野：古人認爲天上的星辰與地上各個州國的位置相應，在天稱爲分星，在地稱爲分野。[6]輿鬼、東井：皆星辰名。《漢書·地理志》："秦地，於天官東井、輿鬼之分壄也。……南有巴、蜀、廣漢、犍爲、武都，……又西南有牂柯、越巂、益州，皆宜屬焉。"關於屬於益州的巴蜀地區的分野，《史記·天官書》與《漢書·地理志》不同，這裏采用的是《漢書·地理志》的説法，而前文"仰禀参伐"，則采用《史記》的説法。《漢書·天文志》亦説"觜觿、参，益州"，與《史記·天官書》同。[7]五帝：《史記·五帝本紀》以黄帝、顓頊、帝嚳、唐堯、虞舜爲五帝。關於五帝也還有其他的説法。[8]高陽：即帝顓頊。支庶：宗族旁出的支派。世：世世代代。侯伯：君主。《史記·五帝本紀》："黄帝居軒轅之丘，而娶於西陵之女，是爲嫘祖。嫘祖爲黄帝正妃，生二子，其後皆有天下。其一曰玄囂，是爲青陽，青陽降居江水；其二曰昌意，降居若水。昌意娶蜀山氏女，曰昌僕，生高陽，高陽有聖悳焉。黄帝崩，葬橋山。其孫昌意之子高陽立，是爲帝顓頊也。"《史記·夏本紀》："夏禹，名曰文命。禹之父曰鯀，鯀之父曰帝顓頊。"[9]州：用作動詞，把……地方設置爲州。[10]涂山：關於涂山有四種説法：一曰會稽山，在今浙江紹興西北；二曰在今安徽當涂；三曰在今安徽懷遠東南；四曰在今重慶市。《華陽國志》裏所指爲最後一説。[11]大意是：在辛日娶妻，才過三日（甲日）就離家外出治水。辛、壬、癸、甲：皆天干，這裏都是用來紀日。去：離開，指離家。[12]啟：禹子，後來繼承帝位，建立夏朝。[13]呱呱（gū）：嬰兒的啼哭聲。[14]不及：來不及。以上數句出自《尚書·皋陶謨》，原文爲："禹曰：'……予創若時，娶于塗山，辛壬癸甲。啟呱呱而泣，予弗子，惟荒度土功。'"[15]出自《孟子·滕文公上》："禹

八年於外，三過其門而不入。”[16]務：事情，指最要緊的事情。在：在於。時：這裏指當時的災難。[17]江州：巴郡的治所，在今重慶市區。塗山：在今重慶市區長江南岸，今亦俗稱真武山。[18]會稽：即會稽山，在今浙江省紹興市西北。[19]玉帛：古代諸侯會盟朝聘時所執的禮物。以上數句出自《左傳》和《國語》。《左傳・哀公七年》：“禹合諸侯於塗山，執玉帛者萬國。”《國語・魯語下》：“昔禹致群神於會稽之山。”[20]根據《尚書・牧誓》的記載，隨同武王伐紂的有庸、蜀、羌、髳、微、盧、彭、濮等八個西南部族，没有巴，但巴也位於西南，因此極有可能參加。[21]凌：侵犯，這裏有進攻的意思。[22]前徒：前面的部隊。倒戈：意思是殷商的軍隊把武器掉轉過來，攻擊商紂王。劉琳注：“此句别本皆作‘歌舞以凌，殷人倒戈’，無‘前徒’二字，疑顧氏(指顧廣圻)所增。”[23]宗姬：姬姓宗族，亦即周之同姓。[24]爵：賜爵位。子：子爵。周代的爵位有公、侯、伯、子、男五等。[25]過：超過。

其地東至魚復[1]，西至僰道[2]，北接漢中，南極黔涪[3]。土植五穀，牲具六畜。桑、蠶、麻、紵、魚、鹽、銅、鐵、丹、漆、茶、蜜、靈龜、巨犀、山鷄、白雉、黄潤、鮮粉[4]，皆納貢之。其果實之珍者：樹有荔芰[5]，蔓有辛蒟[6]，園有芳蒻、香茗、給客橙、葵[7]。其藥物之異者有巴戟、天椒[8]，竹木之璝者有桃支、靈壽[9]。其名山有塗籍、靈臺、石書刊山[10]。

【注釋】

[1]魚復：今重慶市奉節縣。[2]僰(bó)道：今四川宜賓市。[3]極：至，到。黔：指黔中郡，在今湖南西北部以及與之相鄰的湖北、重慶、貴州的部分地區，這一地區原屬楚國，後來被秦國攻佔。涪：即涪陵，西漢置縣，東漢末年劉備置郡，其治所在今重慶市彭水縣。[4]紵(zhù)：苧(zhù)麻，亦指用苧麻纖維織成的布。丹：丹砂，俗稱朱砂。靈龜：龜的一種，其甲可以用來占卜。《爾雅・釋魚》：“一曰神龜，二曰靈龜。”郭璞注：“涪陵郡出大龜，甲可以卜，緣中文似瑇瑁(dàimào)，俗呼爲靈龜。”巨犀：一種體形較大的犀牛。山鷄：一種鳥，其雄色斑，其雌黑，出自魚復一帶。黄潤：漢、晉時産於巴蜀一帶的一種著名的細麻布，亦稱蜀布，輕細柔軟，可以裝在竹筒中，又稱筒中布。鮮粉：一種産於江州(今重慶市)用來化妝用的粉，又叫江州墮休粉。[5]荔芰：即荔枝，産於江州、墊江(今重慶合川)、枳縣(今重慶涪陵)等地。[6]蔓：蔓生植物。辛蒟(jǔ)：一種胡椒科植物，又名扶留藤，其果實稱蒟子，成熟時呈青色，類似桑椹，和以鹽、蜜，可以漬爲醬，其味辛香，這就是著名的蒟醬，亦稱枸醬。[7]芳蒻：即蒟蒻，又呼爲鬼頭，今亦稱魔芋，多年生草本植物，其地下扁球形块莖的澱粉含量很高。香茗：香茶。給(jǐ)客橙：又叫盧橘、金橘，今稱四季橘。《史記・司馬相如列傳》：“於是乎盧橘夏孰。”裴駰《集解》引郭璞曰：“今蜀中有給客橙，似橘而非，若柚而芬香，冬夏華實相繼，或如彈丸，或如拳，通歲食之，即盧橘也。”葵：葵菜，又叫冬葵，錦葵科草本植物，今四川、重慶等地稱爲冬寒菜。[8]巴戟：即巴戟天，茜草科植物，葉似茶，經冬不枯，可作藥用。天椒：即花椒，産於巴蜀者，稱之爲巴椒或蜀椒。[9]璝：同“瑰”。瑰本是一種美玉，這裏有珍奇的意思。桃支、靈壽：桃支即“桃枝”，一種竹子。《爾雅・釋草》：“桃枝，四寸有節。”左思《蜀都賦》：“其中則有巴菽巴

戟，靈壽桃枝。"李善注："靈壽，木名也，出涪陵縣(今重慶彭水)。桃枝，竹屬也，出墊江縣(今重慶合川)。二者可以爲杖。"[10]塗籍：即塗山。靈臺：一名天柱山，又稱雲臺山，在今四川省蒼溪縣東南。石書刊山：不詳，大概是因有文字刊刻於山上而得名。

其民質直好義[1]，土風敦厚[2]，有先民之流[3]。故其詩曰："川崖惟平[4]，其稼多黍[5]。旨酒嘉穀[6]，可以養父[7]。野惟阜丘[8]，彼稷多有[9]。嘉穀旨酒，可以養母。"其祭祀之詩曰："惟月孟春[10]，獺祭彼崖[11]。永言孝思[12]，享祀孔嘉[13]。彼黍既潔，彼犧惟澤[14]。蒸命良辰[15]，祖考來格[16]。"其好古樂道之詩曰："日月明明，亦惟其夕[17]。誰能長生，不朽難獲。"又曰："惟德實寶[18]，富貴何常？我思古人，令問令望[19]。"而其失在於重遲魯鈍[20]，俗素樸[21]，無造次辨麗之氣[22]。其屬有濮、賨、苴、共、奴、獽、夷蜑之蠻[23]。

【注釋】

[1]質直：樸實。[2]土風：當地的風俗。[3]先民：古人。流：指流風遺俗。[4]川崖：指河邊的土地。川：河流。崖：邊際，這裏指水邊。惟：句中語氣詞，幫助判斷。[5]黍(shǔ)：黏黄米，又稱黍子。[6]旨酒：美酒。旨：美味。嘉：美好。[7]可以：可以用來。養：奉養。[8]野：原野，田野。阜丘：丘陵。[9]稷(jì)：穀類作物。[10]惟：句首語氣詞，引出時間。孟春：早春，初春。[11]獺(tǎ)：水獺。《吕氏春秋・孟春紀》："孟春之月，……魚上冰，獺祭魚。"高誘注："獺，……取鯉魚置水邊，四面陳之，世謂之祭魚。"[12]出自《詩經・大雅・下武》。永：永遠，長久。言：形容詞詞尾，相當於"然"。思：句末語氣詞。[13]享：指鬼神享用祭品。孔：甚，很。嘉：善，美好。[14]犧：犧牲，祭祀用的牲畜。澤：肥壯而有光澤。[15]蒸：亦可寫爲"烝"，冬祭，亦泛指祭祀。良辰：美好的時節。辰：日子，時刻。[16]祖考：祖宗，祖先。考：已死的父親。格：至，到，來到。[17]大意是，日月那樣光明，但也有它們照不到的夜晚。[18]實：代詞，相當於"是"，這裏複指"德"。[19]令：美，美好。問：通"聞"(wèn)，名聲。望：名望，聲望。《詩經・大雅・卷阿》："顒顒卬卬，如圭如璋，令聞令望。"[20]失：缺點，缺陷。重(zhòng)遲：緩慢，不靈巧。魯鈍：遲鈍，笨拙。[21]俗：風俗。素樸：樸實。[22]造次：倉猝，急速，這裏有敏捷、靈巧的意思。辨：通"辯"，指能言善辯。麗：指言辭華麗。[23]濮：我國古代南方民族之一，部族衆多，故稱百濮，春秋時期主要活動在江漢流域一帶，秦漢以來，多分布於西南各省，尤以巴地爲多。賨(cóng)：巴人的一支，因其所交納的賦税叫賨(包括賨布和賨錢)，故名。又稱板楯(dùn)蠻，因其使用的武器而得名(板楯是一種木制的盾牌)。秦漢時賨人主要居住在嘉陵江、渠江，以及流經重慶市的長江流域一帶。苴(jū)：巴人的一支，從巴郡到今四川北部廣元一帶都有分布，《華陽國志・蜀志》說："蜀王别封弟葭萌於漢中，號苴侯，命其邑曰葭萌焉。"葭萌故地在今廣元市昭化鎮。共：不詳。奴：不詳。獽(ráng)：其習俗大概與賨人相近，後來發展成爲僚人的一支。夷蜑(dàn)：等於說"蜑夷"，傳説爲槃瓠的後裔，即

今瑶族的先民。

周之仲世[1]，雖奉王職[2]，與秦、楚、鄧爲比[3]。春秋魯桓公九年[4]，巴子使韓服告楚[5]，請與鄧爲好[6]。楚子使道朔將巴客聘鄧[7]，鄧南鄙攻而奪其幣[8]。巴子怒，伐鄧，敗之。其後[9]，巴師、楚師伐申[10]，楚子驚巴師[11]。魯莊公十八年[12]，巴伐楚，克之。魯文公十六年[13]，巴與秦、楚共滅庸。哀公十八年[14]，巴人伐楚，敗於鄾[15]。是後，楚主夏盟[16]，秦擅西土[17]，巴國分遠[18]，故於盟會希[19]。

【注釋】

[1]仲世：中期。仲：中。[2]奉王職：指擁戴周王。[3]鄧：古國名，曼姓，故城在今湖北省襄樊市北，據説其疆域達到今河南鄧縣，公元前678年亡於楚國。爲比：並列，同類。秦、楚、鄧、巴、蜀等國都處於黄河流域的中心地區以外，因此爲中原各國所輕視，皆被視爲蠻夷之國，故稱"與秦、楚、鄧爲比"。[4]即公元前703年。巴國歷史正式見於文獻者，從此年開始。詳見《左傳·桓公九年》。[5]巴子：巴國的君主，名字不詳。[6]爲好(hào)：結爲友好關係。好：名詞，友好關係。[7]楚子：指楚武王，公元前740年至前689年在位。道朔：楚大夫。將：領，帶領。巴客：指韓服所率領的巴國使團。聘：諸侯之間派遣使節互相問候。[8]鄙：邊地的城邑。幣：指聘問時的禮物。[9]其後：指魯莊公六年(前688)。[10]申：申國，在今河南省南陽市。[11]楚子：指楚文王。驚巴師：懲罰巴軍，使其畏懼。驚：通"警"。[12]即公元前676年。[13]即公元前611年。[14]即公元前477年。[15]鄾(yōu)：古國名，在今湖北省襄陽市西北，其時已被楚國所滅，爲楚地。[16]主：主持。夏：指中原地區華夏諸國。盟：指諸侯之間的盟會。[17]擅：擁有，據有。[18]分：分封，這裏指所分封的地方。[19]希：即"稀"。

戰國時，嘗與楚婚。及七國稱王，巴亦稱王。周之季世[1]，巴國有亂，將軍蔓子請師於楚，許以三城。楚王救巴。巴國既寧，楚使請城。蔓子曰："藉楚之靈[2]，克弭禍難[3]。誠許楚王城[4]，將吾頭往謝之[5]，城不可得也！"乃自刎，以頭授楚使。王嘆曰："使吾得臣若巴蔓子[6]，用城何爲！"乃以上卿禮葬其頭。巴國葬其身，亦以上卿禮。

【注釋】

[1]季世：末年。[2]藉：借助。靈：福。[3]克弭(mǐ)：克服，制止，消除。[4]誠：的確。許：許諾，答應。[5]將：持，拿。[6]使：假使，假如。

周顯王時[1]，楚國衰弱，秦惠文王與巴、蜀爲好[2]。蜀王弟苴侯私親於巴，巴、蜀世戰争[3]。周慎王五年[4]，蜀王伐苴侯，苴侯奔巴，巴爲求救於秦。秦惠文王遣張儀、司馬錯救苴、巴[5]，遂伐蜀，滅之。儀貪巴、苴之富，因取巴[6]，執王以歸，置巴、蜀及漢中郡[7]，分其地爲三十一縣。儀城江州[8]。司馬錯自巴涪水取楚商於地爲黔中郡[9]。

【注釋】

[1]周顯王：公元前368年～前321年在位。[2]秦惠文王：公元前337年～前311年在位。[3]世：世代。[4]周慎王：即周慎靚王，其五年即公元前316年。[5]張儀、司馬錯：見本書第一单元文選《司馬錯論伐蜀》。[6]因：趁機，趁勢。[7]巴郡置於公元前314年，漢中郡置於公元前312年，蜀郡置於公元前285年。[8]城：築城，修城牆。[9]涪水：指今烏江下游。商於：指今陕西商縣至河南内鄉一帶，這一地區原屬楚，後歸秦。《華陽國志》在此處稱楚商於之地即以後秦國所置的黔中郡，不確。黔中郡：戰國時楚置，後歸秦。秦時的治所在臨沅（今湖南省常德市），其地包括今湖南省的沅水流域和澧水流域、湖北省的清江流域、重慶市的黔江流域以及貴州省東北的部分地區。

秦昭襄王時[1]，白虎爲害[2]，自秦、蜀、巴、漢患之。秦王乃重募國中[3]："有能殺虎者，邑萬家，金帛稱之[4]。"於是夷朐忍廖仲藥、何射虎、秦精等乃作白竹弩於高樓上[5]，射虎，中頭三節[6]。白虎常從群虎[7]，瞋恚[8]，盡搏殺群虎[9]，大呴而死[10]。秦王嘉之曰："虎歷四郡[11]，害千二百人，一朝患除，功莫大焉。"欲如要[12]，王嫌其夷人，乃刻石爲盟，要復夷人顷田不租[13]，十妻不筭[14]，傷人者論[15]，殺人雇死倓錢[16]。盟曰："秦犯夷，輸黄龍一雙[17]；夷犯秦，輸清酒一鍾[18]。"夷人安之。漢興，亦從高祖定秦有功[19]。高祖因復之，專以射白虎爲事，户歲出賨錢口四十[20]，故世號"白虎復夷"，一曰"板楯蠻"，今所謂"弜頭虎子"者也[21]。

【注釋】

[1]秦昭襄王：公元前306年～前251年在位。[2]據學者研究，白虎爲害的故事，實際上是影射秦國亡巴以後，巴國殘餘勢力對秦國統治者進行的大規模反抗的這段史實。白虎是巴族祖先的象徵，因此後來也作爲巴族的圖騰。據《後漢書・南蠻西南夷列傳》所載，巴族的祖先是廪君。"廪君死，魂魄世爲白虎。巴氏以虎飲人血，遂以人祠焉。"對於巴族的反抗，秦國統治者采用"以夷制夷"的方法，利用板楯蠻的力量將其平定。[3]募（mù）：徵求。[4]指所賞賜的金帛與所分封的邑萬家相當。稱（chèn）：相稱，相當，相一致。[5]朐（qú）忍：古縣名，故城在今重慶市雲陽縣西。廖仲藥、何射虎、秦精：這幾個人名亦可斷句爲"廖仲、藥何、射虎秦精"。[6]節：意義不詳，可能是"箭"的誤字。[7]從（zòng）：使動用法，使……跟隨。[8]瞋恚

(chēnhuì):生氣,發怒。[9]搏:抓,撲。[10]呴(hǒu):通"吼"。[11]歷:經歷,經過。[12]如:順從,依照,這裏指履行。要:通"約",下文"要復夷人"中的"要"與此相同。[13]復:免除租税徭役。下文"高祖因復之"、"百虎復夷"中的"復"字,皆與此義同。顷田不租:每户的土地在一頃以下者不繳納租税。[14]即使有十個妻子也不繳納人頭税。筭:通"算"。秦漢時每個成年人每年應當繳納人頭税一百二十文錢,叫做一"筭"。[15]論:指按照情節輕重論罪。[16]雇死倓錢:意思是用錢來抵償死罪。雇:這裏有抵償、賠償的意思。倓(tǎn):亦寫作"賧",以財贖罪。[17]輸:付給,這裏有賠償的意思。黄龍:大概是鑄造成龍形的黄金。[18]清酒:本指清純的陳酒,供祭祀時使用。這裏專指産於巴地的一種美酒。《水經注·江水》:"江之左岸,有巴鄉村,村人善釀,故俗稱巴鄉清郡出名酒。"鍾:酒器。[19]高祖:指漢高祖劉邦。定:平定。秦:指秦地,今陝西渭水流域。[20]口:人口,一個人。四十:四十文錢。[21]弜(jiàng):這裏當"重叠"講。《説文解字》十二下弜部:"弜,彊也,重也。从二弓。"段玉裁注:"重當作緟,見糸部。重弓者,彊之意也。緟,疊(叠)之意也。""弜頭虎子"大概因爲其頭帕如兩弓相叠而得名。

漢高帝滅秦[1],爲漢王[2],王巴、蜀[3]。閬中人范目有恩信方略[4],知帝必定天下,説帝,爲募發賨民[5],要與共定秦[6]。秦地既定,封目爲長安建章鄉侯[7]。帝將討關東,賨民皆思歸。帝嘉其功而難傷其意[8],遂聽還巴[9]。謂目曰:"富貴不歸故鄉,如衣錦夜行耳[10]。"徙封閬中慈凫鄉侯[11]。目固辭[12],乃封渡沔侯[13]。故世謂"三秦亡,范三侯"也[14]。復除民羅、朴、昝、鄂、度、夕、龔七姓不供租賦。閬中有渝水[15],賨民多居水左右。天性勁勇[16],初爲漢前鋒,陷陣,鋭氣喜舞。帝善之,曰:"此武王伐紂之歌也。"乃令樂人習學之[17],今所謂"巴渝舞"也[18]。

【注釋】

[1]漢高帝:即漢高祖。[2]爲漢王:劉邦在公元前206年入關滅秦以後,被項羽封爲漢王。[3]王(wàng):動詞,稱王,統治。[4]閬中:縣名,秦置,故城在今四川省閬中市西。恩信:因德信義。方略:謀略,權謀。[5]募發:徵發。[6]定:平定。[7]鄉侯:爵位名,漢代有縣侯、鄉侯、亭侯的等級。[8]嘉:嘉獎,嘉許。其意:指范目不願接受長安建章鄉侯的爵位,而希望回到故鄉的願望。[9]聽:聽任,同意。[10]衣(yì):穿上。錦:錦緞,指用錦緞做的衣服。[11]徙封:另外分封。[12]固:堅决。辭:推辭。[13]渡沔侯:"渡沔"取其率領賨民渡過沔水(即漢水上游)隨劉邦北伐定秦之意。[14]三秦:指原秦國故地關中一帶。秦朝滅亡以後,項羽把關中地區分封給秦朝的三個降將。章邯爲雍王,領有今陝西中部咸陽以西、甘肅東部的地區;司馬欣爲塞王,領有今陝西咸陽以東的地區;董翳爲翟王,領有今陝西北部的地區。[15]渝水:即西漢水,今嘉陵江。[16]勁勇:剛勁,勇猛。[17]習學:練習,學習。[18]"巴渝舞"於

漢、晋皆列於樂府,見《漢書・禮樂志》和《晋書・樂志》。

天下既定,高帝乃分巴、蜀置廣漢郡[1]。孝武帝又兩割置犍爲郡。故世曰"分巴割蜀,以成犍、廣"也。自是厥後[2],五教雍和[3],秀茂挺逸[4],英偉既多[5],而風謡旁作[6]。故朝廷有忠貞盡節之臣,鄉黨有主文歌咏之音[7]。

【注釋】

[1]廣漢郡:廣漢郡置於漢高祖六年(前201),治所在乘鄉(一作"繩鄉",今四川金堂東),東漢時移治雒縣(今四川廣漢市北),轄境包括今四川旺蒼、劍閣、蓬溪以西,什邡、北川以東,新都、遂寧和今屬重慶市的潼南以北,以及甘肅文縣、陝西寧强以南的地區。[2]從此以後。自:從。是:此,這,這時。厥:其。[3]五教:指儒家所提倡的父義、母慈、兄友、弟恭、子孝。《左傳・文公十八年》:"使布五教於四方,父義、母慈、兄友、弟共、子孝。"雍和:融洽,和諧。[4]秀茂:指優秀人才。挺逸:挺拔而出。挺:出,突出。逸:通"軼",超絶,超群。[5]英偉:指優秀人才。[6]風謡:指反映民風民俗的歌謡。旁:普遍,廣泛。作:興起,這裏有流傳、演唱的意思。[7]鄉黨:鄉里,鄉間。周制以五百家爲一黨,一萬二千五百家爲一鄉,後以"鄉黨"泛指鄉里。主文:重視文教。主:重視,看重。文:文教,指禮樂教化。音:指民間歌謡。

水經注

【解題】

《水經注》是北魏時酈道元在《水經》的基礎上,以注的形式所撰寫的一部全面記述我國南北水道的地理學著作,全書共四十卷,約三十萬字。《水經》,舊題爲漢代的桑欽所作,但據明清兩代學者的考證,作者可能是三國時期的人,其姓名已不可考查。酈道元(466～527),字善長,北魏范陽(今河北涿縣)人,曾任尚書主客郎、東荆州刺史、御史中尉等官職。北魏孝明帝孝昌三年(527),奉命出任關右大使,被叛臣雍州刺史蕭寶夤殺害。《魏書》和《北史》中皆有傳。《水經》所記録的大小河流共137條,而《水經注》却達到1389條之多,其價值大大超過《水經》原書。在《水經注》中,酈道元不僅介紹了每條河流的源頭、流向、支派、水文等情况,而且使用因水記山、因地記事的方法,對於流域内的山川景物、城邑建制、風土人情、歷史事迹和神話傳説等,都進行了生動的描繪。文筆優美,描寫細膩,語言簡潔,富於詩意,可以説是魏晋南北朝時期山水散文的集錦,因此,《水經注》一書,不僅是地理學、水利學上的一部重要著作,而且在歷史、文化、文學等方面也具有相當重要的價值，對後來散文的發展產生了極大的影響。歷代尤其是明清以來關於《水經注》的校注本很多，其中以全祖望的《水經注校》（七校本）、趙一清的《水經注釋》以及戴震所校刊的《水經注》（武英殿本）質量最好。現在最通行的版本爲戴震本。今人陳橋驛點校的《水經注》（上海古籍出版社 1990 年）即根據戴本而來。文選的文本依據陳橋驛的點校本，并參考其他版本在文字上作了個别調整。

巫　峽[1]

江水又東[2]，逕巫峽[3]，杜宇所鑿[4]，以通江水也。郭仲産云[5]：按《地理志》[6]，巫山在縣西南[7]，而今縣東有巫山，將郡、縣居治無恒故也[8]。

【注釋】

[1]本文選自《水經注》卷三十三《江水》。在這段文字中，作者以詩一般的語言，生動地描繪了巫峽壯美的山川景色以及流傳於這一帶的優美動人的神話傳説，爲我們展現出了一幅奇特瑰麗的祖國河山畫卷。[2]江水：長江。東：用作動詞，向東流。[3]逕：經過。巫峽：長江所流經的峽谷名，起於今重慶市巫山縣東的大溪口，終於湖北巴東縣官渡口，綿延約四十公里，是長江三峽中最曲折幽深的峽谷。[4]杜宇：一號杜主，古代蜀國的君主，曾教民務農，戰國時稱帝，號望帝。後來讓位於其相開明，隱居於西山，時逢二月，子鵑鳥鳴，蜀人懷念他，遂呼子鵑爲杜鵑。其事見《蜀王本紀》和《華陽國志·蜀志》。據説杜宇曾經開鑿巫峽。[5]郭仲産：東晋劉宋間人，曾任荆州從事，著有《荆州記》二卷。見《新唐書·藝文志》。[6]《地理志》：指《漢書·地理志》。[7]縣：指巫山縣。東漢應劭在《漢書·地理志》“巫（縣）”下注道：“巫山在西南。”[8]將：副詞，表揣測的語氣，可譯爲“恐怕、大概、或許”。居治：指政府機關的所在地。居：停留。治：治所。恒：常，固定。漢朝的刺史没有固定的治所。

江水歷峽[1]，東，逕新崩灘[2]。此山漢和帝永元十二年崩[3]，晋太元二年又崩[4]。當崩之日，水逆流百餘里，涌起數十丈。今灘上有石，或圓如簞[5]，或方似笥[6]，若此者甚衆，皆崩崖所隕，致怒湍流[7]，故謂之新崩灘。其頹岩所餘[8]，比之諸嶺，尚爲竦桀[9]。

【注釋】

[1]歷：經過。峽：指巫峽。[2]灘：河流中水淺多石水流湍急的地方。[3]永元：東漢和帝劉肇的年號，永元十二年即 100 年。《後漢書·五行志》：“和帝永元……十二年夏，閏四月戊辰，南郡秭歸山高四百丈，崩，填溪，殺百餘人。”[4]太元：東晋孝武帝司馬曜的年號，太元二

年即377年。[5]或：有的。簞(dān)：古代盛飯的圓形竹器。[6]笥(sì)：古代盛飯食或衣物的方形竹器。[7]隕(yǔn)：隕落，墜落。致：使。怒：使動用法，使……發怒。這裏的"怒"是一種比喻的説法，有使……洶涌澎湃的意思。湍流：急流。[8]頽岩：坍塌下來的岩石。頽：坍塌。所餘：指剩餘下來的岩石。[9]竦桀：高聳的樣子。竦：高起。桀：突出。

其下十餘里有大巫山[1]，非惟三峽所無[2]，乃當抗峰岷、峨[3]，偕嶺衡、疑[4]。其翼附群山[5]，竝槩青雲[6]，更就霄漢辨其優劣耳[7]。神孟涂所處[8]。《山海經》曰[9]："夏后啟之臣孟涂[10]，是司神於巴[11]，巴人訟於孟涂之所[12]，其衣有血者執之[13]，是請生[14]，居山上[15]，在丹山西。"郭景純云[16]："丹山在丹陽[17]，屬巴[18]。"丹山西即巫山者也。又，帝女居焉[19]，宋玉所謂天帝之季女[20]，名曰瑶姬[21]，未行而亡[22]，封於巫山之陽[23]，精魂爲草[24]，寔爲靈芝[25]。所謂巫山之女，高唐之阻[26]，旦爲行雲，暮爲行雨，朝朝暮暮，陽臺之下[27]。旦早視之[28]，果如其言[29]。故爲立廟[30]，號朝雲焉[31]。其間首尾百六十里[32]，謂之巫峽，蓋因山爲名也[33]。

【注釋】

[1]其：指新崩灘。下：下游。大巫山：在巫山神女廟東約三十里處。[2]非惟：不但。三峽：瞿塘峽、巫峽、西陵峽的總稱。[3]乃當：而且應當。抗峰：與其他山峰相比。抗：匹敵，相比擬。岷：岷山，在四川省松潘縣北。峨：峨眉山，在四川省峨眉市西南。[4]偕嶺：與上文"抗峰"的意義相同。偕：偕同，共同，用作動詞，意思是與……相同、與……同類。嶺：山嶺。衡：衡山，五岳中的南岳，其主峰祝融峰在湖南省衡山縣境内。疑：指九疑山，在湖南省寧遠縣境内。"疑"又可寫作"嶷"。[5]其：指大巫山。附：使動用法，意思是"使……依附"。[6]竝槩：並列，等同。竝：同"並"，等同，齊等。槩：同"概"，本指古代量米麥時刮平斗斛的器具，這裏引申爲與……持平的意思。[7]更：還，還需。就：往，到。霄：雲霄。漢：銀河。辨：分辨。優劣：這裏是高低的意思。耳：句尾語氣詞，表示感嘆。[8]所處：居住的地方。處：居。[9]《山海經》：我國最早的一部地理書，大約成書於戰國時代。書中不僅有關於地理方面的記載，還廣泛地記述了古代的歷史傳説和神話故事等内容。以下引文出自《山海經》中的《海内南經》，文字略有出入。[10]夏后：夏朝的君主。后：君主。啟：夏朝的開國君主，爲夏禹的兒子。[11]是：指示代詞，可譯爲"這、這人"，這裏指代孟涂。司神：掌管神靈之事。郭璞注："聽其獄訟，爲之神主。"司：掌管。神：指神靈之事。[12]訟：訴訟，打官司。[13]訴訟的一方如果衣服上面有血，則要被抓起來。執：捉，逮捕。郭璞注："不直者則血見於衣。"[14]是：此人，指"其衣有血者"。請生：請求讓他活下去。[15]讓這個人居住在巫山之上。居：本義是坐，引申爲居住。山：指巫山。[16]郭景純：即郭璞(276～324)，字景純，河東聞喜(今山西省聞喜縣)人。晉代著名的詩人、學者、辭賦家和語言學家。平生著作很多，注釋過多

種重要的典籍，其中包括《爾雅》、《方言》、《山海經》、《穆天子傳》、《三蒼》、《楚辭》，以及司馬相如的《子虛賦》、《上林賦》等。另外還著有《爾雅音》、《爾雅圖》、《爾雅圖贊》等。[17]丹陽：古都邑名，又稱丹陽城或楚王城，在今湖北省秭歸縣東。[18]屬巴：屬於巴郡所管轄的範圍。[19]帝女：天帝的女兒。焉：指示代詞兼語氣詞。[20]宋玉：戰國時楚國鄢人，著名的辭賦家，後於屈原，或説是屈原弟子，曾爲楚頃襄王大夫。其作品流傳到今的有《九辯》、《招魂》、《高唐賦》、《神女賦》、《風賦》、《登徒子好色賦》等。季女：小女兒。季：排行最小的。[21]瑶姬：又寫作"姚姬"，赤帝之女。[22]行：指女子出嫁。[23]封：埋葬。陽：山的南坡。此段引文出自《文選》卷十九宋玉《高唐賦》李善注所引《襄陽耆舊傳》，原文爲："赤帝女曰姚姬，未行而卒，葬於巫山之陽，故曰巫山之女。"[24]大意是：靈魂變成了草。[25]寔：指示代詞，這。靈芝：傳説中的仙草。[26]高唐：戰國時楚國的臺館名，在雲夢澤中。阻：險阻。[27]旦：早晨。行雲：指飄浮著的雲。行：飄動，遊動。暮：黄昏。陽臺：山名，在巫山縣境内，又稱陽雲臺。《大清一統志》卷三百〇三："陽雲臺在巫山縣西北。"[28]旦早：第二天早晨。[29]果：果然。如：像，與……一樣。其言：指神女所説的話。[30]因此爲她建立廟宇。[31]大意是：就叫做"朝雲"。《巫山縣志》："神女祠在縣東三里，十二峰南，龍鳳峰之處。"以上文字出自宋玉《高唐賦》："昔者先王嘗遊高唐，怠而晝寢，夢見一婦人曰：'妾巫山之女也，爲高唐之客。……妾在巫山之陽，高丘之岨，旦爲朝雲，暮爲行雨。朝朝暮暮，陽臺之下。'旦朝視之如言。故爲立廟，號曰'朝雲'。"[32]其：指巫山。首尾：指全長。[33]蓋：句首語氣詞，表示揣測。

自三峽七百里中[1]，兩岸連山[2]，略無闕處[3]，重岩叠嶂[4]，隱天蔽日[5]。自非停午夜分，不見曦月[6]。至於夏水襄陵[7]，沿泝阻絶[8]。或王命急宣[9]，有時朝發白帝[10]，暮到江陵[11]，其間千二百里[12]，雖乘奔御風[13]，不以疾也[14]。春冬之時，則素湍緑潭[15]，迴清倒影[16]，絶巘多生怪柏[17]，懸泉瀑布[18]，飛漱其間[19]，清榮峻茂[20]，良多趣味[21]。每至晴初霜旦[22]，林寒澗肅[23]，常有高猿長嘯[24]，屬引凄異[25]，空谷傳響[26]，哀轉久絶[27]。故漁者歌曰："巴東三峽巫峽長，猿鳴三聲泪沾裳[28]。"

【注釋】

[1]自：在。三峽七百里：這是根據當時的里程而言的，三峽的長度以今天的里程計算，大約是二百公里左右。以下段落是酈道元根據劉宋時盛弘之的《荆州記》改寫而成的，在文字上比原作更加優美動人，可以看成是一首絶妙的描寫風景的散文詩。[2]兩岸高山連綿。[3]完全没有斷缺之處。略：完全。闕：缺口。[4]大意是：重重叠叠的山岩和形如屏嶂的山峰。嶂：如屏嶂的山峰。[5]大意是：遮蔽了天空和太陽。[6]自非：除非。停午：亦寫作"亭午"，正午，中午。夜分：半夜。曦(xī)：日光，這裏指太陽。這裏使用了分承這種古代漢語的修辭

表達方式，即把本來應當用兩句話來分别表示的内容，壓縮成爲一句話來表示。這裏應當理解爲：自非停午不見曦，自非夜分不見月。[7]至於：到了。襄陵：水漫上了山崗。《尚書・堯典》："蕩蕩懷山襄陵。"襄：上，這裏有漫上、包圍的意思。陵：山崗。[8]沿：指順流而下。泝(sù)：同"溯"，指逆流而上。[9]或：偶或，偶爾，有時。王命：指皇帝的詔命。急：緊急，立即。宣：宣布，傳達。[10]發：出發。白帝：白帝城，在今重慶市奉節縣東的白帝山上。白帝城始建於東漢初年的公孫述。新莽時期，公孫述爲導江卒正(即蜀郡太守)，乘亂割據巴蜀稱帝，自號白帝，故以此爲城名。[11]江陵：今湖北江陵，東漢時爲荆州州治。[12]其間：指白帝到江陵。[13]雖：連詞，表示假設的讓步，即使。乘：乘坐。奔：指飛奔的快馬。這裏使用了代稱的修辭方法，即用某一事物的性質屬性代表該事物本身。御：駕馭。[14]以：認爲。疾：快，迅速。[15]素湍：潔白的急流。素：白，潔白。湍：急流的水。緑潭：碧緑的深潭。[16]迴清：迴旋著清流。倒影：倒映著影子。這兩句使用了古代漢語中分承的修辭表達方法。對於這兩句，應該理解爲："則素湍迴清，緑潭倒影。"[17]絶：高。巘(yǎn)：山頂，山峰。怪柏：形狀奇特的柏樹。[18]懸泉：從山崖上懸空流下來的泉水。[19]飛：飛流。漱(shù)：冲刷，冲蕩。[20]此四字分别指四件事情，即水清、樹榮、山峻、草茂。榮：繁茂，茂盛。[21]良：的確。[22]晴初：指雨雪初晴的時候。霜旦：有霜的早晨。[23]澗：夾在兩山之間的溪流。肅：寂静。這裏使用了互文見義的修辭表達方式，上下文的意義互相呼應補充，"林寒澗肅"應當理解爲"林澗寒肅"，意思是：樹林和山澗都顯得寒冷寂静。[24]高猿：高山上的猿猴。嘯(xiào)：鳥獸等的長聲鳴叫。[25]屬引：這裏有連續不斷地長鳴的意思。屬(zhǔ)：連續。引：長久，這裏指長鳴。凄異：異常凄凉。[26]空谷：空曠的山谷。響：回聲。[27]哀轉：哀傷婉轉。絶：消失。[28]巴東：郡名，東漢建安六年(201)改固陵郡所置，治所在魚復(今重慶市奉節東)，轄境包括今重慶市雲陽、奉節、巫山一帶。裳：下衣，這裏泛指衣服、衣裳。《藝文類聚》卷五十九引《宜都山川記》所載行者歌："巴東三峡猨鳴悲，猨鳴三聲泪霑衣。"可能是酈道元這兩句的依據。

洛陽伽藍記

【解題】

《洛陽伽藍記》是記載我國北魏時期首都洛陽地區佛教寺廟興廢的一部著作，共五卷，作者爲北魏、北齊間的楊衒(xuàn)之。楊衒之，北平(治所在今河北盧龍)人，北魏時擔任過秘書監、期城(今河南泌陽縣西北)太守、撫軍府司馬職務。作者在其序中説，東魏孝静帝武定五年(547)，"余因行役，重覽洛陽。城郭崩毁，宫室傾覆，寺觀灰燼，廟塔丘墟，牆被蒿艾，巷羅荆棘。野獸穴於荒階，山鳥巢於庭樹"。回想北魏盛時，京城繁華，寺觀侈麗，故撰寫這部著作，以寄托作者對國家治亂興亡的追憶和哀思。伽(qié)藍,梵語譯音,意思是寺廟。《洛陽伽藍記》雖然以京城洛陽四十年間佛教寺塔的興衰爲題,實際上忠實而廣泛地記述了當時的政治、經濟、宗教、人物、風俗、地理、中外關係等内容,具有很高的歷史和文學方面的價值。《洛陽伽藍記》歷來的注本較多,以清代吴若準的《洛陽伽藍記集證》本最好,今人周祖謨的《洛陽伽藍記校釋》以及范祥雍的《洛陽伽藍記校注》(上海古籍出版社1978年)考證精詳,資料完備。本篇所據爲范祥雍本。

高陽王寺[1]

高陽王寺,高陽王雍之宅也[2],在津陽門外三里御道西[3]。雍爲爾朱榮所害也[4],舍宅以爲寺。正光中[5],雍爲丞相,給輿、羽葆鼓吹、虎賁班劍百人[6]。貴極人臣,富兼山海[7],居止第宅[8],匹於帝宫[9]。白殿丹檻[10],窈窕連亘[11];飛簷反宇[12],轇轕周通[13]。僮僕六千,妓女五百[14],隋珠照日[15],羅衣從風[16],自漢晋以來,諸王豪侈未之有也。出則鳴騶御道[17],文物成行[18],鐃吹響發[19],笳聲哀轉[20];入則歌姬舞女[21],擊筑吹笙[22],絲管迭奏[23],連宵盡日。其竹林魚池,侔於禁苑[24],芳草如積,珍木連陰。雍嗜口味[25],厚自奉養,一食必以數萬錢爲限。海陸珍羞[26],方丈於前[27]。

【注釋】

[1]高陽王寺:本文選自《洛陽伽藍記》卷三《城南》,在這篇文章中,作者對北魏統治集團驕奢淫佚的生活、慳吝自私的心態作了入木三分的生動描寫,使人們更加深刻地認識到封建地主階級腐朽没落的本質,以及當時勞動人民所遭受的深重的剥削和痛苦。[2]高陽王雍:元雍(? ～528),字思穆,北魏獻文帝子,封高陽王。孝明帝時,任丞相。[3]津陽門:洛陽城南偏西的城門。御道:供帝王車駕通行的道路。[4]爾朱榮(493～530):姓爾朱,名榮,字天寶,北魏秀容川(今山西朔縣西北)人,世代爲契胡部落酋長。北魏末年,招集兵馬,鎮壓各族人民的起義,招納侯景、高歡等人,勢力逐漸壯大。孝明帝武泰元年(528),胡太后毒死其兒子孝明帝,立三歲的宗室元釗爲帝。他率軍攻入洛陽,把胡太后、少帝以及包括元雍在内的王族及王公卿士二千餘人全部殺害於河陰(今河南孟津),迎立元子攸爲孝莊帝,任都督中外諸軍事、大將軍兼尚書令,把持朝政。永安三年(530),孝莊帝殺爾朱榮於朝廷中。[5]正光:北魏孝明帝年號,520～525年。據《魏書》卷九《肅宗紀》所載,元雍於正光元年(520)九月担任丞相。[6]給(jǐ):賜予。輿:車輛。羽葆:以鳥羽作裝飾的華蓋。鼓吹(chuì):出自北方民族的一種樂名,主要樂器爲鼓、鉦、簫、笳等,這裹指演奏鼓、鉦、簫、笳等樂器的樂隊。虎賁(bēn):原爲勇士的通稱,這裹爲官名,掌管宫中的宿衛。班劍:飾有花紋的木劍。漢制,朝服帶劍,

到晋朝時改爲木劍。班：通"斑"，花纹。以上皆爲皇帝賜給諸王及有功之臣的儀仗。[7]極：盡。人臣：臣子，臣下。兼：兼有，同時具有。山海：指山海中所出産的珍寶。[8]居止：居室，房屋。第宅：指貴族居住的豪宅。[9]匹：相當，等同。[10]丹檻(jiàn)：紅色的欄杆。丹：紅色。檻：欄杆。[11]窈窕(yǎotiǎo)：幽静深遠。連亘(gèn)：連續不斷。[12]飛簷：高大的屋檐。飛：比喻懸空。簷：同"檐"。反宇：反倒向上的屋檐。宇：屋檐。此句出自張衡的《西京賦》。《文選・西京賦》："反宇業業，飛檐轍轍。"薛綜注："凡屋宇皆垂下向，而好大屋飛邊頭瓦皆更微使反上，其形業業然。"[13]轇轕(jiāogé)：亦作"轇輵、膠葛"，聯綿詞，参差縱横的様子。周通：四通八達。[14]妓女：女樂，即下文中的"歌姬舞女"。[15]隋珠：亦作"隨珠"，傳説中極爲珍貴的明珠，這裹借用來指高陽王家中的珍寶價值連城。照日：發出的光芒可以和日光相比。[16]大意是：羅衣輕柔，可以隨風飄動。羅：稀疏輕軟的絲織品。從風：順風。[17]騶：帝王及達官貴人出行時，在前後侍從的騎士。[18]文物：這裹指表示禮樂典章的物品。[19]鐃(náo)：古代一種青銅制成的有柄打擊樂器。[20]笳：古代一種管樂器，漢代流行於西域一帶，後行於中原。[21]姬：婦女的美稱，亦爲美女之稱。[22]筑：古代一種弦樂器，十三弦，形狀似筝，用竹尺擊打演奏。笙：一種簧管樂器，由簧片、笙管、斗子三個部分组成。[23]絲管：泛指各種樂器。絲：指代各種弦樂器。管：指代各種管樂器。迭：交替，輪流。[24]侔(móu)：等同。禁苑：專供帝王遊樂和打獵的園林。禁：禁止，指供帝王專用禁止外人進入的地方。苑：畜養禽獸種植林木的地方。[25]嗜：嗜好。口味：這裹指美味、美食。[26]珍羞：貴重珍奇的食品。羞：即"饈"，食物。[27]大意是：面前羅列的食品，有一丈見方之寬。

陳留侯李崇謂人曰[1]："高陽一食，敵我千日[2]。"崇爲尚書令儀同三司[3]，亦富傾天下[4]，僮僕千人，而性多儉悋[5]，惡衣麄食[6]，亦常無肉，止有韭茹韭菹[7]。崇客李元佑語人云[8]："李令公一食十八種[9]。"人問其故，元佑曰："二九一十八[10]。"聞者大笑，世人即以爲譏罵。

【注釋】

[1]李崇：北魏大臣，官至尚書令，加侍中。陳留侯是他的爵位。李崇父子倆在當時皆以貪婪著稱。《魏書》卷六十六《李崇傳》説李崇"性好財貨，販肆聚斂，家資巨萬，營求不息。子世哲爲相州刺史，亦無清白狀。鄴、洛市鄽，收擅其利，爲時論所鄙"。[2]敵：相當。[3]尚書令：秦漢時爲掌管章奏文書的官員，魏晋以後，其職權漸大，相當於宰相。儀同三司：官名，簡稱儀同，其名稱起始於東漢，意思是其儀制可以等同於三司(三司即三公，東漢時改大司馬爲太尉，與司徒、司空並稱三公，亦稱三司)。[4]傾：超過，勝過。[5]儉悋(lìn)：吝惜，吝嗇。悋：同"吝"。[6]惡衣：質量低劣的衣服。麄(cū)：同"麤(粗)"。[7]止：只。韭茹：韭菜。茹：蔬菜的總稱。韭菹：腌制的韭菜。菹(zū)：腌菜。[8]客：門客，食客。[9]李令公：指李崇。令公是對尚書令的尊稱。[10]九："韭"的同音字。"二九"即"二韭"，指韭茹和韭菹。

雍薨後[1],諸妓悉令入道[2],或有嫁者。美人徐月華善彈箜篌[3],能爲《明妃出塞》之曲歌[4],聞者莫不動容[5]。永安中[6],與衛將軍原士康爲側室[7]。宅近青陽門[8],徐鼓箜篌而歌[9],哀聲入雲,行路聽者,俄而成市[10]。徐常語士康曰:"王有二美姬,一名脩容,二名豔姿,並蛾眉皓齒[11],潔貌傾城[12]。脩容亦能爲《緑水歌》,豔姿善《火鳳舞》,並愛傾後室[13],寵冠諸姬[14]。"士康聞此,遂常令徐歌《緑水》、《火鳳》之曲焉。

【注釋】

[1]薨(hōng):侯王死。[2]悉:全部。令:使,叫。入道:指出家爲尼。[3]箜篌(kōnghóu):一作"空侯",古代一種撥弦樂器,有卧式、豎式兩種。[4]《明妃出塞》:樂府曲名,相傳爲晋代的石崇所作。[5]動容:因内心感動而表現在面容上。[6]永安:北魏孝莊帝年號,528～530年。[7]側室:偏房,妾。[8]青陽門:洛陽東南的城門。[9]鼓:演奏,彈奏。[10]俄:頃刻,立即。成市:成爲集市,形容停下來傾聽的人很多。[11]並:都,都是。蛾眉:亦作"娥眉",指女子細長而秀美的眉毛。《詩經·衛風·碩人》:"螓首蛾眉。"皓齒:潔白的牙齒。[12]潔貌:美貌。傾城:形容女子貌美,傾倒全城。《漢書·外戚傳》:"北方有佳人,絶世而獨立,一顧傾人城,再顧傾人國。"[13]《緑水歌》:《緑水》,琴曲,蔡邕所作。《緑水歌》爲此曲的歌辭。緑又寫作淥。《火鳳舞》:不詳。後室:猶言"内室",指諸姬所居住的地方,這裏指代諸姬。[14]寵:寵愛,寵幸。冠:超過。

世說新語

【解題】

《世説新語》是一部廣泛記述從東漢末年到東晋之間帝王將相官僚士大夫階層的逸聞軼事及其言談風貌的小説類著作。全書共三卷,按照内容分爲德行、言語、政事、文學、方正等三十六門。全書涉及到的人物有五六百人之多,從中可知當時人們的思想言行、舉止風度以及政治、經濟、文化、社會、風俗等多方面的情况,具有很高的文學價值和歷史價值。《世説新語》的語言簡樸雋永,與當時的口語比較接近,因此也是研究漢語史的重要材料。關於本書的作者,《隋書·經籍志》、《舊唐書·經籍志》以及《新唐書·藝文志》都著録爲南朝宋臨川王劉義慶。劉義慶(403～444),京口(今江蘇鎮江)人,南朝劉宋宗室,爲臨川王劉道規的次子,曾任平西將軍、荆州刺史、兖州刺史等職務,襲封臨川王。劉義慶喜好文學,廣泛招聚文學之士,《世説新語》一書,大概是他組織文人學士雜采舊文編輯而成書的。梁朝劉孝標爲此書作注，補充了不少資料。近人的整理本有余嘉錫的《世説新語箋疏》（中華書局1983年）、徐震堮的《世説新語校箋》（中華書局1984年）、楊勇的《世説新語校箋》（臺北宏業書局1972年）等。張永言主編的《世説新語詞典》（四川人民出版社1992年）是閲讀《世説新語》的一本很有用的工具書。這裏的文選所依據的文本爲余嘉錫的《世説新語箋疏》。

荀巨伯遠看友人疾[1]

荀巨伯遠看友人疾，值胡賊攻郡[2]，友人語巨伯曰[3]："吾今死矣，子可去[4]。"巨伯曰："遠來相視，子令吾去，敗義以求生[5]，豈荀巨伯所行邪？"賊既至，謂巨伯曰："大軍至，一郡盡空[6]，汝何男子，而敢獨止[7]？"巨伯曰："友人有疾，不忍委之[8]，寧以我身代友人命[9]。"賊相謂曰："我輩無義之人，而入有義之國。"遂班軍而還[10]，一郡並獲全[11]。

【注釋】

[1]本則選自上卷《德行》，標題爲本則的第一句話。下面各段也都是以其第一句話爲標題。這個故事頌揚了荀巨伯重義輕生，寧可犧牲自己的生命，也不願意拋弃朋友的高貴品質。荀巨伯：漢桓帝時潁川（郡名，治所在陽翟，即今河南禹縣）人，生平不詳。看：看望。疾：疾病。[2]值：遇到，遇上。胡賊：指當時北方少數民族的入侵者。[3]語（yù）：告訴。[4]去：離開。[5]敗：敗壞，毁壞。[6]盡：全，完全。空：指空無一人。[7]止：停留。[8]委：拋弃，捨弃。[9]寧：寧願。[10]遂：於是。班軍：又稱"班師"，讓出征的軍隊返回。班：返回。[11]並：皆，全都。獲：得到。全：保全。

孔文舉年十歲[1]

孔文舉年十歲，隨父到洛[2]。時李元禮有盛名[3]，爲司隸校尉[4]。詣門者皆儁才清稱及中表親戚乃通[5]。文舉至門，謂吏曰[6]："我是李府君親[7]。"既通，前坐。元禮問曰："君與僕有何親[8]？"對曰："昔先君仲尼與君先人伯陽[9]，有師資之尊[10]，是僕與君奕世爲通好也[11]。"元禮及賓客莫不奇之[12]。太中大夫陳韙後至[13]，人以其語語之[14]，韙曰："小時了了[15]，大未必佳。"文舉曰："想君小時，必當了了[16]！"韙大踧踖[17]。

【注釋】

[1]本則選自上卷《言語》，講述東漢著名學者和政治家孔融少年時靈機應變以及能言善辯的故事。孔文舉：孔融(153～208)，字文舉。東漢魯國(治所在今山東曲阜)人，孔子第二十代孫。其父孔宙，曾任太山都尉。孔融在漢獻帝時任北海相，與黄巾軍作戰，後入朝爲太中大夫。孔融自恃爲高門士族，傲視曹操，終於被曹操所殺。孔融性情寬容，喜好賓客，善詩文，與王粲、劉楨、阮瑀、陳琳、應瑒、徐幹並稱建安七子。明人輯録其著作爲《孔北海集》。傳在《後漢書》卷七十《鄭孔荀列傳》中。[2]洛：洛陽。[3]李元禮：即李膺(110～169)，字元禮。潁川襄城(今河南襄城)人，桓帝時舉孝廉，永壽二年任度遼將軍，後拜司隸校尉。當時朝綱紊亂，吏治腐敗，宦官專權，李膺等人不顧個人安危，以打擊貪官污吏及各種黑暗勢力爲己任，因此聲名日高，士有被接納者，稱爲"登龍門"。後與太學生領袖郭泰等結交，反對宦官專權，太學生稱之爲"天下楷模李元禮"。延熹九年，被捕下獄。靈帝立，外戚竇武执政，又被起用爲長樂少府，與竇武、陳蕃謀誅宦官，事敗被廢。黨錮之禍再起，遇害。傳在《後漢書》卷六十七《黨錮列傳》中。[4]司隸校尉：官名，漢武帝征和四年(前89)置，領兵千餘人，負責察舉百官以下及京畿附近的違法者，後來罷其所領之兵，專門督察畿輔之地的三輔(指京兆尹、左馮翊、右扶風三個相當於郡的行政區)、三河(指河東、河内、河南三郡)、弘農等七郡。東漢時仍領有這七郡，治所在洛陽(今河南洛陽東北)。[5]詣(yì)：拜謁，拜見。儁(jùn)才：卓越的才智。清稱：美譽，名聲好。中表：父親姊妹(姑母)的兒女叫外表，母親的兄弟(舅父)姊妹(姨母)的兒女叫内表，互稱中表。通：通報。[6]吏：門吏，守門人。[7]府君：漢代對太守的尊稱。太守可以自辟僚屬，亦如公府，故有此尊稱。太守的俸禄爲二千石，司隸校尉也是二千石，因此也用來稱呼司隸校尉。親：親戚。[8]僕：對自己的謙稱。[9]先君：先人，這是後輩對自己祖先的稱呼。仲尼：即孔子。伯陽：指老子。[10]師資：老師。據《史記·老子韓非列傳》及《孔子世家》記載，孔子適周，曾經問禮於老子。[11]奕世：累世。奕：累，重。通好：交好。[12]奇：意動用法，認爲……奇特。[13]太中大夫：官名，掌管議論。陳韙(wěi)：事迹不詳，《後漢書·鄭孔荀列傳》的孔融本傳中作"煒"。[14]語語：第一個"語"字讀 yǔ，言語，名詞。第二個"語"字讀 yù，告訴，動詞。[15]了了：聰明伶俐。[16]必當：必定，一定。[17]大：非常。踧踖(cùjí)：局促不安的樣子。

謝太傅盤桓東山時[1]

謝太傅盤桓東山時，與孫興公諸人汎海戲[2]。風起浪涌。孫、王諸人色並遽[3]，便唱使還[4]。太傅神情方王[5]，吟嘯不言[6]。舟人以公貌閑意説[7]，猶去不止[8]。既風轉急，浪猛，諸人皆喧動不坐[9]。公徐云[10]："如此，將無歸[11]？"衆人即承響而回[12]。於是審其量[13]，足以鎮安朝野[14]。

【注釋】

[1]本則選自中卷《雅量》，描述了謝安在大風大浪中臨危不懼、沉著鎮定的態度，表現出一個傑出的政治家在尚未出山時，便已經具有了安定國家的宏大氣量和胸懷。謝太傅：指謝安，謝安卒後贈太傅，故稱。謝安(320～385)，字安石，晋陳郡陽夏(今河南太康)人。出身於士族家庭，初無仕宦意，與王羲之、支遁等人以山水自娱。四十歲以後才出仕，晋孝武帝時位至宰相。當時前秦强盛，基本上統一了中國北方，並佔領了東晋的益州等地。晋孝武帝太元八年(383)，前秦皇帝苻堅征調九十萬大軍進攻東晋，謝安命令其弟謝石、其侄謝玄率軍抵御，在淝水之戰中大破前秦軍，並乘勝收復了青、兖、徐、豫等州。會稽王司馬道子執政時，排斥謝氏，謝安出鎮廣陵，不久回京病卒。《晋書》卷七十九有傳。盤桓：逗留，這裏指隱居。東山：山名，在浙江上虞縣西南，謝安早年隱居於此。[2]孫興公：指孫綽(314～371)，字興公，東晋太原中都(今山西平遥縣西)人，年少時與其兄孫統南渡，居於會稽，放情山水十餘年，無心仕進，作《遂初賦》、《遊天台山賦》等，爲東晋時的著名文人。後來出仕，做過永嘉太守、散騎常侍、領著作郎、廷尉卿等。《晋書》卷五十六有傳。汎海：在海上乘船遊覽。戲：玩耍，遊玩。[3]色：臉色。並：皆，都。遽(jù)：恐慌，害怕。[4]便：就。唱：呼喊，喊叫。[5]神情：精神。方：正。王(wàng)：通“旺”，旺盛。[6]吟嘯：吟咏歌嘯。[7]舟人：船夫。以：因爲。公：指謝安。貌：面容。閑：閑適。意：心意。説(yuè)：即“悦”。[8]猶：仍然。去：往，這裏指行船。[9]既：不久。喧動：喧嘩，躁動。[10]徐：緩慢。[11]將無：表示委婉的建議或者希望，可譯爲“還是……吧”。[12]即：立即，立刻。承：接受。響：聲音，話，這裏指謝安所説的話。[13]審：察知，知道。量：氣量，氣度。[14]鎮安：安定。朝野：指整個國家的上上下下。朝：朝廷。野：民間。

王大將軍年少時[1]

王大將軍年少時，舊有田舍名[2]，語音亦楚[3]。武帝唤時賢共言伎藝事[4]，人皆多有所知[5]，唯王都無所關[6]，意色殊惡[7]。自言知打鼓吹，帝令取鼓與之。於坐振袖而起[8]，揚槌奮擊[9]，音節諧捷[10]，神氣豪上[11]，傍若無人[12]，舉坐嘆其雄爽[13]。

【注釋】

[1]本則選自中卷《豪爽》，這則故事表現了王敦的豪爽氣概。王大將軍：即王敦，曾任大將軍，故稱。王敦(266～324)，字處仲，小字阿黑，晋琅邪臨沂(今山東臨沂縣)人，出身於士族家庭，爲東晋名臣王導的從兄，晋武帝司馬炎的女婿。西晋末年支持琅邪王司馬睿移鎮建康(今江蘇南京)，任揚州刺史、都督征討諸軍事，後升任鎮東大將軍、都督江揚荆湘交廣六州諸軍事，握重兵屯武昌。西晋滅亡，與王導等人一起擁戴司馬睿建立東晋政權，任大將軍、荆州

牧。後來晋元帝司馬睿抑制王氏勢力，他起兵攻入建康，殺掉元帝親信後，自任丞相，還屯武昌。明帝立，王敦再次起兵，病死於軍中。《晋書》卷九十八有傳。[2]舊：原來，本來。田舍名：以土里土氣聞名於世。田舍：鄉下，比喻土里土氣。[3]語音：口音。楚：指語音不標準，方音重。[4]武帝：即晋武帝司馬炎（236～290），字安世，河内温縣（今河南温縣西南）人，司馬昭之子，晋朝的建立者，265年～290年在位。魏元帝咸熙二年（265），繼司馬昭爲相國、晋王，不久即代魏稱帝。咸寧六年（280）滅吴，統一全國。《晋書》卷三有紀。唤：召唤，召集。時賢：指當時才德傑出的人。共言：共同議論。伎蓺：技能才藝。伎：通"技"。蓺：才能，技藝。[5]人：别人。[6]都：完全。關：相關，涉及。[7]意色：神情，神色。殊：很，非常。惡：惱怒，不愉快。[8]振：揮，揮動。[9]揚：舉，舉起。槌（chuí）：棒槌，鼓槌。奮：奮力，用力。[10]音節：指鼓聲的節奏。諧：和諧。捷：快，急促。[11]神氣：神情。豪上：豪邁高昂。[12]傍（páng）若無人：即"旁若無人"，好像旁邊没有人似的。[13]舉坐：全體在座的人。舉：全部，全體。坐：即"座"。雄爽：雄壯豪爽。

劉伶病酒[1]

劉伶病酒，渴甚，從婦求酒[2]。婦捐酒毁器[3]，涕泣諫曰："君飲太過，非攝身之道[4]，必宜斷之[5]！"伶曰："甚善。我不能自禁，唯當祝鬼神[6]，自誓斷之耳[7]。便可具酒肉[8]。"婦曰："敬聞命。"供酒肉於神前，請伶祝誓。伶跪而祝曰："天生劉伶，以酒爲名[9]；一飲一斛[10]，五斗解酲[11]。婦人之言，慎不可聽！"便引酒進肉[12]，隗然已醉矣[13]。

【注釋】

[1]本則選自下卷《任誕》，這則故事生動地表現出了劉伶對酒的癡戀和沉迷，反映了魏晋時期名士們頹廢無聊、放浪形骸的一個側面。劉伶：字伯倫，沛國（治所在相縣，今安徽濉溪縣西北）人，魏晋間的名士，與阮籍、嵇康等相友善，爲竹林七賢之一。劉伶喜好老莊，摒弃名教，蔑視禮法，主張返樸歸真，無爲而治。在生活上和行爲上，劉伶放浪形骸，以酗酒爲樂，著有《酒德頌》。曹魏末年，曾任建威將軍。《晋書》卷四十九有傳。病酒：指酒醒後疲憊困頓如同患病一樣。[2]從：向。婦：妻子。[3]捐：捨弃，丢弃。器：這裏指酒器。[4]攝身：養生，保養身體。攝：調攝，保養。[5]必：一定。宜：應當。斷：斷除，戒掉。[6]自禁：控制自己。禁：制止，控制。唯當：只有。祝：禱告，祈禱。[7]誓：發誓。[8]便：即，就。具：準備。[9]名：通"命"。[10]斛（hú）：容量單位，相當於十斗。[11]解：解除。酲（chéng）：病酒。[12]引：斟飲（依據張永言主編的《世説新語詞典》）。進：進食，吃。[13]隗然：倒下的樣子。隗：倒塌。

顔氏家訓

【解題】

《顔氏家訓》是我國歷史上廣泛流行、影響深遠的一部家訓類著作，作者是南北朝後期到隋朝之間的顔之推。顔之推，名介，祖籍琅邪臨沂（今山東臨沂市北），梁武帝中大通三年（531）生於江陵（今湖北江陵），大約卒於隋文帝開皇十七年（597）。顔之推生於亂世，一生顛沛流離，閱歷非常豐富，對當時的政治、文化、風俗時尚以及各種社會現象和弊病都非常瞭解，並親自探索，提出自己的見解，是當時南北兩朝最博學最有見解的學者和思想家，在文字、音韻、訓詁、校勘等方面也有相當深厚的造詣。其著作有《文集》、《顔氏家訓》、《證俗文字略》、《集靈記》、《急就章注》、《筆墨法》、《稽聖賦》、《證俗音字》、《還冤志》等，除《顔氏家訓》和《還冤志》外，大都佚失。《顔氏家訓》共七卷二十篇，具有相當高的學術和史料方面的價值，在書中，除了進行封建倫理道德方面的説教外，還比較忠實地記載了當時社會各個方面的情況，對許多學術領域的問題，作了認真廣泛的探索。這部著作從唐代起就廣泛流傳，多次翻刻。清代有趙曦明的注本、盧文弨的校定補注本等，今人王利器的《顔氏家訓集解》（上海古籍出版社 1980 年），資料豐富，注釋精詳，内容相當完備。我們這裏的文選，即依據他的本子。

教　子[1]

上智不教而成[2]，下愚雖教无益[3]，中庸之人[4]，不教不知也。古者，聖王有胎教之法：懷子三月，出居别宫[5]，目不邪視，耳不妄聽，音聲滋味，以禮節之。書之玉版[6]，藏諸金匱[7]。生子咳喂[8]，師保故明孝仁禮義[9]，導習之矣[10]。凡庶縱不能爾[11]，當及嬰稚[12]，識人顔色[13]，知人喜怒，便加教誨，使爲則爲[14]，使止則止[15]。比及數歲[16]，可省笞罰。父母威嚴而有慈[17]，則子女畏慎而生孝矣。吾見世間，無教而有愛，每不能然[18]；飲食運爲[19]，恣其所欲[20]，宜戒翻獎[21]，應訶反笑[22]，至有識知[23]，謂法當爾[24]。驕慢已習[25]，方復制之[26]，捶撻至死而無威[27]，忿怒日隆而增怨[28]，逮于成長[29]，終爲敗德[30]。孔子云"少成若天性,習慣如自然"是也[31]。俗諺曰:"教婦初來,教兒嬰孩。"誠哉斯語[32]!

【注釋】

[1]本文選自《顔氏家訓》卷一,是全書的第二篇。顔之推在本篇中論述了對子女的教育問題,並列舉古今事例,從反面論證不加教育或教育不當所帶來的危害。顔之推提出的家庭教育的原則大致有兩點:一是教育要及早,要讓孩子從小就樹立起良好的道德準則和禮儀行爲規範;二是教育要嚴格,反對一味的溺愛遷就。這些看法都是我們今天在家庭教育方面應當注意的問題。由於時代的局限,文中的某些觀點已經不能適應今天的社會,應當加以揚弃。[2]上智:指天賦氣質上等的人,語出《論語·陽貨》:"子曰:'唯上知與下愚不移。'"成:指成就其道德。[3]下愚:指天賦氣質下等的人。[4]中庸之人:指天賦氣質中等的人。[5]别宫:另外的房間。别:另外的。宫:室,房間。[6]玉版:刊刻文字的白石版。[7]諸:"之於"的合音字。金匱:用來保存重要書契的金屬櫃子。藏之金匱,置之宗廟,以爲後世戒。"[8]咳(hái):即"孩",小兒笑。嗁(tí):哭泣。[9]師保:古代擔任教導帝王及貴族子弟職務的官員,有師氏和保氏,統稱師保。[10]以上幾句話出自《大戴禮記·保傅》,文字略有出入。原文是:"故孩提,三公三少固明孝仁禮義,以導習之也。"[11]凡庶:指平民,一般人。縱:縱使,即使。爾:如此,這樣。[12]及:到了,趁……的時候。嬰稚:年幼的時候。[13]色:臉色。[14]使:叫。爲:做,行動。則:就。[15]止:停止,不要做。[16]比(bì)及:到了。[17]慈:慈愛。[18]每:每每,經常。然:如此,這樣。[19]運爲:這裏有所作所爲的意思。運:使用。爲:作爲。[20]恣(zì):任憑,任隨。[21]宜:應當。戒:告誡,驚告。翻:反倒。[22]訶(hē):大聲喝斥,斥責。[23]至:到了。識知:知見,見解。[24]謂:認爲。法:指禮法,即禮儀法度。當:應當。爾:如此,這樣。[25]驕慢:驕横傲慢。習:指養成習慣。[26]方:才。復:再來。制:制止。[27]捶撻(chuítà):用棍子或鞭子打。威:威信,威嚴。[28]日:日益,一天天。隆:加劇,厲害。增:增加。怨:怨恨,仇怨。[29]逮于:到了。成長:指長大成人。[30]敗德:指敗壞道德的人。[31]少(shào):少年。成:指養成良好的習慣。若:順,順從。天性:指天生的善性。如:順,順從。自然:本來的那個樣子,即天性。這幾句話亦出自《大戴禮記·保傅》,文字略有出入,原文是:"少成若天性,習貫之爲常。"[32]俗諺:民間諺語。誠:確實。斯:這。

凡人不能教子女者,亦非欲陷其罪惡;但重於訶怒[1],傷其顔色,不忍楚撻[2],慘其肌膚耳[3]。當以疾病爲諭,安得不用湯藥鍼艾救之哉[4]?又宜思勤督訓者[5],可願苛虐於骨肉乎[6]?誠不得已也。

【注釋】

[1]重(zhòng):難,爲難。[2]楚:荆,荆條,這裏用作狀語,表示工具。[3]慘:用作使動。一本無"慘"字。[4]安得:怎麽能够。鍼艾:指鍼灸。艾:艾草,其葉可制艾絨,供针灸用。[5]宜:應當。思:想。勤:努力,盡力。督訓:監督教訓。[6]苛:大概是"豈"的誤字,有的版本作"豈"。苛虐:虐待。

王大司馬母魏夫人[1]，性甚嚴正。王在湓城時[2]，爲三千人將[3]，年踰四十[4]，少不如意[5]，猶捶撻之，故能成其勲業。梁元帝時[6]，有一學士，聰敏有才，爲父所寵，失於教義。一言之是，徧於行路[7]，終年譽之[8]；一行之非[9]，揜藏文飾[10]，冀其自改[11]。年登婚宦[12]，暴慢日滋[13]，竟以言語不擇[14]，爲周逖抽腸釁鼓云[15]。

【注釋】

[1]王大司馬：指王僧辯。王僧辯（？～555），字君才，太原祁（今山西祁縣）人。初仕北魏，後來歸梁，任湘東王蕭繹左常侍及司馬。侯景叛亂，任大都督，隨蕭繹討伐侯景。太清六年（552）率軍與陳霸先收復建康。蕭繹即帝位（梁元帝）後，任司徒、侍中、尚書令。西魏攻破江陵，梁元帝死，他擁立蕭淵明爲帝，被陳霸先所殺。[2]湓（pén）城：亦名"湓口城"，以其地當湓水入長江處得名，今江西省九江市，東晉至南朝時爲江州郡治所。[3]統領三千士兵。[4]踰：超過。[5]少（shāo）：稍微。[6]梁元帝：即蕭繹（508～554），字世誠，梁武帝蕭衍第七子，封湘東王，鎮守江陵。侯景叛亂時，派遣王僧辯、陳霸先攻滅侯景，552年即帝位於江陵。承聖三年（554）西魏軍攻破江陵時遇害，所藏十四萬卷書籍全部付之一炬。蕭繹博學多才，在文學理論方面尤有見地，生平著作甚多，在歷代帝王之中實屬罕見，今存《金樓子》輯本。原有文集已散佚，後人輯有《梁元帝集》。[7]行路：道路。[8]譽（yù）：贊揚，贊頌。[9]行：行爲。[10]揜（yǎn）：掩蓋，遮蔽。文飾：文過飾非，遮蓋過失。[11]冀：希望。自改：自己改正。[12]年：年齡。登：這裏有到的意思。婚宦：指結婚做官的年齡。[13]暴慢：暴虐傲慢。日：日益。滋：滋長，加劇。[14]竟：終於。不擇：不當。[15]周逖（tì）：其人無考，《陳書》有《周迪傳》，可能即此人。釁（xìn）：祭名，古代宰殺牲畜，以血塗在器物上爲祭，這裏指以人血爲祭。

父子之嚴，不可以狎[1]；骨肉之愛，不可以簡[2]。簡則慈孝不接[3]，狎則怠慢生焉。由命士以上[4]，父子異宫[5]，此不狎之道也。抑搔癢痛[6]，懸衾篋枕[7]，此不簡之道也。或問曰[8]："陳亢喜聞君子之遠其子[9]，何謂也？"對曰："有是也。蓋君子之不親教其子也[10]，《詩》有諷刺之辭，《禮》有嫌疑之戒，《書》有悖亂之事，《春秋》有衺僻之譏[11]，《易》有備物之象[12]，皆非父子之可通言[13]，故不親授耳[14]。"

【注釋】

[1]狎（xiá）：親近而不莊重。[2]簡：疏略，怠慢。[3]慈：慈愛，指父親對子女的愛護、關懷。接：持續。[4]命士：古代稱受有爵命的士。[5]宫：室，房間。[6]抑搔：指按摩。[7]懸衾：把（父母公婆所睡卧過的）被子懸掛起來。衾：被子。篋枕：把（父母公婆所用過的）枕頭用箱子

裝起來。篋(qiè):小箱子,這裏用作動詞。[8]或:有人。[9]事見《論語·季氏》。陳亢:孔子弟子。遠:動詞。[10]蓋:連詞,表示原因。君子之不親教其子:事見《孟子·離婁上》:"公孫丑曰:'君子之不教子,何也?'孟子曰:'勢不行也。教者必以正,以正不行,繼之以怒,則反夷矣。夫子教我以正,夫子未出於正也。則是父子相夷也。父子相夷,則惡矣。古者易子而教之,父子之間不責善。責善則離,離則不祥莫大焉。'"[11]衺僻:不正確的事情。衺:邪惡,不正。僻:不正。[12]《易·繫辭上》:"備物致用,立成器以爲天下利,莫大乎聖人。"[13]通:交,相互。[14]《白虎通·辟雍》:"父所以不自教子何?爲恐瀆也。又授之道,當極説陰陽夫婦變化之事,不可父子相教也。"

齊武成帝子琅邪王[1],太子母弟也[2],生而聰慧,帝及后並篤愛之[3],衣服飲食,與東宫相準[4]。帝每面稱之曰[5]:"此黠兒也[6],當有所成[7]。"及太子即位,王居别宫,禮數優僭[8],不與諸王等[9]。太后猶謂不足,常以爲言。年十許歲,驕恣無節[10],器服玩好[11],必擬乘輿[12]。常朝南殿[13],見典御進新冰[14],鈎盾獻早李[15],還索不得[16],遂大怒,訽曰[17]:"至尊已有[18],我何意無[19]?"不知分齊[20],率皆如此[21]。識者多有叔段、州吁之譏[22]。後嫌宰相[23],遂矯詔斬之[24],又懼有救[25],乃勒麾下軍士[26],防守殿門[27]。既無反心,受勞而罷[28],後竟坐此幽薨[29]。

【注釋】

[1]齊武成帝:指高湛,北齊開國君主高歡第九子,561～564年在位。琅邪王:即高儼,字仁威,北齊武成帝第三子,初封東平王,武成帝死後改封琅邪王。[2]太子:即高緯,字仁綱,北齊武成帝太寧二年(562)立爲皇太子,河清四年(565),武成帝禪位於他,是爲後主。母弟:同母所生之弟。[3]並:皆,都。篤:厚。[4]東宫:太子所居之宫,這裏指代太子。相準:相平,相等。[5]每:每每,經常。面:當面。[6]黠(xiá):聰明。[7]成:成就。[8]禮數:古代按照名位而制定的禮儀等级制度。優僭(jiàn):逾越,指超越規定。[9]等:等同。[10]十許歲:十歲左右。許:不定之詞,表示大致的數目。驕恣(zì):驕傲放縱。節:節制。[11]器:器皿,用具。服:衣服。玩好(hào):供玩弄而喜愛之物。[12]必:一定要。擬:比擬,等同。乘(shèng)輿:本指帝王所使用的車乘,這裏用爲帝王的代稱,指北齊後主。[13]常:通"嘗",曾經。[14]典御:皇宫内掌管帝王飲食的官員。進:獻,進獻。[15]鈎盾:宦官,掌管皇家的園林、池沼、柴草、遊觀等。[16]還:回去。索:索取,索要。[17]訽(gòu):辱駡,怒駡。[18]至尊:指皇上。[19]何意:爲何,爲什麽。[20]分齊:猶言"分際、分寸",指自己的名分,地位。[21]率皆:大致,大略。[22]叔段:即共叔段,見本教材第一單元文選《鄭伯克段于鄢》。州吁:春秋時衛莊公庶子,爲莊公所寵愛,驕奢淫佚,不知法度。其異母兄莊公嫡子桓公立爲國君後,州吁出奔。鄭國共叔段失敗後,他與之相友善。衛桓公十六年,他收聚衛國亡人襲殺桓公而自立,

並與共叔段勾結,陰謀助其進攻鄭國。衛國大夫石碏(què)用計勸州吁朝陳,暗中與陳君共同策劃,使人獻食物時,將州吁刺殺於陳國的濮地。迎立桓公弟晋,是爲衛宣公。[23]嫌:仇怨,仇恨。宰相:指和士開,和士開當時任録尚書事,相當於宰相,是有名的姦臣。[24]矯:假傳。高儼矯詔誅殺和士開事,發生在北齊後主武平二年(571),見《北齊書》卷十二《琅邪王儼傳》。[25]救:可能是"敕"的誤字,一本有作"敕"者。[26]勒:統領,率領。麾下:部下。[27]殿門:這裏指北齊皇宫的千秋門。[28]受:接受。勞:慰問。罷:停止。當時高儼帶領京城軍士三千餘人,守衛在千秋門外,北齊後主率領禁衛軍將出戰。大臣斛律光勸後主親自到千秋門,與高儼相見。斛律光强拉高儼的手,把他帶到後主面前,對後主説:"琅邪王年紀少,長大以後再也不會這樣做了,希望皇上寬恕他的罪過。"後主本想殺掉高儼,過了好一陣,後主終於表示原諒他的罪過。[29]後:後來。竟:终於。坐此:因此。坐:因爲。幽:幽禁,囚禁。薨(hōng):指君王、诸侯去世。高儼矯殺和士開以後,和士開的黨羽勸後主殺掉高儼。同年九月下旬,後主禀告太后,説想要與其弟一同出去打獵,四更時,將高儼誘出,殺儼於大明宫,儼時年十四。

人之愛子,罕亦能均[1]。自古及今,此弊多矣。賢俊者自可賞愛,頑魯者亦當矜憐[2],有偏寵者[3],雖欲以厚之,更所以禍之。共叔之死,母實爲之。趙王之戮[4],父實使之。劉表之傾宗覆族[5],袁紹之地裂兵亡[6],可爲靈龜明鑒也[7]。

【注釋】

[1]罕:少。均:平均。[2]頑魯:愚昧魯鈍。矜憐:憐憫,愛憐。[3]偏:不均。寵:寵愛。[4]趙王:即漢高祖子如意。據《史記・吕太后本纪》載,劉邦爲漢王時,戚姬深得寵幸,生如意,戚姬日夜在刘邦面前哭泣,要讓如意取代太子,在大臣的反對之下,没有成功。劉邦死後,吕后囚禁並殘酷地折磨戚夫人,毒殺趙王如意。[5]劉表有二子:長子名劉琦,幼子劉琮(cóng)爲後妻蔡氏所生。蔡氏日夜向劉表進讒言,詆毀劉琦。劉琦爲自保,用諸葛亮計,出爲江夏太守。劉表病危時,立劉琮爲嗣。曹操南征,劉琦敗走江南,劉琮投降。[6]袁紹有三子:袁譚、袁熙、袁尚。袁紹寵愛後妻劉氏,偏愛幼子袁尚。建安五年(200)在官渡(今河南中牟東北)被曹操擊潰,不久病死。袁紹部下逢紀、沈配假借袁紹遺命,拒立長子袁譚,而立袁尚爲嗣。袁譚、袁尚兄弟相攻,後來分别被曹操所滅。[7]靈龜:有靈異的龜,可用於占卜。明鑒:明鏡。鑒:鏡子。

齊朝有一士大夫,嘗謂吾曰:"我有一兒,年已十七,頗曉書疏[1],教其鮮卑語及彈琵琶[2],稍欲通解[3],以此伏事公卿[4],無不寵愛,亦要事也。"吾時俛而不答[5]。異哉,此人之教子也!若由此業[6],自致卿相[7],亦不願汝曹爲之[8]。

【注釋】

[1]書疏：文書。[2]鮮卑語和琵琶，爲當時重要的技藝之一。北齊皇室高氏，漢族，習俗一同鮮卑族，性喜琵琶，其大臣貴族亦多鮮卑人，故當時朝野之欲致仕及邀寵者，紛紛學習鮮卑語及其時尚。[3]通解：通曉，瞭解。[4]伏事：服事。伏：通“服”。[5]時：當時。俛：同“俯”。[6]業：事。[7]致：取得，得到。[8]曹：輩。

練習(一)

一、解釋下列句子中加點字的意義。

1. 漢室傾頹，姦臣竊命，主上蒙塵。
2. 益州險塞，沃野千里，天府之土。
3. 宫中府中俱爲一體，陟罰臧否，不宜異同。
4. 先帝在時，每與臣論此事，未嘗不嘆息痛恨於桓、靈也。
5. 祖母劉，愍臣孤弱，躬親撫養。
6. 門衰祚薄，晚有兒息。
7. 但以劉日薄西山，氣息奄奄，人命危淺，朝不慮夕。
8. 其民質直好義，土風敦厚，有先民之流。
9. 藉楚之靈，克弭禍難。
10. 天帝之季女，名曰瑶姬，未行而亡。
11. 常有高猿長嘯，屬引淒異，空谷傳響。
12. 僮僕六千，妓女五百。
13. 友人有疾，不忍委之。
14. 王大將軍少時，舊有田舍名，語音亦楚。
15. 父子之嚴，不可以狎；骨肉之愛，不可以簡。

二、用漢語拼音給下列句子中的加點字注音。

1. 陟罰臧否，不宜異同。
2. 既無叔伯，終鮮兄弟。
3. 常有高猿長嘯，屬引淒異，空谷傳響，哀轉久絶。
4. 太中大夫陳蹻後至，人以其語語之。

三、説明下列句子中加點字的詞性、功能和意義。

1. 虎歷四郡，害千二百人，一朝患除，功莫大焉。

2. 而今縣東有巫山,將郡縣居治無恒故也。

3. 今灘上有石,或圓如簞,或方似笥。

4. 有是也,蓋君子之不親教其子也。

5. 異哉,此人之教子也!

四、分析下列句子的語法結構,指出其劃綫部分中的主語、謂語和(或)賓語。

1. 孤之有孔明,猶魚之有水也。

2. 若事之不濟,此乃天也,安能復爲之下乎?

3. 富貴不歸故鄉,如衣錦夜行耳。

4. 夏后啟之臣孟涂,是司神於巴。

5. 自漢晋以來,諸王豪侈未之有也。

五、將下列文字譯爲現代漢語。

劉伶病酒,渴甚,從婦求酒。婦捐酒毁器,涕泣諫曰:"君飲太過,非攝身之道,必宜斷之!"伶曰:"甚善。我不能自禁,唯當祝鬼神,自誓斷之耳。便可具酒肉。"婦曰:"敬聞命。"供酒肉於神前,請伶祝誓。伶跪而祝曰:"天生劉伶,以酒爲名;一飲一斛,五斗解酲。婦人之言,慎不可聽!"便引酒進肉,隗然已醉矣。

六、填空。

1.《三國志》的作者是西晋時期的(　　),其書分爲(　　)、(　　)和(　　)三個部分。南朝劉宋時的(　　)作(　　),對《三國志》作了許多補充。

2.《華陽國志》是我國現存最早的一部(　　),所記録的範圍主要是我國的(　　)三省及周邊地區的歷史和地理。作者是東晋時期的(　　)。

3.《水經注》的作者是北魏時期的(　　),是在前代著作《水經》的基礎上以(　　)的形式撰寫出來的關於水道的一部地理著作。

4.《世説新語》的作者是劉宋時期的(　　),它記述了從(　　)到(　　)時期的帝王將相和官僚士大夫階級的軼聞趣事及言談風度的小説類著作。

5.《顔氏家訓》的作者是南北朝後期到隋朝的(　　)所作。

七、用現代標點符號標點下列文字。

(江水)又東過秭歸縣之南縣故歸鄉地理志曰歸子國也樂緯曰昔歸典叶聲律宋忠曰歸即夔歸鄉蓋夔鄉矣古楚之嫡嗣有熊摯者以廢疾不立而居於夔爲楚附庸後王命爲夔子春秋僖公二十六年楚以其不祀滅之者也袁山松曰屈原有賢姊聞原放逐亦來歸喻令自寬全鄉人冀其見從因名曰秭歸即離騷所謂女嬃嬋媛以詈余也

縣城東北依山即坂周迴二里高一丈五尺南臨大江古老相傳謂之劉備城蓋

備征吴所築也縣東北數十里有屈原舊田宅雖畦堰縻漫猶保屈田之稱也縣北一百六十里有屈原故宅累石爲室基名其地曰樂平里宅之東北六十里有女嬃廟擣衣石猶存故宜都記曰秭歸蓋楚子熊繹之始國而屈原之鄉里也原田宅於今具存指謂此也

八、背誦。

1.《諸葛亮傳》中的《出師表》。

2. 李密《陳情表》。

3.《巫峽》。

文　選

無量壽經

【解題】

佛教是世界三大宗教之一,公元前6世紀至前5世紀由釋迦牟尼創建於古代的印度。大約在紀元前後佛教傳入我國,在與中國傳統文化的長期融合和相互影響中,逐漸形成了許多宗派的中國佛教,對中國的政治、歷史及思想文化等都産生了深遠的影響。中國的佛教,重要的宗派有天台宗、净土宗、三論宗、律宗、法相宗、華嚴宗、密宗、禪宗等,其影響最爲深遠的是禪宗和净土宗。

佛典的翻譯起始於東漢,魏晋南北朝到唐代是中國佛教大發展的時期,所翻譯的經典不僅數量衆多,質量也相當高。其中不少譯典的語言優美生動,接近於當時的口語,是漢語史研究的重要語言材料。《無量壽經》是净土宗所重視的净土三經之一,譯者是曹魏時的康僧鎧。另外兩部則是劉宋時畺良耶舍所譯的《觀無量壽佛經》和後秦鳩摩羅什所譯的《阿彌陀經》。所謂"净土",即佛教徒所信仰的由諸佛願力所化現出來的清净國土,在我國,以對阿彌陀佛西方極樂世界净土的信仰最爲深廣。

《無量壽經》傳入我國較早,據經録記載,前後共有十二種譯本(譯名各有不同),今存五種,以康僧鎧的譯本最爲通行。近人夏蓮居匯集各譯本,成《佛説大乘無量壽莊嚴清净平等覺經》。這裏的文選所依據的文本爲隋代吉藏的《無量壽經義疏》本(上海古籍出版社1990年),我們對其中的個别錯字作了校訂。

無量壽國[1]

佛告阿難[2]:“無量壽國[3],其諸天人[4],衣服飲食,華香瓔珞[5],繒蓋幢旛[6],微妙音聲,所居舍宅,宮殿樓閣,稱其形色高下大小[7]。或一寶二寶,乃至無量衆寶,隨意所欲,應念即至[8]。

【注釋】

[1]本文節選自《無量壽經》上卷,題目是編者所加。在《無量壽經》中,釋迦牟尼佛向弟子阿難介紹了無量壽國的情景,希望衆生皆能一心向往無量壽國,認真修行,諸惡莫作,衆善奉行,發願往生無量壽佛的清凈國土。從另一個側面反映了古代印度人民對現實社會“穢土”的厭弃,以及對於理想中的美好社會“凈土”的憧憬。本文所節選的只是佛對於無量壽國景况描寫中的一部分。[2]佛:印度梵語譯音“佛陀”的略稱,意思是覺者,自覺覺他,覺行圓滿。釋迦牟尼通過修行而得到覺悟,故這裏稱他爲佛。阿難:全名阿難陀,釋迦牟尼的堂弟,爲佛的十大弟子之一,以見識廣記憶强著稱,人稱多聞第一。[3]無量壽佛的願力所化現出來的清凈國土,也就是《阿彌陀經》中的西方極樂世界。無量壽佛:在鳩摩羅什所譯的《阿彌陀經》中音譯爲阿彌陀佛,爲阿彌陀佛的意譯。據《無量壽經》記載,無量壽佛在多劫以前爲法藏比丘時,曾經發下四十八個大願,願自己成佛之後,所居的佛土具足無量不可思議功德莊嚴。一切衆生來生其國,受其教化,皆得成佛。[4]天人:本指居住在天界的衆生,這裏指往生於無量壽國中的大衆。[5]華(huā):花。瓔珞(yīngluò):串珠玉而成的裝飾物,多用爲頸飾。[6]繒(zēng)蓋:用絲綢做的傘蓋。繒:絲織品的總稱。蓋:傘蓋,用來遮陽和避雨。幢旛(chuángfān):旗幟,旌旗。幢:用作儀仗的一種旗幟。旛:長方而下垂的旗幟。[7]居住在無量壽國中的天人的種種享用之具,與他們的形體相貌以及高矮大小完全相配。稱(chèn):適合,相配。其:指示代詞,指代天人。形色:指形體相貌。[8]種種享用之具,只要念頭一起,自然便出現在面前。應(yìng):回應,響應。念:念頭。即:立即。至:來到,出現。

又以衆寶妙衣,遍布其地,一切天人踐之而行[1]。無量寶網彌覆佛土[2],皆以金縷真珠[3],百千雜寶[4],奇妙珍異,莊嚴校飾[5]。周帀四面[6],垂以寶鈴。光色晃曜[7],盡極嚴麗[8]。

【注釋】

[1]踐:踏。[2]寶網:用各種寶物所裝飾的羅網。彌覆:遍覆,完全覆蓋。佛土:指無量壽佛的極樂國土。[3]金縷:用黄金做成的絲線。縷:線,絲線。真珠:即珍珠。[4]雜寶:各種各樣的寶物。雜:各種各樣。[5]校飾:裝飾。[6]周帀(zā):周圍。帀:周,環繞一周。[7]光色:光彩色澤。晃曜:閃耀。晃:閃耀。曜:照耀。[8]盡極:指達到頂點。嚴麗:莊嚴華麗。

自然德風[1],徐起微動[2]。其風調和,不寒不暑。温凉柔輭[3],不遲不疾[4]。吹諸羅網及衆寶樹[5]，演發無量微妙法音[6]，流布萬種温雅德香[7]。其有聞者，塵勞垢習[8]，自然不起。風觸其身，皆得快樂，譬如比丘得滅盡三昧[9]。

【注釋】

[1]德風：美好而有功德的風。[2]徐：緩緩。起：生起。[3]輭：同"軟"。[4]遲：慢，緩慢。疾：快，迅速。[5]羅網：即前文所説的寶網。寶樹：指無量壽國中由各種珍寶構成的樹木。[6]演發：演説。法音：演説佛法之音。[7]流布：發出。温雅：温和雅正。[8]塵劳：即煩惱，煩惱能污染人心，猶如塵垢能使人的身心勞憊。煩惱的總類很多，一般以貪、瞋、癡三惑爲一切煩惱的根源。垢習：由煩惱所熏染的習氣。垢：污垢，亦指煩惱。習：習氣。[9]這種快樂，就像比丘證得滅盡三昧的快樂那樣。比丘：梵語譯音，指出家人中受具足戒之男子。滅盡三昧：又叫滅盡定、滅受想定，即滅盡心、心所（心之作用）而住於無心位之定，這種定是出世間的定，只有佛、阿羅漢才能證得。三昧：梵語譯音，又譯作三摩地、三摩提，意譯作"定"或"正定"，意思是把心繫於一處而不散亂。

又風吹散華[1]，遍滿佛土，隨色次第而不雜亂[2]。柔輭光澤，馨香芬烈。足履其上，蹈下四寸[3]，隨舉足已[4]，還復如故[5]。華用已迄[6]，地輒開裂[7]，以次化没[8]，清净無遺[9]。隨其時節[10]，風吹散華，如是六反[11]。

【注釋】

[1]散：散布，撒。[2]隨：依照。色：指花的顔色。次第：秩序，順序。[3]芬烈：芬芳濃烈。蹈下：指足陷於花朵之中。蹈：踩，踏。[4]舉足：抬腳。已：畢。[5]地上的花朵又回復原來的那個樣子。還復：恢復。如故：像以前那樣。[6]用：作用，這裏有散布、撒的意思。已迄：完畢。[7]輒：就，立即。[8]以次：依次，逐漸。化没：消失。[9]乾乾净净，没有遺弃在地上的花朵。[10]隨：依據。時節：時辰。古代印度把一晝夜分爲六個不同的時辰，即初日、中日、後日、初夜、中夜、後夜。[11]六反：反覆六次。反：即"返"。

又衆寶蓮華[1]，周滿世界[2]。一一寶華，百千億葉。其華光明，無量種色。青色青光[3]，白色白光，玄黄朱紫[4]，光色赫然[5]。煒燁焕爛[6]，明曜日月[7]。一一華中，出三十六百千億光；一一光中，出三十六百千億佛。身色紫金，相好殊特[8]。一一諸佛，又放百千光明。普爲十方説微妙法[9]。如是諸佛，各各安立無量衆生於佛正道[10]。"

【注釋】

[1]衆寶蓮華：由各種寶物所合成的蓮花。[2]周滿：遍滿。周：遍。世界：指無量壽佛的清净國土。[3]青色的花朵發出青色的光芒。[4]皆指花朵的顔色。玄：黑中帶紅。[5]赫然：光

彩鮮明的樣子。一本“赫”作“亦”。[6]煒燁(wěiyè):光明。焕爛:燦爛。[7]明亮的光芒就像日月一樣。曜:光芒。[8]一一:每一。相好:對佛像的敬稱。相:相貌。好:美好。佛經稱釋迦牟尼佛有三十二種相,八十二種好。又稱無量壽佛有八萬四千相,每一相中,各有八萬四千隨形好,每一好中,複有八萬四千光明。殊特:不一般。[9]普:遍,普遍。十方:指東、西、南、北、東南、西南、東北、西北、上、下。[10]安立:安置。衆生:又名“有情”,指一切有情識的生物。衆生之得名有二:一是集積衆緣而生,二是歷經衆多生死。佛教認爲,在十法界中,除佛以外,九界有情,都可以叫做衆生。佛正道:指佛所説的中正之道,即佛教所謂的趨向涅槃解脱的正直大道。

妙法蓮華經

【解題】

《妙法蓮華經》簡稱《法華經》或《妙法華經》,爲大乘佛教的重要典籍,共八卷二十八品。妙法,指所説的教法微妙無上、不可思議。蓮華,比喻經典潔白完美,猶如蓮花。漢譯《妙法蓮華經》共有六種,除鳩摩羅什譯本外,現存尚有二種:晋竺法護譯《正法華經》十卷二十七品,隋闍那崛多和達摩笈多重勘梵文所譯的《添品妙法蓮華經》七卷二十七品。

本經的主要内容在於闡發“三乘歸一”,即聲聞、緣覺、菩薩之三乘皆歸於一佛乘,以及一切衆生皆能成佛的思想。可以説是集佛教大乘思想之大成。我國的天台宗即以此經爲立説的根本經典。

鳩摩羅什(344~413,一説350~409),东晋時人,又譯作鳩摩羅什婆、鳩摩羅耆婆等,略稱羅什或什,亦意譯爲童壽,著名的佛教學者和翻譯家,出生於西域龜兹(qiūcí,今新疆庫車)。382年,前秦皇帝苻堅遣大將吕光伐焉耆,滅龜兹,劫羅什至凉州。401年,後秦君主姚興迎羅什到長安,待以國師之禮,組織譯場翻譯佛典。羅什所譯的佛教經論甚多,據《出三藏記集》載,有三十五部二百九十四卷。其中重要的有《大品般若經》、《妙法蓮華經》、《金剛經》、《維摩詰經》、《阿彌陀經》、《中論》、《百論》、《十二門論》、《成實論》、《十誦律》等。羅什譯文流暢,内容信達,與真諦、玄奘、不空同爲中國佛教四大譯師。所譯經論對後世各個宗派的形成産生了很大的影響。這裏的文選所依據的文本爲隋智顗疏、唐湛然記、宋道威入疏的《妙法蓮華經入疏》本(上海古籍出版社1990年)。

火宅喻[1]

爾時佛告舍利弗[2]:“我先不言諸佛世尊[3],以種種因缘[4],譬喻言辭,方便説法[5],皆爲阿耨多羅三藐三菩提耶[6]? 是諸所説,皆爲化菩薩故[7]。然舍利弗,今當復以譬喻更明此義,諸有智者,以譬喻得解。

【注釋】

[1]本文節選自《妙法蓮華經》卷六《譬喻品》,題目係編者所加。文中釋迦牟尼佛以故事爲喻,闡明諸佛世尊以大慈大悲的心懷,苦口婆心,以靈活的方式施教,拔濟衆生脱離生死苦海。文字叙述生動曲折,感情充沛,富於文學趣味。[2]爾時:在這個時候,指釋迦牟尼佛説法的時候。佛:這裏指釋迦牟尼佛。舍利弗:釋迦牟尼的十大弟子之一,智慧極高,號稱智慧第一。[3]諸佛:指十方三世一切成就佛果的覺悟者。世尊:佛的十種名號之一,意思是世間所最尊重者。[4]因缘:内因與外緣,亦即直接原因與間接原因。[5]方便:意思是方法、途徑,指佛對於不同根器的衆生,爲引導他們得到解脱而設立的種種法門和權變。[6]阿耨(nòu)多羅三藐三菩提:梵語譯音,意思是佛所覺悟的平等圓滿的智慧。可以意譯爲“無上正等正覺”,這是爲了强調其道至高;亦可意譯爲“無上正遍知”,這是指其道周遍,無所不包。菩提:覺,覺悟。[7]化:教化。菩薩:梵語譯音“菩提薩埵(duó)”的略稱。薩埵:有情(“有情”係“衆生”的另一譯法)。因此,“菩薩”可以意譯爲“覺有情”,即覺悟了的衆生。故:緣故。

舍利弗,若國邑聚落[1],有大長者[2],其年衰邁[3],財富無量。多有田宅,及諸僮僕[4]。其家廣大,唯有一門。多諸人衆,一百二百,乃至五百人,止住其中[5]。堂閣朽故[6],牆壁隤落[7],柱根腐敗[8],梁棟傾危[9]。周帀俱時[10],欻然火起[11],焚燒宅舍。長者諸子,若十二十,或至三十,在此宅中。長者見是大火從四面起,即大驚怖,而作是念:‘我雖能於此所燒之門安隱得出[12],而諸子等於火宅内,樂著嬉戲[13],不覺不知,不驚不怖。火來逼身[14],苦痛切己[15]。心不厭患[16],無求出意[17]。’舍利弗,是長者作是思惟:‘我身手有力,當以衣裓[18],若以几案[19],從舍出之[20]。’復更思惟:‘是舍唯有一門,而復陿小[21],諸子幼稚,未有所識。戀著戲處[22],或當墮落,爲火所燒。我當爲説怖畏之事:‘此宅已燒,宜時疾出[23],無令爲火之所燒害[24]!’作是念已,如所思惟,具告諸子[25]:‘汝等速出!’

【注釋】

[1]國邑：指城市。聚落：村落。[2]長者：古代印度對年長有道德和財富的人的一種稱呼。長者可以分爲世間長者和出世長者兩種。世間長者指德高望重的富豪，必須具備姓貴、位高、大富、威猛、智深、年耆、行净、禮備、上嘆、下歸等十種德行；出世長者則專指佛。這裏的長者雖然指世間長者，但是用來譬喻佛陀。[3]年：年歲。衰邁：指衰老。[4]僮僕：僕人。[5]止住：居住。[6]朽故：老朽，腐朽。[7]隤落：倒塌。[8]柱根：柱頭。[9]梁棟：棟梁。傾危：歪斜。[10]周帀：同"周匝"，四周，周圍。俱時：同時。[11]欻（xū）然：忽然。欻：同"欻"。[12]安隱：安穩。[13]樂著（zhuó）：貪圖留戀。樂：喜好。著：沉溺其中而不願意捨弃。嬉戲：遊戲。[14]逼身：近身。逼：近。[15]切己：逼近自己。切：逼近。[16]厭患：厭惡憂慮。[17]没有希求出離的意思。[18]衣裓（gé）：佛教徒掛在肩上的長方形布袋，盛物和拭手用。[19]若：或者。几（jī）案：小桌子。[20]舍：房舍，房屋，這裏指火宅。[21]陿小：狹小。陿：同"狹"。[22]戀著（zhuó）：留戀，貪戀。戲處：遊戲之處，指火宅。[23]宜：應當。時：及時。疾：迅速。[24]無令：毋使。無：通"毋"。令：使，使得。[25]具：完全，原原本本地。

父雖憐愍[1]，善言誘喻[2]，而諸子等，樂著嬉戲，不肯信受。不驚不畏，了無出心[3]。亦復不知何者是火[4]，何者爲舍，云何爲失[5]，但東西走戲[6]，視父而已。爾時長者即作是念：'此舍已爲大火所燒，我及諸子，若不時出[7]，必爲所焚。我今當設方便，令諸子等，得免斯害。'父知諸子先心[8]，各有所好。種種珍玩[9]，奇異之物，情必樂著[10]。而告之言：'汝等所玩好[11]，希有難得[12]。汝若不取，後必憂悔。如此種種羊車、鹿車、牛車[13]，今在門外，可以遊戲。汝等於此火宅，宜速出來。隨汝所欲，皆當與汝[14]！'

【注釋】

[1]憐愍：可憐，憐惜。[2]善言：好言。誘喻：誘導，勸喻。[3]了（liǎo）無：完全没有。了：完全。出心：出離之心。[4]亦復：也。何者：什麽。[5]云何：什麽。失：過失，錯誤。[6]只是或東或西地奔跑遊戲。但：只是。[7]時出：及時出來。[8]先心：指過去的欲望。[9]珍玩：珍貴的玩耍物品。[10]根據情理推測，必定愛好歡喜。[11]玩好：玩耍物品。[12]希有：稀有。[13]羊車：比喻"聲聞乘"，只能自度，不能度他，如同羊車，其力量甚小，不能裝載貨物。鹿車：比喻"緣覺乘"，能够自度，也能兼度親屬，如同鹿車，可以裝載少許貨物，其力量略微大於羊車。牛車：比喻"菩薩乘"，不僅能够自度，而且能够普度衆生，如同牛車，能載運許多貨物。[14]皆：全部。

爾時諸子，聞父所說珍玩之物，適其願故[1]，心各勇鋭[2]，互相推排[3]，競共馳走[4]，争出火宅。是時長者見諸子等，安隱得出，皆於四衢道中[5],露地而坐[6]。無復障礙,其心泰然,歡喜踴躍[7]。時諸子等各白父言:'父先所許玩好之具,羊車、鹿車、牛車,願時賜予[8]!'

【注釋】

[1]適合他们心意的緣故。[2]勇鋭:指精神焕發。[3]推排:推推攘攘,相互擁擠。[4]競共:争先恐後地。馳走:奔跑。[5]四衢(qú)道:四通八達的道路。[6]露地:指在露天之下。[7]泰然:安穩。踴躍:歡欣跳躍。[8]願:希望。時:立刻,立即。

舍利弗,爾時長者,各賜諸子等一大車[1],其車高廣[2],衆寶莊校[3],周帀欄楯[4],四面懸鈴。又於其上,張設幰蓋[5]。亦以珍奇雜寶而嚴飾之。寶繩交絡[6],垂諸華纓[7],重敷綩綖[8],安置丹枕[9]。駕以白牛,膚色充潔[10],形體姝好[11],有大筋力[12]。行步平正,其疾如風。又多僕從,而侍衛之。

【注釋】

[1]等一:相同的。[2]高廣:高大寬廣。[3]莊校:裝飾。[4]欄楯(shǔn):指車欄杆。[5]幰(xiǎn):車幔。蓋:指車上的傘蓋。[6]寶繩:裝飾有各種寶物的繩索。交絡:交錯纏繞。[7]華纓:裝飾有各種花朵的彩帶。纓:帶子。[8]重:重重叠叠。敷:鋪墊。綩綖(wǎnyán):慧琳《一切經音義》卷二十七認爲"綩綖"應當寫作"婉筵"。婉:婉美,美好。筵:席褥,坐墊。綩綖就是非常華美的坐墊。[9]丹枕:紅色的枕頭。[10]膚色充潔:即"膚充色潔",這裏使用了並提的修辭方法,意思是皮膚充實飽滿,毛色潔净。[11]姝好:美麗。[12]大筋力:指力量很大。

所以者何?是大長者,財富無量,種種庫藏[1],悉皆充溢[2]。而作是念:'我財物無極[3],不應以下劣小車,與諸子等。今此幼童,皆是吾子,愛無偏黨[4]。我有如是七寶大車,其數無量,應當等心[5],各各與之[6],不宜差别。所以者何?以我此物,周給一國[7],猶尚不匱[8],何况諸子!'是時諸子,各乘大車,得未曾有,非本所望[9]。

【注釋】

[1]庫藏(zàng):倉庫。[2]充溢:充滿。[3]無極:無量。[4]偏黨:偏私,偏心眼。[5]等心:平等心,指公平之心。[6]各各:每一個人。[7]周給:接濟。周:周濟,救濟。給(jǐ):供給,供應。[8]猶尚:尚且,况且。匱(kuì):窮盡。[9]指喜出望外。本:原本,原先。

舍利弗,於汝意云何?是長者等與諸子珍寶大車[1],寧有虚妄不[2]?"舍利弗言:"不也,世尊。是長者但令諸子得免火難,全其軀命[3],非爲虚妄。何以故?若全身命,便爲已得玩好之具,况復方便[4]，於彼火宅而拔濟之。世尊，若是長者，乃至不與最小一車[5]，猶不虛妄。何以故？是長者先作是意：'我以方便，令子得出。'以是因缘，无虛妄也。何况長者，自知財富無量，欲饒益諸子[6]，等與大車。"

【注釋】

[1]等與：平等施與。[2]寧：難道。[3]全：保全。軀命：身軀性命。[4]况復：况且。方便：佛教用語，謂以靈活的方式因人施教，使之開悟。[5]乃至：甚至。[6]饒益：利益，這裏用作動詞。

佛告舍利弗："善哉！善哉！如汝所言。舍利弗，如來亦復如是[1]，則爲一切世間之父。於諸怖畏[2]、衰惱[3]、憂患、無明[4]、闇蔽[5]，永盡無餘[6]，而悉成就無量知見[7]、力無所畏[8]，有大神力及智慧力，具足方便智慧波羅蜜[9]，大慈大悲，常無懈倦，恒求善事，利益一切，而生三界朽故火宅[10]。爲度衆生生、老、病、死、憂悲、苦惱、愚癡、闇蔽、三毒之火[11]，教化令得阿耨多羅三藐三菩提。見諸衆生爲生、老、病、死、憂悲、苦惱之所燒煮[12]；亦以五欲財利故[13]，受種種苦；又以貪著追求故[14]，現受衆苦[15]，後受地獄[16]、畜牲、餓鬼之苦。若生天上及在人間[17]，貧窮困苦、愛别離苦、怨憎會苦[18]，如是等種種諸苦。衆生没在其中[19]，歡喜遊戲，不覺不知，不驚不怖，亦不生厭，不求解脱。於此三界火宅，東西馳走。雖遭大苦，不以爲患。舍利弗，佛見此已，便作是念：'我爲衆生之父，應拔其苦難，與無量無邊佛智慧樂[20]，令其遊戲。'舍利弗，如來復作是念：'若我但以神力及智慧力，捨於方便，爲諸衆生讚如來知見[21]、力無所畏者，衆生不能以是得度。'所以者何？是諸衆生，未免生、老、病、死、憂悲、苦惱，而爲三界火宅所燒，何由能解佛之智慧[22]？舍利弗，如彼長者，雖復身手有力，而不用之，但以殷勤方便[23]，免濟諸子火宅之難[24]，然後各與珍寶大車。如來亦復如是。雖有力無所畏，而不用之。但以智慧方便，於三界火宅，拔濟衆生。"

【注釋】

[1]如來：佛的十種名號之一，意思是乘真如之道，來成正覺，來三界垂化。《金剛經》解釋爲："如來者，無所從來，亦無所去，故名如來。"亦復：也，也是。[2]怖畏：恐怖。[3]衰惱：苦惱，痛苦。[4]無明：指不能如實地認識事物，不能體悟萬法的真理。佛教把無明視爲一切煩惱的根本。依照佛教天台宗的説法，無明是不懂得諸法非有非空的道理，從而阻礙人們去體悟中道的那種迷惑。[5]闇蔽：黑暗，不能認識真理，亦即"無明"。[6]無餘：没有剩餘。[7]知

見:這裏指佛所具備的智慧。[8]即“十力”和“四無所畏”,指佛所具有的十種力用和説法時的四種無所畏懼的自信。[9]具足:充分具備。智慧波羅蜜:又音譯爲“般若(bōrě)波羅蜜”,係六波羅蜜之一。“波羅蜜”是梵語譯音,意思是到達彼岸。“智慧波羅蜜”就是依靠智慧而到達彼岸。佛教認爲,衆生雖然在六道中輪迴,但依靠六波羅蜜,便可以從生死煩惱的此岸,到達不生不死自由解脱的彼岸。除了智慧波羅蜜外,另外五種波羅蜜是:布施波羅蜜、持戒波羅蜜、忍辱波羅蜜、精進波羅蜜、禪定波羅蜜。“六波羅蜜”又可以翻譯爲“六度”。[10]恒:永遠。三界:佛教所劃分的衆生所居住的三個世界,包括欲界、色界、無色界。欲界是有淫食二欲的衆生所居住的世界;色界是没有淫食二欲,但是還有色相(即物質形體)的衆生所居住的世界;無色界是没有色相,但是還有心識存在於深妙禪定之中的衆生所居住的世界。佛教認爲,這三界都是没有脱離生死輪迴的凡夫所往來的境界,因此,佛教的一切修行都是以出離三界爲其目的的。[11]三毒:指貪、瞋、癡。貪:指貪愛五欲。瞋:即瞋恚,指惱怒傷害他人。癡:指愚癡無明。佛教認爲,貪、瞋、癡能毒害衆生的身命和慧命,阻礙人們通向解脱的道路,故稱。[12]燒煮:比喻折磨。[13]五欲:指染著於色、聲、香、味、觸等五境所生起的五種貪欲。一説指財欲、色欲、飲食欲、名欲、睡眠欲。[14]貪著(zhuó):貪戀,與前面的“樂著、戀著”同義。追求:指對五欲的種種追求。[15]現:現前,目前。[16]地獄:佛教所説的三惡道之一,另外兩個惡道爲畜牲道和餓鬼道。[17]天上:即天道。人間:指人道。以上所講即佛教教理中的六道輪迴。六道:除上述三個惡道外,還包括天道、人道、阿修羅三個善道。佛教認爲,衆生在生時的種種所作所爲,就成爲了大大小小的不同善業和惡業,這些善業和惡業一定會招感不同的善惡果報。在一期生命結束之後,就會從一道中出來而投生到另外一道中去,從而生生世世地在六道中不斷輪迴。六道中,上品善業生天道,中品善業生人道,下品善業生阿修羅道;上品惡業生地獄道,中品惡業生餓鬼道,下品惡業生畜牲道。[18]愛别離苦:佛教所説八苦之一,指與所親愛者别離時所感受的痛苦。其餘七苦是:生苦、老苦、病苦、死苦、怨憎會苦、求不得苦、五陰熾盛苦。怨憎會苦:指不得不與自己所厭惡憎恨的人或事相聚而産生的痛苦。[19]没:沉淪。[20]佛智慧樂:指具有佛的智慧所帶來的快樂。[21]如來知見:即“佛知見”,指佛所具備的真知灼見,運用這種真知灼見可以洞悉一切事物的實相。[22]佛之智慧:亦稱“佛智”或“佛慧”,指佛特有的最高智慧。[23]殷勤:情意懇切。[24]免濟:拔濟,救濟。

六祖壇經

【解題】

《壇經》是中國佛教禪宗的重要典籍,亦稱《六祖大師法寶壇經》或《六祖壇經》,書中記載了中國禪宗六祖惠能一生得法傳宗以及他教導門徒的言行事迹,内容豐富生動，是研究禪宗思想淵源的重要依據。其語言流暢自然，接近當時的口語，因此也是研究漢語史的重要語料。《壇經》的中心思想主要在於闡發"見性成佛"，即一切衆生皆有佛性，只要見性，即可成佛。認爲見性可以通過頓悟的方式來實現，提出"不悟，即佛是衆生，一念若悟，即衆生是佛"，"前念迷即凡，後念悟即佛"。書中還强調禪修的實踐應當建立在現實生活之中。

由於經過歷代的輾轉傳抄，以及後人的增改，形成了《壇經》的衆多版本，體例不一，内容詳略各異，文字上也有較大的差别。現在流行的版本爲金陵刻經處本。1976年日本影印《六祖壇經諸本集成》，匯集了十一種版本的《壇經》。這裏的文選所依據的文本爲郭朋的《壇經校釋》（中華書局1983年），郭本所據的底本爲敦煌寫本，題目爲《南宗頓教最上大乘摩訶般若波羅蜜經六祖惠能大師於韶州大梵寺施法壇經》。

惠能得法[1]

惠能大師於大梵寺講堂中[2]，升高座，説摩訶般若波羅蜜法[3]，授無相戒[4]。其時[5]，座下僧尼道俗一萬餘人[6]。韶州刺史韋璩及諸官寮三十餘人[7]，儒士三十餘人，同請大師説摩訶般若波羅蜜法。刺史遂令門人法海集記[8]，流行後代，與學道者承此宗旨，遞相傳授[9]，有所依約[10]，以爲稟承[11]，説此《壇經》。

【注釋】

[1]本文節選自《壇經》的起始部分，題目係編者所加。文中惠能大師向大衆講述自己的家世出身及求法得法的經過，文字感情充沛，極具故事性，生動有趣，富於文學趣味。惠能（638～713）：亦作慧能，唐代僧人，中國佛教禪宗六祖。俗姓盧，其父流放嶺南新州，父親亡故後，家庭貧苦，以打柴爲生。後來到黄梅謁見五祖弘忍，五祖授衣鉢與他，指定他爲禪宗六祖，並吩咐他回到嶺南暫且隱居。唐高宗儀鳳元年（676），他在廣州法性寺（今光孝寺）正式出家，在嶺南各地傳授禪宗頓教法門。從此以後，禪宗風行全國，大師輩出，形成了"五家七宗"，成爲中國佛教各個宗派中與净土宗並列的一個重要的宗教派别，其影響一直達到國外。唐玄宗開元二年（713），惠能卒於新州國恩寺，其遺體供奉在曹溪南華寺（今廣東韶關市南），一直保存到今天。[2]大梵寺：在韶州境内。[3]摩訶般若波羅蜜法：禪宗大智慧解脱之法。"摩訶般若波羅蜜"是梵語譯音，意思是大智慧到彼岸，即依靠大智慧而由生死煩惱的此岸，到達不生不死自由解脱的彼岸。摩訶：大。波羅蜜：到彼岸。[4]無相戒：即無相之戒。《壇經》："無相者，於相而離相。"所謂無相，就是透過緣生的事物表相，去認識和體悟它们的空性。如果僅僅執著於事相，把它當成是真實不虚的東西，就叫做著相；不執著於事相，就叫做離相。禪

宗認爲,做到了無相,也就相當於守戒,因此稱爲無相戒。[5]其時:當時。[6]僧:梵語譯音“僧伽”的簡稱,意思是出家受具足戒者,男性叫比丘,女性叫比丘尼。尼:梵語譯音“比丘尼”的簡稱。道俗:出家人和在家人。一萬餘人:其他版本的《壇經》有作“一千餘人”者。[7]韶州:唐代州名,治所在曲江(今廣東韶關市西南),轄境相當於今廣東韶關市、曲江、樂昌、仁化、南雄、翁源等地。刺史:唐代一州的行政長官。韋璩(qú):生平不詳。寮:亦寫作“僚”,同官爲僚。[8]法海:六祖惠能的十大弟子之一,據《景德傳燈録》卷五載,法海是韶州曲江人。集記:記録和整理。[9]遞相:依次。[10]依約:依據,憑藉。[11]稟承:承受,遵循。

能大師言:“善知識[1],净心念摩訶般若波羅蜜法。”大師不語,自身净心[2]。良久乃言:“善知識净聽[3]。惠能慈父,本官范陽[4],左降遷流嶺南[5],作新州百姓[6]。惠能幼小,父又早亡。老母孤遺,移來南海[7]。艱辛貧乏,於市賣柴。忽有一客買柴,遂令惠能送至於官店[8]。客將柴去[9],惠能得錢,却向門前[10],忽見一客讀《金剛經》[11],惠能一聞,心便明悟。乃問客曰:‘從何處來持此經典?’客答曰:‘我於蘄州黄梅縣東馮墓山禮拜五祖弘忍和尚[12],見今在彼[13],門人有千餘衆。我於彼聽見大師勸道俗:但持《金剛經》一卷[14],即得見性[15],直了成佛[16]。’惠能聞説,宿業有緣[17],便即辭親[18],往黄梅馮墓山,禮拜五祖弘忍和尚。

【注釋】

[1]善知識:本指信解佛法而又有淵博知識的人,這裏是惠能對聽衆的尊稱。[2]自身:自己。净心:使心清净。[3]净聽:用清净心來聽。[4]本:原先,原來。官:作官。范陽:唐代郡名,治所在今北京市大興縣。[5]左降:降職。遷流:流貶,流放。嶺南:唐代道名,唐太宗貞觀時置,其地因在五嶺以南而得名,治所在廣州(今廣州市),所轄地區包括今廣東、廣西的大部,以及越南北部一帶。[6]新州:今廣東省新興縣。[7]南海:古郡名,指今廣州市及其附近的地區。[8]客:指外地人。遂:就。令:叫。官店:供商賈使用的官營店房。這裏的“官”也可能是“客”字之誤。[9]將:拿,拿走。[10]却向:退到,返回。[11]《金剛經》:《金剛般若波羅蜜經》的簡稱,後秦鳩摩羅什翻譯。以後又有菩提流支、真諦、達摩笈多、玄奘、義净的五種譯本。此經主要闡發“一切法無我”的道理,即世界上的一切事物皆虚幻不實,只有幻相,而没有離開因緣合和的自性。所謂“實相者即是非相”,“凡所有相,皆是虚妄”。因此應當“遠離一切諸相”,對於現實世界不執著不貪戀。這時還應當“生清净心”,“修一切善法”,度一切衆生。兩者結合,不取不捨,這就是“無所住而生其心”,這樣,當下“即得阿耨多羅三藐三菩提”。卷末的四句偈文“一切有爲法,如夢幻泡影,如露亦如電,應作如是觀”,被認爲是全經的精華。[12]蘄(qí)州:唐代州名,其治所在今湖北蘄春縣蘄州鎮西北。黄梅縣:故治在今湖北黄梅縣西北。馮墓山:應爲馮茂山,其地在黄梅縣東北,因此稱爲東山。禪宗五祖弘忍在

馮茂山結庵居住，傳授禪法，馮茂山也就被稱爲五祖山。弘忍(602～675)：中國禪宗第五祖，俗姓周，蘄州黄梅人。七歲時，隨四祖道信出家於蘄州黄梅雙峰山東山寺。道信去世後，繼承其衣鉢，世稱黄梅五祖，在禪宗史上弘忍之禪被稱爲東山法門。和尚：又譯作"和上、和闍"等，爲西域語之訛譯，原指德高望重的出家人，後世即沿用爲弟子對師父的尊稱。[13]見(xiàn)今：現今，現在。見：即"現"。[14]但：只要。[15]見性：指徹見自心的佛性。禪宗認爲，衆生本來的自性即是佛性，與佛無異，只因無明煩惱的遮蔽，才流浪輪轉於六道生死之中。衆生只要能以智慧觀照，覺知自己的自性，即得解脱。這時，其心已經與佛無異，故亦稱"見性成佛"。[16]直了：直接。[17]由於前世所作的業才有這樣的緣份。宿：過去，過去就有的。業：造作，指人們通過身體、言語和思想發出來的種種作爲。業可以分爲善業、惡業，以及不善不惡的無記業。[18]辭：辭别，告别。親：這裏指母親。

弘忍和尚問惠能曰：'汝何方人？來此山禮拜吾，汝今向吾邊復求何物[1]？'惠能答曰：'弟子是嶺南人，新州百姓，今故遠來禮拜和尚[2]，不求餘物[3]，唯求作佛[4]。'大師遂責惠能曰[5]：'汝是嶺南人，又是獦獠[6]，若爲堪作佛[7]？'惠能答曰：'人即有南北，佛性即無南北[8]，獦獠身與和尚不同[9]，佛性有何差别？'大師欲更共語[10]，見左右在傍邊[11]，大師更不言。遂發遣惠能[12]，令隨衆作務[13]。時有一行者[14]，遂遣惠能於碓房[15]，踏碓八箇餘月[16]。

【注釋】

[1]吾邊：我這裏。[2]故：特地。[3]餘物：其他東西。餘：其他的，另外的。[4]唯：只。[5]遂：就。責：責備，批評。[6]獦獠(gélǎo)：古代對南方少數民族的蔑稱。唐代的嶺南地處偏遠，少數民族所佔的比例較大，與黄河流域和長江流域一帶相比，還比較落後。惠能雖然是漢人，當時可能穿的是少數民族的服裝，所以弘忍稱他爲獦獠。[7]若爲：怎麽。堪：能够。[8]佛性：指一切衆生所具有的不改變不增減的覺悟本性。[9]身：身體。[10]更：再，繼續。共語：一起談話。[11]傍邊：旁邊。[12]發遣：派遣，吩咐。[13]隨：跟隨。衆：衆人，大家。作務：勞動。[14]行者：指住在寺廟中帶髮修行的人。[15]碓(duì)房：舂米穀的房屋。碓：舂米穀的設備。[16]箇：同"個"。

五祖忽於一日唤門人盡來[1]，門人集訖[2]，五祖曰：'吾向汝説，世人生死事大，汝等門人，終日供養[3]，祇求福田[4]，不求出離生死苦海[5]。汝等自性若迷[6]，福門何可救汝[7]！汝總且歸房自看[8]，有智惠者[9]，自取本性般若之知[10]，各作一偈呈吾[11]，吾看汝偈，若悟大意者[12]，付汝衣法[13]，禀爲六代[14]。火急急[15]！'

【注釋】

[1]門人：指住在寺廟中的僧俗弟子。盡：全部。[2]集：集中。訖：完畢。[3]世人生死事大：

人世間最大的事情在於了脱生死。佛教認爲，修行的最終目的，在於脱離六道輪迴，做到不再受生，從而了脱生死。供養：奉養，對上含有親近、奉事、尊敬的意思，對下含有同情、憐惜、爱護的意思。這裏指門人們終日供養佛、法、僧三寶。[4]福田：佛教認爲，供養三寶可以産生福報，猶如田地，能生長莊稼。但是這種福報，並不能使人了脱生死，福報享盡之後，依然輪迴於六道之中，不能得到解脱。所以衹求福田不是佛教修行者的終極目的。[5]苦海：比喻苦難深重。佛教認爲，不能了脱生死，就會永遠沉淪在六道輪迴的生死苦海之中。[6]等於説"汝等若迷自性"。自性：指衆生本來具備的佛性。[7]福門：産生福報的門徑，其意義相當於上文的"福田"。[8]總：都，全體。且：暫且，暫時。看：這裏有思量、思考的意思。[9]智惠：智慧。惠：通"慧"。[10]你們應當自己去認識自己本來具有的智慧。知(zhì)：即"智"。般若："智慧"的梵語譯音，這裏稱"般若之知"，乃同義反復。[11]偈(jì)：梵語譯音"偈他"的簡稱，可意譯爲"頌"，亦可合稱"偈頌"，指一種略似詩歌的韻文，通常爲四句。呈：送來，送交。[12]若：如果。悟：體悟。大意：這裏指佛性，亦即自性、本性。[13]付：交付，交給。衣法：指袈裟和頓教禪法。衣：特指中國禪宗初祖菩提達摩代代相傳的袈裟，作爲繼承其法嗣的憑信。[14]禀：授予。六代：指禪宗第六代祖師。[15]火急急：猶言緊急，刻不容緩。

門人得處分[1]，却來各至自房[2]，遞相謂言[3]：'我等不須澄心用意作偈[4]，將呈和尚[5]。神秀上座是教授師[6]，秀上座得法後，自可依止[7]，偈不用作。'諸人息心[8]，盡不敢呈偈。時大師堂前有三間房廊[9]，於此廊下供養，欲畫《楞伽》變相[10]，並畫五祖大師傳授衣法，流行後代，爲記。畫人盧珍看壁了[11]，明日下手[12]。

【注釋】

[1]處分：吩咐，安排。[2]却來：退出，指退出五祖弘忍的房間。各：各人。至：來到。自房：自己的房間。[3]遞相：相互。[4]澄心：净心。用意：刻意，用心。[5]將：拿來。和尚：指弘忍。[6]神秀(605～706)：俗姓李，唐汴州尉氏(今河南開封市南)人。少覽經史，博學多聞。出家後，尋師訪道。後來投拜到弘忍座下，深得其器重，爲教授師。弘忍去世後，來到江陵當陽山傳法。武則天聞其名，召入内道場，特加敬重。中宗即位，亦加禮敬尊重。其教法流行於北方，尤其興盛於長安、洛陽一帶。神秀主張漸悟，與惠能在嶺南所傳授頓悟的禪法不同，故禪宗歷史上有"南頓北漸"之説。上座：佛教僧寺的職位名，其位僅次於住持。教授師：又稱教授阿闍(shé)梨，寺院中教授弟子們威儀作法等的比丘。[7]自：自然。可：可以。依止：歸依，指投靠到神秀座下跟隨他學法。[8]息心：這裏指放弃作偈的念頭。息：止息。心：念頭，想法。[9]大師：指弘忍。房廊：指有頂的通道。[10]弘忍打算叫畫師把釋迦牟尼佛講説《楞伽經》的故事畫在法堂前面三間房廊的墻壁上面，作爲弟子們禮敬供養的對象。《楞伽》：即《楞伽經》，劉宋求那跋陀羅譯，另外還有北魏菩提流支、唐代實叉難陀的兩種譯本。其經的要旨在於闡述世界的一切皆由心所造，人們認識的對象不在於外面，而在於自己的内心。認爲衆生迷的根源是由於無始(指十分久遠的前世)以來的習氣，以及不能了知諸法皆由自

己的内心所現的道理。如果能够徹悟到意識的本性,捨弃物我的對立,就可以至於無所分别的世界。據禪宗歷史所載,中國禪宗初祖菩提達摩曾將此經傳授給二祖慧可,作爲傳持的依據,因此此經古來特别爲禪宗所重視。變相:指依據佛典記載所畫的或雕塑的關於佛教的故事圖畫。[11]畫人:畫師。壁:指準備描繪變相的墻壁。了:完畢。[12]下手:動手,開始。

上座神秀思惟[1]:'諸人不呈心偈,緣我爲教授師[2],我若不呈心偈,五祖如何見得我心中見解深淺[3]。我將心偈上五祖呈意[4],求法即善,覓祖不善[5],却同凡心奪其聖位[6]。若不呈心偈,終不得法。良久思惟,甚難,甚難。夜至三更,不令人見,遂向南廊下中間壁上題作呈心偈,欲求於法。若五祖見偈[7],言此偈語,若訪覓我,我宿業障重[8],不合得法[9],聖意難測[10]。我心自息[11]。'秀上座三更於南廊下中間壁上秉燭作偈,人盡不知。偈曰:

身是菩提樹[12],心如明鏡臺[13]。

時時勤拂拭[14],莫使有塵埃[15]。

【注釋】

[1]思惟:思考,想。[2]緣:因爲。[3]見得:知道。[4]將:介詞,把。上:呈獻給。呈意:表達心意。[5]這幾句話的大意是:我把心偈呈獻給五祖,爲了求法的目的就是正確的,假如是爲了博取祖師的地位,就不是一件好事了。[6]却:反倒,反而。凡心:指一般人的心。聖位:這裏指禪宗祖師之位。[7]此句下面疑有脱文。[8]宿:過去。業障:指由於前生中所作的種種惡業而招感的今生的種種障礙,其所作所爲皆不如意。重:深重。[9]合:應當。[10]聖意:這裏指五祖弘忍的心意。[11]我就不會有希望繼承五祖衣法的想法了。[12]菩提樹:樹名,一種桑科常緑喬木,原名鉢多,又譯作貝多、阿説他、阿沛多等,其果實叫畢鉢羅,因此又稱爲畢鉢羅樹,原産於印度。釋迦牟尼曾在中印度摩揭陀國伽耶城南的此種樹下覺悟成道,因此後來稱這種樹爲菩提樹。菩提:梵語譯音,覺悟,菩提樹就是覺悟之樹。神秀這句偈語主要取菩提的意思,即告誡自己時時刻刻都應當處於覺悟的狀態之中。[13]自己的心應當像明鏡那樣,光明透徹,一塵不染。心:指本心,亦即自性,也就是自己本有的佛性。[14]大意是:要經常清除貪、瞋、癡等煩惱習氣對自己的心所構成的污染。[15]大意是:不要讓這些污垢遮蔽自己内在的光明自性。塵埃:比喻煩惱習氣。

神秀上座題此偈畢,歸卧房,並無人見。五祖平旦[1],遂唤盧供奉來南廊下畫《楞伽》變相[2]。五祖忽見此偈,請記[3],乃謂供奉曰:'弘忍與供奉錢三十千,深劳遠來,不畫變相了。《金剛經》云:"凡所有相,皆是虚妄[4]。"不如留此偈,令迷人誦[5]。依此修行,不墮三惡道[6]。依法修行人,有大利益。'大師遂唤門人盡來,焚香偈前,令衆人見,皆生敬心。‘汝等盡誦此偈者，方得見性[7]；依此修行，即不墮落[8]。’門人盡誦，皆生敬心，唤言：‘善哉！’五祖遂唤秀上座於堂内，問：‘是汝作偈否？若是汝作，應得我法。’秀上座言：‘罪過！實是秀作。不敢求祖，願和尚慈悲，看弟子有小智惠，識大意否？’五祖曰：‘汝作此偈，見即未到[9]，衹到門前，尚未得入[10]。凡夫依此偈修行[11]，即不墮落。作此見解[12]，若覓無上菩提[13]，即未可得。須入得門，見自本性。汝且去，一兩日來思惟，更作一偈來呈吾，若入得門，見自本性，當付汝衣法。’秀上座去數日，作不得。

【注釋】

[1]平旦：早晨，天亮時。[2]盧供奉：即畫人盧珍。[3]請記：疑爲"讀訖"二字之誤。[4]大意是：凡是有形體、相狀的事物，都是不真實的。有相：指有相狀(或形體)的事物。相：相狀，形體。虚：不實。妄：不真。佛教認爲，一切事物都是由衆多的因緣(即條件)組合而形成的，離開因緣的組合，無所謂事物本身的存在，因此事物雖然在某一時間點上有其由因緣組合的暫時的相狀，但却没有能够脱離這些因緣而獨立存在的事物的自性(本性、實體)。因此，就事物的自性來講，是虚幻不實的。[5]令：叫。迷人：指還没有體悟到自己本性的人。[6]三惡道：指六道中的地獄道、餓鬼道和畜牲道。[7]方得：才能够。[8]即：則，就。墮落：指墮落到三惡道中。[9]見：指見性，即照見到自己本有的佛性。[10]入：進入，與上文"見"的意思差不多。[11]凡夫：指尚未見性的人。[12]指持有神秀在其偈中的那種見解。[13]無上菩提：指徹底覺悟，即阿耨多羅三藐三菩提，這是只有佛才能證得的。

有一童，於碓房邊過[1]，唱誦此偈[2]，惠能一聞，知未見性，即識大意。能問童子：‘適來誦者[3]，是何言偈？’童子答能曰：‘儞不知大師言[4]，生死事大，欲傳於法，令門人等各作一偈來呈看，悟大意，即付衣法，稟爲六代祖。有一上座名神秀，忽於南廊下書《無相偈》一首，五祖令諸門人盡誦，悟此偈者，即見自性；依此修行，即得出離[5]。’惠能答曰：‘我在此踏碓八箇餘月，未至堂前，望上人引惠能至南廊下[6]，見此偈禮拜，亦願誦取，結來生緣[7]，願生佛地[8]。’童子引能，至南廊下，能即禮拜此偈，爲不識字[9]，請一人讀，惠能聞已，即識大意。惠能亦作一偈，又請得一解書人[10]，於西間壁上題著，呈自本心[11]。不識本心，學法無益；識心見性[12]，即悟大意。惠能偈曰：

菩提本無樹[13]，明鏡亦非臺[14]。

佛性常清浄[15]，何處有塵埃[16]？

又偈曰：

心是菩提樹，身爲明鏡臺。

明鏡本清凈，何處染塵埃[17]？

院内徒衆見能作此偈盡怪[18]。惠能却入碓房[19]。五祖忽見惠能偈，即善知識大意[20]。恐衆人知，五祖乃謂衆人曰：'此亦未得了[21]。'

【注釋】

[1]邊：旁邊。過：經過。[2]唱誦：大聲讀誦。[3]適來：剛才。[4]儞：同"你"。[5]出離：指出離六道輪迴的生死苦海，亦即解脱之意。[6]上人：對僧人的尊稱。[7]大意是：我願意禮拜和誦讀這首偈，以便在來生中能與神秀相識相會。結緣：佛教用語，意思是與某人某物建立某種相涉的關係，以便今後能産生更加緊密的聯繫。[8]希望能够成佛。佛地：指佛的地位。[9]爲：因爲。[10]解書人：識字的人。解：會，懂得。書：文字。[11]自：自己的。本心：即自性，佛性。[12]認識到了自己的本心，亦即見到了自己本有的佛性。[13]惠能以下所作的偈語都是針對神秀前面的偈頌而言的。這句話的大意是："菩提"只是用語言來表示的一個概念，其本性空寂，沒有自性。如果把它當成某個真實的東西，從佛教的觀點來講，就叫做"法執"。[14]大意是：比喻成"明鏡"的本心（即佛性），它的本性也是空寂的。[15]大意是：佛性完全空寂，自然就不可能受到任何污染，因此佛性本來就是清凈的。[16]大意是：怎麼會受到煩惱習氣的污染呢？[17]此一偈誦當屬衍文。[18]怪：意動用法，感到奇怪。[19]却入：退入，回到。[20]知識：知道。[21]得：能够。了：了悟，明白。

五祖夜至三更，唤惠能堂内，説《金剛經》，惠能一聞，言下便悟。其夜受法，人盡不知，便傳頓法及衣[1]：'汝爲六代祖！衣將爲信禀[2]，代代相傳。法以心傳心，當令自悟。'五祖言：'惠能！自古傳法，氣如懸絲[3]！若住此間[4]，有人害汝。汝即須速去！'能得衣法，三更發去[5]。五祖自送能於九江驛，登時便悟[6]。師處分：'汝去，努力將法向南[7]。三年勿弘此法[8]。難去，在後弘化[9]，善誘迷人[10]，若得心開[11]，汝悟無别[12]。'辭違已了[13]，便發向南。"

【注釋】

[1]頓法：頓悟之法。[2]信禀：猶"信物"，作爲證據之物。[3]指生命垂危。氣：氣息。懸絲：懸掛在一縷絲上，比喻危險。[4]住：停留。[5]發去：出發。[6]登時：即時，立刻。悟：意義不清，疑應爲"寤"，覺，指天亮。[7]將：帶，拿。[8]弘：弘揚，指傳授。[9]大意是：災難過去以後，再出來弘揚頓教之法。難（nàn）：災難，禍難。在後：以後。弘化：弘揚教化。[10]善：方便善巧。誘：誘導。[11]得：能够。心開：指開悟，即見到自己的佛性。[12]大意是：他們開悟以後的境界，與你的悟境沒有什麽區别。[13]辭違：辭别，告别。已了：

完畢。

祖 堂 集

【解題】

《祖堂集》是五代時期泉州招慶寺的静、筠兩位禪師所編著的禪宗語録集，是現存最早的一部禪宗史，共二十卷。其書的卷首有泉州招慶寺净修禪師文僜寫於南唐保大十年(952)的序文。由於其書在北宋時仍在流行，個别地方有宋人增加的文字，但從整體上來看，這部著作仍然是五代時期的作品。唐五代以來，禪宗的著作，尤其是其中的對話，往往是用當時的口語來記録的，因而能够比較準確地反映當時的活的語言，這在漢語史的研究上具有特别重要的價值。五十餘年以後，在北宋景德年間(1004～1007)，另一部禪宗的語録體著作《景德傳燈録》編寫完成後，此書逐漸在我國失傳。1912年，在朝鮮慶尚南道的海印寺發現高麗高宗三十二年(1245)開雕的二十卷全本，才被世人重新發現。這裏的文選所依據的文本爲劉堅、蔣紹愚主編的《近代漢語語法資料彙編·唐五代卷》(商務印書館1990年)，其校録所采用的底本爲日本京都中文出版社據高麗覆刻本影印的《祖堂集》。

慧忠出家[1]

慧忠國師嗣六祖[2]，姓冉，越州諸暨縣人也[3]。其兒子在家時[4]，並不曾語[5]，又不曾過門前橋[6]。直到十六，有一個禪師來[7]，纔望見走出過門前橋[8]，迎接礼拜，通寒暄[9]。父、阿孃、眷属、遠近鄰舍總來驚訝曰[10]："不可思議。這個兒子，養來到十六，並不曾見他語話[11]，又不曾見他過門前橋。今日纔見和尚，有如是次第[12]。恐是此兒子異於常人也。"

【注釋】

[1]本文節選自《祖堂集》卷三《慧忠國師》，題目爲編者所加。文中講述慧忠國師少時及出家求法的經過，具有濃厚的傳奇色彩，其文字完全貼近於當時的口語，是一篇典型的古代白話文。慧忠(？～775)：唐代僧人，在六祖惠能處獲得其心印後，周遊名山大川，入南陽白崖山黨子谷(白草谷)静坐長養，四十餘年足不出山。慧忠博通訓詁，窮盡經律，雖然受到玄宗、肅宗、代宗三朝的厚遇，然天性淡泊，不慕荣利。卒後謚號大證禪師，世稱南陽慧忠國師、南陽

國師。[2]嗣：繼承。六祖：指中國禪宗第六代祖師惠能。關於六祖惠能的事迹，請見上文。[3]越州：唐代州名，其治所在今浙江省紹興市。[4]兒子：指慧忠。[5]語：説話。[6]過：經過，越過。[7]禪師：專門修習禪定的出家人。[8]大意是：兒子一望見禪師，就從家門中走出來，經過門前的那座橋。[9]通寒暄：指問候起居冷暖。[10]阿孃：母親。孃：同"娘"。總：都。[11]語話：説話。[12]如是：如此，這樣。次第：情景，情况。

兒子便問禪師："乞師慈悲攝受[1]，度得一個衆生[2]。某甲切要投禪出家[3]。"禪師曰："是我宗門中銀輪王嫡子[4]、金輪王孫子方始得繼續不墜此門風[5]。是你三家村裏男女[6]、牛背上將養底兒子[7]，作摩生投這個宗門[8]？不是你分上事[9]。"兒子曰："啟禪師[10]，'是法平等，無有高下[11]。'那得有這個言詞障於某甲善心[12]？再乞禪師垂慈容納[13]。"禪師見兒子有如是次第，便向兒子説："你若如此，投某出家則不得[14]。"子曰："投什摩人出家[15]？禪師與某甲指示宗師[16]。"禪師曰："汝還聞曹溪摩[17]？"子曰："不知漕溪是什摩州界[18]？"禪師曰："廣南漕溪山[19]，有一善知識[20]，唤作六祖，廣六百衆[21]，你去那裏出家。某甲未曾遊天台[22]，你自但去[23]。"

【注釋】

[1]大意是：希望師父發慈悲能够接納我。攝受：攝取，接受。[2]度：指剃度，即爲要出家的人剃除頭髮。衆生：這裏指自己。[3]某甲：指代自己。切要：迫切要求。[4]宗門：指禪宗的法門。銀輪王：印度傳説中的四種輪王之一（另外三種輪王爲金輪王、銅輪王、鐵輪王），據説銀輪王在六萬歲時出世，統治東、南、西三洲。嫡子：指正妻所生的長子。[5]金輪王：據説在八萬四千歲時出世，統治東、南、西、北四洲。方始得：才能够。繼續：繼承。墜：毁壞。門風：指禪宗法門的宗風。以上兩句話的大意是：要出身相當高貴的人才能够出家繼承禪門的宗風。[6]與下文"牛背上將養底兒子"，都是諷刺慧忠是出生在窮鄉僻壤中的農家子弟，不配出家學法。是：發語詞，有輕視的意味。三家村：只住有三户人家的小村莊，言其小而偏僻。男女：詈人之辭，相當於今人所言"家伙"。[7]將養：撫養。底：的。[8]作摩：即"作什麽"，"麽"在《祖堂集》中都寫作"摩"。生：詞尾。[9]分上事：本分上的事情。[10]啟：啟禀，禀告。[11]這八個字出自《金剛經》："是法平等，無有高下，是名阿耨多羅三藐三菩提。"原意是：如果能够體悟到一切諸法（法指一切事物，無論是有形的，或者是無形的，都可以叫做法）的平等理性，對一切事物都作平等觀，也就實證到了阿耨多羅三藐三菩提。慧忠引用《金剛經》，在於説明任何人都是平等的，不能因爲自己出身於農家而阻礙自己學法求道。[12]這一番話哪裏能够障蔽我的善心？那（nǎ）：即"哪"，哪裏。得：能够。這個言詞：指前面禪師所説的那一番話。[13]容納：接納。[14]某：自己。不得：不能。[15]什摩：什麽。[16]宗師：禪宗之師，指深得禪宗宗旨，能靈活方便地指導弟子悟境的高僧。[17]還：語氣副詞，有加强疑問

的作用。曹溪：位於韶州(今廣東曲江東南)的一條河，又稱曹侯溪。梁朝天監元年(502)有天竺僧人智藥在此築寶林寺。六祖惠能長期住在寶林寺中弘揚頓教法門，故這裏用"曹溪"指代惠能。[18]漕：通"曹"。[19]廣南：即廣南路，宋代地名。宋太祖開寶年間置嶺南轉運使，亦稱廣南路。後來分爲廣南東路和廣南西路，東路治所在廣州，西路治所在桂林。這裏出現宋代的地名，説明《祖堂集》中有宋代增加的文字。[20]善知識：指信解佛法知識淵博的人。[21]弟子多達六百人。[22]天台：即天台山，其主峰在浙江天台縣東北，陳、隋間的僧人智顗於此山創立天台宗。這句話的意思是：我要去遊天台山，没有功夫陪你去。[23]自：自己。但：儘管。

其兒子便入草隱遁[1]，迴避爺孃便行[2]。三日程二日行，兩日程一日行。到曹溪，恰遇祖師正當説法時[3]，便礼拜祖師。祖師問："從什摩處來？"對曰："只近[4]。"祖曰："生緣在阿那裏[5]？"子曰："自得五陰後忘却也[6]。"祖師招手云："近前來！"子便近前。祖師曰："實説你是什摩處人。"子曰："浙中人。"祖曰："遠來到這裏爲什摩事？"子曰："一則名師難遇，正法難聞，特來礼覲祖師[7]。二則投師出家，乞師垂慈攝受。"祖曰："我向你道，莫出家。"子曰："因什摩有此言？"祖曰："你是聖明不動干戈六十年天子[8]，是你但造天子佛法爲主[9]。"子曰："啟師，非但六十年，百年天子也不要。乞師慈悲，容許某甲出家。"師便摩頂授記曰[10]："你若出家，天下獨立佛[11]。"便攝受。

【注釋】

[1]隱遁：躲藏。[2]爺孃：父母。行：指離家出走。[3]正當：正值。[4]只近：就在近處。[5]生缘：佛教術語，本指人死後重新投生的因緣(條件)，後來引申爲籍贯或故鄉的意思。這裏使用的是引申義。阿那(nǎ)裏：哪裏。阿：詞頭。[6]五陰：佛教術語，又譯成"五蘊"，指色(物質)、受(感受)、想(思想)、行(行爲，造作)、識(了别，認識)。色屬於物質，其餘四種都屬於精神方面。佛教認爲，人的身體由五陰組合而成，離開這五陰，就無所謂人身。得五陰即得到人身。[7]礼覲(jìn)：拜見。[8]大意是：你可以做平平安安統治天下六十年的聖明君主。不動干戈：指和平安定。[9]此句意義不詳。[10]摩頂授記：佛教用語，佛撫摩弟子的頭頂並授與他將來成佛的預記。[11]天下獨立佛：天下獨一無二的覺者。

敦煌變文

【解題】

變文是唐代一種通俗的民間文學形式，是隨著佛教的興盛而産生和發展起來的。當時的佛教僧侣爲了宣傳教義,往往依照佛經中散文和偈頌相間的形式,用説唱的方式來演繹佛經中的故事。這種把佛經中的内容轉變成爲通俗易懂的文體,與變相依据佛典中的故事來繪制圖畫和進行雕塑相似,故稱變文,亦可簡稱爲變。受佛教僧侣演説變文的影響,當時的民間藝人也采用變文的形式來演唱歷史故事和民間傳説。北宋以後,隨著話本、詞話、戲曲等文藝形式的日益完善和豐富,加上封建統治者對變文的歧視,變文就逐漸消亡了。

宋景祐二年(1035),爲了躲避西夏軍隊的洗劫,敦煌莫高窟寺廟裏的僧人把大量的佛教經卷和包括變文在内的一大批文獻封藏在一個洞室裏面。這批兩萬多卷的文獻典籍,直到清光緒二十五年(1899)才被發現。由於當時我國國力衰弱,這批珍貴文獻中的大多數被英國人斯坦因、法國人伯希和所運走,分别藏在倫敦不列顛博物館和巴黎國家圖書館中,現今保存在我國國家圖書館(原北京圖書館)中的只是其殘餘部分。

由於變文具有通俗的性質,使用當時的活語言,因此也就成了我們今天研究唐代口語的重要語料。王重民等編校的《敦煌變文集》(人民文學出版社 1957 年)是搜集敦煌變文和其他民間文學作品最多的一部文集,張涌泉、黄征的《敦煌變文校注》(中華書局 1997 年)在校注上比前者更爲精細。這裏的文選依據劉堅、蔣紹愚主編的《近代漢語語法資料彙編·唐五代卷》(商務印書館 1990 年)。

秋胡變文[1]

(上略。大意是講述魯國人秋胡離開母親、妻子外出求學,學成後遊説魏王,被封爲左相,位極人臣,享盡榮華富貴。家中的妻子則含苦茹辛,事奉婆母。九年後秋胡還鄉。)

拜王了首,便即登呈[2]。至采桑之時,行至本國。乘車即身著紫袍金帶[3],隨身並將從騎桑中而過[4],變服前行[5]。其樹赴地婆娑,伏乃枝條掩映,欲覓於人,借問家内消息如何。舉頭忽見貞妻[6],獨在桑間采葉,形容變段[7],面不曾粧,蓬鬢長垂,憂心采桑[8]。秋胡忽見貞妻,良久占相[9],容儀婉美[10],面如白玉,頰帶紅蓮,腰若柳條,細眉段絶[11],停暫住馬[12],向前上熟看之[13],只爲不識其妻[14],古贈詩一首[15]:

玉面映紅粧,金鈎弊采桑。

眉黛條間發，羅襦葉裏藏。

頰奪春桃李[16]，身如白雪霜。

【注釋】

[1]本篇變文的前後皆有缺損，題目爲編者依照故事所補。這篇變文描寫出身貧寒的讀書人秋胡追逐功名利禄得手以後，人品惡劣，舉止行爲輕佻，在回家的途中竟然調戲自己的妻子。[2]登呈："呈"爲"程"字之誤。[3]著：穿著。紫袍：紫色的長袍，古代高官所穿的官服。金帶：金飾的腰帶，有革、金、玉、銀等差别，其制度各代不同。[4]將：帶領。從騎：指隨從的騎士。[5]變服：指改變服飾。[6]貞妻：指秋胡的妻子。貞：堅貞。[7]大意是：相貌發生了變化。形容：容貌，相貌。變段："段"爲"改"字之誤。變改：改變。[8]憂心：心中不快。[9]良久：長時間地。占相：仔細打量。[10]容儀：容貌。婉美：美麗。[11]段絶：意義不詳，疑有誤字。[12]停暫：當爲"暫停"。住馬：即"駐馬"，使馬停下來。[13]熟看：仔细看。[14]只爲：只因。[15]古："故"的誤字。[16]奪：勝過。

秋胡喚言道："娘子[1]！不聞道：'采桑不如見少年，力田不如豐年[2]。'仰賜黄金二兩，乱采一束[3]，暫請娘子片時在於懷抱，未委娘子賜許以不[4]？"其婦下樹斂容儀[5]，不識其夫。喚言郎君[6]："新婦夫婿遊學[7]，經今九載，消息不通，陰信隔絶[8]。阿婆年老[9]，獨坐堂中，新婦寧可冬中忍寒，下中忍熱[10]，桑蠶織絡[11]，以事阿婆。一馬不被兩鞍[12]，單牛豈有雙車並駕[13]？家中貧薄[14]，寧可守餓而死，豈樂黄金爲重？忽尔一朝夫至[15]，遣妾將何申吐[16]？縱使黄金積到天半[17]，亂采墮似丘山[18]，新婦寧有戀心[19]？可以守貧取死。"其秋胡聞説此語，面帶羞容，乘車便過[20]。行至數步，心裹嘆言："我聞貞夫烈婦，自古至今耳聞，今時目前交見[21]。誰家婦堪上史記[22]，万伐傳名[23]。"言説未訖[24]，行至家中。

【注釋】

[1]娘子：對女子的尊稱。[2]大意是：做一個采桑的農婦，還不如去找一個有錢的男子，正如你辛苦耕種，也抵不上遇上豐收年一樣。[3]乱：亂，這裹有雜、雜色的意思。采：當爲"綵"的誤字，彩色的絲綢。[4]片時：片刻。未委：不知。[5]斂容儀：猶言"正容儀"，表示嚴肅。[6]郎君：對男子的尊稱。[7]新婦：古代已婚婦女對自己的謙稱。[8]陰信：即"音信"，"陰"當爲"音"的誤字。[9]阿婆：這裹指丈夫的母親。[10]下：當爲"夏"的誤字。[11]織絡：這裹指紡織。[12]被：即"披"。[13]單牛：一頭牛。並：同時。[14]貧薄：貧窮。[15]忽尔：忽然。[16]遣：叫，使。申吐：訴説。[17]縱使：即使，即便。[18]亂采：即"亂綵"，"采"當爲"綵"的誤字。墮：這裹有堆積的意思。[19]寧：難道。戀心：留戀之心。

[20]便:就。過:經過,這裏有離去的意思。[21]目前:眼前,面前。交見:相見。[22]堪上史記:能够載於史册。[23]萬伐:萬代。万:"萬"的簡化字。"伐"當爲"代"的誤字。[24]訖:畢。

正見慈母獨坐空堂,不知兒來,遂嘆言曰:"秋胡汝當遊學,元期三周[1],可爲去今九載[2]?爲當命化零落[3],爲當身化黄泉,命從風化?爲當逐樂不歸[4]?"語未到頭[5],遂見其子,身著紫袍,在孃前立[6]。恐孃不識,走入堂中跪拜:"阿孃識兒以不[7]?兒是秋胡,今得事達[8],報孃汝哺之恩[9]。"其母聞兒此語,唤言秋胡:"我念子不以爲言[10],言作隔生[11],何其面叙[12]。孃樂子黄金繒綵[13],不是戀汝官榮,愢汝新婦[14],九年孤眠獨宿。汝今得貴,不是汝學問懃勞[15],是我孝順新婦功課[16]。"使人往詣桑林中[17],唤其新婦。未及行至路傍[18],正見采桑而迴。村人報曰:"夫壻見至,奉婆處分[19],令遣唤來[20]。"含笑即歸向家,與夫相見。

【注釋】

[1]元:原先。期:約定。三周:三年。[2]可爲:何爲。"可"當爲"何"字之誤。[3]爲當:或許。命化零落:指死亡,下文的"身化黄泉"、"命從風化"與此義相同。[4]逐樂:追逐快樂。[5]話未説完。[6]孃:同"娘"。[7]阿孃:阿娘,母親。[8]事達:指在仕途上飛黄騰達。[9]汝哺:乳哺。"汝"爲"乳"的誤字。[10]意義不詳。[11]隔生:猶"隔世",指今生不能見面。[12]没有想到還能够當面交談。"其"爲"期"的誤字。何期:没有想到。面叙:當面交談。[13]繒綵:指各種絲織品。繒:絲織品的總稱。綵:彩色的絲綢。[14]愢:"愧"的誤字。新婦:這裏指妻子。[15]懃勞:辛苦。懃:同"勤"。[16]新婦:這裏指兒媳婦。功課:功勞,成績。[17]往詣:去,到。[18]路傍(páng):路旁。[19]見(xiàn):現在。處分:吩咐。[20]令遣:派遣。

忽聞夫至,喜不自勝,喜在心中,面含笑色。行至家,向北堂覓見其夫,得見慈母。新婦欲拜謝阿婆,便乃入房中,取鏡臺粧束容儀,與夫相見。乃畫翠眉,便拂芙蓉,身著嫁時衣裳,羅扇遮面,欲似初嫁之時,行至堂前設礼,助婆歡喜[1]。見新婦來至,愧謝九年孝養功勞,便下堂階,哭泣唤言新婦:"我兒來至,遊學必功[2],軒即隨身[3],身爲國相,黄金繒綵,愧謝孝恩,願新婦領受[4]。"得婆語迴面拜夫[5],熟向看之,乃是桑間贈金宰貴[6]。情中不喜[7],面變泪下交流[8],結氣不語[9]。阿婆甚怪[10],重問新婦:"我兒九年不在,新婦今得孝名,何謂今見兒來，忽爾今朝不喜？新婦必有私在於隣里[11]，何不早吐實情？若無他心，不合如此[12]！”新婦聞婆此語，泣泪交流，復願阿婆聽説不喜由緒[13]。“新婦實無私情，只恨婆兒二種事不安：一即於家不孝，二乃於國不忠。”阿婆唤言新婦：“我兒於國不忠，豈得官榮歸舍？若於家不孝，金綵亦不合見吾[14]。若無他心，何故漫生言語[15]？”新婦啟言阿婆：“兒若於慈孝，天恩賜金[16]，交將歸舍[17]，報娘乳哺之恩。今即來及見母[18]，桑間已繒於人[19]，所以於國不忠，於家不孝。……”（下闋）

【注釋】

[1]設礼：行禮。礼："禮"的簡化字。助：陪伴。[2]必功：指學業完成。必：當爲"畢"的誤字。[3]軒：古代大夫以上所乘坐的車輛。即：當爲"印"字之誤。印：指官印。[4]領受：接受。[5]迴面：回轉臉面。[6]繒："贈"的誤字。宰貴：權貴。[7]情中：心中，内心。[8]面變：指臉色改變。[9]結氣：指因生氣而呼吸凝滯。[10]甚怪：非常奇怪。[11]"私"下疑脱一"情"字。[12]合：當，應當。[13]由緒：緣由，原因。[14]見：疑應爲"獻"的誤字。[15]漫生言語：指説一些没有依據的話。[16]天恩：指君王的恩德。[17]交將：交送。舍：家。[18]今即來及見母："來"疑應爲"未"字。[19]繒："贈"的誤字。

練習（二）

一、解釋下列句子中加點字的意義。

1. 温凉柔輭，不遲不疾。
2. 其有聞者，塵勞垢習，自然不起。
3. 又風吹散華，遍滿佛土，隨色次第而不雜亂。
4. 我先不言諸佛世尊，以種種因緣，方便説法。
5. 不驚不畏，了無出心。
6. 爾時長者，各賜諸子，等一大車。
7. 今此幼童，皆是吾子，愛無偏黨。
8. 以我此物，周給一國，猶尚不匱。
9. 何況長者，自知財富無量，欲饒益諸子，等與大車。
10. 遂發遣惠能，隨衆作務。
11. 若訪覓我，我宿業障重，不合得法。

12. 適來誦者,是何言偈?

13. 今日纔見和尚,有如是次第,恐是此兒子異於常人也。

14. 是你三家村裏男女,牛背上將養底兒子。

15. 新婦夫婿遊學,經今九載。

二、用漢語拼音給下列句子中的加點字注音。

1. 所居宅舍,宫殿樓閣,稱其形色高下大小。

2. 諸子幼稚,未有所識,戀著戲處。

3. 是大長者,財富無量,種種庫藏,悉皆充溢。

4. 有智惠者,自取本性般若之知,各作一偈呈吾。

5. 生緣在阿那裏?

三、將下列文字譯爲現代漢語。

弘忍和尚問惠能曰:"汝何方人? 來此山禮拜吾,汝今向吾邊復求何物?"惠能答曰:"弟子是嶺南人,新州百姓,今故遠來禮拜和尚,不求餘物,唯求作佛。"大師遂責惠能曰:"汝是嶺南人,又是獦獠,若爲堪作佛?"惠能答曰:"人即有南北,佛性即無南北,獦獠身與和尚不同,佛性有何差别?"大師欲更共語,見左右在傍邊,大師更不言。遂發遣惠能,令隨衆作務。時有一行者,遂遣惠能於碓房,踏碓八箇餘月。

四、填空。

1.《無量壽經》屬於佛教(　　)宗的經典,其翻譯者是曹魏時期的(　　)。

2.《妙法蓮華經》的譯者是(　　),他出生在西域(　　)國,也就是今天新疆的(　　)。

3.《壇經》是中國(　　)的重要典籍,本教材所依據的文本是郭朋的(　　)。

4.《祖堂集》是中國第一部(　　)的著作,其成書年代是在(　　)時期。

五、用現代標點符號標點下列文字。

從山谷西行廿里到張花普通院共九僧斷中院有粥飯齋後行谷十里到茶鋪普通院過院西行十里踰大復嶺嶺東溪水向東流嶺西溪水向西流過嶺漸下或向西行或向南行峰上松林谷里樹木直而且長竹林麻園不足爲喻山嶺崎嶇欲接天漢松翠碧與青天相映嶺西木葉未開張草未至四寸從茶鋪行卅里薄暮到角詩普通院宿

六、背誦。

1.《無量壽國》。

2.《惠能得法》中的兩首偈,即:"身是菩提樹,心如明鏡臺。時時勤拂拭,莫使有塵埃。”和“菩提本無樹,明鏡亦非臺。佛性常清净,何處有塵埃?”

通　　論

(十九)中古漢語的詞彙特點

漢語已經經歷了數千年的發展,我們可以根據各個歷史時期的不同特點把漢語劃分成若干個不同的階段。由於語言的發展是一個漸進的過程,語言内部的語音、詞彙、語法的發展速度也不一致,因此在漢語史的分期上面,必須從大處著眼,緊緊抓住語言發展中那些重大的本質方面的變化,才能作出正確的劃分。語法結構和基本詞彙是語言的基礎,最能體現語言的本質特點,其發展速度也非常緩慢,具有相當大的穩固性,只有當語法結構和基本詞彙都發生了重大變化的時候,才能够斷定語言發生了本質方面的變化。因此,漢語史的分期應當以語法結構和基本詞彙作爲其主要的依據。

原則雖然可以這樣確定,但是在具體的操作過程中,却存在著這樣或那樣的困難,因此學術界對於漢語史的分期自然就有不同的看法。我們這裏根據國内比較有影響的學者的觀點,把漢語史分爲四個主要時期:(1)上古漢語,即周秦兩漢時期的漢語。(2)中古漢語,即南北朝、隋、唐五代、宋時期的漢語,其中南北朝爲中古漢語的前期,隋唐爲中古漢語的中期,宋代爲中古漢語的後期。(3)近代漢語,即元、明、清三代的漢語。(4)現代漢語,指從“五四”運動以來直到今天的漢語,其代表爲以北京音爲標準音,以北方方言爲基礎方言,以典範的現代白話文著作爲語法規範的現代漢民族的共同語——普通話。由於語言的歷史演變是一個漫長的漸變過程,在兩個歷史時期之間,總有一個較長的過渡階段。例如,魏晋可以看作是上古漢語到中古漢語之間的中間階段;五代和宋則是從中古漢語到近代漢語之間的過渡階段;至於清代,尤其是清代後期,則與現代漢語之間没有一條明顯的界限。處於過渡階段的漢語,可以説是兼有前後兩個時期的許多語言特徵。在這過渡期間,其前期接近於前一時期,後期則接近於後面的階段。

中古漢語繼承了上古漢語,同時又有一定的發展變化。中古時期,新的詞語的産生,特别是新的雙音詞的大量産生,是這一時期的主要特點。另外,還有不少的詞雖然是從前代繼承下來的,但其意義却發生了或大或小的變化,或者增添了一些新的義項。隨著國内各個民族的融合以及中外文化的交流,尤其是佛教的傳入和發展,使漢語中又增加了一大批外來的借詞。以下我們從四個方面來談中古漢語的詞彙特點。

一、基本詞彙的發展

基本詞彙是一種語言詞彙系統中的核心部分,其數量雖然不是很多,但相對説來比較穩定,變化較小,而且有較强的構詞能力。上古漢語的基本詞彙,到了中古時期,絶大多數仍然保存了下來。例如:天、地、風、雨、雷、電、山、海、水、火、牛、马、鷄、狗、心、口、手、眉、耳、鼻、髪、稻、麥、穀、禾、苗、桑、蠶、門、屋、室、衣、冠、裙、筆、書、劍、車、舟、見、聽、學、來、大、小、美、惡、善、高、黑、白、緑、黄、一、二、三、五、千、萬,等等。

但是,部分基本詞彙也發生了一些變化。其變化的方式有以下幾種:一是使用新詞來替換原有的舊詞。例如:

(1)側、畔、旁(傍),在上古都表示旁邊的意思。《説文·人部》:"側,旁也。"《説文·田部》:"畔,田界也。"段玉裁注:"引申爲凡界之稱。"到了魏晋南北朝時期,"邊"開始出現並且迅速增多。《玉篇》:"邊,畔也。"《三國志·魏書·方技傳》:"(華)佗尚未還,小兒戲門前,逆見,自相謂曰:'似逢我公,車邊病是也。'"束皙《貧家賦》:"悲風噭於左側,小兒啼於右邊。"到了唐代以後,在口語中逐漸取代了"側、旁、畔"等詞,而且具有極强的構詞能力,如左邊、右邊、東邊、西邊、天邊、海邊,等等。

(2)擊,上古是打擊的意思。《説文·手部》:"擊,攴也。""攴"就是"扑"。"擊"後來被"打"所代替。"打"這個詞大約起源於漢末魏初。《廣雅·釋言》:"打,棓也。"《顔氏家訓·涉務》:"打拂之,簸揚之。"唐代以後,"打"的構詞能力越來越强,可以構成許許多多的複音詞,如:打魚、打水、打酒、打飯、打點、打算、打發、打扮、打鬧,等等。

(3)喫(吃),大約在南北朝時期開始出現,後來逐步取代了上古漢語中的"食"。《玉篇·口部》:"喫,啖也。"《世説新語·任誕》:"友聞白羊肉美,一生未曾得喫。"從唐代起,開始借用"吃"的字形("吃"的本義是説話不流利,口吃。《説文·口部》:"吃,言蹇難也")。

當然,也有這樣一種情況,就是新詞産生以後,舊詞並没有消亡,新詞和舊詞在語言中同時並用。例如:

(4)求、索,在上古漢語中都有尋找的意思。《楚辭·離騷》:"路漫漫其脩遠兮,吾將上下而求索。"中古時産生了"覓",《玉篇·見部》:"覓,索求也。"《世説新語·文學》:"須臾,真長遣傳教覓張孝廉船,同侣惋愕。"陸游《訴衷情》:"當年萬里覓封侯,匹馬戍梁州。"但"求"並没有消亡。

(5)娘(孃),中古時期新産生的詞,意思是少女。《玉篇·女部》:"娘,少女之號。"《樂府詩集·子夜歌》:"見娘喜容媚,願得結金蘭。"也可以用來稱呼母親。《敦煌變文集·秋胡變文》:"天恩賜金,交收歸舍,報娘乳哺之恩。"字又寫作"孃"。《玉篇·女部》:"孃,母也。"《祖堂集·慧忠禪師》:"其兒子便入草隱遁,迴避爺孃便行。""娘(孃)"出現以後,"母"並未消亡,不過它們有一個大致的分工,"娘(孃)"一般用於口語,"母"用於書面語。下面的"耶(爺)"也是這種情況。

(6)耶(爺),中古漢語中對父親的稱呼。《木蘭辭》:"軍書十二卷,卷卷有爺名。"《古文苑》作"耶",章樵注:"耶,俗呼父爲爺,通作耶。"《玉篇·父部》:"爺,以遮切,俗爲父爺字。"後來亦可引申爲對地位高的人的尊稱。"耶"在上古漢語中是疑問語氣詞,與作"父親"講的"耶"在意義上没有任何聯繫。

在使用新詞來替换舊詞的過程中,多用雙音詞來替换原有的單音詞。這裏有兩種情況:一是使用與舊詞完全没有關係的構詞材料來造新詞。例如:

(7)日,後來被"太陽"一詞所取代。"太陽"一詞,在上古漢語中已經存在。《説文·日部》:"日,實也,大昜之精不虧。""大昜"後來寫作"太陽"。上古"太陽"是"日"的别稱,正如"太陰"是月亮的别稱一樣。《説文·月部》:"月,闕也,大侌之精。""大侌"後來寫作"太陰"。中古以後,"太陽"一詞逐漸進入全民語言,取代了"日"的地位。《世説新語·寵禮》:"使太陽與萬物同暉,臣下何以瞻仰!"杜甫《自京赴奉先縣咏懷五百字》:"葵藿傾太陽,物性固莫奪。""太陰"則在語言中消失了。"日"雖然被"太陽"所取代,但作爲語素,仍然顯示出了强大的構詞能力。

(8)眼睛,在上古漢語中叫做"目"。《詩經·衛風·碩人》:"巧笑倩兮,美目盼兮。"中古時期出現了"眼睛"一詞,取代了"目"。韓愈《月蝕》詩:"念此日月者,爲天之眼睛。"

二是新詞中包含有舊詞的部分成分。例如:

(9)面皮,臉面上的皮膚。《史記·刺客列傳》:"聶政大呼,所擊殺者數十人,因自皮面决眼。"唐司馬貞《索隱》:"皮面謂以刀割其面皮,欲令人不識。决眼謂出其眼睛。"引申爲面子。《南史·文苑傳》:"書鼓云:'徒有八尺圍,腹無一寸腸,面皮如許厚,受打未詎夾。'""面"是上古漢語基本詞彙中的詞。《禮記·

内則》:"女子出門,必擁蔽其面。"

(10)骨頭,《唐摭言》:"當時不識貴人,凡夫肉眼。今日之俄爲後進,窮相骨頭。""骨頭"在上古漢語中只單説一個"骨"。《莊子・秋水》:"此龜者,寧其死爲留骨而貴乎?寧其生而曳尾於塗中乎?"

上古漢語基本詞彙中的部分詞,在中古漢語中雖然仍然存在,但是它们的意義已經發生了變化。因此,我們在閲讀中古時代的著作時,一定要注意詞義的時代性,以免發生誤解。例如:

(11)腳,在上古漢語中專指小腿。《説文・肉部》:"腳,脛也。"《釋名・釋形體》:"腳,却也,以其坐時却在後也。"而上古漢語稱腳掌爲"足"。它們之間的界限是清楚的。《説文・足部》:"足,人之足也,在體下。"到了中古,在基本詞彙中,"腳"已經取代了"足"的意義。《晋書・陶潛傳》:"(陶)潛無履,王弘顧左右爲之造履。左右請履度,潛便於坐伸腳令度焉。"《抱朴子・外篇・刺驕》:"或濯腳於稠衆,或溲便於人前。"《世説新語・雅量》:"羊了不眄,唯腳委几上,咏矚自若。"

(12)伯叔,在古代都用來表示排行,"伯"指排行在最前面的,即老大;"叔"指排行在後的,年少的。上古不用數字排行,只用"伯、仲、叔、季"。從這個意義引申,"伯、叔"也可以分别表示哥哥和弟弟。《詩經・鄭風・蘀兮》:"蘀兮蘀兮,風其吹女。叔兮伯兮,倡!予和女。"一直到西晋,"伯叔"都是指兄弟。李密《陳情表》:"既無伯叔,終鮮兄弟。"後來,"伯叔"可以用來表示伯父和叔父。《顔氏家訓・風操》:"古人皆呼伯父叔父,而今世多單呼伯叔。"《世説新語・品藻》:"亡伯雅正,恥處亂朝,遂至仰藥,恐難以相比。"《南史・沈昭略傳》:"家叔晚登僕射,賢於尊君。"這個意義,一致延續到今天。

(13)老子,在古代是長者用來自稱的詞。《後漢書・逸民列傳》:"使者欲奏殺亭長,(韓)康曰:'此自老子與之,亭長何罪!'乃止。"《世説新語・容止》:"俄而率左右十許人步來,諸賢欲起避之,(庾)公徐曰:'諸君少住,老子於此處興復不淺。'"到了宋代,在方言中有父親的意思。陸游《老學庵筆記》卷一:"予在南鄭,見西郵俚俗謂父曰老子,雖年十七八,有子亦稱老子,乃悟西人所謂大范老子、小范老子,蓋尊之以爲父也。"今天口語中猶有稱父親爲"老子"的情況。

二、一般詞彙中的新詞

基本詞彙以外的詞叫做一般詞彙,這類詞的數量很大,不太穩定,變化迅速,構詞能力也比較弱。一般詞彙中新詞的産生,與社會的發展變化是密切相關的。社會的發展變化,可以體現在朝代的更迭,政治制度的變更,生産力的發展和提高,以及意識形態和精神文化方面的變化等諸多方面。

魏晋南北朝時期,社會動蕩,朝代更替頻繁。在政治、軍事和法律上,都有不少新的變化,這一切,在詞彙上都有反映。例如魏晋時,由於門閥制度的産生,就出現了"九品中正、清流、濁流、譜牒"之類的詞語;在官職方面,有"親王、總管、都督諸州軍事"等;在軍事方面,有"領軍、護軍、遊擊、驍騎、健兒、武射、青羌、散騎"等;在律法上,有"反逆、告劾、請賕、斷獄、户禁、逃亡、廷杖、刺面、刖足"等。唐宋時期的官制,基本上沿襲前代,但也有一些改動,如"尚書、中書、門下"稱爲"宰相",此外還有"太常、光禄、宗正、大理、巡察使、安撫使"等官職。唐代設有專門的教育機構,因而有"國子學、州學、崇文館、弘文館"等詞語,宋代則有"昭文館、集賢院"等。唐代推行府兵制,因而有"府兵、彍騎、方鎮"等詞,宋代則有"禁兵、鄉兵、藩兵"等。法律方面有"謀大逆、大不敬、不孝、刺配"等。

這一時期生産力的發展,在詞彙方面也有所反映。三國時期,諸葛亮造木牛、流馬,因而出現了"木牛、流馬"這樣的詞。魏晋南北朝時,由於農業生産工具的改進,就有了"耬犁、耦車、翻車、龍骨車"等詞。在交通工具方面有"千里船、指南船、追鋒車、四望車、平肩輿、眠輿"等。手工業方面則有"綃繐、紈綺縠、斑布、南布、紫纈"等。造紙技術的提高則産生了"蜜香紙、赤紙、縹紙、麻紙"等。唐宋時期的生産力又有進一步的提高,産生的新詞就更多了。在新式農具方面,有"水車、踏犁"等詞。農作物上,則有"草棉、木棉"等。隋唐飲茶習俗的普及和制茶業的發達,産生了諸如"茶餅、片茶、緑芽、龍溪、茶會"等詞。在瓷器制造上,有"瓷褐、瓷黄、瓷白"等。紙張方面則有"十色牋、薛濤牋、藤紙、蒲圻紙"等。紡織品有"輕紗、綾紗、綾錦"等。值得注意的是,由於印刷術的發明,産生了像"雕版、活版、旋風裝、蝴蝶裝"等詞。隨著商業和對外貿易的發展,出現了"虚市、宫市、邸店、邸肆、胡賈"等詞。

在意識形態方面和精神文化方面,也産生了不少新的詞語。魏晋時期,玄學風行,因而在語言中出現了"清談、玄風、玄言、玄理、玄學"一類的詞。魏晋以來道教和佛教都得到了很大的發展,迷信思想也非常興盛,因此有關宗教和迷信的詞語也就大量産生,如"道士、道經、符籙、燒香、鬼媪、鬼市、鬼兵、迎會、拜願、紙錢、冥寶"等詞。唐宋以後,則有"女冠、藥石、燎丹、度牒、僧祇户、真言、法師、律師"等。

三、佛教對中古漢語詞彙的影響

中古時期詞彙發展中最引人注目的是佛教對於漢語詞彙的影響，這種影響不僅體現在宗教方面，而且已經深入到社會生活的各個方面，因而極大地豐富了漢語的詞彙系統。

佛教起源於印度，其經典是用印度的古代文字梵文書寫的。隨著佛經的翻譯和佛教的傳播，在漢語中就產生了一大批來自印度的借詞。其實，在漢語中早就有來自其他民族語言中的借詞，漢代張騫通西域以後，漢語中比較多地出現了源於西域的借詞，如"葡萄、師子、苜蓿、玻璃、安石榴"等。但是，無論從數量上看，還是從影響上看，都不如佛教對於漢語詞彙所產生的影響巨大。

來自印度的借詞中很大一部分是專門的宗教術語，例如"佛"("佛陀"的簡稱，最初譯成"浮屠、浮圖、佛圖"等)、"菩薩"("菩提薩埵"的簡稱)、"羅漢"("阿羅漢"的簡稱，指聲聞乘中的最高果位，意思是應供)、"和尚"(印度俗語"烏社、和社"的訛譯，意思是親教師，以後用來指稱出家人)、"僧"("僧伽"的簡稱，意譯爲"和合衆")、"比丘"、"比丘尼"、"優婆塞"(意譯爲"清信士、近事男、善宿男"等，指在家奉事佛、法、僧三寶，并受持五戒的男居士)、"優婆夷"(意譯爲"清净女、清信女、近善女、近事女"等，指在家奉事佛、法、僧三寶，并受持五戒的女居士)、"閻羅"(地獄中的鬼王)、"魔"("魔羅"的簡稱，意思是能奪命、障礙、擾亂、破壞等，指能够害人性命和障礙擾亂人們修行的魔鬼)、"羅刹"(惡鬼的總名)、"涅槃"(意譯爲"圓寂")、"菩提"、"般若"、"禪"、"偈"、"懺"("懺摩"的簡稱)、"伽藍"("僧伽藍摩"的簡稱)、"塔"(梵語"窣堵坡"的簡譯，"塔"字是晋、宋時期專門爲譯經而造的字)、"南無"(nāmó，梵語譯音，意思是歸敬、歸命、敬禮)、"阿彌陀佛"，等等。

當然，有一部分詞在印度並非宗教專用，但的確是隨著佛教的傳播而進入漢語的詞彙中。這類的詞有"劫"("劫簸"的簡稱，可意譯爲"時分"或"大時"，指通常年、月、日所不能計算的極長的時間)、"刹那"(意譯爲"一念"，指極短的時間，佛經上講，一彈指間即包含有六十個刹那)，等等。

借自印度的語言成分有時還與漢語中固有的成分相結合，從而產生了一些梵漢"合璧"的新詞。例如"尼姑、閻王、魔鬼、坐禪、劫難、懺悔"，等等。

除了使用借詞以外，漢語也使用意譯的方法表達來自印度的佛教概念。其中又分兩種情況：一種是直接使用漢語中本有的詞，不過賦予了新的專門的佛教意義。例如"法"(意思是一切事物，有形的事物叫"色法"，無形的事物叫"心法")、"根"(有器官、機能、能力等意思，人類的認識器官——眼、耳、鼻、舌、身、意都可以叫做"根"，因此有"眼根、耳根、鼻根、舌根、身根、意根"的説法，合稱

“六根”)、“塵”(指引起眼、耳、鼻、舌、身、意六根的感覺思維作用的對象,也有六種,即色、聲、香、味、觸、法,合稱“六塵”)、“業”(造作的意思,指人們通過身、語、意所產生的各種活動,因此可以分爲身業、語業、意業等三業;又可以依據其善惡分爲善業和惡業)、“空”(佛教認爲一切事物都是因缘即各種條件互相組合而產生的,没有固定不變的自性或實體,因此,就其自性或實體來説,可以稱之爲空)、“色”(指一切具有形象和佔據一定空間的物質)。這類詞,有些也可以采用音譯的借詞來表達,這樣,同一個概念就可能有兩種不同的形式。例如,“法”又叫做“達磨”(或“達摩”)、“業”又叫“羯磨”,等等。

另一種則是使用漢語本有的材料,依照漢語的構詞法規則,創造新的複合詞來表達佛教的概念。像以下這些詞,在佛經中屢見不鮮:衆生、因缘、方便、極樂世界、地獄、解脱、因果、慈悲、妄想、煩惱、三界、三毒、果報、彼岸、微妙、莊嚴、世界、現在、法寶、圓滿、功德、皈依,禮拜、平等、導師、信心、究竟等。甚至還產生了許多新的成語,如“五體投地、皆大歡喜、不可思議”等。

無論是借詞還是意譯詞,其中許多已經深入到漢語的血液中去了,與漢語原來的詞彙融爲一體,成爲了漢語中常用的甚至是基本的詞彙。這些詞一旦進入到漢語中,爲漢族人民所使用,就有可能在詞義上發生某些變化。例如“世界”一詞,在佛經中本來是指時間和空間,《楞嚴經》卷四:“云何名爲衆生世界?世爲遷流,界爲方位。汝今當知,東、西、南、北、東南、西南、東北、西北、上、下爲界;過去、未來、現在爲世。方位有十,流數有三。”現在只用來指空間而没有時間的意思了。

除了印度以外,這一時期漢民族也同其他國家和民族有不少的交往,因此在漢語中也就有來自這些國家和民族的詞語。例如“八哥”(鳥名,來自阿拉伯語)、“茉莉”(來自波斯語)、“檳榔”(來自馬來語)、“柘枝”(一種來自西域石國的舞蹈名,大概出自波斯語)等等,但與佛教對漢語詞彙的影響相比,就顯得比較微弱了。

四、複音詞的增加

中古漢語詞彙發展中最值得注意的是新增加的詞語大多數是複音詞,其中又以雙音詞爲主,這種複音化加劇的趨勢早在東漢時期就已經開始出現。到了中古時期,雙音詞在整個漢語詞彙系統中已經取得了優勢,這與上古漢語詞彙系統中以單音詞爲主的情況形成了鮮明的對照。複音詞的增加,一方面可以從魏晋以來學者們對前代典籍所作的注釋中得到充分的反映。因爲注釋必須遵循“釋雅以俗,釋古以今”(王國維《觀堂集林》卷五《爾雅草木蟲魚鳥獸名釋例》)

的原則，這樣才能够達到幫助人們讀懂古代文獻的目的。以晋代郭璞的《爾雅注》和《方言注》爲例，便可見其一斑。例如：

(14)《爾雅・釋詁》："喬、嵩、崇，高也。"郭璞注："皆高大貌。"

(15)《方言》卷二："美心曰窈。"郭璞注："言幽静也。"

(16)《方言》卷三："斟、協，汁也。"郭璞注："謂和協也。"

其中的"高大、幽静、和協"都是當時活語言中的詞。

(17)李密《陳情表》："臣以險釁，夙遭閔凶。生孩六月，慈父見背；行年四歲，舅奪母志。祖母劉，愍臣孤弱，躬親撫養。臣少多疾病，九歲不行；零丁孤苦，至于成立。"

文中"險釁、閔凶、慈父、行年、孤弱、躬親、撫養、疾病、零丁、孤苦、成立"等皆爲複音詞。當然，有些複音詞是從前代繼承下來的，如"行年"一詞就見於《莊子・達生》："魯有單豹者，……行年七十而猶有嬰兒之色。"但更多的則是這一時期新産生的複音詞。

複音詞的大量産生，一方面與社會的發展有關，另一方面也與語言内部各個要素之間的相互制約和影響有關。魏晋南北朝時期，戰亂不休，社會動蕩劇烈，各民族之間的交往和融合也達到了前所未有的程度。唐代則是一個社會經濟文化空前繁榮，中外交流異常活躍的時期。由於社會政治、經濟和文化等各方面的大發展，新的事物、概念不斷涌現出來，語言中自然就需要創造新詞來表達它們。但是，由於漢語的音位數目以及音位的組合條件方面的限制，漢語音節的總數是有限的。如果仍然使用單音節的形式來創造新詞，就會産生出大量的同音詞來。同音詞的大量出現，必然會增加歧義，不利於語言的交際。因此漢語往往采用雙音節詞的形式來創造新詞，這樣就減少了同音的可能，消除了大量的歧義現象，從而更加有利於語言的交際。

複音詞的增加，也與文學作品的形式有一定的關係。漢語的書面語本來就有要求整齊和諧的趨勢，無論是漢賦還是魏晋六朝的賦，一般都要求四言或六言的句子（見第七單元通論《賦的語言特點》）。即使在一般的散文之中，也不乏四言和六言，如李密的《陳情表》。魏晋以來形成的駢體文，其基本句式也是以四言和六言爲主（見第七單元通論《駢體文的語言特點》）。另外，這一時期翻譯過來的佛經，也往往采用四言句作爲其基本的語言形式，如《無量壽國》："自然德風，徐起微動。其風調和，不寒不暑。温凉柔軟，不遲不疾。吹諸羅網及衆寶樹，演發無量微妙法音，流布萬種温雅德香。其有聞者，塵劳垢習，自然不起。風觸其身，皆得快樂，譬如比丘得滅盡三昧。"由於雙音詞能够非常自然地進入到四言和六言的句子中去，因此可以説，當時的文學作品對雙音節詞的要求，也是促成漢語雙音詞大量産生的原因之一。

練習(三)

一、填空。

1. 中古時期産生的新詞語,就音節結構來説,大都是(　　),這是這一時期新詞的主要特徵。

2. 中古時期基本詞彙中,用雙音節詞來替换原先的單音節詞,可以分爲兩種情况:一是使用(　　　)的構詞材料來造新詞,二是新詞中包含有(　　)的部分成分。

3. 中古時期的外來詞,主要是從(　　)引進的(　　)方面的詞語。

4. 複音詞的大量産生,一方面與(　　)有關,另一方面也與(　　)有關。

二、請叙述從上古到中古時期“腳”和“伯叔”等詞的意義變化。

三、什麽叫做梵漢“合璧”詞? 請舉數例加以説明。

四、漢語如何使用意譯的造詞方法來表達來源於印度的佛教概念?

通　論

(二十)中古漢語的語法特點

從魏晋到宋代,有一千多年的時間,在這漫長的時間裹,漢語的語法經歷了一個緩慢的變化過程。其中,既有繼承上古漢語某些語法規則的一面,又有不少的創新和發展。就其發展變化而言,在名詞方面,産生了一系列新的前加成分;動詞則産生了一些類似表現語法範疇體的構形成分。此外,量詞大量産生並得到了廣泛的應用,代詞逐漸規範,等等。這一切,不僅使中古漢語實詞的句法功能比上古漢語更爲確定,也使漢語實詞的詞類區别有了較多的形式標誌。與此同時,虚詞也得到了進一步的發展。在句法方面,繫詞句、被動句、處置句、補語句、比較句等都得到了進一步的發展,還産生了另外一些新的句式等。我們這裏只簡略介紹其中比較重要的幾個方面。

一、名詞的發展

在上古漢語中，一部分名詞，尤其是表示古代的民族、國家以及朝代的詞，可以有一個前加成分“有”，如“有夏、有殷、有周”等。一般的名詞有時也可以有“有”，如“有政、有衆”等。但在戰國以後的口語中，作爲前加成分的“有”已經消失，書面語中所保存的“有”，只是一種仿古形式。

從漢代開始到中古時期，漢語中出現了一些新的附加成分，如前加成分“阿、老”，後加成分“子、兒、頭”等。

在漢代，“阿”最早見於《史記》，大量出現是在東漢以後，如曹操小名“阿瞞”，《三國志・魏書・武帝紀》裴松之注引《曹瞞傳》曰：“太祖一名吉利，小字阿瞞。”也可以用在親屬稱謂和代詞的前面，如蔡琰《悲憤詩》：“阿母常仁惻，念何更不慈？”《古詩爲焦仲卿妻作》：“阿母謂阿女，汝可去應之。”《漢樂府・十五從軍征》：“道逢鄉里人，家中有阿誰？”從魏晋南北朝到唐代，這種用法更爲普遍，其使用範圍也有所擴大，例如：

雖有五男兒，總不好紙筆。阿舒已二八，懶惰故無匹。阿宣行志學，而不愛文術。（陶潛《責子》）

（韋）英聞梁氏嫁，白日來歸，乘馬將數人至於庭前，呼曰：“阿梁，卿忘我也？”（《洛陽伽藍記》卷四《城西》）

吴人之鬼，住居建康，小作冠帽，短制衣裳。自呼阿儂，語則阿傍。（《洛陽伽藍記》卷二《城東》）

阿耶無大兒，木蘭無長兄。（《樂府詩集・木蘭詩》）

阿婆年老，獨坐堂中。（《敦煌變文集・秋胡變文》）

梨園子弟白髮新，椒房阿監青娥老。（白居易《長恨歌》）

祖曰：“生緣在阿那裏？”（《祖堂集》卷三《慧忠國師》）

“老”本來是一個形容詞，年老的意思。《論語・子路》：“樊遲請學稼，子曰：‘吾不如老農。’請學爲圃。曰：‘吾不如老圃。’”《史記・孟子荀卿列傳》：“齊襄王時，而荀子最爲老師。”《方言》卷八有“老鼠”一詞：“蝙蝠，自關而東謂之服翼，或謂之飛鼠，或謂之老鼠，亦謂之僊鼠。”王力認爲，這裏的“老”仍然是一個形容詞，而不是前綴①。六朝以後，“老”才虚化爲前綴。例如：

及費長房來，知是魅，乃呵之，即解衣冠叩頭，乞自改變爲老鼈，大如車

① 王力《漢語史稿》中册 224 頁注②。

輪。(《太平廣記》卷四引《列異傳》)

到了唐宋時代,“老”作爲名詞的前加成分才真正固定下來,並得到了廣泛的使用和推廣。例如:

君不見,昔日蜀天子,化作杜鵑似老烏。(杜甫《杜鵑行》)

每被老元偷格律,苦教短李伏歌行。(白居易《編集拙詩成一十五卷因題卷末戲贈元九、李二十》)

時運來時,買莊田,娶老婆。(吴自牧《夢粱録》卷十三《夜市》)

上古漢語中的“子”,具有多種意思:一是當子女講,如“男子、女子、妻子”等[1];二是對人的尊稱,如“夫子、君子、吾子”等;三是指小動物,如“虎子(《後漢書·班超傳》“不入虎穴,不得虎子”)、鶴子、龍子”等;四是指鳥卵,如“鷄子、鳳子”等;五是指操某種行業的人,如“舟子、漁子”等;六是指圓形的小東西,如“黑子”。其中,只有“男子、女子、妻子”等不能看成是名詞詞尾,其餘的都可以看成是名詞詞尾。例如:

芄蘭之支,童子佩觿。(《詩經·魏風·芄蘭》)

胸中正則眸子瞭焉。(《孟子·離婁上》)

吾聞之周生曰“舜目蓋重瞳子”,又聞項羽亦重瞳子。(《史記·項羽本紀》)

這裏的“童子、眸子、瞳子”中的“子”,是名詞的後加成分。後加成分“子”確實是從“子”表示的小的意義發展而來的。《釋名·釋形體》:“童子,童,重也,膚幕相裹重也;子,小稱也。主其精明者也。”[2]魏晋以後,“子”作爲漢語名詞中的後加成分,得到了很大的發展。例如:

豆子山,打瓦鼓。揚平山,撒白雨。(《綿州巴歌》)

快牛爲犢子時,多能破車。(《晋書·石季龍載記上》)

可憐青雀子,飛來鄴城裏。(《北齊書·神武帝本紀下》)

一騎紅塵妃子笑,無人知是荔枝來。(杜牧《過華清宫絶句》)

暫請娘子片時在於懷抱,未委娘子賜許以不?(《敦煌變文·秋胡變文》)

“兒”的本義是小兒,《説文》:“兒,孺子也。”《老子》:“我獨泊兮其未兆,如嬰兒之未孩。”《史記·循吏列傳》:“(子産)治鄭二十六年而死,丁壯號哭,老人兒啼。”“兒”字用作後加成分,是從其小兒及小的意義發展而來的。下面的兩個例子,已經有了一定程度的虚化:

---

① “男子”的意思是兒子,“女子”的意思是女儿,“妻子”的意思是妻和子女。

② 童,即瞳。

健兒須快馬，快馬須健兒。（《樂府詩集・折楊柳歌辭》）

世祖武皇帝，……小諱龍兒。（《南齊書・武帝本紀》）

比較可靠的説法是，到唐代時，名詞的後加成分"兒"才真正確立了下來，宋代時有進一步的擴大和發展。例如：

細雨魚兒出，微風燕子斜。（杜甫《水檻遣興》二首之一）

雀兒被嚇膽碎，口中唯稱"死罪"。（敦煌寫卷《鷰子賦》）

及小兒戲耍家事兒，如戲劇糖果之類，……線天戲耍孩兒，鷄頭擔兒、罐兒、碟兒、鑞小酒器、鼓兒、板兒、鑼兒、刀兒、槍兒、旗兒、馬兒、鬧竿兒、花籃、龍船、黄胖兒、麻婆子、橋兒、棒槌兒，及影戲線索，傀儡兒、獅子、猫兒。（吴自牧《夢粱録》卷十三《諸色雜賣》）

"頭"本是一個名詞，與"首"同義，指頭部。《禮記・玉藻》："頭容直。"後來引申出頂、端等意義，但還未變成名詞的後加成分，例如：

隴頭流水，流離山下。（《樂府詩集・隴頭歌辭》）

帝自捉刀立床頭[①]。（《世説新語・容止》）

"頭"作爲名詞的後加成分，早在漢代就已經出現，如《漢樂府・陌上桑》："東方千餘騎，夫壻居上頭。"到了南北朝時期以後，才得到廣泛的應用，並一直沿用到今天。例如：

後人有見此貍出坑頭，掘之，無復尾焉。（干寶《搜神記》卷十八）

（沔）水中有物如三四歲小兒。（《水經注・沔水》）

前頭看後頭，齊著鐵鈷鉧。（《樂府詩集・企喻歌》）

南市買轡頭，北市買長鞭。（《樂府詩集・木蘭詩》）

當時之不識貴人，凡夫肉眼。今日之俄爲後進窮相骨頭。（《唐摭言》卷十二）

城外土饅頭，餡草在城裏。（王梵志《城外土饅頭》）

名詞後加成分"子、兒、頭"的出現和廣泛運用，使漢語中附加式的構詞方式得到了很大的發展。而"子、兒、頭"本身也就成了漢語名詞的一種標誌，直到今天，在詞根後面添加"子、兒、頭"的方式，仍然是漢語名詞構詞法的重要方式。

二、動詞的發展

在現代漢語中，動詞後面加上"了、著、過"等虚詞，分别表示動作的完成、持續和過去。我們雖然把它們稱爲時態助詞，但其實是類似於詞尾的表示動詞情

① "帝"指魏武帝曹操。

貌(體)的構形成分。“了、著、過”的這些用法,在中古漢語中已經出現,但其發展却經歷了一個比較長的漸進的過程。

“了”本來是一個動詞,有終結的意思。《廣雅·釋詁》:“了、闋、已,訖也。”《三國志·蜀書·楊儀傳》:“(諸葛)亮數出軍,儀常規畫分部,籌度糧穀,不稽思慮,思須便了。”用的正是這個意思。

從漢代開始,“了”可以用在一般動詞的後面,充當補語,表示行爲的完成,可以説已經開始虚化。例如,王褒《僮約》:“晨起灑掃,食了洗滌。”賈思勰《齊民要術·雜説》:“凡秋收了,先耕蕎麥地。”這種情況,在唐代很多,例如:

倖門如鼠穴,也須留一箇。若還都塞了,好處却穿破。(王梵志《倖門如鼠穴》)

死了萬事休,誰人承後嗣?(寒山子《寒山詩集》)

長眉畫了繡簾開,碧玉行收白玉臺。(李商隱《蝶三首》之一)

這時,“了”的虚化過程還没有完成,仍然是一個動詞,有終結、完畢的意思,因此可以與“已、既”等同義詞連在一起使用,組成“已了、既了”等。例如《六祖壇經》:“辭違已了,便發向南。”《敦煌變文·降魔變文》:“思維既了,忽於衆中化現出大樹。”另外,當句中的動詞帶有賓語時,“了”往往置於賓語之後。例如:

畫人盧珍看壁了,明日下手。(《六祖壇經》)

作此語了,遂即南行。(《敦煌變文·伍子胥變文》)

目連剃除須髮了,將身便即入深山。(同上《大目乾連冥間救母》)

這種情況,一直持續到宋元。只有當“了”緊貼在動詞的後面時,才能被看成是表示動詞情貌的構形成分,例如:

但看木傀儡,弄了一場困。(寒山子《寒山詩集》)

林花謝了春紅,太匆匆!(李煜《烏夜啼》)

如今都教壞了後生,箇箇不肯去讀書。(《朱子語類》卷一百四)

元代以後,“了”只能够黏附在動詞的後面,而不能置於動賓結構的後面,可以認爲,這時候,“了”才最終完成了虚化的過程,成爲一個時態助詞。

“著”,亦寫作“箸”,最初也是一個動詞,有附著的意思。如《左傳·宣公四年》:“伯棼射王,汏輈,及鼓跗,著於丁寧。”賈誼《論積貯疏》:“今驅民而歸之農,皆著於本。”到南北朝時,“著”開始虚化,先是虚化爲動詞的補語,有在的意思。《世説新語·德行》:“長文尚小,載箸車中。……文若亦小,坐箸膝前。”進一步虚化,表示動作的持續狀態,如《六祖壇經》:“又請得一解書人,於西間壁上題著,呈自本心。”到了宋代,“著”才完全虚化爲表示時態的助詞,如《朱子語類》卷一百二十一："如見陳厮殺，擂著鼓，只是向前去，有死無二。"

"過"本來是一個動詞。《説文》："過，度也。"即經過。《孟子·滕文公上》："禹八年於外，三過其門而不入。"唐代時開始虚化，表示一種經歷，指行爲已經成爲過去，這種虚化到宋代時基本完成。如《敦煌曲詞·喜秋天》："潘郎妄語多，夜夜道來過。"《朱子語類》卷一百四："今人以至鈍之才，而欲爲至敏底工夫，涉獵看過，所以不及古人也。"

三、數詞和量詞的發展

數詞屬於語言中的基本詞彙，變化特别緩慢，有一些不太大的變化。從上古漢語到中古漢語，數詞中最顯著的有以下這樣一些變化。

在十以内的數詞中，首先應當注意"二"和"兩"的區别以及"兩"的發展。上古漢語的"二"是屬於基本詞彙中的一個數詞，而"兩"則表示天然的成雙成對的事物，兩者完全不一樣。如《易·繫辭上》："二人同心，其利斷金。同心之言，其臭如蘭。"這裏的"二"只是一般的數詞，並不一定成雙成對，下面兩例中的"兩"則不一樣。《詩經·召南·鵲巢》："維鵲有巢，維鳩居之；之子于歸，百兩御之。"車有兩輪，故稱"兩"，在這個意義上，後來寫成"輛"。《莊子·秋水》："秋水時至，百川灌河，涇流之大，兩涘渚崖之間，不辯牛馬。""涘"就是岸，凡河必有兩岸，故稱"兩涘"。到了漢代，"二"和"兩"在使用上就開始有一些混淆。《漢書·薛宣朱博傳》："二人視事數月，而兩縣皆治。"這裏的"兩"即"二"，並不表示成對的事物。後來，"二"與"兩"的混淆情況就更多了，如杜甫《送樊二十三侍御赴漢中判官》："二京陷未收，四極我得制。"《悲秋》："始欲投三峽，何由見兩京？"兩首詩中，一稱"二京"，一稱"兩京"。在今天，"二"與"兩"的意義大體上没有什麽區别，只是在用法和搭配上有一些不同罷了。

另外還有一個"再"，在上古漢語中，"再"是兩次的意思。如《論語·公冶長》："季文子三思而後行，子聞之，曰：'再，斯可矣。'"《左傳·莊公十年》："一鼓作氣，再而衰，三而竭。"到了唐代以後，"再"逐漸有了第二次、又一次的意思，與"復"的意義相近。如《祖堂集》卷三《慧忠國師》："那得有這個言詞障於某甲善心？再乞禪師垂慈容納。"後來，"再"與"復"成了同義詞，都表示又一次的意思。

總之，從上古到中古，漢語的數詞雖然有一些變化，但並不十分顯著，這與量詞的發展情況完全不一樣。這一時期，漢語的量詞得到了很大的發展。

量詞可以分爲兩類：一類是名量詞，另一類是動量詞。在名量詞中，一種是用來表示度量衡的單位，如"尺、寸、升、斗、斤、兩"等，這在任何語言都普遍存在著，並非漢語所特有。另一種則是表示天然個體單位的量詞，如"個、隻、枚、匹"

等，却是漢語及漢藏語系中大多數語言所特有的。應該指出，只有表示天然個體單位的量詞，才是真正的量詞，但是，在上古漢語中，這類量詞很不發達，只有“匹、乘、張、個、枚”等爲數不多的幾個詞，其使用頻率也比較低。如《左傳·莊公十八年》：“皆賜玉五穀，馬三匹。”《論語·公冶長》：“陳文子有馬十乘。”《左傳·昭公十三年》：“子産以幄幕九張行。”《荀子·議兵》：“負服矢五十個，置戈其上。”《墨子·備城門》：“長斧長椎各一物，槍二十枚。”在與名詞的組合上，采用的是“名數量”的順序，而非後來的“數量名”的形式。

在先秦時期，當需要説明事物數量時，一般不使用量詞，而是采用數詞和名詞直接組合的方式，名詞既可以放在數詞的後面，也可以放在數詞的前面。例如：

三人行，必有我師焉。（《論語·述而》）

子曰：“《詩》三百，一言以蔽之，曰‘思無邪’。”（《論語·爲政》）

吾有司死者三十三人，而民莫之死也。（《孟子·梁惠王下》）

漢代以後，表示天然個體單位的量詞開始大量産生，在數詞與名詞相組合時，這種量詞往往要插在數詞和名詞之間，從而出現了“數量名”這種形式。例如：

陸地牧馬二百蹄，牛蹄角千，千足羊，澤中千足彘，水居千石魚陂，山居千章之材。安邑千樹棗；燕、秦千樹栗；蜀、漢、江陵千樹橘。（《史記·貨殖列傳》）

上例中，“蹄、角、足、万、章、樹”都是表示自然個體的量詞，它們顯然是從名詞引申發展而來的。“二百蹄、千足羊、千足彘、千樹棗、千樹栗、千樹橘”的組合形式都是“數量名”。而“山居千章之材”中的“章”則仍然具有很明顯的名詞性質，如果把“千章之材”中的“之”字省掉而成爲“千章材”，其結構就與“二百蹄、千足羊、千樹棗”相同了。可見，像“千章之材”這種帶有“之”字的結構應該是後來的“數量名”這種形式的前身。

魏晋以後，表示自然個體的詞得到了很大的發展，常見的量詞有這樣一些：“枚、个（箇、個）、頭、張、株、隻、顆、凷（塊）、枝、根、條、片、朵、粒、頓、把”等。在與數詞和名詞的組合上，“數量名”這種結構成了最常見的結構形式。例如：

聞卿祠，欲乞一頓食耳。（《世説新語·任誕》）

門前一株棗，歲歲不知老。（《樂府·折楊柳枝歌》）

昔有一人，有二百五十頭牛。（《百喻經》）

一張紙，兩張紙，客量小兒作天子。（《北史·隋宗室諸王·庶人諒

傳》）

在漢語詞彙的發展過程中，除了新的量詞不斷産生，舊的量詞逐漸消亡外，也有一些量詞雖然仍然存在，但其使用的範圍和搭配習慣發生了某些改變。例如“枚”，自漢代産生以來（如《史記·貨殖列傳》“木器髤者千枚”），一直都非常活躍，從六朝到隋唐，更擴大了使用範圍，從樹木、果品到家具、石頭，乃至蟲魚、人物等，無一不可使用這個“枚”字。但是在現代漢語中，“枚”的使用十分狹窄，僅與“獎章”之類的詞搭配。另外一些量詞，原先只與特定的量詞搭配，後來却擴大了使用範圍。例如，“个（個、箇）”原來只用來表示竹子的單位，《史記·貨殖列傳》：“木千章，竹竿萬个。”後來可以作爲人或鳥的單位，如杜甫《絶句四首》（之三）：“兩箇黄鸝鳴翠柳，一行白鷺上青天。”在現代漢語中，“個”的使用範圍更是大大地擴大了，與中古時期“枚”的範圍差不多。此外，“隻、條、張”等量詞，在使用上也呈現擴大的趨勢。

先秦時期漢語還没有動量詞，表示動作行爲的數量一般都是在動詞的前面直接加上數詞，如《論語·公冶長》：“季文子三思而後行，子聞之，曰：‘再，斯可矣。’”動量詞産生於漢代，如《説苑·敬慎》：“太子擊前，誦恭王之言，誦三遍而請習之。”魏晋以後，動量詞得到了廣泛的使用。從其來源來看，可以分爲兩類：一類是由動詞發展虚化而來，如“下、次、回、匝”等。例如：

（劉備）自解其綬以繫督郵頸，縛之著樹，鞭杖百餘下，欲殺之。（《三國志·蜀書·先主傳》注引《典略》）

歲，取歲星行一次。（《爾雅·釋天》“載，歲也，夏曰歲”下郭璞注）

庭前八月梨棗熟，一日上樹能幾回。（杜甫《百憂集行》）

月明星稀，烏鵲南飛，繞樹三匝，何枝可依？（曹操《短歌行》）

此外還有“度、番、過、通、巡、遭、周”等。另一類則是借用名詞來的動量詞，如“聲、拳、口”等。例如：

巴東三峽巫峽長，猿鳴三聲泪沾裳。（《水經注·江水》）

文襄使季舒毆帝三拳，奮衣而出。（《魏書·孝静紀》）

興祖家餉糜中下藥，食兩口，便覺。（《南齊書·王奂傳》）

不管屬於哪一種，其與動詞的組合方式都是“動數量”的形式，這與名量詞采用“數量名”的組合方式不一樣。

名量詞和動量詞的發展都是在魏晋南北朝時期，但其發展並不平衡。魏晋南北朝時，名量詞的發展已經相當成熟，除了部分量詞的增減和使用範圍的大小有一定變化外，基本上與現代漢語没有什麽差别。而動量詞的發展速度則要緩慢一些，還存在著單用數詞表示行爲動作的情况。到唐宋時，"動數量"的形式才成爲規範形式。在近代漢語中，動量詞的發展才算是達到了完備的階段。

四、代詞的發展

中古漢語代詞的發展首先體現在人稱代詞的發展方面。上古時期，人稱代詞的形式比較複雜。用於第一人稱的代詞有"吾、我、卬、余（予）、台、朕"等，用於第二人稱的代詞有"女（汝）、爾、若、乃、而、戎"等，第三人稱代詞有由指示代詞發展來的"之、其"等。在使用上它們往往有一個大致的分工，而形成這種形式歧異、用法錯綜複雜的原因則是多種多樣的。

就第一人稱代詞而言，到中古時期，口語中只保留下"我"和"吾"兩個形式了，其中又以"我"爲常用，"吾"漸漸少用，以至於在口語中逐漸消失，一般只用在書面或者比較莊重的場合下。就以本教材中的文選爲例，在《火宅喻》中，"吾"僅出現一次，"我"出現了十一次。在《惠能得法》中，"吾"一共使用七次，"我"使用六次。而在《慧忠出家》，没有見到"吾"，"我"出現了兩次。在《秋胡變文》中，"吾"僅僅出現一次，"我"出現了六次。

魏晋南北朝時期，南方方言中產生了一個第一人稱代詞"儂"，一般是在南朝的樂府民歌中使用，如《樂府詩集·子夜歌》："儂作北辰星，七年無轉移。"《華山畿》："歡若見憐時，棺木爲儂開。"隋朝統一以後，這個"儂"就逐漸消失了。

第二人稱的代詞，到中古時期就只剩下"爾、汝"兩個了。在用法上，没有什麽區别。例如：

> （東方）朔曰："此非唇舌所争，爾必望濟者，將去時但當屢顧帝，慎勿言，此或可萬一冀耳。"乳母既至，朔亦侍側，因謂曰："汝癡耳！帝豈復憶汝乳哺時恩耶?"（《世説新語·規箴》）

從這一時期的文獻來看，"汝"的使用比"爾"要多得多。有時在一篇文章中，只出現"汝"而没有"爾"。例如，在《火宅喻》中"汝"一共有八次，而"爾"却一次也没有；在《惠能得法》中，"汝"出現了二十一次，"爾"未曾出現。到唐代時，"你"已經產生了（《慧忠出家》"你若如此，投某出家則不得"），而且有較高的出現頻率，例如在《慧忠出家》中，就有十次。"你"又寫作"儞"。《六祖壇經》："儞不知大師言，生死事大。""你（儞）"其實並不是新詞，而是由古代的"爾"變化來的，它們都是日母字。

中古時期產生了幾個新的第三人稱代詞"渠、伊、他"，到唐代時，都得到了大量的使用。"渠"始見於《三國志·吴書·趙達傳》："女壻昨來，必是渠所竊。"唐張鷟《遊仙窟》："今朝忽見渠姿首，不覺慇懃著心口。""渠"大概是從指示代詞

“其”變化發展來的，它們的聲母都是群母。“伊”在上古時是一個指示代詞，《詩經・秦風・蒹葭》：“所謂伊人，在水一方。”後來發展成爲人稱代詞。《世説新語・方正》：“羊、鄧是世婚，江家我顧伊，庾家伊顧我。”牛嶠《楊柳枝》：“莫教移入靈和殿，宫女三千又妬伊。”“他”原先也是一個指示代詞，《詩經・小雅・巧言》：“他人有心，予忖度之。”南北朝時期已經有少數用於人稱代詞的例子，到了唐代才得到較廣泛的使用。例如，《晋書・張軌傳附張天錫》：“刁以君姓韓，故相問焉。他自姓刁，那得韓盧後邪？”寒山子《寒山詩集》：“謂言世無雙，魂影隨他去。”宋代以後，“他”廣泛使用，就逐漸取代了“渠”和“伊”。

表示複數的附加成分“們”的産生是人稱代詞發展中的一個重要現象。先秦時可以用“儕”來表示多數，《左傳・昭公二十四年》：“然大國之憂也，吾儕何知焉？”漢代以後，又使用“屬、曹、等、輩”等詞。如《史記・項羽本紀》：“不者，若屬皆且爲所虜。”《顔氏家訓・教子》：“若由此業，自致卿相，亦不願汝曹爲之。”《法華經・譬喻品》：“汝等所可玩好，希有難得。”《世説新語・德行》：“賊相謂曰：‘我輩無義之人，而入有義之國。’遂班軍而還。”但這些詞都是名詞，具有實在的意義，意思是這班人、這類人，這一點與後來出現的表示名詞和代詞複數的附加成分“們”完全不同。

“們”産生於宋代，有“懣（滿）、瞞、門、們”等幾種書寫形式。如趙長卿《惜香樂府》卷七《念奴嬌・小飲江亭有作》：“對酒當歌渾冷淡，一任他懣嗔惡。”王明清《揮麈録・餘話》卷二：“朝廷又不曾有文字，交我管他懣。”周密《齊東野語》卷七：“不因你瞞番人在此，如何我瞞四七里路來。”辛弃疾《千年調》：“學人言語，未會十分巧。看他門，得人憐，秦吉了。”《朱子語類》卷八十七：“他們大率偏枯，把心都在邊角上用。”在元代的作品中，則往往寫成“每”字，高明《琵琶記》（巾箱本）二十三：“教他好看承我爹娘，料他每應不會遺忘。”

上古的指示代詞比較複雜，其中，表示近指的有“是、此、斯、之、兹”等，表示遠指的有“爾、若、彼、夫”，另外還有一個“其”，表示特指。對於上古的指示代詞，中古時期有一些繼承，如“其、是”等。《世説新語・言語》：“太中大夫陳韙後至，人以其語語之。”《法華經・譬喻品》：“長者見是大火從四面起，即大驚怖。”但最常用的，則是“爾”，既可以用於近指，也可以用於遠指。例如：

爾時諸子，聞父所説珍玩之物，適其願故，心各勇鋭，互相推排，競共馳走，争出火宅。（《法華經・譬喻品》）

凡庶縱不能爾，當及嬰稚，識人顔色，知人喜怒，便加教誨。（《顔氏家訓・教子》）

表示近指的指示代詞“這”和表示遠指的指示代詞“那”的出現，從根本上改變了以前這種複雜的指示代詞體系。“這”始見於唐代的俗文學中，在其他接近口語的文獻中也有比較普遍的使用，到了五代和宋朝時就用得更多了，例如：

牟尼這日發慈言。（《維摩詰經菩薩品變文》）

笑問中庭老梧樹，這回歸去免來無？（白居易《香山路驛桐樹昔與微之前後提名處》）

這個兒子，養來到十六，並不曾見他語話，又不曾見他過門前橋。（《祖堂集·慧忠國師》）

祖曰：“遠來到這裏爲什摩事？”（《祖堂集·慧忠國師》）

得這般人占得，便把做這般用；那般人占得，便把做那般用。（《朱子語類》卷六十六）

“這”字又可以寫作“者、遮、拓、只”等。如前蜀王衍《醉妝詞》：“者邊走，那邊走，只是尋花柳。”陸游《點絳唇》：“江湖上遮回疎放，作個閒人樣。”

表示遠指的指示代詞“那”產生於六朝，在唐代只能作定語，到了宋代則可以作主語。《敦煌曲子詞》：“我是曲江臨池柳，者人折了那人攀。”。《祖堂集·慧忠禪師》：“廣南漕溪山，有一善知識，喚作六祖，廣六百衆，你去那里出家。”但應當注意與之同形的疑問代詞“那”，產生的時間還要早得多，《樂府詩集·雜曲歌辭·焦仲卿妻》：“處分適兄意，那得自任專？”現在寫作“哪”。指示代詞“那”和疑問代詞“那”都沿用了下來，直到今天。

上古的疑問代詞相當複雜，有這樣一些：“誰、孰、何、曷、胡、奚、惡、安、焉”等。魏晉南北朝時期，除“誰、何”沿用了下來之外，還增加了“那(哪)”和“底”兩詞。“那(哪)”在口語中代替了“安、焉”，中古時使用得非常廣泛，如《世説新語·方正》：“君在中朝，與和長輿齊名，那與佞人刁協有情？”“底”的意思與“何”相當，最初見於南朝民歌，《樂府詩集·歡聞變歌》：“若非鸊鵜鳥，底爲守空池？”到唐代時得到了廣泛的使用，如杜甫《可惜》：“花飛有底急？老去願春遲。”王維《愚公谷》：“緣底名愚谷？都由愚所成。”

唐代新產生的疑問代詞有“什麽”和“争”。

“什麽”亦寫作“甚麽、甚末、什摩、什没、拾没”，它們都是“甚”的複音形式，其前身是“是物、是勿”等。例如：

喚作是物？不喚作是物？（《神會和尚遺集》）

玄宗問黄幡綽：“是勿兒得人憐？”（趙璘《因話録》卷四）

是何堂殿樓臺，有甚幡花寶蓋？（《敦煌變文·維摩詰經講經文》）

師曰:“汝曾作什麽來?”(《壇經·機緣品》)

不知甚麽漢,一任輩流嗤。(吕巖《贈江州太平觀道士》)

生前爲什没不修行,今日還來惱亂我?(《敦煌變文·佛説阿彌陀經講經文》)

不知漕溪是什摩州界?(《祖堂集·慧忠國師》)

“是物”是由“是何物”緊縮而來,又可寫成“是勿、什麽、什摩、什没、拾没”等形式。進一步緊縮則爲“甚”,後面加上“麽(末)”就成爲“甚麽(末)”。

唐代的“争”在宋代大都寫作“怎”,其複音形式有“怎生、怎麽、怎末”等。例如:

誠知老去風情少,見此争無一句詩?(白居易《題峽中石上》)

三杯兩盞淡酒,怎敵他晚來風急!(李清照《聲聲慢》)

不知怎麽執得?(《近思録》卷一)

若不行軍法,後怎生使兵也。(《三朝北盟會編》卷十二)

“争、怎”等詞的語源關係大概是這樣的:最初應當是“作什麽”,可以緊縮爲“作麽(没、摩)”,《神會語録·南陽和上頓教解脱禪門直了性壇語》:“今推到無住處立知,作没?”亦可加詞尾“生”,《祖堂集·慧忠國師》:“是你三家村裹男女、牛背上將養底兒子,作摩生投這個宗門?”“作麽(没、摩)生”緊縮成“争”,而“作麽(没、摩)”則緊縮爲“怎”。以後又加後綴“麽”或“生”成爲“怎麽、怎生”等。

五、副詞的發展

中古時期的副詞系統,是從上古漢語的副詞系統發展而來的,有不少新的變化。這些發展變化,可以從三個方面去分析:一是新的副詞的産生和舊的副詞的消亡,二是副詞意義的變化,三是某些副詞詞尾得到了廣泛的使用。

從上古漢語到中古漢語的發展過程中,産生了許多新的副詞,據統計,大約有一百來個。這些副詞的範圍很廣,包括了副詞的各個小類。從其内部結構上看,既有單音副詞,也有複音副詞[①]。隨著新的副詞的産生,舊有的副詞也有不少遭到淘汰。以下,就新産生的副詞,舉例説明。

程度副詞有“奇、生(皆表示程度高,極、甚、最)、剩(賸)(頗)、分外、極其、非常”等。如陶潛《讀山海經》(其五):“翩翩三青鳥,毛色奇可憐。”杜甫《送路六侍御入朝》:“不分桃花紅似錦,生憎柳絮白如棉。”

範圍副詞有“都(全、全部)、都來(都盧)(總共、完全)、了(與否定副詞連用,

① 向熹《簡明漢語史》下册第 258—270 页,高等教育出版社 1993 年。

表示徹底否定)、並、總、並皆、並悉、皆悉、悉皆、皆總、總皆、咸皆(全、全都)、一共、一齊、一同"等。如《世説新語·豪爽》:"人皆多有所知,唯王都無所關,意色殊惡。"《六祖壇經》:"汝總且歸房自看,有智惠者,自取本性般若之知,各作一偈呈吾。"《妙法蓮華經·譬喻品》:"父雖憐愍,善言誘喻,而諸子等,樂著嬉戲,不肯信受。不驚不畏,了無出心。"又:"是大長者,財富無量,種種庫藏,悉皆充溢。"

時間副詞有"登、登即、登時、經(曾經、已經)、就(逐漸)、尋(不久,也可以表示經常)、從來、當即、即便、即將、即令、連忙"等。如《六祖壇經》:"五祖自送能於九江驛,登時便悟。"李密《陳情表》:"尋蒙國恩,除臣洗馬。"

情態副詞有"也、颯(突然)、端的(的確、果然)、更互(交替)、漸漸、真箇"等。如《祖堂集·慧忠國師》:"啟師,非但六十年,百年天子也不要。"晏幾道《鳳孤飛》:"端的懽期應未晚,奈歸雲難管。"

上古時期否定副詞的情況比較複雜,有"不、弗、勿、毋、未、莫、無、亡、靡、罔、蔑、否、非、末、微"等。到中古時,常用的否定副詞就只有"不、勿、未、莫、無"等少數幾個了,其中又以"莫、不、無"最爲常用。另外,新産生了一個"休",如李清照《漁家傲》:"九萬里風鵬正舉,風休住,蓬舟吹取三山去。"

中古新産生的語氣副詞有"定(究竟、到底)、必定、畢竟、到底、或是、或許、究竟"等。如《世説新語·品藻》:"撫軍謂殷浩:'卿定何如裴逸民?'良久答曰:'故當勝耳。'"蘇軾《聽僧昭素琴》:"不知微妙聲,究竟何從出。"

中古時期新産生的副詞有許多一直沿用到今天,從而豐富了現代漢語的詞彙系統,如上面所列舉的"分外、極其、非常、一共、一齊、一同、從來、即便、即將、連忙、也、漸漸、必定、畢竟、到底"等。

中古時期有一部分副詞,雖然是從上古繼承而來的,但在詞性、詞義和使用範圍上發生了一些變化。現舉數例如下:

"非常"本來是一個名詞,意思是突發事件,《史記·項羽本紀》:"所以遣將守關者,備他盜之出入與非常也。"亦可作形容詞,有不同尋常的意思,司馬相如《難蜀父老》:"蓋世必有非常之人,然後有非常之事;有非常之事,然後有非常之功。"中古時成爲副詞,如黄庭堅《鼓笛令·戲咏打揭》:"酒闌命友閒爲戲,打揭兒非常愜意。"

"故"在上古可以作名詞、形容詞、副詞、連詞,分別有事情、緣故、舊、本來、必定、故意、因此等意義,中古時期新産生了特地的意思,如《六祖壇經》:"弟子是嶺南人,新州百姓,今故遠來禮拜和尚,不求餘物,唯求作佛。"另外還增加了仍然的意義,如杜甫《秋興》之三:“信宿漁人還汎汎,清秋燕子故飛飛。”

“還”在上古是語氣副詞,意思是却、反而,如《論衡·定賢》:“(韓信之徒)戰國獲其功,稱爲名將,世平能無所施,還入禍門矣。”中古新增加了依然、仍然之義,作情態副詞使用,如杜甫《登樓》:“可憐後主還祠廟,日暮聊爲《梁甫吟》。”也用作語氣副詞,起加强語氣的作用,如《祖堂集·慧忠禪師》:“禪師曰:‘汝還聞曹溪摩?’”

中古時副詞詞尾主要有“復”和“自”。“復、自”原先都有它們各自的意義,東漢時開始作爲副詞詞尾使用,不表示任何實在的意義,只起增加一個音節的陪衬作用。例如:

又感東方朔、揚雄自諭以不遭蘇、張、范、蔡之時,曾不折之以正道,明君子之所守,故聊復應焉。(《漢書·叙傳上》)

郡國亦往往於山川得鼎彝,其銘即前代之古文,皆自相似。(《説文解字·叙》)。

“聊復”就是聊、聊且、姑且的意思,“皆自”的意思是皆、都,這裏都用作詞尾。到了魏晋南北朝時期,“復、自”作爲詞尾才得到廣泛的應用,並且具有很强的構詞能力。含“復”的詞有“不復、亦復、況復、誠復、當復、方復、非復、故復、忽復、皆復、空復、乃復、豈復、稍復、自復”等等;含“自”的詞有“本自、必自、常自、方自、故自、空自、乃自、實自、深自、殊自、咸自、已自、猶自、正自”等等。現舉數例如下:

不驚不畏,了無出心,亦復不知何者是火,何者爲舍。(《妙法蓮華經·譬喻品》)

若全身命,便爲已得玩好之具,況復方便,於彼火宅而拔濟之。(同上)

王子敬問謝公:“嘉賓何如道季?”答曰:“道季誠復鈔撮清悟,嘉賓故自上。”(《世説新語·品藻》)

閣中帝子今何在?檻外長江空自流。(王勃《滕王閣序》)

以上各例中,“亦復”有也的意思,“況復”的意思是況且,“誠復”有誠然、的確的意思,“空自”的意思是白白地。

六、介詞、連詞的發展

上古漢語中的某些介詞如“爲、以、由、於、與”等,到中古時期仍然在使用,同時也産生了一些新的介詞,它們大都是從動詞發展而來的,這裏只舉“在、將、把、比”幾個介詞來加以説明。

“在”原本是一個動詞,《左傳·成公二年》:“師之耳目,在吾旗鼓。”中古時發展成爲介詞，表示處所，相當於“於”。《三國志·蜀書·諸葛亮傳》：“先主在樊聞之，率其衆南行。”《法華經·譬喻品》：“衆生没在其中，歡喜遊戲，不覺不知，不驚不怖，亦不生厭，不求解脱。”《六祖壇經》：“我在此踏碓八箇餘月，未至堂前，望上人引惠能至南廊下，見此偈禮拜。”在以上這些句子中，如果把“在”换成“於”，句子的意義仍然不變。“在”雖然用作介詞，但其動詞的用法仍然存在，例如《三國志·蜀書·諸葛亮傳》：“君不見申生在内而危，重耳在外而安乎？”這種用法一直保存到今天。

“將”在上古漢語中一般用作動詞，《周禮·春官·大史》：“及將幣之日，執書以詔王。”但也有用作介詞的情況，《荀子·王霸》：“故人主，天下之利勢也，然而不能自安也，安之者必將道也。”這裏的“將”相當於“以”，但“將”的主要用法仍然是用作動詞。中古時，“將”用如介詞成爲十分普遍的用法。如《六祖壇經》：“我將心偈上五祖呈意，求法即善，覓祖不善。”杜甫《百憂集行》：“强將笑語供主人，悲見生涯百憂集。”

“把”的情況和“將”相似，原先也是一個動詞，揚雄《答劉歆書》：“雄常把三寸弱翰，齎油素四尺，以問其異語。”在中古漢語中也虚化成爲介詞，顧況《贈僧二首》：“更把浮雲喻生滅，世間無事不虚空。”蘇軾《飲湖上初晴後雨》：“欲把西湖比西子，濃妝淡抹總相宜。”中古時期“將”和“把”雖然普遍用作介詞，但仍然保存了動詞的用法。如《六祖壇經》：“客將柴去，惠能得錢，却向門前。”韋莊《謁金門》：“新睡覺來無力，不忍把伊書迹。”

“比”的本義是並列、並排，《孟子·滕文公上》：“子比而同之，是亂天下也。”從這一意思可以引申爲比較，《莊子·秋水》：“此其比萬物也，不似豪末之在於馬體乎？”到中古時期，虚化爲介詞，表示與……相比，如柳宗元《捕蛇者説》：“今雖死乎此，比吾鄉鄰之死則已後矣。”李清照《醉花陰》：“莫道不銷魂，簾卷西風，人比黄花瘦。”

中古時期産生了一批新的連詞，這裏只討論“共、和、但、因此、所以、雖然”這幾個詞。

“共、和”都是表示並列的連詞。

“共”原先是一個動詞，《論語·公冶長》：“願車馬衣輕裘，與朋友共，敝之而無憾。”用作連詞正是從這一意義引申出來的，如王勃《滕王閣序》：“落霞與孤鶩齊飛，秋水共長天一色。”

“和”本來的意思是諧和、和順，《禮記·中庸》：“喜怒哀樂之未發，謂之中；發而皆中節，謂之和。”唐代以後發展成爲連詞，如敦煌寫卷《鷰子賦》：“雀兒和蘽子，合作開元歌。”岳飛《滿江紅》：“三十功名塵與土，八千里路雲和月。”

“但”本是一個副詞，與“徒、特”的意思差不多，可譯爲“只、只是”，《史記·劉敬叔孫通列傳》：“匈奴匿其壯士肥牛馬，但見老弱及羸畜。”李密《陳情表》：“但以劉日薄西山，氣息奄奄，人命危淺，朝不慮夕。”中古時虛化爲表示轉折的連詞，《世説新語·賢媛》：“既召見而惜之，但名字已去，不欲中改，於是遂行。”

“因此”原是一個由介詞“因”和指示代詞“此”組成的介宾短語，兩字各有其含義。《世説新語·賞譽》：“初，法汰北來，未知名，王領軍供養之，……因此名遂重。”這裏的“因此”，仍然是一個介賓短語。因：借助，依靠。此：這，指王領軍（王洽）對竺法汰的尊重一事。南北朝時，“因此”開始凝固成爲一個表示因果的連詞。《洛陽伽藍記·城南·報德寺》：“彭城王重謂曰：‘卿明日顧我，爲卿設茱莒之食，亦有酪奴。’因此復號茗飲爲酪奴。”

“所以”在上古漢語中是由輔助性代詞“所”和介詞“以”組成的詞組。當“以”用來引進動作行爲的工具時，“所以”可以翻譯成“用來……的東西”，如《荀子·議兵》：“彼兵者，所以禁暴除害也。”當“以”用來引進動作發生的原因或理由時，“所以”可以譯爲“……的原因”，如諸葛亮《出師表》：“親賢臣，遠小人，此先漢所以興隆也；親小人，遠賢臣，此後漢所以傾頹也。”中古時，“所以”凝固成爲一個表示因果的連詞，一直沿用到今天。如《世説新語·文學》：“官本是臭腐，所以將得而夢棺屍；財本是糞土，所以將得而夢穢汙。”《敦煌變文·秋胡變文》：“今即來及見母，桑間已繒於人，所以於國不忠，於家不孝。”

“雖然”在上古文獻中也是一個詞組，“雖”的意思與現代漢語的“雖然”相同，“然”是一個指示代詞，意思是如此。因此在上古漢語中，“雖然”的意思是雖然如此。如《莊子·養生主》：“雖然，每至於族，吾見其難爲，怵然爲戒，視爲止，行爲遲。”到了唐代，“然”虛化成了詞尾，“雖然”就成了一個表示讓步的連詞。如《敦煌變文·降魔變文》：“羅漢雖然是小聖，力敵天魔萬萬重。”寒山子《寒山詩集》：“雖然不應對，却是的便宜。”《五燈會元》卷四：“雖然如此，大千世界總在裏許。”

七、助詞的發展

上古漢語中的虛詞，到中古時期一方面呈現出規範化和簡化的趨勢，另一方面又産生了不少新的虛詞，包括助詞在内。附在動詞後面的時態助詞“了、著、過”，在前面已經論述過了，這裏就只談談結構助詞“底、地”和音節助詞“將”。

結構助詞"底"(今天寫作"的")産生於唐代,到宋代得到了普遍的使用。"底"的作用是用於各類實詞或詞組之後,構成"底"字結構,作句子的定語、主語和賓語。例如:

是你三家村裏男女、牛背上將養底兒子,作麽生投這個宗門?(《祖堂集·慧忠國師》)

若公、穀二子,却是箇不曉事底儒者。(《朱子語類》卷六十三)

所謂格物,也是格未曉底。已自曉底,又何用格?(《朱子語類》卷十八)

更有一般底,祇向長連床上作好人去。(《五燈會元》卷十五)

此是杜工部底,作麽生是和尚底?(《五燈會元》卷十九)

關於"底"的來源,有人認爲,來源於古代的"之"。如上面的第一、第二兩個例句中的"底",就與《莊子·養生主》"始臣之解牛之時,所見无非牛者"中第二個"之"的意義和用法相似。但這種説法却不能解釋三、四、五三個例句中的"底",因爲在"之"的後面不能省略中心語,但在這三句話中,"底"字後面都没有中心語。而在"者"的後面却可以不要中心語,如《史記·陳涉世家》:"夥頤,涉之爲王沈沈者!"由此可見,"底"同時繼承了上古漢語中"之"和"者"的用法。

結構助詞"地"也産生於唐宋時期,與"底"字同源,一般放在形容詞或副詞的重疊形式之後,也可以放在聯綿詞或非重疊的副詞之後。在句中一般作狀語,也可以作謂語。例如:

幾時來翠節,特地引紅妝。(杜甫《陪陌中丞觀宴將士》)

今學者不見有奮發底意思,只是如此悠悠地過。(《朱子語類》卷一百二十一)

造化可能偏有意,故教明月玲瓏地。(李清照《漁家傲》)

"將"字除了用作動詞和介詞外,也可以用作助詞。從魏晋開始,"將"字往往放在動詞的後面,逐漸虚化成爲助詞,没有實在的意義,只起調節音節的作用。例如:

相顧愕然,不知所謂,命取將來,乃小豆也。(《顔氏家訓·勉學》)

惟將舊物表深情,鈿合金釵寄將去。(白居易《長恨歌》)

八、句法的發展

中古漢語句法的發展,内容十分豐富,這裏只叙述其中的繫詞句、被動句、處置句、比較句。

中古漢語的繫詞句是由上古漢語的判斷句發展而來的。如前所述,上古漢語的判斷句一般不用繫詞“是”，而往往是在謂語後面加語氣詞“也”來幫助判斷。當然，在漢代的文獻中，也可以找到少數使用“是”字作繫詞的判斷句。如《史記・商君列傳》：“商君亡至關下，欲舍客舍，客人不知其是商君也。”《馬王堆三號墓》：“是是帚彗，有内兵，年大孰。”但這種情況十分少見。一般認爲，繫詞“是”是由指示代詞“是”作複指的用法發展出來的。《論語・里仁》：“富與貴，是人之所欲也；不以其道得之，不處也。”這裏的“是”，複指前文的“富與貴”，是指示代詞。而在《論衡・死僞篇》“余是所嫁婦人之父也”中，“是”字已經是一個繫詞了，但此句還沒有完全擺脱上古漢語判斷句的影響，在句末還使用語氣詞“也”來幫助判斷。當句子中完全没有語氣詞“也”的時候，我們才可以把這樣的句子看成是真正的繫詞句。例如：

文舉至門，謂吏曰：“我是李府君親。”（《世説新語・言語》）

今此幼童，皆是吾子。（《法華經・譬喻品》）

弟子是嶺南人，新州百姓，今故遠來禮拜和尚。（《六祖壇經》）

不知漕溪是什摩州界？（《祖堂集・慧忠國師》）

僕是楚人，身充楚使。（《敦煌變文・伍子胥變文》）

兒是秋胡，今得事達，報孃汝哺之恩。（《敦煌變文・秋胡變文》）

“是”發展成繫詞，在它的前面就可以用副詞“不”來否定，例如《敦煌變文・伍子胥變文》：“余亦不是作家之子，亦不是避難逃人。”《祖堂集・慧忠國師》：“三家村裏男女、牛背上將養底兒子，作摩生投這個宗門？不是你分上事。”此外，“是”的意義還有了一些發展，其中比較重要的是表示認可或否認一件事情，或者追溯事情的原因。例如《敦煌變文・秋胡變文》：“汝今得貴，不是汝學問懃勞，是我孝順新婦功課。”

上古漢語的被動句主要有“於”字句、“見”字句、“爲”字句，到了漢代，産生了“爲……所……”和“被”這兩種被動句式。中古漢語繼承了這兩種表示被動的句式，如《三國志・蜀書・諸葛亮傳》：“亮與徐庶並從，爲曹公所追破，獲庶母。”《顔氏家訓・教子》：“梁元帝時，有一學士，聰敏有才，爲父所寵，失於教義。”敦煌寫卷《鷰子賦》：“鷰子被打，傷毛墜翮，起止不能，命垂朝夕。”但上古漢語中的介詞“被”字還不能够引出行爲的施事，而在中古漢語中則可以帶有表示施事的詞，如《世説新語・言語》：“禰衡被魏武謫爲鼓吏。”《六祖壇經》：“前念後念及今念，念念不被愚迷染。”這種用法，一直持續到今天。

處置句式是指使用介詞把受事賓語提前到動詞前面的一種句式，現代漢語的“把”字句就是一種處置句式。處置句式在上古漢語中就已經存在，往往使用

介詞“以”來構成。如《國語·晋語四》:“伯楚以吕郤之謀告公。”到了唐代,開始用“將”和“把”來構成處置句式。例如:

我將心偈上五祖呈意,求法即善,覓祖不善。(《六祖壇經》)

已用當時法,誰將此義陳。(杜甫《寄李十二白二十韻》)

將他儒行篇,喚作盗賊律。(寒山子《寒山詩集》)

有人把椿樹,喚作白旃檀。(同上)

莫言魯國書生懦,莫把杭州刺史欺。(白居易《戲醉客》)

如將月窟寫,似把天河撲。(皮日休《吴中苦雨因書一百韻寄魯望》)

如前所述,“將”和“把”原先都是動詞,有持、拿的意思,後來虚化成爲介詞,起到把受事賓語提到動詞前面的作用,構成處置句式。處置句式(尤其是帶“把”的句式)後來有很大的發展,它使謂語的形式更爲複雜,從而加大了句子的容量,增强了漢語的表達效果,直到今天都是一種十分常見的重要句型。

上古漢語中的比較句,一般使用介詞“於”或“乎”引進比較的對象,置於形容詞的後面。如《孟子·梁惠王上》:“王知如此,則無望民之多於鄰國也。”《論語·先進》:“以吾一日長乎爾,毋吾以也。”中古漢語一方面繼承了這種用法,如李密《陳情表》:“州司臨門,急於星火。”李白《蜀道難》:“蜀道之難,難於上青天。”另一方面也有新的發展,形成了一種新的比較句式。這種新的句式與原先的比較句相比,有兩個方面的差别:一是不使用“於”而是使用介詞“比”來引進比較的對象,二是這個介賓結構置於形容詞(或具有形容詞性質的短語)的前面。例如:

阿奴比丞相條達清長。(《世説新語·品藻》注引裴啟《語林》)

今雖死乎此,比吾鄉鄰之死則已後矣。(柳宗元《捕蛇者説》)

莫道不消魂,簾卷西風,人比黄花瘦。(李清照《醉花陰》)

介詞“比”,很顯然是由動詞“比”虚化而來的。《三國志·蜀書·諸葛亮傳》:“曹操比於袁紹,則名微而衆寡。”《水經注·江水》:“其頽岩所餘,比之諸嶺,尚爲竦桀。”在這兩例中,“比”都是動詞,意思是比較。前一句中的介詞“於”用來引進所比較的對象,後一句中的“之”則作爲動詞“比”的賓語。當動詞“比”的詞義逐漸虚化,而其後没有“於、之”等的時候,就成爲新的比較句式了。這種新的比較句式到唐宋得到了很大的發展,並一直延續到今天。

参考書目

方一新、王雲路《中古漢語讀本》,吉林教育出版社 1993 年。

劉堅、蔣紹愚主編《近代漢語語法資料彙編・唐五代卷》,商務印書館1990年。

劉堅《近代漢語讀本》,上海教育出版社1985年。

劉堅《古代白話文獻選讀》,商務印書館1999年。

吕叔湘《漢語語法論文集》(修訂本),商務印書館1984年。

王力《漢語史稿》,中華書局1980年。

向熹《簡明漢語史》,高等教育出版社1993年。

練習(四)

一、填空。

1. 中古漢語大量增加的名詞前加成分主要有(　　)和(　　),後加成分主要有(　　)、(　　)、(　　)。

2. 中古漢語中新出現的表示動詞情貌的構詞成分有(　　)、(　　)、(　　)等。

3. 中古時期新産生的第三人稱代詞"他"是由原來的(　　)代詞"他"發展而來的。

4. 表示複數的附加成分"們"産生於(　　),除"們"以外,還有(　　)、(　　)、(　　)等書寫形式。在元代,則往往寫成(　　)。

5. 前蜀王衍《醉妝詞》:"者邊走,那邊走,只是尋花柳。"陸遊《點絳唇》:"江湖上遮回踈放,作個閒人樣。"其中的"者、遮"都是(　　)代詞,在今天都寫成(　　)。

6. 唐代新産生的疑問代詞"什麽"亦寫作(　　、　　、　　、　　、　　),它們都是(　　)的複音形式,其前身是(　　)和(　　)等。

7. 中古時副詞的詞尾主要有(　　)和(　　)等。

8. 唐代産生的結構助詞"底",今天寫作(　　),它同時承繼了上古漢語中(　　)和(　　)的用法。

9. 表示判斷的繫詞"是",是由(　　)"是"發展而來的。

10. 處置句式使用"將"和"把"。這兩個詞在處置句式中的詞類屬於(　　),它們都是由(　　)虛化而來的。

二、李煜《虞美人》:"春花秋月何時了,往事知多少?"《烏夜啼》:"林花謝了春紅,太匆匆!"其中的兩個"了"在意義和詞性上有什麽不同?兩者是否毫無關聯?

三、上古漢語與中古漢語在數量的表示方面有哪些不同?

四、《莊子·養生主》:"雖然,每至於族,吾見其難爲,怵然爲戒,視爲止,行爲遲。"《敦煌變文·降魔變文》:"羅漢雖然是小聖,力敵天魔萬萬重。"這兩處中的兩個"雖然"有什麼不同?

五、中古漢語中新出現的比較句形式與上古漢語的比較句有什麼不同?

高等學校文科教材

新編古代漢語

下　册

主　編　周及徐

副主編　李恕豪　袁雪梅

編著者（以姓氏筆劃爲序）

王玲娟　李恕豪　周及徐　袁雪梅

黄建寧　黄曉冬　鄭劍平　劉小文

鍾如雄

中華書局

目　録

第七單元

文選

長門賦[1]

司馬相如

【解題】

司馬相如(前 179～前 118),字長卿,西漢蜀郡成都人,辭賦家。《史記》、《漢書》有傳。參見本教材第四單元《史記·司馬相如列傳》及注釋。

漢武帝陳皇后,名阿嬌,其母是武帝姑母,阿嬌一度得寵,李白《妾薄命》詩:"漢帝寵阿嬌,貯之黄金屋。"後失寵,謫居長門宫,愁悶悲思。傳説她慕司馬相如文名,以黄金百斤請他作《長門賦》,希望能感動武帝,使其回心轉意。全文極鋪張揚厲之能事,描寫女主人公所受的冷落和她盼望君王到來的心情,有很强的抒情性(顧炎武認爲此賦爲後人托名之作)。

本文版本依據梁昭明太子蕭統所編《文選》(上海古籍出版社 1986 年)。

夫何一佳人兮[2],步逍遥以自虞[3]。魂踰佚而不反兮[4],形枯槁而獨居。言我朝往而暮來兮[5],飲食樂而忘人[6]。心慊移而不省故兮[7],交得意而相親[8]。

【注釋】

[1]長門:長門宫。[2]夫何:相當於語氣詞"夫",用在句首,有嗟嘆意味。[3]虞:通"娱",歡樂。[4]踰佚:飛揚,失散。[5]我:指漢武帝。[6]人:指陳皇后。[7]慊(qiǎn):嫌恨,不滿足。省(xǐng):指牽挂、思念。故:故人,舊人。[8]得意:指稱心如意的新人。

【押韻】

虞、居:魚部。人、親:真部①。

---

① 兩漢至西晉時期,北方詩文用韻接近於上古韻部。本教材以上古韻標注此段時期的詩文用韻。

伊予志之慢愚兮[1],懷貞慤之懽心[2]。願賜問而自進兮[3],得尚君之玉音[4]。奉虚言而望誠兮[5],期城南之離宫[6]。脩薄具而自設兮[7],君曾不肯乎幸臨[8]。廓獨潛而專精兮[9],天漂漂而疾風[10]。登蘭臺而遥望兮[11],神怳怳而外淫[12]。浮雲鬱而四塞兮,天窈窈而晝陰[13]。雷殷殷而響起兮[14],聲象君之車音。飄風迴而起閨兮[15],舉帷幄之襜襜[16]。桂樹交而相紛兮,芳酷烈之誾誾[17]。孔雀集而相存兮[18],玄猨嘯而長吟[19]。翡翠脅翼而來萃兮[20],鸞鳳翔而北南。

【注釋】

[1]伊:句首語氣詞。予:第一人稱代詞,我,指陳皇后。慢愚:指遲鈍,缺乏警惕。[2]慤(què):樸實,謹慎。懽(huān):同“歡”。[3]希望君王問起我,能有進見的機會。[4]尚:奉,承。這裏有聆聽的意思。玉音:指帝王的詔旨。[5]得到一句空話,把它當成真的。[6]城南之離宫:指長門宫。[7]脩:指準備。薄具:不豐盛的肴饌。[8]幸臨:駕臨。[9]廓:憂鬱悲慘。一説空寂的樣子。獨潛、專精:均是獨處深思。[10]漂漂:快速,迅急。[11]蘭臺:指精美的臺榭。[12]怳怳(huǎng):心神不定。淫:指遊蕩。[13]窈窈:幽暗。[14]殷殷(yǐn):象聲詞,形容雷聲。[15]飄風:旋風。迴:指旋轉。閨:閨門。[16]帷幄:宫室的帷幕。襜襜(chān):摇動貌。[17]誾誾(yín):香氣盛烈。[18]相存:互相照顧,相互慰藉。[19]玄:黑色。猨:同“猿”。[20]翡翠:鳥名,也叫翠雀。脅:收斂。萃:停止,棲息。

【押韻】

心、音、宫、臨、風、淫、陰、音、襜、吟、南:冬談侵部合韻。

心憑噫而不舒兮[1],邪氣壯而攻中[2]。下蘭臺而周覽兮[3],步從容於深宫。正殿塊以造天兮[4],鬱並起而穹崇[5]。間徙倚於東廂兮[6],觀夫靡靡而無窮[7]。擠玉户以撼金鋪兮[8],聲噌吰而似鐘音[9]。

【注釋】

[1]憑噫:憤懣抑鬱。[2]邪氣:不正之氣。中:内臟,指體内。[3]周覽:周遊觀覽。[4]塊:孤高,孤獨。造:到達。[5]鬱:指壯大。穹崇:高大的樣子。[6]間:有時。徙倚:站立。[7]靡靡:富麗,華美,指室宇美好。[8]擠:推。撼:摇動。金鋪:門上獸面形銅制環紐,用以銜環。[9]噌吰(chēnghóng):象聲詞,多指鐘鼓聲。

【押韻】

中、宫、崇、窮、音:冬侵部合韻。

刻木蘭以爲榱兮[1],飾文杏以爲梁[2]。羅丰茸之遊樹兮[3],離樓梧而相撑[4]。施瑰木之欂櫨兮[5],委參差以槺梁[6]。時仿佛以物類兮,象積石之將將[7]。五色炫以相曜兮[8],爛耀耀而成光[9]。緻錯石之瓴甓兮[10]，象瑇瑁之文章[11]。張羅綺之幔帷兮，垂楚組之連綱[12]。

【注釋】

[1]木蘭：木名，又名杜蘭、林蘭。榱（cuī）：椽子。[2]文杏：杏樹的異種，材有文采。[3]羅：分佈，排列。丰茸：豐盛茂密。遊樹：屋上的浮柱。一説斜柱。[4]離樓：衆木交加的樣子。梧：支撑。[5]瑰木：珍奇之木。欂櫨：柱上承梁的方形短木，即斗拱。[6]委：累積。槺梁：中空的樣子。[7]積石：指積石山，古人認爲是黄河發源處。將將（qiāng）：高大雄壯的樣子。[8]炫：光耀，輝映。[9]爛：光明。耀耀：光明的樣子。[10]緻：細密。錯石：指彩石，叠積衆石而成彩。瓴甓：磚。[11]瑇（dài）瑁：玳瑁。文章：錯雜的色彩花紋。[12]楚組：楚地以出産組綬出名。組：絲帶。連綱：總的綬帶，這裏指系帷幔的帶子。

【押韻】

梁、撑、梁、將、光、章、綱：陽部。

撫柱楣以從容兮[1]，覽曲臺之央央[2]。白鶴噭以哀號兮[3]，孤雌跱於枯楊[4]。日黄昏而望絶兮，悵獨托於空堂[5]。懸明月以自照兮，徂清夜於洞房[6]。援雅琴以變調兮[7]，奏愁思之不可長。案流徵以却轉兮[8]，聲幼妙而復揚[9]。貫歷覽其中操兮[10]，意慷慨而自卬[11]。左右悲而垂淚兮，涕流離而從横[12]。舒息悒而增欷兮[13]，蹝履起而彷徨[14]。揄長袂以自翳兮[15]，數昔日之諐殃[16]。無面目之可顯兮，遂頹思而就床。摶芬若以爲枕兮[17]，席荃蘭而茝香[18]。

【注釋】

[1]楣：門框上的横木。[2]曲臺：漢宫殿名。央央：寬廣的樣子。[3]噭（jiào）：高聲呼叫。[4]孤雌：失偶的雌鳥。跱：止，停歇。[5]昬：同"昏"。托：指托身。[6]徂（cú）：消逝，逝去。洞房：深邃的内室。[7]援：拿過來。雅琴：樂器名。[8]案：通"按"，依照。徵（zhǐ）：五音之一，音較高，適合表達哀傷的情緒。却轉：回轉。[9]幼（yào）妙：微妙曲折。[10]貫：貫通，貫穿。中操：指内心情操。[11]卬（áng）：激動。[12]流離：淋漓。[13]舒：吐。息悒：嘆息憂鬱。欷：抽咽聲。[14]蹝履：用作動詞，靸鞋。蹝（xǐ）：草履。[15]揄（yú）：手揮。袂（mèi）：衣袖。翳：遮蔽。[16]諐（qiān）殃：過錯，過失。諐：同"愆"。[17]摶（tuán）：揉。一説持、憑藉。芬若：香草。[18]荃蘭、茝（chǎi）：均爲香草名。

【押韻】

央、楊、堂、房、長、揚、卬、横、徨、殃、床、香：陽部。

忽寢寐而夢想兮，魄若君之在旁。惕寤覺而無見兮[1]，魂迋迋若有亡[2]。衆鷄鳴而愁予兮，起視月之精光。觀衆星之行列兮，畢昴出於東方[3]。望中庭之藹藹兮[4]，若季秋之降霜[5]。夜曼曼其若歲兮[6]，懷鬱鬱其不可再更[7]。澹偃蹇而待曙兮[8]，荒亭亭而復明[9]。妾人竊自悲兮[10]，究年歲而不敢忘[11]。

【注釋】

[1]惕：突然，一下子。[2]迋迋(guàng)惶恐。若有亡：若有所失。[3]畢昴：二星名。畢昴出於東方時爲五、六月。[4]藹藹：暗淡的樣子。[5]季秋：農曆九月。[6]曼曼：漫長。[7]不可再更：指不能再忍受。[8]澹(dàn)：觸動，動摇。偃蹇：佇立的樣子(依李善注)。[9]荒：欲明的樣子(依李善注)。亭亭：遥遠的樣子。[10]妾人：自稱之詞。[11]究：窮盡。不敢忘：指不敢忘君。

【押韻】

旁、亡、光、方、霜、更、明、忘：陽部。

解　　嘲[1]

揚　雄

【解題】

揚雄(前53～18)，字子雲，西漢蜀郡成都人，著名文學家、哲學家、語言學家。《漢書》有傳。參見本教材第四單元《漢書·揚雄傳》及注釋。

《解嘲》是揚雄所作的一篇大賦。漢哀帝時，丁傅、董賢用事，趨炎附勢者衆多，有的因此起家官至二千石，而揚雄却獨自模仿《周易》作《太玄》，超然自處，有人因此嘲笑揚雄空談玄理而没有禄位，揚雄作此文以應答。

本文版本依據梁昭明太子蕭統所編《文選》(上海古籍出版社1986年)。

客嘲揚子曰："吾聞上世之士[2]，人綱人紀[3]，不生則已，生必上尊人君，下榮父母[4]。析人之珪[5]，儋人之爵[6]，懷人之符，分人之禄，紆青拖紫[7]，朱丹其轂[8]。今吾子幸得遭明盛之世，處不諱之朝[9]，與群賢同行，歷金門[10]，上玉堂有日矣[11]。曾不能畫一奇，出一策，上説人主，下談公卿，目如燿星，舌如電光，一從一横，論者莫當。顧默而作《太玄》五千文[12]，枝葉扶疏[13]，獨説十餘萬言。深者入黄泉，高者出蒼天，大者含元氣[14]，細者入無閒[15]。然而位不過侍郎[16]，擢纔給事黄門[17]。意者玄得無尚白乎[18]？何爲官之拓落也[19]？"

【注釋】

[1]解嘲：對别人的嘲笑進行辯解。[2]上世：上古。[3]人綱人紀：指人們立身處世所遵循的

準則。[4]榮:使動用法。[5]析:分。人:指人君。珪:瑞玉。也作"圭",古時封諸侯,按爵位高低,分頒珪玉,稱析珪。[6]儋(dān):通"擔",肩挑。指承受。[7]紆青拖紫:比喻地位顯貴。紆:垂。青:指青色綬帶。紫:指紫色綬帶。《文選》李善注:"《東觀漢記》曰:印綬,漢制,公侯紫綬,九卿青綬。"[8]朱丹:紅色。使動用法。漢制:公列侯及二千石以上的官員,皆可乘朱輪之車。[9]不諱:不忌諱,指説話無所顧忌。[10]金門:金馬門之省稱。漢武帝得大宛馬,乃命以銅鑄像,立於魯班門外,因稱金馬門。漢制:天下被徵召之士,都在公車待詔,其中最優異的在金馬門待詔。後來金馬門用爲官署代稱。[11]玉堂:漢殿名,亦爲官署之名。[12]《太玄》:揚雄摹仿《易經》而作的一部哲學著作。[13]扶踈:聯綿詞,枝葉繁茂四處延伸的樣子。[14]這句話是説大道理包括了整個宇宙。元氣:天地未分之前的混一之氣。元:始。[15]這句話意思是《太玄》理論細緻入微。無閒:指没有閒隙。閒:閒隙。[16]侍郎:官名,皇帝左右的侍從武官,漢屬光禄勳,官位較低。[17]擢:選拔。纔(cái):僅僅。給事黄門:官名,供職宫中,官位高於侍郎。[18]意者:料想,想來。玄:黑。得無:莫非。玄尚白,這裏以黑來解釋《太玄》中的"玄","玄尚白"的字面意思即是應該黑却還是白,以此來譏諷揚雄没有禄位。[19]拓落:聯綿詞,失意,不得志。也作"落拓"。

【押韻】

士、紀、已、母:之部。爵、禄、轂:藥屋部合韻。卿、光、横、當:陽部。文、言、泉、天、閒、門:文元真部合韻。白、落:鐸部。

揚子笑而應之曰:"客徒欲朱丹吾轂,不知一跌將赤吾之族也[1]!往昔周網解結[2],群鹿争逸[3],離爲十二[4],合爲六七[5],四分五剖,並爲戰國。士無常君,國無定臣,得士者富,失士者貧。矯翼厲翮[6],恣意所存[7]。故士或自盛以槖[8],或鑿坏以遁[9]。是故鄒衍以頡頏而取世資[10],孟軻雖連蹇猶爲萬乘師[11]。

【注釋】

[1]跌:倒下。赤吾之族:即誅滅我全族。赤:紅色,指流血,使動用法。這裏是殺的意思,被杀而流血。[2]周網解結:指周王朝的崩潰。[3]逸:奔跑。[4]十二:十二國,指魯、衛、齊、楚、宋、鄭、燕、趙、韓、魏、秦、中山。[5]六七:指齊、楚、燕、韓、趙、魏六國,加上秦即爲七國。[6]矯:高舉。厲:振奮。翮:羽莖,代指鳥翼。[7]恣意:任意,放肆。所存:指安身之處。[8]自盛以槖:范雎入秦,藏於槖(盛物的袋子)中。這裏指忍辱求仕。[9]鑿坏:也作"鑿培",鑿穿牆壁。坏(péi):牆。《淮南子·齊俗訓》:"顔闔(魯國隱士),魯君欲相之而不肯,使人以幣先焉,鑿培而遁之,爲天下顯武。"指堅决不仕。[10]鄒衍:戰國齊臨淄人,陰陽家。其學説閎大不經,當時名重諸侯,燕昭王築碣石宫師事之。頡頏(xiéháng):聯綿詞,上下不定,變幻莫測。世資:指處世治事的才能。資:憑藉。[11]連蹇:遭遇坎坷、處境困難的樣子。《史記·孟子荀卿列傳》有"孟軻困於齊梁"的記載。萬乘:周制,天子地方千里,出兵車萬乘。故常以萬乘稱天子。

【押韻】

轂、族:屋部。結、逸、七、國:質職部合韻。君、臣、貧、存、遁:真文部合韻。資、師:脂部。

今大漢左東海,右渠搜[1],前番禺[2],後椒塗[3],東南一尉[4],西北一候[5]。徽以糾墨[6],制以鑕鈇[7];散以《禮》《樂》[8],風以《詩》《書》[9];曠以歲月[10],結以倚廬[11]。天下之士,雷動雲合,魚鱗雜襲[12],咸營於八區[13]。家家自以爲稷契[14],人人自以爲臯陶[15],戴縰垂纓而談者[16],皆擬於阿衡[17],五尺童子,羞比晏嬰與夷吾[18]。當塗者升青雲[19],失路者委溝渠[20]。旦握權則爲卿相,夕失勢則爲匹夫。譬若江湖之崖,渤澥之島[21],乘雁集不爲之多,雙鳧飛不爲之少[22]。

【注釋】

[1]渠搜:古國名,包括今新疆北部及中亞一部分地方。[2]番禺:地名,在今廣東省。[3]椒塗:地名,治所在今北京密雲縣西南。[4]東南一尉,指會稽郡(在今江蘇東南部及浙江的一部分)的都尉。尉:軍尉,指都尉。漢制:各郡除太守外,都兼設都尉,管理軍事,維持地方治安,秩比二千石。[5]西北一候:指敦煌郡的玉門關候。候:邊境伺望偵察之所。[6]徽:束,捆。糾墨:即糾纆。糾、纆均是繩索名,泛指繩索。[7]鑕(zhì):砧板,也是腰斬刑具。鈇(fū):鍘刀,也是腰斬的刑具。[8]散:散佈,指宣揚。[9]風:教化,感化。[10]曠:耽誤,荒廢。指費時間。[11]結:構築。倚廬:古人居父母之喪時所住的房子。這句是指三年居喪,行禮教儀。漢律:不爲父母居喪三年,不得參加選舉。[12]魚鱗雜襲:指像魚鱗一樣重疊密佈。襲:重疊。[13]營:營求,指營求官職。八區:八方。[14]稷:后稷,周之先祖,爲舜農官,封於邰,號后稷,别姓姬氏。契:傳説中商始祖帝嚳之子,虞舜之臣,舜時助禹治水有功,任爲司徒。[15]臯陶:舜臣,掌刑獄之事。[16]指當時的士大夫。縰(xǐ):古時束髮的緇帛。纓:繫冠的絲帶。[17]將自己比擬爲阿衡。擬:比擬。阿衡:本是商代官名,伊尹曾做阿衡,後成爲他的代稱。伊尹原是商湯之妻陪嫁的奴隸,後佐湯伐夏桀,被尊爲阿衡。[18]這句意思是漢王朝已統一天下,非五霸所能比。晏嬰:春秋時人,曾相齊景公,以節儉力行,名顯諸侯。夷吾:即管仲,輔佐齊桓公成就霸業。[19]當塗:當道,指當權。青雲:指官高爵顯。[20]失路:指失勢。委:托身。[21]渤澥(xiè):即渤海。[22]這句意思是朝廷人才濟濟,來一個不顯多,走一個不覺少。乘雁:一隻雁(依王念孫説,見《讀書雜誌》)。雙鳧:當作"隻鳧"(依王念孫説,見《讀書雜誌》)。鳧:野鴨。

【押韻】

禺、塗、候、鈇、書、廬、區、吾、渠、夫:侯魚部合韻。島、少:幽宵部合韻。

昔三仁去而殷墟[1],二老歸而周熾[2];子胥死而吴亡[3],種蠡存而越霸[4];五羖入而秦喜[5],樂毅出而燕懼[6];范雎以折摺而危穰侯[7],蔡澤以噤吟而笑唐舉[8]。故當其有事也，非蕭曹子房平勃樊霍則不能安[9]；當其無事也，章句之徒[10]，相與坐而守之，亦無所患。故世亂則聖哲馳騖而不足[11]，世治則庸夫高枕而有餘。

【注釋】

[1]三仁：指微子、箕子、比干。微子：商紂王的庶兄，名啓，因數諫紂而不聽，離開商。周滅商後，稱臣於周，統率殷族，封於宋，爲宋國始祖。箕子：商紂王的叔父，封國於箕。紂暴虐，箕子諫，不聽，箕子乃佯狂爲奴，爲紂所囚。比干：商紂王的叔父（一説庶兄）。傳説紂淫亂，比干犯顔强諫，紂怒，剖其心而死。《論語・微子》："微子去之，箕子爲之奴，比干諫而死。孔子曰：'殷有三仁焉。'"墟：廢墟。用作動詞，變爲廢墟。[2]二老：指伯夷、姜尚。《孟子・離婁上》："伯夷辟紂，居北海之濱，聞文王作，興曰：'盍歸乎來！吾聞西伯善養老者。'太公辟紂，居東海之濱，聞文王作，興曰：'盍歸乎來！吾聞西伯善養老者。'二老者，天下之大老也，而歸之，是天下之父歸之也。天下之父歸之，其子焉往？"熾：興旺。[3]子胥（？～前 484 年）：姓伍，名員，春秋楚人。其父兄爲楚平王所殺，子胥奔吴，吴封以申地，故稱申胥。曾佐吴王闔閭伐楚，攻破郢都，爲父兄報仇。闔閭伐越，受傷而死，其子夫差再伐越，大破越軍。越王勾踐請和，夫差不聽子胥勸阻，答應了越國的請求。後來子胥多次勸夫差攻取越國，夫差均未聽從，反而聽信伯嚭讒言，賜劍令其自殺。九年後，越國滅吴。[4]種：文種，字少禽，也作子禽。楚郢人，爲越大夫，與范蠡同事勾踐，出計滅吴，功成之後，范蠡勸他隱退，不聽，後爲勾踐賜劍自殺。蠡：范蠡，字少伯，春秋楚宛人，仕越爲大夫。勾踐敗於吴後，把國政委托給文種，讓范蠡作爲人質向吴求和。二人輔佐勾踐，滅吴稱霸。後來，范蠡認爲勾踐爲人可與共患難，不能共安樂，去越入齊，改名鴟夷子皮。至陶稱朱公，經商致富。[5]五羖：指五羖大夫百里奚，先爲虞大夫，後爲晋獻公所俘，作爲秦穆公夫人陪嫁的臣子。後來，他又從秦國逃出，到楚宛邑時，被楚人捕獲。秦穆公聽説百里奚有才能，用五張羖皮將他贖回。後與蹇叔、由余等共助秦穆公成就霸業。羖（gǔ）：黑公羊。[6]樂毅：戰國燕將，爲燕昭王伐齊，大破齊，攻佔七十餘城。以功封昌國，號昌國君。昭王死，惠王即位，齊行反間計，惠王欲召回樂毅，樂毅怕回燕被誅，逃到趙國。趙王封他爲望諸君，惠王感到恐懼，致書樂毅爲謝。後來，樂毅便來往於燕趙間。[7]范雎（jū）：字叔，戰國魏人。初事魏中大夫須賈，從須賈使齊，因有通齊之嫌，魏相魏齊使舍人笞范雎，佯死得免。後入秦爲相。摺（lā）：折斷。指折斷肋骨、牙齒，《史記・范雎蔡澤列傳》："魏齊大怒，使舍人笞擊雎，折脅摺齒。"穰侯：名魏冉，秦昭王母宣太后之弟，先爲秦相，范雎説秦昭王驅逐穰侯，拜雎爲相。[8]蔡澤：戰國燕人，入秦，獻計説秦昭王攻滅西周，曾代范雎爲相，封綱成君。噤吟（jìnyín）：面頰歪而前突。笑唐舉：見笑於唐舉。蔡澤曾請魏國相士唐舉相面，唐舉仔細看過之後，笑了，開玩笑説，聽説聖人不像一般人的相貌，大概就是指的你吧。[9]蕭：指蕭何，輔佐劉邦建立漢朝。曹：指曹參，蕭何死後，繼任爲相。子房：張良，字子房，輔佐劉邦平定天下。平：陳平，劉邦謀臣，後爲惠帝丞相，與周勃合力平諸吕之變。勃：周勃，原爲劉邦將官，後爲太尉。樊：樊噲，劉邦將官，鴻門宴中護衛劉邦有功。霍：霍光，漢王室外戚，曾因昌邑王淫亂而廢之，立漢宣帝。[10]章句之徒：指靠

章句之學顯達之人。[11]馳騖：奔走。

【押韻】

墟、霸、懼、舉：魚鐸部合韻。安、患：元部。

夫上世之士，或解縛而相[1]，或釋褐而傅[2]；或倚夷門而笑[3]，或橫江潭而漁[4]；或七十説而不遇[5]，或立談而封侯[6]；或枉千乘於陋巷[7]，或擁篲而先驅[8]。是以士頗得信其舌而奮其筆[9]，窒隙蹈瑕而無所詘也[10]。當今縣令不請士，郡守不迎師，群卿不揖客[11]，將相不俛眉[12]；言奇者見疑，行殊者得辟[13]。是以欲談者卷舌而同聲[14]，欲步者擬足而投迹[15]。嚮使上世之士[16]，處乎今世，策非甲科[17]，行非孝廉[18]，舉非方正[19]，獨可抗疏[20]，時道是非，高得待詔[21]，下觸聞罷[22]，又安得青紫？

【注釋】

[1]管仲初事公子糾，公子糾敗於齊桓公後，管仲被押解回齊，自請坐囚車，到齊地後，被鮑叔牙釋放，並推薦給齊桓公爲相。[2]釋褐：指脱掉布衣，换上官服。傅：太傅，三公之一。傳説傅説（yuè）在傅岩爲人築牆，被殷高宗武丁訪得，舉以爲相。[3]夷門：魏都大梁的東門，因夷門山而得名。魏隱士侯嬴爲夷門守門小吏，後被魏公子信陵君迎爲上客。魏安釐王二十年，秦圍趙，趙求救於魏，安釐王派將軍晋鄙救趙，觀望不前。侯嬴獻計，奪得兵權，率軍擊秦，解趙邯鄲之圍。[4]指與屈原談話的漁父。[5]説（shuì）：遊説。傳説孔子遊説了七十多個國君，但没有人肯聽他的。[6]虞卿爲戰國時的遊説之士，僅遊説趙孝成王兩次，便做了趙國上卿，受相印，故稱虞卿。[7]枉：委屈。千乘：指千乘之國的國君。齊桓公曾一天之内數次到小臣稷的家中都没有見到稷，但他仍堅持要見稷。[8]篲（huì）：笤帚。古人迎候貴客，常擁篲致敬，意謂掃除以待客。《史記·孟子荀卿列傳》："（鄒衍）如燕，昭王擁篲先驅，請列弟子之座而受業，築碣石宫，身親往師之。"[9]信：通"伸"。[10]窒隙蹈瑕：指乘機。窒：填塞。瑕：裂縫。無所詘（qū）：指没有挫折，無往而不成。[11]卿：漢有九卿，是當時中央政府的九個高級官職。揖客：對客作揖，指禮賢下士。[12]俛眉：低眉，指謙恭。俛：同"俯"。[13]辟：罪。[14]卷舌：舌卷曲，指閉口不言。同聲：指附和别人的話語，人云亦云。[15]擬：揣度，比量。[16]嚮使：假使。[17]策：指射策和對策，是漢代考試取士的方法。甲科：漢代考試取士分甲乙丙三科，甲科爲最上等，入選者爲郎中。[18]孝廉：本爲漢選舉官吏的兩種科目名，孝指孝子，廉指廉潔之士。漢武帝元光元年，令郡國舉孝廉各一人。後合稱孝廉。[19]舉：行動，舉動。方正：即賢良方正，漢選舉科目之一。[20]獨：只。抗疏：指上疏直言。[21]待詔：猶候命。漢代以才技徵召但還没有得到正式官職的人，謂之待詔。[22]大意是：如果抗疏不好，有所犯，皇帝聽聞之後就不予任用。罷：罷免，指不用。

【押韻】

傅、漁、遇、侯、驅：魚侯部合韻。筆、詘：物部。師、眉：脂部。辟、迹：錫鐸部合韻。罷、紫：歌支部合韻。

且吾聞之,炎炎者滅[1],隆隆者絶[2];觀雷觀火,爲盈爲實,天收其聲,地藏其熱。高明之家[3],鬼瞰其室[4]。攫拏者亡[5],默默者存[6];位極者高危[7],自守者身全。是故知玄知默[8],守道之極[9];爰清爰静[10],游神之庭[11];惟寂惟漠,守德之宅[12]。世異事變,人道不殊[13],彼我易時[14],未知何如。今子乃以鴟梟而笑鳳皇[15],執蝘蜓而嘲龜龍[16],不亦病乎?子之笑我玄之尚白,吾亦笑子病甚不遇俞跗與扁鵲也[17],悲夫!"

【注釋】

[1]炎炎:火光旺盛。[2]隆隆:形容雷聲不絶,比喻勢盛。[3]高明之家:指富貴顯貴者。[4]瞰:窺望。[5]攫拏:争奪。[6]默默:不言語,指不争名利。[7]位極者:指作大官的人。[8]玄:黑。比喻清静無爲,不求顯達。[9]道之極:指道的最高標準。[10]爰:乃,於是。[11]神之庭:指精神所存之處。[12]德之宅:指道德所存之處。"是故"至"守德之宅",抒發了老莊清静無爲的思想。[13]人道:指作人的道理。殊:不同。[14]彼:指上世之士。[15]鴟(chī):鴟鵂,俗名猫頭鷹。梟:又名鵂鶹,外形與鴟鵂相似。古人認爲鴟梟都是不祥之鳥。[16]蝘蜓(yǎntíng):壁虎。龜:指神龜。這兩句説明世人不明賢愚高下。[17]俞跗:上古良醫。扁鵲:戰國時代的良醫。

【押韻】

滅、絶、實、熱、室:質月部合韻。默、極:職部。存、全:文元部合韻。静、庭:耕部。漠、宅:鐸部。殊、如:侯魚部合韻。皇、龍:陽東部合韻。白、鵲:鐸部。

客曰:"然則靡玄無所成名乎[1]?范蔡以下[2],何必玄哉?"

揚子曰:"范雎,魏之亡命也。折脅摺髂[3],免於徽索,翕肩蹈背[4],扶服入橐[5]。激卬萬乘之主[6],介涇陽[7],抵穰侯而代之[8],當也[9]。蔡澤,山東之匹夫也[10]。顩頤折頞[11],涕唾流沫[12],西揖强秦之相[13],搤其咽而亢其氣[14],拊其背而奪其位[15],時也[16]。天下已定,金革已平[17],都於洛陽,婁敬委輅脱輓[18],掉三寸之舌[19],建不拔之策[20],舉中國徙之長安[21],適也[22]。五帝垂典,三王傳禮,百世不易,叔孫通起於枹鼓之間,解甲投戈,遂作君臣之儀[23],得也。吕刑靡敝[24],秦法酷烈,聖漢權制[25],而蕭何造律[26],宜也[27]。故有造蕭何之律於唐虞之世,則悖矣[28];有作叔孫通儀於夏殷之時,則惑矣[29];有建婁敬之策於成周之世[30],則乖矣[31];有談范蔡之説於金張許史之間[32]，則狂矣。夫蕭規曹隨[33]，留侯畫策[34]，陳平出奇[35]，功若泰山，響若坻隤[36]，雖其人之贍智哉[37]，亦會其時之可爲也。故爲可爲於可爲之時，則從；爲不可爲於不可爲之時，則凶。若夫藺生收功於章臺[38]，四皓采榮於南山[39]，公孫創業於金馬[40]，驃騎發迹於祁連[41]，司馬長卿竊貲於卓氏[42]，東方朔割炙於細君[43]，僕誠不能與此數子並，故默然獨守吾《太玄》。"

【注釋】

[1]靡：無。[2]指范雎、蔡澤以後的蕭何、曹參諸人。[3]髂(qià)：腰部下面腹部兩側之骨。[4]翕肩，聳肩：指蜷縮身體。翕：收斂。蹈背：踩背。指讓人蹈背幫助自己鑽入橐中。[5]扶服：同"匍匐"，聯綿詞。該句是指范雎入秦時的情景。[6]激卬：形容感慨憤發。使動用法。[7]介：指離間。涇陽：涇陽君，秦昭王之弟。[8]抵：排擠。秦昭王時，其母宣太后專制，穰侯擅權，昭王之弟涇陽君、高陵君等生活奢侈，闊過王室。范雎進言秦昭王，認爲他們勢力太大，會威脅王權，昭王深以爲然，於是廢太后，將穰侯、涇陽君、高陵君逐出函谷關外，拜范雎爲相。[9]當：適當，指碰上機會。[10]山東：指崤山函谷關以東的地區，即六國。蔡澤是燕人，故稱其爲"山東之匹夫"。[11]顩頤：下巴上曲。顩：《漢書》作"頷"。折頞(è)：斷鼻梁，指鼻梁陷塌。[12]這句話形容蔡澤涕唾滿面的狼狽相。唾：唾沫。沬(huì)：洗臉。[13]指蔡澤見范雎時，長揖不拜，十分傲慢。[14]搤(è)：掐住。亢：咽喉。指扼住咽喉。[15]拊：撫，輕拍。指蔡澤入秦後抓住范雎的短處，軟硬兼施，以言語要挾，勸范雎退位。范雎乃稱病免相，蔡澤代之。[16]時：時機，指碰上機會。[17]金革：指戰爭。金：指兵戈之類。革：指甲冑之類。[18]婁敬：西漢人，因向劉邦獻策建都長安，賜姓劉，拜爲郎中，號爲奉春君，封關内侯。是時匈奴兵强，婁敬建和親之策，並徙山東諸侯後代豪强，充實關中，共十餘萬口。委：放下，扔下。輅(lù)：車前横木，縛於車上，用來挽車。脱：取下。輓：拉車，此指拉車的皮帶。《史記・劉敬叔孫通列傳》記載，婁敬戍隴西，經過洛陽，碰上劉邦在洛陽，於是"脱輓輅"而獻建都之策。[19]掉：搖。[20]不拔：不能移動，指穩妥。[21]中國：指京城。[22]適：碰巧。[23]叔孫通：西漢人，先爲秦博士，後從項羽，終歸劉邦，任博士，號稷嗣君。枹鼓之間：指戰場。枹(fú)：鼓槌。劉邦既定天下，群臣飲酒争功，醉後或狂呼大叫，拔劍擊柱，劉邦深以爲患。叔孫通於是擇古禮，結合秦制定立朝儀，使貴賤有别，尊卑有次。以後群臣朝見，皆不敢喧嘩，方顯帝王尊貴。[24]吕刑：泛指周代刑法。吕：吕侯，亦稱甫侯，周時爲天子司冠，周穆王采納他的言論制定刑法，布告四方，今《尚書・吕刑》即記載其事。靡敝：敗壞。[25]權：權變。[26]漢初，蕭何搜集秦法，取其適於當時情況者，制定律令九章。[27]宜：指合時宜。[28]悂(pī)：錯誤。[29]惑：糊塗，不明事理。[30]成周之世：指周公輔成王的時代。成周：指西周初年的洛邑(故址傳説在今洛陽東郊白馬寺之東)。《尚書・洛誥》："召公既相宅，周公往營成周。"[31]乖：不一致，不合宜。[32]金張：指金日磾(mìdī)和張安世，二人爲漢宣帝時的顯宦，後世以"金張"爲顯宦的代稱。許史：指許廣漢和史恭。許廣漢是漢宣帝皇后許氏之

父，史恭是漢宣帝祖母史良娣之兄，許史兩家都是宣帝的外戚，後世以“許史”爲外戚的代稱。[33]曹參繼蕭何做宰相，完全没有改變蕭何的規劃，世稱“蕭規曹隨”。[34]留侯：張良（？～前189），字子房，爲劉邦謀士，佐漢滅秦楚，封留侯。[35]陳平（？～前178）：漢陽武（今河南原陽東南）人，有謀略，曾六出奇計，輔佐劉邦得天下，封曲逆侯。後又與太尉周勃合力，平諸吕之變，安定漢朝。[36]響：指聲望。坻隤：這裏指山崩的響聲。[37]贍智：指足智。贍：足。[38]藺生：指藺相如。收攻：取得功績。章臺：秦宫殿名。指藺相如完璧歸趙之事。[39]四皓：四位白髮老人。指秦漢之際商山的四個隱士東園公、綺里季、夏黄公、角（lù）里先生。采榮：雙關語，采草木之花以食本是隱士的生活，但許多隱士隱居却是爲了邀名。榮：花。南山：即今河南省的商山。秦始皇時，四皓避世，隱居南山。漢高祖初即皇位，想徵用他們，均不去。後來，高祖欲廢太子，吕后用張良計，迎四皓輔佐太子，四人接受了太子之請。一日，四皓侍太子見高祖，高祖曰：“羽翼成矣。”遂輟廢太子之議。[40]公孫：指公孫弘（前200～前121）。金馬：金馬門。漢武帝元光五年，徵賢良文學，公孫弘被推薦赴京到太常對策，在百餘人中被録爲第一，於是拜爲博士，待詔金馬門。後官至丞相，封平津侯。[41]驃騎：指驃騎將軍霍去病（前140～前117），漢河東平陽人，六次出擊匈奴，封冠軍侯。發迹：立功揚名。祁連：祁連山，在今甘肅省張掖西南。漢武帝時，霍去病打匈奴，至祁連山，戰攻卓著，最後和大將軍衛青同加官大司馬，職位奉禄等同大將軍。[42]長卿：司馬相如之字。貲：財物。卓氏：指卓文君之父卓王孫。事見《史記・司馬相如列傳》。[43]東方朔（前154～前93）：字曼倩，漢平原厭次（今山東惠民）人，漢武帝時官至太中大夫，以奇計俳辭得親近。炙：烤肉。細君：指妻子。古時諸侯妻稱小君，亦稱細君。一次，漢武帝在三伏天賜從官肉，天色已晚，主持者還未到，東方朔獨自割肉而去。武帝得知後，令東方朔自責。東方朔就責備自己説：“朔來！朔來！受賜不待詔，何無禮也！拔劍割肉，一何壯也！割之不多，又何廉也！歸遺細君，又何仁也！”惹得武帝都笑了，又賞他酒一石、肉百斤，讓他帶回去給妻子。

【押韻】

骼、索、橐：鐸部。沬、氣、位：物緝部合韻。禮、易：脂錫部合韻。戈、儀：歌部。敝、烈、制、律：月物部合韻。隨、奇、隤、爲：支微部合韻。從、凶：東部。山、連、君、玄：元文部合韻。

蜀都賦

左　思

【解題】

左思，字太冲，西晋時臨淄（今山東益都）人，官居秘書郎。左思以詩文著稱，詞藻雖然華麗，但主張寫實盡意和崇實尚用，南朝梁鍾嶸《詩品》評爲“文典以怨，頗爲精切，得諷諭之致”。其詩今僅存十四首，以《咏史》八首最著名。左思積十多年心血寫成《蜀都》、《吴都》、《魏都》三賦，叙述了三都的建置、歷史事迹、地理位置、風土物産、人物習俗，相當於一部濃縮的地方志，顯示出作者深厚的功力。皇甫謐稱贊道："其物土所出，可得披圖而校，體國經制，可得按記而驗，豈誣也哉！"賦成之後，洛陽豪富之家争相傳抄，一時洛陽紙貴。這裏選録《蜀都賦》。蜀都，即今四川成都。

本文版本依據梁昭明太子蕭統所編《文選》（上海古籍出版社 1986 年）。

有西蜀公子者，言於東吴王孫[1]，曰："蓋聞天以日月爲綱[2]，地以四海爲紀。九土星分[3]，萬國錯跱[4]。崤函有帝皇之宅[5]，河洛爲王者之里[6]。吾子豈亦曾聞蜀都之事歟？請爲左右揚搉而陳之[7]。

【注釋】

[1]西蜀公子、東吴王孫：皆爲虚擬人物。[2]蓋：句首語氣詞。[3]九土：九州。夏禹分中國爲冀、兗、青、徐、揚、荆、豫、梁、雍九州。星：名詞作狀語，像星星一樣。[4]錯跱：雜列。[5]崤：崤山，在河南省洛寧北，分東西二崤。相傳東崤爲周文王避風雨之處，西崤爲夏桀之祖皋墓之所在。函：函谷關，秦關名，在今河南省靈寶縣南，東自崤山，西至潼津。崤函以西爲關中之地，西周、秦、西漢均在這裏建都，故曰有帝皇之宅。[6]河洛：黄河與洛河，此指黄河洛河流域。《史記·封禪書》："昔三代之君皆在河洛之間。"東周、東漢、晋皆在此建都。[7]揚搉：約略，舉其大概。

【押韻】

紀、跱、里、事、之：之部。

夫蜀都者，蓋兆基於上世[1]，開國於中古[2]。廓靈關以爲門[3]，包玉壘而爲宇[4]。帶二江之雙流[5]，抗峨眉之重阻[6]。水陸所湊[7]，兼六合而交會焉[8]；豐蔚所盛[9]，茂八區而菴藹焉[10]。

【注釋】

[1]兆基：開始。上世：上古時代。蜀地歷史悠久，秦滅蜀以前，蜀即有自己的地方政權。[2]國：城邑。這句是指秦以後，才開始築城置郡。[3]廓：大。靈關：山名，在成都西南。[4]玉壘：山名，在今四川都江堰西北。宇：邊界，界限。[5]二江：指岷江流經成都的兩條江。這兩條江是戰國秦蜀郡太守李冰所開。《史記·河渠書》："於蜀，則蜀守冰……穿二江成都之中。"江水越成都南郊而過，故曰帶。[6]抗：舉。峨眉：峨眉山，在今四川峨眉山市。[7]湊：會合，聚合。[8]六合：天地四方。該句指水陸路四通八達，交通便利。[9]豐蔚：豐富茂美。[10]八區：八方。菴(ān)藹：茂密。

【押韻】

古、宇、阻：魚部。會、藹：中古同在泰韻。

於前則跨躡犍牂[1]，枕輢交趾[2]。經途所亘[3]，五千餘里。山阜相屬[4]，含溪懷谷，崗巒紀紛[5]，觸石吐雲[6]。鬱葐蒀以翠微[7]，崛巍巍以峩峩[8]。干青霄而秀出[9]，舒丹氣而爲霞[10]。龍池漏瀑濆其隈[11]，漏江伏流潰其阿[12]。汩若湯谷之揚濤[13]，沛若濛汜之涌波[14]。於是乎邛竹緣嶺[15]，菌桂臨崖[16]。旁挺龍目[17]，側生荔枝。布緑葉之萋萋[18]，結朱實之離離[19]。迎隆冬而不凋，常曄曄以猗猗[20]。孔翠群翔[21]，犀象競馳[22]。白雉朝雊[23]，猩猩夜啼。金馬騁光而絶景[24]，碧雞倏忽而曜儀[25]。火井沈熒於幽泉[26]，高爓飛煽於天垂[27]。其間則有虎珀丹青[28]，江珠瑕英[29]。金沙銀礫[30]，符采彪炳[31]，暉麗灼爍[32]。

【注釋】

[1]於前：指蜀都南部。躡：緊隨在後。犍：犍爲郡。牂：牂柯郡。參見《漢書・西南夷列傳》注。[2]枕：指靠著。輢：憑倚，依靠。交趾：本指五嶺以南一帶地區，漢置交趾郡。相傳其地人卧時頭外向，足在内而相交，故稱交趾。[3]亘：綿延。[4]阜：大山。屬(zhǔ)：連接。[5]紀(jiū)紛：重叠交錯。紀：同"糾"。[6]山中之氣與石頭相碰，就會吐出雲來。[7]葐蒀(fényūn)：煙氣氤氳。翠微：山色青葱，雲氣輕飄。[8]崛：高起，突起。巍巍、峩峩：高峻。[9]干青霄：指直上青天。干(gān)：觸犯，冒犯，這裏有直達、直上的意思。秀出：秀美出衆。指秀麗峭拔。[10]舒：指吐出。[11]龍池：池名，在今四川宜賓西南。瀑：水沸涌。濆：濆涌，衝擊。隈(wēi)：山水彎曲處。[12]漏江：江名，在今雲南省境内。伏流：指在地下潛流。潰：衝破，衝决。漏江在建甯(今雲南曲靖)潛流數里，後又衝出地面流行。阿：山彎。[13]汩(gǔ)：水流迅疾。湯(yáng)谷：即暘谷，古代傳説中的日出之地。[14]濛汜：同"蒙汜"，古稱太陽没入之處。[15]邛竹：邛崍山出産的一種竹子，實心而稀節，可做杖。[16]菌桂：即"箘桂"，肉桂。[17]龍目：即龍眼。[18]萋萋：茂盛。[19]朱實：紅色的果實。離離：繁茂而向四邊延伸。[20]曄曄：明盛美茂。猗猗：美盛。[21]孔：孔雀。翠：翡翠鳥。[22]犀：犀牛。[23]雉：野雞。雊(gòu)：雉鳴。[24]金馬：西南地區傳説中的神物。騁光：形容金馬速度極快，像光一樣。絶景：不留下影子。景：即"影"。[25]碧雞：西南地區傳説中的神物。倏(shù)忽：同"儵忽"，疾速。曜儀：指顯出形態。[26]火在井中，就好像幽深的泉水中泛著微光。火井：指鹽井。熒：微弱的光。[27]爓：火焰。天垂：天邊，天際。[28]虎珀：即琥珀。丹青：丹砂和青雘，兩種制顔料的礦石。[29]江珠：據《博物志》，是琥珀的别名。瑕英：一種美玉。[30]礫(lì)：小石。[31]符采：玉的紋理光彩。彪炳：文采焕發。[32]光輝燦爛。

【押韻】

趾、里：之部。屬、谷：屋部。紛、雲：文部。峩、霞、阿、波、崖、枝、離、猗、馳、啼、儀、垂：歌魚支部合韻。英、炳：陽部。礫、爍：藥部。

於後則却背華容[1]，北指崑崙[2]。緣以劍閣[3]，阻以石門[4]。流漢湯湯[5]，驚浪雷奔。望之天迴[6]，即之雲昏[7]。水物殊品[8]，鱗介異族[9]。或藏蛟螭[10],或隱碧玉。嘉魚出於丙穴[11],良木攢於褒谷[12]。其樹則有木蘭梫桂[13],杞櫹椅桐[14],椶枒楔樅[15]。楩柟幽藹於谷底[16],松柏蓊鬱於山峰[17]。擢脩幹[18],竦長條[19]。扇飛雲,拂輕霄。羲和假道於峻岐[20],陽烏迴翼乎高標[21]。巢居栖翔[22],聿兼鄧林[23]。穴宅奇獸[24],窠宿異禽[25]。熊羆咆其陽[26],鵰鶚鴥其陰[27]。猨狖騰希而競捷[28],虎豹長嘯而永吟[29]。

【注釋】

[1]於後:指蜀都北面地區。却背:背靠。華容:古水名,在四川江油北。[2]崑崙:古山名,在蜀地之北。[3]劍閣:谷名,在今四川劍閣縣東北,爲軍事要地。一説山名,即劍門山,有劍門七十二峰,主峰在今四川劍閣縣北。[4]石門:古山名,在蜀北。[5]漢:漢水。湯湯(shāng):大水急流的樣子。[6]迴:迴轉。[7]即:靠近。[8]殊:不同。品:種類。[9]鱗:指魚類。介:指龜、蚌之類。[10]螭(chī):傳説中無角的龍。[11]嘉魚:魚名,出産於丙穴。《北堂書鈔》一百五十八引任豫《益州記》:"嘉魚出丙穴,蜀人謂之拙魚,從石孔隨泉出,大者五六尺。"丙穴:地名,在今陝西沔陽北。[12]攢(cuán):聚集。褒谷:河谷名,在今陝西省西南,南口爲褒谷,北口爲斜谷,舊時爲川陝交通要道,谷中出産木材。[13]木蘭:又名杜蘭、林蘭,狀如楠樹。梫(qīn):牡桂,桂樹的一種。[14]杞:樹名,杞柳。櫹(xiāo):樹名。椅(yī):木名,又稱山桐子、水冬瓜。[15]椶(zōng):木名,也作"棕",椶櫚的省稱。枒(yē):木名,也作"椰"。楔(xiē):木名,似松有刺者。樅(cōng):木名,松葉柏身,幹高數丈。[16]楩(pián):木名,黄楩木。柟(nán):木名,即楠木。幽藹:深密。[17]蓊鬱:茂密。[18]擢(zhuó):聳起。脩:長。[19]竦:震動。條:細長的樹枝。[20]羲和:神話中太陽的御者,後借指太陽。峻岐:指高樹的枝杈。[21]這兩句形容樹林高密,遮住了陽光,太陽好像都没有路了。陽烏:神話中住在太陽裏的三足烏,也借指太陽。高標:高聳的樹木。[22]巢居:指住在樹上的鳥。栖:棲息。[23]聿:發語詞。兼:指加倍。鄧林:神話中的樹林,相傳是夸父追日時丢下的手杖化成的。[24]穴:居住。[25]窠(kē):昆蟲鳥獸的棲息處。[26]羆(pí):熊類獸。[27]鵰:一種猛禽。鶚(è):鷹類,又叫魚鷹。鴥(yù):疾飛。陰:山北水南。[28]猨:同"猿"。狖(yòu):黑猿。希:指空處。[29]永:長。

【押韻】

崙、門、奔、昏:文部。族、玉、谷:屋部。桐、樅、峰:東部。條、霄、標:宵部。林、禽、陰、吟:侵部。

於東則左緜巴中[1],百濮所充[2]。外負銅梁於宕渠[3],内函要害於膏腴[4]。其中則有巴菽巴戟[5],靈壽桃枝[6]。樊以葅圃[7],濵以鹽池[8]。蛐蜟山棲[9],黿龜水處[10]。潛龍蟠於沮澤[11],應鳴鼓而興雨[12]。丹沙赩熾出其阪[13],蜜房郁毓被其阜[14]。山圖采而得道,赤斧服而不朽[15]。若乃剛悍生其方[16]，風謡尚其武[17]。奮之則賨旅[18]，翫之則渝舞[19]。鋭氣剽於中葉[20]，蹻容世於樂府[21]。

【注釋】

[1]緜：緜延。巴：古地名，在今四川東部、重慶一帶。[2]百濮：古代西南少數民族。充：充滿。[3]銅梁：山名，位於今重慶合川縣南。宕渠：漢縣，治所在今四川渠縣東北，屬巴郡。[4]函：包含。[5]巴菽：即巴豆。巴戟：即巴戟天，草名，可入藥。[6]靈壽：樹木名，可作杖。桃枝：竹名，可織席作杖。[7]樊：築籬圍繞。蒩(zū)：草名，今稱魚腥草。[8]鹽池：産鹽的沼澤。[9]蛡蛦(bièyí)：鳥名，山鷄類，出産於巴地。[10]黿(yuán)：大鼈。[11]蟠：盤伏，屈曲。沮澤：水草叢生的沼澤地帶。[12]傳説巴地有個沼澤，中有神龍，聽見鳴鼓就會下雨。[13]赩(xì)熾：深紅色。阪：山坡，斜坡。[14]蜜房：蜜蜂的巢。郁毓：盛多。被：覆蓋。阜：土山。[15]山圖、赤斧：均是傳説中的仙人。[16]若乃：至於。以下敘述民風。剛悍：剛强勇猛。[17]風謡：反映風土民情的歌謡。尚：崇尚。[18]奮：憤激。賨(cóng)：古巴地一少數民族。旅：指軍隊。[19]翫(wán)：玩樂。渝：古地名，故地在今重慶市。[20]剽：輕飄，輕疾。中葉：指西漢的極盛時代。[21]蹻(jiǎo)：勇武，這裏形容舞姿。世於樂府：指世代在樂府中保存。

【押韻】

中、充：冬部。渠、腴：魚侯部合韻。枝、池：支歌部合韻。處、澤、雨：魚鐸部合韻。阜、道、朽：幽部。武、旅、舞、府：魚侯部合韻。

於西則右挾岷山，涌瀆發川[1]。陪以白狼[2]，夷歌成章[3]。坰野草昧[4]，林麓黝儵[5]。交讓所植[6]，蹲鴟所伏[7]。百藥灌叢[8]，寒卉冬馥[9]。異類衆夥[10]，于何不育？其中則有青珠黄環[11]，碧砮芒消[12]。或豐緑荑，或蕃丹椒[13]。麋蕪布濩於中阿[14]，風連莚蔓於蘭皋[15]。紅葩紫飾[16]，柯葉漸苞[17]。敷蘂葳蕤[18]，落英飄颻[19]。神農是嘗[20]，盧跗是料[21]。芳追氣邪[22]，味蠲癘痟[23]。

【注釋】

[1]瀆：溝渠。此指河流。[2]白狼：漢西南夷部族名，生活在今四川雅安地區。[3]東漢時白狼人曾用他們的語言寫成三首詩，獻給中央政府。事見《後漢書・西南夷傳》。[4]坰(jiōng)：郊野。草昧：草木幽深。[5]麓：山腳。黝、儵(shù)：均形容黑色，指樹木茂盛幽暗。[6]交讓：一種長在岷山的樹木。據説兩樹對生，一枯一活，每年互換一次，既不同時枯，也不同時活，故名交讓。[7]蹲鴟：大芋，出産於岷山。[8]灌叢：叢生。[9]寒卉：耐寒的花木。馥：香。[10]夥(huǒ)：盛多。[11]青珠：一種似珠玉的石頭，出蜀郡平津，入藥，亦可作裝飾。黄環：也是一種可入藥的礦物。[12]砮(nǔ)：石制箭鏃。芒消：即芒硝。[13]蕃：茂盛。丹椒：紅花椒。[14]麋蕪：蘼蕪，香草名。麋：通"蘼"。布濩(hù)：散佈，分佈。中阿(ē)：山中。[15]風連：藥名，即黄連。莚蔓：蔓延連續。蘭皋：生有蘭草的高地。[16]葩：花。[17]柯：草

木枝莖。漸苞:不斷滋長而叢生。[18]敷蘂:指盛開的花。[19]英:花。飄颻:飄摇。[20]神農:傳説中的古帝王,曾遍嘗百草。[21]盧:盧人扁鵲,春秋時的良醫。跗:俞跗,相傳是黄帝時的良醫。料:料理。這裏指制藥。[22]追:指驅除。氣邪:指入侵體内的不正之氣。[23]蠲(juān):除去,免除。癘(lì):疫病。痟(xiāo):頭痛病,一説消渴病,即糖尿病。

【押韻】

山、川:元部。狼、章:陽部。儵、伏、馥、育:覺職屋部合韻。消、椒、皋、苞、颻、料、痟:宵部。

其封域之内[1],則有原隰墳衍[2],通望彌博[3]。演以潛沫[4],浸以緜雒[5]。溝洫脈散[6],疆里綺錯[7]。黍稷油油[8],粳稻莫莫[9]。指渠口以爲雲門[10],灑滮池而爲陸澤[11]。雖星畢之滂沲[12],尚未齊其膏液[13]。

【注釋】

[1]封域:疆界,領地。[2]原:寬闊平坦之地。隰(xí):低濕之地。墳:弯的堤岸。衍:低平之地。四者均是良田。[3]指一望無邊。[4]演:水潛流。潛、沫二水均有一段潛流,故稱演。潛:水名,嘉陵江的支流,四川廣元龍門水的别稱。沫(mèi):古水名,出岷山之西。[5]浸:浸潤。緜:緜水,又叫緜陽河。源出四川綿竹北,南流至廣漢入雒江。雒(luò):雒江,又名石亭江。源出四川什邡市西北,東南流經廣漢、金堂,入沱江。《華陽國志·蜀志》載有戰國李冰導洛(雒)水灌田之事。[6]溝洫(xù):溝渠,田間水道。脈散:像人的血脈一樣散佈。[7]疆里:劃分田界。指田疇。綺錯:像錦綺花紋一樣錯雜排列。[8]黍:黄米。稷:穀物名。油油:光潤。[9]粳:同"粳",不粘的稻。稻:糯稻。莫莫:茂密。[10]大意是:水出灌田,渠口就像雲門,雲來則雨至。渠口:指秦李冰所修的都江堰。雲門:相當於閘門。[11]灑:指灌溉。滮(biāo)池:本爲水名,指蜀中的水利工程。陸澤:乾地上的水源。[12]畢:星名。滂沲:即"滂沱"。古代傳説月亮運行的軌道靠近畢星,就會下大雨。[13]還比不上這些水利設施提供的灌溉水源。

【押韻】

博、雒、錯、莫、澤、液:鐸部。

爾乃邑居隱賑[1],夾江傍山。棟宇相望[2],桑梓接連[3]。家有鹽泉之井,户有橘柚之園。其園則有林檎枇杷[4],橙柿梬楟[5]。櫃桃函列[6],梅李羅生[7]。百果甲宅[8],異色同榮[9]。朱櫻春熟[10],素奈夏成[11]。若乃大火流[12],凉風厲[13]。白露凝,微霜結。紫梨津潤,樼栗罅發[14]。薄陶亂潰[15],若榴競裂[16]。甘至自零[17],芬芬酷烈[18]。其圃則有蒟蒻茱萸[19],瓜疇芋區[20]。甘蔗辛薑[21],陽蓝陰敷[22]。日往菲薇[23],月來扶疎。任土所麗[24],衆獻而儲。

【注釋】

[1]隱賑：繁盛富裕。[2]棟宇：指房屋。[3]桑、梓：是古代住宅旁常栽的樹木。[4]林檎：沙果，又叫花紅。[5]柹：同"柿"。梬(yǐng)：果名。楟(tíng)：果名，山梨。[6]榹(sī)桃：果名，山桃，又稱毛桃。函列：成行排列。[7]羅：分佈，排列。[8]甲宅：同"甲坼"，指花開。[9]榮：開花。[10]櫻：櫻桃。[11]柰：一種果樹。[12]大火流：指秋季到了。大火：星名，心宿中央的紅色大星。[13]厲：猛烈。[14]榛(zhēn)：同"榛"，榛子。罅(xià)：裂開。[15]蒲陶：即葡萄。潰：指熟爛。[16]若榴：即石榴。[17]甜到極點時自然就落下。甘：甜。零：落。[18]酷烈：香味濃厚。[19]蒟蒻(jǔruò)：芋類植物，又稱魔芋、鬼頭，蜀地特産，可入藥。茱萸：植物名，味香烈。[20]疇：田疇。區：區域。該句指瓜、芋皆成片種植。[21]辛：辛辣。薑：生薑。[22]陽蓲(xū)：陽光和煦(甘蔗宜暖)。陰敷：佈滿了陰蔭(生薑宜陰)。[23]非薇：草木茂密。[24]大意是：上述物品均是本地的特産。任土：根據土地具體情況。麗：附著。

【押韻】

山、連、園：元部。楟、生、榮、成：耕部。厲、結、發、裂、烈：月質部合韻。萸、區、敷、疎、儲：侯魚部合韻。

其沃瀛則有攢蔣叢蒲[1]，緑菱紅蓮。雜以蘊藻[2]，糅以蘋蘩[3]。總莖柅柅[4]，裛葉蓁蓁[5]。蕡實時味[6]，王公羞焉[7]。其中則有鴻儔鵠侶[8]，鷲鷺鶘鷗[9]。晨鳧旦至[10]，候鴈銜蘆[11]。木落南翔，冰泮北徂[12]。雲飛水宿[13]，哢吭清渠[14]。其深則有白黿命鼉[15]，玄獺上祭[16]。鱣鮪鱒魴[17]，鮷鱧魦鱨[18]。差鱗次色[19]，錦質報章[20]。躍濤戲瀨[21]，中流相忘[22]。

【注釋】

[1]沃瀛：肥美的池澤。蔣：茭白，生於河邊、陂澤。蒲：蒲柳，水生植物。[2]蘊(wēn)：通"薀"，水草名，即薀藻。[3]糅：摻雜。蘋：水草名，又叫田字草。蘩：白蒿，亦水草名。[4]總：聚集，聚合。柅柅：草木茂盛。[5]裛(yè)：纏繞。蓁蓁(zhēn)：茂盛。[6]蕡(fén)：形容果實大。時味：指時鮮果蔬。[7]羞：即"饈"，美味的食物。用作動詞。[8]鴻：大雁。儔：伴侶。鵠：天鵝。侶：同伴。大雁、天鵝總是成群而飛。[9]鷲鷺：白鷺。鵜鶘(tíhú)：水鳥名。[10]晨鳧：野鴨。野鴨常於早晨飛翔，故稱晨鳧。[11]候鴈：鴈南來北往均有定時，故稱候鴈。銜蘆：鴈飛翔時口銜蘆草以防羅網。[12]冰泮：冰融，解凍。徂：往。[13]飛在雲端，棲在水邊。[14]哢吭(háng)：鳥鳴。[15]傳説有黿鳴鼉應之事。[16]玄：黑。獺：食魚獸。[17]鱣(zhān)：鯉魚。鮪(wěi)：鱘魚。鱒(zùn)、魴(fáng)：均是魚名。[18]鮷(tí)：大鮎。鱧(lǐ)：亦名銅魚，俗稱烏魚。魦(shā)：也稱鮀，一種小魚。鱨(cháng)：魚名，又稱黄頰。[19]差(cī)、次：按次排列。[20]報章：指織成的花紋。語出《詩經·小雅·大東》。[21]瀨(lài)：湍急的水。[22]相忘：形容魚在水中優遊自在，彼此相忘。

【押韻】

蓮、蘗:元部。侶、鶂、蘆、徂、渠:魚部。魴、鱨、章、忘:陽部。

於是乎金城石郭[1],兼帀中區[2]。既麗且崇[3],實號成都。闢二九之通門[4],畫方軌之廣塗[5]。營新宮於爽塏[6],擬承明而起廬[7]。結陽城之延閣[8],飛觀榭乎雲中[9]。開高軒以臨山[10],列綺窗而瞰江[11]。内則議殿爵堂[12],武義虎威[13]。宣化之闥[14],崇禮之闈[15]。華闕雙邈[16],重門洞開[17]。金鋪交映[18],玉題相暉[19]。外則軌躅八達[20],里閈對出[21]。比屋連甍[22],千廡萬室[23]。亦有甲第[24],當衢向術[25]。壇宇顯敞[26],高門納駟[27]。庭扣鍾磬[28],堂撫琴瑟。匪葛匪姜[29],疇能是恤[30]。

【注釋】

[1]金城石郭:形容城郭之堅固。郭:外城。[2]兼帀中區:指城垣包括中心區域在内。[3]麗:壯美,華麗。崇:高峻。[4]二九:十八。據《後漢書》,漢武帝元鼎二年,成都立十八門。[5]方軌:兩車並行。[6]營:營建。爽塏(kǎi):指明亮乾燥處。[7]擬:摹仿。承明:漢代殿名,在未央宫内。新宫、承明大約是指劉備、劉禪摹仿長安的舊規模所造的建築物。[8]陽城:蜀城樓名。延閣:從屬於主體建築的閣室。[9]觀榭:臺榭,建在高地供遊玩的建築物。[10]軒:有窗的長廊,又叫小室,在堂前,外有欄杆。[11]綺窗:雕飾美觀的窗户。瞰:俯視。[12]議殿、爵堂:殿堂名。[13]武義、虎威:二門名。[14]宣化:門名。闥(tà):宫中的門。[15]崇禮:門名。闈:宫中之門。[16]邈:高遠。[17]重門:一層一層的門。洞開:大開。[18]金鋪:見《長門賦》注。[19]玉題:門楣上的玉飾。[20]軌躅:指道路。軌:車兩輪間的距離,指車迹。躅(zhú):足迹。[21]里:里巷。閈(hàn):門。[22]比屋:房屋挨著房屋。甍(méng):屋脊。[23]廡(wǔ):堂下的走廊,廊屋。以上是平民的房屋。[24]甲第:豪門貴族的宅第。[25]衢(qú):四通八達的大道。術:邑中道路。[26]壇:堂。宇:屋。此指院落。[27]駟:一車四馬。[28]扣:通"叩",碰撞。[29]葛:指諸葛亮。姜:指姜維,三國蜀漢天水人,歷任征西將軍、衛將軍、大將軍等職。諸葛亮死後,他統帥蜀軍,多次伐魏。[30]疇:誰。恤:顧惜,指過問。

【押韻】

區、都、塗、廬:侯魚部合韻。中、江:冬東部合韻。威、闈、開、暉:微部。出、室、術、駟、瑟、恤:物質部合韻。

亞以少城[1],接乎其西。市廛所會[2],萬商之淵[3]。列隧百重[4],羅肆巨千[5]。賄貨山積[6],纖麗星繁[7]。都人士女[8],袨服靚粧[9]。賈貿墆鬻[10],舛錯縱横[11]。異物崛詭[12],奇於八方[13]。布有橦華[14],麪有桄榔[15]。邛杖傳節於大夏之邑[16]，蒟醬流味於番禺之鄉[17]。輿輦雜沓[18]，冠帶混并[19]。累轂疊迹[20]，叛衍相傾[21]。喧嘩鼎沸，則哤聒宇宙[22]；囂塵張天[23]，則埃壒曜靈[24]。闤闠之里[25]，伎巧之家[26]。百室離房，機杼相和[27]。貝錦斐成[28]，濯色江波[29]。黄潤比筒[30]，籯金所過[31]。

【注釋】

[1]亞：其次，表示時間或空間的先後。少城晚於大城修建，故稱爲“亞”。少(shào)城：成都城西的小城。[2]市廛：商店集中的處所。[3]淵：指人或物品的集聚之處。[4]隧：道路。[5]肆：市集貿易之處。巨千：指無數。[6]賄：財物。山積：像山一樣堆積。[7]纖麗：指精細華麗的貨物。[8]指城内男女。[9]袨(xuàn)服：盛服。靚粧：美麗的裝飾。[10]賈(gǔ)貿：做買賣。墆鬻(diéyù)：屯積貨物，以待高價。[11]舛(chuǎn)錯：夾雜，交互。[12]崛詭：指奇異。[13]指各方珍奇都來這裏彙集。[14]橦華：橦花織成的布，又叫橦布。橦：樹名，即草棉，花可織布。[15]桄(guāng)榔：樹名，樹幹中的東西可制成澱粉。[16]大夏：據《史記・西南夷列傳》載，張騫在大夏曾見過蜀地出産的邛竹杖。[17]蒟醬：蒟子制成的醬，産於蜀地。番禺：今廣東番禺。[18]輿輦：指車轎。雜沓：衆多紛雜。[19]冠帶：帽子和腰帶。這是上層人士的裝扮，借指士族、官吏。[20]指一輛車接著一輛車。[21]叛衍：漫衍，連綿不盡。相傾：擠在一起，互不相讓。[22]哤聒(mángguā)：聲音雜亂。[23]囂塵：喧鬧多塵埃。張：即“漲”。[24]埃壒(ài)：塵土。曜靈：太陽。[25]闤闠(huánkuì)：闤，市垣。闠：市之外門。古市道在兩者之間，故以稱市肆。[26]伎巧：才藝，工巧。[27]機杼：織布機。機以轉軸，杼以持緯。[28]貝錦：錦名，錦上有貝形花紋。斐成：斐然成章。斐：五色相雜。[29]濯：洗。古時成都織錦既成，濯於江水，洗後錦色極爲鮮亮，濯於他水則錦色暗淡。漢朝在此設立織錦的工場，稱錦官，成都因此又名錦官城。[30]黄潤：漢代布名，蜀地名産。[31]籯(yíng)：筐籠一類的盛物竹器。

【押韻】

淵、千、繁：元部。粧、横、方、榔、鄉：陽部。并、傾、靈：耕部。和、波、過：歌部。

侈侈隆富[1]，卓鄭埒名[2]。公擅山川[3]，貨殖私庭。藏鏹巨萬[4]，鈲摫兼呈[5]。亦以財雄，翕習邊城[6]。三蜀之豪[7]，時來時往。養交都邑[8]，結儔附黨[9]。劇談戲論[10]，扼腕抵掌[11]。出則連騎，歸從百兩[12]。若其舊俗[13]，終冬始春，吉日良辰，置酒高堂，以御嘉賓[14]。金罍中坐[15]，肴槅四陳[16]。觴以清醥[17]，鮮以紫鱗[18]。羽爵執競[19]，絲竹乃發。巴姬彈弦，漢女擊節[20]。起西音於促柱[21]，歌江上之飆厲[22]。紆長袖而屢舞[23]，翩躚躚以裔裔[24]。合樽促席[25]，引滿相罰[26]。樂飲今夕，一醉累月。

【注釋】

[1]侈侈：盛多。隆富：巨富。[2]卓鄭：卓氏、程鄭，都是漢代蜀中大富商、大地主。據《史記·貨殖列傳》，他們擁有礦山和千百名奴隸，能壟斷平民生計。埒(liè)名：齊名。埒：等同。[3]擅：佔有。[4]鏹(qiǎng)：錢貫。巨萬：萬萬。[5]鈚(pī)：裁竹木爲器。槻(guī)：裁衣。揚雄《方言》卷二："梁益之間，裁木爲器曰鈚，裂帛爲衣曰槻。"兼呈：常課，指按例徵收課税。[6]翕(xī)習：盛多。這句指以財富稱雄邊城。[7]三蜀：指蜀郡、廣漢、犍爲三郡。[8]養交：指結交。[9]指結成黨羽。[10]劇談：暢談。[11]扼腕：手握其腕，往往表示激怒、振奮或惋惜等强烈的情緒。抵：应爲抵(zhǐ)，擊，拍。抵掌：擊掌。指談話興奮、投機。[12]兩：通"輛"。[13]舊俗：指平時的生活習慣。[14]御：指款待。[15]罍(léi)：盛酒器。[16]槅(hé)：盛食物的盤子。[17]觴：酒杯。用作動詞，指敬酒。醥(piǎo)：清酒。[18]鮮：指嘗鮮味。紫鱗：指魚。[19]羽爵：一種酒器。執競：手拿酒杯，争相勸飲。[20]擊節：打拍子。[21]西音：樂曲名。促柱：急弦。[22]江上：樂歌名。飄(liáo)厲：形容歌聲清越嘹亮。飄：亦寫作"飉"。厲：亦作"戾"。[23]紆：紆曲，迴旋。[24]翩：輕疾。躚躚：迴旋。裔裔：舞步輕盈。[25]合樽：把酒合在一起。促席：坐席靠攏。[26]引滿：注滿酒杯。

【押韻】

名、庭、呈、城：耕部。往、黨、掌、兩：陽部。春、辰、賓、陳、鱗：文真部合韻。發、節、厲、裔、月：月質部合韻。

若夫王孫之屬[1]，郤公之倫[2]，從禽於外[3]，巷無居人[4]。並乘驥子[5]，俱服魚文[6]。玄黄異校[7]，結駟繽紛。西踰金隄[8]，東越玉津[9]。朔别期晦[10]，匪日匪旬[11]。蹴蹈蒙籠[12]，涉躐寥廓[13]。鷹犬倏眒[14]，罻羅絡幕[15]。毛群陸離[16]，羽族紛泊[17]。翕響揮霍[18]，中網林薄[19]。屠麖麋[20]，翦旄麈[21]。帶文蛇[22]，跨彫虎[23]。志未騁[24]，時欲晚。追輕翼，赴絶遠。出彭門之闕[25]，馳九折之坂[26]。經三峽之峥嶸[27]，躡五屼之蹇滻[28]。戟食鐵之獸[29]，射噬毒之鹿[30]。皛貙氓於葽草[31]，彈言鳥於森木。拔象齒，戾犀角[32]。鳥鎩翮[33]，獸廢足。

【注釋】

[1]王孫：卓王孫，蜀中大富豪，卓文君的父親。[2]郤公：蜀中豪俠。倫：類。[3]從禽：田獵時追逐禽獸。指打獵。[4]指人們都去看打獵了。語出《詩經·鄭風·叔于田》"叔於田，巷無居人"。[5]驥子：良馬。[6]魚文：指箭袋。[7]各種不同毛色的馬分開排列成隊。玄黄：黑色與黄色。校：指隊伍。[8]金隄：堤名，在成都西。[9]玉津：地名，在犍爲之東北、成都之東。[10]朔：農曆每月的初一。期：會合。晦：農曆每月的最後一天。[11]旬：十天。這兩句是説這種長距離的行獵，時間要以月計，不能以日和十日計算。[12]蹴(cù)：踐踏。蹈：踏。

蒙籠：草木茂密。指茂密的草木。[13]涉躐(liè)：經過。寥廓：廣遠，曠遠。[14]倏胂(shūshēn)：形容奔逐急速。[15]罻羅：捕鳥獸的羅網。絡幕：分張覆蓋。[16]毛群：指獸類。陸離：分散。指野獸奔逃。[17]羽族：指鳥類。紛泊：飛撲。[18]翕響：頃刻之間。揮霍：輕捷迅疾。[19]林薄：草木叢雜的地方。[20]麖(jīng)：大鹿。麋：麋鹿，又稱四不像。[21]旄：牦牛。麈(zhǔ)：鹿類動物，其尾可作拂塵。[22]文：即"紋"，花紋。[23]彫：花紋。[24]騁：滿足。[25]彭門：山名。在四川彭州西北，又稱天彭門或天彭闕，因有兩石對峙如門而得名。一説在今都江堰市以北的岷江上游。[26]九折之坂：九折坂，在四川滎經縣西邛崍山，因山路險阻迴曲而得名。[27]三峽：長江三峽，在今重慶市和湖北省之間，即瞿塘峽、巫峽、西陵峽的合稱。崢嶸：山勢高峻。[28]五屼(wù)：山名，在今四川犍爲縣南。據説因一山有五重而得名。蹇滻(jiǎnchǎn)：屈曲。[29]戟：指刺。食鐵之獸：傳説中的獸名，據説似熊而小，能食銅鐵，出建寧(故址在今雲南曲靖)。[30]噬毒之鹿：傳説中專吃毒草的鹿。噬：咬。[31]畠(pāi)：李善認爲當爲"拍"。貙(chū)氓：傳説中一種能變老虎的怪獸。葽(yāo)：草盛。[32]戾：拔，截。[33]鎩翮：毀掉羽毛。

【押韻】

倫、人、文、紛、津、旬：文真部合韻。廓、幕、泊、薄：鐸部。麈、虎：侯魚部合韻。晚、遠、阪、滻：元部。鹿、木、角、足：屋部。

殆而朅來相與[1]，第如滇池[2]，集於江洲[3]。試水客[4]，艤輕舟[5]。娉江斐[6]，與神遊。罨翡翠[7]，釣鰋鮋[8]。下高鵠[9]，出潛虯[10]。吹洞簫，發櫂謳[11]。感鱏魚[12]，動陽侯[13]。騰波沸涌，珠貝氾浮[14]。若雲漢含星，而光耀洪流。將饗獠者，張帟幕[15]，會平原。酌清酤[16]，割芳鮮[17]。飲御酣[18]，賓旅旋[19]。車馬雷駭，轟轟闐闐[20]。若風流雨散，漫乎數百里間[21]。斯蓋宅土之所安樂[22]，觀聽之所踴躍也[23]。焉獨三川[24]，爲世朝市[25]？

【注釋】

[1]殆而：尚有。殆：尚。朅(jiē)來：偏義複詞，指來。朅：去。相與：指相好的朋友。[2]第：但，且。如：往。滇池：今雲南昆明滇池，古屬蜀。[3]江洲：縣名，故址在今重慶市區。滇池、江州相距遥遠，借指東西遠遊。[4]水客：舟人，船工。[5]艤(yǐ)：同"檥"，船靠岸。[6]娉：即"聘"，訪問。江斐(fēi)：即江妃，傳説中的仙女。舊題漢劉向《列仙傳》載，江妃二女，遊於江濱，逢鄭交甫，遂解佩與之。交甫行數十步，空懷無佩，女亦不見。下文"與神遊"即指此事。[7]罨(yǎn)：本義是捕魚或捕鳥的網，引申爲掩捕。翡翠：水鳥名。[8]鰋(yǎn)：鮎魚。鮋(yóu)：魚名，似鱔。[9]下：動詞的使動用法，使……下。[10]出：動詞的使動用法。虯(qiú)：傳説中的無角龍。[11]櫂(zhào)謳：摇槳行船時所唱之歌。櫂：船槳。[12]鱏(xún)：俗作"鱘"。傳説鱘魚好音樂。[13]陽侯：傳説中的波神。[14]氾：即"氾"。古氾、氾常混用。

[15]饗(xiǎng):犒賞。獠者:獵人。帟幕:泛指帳幕。帟(yì):小帳幕,帳篷中座上承塵的平幕。[16]酤:酒。[17]芳鮮:指鮮美的肉食。[18]御:指吃喝。[19]旋:回轉。[20]闐闐(tián):象聲詞,指車馬聲。[21]漫:散開,傳開。[22]宅土:指居處。[23]踴躍:歡欣奮起。指向往。[24]三川:指黄河、洛水、伊水。三川之地,即今河南洛陽一帶。[25]這兩句大意是:蜀中也是争名争利之地,其政治經濟地位不在三川之下。《戰國策·秦策一》:"争名者於朝,争利者於市。今三川周室,天下之朝市也。"

【押韻】

洲、舟、遊、鮋、虯、謳、侯、浮、流:幽侯部合韻。原、鮮、旋、闐、散、間、川:元部。

若乃卓犖奇譎[1],倜儻罔已[2]。一經神怪,一緯人理[3]。遠則岷山之精,上爲井絡[4]。天帝運期而會昌[5],景福肸饗而興作[6]。碧出萇弘之血[7],鳥生杜宇之魄[8]。妄變化而非常[9],羌見偉於疇昔[10]。近則江漢炳靈[11],世載其英[12]。蔚若相如[13],皭若君平[14]。王褒韡曄而秀發[15],楊雄含章而挺生[16]。幽思絢《道德》[17],摛藻掞天庭[18]。考四海而爲儁[19],當中葉而擅名[20]。是故遊談者以爲譽,造作者以爲程也[21]。

【注釋】

[1]卓犖(luò):卓絶出衆。奇譎(jué):奇怪,怪異。[2]倜儻:卓絶豪邁,指不同尋常。罔已:不盡。[3]一:有的,一些。經、緯:都指依據。[4]井絡:指井星。傳説井星是岷山的精靈所變。[5]大意是:天帝在此地作盛會。運期:指到此地會合。會:聚合。[6]此地和天帝有感應,獲天帝庇佑。景福:大福,洪福。肸(xī)饗:當作"肸蠁",散佈,彌漫,指聲響或氣體的傳播。比喻神靈感應或靈感通微。[7]萇弘:春秋周敬王大夫。傳説萇弘死於蜀,其血化爲碧。[8]杜宇:古蜀望帝,傳説死後化爲杜鵑。[9]妄:荒誕。[10]羌:發語詞。偉:盛大。指廣爲流傳,盛傳。疇昔:過去。[11]炳靈:顯赫的英靈。一説即"秉靈",鍾靈,指靈氣賦在人身。[12]英:指傑出人物。[13]蔚:文采華美。相如:司馬相如。[14]皭(jiào):潔净。君平:嚴遵,字君平,西漢蜀郡人,卜筮於成都市,日得百錢,足以自養,即閉肆下簾讀《老子》,一生不爲官。[15]王褒:西漢蜀資中人,字子淵,文學家,著有《洞簫賦》、《九懷》、《聖主得賢臣頌》等。韡曄(wěiyè):明盛美茂。指文采。秀發:指詩文俊逸。[16]楊雄:即揚雄。參見《漢書·揚雄傳》。含章:含美於内。指文采充溢。挺生:指挺拔出衆。[17]幽思:深思,沈思。絢:燦爛,照耀。道德:指老子《道德經》。[18]摛(chī)藻:鋪張詞藻。掞(shàn):發舒,鋪張。天庭:指皇帝。司馬相如、揚雄、王褒等皆因文章而受到朝廷的重視。[19]考:考察。四海:指全國範圍。儁(jùn):同"俊",才智出衆。[20]中葉:指漢中葉興盛時期。擅名:大有名望。[21]造作:指寫作。程:法式,典範。

【押韻】

已、理:之部。絡、作、魄、昔:鐸部。靈、英、平、生、庭、名、程:耕部。

至乎臨谷爲塞[1]，因山爲障。峻岨塍埒長城[2]，豁險吞若巨防[3]。一人守隘，萬夫莫向[4]。公孫躍馬而稱帝[5]，劉宗下輦而自王[6]。由此言之，天下孰尚[7]？故雖兼諸夏之富有，猶未若兹都之無量也。”

【注釋】

[1]塞(sài)：關隘。[2]險峻之難，視長城猶如田埂。峻岨(zǔ)：險峻，險要。塍(chéng)：田埂。埒(liè)：等同。[3]豁：深邃。險：險阻。吞若：完全像。吞：涵容，容納。這裏有完全的意思。若：如，如同，像。巨防：大堤，這裏的意思是深谷陡塹旁的崖岸。[4]向：靠近，接近。[5]公孫：公孫述(？～36)，字子陽，東漢扶風茂陵人。王莽時據有益州(含今四川和重慶市)，自立爲蜀王，建武元年四月稱帝，號成家。建武十二年爲漢軍所滅。[6]劉宗：指劉備，爲漢宗室，故稱劉宗。[7]尚：超過。

【押韻】

障、防、向、王、尚、量：陽部。

練習(一)

一、解釋下列句子中加點字的意義。

1. 孔雀集而相存兮，玄猨嘯而長吟。
2. 正殿塊以造天兮，鬱並起而穹崇。
3. 緻錯石之瓴甓兮，象瑇瑁之文章。
4. 援雅琴以變調兮，奏愁思之不可長。
5. 揄長袂以自翳兮，數昔日之諐殃。
6. 妾人竊自悲兮，究年歲而不敢忘。
7. 深者入黄泉，高者出蒼天，大者含元氣，細者入無閒。
8. 往昔周綱解結，群鹿争逸，離爲十二，合爲六七，四分五剖，並爲戰國。
9. 矯翼厲翮，恣意所存。
10. 曠以歲月，結以倚廬。
11. 天下之士，雷動雲合，魚鱗雜襲，咸營於八區。
12. 或枉千乘於陋巷，或擁篲而先驅。
13. 言奇者見疑，行殊者得辟。
14. 嚮使上世之士處乎今世，策非甲科，行非孝廉，舉非方正，獨可抗疏，時道是非，高得待詔，下觸聞罷，又安得青紫？

15. 世異事變,人道不殊,彼我易時,未知何如。

16. 然則靡玄無所成名乎？范蔡以下,何必玄哉？

17. 激卬萬乘之主,介涇陽,抵穰侯而代之,當也。

18. 婁敬委輅脱輓,掉三寸之舌,建不拔之策,舉中國徙之長安,適也。

19. 山阜相屬,含谿懷谷,崗巒糾紛,觸石吐雲。

20. 火井沈熒於幽泉,高爓飛煽於天垂。

21. 望之天迴,即之雲昏。

22. 猨狖騰希而競捷,虎豹長嘯而永吟。

23. 丹沙赩熾出其阪,蜜房鬱毓被其阜。

24. 任土所麗,衆獻而儲。

25. 賁即時味,王公羞焉。

26. 既崇且麗,實號成都。

27. 侈侈隆富,卓鄭埒名。

28. 是故遊談者以爲譽,造作者以爲程也。

二、用漢語拼音給下面句子中的加點字注音。

1. 心慊移而不省兮,交得意而相親。

2. 侈侈隆富,卓鄭埒名。

3. 時仿佛以物類兮,象積石之將將。

4. 若乃卓犖奇譎,倜儻罔已。

5. 揄長袂以自翳兮,數昔日之僭殃。

6. 頷頤折頞,涕唾流沫,西揖强秦之相。

7. 糜蕪布濩於中阿,風連莚蔓於蘭皐。

8. 差鱗次色,錦質報章。

三、指出這段韻文中的押韻字和所押的上古漢語韻部。

客徒欲朱丹吾轂,不知一跌將赤吾之族也！往昔周網解結,群鹿争逸,離爲十二,合爲六七,四分五剖,並爲戰國。士無常君,國無定臣,得士者富,失士者貧。矯翼厲翮,恣意所存。故士或自盛以橐,或鑿坏以遁。是故鄒衍以頡頏而取世資,孟軻雖連蹇猶爲萬乘師。

四、背誦揚雄《解嘲》中"夫上世之士"至"又安得青紫"一段。

五、用現代標點符號標點下列文字。

鄭玄在馬融門下三年不得相見高足弟子傳授而已嘗算渾天不合諸弟子莫能解或言玄能者融召令算一轉便决衆咸駭服及玄業成辭歸既而融有禮樂皆東

之嘆恐玄擅名而心忌焉玄亦疑有追乃坐橋下在水上據屐融果轉式逐之告左右曰玄在土下水上而據木此必死矣遂罷追玄竟以得免

王右軍年減十歲時大將軍甚愛之恒值帳中眠大將軍嘗先出右軍猶未起須臾錢鳳入屏人論事都忘右軍在帳中便言逆節之謀右軍覺既聞所論知無活理乃陽吐汙頭面被褥詐孰眠敦論事造半方憶右軍未起相與大驚曰不得不除之及開帳乃見吐唾縱横信其實孰眠於是得全於時稱其有智

文　選

自 祭 文

陶　潛

【解題】

陶潛(365～427),字淵明,世稱靖節先生,潯陽柴桑(今江西九江)人,晋宋時代大詩人。他早年曾立下濟世之志,先後做過江州祭酒、鎮軍參軍、建威參軍、彭澤令等官,最後因看透了官場的醜惡和虛僞,不願爲五斗米折腰,辭官歸家,躬耕勞作。自晋末到劉宋初年,雖屢被徵召,均拒絶到職。晚年境遇悲慘,貧病交加,有時甚至外出乞食,但仍然不改初衷。陶淵明的作品表達了對當時社會的不滿和對理想社會的追求、對勞動生活的贊美,感情真摯。在形式上一反六朝華而不實的文風,語言樸實自然。其作品在思想和藝術上對後世産生了巨大影響。

祭文是文體的一種,一般是韻文,本來是生者爲死者而作,以示哀悼。本文則是作者生前爲自己所作,也是作者的最後一篇作品。文章表現了生無所戀、死無所恨的達觀思想。本文選自《陶淵明集》(逯欽立校注,中華書局1979年)。

歲惟丁卯[1],律中無射[2]。天寒夜長,風氣蕭索[3];鴻雁于征[4],草木黄落。陶子將辭逆旅之館[5],永歸於本宅[6]。故人悽其相悲[7],同祖行於今夕[8],羞以嘉蔬[9],薦以清酌[10]。候顔已冥[11],聆音愈漠[12]。嗚呼哀哉!

【注釋】

[1]惟:句中語氣詞。[2]律中(zhòng)無射(yì):指時值農曆九月。律:古人確定樂音高低的標準音,共十二個,稱爲“十二律”。中:合,符合。無射:十二樂律之一。古人把十二樂律和十二月相配,季秋之月(即九月),律中無射。《禮記·月令》:“季秋之月,其音商,律中無射。”[3]蕭索:淒凉。[4]于:動詞詞頭。征:行,這裏指飛行。[5]陶子:作者自稱。逆旅之館:迎接旅客之館,即旅館,這裏用來比喻人世間,指人活在世上好比旅客暫時住在旅館。逆:迎。[6]歸於本宅:指死亡。本宅:老家。[7]悽:悲痛。[8]祖行,相當於餞行,指出殯前一晚的祭奠,爲死者送行。祖:出行時祭路神。[9]羞:進獻。[10]薦:獻。清酌:祭奠時所用的酒的專稱。[11]候:伺望。冥:杳冥,了無蹤影。[12]聆:聽。漠:通“寞”,無聲無息。

【押韻】

射、索、落、宅、夕、酌、漠:昔鐸陌藥合韻①。

茫茫大塊[1],悠悠高旻[2],是生萬物,余得爲人。自余爲人,逢運之貧。簞瓢屢罄[3],絺綌冬陳[4]。含歡谷汲[5],行歌負薪[6]。翳翳柴門[7],事我宵晨[8]。春秋代謝,有務中園[9],載耘載耔[10],迺育迺繁[11]。欣以素牘[12],和以七弦[13]。冬曝其日,夏濯其泉。勤靡餘勞[14],心有常閒。樂天委分[15],以至百年[16]。惟此百年,夫人愛之。懼彼無成,愒日惜時[17]。存爲世珍[18],没亦見思[19]。嗟我獨邁[20],曾是異兹[21]。寵非己榮[22],涅豈吾緇[23]。捽兀窮廬[24],酣飲賦詩。識運知命,疇昔罔眷[25]。余今斯化[26],可以無恨。壽涉百齡[27],身慕肥遯[28]。從老得終,奚所復戀!寒暑逾邁[29],亡既異存。外姻晨來,良友宵奔[30]。葬之中野[31],以安其魂。窅窅我行[32],蕭蕭墓門[33]。奢恥宋臣[34],儉笑王孫[35]。廓兮已滅[36],慨焉已遐[37]。不封不樹[38],日月遂過。匪貴前譽[39],孰重後歌[40]?人生實難,死如之何?嗚呼哀哉!

【注釋】

[1]茫茫:廣大。大塊:指大地。[2]悠悠:高遠。旻:天。[3]罄:盡,空。[4]這是説冬天只有不能禦寒的麻布衣服。絺(chī):細麻布。綌(xì):粗麻布。陳:陳列,展示。[5]谷汲:在山谷中打水。[6]行歌:邊走邊唱。[7]翳翳:昏暗不明。[8]事:侍奉,陪伴。[9]務:事,指耕耘之事。中園:園中。[10]載:動詞詞頭。耘:除草。耔:把土培在禾苗根部,以免風吹雨淋而倒下。[11]育:培育。繁:繁殖。[12]素牘:指書籍。[13]七弦:七弦琴。[14]靡:没有。[15]

① 南朝以後,詩文用韻漸遠離上古韻部,而更趨近《切韻》。故本教材於南朝至唐以前的詩文用韻均以《切韻》韻部標注,以反映漢語音韻發展的脈絡。

樂天：樂從天道。委分(fèn)：順名分，守本分。[16]百年：指一生。[17]愒(kài)日：珍惜時光。愒：珍視。[18]存：活著。珍：珍貴，指重視。[19]没：死亡。見：表被動的助詞。[20]邁：行。[21]曾：乃，竟。兹：指衆人的態度。[22]寵：榮寵。[23]涅(niè)：黑色染料。緇：黑。這是説自己不會被不潔之物污染。《論語・陽貨》："不曰白乎，涅而不緇。"[24]捽兀：高傲。窮廬：指陋室。[25]指不眷戀人世。疇：句首語氣詞。罔：無。眷：顧念。[26]化：指死。[27]涉：經歷。[28]肥遯(dùn)：指高隱。語出《周易・遯》："肥遯無不利。"[29]逾邁：指進行。[30]奔：指奔喪。[31]中野：曠野之中。《周易・繫辭下》："古之葬者……葬之中野，不封不樹。"[32]窅窅(yǎo)：深遠。[33]蕭蕭：風聲。[34]宋臣：指春秋時宋國司馬桓魋，他自爲石槨，三年而不成。[35]王孫：指西漢楊王孫。《漢書・楊王孫傳》記載，他臨終前，囑咐兒子把他裸葬。[36]廓：空寂。[37]遐：遠。[38]封：壘土，指聚土爲墳。樹：種樹。古人死後，往往植樹於墓旁。[39]前譽：指生前的榮譽。[40]後歌：指死後的頌歌。

【押韻】

旻、人、貧、陳、薪、晨：真韻。園、繁、弦、泉、閒、年：元先仙山合韻。之、時、思、兹、緇、詩：之韻。眷、恨、遯、戀：仙痕魂合韻。存、奔、魂、門、孫：魂韻。遐、過、歌、何：麻歌合韻。

别　賦

江　淹

【解題】

江淹(444～505)，字文通，濟陽考城(今河南蘭考)人。少孤貧，好學能文，以文章顯名當世。歷仕南朝宋、齊、梁三朝，早年仕途不得志，到梁朝時，官至金紫光禄大夫，封醴陵侯。江淹的詩善於類比，雖然缺乏個人的創造性，但語言幽麗精工，一定程度上擺脱了當時的綺麗之風。江淹同時又是南朝最優秀的駢文作家之一，其具有獨創風格的駢文和駢賦，脱離了當時宫庭貴族生活的限制和浮豔文風的影響，内容比較充實深刻。其中最著名的是《恨賦》和《别賦》。《别賦》敘寫了不同身份的幾類人的離别，描繪得淋漓盡致，具有濃厚的感傷情調。文辭富麗，音韻優美。

本文版本依據蕭統所編《文選》(上海古籍出版社 1986 年)。

黯然銷魂者[1]，唯别而已矣！況秦吴兮絶國，復燕宋兮千里[2]。或春苔兮始生，乍秋風兮蹔起[3]。是以行子腸斷，百感悽惻[4]。風蕭蕭而異響，雲漫漫而奇色[5]。舟凝滯於水濱，車逶遲於山側[6]；櫂容與而詎前[7]，馬寒鳴而不息。掩金觴而誰御，横玉柱而霑軾[8]。居人愁卧，怳若有亡[9]。日下壁而沈彩，月上軒而飛光[10]。見紅蘭之受露，望青楸之離霜[11]。巡曾楹而空揜,撫錦幕而虚凉[12]。知離夢之躑躅,意别魂之飛揚[13]。

【注釋】

[1]銷魂:魂離軀體。形容人極度悲傷愁苦。[2]這兩句是指四國相距遥遠,古代交通不便,如此遠别,想見必難,别恨自然更深。絶國:相隔極遠的國家。[3]乍:忽然。蹔:同"暫",剛剛。這兩句是説春末秋至之時,景物最易感人,别恨也更加深切。以上總説離别之苦。[4]行子:離家遠行的人。悽惻:悲傷,凄凉。[5]漫漫:無邊無際的樣子。[6]凝滯:停留不動。逶遲:一本作"逶迤",曲折前行的樣子。[7]櫂(zhào):船槳,指船。容與:雙聲聯綿詞,徘徊不進。詎:豈,哪裏,表反問。[8]掩:藏,藏匿。這裏有收起來的意思。金觴(shāng):金杯。觴:酒杯,亦泛指酒器。御:進用。横:横放,即横放在膝上。玉柱:琴瑟上用玉做的支弦的短柱。這裏指琴瑟之類的樂器。霑軾:泪水浸濕了車前的横木。霑(zhān):浸濕。"行子"至"霑軾",是寫行人離别時的感受和心情。[9]居人:留在家中的人。怳(huǎng)若:神思不定的樣子。有亡:有所失。[10]日下壁:指日光從墻上消失。沈彩:沉没了光彩。軒:檻板,相當於後代的欄杆。[11]紅蘭:指秋天的蘭花。楸:樹木名。離:通"罹",遭受,遭逢。[12]巡:邊走邊看。曾楹:高柱,指高大的房子。曾:一作"層",高。楹:堂前的柱子。揜(yǎn):掩,指掩門。錦幕:錦做的帷帳。[13]離夢:指行子離别的夢。躑躅:徘徊不進的樣子。意:料想。飛揚:飄揚。從"居人"至"飛揚",寫居人的心情。

【押韻】

已、里、起:之韻;惻、色、側、息、軾:職韻。亡、光、霜、凉、揚:唐陽合韻。

故别雖一緒,事乃萬族[1]。至若龍馬銀鞍[2],朱軒繡軸[3],帳飲東都[4],送客金谷[5]。琴羽張兮簫鼓陳[6],燕趙歌兮傷美人[7];珠與玉兮豔暮秋[8],羅與綺兮嬌上春[9]。驚駟馬之仰秣[10],聳淵魚之赤鱗[11]。造分手而銜涕[12],感寂漠而傷神[13]。

【注釋】

[1]緒:端緒。族:類。該句總領下文。[2]龍馬:駿馬。古人稱八尺以上的馬爲龍。[3]朱軒:顯貴者所乘的車。繡:有文繡的車帷。軸:指車。[4]帳飲:在郊野設置帷帳,擺宴送别。東都:長安城門名。《漢書·疏廣傳》記載,疏廣爲太子太傅,他的侄子疏受爲少傅,很受器重。後二人同時辭官歸鄉,"公卿大夫故人邑子,設祖道供帳東都門外,送者車數百兩"。[5]金谷:指金谷澗,在洛陽西北,石崇的金谷園就在這裏。李善注引石崇《金谷詩序》説,元康六年(296),征西將軍祭酒王詡回長安,石崇和一些人在金谷澗中給他送行。[6]羽:五聲之一,指羽調式,其聲最細,多表現比較慷慨的感情。張:指琴弦張。陳:陳列,指演奏。[7]趙:古國名。《古詩十九首》:"燕趙多佳人,美者顔如玉。"後來常以燕趙稱美人。傷:動詞的使動用法,使……感傷。[8]珠、玉:歌女們的飾物。暮秋:季秋,九月。[9]羅、綺:歌女們的服飾。

上春：孟春，正月。[10]驚：動詞的使動用法，使……驚。仰秣：仰頭吃飼料。秣：牲口吃飼料。[11]聳：懼，使動用法。淵魚之赤鱗：淵中赤鱗之魚。[12]造：到。銜涕：含泪。[13]感：一本作"咸"。漠：通"寞"。從"至若"至"傷神"，寫富貴者的離别。

【押韻】

族、軸、谷：屋韻。陳、人、春、鱗、神：真諄合韻。

乃有劍客慙恩[1]，少年報士[2]，韓國趙厠[3]，吴宫燕市[4]，割慈忍愛，離邦去里。瀝泣共訣[5]，抆血相視[6]。驅征馬而不顧，見行塵之時起。方銜感於一劍[7]，非買價於泉裏[8]。金石震而色變[9]，骨肉悲而心死[10]。

【注釋】

[1]劍客：精通劍術的俠客。慙恩：對所受的恩德未能報答而感到慚愧。[2]報士：報答别人以國士相待的知遇之恩。《史記・刺客列傳》："(豫讓曰)至於智伯，國士遇我，我故國士報之。"[3]韓國：指聶政刺俠累事。戰國時，衛國人嚴仲子事韓哀侯，與韓相俠累有仇，他逃回衛國，以黄金百鎰結交聶政。聶政謝絶了黄金，但因感激嚴仲子的知遇之恩，於是在母親死後，到韓國刺死了俠累。趙厠：指豫讓謀刺趙襄子事。《史記・刺客列傳》記載，豫讓事晋卿智伯，得智伯知遇。趙襄子滅智伯後，豫讓改變姓名，做了奴隸，入趙襄子宫中塗飾厠所，想等襄子入厠所時刺殺他，但没有成功。[4]吴宫：指專諸刺吴王僚事。《史記・刺客列傳》記載，吴國公子光(後爲吴王闔閭)想奪王位，定計請吴王僚宴飲，派專諸在烹好的魚腹中暗藏匕首，專諸趁進獻魚時抽出匕首刺死了吴王僚。燕市：指荆軻刺秦王事。衛人荆軻到燕國後，由田光介紹給燕太子丹。荆軻爲報太子丹的恩遇，到秦國去刺殺秦王政。事未成，被殺。[5]瀝泣：流泪。瀝：水下滴。泣：指眼泪。訣：長别，訣别。[6]抆血：極言悲痛之深。抆(wěn)：擦。血：這裏指泪。[7]銜感：銜恩感德。一劍：指憑一把劍行刺報仇。[8]買價：指求得聲價。泉裏：指黄泉之中，即死。[9]金石：指鐘磬之類的樂器。這句指秦武陽之事。荆軻和秦武陽到了秦國，秦王接見他們時，衛士在殿階下持戟護衛，鐘鼓齊發，群臣高呼萬歲。武陽大恐，面如死灰色。[10]骨肉：指聶政的姐姐。聶政刺死俠累後，不想連累其姊，自己割裂面皮，挖出眼珠，破腹而死。韓國把聶政的屍體攞在市上，懸賞徵求刺客姓名。但很久没人知道是誰。聶政的姐姐聶嫈不願埋没了聶政的聲名，到韓市去抱屍而哭，説出其籍貫姓名，最後死在聶政屍體旁。心死：指悲哀到極點。這一段寫劍客的别離。

【押韻】

士、市、里、視、起、裏、死：止旨合韻。

或乃邊郡未和，負羽從軍[1]。遼水無極[2]，鴈山參雲[3]。閨中風暖，陌上草薰[4]。日出天而耀景[5]，露下地而騰文[6]。鏡朱塵之照爛[7]，襲青氣之烟煴[8]。攀桃李兮不忍别，送愛子兮霑羅裙[9]。

【注釋】

[1]羽：指箭。[2]遼水：即今遼河，在今遼寧省境内。無極：没有盡頭。[3]鴈山：鴈門山，在今山西北部，上有鴈門關，自古就是軍事重地。參雲：高入雲霄。[4]陌：田間小路。薰：香。[5]耀景：閃耀著光輝。景：日光。[6]騰文：指露珠在陽光下閃耀著光彩。文：文彩。[7]鏡：指照。朱塵：紅塵，即飛揚的塵埃。照爛：光彩燦爛。[8]青氣：春天之氣。古人認爲春天之色爲青。烟熅(yīnyūn)：同"氤氲"，氣盛。[9]霑羅裙：指泪濕羅裙。此段寫出征將士的别離。

【押韻】

軍、雲、薰、文、熅、裙：文韻。

至如一赴絶國，詎相見期[1]？視喬木兮故里[2]，决北梁兮永辭[3]。左右兮魂動[4]，親賓兮泪滋[5]。可班荆兮贈恨[6]，唯罇酒兮叙悲[7]。值秋鴈兮飛日，當白露兮下時。怨復怨兮遠山曲[8]，去復去兮長河湄[9]。

【注釋】

[1]詎相見期：哪裏還有相見的日期？[2]喬木：高大的樹木。王充《論衡·佚文》："睹喬木，知舊都。"[3]决：通"訣"，訣别。北梁：北橋，古人常以此指稱送别之地。永辭：永别。[4]左右：指隨從。魂動：指感情非常激動。[5]泪滋：指泪水不斷。滋：增多。[6]班荆：指鋪荆於地而坐。班：鋪。《左傳·襄公二十六年》："楚伍舉與聲子相善。……伍舉奔鄭，將遂奔晋。聲子將如晋，遇之於鄭郊，班荆相與食，而言復故。"贈恨：以恨别的詩贈人。[7]罇：酒器。[8]曲：指山的曲折處。[9]湄：水草交接處。此段寫使節的别離。

【押韻】

期、辭、滋、悲、時、湄：之脂合韻。

又若君居淄右[1]，妾家河陽[2]。同瓊珮之晨照[3]，共金爐之夕香[4]。君結綬兮千里[5]，惜瑶草之徒芳[6]。慙幽閨之琴瑟[7]，晦高臺之流黄[8]。春宫閟此青苔色[9]，秋帳含兹明月光。夏簟清兮晝不暮[10]，冬釭凝兮夜何長[11]！織錦曲兮泣已盡[12]，迴文詩兮影獨傷。

【注釋】

[1]淄右：淄水的西邊。淄(zī)：水名，即今淄河，在山東省境内。[2]河陽：黄河的北邊。[3]瓊珮：用瓊做的珮。瓊：美玉。[4]金爐：指燃燒香料的銅爐。這兩句回憶過去共同生活的美好時光。[5]結綬：指做官。綬是繫印紐的絲帶。[6]瑶草：香草，比喻少婦。大意是説可惜妻子虚度了美好年華。[7]幽閨：深閨。大意是對深閨的琴瑟感到慚愧，指放著琴瑟無心彈奏。[8]晦：昏暗不明。用作意動。流黄：紫黄色的絹。指高臺的帷幕。[9]閟(bì)：關閉。[10]簟(diàn)：竹席。[11]釭(gāng)：燈。凝：指燈光凝聚不動。這四句寫妻子在家，一年四季難以排解的思念之情。[12]織錦曲：即下文的迴文詩，可以縱横反復去讀。武則天《璿璣

圖序》:"前秦苻堅時,竇滔鎮襄陽,攜寵姬趙陽臺之任上,斷妻蘇蕙音問,蕙因織錦爲迴文,五彩相宜,縱横八寸,題詩二百餘首,八百餘言,縱横反復,皆成章句,名曰《璿璣圖》以寄滔。"這一段寫夫婦的離別,著重寫思婦的心情。

【押韻】

陽、香、芳、黄、光、長、傷:陽唐合韻。

儻有華陰上士[1],服食還山[2]。術既妙而猶學,道已寂而未傳[3]。守丹竈而不顧[4],鍊金鼎而方堅[5]。駕鶴上漢[6],驂鸞騰天[7]。蹔遊萬里[8],少别千年[9]。惟世間兮重别,謝主人兮依然[10]。

【注釋】

[1]儻:倘或。華陰:今陜西華陰縣。上士:指求仙煉丹的方術之士。[2]服食:指服食丹藥。山:一本作"仙"。《列仙傳》記載,魏人脩芊在華陰山下石室中的龍石上煉丹,取黄精吃下。後來離開,不知去向。[3]道已寂:指修道已達到很高境界。寂:寂静。未傳:指還没有得到真傳。[4]丹竈:煉丹的爐竈。顧:指顧念人世。[5]堅:指意志堅定。[6]駕鶴:指成仙飛升。《列仙傳》載,王子晋(周靈王太子)被道士浮丘公引上嵩山。三十多年後,見桓良説:"告我家,七月七日,待我緱氏山(在今河南偃師南)頭。"其時,王子晋果然乘白鶴而來。漢:天河。[7]驂鸞:乘鸞。驂:三匹馬駕一輛車。李善注引張僧鑒《豫章記》:"洪井有鸞岡,舊説洪崖先生乘鸞所憩處也。"[8]蹔:同"暫",指時間短。[9]少:指時間短。[10]謝:辭别。依然:依戀的樣子。《列仙傳》載,王子晋乘鶴至緱氏山頭辭别家人,衆人"望之不能得到,舉手謝世人,數日去"。這一段寫求仙學道者的離别。

【押韻】

山、傳、堅、天、年、然:山仙先合韻。

下有芍藥之詩[1],佳人之謌[2],桑中衛女[3],上宫陳娥。春草碧色,春水緑波,送君南浦[4],傷如之何?至乃秋露如珠,秋月如珪[5],明月白露,光陰往來。與子之别,思心徘徊。

【注釋】

[1]下有:此外還有。芍藥之詩:《詩經・鄭風・溱洧》:"維士與女,伊其相謔,贈之以勺藥。"[2]佳人之謌:漢李延年歌:"北方有佳人,絶世而獨立。一顧傾人城,再顧傾人國。寧不知傾城與傾國,佳人難再得。"謌:同"歌"。本句和上一句都是比喻戀人之愛。[3]桑中:和下文的"上宫",都是約會的地點。《詩經・鄘風・桑中》:"期我乎桑中,要我乎上宫,送我乎淇之上矣。"衛女:和下文的"陳娥"均泛指美女。[4]南浦:《楚辭・九歌・河伯》:"子交手兮東行,送美人兮南浦。"後來常用以指送别的地方。[5]珪:一種玉,上圓下方。這一段寫戀人的離别。

【押韻】

謌、娥、波、何:歌戈合韻。珪、來、徊:齊灰合韻。

是以別方不定[1]，別理千名[2]。有別必怨，有怨必盈[3]。使人意奪神駭，心折骨驚[4]。雖淵雲之墨妙[5]，嚴樂之筆精[6]，金閨之諸彥[7]，蘭臺之群英[8]，賦有陵雲之稱[9]，辯有雕龍之聲[10]，誰能摹暫離之狀，寫永訣之情者乎！

【注釋】

[1]方：種類。[2]理：道理，理由。[3]盈：充盈，指悲傷至極。[4]心折骨驚：實際是"心驚骨折"，這裏用了倒置的修辭手法。[5]淵：指西漢辭賦家王褒，字子淵。雲：指揚雄，字子雲。[6]嚴：指西漢嚴安。樂：指西漢徐樂。二人都曾上書武帝談時務，很得武帝賞識。[7]金閨：指金馬門，漢官署名。漢武帝使文學之士待詔金馬門，備顧問。彥：才俊之士。[8]蘭臺：漢宮中藏書的地方，由御史中丞掌管。後又設蘭臺令史，典校圖籍，治理文章。[9]凌雲：直上雲霄。《史記·司馬相如列傳》記載，司馬相如把《大人賦》獻給漢武帝，武帝"飄飄有凌雲之氣，似遊天地之間意"。[10]雕龍：比喻善於修辭。《史記·孟子荀卿列傳》："翳衍之術迂大而閎辯。(翳)奭也文具難施。……故齊人曰：談天衍，雕龍奭。"該段總結全文。

【押韻】

名、盈、驚、精、英、聲、情：清庚合韻。

謝靈運傳論

沈　約

【解題】

沈約(441～513)，字休文，南朝康(今浙江德清武康鎮)人，歷仕南朝宋、齊、梁三朝。初任記室，齊文惠太子時校四部圖書，遷太子家令。入梁拜尚書僕射，封建昌縣侯，官至尚書令，死後謚隱。沈約博通群書，著述頗多，有《晋書》、《宋書》、《齊紀》、《四聲韻譜》等書。於詩主"四聲八病"之説，講求聲律對仗，與謝朓、王融等在這方面用力頗多，他們的這類詩被稱作永明體(永明是齊武帝年號)。永明體偏重形式，但沈約的聲律理論對詩歌的發展有很大影響。明人輯有《沈隱侯集》。《梁書》、《南史》有傳。

謝靈運，南朝宋陽夏(今河南太康)人，襲祖父謝玄爵位康樂公，後人稱之爲謝康樂。謝靈運博覽群書，工書畫，詩文均佳，尤長於山水詩。初爲武帝太尉參軍，後遷爲太子左衛率。少帝時貶爲永嘉太守，肆意遨遊山水，四處題咏。不久辭官。文帝時徵爲秘書監，遷侍中，常稱病不朝。後又爲臨川内史，因行爲放縱，被流放廣州。不久，因有人告他謀反而被殺。《南史》、《宋書》皆有傳。

本文是附在《宋書・謝靈運傳》後的一段議論文字，主要談論兩個問題：一是情和文的問題，二是聲律問題，並以此來評論前人作品。

本文版本依據蕭統所編《文選》(上海古籍出版社 1986 年)。

史臣曰[1]：民稟天地之靈[2]，含五常之德[3]，剛柔迭用[4]，喜愠分情[5]。夫志動於中[6]，則歌咏外發。六義所因[7]，四始攸繫[8]，升降謳謡[9]，紛披《風》什[10]。雖虞夏以前，遺文不覩[11]，稟氣懷靈，理或無異。然則歌咏所興，宜自生民始也[12]。

【注釋】

[1]史臣：指沈約自己，仿《史記》"太史公曰"之例。[2]稟：稟承，承受。[3]五常：即五行，金、木、水、火、土。德：德性，性質。[4]剛柔：指人的本性有剛有柔。迭：更替。[5]愠：怒。情：感情。《禮記・禮運》："何謂人情？喜、怒、哀、懼、愛、惡、欲。"[6]志：心意，即上文所説的情。《毛詩序》："情動於中而形於言，言之不足，故嗟嘆之，嗟嘆之不足，故永歌之。"[7]六義：詩有六義：風、賦、比、興、雅、頌。[8]四始：《史記・孔子世家》："《關雎》之亂以爲《風》始，《鹿鳴》爲《小雅》始，《文王》爲《大雅》始，《清廟》爲《頌》始。"攸：所。[9]升降：指歌唱，歌唱時聲音有高低升降。謳：歌。謡：不用樂器伴奏的歌謡。[10]紛披：繁盛。《風》：指《國風》。什：指《雅》《頌》，《雅》《頌》皆以十篇爲一什。[11]指虞夏以前没有傳下詩歌。[12]生民：指人産生。

周室既衰，風流彌著[1]。屈平宋玉導清源於前[2]，賈誼相如振芳塵於後[3]。英辭潤金石[4]，高義薄雲天[5]。自兹以降，情志愈廣。王褒劉向楊班崔蔡之徒[6]，異軌同奔[7]，遞相師祖[8]。雖清辭麗曲，時發乎篇，而蕪音累氣[9]，固亦多矣。若夫平子豔發[10]，文以情變[11]，絶唱高蹤[12]，久無嗣響[13]。至於建安[14]，曹氏基命[15]，三祖陳王[16]，咸蓄盛藻[17]。甫乃以情緯文[18]，以文被質[19]。

【注釋】

[1]風流：風俗教化，指作詩的風氣。彌：更加。著：顯露，指流行，盛行。[2]屈平：屈原。導清源：比喻奠定好的開端。清源：清澈的水源。屈原《遠遊》："軼迅風於清源兮，從顓頊乎增冰。"[3]賈誼(前201～前 169)：西漢洛陽人，文學家。長於寫政論和辭賦。相如：司馬相如。振芳塵：指創作上取得巨大成就。振：舉。芳塵：指好的風氣、名聲。[4]英辭：華美的文辭。潤金石：使金石生輝。金石：指鐘鼎、碑碣之類。古人常將頌功、紀事之文刻於金石之上，以垂久遠。[5]高義：高潔的思想。薄：迫近。[6]楊：指揚雄。班：指班固。崔：指崔駰。蔡：指蔡邕。以上諸人都是漢代著名辭賦家。[7]異軌：指不同的道路。同奔：比喻共同致力於創作。[8]遞：順次更迭，一個接一個。師祖：效法。[9]蕪音：蕪雜之音。累氣：指累贅的言辭。

[10]平子：張衡，字平子，東漢西鄂（河南南陽一帶）人，著名科學家、文學家。其《兩京賦》構思十年乃成。豔發：指文采煥發。豔：美。[11]文章隨思想感情的不同而變化。[12]高蹤：高尚的德行。這裏指極高的造詣，是針對張衡《四愁詩》而言。該詩是用七言寫成的佳作。[13]嗣響：指能繼承張衡作品的佳作。沈約以前，善寫七言詩的人，除曹丕、鮑照等少數人外，還不多見。[14]建安：漢獻帝年號(196～220)。[15]基命：始受命。建安末年，曹丕建立魏朝，正式稱帝。基：始。[16]三祖：指魏太祖曹操、魏高祖曹丕、魏烈祖曹叡。一本爲"二祖"。陳王：曹植，字子建，封陳王。[17]盛藻：豐盛的辭藻。這句是指曹氏諸人均有文學才華。[18]甫：開始。以情緯文：指根據思想感情來組織文辭。緯：織物的横線，用作動詞，指組織。[19]用文辭修飾内容，互相配合，即思想内容和形式並重。文：指形式。質：指情，即内容。

自漢至魏，四百餘年，辭人才子，文體三變。相如工爲形似之言[1]，二班長於情理之説[2]，子建仲宣以氣質爲體[3]，並摽能擅美[4]，獨映當時。是以一世之士，各相慕習。源其飈流所始[5]，莫不同祖《風》《騷》[6]。徒以賞好異情[7]，故意制相詭[8]。

【注釋】

[1]工：擅長。一本爲"巧"。形似之言：指描寫物態之文。司馬相如以辭賦見長，辭賦重在體物。[2]二班：指班彪、班固父子。一本爲"班固"。情理之説：指抒情説理之文。班固《幽通賦》、《咏史詩》皆屬此類。[3]仲宣：王粲字仲宣，建安七子之一。氣質：指個性修養。體：文章的風格。曹植、王粲由於不同的個性形成作品上的不同風格。[4]摽(biāo)：表現，顯現。擅美：指獨具優點。擅：專。[5]源：用作動詞，推尋，追尋。飈流：同上文的"風流"，指漢魏四百餘年的詩賦創作。飈：暴風。[6]《風》《騷》：《國風》(代指《詩經》)、《離騷》。[7]賞好：欣賞愛好。[8]意：指内容。制：指體裁。詭：異，不同。

降及元康[1]，潘陸特秀[2]，律異班賈[3]，體變曹王[4]。縟旨星稠[6]，繁文綺合[7]，綴平臺之逸響[7]，采南皮之高韻[8]。遺風餘烈[9]，事極江右[10]。在晋中興[11]，玄風獨扇[12]，爲學窮於柱下[13]，博物止乎七篇[14]。馳騁文辭，義殫乎此[15]。自建武暨於義熙[16]，歷載將百，雖比響聯辭，波屬雲委[17]，莫不寄言上德[18]，托意玄珠[19]，遒麗之辭[20]，無聞焉爾。仲文始革孫許之風[21]，叔源大變太元之氣[22]。

【注釋】

[1]元康：晋惠帝年號(291～299)。[2]潘：指潘岳，字安仁。陸：指陸機、陸雲。[3]律：指詩文的聲律。班賈：指班固、賈誼。[4]體：指詩文的體裁。曹王：指曹植、王粲。[5]縟：複雜，繁複。旨：指作品的思想。星稠：像星辰一樣稠密。[6]文：文飾，指辭藻。綺：有花紋的織

物。合:和。這句指濃麗堆砌的詞藻像綺羅的花紋一樣協調。[7]綴:聯接,指繼續。平臺:西漢梁孝王劉武在封地修建宫室,築複道,從王宫到城東北三十里平臺,招攬四方才士。鄒陽等辭賦家都前往遊宴寫作,司馬相如也曾客遊於梁。逸響:指當時的辭賦家們的辭賦。逸:高超。[8]南皮之高韻:指曹丕等人的詩賦風格。南皮:地名,在今河北南皮,魏文帝爲五官中郎將時,曾與吴質、阮瑀諸文士遊於此。曹丕《與吴質書》:"每念昔日南皮之遊,誠不可忘。"[9]餘烈:餘業。[10]極:盡。江右:指西晋。東晋建都建業(今南京),稱江左。西晋建都洛陽,故稱江右。[11]中興:西晋亡後,元帝建都建業,建立東晋,故稱中興。[12]玄風:玄學的風氣,指老莊之學。扇:熾盛。東晋時士大夫崇尚老莊之學,清談之風極盛。[13]爲學:治學。窮:極,盡。柱下:指老子,老子曾做過周柱下史。[14]博物:多識事物。七篇:指《莊子》内篇七篇(向來被認爲是莊周自作)。這兩句是説當時人們學習研究的只是老莊之學。[15]義:義理。殫:盡。[16]建武:晋元帝年號(317)。暨:到。義熙:晋安帝年號(405～418)。[17]比響聯辭:指詩文作品連續出現。波屬雲委:如波之連接,雲之委積。形容作品衆多。屬:連接。委:堆積。[18]寄言:寄托言論。上德:指老子學説。《老子》第三十八章:"上德不德,是以有德。"[19]玄珠:指莊子學説。《莊子・天地》:"黄帝遊乎赤水之北,登乎崑崙之丘,而南望還歸,遺其玄珠。"[20]遒:剛勁。麗:華美。[21]仲文:殷仲文,陳郡(今河南淮陽一帶)人。孫:指孫綽,字興公,太原中都(今山西榆次)人。許:指許詢,字玄度,高陽人。孫、許二人都是東晋時的玄言詩人。[22]叔源:謝混之字,陳郡陽夏(今河南太康)人。太元之氣:指玄言詩風。太元:晋孝武帝年號(376～396)。

爰逮宋氏[1],顔謝騰聲[2],靈運之興會摽舉[3],延年之體裁明密[4],並方軌前秀[5],垂範後昆[6]。若夫敷衽論心[7],商搉前藻[8],工拙之數[9],如有可言[10]。夫五色相宣[11],八音協暢[12],由乎玄黄律吕[13],各適物宜[14]。欲使宫羽相變[15],低昂舛節[16],若前有浮聲[17],則後須切響[18]。一簡之内[19],音韻盡殊[20];兩句之中,輕重悉異[21]。妙達此旨,始可言文。

【注釋】

[1]爰逮:及至,到了。爰、逮二字皆有及義。宋氏:指南朝宋(420～479)。[2]顔:指顔延之(384～456),字延年,臨沂(今山東臨沂)人。謝:指謝靈運。騰:飛騰。聲:聲望。《南史・顔延之傳》:"延之、靈運,自潘岳陸機之後,文士莫及。江右稱潘陸,江左稱顔謝焉。"[3]興會:情興所會。摽舉:高舉。[4]明密:明白細密。[5]方軌:本指兩車並行,這裏指並駕齊驅。方:並。軌:兩輪間的距離。前秀:指前代優秀作家。[6]範:法式。後昆:後代子孫,指後人。[7]若夫:至於。敷衽:古人席地而坐,坐時衣襟要鋪開。《離騷》:"跪敷衽以陳詞兮。"敷:鋪。衽:衣襟。心:指文心。[8]商搉:商討,評論。前藻:前人的作品。[9]數:術。[10]如:好像。[11]五色:青黄赤白黑五色。指文學作品的藻飾。宣:顯示。[12]八音:金石絲竹匏土革木八類樂器所奏出的聲音。指作品的聲律節奏。[13]玄黄:泛指顔色。律吕:古代用來確定樂音高低的十二律管,指律吕所發出的聲音。[14]指隨物所適宜,每一樣都很合適。[15]宫

羽:本是五音的名稱,這裏指四聲。具體而言,宫指平聲,羽指仄聲。陳澧《切韻考》解釋"宫羽相變"説:"此但言宫羽,蓋宫爲平,羽亦仄歟。"[16]低昂:指聲音的高低。舛:錯雜,交錯。節:調節。[17]浮聲:可能指平聲。《文心雕龍·聲律》:"凡聲有飛沈。"浮聲正是飛。又顧炎武《音論》:"其重其疾,則爲入爲去爲上;其輕其遲,則爲平。"[18]切響:可能指仄聲,即《文心雕龍》所謂"沈"。[19]一簡:一行,指五言詩的一句。《南史·陸厥傳》説沈約以平上去入四聲制韻,"有平頭、上尾、蜂腰、鶴膝;五字之中,音韻各異;兩句之内,角徵不同"。其中"五字"正是此處的"一簡"。[20]音韻:指雙聲叠韻。除聯綿詞外,一句之中不能用雙聲叠韻。[21]輕重悉異:指五言詩一聯的上句末一字不得與下句末一字平仄相同、上句頭兩字不得與下句頭兩字平仄相同之類。輕重:指聲調的高低。

至於先士茂制[1],諷高歷賞[2]。子建函京之作[3],仲宣灞岸之篇[4],子荆零雨之章[5],正長朔風之句[6],並直舉胸情,非傍詩史[7]。正以音律調韻,取高前式[8]。自靈均以來[9],多歷年代,雖文體稍精[10],而此秘未覩[11]。至於高言妙句,音韻天成,皆暗與理合[12],匪由思至[13]。張蔡曹王[14],曾無先覺;潘陸顔謝[15],去之彌遠[16]。世之知音者,有以得之,此言非謬。如曰不然,請待來哲[17]。

【注釋】

[1]先士:前代文士。茂制:指優秀作品。[2]諷高:指諷誦的人都認爲高妙。諷:諷誦。歷賞:歷代文人共同欣賞。[3]曹植《贈丁儀、王粲》詩有"從軍度函谷,驅馬過西京"之句。[4]王粲《七哀詩》有"南登灞陵岸,回首望長安"句。[5]子荆:孫楚,字子荆,太原中都人,孫綽的祖父。其《征西官屬送於陟陽候》詩有"晨風飄岐路,零雨被秋草"之句。[6]正長:王瓚,字正長,義陽(今河南信陽一帶)人。其《雜詩》有"朔風動勁草,邊馬有歸心"之句。[7]傍:依靠。詩史:指已有的詩句和史實(典故)。[8]取高前式:指作詩所取法式高於前人(自然取得更高的成就)。式:法式,法度。[9]靈均:屈原,字靈均。[10]稍:漸漸。[11]秘:秘訣。沈約認爲聲律方面的理論,是自己的獨得之秘。[12]理:指聲律方面的道理。[13]不是由自覺的思考達到的。[14]指張衡、蔡邕、曹植、王粲。[15]指潘岳、陸機、陸雲、顔延之、謝靈運。[16]去:離開。之:指聲律之美。[17]來哲:未來的智者。

哀江南賦序

庾　信

【解題】

庾信(513～581),字子山,南朝梁新野(今河南新野)人。庾信和他的父親庾肩吾初均爲梁太子(即後來的梁簡文帝)的官屬。建康被侯景攻破後,逃奔江陵。

梁元帝在江陵建立政權後，庾信在承聖三年(554)出使西魏，不料江陵就在此時被西魏攻佔，庾信被强留在長安(西魏都城)做官。北周代魏後，累遷驃騎大將軍、開府儀同三司，世稱庾開府。後來陳與北周通好，庾信思念故土，曾請求北周允許他回南朝，未成，最後終老於北周。

早期的庾信，家世和文學造詣都與徐陵相近，他們作了很多迎合帝王口味的宫體詩和駢體文，特點是詞藻音節極力追求綺豔靡麗，世稱徐庾體。後期由於處境和經歷的改變，他的創作也發生了變化。這時的作品感情更加深厚，充滿了故國之思和對自己身世的感傷，藝術技巧也更趨成熟，風格蒼勁悲凉。對此杜甫有“庾信文章老更成”的評價。其創作對唐詩歌的發展有很大影響。庾信有《庾子山集》傳世，清人倪璠曾爲之作注。

庾信的駢體文，集六朝駢文之大成，《哀江南賦序》更是其中最著名的一篇。庾信以自己的遭遇爲綫索，對梁朝統治者的腐朽無能、對人民在戰亂中所受的痛苦，作了深刻的描寫，抒發了自己内心的悲哀。“哀江南”出於《楚辭・招魂》“魂兮歸來哀江南”。梁武帝建都建康(今江蘇南京)，梁元帝建都江陵(今湖北江陵)都在江南，因此借作賦名。本篇是賦前的序，用駢體文寫成，簡述作者的處境與作賦緣起，是全篇的有機組成部分。

本文所據的文本爲《駢文精華》(趙振鐸主編，巴蜀書社1999年)。

粤以戊辰之年[1]，建亥之月[2]，大盗移國[3]，金陵瓦解[4]。余乃竄身荒谷[5]，公私塗炭[6]。華陽奔命[7]，有去無歸[8]。中興道銷[9]，窮於甲戌[10]。三日哭於都亭[11]，三年囚於别館[12]。

【注釋】

[1]粤：句首語氣詞。以：介詞，引進動作發生的時間。戊辰之年：梁武帝太清二年(548)。[2]建亥之月：農曆十月。[3]大盗：指侯景。侯景原仕魏，後降梁。太清二年八月反，先攻進金陵，又攻陷臺城(梁的宫城)，逼死梁武帝，立簡文帝，後又殺簡文帝而立豫章王蕭棟，最後廢蕭棟，自立爲帝。移國：篡國。“大盗移國”本是《後漢書》中指王莽的話，這裏用以指侯景篡梁。[4]金陵：即南京。瓦解：比喻崩潰。[5]竄：逃匿。荒谷：春秋楚地名。《左傳・桓公十三年》：“莫敖縊于荒谷。”這裏借指江陵。庾信這時逃奔江陵，江陵是春秋楚郢都(故地在今湖北江陵)。[6]公私：公室和私門，指全國上下。塗炭：指陷入泥潭火坑之中，比喻陷於極端困苦的境地。塗：泥。炭：炭火。[7]華陽：地名，故地在今陝西商縣。這裏指西魏，西魏京都在長安。奔命：奔走應命。梁元帝承聖三年，庾信從江陵奉命出使西魏。[8]庾信出使西魏後，江陵很快被西魏攻陷，從此無所歸依。[9]中興：梁元帝於承聖元年起兵平定侯景之亂，即位江陵，梁中興有了希望。銷：消，削減。《周易・泰卦》：“君子道長，小人道消。”這裏用“道銷”説明中興越來越没有希望。[10]所謂中興在甲戌年走到盡頭。窮：盡頭，用作動

詞。甲戌：承聖三年(554)。這年西魏派于謹攻陷江陵，殺死梁元帝。[11]都亭：城郭附近的亭舍。三國時，魏兵攻蜀，後主劉禪降魏。蜀永安守將羅憲聽説後率部下到都亭哭了三天。庾信用此事叙寫自己對梁朝滅亡的哀傷。[12]别館：客館，安置别國人的地方。庾信出使西魏後，江陵被攻陷，庾信被强留在西魏。

天道周星[1]，物極不反[2]。傅燮之但悲身世，無處求生[3]；袁安之每念王室，自然流涕[4]。昔桓君山之志事[5]，杜元凱之平生[6]，並有著書，咸能自序[7]。潘岳之文采，始述家風[8]；陸機之辭賦，先陳世德[9]。信年始二毛[10]，即逢喪亂，藐是流離[11]，至於暮齒[12]。燕歌遠别[13]，悲不自勝；楚老相逢[14]，泣將何及！畏南山之雨，忽踐秦庭[15]；讓東海之濱[16]，遂餐周粟[17]。下亭漂泊[18]，高橋羈旅[19]；楚歌非取樂之方[20]，魯酒無忘憂之用[21]。追爲此賦，聊以記言[22]；不無危苦之辭，惟以悲哀爲主[23]。

【注釋】

[1]天道：天理。周星：指歲星運行一周天(十二年)。指時間過去很久了。[2]古人認爲事物發展的規律是物極必反，而梁朝的復興却始終没有轉機，因此説"物極不反"。這表達了自己的失望之情。[3]傅燮(xiè)(？～187)：字南容，東漢靈州(今寧夏靈武)人，爲漢陽(今甘肅天水一帶)太守。被王國、韓遂圍攻，兵少糧盡，其子勸他弃城歸鄉，他説："世亂不能養浩然之志，食禄又欲避其難乎！吾行何之？必死於此！"終戰死。這裏用傅燮事比喻自己的遭遇，梁不能復興，自己又身陷異國，只能悲嘆自己的身世，無處求生。[4]袁安(？～92)：字邵公，東漢汝陽(故城在今河南商水西北)人，官至司徒。袁安因和帝年幼，外戚竇憲兄弟擅權，每當朝會進見或與公卿談論國事時，總是嗚咽流泪。這裏用袁安自比，表示對梁朝滅亡的時時悲嘆。[5]桓君山(前？～56)：名譚，東漢人，官給事中，著有《新論》二十九篇。志事：有志於事業。[6]杜元凱(222～284)：名預，西晋人，著有《春秋左氏經傳集解》。[7]自序：寫文章來叙述自己的身世和志趣。據載，桓、杜二人書均有自序，庾信在賦序中提到，有援例之意。[8]潘岳(247～300)：字安仁，晋滎陽中牟(今河南中牟)人，著名文學家，有《秋興賦》、《西征賦》等名篇傳世。潘岳曾作《家風詩》。[9]陸機(261～303)：字士衡，晋吴郡華亭(今上海松江)人，長於詩賦，以文才名重一時。他曾作《祖德》、《述先》二賦，其《文賦》中有"咏世德之駿烈，誦先人之清芬"之句(陸機祖父陸遜是吴國丞相，父親陸抗是吴國大司馬，都有功於吴)。庾信這裏有要向潘陸學習之意。[10]二毛：頭髮有黑有白，即頭髮花白。侯景攻陷臺城時，庾信 37 歲，西魏攻陷江陵時他 42 歲。[11]藐：遠。流離：因戰争或災荒而流落異鄉。[12]暮齒：晚年。庾信作賦時已至晚年。[13]燕歌：泛指燕地歌謡，其聲悲壯。曹丕有《燕歌行》，與庾信同時的王褒作《燕歌》，元帝和庾信等人還有和作。燕歌多是傷别之作。[14]楚老：指鄉里故舊的賢者。[15]南山：指江南的梁朝。雨：比喻指兵禍。忽：一下子。秦庭：指西魏和

後來的北周,均建都長安,離秦都咸陽很近。本句借避雨比喻自己避禍求生,立足秦地。[16]讓位而居東海之濱。戰國時,田和將齊康公遷至海濱,自立爲齊國國君。"讓"是委婉的説法。這裏指宇文覺篡奪西魏,改國號爲北周。庾信在北周作官,是俘囚式的客卿,只好説"讓"。[17]周武王滅商,伯夷叔齊恥食周粟,餓死於首陽山。事見《史記・伯夷列傳》。這裏反用成語,一語雙關,説自己先失節於梁,又失節於西魏而仕北周,不像伯夷叔齊那樣,表示慚愧悔恨。[18]下亭:路上寄宿的亭。《後漢書・獨行列傳》記載,東漢孔嵩被徵召爲公府,在去京師的路上,宿於下亭,馬被盗去。這裏借指旅途漂泊之苦。[19]高橋:又作臯橋,在江蘇吴縣閶門内,相傳東漢時吴郡大姓臯伯通住在此橋旁。《後漢書・梁鴻傳》記載,東漢梁鴻曾避禍至吴,依臯伯通,居廡(廊下小屋)下。羈旅:寄居他鄉。這是指自己寄居在異鄉。[20]楚歌:項羽被圍垓下,夜聞漢軍四面楚歌。楚歌後指懷鄉的悲歌。[21]魯酒:《莊子・胠篋》:"魯酒薄而邯鄲圍。"陸德明《經典釋文》引許慎注《淮南子》:"楚會諸侯,魯趙皆獻酒於楚王。主酒吏求酒於趙,趙不與。吏怨,乃以趙厚酒易魯薄者。楚王以趙酒薄,遂圍邯鄲。"後世以魯酒爲薄酒。[22]記言:《漢書・藝文志》:"左史記言,右史記事。"這裏記言也指記事。[23]危苦:悲慟。嵇康《琴賦》:"稱其材幹,則以危苦爲上;賦其聲音,則以悲哀爲主。""追爲"至"爲主",説明作此賦記載歷史事實,雖有寫自己危苦的話,但主要是爲梁朝的滅亡而悲哀。

日暮途遠,人間何世[1]?將軍一去,大樹飄零[2];壯士不還,寒風蕭瑟[3]。荆璧睨柱,受連城而見欺[4];載書横階,捧珠盤而不定[5]。鍾儀君子,入就南冠之囚[6];季孫行人,留守西河之館[7]。申包胥之頓地,碎之以首[8];蔡威公之淚盡,加之以血[9]。釣臺移柳,非玉關之可望[10];華亭鶴唳,豈河橋之可聞[11]?

【注釋】

[1]這是寫人世的代謝。日暮:指年老。《史記・伍子胥列傳》:"吾日暮途遠,故倒行暴施之。"人間何世:出自《莊子・人間世》。[2]馮異這樣的良將去後,大樹也因之凋零。將軍:本指馮異。《後漢書・馮異傳》:"每所止舍,諸將並坐論功,異常獨屏樹下。軍中號曰大樹將軍。"[3]蕭瑟:形容風吹樹木所發出的聲音。這句本叙荆軻之事,《史記・刺客列傳》記載,荆軻入秦,燕太子丹在易水爲之送行,高漸離擊筑,荆軻歌曰:"風蕭蕭兮易水寒,壯士一去兮不復還。"暗指自己出使西魏,一去不返。[4]荆璧:和氏璧,因楚人卞和得玉於楚國荆山,故稱荆璧。睨柱:斜視柱子。連城:相連的城。《史記・廉頗藺相如列傳》記載,趙得楚之和氏璧,秦昭王聽説後,願以十五連城换此璧。趙王使藺相如奉璧見秦王,相如見秦王無意予趙城,設計取回璧,説:"臣觀大王無意償趙王城邑,故臣復取璧。大王必欲急臣,臣頭今與璧俱碎於柱矣。"説罷"持其璧睨柱,欲以擊柱",遂完璧歸趙。這裏化用典故,説自己"見欺",没有完成使命。[5]載書:盟書。珠盤:用珠子裝飾的盤子,盟會時所用。《周禮・天官・玉府》:"若合諸侯,則共珠槃(盤)玉敦。"《史記・平原君列傳》記載,平原君與楚王談判合縱抗秦的事

情，早晨到正午，還未談妥。毛遂按劍越過幾級臺階闖上殿責備楚王，楚王才答應。毛遂於是捧著銅盤和楚王歃血而定合縱之約。這裏化用典故，毛遂完成使命而自己不能。[6]鍾儀：春秋時楚人。入：指入晉。就：成。南冠：指戴著南方楚國式的帽子。《左傳·成公七年》：楚伐鄭，鄭人俘虜了鍾儀，獻給晉。晉人將他幽禁在軍府。後來（成公九年），晉侯至軍府，見到鍾儀，問："南冠而縶者誰也？"有司答道："鄭人所獻楚囚也。"得知鍾儀原是伶人，便讓他彈琴，他奏出了南方楚國之音。這裏藉以説明在困苦之中仍不忘故鄉。[7]季孫：名意如，春秋時魯執政的貴族。行人：官名，掌朝覲聘問之事。西河：地名，在陝西境内。《左傳·昭公十三年》：晉侯與諸侯盟於平丘，季孫意如相魯昭公前往，由於邾人莒人告魯侵伐他們，致無力給晉進貢，晉人便不讓魯昭公參加盟會，並扣留季孫帶回晉國。後來晉國要釋放季孫，季孫要求按禮將他送回，晉人威脅他説要把他囚禁在西河。這裏用來指自己被留在西魏。[8]頓地：叩頭。碎：破。《左傳·定公四年》：楚破於吴，申包胥至秦國乞師，秦哀公不肯出兵，申包胥"立依於庭牆而哭，日夜不絶聲，勺飲不入口，七日"，直到秦哀公答應出兵，才"九頓首而坐"。[9]劉向《説苑·權謀》記載下蔡（春秋時邑名）威公因"吾國且亡"，"閉門而哭，三日三夜，泣盡而繼以血"。這一句和上句是指自己國亡而不能相救，只能像下蔡威公那樣痛哭。[10]釣臺：地名，在武昌。移：一作"栘"，柳的一種。《晉書·陶侃傳》：陶侃鎮守武昌，曾考核士兵種柳的情況。玉關：玉門關，在甘肅敦煌西北。這句話是説自己不能望見故鄉的樹木。[11]華亭：地名，在今上海市所屬松江境内，陸機故宅就在此地。唳：鶴鳴。河橋：地名，在河南孟縣南。陸機和弟弟陸雲事成都王穎，穎進攻長沙王乂，派陸機都督前鋒諸軍事，陸機兵敗河橋，與陸雲同時被殺。《世説新語·尤悔》：陸機臨刑前嘆息道："欲聞華亭鶴唳，可復得乎？"這是説自己聽不到故鄉的鳥鳴。這一句和上一句是説自己懷念故國而不得見，只能老死北方。

孫策以天下爲三分，衆纔一旅[1]；項籍用江東之子弟，人惟八千[2]，遂乃分裂山河，宰割天下[3]。豈有百萬義師，一朝卷甲[4]，芟夷斬伐[5]，如草木焉？江淮無涯岸之阻[6]，亭壁無藩籬之固[7]。頭會箕斂者，合從締交[8]；鋤耰棘矜者，因利乘便[9]。將非江表王氣，終於三百年乎[10]？

【注釋】

[1]孫策：字伯符，孫權之兄。三分：指魏、蜀、吴三分天下。一旅：五百人。《三國志·吴志·陸遜傳》：陸遜上疏曰："昔桓王（孫策謚號長沙桓王）創基，兵不一旅，而開大業。"[2]項籍：字羽。江東：長江下游南岸之地。《史記·項羽本紀》：項籍隨叔父項梁起事，"梁乃召故所知豪吏，諭以所爲起大事，遂舉吴中兵。使人收下縣，得精兵八千人"。[3]用賈誼《過秦論》"宰割天下，分裂河山"之語。這幾句以孫策、項羽過去的戰績説明江南之兵並非不堪任用。[4]百萬義師：侯景破金陵，梁兵號稱百萬，却迅速敗退。卷甲：把甲衣卷起來，形容軍隊潰敗之狀。[5]梁朝的軍民遭遇屠殺。芟（shān）夷：削平。芟：割草。斬伐：砍伐。侯景入金陵，大肆屠殺

梁朝軍民。于謹入江陵，虜男女數萬口充當奴婢，弱小者全部殺死。[6]涯岸：指河岸。這是説長江淮河不能充當險阻。[7]亭：指亭候。古人在邊塞的險要之處，築亭駐兵以觀察寇盜、監視敵情。壁：營壘。藩籬：竹木編築的籬笆或柵欄。[8]頭會箕斂：秦時按人頭抽税、用簸箕來收斂租穀，以供軍用，也是秦末義軍湊錢充軍用的辦法。會、斂：抽税。合從：即“合縱”。戰國時六國南北聯合抗秦爲合縱。這裏指起事者互相聯合。[9]耰(yōu)：一種平整田地的農具。棘：通“戟”。矜：矛柄。鋤耰棘矜，用作動詞，指拿著鋤耰棘矜。《過秦論》：“鋤耰棘矜，非銛(鋒利)於鉤戟長鎩(長刃矛)也。”因利、乘便：乘時勢之便利。這句話指南朝開國皇帝陳霸先等利用討侯景的名義起兵，率领拿著低劣武器的平民，乘機推翻了梁朝。[10]將非：莫非，豈不是。江表：江南，此指金陵。王氣：王者之氣。古人認爲某地出帝王，就有王氣。三百年：金陵作爲國都，自吴孫權黄龍元年至孫皓天紀四年(229～280)共五十二年，又自東晋元帝大興元年至梁敬帝太平二年(318～557)共二百四十年，兩段時間合計二百九十二年。這裏説“三百年”，舉其整數。

是知併吞六合，不免軹道之災[1]；混一車書，無救平陽之禍[2]。嗚呼！山岳崩頹[3]，既履危亡之運[4]；春秋迭代[5]，必有去故之悲[6]。天意人事，可以悽愴傷心者矣[7]。况復舟楫路窮，星漢非乘槎可上[8]；風飇道阻，蓬萊無可到之期[9]。窮者欲達其言[10]，勞者須歌其事。陸士衡聞而撫掌[11]，是所甘心；張平子見而陋之，固其宜矣[12]。

【注釋】

[1]六合：天地和四方，指天下。《過秦論》説秦有“併吞八荒之心”，秦始皇“吞二周而亡諸侯，履至尊而制六合”。軹道：亭名，在今陝西咸陽東北。劉邦入關，秦王子嬰降於軹道旁。這是以秦如此强盛，終不免滅亡，比喻梁元帝在江陵陷落後投降西魏。[2]混一車書：即“車同軌，書同文”，這裏指統一天下。混一：统一。干寶《晋紀・總論》：“太康(晋開國皇帝武帝年號)之中，天下書同文，車同軌。”平陽：地名，故地在今山西臨汾。西晋永嘉五年(311)，劉聰攻陷洛陽，懷帝被虜至平陽，後被殺。建興四年(316)，劉曜攻陷長安，湣帝被俘至平陽，被殺。這是説西晋也曾將天下分裂的局面重新統一，但也免不了亡國。[3]比喻國家傾覆。[4]履：踐，踏。運：世運，指時勢。[5]以四時更替比喻朝代更替。迭代：輪流更替。[6]去故：離開故土。班昭《東征賦》：“遂去故而就新兮，志愴悢而懷悲。”這是説雖然興廢存亡原無一定，但身處其中，不能没有故國之思。[7]悽愴：悲傷。[8]星漢：天河。槎(chá)：用竹木編成的筏子。張華《博物志》傳説天河與海相通，“年年八月，有浮槎去來不失期”。[9]迴風阻道，蓬萊不可到達。比喻自己日暮途窮。飇(biāo)：旋風，暴風。蓬萊：傳説中的仙山，和方丈、瀛洲並稱海中三仙山。戰國時齊燕諸王及漢武帝都曾派人去尋求，因遇暴風，終未尋到。“况復”至“可到之期”，是説自己不可能再回到江南，就像不能到達星漢蓬萊一樣。[10]窮者：指自己這樣不得志之人。窮：不得志。這兩句寫自己作《哀江南賦序》的動機。[11]陸士衡：陸機。撫掌：拍手。《晋書・左思傳》記載，陸機剛到洛陽，打算作《三都賦》，聽説左思也在

作,拍掌大笑,並在給陸雲的信中寫道:"此間有傖父(相當於鄙夫),欲作《三都賦》,須(等)其成,當以覆酒甕耳。"待左思賦成之後,陸機見了十分佩服,自己就不再寫了。[12]張平子:張衡。班固作《兩都賦》,張衡薄而陋之,另作《二京賦》。陋之:認爲不好。宜:合適,應該。這兩句都是自謙之辭,意思是自己作此賦,如被人嘲笑,心甘情願,受人輕視,也是理所當然。

情　采

劉　勰

【解題】

劉勰(約 465～521),字彦和,南朝梁東莞莒(今山東莒縣)人,世居京口(今江蘇丹徒)。劉勰出身貧寒,早年喪父。青年時代依靠沙門生活,居定林寺十餘年,專心學問,博通經論。南朝梁時,做過仁威將軍南康王蕭績的記室和太子蕭統的通事舍人,很受太子的看重。晚年出家。劉勰的思想深受儒家和佛家的影響。

劉勰的《文心雕龍》成書於南朝齊,是六朝以前文學批評的全面總結,是我國古典文學批評史的名著。全書分上下兩部,共五十篇。上部的前五篇闡述文學應宣揚聖道以便有益風化的道理,其餘各篇詳論文體,闡明各種文體的源流和特徵,並評論前人作品。下部全面系統地討論了創作問題。《情采》是《文心雕龍》中的一篇,主要論述了文章思想内容與表現形式的關係。情,指文章的思想内容;采,指文章的修辭以及表現形式。劉勰認爲,文章情采不可偏廢,既要有真情實感,又要注重形式,形式應爲思想内容服務,對當時的靡麗文風進行了抨擊。

本文所據的文本爲王利器《文心雕龍校正》(上海古籍出版社 1980 年)。

聖賢書辭[1],總稱文章[2],非采而何[3]?夫水性虚而淪漪結[4],木體實而花萼振[5],文附質也[6]。虎豹無文,則鞟同犬羊[7],犀兕有皮,而色資丹漆[8],質待文也。若乃綜述性靈[9],敷寫器象[10],鏤心鳥迹之中[11],織辭魚網之上[12],其爲彪炳縟采名矣[13]。故立文之道,其理有三:一曰形文[14],五色是也;二曰聲文,五音是也[15];三曰情文,五性是也[16]。五色雜而成黼黻[17],五音比而成韶夏[18],五情發而爲辭章[19],神理之數也[20]。《孝經》垂典[21],喪言不文[22];故知君子常言未嘗質也[23]。老子疾僞,故稱"美言不信"[24];而五千精妙[25],則非弃美矣。莊周云"辯雕萬物"[26],謂藻飾也[27];韓非云"豔采辯説"[28],謂綺麗也[29]。綺麗以豔説[30]，藻飾以辯雕[31]，文辭之變，於斯極矣。研味李老，則知文質附乎性情[32]；詳覽莊韓，則見華實過乎淫侈[33]。若擇源於涇渭之流，按轡於邪正之路[34]，亦可以馭文采矣。夫鉛黛所以飾容[35]，而盼倩生於淑姿[36]；文采所以飾言，而辯麗本於情性。故情者文之經，辭者理之緯[37]；經正而後緯成，理定而後辭暢[38]：此立文之本源也。

【注釋】

[1]書辭：指著作。[2]文章：原指繪畫與刺繡上彩色的交錯，因此下文説"非采而何"。這裏有雙關之意。《論語·公冶長》："夫子之文章可得而聞也。""文章"指孔子所傳授的古代經典，如《詩》、《書》、《禮》之類。本句的"文章"正是此意。[3]不是文采又是什麽呢？采：彩色，指艷麗而錯雜的色彩。同時一語雙關，指文章的文采。[4]淪：小波紋。《詩經·魏風·伐檀》："河水清且淪猗。""猗"本是語氣詞，後人把"淪猗"作爲雙音詞，在"猗"旁加水旁成"漪"。[5]振：起。[6]文：指表現形式。質：指内容，情感。作者認爲淪漪和花萼是文彩，虚的水性和實的木體是質，波紋和花萼附著於水和木，因此説"文附質"。[7]鞹(kuò)：去毛的皮。《論語·顔淵》："文猶質也，質猶文也；虎豹之鞹，猶犬羊之鞹。"[8]意思是：犀兕雖然有皮，但其皮須憑藉丹漆才有色彩之美（犀兕皮韌，可以制甲）。資：靠，憑藉。丹：丹砂，指顔料。《左傳·宣公二年》："牛則有皮，犀兕尚多。……從(縱)其有皮，丹漆若何？"[9]若乃：至於。綜述性靈：指抒情。性靈：性情。[10]指狀物。敷：鋪陳。寫：描繪。器象：萬物之象。[11]鏤心：刻畫思想感情。鳥迹：指文字。傳説倉頡從鳥獸足迹中得到啓發而創造了文字。[12]織辭：組織文辭。魚網：指紙。《後漢書·宦者傳》："［蔡］倫乃造意用樹膚、麻頭及敝布、魚網以爲紙。"[13]彪炳：文采焕發的樣子。縟采：豐富的文采。名：當作"明"。[14]形文：形中之文。指繪畫中有文章。[15]聲文：聲中之文。指音樂之中有文章。五音：宫商角徵羽。[16]情文：情中之文。指辭章中有文章。五性：一般指喜怒哀樂怨。這裏用廣義的文，將繪畫和音樂包括在内，藉以襯托辭章。[17]黼黻(fǔfú)：古代禮服上所繡的花紋，白黑相間的叫黼，黑青相間的叫黻。這句與"形文"相應。[18]比：並列，指配合在一起。韶夏：古樂章名，泛指音樂。這句與"聲文"相應。[19]五情：即上文的"五性"。這句與"情文"相應。[20]神理之數：指天然的規律。神理：天理。數：指規律。[21]垂典：傳下法則。[22]父母死了，居喪期間，説話不加文采。《孝經·喪親》："孝子之喪親也，……言不文，服美不安，聞樂不樂。"[23]由此可知君子的日常言語並非没有文采。常言：日常説的話。未嘗：未曾。質：質樸，没有文采。[24]疾：憎惡。信：真實。《老子》第八十一章："信言不美，美言不信。"[25]五千：指《老子》，《老子》有五千字。《史記·老莊申韓列傳》："於是老子乃著書上下篇，言道德之意五千餘言而去。"[26]辯：巧言。雕：雕飾。《莊子·天道》："故古之王天下者，知雖落天地，不自慮也；辯雖雕萬物，不自説(悦)也。"[27]藻飾：文采。[28]豔采：豔麗的文采。辯説：巧言。《韓非子·外儲説左上》："夫不謀治强之功，而豔乎辯説文麗之聲，是却有術之士，而任壞屋折弓

也。”這裏的“豔采”可能是“豔乎”之誤。[29]綺麗：華麗，有文采。[30]用豔麗的言辭使文章文辭華麗。[31]用巧言的雕飾使文章有文采。[32]研：窮究。味：體會，體味。李老：當作“孝老”，指上文提到的《孝經》、《老子》。文質附乎性情：文章的華美或樸質依附於所表現的性情(用文用質，各有其宜，表裏必須一致)。[33]華實過乎淫侈：文采(形式)和實質(内容)過於淫侈。淫侈：過分。[34]涇渭：二水名，借指清濁。《詩經·邶風·谷風》：“涇以渭濁。”舊説涇濁渭清，實爲涇清渭濁。按轡：指停住車馬。這裏用選擇清流和正路來比喻情采不能偏廢。情辭相符爲正爲清；辭過於情則淫侈，爲邪爲濁。[35]鉛：鉛粉，古人用來化妝。黛：青黑色的顏料，古時婦女用以畫眉。[36]盼倩：泛指女子嬌美的姿態。《詩經·衛風·碩人》：“巧笑倩兮，美目盼兮。”盼：眼睛黑白分明。倩：口頰含笑的樣子。淑姿：比喻美好的品德。淑：善，美好。[37]織物須先有直線，所以認爲經比緯更重要。[38]上文以經配緯，該句則應以情配辭，當作“情定而後辭暢”。

昔詩人什篇[1]，爲情而造文；辭人賦頌[2]，爲文而造情。何以明其然？蓋《風》《雅》之興[3]，志思蓄憤[4]，而吟咏情性，以諷其上[5]，此爲情而造文也。諸子之徒[6]，心非鬱陶[7]，苟馳誇飾[8]，鬻聲釣世[9]，此爲文而造情也。故爲情者要約而寫真[10]，爲文者淫麗而煩濫[11]。而後之作者，采濫忽真[12]，遠弃風雅，近師辭賦，故體情之制日疎[13]，逐文之篇愈盛[14]。故有志深軒冕[15]，而汎咏皋壤[16]；心纏幾務[17]，而虚述人外[18]。真宰弗存[19]，翩其反矣[20]。夫桃李不言而成蹊，有實存也[21]；男子樹蘭而不芳，無其情也[22]。夫以草木之微，依情待實[23]；况乎文章，述志爲本，言與志反，文豈足徵[24]！

【注釋】

[1]詩人：指《詩經》的作者。什篇：即篇什。《詩經》的《雅》和《頌》皆以十篇爲什，後人即以“什篇”或“篇什”泛稱詩篇。[2]辭人：指漢代辭賦家。[3]《風》《雅》：指《詩經》。因《詩經》有《風》《雅》《頌》三部分，後常以“《風》《雅》”代稱《詩經》。興：指創作。[4]志、思：情志，懷抱。蓄憤：積蓄於内心的憤懣。《毛詩序》：“詩者，志之所之也，在心爲志，發言爲詩。”司馬遷《報任安書》：“《詩》三百篇，大抵聖賢發憤之所爲作也。”[5]諷：委婉勸諫。《毛詩序》有“吟咏情性，以風其上”。[6]指上文所説的“辭人”。[7]鬱陶(yáo)：精神鬱結的樣子。[8]苟：隨便，不嚴肅。馳：指馳騁文辭。誇飾：指誇張修飾之辭。[9]指沽名釣譽。漢代辭賦家模仿《離騷》的作品，很多是無病呻吟之作，這裏用以作“爲文造情”的例子。鬻：買。釣世：釣取世人的贊譽，如同用釣餌誘魚上鈎一樣。[10]要：扼要。約：簡約。真：指真情實感。[11]淫：過分。煩：煩瑣，混亂。濫：浮辭，指没有真情實感的話。[12]采：取。忽：忽略，輕視。[13]體情：指體現情感。制：指作品。疎：稀少。[14]文：文采。[15]志深軒冕：指作高官的願望迫切。軒冕：代指高官。軒：古代大夫以上官員所乘的車。冕：古代大夫以上官員所戴的禮帽。

[16]汎:浮泛。皐壤:澤邊地。指隱居的田園生活。《莊子・知北遊》:"山林與,皐壤與,使我欣欣然而樂與!"[17]幾務:官府中的政治事務。幾:通"機"。嵇康《與山巨源絶交書》:"機務纏其心。"[18]人外:指塵世之外。[19]真宰:本性的主宰,是主宰人思想活動的東西。指性情。《莊子・齊物論》:"若有真宰而不得其眹。"[20]結果適得其反。《詩經・小雅・角弓》:"騂騂角弓,翩其反矣。"翩:通"偏"。[21]比喻有真實情感的東西,才有吸引力。蹊:踏出的小路。實:果實。《史記・李將軍列傳》贊:"桃李不言,下自成蹊。"[22]比喻情感虚僞的文章,不可能有感染力。《淮南子・繆稱訓》:"男子樹蘭,美而不芳。"[23]依情:依靠情,指種蘭之事。待實:等待果實,指桃李之事。[24]徵:徵信,憑信。《論語・八佾》:"夏禮吾能言之,杞不足徵也;殷禮吾能言之,宋不足徵也。文獻不足故也。"

是以聯辭結采[1],將欲明經;采濫辭詭[2],則心理愈翳[3]。固知翠綸桂餌[4],反所以失魚;言隱榮華[5],殆謂此也。是以衣錦褧衣[6],惡文太章[7];賁象窮白[8],貴乎反本。夫能設謨以位理[9],擬地以置心[10],心定而後結音[11],理正而後摛藻[12]。使文不滅質[13],博不溺心[14],正采耀乎朱藍[15],間色屏於紅紫[16],乃可謂雕琢其章[17],彬彬君子矣[18]。

【注释】

[1]聯辭結采:聯結言辭,編織文采,指寫文章。[2]采濫:文采過多。辭詭:言辭虚僞。[3]心:心思。理:道理。翳:遮蔽。[4]翠綸:用翡翠裝飾的釣魚的絲線。桂餌:用丹桂(肉桂)做的魚餌。《太平御覽》八三四引《闕子》:"魯人有好釣者,以桂爲餌,黄金之鈎,錯以銀碧,垂翡翠之綸,其持竿處位即是,然其得魚不幾矣。故曰:釣之務不在芳飾,事之急不在辯言。"[5]隱:隱蔽。榮華:草木之花。指文采。《莊子・齊物論》:"言隱於榮華。"[6]衣(yì)錦褧衣:穿著錦衣,外面再罩上一件麻布衣服。《詩經・衛風・碩人》:"碩人其頎,衣錦褧衣。"《禮記・中庸》:"衣錦尚褧,惡其文之著也。"錦:有色彩花紋的絲織物。褧(jiǒng):麻布衣。[7]章:通"彰",明顯。[8]賁卦象辭以白作終結。指文辭太過華麗不好,應回到素樸,歸之於自然。《易經・賁》:"上九,白賁無咎。"王弼注:"處飾之終,飾終反素,故在其質素,不勞文飾而無咎也。"賁是裝飾的意思,"白賁無咎"指用白色做裝飾,就不會有什麽過錯。上九是賁卦的最後一爻,用白色做裝飾,象徵著裝飾到極點又返回到素,所以説"窮白",即返本之意。賁(bì):卦名。象:指象辭。窮:極,終結。[9]設謨:指佈局。謨:通"謀"。位:安置。理:指思想。[10]擬:酌量。地:地位。置:安排。心:指感情。這兩句是指要樹立正確標準,把思想感情放到恰當的地位。[11]結音:把聲音聯結起來,即組成篇章。[12]摛藻:鋪陳詞藻。摛(chī):舒展,鋪張。[13]文采不淹没内容。[14]博學不淹没心靈。這兩句是指要文質相符,情采相應。《莊子・繕性》:"知而不足以定天下,然後附之以文,益之以博。文滅質,博溺心。"[15]正采:正色。古人以青黄赤白黑爲正色。朱藍就是赤色和青色。[16]間(jiàn)色:雜色,指不正的顔色,與正色相對。古人以紅紫爲間色。赤白相配爲紅(即今粉紅),赤青相配爲紫。

屏:除去,抛却。《論語·鄉黨》:"紅紫不以爲褻服。"[17]雕:刻金。琢:治玉。章:指花紋。《詩經·大雅·棫樸》:"追琢其章,金玉其相。"意思是雕琢的是器物的花紋,金玉是器物的本質。這裏只説"雕琢其章",也兼有"金玉其相"的意思。比喻文章的形式固然重要,但也不能忽視思想内容。[18]比喻内容與形式兼美的文章。《論語·雍也》:"質勝文則野,文勝質則史。文質彬彬,然後君子。"彬彬:指文質各半。

贊曰[1]:言以文遠[2],誠哉斯驗[3]。心術既形[4],英華乃贍[5]。吴錦好渝[6],舜英徒豔[7]。繁采寡情,味之必厭[8]。

【注釋】

[1]贊:文體的一種,一般是韻文。《文心雕龍》的贊是概括全篇大意,作出簡短的結論。[2]《左傳·襄公二十五年》:"言之無文,行而不遠。"[3]誠:真實。驗:證明。[4]心術:指内心活動。形:顯現。《禮記·樂記》:"應感起物而動,然後心術形焉。"[5]英華:指文采詞藻。贍:充足,豐富。[6]吴錦:吴地産的錦。好(hào):指容易。渝:變質。[7]這兩句是説文章若只有華麗的形式而没有真實内容,就不能流傳久遠。舜英:木槿花。徒豔:白白地豔麗。木槿花朝開暮落,有花無實,故有"徒豔"之説。[8]味:體會。厭:厭煩,膩煩。

【押韻】

驗、贍、豔、厭:豔韻。

練習(二)

一、解釋下列句子中加點字的意義。

1. 陶子將辭逆旅之館,永歸於本宅。
2. 故人悽其相悲,同祖行於今夕,羞以嘉蔬,薦以清酌。
3. 簞瓢屢罄,絺綌冬陳。
4. 嗟我獨邁,曾是異茲。
5. 故别雖一緒,事乃萬族。
6. 日出天而耀景,露下地而騰文。
7. 可班荆兮贈恨,唯罇酒兮叙悲。
8. 惟世間兮重别,謝主人兮依然。
9. 民稟天地之靈,含五常之德,剛柔迭用,喜愠分情。
10. 英辭潤金石,高義薄雲天。
11. 靈運之興會摽舉,延年之體裁明密,並方軌前秀,垂範後昆。

12. 山嶽崩頹,既履危亡之運;春秋迭代,必有去故之悲。

13. 虎豹無文,則鞟同犬羊;犀兕有皮,而色資丹漆,質待文也。

14. 若乃綜述性靈,敷寫器象,鏤心鳥迹之中,織辭魚網之上,其爲彪炳縟采名矣。

15. 研味李老,則知文質附乎性情;詳覽莊韓,則見華實過乎淫侈。

16. 諸子之徒,心非鬱陶,苟馳誇飾,鬻聲釣世此爲文而造情也。

17. 是以衣錦褧衣,惡文太章;賁象窮白,貴乎反本。

二、用漢語拼音給下列句子中的加點字注音。

1. 懼彼無成,愒日惜時。

2. 瀝泣共訣,抆血相視。

3. 並摽能擅美,獨映當時。

4. 豈有百萬義師,一朝卷甲,芟夷斬伐,如草木焉?

5. 正采耀乎朱藍,間色屏於紅紫。

三、説明下列句子中加點字的詞性、功能和意義。

1. 歲惟丁卯,律中無射。

2. 嗟我獨邁,曾是異兹。

3. 粤以戊辰之年,建亥之月,大盜移國,金陵瓦解。

4. 若夫敷衽論心,商搉前藻,工拙之數,如有可言。

5. 櫂容與而詎前,馬寒鳴而不息。

四、指出這段韻文中的押韻字和所押的上古漢語韻部。

歲惟丁卯,律中無射。天寒夜長,風氣蕭索;鴻雁于征,草木黄落。陶子將辭逆旅之館,永歸於本宅。故人悽其相悲,同祖行於今夕,羞以嘉蔬,薦以清酌。候顔已冥,聆音愈漠。嗚呼哀哉!

五、背誦。

1. 江淹《别賦》全文。

2. 庾信《哀江南賦序》全文。

六、用現代標點符號標點下列文字。

若夫一枝之上巢父得安巢之所一壺之中壺公有容身之地况乎管寧藜床雖穿而可坐嵇康鍛竈既暖而堪眠豈必連闥洞房南陽樊重之第緑墀青瑣西漢王根之宅余有數畝弊廬寂寞人外聊以擬伏臘聊以避風霜雖復晏嬰近市不求朝夕之利潘岳面城且適閑居之樂况乃黄鶴戒露非有意於輪軒爰居避風本無情於鐘鼓陸機則兄弟同居韓康則舅甥不别蝸角蚊睫又足相容者也

通　論

（二十一）古代的文體

文體是指文章的體裁、樣式。不同體裁的文章，在語言風格和表達方式上具有不同的特點。即使相同的文體，其形式、特點也古今有别。有一些古代文體，現在已經消失，但它們在一定歷史時期内却曾經有過很大影響，我們今天接觸古籍時，還經常會碰到這些文體。因此，爲了更好地理解古書，提高閲讀古書的能力，除了掌握語言知識外，還要明辨古代的文體，了解古代文體的特點及其演變情況。

古人很早就開始研究文體，根據各自不同的標準也産生了不同的分類法，有的著眼於語言形式，分出詩辭歌賦；有的著眼於内容，分出史傳行狀；有的則按應用範圍分出書信贈序。曹丕是最早研究文體特點的人，他在《典論·論文》中把文體分爲奏議、書論、銘誄、詩賦四類，並簡要論述了它們的特點和風格："蓋奏議宜雅，書論宜理，銘誄尚實，詩賦欲麗。"大意是奏議應該善於運用經典；書信和論説應該條理暢達；銘誄應該信實不浮誇；詩賦應該講究鋪陳辭藻。曹丕可以説開了我國文體研究的先河。

晉代産生了研究文體的專著，如李充的《翰林論》、摯虞的《文章流别論》。南朝劉勰的《文心雕龍》則全面系統地論述了各種文體的特點，是當時論述文體的集大成之作，至今仍是研究古代文體的重要文獻。這時還出現了分體選文的集子，其中《昭明文選》在歷史上曾産生過很大影響，它將文體分爲三十七類，從分類角度來看過於瑣細。

明清兩代，文體研究取得了新的進展。明代吴訥的《文章辨體》和徐師曾的《文體明辨》是兩部討論文體的重要著作。清代姚鼐《古文辭類纂》盛行一時，將文體分爲論辨、序跋、奏議、書説（shuì）、贈序、詔令、傳（zhuàn）狀、碑志、雜記、箴銘、頌贊、辭賦、哀祭等十三類。這種分類，簡明不繁，選文也較精，因此爲一般人接受，流傳很廣。但這十三類中，大部分是應用文，有的作品的歸類也欠妥，並且由於分類標準不一致，類别界限往往不清，如賈誼《論積貯疏》屬奏議類，但就内容而言則是一篇優秀的論辯文，所以這種分類還不够科學。

縱觀古代文體,按語言形式的不同,可以分爲三大類:散文、韻文、駢文。韻文包括詩、詞、曲以及押韻的文章如辭賦、銘箴、頌贊、祭文等。駢文是在辭賦影響下産生的一種特殊文體,它講究對仗和平仄,但又不押韻,自成一類。韻文和駢文我們將有專門章節介紹,這裏著重討論散文的問題。

古代散文可以分爲史傳文、論説文、雜記文和應用文四類,下面分别討論。

一、史傳文

史傳文又稱歷史散文,主要有三種體裁:編年體、紀傳體、紀事本末體。

編年體的特點是以時間爲經,以歷史事件爲緯,眉目清晰,脈絡分明,系統性比較强。最早的作品有《春秋》、《左傳》、《竹書紀年》等。北宋司馬光主持編寫的《資治通鑒》繼承了《左傳》傳統,成爲編年體史書的空前巨著。這種體裁的弱點在於不便集中廣泛地描寫歷史人物。

紀傳體則以人物爲中心,克服了編年體的缺陷,全面集中地描寫人物。司馬遷的《史記》是紀傳體的開山之作,首創本紀、世家、列傳的體裁,可以説是歷史散文在形式上的一次革命。《史記》之後,歷代官方所編的史書基本上沿用了這種體裁。同時《史記》對後世的傳記散文産生了深遠的影響,後世傳記散文往往獨立於國史之外而獲得了廣泛的發展,作者也不限於史官,文人也可以作傳;立傳對象不限於死人,活人也可以立傳。個别作家還把目光轉向下層社會的普通百姓,如柳宗元的《童區寄傳》、《種樹者郭槖駝傳》,侯方域的《李姬傳》等等。傳記散文進一步發展,還影響到小説、故事等文學形式的發展,除爲真人真事立傳外,還能虚構其人或其事立傳,從而發展爲傳奇小説,唐人的傳奇小説與傳記散文就有著密切關係。在形式上,除傳之外,又有行狀(又稱行述、行略、事略等)。行狀本來是提供給官方爲死者議定謚號或史官立傳時用的材料,有時也作爲請人寫墓志銘碑表的依據。但有的行狀實際上就是一篇傳記,柳宗元的《段志太尉逸事狀》便是其中的名篇。

自傳體散文的産生也與司馬遷有關。現存的《太史公自序》應該算最早的自傳散文。後來《漢書》的《叙傳》、《論衡》的《自紀》,都是在《太史公自序》的影響下産生的。這種序傳位置在全書之後,既是全書的序言,又是作者的自傳,後來的序言、跋語即由此發展而來。

紀事本末體是以事爲綱的一種史書體裁,它以事件爲主線,將有關某一專題的材料集中到一起,便於讀者瞭解某一問題的全面情況。首創這種體裁的是宋代的袁樞,他認爲《資治通鑒》紀一事而隔數卷,不易稽查,於是自出新意,作《通鑒紀事本末》四十二卷,分類編排,以一事爲一編,共二百三十九個專題(如三家分晉、秦並六國等），各詳其起訖。這種體裁的著作把某個專題的相關材料排列在一起，脈絡清晰，始末了然，爲讀者了解歷史事件的全貌提供了極大的方便。後來又有人將《左傳》及宋元明清史等都編成了紀事本末（明陳邦瞻《宋史紀事本末》、《元史紀事本末》，清谷應泰《明史紀事本末》，清楊陸榮《三藩紀事本末》，高士奇《左傳紀事本末》等）。清代史學家章學誠評價説："文省於紀傳，事豁於編年。"

二、論説文

論説文包括哲學論文、政治論文、史論、文論等，姚鼐《古文辭類纂》中"論辨"一類就屬於論説文。

先秦諸子的散文都屬於這一類文體。我國現存最早的説理散文當是孔子弟子及再傳弟子編纂的《論語》。《論語》是語録體的説理文，形式短小，語言簡練，哲理性强。它以對話形式出現，人物的思想情態躍然紙上。但《論語》還没有題目，没有完整的篇章結構。真正可以稱之爲論説文的，應從《墨子》算起。墨子的文章，主題明確，結構嚴謹，邏輯性强，他把論説文發展到了一個新階段。戰國時代，學術思想空前活躍，諸子蜂起，百家争鳴，論説文得到很大發展。《莊子》、《孟子》、《荀子》、《韓非子》等在説理方面都各具特色。《莊子》的文章汪洋恣肆，想象豐富，文辭絶美，長於思辯，善於用寓言故事説理。《孟子》則好用譬喻説理，犀利雄辯，氣勢充沛。《韓非子》文章嚴刻峻峭，嚴謹細緻。這些特點對後世散文産生了深遠的影響，推進了古代散文的發展。在漫長的封建時代，論説文的立論和駁論方式，基本上没有超出先秦諸子散文的軌範。但是，先秦時還没有單篇的論説文，諸子文章都可認爲是論文集。漢代賈誼的《過秦論》是最早的單篇論説文。

漢以後，論説文的形式也得到進一步的發展，其主要形式有論、説、辯、原等。論是議論，説理方式以論證爲主，發表自己的主張。主要有人物論，如蘇軾的《賈誼論》、《留侯論》；有專題論，如賈誼的《過秦論》，范縝的《神滅論》，柳宗元的《封建論》。説是説明，用以闡述有關某一事物或問題的道理，如韓愈的《師説》闡述關於師的道理，柳宗元《捕蛇者説》説明捕蛇者的主張、道理。説這種形式大可以説天（《天説》），小可以説一物（如柳宗元《説車》）。有時候，説和論的界限不是很清楚，但一般不用説這種形式來評論人物和重大政治問題。有一類説很接近文學散文，其特點是借物以喻理，如周敦頤的《愛蓮説》，柳宗元的《羆説》，後者更接近寓言。

這裏順便介紹一下寓言。寓言是用比喻或故事來説明某一哲理。先秦諸子的文章中保存了大量寓言故事，莊子、韓非子等都善於運用這種體裁，庖丁解牛、守株待兔、矛與盾等都是膾炙人口的名篇。到後世寓言發展成爲一種獨立的文學形式，柳宗元的《三戒》、劉基的《賣柑者言》，都有著深刻的社會意義。

辯的主要特點是駁論，辨别事理的是非，駁斥别人的言論，如王充的《論衡》、范縝的《神滅論》。辯的主要目的是要駁正錯誤觀點或不可信的事情。如韓愈的《諱辯》是辯駁一種錯誤觀點，柳宗元的《辯列子》是辨别一部作品的真僞。

原這種體裁始於唐代。原是對某種理論、制度或社會習俗等從根本上加以探源、考察，唐人皮日休説："夫原者何也？原其所自始也。"唐代韓愈、皮日休擅寫此類文章，後來黄宗羲的《原君》、《原臣》也有較大影響。

三、雜記文

雜記文的範圍比較廣，除史傳、碑志以外的記叙文，大都可以歸入這一類。雜記文形式活潑，内容廣泛，歷史名勝、山水景物、金石書畫、讀書心得、逸聞軼事等均可成爲雜記文的記叙對象。因此，雜記文有記山水的，如酈道元的《水經注》、柳宗元的《永州八記》、《徐霞客遊記》等；有寫景物和社會風土人情的，如楊衒之的《洛陽伽藍記》；有記事的，如方苞的《獄中雜記》、龔自珍的《病梅館記》；有記物的，如魏學洢的《核舟記》。

雜記文的特點是以記事爲主，但寫法有别，故稱之爲雜。有的雜記文夾叙夾議，甚至議論多於記事，如蘇轍的《快哉亭記》、范仲淹的《岳陽樓記》；有的還兼有抒情，如柳宗元《鈷鉧潭西小丘記》，借描寫山水，抒發被貶謫的不滿，慨嘆自己的不幸遭遇。這類雜記文，講究語言的洗煉和富於表現力，充滿詩情畫意，有很多成爲千古傳誦的名篇。

筆記也屬於雜記文，又稱爲筆談、筆録、隨筆，明代以後也有叫日記的。以"筆記"名書，始於宋代宋祁的《筆記》。筆記是隨筆記録的短文，以記事爲主，篇幅短小，内容豐富，有歷史掌故、人物評論、文藝隨筆、科學小品、文字考證、志怪雜録、讀書雜記等。劉義慶的《世説新語》以品評人物爲主，沈括的《夢溪筆談》是作者一生的見聞閲歷和學術研究成果的結晶，洪邁的《容齋隨筆》是讀書劄記，陸遊的《老學庵筆記》多載軼文舊典及當代史實和典章制度，顧炎武的《日知録》是讀經史的心得，袁枚的《隨園隨筆》具有考據性質，紀昀的《閲微草堂筆記》則介乎志怪與叢談之間。六朝以來，筆記作品數量衆多，但質量參差不齊，使用時當注意擇其精華。

四、應用文

應用文的範圍非常廣，内容也相當繁雜，就體裁而言，有奏議、詔令、碑志、哀祭、銘箴、頌贊、贈序、書信等,有的形式是適應封建社會典章制度的需要而産生的。

奏議是臣下給皇帝的書信、報告和公文。先秦時代這類文體就已經出現,最早叫書,如李斯《諫逐客書》,這不是一般人的書信,而是臣子給君主的奏章。到漢代,根據奏章的内容,又分爲四類:章、奏、表、議。《文心雕龍・章表》:"章以謝恩,奏以按劾,表以陳情,議以執異。"可見那時四者還是有區别的。此外,還有疏、封事、劄子等也屬奏議。疏的本意是條陳(逐條陳説)之意,是臣下寫給皇帝的奏書,陳述朝政的弊端,以期糾正,如賈誼的《論積貯疏》。封事關涉機密政事,爲預防泄露,以皂帛做囊封板,稱爲封事,是一種秘密奏摺,如胡銓的《戊午上高宗封事》。劄子就是札子,宋人凡百官上殿奏事皆用劄子,如王安石的《本朝百年無事劄子》。這些名目各朝各代有所不同,如唐代的表、狀,宋代稱劄子。奏議由於是給皇帝的上書,所以形成一些特點,開頭結尾常用套語,行文謹慎,風格委婉,今人讀時要注意透過文詞理解其真正意圖。

對策也是一種奏議。《文心雕龍・議對》:"對策者,應詔而陳政也。"在應舉時由皇帝命題,寫在簡上,叫策問,應舉者按題陳述自己的看法,叫對策。這是封建王朝選拔人才的一種辦法,漢代晁錯、董仲舒都以對策著名。

詔令是皇帝給臣下的書信、命令,又稱詔書。詔令名目繁多,體制各異,有策書、制書、戒敕、軍令等。但各朝各代的制度不完全一樣,即使名稱相同,適用範圍也不一定相等,而且語言形式不盡一致。例如敕,漢敕用散文,六朝以後的敕有很多是駢文。檄文也是詔令的一個附類,多用於徵召、曉喻或申討,屬於軍用文書。檄文不一定由皇帝發出,有時候也可能是敵對雙方互相聲討,如駱賓王的《爲徐敬業討武曌檄》。

碑志包括碑銘和墓志銘。碑銘應用範圍很廣,山川古迹、宫室寺觀、神廟家廟、樓亭堂壁、封禪紀功,均可刻石爲碑以資紀念。如秦始皇《泰山刻石》、班固的《封燕然山銘》、韓愈的《平淮西碑》,就是封禪紀功的;王簡栖的《頭陀寺碑文》、韓愈的《南海神廟碑》則是寺觀的碑文。還有墓碑、墓碣、墓表,都是記載死者生前事迹的。墓碑形制大,五品以上的官員可以立碑;墓碣形制小,五品以下可以立碣;没有官職品位的人可以立表。封建時代大官的墓碑是樹立在墓前道路(神道)上的,所以又叫神道碑,墓表也叫神道表。墓碑、墓碣一般前面是文,最後有韻語,即銘文。墓表有的有銘文,有的没有銘文,如歐陽修《瀧岡阡表》就没有銘文。墓志銘也是記載死者生前事迹的,埋在墓穴中,又稱埋銘、壙銘、壙志或墓記,其作用是防備陵墓變遷,以便後人辯認,據説始於漢朝。墓志銘的形狀是兩塊方石,一底一蓋,底刻志銘,蓋刻標題。内容分兩部分:一部分是志,爲散文體,記載死者的姓名、籍貫、官職以及生平事迹;另一部分是銘,爲韻語,篇幅很短,往往是對死者的悼念和贊頌,如韓愈的《柳子厚墓志銘》。

哀祭包括哀辭、祭文、誄等,都是哀悼死者的文章,用以贊頌死者的嘉言善行,表示懷念。哀祭一般都是韻文,如曹植的《王仲宣誄》、歐陽修的《祭石曼卿文》、韓愈的《歐陽生哀辭》等。哀辭的韻文有的用楚辭體,句末或句中用"兮"。祭文是設祭時用來宣讀的,篇末一般有"尚饗"二字,希望鬼神歆享,如顔延年的《祭屈原文》。誄就内容而言,在碑志和哀辭之間。《文心雕龍·誄碑》:"大夫之材,臨喪能誄。誄者,累也;累其德行,旌之不朽也。"只是誄不刻石而已。顔延年的《陶徵士誄》就是叙述陶淵明的德行的。後來誄和哀辭没有多大區别。

碑志和哀祭這兩類作品大多思想内容貧乏,間或也有文辭優美之作,某些歷史人物的碑志還有比較高的史料價值。

銘箴和頌贊類都屬於韻文,但從作用來説,又能歸入應用文。

銘有兩種作用:一是用於祝頌,二是用於規誡。銘的内容有記功的,如班固的《十八侯銘》;有勒勳的,如班固的《封燕然山銘》;有宫室銘,如劉禹錫的《陋室銘》;有器皿銘,如庾信的《團扇銘》。銘文一般是四字句。

箴往往是自我警戒的格言,基本上是四字韻語,如韓愈的《五箴》、皮日休的《六箴》、龔自珍的《八箴》。

頌贊是歌頌和贊揚的文章,一般是對别人的贊美。頌用於歌功頌德,一般是四字韻語,也有不押韻的,如韓愈的《伯夷頌》。贊(也作"讚")主要用於表彰、頌揚歷史人物,通常也是四字韻語,如陶淵明的《扇上畫贊》。也有書後贊,《文心雕龍》也有篇後贊語。自贊比較少見。

贈序是專門爲贈送友人而作的文章,是一種特殊的文體,是從古人臨别贈言的習俗發展來的,到唐代才正式形成這種文體。如柳宗元《送薛存義序》、韓愈《送孟東野序》等都頗有影響。贈序因是送友人知己的,所以話自肺腑,中肯坦誠,多爲勉勵勸誡,以表達饋贈者的情誼。韓愈的贈序最多,也被認爲最好。從表達方式來講,贈序一般以論説文居多,但就作用而言,可算作應用文。

書信就作用而言也是應用文,但其内容往往以説理或抒情爲主。閲讀書信,要注意弄清通信者的社會地位和所涉及問題的時代背景。

上述各類文體的介紹只作了粗略的勾畫,涉及文體的知識實際要複雜得多,隨著時代的發展文體在不斷變化,而且有的文體名同而實異,如《漢書》有些篇後面常用贊的名目發表作者對歷史人物和事件的評論,是散文,與上面所説的贊就不同;文序的序是寫在書前或書後的題記,與贈序也不同。有的文章的文體還有跨類的問題。因此,閲讀古代作品時一定要具體問題具體分析,切不可機械套用。

(二十二)賦的語言特點

賦是一種特殊的文體,一方面,它如詩歌,講求聲韻與形式的整飭;另一方面,又如散文,句式自由,没有格律限制,兼有詩歌與散文的特點。

賦本是詩歌的一種表現手法,其特點是鋪陳事物,和比、興相並列。唐孔穎達《毛詩正義》:“賦比興是詩之所用,風雅頌是詩之成形。”宋代朱熹《詩集傳》:“賦者,敷陳其事而直言之者也。”賦作爲動詞,就是鋪陳的意思。賦也有誦詩之義,《漢書·藝文志》:“不歌而誦謂之賦。”它是一種脱離了音樂的誦讀方式。范文瀾《文心雕龍·詮賦》注:“竊疑賦自有一種聲調,細别之與歌不同,與誦亦不同。”因此,作爲文體,賦最適宜於狀物叙事、抒情説理。

賦作爲文體名稱,始於戰國末期。《戰國策·楚策四》記載,荀卿作書謝春申君,“因爲賦曰:‘寶珍隋珠,不知佩兮;雜布與錦,不知異兮……’”所録之賦,即世傳的《佹詩》。可見在荀況時代,即以賦作爲篇名。《荀子》還有《賦篇》,不過那是近似謎語的詩,和真正的賦還不一樣。至宋玉的《風賦》、《高唐賦》、《神女賦》、《登徒子好色賦》和賈誼的《弔屈原賦》、《鵩鳥賦》等,則是漢賦的源頭了。

賦是從《詩經》、《楚辭》發展而來的,《文心雕龍·詮賦》:“然賦也者,受命於詩人,拓宇於楚辭也。”《詩經》的表現手法是賦的遠源,《楚辭》是其近源。賦與騷的區别主要在於賦“鋪采摛文,體物寫志”(劉勰《文心雕龍·詮賦》),而“騷則長於言幽怨之情”(清程廷祚《騷賦論上》)。本來騷偏重於抒情,賦偏重於叙事,但到了漢代,騷漸漸爲賦所代替,賦也可以抒情了,如賈誼的《弔屈原賦》。此後,賦既能叙事,也可以抒情。

一、賦體的演變

賦的形式有幾次大的演變,元代祝堯《古賦辨體》將賦體縱向分爲古賦、俳賦、律賦和文賦,比較符合賦體文學的發展實際。但提到賦體的演變,還應注意漢賦中很重要的一類,即騷體賦。

騷體賦是類比屈原的楚辭體作品,如賈誼的《弔屈原賦》、《旱雲賦》,揚雄的《甘泉賦》等。騷體賦在形式上和《楚辭》没有多大區别,也以“兮”字入句。内容重在寫志,而不在體物。《文心雕龍·詮賦》:“陸賈扣其端,賈誼振其緒。”漢初是騷體賦的形成期。騷體賦是把業已定型的楚辭作爲自己專一的模仿對象,後來騷體賦把《離騷》視爲楚辭之經,形式日趨規範化,題材、主題逐漸定型化,很快便失去了生命力。因此,雖然漢代騷體賦的數量並不小,但其在文學史上的地位却是有限的。

古賦是騷體賦以外的漢賦,一般所説的漢賦就是指古賦這種散體大賦,通常也被認爲是漢代賦體文學最具代表性的文體。漢賦是一種綜合性的文體,融入了詩、騷、散文的因素,容量大,句型豐富,富於韻律美,是漢代作家在前人文學成就基礎上進行創造性勞動所取得的成果。枚乘、司馬相如、班固等人是漢賦的代表作家。漢賦的篇幅一般比較長,多采用問答體的形式,韻文中夾雜散文。例如揚雄的《解嘲》就是用主客的兩次問答組成,全篇基本上押韻。司馬相如的《子虛賦》、《上林賦》是用子虛與烏有先生、亡是公三人的對話組成,兩篇賦的首尾部分都是不押韻的散文,《上林賦》中間主要部分也有一些不押韻的地方。

漢賦的句式以四言和六言爲主,這是繼承了《詩經》和《楚辭》的句式,但又有所變革,它靈活地運用了散文的句式,三言、五言乃至一些長句摻雜其間,例如揚雄的《解嘲》:

> 故有造蕭何之律於唐虞之世,則悖矣。有作叔孫通儀於夏殷之時,則惑矣。有建婁敬之策於成周之世,則乖矣。有談范蔡之説於金張許史之間,則狂矣。

這種長句短句穿插於過於緊凑的鋪叙内容和華麗整飭的韻文中,造成韻散結合的效果。漢賦把散文納入自己的文體因素中,應該説是對中國古代韻文的一次革新。

用詞方面,漢賦好用僻字,賦家也時常造字,在賦中常常羅列名物,且語言有復古傾向,因此也被譏爲類同字書或字林,這正是漢代賦家用詞的風尚。因此,曹植説(見劉勰《文心雕龍·練字》):"揚馬之作,趣幽旨深。讀者非師傅不能析其詞,非博學不能綜其理;豈直才懸,抑亦字隱。"這也是當時的風尚,非漢賦語言所獨有。

俳賦又叫駢賦,主要指六朝賦。俳賦是從古賦發展而來的,孫梅《四六叢話》:"左陸以下,漸趨整鍊,益事妍華,古賦一變而爲駢賦。"駢偶的來源很遠,漢賦中已有一些對句,例如枚乘《七發》:"景春佐酒,杜連理音。滋味雜陳,肴糅錯該。練色娛目,流聲悦耳。"又:"將爲太子馴騏驥之馬,駕飛軨之輿,乘牡駿之乘;右夏服之勁箭,左烏號之彫弓。遊涉乎雲林,周馳乎蘭澤,弭節乎江潯。掩青蘋，遊清風，陶陽氣，蕩春心。於是極犬馬之才，困野獸之足，窮相禦之智巧。”但漢賦往往用多句相對，不避同字相對，也不限於四字對和六字對。至六朝時，賦中用對偶已經定型，往往全篇都是四字對和六字對，盡可能避免同字相對，而且講究平仄。例如江淹的《别賦》：

或乃邊郡未和，負羽從軍。遼水無極，鴈山參雲。閨中風暖，陌上草薰。日出天而耀景，露下地而騰文。鏡朱塵之照爛，襲青氣之烟煴。攀桃李兮不忍别，送愛子兮霑羅裙。

很多地方還對得很工整。六朝賦與漢賦在形式上有顯著的不同，它實際上是有韻的駢體文，既有駢體文的一般特點，又體現賦的鋪陳誇張的特色。平仄相對，在俳賦的早期是不嚴格的，如江淹的《别賦》，而到後期則日趨嚴格，例如庾信《春賦》：

苔始緑而藏魚，麥纔青而覆雉。吹簫弄玉之臺，鳴佩凌波之水。移戚里而家富，入新豐而酒美。石榴聊汎，蒲桃醱醅。芙蓉玉盌，蓮子金杯。新芽竹筍，細核楊梅。緑珠捧琴至，文君送酒來。

這一段平仄相對，非常工整。

總體而言，六朝賦的篇幅較之漢賦更爲短小，像左思《三都賦》那樣的長篇大賦很少。用典也是俳賦不同於漢賦的一個特點。漢賦有的很少用典，如司馬相如的《長門賦》；有的是明顯地堆砌一些歷史故事，如揚雄的《解嘲》。而六朝人作賦更喜歡將典故融化在句子中，如江淹的《别賦》。

後期的六朝賦，有明顯的詩歌化趨勢，多夾用五七言詩句，例如庾信《春賦》就是以七言詩句開頭：“宜春苑中春已歸，披香殿裏作春衣。新年鳥聲千種囀，二月楊花滿路飛。……”又以七言詩句結束：“百丈山頭日欲斜，三晡未醉莫還家。池中水影懸勝鏡，屋裏衣香不如花。”這種賦到唐初更爲盛行。

律賦是唐宋時代科舉考試所采用的一種試體賦。宋代王銍《四六話序》：“唐天寶十二載，始詔舉人策問，外試詩賦各一首，於是八韻律賦始盛。”律賦比駢賦更追求對仗工整，並注意平仄諧和。其最明顯的不同之處在於押韻有嚴格的限制。一般是由考官命題，並出八個韻字，規定八類韻腳，所以稱八韻律賦。其押韻的次序、韻腳的平仄也有規定。李調元《賦話》：“唐人賦韻，有云次用韻者，始依次遞用，否則任以己意行之。晚唐作者，取音節之諧暢，往往以一平一仄相間而出。宋人則篇篇順叙，鮮有顛倒錯綜者矣。”律賦的字數也有一定限制，李調元《賦話》：“唐時律賦，字有定限，鮮有過四百者。”科舉考試，特别講究程式，因此律賦近乎一種文字遊戲，其内容貧乏，行文呆板，毫無生氣，在文學上没有價值。

文賦是受古文運動的影響而産生的。唐宋以後，古文家作賦逐漸擺脱駢偶平仄的桎梏，不重視鋪排和藻飾，以寫散文的方法寫賦，句式參差，押韻也比較隨便，重視清新流暢，在藝術形式上給賦體注入了新的活力，創作了一些具有較高文學價值的文賦，杜牧的《阿房宫賦》、蘇軾的《前赤壁賦》就是文賦的代表作品。文賦的形式與六朝賦差别很大，與漢賦比較接近，因此有人把唐宋以後的賦和漢賦合在一起，也叫古賦。實際上，唐宋時代的文賦和漢賦無論在内容還是在形式上，都是有區别的。

二、賦的押韻

賦是韻文的一種，有口誦文學的某些特徵，它的押韻和詩歌押韻的道理是一樣的，但也有不同的地方。其主要特點是：

1. 賦往往换韻，一韻到底的極少。由於賦的篇幅一般較長，中間經常换韻。例如揚雄《解嘲》的第二段，轂族、結逸七國、君臣貧存遁、資師分别押韻；江淹《别賦》第二段，族軸谷、陳人春鱗神分别爲韻。有的賦换韻比較快，如《解嘲》，很多地方只用了兩三個韻腳就换韻；有的賦則换韻較慢，如《别賦》，很多時候是五個韻腳以上才换韻。六朝賦换韻往往比較慢，這是時代的風尚。

2. 賦的换韻，往往與内容段落是一致的。例如《解嘲》，每段用一至八類韻，没有任何一類韻是跨段相押的。每段所用的幾類韻，换韻的地方在内容方面也有轉變，這個特點在六朝以後的賦中更加突出。例如江淹的《别賦》，許多段（如第三、四、五、六、七、九段）都是一韻到底，换韻就是另一個段落。這樣作者就可以通過换韻來表示段落。

3. 賦的押韻一般是偶句押韻，除全篇首句或换韻的開頭一句外，奇句不用韻。韻腳的距離不是很固定。有的句句押韻，例如《解嘲》中，“是故知玄知默，守道之極；爰清爰静，遊神之庭；惟寂惟漠，守德之宅”一節，句句押韻。有的隔句押韻，如江淹《别賦》，除了“琴羽張兮簫鼓陳，燕趙歌兮傷美人”外，都是隔句押韻。隔句押韻也是賦最常見的押韻方法。有時候，賦中又夾有散句，如《解嘲》中，“婁敬委輅脱輓，掉三寸之舌，建不拔之策，舉中國徙之長安，適也。五帝垂典，三王傳禮，百世不易；叔孫通起於枹鼓之間，解甲投戈，遂作君臣之儀，得也”，這一節就不押韻。這種作法是賦中詩的成分減少、散文成分增多的表現之一，在古賦和文賦中比較常見。

4. 賦的韻腳不一定在句末。如果句末是語氣詞，往往在語氣詞前面押韻。例如：

吁嗟默默，生之無故兮！斡弃周鼎，寶康瓠兮；騰駕罷牛，驂蹇驢兮；驥垂兩耳，服鹽車兮；章甫薦履，漸不可久兮(換韻)。嗟苦先生，獨離此咎兮！

(賈誼《弔屈原賦》)

意者玄得無尚白乎？何爲官之拓落也？(揚雄《解嘲》)

雖淵雲之墨妙，嚴樂之筆精，金閨之諸彦，蘭臺之群英，賦有凌雲之稱，辯有雕龍之聲，誰能摹暫離之狀，寫永訣之情者乎！　(江淹《别賦》)

月明星稀，烏鵲南飛，此非曹孟德之詩乎？西望夏口，東望武昌(換韻)，山川相繆，鬱乎蒼蒼，此非曹孟德之困於周郎者乎？(蘇軾《前赤壁賦》)

這種押韻方式古賦和文賦用得較多，六朝駢賦一般不用，《别賦》中只有一個例子。句末的虚詞一般不用作韻腳，但也有用來押韻的。例如：

一肌一容，盡態極研。縵立遠視，而望幸焉。有不得見者，三十六年。

(杜牧《阿房宫賦》)

5. 賦的韻腳不能同字相押。有時候看起來似乎是同字相押，實際上兩個韻字的字形雖然相同，但意義迥别。例如：

天子方删詩書，定禮樂，設重雲之講，開七林之學。談劫燼之灰飛，辯常星之夜落。地平魚齒，城危獸角。卧刁斗於滎陽，絆龍媒於平樂。

(庾信《哀江南賦》)

這裏的兩個"樂"，禮樂的"樂"(yuè)與平樂的"樂"(lè)，音義均不相同。

爾乃桀黠構扇，馮陵畿甸。擁狼望於黄圖，填盧山於赤縣。……陶侃(侃)空争米船，顧榮虚摇羽扇。　(庾信《哀江南賦》)

兩個"扇"，前一個是煽動之義，後一個是名詞，二者不同義。即使這樣，這類同音或同形詞也要保持一定距離。

三、賦的結構

賦可以有三個部分：前面有序，中間是賦的本身，後面有亂或訊等。劉勰《文心雕龍·詮賦》："既履端於倡序，亦歸餘於總亂。序以建言，首引情本；亂以理篇，叠致文契。"序説明作賦的原因，亂或訊大多概括全篇大意。但序和亂等不是賦必須要具備的。

西漢的賦是没有序的，例如賈誼的《弔屈原賦》和揚雄的《解嘲》等。後人把《漢書》的話抄來作序，並不是作者的原序。從東漢開始，作者才自己寫序，例如班固的《兩都賦》。漢賦的序和一般散文没有區别，六朝賦序有的是用駢文寫的，例如庾信的《哀江南賦序》。

亂或訊在漢賦中一般都有，是散文，用以發議論或寄托諷諭之意，例如：賈誼的《弔屈原賦》有訊，揚雄的《甘泉賦》有亂。這是楚辭亂和訊形式的沿用。六朝以後的賦很少用這種形式。

有的賦本身就分成三個部分：開始有段散文，有點近似於序；結尾也用散文，往往發議論寄托諷諭。例如司馬相如的《子虛賦》、《上林賦》就是如此。唐宋時代有些賦還沿用這種作法，例如韓愈《進學解》開始有幾句散文，作用是爲下文張本。杜牧《阿房宫賦》的結尾就是一段發議論的散文。

四、賦的句式

賦的句式不拘字數，但大多是以四字句和六字句爲主，特别是六朝的賦，這是和駢體文有關的。漢賦和唐宋古文家所作的賦則不同，其間夾雜著散文，散文是不拘字數的。因此，雖然賦的句子字數以四字和六字爲主，但我們在賦中却可以看到短到一個字、長到十幾字的句子。例如司馬相如《子虛賦》：

> 楚使子虛使於齊，王悉發車騎與使者出畋。畋罷，子虛過奼烏有先生，亡是公存焉。坐定，烏有先生問曰："今日畋樂乎？"子虛曰："樂。""獲多乎？"曰："少。""然則何樂？"對曰："僕樂齊王之欲夸僕以車騎之衆，而僕對以雲夢之事也。"

賦的句子還常用"而、則、雖、於是"等詞語連接，即便是六朝的俳賦也是如此。例如江淹《别賦》就有"况、復、是以、故、至若、乃、至如、又若、至乃、雖"等詞語連接。

（二十三）駢體文的語言特點

駢體文是受漢代辭賦影響而産生的一種特殊的文體，從不用韻的角度看，它不屬韻文而像散文，但它又講究對仗和平仄，與散文又有區别。駢體文在魏晋時期開始形成，南北朝時期成了文章的正宗，這是它的全盛時期。至唐代形式更爲嚴整，當時把駢體文叫做"時文"，用來和古文相對；中唐以後，駢體文的正統地位逐漸被古文替代，但是仍然有不少人寫駢體文，同時駢體文對唐宋以後的文學語言（特别是律詩）也有很大影響。我們讀古書時，不可避免地要碰到一些駢體文作品，因此對其特殊的表達方式也即語言特點應有一個基本瞭解。

駢體文的語言有三方面特點：第一是語句方面的特點，即駢偶和四六；第二是語音方面的特點，即平仄相對；第三是用詞方面的特點，即用典和藻飾。

一、駢偶

駢是兩馬並駕，偶是兩人在一起，駢偶原義是指兩兩相對。古代的儀仗行列也是兩兩相對的，因此駢偶又叫對仗。其實駢偶和對仗都是比喻的説法。駢文之稱，最早見於唐柳宗元的《乞巧文》："眩耀爲文，瑣碎排偶；抽黄對白，啽哢飛走；駢四儷六，錦心繡口；宫沈羽振，笙簧觸手。"説明駢文講究對仗，注重雕飾，講求音律。駢體文一般是用平行的兩句話，兩兩相對，直至篇末。例如：

塗登千里，日踰十晨，嚴霜慘節，悲風斷肌。（鮑照《登大雷岸與妹書》）

森壁争霞，孤峰限日；幽岫含雲，深溪蓄翠。　（吴均《與顧章書》）

高峰入雲，清流見底。　陶弘景《答謝中書書》）

鶴汀鳬渚，窮島嶼之縈迴；桂殿蘭宫，列岡巒之體勢。

（王勃《滕王閣序》）

偶爾有兩個以上的意思平列的，是特殊的情況。例如：

五色雜而成黼黻，五音比而成韶夏，五情發而爲辭章。

（《文心雕龍·情采》）

履端於始，則設情以位體；舉正於中，則酌事以取類；歸餘於終，則撮辭以舉要。　（《文心雕龍·鎔裁》）

駢偶的基本要求是句法結構的相互對稱，古代雖然没有明確的語法概念，但古人會分辨語詞的虚實和句式的同異，講究虚詞和虚詞、實詞和實詞以及句式的對稱。用今天的觀點來看，就是主謂結構對主謂結構，述賓結構對述賓結構，偏正結構對偏正結構，述補結構對述補結構，複句對複句。以《謝靈運傳論》和《文心雕龍·情采》爲例：

1. 述賓結構對述賓結構

民稟天地之靈，含五常之德。

莫不寄言上德，托意玄珠。　（《謝靈運傳論》）

若乃綜述性靈，敷寫器象。

遠弃風雅，近師辭賦。　（《文心雕龍·情采》）

2. 主謂結構對主謂結構

屈平宋玉導清源於前，賈誼相如振芳塵於後。

英辭潤金石，高義薄雲天。

仲文始革孫許之風，叔源大變太元之氣。

靈運之興會摽舉，延年之體裁明密。　（《謝靈運傳論》）

故情者文之經，辭者理之緯。

昔詩人什篇，爲情而造文；辭人賦頌，爲文而造情。

故爲情者要約而寫真，爲文者淫麗而煩濫。（《文心雕龍·情采》）

3. 偏正結構對偏正結構

子建函京之作，仲宣灞岸之篇，子荆零雨之章，正長朔風之句。

六義所因，四始攸繫。　　　　（《謝靈運傳論》）

4. 述補結構對述補結構

鏤心鳥迹之中，織辭魚網之上。

並方軌前秀，垂範後昆。

若擇源於涇渭之流，按轡於邪正之路。　　（《文心雕龍・情采》）

5. 複句對複句

虎豹無文，則鞹同犬羊。犀兕有皮，而色資丹漆。

夫鉛黛所以飾容，而盼倩生於淑姿；文采所飾言，而辯麗本於情性。

夫桃李不言而成蹊，有實存也；男子樹蘭而不芳，無其情也。

研味李老，則知文質附乎性情；詳覽莊韓，則見華實過乎淫侈。

夫水性虛而淪漪結，木體實而花萼振。　　（《文心雕龍・情采》）

不僅如此，除整體相對外，上下聯内部的句法結構也要求一致，即主語對主語，謂語對謂語，賓語對賓語，定語對定語，狀語對狀語，補語對補語。例如：

縟旨星稠，繁文綺合。

綴平臺之逸響，采南皮之高韻。　　（《謝靈運傳論》）

正采耀乎朱藍，間色屏於紅紫。

故體情之制日疎，逐文之篇愈盛。　　（《文心雕龍・情采》）

"縟旨"對"繁文"是主語對主語，其中"縟"對"繁"是定語對定語；"星稠"對"綺合"是謂語對謂語，其中"星"對"綺"是狀語對狀語。"綴"對"采"是述語對述語；"平臺之逸響"對"南皮之高韻"是賓語對賓語，其中"平臺"對"南皮"又是定語對定語，"逸響"對"高韻"中"逸"對"高"也是定語對定語。"正采"對"間色"是主語對主語，其中"正"對"間"是定語對定語；"耀乎朱藍"對"屏於紅紫"是謂語對謂語，其中"朱藍"對"紅紫"是補語對補語。"體情之制"對"逐文之篇"是主語對主語，"體情"和"逐文"又是兩個述賓結構作定語相對；"日疎"和"愈盛"相對，是謂語對謂語，其中"日"和"愈"是狀語對狀語。

因此，駢偶不僅整體對稱，上下聯的内部結構也是一致的。當然其中也有參差不齊的現象，但總體而言比較少，並且齊梁以後的駢體文少有不對仗的情況。駢體文注意句子結構的對稱，從另一角度來看，就是在一聯對句中要講究詞語的相互配對。在前後兩句相同的位置上，原則上要求是詞性相同的詞語相配。例如王勃《滕王閣序》：

望長安於日下，指吴會於雲間。

漁舟唱晚，響窮彭蠡之濱；雁陣驚寒，聲斷衡陽之浦。

層巒聳翠，上出重霄；飛閣流丹，下臨無地。

古人没有現在的詞類的概念，講究虚對虚，實對實，而在實詞和虚詞内部則有變通之處。用今天的語法術語來説，就是凡作主語、賓語的，都可以看成是名詞；作定語的，除了"之"隔開的名詞外，名詞和形容詞可以看成一類；作狀語的，一般可以看成是副詞；作叙述句謂語中心語的形容詞、動詞，可以看成是一類；虚詞内部的連詞和介詞可以相對。名詞、動詞、形容詞和副詞一般是異字相對，連詞和介詞大多是同字相對。例如"層巒聳翠，上出重霄；飛閣流丹，下臨無地"，"翠"和"丹"是形容詞作賓語，視同名詞；"故體情之制日疎，逐文之篇愈盛"中作狀語的"日"視同副詞，與"愈"相對；"若擇源於涇渭之流，按轡於邪正之路"中作定語的"涇渭"和"邪正"被看成一類；"靈運之興會摽舉，延年之體裁明密"中作謂語的"摽舉"和"明密"視爲同類；"懷帝閽而不見，奉宣室以何年"中連詞"而"和介詞"以"相對；"望長安於日下，指吴會於雲間"中介詞"於"同字相對。

駢體文强調駢偶，但句首句尾的虚詞以及共有的句子成分不算在對仗之中。例如"民稟天地之靈，含五常之德"的"民"，"莫不寄言上德，托意玄珠"的"莫不"，"若乃綜述性靈，敷寫器象"的"若乃"，"故情者文之經，辭者理之緯"的"故"，"昔詩人什篇，爲情而造文；辭人賦頌，爲文而造情"的"昔"。

在達到上述基本要求後，駢體文還要求對仗工整，主要是指把事物分成許多事類，要求用相同事類的詞語相對，即把相近的概念作爲對仗，如天文對天文，地理對地理，動物對動物，植物對植物，人事對人事，器物對器物等。例如：

東顧五洲之隔，西眺九派之分。（鮑照《登大雷岸與妹書》）

"東"與"西"方位相對，"五洲"與"九派"地理對，"隔"與"分"動作對。

幸富菊花，偏饒竹實。（吴均《與顧章書》）

"菊花"與"竹實"植物對。

潘岳之文采，始述家風；陸機之辭賦，先陳世德。（庾信《哀江南賦序》）

"潘岳"與"陸機"人名對，"文采"對"辭賦"、"家風"對"世德"都是同類相對。

蟬則千轉不窮，猿則百叫無絶。（吴均《與朱元思書》）

"蟬"和"猿"動物對，"千"和"百"數目對。

睢園緑竹，氣凌彭澤之樽；鄴水朱華，光照臨川之筆。（王勃《滕王閣序》）

"睢園"對"鄴水"是地理對，"緑竹"對"朱華"是植物對，"彭澤"對"臨川"字面是地理對,實際上又是人名對,"樽"對"筆"是器物對。

數目對和顏色對是典型的工整對,駢體文特別講究以數目對數目、顏色對顏色。例如:

一簡之内,音韻盡殊;兩句之中,輕重悉異。(沈約《謝靈運傳論》)

時更七代,數逾千祀。(蕭統《文選序》)

左右青靄,表裏紫霄。(鮑照《登大雷岸與妹書》)

正采耀乎朱藍,間色屏於紅紫。(劉勰《文心雕龍・情采》)

句中自對,然後再兩句相對,也是一種工整對。句中自對,是指本句之内已有對得很工整的並列結構,再和另外一句相對,這時兩句之間兩兩相對的詞語並不需要對得很工整。例如:

冰釋泉涌,金相玉振。(蕭統《文選序》)

鶴汀鳧渚,窮島嶼之縈迴;桂殿蘭宫,列岡巒之體勢。

天高地迥,覺宇宙之無窮;興盡悲來,識盈虚之有數。

潦水盡而寒潭清,煙光凝而暮山紫。(王勃《滕王閣序》)

這些例子的上下聯句法結構一致,句中自對也很工整,雖然"冰"對"金"、"泉"對"玉"、"鶴汀"對"桂殿"、"鳧渚"對"蘭宫"、"潦水"對"煙光"、"寒潭"對"暮山"、"清"對"紫"、"天"對"興"、"高"對"盡"、"地"對"悲"、"迥"對"來"都對得不工整,但整句仍是工對。又如:

騰蛟起鳳,孟學士之詞宗;紫電青霜,王將軍之武庫。

(王勃《滕王閣序》)

雖以兩個述賓結構和兩個偏正結構相對,但由於句中自對精巧,整句仍是工對。

駢體文講究對仗的工整,也有一個發展過程。初期的駢體文,只要兩句相對即可,不避同字對,也不太講究工整,還有駢散兼行的作法。例如嵇康《與山巨源絶交書》中的一段:

以此觀之,故堯舜之君世,許由之岩棲,子房之佐漢,接輿之行歌,其揆一也。仰瞻數君,可謂能遂其志者也。故君子百行,殊塗而同致,循性而動,各附所安,故有處朝廷而不出,入山林而不反之論。且延陵高子臧之風,長卿慕相如之節,志氣所托,不可奪也。

即駢散兼行,少有工對。後期的駢體文則日益講究對仗工整,力求避免同字相對,盡可能不用或少用散句,王勃的《滕王閣序》就是典型的例子。當然,駢偶走向極至,可能會妨礙文氣的暢通,甚至以辭害義。

二、四六

駢體文多用四字句和六字句。《文心雕龍·章句》:"若夫筆句無常,而字有條數。四字密而不促,六字格而非緩;或變之以三五,蓋應機之權節也。"這是説四字和六字句在音節上不促不緩,比較合適。柳宗元"駢四儷六"也是對這個特點的説明。四字句和六字句以各種相間相重的方式運用起來,使文章的句法同時具有整齊和錯綜之美。從晚唐開始駢體文又被稱作四六或四六文,晚唐李商隱有《樊南四六甲乙集》,在該書的序中,他又以"古文"與"今體"對稱,"古文"即散文,"今體"就是駢文。明代以前一直沿用"四六"這個名稱,直到清代才叫做駢體文。

四六也有一個發展過程。魏晋時代的駢體文,句子的字數還没有嚴格的限制,一般以四字句爲多,例如陸機的《漢高祖功臣頌》中歌頌韓信的一段:

> 灼灼淮陰,靈武冠世,策出無方,思入神契。奮臂雲興,騰迹虎噬,凌險必夷,摧剛則脆。肇謀漢濱,還定渭表,京索既扼,引師北討。濟河夷魏,登山滅趙,威亮火烈,勢逾風掃,拾代如遺,偃齊猶草。二州肅清,四邦咸舉,乃眷北燕,遂表東海。克滅龍且,爰取其旅,劉項懸命,人謀是與,念功惟德,辭通絶楚。

全用四字句。劉宋時代,四字和六字成爲一聯、隔句相對的格式已具雛形。齊梁以後,四六格式基本形成,因此劉勰才試圖從理論上加以説明。唐代以後,四六格式定型。

四六的基本結構有五種:

1. 四四:四字句和四字句相對。

　　律異班賈,體變曹王。　（沈約《謝靈運傳論》）

　　下亭漂泊,高橋羈旅。　（庾信《哀江南賦序》）

　　急湍甚箭,猛浪若奔。　（吴均《與朱元思書》）

　　衆制鋒起,源流間出。　（蕭統《文選序》）

2. 六六:六字句和六字句相對。

　　窺地門之絶景,望天際之孤雲。　（鮑照《登大雷岸與妹書》）

　　綴平臺之逸響,采南皮之高韻。　（沈約《謝靈運傳論》）

　　經正而後緯成,理定而後辭暢。　（劉勰《文心雕龍·情采》）

　　三日哭於都亭,三年囚於别館。　（庾信《哀江南賦序》）

3. 四四四四:上四下四和上四下四相對。

　　兩岸石壁,五色交輝;青林翠竹,四時俱備。

　　（陶弘景《答謝中書書》）

張蔡現王，曾無先覺；潘陸顔謝，去之彌遠。（沈約《謝靈運傳論》）

燕歌遠别，悲不自勝；楚老相逢，泣將何及！（庾信《哀江南賦序》）

泉水激石，泠泠作響；好鳥相鳴，嚶嚶成韻。（吴均《與朱元思書》）

4. 四六四六：上四下六和上四下六相對。

譬陶匏異器，並爲入耳之娱；黼黻不同，俱爲悦目之翫。

（蕭統《文選序》）

荆璧睨柱，受連城而見欺；載書横階，捧珠盤而不定。

（庾信《哀江南賦序》）

凌雲概日，由余之所未窺；萬户千門，張衡之所曾賦。

（徐陵《玉臺新咏序》）

關山難越，誰悲失路之人？萍水相逢，儘是他鄉之客。

（王勃《滕王閣序》）

5. 六四六四：上六下四和上六下四相對。

申包胥之頓地，碎之以首；蔡威公之泪盡，加之以血。

（庾信《哀江南賦序》）

屈賈誼於長沙，非無聖主；竄梁鴻於海曲，豈乏明時！

（王勃《滕王閣序》）

宋微子之興悲，良有以也；袁君山之流涕，豈徒然哉？

（駱賓王《爲徐敬業討武曌檄》）

前期駢體文的句式，以第一、二兩種爲主，後期則以第三、四兩種爲最常見。

四字句的節奏一般是二二，例如吴均《與顧章書》："森壁争霞，孤峰限日；幽岫含雲，深溪蓄翠。"

六字句的節奏主要有三種：第一種是三三，一般是第四字用虚詞，也可以劃分爲三一二，例如王勃《滕王閣序》："酌貪泉而覺爽，處涸轍以猶懽。"第二種是二四，例如《文心雕龍·情采》："經正而後緯成，理定而後辭暢。"第三種是四二，例如王勃《滕王閣序》："閭閻撲地，鐘鳴鼎食之家；舸艦迷津，青雀黄龍之軸。"二四和四二句式都是以二字爲基礎的，也可以再劃分爲二二二。

駢體文中，也有一些五字句和七字句，這些句子的節奏和五言詩與七言詩的節奏是不同的。五言詩句的節奏一般是二三，而駢體文五字句的節奏一般是二一二或一四，例如蕭統《文選序》："孝敬之准式，人倫之師友。"這是二一二的句式，大多是四字句中插入一個虚詞。沈約《謝靈運傳論》："若前有浮聲，則後須切響。"這是一四的句式，大多是四字句的前面加上一個虚詞。這種五字句也可以認爲是四字句的變體。

七字句的節奏也與七言詩句的節奏不同。七言詩句的節奏一般是四三，駢體文七字句的節奏有幾種情況：

爽籟發/而/清風生，纖歌凝/而/白雲遏。（王勃《滕王閣序》）

是三一三型。

落霞/與孤鶩/齊飛，秋水/共長天/一色。（王勃《滕王閣序》）

是二三二型。

都督閻公/之/雅望，棨戟遥臨；宇文新州/之/懿範，襜帷暫駐。（王勃《滕王閣序》）

是四一二型。

靈運/之/興會摽舉，延年/之/體裁明密。（沈約《謝靈運傳論》）

是二一四型。

陸士衡/聞而撫掌，是所甘心；張平子/見而陋之，固其宜也。（庾信《哀江南賦序》）

是三四型。

臺隍/枕夷夏之交，賓主/盡東南之美。（王勃《滕王閣序》）

是二五型。實際上，七字句也是在六字句基礎上增加一字而成的。

至於短到三字句（如王勃《滕王閣序》："四美俱，二難並。"）長到八字句（如沈約《謝靈運傳論》："相如巧爲形似之言，班固長於情理之説。"）的情況，很少見到，特别是八字句以上的長句，齊梁以後，更是罕見。

三、平仄

平仄涉及聲律問題。聲律被自覺地作爲藝術化的手段，發端於齊梁，後來發展成爲近體詩的詩律，直至影響到後來詞曲的格律。平是平聲，仄是非平聲，包括上聲、去聲、入聲（這裏所説的四聲是中古漢語的聲調系統）。駢文講究音韻協調，注重章句之内的音節之美。正如沈約《謝靈運傳論》所説："欲使宫羽相變，低昂舛節，若前有浮聲，則後須切響。一簡之内，音韻盡殊；兩句之中，輕重悉異。"後期的駢體文在對仗時還要求上下聯字音平對仄、仄對平。句中節奏點的平仄要求比較嚴格，如六字句三三式的第三和第六字、四字句的第二字和第四字就是節奏點。非節奏點的字的平仄要求不嚴格。虚詞的相對也不講平仄，而且駢體文六字以上的句子，常有虚詞同字相對的情況。駢體文講究平仄的特點在盛唐正式形成。下面主要以王勃《滕王閣序》爲例説明平仄相對的幾種基本格式：

1. 四字句

甲式：㊣平㊋仄，㊋仄㊣平

星分翼軫，地接衡廬。

乙式：㊋仄㊣平，㊣平㊋仄

敢竭鄙誠，恭疏短引。

2. 六字句

二四甲式： ㊣平㊋仄平平， ㊋仄㊣平㊋仄

（老當益壯，）甯知白首之心；（窮且益堅，）不墜青雲之志。

二四乙式：㊋仄㊣平㊋仄，㊣平㊋仄㊣平

坐昧先幾之兆，必貽後至之誅。

三三甲式：㊣㊋仄㊋平平，㊋㊣平㊣仄仄

窮睇眄於中天，極娱遊於暇日。

三三乙式：㊋㊣平㊣仄仄，㊣㊋仄㊋平平

望長安於日下，指吴會於雲間。

有了這幾種基本格式，便可以類推駢體文的平仄情況。五字句和七字句的平仄也可在此基礎上推知。駢體文平仄要求的總體原則是平對仄、仄對平，但這種平仄相對的要求尚未形成固定格律，運用起來比較自由。

四、用典

用典，古人又叫用事。用典起源很早，先秦古書就有不少引言引事的，漢代文章用典更多，但都只是作爲修辭的手段，而没有成爲文體的特點。魏晉以後，駢體文的用典則成爲了文體的特點之一。作者用典的目的不再是僅僅爲了證明自己的觀點古已有之、是正確的，而在於追求文章的典雅、含蓄、精煉，也有比喻、影射的作用。例如：

釣臺移柳，非玉關之可望；華亭鶴唳，豈河橋之可聞。

三日哭於都亭，三年囚於别館。 （庾信《哀江南賦序》）

前一例例則用典故抒發自己的鄉關之思。後一例用兩個典故表達作者對梁朝滅亡和自己被羈留西魏的悲痛心情，言簡意賅。這類用典委婉含蓄，意在言外，給人以聯想的餘地。

由於駢體文在句式和音律方面特點的限制，使之在用典的方法和造辭的技巧上與散文的用典有所不同。散文用典可以詳細叙述，不限字數，無須另取一事與之對稱，駢體文用典則往往一句一典，不講明出處，最講究剪裁融化。剪裁是裁取古事古語以合乎對仗需要，融化是把所裁取的古事古語加以改易，使之

與文意相合。例如：

虎豹無文，則鞹同犬羊；犀兕有皮，而色資丹漆。

（《文心雕龍·情采》）

楚歌非取樂之方，魯酒無忘憂之用。（庾信《哀江南賦序》）

上例上半聯出自《論語·顏淵》："文猶質也，質猶文也，虎豹之鞟，猶犬羊之鞟。"下半聯出自《左傳·宣公二年》："使其驂乘謂之曰：'牛則有皮，犀兕尚多，弃甲則那。'役人曰：'從其有皮，丹漆若何。'"劉勰分别從兩段話中裁取了需要的詞語，融化成一聯對偶，使之符合下文所提出的"質待文也"的觀點。下例化用兩個故事，恰當地表達了自己的心情。

有時候，甚至把典故融化成一個詞或片語，和原文差别很大，表面上看不出是用典。例如：

正采耀乎朱藍，間色屏於紅紫。（《文心雕龍·情采》）

大盗移國，金陵瓦解。（庾信《哀江南賦序》）

"紅紫、大盗移國、瓦解"看似普通的詞語，但却有出處。《論語·鄉黨》："紅紫不以爲褻服。"又《論語·陽貨》："惡紫之奪朱也。"《後漢書·光武贊》："炎政中微，大盗移國。"《史記·平津侯主父列傳》有"土崩、瓦解"之辭。雖然作者表達的意思與典故的原意已相差很遠，我們把它們作爲一般詞語來理解也能講通，但作者本身是在有意識地用典。

駢體文用典，一般爲正用，但有時也反用，庾信《哀江南賦序》就有不少這樣的例子：

讓東海之濱，遂餐周粟。

荆璧睨柱，受連城而見欺。

載書横階，捧珠盤而不定。

况復舟楫路窮，星漢非乘槎可上。

風飇道阻，蓬萊無可到之期。

反用典故往往有襯托、對比的作用。第一例伯夷、叔齊不食周粟，庾信却做了北周的官，所以説"遂餐周粟"，用以襯托自己的處境。第二、三例與此類似，引用典故委婉地道出自己羞於啓齒的事情，並表明自己的志向與現實處境的矛盾，以及身陷其中的痛苦與無奈。最後兩例也是反用典故，使自己無法回歸故鄉的痛切之感更爲突出。

駢體文大量用典，往往使文章晦澀難懂。因此，在閲讀駢體文時不能僅憑字面去理解，要認真考察有無出典，這樣才能懂得作者的真正意圖。

駢體文的用典發展到極至，便是堆砌典故，甚至以用人所不知的故事爲得意，這也是當時的風氣。所以鍾嶸的《詩品序》説："故大明（宋孝武帝年號）、泰始（宋明帝年號）中，文章殆同書抄。"有的文章甚至"句無虚語，語無虚字"，這就非常難讀了。而且這種堆砌也使文章冗長累贅，影響其表達效果。

藻飾也是駢體文用詞上的一個重要特徵。藻飾就是追求詞藻的華麗。注重詞藻，自古而然。《禮記・表記》引孔子的話"情欲信，辭欲巧"。魏晉南北朝時期，人們的文學觀念更加明確，自覺地重視詞藻的表達藝術，駢體文形成與盛行的六朝時期正是"儷采百字之偶，争價一句之廳，情必極貌以寫物，辭必窮力而追新"（《文心雕龍・明詩》）的華麗文風風靡之時，作爲講究形式之美的駢體文，追求詞藻華美，煉字雕辭，造句琢章，便是很自然的了。駢體文中用得最多的是顔色、金玉、靈禽、奇獸、香花、異草之類的詞。正如楊炯《王勃集序》所説："糅之金玉龍鳳，亂之朱紫青黄。"六朝有的駢體文僅顔色一類詞就占了全文字數的十分之一以上。

以上對駢體文的語言特點作了簡單介紹，這些特點與漢語的特點有一定關係，是構成駢體文形式之美的主要因素。它們使文章句式整齊，辭采精美，音調諧和。但如果這些特點走向極端，便會成爲其致命的缺點。過分追求形式整齊和詞句對偶，往往使文章單調板滯，有礙於筆致的暢達和文脈的貫通。有時甚至割裂詞語以適合四六句式。例如王勃《滕王閣序》："楊意不逢，撫凌雲而自惜；鍾期既遇，奏流水以何慚。"就把楊得意説成楊意，鍾子期説成鍾期。用典雖可使文意婉曲，避免行文露骨，但用典太繁，一則有重叠冗遝之弊，二則妨礙讀者的閱讀，使文意曖昧難解。因此，在徐陵、庾信達到駢體文創作的頂峰之後，後代除陸贄、李商隱等少數作家的作品外，言之有物、情文並茂的佳作就不多見了。總體而言，駢體文在文學史上的地位不高。但它在歷史上曾經有過很大的影響，唐以後的應世之文完全限於今體的四六，即使古文家也不能例外。駢體文的語言對唐宋以後的文學語言也有很大影響。因此，從文獻和文學語言發展的角度來看，還是應當注意對駢體文的研究。

參考書目

陳必祥《古代散文文體概論》，河南人民出版社 1986 年。

褚斌傑《中國古代文體概論》（增訂本），北京大學出版社 1990 年。

郭英德《中國古代文體學論稿》，北京大學出版社 2005 年。

(清)李北洛選輯《駢體文鈔》,上海書店 1988 年。
李士彪《魏晋南北朝文體學》,上海古籍出版社 2004 年。
劉勰《文心雕龍·知音》。
吴承學《中國古代文體形態研究》,中山大學出版社 2002 年。
(梁)蕭統《文選》,中華書局 2005 年。
(明)徐師曾《文體明辯序説》,人民文學出版社 1962 年。
許嘉璐《古代文體常識》,北京出版社 1980 年。
鍾濤《六朝駢體文及其文化意藴》,東方出版社 1997 年。

練習(三)

一、填空。

1. 史傳文又稱歷史散文,主要有三種體裁:(　　)、(　　)、(　　)。

2. 現存的最早的自傳散文是司馬遷的(　　)。

3. 紀傳體的開山之作是(　　)。

4. 最早的單篇論説文是漢代賈誼的(　　)。

5. 漢以後,論説文的形式也得到進一步的發展,其主要形式有(　　)、(　　)、(　　)、(　　)等。

6. 劉義慶的《世説新語》、沈括的《夢溪筆談》、洪邁的《容齋隨筆》等屬於雜記文中的(　　)。

7. 李斯《諫逐客書》、賈誼的《論積貯疏》、胡銓的《戊午上高宗封事》等都是(　　)。

8. 賦本是詩歌的一種表現手法,其特點是(　　)。賦作爲文體名稱,始於(　　)。

9. 元代祝堯《古賦辨體》從縱向將賦體分爲(　　)、(　　)、(　　)、(　　),比較符合賦體文學的發展實際。

10. 賦可以有三個部分:前面有(　　),中間是賦的本身,後面有(　　)等。

11. 唐代把駢體文叫做(　　),用來和古文相對。

二、以揚雄《解嘲》爲例説明漢代散體大賦的主要特點。

三、以江淹《别賦》爲例説明六朝賦的主要特點。

四、簡要説明賦押韻的主要特點。

五、找出下面這段文字中的典故並指出其在文中的作用。

天道周星，物極不反。傅燮之但悲身世，無處求生；袁安之每念王室，自然流涕。昔桓君山之志事，杜元凱之平生，並有著書，咸能自序。潘岳之文采，始述家風；陸機之辭賦，先陳世德。信年始二毛，即逢喪亂，藐是流離，至於暮齒。燕歌遠别，悲不自勝；楚老相逢，泣將何及！畏南山之雨，忽踐秦庭；讓東海之濱，遂餐周粟。下亭漂泊，高橋羈旅；楚歌非取樂之方，魯酒無忘憂之用。追爲此賦，聊以記言；不無危苦之辭，惟以悲哀爲主。

第八單元

文　選

兩漢樂府民歌

【解題】

樂府創立於漢武帝時期，本是漢代掌管音樂的官署。後來人們把樂府收集整理的詩歌稱作樂府詩或樂府，於是樂府便成爲這種詩歌體裁的名稱。南宋人郭茂倩編輯的《樂府詩集》是樂府歌辭的總集，“是集總括歷代樂府，上起陶唐，下迄五代，凡郊廟歌辭十二卷、燕射歌辭三卷、鼓吹曲辭五卷、横吹曲辭五卷、相和歌辭十八卷、清商曲辭八卷、舞曲歌辭五卷、琴曲歌辭四卷、雜曲歌辭十八卷、近代曲辭四卷、雜歌謡辭七卷、新樂府辭十一卷，其解題徵引浩博，援据精審，宋以來考樂府者，無能出其範圍。每題以古辭居前，擬作居後，使同一曲調而諸格畢備，不相沿襲，可以藥剽竊形似之失”（《四庫總目提要》）。樂府詩按照樂曲的性質分類，相和歌辭和雜曲歌辭保存了較多的東漢民歌。

樂府繼承了《詩經》的現實主義傳統。感情真實樸素，形式變化自由，藝術上有很高的成就，對後世詩歌的發展有重要影響。本教材所選詩歌根据《四部叢刊》影印汲古阁藏元至正本《樂府詩集》。

十五從軍征[1]

十五從軍征，八十始得歸。道逢鄉里人，“家中有阿誰[2]？”“遥看是君家，松柏塚纍纍[3]。”兔從狗竇入，雉從梁上飛[4]。中庭生旅穀，井上生旅葵[5]。舂穀持作飰，采葵持作羹[6]。羹飰一時熟，不知貽阿誰[7]。出門東向看，泪落沾我衣。

【注釋】

[1]選自《横吹曲辭·梁鼓角横吹曲》。描寫了一個少小離家老大回的從軍士兵及其家庭的不幸遭遇，揭示了統治者連年征戰不息給人民帶來的痛苦。[2]鄉里：秦漢二十五家爲里，

十里爲亭，十亭爲鄉。這裏泛指鄰里鄉親。阿誰：即“誰”，“阿”爲詞頭。[3]君家：你的家。塚(zhǒng)：堆土的墳。纍纍(léi)：一個接一個的樣子。[4]狗竇：狗洞，指在院牆下爲狗開的洞。梁：屋的横梁，前後方向架在柱上。[5]中庭：即庭中。旅穀：野生的穀。旅葵：野生的葵。葵：一種草本植物，又名冬葵，西南地区俗稱冬寒菜，是我國古代常見的蔬菜。[6]舂：以杵臼搗穀脱粒。飰(fàn)：同“飯”。羹：這裏指帶汁的菜。[7]一時：一會兒。貽(yí)：給。

【押韻】

歸、誰、纍、飛、誰、衣：微部；葵：脂部。微脂合韻①。

戰城南[1]

戰城南，死郭北[2]，野死不葬烏可食[3]。爲我謂烏："且爲客豪[4]！野死諒不葬，腐肉安能去子逃[5]？"水深激激，蒲葦冥冥[6]，梟騎戰鬥死，駑馬徘徊鳴[7]。梁築室，何以南，何以北[8]？禾黍不穫君何食[9]？願爲忠臣安可得[10]？思子良臣，良臣誠可思：朝行出攻，暮夜不歸[11]！

【注釋】

[1]選自《鼓吹曲辭・漢鐃歌十八曲》。這是一首哀悼陣亡戰士的詩，作者以激憤的心情控訴了戰爭對生靈的殘害。城：城牆。[2]郭：外城。這裏的“城郭”，泛指城牆。這兩句是互文，意爲在城的南北都有戰鬥，在城的南北都有陣亡。[3]野死：死於野外。野：名詞作狀語，在野外。烏：烏鴉，相傳烏鴉嗜食死屍腐肉。[4]我：作者自稱。且爲客豪：(我)將爲戰死者號哭招魂。且：將。客：客死異鄉的戰死者，故稱“客”。豪：通“嚎”，號哭。古人對死者行招魂之禮。從上下文看，這是作者要烏鴉等一等，讓他先爲陣亡的士兵招魂。[5]諒：副詞，確實。去：離開。子：指烏鴉。這裏用“子”是反語，表現了作者對嗜食人肉的烏鴉的憎惡。以下即是作者對陣亡戰士的招魂悼念之辭。[6]激激：水清澈的樣子。蒲葦：都是水草。冥冥：昏暗幽寂的樣子。[7]梟(xiāo)騎：勇猛的士兵。駑馬：劣馬。這四句寫戰場在激戰之後的沈寂悲涼，只有清澈的流水和大片的蒲葦，戰馬哀鳴。[8]這句的意思是，戰爭奪去了從事生産的人的生命，使正常的生産和生活無法進行。下面兩句與此意思一貫。梁築室：架梁築室，指修造房屋。何以南，何以北：指無法修造房屋。[9]大意是：無人爲國家生産糧食。禾黍：泛指糧食作物。禾：粟。君：國君。[10]這句指無人爲國家效力。[11]誠：副詞，的確。不歸：指陣亡。

【押韻】

北、食：職部。豪、逃：宵部。冥、鳴：耕部。北、食、得：職部。思：之部；歸：微部；之微合韻。

---

① 兩漢至西晋時期詩文用韻以上古韻部標注。參見第七單元課文《長門賦》押韻腳注。

飲馬長城窟行[1]

青青河畔草,綿綿思遠道[2]。遠道不可思,宿昔夢見之[3]。夢見在我傍,忽覺在他鄉[4]。他鄉各異縣,展轉不可見[5]。枯桑知天風,海水知天寒[6]。入門各自媚,誰肯相爲言[7]？客從遠方來,遺我雙鯉魚。呼兒烹鯉魚,中有尺素書[8]。長跪讀素書[9],書中竟何如？上言加飡飯,下言長相憶[10]!

【注釋】

[1]選自《相和歌辭·瑟調曲》。該詩以一個婦女的口吻描寫了她對遠行不歸的丈夫的思念。詩以丈夫的家書結尾,暗道出對方同樣的相思之苦,手法新穎、簡潔,意味深長。該詩又名《飲馬行》。[2]大意是:春天已至,行役之人仍未歸來,思念綿綿不絶如縷。綿綿:形容思緒連續不絶的樣子。遠道:指遠方之人。[3]宿昔:昨夜。宿(sù):頭天晚上。昔:通"夕",夜。[4]忽覺:忽然醒來。覺:醒來。[5]各異縣:指自己和丈夫各在一方。展轉:也寫作"輾轉",聯綿詞,翻來覆去的樣子。[6]這兩句以風摧枯桑、寒凍海水起興,表達妻子對行役在外的丈夫的遭遇的擔心。[7]大意是:别人回到家中,都只同自己的親人相愛,誰肯來同我説幾句話呢？入門:回家。媚:愛。[8]尺素書:寫在生絹上的信,長約一尺,故稱尺素。素:生絹(白色)。書:信。[9]長跪:伸直腰跪著。古人跪坐於席,平時臀部坐在腳後跟上,緊張或表示恭敬時擡起臀伸直腰。長跪讀素書,描繪了女主人急切的心情。[10]上言、下言:(書信)前邊説、(書信)後面説。飡:同"餐"。《昭明文選》作"上有加餐食,下有長相憶"。

【押韻】

草、道:幽部。思、之:之部。傍、鄉:陽部。縣、見、寒、言:元部。魚、魚、書、書、如:魚部。食、憶:職部。

平陵東[1]

平陵東,松柏桐[2],不知何人刦義公[3]。刦義公在高堂下[4],交錢百萬兩走馬[5]。兩走馬,亦誠難,顧見追吏心中惻[6]。心中惻,血出漉,歸告我家賣黄犢[7]。

【注釋】

[1]選自《相和歌辭·相和曲》。本篇控訴了利用權力盤剥壓榨人民的貪官污吏,把他們比作劫人財物的强盗。平陵:漢昭帝的陵墓,在今陝西省咸陽市東北。[2]松柏桐:三種樹木的名

稱。這裏指茂密的樹林，暗喻强盗出没之地。[3]不知何人：劫人的本當是强盗，而現在却是官吏，故意説"不知何人"來諷刺。刦：同"劫"，搶劫。義公：指善良的人。一説"義"當作"我"，"義、我"二字古音相近。[4]高堂下：指官府衙門。"在"字疑是衍文。[5]大意是：勒索義公交錢百萬，另外還要加上兩匹善跑的好馬。走馬：善跑的好馬。走：跑。[6]顧：回頭看。追吏：追逼索討的官吏。惻(cè)：悲傷。[7]血出漉：指難受悲痛，好像心中流血一樣。漉(lù)：滲出。下句説只好賣掉家裏的小黄牛以湊足官府索要的錢財。黄犢：小黄牛。

【押韻】

東、桐、公：東部。下、馬：魚部。漉、犢：屋部。

漢魏晋南北朝詩歌

古詩十九首

【解題】

古詩十九首是漢代文人的五言詩，非一人一時之作。因各篇風格相近，合在一起收入《昭明文選》，題爲"古詩十九首"。其内容多表達遊子思婦的離愁别緒、文人士子的徬徨苦悶等。其語言樸素自然，感情真摯，表達生動，具有民歌風味。一般認爲，"古詩十九首"是東漢後期的作品，對後世尤其是建安時代文人五言詩的發展有重要影響。本教材所選詩歌根据《四部叢刊》影印宋刊本《六臣注文選》。

冉冉孤生竹[1]

冉冉孤生竹，結根泰山阿[2]。與君爲新婚，兔絲附女蘿[3]。兔絲生有時，夫婦會有宜[4]。千里遠結婚，悠悠隔山陂[5]。思君令人老，軒車來何遲[6]？傷彼蕙蘭花，含英揚光輝[7]。過時而不采，將隨秋草萎[8]。君亮執高節，賤妾亦何爲[9]？

【注釋】

[1]本詩描寫一個女子新婚而與丈夫離别的愁緒。冉冉：柔弱下垂的樣子。[2]這兩句以柔弱的孤竹移栽於大山旁比喻自己托身丈夫。泰山：即大山。阿：山的轉彎處。[3]這句以兔絲與女蘿相纏繞比喻女子與其夫情意深厚，難捨難分。兔絲：一種蔓生植物。附：攀附。女

蘿：即松蘿，也是一種蔓生植物。[4]兔絲應時而生，夫婦宜及時相會。這是民歌中興的手法。宜：適合，應該。[5]悠悠：遥遠的樣子。陂（bēi）：山坡。上句説遠嫁，即前文之"結根泰山阿"，下句説别離。[6]軒車：古時大夫以上乘坐的車。來何遲：指仍未歸來。[7]蕙、蘭：皆香草名。英：花。[8]萎：凋謝。這四句以蕙蘭春榮秋萎來比喻青春易逝。[9]夫君確實是節操高尚之人，我不必在這裏自尋煩惱。亮：通"諒"，確實。

【押韻】

阿、蘿、宜、陂：歌部。遲：脂部；輝：微部；脂微合韻。萎、爲：歌部。

迢迢牽牛星[1]

迢迢牽牛星，皎皎河漢女[2]。纖纖擢素手，札札弄機杼[3]。終日不成章[4]，泣涕零如雨[5]。河漢清且淺，相去復幾許[6]？盈盈一水間，脈脈不得語[7]。

【注釋】

[1]本篇借用神話故事想象織女對牛郎的苦思，愛情的折磨使得無心紡織、泪零成雨。這實際上是人間男女愛情的生動寫照。迢迢：遥遠的樣子。牽牛星：即天鷹座 α 星。[2]皎皎：明亮潔白的樣子。河漢女：指織女星，即天琴座 α 星，與牽牛星隔銀河相望。河漢：銀河。[3]纖纖：細長的樣子。擢：伸出。札札：織機聲，象聲詞。機：織布機。杼（zhù）：織布機的梭子。[4]不成章：指織不成紋理，即織不出布。章：指紡織品上的紋理。《詩經·小雅·大東》："維天有漢，監亦有光。跂彼織女，終日七襄。雖則七襄，不成報章。"[5]泣涕：哭泣流泪。涕：眼泪。零：落下。《詩經·邶風·燕燕》："瞻望弗及，泣涕如雨。"[6]大意是：銀河看上去淡淡的，又清又淺，能相距多遠呢？相去：相離，相距。幾許：多少，這裏指多遠。許：表示約略估計的詞。[7]盈盈：水清淺的樣子。脈脈（mò）：凝視的樣子。又寫作"眽眽"。

【押韻】

女、杼、雨、許、語：魚部。

明月何皎皎[1]

明月何皎皎，照我羅床幃[2]。憂愁不能寐，攬衣起徘徊。客行雖云樂，不如早旋歸[3]。出户獨彷徨[4]，愁思當告誰？引領還入房[5]，泪下霑裳衣[6]。

【注釋】

[1]這是一首遊子思歸詩。也有人説該詩寫閨中女子望夫。皎皎：月光明亮的樣子。《詩

經・陳風・月出》:“月出皎兮。”[2]羅床幃:以羅制成的床帳。羅:一種輕而薄的絲織品。幃:帳子。[3]這是遊子自語。客行:在外旅行。客:旅居他鄉。旋歸:回歸。旋:回轉,歸來。《詩經・小雅・黄鳥》:“言旋言歸,復我邦族。”[4]户:獨扇的門。彷徨:徘徊,來回地走。[5]舉頭仰望明月,佇立良久之後仍舊回到房内。引領:伸長脖子。領:脖子。還(huán):仍舊。[6]霑(zhān):沾濕。裳:下衣,似裙。

【押韻】

幃、徊、歸、誰、衣:微部。

觀滄海

曹　操[1]

東臨碣石[2],以觀滄海[3]。水何澹澹,山島竦峙[4]。樹木藂生[5],百草豐茂。秋風蕭瑟[6],洪波涌起。日月之行,若出其中;星漢粲爛[7],若出其裏。幸甚至哉,歌以咏志[8]。

【注釋】

[1]曹操(155～220):字孟德,沛國譙(qiáo,今安徽亳縣)人。三國時期著名的政治家、軍事家和詩人。漢獻帝時,位至大將軍及丞相,後又封魏王。其子曹丕稱帝後,追尊爲武帝。他的詩吸收樂府民歌的營養,語言質樸,心胸壯闊,感情深沉悲壯。現存詩二十餘首,黄節有《魏武帝魏文帝詩注》,可參考。《觀滄海》是曹操的組詩《步出夏門行》中的第一章,借古樂府舊題舊調作詩。207年,曹操遠征烏桓,經過碣石山,寫下了這首詩。描寫了登高望海的景色,表現了大海的雄渾壯闊。本詩選自《四部叢刊》本《樂府詩集》。[2]碣石:山名。原在今河北省樂亭縣西南,現已沉到海裏。[3]滄海:青蒼的大海。滄:通“蒼”。海水深藍色,故稱滄海。[4]澹澹(dàn):水波動蕩的樣子。竦峙(zhì):高高地屹立。竦(sǒng):通“聳”。峙:直立。[5]藂(cóng):同“叢”。[6]蕭瑟:雙聲聯綿詞,秋風吹過樹木的聲音。[7]星漢:銀河。[8]“幸甚至哉”至最後,是配合音樂所加上的,與正文内容無關。

【押韻】

海、峙、起、裏、志:之部;茂:幽部;之幽合韻。

燕歌行

曹　丕[1]

秋風蕭瑟天氣凉,草木摇落露爲霜。群燕辭歸雁南翔,念吾客遊多思腸。慊慊思歸戀故鄉,君何淹留寄他方[2]?賤妾煢煢守空房[3],

憂來思君不敢忘,不覺泪下霑衣裳。援琴鳴弦發清商[4],短歌微吟不能長。明月皎皎照我床,星漢西流夜未央[5]。牽牛織女遥相望,爾獨何辜限河梁[6]?

【注釋】

[1]曹丕(187~226):字子桓,曹操次子。曹操死後,繼承了丞相的官職和魏王的封號。220年,曹丕逼迫漢獻帝禪位,自立爲皇帝,建立魏王朝,謚文帝。他的詩歌學習民歌體裁和風格,語言自然明白。他的詩歌現存約四十首,辭賦約三十篇,近人黄節有《魏武帝魏文帝詩注》,可參考。曹丕的《典論·論文》是我國最早的文學批評論著。該詩是一首樂府詩。燕爲地名,今河北省北部及北京一帶。樂府詩題目上冠以地名,以表示樂曲的地方特點,後來曲調失傳,便只用來歌咏地方風土。燕古代是北疆征戍之地,故《燕歌行》多歌唱離别之情。此詩寫閨中婦女思念遠遊的丈夫,抒情委婉,音節和諧。該詩是現存較早的文人七言詩。詩選自《四部叢刊》本《樂府詩集》。[2]慊慊(qiàn):思念的樣子。今四川方言思念人叫"慊人"。淹留:久留。寄:寄居。[3]煢煢(qióng):孤獨的樣子。[4]援:拿過來。清商:曲調名。[5]這句寫思婦徹夜難眠。西流:向西邊移動。初秋黄昏時銀河位於天頂,隨著夜深而向下西移。未央:未盡。[6]這句以牽牛、織女比喻丈夫和自己。爾:你們,這裏指牽牛、織女。辜:罪。限:阻隔。河梁:(銀)河上的橋。

【押韻】

凉、霜、翔、腸、鄉、方、房、忘、裳、商、長、床、央、望、梁:陽部。

白馬篇

曹　植[1]

白馬飾金羈,連翩西北馳[2]。借問誰家子?幽并遊俠兒[3]。少小去鄉邑,揚聲沙漠垂[4]。宿昔秉良弓,楛矢何參差[5]。控弦破左的,右發摧月支[6]。仰手接飛猱,俯身散馬蹄[7]。狡捷過猴猿,勇剽若豹螭[8]。邊城多警急,胡虜數遷移。羽檄從北來,厲馬登高堤[9]。長驅蹈匈奴,左顧凌鮮卑[10]。弃身鋒刃端,性命安可懷。父母且不顧,何言子與妻。名編壯士籍,不得中顧私[11]。捐軀赴國難,視死忽如歸[12]。

【注釋】

[1]曹植(192~232):字子建,曹操第三子,曹丕的同母弟,封陳王,謚思,故稱陳思王。曹植是建安時期最傑出的詩人。他的前期作品大都描寫建功立業的理想和抱負,後期因在政治

上受曹丕的迫害,作品充滿憤激的情緒。他的詩學習樂府民歌,詞采華茂,語言精煉。有《曹子建集》(近人黄節注)。本篇一名《遊俠篇》,是曹植自己創造的樂府新題。該詩歌頌了一位英勇善戰的邊塞少年視死如歸的英雄氣概。詩選自《四部叢刊》本《樂府詩集》。[2]羈(jī):馬絡頭。連翩:飛奔的樣子。[3]幽并:幽州和并州。幽州:今河北省東部和遼寧省西南部一帶。并(bīng)州:今山西省北部、陝西省北部和河套地區。[4]垂:通"陲",邊疆。[5]宿昔:一向。秉:持。楛(hù)矢:用楛木做箭杆的箭。参差(cēncī):不齊的樣子,這裏指多。[6]控弦:指拉弓。的:靶心。發:射箭。月支:箭靶名。《文選・白馬篇》李善注引邯鄲淳《藝經》:"馬射,左邊爲月支三枚,馬蹄二枚"。[7]接:射擊飛馳而來的東西。飛猱(náo):猱(猿類)行動敏捷,攀援樹木,上下如飛,故稱飛猱。散:碎散,使動用法,使……散。馬蹄:箭靶名。[8]狡:急,指動作迅速。剽(piāo):行動疾速輕捷。螭(chī):傳說中的猛獸,似龍,黄色。[9]羽檄:用於徵召的緊急軍事文書,插上羽毛表示要如飛行一樣迅速。厲馬:奮馬。厲:使動用法,奮起。[10]蹈:踐踏。凌:壓倒。鮮卑:我國古代東北的少數民族。[11]籍:名册。中顧:内心顧念。[11]忽:看輕,不重視。

【押韻】

兒、支、蹄、螭、堤、卑:支部;羈、馳、垂、差、移:歌部;支歌合韻。妻、私:脂部;懷,歸:微部;脂微合韻。

歸園田居

陶　潛[1]

少無適俗韻[2],性本爱丘山。誤落塵網中,一去三十年[3]。羈鳥戀舊林[4],池魚思故淵。開荒南野際,守拙歸園田[5]。方宅十餘畝[6],草屋八九間。榆柳蔭後簷,桃李羅堂前[7]。曖曖遠人村,依依墟里煙[8]。狗吠深巷中,鷄鳴桑樹巔。户庭無塵雜,虚室有餘閒。久在樊籠裏,復得返自然[9]。

【注釋】

[1]陶潛(365～427):字淵明。一説名淵明,字元亮。東晋潯陽柴桑(今江西九江市)人。曾任江州祭酒、彭澤令等職,後辭官歸隱。他寫了很多描寫農村生活的詩歌,表現了農村的美好風光,也表達了他不願與官場黑暗同流合污的高尚節操。他的詩風自然質樸,語言明白流暢。有《陶淵明集》、《靖節先生集》(清人陶澍注)。《歸園田居》五首,約寫於辭去彭澤令的第二年(406)。本詩是第一首,表達了辭官歸田、重享自由的暢快。此詩選自《四部叢刊》本《箋注陶淵明集》。[2]適俗韻:合於世俗的品性。[3]塵網:人在塵世間有種種約束,如魚在網中,故稱塵網。這裏特指官場。三十年:有人以爲應作"十三年",因爲從陶潛始任江州祭酒

到辭彭澤令歸田共十三年。[4]羈:同"羈"(jī),束縛。[5]守拙:保持自己愚笨的本性。拙:笨。戲稱自己不會在官場中逢迎取巧。[6]方宅:同"宅方",即宅地見方。[7]羅:排列。[8]曖曖(ài):昏暗的樣子。依依:輕柔的樣子。墟里:村落。[9]樊籠:關鳥獸的籠子,比喻不自由的環境。復得:重新能够。得:能够。

【押韻】

山、間、閒:山韻;年、淵、田、前、煙、巔:先韻;然:仙韻;山先仙合韻①。

讀山海經[1]

陶 潛

孟夏草木長,繞屋樹扶疏[2]。衆鳥欣有托,吾亦愛吾廬。既耕亦已種,時還讀我書。窮巷隔深轍,頗迴故人車[3]。歡言酌春酒,摘我園中蔬。微雨從東來,好風與之俱。泛覽周王傳,流觀山海圖[4]。俯仰終宇宙,不樂復何如[5]?

【注釋】

[1]《讀山海經》詩共十三首,這是第一首。《山海經》是一部記述古代神話和海内外山川異物的書,漢劉歆校定,晋郭璞作注和圖贊。《讀山海經》詩其餘各篇分别歌咏《山海經》所載的奇事異物。[2]孟夏:農曆四月。扶疏:聯綿詞,樹木枝葉茂盛的樣子。[3]大意是:家居陋巷,車馬不通,舊交阻絶。窮巷:走不通的里巷,引申爲陋巷,偏僻的里巷。隔:隔絶。深轍:指顯貴所乘大車的車轍。頗:程度副詞,很,這裏指多。迴:使動用法,回轉。[4]周王傳:即《穆天子傳》,記周穆王西遊的故事,爲神話傳説。該書爲晋太康年間(280~289)盗掘戰國魏安釐王墓所得。山海圖:指《山海經》的圖,這裏即指《山海經》。[5]頃刻之間即可從觀覽的圖書中遍知天地間的事情,怎麽能不快樂呢?俯仰:一俯一仰,即頃刻之間。終:窮盡。宇宙:指天地之間。

【押韻】

圖:模韻;疏、廬、書、車、蔬、如:魚韻;俱:虞韻;模魚虞合韻。

從斤竹澗越嶺溪行

謝靈運[1]

猨鳴誠知曙,谷幽光未顯。岩下雲方合,花上露猶泫[2]。逶迤傍

① 南朝以後詩文用韻以《切韻》標注。參見第七單元課文《自祭文》(陶淵明)押韻腳注。

隈隩[3]，迢遞陟陘峴[4]。過澗既厲急，登棧亦陵緬[5]。川渚屢逕復，乘流翫迴轉[6]。蘋萍泛沉深，菰蒲冒清淺[7]。企石挹飛泉，攀林摘葉卷[8]。想見山阿人，薜蘿若在眼[9]。握蘭勤徒結[10]，折麻心莫展[11]。情用賞爲美，事昧竟誰辨[12]？觀此遺物慮，一悟得所遣[13]。

【注釋】

[1]謝靈運(385～433)：陳郡陽夏(今河南省太康縣)人。東晉名將謝玄的孫子，襲封康樂公，故世稱謝康樂。南朝宋時，曾任永嘉太守、臨川内史等職。因謀反罪被殺。他喜歡遨遊山水，寫了很多山水詩，開山水詩之先河。有《謝康樂集》，近人黄節有注本。本詩寫作者從斤竹澗(在今浙江省樂清縣東)越嶺沿溪而行途中所見，細緻地描寫了山水之美和作者對此的感悟。詩選自《四部叢刊》本《六臣注文選》。[2]泫(xuàn)：水下滴。[3]逶迤(wēiyí)：彎曲綿延的樣子。傍(bàng)：指靠近……而行。隈(wēi)：山的轉角處。隩(yù)：河流的彎曲處。[4]迢遞(tiáodì)，雙聲聯綿詞，高遠的樣子。陟(zhì)：登上。陘(xíng)：連綿横亘的山脈(依戴震説)。峴(xiàn)：小而高的山嶺。[5]厲：拉起衣裳涉水過河。陵：登。緬：遠。[6]渚(zhǔ)：水中的小陸地。逕：直。復：指迴曲。乘流：隨流。翫(wán)：玩，這裏指反復地。[7]蘋萍於水深處漂浮，菰蒲在清淺處冒覆。蘋：大萍，葉似田字，一種水生植物。萍：浮萍。泛：浮。沉深：即深，同義連用。菰(gū)：茭白。蒲：一種水草，可織席。[8]企：踮起腳跟而立。挹(yì)：舀。葉卷：初生的未展開的嫩葉。[9]語出《楚辭·九歌·山鬼》："若有人兮山之阿，被薜荔兮帶女蘿。"這裏大概指詩人所懷念之人。[10]握蘭：語出《楚辭·九歌·山鬼》："被石蘭兮帶杜衡，折芳馨兮遺所思。"勤徒結：慇懃之意徒然盤繞在心中。勤：慇懃。[11]折麻：語出《楚辭·九歌·大司命》："折疏麻兮瑶華，將以遺兮離居。"心莫展：心情鬱結不得伸展。這句與上句相似，都是説折得香草而不能相贈，心中惆悵。[12]情之所賞便以爲美(李善注，意爲心中喜愛便是美好)，這個道理竟然幽昧莫辨。用：以。事昧：事理幽暗。[13]此：指山水秀色。遺物慮：拋弃對世俗事物的思慮。一悟：突然明白。得所遣：得到排遣(是非)的道理。

【押韻】

泫、峴、緬、轉、淺、卷、展、辨、遣：獮韻；眼：産韻；顯：銑韻。

代出自薊北門行

鮑　照[1]

羽檄起邊亭[2]，烽火入咸陽[3]。徵騎屯廣武，分兵救朔方[4]。嚴秋筋竿勁[5]，虜陣精且彊。天子按劍怒，使者遥相望[6]。雁行緣石徑，魚貫渡飛梁[7]。簫鼓流漢思，旌甲被胡霜[8]。疾風衝塞起，沙礫自飄揚。馬毛縮如蝟,角弓不可張[9]。時危見臣節,世亂識忠良。投軀報明主,身死爲國殤[10]。

【注釋】

[1]鮑照(414～466):字明遠,南朝宋東海(今江蘇省漣水縣北)人。出身貧寒,曾做過劉宋臨海王劉子頊(xū)的參軍,故世稱鮑參軍。後子頊作亂兵敗,鮑照爲亂軍所殺。鮑照出身寒微,飽受當時門閥制度的壓抑,一生不得意,又正當南北分立,戰亂不止。他的詩歌多表現壯志難酬的憤懣以及統一國家的願望。他的詩歌氣勢豪邁,感情充沛,語言精煉。有《鮑參軍集》,黃節有注本。本篇爲擬樂府詩。《出自薊北門行》是樂府舊題,"代"是擬的意思。詩歌寫漢師北征保衛疆土的浩大聲威和塞外風光。從中可以看出鮑照對後世邊塞詩的影響。詩選自《四部叢刊》本《鮑氏集》。[2]邊亭:邊塞上駐兵守望的城堡。[3]烽火:古代邊防的報警信號。在高臺上點燃柴火,濃煙高升,遠處的烽火臺見之則依次點燃烽火傳遞警報,一日千里,十分迅速。咸陽:城名,今陝西省咸陽市。[4]徵騎:徵兵。一本作"徵師"。屯:駐守。廣武:在今山西省代縣西。朔方:地名,在今内蒙古自治區伊克昭盟。[5]嚴秋:深秋。筋竿勁:秋天氣候乾燥寒冷,弓的彈力增强。筋竿:指弓,以牛筋貼附於弓竿上,加强弓的彈力,故稱。[6]遥相望:指不絕於道路。[7]雁行(háng):雁的行列排列整齊,喻指出征的軍隊。魚貫:像魚一樣成串,指士兵行軍一個接著一個。飛梁:跨越山澗的高橋。[8]簫鼓:指行軍演奏的軍樂。流漢思:指簫鼓聲在漢地的秋風中飛揚。漢思:即漢颸,漢地的秋風。旌甲:旌旗和鎧甲。[9]縮如蝟:馬因寒冷肌肉收縮,使毛豎起來像刺蝟。蝟:刺蝟。角弓:用牛角片加强的弓。張:給弓安裝弦。[10]國殤:爲國家犧牲。語出《楚辭·九歌·國殤》。

【押韻】

陽、方、彊、望、梁、霜、揚、張、良、殤:陽韻。

擬行路難(其六)[1]

鮑　照

對案不能食[2],拔劍擊柱長嘆息。丈夫生世會幾時,安能蹀躞垂羽翼[3]?弃置罷官去,還家自休息[4]。朝出與親辭,暮還往親側[5]。弄兒床前戲,看婦機中織。自古聖賢盡貧賤,何況我輩孤且直[6]?

【注釋】

[1]《行路難》是樂府舊題。鮑照《擬行路難》共十九首,大都寫被壓抑的憤懣和不平。這裏選了其中的第六首。[2]案:古代放置食物的托盤。[3]會:當。一本作"能"。蹀躞(diéxiè):叠韻聯綿詞,小步走路的樣子。[4]弃置:抛弃,擱置,指扔下公事。一作"弃檄"。[5]還(huán):回到。與上句"出"相對。[6]孤:寒微勢薄。直:耿直。

【押韻】

食、息、翼、息、側、織、直：職韻。

之宣城出新林浦向版橋

謝　朓[1]

江路西南永，歸流東北騖[2]。天際識歸舟，雲中辨江樹。旅思倦搖搖[3]，孤遊昔已屢。既懽懷禄情，復協滄洲趣[4]。囂塵自兹隔[5]，賞心於此遇[6]。雖無玄豹姿，終隱南山霧[7]。

【注釋】

[1]謝朓(tiǎo)(464～499)：字玄暉，南朝齊時陳郡陽夏(今河南太康縣北)人。曾任宣城太守，故後世稱謝宣城，因他和謝靈運同族，又稱小謝。因受人誣陷，下獄死。他以寫作山水詩見長，是永明體詩歌的代表人物。詩風自然，言詞秀美。有《謝宣城集》。該詩是作者赴宣城太守任時所作，表現了詩人既想得到禄位、又欲隱居僻遠之地的思想。宣城：在今安徽省宣城縣。版橋：版橋浦，在今南京西南。《水經注・江水》："江水經三山，又幽浦出焉。水上南北結浮橋渡水，故曰版橋浦。江又北，經新林浦。"詩選自《四部叢刊》本《六臣注文選》。[2]大意是：江水向東北奔涌，流歸大海。永：長。騖(wù)：奔流。[3]搖搖：心神不安。《詩經・王風・黍離》："行邁靡靡，中心搖搖。"[4](赴任宣城太守)既能得到俸禄，又能兼有隱居的樂趣。懽：同"歡"，高興。懷禄：留戀官位。滄州趣：幽隱的意趣。滄洲：指幽僻之地。[5]囂塵：指紛擾的都市。《左傳・昭公三年》："子之宅近市，湫(jiǎo)隘囂塵，不可以居。"兹：此。[6]賞心：心中喜愛的東西。[7]大意是：自己雖無玄豹的美姿，仍然要幽隱南山霧中，總算可以全身遠離禍害了。《列女傳・賢明》："陶荅子治陶三年，名譽不興，家富三倍。其妻獨抱兒而泣。姑怒，以爲不祥。妻曰：'妾聞南山有玄豹，隱霧而七日不食，欲以澤其衣毛，成其文章。至於犬豕，肥以取之，逢禍必矣。'期年，荅子之家果被盗誅。"後以玄豹比喻隱居之人。

【押韻】

騖、樹、屢、趣、遇、霧：遇韻。

晚登三山還望京邑[1]

謝　朓

灞涘望長安[2]，河陽視京縣[3]。白日麗飛甍[4]，參差皆可見。餘霞散成綺，澄江静如練[5]。喧鳥覆春洲，雜英滿芳甸[6]。去矣方滯淫[7]，懷哉罷歡宴[8]。佳期悵何許[9]，淚下如流霰[10]。有情知望鄉，誰能鬒不變[11]？

【注釋】

[1]這首詩寫登高眺望京邑所見，陽光下的金陵秀美可愛，使得將要離去的詩人留戀不已。三山：山名，在今南京市西南。京邑：即建康，今南京市。詩選自《四部叢刊》本《六臣注文選》。[2]灞：灞水，在長安。涘(sì)：岸。王粲《七哀詩》："南登灞陵岸，回首望長安。"[3]河陽：地名，在今河南孟縣。京縣：指洛陽。晉潘岳《河陽縣詩》："引領望京室，南路在伐柯。"這兩句以古人望京師比喻自己望京師。[4]白日：指太陽。麗飛甍：使高翹的屋脊豔麗。麗：使動用法，使……豔麗。飛甍：屋脊兩端高挑如翼展。甍(méng)：屋脊。[5]綺(qǐ)：有花紋的絲織品。澄江：清澈的江水。練：潔白的熟絹。[6]英：花。芳甸：芬芳的野外。甸：郊野。[7]要離開這裏了，却因依戀而久留。方：正。滯淫：淹留。[8]歡宴結束反而更增懷念。[9]大意是：滿腹惆悵，不知歸期是何時。佳期：指歸期。何許：指何時。[10]霰(xiàn)：小雪粒。[11]這句以人之望鄉比喻自己懷念京邑，意思是：人們望鄉情切，頭髮會變白；我懷念京邑大概也會如此吧？鬒(zhěn)：黑髮。

【押韻】

縣、見、練、甸、宴、霰：霰韻；變：線韻。

練習(一)

一、解釋下列句子中加點字的意義。

1. 道逢鄉里人，"家中有阿誰？"
2. 中庭生旅穀，井上生旅葵。
3. 戰城南，死郭北。
4. 梟騎戰鬥死，駑馬徘徊鳴。
5. 夢見在我傍，忽覺在他鄉。
6. 入門各自媚，誰肯相爲言。
7. 千里遠結婚，悠悠隔山陂。
8. 傷彼蕙蘭花，含英揚光輝。
9. 終日不成章，泣涕零如雨。
10. 客行雖云樂，不如早旋歸。
11. 引領還入房，淚下霑裳衣
12. 白馬飾金羈，連翩西北馳。
13. 岩下雲方合，花上露猶泫。
14. 企石挹飛泉，攀林摘葉卷。
15. 嚴秋筋竿勁，虜陣精且彊。
16. 雁行緣石徑，魚貫渡飛梁。
17. 對案不能食，拔劍擊柱長嘆息。
18. 白日麗飛甍，參差皆可見。
19. 餘霞散成綺，澄江静如練。
20. 有情知望鄉，誰能鬒不變？

二、用漢語拼音給下列句子中加點字注音並釋義。

1. 慊慊思歸戀故鄉，君何淹留寄他方？

2. 秋風蕭瑟,洪波涌起。

3. 孟夏草木長,繞屋樹扶疏。

4. 逶迤傍隈隩,迢遞陟陘峴。

5. 丈夫生世會幾時,安能蹀躞垂羽翼?

三、説明下列句子中加點字的詞性、功能和意義。

1. 羹飰一時熟,不知貽阿誰。

2. 野死諒不葬,腐肉安能去子逃。

3. 捐軀赴國難,視死忽如歸。

4. 援琴鳴弦發清商,短歌微吟不能長。

5. 終日不成章,泣涕零如雨。

四、指出下列詩歌中的押韻字和上古韻部。

1. 迢迢牽牛星,皎皎河漢女。纖纖擢素手,札札弄機杼。終日不成章,泣涕零如雨。河漢清且淺,相去復幾許?盈盈一水間,脈脈不得語。

2. 明月何皎皎,照我羅床幃。憂愁不能寐,攬衣起徘徊。客行雖云樂,不如早旋歸。出户獨彷徨,愁思當告誰?引領還入房,泪下霑裳衣。

3. 東臨碣石,以觀滄海。水何澹澹,山島竦峙。樹木藂生,百草豐茂。秋風蕭瑟,洪波涌起。日月之行,若出其中;星漢粲爛,若出其裏。幸甚至哉,歌以咏志。

4. 對案不能食,拔劍擊柱長嘆息。丈夫生世會幾時,安能蹀躞垂羽翼?弃置罷官去,還家自休息。朝出與親辭,暮還往親側。弄兒床前戲,看婦機中織。自古聖賢盡貧賤,何况我輩孤且直?

五、填空。

1. (　　)人郭茂倩編輯的(　　)是樂府歌辭的總集。

2. "古詩十九首"是(　　)文人五言詩,非一人一時之作。因各篇風格相近,合在一起收入(　　)。

3. 《觀滄海》是曹操的組詩(　　)的第一章,組詩收入(　　)。

4. 陶淵明《讀山海經》詩"泛覽周王傳,流觀山海圖"句,周王傳指(　　),記周穆王西遊的故事。該書爲(　　)年間盗掘戰國(　　)墓所得。

5. 曹植《白马篇》"仰手接飛猱,府身散馬蹄","飛猱"指(　　),"馬蹄"指(　　)。

六、用現代標點符號標點下列樂府詩,並指出押韻字。

1. 梅花落　鮑照　中庭雜樹多偏爲梅咨嗟問君何獨然念其霜中能作花露中能作實摇蕩春風媚春日念爾零落逐風飈徒有霜華無霜質

2. 北風行　鮑照　北風涼雨雪雱京洛女兒多嚴妝遥豔帷中自悲傷沉吟不語若爲忘問君何行何當歸苦使妾坐自傷悲慮年至慮顔衰情易復恨難追

3. 北風行　李白　燭龍棲寒門光曜猶旦開日月照之何不及此唯有北風號怒天上來燕山雪花大如席片片吹落軒轅臺幽州思婦十二月停歌罷笑雙蛾摧倚門望行人念君長城苦寒良可哀别時提劍救邊去遺此虎文金鞞釵中有一雙白羽箭蜘蛛結網生塵埃箭空在人今戰死不復回不忍見此物焚之已成灰黄河捧土尚可塞北風雨雪恨難裁

4. 結客少年場行　李白　紫騫黄金瞳啾啾摇緑鬃平明相馳逐結客洛門東少年學劍術凌轢白猿公珠袍曳錦帶匕首插吴鴻由來萬夫勇挾此生雄風托交從劇孟買醉入新豐笑盡一杯酒殺人都市中羞道易水寒從令日貫虹燕丹事不立虚没秦帝宫武陽死灰人安可與成功

七、背誦。

1. 漢樂府《飲馬長城窟行》。
2. 曹植《白馬篇》。
3. 陶潛《歸園田居》、《讀山海經》。
4. 鮑照《代出自薊北門行》。
5. 謝脁《晚登三山還望京邑》。

文　選

唐宋五七言古體詩

關 山 月

李　白[1]

明月出天山[2]，蒼茫雲海間。長風幾萬里，吹度玉門關。漢下白登道[3]，胡窺青海灣。由來征戰地，不見有人還。戍客望邊邑[4]，思歸多苦顔。高樓當此夜，嘆息未應閒[5]。

【注釋】

[1]李白(701～762)：字太白。祖籍隴西成紀(今甘肅天水市附近)，生於中亞碎葉城(今哈薩

克斯坦托克瑪克，從郭沫若説），幼年隨父遷入蜀中綿州彰明縣（今四川江油縣）青蓮鄉。李白於唐开元十三年（725）離蜀（清王琦《李太白年谱》），终生未還故里。李白青年時期曾遊歷長江流域和河南、山東等地。天寶元年（742）應詔入長安任翰林供奉，不久因受權貴排擠離開長安。安史之亂爆發（755），李白參加永王李璘幕府抗敵。後來李璘和肅宗李亨發生爭鬥，李璘兵敗被殺，李白被判長流夜郎（今貴州省桐梓縣），途中遇赦。肅宗寶應元年（762）病死在當塗（今安徽當塗縣）。李白是我國古代傑出的詩人，他的詩歌風格豪放，充滿了浪漫主義色彩，被誉爲詩仙。比較完善的詩文集有清代王琦注釋的《李太白全集》。"關山月"是樂府舊題，屬《漢樂府・鼓角横吹曲》，常表現離别的憂傷。這首詩描寫了雄偉的塞外風光和征人思婦的别離之苦。這裏的李白詩采自《四部叢刊》本《分類補注李太白詩》。[2]天山：即祈連山。匈奴稱"天"爲"祈連"。[3]白登：山名，在今山西省大同市東。《史記・匈奴列傳》："高帝先至平城，步兵未盡到，冒頓縱精兵四十萬騎圍高帝於白登，七日，漢兵中外不得相救餉。"[4]戍客：離開家鄉守衛邊疆的人。[5]這句寫閨中思婦在月光下嘆息，難以成眠。

【押韻】

山、間、閒：山韻；關、灣、還、顏：删韻；山删同用。

宣州謝朓樓餞别校書叔雲[1]

李　白

弃我去者，昨日之日不可留；亂我心者，今日之日多煩憂。長風萬里送秋雁，對此可以酣高樓。蓬萊文章建安骨[2]，中間小謝又清發[3]。俱懷逸興壯思飛[4]，欲上青天覽明月[5]。抽刀斷水水更流，舉杯銷愁愁更愁。人生在世不稱意，明朝散髮弄扁舟[6]。

【注釋】

[1]該詩表現了詩人奔放不羈的性情。宣州：即宣城，在今安徽省宣城縣。謝朓樓：亦稱謝公樓，謝朓任宣城太守時所建。校書：官名，秘書省校書郎的省稱。叔雲：李白的族叔李雲。[2]蓬萊文章：指漢人的著述。漢代國家藏書的地方東觀藏書豐富，學者稱"老氏藏書室，道家蓬萊山"。建安骨：指建安風骨。漢獻帝建安年間（196～220），以曹氏父子爲核心的鄴下文人集團，詩風開朗剛健，内容充實，世稱建安體，對後世詩歌的發展有重要影響。[3]小謝：指謝朓。清發：指謝朓的詩歌清新飛揚。[4]逸興：清閒脱俗的興致。[5]"覽"：通"攬"。[6]指歸隱江湖。《後漢書・袁閎傳》："延熹末，黨事將作，閎遂散髮絶世。"扁（piān）舟：小船。

【押韻】

樓：侯韻；留、憂、流、愁、舟：尤韻；尤侯同用。骨：没韻；發、月：月韻；没月同用。

長干行[1]

李　白

妾髮初覆額，折花門前劇[2]。郎騎竹馬來[3]，繞床弄青梅。同居長干里，兩小無嫌猜[4]。十四爲君婦，羞顔未嘗開。低頭向暗壁，千喚不一回。十五始展眉[5]，願同塵與灰。常存抱柱信[6]，豈上望夫台[7]。十六君遠行，瞿塘灩澦堆[8]。五月不可觸，猿聲天上哀。門前舊行迹[9]，一一生緑苔。苔深不可掃，落葉秋風早。八月蝴蝶黄，雙飛西園草。感此傷妾心，坐愁紅顔老。早晚下三巴[10]，預將書報家。相迎不道遠，直至長風沙[11]。

【注釋】

[1]"長干行"爲樂府舊題。長干：《吴都賦注》："建業南五里有山岡，其間平地，吏民雜居，號長干。"這是一首著名的以民歌形式寫成的愛情詩，成語"青梅竹馬"如今家喻户曉。[2]劇：遊戲，嬉戲。[3]竹馬：小孩子將竹竿當作馬騎在上面。[4]無嫌猜：没有猜疑，指親密。"嫌猜"兩字爲同義連用。[5]展眉：展開眉頭，形容心情坦然、喜悦。[6]抱柱：出自《莊子·盗蹠》："尾生與女子期於梁下，女子不來。水至不去，抱柱而死。"信：誠信。[7]丈夫像尾生一樣诚信，怎麽會讓我苦苦盼望呢？望夫台：傳説多有丈夫遠行不歸，妻子登高盼望而化爲石的故事。[8]灩澦堆：爲瞿塘峡口江心巨石，常常觸没行船。民謡曰："灩澦大如馬，瞿塘不可下；灩澦大如象，瞿塘不可上；灩澦大如襆，瞿塘不可觸；灩澦大如龜，瞿塘不可窺；灩澦大如鼈，瞿塘舟行絶。"冬季枯水時，灩澦堆露出水面高數十米。[9]一作"門前遲行迹"。[10]三巴：指今四川東部和重慶市地區。《華陽國志》："獻帝建安六年，改永陵爲巴郡，以固陵爲巴東，安漢爲巴西，是爲三巴。"[11]長風沙：在今安徽省懷甯縣長江岸，距南京五百餘里。

【押韻】

額、劇：陌韻；來、猜、開、台、哀、苔：咍韻；梅、回、灰、堆：灰韻；咍灰同用。掃、早、草、老：晧韻；巴、家、沙：麻韻。

贈衛八處士

杜　甫[1]

人生不相見，動如參與商[2]。今夕復何夕，共此燈燭光。少壯能幾時？鬢髮各已蒼。訪舊半爲鬼，驚呼熱中腸！焉知二十載，重上君子堂。昔別君未婚，兒女忽成行。怡然敬父執[3]，問我來何方。問答乃未已，驅兒羅酒漿。夜雨剪春韭，新炊間黄粱[4]。主稱會面難，一舉累十觴[5]。十觴亦不醉，感子故意長[6]。明日隔山岳，世事兩茫茫。

【注釋】

[1]杜甫(712～770)：字子美，祖籍襄陽(今湖北省襄樊市)，曾祖父時移居河南鞏縣。唐天寶六年(747)杜甫應進士不第。鬱鬱不得志，困居長安近十年。安史之亂後曾任左拾遺，不久便被貶爲華州司功參軍。759年杜甫攜家人輾轉入蜀，在成都等地生活了近十年。節度使嚴武舉薦他爲檢校工部員外郎，世稱杜工部。768年，杜甫舉家從夔州沿江出蜀，病死在江湘漂泊途中。杜甫是我國古代最偉大的現實主義詩人。他的詩歌深刻地反映了唐代由盛而衰的動亂的歷史，反映了當時社會生活的各個方面，因而被後人稱作詩史。在詩歌的藝術成就上，他也達到了前所未有的高度。比較詳盡的注本有清代仇兆鼇的《杜少陵集詳注》。這裏的杜甫詩采自《四部叢刊》本《分門集注杜工部詩》。該詩寫於759年春，杜甫在安史之亂中邂逅故友。詩人用質樸的語言寫出了老友之間真誠的友誼，感人至深。衛八：唐《拾遺記》載，杜甫與李白、高適、衛賓相友善，"衛賓年最少，號小友"。衛八可能即衛賓。處士：隱士，指有才能而不做官的人。[2]參與商：參星和商星。參(shēn)：二十八宿之一，位於西方，即獵户座。商：二十八宿之一，位於東方，又叫心宿。二星座相距約180度，此升彼降，不能互相望見。[3]父執：父親的好友。執：至交，好友。[4]黄粱：黄米，是粟的優良品種。[5]累(lěi)：連續。觴(shāng)：古代酒杯的一種。[6]故意：舊有的情意。

【押韻】

光、堂、行、茫：唐韻；商、蒼、腸、方、漿、粱、觴、長：陽韻；唐陽同用。

劍　門[1]

杜　甫

惟天有設險，劍門天下壯。連山抱西南，石角皆北向。兩崖崇墉倚，刻畫城郭狀[2]。一夫怒臨關，百萬未可傍[3]。川岳儲精英，天府興寶藏[4]。珠玉走中原[5]，岷峨氣悽愴[6]。三皇五帝前，鷄犬各相放[7]。後王尚柔遠，職貢道已喪[8]。至今英雄人，高視見霸王[9]。併吞與割據，極力不相讓。吾將罪真宰，意欲鏟疊嶂[10]。恐此復偶然，臨風默惆悵[11]。

【注釋】

[1]759年冬杜甫避亂入蜀，經過劍門，寫下此詩。劍門：即劍門關，在今四川省劍閣縣北。劍

門關峭壁聳立，東西綿延數十里，中間斷開如門户，又如直立之劍，故稱劍門，是由北入蜀必經的險關。詩人真實地描繪了劍門的雄姿，表現了對利用天險進行割據的危險的擔憂。[2]劍門兩傍的山崖像高牆倚立，被自然雕刻作城廓雉堞的模樣。崇墉：高牆。墉（yōng）：牆。城郭：泛指城牆。郭：外城。張孟陽《劍閣銘》："惟蜀之門，作固作鎮，是曰劍閣，壁立千仞。"[3]傍：接近，靠近。[4]此二句據仇兆鼇注補。此詩前中後三章，每章當有八句。仇兆鼇批語："中段只六句，斷屬脱漏無疑。"[5]指蜀地向中央政府納貢輸税。[6]岷：岷山，這裏指成都西北部的山。峨：峨嵋山，在成都西南。悽愴（chuàng）：悲傷。[7]這兩句指蜀地未通中原時的情況。當時民風淳樸，没有偷盗，家禽放到外面也不丢失。"各"字一本作"莫"。[8]後王采取安撫遠方人民的政策，要求蜀地向中央王朝盡職納貢，喪失了上古政治的淳樸。柔遠：使遠方的人民歸附，即统治遠方人民。[9]英雄人：指企圖争奪天下的人。霸王（wàng）：建立霸業，創立王業。[10]大意是：我要怪罪大自然的創造者，想要鏟平這利於憑險割劇的重巒叠嶂。真宰：指造物主。叠嶂：指劍門關。嶂：直立如屏障的山。[11]此：指併吞割劇的戰亂。偶然：再這樣，又如此。仇兆鼇注："首條形容劍門，題意已盡。下面又另開議論，自三皇至今，包舉數千年治亂興亡，真絶大經濟文字。"

【押韻】

傍、藏、喪：宕韻；壯、向、狀、愴、放、王、讓、嶂、悵：漾韻；宕漾同用。

天寶胡兵陷兩京

陸　游[1]

五月十一日夜且半，夢從大駕親征，盡復漢唐故地。見城邑人物繁麗，云西凉府也。喜甚。馬上作長句，未終篇而覺，乃足成之[2]。

天寶胡兵陷兩京[3]，北庭安西無漢營[4]。五百年間置不問[5]，聖主下詔初親征。熊羆百萬從鑾駕[6]，故地不勞傳檄下[7]。築城絶塞進新圖，排仗行宫宣大赦[8]。岡巒極目漢山川，文書初用淳熙年[9]。駕前六軍錯錦繡，秋風鼓角聲滿天[10]。苜蓿峰前盡亭障[11]，平安火在交河上[12]。凉州女兒滿高樓，梳頭已學京都樣[13]。

【注釋】

[1]陸游（1125～1210）：字務觀，自號放翁，宋代山陰（今浙江紹興）人。曾任夔州（今四川奉節縣）通判，又入四川宣撫使王炎軍幕，在南鄭（今陝西漢中地區）抗金前線從軍，後入蜀任四川制置使范成大的幕僚。陸游自宋乾道八年（1172）至淳熙五年（1178）在四川成都、蜀州（今崇州）、嘉州（今樂山）和叙州（今宜賓）等地爲官。他愛慕蜀中風土民俗，因命自己的詩集爲《劍南詩稿》。後去蜀東歸，在臨安任京官。79歲回到故鄉，在田園山水中度過餘生。他在仕

途生涯中,多次因主張抗金而被罷官。陸游是一位著名的愛國主義詩人,至死不忘收復中原,詩歌中充滿了愛國主義激情。他的詩、詞、文皆有傳世,有《陸放翁全集》。詩題《天寶胡兵陷兩京》是取詩之首句加上的,原詩題是下面的一段話。本教材的陸游詩采自世界書局1936年版《陸放翁全集》。[2]西凉府:在今甘肅省武威縣。唐代爲西北重鎮,街市繁華,人口衆多。宋代爲西夏據有。該詩爲陸游在1180年所作,他夢見王師北伐收復了失地,極目處盡是祖國山河,漢軍鼓角聲聞天外。更驚喜的是,凉州姑娘的髮型都已是京都式樣。可見詩人對恢復故土魂牽夢縈。[3]唐玄宗天寶十四年(755)安禄山起兵叛亂,攻占洛陽和長安。[4]北庭:北庭都護府,在今新疆維吾爾自治區吉木薩爾。安西:安西都護府,在今新疆吐魯番北交河縣。兩地在唐貞元年間被吐蕃佔領。[5]五百年間:唐天寶十四年距當時(宋淳熙七年,即1180)四百餘年,作者言其整數。[6]熊羆(pí):指精鋭的將士。鑾駕:皇帝的車駕。[7]故地的人民會紛紛回應,連檄文都不必傳送即可收復。故地:西凉一帶爲漢唐故地。不勞傳檄:不需投送檄文。下:攻克。[8]絶塞:極遠的邊塞。塞:邊境上的關隘,常有軍事設防。排仗:排開儀仗。行宫:京城以外供皇帝出行時所居的宫殿。[9]淳熙:宋孝宗的年號。[10]六軍:泛指出征的宋師。錯錦繡:彩色的旗幟互相交錯。鼓角:戰鼓和號角。[11]苜蓿峰:約在甘肅新疆交界處。亭障:邊境上的堡壘。[12]平安火:唐制,每三十里設烽火臺,每晚舉烽火以報平安。交河:地名,見前安西都護府注。[13]凉州:即指前文西凉府,古稱凉州。

【押韻】

京:庚韻;營、征:清韻;庚清同用。駕、下、赦:禡韻。川:仙韻;年、天:先韻;仙先同用。障、上、樣:漾韻。

唐五言律詩

贈孟浩然[1]

李　白

吾愛孟夫子,風流天下聞[2]。紅顔弃軒冕[3],白首卧松雲。醉月頻中聖[4],迷花不事君。高山安可仰[5],徒此揖清芬[6]。

【注釋】

[1]李白在詩中贊頌了孟浩然清高的品節,描寫了一個遁世脱俗、留連山林的隱士的生活。[2]孟夫子:指孟浩然。風流:指品行超逸。[3]紅顔:指年青的時候。軒冕:車和冠,這裏指官位。[4]醉月:在月下醉飲。頻:屢屢,多次。中(zhòng)聖:指喝醉了酒。由於平仄關係,

“中”在詩中仍讀平聲。《三國志·徐邈傳》：“(徐邈)爲尚書郎，時科禁酒，而邈私飲，至於沉醉。校事趙達問以曹事，邈曰：‘中聖人。’達白之太祖，太祖盛怒。鮮於輔進曰：‘平日醉客謂酒清者爲聖人，濁者爲賢人。邈性修慎，偶醉言耳。’”[5]語出《詩經·小雅·車舝》：“高山仰止，景行行止。”這裏比喻對孟浩然的崇敬像仰望高山一樣。仰：仰慕。[6]徒：只。此：指這首詩。揖(yī)：古人表示禮讓的動作，拱手向前推出。這裏表示敬仰。清芬：這裏指人高尚的品格。陸機《文賦》：“誦先人之清芬。”

【押韻】

聞、雲、君、芬：文韻。

送友人[1]

李　白

青山横北郭，白水繞東城[2]。此地一爲别，孤蓬萬里征[3]。浮雲遊子意[4]，落日故人情[5]。揮手自兹去，蕭蕭班馬鳴[6]。

【注釋】

[1]這是一首送别詩，雖是惜别，却寫得豪放雄闊，氣吞萬里。[2]郭：外城。白水：清徹的流水。[3]孤蓬：孤單的蓬草。蓬草秋日常隨風飄轉，又稱飛蓬。這裏以孤蓬喻指遠行的友人。征：遠行。[4]浮雲飄浮不定，以此比喻遊子的心情。[5]故人：指自己。[6]你我的坐騎在分别之時也蕭蕭長鳴。蕭蕭：馬鳴聲。班馬：離别之馬。《左傳·襄公十八年》：“有班馬之聲。”杜預注：“班，别也。”

【押韻】

城、征、情：清韻；鳴：庚韻；清庚同用。

天末懷李白[1]

杜　甫

凉風起天末，君子意如何[2]？鴻雁幾時到，江湖秋水多[3]。文章憎命達[4]，魑魅喜人過[5]。應共冤魂語，投詩贈汨羅[6]。

【注釋】

[1]李白被長流夜郎，杜甫在秦州(在今甘肅秦安南)得知消息，對他的命運十分關切，認爲他和忠君愛國的屈原一樣冤屈。“文章憎命達”爲千古名句。[2]天末：天邊，指秦州。君子：指李白。[3]大意是：秋水横溢阻隔，幾時才能得到你的消息？鴻雁：代指書信。[4]大意是：文學才俊總是命運坎坷。文章：即好文章，這裏指文采出衆的人。命達：命運通達。[5]魑魅

(chīmèi):傳説中的山林鬼怪,捕食過往行人。這句語意雙關,既説山中精怪喜人過而食之,又暗指人世間的鬼魅樂人遭殃禍。過:音 guō,平聲。[6]冤魂:指屈原。汨(mì)羅:汨羅江,在今湖南省東北,流入湘江。屈原投汨羅江而死。

【押韻】

何、多、羅:歌韻;過:戈韻;歌戈同用。

奉濟驛重送嚴公四韻[1]

杜　甫

遠送從此别,青山空復情[2]。幾時杯重把?昨夜月同行。列郡謳歌惜[3],三朝出入榮[4]。江村獨歸處[5],寂寞養殘生。

【注釋】

[1]奉濟驛:地名,在綿州附近。重送:杜甫先前有送嚴武入朝的詩二首,故此稱重送。嚴公:嚴武,劍南節度使,杜甫的世交好友,杜甫在蜀得到他的照顧。嚴武奉詔去蜀赴京,杜甫依依惜别,遠送至綿州(今四川省綿陽市)。[2]大意是:您離去後,青山也顯得空曠,充滿離情。[3]大意是:蜀中諸郡的百姓爲您歌唱,依依惜别。[4]三朝:嚴武歷仕唐玄宗、肅宗、代宗三朝。[5]江村:指杜甫的居處,當時杜甫居住在成都西郊浣花溪畔的草堂。

【押韻】

情、生:清韻;行、榮:庚韻;清庚同用。

輞川閒居贈裴秀才迪

王　維[1]

寒山轉蒼翠,秋水日潺湲[2]。倚杖柴門外,臨風聽暮蟬。渡頭餘落日,墟里上孤煙[3]。復值接輿醉[4],狂歌五柳前[5]。

【注釋】

[1]王維(701～761):字摩詰,祖籍太原祁州(今山西省祁縣),後遷居蒲州(今山西省永濟縣)。唐開元進士,官至給事中。安史之亂中,曾被迫接受安禄山的官職,因此貶官。後來官至尚書右丞,世稱王右丞。王維的山水詩寫得很出色,被稱爲“詩中有畫”。有《王右丞》集。這首詩描寫山村秋日的黄昏景色:水光山色,蟬鳴人歌,落日升煙,動静交替,留轉瞬之間於永久。輞川:在今陝西省藍田縣,王維在那裏有别墅。裴迪:王維的友人。這裏的詩選自《四部叢刊》本《須溪先生校本唐王右丞集》。[2]潺湲(chányuán):叠韻聯綿詞,水流動的樣子。

《楚辭·九歌·湘夫人》："觀流水兮潺湲。"[3]墟里：村落。陶潛《歸園田居》詩："曖曖遠人村，依依墟里煙。"[4]值：正當，碰上。接輿：春秋時楚國的隱士。《論語·微子》："楚狂接輿歌而過孔子，曰：'鳳兮鳳兮，何德之衰？往者不可諫，來者猶可追。已而已而，今之從政者殆而！'"這裏以接輿指裴迪。[5]五柳：陶潛别號五柳先生。這裏以五柳稱自己。

【押韻】

湲、蟬：仙韻；煙、前：先韻；仙先同韻。

歸嵩山作[1]

王 維

清川帶長薄[2]，車馬去閒閒。流水如有意，暮禽相與還[3]。荒城臨古渡，落日滿秋山。迢遞嵩高下，歸來且閉關[4]。

【注釋】

[1]該詩寫作者回到嵩山居所的情景，閒適恬淡，有歸隱的意趣。嵩山：在今河南省登封縣北。[2]清清的河水映帶著沿岸的草木。長薄：指草木蔓延生長。薄：草木叢生。[3]陶潛《飲酒》詩之五："山氣日夕佳，飛鳥相與還。"[4]迢遞（tiáodì）：雙聲聯綿詞，高遠的樣子。嵩高：即嵩山，見注[1]。閉關：閉門。關：門閂。

【押韻】

閒、山：山韻；還、關：删韻；山删同用。

臨洞庭上張丞相

孟浩然[1]

八月湖水平，涵虛混太清[2]。氣蒸雲夢澤[3]，波撼岳陽城。欲濟無舟楫，端居恥聖明[4]。坐觀垂釣者，徒有羨魚情[5]。

【注釋】

[1]孟浩然（689～740）：唐襄陽（今湖北省襄樊市）人。早年隱居。四十歲時遊長安，應進士不第。仕進無門，隱居山水間。長於山水詩，與王維齊名。詩歌多反映隱居生活。有《孟浩然集》。本詩的前四句寫洞庭秋水，其中"氣蒸雲夢澤，波撼岳陽城"一聯，與杜甫《登岳陽樓》"吴楚東南坼，乾坤日夜浮"並爲歌咏洞庭湖的絶唱。張丞相：指張九齡，唐初丞相。這裏的孟浩然詩選自《四部叢刊》本《孟浩然集》。[2]涵虛：包容了天宇。虛：指天空。混太清：與天空融爲一體。太清：指天空。[3]雲夢澤：古代的大湖泊，地域包

括今湖南、湖北的廣大地區，因水位降低而逐漸消失，留下今天兩湖地區的衆多湖泊沼澤，洞庭是其一部分。[4]濟：渡。這裏也有經國濟民之義，語義雙關。在這兩句詩中，作者暗示張九齡，希望能得到援引而出仕。[5]羡魚：《淮南子·説林訓》：“臨河而羡魚，不如歸家結網。”

【押韻】

清、城、情：清韻；明：庚韻；清庚同用。

與諸子登峴山[1]

孟浩然

人事有代謝，往來成古今[2]。江山留勝迹，我輩復登臨[3]。水落魚梁淺，天寒夢澤深[4]。羊公碑尚在[5]，讀罷泪沾襟。

【注釋】

[1]峴(xiàn)山：在今湖北省襄陽市南。《晋書·羊祜傳》：“祜性樂山水，每風景必造。峴山置酒，言咏終日不倦。”羊祜死後，襄陽百姓建碑於山，碑文凄婉，見者墮泪。孟浩然與友人遊峴山，也臨碑感慨落泪。[2]大意是：世事興替，時光推移，後之視今，猶今之觀昔。代謝：更替變化。[3]勝迹：這裏指羊祜登臨處。復登臨：指繼羊祜之後再遊此地。[4]魚梁：捕魚的圍堰。夢澤：即雲夢澤，見前詩注。[5]羊公碑：即襄陽百姓當年爲羊祜立的碑。

【押韻】

今、臨、深、襟：侵韻。

宿桐廬江寄廣陵舊遊[1]

孟浩然

山暝聽猿愁，滄江急夜流[2]。風鳴兩岸葉，月照一孤舟。建德非吾土[3]，維揚憶舊遊[4]。還將兩行泪，遥寄海西頭[5]。

【注釋】

[1]該詩寫月夜行舟思念友人，表現出作者的失意和孤獨。全詩高亢激越，使人感到詩人内心的澎湃。桐廬江：在今浙江省桐廬縣。廣陵：今江蘇省揚州市。[2]暝：昏暗。滄江：指江水。[3]建德：今浙江省建德縣。[4]維揚：揚州别稱。[5]海西：漢縣名，故城在今江蘇東海縣南。這裏泛指揚州一帶。

【押韻】

愁、流、舟、遊：尤韻；頭：侯韻；尤侯同用。

闕　　題

劉眘虛[1]

道由白雲盡[2],春與青溪長。時有落花至,遠隨流水香[3]。閒門向山路[4],深柳讀書堂[5]。幽映每白日,清輝照衣裳[6]。

【注釋】

[1]劉眘(shèn)虚:字挺卿,唐代江東人,與賀知章、張旭、包融爲吴中四友。這首詩的題目已佚,故稱"闕題"。詩的寫法由遠而近,由雲中小路、春光青溪、落花流水而至門前,却見一個陽光和柳蔭掩映之下寂静無人的讀書堂,有引人入勝之妙。詩選自中華書局本蘅塘退士編《唐詩三百首》。[2]大意是:山路就在白雲的盡頭。[3]大意是:溪流中不時有從遠處漂流而來的落花,好像流水中也散發出陣陣幽香。[4]大意是:門一開,就是上山的道路。閒門:指很少有人進出的門。[5]大意是:柳蔭深處就是讀書堂。深柳:指一大片柳樹。[6]這兩句的大意是:陽光常常穿過柳蔭,照著人們的衣裳。

【押韻】

長、香、裳:陽韻;堂:唐韻;陽唐同用。

唐宋七言律詩

黄 鶴 樓

崔　顥[1]

昔人已乘黄鶴去[2],此地空餘黄鶴樓。黄鶴一去不復返,白雲千載空悠悠。晴川歷歷漢陽樹,芳草萋萋鸚鵡洲[3]。日暮鄉關何處是[4]?煙波江上使人愁。

【注釋】

[1]崔顥(hào)(? ～754):汴州(今河南省開封市)人,唐開元進士,官至尚書司勳員外郎。後期詩作雄渾奔放。有《崔顥集》。黄鶴樓在今湖北省武漢市蛇山黄鶴磯長江岸邊,始建於三國時期。詩人寫登臨黄鶴樓,由古及今、由眼前之景及遠方的故鄉,胸襟宏闊,意境悠遠。《唐才子傳》卷一云:"(崔顥)遊武昌,登黄鶴樓,感慨賦詩。及李白來,曰:'眼前有景道不得,崔顥題詩在上頭。'無作而去。"詩選自中華書局本蘅塘退士編《唐詩三百首》。[2]昔人:指從

前的仙人。據《齊諧記》載,黄鶴山者,仙人子安乘黄鶴過此,後人於是在此建樓。[3]歷歷:分明可數。萋萋:草茂盛的樣子。《楚辭·招隱士》:"王孫遊兮不歸,芳草生兮萋萋。"後以芳草作懷人之典。鸚鵡洲:在漢陽西南長江中。[4]鄉關:指故鄉。

【押韻】

樓:侯韻;悠、洲、愁:尤韻;侯尤同用。

登金陵鳳凰臺[1]

李　白

鳳凰臺上鳳凰遊,鳳去臺空江自流。吴宫花草埋幽徑[2],晋代衣冠成古丘[3]。三山半落青天外,二水中分白鷺洲[4]。總爲浮雲能蔽日[5],長安不見使人愁。

【注釋】

[1]此詩模仿崔顥《黄鶴樓》,然而懷古傷今,感時刺世,氣象雄渾,亦上乘之作。該詩多處失粘,可見作者自由不羈的藝術風格。金陵:今江蘇南京。鳳凰臺:故址在今南京鳳臺山。據《江寧通志載》:"鳳凰臺在江寧府城内之西南隅,猶有陂陀可以眺望。"傳説劉宋元嘉年間有鳳凰飛來這裏,於是築臺志慶。江寧府,今江蘇省南京市。[2]吴宫:指三國孫權建都時所建造的宫室。[3]東晋建都建康,即詩中的金陵。[4]三山:在南京西南面五十餘里,臨餘大江,三峰排列,南北相連,故稱三山。白鷺洲:在南京西大江中,因多白鷺,故名。[5]浮雲蔽日:指唐玄宗被奸邪小人所圍繞。古詩《行行重行行》:"浮雲蔽白日,遊子不顧返。"

【押韻】

遊、流、丘、洲、愁:尤韻。

積雨輞川莊作[1]

王　維

積雨空林煙火遲,蒸藜炊黍餉東菑[2]。漠漠水田飛白鷺,陰陰夏木囀黄鸝。山中習静觀朝槿[3],松下清齋折露葵[4]。野老與人争席罷[5],海鷗何事更相疑[6]?

【注釋】

[1]這首詩寫夏日雨後的田園風光。上四句寫景,明麗生動;下四句寫人,清静諧和。[2]藜:草名,又名萊菜,可作爲野菜蒸來吃。黍:穀之黏者,即黄米。菑(zī):耕種了一年的地。這裏

泛指田地。[3]朝槿:又稱木槿,初夏開花,其花朝開暮落。[4]清齋:《舊唐書·文藝傳》載:"王維奉佛,居常蔬食,不茹葷血,晚年長齋。"葵:冬葵。[5]野老:田間老人。争席:争座,指人與人之間因熟識而不拘禮節。[6]爲何海鷗仍疑懼我,不肯飛過來和我親近呢?《列子·黄帝》:"海上之人有好漚鳥者,每旦之海上從漚鳥游。漚鳥之至者百,住而不止。其父曰:'吾聞漚鳥皆從汝游,汝取來,吾玩之。'明日之海上,漚鳥舞而不下也。"漚:通"鷗"。

【押韻】

遲、葵:脂韻;鸝:支韻;菑,疑:之韻;脂之支同用。

蜀　相[1]

杜　甫

丞相祠堂何處尋[2],錦官城外柏森森[3]。映階碧草自春色,隔葉黄鸝空好音[4]。三顧頻煩天下計[5],兩朝開濟老臣心[6]。出師未捷身先死[7],長使英雄泪滿襟。

【注釋】

[1]杜甫拜謁諸葛亮祠,緬懷先賢,撫今追昔,潸然泪下。這是一首著名的懷古詩,尾聯二句,千古傳唱。[2]丞相祠堂:指諸葛亮祠,在成都南郊(今成都武侯區),今稱武侯祠。據《方輿勝覽》:"武侯初亡,百姓於節朔私祭於道。李雄稱王,始爲廟少城内。"[3]錦官城:指成都。蜀中桑蠶發達,盛産絲綢,錦官城本指管理織錦的官署,在成都南,後泛指成都城。[4]這兩句暗指諸葛亮身後的寂寞,有"前不見古人,後不見來者"之意。空:徒。[5]三顧:諸葛亮《出師表》:"先帝不以臣卑鄙,猥自枉屈,三顧臣於草廬之中,咨臣以當世之事。由是感激,遂許先帝以驅馳。"[6]兩朝開濟:開創先朝,輔佐後朝。兩朝:指劉備、劉禪兩代。[7]《蜀志·諸葛亮傳》:"建興十二年春,亮悉大衆由斜谷出,以流馬運,據武功五丈原,與司馬宣王對於渭南。分兵屯田,爲久駐之計,相持百餘日。其年八月,亮疾病,卒於軍。"

【押韻】

尋、森、音、心、襟:侵韻。

閣　夜[1]

杜　甫

歲暮陰陽催短景[2],天涯霜雪霽寒宵[3]。五更鼓角聲悲壯[4],三峽星河影動摇[5]。野哭幾家聞戰伐,夷歌數處起漁樵[6]。卧龍躍馬終黄土[7]，人事音書漫寂寥[8]。

【注釋】

[1]這首詩是杜甫晚年飄泊夔州(今重慶市奉節縣)夜宿西閣時所作。峽江羈旅，歲暮風寒，心憂國難，難以成眠。該詩八句皆對仗，爲七律名篇。[2]歲暮之時，由於日月的運行，白晝苦短。陰陽：指日月天象。短景：指冬日白晝短。景(yǐng)：即“影”。[3]霽(jì)：雨停，這裏指霜雪停止。[4]鼓角：更鼓和號角。[5]這句寫三峽夜景，意思是説，俯瞰峽江唯見星光飄浮。星河：星宿和銀河。[6]夷歌：少數民族的山歌。古代夔州一帶爲少數民族和漢族雜居地區。左思《蜀都賦》：“夷歌成章。”[7]卧龍：指諸葛亮。《三國志·蜀志》：“徐庶謂先主曰：‘諸葛孔明，卧龍也。’”躍馬：指公孫述。王莽時公孫述曾在夔州一帶憑險割據，自立爲白帝。瞿唐峽口小山頂上有白帝城，劉備伐吴兵敗，向諸葛亮托孤於此。《蜀都賦》：“公孫躍馬而稱帝。”[8]寂寥：寂静。

【押韻】

宵、摇、樵：宵韻；寥：蕭韻；宵蕭同用。

咏懷古迹(之二)[1]

杜　甫

摇落深知宋玉悲[2]，風流儒雅亦吾師。悵望千秋一灑泪，蕭條異代不同時。江山故宅空文藻[3]，雲雨荒臺豈夢思[4]。最是楚宫俱泯滅，舟人指點到今疑[5]。

【注釋】

[1]該詩表現了作者對宋玉的崇敬和懷念，不僅因爲其文采風流，而且因爲他們能“異代相知”。[2]摇落：這兩字出自宋玉的賦《九辯》：“悲哉，秋之爲氣也！蕭瑟兮，草木摇落而變衰。”[3]故宅：指宋玉故居。陸遊《入蜀記》：“宋玉宅在秭歸縣之東，今爲酒家，舊有石刻‘宋玉宅’三字。”文藻：文采，詞采。[4]雲雨荒臺：此四字用宋玉作品中的典故。宋玉《高唐賦》：“昔先王嘗遊高唐，夢見一婦人曰：‘妾在巫山之陽，高丘之阻，旦爲朝雲，暮爲行雨，朝朝暮暮，陽臺之下。’”豈夢思：是説宋玉寫這段寓言，不是真的寫夢，而是托語諷諫。[5]大意是：楚宫與楚王的荒淫生活都已經泯滅了，舟人行客還在指點所謂的雲雨荒臺之處，至今也不明白宋玉的苦苦用意。“最是”二字感慨至深。

【押韻】

悲、師：脂韻；時、思、疑：之韻；脂之同用。

白　帝[1]

杜　甫

白帝城中雲出門，白帝城下雨翻盆。高江急峽雷霆鬥，翠木蒼藤日月昏。戎馬不如歸馬逸[2]，千家今有百家存。哀哀寡婦誅求盡[3]，慟哭秋原何處村？

【注釋】

[1]這首詩是杜甫在夔州(今奉節)時所作，反映了國家戰亂給人民帶來的痛苦。白帝(城)：見前《閣夜》詩注[7]。[2]戎馬：戰馬。歸馬：回歸農耕的馬。逸：馬奔跑迅速。《老子》："天下有道，却走馬以糞；天下無道，戎馬生於郊。"[3]寡婦：指戰亂中喪夫的婦女。誅求盡：被橫徵暴斂弄得衣缺食盡。誅求：指橫徵暴斂。

【押韻】

門、盆、昏、存、村：魂韻。

遣悲懷(之一)

元　稹[1]

謝公最小偏憐女[2]，自嫁黔婁百事乖[3]。顧我無衣搜藎篋[4]，泥他沽酒拔金釵[5]。野蔬充膳甘長藿[6]，落葉添薪仰古槐。今日俸錢過十萬，與君營奠復營齋[7]。

【注釋】

[1]元稹(779～831)：字微之，唐代河南洛陽人。早年家貧，後官至同中書門下平章事，與白居易友善，有《元氏長慶集》。這是作者悼念亡妻的三首詩之一。元稹原配韋蕙叢，是太子少保韋夏卿之小女，既賢且美，元稹未仕而韋氏卒，年僅27歲。該詩語言平易，如話家常，充滿了對貧困却又幸福的昔日生活的懷念，生動地描繪了妻子生前安於貧賤的美德。本書元稹詩選自《四部叢刊》本《元氏長慶集》。[2]《晋書・謝安傳》載，謝安侄女謝道韞聰慧多才，安最愛之。此處作者以謝道韞比喻自己的妻子。謝公：東晋宰相謝安。憐：愛。[3]黔婁：春秋時齊國隱士，家貧，修身自飭，辭官不仕。此處作者以黔婁自稱。乖：違背，不順。[4]藎篋(jìnqiè)：草制的盛物品的箱子。藎：草名。篋：小箱子。[5]泥：同"昵"，纏著要求。沽酒：買酒。[6]甘：認爲……甘甜。藿(huò)：豆葉，貧民常以豆葉爲菜。長：常。[7]營奠：置酒食而祭。營齋：謂作佛事來祈求冥福，超度亡靈。

【押韻】

乖、槐、齋：皆韻；釵：佳韻；皆佳同用。

夜泊水村[1]

陸　游

腰間羽箭久凋零，太息燕然未勒銘[2]。老子猶堪絶大漠[3]，諸君何至泣新亭[4]。一身報國有萬死，雙鬢向人無再青。記取江湖泊船處，卧聞新雁落寒汀[5]。

【注釋】

[1]這首詩表達了作者恢復中原的壯志不得實現的苦悶。[2]太息：長嘆。燕然：燕然山，即今蒙古人民共和國境内的杭愛山。勒：刻。東漢和帝永元元年(89)，車騎將軍竇憲擊敗匈奴北單于，登燕然山刻後記功而還。[3]老子：即老夫，作者自稱。絶：横穿。大漠：指北方的沙漠。[4]泣新亭：出自《世説新語・言語》："過江諸人，每至美日，輒相邀新亭，藉卉飲宴。周侯(周顗)中坐而嘆曰：'風景不殊，正自有山河之異。'皆相視流泪。唯王丞相(王導)愀然變色曰：'當共戮力王室，克復神州，何至作楚囚相對？'"新亭：在今南京市南。[5]這兩句的大意是：在平淡的生活中，一年又將逝去，令人心驚悵恨！記取：記住。江湖泊船：指平淡的生活，江南水鄉往來多乘舟。新雁：秋天從北飛來的雁。汀：水邊。

【押韻】

零、銘、亭、青、汀：青韻。

唐五言絶句

宿建德江[1]

孟浩然

移舟泊煙渚[2]，日暮客愁新。野曠天低樹，江清月近人。

【注釋】

[1]此詩寫旅途黄昏泊舟所見：天地的蒼茫更添客子的歸思，唯清江明月給人些許慰藉。建德江：即今浙江省富春江。[2]煙渚：霧靄籠罩的小洲。渚：水中陸地。

【押韻】

新、人:真韻。

八陣圖[1]

杜 甫

功蓋三分國[2],名成八陣圖。江流石不轉,遺恨失吞吴[3]。

【注釋】

[1]八陣圖:傳説中的一種古代布陣圖。一般認爲其遺迹在今重慶市奉節縣奉節城與白帝城之間長江北岸的沙洲上。《奉節縣志》載:"武侯帥師由水道略白帝,縱觀形勢,知夔門爲全蜀咽喉,特畫八陣圖於魚腹浦沙磧上,以禦不虞,千古莫測。"[2]三分國:三分天下之國,即魏、蜀、吴。[3]蜀、吴唇齒相依,聯吴抗魏方成鼎足之勢。劉備因一時之忿違背了蜀國賴以生存的基本戰略,於章武元年(221)親征東吴,兵敗而歸,國勢日衰,故詩人説"遺恨失吞吴"。失:指失策。

【押韻】

圖、吴:模韻。

問劉十九[1]

白居易

緑蟻新醅酒[2],紅泥小火爐。晚來天欲雪,能飲一杯無[3]?

【注釋】

[1]作者介紹參見本教材第九單元白居易《竹枝詞》注釋[1]。冬夜邀朋友對飲,没有寒暄客套,只是誇耀地説我有兩樣驅寒的好東西,你來不來呀?愈顯出朋友的無拘束和親密。劉十九:作者的友人。選自中華書局本蘅塘退士編《唐詩三百首》。[2]指未經濾過的新酒,上有浮渣如蟻,故稱。緑蟻:指酒面上浮起的米粒酒渣。《南都賦》:"醪敷徑寸,浮蟻若萍。"醪(láo):即今之米酒,俗稱醪糟。《説文·酉部》:"醪,汁滓酒也。"醅(pēi):未濾過的米酒。[3]無:等於説"麽"。

【押韻】

爐:模韻;無:虞韻;模虞同用。

行　宫[1]

元　稹

寥落古行宫，宫花寂寞紅。白頭宫女在，閒坐説玄宗。

【注釋】

[1]這首詩以白頭宫女的對話和行宫的冷落，表達了對大唐王朝盛衰的感慨。

【押韻】

宫、紅：東韻；宗：冬韻；東冬合用。

唐宋七言絶句

江南逢李龜年[1]

杜　甫

岐王宅裏尋常見，崔九堂前幾度聞[2]。正是江南好風景，落花時節又逢君。

【注釋】

[1]江南：這裏指今江湘一帶。李龜年：《明皇雜録》："開元中，樂工李龜年善歌，特承顧遇，於東都道能里大起第宅。其後流落江南。每遇良辰勝景，常爲人歌數闋。座中聞之，莫不掩泣罷酒。"杜甫晚年在長沙逢李，作此詩。《唐詩三百首》批語："世運之治亂，年華之盛衰，彼此之凄凉流落，俱在其中。少陵七絶，此爲壓卷。"[2]岐王：指岐王李範，喜愛與文士交接。崔九：指崔滌，唐玄宗的寵臣，官秘書監。

【押韻】

聞、君：文韻。

絶　句[1]

杜　甫

兩個黄鸝鳴翠柳，一行白鷺上青天。窗含西嶺千秋雪[2]，門泊東吴萬里船[3]。

【注釋】

[1]該詩爲杜甫居成都西郊草堂時作。[2]西嶺:即西嶺雪山,在成都西約百餘里,山頂積雪終年不化。[3]從浣花溪畔的杜宅可乘船東下,經濯錦江入岷江,再入長江。

【押韻】

天:先韻;船:仙韻;先仙同用。

贈　　别[1]

杜　牧

娉娉嫋嫋十三餘[2],豆蔻梢頭二月初[3]。春風十里揚州路,卷上珠簾總不如[4]。

【注釋】

[1]杜牧在揚州爲官時,常流連於青樓酒肆。《贈别》二首爲贈别一歌妓所作,這裏選其一。選自中華書局本蘅塘退士編《唐詩三百首》。[2]娉娉(pīng):美好的樣子。嫋嫋(niǎo):柔弱的樣子。[3]豆蔻:植物名,亦稱白豆蔻。這裏比喻女子,言其年少而美,如豆蔻花之未開。[4]大意是:一路上珠簾卷處,看到的女子,總不如作者所贈别的那一位。

【押韻】

餘、初、如:魚韻。

金陵圖[1]

韋　莊

江雨霏霏江草齊,六朝如夢鳥空啼[2]。無情最是臺城柳[3],依舊煙籠十里堤。

【注釋】

[1]這首詩借憑吊六朝舊迹以感傷唐王朝的衰微。金陵:今南京市。選自中華書局本蘅塘退士編《唐詩三百首》。[2]六朝:指吴、東晋、宋、齊、梁、陳六個朝代,都建都金陵。[3]臺城:在今南京玄武湖一帶。晋宋時稱朝廷宫禁爲臺,稱禁城爲臺城。

【押韻】

齊、啼、堤:齊韻。

十一月四日風雨大作[1]

陸　游

僵卧孤村不自哀，尚思爲國戍輪臺[2]。夜闌卧聽風吹雨[3]，鐵馬冰河入夢來。

【注釋】

[1]該詩爲宋紹熙三年(1192)陸游68歲休官居山陰家鄉時所作。[2]輪臺：即今新疆維吾爾自治區輪臺縣。漢代在輪臺駐兵以禦匈奴。戍：軍隊駐守邊疆。[3]夜闌：夜將盡。

【押韻】

哀、臺、來：咍韻。

練習(二)

一、解釋下列句子中加點字的意義。

1. 常存抱柱信，豈上望夫臺。
2. 怡然敬父執，問我來何方。
3. 兩崖崇墉倚，刻畫城郭狀。
4. 恐此復偶然，臨風默惆悵。
5. 築城絶塞進新圖，排仗行宫宣大赦。
6. 清川帶長薄，車馬去閒閒。
7. 八月湖水平，涵虚混太清。
8. 積雨空林煙火遲，蒸藜炊黍餉東菑。
9. 三顧頻煩天下計，兩朝開濟老臣心。
10. 歲暮陰陽催短景，天涯霜雪霽寒宵。
11. 戎馬不如歸馬逸，千家今有百家存。
12. 謝公最小偏憐女，自嫁黔婁百事乖。
13. 老子猶堪絶大漠，諸君何至泣新亭。
14. 緑蟻新醅酒，紅泥小火爐。
15. 夜闌卧聽風吹雨，鐵馬冰河入夢來。

二、用漢語拼音給下列句子中加點字注音並釋義。

1. 文章憎命達，魑魅喜人過。

2. 寒山轉蒼翠，秋水日潺湲。

3. 迢遞嵩高下，歸來且閉關。

4. 娉娉嫋嫋十三餘，豆蔻梢頭二月初。

三、説明下列句子中加點字的詞性、功能和意義。

1. 長風萬里送秋雁，對此可以酣高樓。

2. 映階碧草自春色，隔葉黄鸝空好音。

3. 野蔬充膳甘長藿，落葉添薪仰古槐。

4. 野曠天低樹，江清月近人。

5. 岐王宅裏尋常見，崔九堂前幾度聞。

四、指出下列詩歌中的押韻字和所屬的中古韻(《廣韻》)韻目。

1. 明月出天山，蒼茫雲海間。長風幾萬里，吹度玉門關。漢下白登道，胡窺青海灣。由來征戰地，不見有人還。戍客望邊邑，思歸多苦顔。高樓當此夜，嘆息未應閑。

2. 妾髮初覆額，折花門前劇。郎騎竹馬來，繞床弄青梅。同居長干里，兩小無嫌猜。十四爲君婦，羞顔未嘗開。低頭向暗壁，千喚不一回。十五始展眉，願同塵與灰。常存抱柱信，豈上望夫臺。十六君遠行，瞿塘灩澦堆。五月不可觸，猿聲天上哀。門前舊行迹，一一生緑苔。苔深不可掃，落葉秋風早。八月蝴蝶黄，雙飛西園草。感此傷妾心，坐愁紅顔老。早晚下三巴，預將書報家。相迎不道遠，直至長風沙。

3. 丞相祠堂何處尋，錦官城外柏森森。映階碧草自春色，隔葉黄鸝空好音。三顧頻煩天下計，兩朝開濟老臣心。出師未捷身先死，長使英雄泪滿襟。

4. 腰間羽箭久凋零，太息燕然未勒銘。老子猶堪絶大漠，諸君何至泣新亭。一身報國有萬死，雙鬢向人無再青。記取江湖泊船處，卧聞新雁落寒汀。

五、填空。

1. 比較完善的李白詩文集有(　　)代(　　)注釋的《李太白全集》。比較詳盡的杜甫詩歌注本有(　　)代(　　)的《杜少陵集詳注》。

2. 李白幼年隨父遷入蜀中綿州彰明縣(今　　)青蓮鄉。李白於(　　)年離蜀，終生未還。

3. 安史之亂爆發後，公元(　　)年杜甫攜家人輾轉入蜀，在成都等地生活了近(　　)年。

4. 陸游自乾道八年(　　)至淳熙五年(　　)在四川成都、蜀州(今　)、嘉州(今　)和叙州(今　)等地爲官。

5. 陸游愛慕蜀中風土民俗，因命自己的詩集爲(　　)。

七、用現代標點符號標點下列文字。

草堂先生謂子美也草堂子美之故居因其所居而號之曰草堂先生先生自同谷入蜀遂卜居成都浣花江上萬里橋之西爲草堂以居焉唐史前後牴牾先生至成都之年月不可考其後有寄題草堂詩云經營上元始斷手寶應年然則先生之來成都殆上元之初乎嚴武入朝送武至巴西遂如梓州蜀亂乃之閬州將赴荆楚會武再鎮兩川自閬州挈妻子歸草堂武辟爲参謀武卒蜀又亂去之東川移居夔州遂下荆渚泝沅湘上衡山卒於耒陽先生以詩鳴於唐凡出處去就動息勞佚悲歡憂樂忠憤感激好賢惡惡一見於詩讀之可以知其世學士大夫謂之詩史其所遊歷好事者隨處刻其詩於石及至成都則闕然先生之故居松竹荒凉略不可記今丞相吕公鎮成都復作草堂於先生之舊址而繪像於其上宗愈假符於此乃録先生詩刻石置於草堂之壁間先生雖去此而其詩之意有在於是者亦附於後庶幾好事者得以考當時去來之迹云元祐庚午資政殿學士中大夫知成都軍府事胡宗愈序

八、背誦。

李白詩：關山月、長干行、送友人。

杜甫詩：贈衛八處士、劍門、蜀相、咏懷古迹(二)。

陸游詩：天寶胡兵陷兩京、夜泊水村。

通　論

(二十四)中古漢語的語音系統

一、中古音的研究

比起上古漢語語音系統的研究來，中古時期漢語語音系統的研究有更豐富的材料，因此有更堅實的基礎。這首先是因爲中古時期出現了系統記録漢語語音系统的韻書、韻圖和反切注釋，如《經典釋文》、《切韻》和《韻鏡》等文獻資料。根據這些資料可以基本掌握漢語中古音聲、韻、調的完整而詳細的分類。這比起僅僅以《詩經》押韻字來對上古韻做不詳盡的分類、以諧聲字系統對上古聲母做試探性的歸納來説，我们對中古音的確是更有把握。

其次，中國遼闊的國土上分布著許多現代漢語方言，這些方言是古代漢語母語在各地分化發展的子語言,因此和中古漢語語音系統有著密切的對應關係,可以運用歷史比較法,利用這些方言的讀音來重建中古音。再次,中古時期漢民族和其他民族有廣泛的交流,漢語在日本、越南、朝鮮及其他語言中留下了大量的借詞,這些語言中的中古漢語借詞可以幫助我們瞭解中古漢語的讀音。又次,中古時期佛教盛行,佛經翻譯文獻中的人名、地名等音譯的專有名詞和梵文等拼音文字的對應,可以幫助我們瞭解中古漢語的音值。上述四個方面的材料是語言學家研究和構擬漢語中古音音值的重要依據[①]。

有了中古漢語語音系統的音類,又有了考查中古漢語音值的材料依據,我們就可以構擬中古漢語的語音系統了。漢語古音系統的構擬始於 20 世紀初,瑞典漢學家高本漢(B. Karlgren)在他的《中國音韻學研究》(1926 年)中,首次構擬了中古漢語語音系統。中古音構擬的基本方法是:根據中古時期韻書中漢語音類與現代漢語各方言同類音音值的對應關係,以語音歷史演變的規律性、可解釋性和系統性進行分析,從而構擬出漢語中古音系統和音值。對於音值,還可根據當時其他語言的漢語借詞和域外對音材料來證明和修正。

二、中古韻母系統

中古韻書的代表是《切韻》。《切韻》成書於 601 年,作者是隋代的陸法言。《切韻》音系代表了 6、7 世紀時漢語的語音系統。《切韻》失傳已久[②],《切韻》音系完整地保存在《廣韻》裏面。《廣韻》成書於 1008 年,是北宋的陳彭年、邱雍等奉詔修訂《切韻》而成的,全稱爲《大宋重修廣韻》。

《廣韻》是一部按韻編排的字典,編寫目的是供寫詩的人檢尋押韻字。全書收字 26000 多個,按平、上、去、入四聲分類,每卷中又按韻類的不同分爲若干韻部,計有上平聲 28 韻、下平聲 29 韻、上聲 55 韻、去聲 60 韻、入聲 34 韻,共 206 韻。下面是《廣韻》206 韻的韻目和四聲配合的情況(據張氏澤存堂本《宋本廣韻》):

上平聲(28 韻)	上聲(55 韻)	去聲(60 韻)	入聲(34 韻)
一東獨用[③]	一董獨用	一送獨用	一屋獨用

① 構擬,英語爲 reconstruction,意爲重建,是歷史比較語言學推斷古代語音系統的基本方法。

② 今存《切韻》增訂本殘卷。見劉复等編《十韻彙編》,北京大學 1935 年印行。

③ 獨用:指這個韻的字只能同韻相押。×同用:指這幾個韻的字可以鄰韻相押。唐封演《聞見記》:"隋朝陸法言與顏魏諸公定南北音撰爲《切韻》……以爲文楷式,而先仙刪山之類分別爲韻,屬文之士共苦其苛細。國初許敬宗等詳議,以其韻窄,奏而合用之。"這些"同用、獨用"就是唐許敬宗所注。"＊"號後面的"×同用"是宋初丁度等在《禮部韻略》中刊定進一步合併的窄韻十三個。南宋在此基礎上合成平水韻 106 韻,見下一個附表。

二冬鍾同用		二宋用同用	二沃燭同用
三鍾	二腫獨用	三用	三燭
四江獨用	三講獨用	四絳獨用	四覺獨用
五支脂之同用	四紙旨止同用	五寘至志同用	
六脂	五旨	六至	
七之	六止	七志	
八微獨用	七尾獨用	八未獨用	
九魚獨用	八語獨用	九御獨用	
十虞模同用	九麌姥同用	十遇暮同用	
十一模	十姥	十一暮	
十二齊獨用	十一薺獨用	十二霽祭同用	
		十三祭	
		十四泰獨用	
十三佳皆同用	十二蟹駭同用	十五卦怪夬同用	
十四皆	十三駭	十六怪	
		十七夬	
十五灰咍同用	十四賄海同用	十八隊代同用＊廢同用	
十六咍	十五海	十九代	
		二十廢	
十七真諄臻同用	十六軫準同用	廿一震	五質術櫛同用
十八諄	十七準	廿二稕	六術
十九臻			七櫛
二十文獨用＊欣同用①	十八吻獨用＊隱同用	廿三問獨用＊焮同用	八物獨用＊迄同用
廿一殷(欣)	十九隱	廿四焮	九迄
廿二元魂痕同用	二十阮混很同用	廿五願慁恨同用	十月沒同用
廿三魂	廿一混	廿六慁	十一沒
廿四痕	廿二很	廿七恨	
廿五寒桓同用	廿三旱緩同用	廿八翰換同用	十三曷末同用
廿六桓	廿四緩	廿九換	十三末
廿七刪山同用	廿五潸產同用	三十諫襇同用	十四鎋黠同用

① 《广韻》平聲文韻與上聲吻韻皆當爲“獨用”，依周祖謨《廣韻校本》訂正。

廿八山	廿六產	卅一襇	十五黠

下平聲(29 韻)

一先仙同用	廿七銑獮同用	卅二霰線同用	十六屑薛同用
二仙	廿八獮	卅三線	十七薛
三蕭宵同用	廿九篠小同用	卅四嘯笑同用	
四宵	三十小	卅五笑	
五肴獨用	卅一巧獨用	卅六效獨用	
六豪獨用	卅二晧獨用	卅七號獨用	
七歌戈同用	卅三哿果同用	卅八箇過同用	
八戈	卅四果	卅九過	
九麻獨用	卅五馬獨用	四十禡獨用	
十陽唐同用	卅六養蕩同用	四一漾宕同用	十八藥鐸同用
十一唐	卅七蕩	四二宕	十九鐸
十二庚耕清同用	卅八梗耿静同用	四三映諍勁同用	二十陌麥昔同用
十三耕	卅九耿	四四諍	廿一麥
十四清	四十静	四五勁	廿二昔
十五青獨用	四一迥獨用	四六徑獨用	廿三錫獨用
十六蒸登同用	四二拯等同用	四七證嶝同用	廿四職德同用
十七登	四三等	四八嶝	廿五德
十八尤侯幽同用	四四有厚黝同用	四九宥候幼同用	
十九侯	四五厚	五十候	
二十幽	四六黝	五一幼	
廿一侵獨用	四七寢獨用	五二沁獨用	廿六緝獨用
廿二覃談同用	四八感敢同用	五三勘闞同用	廿七合盍同用
廿三談	四九敢	五四闞	廿八盍
廿四鹽添同用*嚴同用	五十琰忝同用*儼同用	五五豔㮇同用*釅同用	廿九葉帖同用*業同用
廿五添	五一忝	五六㮇	三十帖
廿六咸銜同用*凡同用	五二豏[①]檻同用*范同用	五七陷鑑同用*梵同用	卅一洽狎同用*乏同用
廿七銜	五三檻	五八鑑	卅二狎
廿八嚴凡同用	五四儼范同用	五九釅梵同用	卅三業乏同用

① 《廣韻》上聲五十二儼、五十三豏、五十四檻和去聲五十七釅、五十八陷、五十九鑒六韻與平入聲不相配,今依周祖謨《廣韻校本》訂正。

廿九凡	五五范	六十梵	卅四乏

《廣韻》的韻目雖多達206個，這是把不同聲調的韻都算做了不同的韻。如果不計聲調的差別，《廣韻》的韻類就大大地減少了。每一個韻類裏面，可以有一至數個韻母，這些韻母的差別只在開口或合口、介音的有無以及入聲韻尾的不同，主要元音是相同的。下面是《廣韻》的54個韻類[①]：

1. 東 uŋ,iuŋ	屋 uk,iuk
2. 冬 uoŋ	沃 uok
3. 鍾 ioŋ	燭 iok
4. 江 ɣʌŋ	覺 ɣʌk
5. 支 iɛ,iuɛ,ɣiɛ,ɣiuɛ	
6. 脂 i,iui,ɣi,ɣiui	
7. 之 ɨ	
8. 微 ɨi,iuɨi	
9. 魚 iʌ	
10. 虞 io	
11. 模 uo	
12. 齊 ei,uei	
13. 祭 iɛi,iuɛi,ɣiɛi,ɣiuɛi	
14. 泰 ɑi,uɑi	
15. 佳 ɣæ,ɣuæ	
16. 皆 ɣæi,ɣuæi	
17. 夬 ɣai,ɣuai	
18. 灰 uʌi>uoi	
咍 ʌi	
19. 廢 iɐi,iuɐi	
20. 真/臻[②] in,ɣin	質/櫛 it,ɣit
諄 iuin,ɣiuin	術 iuit,ɣiuit
21. 文 iun	物 iut

① 根據鄭張尚芳構擬的《切韻》音系整理。韻目舉平以賅上去，介音三：合口-u-、二等和重紐三等-ɣ-、三等-i-（有-ʉ-、-i-、-ɨ-三個變體，分別出現在脣音後、鋭音和鈍音前，表中統一簡化作-i-），四等無介音。

② 臻、櫛兩韻是真、質兩韻在莊組聲母後的變體，主元音略開爲-ɪ。

22. 殷 ɨn	迄 ɨt
23. 元 iɐn,iuɐn	月 iɐt,iuɐt
24. 魂 uən>uon	没 uət
痕 ən	
25. 寒 ɑn	曷 ɑt
桓 uɑn	末 uɑt
26. 删 ɣan,ɣuan	鎋 ɣat,ɣuat
27. 山 ɣæn,ɣuæn	黠 ɣæt,ɣuæt
28. 先 en,uen	屑 et,uet
29. 仙 iɛn,iuɛn,ɣiɛn,ɣiuɛn	薛 iɛt,iuɛt,ɣiɛt,ɣiuɛt
30. 蕭 eu	
31. 宵 iɛu,ɣiɛu	
32. 肴 ɣɑu	
33. 豪 ɑu	
34. 歌 ɑ,iɑ,	
戈 uɑ,iuɑ	
35. 麻 ɣa,ɣua,ia	
36. 陽 iɐŋ,iuɐŋ	藥 iɐk,iuɐk
37. 唐 ɑŋ,uɑŋ	鐸 ɑk,uɑk
38. 庚 ɣaŋ,ɣuaŋ,iaŋ,iuaŋ	陌 ɣak,ɣuak,iak,(iuak)
39. 耕 ɣæŋ,ɣuæŋ	麥 ɣæk,ɣuæk
40. 清 iɛŋ,iuɛŋ	昔 iɛk,iuɛk
41. 青 eŋ,ueŋ	錫 ek,uek
42. 蒸 ɨŋ	職 ɨk
43. 登 əŋ,uəŋ	德 ək,uək
44. 尤 iu	
45. 侯 əu	
46. 幽 ɣiu	
47. 侵 im,ɣim	緝 ip,ɣip
48. 覃 ʌm	合 ʌp
49. 談 ɑm	盍 ɑp
50. 鹽 iɛm,ɣiɛm	葉 iɛp,ɣiɛp

51. 添 em	帖 ep
52. 咸 ɣæm	洽 ɣæp
53. 銜 ɣam	狎 ɣap
54. 嚴 iɐm，凡 iuɐm	業 iɐp，乏 iuɐm

從上表可以看出，《廣韻》中陽聲韻與入聲韻相配，即鼻音尾-m、-n、-ŋ 的韻與同部位的清塞尾-p、-t、-k 相配，形成平、上、去、入相配的格局。陰聲韻（以元音結尾的韻或无韻尾的韻）没有入聲韻相配，故只有平、上、去三聲。祭、泰、夬、廢四韻只有去聲，没有相應的平、上、入聲，很特殊。47 侵以下的韻叫閉口韻，以收-m、-p尾爲特徵，其中收-m 尾的韻在現代漢語普通話中已經混入收-n 尾的韻母中了。中古韻還完整地保留著上古音入聲韻部的清塞尾-p、-t、-k。這些韻尾連同入聲聲調在現代漢語普通話中完全消失了。

隋代陸法言的《切韻》分 193 韻，由於分得太細，完全按照它做詩押韻比較難。唐代初年便規定一些相近的韻可以同用，從唐代開始人們便按這些同用、獨用的規定做詩。金代平水書籍王文郁著有《平水新刊禮部韻略》①，分 106 韻。另外，張天錫的《草書韻會》也分 106 韻。宋元之際奉新（今屬江西）人陰時夫編寫了一本《韻府群玉》，共二十卷，是按韻編排的，分韻也是 106 韻，按詞語的最下一字歸韻，以後的《詩韻》是從《韻府群玉》中録出。可以肯定，王文郁、張天錫 106 韻的劃分同出一源。説明在他們以前，已經有人把《禮部韻略》206 韻中注明“同用”的韻加以合併而得到 106 韻。此外宋末江北平水（今山西新絳）人劉淵刊《壬子新刊禮部韻略》分韻爲 107。此書已不傳，其韻目見於元代熊忠《古今韻會舉要》。後人認爲劉書韻目是以後《詩韻》分類之所本，是一個誤解②，但習慣上把《詩韻》稱爲《平水韻》。

《詩韻》106 韻的韻目如下：

平聲（30 韻）	上聲（29 韻）	去聲（30 韻）	入聲（17 韻）
（上平聲）			
一東	一董	一送	一屋
二冬（鍾）	二腫	二宋（用）	二沃（燭）
三江	三講	三絳	三覺

① 錢大昕在《潛研堂文集》卷二十七《跋平水新刊禮部韻略》中説：“平水即平陽（今山西臨汾縣）也。……平水書籍者，文郁之官稱耳。”

② 見錢大昕《十駕齋養新録》卷五《平水韻》；王國維《書金王文郁新刊韻略張天錫草書韻會後》，載《觀堂集林》卷八第 392～393 頁，中華書局 1984 年。

四支(脂之)	四紙(旨止)	四寘(至志)	
五微	五尾	五未	
六魚	六語	六御	
七虞(模)	七麌(姥)	七遇(暮)	
八齊	八薺	八霽(祭)	
		九泰	
九佳(皆)	九蟹(駭)	十卦(怪夬)	
十灰(咍)	十賄(海)	十一隊(代廢)	
十一真(諄臻)	十一軫(准)	十二震(稕)	四質(術櫛)
十二文(欣)	十二吻(隱)	十三問(焮)	五物(迄)
十三元(魂痕)	十三阮(混很)	十四願(慁恨)	六月(没)
十四寒(桓)	十四旱(緩)	十五翰(换)	七曷(末)
十五刪(山)	十五潸(産)	十六諫(襇)	八黠(鎋)
(下平聲)			
一先(仙)	十六銑(獮)	十七霰(線)	九屑(薛)
二蕭(宵)	十七篠(小)	十八嘯(笑)	
三肴	十八巧	十九效	
四豪	十九晧	二十號	
五歌(戈)	二十哿(果)	廿一箇(過)	
六麻	廿一馬	廿二禡	
七陽(唐)	廿二養(蕩)	廿三漾(宕)	十藥(鐸)
八庚(耕清)	廿三梗(耿静)	廿四敬/映(諍勁)	十一陌(麥昔)
九青	廿四迥(拯等)	廿五徑(證嶝)	十二錫
十蒸(登)			十三職(德)
十一尤(侯幽)	廿五有(厚黝)	廿六宥(候幼)	
十二侵	廿六寑	廿七沁	十四緝
十三覃(談)	廿七感(敢)	廿八勘(闞)	十五合(盍)
十四鹽(添嚴)	廿八琰(忝儼)	廿九豔(㮇釅)	十六葉(帖業)
十五咸(銜凡)	廿九豏(檻范)	三十陷(鑑梵)	十七洽(狎乏)

每個韻目下屬哪些字,可查閲本教材附録《〈廣韻〉常用字表》。

三、中古聲母系統

受用拼音文字梵文書寫的佛典及印度音韻學的啓發,唐末的僧人守温設立了三十個漢字來代表漢語中的聲母。宋初，人們在此基礎上歸納整理，用三十六字母來代表當時（11 世紀初）漢語的聲母。所謂字母就是代表聲母的漢字。按照發音部位和發音方法排列，三十六字母如下表：

發音方法 / 發音部位		全清	次清	全濁	次濁	清	濁
唇音	重唇	幫 p	滂 ph	並 b	明 m		
	轻唇	非 pf	敷 pfh	奉 bv	微 ɱ		
舌音	舌頭	端 t	透 th	定 d	泥 n		
	舌上	知 ʈ	徹 ʈh	澄 ɖ	娘 ɳ		
齒音	齿頭	精 ts	清 tsh	從 dz		心 s	邪 z
	正齒	照 tʃ	穿 tʃh	牀 dʒ		審 ʃ	禪 ʒ
牙音		見 k	溪 kh	群 g	疑 ŋ		
喉音		影 ʔ			喻 j	曉 h	匣 ɦ
半舌					來 l		
半齒					日 ʎʒ[1]		

表中列的發音部位和發音方法都是音韻學的傳統舊名。對照表中構擬音的國際音標，可以知道它們現在的名稱。比如重唇音即雙唇音，舌頭音即舌尖音，牙音即舌根音。全清即不送氣的清塞音和清塞擦音，次清即送氣清塞音和清塞擦，全濁即濁塞音和濁塞擦音，次濁即鼻音、邊音和半元音，等等。

《切韻》音系的時代比守溫三十六字母早大約四百年。對《廣韻》的反切上字進行歸納整理，在此基礎上進一步研究，得出 7 世紀初漢語的聲母系統，即《切韻》音系的三十七個聲母[2]：

發音方法 / 發音部位	全清	次清	全濁	次濁	清	濁
唇音	幫 p	滂 ph	並 b	明 m		
舌頭音	端 t	透 th	定 d	泥 n		
舌上音	知 ʈ	徹 ʈh	澄 ɖ	（娘 ɳ）		
齒頭音	精 ts	清 tsh	從 dz		心 s	邪 z
正齒音	莊 tʃ	初 tʃh	崇 dʒ		山 ʃ	俟 ʒ
	章 tɕ	昌 tɕh	船 ʑ		書 ɕ	禪 dʑ
牙音	見 k	溪 kh	群 g	疑 ŋ		

① 日母後期由 ȵʑ 變爲 ʎʒ，邵雍《皇極經世聲音圖》列爲次濁，與來母同屬半舌半齒音（鄭張尚芳《上古音系》73 頁注（5），上海教育出版社 2003 年）。

② 音值構擬根據鄭張尚芳音系，見鄭張尚芳《上古音系》。

（續）

發音方法 / 發音部位	全清	次清	全濁	次濁	清	濁
喉音	影 ʔ			喻$_{三}$ ɦ 喻$_{四}$ j	曉 h	匣 ɦ
半舌音				來 l		
半齒音				日 ȵʑ		

《切韻》三十七聲母與宋初三十六字母有四個主要的不同之處：

1. 無輕唇音。此時輕唇音非、敷、奉、微尚未從重唇音幫、滂、並、明中分化出來。

2. 多出了正齒音莊、初、崇、山（又叫照$_{二}$、穿$_{二}$、床$_{二}$、審$_{二}$）。莊、初、崇、山和章、昌、船、書（又叫照$_{三}$、穿$_{三}$、床$_{三}$、審$_{三}$）後來合併，成爲三十六字母中的照、穿床、審。

3. 喻$_{四}$又叫余母或以母，喻$_{三}$又叫做云母，二者後來合併爲三十六字母中的喻母。

4. 娘母尚未從泥母中分出。

《切韻》三十七聲母發展到現代漢語普通話聲母系統，有五個主要的變化：

1. 濁音清化：濁塞音或濁塞擦音字變爲相應的清輔音，平聲字送氣，仄聲字不送氣。這個變化發生較早，大約在宋代就開始了。例如（前一組爲平聲，後一組爲仄聲）：b>ph 婆排培袍旁朋皮貧平蒲；b>p 罷敗備抱傍便病步伴。d>th 台桃頭；d>t 大待道。dz>tsh 慈財曹；dz>ts 坐罪在。ɡ>kh 葵奎狂；ɡ>k 共櫃跪。

2. 雙唇音輕唇化：一部分雙唇音字（三等央後元音字）變爲唇齒音。守溫三十六字母反映出這種變化在宋初已經發生。例如：p>pf>f 夫膚府；ph>pfh>f 敷俘撫；b>bv>f 符扶父；m>ɱ>w 無毋巫武舞侮務霧微尾未晚萬襪文聞吻問物亡忘網望。

3. 舌面音聲母卷舌化：舌葉音聲母莊、初、崇、山，和舌面前音聲母知、徹、澄、章、昌、船、書、禪變爲普通話中的卷舌音聲母。這個變化大約在15世紀已完成了。例如：ʈ>tʂ 張漲脹；ʈh>tʂh 暢悵；ɖ（平聲）>tʂh 傳椽；ɖ（仄聲）>tʂ 篆傳。tʃ>tʂ 莊裝壯；tʃh>tʂh 瘡闖創；dʒ（平聲）>tʂh 床崇；dʒ（仄聲）>tʂ 撰狀；ʃ>ʂ 疏蔬梳數。tɕ>tʂ 章掌障；tɕh>tʂh 昌廠；dʑ（平聲）>tʂh 禪晨純常；dʑ（仄聲）>ʂ 善腎慎上尚；ʑ>ʂ 實食神；ʑ>tʂh 船乘唇；ɕ>ʂ 書舒暑鼠輸戍。

4. 舌尖音和舌根音聲母舌面化：中古音精組聲母（ts、tsh、dz、s、z）和見曉組聲母（k、kh、ɡ、h、ɦ）的齊齒呼和撮口呼字顎化爲普通話中的 tɕ、tɕh、ɕ。其中舌根音聲母的顎化比舌尖音聲母的顎化要早①。例如：ts>tɕ 姐借濟焦酒尖接浸煎

① 舌尖和舌根音聲母的舌面化發生在16世紀以後，在這裏講述是爲了幫助讀者理解中古漢語與現代漢語的差異。

濺節津進俊將爵雀即精；tsh>tɕh 趨取妻秋僉侵緝遷千切親七漆槍清；dz>tɕh 錢前全泉秦墻情；dz>tɕ 聚就漸捷集輯盡疾踐截絶匠嚼静藉寂；s>ɕ 須需西洗細婿消小笑蕭修羞秀心仙鮮線薛先屑宣選雪辛信訊悉膝相息性昔星錫析；z>ɕ 徐序叙緒袖尋習襲羨旋旬循巡殉祥象席夕續。k>tɕ 家鷄基機交攪教九甲卷絹君軍；kh>tɕh 去器弃欺起氣汽巧竅丘嵌欠歉泣圈勸犬缺；g>tɕh 渠奇岐其期求權勤群强窮；g>tɕ 巨具懼技舅咎儉及倦僅近郡掘局；h>ɕ 虚許希稀孝曉休瞎顯訓香鄉享響向興；ɦ>ɕ 霞下夏系校咸陷銜閒限莧現縣穴項巷學行杏形。

5. 零聲母形成：中古漢語的云、余、影、疑（部分）、微、日六個聲母演變成了普通話中的零聲母，包括以 i（齊齒）、u（合口）、y（撮口）和 a、o、e（開口）起頭的零聲母四種情況。例如：(1)j->i-耶爺也野夜以异由鹽羊陽養；ɦi->i-矣尤郵有友右炎永；ʔi->i-亞醫意衣妖要押音陰飲邑揖烟燕宴因印一；ŋi->i-牙涯藝宜儀疑毅咬岩驗嚴業眼顔雁言研；(2)jiw->u-維惟唯；ɦiw>u-爲帷位違胃王往；ʔ-/ʔiw->u-窩蛙烏污惡穢委威畏慰挖彎宛温；ŋ-/ŋiw->u-我卧瓦吾吴五午外危僞；(3)jiu->y-余與預俞緣悦匀允尹孕育欲；ɦiu->y-于雨禹羽員院袁援垣越曰粤雲運暈韻域；ʔiu->y-於迂冤怨淵鬱郁雍；ŋiu->y-魚語禦虞遇元原月岳獄樂；(4)ʔ->a-哀埃愛矮隘襖；ʔ>o-歐謳；ʔ->ə-阿恩惡厄；ŋ->a-呆礙艾熬岸昂；ŋ->o-藕偶；ŋ->ə-鵝俄餓訛鄂鰐額。

四、中古漢語的聲調系統

現代漢語普通話有陰平、陽平、上聲、去聲四個聲調。中古漢語有平、上、去、入四個聲調，《切韻》和《廣韻》就是按這四個聲調分卷編排的。中古漢語的這四個調類，大致是平爲平調，上爲升調，去爲降調，入爲促調①。但具體的調值却難以考察了。

中古漢語發展到現在，聲調系統有了很大的變化。總的來説，是以聲母的清濁爲條件，聲調發生了分化和合流。以現代漢語普通話爲例，具體地説是：1. 中古的平聲字，普通話清輔音聲母的讀陰平，如“天、中”；全濁和次濁聲母字讀陽平，如“浮、才、來、蒙”，即所謂平分陰陽。2. 中古的上聲字，清聲母和次濁聲母字讀上聲，如“此、捧、兩、母”；全濁聲母的讀去聲，如“奉、杜、巨、父”。3. 中古的去聲字，仍讀去聲，如“布、步、嫁、大”。4. 中古的入聲字，分別讀平、上、去三個聲調，即所謂入派三聲。又以聲母的清濁分爲三類：(1)清聲母的變化不規則，分別讀爲陰平、陽平、上聲、去聲，如“八、失、博、國、北、給、作、腹”；(2)全濁聲

① 唐釋處忠《元和韻譜》：“平聲哀而安，上聲厲而舉，去聲清而遠，入聲直而促。”

母的讀爲陽平，如“薄、讀、直、食”；(3)次濁聲母的讀爲去聲，如“力、立、日、入”。

我們可以利用工具書查出某個漢字的中古音的聲、韻、調。常用的工具書有丁聲樹、李榮的《古今字音對照手册》、郭錫良的《漢字古音手册》和鄭張尚芳的《上古音系》。《上古音系》同時列出上古韻類和中古時期的音韻地位、《廣韻》反切和構擬的上古音值(中古音值利用前面的中古聲母表和韻母表可以得到)，使用起來更方便。其他一些古漢語工具書，如《康熙字典》、《中華大字典》、《辭源》、《漢語大字典》等等，也都注明該字的中古音韻地位或反切。《漢語大字典》最後附録了《上古音字表》和《中古音字表》，可供查閱。

五、反切

反切是古人用來給漢字注音的方法，大約産生於東漢末年。“反”和“切”都是拼合的意思，唐以前一般叫某某反，唐以後一般叫某某切，故稱反切。反切是用兩個漢字來拼合一個漢字的讀音，反切上字取聲母，反切下字取韻母和聲調。例如“寬，苦官切”，取反切上字“苦”的聲母 kh，取反切下字“官”的韻母(uan)和聲調(平聲)，合起來就是被切字“寬”的讀音 khuan。即

kh＋uan(平聲)＝khuan(平聲)

要注意的是，上面所述只是反切的一般原則。用這個原則去讀《廣韻》的反切，有很多不能正確地拼出被切字的普通話讀音。這是因爲這些反切代表的是《切韻》時代的音，合於中古音系；而我們用現代漢語普通話去讀反切，就不一定相合了。從中古音到現代漢語普通話經歷了一千四百多年的發展，語音系統起了變化。語音系統的變化是很有規律的。運用前面介紹的從中古音到現代漢語普通話聲、韻、調的變化規律，可以解決這些問題。下面是幾種常見的與普通話讀音有差異的反切現象和原因：

1. 雙唇音和唇齒音互切。例如：兵(p-)，甫明切；披(ph-)，敷羈切；弼(b-)，房密切；明(m-)，武兵切(被切字加注中古音聲母，下同)。在《切韻》時代，這些與雙唇音互切的反切上字(甫、敷、房、武)還都是與被切字相應的雙唇音，尚未輕唇化，所以可以互切。

2. 知組字和端組字互切。例如：褚(ʈ-)，丁吕切；椿(ʈ-)，都江切；胝(ʈ-)，丁尼切；長(ʈ-)，丁丈切；湛(ɖ-)，徒減切。這是一些比《切韻》時代還略早的反切。那時這些被切字是舌頭音，尚未分化爲舌上音(今音進一步發展爲卷舌音)，其聲母與相應的反切上字是一致的，所以可以互切。

3. 舌根音和舌面音互切。例如：江(k-)，古雙切；腔(kh-)，苦江切；群(g-)，渠云切；嚇(h-)，呼訝切；巷(ɦ-)，胡絳切。在《切韻》時代，這些被切字都還是舌

根音或喉音聲母，尚未顎化，其中“群”字的反切上字“渠”也顎化了。

4. 舌尖音和舌面音互切。例如：即（ts-），子力切；痊（tsh-），此緣切；錢（dz-），昨仙切；賤（dz-），才線切；旋（z-），似宣切；司（s-），息兹切。在《切韻》時代，這些被切字還都是舌尖音，尚未顎化，所以可以互切。最後一例是反切上字“息”顎化了，被切字“司”保持了舌尖音。

5. 送氣音和不送氣音互切。袍（b-），薄褒切；頭（d-），度侯切；才（dz-），昨哉切；綢（ɖ-），直由切；狀（dʒ-），鋤亮切；具（g-），其遇切；晨（dʑ-），植鄰切。在《切韻》時代，這些被切字和反切上字都是不送氣濁音。後來濁塞音和濁塞擦音清化了，依聲調平聲清化爲送氣音，仄聲爲不送氣音。當時尚未變化，所以可以互切。

6. 全濁平聲變陽平。例如：旁（b-），步光切；疼（d-），徒登切；前（dz-），昨先切；蟲（ɖ-），直弓切；床（dʒ-），士莊切；琴（g-），巨金切；成（dʑ-），是征切。在《切韻》時代，平聲字没有陰陽之分，所以只要是平聲就可以互切。後來濁聲母的平聲字分化成爲陽平送氣聲母，而這些反切没有改寫，所以今天感覺是陰陽互切的。

7. 全濁上聲變去聲。例如：爸（b-），捕可切；舵（d-），徒可切；造（dz-），昨早切；丈（ɖ-），直兩切；士（dʒ-），鉏里切；近（g-），其謹切；上（dʑ-），時掌切。也有反過來的：保（p-），博抱切；董（t-），多動切；古（k-），公户切。在《切韻》時代，全濁聲母的上聲字讀上聲，而後來變成了去聲。在這些反切中，今讀去聲的被切字（或反切下字）實際是濁上字，《切韻》是以上聲切上聲的。

8. 全濁入聲變陽平。例如：脖（b-），蒲没切；奪（d-），徒活切；疾（dz-），秦悉切；逐（ɖ-），直六切；镯（dʒ-），士角切；及（g-），其立切；石（dʑ-），常隻切。這些反切中，所有的反切下字都是入聲字，反切上字都是全濁聲母字，因此被切字是全濁入聲字，按規律歸入普通話的陽平，不送氣。

9. 次濁入聲變去聲。例如：墨（m-），莫北切；物（m-），文弗切；诺（n-），奴各切；月（ŋ-），魚厥切；辣（l-），盧達切；入（ȵʑ-），人執切；域（ɦw-），雨逼切；悦（j-），弋雪切。這些反切中，反切下字是入聲字，反切上字是次濁聲母字。故被切字是次濁聲母入聲字，按規律歸入普通話去聲。

10. 清入字變四聲。北（p-），博墨切；扑（ph-），普木切；得（t-），多则切；脱（th-），他括切；速（s-），桑谷切，卓（ʈ-），竹角切；國（k-），古或切；克（kh-），苦得切；忽（h-），呼骨切。這些反切中，反切下字是入聲字，反切上字是清聲母字。故被切字是清聲母入聲字，今普通話讀入四個聲調，無規律。西南官話與普通話不同，入聲字一律讀陽平。因此如果用西南官話來讀，8、9、10 三條中的反切下字與被切字聲調是一致的。保留入聲的現代漢語方言也是如此。

練習(三)

一、填空。

1. 瑞典漢學家高本漢(B. Karlgren)在他的(　　)中，首先構擬了中古漢語語音系統。

2.《切韻》成書於(　　)年，作者是隋代的(　　)。《切韻》音系代表了(　　)世紀時漢語的語音系統。

3.《切韻》音系完整地保存在(　　)裏面。(　　)成書於(　　)年，是北宋的(　　)等奉詔修訂《切韻》而成的，全稱爲(　　)。

4.《廣韻》是一部按(　　)編排的(　　)，全書按(　　)分類，共有(　　)個韻。

5.《廣韻》的每一個韻裏面，可以有一至數個韻母，這些韻母的差别只在(　　)、(　　)以及(　　)的不同，(　　)是相同的。

6. 完全按照《切韻》做詩押韻比較難，從(　　)代開始人們便按照(　　)、(　　)的規定做詩。後人把由此合併《切韻》音系得到的(　　)韻稱爲(　　)或(　　)。

7. 唐末的僧人(　　)設立了三十個漢字來代表漢語中的聲母。宋初在此基礎上歸納整理，用“(　　)”來代表(　　)漢語的聲母。

8. 發音部位和發音方法的傳統舊名和現在相應的名稱：(　　)音即雙唇音，(　　)音即舌尖音，(　　)音即舌根音。(　　)即不送氣的清塞音和清塞擦音，(　　)即送氣清塞音和清塞擦，(　　)即濁塞音和濁塞擦音，(　　)即鼻音、邊音和半元音。

9. 現代漢語普通話有(　　)、(　　)、(　　)、(　　)四個聲調。中古漢語有(　　)、(　　)、(　　)、(　　)四個聲調。

10. 反切是古人用來給漢字注音的方法，大約産生於(　　)。反切用兩個漢字來拼合一個漢字的讀音，反切上字取(　　)，反切下字取(　　)和(　　)。

二、哪四個方面的材料是語言學家構擬漢語中古音音值的重要依據？

三、《切韻》三十七聲母與宋初三十六字母有幾個主要的不同之處？

四、《切韻》聲母系统發展到現代漢語普通話聲母系統有哪些主要的變化？

五、中古的入聲字分别歸入了普通話的哪幾個聲調?

六、試説明下列與普通話讀音有差異的反切現象和原因。

1. 兵,甫明切;披,敷羈切;明,武兵切

2. 樁,都江切;長,丁丈切;湛,徒減切

3. 江,古雙切;腔,苦江切;嚇,呼訝切

4. 即,子力切;痊,此緣切;錢,昨仙切

5. 袍,薄褒切;頭,度侯切;才,昨哉切

6. 蟲,直弓切;床,士莊切;琴,巨金切

7. 爸,捕可切;近,其謹切;上,時掌切

8. 奪,徒活切;疾,秦悉切;及,其立切

9. 物,文弗切;月,魚厥切;辣,盧達切

10. 脱,他括切;得,多則切;北,博墨切;速,桑谷切

通　論

(二十五)詩律

一、詩體

我國的詩歌繼承了先秦時期的《詩經》和《楚辭》的傳統,在後世不斷得到了發展,每個時代都有自己的特色。但是從漢代一直到清代,從詩體上大致可以分爲唐以前和唐以後兩個大的階段。

唐以前的詩歌,即漢魏六朝詩,一般稱爲古詩,包括樂府詩、五言詩和七言詩。樂府詩是漢朝采集整理民歌的官署樂府收集來的民歌。樂府詩多爲五個字一句,例如《十五從軍征》[①],也有字數多少不等的雜言詩,例如《戰城南》。後世襲用樂府舊題或模仿樂府詩體裁的作品,也稱爲樂府,例如李白的《關山月》、《長干行》等。中唐時期白居易、元稹等人用樂府體裁創新題、寫時事,他們創作的詩歌稱作新樂府。漢魏六朝的文人詩歌以五言詩爲主。五言詩起源於西漢民謡,《古詩十九首》是漢末出現的最早的成熟的文人五言詩。最早的七言詩大

① 所引詩請參見本單元文選部分,下同。

約是漢代的柏梁臺詩，但不知出自何人。曹丕的《燕歌行》是目前所見的第一首完整的七言詩，句句押韻。鮑照的《擬行路難》之一和之三是最早的隔句押韻的七言詩，之六是五七言混用的。到了齊梁時代，受駢體文的影響，詩歌開始多用對仗；又隨著四聲體系的闡明，詩歌寫作開始注意平仄，即當時的永明體詩歌，例如謝朓的《晚登三山還望京邑》和《之宣城出新林浦向版橋》。

到了唐代初年，永明體詩繼續發展，形成了講究對仗和有嚴格的平仄規則的格律詩，唐人稱爲近體詩或今體詩，包括五七言律詩和五七言絶句（律絶）。由於這種詩歌句式整齊，音律和諧，詞句對稱，是歷經數百年而發展出來的一種優美的藝術形式，所以它盛行於當時，並且流傳後世。直至清代，近體詩一直是文人詩歌的主要體裁之一。另一方面，漢魏六朝古詩的體裁在唐代及以後也被保存下來，人們把按照這種體裁創作的不講究平仄和對仗的詩歌叫做古體詩，又稱古風，包括五七言古體詩和絶句（古絶），例如杜甫的《贈衛八處士》、李白的《夢遊天姥吟留别》、《宣州謝朓樓餞别校書叔雲》、白居易的《問劉十九》。

近體詩有五言詩和七言詩兩種。五言律詩規定爲八句四十個字，五言絶句爲四句二十個字。七言律詩規定爲八句五十六字，七言絶句規定爲四句二十八字。還有一種排律，通常是五言的，句數不限。要注意，字數固定（五言或七言）和句數固定（八句或四句）的詩並不一定是近體詩，也可以是古體詩。近體詩即格律詩和古體詩的本質區别在於：近體詩講究平仄，而古體詩没有嚴格的格律。

二、押韻

近體詩的押韻有如下的規則：

1. 偶句尾字押韻。第一句尾字可以押韻也可不押韻；其餘的句子（奇句或出句）尾字不能押韻，並且要用仄聲字。

2. 押平聲韻。

3. 不能出韻。即韻腳字只能用同一韻中的字，不許用鄰韻的字，不能换韻。

近體詩用韻依循平水韻。例如杜甫的《登岳陽樓》（加點字爲押韻字）：

昔聞洞庭水，今上岳陽樓。（侯韻）
吴楚東南坼，乾坤日夜浮。（尤韻）
親朋無一字，老病有孤舟。（尤韻）
戎馬關山北，憑軒涕泗流。（尤韻）

括弧中是《切韻》的韻目。《切韻》中尤、侯、幽三韻規定同用，成爲平水韻中的下平聲第十一尤韻，故該詩押韻爲十一尤。又例如李白《贈孟浩然》聞、雲、君、芬押上平聲十二文，杜甫《天末懷李白》何、多、過、羅押下平聲五歌。又例如杜甫的《白帝》：

白帝城中雲出門(魂韻)，白帝城下雨翻盆。(魂韻)
高江急峽雷霆鬥，　　翠木蒼藤日色昏。(魂韻)
戎馬不如歸馬逸，　　千家今有百家存。(魂韻)
哀哀寡婦誅求盡，　　慟哭秋原何處村。(魂韻)

這是首句入韻的一首詩。五個韻字都屬《切韻》的魂韻，而《切韻》元、魂、痕三韻同用，歸併爲平水韻的上平聲十三元，故該詩押詩韻十三元。又例如劉長卿的《尋南溪常道士》：

一路經行處，莓苔見屐痕。(痕韻)
白雲依静渚，芳草閉閑門。(魂韻)
過雨看松色，隨山到水源。(元韻)
溪花與禪意，相對亦忘言。(元韻)

這首詩也是押十三元。又例如劉長卿的《送李中丞歸漢陽别業》

流落征南將，曾驅十萬師。(脂韻)
罷歸無舊業，老去戀明時。(之韻)
獨立三邊静，輕生一劍知。(支韻)
茫茫江漢上，日暮欲何之。(之韻)

支、脂、之在《詩經》時代是三個不同的韻部。《切韻》中的支、脂、之也是不同的韻，按規定作詩可以同用，成爲平水韻上平聲四支。所以這首詩押的是上平聲四支韻。

我們要知道近體詩押的是什麽韻，可以查閲本教材附録的《〈廣韻〉常用韻字表》，也可根據同用歸併的道理利用《古今字音對照手册》、《漢字古音手册》等書來查找。

古體詩的押韻没有近體詩這樣嚴格。古體詩也是尾字入韻，可以押平聲韻，也可押仄聲韻，例如杜甫《劍門》押漾韻；可以同部相押，也可以鄰韻相押，例如元稹《行宫》冬韻與東韻合用；可以一韻到底(即押同一韻於一首詩中)，也可以换韻，例如李白《長干行》先後押陌韻、灰韻、皓韻、麻韻等四韻。上面説的是唐人古體詩的押韻。至於漢魏古體詩的用韻，大致可按先秦古韻部來觀察。六朝時期，則更接近唐人用韻。例如《明月何皎皎》"幃、徊、歸、誰、衣"押微部，曹操《觀滄海》"海、峙、茂、起、裏、志"爲之幽合韻；而謝朓《之宣城出新林浦向版橋》"騖、樹、屢、趣、遇、霧"押遇韻，《晚登三山還望京邑》"縣、見、練、甸、宴、霰、變"押韻，屬霰、線二韻，與《切韻》同用例一致。

三、平仄

平仄是近體詩最重要的特徵。

平指中古音的平聲，即今天的陰平和陽平；仄指中古音的上去入三聲，即今天的上聲、去聲和一部分平聲字。由於中古的入聲字在現代漢語普通話中分别派入了上、去、平三聲，派入上、去聲的仍然是仄聲，對平仄兩類字的劃分没有影響。關鍵是派入平聲的入聲字，本應是仄聲，而現在普通話讀平聲，依現在的讀法去確定平仄就會出錯。對於仍然保存入聲的方言區域的人，辨别入聲字不成問題，粤方言、閩方言、湘方言、贛方言、吴方言和北方方言區的一部分方言都保存著入聲。對於入聲已消失的地區的人，需要記憶這一部分讀作陰平或陽平的入聲字。利用諧聲偏旁來記憶入聲字是一個好方法，例如"夾、莢、頰、俠、峽、狹"，"甲、胛、匣、狎、押"，"勿、物、笏、歾"等都是入聲字，不過也有一些例外。

平仄實際上是古代詩歌和韻文中的一種節奏。平聲較高而悠長，仄聲較短而急促，平仄互相交替，産生一種抑揚頓挫的音樂美。齊梁時期沈約等人意識到當時語言中的這種現象，並在詩文創作中大力加以提倡，務使"一簡之内，音韻盡殊；兩句之中，輕重悉異"，有意地安排四聲，講究聲律。到了初唐，便完全形成了近體詩的平仄規則，即所謂的格律。這種格律的主要特點是：以兩個音節爲一個節拍，平仄相替，再加上詩句的末尾或中間加上一個音節。五言律詩的平仄格式可以看作是整個格律詩平仄格式的基礎，它只有四個句子類型：

（甲）㊀仄　仄　平　平　仄

（乙）平　平　㊀仄　仄　平

（丙）㊀平　平　平　仄　仄

（丁）㊀仄　仄　仄　平　平

加圈的字表示可平可仄。前人有"一三五不論，二四六分明"的説法，其中"五、六"是指七言第五字和第六字[①]，在五言就是"一三不論，二四分明"。即句中一、三、五字平仄多數可以通融，二、四、六字的平仄則是固定的。爲什麽乙種句第一字平聲不能通融呢？因爲乙種句除去韻腳外，如果第一字用仄聲，就只剩下第二字一個平聲字了，這叫犯孤平，所以不能通融。甲種句和丙種句的第三字没有加圈，但它們是可以用仄聲字的，不過要有一定的條件（見下面關於拗救的介紹）。丁種句第三字仄聲不能通融，因爲如果用平聲，與後面的兩個平聲字連起來形成連續的三個平聲字，這叫三平調，是古風專用的形式，近體詩必須避

① 七言律詩格式見後面的介紹。

免。總的説，除去乙種句第一字、丁種句第三字之外，基本上是"一三（五）不論，二四（六）分明"。

由以上四個句子類型交替組合，便構成了五言律詩的四種平仄格式（下加線爲入聲字，下同）。

（一）五律首句仄起仄收式：

仄⃝仄平平仄，　細草微風岸，
平平仄⃝仄平。　桅檣獨夜舟。
平⃝平平仄仄，　星垂平野闊，
仄⃝仄仄平平。　月涌大江流。
仄⃝仄平平仄，　名豈文章著，
平平仄⃝仄平。　官應老病休。
平⃝平平仄仄，　飄飄何所似，
仄⃝仄仄平平。　天地一沙鷗。（杜甫《旅夜書懷》，下平聲十一尤韻）

（二）五律首句仄起平收式：

仄⃝仄仄平平，　戍鼓斷人行，
平平仄⃝仄平。　秋邊一雁聲。
平⃝平平仄仄，　露從今夜白，
仄⃝仄仄平平。　月是故鄉明。
仄⃝仄平平仄，　有弟皆分散，
平平仄⃝仄平。　無家問死生。
平⃝平平仄仄，　寄書長不達，
仄⃝仄仄平平。　况乃未休兵。（杜甫《月夜憶舍弟》，下平聲八庚韻）

（三）五律首句平起仄收式：

平⃝平平⃝仄仄，　他鄉復行役，
仄⃝仄仄平平。　駐馬别孤墳。
仄⃝仄平平仄，　近淚無乾土，
平平仄⃝仄平。　低空有斷雲。
平⃝平平仄仄，　對棋陪謝傅，
仄⃝仄仄平平。　把劍覓徐君。
仄⃝仄平平仄，　唯見林花落，
平平仄⃝仄平。　鶯啼送客聞。（杜甫《别房太尉墓》，上平聲十二文韻）

（四）五律首句平起平收式：

平平㊀仄平， 前年戍月支，
㊀仄仄平平。 城下没全師。
㊀仄平平仄， 蕃漢斷消息，
平平㊀仄平。 死生長别離。
㊉平平仄仄， 無人收廢帳，
㊀仄仄平平。 歸馬識殘旗。
㊀仄平平仄， 欲祭疑君在，
平平㊀仄平。 天涯哭此時。（張籍《没蕃故人》，上平聲四支韻）

五言律詩以首句仄收式爲多，平收式爲少，首句平起平收式很少見。

七言律詩的平仄格式是在五言律詩的四種句子類型的前面各加上相反的平平或仄仄：

（甲）㊉平·㊀仄平平仄，
（乙）㊀仄·平平㊀仄平。
（丙）㊀仄·㊉平平仄仄，
（丁）㊉平·㊀仄仄平平。

這四個句子類型交替組合，也構成七言律詩的四種平仄格式。

（一）七律首句平起仄收式：

㊉平㊀仄平平仄， 西山白雪三城戍，
㊀仄平平㊀仄平。 南浦清江萬里橋。
㊀仄㊉平平仄仄， 海内風塵諸弟隔，
㊉平㊀仄仄平平。 天涯涕泪一身遥。
㊉平㊀仄平平仄， 惟將遲暮供多病，
㊀仄平平㊀仄平。 未有涓埃答聖朝。
㊀仄㊉平平仄仄， 跨馬出郊時極目，
㊉平㊀仄仄平平。 不堪人事日蕭條。（杜甫《野望》，下平聲二蕭韻）

（二）七律首句仄起仄收式：

㊀仄㊉平平仄仄， 劍外忽傳收薊北，
㊉平㊀仄仄平平。 初聞涕泪滿衣裳。
㊉平㊀仄平平仄， 却看妻子愁何在，
㊀仄平平㊀仄平。 漫卷詩書喜欲狂。
㊀仄㊉平平仄仄， 白日放歌須縱酒，
㊉平㊀仄仄平平。 青春作伴好還鄉。

㊉平㊅仄平平仄，　即從巴峽穿巫峽，

㊅仄平平㊅仄平。　便下襄陽向洛陽。（杜甫《聞官軍收河南河北》，下平聲七陽韻）

（三）七律首句平起平收式：

㊉平㊅仄仄平平，　群山萬壑赴荆門，

㊅仄平平㊅仄平。　生長明妃尚有村。

㊅仄㊉平平仄仄，　一去紫台連朔漠，

㊉平㊅仄仄平平。　獨留青塚向黄昏。

㊉平㊅仄平平仄，　畫圖省識春風面，

㊅仄平平㊅仄平。　環珮空歸月夜魂。

㊅仄㊉平平仄仄，　千載琵琶作胡語，

㊉平㊅仄仄平平。　分明怨恨曲中論。（杜甫《咏懷古迹》之三，上平聲十三元韻）

（四）七律首句仄起平收式：

仄仄平平仄仄平，　風急天高猿嘯哀，

㊉平㊅仄仄平平。　渚清沙白鳥飛迴。

㊉平㊅仄平平仄，　無邊落木蕭蕭下，

㊅仄平平㊅仄平。　不盡長江滾滾來。

㊅仄㊉平平仄仄，　萬里悲秋常作客，

㊉平㊅仄仄平平。　百年多病獨登臺。

㊉平㊅仄平平仄，　艱難苦恨繁霜鬢，

㊅仄平平㊅仄平。　潦倒新停濁酒杯。（杜甫《登高》，上平聲十灰韻）

七言律詩以首句入韻爲常見。

近體詩的格式不必硬背下來。我們可以根據四種基本句子類型，利用粘、對的規則，組織安排出全詩的平仄結構。律詩每兩句爲一聯，可以分爲首聯、頷聯、頸聯和尾聯。一聯之中的上一句叫出句，下一句叫對句。對的規則是指一聯之中，對句的第二字的平仄必須與出句第二字的平仄相反；粘的規則是指兩聯之間，下一聯的出句的第二字必須與上一聯對句第二字平仄相同。確定了律詩首句第二字和尾字的平仄以後，就可以用對和粘的方法，安排四種句子類型的交替，排衍出全詩的平仄結構。這種方法比起死背五言、七言律詩的八種格式要更容易掌握，更能體會到律詩平仄交替的韻味。

唐代律詩中也有少數不符合對、粘規則的現象，分别叫做失對和失粘。失粘的例子如王維《和賈至舍人早朝大明宮之作》：

絳幘鷄人報曉籌，尚衣方進翠雲裘。
九天閶闔開宮殿，萬國衣冠拜冕旒。
日色纔臨仙掌動，香煙欲傍袞龍浮。
朝罷須裁五色詔，佩聲歸到鳳池頭。

第六句"香煙"與第七句"朝罷"失粘。失粘的情況在唐詩中有一些。失對的例子如孟浩然《宿桐廬江寄廣陵舊遊》：

山暝聽猿愁，滄江急夜流。
風鳴兩岸葉，月照一孤舟。
建德非吾士，維揚憶舊遊。
還將兩行泪，遥寄海西頭。

首聯失對。失對的情況在唐代律詩中很少見。

律詩並非每一個字的平仄都是不可改變的。如果得了好的句子又不合平仄，這叫拗句，可以采取一些辦法來補救，這就叫做拗救。前面説到"一三五不論，二四六分明"，這是大致的情況。拗救的情況可以分爲兩類：一類是本句救，一類是對句救。

(一)本句救。

(1)前面説到乙種句五言"平平仄仄平"(或七言"仄仄平平仄仄平")中要避孤平，即五言第一字(或七言第三字)不能用仄聲。如果用了仄聲，便要救孤平。辦法是把該句的五言第三字(七言則是第五字)改爲平聲，成爲"*仄*平平仄平"(或"仄仄*仄*平平仄平"。斜體示拗，下加點表示救，下加線表示入聲)。例如王維《終南別業》頸聯對句"行到水窮處，*坐*看雲起時"，賀知章《回鄉偶書》末一句"兒童相見不相識，笑問*客*從何處來"。

(2)本句救的第二種情況是指丙種句"平平平仄仄"(或七言"仄仄平平平仄仄")中，五言第三字(或七言第五字)用了仄聲而拗，則需把第四字(或七言第六字)改爲平聲來救，即"平平*仄*平仄"(或"仄仄平平*仄*平仄")。例如王維的《輞川閒居贈裴秀才迪》首句"寒山*轉*蒼翠，秋水日潺湲"，《過香積寺》第五句"泉聲咽危石，日色冷青松"，杜甫《別房太尉墓》首句"他鄉*復*行役，驻马別孤坟"，《咏懷古蹟》尾聯出句"千載琵琶*作*胡語，分明怨恨曲中論"。這種拗救句式常常出現在尾聯出句，例如李白《渡荊門送別》"仍憐*故*鄉水，萬里送行舟"，王勃《送杜少府之任蜀川》"無爲*在*岐路，兒女共沾巾"，《漢江臨眺》"襄陽*好*風日，留醉與山翁"，陸游《夜泊水村》"記取江湖*泊*船處，卧聞新雁落寒汀"。這種拗句也有不救的，例如杜甫《八陣圖》“江流石不轉，遺恨失吞吴”，王維《和賈至舍人早朝大明宫之作》“朝罷須裁五色詔，佩聲歸到鳳池頭”，陸游《夜泊水村》“老子猶堪絶大漠，諸君何至泣新亭”，杜甫《咏懷古迹》(三)“悵望千秋一灑泪，蕭條異代不同時”。

(二)對句救

(1)可救可不救　在甲種句式五言“仄仄平平仄”(或七言“平平仄仄平平仄”)中，五言第三字(或七言第五字)用了仄聲，則在對句(乙種句)“平平仄仄平”(或七言“仄仄平平仄仄平”)的五言第三字(七言第五字)用平聲相救，句式成爲“仄仄仄平仄，平平平仄平”(或七言“平平仄仄仄平仄，仄仄平平平仄平”)，例如杜甫《天末懷李白》“鴻雁幾時到，江湖秋水多”，《蜀相》“映階碧草自春色，隔葉黄鸝空好音”。不救的例如李白《送友人》“此地一爲别，孤蓬萬里征”，劉長卿《長沙過賈誼宅》“三年謫宦此棲遲，萬古惟留楚客悲”。由於甲種句五言第三、七言第五字可平可仄，因此也可以不救。

(2)必救　同樣在甲種句式中，如果五言的第四字(或七言的第六字)用了仄聲，則須同樣在對句(乙種句)的五言第三字(或七言第五字)改用平聲相救，成爲“仄仄平仄仄，平平平仄平”(或七言“平平仄仄平仄仄，仄仄平平平仄平”)，即對句的救法與(1)相同。例如白居易《賦得古原草送别》“野火燒不盡，春風吹又生”，杜甫《奉濟驛重送嚴公四韻》“遠送從此别，青山空復情”，《雨不絶》“階前短草泥不亂，院裏長條風乍稀”。這種拗句不救的情况極少，例如李商隱《春雨》頷聯“紅樓隔雨相望冷，珠箔飄燈獨自歸”。如果甲種句的五言三四字(七言五六字)都用仄聲，對句的救法也一樣，成爲“仄仄仄仄仄，平平平仄平”(七言“平平仄仄仄仄仄，仄仄平平平仄平”)。例如杜甫《送遠》頸聯“草木歲月晚，關河霜雪清”，陸游《夜泊水村》“一身報國有萬死，雙鬢向人無再青”。

這種對句相救可以和乙種句本身的救孤平結合起來，即乙種五言第三字(七言第五字)既救本句的孤平，又救出句(甲種句)的五言第三字(七言第五字)拗，成爲五言“仄仄仄平仄，仄平平仄平”(七言“平平仄仄仄平仄，平平仄平平仄平”)。例如張籍《没蕃故人》“蕃漢斷消息，死生長别離”，許渾《咸陽城東樓》“溪雲初起日沈閣，山雨欲來風滿樓”。

可以將四種句式的上述拗救情况總結如下(斜體表示拗，用了相反的仄聲；帶黑點的字表示救，應當改用相反的平聲。方括號内爲七言多於五言的兩個字)：

(甲)[㊣平]㊅仄平平仄

(乙)[㊅仄]平平仄仄平

（丙）［㊀仄］㊉平平仄仄

（丁）［㊉平］㊀仄仄平平

律詩的平仄格式搞清楚了，絶句（這裏指律絶）的平仄格式也就可知了。絶句可以看作是截取律詩的一半而成，也有四種格式。五絶以首句仄起仄收式爲常見，例如王維《相思》（上平聲支韻）：

㊀仄平平仄，紅豆生南國，
平平㊀仄平。春來發幾枝？
㊉平平仄仄，願君多采擷，
㊀仄仄平平。此物最相思。

七絶常見的是平起平收式，例如杜牧《泊秦淮》（下平聲六麻韻）：

㊉平㊀仄仄平平，煙籠寒水月籠沙，
㊀仄平平㊀仄平。夜泊秦淮近酒家。
㊀仄㊉平平仄仄，商女不知亡國恨，
㊉平㊀仄仄平平。隔江猶唱後庭花。

還有一種長律，又叫排律，就是按照粘對的規律把律詩延長，一般是五言的，有的可以長達一二百韻，這裏就不舉例了。

古詩本不講平仄，唐代的古詩受律詩的影響，産生了一種入律的古風，即在古詩中雜以律句。這種詩仍然是古體詩，而不是近體詩。例如王維《西施咏》（上平聲五微韻）：

豔色天下重，　㊀仄㊉仄仄，（甲）
西施寧久微。　平平㊉仄平。（乙）
朝爲越溪女，　㊉平㊀平仄，（丙）
暮作吴宫妃。　仄仄平平平。
賤日豈殊衆，　㊀仄㊀平仄，（甲）
貴來方悟稀。　平平㊉仄平。（乙）
邀人傅脂粉，　㊉平㊀平仄，（丙）
不自著羅衣。　㊀仄仄平平。（丁）
君寵益嬌態，　㊀仄㊀平仄，（甲）
君憐無是非。　平平㊉仄平。（乙）
當時浣紗伴，　平平㊀平仄，（丙）
莫得同車歸。　仄仄平平平。
持謝鄰家子，　㊀仄平平仄，（甲）

效顰安可希。　平平㊥仄平。（乙）

這首古風裏除第四句“暮作吴宫妃”和第十二句“莫得同車歸”（三平調）外，都是律句。

四、對仗

受駢體文的影響，近體詩講求對仗。近體詩中，律詩爲四聯八句，第一聯是首聯，第二聯是頷聯，第三聯是頸聯，第四聯是尾聯。近體詩要求頷聯和頸聯必須對仗。即這兩聯除了平仄相對外，還必須詞義相對、詞性相對。例如：

山隨平野盡，江入大荒流。（頷聯）
月下飛天鏡，雲生結海樓。（頸聯）（李白《渡荆門送别》）
星垂平野闊，月涌大江流。（頷聯）
名豈文章著，官應老病休。（頸聯）（杜甫《旅夜書懷》）
映階碧草自春色，隔葉黄鸝空好音。（頷聯）
三顧頻繁天下計，兩朝開濟老臣心。（頸聯）（杜甫《蜀相》）
空聞虎旅傳宵柝，無復鷄人報曉籌。（頷聯）
此日六軍同駐馬，當時七夕笑牽牛。（頸聯）（李商隱《馬嵬》）

也有少數近體詩只是頸聯對仗。例如：

渡頭餘落日，墟里上孤煙。（王維《輞川閒居贈裴秀才迪》）
文章憎命達，魑魅喜人過。（杜甫《天末懷李白》）
江山故宅空文藻，雲雨荒台豈夢思？（杜甫《咏懷古迹》三）
晴川歷歷漢陽樹，芳草萋萋鸚鵡洲。（崔顥《黄鶴樓》）

另外，也有後三聯對仗的，例如杜甫的《聞官軍收河南河北》（加點爲入韻字）：

劍外忽傳收薊北，初聞涕泪滿衣裳。
却看妻子愁何在，漫捲詩書喜欲狂。
白日放歌須縱酒，青春作伴好還鄉。
即從巴峽穿巫峽，便下襄陽向洛陽。（下平聲七陽韻）

也有前三聯對仗的，例如杜甫的《咏懷古迹一》：

支離東北風塵際，飄泊西南天地間。
三峽樓臺淹日月，五溪衣服共雲山。
羯胡事主終無賴，詞客哀時且未還。
庾信平生最蕭瑟，暮年詩賦動江關。（上平聲十五删韻）

還有全詩對仗的，如杜甫的《登高》：

風急天高猿嘯哀，渚清沙白鳥飛迴。
無邊落木蕭蕭下，不盡長江滚滚來。
萬里悲秋常作客，百年多病獨登臺。
艱難苦恨繁霜鬢，潦倒新停濁酒杯。（上平聲十灰韻）

但是律詩主要的對仗形式還是中間兩聯對仗，其餘都是不常見的形式。

律絶不要求對仗。少數對仗的律絶，大多在前一聯對仗，例如：

岐王宅裏尋常見，崔九堂前幾度聞。
正是江南好風景，落花時節又逢君。（杜甫《江南逢李龜年》，上平聲十二文韻）
回雁峰前沙似雪，受降城外月如霜。
不知何處吹蘆管，一夜征人盡望鄉。（李益《夜上受降城聞笛》，下平聲七陽韻）

完全對仗的律絶如：

兩個黄鸝鳴翠柳，一行白鷺上青天。
窗含西嶺千秋雪，門泊東吴萬里船。（杜甫《絶句》三，下平聲一先韻）
白日依山盡，黄河入海流。
欲窮千里目，更上一層樓。（王之涣《登鸛雀樓》，下平聲十一尤韻）

近體詩中有兩種特有的對仗形式：借對和流水對。

借對是指利用一字多義的特點來構成對仗：詩句中使用的是該字的一個意義，而構成對仗的却是以它的另一個意義。借對中有借音對，利用漢語中同音詞的特點，借同音詞的意義形成對仗。例如（下加點爲借對字）：

西山白雪三城戍，南浦清江萬里橋。（杜甫《野望》）
一去紫台連朔漠，獨留青塚向黄昏。（杜甫《咏懷古迹》三）
寄身且喜滄州近，顧影無如白髮何。（劉長卿《江洲重別薛六柳八二員外》）
紅樓隔雨相望冷，珠箔飄燈獨自歸。（李商隱《春雨》）

第一例的“清”借音爲“青”，與“白”相對。第二例的“漠”借音爲“暮”，與“昏”相對。第三例“滄”音借爲“蒼”，與“白”相對。第四例“珠”借爲“朱”，與“紅”相對。這種借對在顔色對中最常見。

另一種是借意義相對，利用漢語一字有時代表多詞的特點，在本句中用該詞的甲義，而又用其乙義與它句相應的詞構成對仗。例如上面第二例的“一”和“獨”，在句中都作副詞，而對仗以數詞相對。又如：

岐王宅裏尋常見，崔九堂前幾度聞。（杜甫《江南逢李龜年》）

回日樓臺非甲帳，去時冠劍是丁年。（温庭筠《蘇武廟》）

此日六軍同駐馬，當時七夕笑牽牛。（李商隱《馬嵬》）

第一例的"尋常"在詩句中是平常的意義，在對仗中用"八尺爲尋，倍尋爲常"的長度單位意義，與"幾度"相對。第二例的"甲"在詩中是鎧甲，"甲帳"指軍帳，"丁"意爲丁壯，"丁年"指丁壯之年；而對仗的意義是天干名。第三例"牛"指星座，對仗意義爲牛馬之"牛"。

流水對是指一聯之中，字面對仗，而上下句意義是相承的。例如：

即從巴峽穿巫峽，便下襄陽向洛陽。（杜甫《聞官軍收河南河北》）

一去紫台連朔漠，獨留青塚向黄昏。（杜甫《咏懷古迹》三）

千尋鐵鎖沈江底，一片降旛出石頭。（劉禹錫《西塞山懷古》）

徒令上將揮神筆，終見降王走傳車。（李商隱《籌筆驛》）

用同義詞對仗，語義重複，叫做合掌，是詩中敗筆。在對仗中要盡力避免。

五、近體詩的語法特點

近體詩的語法特點有許多是與古代漢語一致的，例如詞類活用、句子緊縮和語法成分的省略等。但是由於近體詩每句字數限定，並要求合平仄、押韻和對仗，故近體詩又有不同於一般古代散文的語法特點。這裏談談近體詩最明顯的兩個語法特點：倒裝和省略。

倒裝　近體詩爲了合於平仄和對仗的規定，常常改换語序。這種語序的改换，有些超出了散文的語序限制。例如：

（1）客心洗流水，餘響入霜鐘。（李白《聽蜀僧濬彈琴》）

（2）香霧雲鬟濕，清輝玉臂寒。（杜甫《月夜》）

（3）分野中峰變，陰晴衆壑殊。（王維《終南山》）

（4）謝公最小偏憐女，自嫁黔婁百事乖。（元稹《遣悲懷》一）

（5）錦江春色來天地，玉壘浮雲變古今。（杜甫《登樓》）

（6）花徑不曾緣客掃，蓬門今始爲君開。（杜甫《客至》）

例1按通常的語序應爲"流水洗客心"。例2應爲"香霧濕雲鬟"。例3應爲"分野變（於）中峰，衆壑陰晴殊"。例4應爲"謝公偏憐最小女"。例5應爲"錦江春色（自）天地來，玉壘浮雲古今變"。最後一例應爲"不曾緣客掃花徑，今始爲君開蓬門"。以上各例皆由於平仄、對仗或押韻的原因而顛倒語序。

省略　近體詩有字數限制。要在有限的字數中表達豐富的意義内涵，近體詩句子中常常省略連詞、介詞、動詞，甚至形成句子中只有一個或一串名詞性詞組的現象。例如：

(1)細草微風岸，桅檣獨夜舟。(杜甫《旅夜書懷》)

(2)白雲回望合，青靄入看無。(王維《終南山》)

(3)感時花濺泪，恨別鳥驚心。(杜甫《春望》)

(4)映階碧草自春色，隔葉黄鸝空好音。(杜甫《蜀相》)

(5)野哭幾家聞戰伐，夷歌數處起漁樵。(杜甫《閣夜》)

(6)昨夜星辰昨夜風，畫樓西畔桂堂東。(李商隱《無題》)

(7)管樂有才真不忝，關張無命欲何如。(李商隱《籌筆驛》)

例 1 是一連串的名詞的名詞性詞組，10 個字生動地描繪了旅夜泊舟的景色。例 2 應理解爲“迴望白雲(白雲)合，入看青靄(青靄)無”，各分句的主語省略了。例 3 應理解爲“感時(見)花濺泪，恨别(聞)鳥驚心”，省略了動詞。例 4 應理解爲“映階碧草自(呈)春色，隔葉黄鸝空(鳴)好音”，是省略動詞，保留了副詞。例 5 應理解爲“聞幾家野哭(聯想到)戰伐，(聽)數處夷歌(揚)起(於)漁樵”，出句和對句分别省略了動詞和介詞。例 6 寫相會的時間(出句)和地點(對句)，全用名詞短語，省略了介詞和動詞，並且無需補出。例 7 的出句應理解爲“(諸葛亮)有才(如)管、樂真是一點也不慚愧”，省略了主語和介詞，並且語序倒裝，這完全是爲了與下句形成對仗。

從例 2、例 5、例 7 看到，在詩句中，倒裝和省略常結合一起運用。

參考書目

郭茂倩《樂府詩集》，中華書局 1980 年。

(唐)李善等《六臣注文選》，中華書局影印本 1977 年。

(清)彭定求編《全唐詩》，中華書局 2003 年。

(清)仇兆鼇編《杜少陵集詳注》，北京圖書館出版社 1999 年。

(清)蘅塘退士編《唐詩三百首》，中華書局 1959 年。

陸遊《陸放翁全集》，世界書局 1936 年。

周祖謨《廣韻校本》，中華書局 1960 年。

王力《漢語史稿》(上册)，中華書局 1980 年。

王力《漢語詩律學》，上海教育出版社 2002 年。

丁聲樹、李榮《古今字音對照手册》，中華書局 1981 年。

郭錫良《漢字古音手册》，北京大學出版社 1986 年。

鄭張尚芳《上古音系》,上海教育出版社 2003 年。

練習(四)

一、填空。

1. 唐以前的詩歌,即漢魏六朝詩,一般稱爲(　　),包括(　　)、(　　)和(　　)。

2. 唐代初年,形成了講究對仗和有嚴格的平仄規則的格律詩,唐人稱爲(　　)或(　　),包括(　　)和(　　)。

3. 近體詩(即　　)和古體詩(即　　)的本質區别在於:近體詩講究(　　),而古體詩没有(　　)。

4. 近體詩用韻依循(　　),這是在《切韻》的韻部基礎上按(　　)的規定合併起來的。

5.《切韻》元、魂、痕三韻做詩可以同用,歸併爲平水韻的上平聲(　　)。

6. 平指中古音的平聲,即今天的(　　)和(　　);仄指中古音的(　　)三聲,即今天的(　　)、(　　)和一部分(　　)字。

7. 借對是指利用漢字(　　)的特點來構成對仗。

8."紅樓隔雨相望冷,珠箔飄燈獨自歸"一聯中,"紅"與"珠"利用(　　)的手法構成了對仗。

9."岐王宅裏尋常見,崔九堂前幾度聞"一聯中,"尋常"與"幾度"利用(　　)的手法構成了對仗。

10."野哭幾家聞戰伐,夷歌數處起漁樵",應理解爲(　　)。

二、試述近體詩押韻的規則。

三、今普通話讀陽平不送氣的字一定是入聲字,爲什麽?

四、今普通話讀陰平的字中有一些是入聲字,爲什麽?

五、背誦五言律詩的平仄格式。

六、用粘、對的規則寫出近體詩的平仄格式。

1. 首句爲"仄仄仄平平"。

2. 首句爲"平平平仄仄"。

3. 首句爲"平平仄仄平平仄"。

4. 首句爲"仄仄平平仄仄平"。

七、寫出下列五言律詩和七言律詩的平仄格式。

1. 吾愛孟夫子，風流天下聞。紅顔弃軒冕，白首卧松雲。醉月頻中聖，迷花不事君。高山安可仰，徒此揖清芬。（李白《贈孟浩然》）

2. 青山横北郭，白水繞東城。此地一爲别，孤蓬萬里征。浮雲遊子意，落日故人情。揮手自兹去，蕭蕭班馬鳴。（李白《送友人》）

3. 丞相祠堂何處尋，錦官城外柏森森。映階碧草自春色，隔葉黄鸝空好音。三顧頻煩天下計，兩朝開濟老臣心。出師未捷身先死，長使英雄泪滿襟。（杜甫《蜀相》）

4. 腰間羽箭久凋零，太息燕然未勒銘。老子猶堪絶大漠，諸君何至泣新亭。一身報國有萬死，雙鬢向人無再青。記取江湖泊船處，卧聞新雁落寒汀。（陸游《夜泊水村》）

第九單元

文　選

唐五代宋詞

憶秦娥(簫聲咽)[1]

李白

簫聲咽,秦娥夢斷秦樓月[2]。秦樓月,年年柳色,霸陵傷别[3]。樂遊原上清秋節,咸陽古道音塵絶[4]。音塵絶,西風殘照,漢家陵闕[5]。

【注釋】

[1]選自李白《尊前集》。也有人認爲這首詞不是李白所作。咽(yè):嗚咽,這裏形容簫聲悲涼悽切。[2]該句化用弄玉的典故。漢劉向《列仙傳》卷上:"簫史者,秦穆公時人也,善吹簫,能致孔雀、白鶴於庭。穆公有女字弄玉,好之。公遂以女妻焉。日教弄玉作鳳鳴。居數年,吹似鳳聲。鳳凰來,止其屋,公爲作鳳臺。夫婦止其上,不下數年。一旦,皆隨鳳凰飛去,故秦人爲作鳳女祠於雍宫中,時有簫聲而已。"秦娥:這裏泛指秦地美貌的女子。古時秦晉之間,稱美貌爲娥。揚雄《方言》卷二:"秦晉之間,美貌謂之娥。"夢斷:夢醒。以上兩句是説秦娥被悽涼悲哀的簫聲驚醒。[3]霸陵:漢文帝劉恒的墳墓。古代帝王的墳墓叫陵。霸陵附近有霸橋,是古人折柳送别的地方。《三輔黄圖》卷六:"霸橋在長安東,跨水作橋。漢人送客至此橋,折柳贈别。"《天寶遺事》:"長安東霸陵有橋,來迎去送,皆至此爲離别之地,故人呼之爲銷魂橋。"霸,也作灞。[4]樂遊原:也寫作樂遊苑,在今陝西省西安市城南大雁塔東北部。原爲秦朝宜春苑,漢宣帝建樂遊苑。宋宋敏求《長安志》記載:樂遊苑居京城最高處,在其上四望寬敞,可以俯視全城,爲遊覽勝地。正月晦日(陰曆正月的末一天)、三月三日、九月九日,唐人登賞褉祓(xìfú 祭祀)。清秋節:指農曆九月九日重陽節。咸陽:今陝西省咸陽市。漢唐時期,從長安往西北經商或從軍,咸陽爲必經之地。音塵:車馬行進時的聲音和揚起的塵土,這裏指音信。[5]西風:指秋風。殘照:落日的餘光。陵闕:皇帝的陵墓。闕:陵墓前面的牌樓。

【押韻】①

咽、節：屑韻；月、月、闕：月韻；別、絶、絶：薛韻；屑薛同用，與月韻通押。

春望詞[1]

薛濤[2]

（其一）

花開不同賞，花落不同悲。欲問相思處，花開花落時。

（其二）

攬草結同心[3]，將以遺知音[4]。春愁正斷絶，春鳥復哀吟。

（其三）

風花日將老，佳期猶渺渺。不結同心人，空結同心草。

（其四）

那堪花滿枝，翻作兩相思。玉筋垂朝鏡[5]，春風知不知？

【注釋】

[1]春望詞，也作望春詞。這四首詞的内容都是望春懷人。從花開、花滿枝到花落，其間無時無刻不在相思，極言相思之深和愁情的鬱積。[2]薛濤（768～約 834）：字洪度，本長安（今西安）良家女，其父在蜀地做官而死，她便流落蜀中，淪爲歌妓。韋臯鎮蜀時，召令侍酒賦詩，常出入其府。以詩聞名，人稱女校書。與她唱和的有元稹、白居易、杜牧、劉禹錫等。因她創制深紅小箋寫詩，人稱薛濤箋。原有詩詞集，已經散佚，明朝人輯有《薛濤詩》，後又有人輯録她與李冶（亦爲唐時女詩人）的詩合爲《薛濤李冶詩集》二卷。[3]攬：采摘。同心：指同心結，用草或錦帶等打成的連環形結子，用以表示男女同心相愛。[4]遺（wèi）知音：（把它）贈送給與自己最情投意合的人。[5]玉筋：即玉箸，指眼泪。《六帖》："魏甄后面白，泪雙垂爲玉箸。"李白《閨情》詩："玉箸日夜流，雙雙落朱顏。"

【押韻】

悲：脂韻；時：之韻；脂之同用。心、音、吟：侵韻。老、草：晧韻；渺：小韻；晧、小同用。枝、知：支韻；思：之韻；支之同用。

---

① 唐五代宋的詞押韻字按《廣韻》韻目，注明同用獨用，讀者可以此折合平水韻。

竹枝詞[1]

劉禹錫[2]

其一

山桃紅花滿上頭[3]，蜀江春水拍山流[4]。花紅易衰似郎意[5]，水流無限似儂愁[6]。

其二

瞿塘嘈嘈十二灘[7]，此中道路古來難。長恨人心不如水，等閒平地起波瀾[8]。

其三[9]

山上層層桃李花，雲間煙火是人家[10]。銀釧金釵來負水[11]，長刀短笠去燒畬[12]。

【注釋】

[1]竹枝詞本是古代西南地區的民間歌謡，一般認爲劉禹錫推陳出新，“請君莫奏前朝曲，聽唱新翻楊柳枝”(劉語)。《樂府詩集》卷八一近代曲辭：“竹枝本出於巴渝。唐貞元中，劉禹錫在沅、湘，以俚歌鄙陋，乃依騷人《九歌》作《竹枝》新辭九章。”這一説法有誤，其實，白居易元和十四年(819)在忠州作有《竹枝詞》四首，早於劉禹錫。[2]劉禹錫(772～842)：字夢得，洛陽人。唐貞元九年(793)登進士第。有《劉賓客集》。[3]上頭：指山上。[4]蜀江：泛指四川省内的江河。拍山：衝擊、拍打山脚。[5]易衰：容易凋謝。[6]儂：我，這裹是女子自稱。[7]瞿塘：也作瞿唐，長江三峽之首，在四川奉節縣。嘈嘈：喧鬧。這裹指瞿塘峽内水聲嘈雜。十二灘：形容峽内灘多。此句爲下句張本。[8]等閒：無端。[9]這首詞寫我國西南地區少數民族勞動生活的狀況，寥寥數語，勾勒出一幅生動的少數民族風俗畫。[10]雲間煙火：雲層裹冒炊煙(形容人家住在高山之上)。[11]這句是寫當地少數民族婦女下山汲水。銀釧金釵：指手上頭上插帶裝飾品的女子。負：背。[12]畬(shē)：杜甫《秋日夔府咏懷》：“燒畬度地偏。”錢謙益箋引舊注：“楚俗燒榛種田曰畬。先以刀芟治林木曰研畬。其刀以木爲柄，刃向曲，謂之畬刀。”即所謂刀耕火種。

【押韻】

頭：侯韻；流、愁：尤韻；侯尤同用。灘、難、瀾：寒韻。花、家、畬：麻韻。

浪淘沙

劉禹錫

濯錦江邊兩岸花[1],春風吹浪正淘沙。女郎剪下鴛鴦錦,將向中流定晚霞[2]。

【注釋】

[1]濯錦江:李白《上皇西巡南京歌》:"濯錦清江萬里流。"王琦注:"濯錦江即岷江也。過成都爲錦江。"[2]女郎剪下織有鴛鴦的錦緞,拿它到清澈的江流中去洗滌,可與晚霞的倒影媲美。鴛鴦錦:織有鴛鴦的錦緞。定晚霞:與晚霞媲美。定:據《劉賓客文集》(《四庫備要》本),應作疋(pǐ),又《廣韻·質韻》:"匹,俗作疋。"

【押韻】

花、沙、霞:麻韻。

竹枝詞

白居易[1]

瞿塘峽口水煙低,白帝城頭月向西[2]。唱得竹枝聲咽處,寒猿闇鳥一時啼[3]。

【注釋】

[1]白居易(772～846):字樂天,太原人。唐元和三年(808)拜左拾遺,後貶江州(今屬江西)司馬,移忠州(今屬四川)刺史。其詩早年與元稹齊名,稱元白;晚年又與劉禹錫齊名,稱劉白。詞不多,但影響甚大。有《白氏長慶集》。[2]白帝城:在四川奉節白帝山上,西漢末公孫述據此,自號白帝,山、城因此得名。劉備伐東吴敗歸,卒於白帝城。此詞用地名即景,有懷古之意。[3]寒猿:參看《水經注》卷三四"每至晴初霜旦,林寒澗肅,常有高猿長嘯,屬引淒異,空谷傳響,哀轉久絶;故漁者歌曰:巴東三峽巫峽長,猿鳴三聲泪沾裳"。闇鳥:黄昏時分的鳥。闇:同"暗"。

【押韻】

低、西、啼:齊韻。

河　傳[1]

韋莊[2]

春晚，風暖[3]，錦城花滿[4]。狂殺遊人[5]，玉鞭金勒[6]，尋勝馳驟輕塵[7]，惜良晨。　　翠娥爭勸臨邛酒[8]，纖纖手[9]，拂面垂絲柳[10]。歸時煙裏，鐘鼓正是黄昏[11]，暗銷魂。

【注釋】

[1]河傳：唐宋人所作河傳令詞，句逗韻腳極不一致，但前後兩片皆前仄後平，平仄韻互换，則大抵相同。[2]韋莊(836～910)：字端己，京兆杜陵(今屬陝西)人。唐廣明元年(880)黄巢破長安，莊在都中，有《秦婦吟》紀其事。唐昭宗乾寧元年(894)進士。王建稱帝，韋莊爲宰相，在成都時曾居杜甫草堂故址。有詩集《浣花集》。[3]風暖：微風和煦。[4]錦城：四川成都之别稱。《益州記》："益州城，張儀所築，錦城在州南，蜀時故宫也，其處號錦里。"古時蜀錦名聞天下，故稱成都爲錦城或錦官城。[5]狂殺：猶狂歡，狂喜。[6]鑲玉的鞭子，金子鑄造的馬絡頭。《全唐詩》卷八九五尹鶚《何滿子》(雲雨常陪勝會)："玉鞭金勒驊騮。"[7]指縱馬賞春逐勝。尋勝：探訪勝景。李廓《長安少年行》："賞春唯逐勝。"驟：使馬奔馳。輕塵：《花間集》卷三薛昭藴《喜遷鶯》(金門曉)："金門曉，玉京春。駿馬驟輕塵。"[8]臨邛酒：據《史記·司馬相如列傳》記載，臨邛(今成都邛崍)富商卓王孫之女卓文君夜奔相如，在成都無以爲計，遂回臨邛"盡賣其車騎，買一酒舍酤酒，而令文君當壚"。"臨邛酒"便是化用此典。韋莊詞不止一次寫到文君當壚賣酒，如《菩薩蠻》："壚邊人似月，皓腕凝霜雪。"[9]纖纖：柔美之貌。[10]温庭筠《題柳》："楊柳千條拂面絲。"[11]鐘鼓：指鐘鼓報時之聲。

【押韻】

晚：阮韻；暖、滿：緩韻。人、塵、晨：真韻。酒、手、柳：有韻。昏、魂：魂韻。

風 流 子

孫光憲[1]

茅舍槿籬溪曲[2]，鷄犬自南自北。菰葉長[3]，水葓開[4]，門外春波漲緑。聽織，聲促。軋軋鳴梭穿屋[5]。

【注釋】

[1]孫光憲(？～968)：字孟文，自號葆光子，貴平(今四川仁壽縣東北)人。唐末爲陵州判官。

後唐天成初(926年左右)避地江陵,高季興署爲從事。累官荆南節度副使,檢校秘書兼御史中丞。入宋後爲黄州刺史。他的著作很多,但多散佚。現存《北夢瑣言》一書,《花間集》收其詞六十首。[2]槿籬:密栽槿樹形成的籬笆。[3]菰(gū):多年生草本植物,生於淺水,高五六尺,春天生新芽,嫩莖名茭白,西南官話叫高笋,花淺紫色,秋天結實如米,稱菰米。[4]水蕻(hóng):即蕻菜,西南官話叫wòng菜,莖中空,又名空心菜。[5]軋軋(yà):象聲詞,形容織機的聲音。

【押韻】

曲、緑、促:燭韻;屋:屋韻;屋燭通押。

搗練子(深院静)

李煜[1]

深院静,小庭空,斷續寒砧斷續風[2]。無奈夜長人不寐,數聲和月到簾櫳[3]。

【注釋】

[1]李煜(937~978):字重光,五代時期南唐國的最後一個君主,世稱李後主。李煜爲君荒淫無能,宋滅南唐後被俘至汴京(今河南省開封市),後來被宋太宗趙光義毒死。他的詞有很高的藝術成就。其前期作品主要描寫宫廷生活,風格浮靡;後期作品則主要描寫亡國後的哀怨和離别,情感凄婉。此詞描寫寒夜聞砧,表現聽砧人對親人的思念。[2]寒砧:指寒夜中搗衣的聲音。砧(zhēn):洗衣用的搗衣石。[3]櫳:窗格,指窗户。

【押韻】①

空、風、櫳:東韻(第一部)。

江城子(密州出獵)

蘇軾[1]

老夫聊發少年狂,左牵黄,右擎蒼[2]。錦帽貂裘[3],千騎卷平岡[4]。爲報傾城隨太守,親射虎,看孫郎[5]。

酒酣胸膽尚開張,鬢微霜[6],又何妨!持節雲中,何日遣馮唐[7]!會挽雕弓如满月,西北望,射天狼[8]。

---

① 宋詞韻字注明所屬《廣韻》韻部,並在括號中注明屬《詞林正韻》第幾部。

【注釋】

[1]蘇軾(1037～1101):著名的文學家,宋眉州眉山(今四川省眉山市)人,字子瞻,號東坡。與父蘇洵和弟弟蘇轍同屬唐宋古文八大家,並稱三蘇。蘇軾於宋仁宗嘉祐二年中進士,仕途坎坷。蘇軾的文學才能是多方面的,詩、詞和散文都具有很高的水平。他的文章縱橫奔放,揮灑自如;詩歌才情橫溢,飄逸不群;詞則氣勢磅礴,熱情澎湃,爲豪放派的創始人。其書法和繪畫也有很高的水平。現存的作品有《東坡全集》、《東坡志林》等。這首詞作於宋神宗熙寧八年(1075)冬。當時宋朝正受到遼國和西夏的威脅。蘇軾祭祀常山回來以後,與同官習射放鷹,獵獲豐厚,寫下此詞。作者在詞中表現出希望親上前線殺敵衛國的豪情壯志。密州:今山東省諸城市。[2]左牽黄,右擎蒼:左手牽著黄狗,右手舉著蒼鷹。擎:舉,向上托住。“牽黄”用的是李斯黄犬嘆的典故。《史記·李斯列傳》載:李斯受趙高陷害,“論腰斬咸陽市。斯出獄,與其中子俱執,顧謂其中子曰:‘吾欲與若復牽黄犬,俱出上蔡東門逐狡兔,豈可得乎?’”[3]錦帽:華美鮮豔的帽子。貂裘:貂皮做的衣服。錦帽、貂裘都是漢代羽林軍的服飾。此指隨從將士。[4]衆多騎兵揚起的塵土,席捲了平坦的山崗。千騎(jì):千名騎兵。形容騎兵之多。卷:即“捲”,捲起來。平岡:平坦的山崗。[5]大意是:爲了報答全城百姓傾城跟隨我這個太守出去打獵,我要親自射虎,讓大家看看我的英姿是否同當年孫郎一樣。傾城:這裏是全城的意思,指全城百姓。太守:指作者自己,宋朝知州相當於漢朝的太守。孫郎:指孫權,這裏是作者自喻。《三國志·吴書·吴主傳第二》:“(建安)二十三年十月,權將如吴,親乘馬射虎於庱(líng)亭(庱亭,地名,今江蘇省丹陽市東),馬爲虎所傷,權投以雙戟,虎却廢,常從張世擊以戈,獲之。”[6]胸膽尚開張:膽氣很壯,還有豪興。霜:白。[7]“持節”二句:用馮唐持節赦魏尚的典故。《史記·張釋之馮唐列傳》載,漢文帝時,雲中郡守魏尚愛惜士卒,優待軍吏賓客,匈奴遠避。後因在報功狀上多報了六顆首級而被判刑。馮唐當時任郎中署長,代爲辯白,指出對魏尚賞罰不當。漢文帝“是日令馮唐持節赦魏尚,復以爲雲中守”。蘇軾因反對新法被貶爲地方官,故以魏尚自許。節:符節,古代使者所執,以作憑證。雲中:漢郡名,在今内蒙古自治區托克托一帶。[8]會:將要。雕弓:飾有彩飾的弓。天狼:星名。古代傳説,狼星出現必有外敵入侵,這裏比喻西夏。《楚辭·九歌·東君》:“青雲衣兮白霓裳,舉長矢兮射天狼。”

【押韻】

黄、蒼、岡、郎、唐、狼:唐韻;狂、張、霜、妨、望:陽韻;唐陽同用(第二部)。

蘭陵王(柳陰直)

周邦彦[1]

柳陰直,煙裏絲絲弄碧[2]。隋堤上,曾見幾番,拂水飄綿送行色[3]。登臨望故國,誰識,京華倦客[4]?長亭路,年去歲來,應折柔條過千尺[5]。　　閒尋舊蹤迹，又酒趁哀絃，燈照離席[6]。梨花榆火催寒食[7]。愁一箭風快，半篙波暖，回頭迢遞便數驛，望人在天北[8]。悽惻[9]，恨堆積。漸别浦縈迴，津堠岑寂，斜陽冉冉春無極[10]。念月榭攜手，露橋聞笛[11]。沈思前事[12]，似夢裏，泪暗滴。

【注釋】

[1]周邦彦(1057～1121)：字美成，號清真居士，北宋末錢塘(今浙江省杭州市)人，宋徽宗時曾任大晟府提舉官(管理樂府的官)。他精通音律，曾創作不少新詞調。他的詞格律精嚴，注重技巧。今傳有《片玉集》，清朝陳元龍作注。柳：古人有折柳送别的習慣，此詞是送别之作。[2]"柳陰直"二句：堤上柳陰連成一線，煙霧籠罩下的緑柳枝隨風舞動。陰：指樹的陰影。弄：舞弄。碧：指碧色的柳條。[3]大意是：在柳條拂渠水、柳絮隨風舞的季節，隋堤上曾經多次見到送别的情景。隋堤：指當時東京(今河南省開封市)附近的堤。隋煬帝開導汴水，名通濟渠，渠寬四十步，沿渠築堤，種植樹柳，故稱。綿：指柳絮。[4]故國：這裏指故鄉。京華倦客：久居京城，感到厭倦了的旅客，這是作者自指。京華：京城。[5]這三句是説自己常到這裏送别。長亭：秦漢時，道路上十里置亭，叫長亭。後來五里有短亭，供行人休息。古人常在長亭餞别送行。柔條：指柳條。[6]大意是：空閒時我曾經尋訪過舊日與遠方友人同遊過的地方，現在又要在哀怨的音樂聲中爲别的友人送行。舊蹤迹：指昔日在汴京常去的地方。酒趁哀絃：伴隨著哀怨的音樂飲酒。趁：追逐。哀絃：悲凉的絃樂，指離别時所演奏的音樂。離席：餞别的宴席。[7]大意是：送别時，梨花盛開，寒食節快到了。榆火：從榆木中鑽取的火。《周禮·夏官·司爟》注："春取榆柳之火。"寒食：即寒食節。古俗以清明節前二日爲寒食節，禁火三天，節後另取新火。[8]大意是：離船如箭，半篙春水，回頭一望，已過幾處驛站，送别的友人遠在天北，此情使人感到憂愁。這是替行人設言。一箭：比喻船行如箭。半篙：船篙只有半截插入水中，故稱。波暖：暮春時節河水已經變暖，故稱。迢遞：聯綿詞，遥遠。驛：驛站。人：這裏指送行的人。此處"愁"字貫通四句。[9]悽惻：悲傷。[10]漸别浦縈迴：指船啓航以後，岸邊水波迴旋蕩漾。别浦：水邊送别的地方。縈迴：曲折迴旋。津堠(hòu)：渡口瞭望用的土堡。岑(cén)寂：聯綿詞，寂寞。冉冉：慢慢移動的樣子。春無極：春色無邊。[11]月榭：月下的樓臺。榭：建在高臺上的房屋。露橋：露水霑濕的橋。[12]沈思：即沉思。

【押韻】

直、色、國、識：職韻；碧、客、尺、迹、席、驛、積：陌韻；食、北、惻、極、寂、笛、滴：錫韻；職陌錫通押(第十七部)。

如夢令(昨夜雨疏風驟)

李清照[1]

昨夜雨疏風驟，濃睡不消殘酒[2]。試問捲簾人[3]，却道"海棠依舊”。“知否？知否？應是緑肥紅瘦[4]。”

【注釋】

[1]李清照(1084～約1155)：號易安居士，南宋初期著名女作家，山東濟南人，學者和散文家李格非之女。李清照一生顛沛流離，晚年生活尤爲淒苦。她工於詩文，尤長於詞，其作品以婉約見長，後期亦有豪放的作品，在宋代的詞作上獨樹一幟。她的詞語言生動優美。在宋代刊行有包括詩文在内的《李易安集》和詞集《漱玉詞》，可惜現已散失。現在各種版本的《漱玉詞》都是後人輯録的，存詞五十首左右。此詞以問答形式曲折地表達出惜花的心情和對春逝的傷感。[2]雨疏風驟：雨小風急。濃睡：睡得酣暢。不消：没能消掉。[3]捲簾人：指捲簾的侍女。[4]緑肥紅瘦：枝葉繁茂，花朵却凋零了。緑：代指葉。紅：代指花。

【押韻】

驟、舊、瘦：宥韻；酒、否、否：有韻；宥有通押(第十二部)。

六州歌頭[1]

張孝祥[2]

長淮望斷[3]，關塞莽然平[4]。征塵暗[5]，霜風勁，悄邊聲[6]，黯銷凝[7]。追想當年事[8]，殆天數，非人力，洙泗上[9]，絃歌地[10]，亦羶腥[11]。隔水氈鄉[12]，落日牛羊下，區脱縱横[13]。看名王宵獵[14]，騎火一川明，笳鼓悲鳴。遣人驚。　念腰間箭，匣中劍，空埃蠹[15]，竟何成。時易失，心徒壯，歲將零[16]，渺神京[17]。干羽方懷遠[18]，静烽燧[19]，且休兵。冠蓋使[20]，紛馳騖[21]，若爲情[22]。聞道中原遺老[23]，常南望、翠葆霓旌[24]。使行人到此，忠憤氣填膺，有泪如傾。

【注釋】

[1]六州：唐時西邊州名，伊、梁、甘、石、胡渭、氐。本鼓吹曲音調悲壯。[2]張孝祥(1132～1169)：字安國，號于湖居士，和州烏江(今安徽和縣)人。宋紹興二十四年(1154)中進士，廷試第一。曾任中書舍人、顯謨閣直學士，又做過建康(今南京市)留守，因贊助張浚北伐而被免職。後任荆南湖北路安撫使，治水有政績。著有《于湖詞》。[3]長淮：即淮河。由於南宋偏安，故淮上一帶在當時爲邊關要塞。[4]莽然：草木茂密的樣子。[5]征塵：前方戰場上揚起的塵土。[6]邊聲：邊塞的聲音。李陵《答蘇武書》有“胡笳互動，牧馬悲鳴，吟嘯成群，邊聲四起”之句，范仲淹《漁家傲》也有“四面邊聲連角起”之句。[7]黯：内心十分難受。銷凝：指想得出神。[8]當年事：1127年(宋欽宗靖康二年)金兵侵犯中原，擄宋徽、欽二宗北去，史稱“靖康之難”。[9]洙泗：魯國的兩條河流，流經山東曲阜，《禮記·檀弓上》：“吾與汝事夫子於洙泗之間。”這裏指孔子故鄉。[10]絃歌地：指孔子講學的地方。絃歌：彈琴唱歌。古人講學

常常一邊彈琴一邊吟誦。《論語·陽貨》:"子之武城,聞絃歌之聲。"[11]孔子的故鄉和講學的地方都被金統治者糟蹋了。羶腥:本指羊腥味。[12]氈鄉:北方少數民族住在氈毛做的帳篷裏,故稱。[13]區(ōu)脱:古代北方民族在邊境上築的土室,以供軍事上防守偵察之用。也作"甌脱"。[14]名王:指金國的將帥。《漢書·終軍傳》:"越地及匈奴名王有率衆來降者。"又《匈奴傳》:"虜名王貴人以百數。"[15]埃蠹:塵封蟲蛀,指武器弃置不用。[16]歲將零,指年歲已晚。零:盡。[17]渺:渺遠。神京:即汴京,今河南開封市。[18]干羽:《尚書·大禹謨》:"舞干羽於兩階,七旬有苗格。"干:盾牌。羽:雉的羽毛。干羽皆古代舞者所執。懷遠:指安撫北方少數民族,這裏説當時朝廷與金人屈辱講和。[19]烽燧:烽火,烽煙,古代邊境上用來報告緊急敵情的兩種信號,白天升煙叫燧,夜里舉火爲烽。静:言烽燧不用。[20]冠蓋使:指奉命向金求和的南宋使臣。[21]馳騖:奔波忙碌。[22]若何爲情,即何以爲情,意思是心裏怎麽過得去。[23]中原遺老:指淪陷區的父老。[24]翠葆霓旌:指宋朝皇帝的車駕。翠葆:用翠色的羽毛裝飾的車蓋。霓旌:五彩的雲霓一樣的旗子。

【押韻】

上片:平、横、明、鳴、驚:庚韻;聲:清韻;凝:蒸韻;腥:青韻。下片:成、情、旌、傾:清韻;零:青韻;京、兵:庚韻;膺:蒸韻。庚清青蒸通押(第十一部)。

賀新郎

文及翁[1]

一勺西湖水[2]。渡江來、百年歌舞,百年酣醉[3]。回首洛陽花石盡[4],煙渺黍離之地[5]。更不復、新亭墮淚[6]。簇樂紅妝摇畫舫[7],問中流、擊楫誰人是[8]? 千古恨,幾時洗。　余生自負澄清志[9]。更有誰、磻溪未遇[10],傅岩未起[11]。國事如今誰倚仗,衣帶一江而已。便都道、江神堪恃。借問孤山林處士[12],但掉頭、笑指梅花蕊。天下事,可知矣[13]。

【注釋】

[1]文及翁:字時學,號本心,綿州(今四川綿陽)人,徙居吴興。宋寶祐元年(1253)登進士第。歷官參知政事。宋亡,不仕。[2]勺:容量單位,升的百分之一。又爲古代舀酒的器具。一勺極言其少。[3]北宋王朝於 1127 年春覆亡,同年六月,趙構即位南京(今河南商丘),建立了南宋王朝。到作者生活的年代,已有一百多年。這兩句意指南渡後的宋統治者只知享樂,不思恢復。[4]洛陽花石:徽宗采民間花石,在汴京東北隅作土山,叫艮(gèn)岳。金人攻破汴京時,民衆毁壞它以洩恨。北宋時洛陽多名園,這裏用洛陽借指汴京。[5]黍離:《詩經·王風》的篇名。舊説周平王東遷之後,周大夫經過西周的故都,見原來的宗廟宫室都長滿了禾

黍,作詩吊之。後人用這個故事代表對故土的懷念。[6]新亭:晋室南渡後,一些名士在建康登新亭宴集時,每北望流泪。[7]紅妝:指歌伎。[8]中流擊楫:《晋書·祖逖傳》:"逖統兵北伐,渡江中流擊楫而誓曰:'不清中原而復濟者,有如此江。'"[9]澄清志:《後漢書·範滂傳》:"滂登車攬轡,慨然有澄清天下之志。"[10]磻(pán)溪:姜太公釣於磻溪(今陝西寶鷄),遇周文王,後成爲周代齊國的始祖。[11]傅岩:傳説賢士傅説爲奴時版築(築牆)於傅岩之野,遇殷高宗武丁,後爲殷相。今山西平陸縣有其故迹。[12]孤山林處士:林逋,字和靖,北宋時人,隱居西湖孤山,作梅花詩極有名。這裏指自命清高的士大夫。[13]這兩句的意思是:天下大勢,不問可知,也即國事不可收拾。

【押韻】

上片:水:旨韻;醉、地、泪:至韻;是:紙韻;洗:薺韻;旨至紙薺通押。下片:志:志韻;起、已、恃、士、矣:止韻。蕊:紙韻;志止紙通押(第三部)。

練習(一)

一、解釋下列句子中加點字的意義。

1. 簫聲咽,秦娥夢斷秦樓月。
2. 西風殘照,漢家陵闕。
3. 攬草結同心,將以遺知音。
4. 玉筯垂朝鏡,春風知不知?
5. 花紅易衰似郎意,水流無限似儂愁。
6. 長恨人心不如水,等閒平地起波瀾。
7. 女郎剪下鴛鴦錦,將向中流定晚霞。
8. 唱得竹枝聲咽處,寒猿闇鳥一時啼。
9. 狂殺遊人,玉鞭金勒。
10. 尋勝馳驟輕塵。
11. 翠娥争勸臨邛酒。
12. 茅舍槿籬溪曲。
13. 斷續寒砧斷續風。
14. 數聲和月到簾櫳。
15. 左牽黄,右擎蒼。
16. 錦帽貂裘,千騎卷平岡。
17. 會挽雕弓如滿月。
18. 登臨望故國,誰識,京華倦客。
19. 又酒趁哀絃,燈照離席。
20. 漸别浦縈迴,津堠岑寂。
21. 回頭迢遞便數驛。
22. 念月榭攜手,露橋聞笛。
23. 應是緑肥紅瘦。
24. 長淮望斷,關塞莽然平。
25. 落日牛羊下,區脱縱横。
26. 時易失,心徒壯,歲將零。
27. 干羽方懷遠。

二、用漢語拼音給下面句中加點的字注音。

1. 攬草結同心，將以遺知音。
2. 長刀短笠去燒畬。
3. 寒猿闇鳥一時啼。
4. 纖纖手，拂面垂絲柳。
5. 尋勝馳驟輕塵。
6. 菰葉長，水葓開。
7. 軋軋鳴梭穿屋。
8. 千騎卷平岡。
9. 津堠岑寂。
10. 念月榭攜手。
11. 落日牛羊下，區脱縱横。
12. 更有誰、磻溪未遇。

三、將下列文字譯爲現代漢語。

長淮望斷，關塞莽然平。征塵暗，霜風勁，悄邊聲，黯銷凝。追想當年事，殆天數，非人力，洙泗上，絃歌地，亦羶腥。隔水氈鄉，落日牛羊下，區脱縱横。看名王宵獵，騎火一川明，笳鼓悲鳴。遣人驚。　念腰間箭，匣中劍，空埃蠹，竟何成。時易失，心徒壯，歲將零，渺神京。干羽方懷遠，静烽燧，且休兵。冠蓋使，紛馳鶩，若爲情。聞道中原遺老，常南望、翠葆霓旌。使行人到此，忠憤氣填膺，有泪如傾。

簫聲咽，秦娥夢斷秦樓月。秦樓月，年年柳色，霸陵傷别。樂遊原上清秋節，咸陽古道音塵絶。音塵絶，西風殘照，漢家陵闕。

四、分别對下面三首詞的押韻進行分析，並指出押韻字。

1. 春晚，風暖，錦城花滿。狂殺遊人，玉鞭金勒，尋勝馳驟輕塵，惜良晨。翠娥争勸臨邛酒，纖纖手，拂面垂絲柳。歸時煙裏，鐘鼓正是黄昏，暗銷魂。

2. 茅舍槿籬溪曲。鷄犬自南自北。菰葉長，水葓開，門外春波漲緑。聽織，聲促。軋軋鳴梭穿屋。

3. 一勺西湖水。渡江來、百年歌舞，百年酣醉。回首洛陽花石盡，煙渺黍離之地。更不復、新亭墮泪。簇樂紅妝摇畫舫，問中流，擊楫誰人是？千古恨，幾時洗。　余生自負澄清志。更有誰、磻溪未遇，傅岩未起。國事如今誰倚仗，衣帶一江而已。便都道、江神堪恃。借問孤山林處士，但掉頭、笑指梅花蕊。天下事，可知矣。

五、填空。

1. 白居易，字（　　），太原人。其詩早年與元稹齊名，稱（　　）；晚年又與劉禹錫齊名，稱（　　）。詞不多，但影響甚大。有（　　）。

2. 薛濤創制深紅小箋寫詩，人稱（　　）。原有詩詞集已經散佚，明朝人輯有（　　），後又有人輯録她與李冶（亦爲唐時女詩人）的詩合爲（　　）二卷。

3. 李煜，字重光，初名从嘉，自號鐘隐、蓮峰居士，徐州人。南唐中主

（　　）第六子，在位十五年，史稱（　　）。其詞大體以（　　）爲界，分爲前後兩期。

4. 周邦彦，號（　　），北宋末錢塘（今浙江省　　）人，宋徽宗時曾任（　　）提舉官。他的詞格律精嚴，注重技巧。今傳有（　　），清朝陳元龍作注。

六、指出下列各句中的典故。

1. 老夫聊發少年狂，左牽黄，右擎蒼。

2. 爲報傾城隨太守，親射虎，看孫郎。

3. 持節雲中，何日遣馮唐。

4. 回首洛陽花石盡，煙渺黍離之地。

5. 問中流，擊楫誰人是？

七、熟讀並背誦《憶秦娥》、《河傳》、《六州歌頭》（長淮望斷）、《蘭陵王》（柳陰直）。

文選

曲、雜劇

小令

陽春曲（題情）

白樸[1]

從來好事天生儉[2]，自古瓜兒苦後甜。妳娘催逼拘鉗[3]，甚是嚴，越間阻越情忺[4]。

【注釋】

[1]白樸（1226～1306以後）：字仁甫，一字太素，號蘭谷先生，元真定路（今河北正定縣）人。生於金末，受過元代大詩人元好問的撫養和教育。一生不仕，縱情詩酒。工於曲，與關漢卿、馬致遠、鄭光祖並稱元曲四大家。著有詞集《天籟集》二卷，後面附有"摭遺"，收的都是散曲。所作雜劇十餘種，今僅存《梧桐雨》、《牆頭馬上》、《東牆記》三種。在這個題目下共有六首，都是以女子的口吻寫作的愛情題材。[2]好事：指男女間的愛情。《牆頭馬上》："幾時得

好事奔人來。”儉:少,不足。[3]妳娘:母親。妳:“嬭”的俗體,即“奶”。拘鉗:管束。[4]大意是:母親越是從中攔阻,兩人越是情意纏綿。越:越是。間阻:間隔阻撓。忺(xiān):高興,適意。

【押韻】①

儉、甜、鉗、嚴、忺:廉纖。

山坡羊(潼關懷古)[1]

張養浩[2]

峰巒如聚[3],波濤如怒,山河表裏潼關路[4]。望西都[5],意踟躕,傷心秦漢經行處[6]。宮闕萬間都做了土。興,百姓苦。亡,百姓苦。

【注釋】

[1]潼關:古關名。在今陝西省潼關縣東南,歷代都是軍事要地。作者行經此處,登山臨水,以簡練的筆法,勾寫了潼關的雄偉氣勢,並對改朝换代給人民帶來的痛苦,發出深沉的哀嘆。[2]張養浩(1269～1329):字希孟,號雲莊,元濟南(今山東濟南)人。官至禮部尚書,《元史》卷一七五有傳。他是元代後期重要的散曲作家,遺集有《雲莊歸田類稿》四十卷,今存二十四卷;散曲集《雲莊休居自適小樂府》。[3]重巒叠嶂,連綿不斷。[4]山:指華山。河:指黄河。表裏:内外的意思。《左傳·僖公二十八年》:“若其不捷,表裏山河,必無害也。”這幾句話的意思是説潼關形勢非常險要。[5]西都:指長安。東漢建都洛陽,稱爲東都,遂稱長安爲西都,也叫西京。[6]經過秦漢時代遺留下來的古迹,使人倍感傷切。

【押韻】

聚、怒、路、都、躕、處、土、苦:魚模。

水仙子(譏時)[1]

張鳴善[2]

鋪眉苫眼早三公[3],裸袖揎拳享萬鍾[4],胡言亂語成時用,大剛來都是哄[5]。説英雄誰是英雄?五眼鷄岐山鳴鳳[6],兩頭蛇南陽卧龍[7],三脚猫渭水飛熊[8]。

【注釋】

[1]此曲深刻揭露了黑白顛倒、賢愚不辨的醜惡現實。[2]張鳴善:生卒年不詳,元代揚州人。

① 元曲押韻以《中原音韻》注明韻部。

曾任宣慰使司令史。著有《英華集》和雜劇三種，今已不傳。現存散曲小令十三首，套數二篇。[3]鋪眉苫(shān)眼：大模大樣，臉上毫無表情(今河北省中部還保留這種説法)。這裏指對人蠻橫、欺壓人的人。早：早已。三公：古代大司徒、大司馬、大司空合稱三公，是共同負責朝政的最高長官。這裏泛指高官。[4]裸袖揎(xuān)拳：捋起袖子，露出拳頭。形容蠻橫的人。揎：挽袖露臂。萬鍾：指優厚的待遇。鍾：六斛(一斛等於十斗)四斗爲一鍾。[5]大剛來：總之。哄(hòng)：胡鬧。[6]大意是：五眼鷄竟成了岐山的鳴鳳。五眼鷄與下文兩頭蛇、三腳猫都指怪物。岐山：在今陝西省岐山縣東北。《國語·周語上》："周之興也，鸑鷟(yuèzhuó，鳳之别名)鳴於岐山。"[7]南陽卧龍：指諸葛亮。[8]渭水飛熊：指吕尚。據《史記·齊世家》載，西伯周文王要出獵，先占卜，卜辭説："所獲非龍非彲(通螭)，非熊非羆(似熊而大)，所獲霸王之輔。"後來果然在渭水之陽遇到吕尚。後世俗語把"非熊"誤爲"飛熊"，以"飛熊入夢"代表文王遇吕尚的故事。

【押韻】

公、鍾、用、哄、雄、鳳、龍、熊：東鍾。

套　數

雙調夜行船(秋思)[1]

馬致遠[2]

百歲光陰如夢蝶[3]，重回首往事堪嗟。今日春來，明朝花謝。急罰盞夜闌燈滅[4]。

[喬木查]想秦宮漢闕，都做了衰草牛羊野。不恁麼漁樵無話説[5]。縱荒墳横斷碑，不辯龍蛇[6]。

[慶宣和]投至狐蹤與兔穴，多少豪傑[7]。鼎足三分半腰折，知他是魏耶？知他是晉耶[8]？

[落梅風]天教你富，莫太奢[9]。無多時好天良夜。看錢奴硬將心似鐵，空辜負錦堂風月[10]。

[風入松]眼前紅日又西斜，疾似下坡車。曉來清鏡添白雪[11]，上床與鞋履相别。莫笑鳩巢計拙[12]，葫蘆提一向粧呆[13]。

[撥不斷]利名竭，是非絶。紅塵不向門前惹[14]，緑樹偏宜屋角遮[15]，青山正補牆頭缺，竹籬茅舍。

[離亭宴煞]蛩吟一覺纔寧貼,鷄鳴萬事無休歇[16]。争名利,何年是徹[17]。密匝匝蟻排兵,亂紛紛蜂釀蜜,鬧穰穰蠅争血[18]。裴公緑野堂[19],陶令白蓮社[20]。愛秋來那些:和露摘黄花,帶霜烹紫蟹,煮酒燒紅葉[21]。人生有限百杯,幾個登高節。囑咐俺頑童記者[22]:便北海探吾來[23],道東籬醉了也[24]。

【注釋】

[1]這個套曲表達了作者對功名利禄的嘲笑以及對當時社會上追逐名利的醜惡現象的憤慨。元曲作家周德清稱譽此套曲爲"萬中無一"的好作品。此處文字據《東籬樂府》和《中原音韻》。[2]馬致遠(1250? ～1324?):字千里,號東籬,元大都(今北京市)人。少年時期參加大都的元真會,被推爲"曲狀元"。曾任浙江省務提舉,不久退出官場,在杭州附近隱居。著有雜劇十五種,今存《漢宫秋》、《青衫泪》等七種。有近人輯本《東籬樂府》一卷,有小令一百零四首,套數十七套。他與關漢卿、王實甫、白樸被稱爲元曲四大家。其散曲被推爲四大家之首。[3]夢蝶:《莊子·齊物論》:"昔者莊周夢爲蝴蝶,栩栩然(歡喜的樣子)蝴蝶也。自喻適志與,不知周也。俄然覺,則蘧蘧(qú)然(驚動的樣子)周也。"這句是説人的一生就像一場夢。[4]急罰盞:急忙罰酒行令,指急忙喝酒。夜闌:夜將盡。[5]恁麽:這樣,這麽。漁樵無話説:漁夫樵夫便没有了談資。[6]大意是:看不清碑上的文字。辯:通"辨"。龍蛇:指碑上的文字。古人常以龍蛇喻書法的筆勢。[7]這是倒裝句,意思是:多少英雄豪傑最後都不免一死,歸於墳墓與狐兔相伴。狐蹤、兔穴:指墳墓。墳墓年久變成了狐兔的洞穴。[8]這是説魏蜀吴三國鼎立的形式中途完結了(即蜀吴中道滅亡),最後的勝利者是魏呢,還是晉呢?[9]奢:等於説奢望。[10]看錢奴:即守財奴。[11]白雪:這裏指白髮。[12]鳩巢計拙:指不善營生。《詩經·召南·鵲巢》:"維鵲有巢,維鳩居之。"朱熹集傳注:"鳩性拙不能爲巢,或有居鵲之成巢者。"《方言》:"鳩,蜀謂之拙鳥,不善營巢,取他鳥巢居之。"[13]葫蘆提:又寫作葫蘆蹄,元朝俗語,糊裏糊塗的意思。一向:等於説一味。粧呆:假裝呆傻。粧:通"裝"。[14]紅塵:車馬揚起的飛塵,這裏指熱鬧繁華的景象。[15]偏宜:偏偏正好。[16]這兩句是説争名奪利的人直到深夜才睡去,天一亮就又爲名利而奔忙了。蛩(qióng):蟋蟀。寧貼:舒適。[17]徹:完,終結。[18]這三句是形容世人争名奪利的情况。密匝匝:密集的樣子。[19]裴公:指唐代裴度。裴度字中立,歷事德宗、憲宗、穆宗、敬宗、文宗,官至中書侍郎平章事。爲人堅正有操守,屢次被當權者貶斥在外。《新唐書·裴度傳》:"度不復有經濟意,乃治第東都集賢里,沼石林叢,岑繚幽勝,午橋作别墅。具燠(ào,熱,暖)館凉臺,號緑野堂,激波其下。度野服(村野平民服)蕭散(瀟灑),與白居易、劉禹錫爲文章、把酒,窮晝夜相歡,不問人間事。"[20]陶令:指陶潛。陶潛作過彭澤令,所以稱他爲陶令。白蓮社:晉代慧遠法師在廬山虎溪東林寺邀集當時著名的僧人、儒士百餘人組成白蓮社,同修佛事,曾請陶潛參加,陶潛没有參加。[21]黄花:菊花。"和露……燒紅葉"這三句都是指秋季的樂事。[22]頑童:這裏指自己的侍者。記者:記著。者:表示命令的語氣詞。[23]北海:指東漢的孔融。孔融曾任北

海相，所以後世稱他爲孔北海。據《後漢書·孔融傳》記載，他曾經説："坐上客常滿，尊中酒不空，吾無憂矣。"[24]東籬：馬致遠的號。

【押韻】

蝶、嗟、謝、滅、闕、野、説、蛇、穴、傑、折、耶、耶、奢、夜、鐵、月、斜、車、雪、别、呆、竭、絶、惹、遮、缺、舍、貼、歇、徹、血、社、些、葉、節、者、也：車遮。

雜劇

西廂記（第四本第三折）[1]

王實甫[2]

（夫人長老上云[3]）今日送張生赴京，（就）十里長亭，安排下筵席；我和長老先行，不見張生小姐來到。

（旦末紅同上[4]）（旦云）今日送張生上朝取應[5]，早是離人傷感，况值那暮秋天氣，好煩惱人也呵！"悲歡聚散一杯酒，南北東西萬里程。"

［正宫］［端正好］碧雲天，黄花地[6]，西風緊、北雁南飛。曉來誰染霜林醉？總是離人泪。

［滚繡球］恨相見得遲，怨歸去得疾。柳絲長玉驄難繫[7]，恨不倩疏林挂住斜暉[8]。馬兒迍迍的行[9]，車兒快快的隨，欲告了相思迴避，破題兒又早别離[10]。聽得一聲去也鬆了金釧[11]，遥望見十里長亭減了玉肌。此恨誰知！

（紅云）姐姐今日怎麼不打扮？（旦云）你那知我的心裏啊。

（唱）

［叨叨令］見安排著車兒馬兒不由人熬熬煎煎的氣，有甚麽心情花兒靨兒打扮的嬌嬌滴滴的媚[12]。準備著被兒枕兒則索昏昏沈沈的睡[13]，從今後衫兒袖兒都揾做重重叠叠的泪。兀的不悶殺人也麽哥[14]？兀的不悶殺人也麽哥？久已後書兒信兒索與我栖栖惶惶的寄[15]。

【注釋】

[1]《西廂記》：全名爲《崔鶯鶯待月西廂記》，是元雜劇中不朽的作品之一。全劇的故事梗概如下：崔相國死後，他的妻子崔氏、女兒鶯鶯扶柩回籍安葬，羈留河中府（今山西永濟縣）普救

寺内。有個叫張珙(gǒng)字君瑞的書生,上朝應舉,路過普救寺,見鶯鶯貌美,遂向寺主租得僧房半間,伺機與鶯鶯相互留情。武將孫飛虎聽説鶯鶯美麗,帶領五千人馬來搶劫,全寺驚恐。崔夫人無奈何,傳令倘有能退賊兵者,不論何人,把鶯鶯配他爲妻。張生寫信給知交白馬將軍杜確,解了普救寺之圍。不料崔夫人變卦,設筵席讓鶯鶯向張生敬酒,以兄妹相稱。鶯鶯不肯,擲杯以示反抗。張生也因而致病。鶯鶯讓紅娘去探病,張生以書簡相托。鶯鶯回信,以"明月三五夜"詩相約;張生夜間前來應約,鶯鶯却責怪張生無禮。張生病况從此愈重,卧床不起。紅娘帶鶯鶯同去探病,鶯鶯即與張生結了百年之好。之後,崔夫人得知,拷問紅娘。紅娘只得將真實情况全盤講出,並數責夫人言而無信的過錯。崔夫人理屈辭窮,只好應允他們成爲夫妻。但又提出新的條件,即張生必須應舉中上狀元,否則不成。張生因此被迫上京應試,狀元及第。然而這時鶯鶯的表兄鄭恒却在崔夫人面前破壞他們之間的婚姻,並造謡説張生已被衛尚書召爲女婿。直到張生回去,才把事情弄清。鄭恒羞慚觸樹而死,張生始與鶯鶯結成夫妻。全劇共五本二十一折,這裏選的一折,是寫張生進京趕考,鶯鶯在長亭送别。這一折作者著重描寫了鶯鶯對張生的愛情和對拆散他們夫妻的禮教的憎恨。本文選自王季思校注《西厢记》(上海古籍出版社 1978 年)。[2]王實甫:名德信,元初大都(今北京)人,元代著名的戲劇家,生平事迹不詳,主要活動期約在元成宗元貞(1295～1307)年間,著有雜劇十四種,其中《西厢記》在當時就極負盛名。今傳《西厢記》、《破窑記》、《麗春堂》三種雜劇,散曲小令一首,套數兩篇。[3]長老:寺院住持僧的通稱。[4]旦:劇中的女脚,這裏指扮演鶯鶯的演員。末:劇中的男脚,這裏指扮演張生的演員。這兩個脚色分别爲正旦(女主脚)、正末(男主脚),但常常簡寫作旦、末。紅:指紅娘。[5]取應:應試,趕考。[6]這兩句話描寫秋天的景色。范仲淹《蘇幕遮》詞:"碧雲天,黄葉地。"[7]這句是説無法留住要遠行的人。玉驄(cōng):毛色青白相雜的駿馬。[8]倩(qiàn):請,讓。[9]迍迍(zhūn):慢騰騰,行動緩慢。[10]此句是説:剛剛擺脱了相思之苦,又要别離。破題兒:唐宋人的詩賦起首要剖析題義,叫破題,因而事情的開頭也叫破題兒。[11]鬆了金釧:形容人瘦了。釧(chuàn):鐲子。[12]靨(yè):臉上的酒窩。此處指婦女臉部的一種妝飾物。[13]則索:只須,只得。[14]兀的:等於説這。也麼哥:襯字,用於句末。[15]栖栖惶惶:急急忙忙的樣子。

【押韻】

地、飛、醉、泪、遲、疾、繫、暉、隨、避、離、肌、知、氣、媚、睡、泪、寄:齊微。

(做到見夫人科[1])(夫人云)張生和長老坐,小姐這壁坐[2]。紅娘將酒來。張生,你向前來,是自家親眷,不要回避。俺今日將鶯鶯與你,京師休辱没了俺孩兒,掙揣一個狀元回來者[3]!(末云)小生托夫人餘蔭,憑著胸中之才,視官如拾芥耳。(潔云[4])夫人主見不差,張生不是落後的人。(把酒了。坐科)(旦長吁科)

[脱布衫]下西風黄葉紛飛,染寒煙衰草萋迷。酒席上斜簽著坐的[5],蹙愁眉死臨侵地[6]。

[小梁州]我見他閣淚汪汪不敢垂[7]，恐怕人知。猛然見了把頭低，長吁氣，推整素羅衣。

[幺篇[8]]雖然久後成佳配，奈時間怎不悲啼[9]。意似癡，心如醉。昨宵今日，清減了小腰圍。

（夫人云）小姐把盞者！（紅遞酒，旦把盞長吁科云）請吃酒。

[上小樓]合歡未已，離愁相繼。想著俺前暮私情，昨夜成親，今日別離。我諗知這幾日相思滋味[10]。却元來此別離情更增十倍[11]。

[幺篇]年少呵輕遠别，情薄呵易弃擲。全不想腿兒相挨，臉兒相偎，手兒相攜。你與俺崔相國做女婿，妻榮夫貴。但是一箇並頭蓮，煞强如狀元及第[12]。

（夫人云）紅娘把盞者！（紅把酒科）（旦唱）

[满庭芳]供食太急。須臾對面，頃刻别離。若不是酒席間子母每當迴避[13]，有心待與他舉案齊眉[14]。雖然是廝守得一時半刻[15]，也合著俺夫妻每共桌而食。眼底空留意，尋思起就裏[16]，險化做望夫石[17]。

（紅云）姐姐不曾喫早飯，飲一口兒湯水。（旦云）紅娘，甚麽湯水嚥得下！

[快活三]將來的酒共食，嘗著似土和泥。假如便是土和泥，也有些土氣息泥滋味。

[朝天子]煖溶溶玉醅[18]，白泠泠似水，多半是相思泪。眼面前茶飯怕不待要喫[19]，恨塞满愁腸胃。蝸角虚名，蠅頭微利[20]，拆鴛鴦在兩下裏。一個這壁，一個那壁，一遞一聲長吁氣[21]。

【注釋】

[1]科：表示演員到此處要表演某種戲劇動作。又稱爲介。[2]壁：面，邊。[3]掙揣：博取，努力争取到。[4]潔：元代雜劇中稱和尚爲潔郎，簡稱爲潔。這裏指普救寺的長老。[5]斜簽著坐的：斜著身子坐著的，指張生。斜簽：即斜，今北方方言還有斜簽的説法。[6]蹙(cù)：皺起。死臨侵：等於説發呆失神的様子。臨侵：元明戲曲中常用以表示程度的詞尾。[7]閣泪：含著眼泪。閣：通“擱”。[8]幺(yāo)篇：凡是重複前曲的，叫幺篇。[9]奈時間：這時節。《古本戲曲叢刊》初集張深之正北西厢秘本正作“這時節”。[10]諗(shěn)知：熟知，深知。[11]元來：同“原來”。[12]煞强如：等於説賽强如，即賽過（依張相説）。[13]每：們。[14]舉案齊眉：這是用的東漢梁鴻的故事。《後漢書・梁鴻傳》記載，梁鴻的妻子孟光每次遞飯給梁鴻時總要舉案齊眉。後世就用“舉案齊眉”表示夫妻相敬。這裏用來表示像夫妻那様親熱地一起吃飯。[15]廝守：相守。[16]就裏：這裏指内容，情况。[17]望夫石：傳説古代有個女子的丈夫服役在外，這女子天天登山眺望，日久化成了石頭，世稱此石爲望夫石。這裏用來形容自

己呆望。[18]玉醅：泛指酒。[19]怕不待要：難道不要，豈不。[20]蝸角虚名，蠅頭微利：出自蘇軾《滿庭芳》。蝸角、蠅頭：均言其小，比喻名利的微不足道。《莊子·則陽》："有國於蝸之左角者，曰觸氏。有國於蝸之右角者，曰蠻氏。時相與争地而戰。"[21]一遞一聲：一聲接一聲地。

【押韻】

飛、迷、的、地、垂、知、低、氣、衣、配、啼、癡、醉、圍、已、繼、離、味、倍、擲、攜、婿、貴、第、急、離、避、眉、刻、食、意、裏、石、食、泥、泥、味、醅、水、泪、喫、胃、利、裏、壁、壁、氣：齊微。

(夫人云)輛起車兒，俺先回去，小姐隨後和紅娘來。(下)

(末辭潔科)(潔云)此一行别無話兒，貧僧準備買登科録看[1]，做親的茶飯少不得貧僧的。先生在意，鞍馬上保重者！"從今經懺無心禮[2]，專聽春雷第一聲[3]。"(下)(旦唱)

[四邊静]霎時間杯盤狼藉。車兒投東馬兒向西，兩意徘徊，落日山横翠。知他今宵在那裏？有夢也難尋覓。

張生，此一行得官不得官，疾便回來。(末云)小生這一去白奪一個狀元，正是"青霄有路終須到，金榜無名誓不歸"。(旦云)君行别無所贈，口占一絶，爲君送行："弃擲今何在？當時且自親。還將舊來意，憐取眼前人。"(末云)小姐之意差矣，張珙更敢憐誰？謹賡一絶[4]，以剖寸心。"人生長遠别，孰與最關親？不遇知音者，誰憐長嘆人？"(旦唱)

[耍孩兒]淋漓襟袖啼紅泪，比司馬青衫更濕[5]。伯勞東去燕西飛[6]，未登程先問歸期。雖然眼底人千里[7]，且盡生前酒一杯。未飲心先醉，眼中流血，心裏成灰。

[五煞]到京師服水土，趁程途節飲食[8]，順時自保揣身體[9]。荒村雨露宜眠早，野店風霜要起遲。鞍馬秋風裏，最難調護，最要扶持。

[四煞]這憂愁訴與誰？相思只自知。老天不管人憔悴。泪添九曲黄河溢，恨壓三峰華岳低[10]。到晚來悶把西樓倚，見了些夕陽古道，衰柳長堤。

[三煞]笑吟吟一處來，哭啼啼獨自歸。歸家若到羅幃裏，昨宵箇繡衾香暖留春住，今夜箇翠被生寒有夢知。留戀你别無意，見據鞍上馬，閣不住泪愁眉[11]。

(末云)有甚言語囑咐小生咱[12]？(旦唱)

[二煞]你休憂文齊福不齊[13]，我則怕你停妻再娶妻。休要一春魚

雁無消息[14]。我這裏青鸞有信頻須寄[15],你却休"金榜無名誓不歸"。此一節君須記:若見了那異鄉花草,再休似此處棲遲[16]。

(末云)再誰似小姐?小生又生此念!(旦唱)

[一煞]青山隔送行,疏林不作美,淡煙暮靄相遮蔽。夕陽古道無人語,禾黍秋風聽馬嘶。我爲甚麽懶上車兒内?來時甚急,去後何遲?

(紅云)夫人去好一會,姐姐,咱家去!(旦唱)

[尾聲]四圍山色中,一鞭殘照裏。遍人間煩惱填胸臆,量這些大小車兒如何載得起[17]?

(旦紅下)(末云)童僕趕早行一程兒,早尋箇宿處。"泪隨流水急,愁逐野雲飛。"(下)

【注釋】

[1]登科録:科舉考試的録取名册。[2]經:這裏指佛經。懺:僧尼代人懺悔時念的經文。禮:禮拜,這裏指誦習。[3]春雷第一聲:指考中的消息。演員下場前,往往先吟兩句詩。下文"泪隨流水急,愁逐野雲飛"同此。[4]賡:續,酬和。[5]紅泪:晋代王嘉《拾遺記》載,曹魏時,薛靈芸選入宫時,辭别父母,"至升車就路之時,以玉唾壺承泪,壺即紅色"。這句是説自己落的泪,比白居易在江州聽琵琶時落的泪更多。白居易《琵琶行》:"凄凄不似向前聲,滿座重聞皆掩泣。座中泣下誰最多?江州司馬青衫濕。"[6]這句是比喻兩個人的别離。伯勞:鳥名。《樂府詩集·東飛伯勞歌》:"東飛伯勞西飛燕,黄姑織女時相見。"[7]眼底:等於説眼前。[8]趁程途:等於説趕路。[9]意思是:順應時令的變化,自己保重身體。時:時令。揣身體:文弱的身體。揣:弱(依張相説)。[10]華岳:即華山。華山的三峰爲:蓮花峰、仙人峰、落雁峰。[11]閣不住:禁受不住,這裏是忍不住的意思。[12]咱:語氣詞,表示祈使,略等於現代漢語的"吧"。[13]文齊福不齊:當時熟語,意思是文章好而運氣不佳,即不能考中。[14]魚雁無消息:古代有魚雁傳遞書信的傳説。秦觀《鷓鴣天》詞:"一春魚鳥無消息。"[15]青鸞:鳥名,鳳屬。古代有青鸞送信的傳説。[16]花草:這裏指女色。棲遲:淹留,久留。[17]量:料想。大小車兒:偏義詞,這裏指小車兒。

【押韻】

藉、西、徊、翠、裏、覓、泪、濕、飛、期、裏、杯、醉、灰、食、體、遲、裏、持、誰、知、悴、溢、低、倚、堤、歸、裏、知、意、眉、齊、妻、息、寄、歸、記、遲、美、蔽、嘶、内、急、遲、裏、臆、起:齊微。

練習(二)

一、解釋下列句子中加點字的意義。

1. 從來好事天生儉。
2. 妳娘催逼拘鉗。
3. 越間阻越情忺。
4. 山河表裏潼關路。
5. 裸袖揎拳享萬鍾。
6. 蛩吟一覺纔寧貼,鷄鳴萬事無休歇。
7. 争名利,何年是徹。
8. 今日送張生上朝取應。
9. 恨不倩疏林挂住斜暉。
10. 有甚麽心情花兒靨兒打扮的嬌嬌滴滴的媚。
11. 準備著被兒枕兒則索昏昏沈沈的睡。
12. 掙揣一個狀元回來者。
13. 奈時間怎不悲啼。
14. 我諗知這幾日相思滋味。
15. 眼底空留意,尋思起就裏。
16. 煖溶溶玉醅。
17. 眼面前茶飯怕不待要喫。
18. 謹賡一絶,以剖寸心。

二、用漢語拼音給下面句中的加點字注音。

1. 甚是嚴,越間阻越情忺。
2. 鋪眉苫眼早三公。
3. 裸袖揎拳享萬鍾。
4. 大剛來都是哄。
5. 蛩吟一覺纔寧貼。
6. 柳絲長玉驄難繫。
7. 恨不倩疏林挂住斜暉。
8. 馬兒迍迍的行。
9. 聽得一聲去也鬆了金釧。
10. 有甚麽心情花兒靨兒打扮的嬌嬌滴滴的媚。
11. 我諗知這幾日相思滋味。

三、將下列文字譯爲現代漢語。

鋪眉苫眼早三公,裸袖揎拳享萬鐘,胡言亂語成時用。大剛來都是哄。説英雄誰是英雄?五眼鷄岐山鳴鳳,兩頭蛇南陽卧龍,三脚猫渭水飛熊!

四、指出下列各句中的典故。

1. 兩頭蛇南陽卧龍。
2. 三脚猫渭水飛熊。
3. 百歲光陰如夢蝶。
4. 莫笑鳩巢計拙。
5. 有心待與他舉案齊眉。

五、對下面這首曲的押韻進行分析,並指出押韻字。

峰巒如聚,波濤如怒,山河表裏潼關路。望西都,意踟躕,傷心秦漢經行處。宫闕萬間都做了土。興,百姓苦。亡,百姓苦。

六、填空。

1. 白樸與關漢卿、馬致遠、鄭光祖並稱(　　　)。著有詞集(　　　)二卷,後面附有"摭遺",收的都是散曲。所作雜劇十餘種,今僅存(　　)、(　　)、(　　)三種。

2. 馬致遠少年時期參加大都的元真會,被推爲(　　)。著有雜劇(　　),今存(　　)、(　　)等七種。有近人輯本(　　)一卷。他與關漢卿、王實甫、白樸並稱爲(　　)。

七、熟讀並背誦《雙調夜行船》(秋思)和《西廂記》。

通　論

(二十六)詞律

詞,是我國詩歌中的一種文體。最初産生於民間,大約到了中唐時期,纔有文人開始寫詞。經過五代時期的發展,宋代寫詞達到鼎盛,因而在文學史上有"唐詩宋詞"的説法。

詞最初是作爲樂曲的歌詞以供歌唱用的,所以稱爲曲子詞。曲是曲調,樂曲部分;詞是歌詞、唱詞。由於寫詞要"由樂以定詞"(元稹《樂府古題序》),也即按樂譜的音律節拍來填寫,所以又稱寫詞爲填詞或倚聲。由於詞與音樂的關係如同古代樂府詩與音樂一樣,所以詞在宋代也曾被稱爲樂府,如蘇軾的詞集《東坡樂府》。詞的句式從一字句到十字句、十一字句都有,參差不齊,與格律詩的整齊句式完全不一樣,所以又稱爲長短句,如辛弃疾的詞集《稼軒長短句》。詞還有詩餘、歌曲等别名。

一、詞體的分類和常見術語

詞可以從不同的角度分類。常見有以下分類:

1. 從字數來劃分,詞可分爲小令、中調、長調。清代人毛先舒認爲,58 字以内爲小令,59 字至 90 字爲中調,91 字以外爲長調。這只是大致的分類,不必絶對化。

2. 從詞的分段劃分,詞可分爲單調、雙調、三疊、四疊等。單調是只有一段的詞,單調的詞往往就是一首小令。短的小令只有 14 個字、長的有 44 字,如竹枝詞、十六字令、八拍蠻、如夢令、伊川令(此令 44 字)等都是單調。雙調是一首詞有兩個段落。小令、中調、長調都有雙調的詞。短的雙調只 34 個字,如歸國謡;長的如哨遍,有 203 字。雙調是最常見的,一般是上下兩闋字數基本相等。詞有三段的爲三叠,如蘭陵王、夜半樂、西河等。如果三叠詞的前兩段句數、字數完全相同,同時又比第三段短,稱爲雙拽頭,如瑞龍吟、繞佛閣等。三叠詞較少,四段的四叠詞則極少見,僅有鶯啼序一調,如吴文英的《鶯啼序》,全詞 240 字。

3. 按詞的均拍來分,詞可以分爲令、引、近、慢四類。均即韻,在詩叫韻,在詞稱均。王易《詞曲史》:"大約兩拍一均。令則以四均爲正;引、近以六均爲正;慢則以八均爲正。"事實上,這只是一個大略的劃分。從詞作看,令一般字少調短,如十六字令,只有 16 個字;長的令如勝利令,有 215 個字。引、近字數都較多,短的引是柘枝引,有 24 個字;長的引如迷神引,有 99 個字。近又稱近拍,短的近如好事近,有 45 個字;長的近如劍器近,有 96 個字。慢,是慢曲子的簡稱,曲調延長緩慢,字句自然增加,所以慢一般都是長調。有的慢有原詞,原詞牌與相應的慢二者比較,慢的字數增加了不少,如浪淘沙 54 字,浪淘沙慢則有 133 個字。最短的卜算子慢也有 89 個字。慢詞並不是由令詞增衍而成,它只是借用令詞原名,二者在格律上没有聯繫。此外,有一類詞叫做序,如霓裳中序第一。還有的詞稱摘遍,如泛青波摘遍。序和摘遍的性質相同,都是從大曲散序或中序中摘取一遍制成的。

4. 以詞的用韻劃分,可以分爲平韻詞、仄韻詞、平仄相錯韻詞三類。詳見詞韻部分。

常見的術語有以下這些:

單調和雙調詞的段落叫做闋(què),又叫做片。闋的劃分和樂章有關,意思是指樂曲演奏一遍以後暫時休止。雙調詞的上段叫上闋或上片,下段叫下闋或下片。三叠四叠的每叠不叫片。詞第二段的開頭叫做過片,又叫過遍。在雙調詞中,下片開頭一兩句的句式或者平仄與上片不同的,叫做换頭。三叠詞每段開頭一兩句的句式不同的,就叫做三换頭。詞的一段或全首的末句,一般叫做歇拍,又叫做煞拍、結拍。一首詞的末幾句,叫做斷章。

詞的增減的術語有攤破、促拍、減字和偷聲。攤破指用增加字數來改變原有的句式,如攤破醜奴兒在醜奴兒上下闋之末,各增二、三、三言三個短句。促拍是繁聲促節之意,即所謂急拍子,相當於現在的快板。由於快,就會增添字數,如采桑子共 44 字,促拍采桑子却是 56 字或 62 字。用減少字數的辦法改變原來的句式以適應樂曲的需要叫做減字。偷聲和減字意思差不多。如木蘭花上下闋各四句,每句七字,各押三個仄韻,共 56 個字。偷聲木蘭花把上下闋第三句改成四字，並且將三、四兩句的仄韻改爲平韻。減字木蘭花却把原來的第一、三、五、七句各減去 3 字，共 44 字，押韻也有改變。

二、詞調、詞牌、詞譜

填詞時所依據的樂譜叫詞調。唐宋時代，詞調主要的來源有：來自民間的"里巷之曲"，如竹枝詞本是巴蜀民歌，還有風入松、蝶戀花等；來自西域等地的外來音樂，如菩薩蠻就是古緬甸的樂曲；來自樂工、歌伎、詞人自制以及國家音樂機關的創制等，如雨霖鈴是樂工所制，喝馱子相傳爲歌伎所作，揚州慢是文人自制，壽星明是宋代中央音樂機關大晟樂府所制。

每種詞調都有一個特定的名稱，叫做詞牌。詞牌的命名起初和詞的内容有關，詞牌往往就是詞的題目。如張志和的《漁歌子》是寫漁夫生活的，《巫山一段雲》寫巫峽。詞的内容與詞牌名稱一致，無需另有題目，唐人詞作大多如是。五代以後，詞的内容漸與詞牌名稱脱節。爲了點明詞意，作者經常另標題目或加小序以説明。這樣，詞牌所表示的只是某種格式的詞的句式、韻式、字數和平仄。當然，不標題目，並不意味著詞牌就是題目。如果詞牌同時也是詞題，就注明"本意"。

需要注意的是，有不少詞牌有别名，即調同名異或一調數名。其中一個爲本名，其餘的是别名，别名多來自本詞的某一名作。别名多的可以有幾十個，如念奴嬌，念奴是唐朝天寶年間的著名歌女，詞牌名稱出自這裏。宋詞以蘇軾《赤壁懷古》最爲出名，因其詞句而得别名大江東去、酹江月、酹月、赤壁詞。因爲本調共 100 字，於是又有百字令、百字謡、百字歌等别名。

與調同名異相反，有調異名同的情況。如相見歡和錦堂春别名都是烏夜啼，可是格式不同；原有好女兒 61 字，宋代黄庭堅另創好女兒 45 字，二調同名。又如少年遊，據《欽定詞譜》所收，就有 14 種體式。現存詞牌 800 多個，却有 2300 多種體。要辨識詞牌，主要是查閲詞譜。

匯集詞調的各種體式並分類編排的工具書叫做詞譜。詞譜是詞調内容的具體化。最初，詞譜和音樂腔調聲情緊密相聯，後來樂譜失傳，詞成了純粹的文學作品以後，詞牌僅成了標示字數、句式、平仄和韻律的具體格式，詞譜變成了供人填詞的工具書。

現存最早的詞譜是明代張綖的《詩餘圖譜》，它分列詞調，用黑圈白圈表示字的平仄，半白半黑表示可平可仄。這部書收録詞調數量不多，疏漏也多，可是後世詞譜大致没有超出它所創立的體例。清代通行的是萬樹的《詞律》和康熙時期陳廷敬、王奕清奉敕編纂的《欽定詞譜》（簡稱《詞譜》）。《詞律》二十卷，共收詞調 666 個，1180 餘體。《欽定詞譜》四十卷，共收 826 調，2306 體。今人王力《漢語詩律學》中附有詞譜 206 調，250 餘體。龍榆生編撰有《唐宋詞格律》，收録較常用的詞調 153 種，196 體，選調、定格、舉例都較好，便於讀詞填詞參考。

下面舉出《詞律》所列菩薩蠻的詞譜①：

菩薩蠻 四十四字 巫山一片雲　又名子夜歌 重疊金　李白

　　　　　韻　　　　　　叶　　　　换平　　　叶平
平林漠漠煙如織寒山一帶傷心碧暝色入高樓有人樓上愁
可仄　可平　　　　可仄　可平　　　可平　　　可平　可仄

　　三换仄　　叶三仄　　四换平　　叶四平
玉階空竚立宿鳥歸飛急何處是歸程長亭連短亭
可平　　可平　　　可仄　　　可仄　可仄

下面是《欽定詞譜》的樣式②：

菩薩蠻 雙調四十四字前後段各四句兩仄韻兩平韻　李　白

平林漠漠煙如織 仄韻 寒山一帶傷心碧 韻 暝色入高樓 平韻 有人
◒○◓●○○●　◒○◓●○○●　◓●●○○　◓○

樓上愁 韻 玉階空竚立 换仄韻 宿鳥歸飛急 韻 何處是歸程 换平韻 長亭
◒●○　◓○○●●　◓●◒○●　◒●●○○　◒○

連短亭 韻
◒●○

如果换用我們熟悉的平仄描寫，字外加圈表示可平可仄，字下加△表示韻脚，那麽，這一詞牌的平仄如下：

菩薩蠻（雙調，四十四字）

㊥平㊀仄平平仄△　㊥平㊀仄平平仄△
㊀仄仄平平△（换平韻）　㊥平㊀仄平△
㊥平平仄仄△（换仄韻）　㊀仄㊥平仄△
㊀仄仄平平△（换平韻）　㊥平㊀仄平△

（注：㊥表示加圈的“平”，㊀表示加圈的“仄”）

---

① 《詞律·發凡》：“以小字明注於旁，在右者爲韻、爲叶、爲换、爲叠、爲句、爲豆，在左者爲可平、爲可仄、爲作平、爲某聲。”原爲竪排，今爲横排，原譜注在字右的字，改在字上；原譜注在字左的字，改在字下，將字數和别名分作兩行，列在詞牌後。

② 《欽定詞譜·凡例》：“平用虚圈；仄用實圈；字本平而可仄者，上虚下實；字本仄而可平者，上實下虚。”今改爲横排，圈在字下。

三、詞韻

唐宋時代，詞作家作詞時基本上用的是詩韻（平水韻），只是比詩韻更寬些。清代有關詞韻的著作很多，較好的是戈載的《詞林正韻》。《詞林正韻》把詞韻分爲十九部，其中舒聲（包括平上去）十四部，入聲五部。這實際上是把詩韻作大體上的合併。它以《集韻》的韻目標目，現在改用平水韻，排列如下：

第一部　平聲東冬；上聲董腫；去聲送宋。

第二部　平聲江陽；上聲講養；去聲絳漾。

第三部　平聲支微齊，又灰韻部分字；上聲紙尾薺，又賄韻部分字；去聲寘未霽，又泰隊韻部分字。

第四部　平聲魚虞；上聲語麌；去聲御遇。

第五部　平聲佳韻大部分字，灰韻部分字；上聲蟹韻大部分字，賄韻部分字；去聲卦韻大部分字，泰隊韻部分字。

第六部　平聲真文，又元韻部分字；上聲軫吻，又阮韻部分字；去聲震問，又願韻部分字。

第七部　平聲寒删先，又元韻部分字；上聲旱潸銑，又阮韻部分字；去聲翰諫霰，又願韻部分字。

第八部　平聲蕭肴豪；上聲篠（xiǎo）巧皓；去聲嘯效號。

第九部　平聲歌；上聲哿（gě）；去聲箇。

第十部　平聲麻，又佳韻部分字；上聲馬；去聲禡（mà），又卦韻部分字。

第十一部　平聲庚青蒸；上聲梗迥；去聲敬徑。

第十二部　平聲尤；上聲有；去聲宥。

第十三部　平聲侵；上聲寑；去聲沁。

第十四部　平聲覃鹽咸；上聲感琰（yǎn）豏（xiǎn）；去聲勘豔陷。

（以上舒聲）

第十五部　入聲屋沃。

第十六部　入聲覺藥。

第十七部　入聲質陌錫職緝。

第十八部　入聲物月曷黠屑葉。

第十九部　入聲合洽。

（以上入聲）

實際上，詞人用韻比十九部還寬，如宋詞中第六部和第十一部相通，第七部和第十四部相通。有的詞還有叶方音的，如黄庭堅《念奴嬌》下闋"年少隨我追涼,晚尋幽徑,繞張園森木。醉倒金荷家萬里,難得罇前相屬。老子平生,江南江北,最愛臨風笛。孫郎微笑,坐來聲噴霜竹”句中,以“笛”字與屬於屋韻的木、屬、竹押韻。有人認爲,這來自當時的四川方言。

詞的押韻,主要有以下幾種:

1. 一韻到底

一韻到底有四種情况:

(1)限用平韻　詞韻中平聲和上去兩聲不能通押。有些詞調規定全首詞只能用平韻,不能用仄韻,如憶江南、十六字令、八聲甘州、采桑子等。

(2)限用仄韻　有的詞通首只能用仄韻,如如夢令、水龍吟、蝶戀花、點絳脣等。

(3)限用入聲韻　有些詞規定用仄聲韻而且必須用入聲,如念奴嬌、憶秦娥、雨霖鈴、暗香。

(4)同部上去通押　在仄聲韻中,同韻部的上聲和去聲可以押韻,如水龍吟、西河、賀新郎、祝英臺近。如在辛弃疾的《摸魚兒·淳熙己亥》中,上聲“雨”與去聲“去、數”相押。

2. 同部平仄互押

詞牌規定,平仄可以互押,但一般必須同一韻部。如張孝祥的《西江月·丹陽湖》上闋就是按詞牌規定第二、三句押平韻,第四句押仄韻:“聞訊湖邊春色,重來又是三年(平韻)。東風吹我過湖船(平韻),楊柳絲絲拂面(仄韻)。”

同部平仄互押和上去通押不同,上去通押上聲韻脚和去聲韻脚不是由詞牌規定的,用上聲還是用去聲是隨意的。

3. 平仄换韻

通押和互押都是在同一韻部,换韻則是轉换韻部。什麽地方由平韻换仄韻或由仄韻换平韻是由詞牌規定的。换韻的格式多種多樣,有的换韻一次,如清平樂;有的换韻兩次,如調笑令。最多的换韻八次,如賀鑄的《小梅花》。還有回環式的换韻,即由甲韻换乙韻,又由乙韻换回甲韻。以李煜《虞美人》爲例説明如下:

春花秋月何時了(仄韻。第八部上聲篠)
往事知多少(叶仄。韻部同上)
小樓昨夜又東風(换平韻。第一部平聲東)
故國不堪回首月明中(叶平。韻部同上)
雕闌玉砌應猶在(换仄韻。第五部上聲海)

只是朱顔改(叶仄。韻部同上)

問君能有幾多愁(换平韻。第十二部平聲尤)

恰似一江春水向東流(叶平。韻部同上)

總之,詞的用韻是由詞牌規定的。如果想瞭解其詳細的用法,應該翻檢《詞譜》一類的工具書。

四、詞的句式和平仄

律詩只有五言和七言兩種句式,詞則從一字句到十一字句都有,而且不同詞調的詞句數也不同,同調不同體的詞句數也不同。

詞的平仄基本上由律詩的句子變化而來,但詞的平仄和律詩的平仄有兩點不同:

(1)詞的平仄要求比詩更嚴。律詩在有些地方是可平可仄的,詞有的地方却規定必平或必仄,仄聲有時還要分上聲、去聲、入聲。

(2)律詩以平仄相間的律句爲主,詞則除沿用平仄相間的律句外,詞句往往不粘不對,而且也用相當多的叠平叠仄的拗句(如仄平平平仄)。下面分别介紹詞的平仄和句式。

一字句　一字句只用於《十六字令》的第一句,要求用平聲入韻,如蔡伸的《十六字令》:"天,休使圓蟾照客眠。"

二字句　在詞中,二字句不多見。它的句式有平仄、仄平、平平、仄仄四種,而以平仄和平平最爲常見。一般都入韻。常用作起句,或用於叠句,如柳永《木蘭花慢》下片起句:"盈盈,鬥草踏青。"李清照《如夢令・昨夜雨疏風驟》叠句:"知否?知否?應是緑肥紅瘦。"

三字句　三字句的平仄,一般是用律詩的後三字。此句式約有八種,常見的有平平仄、仄平平、平仄仄、仄仄平。如:

征塵暗(平平仄),霜風勁(平平仄)(張孝祥《六州歌頭》)

胡未滅(平仄仄),鬢先秋(仄平平),泪空流(仄平平)(陸游《訴衷情》)

汴水流(仄仄平),泗水流(仄仄平)(白居易《長相思》)

三字句的節奏,只有上一下二和上二下一兩種,如"小——軒窗,正——梳妝"(蘇軾《江城子・記夢》),"汴水——流,泗水——流"(白居易《長相思》)。

四字句　四字句一般用七言律詩的上四字,即平平仄仄和仄仄平平。如:

園林秀色(平平仄仄),百草萌芽(仄仄平平)(胡浩然《東風齊著力》)

亂石穿空(仄仄平平),驚濤拍岸(平平仄仄)(蘇軾《念奴嬌・赤壁懷古》)

四字句的句式有十六種，常見格式除了上面所舉兩種外，還有一種常見的格式：㊇（可平可仄）平平仄。在這種句式中，第三字必平，這是詞特有的句式。如：蘇軾《念奴嬌·赤壁懷古》的"大江東去"、"江山如畫"、"雄姿英發"。

四字句的節奏一般是上二下二，如"羌管——弄晴"（柳永《望海潮》），也有的上一下三，如"登——寶釵樓，訪——銅雀臺"（劉克莊《沁園春·夢孚若》）。

五字句　五字句就是五言律詩。除平平仄仄平較少見外，其餘三種句式都較常見。如：

暝色入高樓（仄仄仄平平）（李白《菩薩蠻》）

春歸如過翼（平平平仄仄）（周邦彦《六丑·薔薇謝後作》）

往事知多少（仄仄平平仄）（李煜《虞美人》）

吴山點點愁（平平仄仄平）（白居易《長相思》）

五字句拗句常見的有以下幾種：

明月幾時有（㊥仄仄平仄）（蘇軾《水調歌頭》）

弄妝梳洗遲（㊇平平仄平）（温庭筠《菩薩蠻》）

北風吹裙帶（仄平平平仄）（李端《拜新月》）

盡日惹飛絮（仄仄仄平仄）（辛弃疾《摸魚兒》）

五字句的節奏大多是上二下三，如"仿佛——照顏色"（姜夔《霓裳中序第一》）。另外，還有上三下二和上一下四的，如"一聲聲——更苦"（姜夔《齊天樂》），"正——蟬吟敗葉"（柳永《戚氏》）。

六字句　六字句平仄相間，略同於七言律句的上六字。其常見的平仄格式是：㊇仄㊥平㊇仄、㊥平㊇仄平平。例如：

醉里挑燈看劍（仄仄平平仄仄），夢回吹角連營（㊇平㊥仄平平）（辛弃疾《破陣子》）

還有一種常見的六字句，第五字必平，即㊇仄㊇平平仄，可以看作是一種特殊的六字律句：

可惜一溪風月（仄仄仄平平仄）。杜宇一聲春曉（仄仄仄平平仄）（蘇軾《西江月》）

六字句的拗句很多，常見的有：

爲言憔悴如許（㊇平平仄平仄）（袁去華《劍器近》）。

關河夢斷何處（平平仄仄平仄）（陸游《訴衷情》）。

六字句的節奏通常是上二下四，也有上四下二和三三的。例如："不恨——此花飛盡"（蘇軾《水龍吟》）、"二十四橋——仍在"（姜夔《揚州慢》）、"極目送——歸鴻去”(黃庭堅《青玉案》)。

七字句　七字句的律句就是七言律詩的律句：

小山重叠金明滅(㊥平㊀仄平平仄)(温庭筠《菩薩蠻》)。

誰見幽人獨往來(㊀仄平平仄仄平)(蘇軾《卜算子》)。

三十功名塵與土(㊀仄㊥平平仄仄)(岳飛《满江紅》)。

老夫聊發少年狂(㊥平㊀仄仄平平)(蘇軾《江城子》)。

在七言律詩中，每句第一字的平仄是自由的，可是在有些詞調裏，七字句的平仄是固定的，如平平仄仄平平仄，有的規定只能用平平仄仄平平仄，第一字只能作平字，第三字只能作仄字。如柳永《雨霖鈴》："多情自古傷離别。"

詩的七律有特别的平仄句式㊀仄平平仄平仄，詞的七律也有這種句式。如"笑語盈盈暗香去"(辛弃疾《青玉案》)。

七字句的節奏一般是上四下三，也有上三下四的，例如："春花秋月——何時了"(李煜《虞美人》)，"恨西園——落紅難綴"(蘇軾《水龍吟》)。

八字句以上　八字句以上的句子都可以看作是上述句式復合而成，例如八字句一般是上三下五，九字句一般是上三下六，十字句可分析爲上三下七，十一字句可以是上六下五等等。其平仄均可按上述各種句子分析。

詞的句法還有"一字豆"現象。"豆"就是"逗"，就是句中稍有停頓。由於一字豆有領起一句或幾句的作用，所以又叫領句字或領字。從字數看，一字豆可以領起三字、四字以至九字，但以領起四字多見，如"有暗香盈袖"(李清照《醉花陰》)。從詞性看，一字豆大多是虚詞，如"奈、又、更、甚"等；也有動詞"恨、怕、記"等。例如：

正柳鎖一城煙雨(吴潛《二郎神》)——領本句，領起六字，領字是虚詞。

漸月華收練，晨霜耿耿；雲山攤錦，朝霞溥溥(蘇軾《沁園春》)——領起排句，領字是虚詞。

五、詞的對仗

詞的對仗與律詩的對仗有所不同，詞的對仗不是詞律規定的，可以用對仗也可以不用。對仗的位置也不固定。例如，從唐代李白起，到北宋的周邦彦，一共有 39 位詞人，寫了 160 餘首菩薩蠻，其中只有温庭筠有兩首用了對仗，一首在上片末("春露浥朝華，秋波浸晚霞")，另一首在過片處("繡衫遮笑靨，煙草黏飛蝶")，其餘全都没有用對仗。

詞的對仗不避同字相對，不要求平仄相對。

同字相對的如：我住長江頭，君住長江尾(李之儀《卜算子》)

平仄相對的如：市列珠璣，户盈羅綺（柳永《望海潮》）

平仄不相對的如：人有悲歡離合，月有陰晴圓缺（蘇軾《水調歌頭》）

（二十七）曲律

曲是元代繼詞而興起的一種詩歌形式，詞曲的名稱在不同的時代有不同的稱呼：唐代人所謂的曲，是後代人所説的詞；元代人所謂的詞，又是後代人所説的曲。

曲有南曲、北曲的分别。南曲産生於宋代，興於明代，是配合南樂而産生的；用韻以江浙一帶的吴方言語音爲標準，分平上去入四聲；音樂用五聲音階，伴奏以簫笛爲主，屬管樂類，曲調柔緩婉轉。北曲盛行於元代，用韻以北方的中原語音爲準，不用入聲；音樂上用七聲音階，樂器伴奏以琵琶爲主，屬弦樂類，曲調遒勁樸實。宋元時代的南戲和明清時的傳奇以南曲爲主，元代的雜劇都用北曲。這裏所説的曲專門指北曲。

北曲有雜劇和散曲的區别。雜劇是一種帶有科（動作）、白（道白）和歌曲（歌詞和曲調）的戲劇。它以唱曲爲主，一人主唱。散曲可看作雜劇的組成部分，可以離開雜劇而獨立存在，它和詞的性質相近。

散曲分小令和套數兩類。小令是不成套的曲，比較短小，等於一首單調的詞。套數是同一宫調的若干支曲子，按照一定的順序組成的較長的套曲。雜劇只有套數，一個套數爲一折，全劇通常分爲四折，有時候外加一個楔子。

一、曲調、宫調

曲調是演奏曲的樂譜，曲調的名稱叫做曲牌。曲牌有的與詞牌名同而實異，如搗練子、減字木蘭花、哨遍等；有的曲牌與詞牌名實相同，如憶王孫、風入松、念奴嬌等；更多的情況是曲牌與詞皆牌名實皆不同，如山坡羊、水仙子、叨叨令等。同一曲牌名往往還有别名，如折桂令，又名秋風第一枝、天香引、蟾宫曲、步蟾宫等四個别名。曲一般都是單調，不像詞有雙調、三叠或四叠。如果要表達較複雜的内容，可以把前調重複一遍，再寫“么篇”。么篇的字句比前調稍有增損（襯字）。如金元時期的楊果[仙侣]《賞花時·春情》：

花點蒼苔繡不匀，鶯唤垂楊語未真。簾幕絮紛紛，日長人困，風暖獸煙噴。[么篇]一自檀郎共錦衾，再不曾暗擲金錢卜遠人。香臉笑生春。舊時衣褃（kèn），寬放出二三分（標有曲線的文字爲襯字）。

如果内容複雜，除了用么篇，還可以用帶過曲。帶過曲，是把宫調相同音律又能銜接的小令銜接起來。帶過曲多數是兩支曲子,也有三支曲子的,即一帶二。帶過曲,曲牌要標明某曲帶過某曲,或寫爲"帶、過、兼"。帶過曲多用於套數,常見的有[正宫]《脱布衫帶小梁州》、[雙調]《水仙子帶折桂令》、《雁兒落帶得勝令》等等。如滕玉霄《駡玉郎帶過感皇恩、采茶歌》:

[駡玉郎]錢塘自古繁華勝,和靖咏,子瞻評。西湖堪與西施並。弄淡妝,晝夜觀,俱相趁。[感皇恩]宜雨宜晴,堪賞堪稱。曲岸邊草茸茸,高峰畔雲淡淡,斷橋下水泠泠。臨荷浦觀魚,傍柳岸聞鶯。游竹院,玩葛嶺,壓蘭亭。[采茶歌]雲出岫罩南屏,日銜山過西林。現出那雷峰晚照似蓬瀛,九井三潭五雲生,六橋煙柳勝丹青。

每一曲調都屬於一定的宫調。宫調是我國古代音樂中用以表示樂曲調式的名稱。中國歷代稱宫、商、角、徵(zhǐ)、羽爲五聲,後來又增加了變徵、變宫,即宫、商、角、變徵、徵、羽、變宫七聲。這七聲大致相當於現代音樂簡譜的1、2、3、#4、5、6、7,只是没有與#4(fa)相當的音,變徵大致和#4近似。

以宫聲爲主的叫宫,而以其他各聲爲主的叫調(如商調、角調等),統稱宫調。必須注意:宫調是宫、商、角、徵、羽等各調式的統稱,如果説"宫調式",一般指宫。

在古代,五聲、七聲的聲(或音)這個概念,同律這個概念不同。律,本來是用來定音的竹管;古人用十二個長短不同的竹管吹出十二個高度不同的標準音來確定樂音的高低。這樣一來,十二個標準音也叫做十二律。十二律各有固定的音高和特定的名稱:

十二管名(依次序排列)	黄鐘	大吕	太簇	夾鐘	姑洗	中吕	蕤賓	林鐘	夷則	南吕	無射	應鐘
分排律吕	律	吕	律	吕	律	吕	律	吕	律	吕	律	吕

十二管中,以黄鐘音最低,黄鐘以上,遞高半音階。十二管律中奇數叫律,偶數叫吕,合稱律吕。十二管長度各有規定,黄鐘最長,應鐘最短。如果以十二管律定每一種調式的音高,七聲音階的七種調式便會有八十四個調式,如古書所説的黄鐘宫、仙吕宫等調式。但是實際所用的曲調却没有這麽多。北曲所用的曲調,據元代人周德清《中原音韻》記載,只有六宫十一調,它們大致是十七種不同的調式,即:

六宫:正宫　中吕宫　道宫　南吕宫　仙吕宫　黄鐘宫;

十一調:大石調　雙調　小石調　歇指調　商調　越調　般涉調　高平調　宫調　角調　商角調。

元代雜劇實際運用的只有五宫四調,合稱九宫。五宫爲:正宫、中吕宫、南吕宫、仙吕宫、黄鐘宫。四調是:大石調、雙調、商調、越調。

各個宫調都表達某一類型的情感,寫曲時,可根據内容選擇一定的宫調,使聲情與文義俱佳。據《中原音韻》介紹,黄鐘宫富貴纏綿,正宫惆悵雄壯,南吕宫感嘆傷悲,仙吕宫清新綿邈,大石調風流醞藉,商調悽愴怨慕等等。

還應注意的是,有些曲調,調名相同但屬於不同的宫調,應看作不同的曲調。例如[正宫]端正好與[仙吕]端正好不同,[正宫]端正好專用於套數,不可以增句;[仙吕]端正好專用於楔子,還可以增字。此類曲子有十六支:水仙子[黄鐘宫、雙調]、寨兒令[黄鐘宫、越調]、端正好[正宫、仙吕宫]、祆(xiān)神急[仙吕宫、雙調]、上京馬[仙吕宫、商調]、鬭鵪鶉[中吕宫、越調]、紅芍藥[中吕宫、南吕宫]、醉春風[中吕宫、雙調]。

套數是由若干曲牌聯組而成的大型套曲。散曲中的套數稱爲散套,雜劇中的套數稱爲劇套。散套必須屬於同一宫調,劇套還可以借用相近宫調的曲牌,叫做借宫。例如王實甫《西厢記》長亭折用的是[正宫]的端正好、滚繡毬、叨叨令、脱布衫、小梁州等,另外借用了[中吕宫]的上小樓、快活三、朝天子、四邊静,還有[般涉調]的要孩兒和煞。

二、曲譜

曲譜是匯集曲牌供人按譜填詞的工具書。它規定了曲牌的字數、句式、平仄、韻律和所屬的宫調。現存最早的北曲曲譜,是明朝人朱權的《太和正音譜》(二卷),此書根據北曲十二宫調分類,列舉每個曲牌的句格譜式,詳細注明四聲平仄,分别標明正字襯字,並選録元人或明初的雜劇、散曲作品作爲範例。全書共收録 335 個曲牌。後來的各種曲譜,都是從這部書中取材的。

曲譜中所收曲牌,有些有别體,字句可以增減,稱作又一格。

除了《太和正音譜》以外,重要的曲譜,還有明人范文若的《博山堂北曲譜》,清初李玉的《北詞廣正譜》、王奕清等合編的《欽定曲譜》。曲譜之集大成者,是清人周祥鈺等奉敕編纂的《九宫大成南北詞宫譜》。它收有北曲 581 個曲牌,南曲 1513 個曲牌,共計 2094 個曲牌,4466 體。另外,還收有北曲套曲 185 套、南北合套曲 36 套。這些曲譜是掌握和研究南北曲格律的重要參考資料。

現代學者唐圭璋著有《元人小令格律》,收有 112 個曲牌,以元人小令參訂,注明格律,簡明切要。

三、曲韻

北曲作家是根據當時的實際語音用韻的,並没有韻書。元代人周德清根據關漢卿、白樸等北曲大家的用韻,寫出《中原音韻》。《中原音韻》反映了當時北方漢語的語音系統。《中原音韻》有十九個韻部：

1、東鐘　2、江陽　3、支思　4、齊微　5、魚模　6、皆來　7、真文

8、寒山　9、桓歡　10、先天　11、蕭豪　12、歌戈　13、家麻　14、車遮

15、庚青　16、尤侯　17、侵尋　18、監咸　19、廉纖

《中原音韻》没有入聲，原來的入聲字都分别歸到平、上、去三聲之中，這就是“入派三聲”。可是具體的字歸入哪一聲，跟今天普通話並不完全一致。例如在《中原音韻》中，清聲母入聲字歸上聲，不歸陰平。因此要確切弄清某一字在元曲裏屬某韻部，要查《中原音韻》(見本教材附録四《〈中原音韻〉字音表》)。《中原音韻》音系的介紹，參見本教材第十單元通論。

曲的用韻，有幾個問題應當弄明白：

第一，曲韻以平仄通押爲常規。平仄不通押的比較少見。曲的平仄通押，實際上就是平上去三聲通押，因爲入聲已派入三聲。例如馬致遠的《秋思·天净沙》：

> 枯藤老樹昏鴉(韻、平聲)，
> 小橋流水人家(韻、平聲)，
> 古道西風瘦馬(韻、上聲)，
> 夕陽西下(韻、去聲)，
> 斷腸人在天涯(韻、平聲)。

這支曲的韻脚平上去都有，都屬於家麻韻。但是平仄通押，並不是説每個韻脚可以隨便用平仄。什麽地方用平聲，什麽地方用仄聲，在曲調上是有規定的。可以説曲的平仄比詩詞嚴。例如李玉的《北詞廣正譜》的曲例上，就做了標示：

> 雨晴雲散，满江明月(韻，作去)，風微浪息，扁舟一葉(叶，作去)。半夜心，三生夢，萬里别(叶，作平)，悶倚蓬窗睡些(叶，末句平煞)(《黄鐘宫·節節高》)

這裏“月、葉、别、些”均韻，但是兩去聲，兩平聲，在詞中是少見的，在曲中却是普遍現象。

第二，一韻到底。北曲都是一韻到底，不能换韻。在雜劇中，每一折就只押一個韻部。

第三，韻字不避重韻。所謂重韻，就是在一首曲子裏出現相同的韻脚字。例如馬致遠[南吕宫]《金字經》：

> 絮添蘆花雪，鮓香荷葉風。且向江頭作釣翁。窮，男兒未濟中；風波

夢,一場幻化中。

這首曲中押兩“中”字,就是重韻。在套曲中,重韻比較多。如《西厢記》長亭折裏的《快活三》押“食、泥、泥、味”。

第四,曲可以有贅韻。贅韻是不必用韻的地方用韻。這裏,我們把《西厢記》長亭折中的《五煞》《四煞》的用韻及贅韻情况對照如下:

五煞	四煞
到京師服水土(不用韻),	這憂愁訴與誰(贅韻)?
趁程途節飲食,	相思只自知。
順時自保揣身體。	老天不管人憔悴。
荒村雨露宜眠早(不用韻),	泪添九曲黄河溢(贅韻),
野店風霜要起遲。	恨壓三峰華嶽低。
鞍馬秋風裏,	到晚來悶把西樓倚,
最難調護,	見了些夕陽古道,
最要扶持。	衰柳長堤。

四、曲的襯字

用襯字是曲律的特點。襯字是在規定的字數之外所添加的字,襯字可以用在句首,也可以用在句中,但不能用在句尾。句首的襯字,可以是實字,也可以是虚字。句中的襯字大多是虚字。襯字不拘平仄,字數從一字到六七字,甚至有二十多字。一般來説,小令襯字少,套數襯字多,散曲襯字少,雜劇襯字多。襯字的使用,使元曲的句式顯得自由而富於變化,更加口語化。

小令用襯字的,如張養浩的《山坡羊·潼關懷古》:

峰巒如聚,波濤如怒,山河表裏潼關路。望西都,意踟蹰,傷心秦漢經行處。宫闕萬間都做了土。興,百姓苦。亡,百姓苦。

套數用襯字的,如睢景臣《高祖還鄉》的煞曲:

二煞	一煞
你須身姓劉,	春采了俺桑,
你妻須姓吕。	冬借了俺粟。
把你兩家兒根脚從頭數。	零支了米麥無重數。
你本身做亭長躭幾盞酒,	换田契强秤了麻三秤,
你丈人教村學讀幾卷書。	還酒債偷量了豆幾斛。
曾在俺莊東住	有甚胡突處,
也曾與我喂牛切草,	明標著册曆,

拽壩扶鋤。　　　　　　　　見放著文書。

雜劇用襯字的,如王實甫《西厢記》長亭折的叨叨令:

見安排著車兒馬兒不由人熬熬煎煎的氣,

有甚麽心情花兒靨兒打扮的嬌嬌滴滴的媚。

準備著被兒枕兒則索昏昏沈沈的睡,

從今後衫兒袖兒都揾濕重重疊疊的泪。

兀的不悶殺人也麽哥?

兀的不悶殺人也麽哥?

久已後書兒信兒索與我恓恓惶惶的寄。

此令中的"也麽哥",有音無義,只是由於唱腔的需要才加上的是一種定格,不能算襯字。

應該注意的是,有不少曲調的句字可以增損,這是同一曲調的各種變格,與襯字不同。清初李玉的《北詞廣正譜》就羅列了各種變格。此外,有的曲譜不標示襯字,這就需要根據平仄格式和語句特點,參照同一曲調的作品,互相比較,來分出正字和襯字。

參考書目

(清)萬樹《詞律》,上海古籍出版社 1984 年。

龍榆生《唐宋詞格律》,上海古籍出版社 1978 年。

許威漢、金甲《簡明詩律》,山西教育出版社 1998 年。

褚斌傑《中國古代文體概論》,北京大學出版社 1990 年。

楊耐思《中原音韻音系》,中國社會科學出版社 1981 年。

吳梅《南北詞簡譜》,《吳梅全集》,河北教育出版社 2002 年。

王力主編《古代漢語》(校訂重排本)第四册,中華書局 2005 年。

許嘉璐主編《古代漢語》上册,高等教育出版社 1992 年。

荆貴生主編《古代漢語》(修訂本)下册,黄河出版社 1997 年。

練習(三)

一、名詞解釋。

1. 詞調　2. 詞牌　3. 詞譜　4. 雙調　5. 小令　6. 攤破
7. 偷聲　8. 套數　9. 又一格　10. 帶過曲

二、舉例説説什麽是同調異名、同調異體？

三、詞牌後面加上令、近、引、慢、偷聲、減字、攤破等字後，與本調是什麽關係？

四、詞的用韻、平仄、對仗與近體詩有什麽不同？

五、談談詞的産生及其名稱。

六、用所學詞律知識試分析張孝祥《六州歌頭》（長淮望斷）的詞譜。

七、試寫出《中原音韻》的十九個韻目。

八、試分述詞、曲之不同。

第十單元

文選

元典章

【解題】

《元典章》,全名《大元聖政國朝典章》,是元代前期、中期各種典章制度和法律文書的彙編。元成宗時,曾規定各地官府抄集律令格例,作爲官吏遵循的依據,其結果就是《元典章》的誕生。

此書分正集和新集兩部分。正集分詔令、聖政、朝綱、臺綱、吏部、户部、禮部、兵部、刑部、工部十大類,共六十卷,於元大德七年(1303)頒行,共2155條。新集分國典、朝綱、吏、户、禮、兵、刑、工八大類,不分卷,於至正二年(1342)頒行,共241條。

全書各大類之下又有門、目,目下列舉條格事例。全書共有81門467目2396條,全部内容都由元代的原始文牘資料組成,元代政治、經濟、文化等社會生活在書中都有具體生動的反映。《元史》和其他史籍中的許多記載都能在《元典章》中得到更爲詳細明確的印證或補充。現存的有關元代社會的各種史料,可以説以《元典章》最爲豐富、集中和具體生動。

《元典章》文體獨特,不僅使用一般書面語,辭訟文字中還常用元代口語。此外,聖旨、令旨和省、臺文件中還有以口語直譯蒙古語的特殊文體,其中有許多翻譯蒙古語的特殊詞語,如"肚皮"(賄賂)、"勾當裏交出去"(廢黜、罷免)等。有時,同一文牘中混用了不同的文體。因此,《元典章》語法特徵與一般的漢語文獻大不相同。另外,書中的俗體字很多,從中能够看出當時社會上試圖簡化漢字的自發趨向。

今天閲讀此書有一定難度,其原因主要有四:其一,書中大多爲吏牘公文,結構複雜,層次甚多,往往不易分辨;其二,書中不少篇目,是用元朝特有的蒙語硬性翻譯公牘文體(或稱蒙文直譯體)寫成,與一般漢語文體不同;其三,書中涉及許多元朝特有的制度,與中原傳統的制度有别;其四,此書由民間書坊編纂刻印而成,脱漏錯僞,比比皆是。但書中材料數量衆多,且都有明確的年代標記,所以此書不僅在研究元史和元代法制方面很有價值,也是研究元代白話的極好材料。

明以來,《元典章》有多種傳抄本。民國年間,在北京故宫發現了元刻本,現藏臺北故宫博物院。另有清末沈家本作跋的刻本,世稱沈刻本。沈刻本訛誤不少,陳垣(援庵)1931 年校補本最稱完善。這裏的文選據劉堅《白話文獻選讀》(商務印書館 1999 年),其中個别標點有所改變。

雜例·碾死人移屍(刑部卷四,典章四十二)

看碾子人李鎮撫家驅口閻喜僧狀招[1]:至元三年八月初八日[2],本宅後碾黍間[3],有小廝四個於碾北四五步地街南作耍[4]。至日高碾儘[5],前去本家取塾碾油餅回來[6]。到碾上,見作耍小厮一個,在西北碾槽内,手脚動但掙揣[7]。其餘三個小厮碾北立地。喜僧内前抱出小底[8],覷得頭上有血[9],抱於西牆下卧地;恐驢踏著,移於碾東北房門東放下,倚定麻秸坐定[10],手動氣出[11]。喜僧委是不知怎生碾著[12],避怕本使問著[13],走往阜城縣周家藏閃[14],在後却行還家[15]。干證人殷定僧等三人狀稱[16]:崔中山於碾内弄米來[17],俺三個碾外耍來,趕碾的人無來[18]。法司擬:既是殷定僧等稱崔中山自來弄米[19],别無定奪[20]。止據閻喜僧不合移屍出碾[21],不告身死人本家得知,合從不應[22],爲事輕[23],合笞四十[24]。部擬三十七下,呈省准擬[25]。

【注釋】

[1]驅口:元代有明確的良民和賤民之分,驅口是賤民的一種,又稱驅丁、驅户、驅、部曲户、奴隸、奴婢、家奴等,名不同而實則一。驅口的來源主要有三:一是宋元時金軍、蒙古軍在戰争中所俘漢族人户,大部分賜給有功者爲驅口。二是統治階級内部因貧富分化加劇,使得許多小生産者(包括蒙古平民)因償還不了債務而淪爲驅口。三是用貨幣購買而來的驅口。大多數驅口都被迫從事農業勞動或其他勞役,除對主人納貢外,還須向國家交税當差,地位類似農奴。少數成爲貴族家庭奴隸。狀招:具狀招認。[2]至元三年:即公元 1266 年。[3]本宅:自家住宅。[4]作耍:玩耍。[5]儘:此字不識。一説據前後文義,似當爲"訖"字。訖:表示動作完成。[6]本家:自己家裏。[7]動但掙揣:動彈掙扎。[8]内前:上前。小底:小的。[9]覷得:看見,瞧見。覰(qù):同"覷",看,瞧。[10]倚定:靠穩。麻秸:麻的莖。[11]手動:手抽搐。氣出:氣絶身亡。[12]委是:委實,確實。怎生:怎樣,如何。[13]避怕:擔心,害怕。本使:指自家主人。[14]藏閃:藏閃,躲藏。[15]在後:以後,之後。却:回轉,返回。[16]干證人:有關的證人。干:相干的,有關的。[17]來:助詞,表示時間,相當於"……時、……的時候"。[18]來:助詞,表示動态。前一個"來"表示動作正在進行,後一個"來"相當於今"來著",表示曾經發生過什麽事情。[19]法司:司法官吏。自來弄米:指崔中山那時在弄米。自

來：本來。[20]是説對此案不可能有其他的更有説服力的判斷。定奪：指對事情的取捨、判斷。[21]止：只。據：确實。不合：不該。[22]合從不應：量刑時，爲首者罰重，爲從者罰輕。合：應當。從：非首犯，責任輕者。疑“應”字後有脱字，待考。[23]爲事輕：過錯較小，責任較輕。[24]笞：笞刑，用荆條或竹板打臀、腿或背。[25]部、省：均是官署名。呈：呈報。

侵盗・侵盗官錢・配役(刑部卷九，典章四十七)

至元二十三年四月二十三日中書省奏過事内一件[1]：“系官的庫裏倉裏錢物[2]，偷了來的，少了來的，拿著底人多有[3]。錢賠不起呵，他底田產、人口、頭匹的[4]，不揀甚麽[5]，准折屬官[6]。地不勾呵[7]，保人根底交賠者[8]。更不勾呵[9]，本人根底交配役[10]。他每工錢算著[11]，那錢數到呵，放呵。怎生[12]？”麽道來[13]，奏呵。“交保人每賠底，知它怎生有[14]？然那般，依著您的言語者[15]。偷了錢物來的賊每根底不合放[16]。”麽道，聖旨有呵。回奏：“爲去年行了來的詔書聖旨，已前偷了官錢的、侵使了來的根底，那般道來[17]。”麽道，奏呵。“索甚麽那般者道有[18]？赦放麽道，賊每哏多了也[19]。錢賠不起呵，他每根底交擔著糧食步行的，交種田去者。”麽道，聖旨了也[20]。欽此。

【注釋】

[1]至元二十三年：公元1286年。中書省：元代中央行政機構名。[2]系官：政府官員。庫裏倉裏：在古代，倉和庫是有嚴格區别的，裝糧食的叫倉，裝其它物品的稱爲庫。這裏説“庫裏倉裏錢物”，接近於現代把倉和庫統稱爲倉庫。[3]少了來的：此句和下文“侵使了來的(根底)”義同，指挪用、佔用公款的。多有：常有。[4]頭匹的：牲口什麽的。頭匹：牲口。[5]不揀：不論，不管。[6]准折：折算，抵償。屬官：充公。[7]勾：够。[8]地不够的要讓擔保人也賠一點。根底：跟在代詞、名詞性成分後面，猶言方面、那邊、那種等。交：教，令。[9]更：還，尚。[10]配役：罰勞役。[11]每：宋元時口語，用同“們”，字亦作“門、懣、滿”等。清翟灝《通俗編・語辭》：“北宋時先借懣爲之，南宋别借爲們，而元時則又借爲每。元典章詔令中云‘他每’甚多，餘如省官每、官人每、令史每、秀才每、伴當每、軍人每、百姓每，凡其字每字，懣、們音之轉也。元雜劇皆用每。”按照宋元曲詞習慣，用“每”時不盡爲複數義，在指稱一個人時也用在代詞或名詞性成分後面，此同。[12]怎生：怎麽樣，如何，意在詢問這麽處置是否妥當。[13]這是蒙古語的直譯體。麽道：蒙古語詞，是説著、這樣説著的意思，這裏指前面説的話。下文中的“麽道”同。麽：這麽，那麽之意。來：助詞，表示過去發生的動作。[14]大意是：讓保人賠的那一份，官府如何才能得到啊？這是懷疑這種規定能否實行。[15]如果真的那樣(即保人也幫著賠)，那就照著你們説的实行吧。[16]合：該，應該。[17]“爲去年行了來的詔

書"五句大意是:去年皇帝的聖旨是那樣説的,對以前偷了官府銀錢和佔用了官家銀錢的,是那麼規定的。[18]有:蒙古語助動詞,在這裏相當於漢語的語氣助詞"哪、呐"。一説這種"有"是硬譯蒙古語而成的特殊文體。[19]哏多了:更凶了、更猖狂了。哏(hěn):同"狠",凶惡。[20]聖旨了(liǎo)也:聖旨完結了。了:完結。

老乞大諺解

【解題】

《老乞大》和《朴通事》是高麗(朝鮮)人學習漢語的兩部重要的會話體教科書,是由熟悉漢語的高麗(朝鮮)人盡力按照當時通行的、地道的漢語口語編寫而成的。據說,"乞大"是對譯蒙古語"契丹"的譯音,指中國;"老乞大"的意思是"中國通"。朴(piáo)是姓,"通事"是對翻譯的稱呼,"朴通事"即姓朴的翻譯。對於漢語史研究來説,這兩本書的價值在於它們非常貼近地反映了14世紀到16世紀漢語口語的面貌,因此,歷來都受到研究者們的高度重視。

這兩部書的原著者和成書時期都没有確切記載,根據研究者的意見,《老乞大》成書在元朝末年,約在至正六年(1346)到至正二十八年(1368,元朝滅亡)之間(即高麗朝末期);而《朴通事》的成書時間略晚於《老乞大》,大約在明朝建立初期。

關於這兩部書的較早記載,見於朝鮮《李朝實録》中的《世宗實録》。朝鮮王朝(1392～1910)又稱"李朝",是朝鮮半島上的最後一個王朝。所以,《李朝實録》又稱《朝鮮王朝實録》。李朝統治的時期,大約相當於中國的明清時期。

李朝世宗五年(即明永樂二十一年,1423)六月壬申條:"禮曹據司儀院牒呈啓:'《老乞大》、《朴通事》、《前後漢》、《直解小學》等書,緣無板本,讀者傳寫誦習,請令鑄字所印出。'從之。"於是,《老乞大》、《朴通事》得以刊行於世。

《李朝實録》成宗十一年(1480)下有這樣的記載:"侍讀官李昌臣啓曰:'前者承命質正漢語於頭目戴敬,敬見《老乞大》、《朴通事》,曰:"此乃元朝時語也。與今華語頓異,多有未解處。"即以時語改數節,皆可解讀。請令能漢語者盡改之。'……上曰:'其速刊行。且選能漢語者删改《老乞大》、《朴通事》。'"這是李朝朝廷要組織人對《老乞大》、《朴通事》進行首次修改的記録。可見,爲了與當時通行的地道的漢語口語一致,這兩本書在傳抄和刊版的過程中有所改動。我們現在看到書中各部分的語言風格有不一致的地方,大約就是這種改動所留下的痕迹。"傳世的《老乞大》有多種版本,重要的有《翻譯老乞大》(1507～1517)、《老乞大諺解》(1670前後)、《老乞大新釋》(1761)、《重刊老乞大諺解》(1795)以及新發現的《原本老乞大》。各種版本的《老乞大》是隨著時代的推移、語言的變化而不斷修訂的,反映了漢語在三四百年間的變遷,所以對近代漢語研究更具有獨特的價值,這樣的資料是不可多得的"①。"諺解"就是翻譯,是用朝鮮諺文給每個漢字注音,並用諺文將每句話翻譯成朝鮮語。這些書中,由朝鮮著名語言學家崔世珍翻譯的《翻譯老乞大》和《翻譯朴通事》是最早的著作。1670年前後刊行的《老乞大諺解》和1745年刊行的《老乞大諺解》,都是在崔世珍《翻譯老乞大》基礎上略加修改而成的。

《老乞大》采用當時的口語寫成,其内容主要是旅行、商業貿易方面的會話,一般認爲是初級會話教材。書中反映的主要是元末以來的北方共同語,也有少數元代蒙古語成分。

本節選録《老乞大諺解》裏四段文字。第一、二、三段是對話;第四段風格不同於前三段,像是一種勸善文字。第四段的時代可能早一些。這裏參照了汪維輝所編《朝鮮時代漢語教科書叢刊》。有些字在該叢刊中是古代俗體字或異體字,如:塩(鹽)、葱(蔥)、槩(概)、覤(覷)(按:汪維輝點校寫作"覰",見一册93頁。《正字通·見部》:"覷,俗作覰。")、迴(回)、踮(站)、隣(鄰)、粧(妝)、胷(胸)等。爲了排印方便,我們都使用現代通用的繁體字形。

一

大哥,你從那裏來?

我從高麗王京來[1]。

如今那裏去?

我往北京去。

你幾時離了王京?

我這月初一日離了王京。

既是這月初一日離了王京,到今半個月,怎麽才到的這裏[2]?

我有一個火伴落後了來[3],我沿路上慢慢的行著等候來,因此上來的遲了。

那火伴如今趕上來了不曾?

這個火伴便是,夜來才到。

【注釋】

[1]王京:高麗王朝的都城開城(1392年李成桂推翻高麗王朝,建立朝鮮國,遷都漢城)。[2]

---

① 汪維輝編《朝鮮時代漢語教科書叢刊》第一册3頁,中華書局2005年。

的：同"得"，助詞，附在動詞後，表示動作完成。[3]火伴：原指軍隊中共竈開伙的人，十人爲一火。引申指同伴。

你這月盡頭到的北京麼到不得[1]？

知他[2]？那話怎敢説？天可憐見[3]，身已安樂時也到[4]。

你是高麗人，却怎麽漢兒言語説的好[5]？

我漢兒人上學文書[6]，因此上些少漢兒言語省的[7]。

你誰根底學文書來？

我在漢兒學堂裏學文書來。

【注釋】

[1]盡頭：末尾，此指月末。到的：能到。和"到不得"呼應，構成正反問。的：同"得"，表示可能。[2]知他：相當於現代漢語的"管他呢"。知：管。[3]天可憐見：元人常語，猶如現代所説的"老天保佑"。[4]身己安樂：身體安康、順遂。[5]漢兒言語：指當時漢人所説的口語。漢兒：元朝蒙古人對漢人的一種稱呼。[6]上：相當於"處"。[7]上：表示"……方面"。些少：少許，一些。省(xǐng)：知曉，懂得。

二

咱們今夜那裏宿去？

咱們往前行的十里來田地裏，有個店子，名唤瓦店。咱們到時，或早或晚[1]，只那裏宿去[2]。若過去了時[3]，那邊有二十里地没人家。

既那般時，前不著村，後不著店，咱們只投那裏宿去。

到那裏便早時也好[4]，咱們歇息頭口[5]，明日早行。

【注釋】

[1]或早或晚：不論早晚。[2]只：就。[3]時：語氣詞，表示停頓，相當於"呵"。[4]便早時：即便時間還早(的話)。[5]頭口：又稱"頭匹"，即牲口。

這裏到京裏有幾程地？

這裏到京裏還有五百里之上。天可憐見，身子安樂時，再著五個日頭到了。

咱們到時，那裏安下好？

咱們往順城門官店裏下去來[1]。那裏就便投馬市裏去却近些。

你説的是，我也心裏這般想著，你説的恰和我意同，只除那裏好[2]。

但是遼東去的客人們[3]，別處不下，都在那裏安下。我年時也在那裏下來[4]，十分便當。

【注釋】

[1]順城門：應作“順承門”，今北京宣武門在元代叫順承門，明代始改稱宣武門。下：住（旅店）。[2]只除：只有。[3]但是：只要是，凡是。[4]年時：往年。

三

客人們，你打火那不打火[1]？

我不打火喝風那？你疾快做著五個人的飯著。

你吃甚麼飯？

我五個人，打著三斤麵的餅著。我自買下飯去[2]。

你買下飯去時，這間壁肉案上買豬肉去[3]。是今日殺的好豬肉。

多少一斤？

二十個錢一斤。

你主人家就與我買去[4]，買一斤肉著。休要十分肥的，帶肋條的肉買著。大片兒切著，炒將來著[5]。主人家迭不得時[6]，咱們火伴裏頭，教一個自炒肉。

【注釋】

[1]打火：（在旅店裏）做飯用餐。[2]下飯：佐餐的菜肴。[3]間壁：隔壁。肉案：肉鋪子。[4]主人家：指店主人。與：替。[5]炒將來：炒起來。將來：用在動詞後，表示行動起來。[6]迭不得：忙不過來，來不及。迭：及。

我是高麗人，都不會炒肉。

有甚麼難處？刷了鍋著[1]。燒的鍋熱時，著上半盞香油[2]。將油熟了時，下上肉[3]，著些鹽，著筯子攪動[4]。炒的半熟時，調上些醬水生葱料物拌了[5]，鍋子上蓋覆了，休著出氣[6]。燒動火，一霎兒熟了。這肉熟了，你嘗看，鹹淡如何？

我嘗得微微的有些淡。

再著上些鹽著。主人家，餅有了不曾？

將次有了[7]，你放卓兒先吃[8]，比及吃了時[9]，我也了了[10]。

【注釋】

[1]著:助詞。[2]著:動詞,放,倒。[3]下上肉:把肉放到鍋裏。下:動詞,放。上:趨向動詞。[4]著:前一個是動詞,後一個是介詞,相當於"用"。[5]料物:作料。[6]休:不要。著:叫,讓。[7]將次:馬上,即刻。[8]卓兒:桌子。卓:即"桌"。[9]比及:等到。[10]了:前一個是動詞,完成、結束;後一個是助詞,表示動作完成。

四

大概人的孩兒[1],從小來,好教道的成人時[2],官人前面行著[3]。他有福分時,官人也做了;若教道他,不立身成不得人,也是他的命也[4]。咱們盡了爲父母的心,不曾落後[5]。你這小孩兒,若成人時,三條路兒中間裏行著:别人東西休愛,别人折針也休拿,别人是非休説。若依著這般用心行時[6],不揀幾時[7],成得人了。常言道:"老實常在,脱空常敗[8]。"休做賊説謊,休奸猾懶惰。官人們前面出不得氣力行時,一日也做不得人。

【注釋】

[1]大概:大凡,一般。[2]教道:教導,教育。[3]在當官的跟前執掌事務(當差之類)。[4]大意是:如果教導的結果是他始終不能成材,那也是他的命。立身:指處事、爲人。[5]不曾落後:指在盡心教育孩子方面不比别人差。[6]用心:盡心。[7]不管什麽時候,遲早總有一天。[8]脱空:弄虚作假,故弄玄虚。

火伴中間,自家能處休説[1],休自誇;别人落處休笑[2]。船是從水裏出,旱地裏行不得,須要車子載著。車子水裏去時,水裏行不得,須用船裏載著。一個手打時響不得,一個脚行時去不得。咱們人厮將就厮附帶行時好[3];又這火伴們,好的歹的,都厮扶助著行。人有好處揚説著,人有歹處掩藏著。常言道:"隱惡揚善。"若是隱人的德,揚人的非,最是歹勾當[4]。

【注釋】

[1]能處:長處。[2]落處:短處。[3]厮將就厮附帶:互相照應,互相提攜。厮:相,互相。[4]歹勾當:壞事情。

咱們做奴婢的人,跟著官人們行時,這裏那裏下馬處,將官人的馬牽著,好生拴著[1],肥馬凉著,瘦馬鞍子摘了,絆了脚,草地裏撒了[2],教吃草。布帳子疾忙打起著,鋪陳整頓著[3],房子裏搬入去著。鞍子轡頭,自己睡卧房子裏放著,上頭著披氈蓋著[4]。那的之後,鑼鍋安了著,疾忙茶飯做著。肉熟了，撈出來。茶飯吃了時，碗子家具收拾了。官人們睡了時，教一個火伴伺候著。若這般謹慎行時，便是在下人服侍官長的道理。

【注釋】

[1]好生：用心，當心。[2]撒：或又叫作"和"，即撒和，喂牲口。[3]鋪陳：鋪蓋，指被褥臥具。[4]上頭：上面。

咱們結相識行時，休説你歹我好，朋友的面皮，休教羞了。親熟和順行時，便是一個父母生的弟兄一般，相待相顧盼著行[1]。朋友們若困中没盤纏時，自己錢物休愛惜，接濟朋友們使著。朋友若不幸遭著官司口舌時，衆朋友們向前救濟著。若不救時，傍人要唾駡。有些病疾時，休回避，請太醫下藥看治著[2]；早起晚夕[3]，休離了；煎湯煮水，問候著。若這般相看時，便有十分病也減了五分。朋友有些病疾，你不照覷他，那病人想著没朋友的情分，悽惶時，縱有五分病，添做十分了。

【注釋】

[1]顧盼：此處意爲"照顧"。[2]太醫：指醫生，尊稱。此處不專指宫廷御醫。[3]早起：早上。晚夕：晚上。

咱們世上人，做男兒行時，自己祖上的名聲休壞了，凡事要謹慎行時。卓立的男子[1]，父母的名聲辱麽了時[2]，别人唾駡也。父母在生時，家法名聲好來[3]，田産家計有來，孳畜頭口有來[4]，人口奴婢有來。爺娘亡没之後，落後下的孩兒們[5]，不務營生，教些幫閑的潑男女[6]，狐朋狗黨，每日穿茶房，入酒肆，妓女人家胡使錢。衆親眷街坊老的們勸説："你爲甚麽省不得，執迷著心？"回言道："使時使了我的錢，壞時壞了我的家私，干你甚麽事？"因此上，衆人再不曾勸他，隨著他胡使錢。每日十數個幫閑的家裏，媳婦孩兒，吃的穿的，都是這呆廝的錢。騎的馬三十兩一匹好竄行馬[7]，鞍子是時様減銀事件的好鞍轡[8]，通是四十兩銀。

【注釋】

[1]卓立：挺立，指偉岸而正直。[2]辱麽：辱没，玷辱。[3]來：助詞，表示過去的状態。[4]孳畜：牲畜。頭口：亦指牲畜。[5]落後下：遺留下。[6]幫閑：爲官僚豪富消遣玩樂而湊趣效勞。潑男女：猶言壞東西。[7]竄行：快跑。[8]時様：時新的款式。減銀：成色不足的銀子。這裏可能是指鍍銀。事件：即物件，也寫作"什件"，這裏指各種花樣。

穿衣服時，按四時穿衣服，每日脱套换套[1]。春間好青羅衣撒[2]，白羅大搭胡[3]，柳禄羅細褶兒[4]。到夏間，好極細的毛施布布衫[5]，上頭繡銀條紗搭胡[6]，鴨緑紗直身[7]。到秋間是羅衣裳。到冬間，界地紵絲襖子[8]，緑紬襖子，織金膝欗襖子[9]，茶褐水波浪地兒四花襖子，青六雲襖子，茜紅氈段藍綾子褲兒[10]，白絹汗衫，銀褐紵絲板摺兒[11]，短襖子，黑緑紵絲比甲[12]。這般按四時穿衣裳。

【注釋】

[1]脱套换套：一套又一套地更换衣服。[2]青羅衣撒：未詳。[3]白羅大搭胡：未詳。[4]褶：褶子，一種便服。[5]毛施布：苧麻布。又稱木絲布、没絲布，音轉而爲毛施布。[6]繡銀條紗：以白紗作底，繡上白絨線。[7]直身：一種日常所穿的長衫。[8]界地：襯裏。襖子：棉襖。[9]織金：用金絲織出圖案的珍貴織物。膝欗：又稱戰裙，束於大腿内側。[10]茜紅：絳紅色。段：緞，一種絲織物。[11]板摺兒：一種有摺的長袍。[12]比甲：一種無領無袖、前短後長的衣服，便於騎射。也指一種背心。

系腰時也按四季[1]。春裏系金絛環。夏裏系玉鈎子，最低的是菜玉，最高的是羊脂玉[2]。秋裏系减金鈎子[3]，尋常的不用，都是玲瓏花樣的。冬裏系金厢寶石鬧裝[4]，又系有綜眼的烏犀系腰[5]。

【注釋】

[1]系腰：腰帶。[2]鈎：腰帶鈎。菜玉：淺緑色的玉。羊脂玉：白玉的一種，半透明，色如羊脂。[3]减金：成色不足的金，這裏指鍍金。[4]金厢寶石：以金爲底子，鑲嵌寶石。厢：通"鑲"，鑲嵌。鬧裝：用金銀珠寶等雜綴而成的腰帶或鞍、轡之類飾物。[5]烏犀：犀牛的一種。這裏指用烏犀的角制成的飾品。

頭上戴的好貂鼠皮披肩，好纏棕金頂大帽子[1]。這一個帽子，結裹四兩銀子[2]。又有紵絲剛叉帽兒[3]，羊脂玉頂子。這一個帽子，結裹三兩銀子。又有天青紵絲帽兒，雲南氊帽兒[4]，又有貂鼠皮狐帽，上頭都有金頂子。

【注釋】

[1]纏棕：用棕櫚樹的纖維編織成的（大帽子）。[2]結裹：結果。這裏指耗費、消耗。[3]剛叉帽兒：元代軍人所戴的一種大帽子。[4]雲南氈：元代雲南所産的一種氈，以細密而著稱。

穿靴時，春間穿皂麂皮靴[1]，上頭縫著倒提雲[2]。夏間穿猠皮靴[3]。到冬間穿嵌金線藍條子白麂皮靴。氈襪穿好絨毛襪子，都使大紅紵絲緣口子。一對靴上都有紅絨雁爪。那靴底都是兩層净底。上的線，蠟打了，錐兒細，線粗，上的分外的牢壯[4]，好看。

【注釋】

[1]皂:黑色。[2]倒提雲:雲朵狀圖案,雲頭向下,雲尾向上,一般綴於靴頭作裝飾。[3]獐皮:羊皮去毛,熟制使軟,用作制靴的材料。[4]牢壯:結實,堅固。

吃飯時,揀口兒吃[1]。清早晨起來,梳頭洗面了,先吃些個醒酒湯[2],或是些點心。然後打餅熬羊肉,或白煮著羊腰節胸子。吃了時,騎著鞍馬,引著伴當[3],著幾個幫閒的盤弄著,先投大酒肆裏坐下,一二兩酒肉吃了時,酒帶半酣,引動淫心,唱的人家裏去[4]。到那裏,教那彈弦子的謊厮們捉弄著[5],假意兒叫幾聲"舍人公子",早開手使錢也。那錢物只由那幫閒的人支使,他只妝孤[6],正面兒坐著,做好漢。那厮們將著銀子花使了,中間克落了一半兒[7],養活他媳婦孩兒。一個日頭,比及到晚出來時,至少使三四兩銀子。後來使的家私漸漸的消乏了[8],人口頭匹家財金銀器皿都盡賣了,田産房舍也典當了。身上穿的也没,口裏吃的也没,幫閒的那厮們,更没一個肯偢倸的[9]。如今跟著官人拿馬,且得暖衣飽飯[10]。

【注釋】

[1]揀口兒:挑食。[2]醒酒湯:酒後飲以解酒的羹湯。[3]伴當:同伴。[4]唱的人家裏:歌妓人家。[5]謊厮:浪蕩子弟,不老實的傢夥。[6]妝孤:裝做富貴灑脱的樣子。[7]克落:克扣,侵吞。[8]家私:家財,家産。消乏:窮盡。[9]偢倸:也作"瞅睬",理睬。[10]且:暫且,姑且。

朴通事諺解

【解題】

關於此書的説明,參見《老乞大諺解》題解。

《老乞大》和《朴通事》是姊妹篇,都采用對話體編撰而成,是當時人學習漢語口語的教材。不過,《朴通事》的内容取材比《老乞大》廣泛得多,舉凡名物制度、社會習尚、飲食起居、文化娱樂等,都編入書中。《朴通事》詞彙量大,思想深刻,有些段落比較典雅,學習難度比《老乞大》大。因此,研究者們認爲《朴通事》是高級會話教材。

"傳世的《朴通事》也有多種版本,但比《老乞大》少,主要的有三種:《翻譯朴通事》(上;1517)、《朴通事諺解》(上、中、下;1677)和《朴通事新釋》(1765)"。①"《諺解》本(《翻譯》本同)的漢語部分是1483年經過中國使臣葛貴等人修改過的本子,已不同於元時的初版本,大體上反映了明初的北方話口語,其中也許還雜有南方方言的成分。"②

本節選録了一段講説《西遊記》故事的文字。這一部分,大概是其中説話人所説的《唐三藏西遊記》(今佚)中的一節故事,不過文句當是經過《朴通事》編者轉述而非本來面目了。這段車遲國鬥聖的故事,後來吴承恩寫入了《西遊記》(第四十六回)。這裏的原文參照了汪維輝所編《朝鮮時代漢語教科書叢刊》。

我兩個部前買文書去來。

買甚麽文書去?

買《趙太祖飛龍記》、《唐三藏西遊記》去。

買時買四書六經也好,既讀孔聖之書,必達周公之理[1],要怎麽那一等平話[2]。

《西遊記》熱鬧,悶時節好看有[3]。唐三藏引孫行者到車遲國,和伯眼大仙鬥聖的,你知道麽?

你説我聽。

【注釋】

[1]周公之理:即"周禮","理"應爲"禮"。儒家經典三禮(《周禮》、《儀禮》、《禮記》)中,《周禮》是關於先秦職官和各種典章制度的書,漢初名爲《周官》,改稱《周禮》約始於西漢末劉歆。讀書則必達周公之禮,説明古代朝鮮一般讀書人都要學習儒家經典,可見古代朝鮮人受儒家思想影響很深。[2]怎麽要:原作"要怎麽",今正。一等:一種。平話:我國古代民間流行的一種口頭文學形式。[3]時節:時候。好:便于。有:蒙古語助詞,相當於漢語的語氣助詞"哪、呐"。一説這種"有"是硬譯蒙古語而成的特殊文體。

唐僧往西天取經去時節,到一個城子,唤做車遲國。那國王好善[1],恭敬佛法。國中有一個先生[2],唤伯眼,外名唤"燒金子道人"。見國王敬佛法,便使黑心,要滅佛教。但見和尚,便拿著曳車、解鋸[3],起蓋三清大殿[4],如此定害三寶[5]。

【注釋】

[1]好善:樂於爲善。[2]先生:元朝人稱道士爲先生。[3]曳車:木工劃直線用的工具,今稱

①② 汪維輝編《朝鮮時代漢語教科書叢刊》,第一册208頁,中華書局2005年。

墨斗。解鋸：鋸。[4]三清大殿：道觀的主要大殿之一，通常供奉神態端莊的三位尊神玉清元始天尊、上清靈寶天尊、太清道德天尊，合稱“三清”。三清爲道家哲學“三一”學説的象徵。[5]定害：侵擾，攪擾。三寶：佛教術語，指佛寶、法寶、僧寶，又稱作三尊。佛指佛教教主，或泛指一切諸佛。法指教法、真理。“僧”指僧團。佛教認爲，這三者都是令衆生得度的重要因緣，缺一不可。寶是譬喻，用來彰顯佛、法、僧的勝德。

一日先生們做羅天大醮[1]。唐僧師徒二人，正到城裏智海禪寺投宿。聽的道人們祭星，孫行者師傅上説知。到羅天大醮壇場上藏身，奪吃了祭星茶果，却把伯眼打了一鐵棒；小先生到前面教點燈，又打了一鐵棒。伯眼道：“這禿厮好没道理！”便焦燥起來。到國王前面告未畢，唐僧也引徒弟去到王所[2]。王請唐僧上殿，見大仙，打罷問訊[3]，先生也稽首回禮[4]。先生對唐僧道：“咱兩個冤仇不小可裏[5]！”三藏道：“貧僧是東土人，不曾認的你，有何冤仇？”大仙睁開雙眼道：“你教徒弟壞了我羅天大醮，更打了我兩鐵棒，這的不是大仇[6]？咱兩個對君王面前鬥聖[7]，那一個輸了時，强的上拜爲師傅。”唐僧道：“那般著？”伯眼道：“起頭坐静[8]，第二櫃中猜物，第三滚油洗澡，第四割頭再接。”説罷，打一聲鍾響，各上禪床坐定，分毫不動，但動的便算輸。

【注釋】

[1]羅天大醮(jiào)：道士爲禳除災祟而設的規模盛大的道場。醮：道士設壇祈禱。[2]王所：國王所在的地方。[3]問訊：出家人合掌行禮。[4]稽首：跪拜禮，叩頭到地，是極敬之重禮。[5]小可：平常。裏：句末語氣詞，相當於“哩、呢”。[6]這的：這個。指事物時，元代多用“這的”，少用“這個”。[7]鬥聖：鬥法。[8]起頭：先。坐静：静坐修持，這裏指坐禪。《玉篇・示部》：“禪，静也。”

大仙徒弟名鹿皮，拔下一根頭髮，變做狗蚤[1]，唐僧耳門後咬，要動禪[2]。孫行者是個胡孫[3]，見那狗蚤，便拿下來磕死了，他却拔下一根毛衣，變做假行者，靠師傅立的[4]。他走到金水河裏，和將一塊青泥來，大仙鼻凹裏放了；變做青母蝎[5]，脊背上咬一口，大仙叫一聲，跳下床來了。

王道：“唐僧得勝了。”

【注釋】

[1]狗蚤：據説即今北方話之“狗鼈虱”。形狀似鼈，藏於狗毛下，咬住狗的皮肉吸血。[2]動禪：坐禪時動了身體。[3]胡孫：即猢猻，猴的别名。[4]立的：即站著。的：宋元時多寫作“地”。[5]蠍：同“蝎”。

又叫兩個宫娥，擡過一個紅漆櫃子來，前面放下，著兩個猜裏面有甚麽。皇后暗使一個宫娥，説與先生櫃中有一顆桃。孫行者變做個焦苗蟲兒，飛入櫃中，把桃肉都吃了，只留下桃核，出來説與師傅。王説："今番著唐僧先猜。"三藏説："是一個桃核。"皇后大笑："猜不著了！"大仙説："是一顆桃。"著將軍開櫃看，却是桃核，先生又輸了。

鹿皮對大仙説："咱如今燒起油鍋，入去洗澡。"鹿皮先生脱下衣服，入鍋裏。王喝保的其間，孫行者念一聲"唵"字，山神、土地、神鬼都來了。行者教千里眼、順風耳等兩個鬼，油鍋兩邊看著。先生待要出來，拿著肩膀颩在裏面[1]。鹿皮熱當不的[2]，脚踏鍋邊待要出來，被鬼們當住出不來，就油裏死了。王見多時不出時，莫不死了麽？教將軍看。將軍使金鈎子搭出個爛骨頭的先生。

孫行者説："我如今入去洗澡。"脱了衣裳，打一個跟蚪，跳入油中；纔待洗澡，却早不見了。王説："將軍，你搭去。行者敢死了也[3]！"將軍用鈎子搭去，行者變做五寸來大的胡孫，左邊搭右邊躲，右邊搭左邊去，百般搭不著。將軍奏道："行者油煎的肉都没了！"唐僧見了啼哭，行者聽了跳出來，叫："大王，有肥棗麽[4]？與我洗頭。"衆人喝保："佛家羸了也。"

孫行者把他的頭先割下來，血瀝瀝的腔子立地[5]。頭落在地上，行者用手把頭提起，接在脖項上依舊了。伯眼大仙也割下頭來，待要接。行者念"金頭揭地，銀頭揭地，波羅僧揭地"之後[6]，變大黑狗，把先生的頭拖將去。先生變做老虎趕，行者直拖的王前面颩了。不見了狗，也不見了虎，只落下一個虎頭。國王道："元來是一個虎精[7]，不是師傅，怎生拿出他本像[8]！"説罷，越敬佛門，賜唐僧金錢三百貫、金鉢盂一個，賜行者金錢三百貫打發了。

這孫行者正是了的[9]！那伯眼大仙那裏想胡孫手裏死了？古人道："殺人一萬，自損三千。"

【注釋】

[1]颩(diū)：扔，丢。此句義指抓住鹿皮道士的肩膀，把他扔在油鍋裏面。[2]當不的：受不了，禁不住。[3]敢：莫非，或許。[4]肥棗：當爲肥皂。[5]腔子：軀體。[6]"金頭揭地"等三句：是由《多心經》咒語略變而來，咒語的原文是"揭諦，揭諦，波羅僧揭諦，婆娑訶"。揭地：也寫作揭諦，是梵語音譯，意思是去、往。[7]元來：明朝以前"原來"一詞都寫作"元來"，明朝推翻元朝以後，爲避諱而把"元來"改作"原來"。《朴通事》因在朝鮮刊行，所以没有改變。[8]

本像:也作"本象",原形。[9]了的:了得,了不起。

訓世評話

【解題】

《訓世評話》作者李邊(1391～1473),生活於高麗末年及李朝建國初期,是當時著名的漢語譯學者。官至司譯院都提調輔國崇禄大夫領中樞府事。這本書編成於1473年6月,李邊死於同年10月。1480年(朝鮮成宗十一年,即明成化九年),此書刊行面世。

《訓世評話》上下兩卷,是朝鮮時代繼《老乞大》、《朴通事》之後又一本重要的漢語教科書。朝鮮曾設置司譯院專門培養外國語學者,而漢語學習在司譯院裏佔有最重要的地位。朝鮮《太祖實録》卷四,二年癸酉(1393)九月辛酉條就有"置司譯院,肄習華言"的記載。同書卷六,三年甲戌十一月乙卯條又説:"我國家世事中國,言語文字不可不習,是以殿下肇國之初特設本院,置禄官及教官教授生徒,俾習中國言語文字音訓文字體式,上以盡事大之誠,下以期易俗之效。"朝鮮司譯院教授漢語、教習中國傳統的倫理道德的情況可見一斑。但是,當時的漢語教科書不能滿足需要,《訓世評話》正是適應這樣的要求而編的。

《訓世評話》共編寫了六十五則故事,其中大部分是關於中國古代明賢節婦的,也有一些傳説和幽默故事,取自二十來部中國古書,只有五則是取自朝鮮古籍。每一則都先用文言敘述,然後譯成白話。原文無句讀,白話部分約在二萬一千字以上。"《訓世評話》的現存刊本爲1518年(朝鮮中宗十三年,明正德十三年)的江陵木刻版本,分上下兩卷"①。這裏選録十則故事,每則用阿拉伯數字編號。文本參照汪維輝《朝鮮時代漢語教科書叢刊》。

1. 虞舜父頑,母嚚[1]。象傲,常欲殺舜。克諧以孝[2],不格奸[3]。後爲天子,不殺象,封之有庳[4]。

古時虞舜,他的父親瞽叟,心裏無有德行。後娘也口裏無些兒好言語。後娘生的象呵,越暴虐[5],一心兒只要殺舜麽。舜呵,十分孝順,感動他回心,不到姦惡[6]。後頭做了皇帝,不殺象,顛倒封他有庳地面[7]。這個是天下的大孝。

---

① 汪維輝編《朝鮮時代漢語教科書叢刊》第一册403頁,中華書局2005年。

【注釋】

[1]此段原文見《尚書·堯典》,有省改。頑:愚妄,愚頑。嚚(yín):愚頑。[2]大意是:能够與家人和諧相處,奉行孝道。克:能,能够。[3]格:至,到。奸:奸詐,邪惡。[4]有庳:也作"有卑、有鼻",古地名,在今湖南省道縣北。相傳舜封其弟象於此。[5]越:表示程度,格外,特别。[6]没到犯奸作惡的程度。[7]顛倒:反倒,反而。

2. 文王爲世子時[1],朝於王季,日三。鷄初鳴,衣服至於寢門外[2]。問内豎曰[3]:"今日安否? 何如?"内豎曰"安",文王乃喜。及日中又至,亦如之。食上,必在,視寒暖之節[4]。

文王做世子時,侍奉父親王季。每日頭鷄叫時起來[5],穿了衣服,到王季寢門外頭問:"安否?"内官説"安"了,文王心裏喜歡,回來。到晌午裏也進問,到晚夕又進問。每日這般三遭問安。若進膳時,熱的冷的親自看一看,這般盡心孝順。

【注釋】

[1]此段原文見《禮記·文王世子》,有省略。文王:周文王。世子:太子。[2]寢門:内門。古時天子五門,諸侯三門,大夫二門。最裏邊的門爲寢門。後泛指内室之門。[3]内豎:内臣。[4]節:調控,過問。[5]頭鷄:黎明時最先啼叫的公鷄。

3. 姜詩孝母[1],汲江數里。舍側涌泉,日有雙鯉。

古時姜詩孝養母親。他母親愛吃江水和鯉魚,姜詩分付他娘子每日到四五里地挑將水來。有一日,家邊忽然涌出一眼井水,和江水一般滋味。又每日家一雙鯉魚兒出來。這般有孝感。

【注釋】

[1]事見《華陽國志·先賢士女傳》,有省略。

4. 孟宗性至孝[1]。母年老病篤,冬節欲食笋。宗入竹林哀泣。有頃,地上出笋數莖,取而作羹,供母,食畢病愈。

古時孟宗道的人[2],本性孝順。他母親年老病重,冬月裏要吃竹笋。孟宗走到竹林哀痛啼哭。等一會兒,地上竹笋迸出數根[3],就拿去做湯與母親吃。吃了了[4],病也好了。

【注釋】

[1]事見《太平御覽·時序部·冬上》,文略異。[2]道的:《訓世評話》在專名(人、地名)後用上"道的",是"叫做……"的意思,"孟宗道的人"即叫做孟宗的人。這是朝鮮語影響的痕迹。[3]迸:突然長出。[4]前一個"了"是動詞,音 liǎo,意思是完成。後一個"了"是助詞。

5. 董永父亡[1]，無以葬，乃從人貸錢一萬。永謂錢主曰："後若無錢還君，當以身作奴。"永得錢葬父畢，將往爲奴。於路忽逢一婦人，求爲永妻。永曰："今貧若是身復爲奴，何敢屈夫人爲妻？"婦人曰："願爲君婦，不恥貧賤。"永遂與婦人至錢主。錢主曰："本言一人，今乃有二？"永曰："言一得二，理何乖乎[2]？"主問永妻曰何能，妻曰："能織耳。"主曰："爲我織絹三百匹，即放爾。"於是一月之内三百匹絹足。主驚，遂放夫婦二人而去。行至舊相逢處，乃謂永曰："我天之織女，感君之至孝，天使我爲君償債，君事了，不得久停。"語訖，雲霧四垂，騰空而去。

古時董永道的人，父親歿了。因家道艱難，不能埋葬，到一個人家借錢一萬。和那錢主説："我若後日無錢還你[3]，是便做你的奴才[4]。"這般説定，得錢葬了。没奈何往錢主家做奴才去時，忽然路上撞見一個婦人，要做他的娘子。董永説："我是貧賤[5]，不敢教你做媳婦。"那婦人説："情願做你的娘子，不羞貧賤。"這董永和他同到借錢人家。那家主説："頭裏説定時一個來[6]，今日却怎麽兩個來？"答應道："説一個得兩個，理上有甚麽違悖處？"那家主對那婦人説："你有甚麽本事？"那婦人回説："我只會織布。"那主人説："你織出三百匹絹子呵，放你去。"那婦人一個月裏頭織出三百匹絹子，主人驚惶，就放他兩口去。行到舊相會处，那婦人對永説："我是天上織女，上帝感動你孝心，教我下來織布，還你少債。你的事幹完了，不得久住[7]。"這般説時，四面籠罩雲霧，便乘雲回去了。

【注釋】

[1]董永事最早見於西漢劉向《孝子傳》。[2]乖：違背。[3]後日：日後。[4]是：一定，必定。[5]是：確實，的確。[6]頭裏：先前，以前。説定：約定。[7]不得久住：不能久留。

6. 夏方家遭疫癘[1]，父母叔伯群從死者十有三人。方時年十四，夜則號泣悲痛，閭里聞者爲之酸鼻[2]。晝則負土營墳，十有七年而畢。廬於墓側，種樹松柏[3]，鬱然暢茂。烏鳥猛獸馴擾其旁[4]，同遊，不擇巢以棲[5]。人以爲孝感所致。

古時夏方道的人，一家都害瘟病。爺娘叔伯連已下的人，一總死了十三個。那早晚[6]，夏方年紀才十四歲。黑夜是哀痛啼哭[7]，鄰舍家聽的，都害鼻子酸疼[8]。白日呵，自家背土營墳，十七年多纔了了。就墳邊住坐[9]，栽著松柏，樹林稠密。飛禽走獸不驚人同走，不怕人同睡。那時節，人都説孝感所致。

【注釋】

[1]事見《太平御覽·羽族部·烏》。[2]閭里：閭、里均爲古代户籍管理的一級單位，周制二十五家爲一閭或里，其餘各朝各代一閭或一里所包括的户數不同。後來，閭里泛指鄉里。[3]種樹：種、樹均爲動詞，種植。[4]馴擾：馴、擾同義連用，馴服，順從。[5]擇：區别。[6]那早晚：即那個時候。早晚：估量時間之詞，現在、過去、將來均適用，常見的如"那早晚、這早晚、多早晚"等，分别相當於那時候、這時候、什麽時候等意思。[7]是：疑當爲"時"。[8]害：招致某種結果，相當於"弄得"。酸疼：如現代漢語所説"鼻子酸"，指心酸而欲流泪。[9]住坐：居住。

7. 剡子性至孝[1]，母病，思鹿乳，遍求不得。乃衣鹿皮，入鹿群中以求之。卒遇獵者，彎弓欲發，亟告之故[2]，乃得免。且遺以鹿乳而去。

古時剡子道的人，本性至孝，奉養母親。有一日，母親害病，要吃鹿奶子[3]，到處裏尋也尋不著。這剡子穿了鹿皮，到山裏鹿群中坐的討奶子時，猛可裏打圍的人到來[4]。别的鹿子是都走了，只一個剡子安然坐的。那打圍的人却想真鹿子[5]。張弓要射時，剡子走出來，脱了鹿皮，跪者告説[6]："我的老娘害病，要吃鹿奶，我無處尋，假裝鹿身，到這鹿群中，要討奶子。"那打圍的見他有至誠心，拿得乳鹿，取了奶子，與他去了。

【注釋】

[1]事見《二十四孝》。該書由元代郭居敬輯録古代24個孝子的故事而成。剡子：又作郯子，春秋時人，事見《左傳》。[2]亟：副詞，趕快。[3]鹿奶子：即鹿奶。子：名詞後綴。[4]猛可裏：突然間。打圍：打獵。[5]想：以爲。[6]跪者：跪著。者：作用與"著"相同。

8. 夏侯訢母疾[1]，屢經危困。訢衣不釋帶者二年。母憐其辛苦，令出使寢息。訢方假寐，忽夢其父告之曰："汝母病甚苦，非凡藥可愈。天帝矜汝至孝[2]，賜以仙藥，在後桑樹枝上。"訢忽驚起。如所夢言，得藥進之，母病頓差[3]。

古時夏侯訢孝養母親。母親得病好幾年，害的重了。這訢每日不脱了衣裳，救病二年多。有一日，母親憐他扶侍受苦[4]，著他且外頭去歇一歇來。這訢不敢違了娘的言語，到外頭權睡時，忽然夢裏他的父親來説道："你母親的病，常凡藥材醫不得[5]。因此上帝憐你的至孝，與你仙藥，在後園桑樹上。"這訢心裏驚惶，睡覺起來，却得那仙藥與母親吃，娘病就好。

【注釋】

[1]事見《太平御覧·人事部·孝感》。[2]矜：憐，憐惜。[3]差(chài)：即"瘥"，病愈。[4]扶

侍：即服侍。明代“服侍”多寫作“扶侍”。[5]常凡：普通的，平常的。醫不得：不能醫治。

9. 徐棱隱居養母[1]。母嘗患丁腫於頸，危甚，棱迎醫來診。醫云：“必須生蛙並合劑藥，乃可療矣。”棱泣曰：“今當季冬，安得生蛙？母疾殆不可爲已！”號慟久之。醫云：“縱無生蛙，盍姑合藥以試。”乃於樹下燃火熬藥。忽有物從樹上墜鐺中，就視，乃生蛙也。醫驚愕曰：“子之孝誠，上感於天，天乃賜之。子之母病必療矣。”仍遂劑藥傅腫，果立愈。

徐棱道的人，隱居養活母親[2]。母親曾害脖子上丁瘡，十分危殆，這徐棱請太醫來診候。太醫說，必須討活水鵪子來[3]，合藥吃了呵[4]，便痾了[5]。這徐棱啼哭說：“如今正當臘月時，怎麼得討活水鵪子來？母親的病却是醫不得！”這般說，號天哀痛多時了。太醫說：“雖是無有水鵪子麽，且合藥試一試看。”到一個樹底下，吹火煎藥時，忽然有一個東西落在煎藥的罐兒裏。就看，便是那活水鵪子。太醫說：“你的孝誠感動天地，皇天與你這水鵪子，你母親的病必然好了。”就合藥貼那丁瘡上，那丁瘡即便痾了。

【注釋】

[1]這段故事出處未知。[2]養活：即養。今北方話仍說“養活”。[3]水鵪子：蝌蚪。據說蝌蚪性寒，可用以祛毒。此處是用來醫治疔瘡。[4]合藥：調和諸藥。[5]痾：疾病。這裏是名詞用作動詞，指病愈。

10. 楊和少失父[1]，獨與母居，因貧窮不得孝養。有一日告母曰：“我到鄰里富家盜取金銀孝養。”母曰：“不可，不可！”和不聽，造雲橋，逾垣牆，入金銀庫内，欲盜。有一被金甲將軍立於北邊，與和曰：“此金銀不是此家之物，乃南京蘇州住人水賣過之物也。汝往蘇州請帖子來，則此物可得也。”和還家備盤纏到蘇州尋見富人水賣過。

里人云[2]：“此處水賣過，賣水食者也，安有錢糧乎？”和雖聽此言，然請水賣過到飯店買饋[3]，又到麵店買饋，又到酒店買饋。水賣過半醉。和跪請曰：“我是北京人。因貧窮不得養母，欲蒙厚惠而來。請大人矜憐，寫給金銀帖子。”水賣過曰：“我亦早喪父母。家甚貧窮，每日賣水而食，安有金銀而寫給帖字乎？”和問姓名，答曰：“我是李實也。”和復懇請，李實乃寫“金銀各三丁”帖字給之。和賫來[4]，乘夜至富家。入金銀庫内。金甲將軍尚在北邊，見和曰：“汝得帖字來乎？”和出示帖字,將軍跪受而覽,擇元寶金銀各三丁與之。和又往蘇州轉賣金銀,收買段匹,遂請李實而還家。

不多日,富家主對妻曰:"我只有一女,年既長成,未有伉儷。見一年少人來在楊和家,其家日益富饒,吾欲以此人作婿。"遂定約,延李實爲婿。後三日,家主死焉。其妻對婿曰:"彼三間庫满積之物皆金銀也,請計數示我。"李實即計數示之。其母曰:"此庫曾不開閉,何無金銀各三丁乎?汝當更搜之[5]!"李實入庫更搜之,乃見在南京時寫給貼字,挾在北壁。更不搜之。

【注釋】

[1]這段故事出處未知,可能選自元以後的傳奇。[2]里人:街坊鄰居。里:鄉里,鄰里。[3]買饋(kuì):買食物款待人。[4]賫(jī):"齎"的俗字,帶著,拿。[5]更:再。

古時有一個楊和道的人,爺早歿了,只有老母親,十分艱難,不得養活。有一日,對娘說:"我到鄰舍財主家偷金銀來養活母親。"母親說:"不當,不當!"這楊和不聽娘說,做雲梯跳牆到金銀庫裏[1],要偷金銀時,有一個被金甲的將軍站在北壁[2],和楊和說:"這金銀是不是這家的東西[3],却是南京蘇州住的水賣過的錢糧[4]。你到蘇州討帖字來呵便得[5]。"這楊和就回家來,準備盤纏[6],到蘇州尋問富人水賣過的住處。

【注釋】

[1]雲梯:可登高的梯子。[2]被:即"披"。北壁:北邊。明代表方位的"邊"用"壁"。[3]此句中前一個"是"爲衍文。一說此"是"當爲"本"字。[4]錢糧:錢財。這裏"糧"不實指糧食。[5]帖字:指便條。此句意爲到蘇州找水賣過寫一個字據以支取金銀。[6]盤纏:路費。

那街上的人說:"這水賣過是賣水吃的人,他那裏有錢糧?"這楊和雖是聽得這話麼,請這水賣過到飯店,買飯與他吃;到麵店買麵與他吃;又到酒店買酒與他吃。這水賣過半醉時,楊和跪者說:"我是北京住的人,家道貧窮,不得孝養母親。望大人厚恩來,大人可憐見,寫與我金銀帖字。"那水賣過說:"我也早歿了爺娘,家道十分艱難,每日挑水賣吃,那裏有金銀寫饋你帖字[1]?"楊和再問姓名,答應說:"我是李實。"楊和再三的央及,這李實罷不得寫與他"金銀各三丁"帖字[2]。楊和得帖字回來,黑夜又到那財主家金銀庫裏。那將軍還站在北邊,見楊和說:"你討帖字來麼?"楊和拿出帖字與他看,那將軍跪者受帖子看,揀者元寶金銀各三丁饋他。楊和又到蘇州,把這金銀轉賣,收買些段匹，就請李實回家來。無多日，那財主對他娘子説："我家只有一個女兒，年紀長大了，還無有配對。如今一個年少人來到楊和家裏住，那家漸漸富饒，一日强如一日。我要把這人做女婿。"就定約請這李實做女婿。第三日那家主死了。他娘子對女婿説："那三間庫房裏滿裝的都是金銀。你盤了[3]，寫數目與我看。"那女婿即便盤寫數目與丈母看，那丈母説："咳！這庫房元封不動[4]，却怎麽少了金子三丁、銀子三丁？你再仔細打點看[5]。"女婿再去庫裏打點時，得看在南京蘇州時寫的帖字挾在北邊旮旯裏[6]，女婿知道這意思，再不尋。

【注釋】

[1]寫饋你：寫給你。饋：給。[2]金銀各三丁：這是便條所寫的内容，丁是計量單位。[3]盤：盤點，盤查。[4]元封不動：從來没有打開過。元：原。[5]打點：清點。[6]旮旯(gālá)：角落，今北方方言還有此説法。

三遂平妖傳

【解題】

《三遂平妖傳》，元末明初羅貫中撰。羅貫中，名本，錢塘人，所著小説很多，最有名的是《三國志演義》，相傳《水滸傳》也是施耐庵、羅貫中編著的。

《三遂平妖傳》是寫北宋貝州(今河北省清河縣)王則、胡永兒夫婦率領農民起義的故事，但全書著重描寫的是神怪妖術，可以説開了明代神魔小説之端。

《三遂平妖傳》原本不可見，今所見最早的本子是馬廉舊藏四卷二十回本(今藏北京大學圖書館。本節選録的，即以此本爲底本)。卷首題"馮猶龍先生增定"，很可能已是經過修改的本子。但也有人認爲卷首這個扉頁是後來加上去的，並非原書所有。這裏的"馮猶龍"即馮夢龍，三言的編者。馮夢龍四十回本的《平妖傳》即據《三遂平妖傳》改編而來，其面目與二十回本大不相同。

馮夢龍四十回本《平妖傳》有上海古典文學出版社1956年據清刻本排印本，上海古籍出版社1980年重印。這裏依據劉堅《白話文獻選讀》(商務印書館1999年)，其中分段有改變。

第二回　胡永兒大雪買炊餅[1]　聖姑姑傳授玄女法

詩曰[2]：近日厨中乏短供，嬰兒啼哭飯籮空。

母因低説向兒道:"爹有新詩謁相公。"

當夜胡員外與張院君[3]、永兒三口兒正在後花園中八角亭子上賞中秋飲酒,只見門公慌慌忙忙來報道[4]:"員外,禍事!"員外道:"禍從何來?事在那裏?"門公道:"外面中間這個解庫裏火起[5]!"員外和媽媽、永兒吃那一驚不小,都立下亭子來看時,果然是好大火。怎見得這火大?

初如螢火,次若燈光[6]。然後似千條蠟燭焰難當,萬個生盆敵不住[7]。驪山頂上,料應褒姒逞英雄[8];夏口三江,不弱周郎施妙計[9]。煙煙焰焰卷昏天地,閃灼紅霞接火雲[10]。一似:丙丁掃盡千千里[11],烈火能燒萬萬家。

【注釋】

[1]炊餅:也稱蒸餅,即饅頭。據説蒸字與宋仁宗的名字趙禎音近,因避諱而改稱炊餅。[2]出自宋劉斧《青瑣高議》前集卷五"名公詩話"條,字句略異。[3]院君:宋元時對富貴人家主婦的尊稱。[4]門公:看門人。[5]解庫:當鋪,舊稱質庫、解庫、長生庫、典鋪、質店等。[6]次:原作"穴"字。此詩與宋人小説《碾玉觀音》中的一首略同。[7]生盆:又名糝(shēn)盆、籸(shēn)盆。宋時習俗,祠祭或宴集時在庭院中架火燃燒,叫做糝盆。宋陳元靚《歲時廣記》卷四十引宋吕原明《歲時廣記》:"除夕作蕡(fèi,大麻的籽實,俗稱麻子)燭,以麻籸濃油如庭燎,守倅監司廳皆公庫供之。"。[8]傳説周幽王爲博褒姒一笑,令點燃烽火以召集諸侯。[9]此處用周幽王烽火、周瑜火燒赤壁的故事來比説胡員外家的大火情形。[10]"煙煙焰焰"二句:此二句字數本當相同,"接"字後可能有脱字。[11]丙丁:火。古代以十干配五行,丙丁屬火,所以稱火爲丙丁。

這火正把房屋燒著,員外交媽媽與永兒且不要慌:"便燒盡了也窮我們下半世不得。"只見那火焰騰騰,刮刮匝匝[1],只顧燒著。風又大得緊,地方許多人都救不成,直燒了一夜。三口兒只得在八角亭子上權歇。等天曉起來,叫人去扒火地盤。衆人去扒看,開了口合不得,睁了眼閉不得。胡員外不想被這場天火燒得寸草皆無,前廳、後樓、過路、當房、側屋都燒净了[2]。只指望金銀器皿、銅錫動用什物雖然燒洋了也還在地下[3],交人扒看時,不料都被天收了去。上半世有福受用,如今福退了,滿火地盤扒看[4],並沒尋處。就在亭子上住下,早晚飯食皆無,親鄰朋友處送了幾食[5],又不免去借些柴米,只好一遭兩次[6]。一日三,三日九,半年周歲,口内吃的,身上穿的,件件皆無。將空地央人賣,又無人要。看看窮得藍縷[7],去求相識,在家裏只説不在。日常裏認得的,只做不看見[8]。自古道:貧居鬧市無人問,富在深山有遠親。又道:百萬豪家一焰窮。

【注釋】

[1]刮刮匝匝:形容枯柴著火時的聲音。[2]過路:遊廊。當房:正房。[3]洋:通"烊",熔化。[4]滿:遍。[5]食:疑應作"飡",即餐。[6]大意是:借柴米最多向人借一次兩次,不好意思總向人借。[7]藍縷:襤褸,形容衣服破爛。《方言》卷四:"以布而無緣,敝而紩之,謂之襤褸。"[8]做:假裝,裝作。

那胡員外在亭子上一住,四下又無壁落[1],風雨雪下,怎地安身?不免搬去不斷求院子裏住[2],就似於今孤老院一般。時逢仲冬,彤雲密布,朔風凛列,紛紛洋洋,下一天好大雪。怎見得這雪大?

嚴冬天道,瑞雲(雪?)交飛,江山萬嶺盡昏迷[3]。桃梅鬥豔,瓊玉争輝。江上群鷥畨復[4],空中鷗鷺紛飛。長空六出滿天垂。野外鵝毛亂舞,檐前鉛粉齊堆[5]。不是貧窮之輩,怎知寒冷之時?正是:盡道豐年瑞,豐年瑞若何?長安有貧者,宜瑞不宜多[6]。

愛雪的是高樓公子,嫌雪的是陋巷貧民。在東京城裏[7],這個才落薄的胡員外夫妻二人[8],並女兒叫做永兒,原是大財主,只因天火燒得落難,蕩盡了家私,搬在不斷求院子裏住。正逢冬天雪下,三口兒厮守著地爐子坐地,日中兀自没早飯得吃[9]。媽媽將指頭向員外頭上指一指,胡員外擡起頭來看見,道:"媽媽没甚事?"媽媽道:"怎的没甚事?大雪下,屋裏没飯米,我共你忍饑受餓便合當[10],也曾吃過來。"指著永兒道:"他今年只得十五歲,曾見甚麽風光來?交我兒忍饑受餓!"胡員外道:"没計奈何!交我怎生是好?"媽媽道:"你是養家的人,外面却才雪下,若一朝半日凍住了,急切出去不得,終不成我三口兒直等餓死?你趁如今出去,見一兩個相識,怕賺得三四伯文錢歸來[11],也過得幾日。"員外道:"我出去見兀誰是得[12]?"媽媽道:"你不出去,終不成我出去?"胡員外吃媽媽逼不過[13],起身道:"且把腰系緊些個。"開了門出去,走得兩步,到退了三步,口裏道:"好冷!"劈面冷風似箭,侵人冷氣如刀,被西北風吹得到退幾步。欲復回來,媽媽又把門來關上了。没計奈何,只得冒著風雪了走,走出不斷求院子來告人,不在話下。

【注釋】

[1]壁落:牆壁。[2]不斷求院子:類於收容所。[3]昏迷:昏暗不清。[4]番復:即翻覆,翻飛,翻滚。[5]鉛粉:喻指雪。[6]這是飢寒交迫者對所謂"瑞雪兆豐年"發出的感慨。[7]東京城:明代東京城是今遼陽。[8]落薄:即落魄,落泊。[9]兀自:尚,還。[10]你:原作"爾",依全文,作"你"更恰當。合當:應該。[11]伯:通"佰",即一百之數。[12]兀誰:誰。兀:前綴。[13]吃:介詞,被、叫。

且説媽媽共女兒冷冷清清坐著,永兒道:"爹爹出去告人[1],未知如何?"永兒又道:"媽媽,雪又下得大,風又冷,爹爹去告誰的是?"媽媽道:"我兒,家中又没錢,不交爹爹出去,終不成我出去?我兒,你且去床頭邊尋幾文銅錢,將去買幾個炊餅來做點心。待你的爹爹回來,却又作道理[2]。"當時永兒去床頭尋得八文銅錢。娘道:"我兒出巷去買幾個炊餅來,你且胡亂吃幾個充饑。"永兒將衣襟兜著頭,踏著雪走出不斷求院子,來到大街賣炊餅處。永兒便與賣炊餅的道個萬福,道:"哥哥,買七文銅錢炊餅。"小二哥接了銅錢,看那女孩兒身上好生藍縷。永兒剩一文錢,把來係在衣帶上。小二哥把一片荷葉包了炊餅,遞與永兒。永兒接了,取舊路回來。

也是未牌時分[3],沿著屋檐正走之間,只見一個婆婆從屋檐下來,拄著一條竹棒,胳膊上挂著一個籃兒。那婆婆腰跎背曲,眉分兩道雪,髻挽一窩絲;眼如秋水微渾,髮似楚山雲淡;形如三月盡頭花,命似九秋霜後菊。却原來是個教化婆子[4]。看著永兒道個萬福,永兒還了禮。婆婆道:"你買甚麽來?"永兒道:"家中母親交奴家買炊餅來。"那婆婆道:"我兒,好交你知道,我昨日没晚飯,今日没早飯,你肯請我吃個炊餅麽?"永兒口中不道,心下思量,"我媽媽也昨日没晚飯,今日没早飯,這婆婆許多年紀[5],好不忍見。"解開荷葉包來,把一個炊餅遞與婆婆,婆婆接得在手,看了炊餅,道:"好却好了,這一個如何吃得我飽?何不都與了我?"永兒道:"告婆婆,奴家却不敢都把與你[6]。家中三口兒兩日没飯得吃,媽媽交爹爹出去告人,止留得八文銅錢,交奴家出來買燒餅。大的媽媽吃,小的是奴奴吃的。因見婆婆討,奴奴只得讓一個與婆婆吃。"婆婆道:"你媽媽問炊餅如何買得少了,你却説甚的?"永兒道："媽媽問時，只説奴奴肚饑，就路上吃了一個。"婆婆道："難得我兒好心，我撩撥你耍子[7]。我不肚饑，我不要吃，還了你。"永兒道："我與婆婆吃的，如何還了奴奴？"婆婆道："我試探你則個[8]！難得你這片好慈悲孝順的心[9]。你識字麽？"永兒道："奴奴識得幾個字。"婆婆道："我兒，恁地却有緣法[10]。"伸手去那籃兒内取出一個紫羅袋兒來，看著永兒道："你收了這個袋兒。"永兒接了袋兒道："婆婆，這是甚麽物事[11]？"婆婆道："這個唤做如意册兒，有用他處。若有急難時，可開來看。你可牢收了。册兒上倘有不識的字，你可暗暗地唤：'聖姑姑'！其字自然便識。切勿令他人知道！"永兒把册兒揣在懷裏，謝了婆婆，婆婆自去了。

【注釋】

[1]告：央告，央求。[2]道理：辦法，打算。[3]未牌：未時，十三點到十五點之間。牌：原指報時的牙牌，後因以稱未時爲未牌。[4]教化婆子：乞丐婆子。[5]許多年紀：年紀這麽大。[6]把與：給予，送給。[7]大意是：逗你玩兒。撩撥：挑逗。[8]則個：語氣助詞，常表示解釋、委婉或商量的語氣。[9]好：副詞，表示程度深，帶感嘆語氣。[10]恁地：如此，這樣。緣法：緣分。[11]物事：物件，東西。

永兒拿著炊餅到家，娘問道："我兒如何歸來得遲？"永兒道："媽媽，街上雪滑難行。"娘兒兩個吃了炊餅。不多時，只見員外歸來。媽媽道："你去這半日，見甚人來？"員外道："好交你知道，外面見個相識，請我吃了酒飯，又與我三伯足錢。"媽媽歡喜，交員外道："你去糴些米，買些柴炭，且過兩三日又作區處[1]。"免不得做些飯吃，到晚去睡。

永兒却睡不著，自思："日間的那婆婆與我册兒時説道：'有急難便可開來看。'如今没飯得吃，也是一個急難，我且將去開來看一看。"永兒款款地起來，輕輕的穿了衣裳，驚覺娘[2]，道："我兒那裏去？"永兒道："我肚疼了，要去後則個[3]。"下床來，著了鞋兒，到厨下，雪光如同白日。永兒去懷中取出紫羅袋兒來，打一抖[4]，抖出一個册兒來看時，只因胡永兒看了這個册兒，會了這般法術，直使得自古未聞，於今罕有。正是：

數斛米糧隨手至，百萬資財指日來。

畢竟永兒變得錢米麽？且聽下回分解。

【注釋】

[1]區處：打算，安排。[2]驚覺：驚醒。[3]“後”後可能有脱字。[4]打一抖：大約在宋代，有口語色彩的漢語文獻中出現了“打一＋V(動詞)”的格式。其中，“打”有作出、進行(某一動作)義。

燈花婆婆[1]

生生化化本無涯[2]，但是含情總一家。

不信精靈能變幻，旋風吹落活燈花。

話説大唐開元年間，鎮澤地方有個劉直卿官人[3]，曾做諫議大夫[4]，因上文字劾宰相李林甫不中[5]，弃職家居。夫人曾勸丈夫莫要多口，到此未免搶白幾句。那官人是個正直男子，如何肯伏氣[6]？爲此言語往來上，夫人心中不樂，害成一病。請醫調治，三好兩歉[7]，不能痊可[8]。

【注釋】

[1]該故事出自馮夢龍四十回本《平妖傳》第一回卷首。據研究者們考定，這段文字是現存各版本《水滸傳》所不見的“致語”(卷首引語)。該故事原出自唐代段成式《酉陽雜俎》前集卷十五“諾皋記下”。現在這段文字大約是馮夢龍以宋代話本作基礎删改過的。[2]生生化化：猶言生生死死。[3]鎮澤：由下文地名鶯脰湖推知，可能是震澤，在今江蘇省吴江市境内大市鎮。[4]諫議大夫：唐代官職名，屬門下省，掌管侍從規諫之事。[5]李林甫：是唐宗室，玄宗時官至兵部尚書兼中書令。爲相十九年，結黨營私，獨攬大權，是歷史上有名的奸臣。不中：不成。[6]伏氣：服氣。[7]時好時病，形容體弱。歉：歹，不好。[8]痊可：痊愈。

忽一日夜間，夫人坐在床上，吃了幾口粥湯，唤養娘收過粥碗[1]。只見銀燈昏暗，養娘道：“夫人，且喜好個大燈花！”夫人道：“我有甚喜事？且與我剔去則個，落得眼前明亮，心上也覺爽快。”養娘向前，將兩指拈起燈杖打一剔，剔下紅焰，俄的燈光明瞭，落在桌上。就燈背後起陣冷風，吹得那燈花左旋右轉，如一粒火珠相似。養娘笑道：“夫人，好耍子，燈花兒活了！”話猶未了，只見那燈花三四旋，旋得像碗兒般大一個也球滚下地來。“聒”的一響，如爆竹之聲，那燈花爆開，散作火星滿地,登時不見了[2]。只見三尺來長一個老婆婆,向著夫人叫萬福:“老媳婦聞知夫人貴恙,有服仙藥在這裏與夫人吃。”那夫人初時也驚怕,聞他説出這樣話來,認做神仙變現,反生歡喜。正是:藥醫不死病,佛度有緣人。當時吃了他藥,雖然病得痊可,後來這婆子竟纏住了夫人,要做個親戚往來。擡著一乘四人轎,前呼後擁,時常來聒噪[3]。譴又譴他不去[4],慢又慢他不得[5]。若有人一句話而拗著他,他把手一招,其人便撲然倒地。不知什麽法兒,血瀝瀝一副心肝,早被他擎在手中。直待衆人苦苦哀求,他才把心肝望空一擲,自然向那死人的口中溜下去,那死人便得蘇醒。

因此一件怕人,劉諫議合家煩惱,私下譴人蹤迹他住處[6],却見他鑽入鴛脰湖水底下去了。你想鴛脰湖是什麽樣水?那水底下怎立得家?必然是個妖怪!屢請法官書符念咒,都禁他不得,反吃了虧。直待南林庵老僧請出一位揭諦尊神[7],布了天羅地網,譴神將擒來,現其本形,乃三尺長一個多年作怪的獮猴。那揭諦名爲龍樹王菩薩,劉諫議平時供養這尊神道[8],極其志誠,所以今日特來救護,斬妖絶患。詩曰:

人生切莫畜獮猴,野性賓士不可收。
莫説燈花成怪異,尋常可耐是淫偷[9]。

【注釋】

[1]養娘:婢女,如丫環、乳母之類。[2]登時:立即。[3]聒噪:攪擾。[4]譴:通“遣”,打發。[5]慢:怠慢。[6]蹤迹:跟蹤追尋。[7]揭諦尊神:釋迦牟尼佛的侍奉神。揭諦:亦作“揭地”。[8]神道:神祇,神靈。[9]可耐:同“可奈”,怎奈,可恨。

練習(一)

一、解釋下列句子中加點字的意義。

1. 咱們到時,或早或晚,只那裏宿去。
2. 我年時也在那裏下來,十分便當。
3. 客人們,你打火那不打火?
4. 主人家迭不得時,咱們火伴裏頭,教一個自炒肉。

5. 將次有了，你放卓兒先吃，比及吃了時，我也了了。

6. 咱們人廝將就廝附帶行時好；又這火伴們，好的歹的，都廝扶助著行。

7. 身上穿的也没，口裏吃的也没，幫閒的那廝們，更没一個肯偢倸的。

8. 但見和尚，便拿著曳車、解鋸，起蓋三清大殿，如此定害三寶。

9. 後娘生的象呵，越暴虐，一心兒只要殺舜麽。

10. 我若後日無錢還你，是便做你的奴才。

11. 和賫來，乘夜至富家。

12. 却怎麽少了金子三丁、銀子三丁？你再仔細打點看。

13. 干證人殷定僧等三人狀稱。

14. 錢賠不起呵，他底田産、人口，頭匹的，不揀甚麽，准折屬官。

15. 地不勾呵，保人根底交賠者。

16. 正逢冬天雪下，三口兒廝守著地爐子坐地，日中兀自没早飯得吃。

17. 我出去見兀誰是得？

18. 你去糴些米，買些柴炭，且過兩三日又作區處。

二、説明下列句子中加點字的詞性、功能和意義。

1. 既是這月初一日離了王京，到今半個月，怎麽才到的這裏？

2. 你這月盡頭到的北京麽，到不得？

3. 我漢兒人上學文書，因此上些少漢兒言語省的。

4. 錢賠不起呵，他底田産、人口、頭匹的，不揀甚麽，准折屬官。

三、將下列文字譯爲現代漢語。

系官的庫裏倉裏錢物，偷了來的，少了來的，拿著底人多有。錢賠不起呵，他底田産、人口，頭匹的，不揀甚麽，准折屬官。地不勾呵，保人根底交賠者。更不勾呵，本人根底交配役。他每工錢算著，那錢數到呵，放呵。怎生？麽道來，奏呵。

四、填空。

1.《老乞大》和《朴通事》是古代朝鮮人學習漢語的兩部會話書。根據研究者的意見，《老乞大》成書在（　　），而《朴通事》則爲（　　）作品。

2.《元典章》，全名《大元聖政國朝典章》，是（　　）各種典章制度和法律文書的彙編。

五、用現代標點符號標點下列文字。

朝鮮李朝實録成宗十一年十月乙丑條記載御書講侍讀官李昌臣啓曰前者承命質正漢語於頭目戴敬敬見老乞大朴通事曰此乃元朝時語也與今華語頓異

多有未解處即以時語改數節皆可解讀請令能漢語者盡改之曩者領中樞李邊與高靈府院君申叔舟以華語作爲一書名曰訓世評話其元本在承文院上曰其速刊行且選其能漢語者删改老乞大朴通事

通　　論

(二十八)近代漢語語音特點

本節所介紹的近代漢語語音是14世紀可以通行於整個北方以及全國許多地區的語音系統。研究這個語音系統的主要材料是元代周德清《中原音韻》、卓從之《中州樂府音韻類編》(即《中州音韻》)、元曲和一些蒙漢對音材料(如八思巴字、《蒙古字韻》等)。其中,最重要的是《中原音韻》。

《中原音韻》成書於1324年,但在1342年以後纔刊行面世,是中國最早的一部曲韻著作。《中原音韻》的作者周德清(1277～1365),字日湛,號挺齋,元代江西高安人,但長期居住在大都。爲糾正作曲家用韻不一和規範北曲作詞唱曲的音律體制,有學者認爲周德清依據大都(今北京)語音寫出了《中原音韻》,因而,此書是研究元代大都語音的珍貴資料。

《中原音韻》分爲《韻譜》和《正語作詞起例》兩部分。《韻譜》按照北曲作品的用韻情況和大都(即今北京)實際語音系統,把曲詞裏常用作韻腳的5866個字分成1586個同音字組並進一步歸併爲19韻部;每一個韻的字又分平聲陰、平聲陽、入聲作平聲陽、上聲、入聲作上聲、去聲、入聲作去聲等類,這在中國音韻學史上是一次重大的革新。

下面我們分别介紹《中原音韻》的聲母、韻母和聲調系統。

一、《中原音韻》的聲母系統

1.《中原音韻》的聲母情況

《中原音韻》有二十一個聲母(本節采用鄭張尚芳擬音):

《中原音韻》的二十一聲母在大約100年後(15世紀)就只有二十個聲母了,因爲疑[ŋ]母消失,全部變成了零聲母。明蘭茂(廷秀)《韻略易通》(1442)中的《早梅詩》即反映了《中原音韻》之後100年時漢語聲母系統的情況。

《中原音韻》聲母	所包含的中古聲母	《中原音韻》聲母	所包含的中古聲母	《中原音韻》聲母	所包含的中古聲母
幫[p]	幫、並仄	滂[ph]	滂、並平	明[m]	明
非[f]	非、敷、奉			微[v]	微
端[t]	端、定仄	透[th]	透、定平	泥[n]	泥娘、疑少數
				來[l]	來
				日[ʎʒ]	日部分
照[tʃ]	知、澄仄、照二三、床二仄	穿[tʃh]	徹、澄平、禪平、穿二三、床二平三平	審[ʃ]	審二三、禪、床三
精[ts]	精、從仄	清[tsh]	清、從平	心[s]	心、邪
見[k]	見、群仄	溪[kh]	溪、群平	曉[x]	曉、匣
				疑[ŋ]	疑部分
				影[Ø]	影、喻、疑

早梅詩

東風破早梅，向暖一枝開。

冰雪無人見，春從天上來。

這首五言詩，一個字代表一類聲母。如果按照發音部位排列，這二十個聲母是：

雙唇音　冰[p]破[ph]梅[m]

唇齒音　風[f]無[v]

舌尖前音　早[ts]從[tsh]雪[s]

舌尖中音　東[t]天[th]暖[n]來[l]

舌尖後音　枝[tʂ]春[tʂh]上[ʂ]人[ʐ]

舌根音　見[k]開[kh]向[x]

零聲母　一[Ø]

可見，15 世紀北方話的聲母系統和現代北方話的聲母系統已經非常相近了。只是 15 世紀北方話聲母有唇齒濁擦音聲母[v]，没有舌面前音[tɕ]、[tɕh]、[ɕ]。

2. 與中古相比，《中原音韻》聲母的發展變化情況

從中古到元代，漢語聲母的發展變化主要表現在幾個方面：

(1)一部分聲母消失(其實是併入其他聲母),數量由中古晚期的三十五個縮減爲二十一個,如:中古並母仄聲在元代歸入了幫母[p],平聲歸入了滂母[ph];中古定母仄聲在元代歸入了端母[t],平聲歸入了透母[th]。

(2)一部分聲母音值和收字範圍都没變,如明母[m]和來母[l]。

(3)一部分聲母音值發生變化而收字範圍没變,如微由[ɱ]變爲[v]而收字範圍没有變化。

(4)一部分聲母音值没有變化而收字範圍擴大,如幫[p]、滂[ph]、非[f]、端[t]、透[th]、泥[n]、精[ts]、清[tsh]、心[s]、見[k]、溪[kh]、曉[x]、影[Ø],這部分聲母新增的字主要是同部位的濁音聲母清化後而歸入的。

概括起來,中古到元代,漢語聲母主要有三大變化:

第一,全濁聲母清化。

中古晚期三十五聲母中,十個全濁聲母(並[b]、奉[v]、定[d]、澄[ɖ]、從[dz]、床[dʒ]、群[g]、邪[z]、禪[ʥ]、匣[ɣ])在《中原音韻》分别歸入了同部位的清聲母。這十三個聲母的演變具有規律性:濁擦音(奉、邪、禪、匣)變爲同部位的清擦音[1],濁塞音(並、定、群母)和濁塞擦音(澄、從、床母)的變化與聲調有關,平聲變成同部位的送氣清音,仄聲變成同部位的不送氣清音。

第二,舌尖後音(知組)、舌面前音(章組)和舌叶音(莊組)的合併。

唐以前的莊組(莊[tʃ]、初[tʃh]、崇[ʤ]、生[ʃ],即照組二等)和章組(章[tɕ]、昌[tɕh]、禪[ʥ]、書[ɕ]、船[ʑ],即照組三等)在唐末宋初合併爲照[tʃ]、穿[tʃh]、床[dʒ]、審[ʃ]、禪[ʒ]。在《中原音韻》裏,照、穿、床進一步與知組(知[ʈ]、徹[ʈh]、澄[ɖ])合併,合流爲[tʃ][tʃh]。

有人認爲,《中原音韻》音系存在舌叶音和舌尖後音兩組聲母。原來屬照、穿、床、審、日[2]母的字開始有了卷舌聲母[tʂ]、[tʂh]、[ʂ]、[ʐ],不過還只限於部分照組字和部分日母字,以及知組中的"胝、徵、祉"三字。這樣,《中原音韻》中[tʃ]、[tʃh]、[ʃ]、[ʒ]和[tʂ]、[tʂh]、[ʂ]、[ʐ]兩組聲母並存,只是不在同一韻裏出現:

照組:變爲[tʂ]、[tʂh]、[ʂ]的那部分照組字(照$_{三}$)歸在支思韻,韻母爲ʅ,如:支、肢、梔、紙、咫(章),脂、旨、指(章),之、芝、止、址、趾(章),眵(昌),齒(昌),施(書),屍、矢、屎(書),詩、試、弑(書)等。没有變成卷舌聲母而仍然念作[tʃ]、

① 也有些禪母字變成了清送气塞擦音,例如"常、承、禪"。

② 原來的禪母[ʒ]這時已清化爲[ʃ][tʃh],日母由[ȵʑ]演變爲[ʒ],替代了禪母原來的位置。

[tʃh]、[ʃ]的照三組字則歸在非支思韻，如齊微韻韻母[i]：[tʃ]只、幟、織(章)，[tʃh]侈、蚩(昌)，[ʃ]世、勢(書)；齊微韻韻母[uei]：[tʃh]垂、陲(禪)，[ʃ]水、税、説(書)，睡、瑞(禪)；蕭豪韻韻母[iɛu]：[tʃ]招、沼(章)，[ʃ]少、燒(書)等。這兩類聲母出現的環境是互補的。

日母：變爲[ʐ]的那部分日母字歸在支思韻，韻母爲ʅ，如：兒、而、爾、耳、二、貳等。念作[ʒ]的日母字則歸入其他韻，如齊微韻韻母[uei]：蕊、芮、蚋(日)；魚模韻韻母[iu]：儒、嚅、襦(日)，蕭豪韻韻母[iɛu]：饒、繞、擾(日)。這兩類聲母出現的環境也是互補的。

這樣一來，《中原音韻》的聲母就要多四個，爲二十五個。

中古知組和照組字在北方話中全部讀作[tʂ]、[tʂh]、[ʂ]，是 15 世紀以後發生的事情，這在明代蘭茂《早梅詩》中得到了反映。

第三，影母、喻母、疑母(絶大部分)合併，零聲母範圍擴大。

中古零聲母只有影母，是清音。而疑母讀[ŋ]，是次濁音。唐末的喻母[j]由隋唐時的喻三[ɣj]、喻四[j]合併而成，[j]也是次濁音。到了 14 世紀，喻母和絶大部分疑母字都歸入了影母，零聲母範圍擴大。這個時期，疑母在江陽(上聲、去聲)、蕭豪(去聲)、歌戈(上聲)、車遮(去聲)等幾個韻部還讀爲[ŋ]，另外還有少數中古疑母三、四等字在元代轉入泥母讀[n]，如先天韻上聲字(如讞)，車遮韻去聲字(如臬、蘖)。15 世紀，疑母[ŋ]全部歸入零聲母(如仰、傲、我、业、额等)，這也可在《早梅詩》中得到印證。

上述三個方面的變化都説明漢語聲母系統發展過程中總的趨勢是簡化，而且，14、15 世紀，漢語聲母系統的面貌和現代漢語普通話的聲母系統已經非常接近了。

二、《中原音韻》的韻母系統

1.《中原音韻》的韻母情況

《中原音韻》有十九個韻部，有的韻部只有一個韻母，有的則包括幾個韻母。所以，《中原音韻》一共有四十六個韻母。各韻部及其所包括的韻母情況如下表(各韻部所屬之字見本教材附録四“《中原音韻》字音表”)：

當三個-m 尾韻合併入相應的-n 尾韻，桓歡韻併入寒山韻，只剩十五個韻類。這就與普通話很接近了。

2. 中古到近代漢語韻母的變化情況

從中古到近代，漢語韻母系統發生了很大的變化，總的發展趨勢是整個韻部系統大大簡化，這和聲母系統的發展趨勢是相同的。

韻　部	所包含的韻母	韻　部	所包含的韻母	韻　母	所包含的韻母
東鍾	[uŋ]、[iuŋ]	江陽	[ɑŋ]、[iɑŋ]、[uɑŋ]	支思	[ɨ]
齊微	[ei]、[uei]、[i]	魚模	[u]、[iu]	皆來	[ai]、[uai]、[iai]
真文	[ən]、[uən]、[iən]、[iuən]	寒山	[an]、[ian]、[uan]	桓歡	[uɔn]
先天	[iɛn]、[iuɛn]	蕭豪	[au]、[iau]、[iɛu]	歌戈	[o]、[uo]、[io]
家麻	[a]、[ua]、[ia]	車遮	[iɛ]、[iuɛ]	庚青	[əŋ]、[iəŋ]、[uəŋ]、[iuəŋ]
尤侯	[əu]、[iəu]	侵尋	[əm]、[iəm]	監咸	[am]、[iam]
廉纖	[iɛm]				

《廣韻》的韻母系統分陰聲韻、陽聲韻、入聲韻三大類，共九十五個韻部一百四十個韻母。而《中原音韻》分十九個韻部四十六個韻母。韻部數量和韻母數量大大減少，一方面是因爲入聲韻韻尾完全消失而歸入了陰聲韻；另一方面，是因爲中古的陰聲韻、陽聲韻各自有所合併。總之，從《廣韻》到《中原音韻》，漢語韻部系統發展變化的總體特點是大大簡化。

從《廣韻》到《中原音韻》，漢語陰聲韻、陽聲韻、入聲韻的對應關係如下表（舉平以賅上去）：

表一：陰聲韻

《廣韻》韻目(26)	《中原音韻》韻部(9)
支[ie]脂[i]之[ɨ]祭[iɛi]	支思[ɨ]
支[ie][iue]脂[i][ui]之[ɨ] 灰[uoi]微[ɨi][iuɨi]齊[iei][iuei] 祭[iɛi][iuɛi]廢[iɐi][iuɐi]泰[ɑi][uɑi]	齊微[ei][uei][i]
(支[ie][iue]①)(脂[ui]②)泰[ɑi][uɑi]咍[əi] 夬[ɣai][ɣuai]佳[ɣæ][ɣuæ]皆[ɣæi][ɣuæi]	皆來[ai][uai][iai]

① 少數例外字，如：篩[ʃai]，皆來韻；揣[tʃhuai]，皆來韻。

② 少數例外字，如：衰帥率[ʃuai]，皆來韻。

（續）

《廣韻》韻目(26)	《中原音韻》韻部(9)
魚[iʌ]虞[io]模[uo](唇音:尤[iu]侯[əu])	魚模[u][iu]
歌[ɑ]戈[uɑ]戈[iuɑ]	歌戈[o][uo][io]①
戈[iuɑ]麻[ia]	車遮[iɛ][iuɛ]②
麻[ɣa][ɣua]	家麻[a][ua][ia]
蕭[ieu]宵[iɛu]肴[ɣau]豪[ɑu]	蕭豪[au][iau][iɛu]
尤[iu]侯[əu]幽[ɣiu]	尤侯[əu][iəu]

表二:陽聲韻

《廣韻》韻目(35)	《中原音韻》韻部(10)
真[in]諄[iuin]臻[ɪn]文[iun] 欣[ɨn]魂[uon]痕[ən]	真文[ən][uən][iən][iuən]
元[iuɐn]寒[ɑn]删[ɣan][ɣuan] 山[ɣæn][ɣuæn]凡[iuɐm]	寒山[an][uan][ian]
桓[uɑn]	桓歡[uon]
元[iɐn][iuɐn]先[ien][iuen]仙[iɛn][iuɛn]	先天[iɛn][iuɛn]
侵[im]	侵尋[əm][iəm]
覃[əm]談[ɑm]咸[ɣæm]銜[ɣam]鹽[iɛm]	監咸[am][iam]
鹽[iɛm]添[iem]嚴[iɐm]	廉纖[iɛm]
江[ɣʌŋ]陽[iɐŋ][iuɐŋ]唐[ɑŋ][uɑŋ]	江陽[aŋ][uaŋ][iaŋ]
庚[ɣaŋ][ɣuaŋ][iaŋ][iuaŋ]耕[ɣæŋ]	東鍾[uŋ][iuŋ]
[ɣuæŋ] 清[iɛŋ][iuɛŋ]青[ieŋ][iueŋ]蒸[ɨŋ]	庚青[əŋ][uəŋ][iəŋ][iuəŋ]

登[əŋ][uəŋ]

---

① 《中原音韻》的[io]韻母,全部來自中古入聲。

② 《中原音韻》的[iɛ][iuɛ]兩個韻母,大部分來自中古入聲,只有一小部分來自《廣韻》麻、戈兩韻。參見下面表三。

表三:《廣韻》入聲韻部和《中原音韻》陰聲韻部的對應關係

《廣韻》韻目(34)	《中原音韻》韻部(8)
(德[ək]櫛[Ɪ t]緝[ip])①	支思[ɨ]
質[it]迄[ɨt]昔[iɛk]錫[iek] 職[ɨk]德[ək][uək]陌[iak]緝[ip]	齊微[ei][uei][i]
(職[ik]②)(德[ək]③)陌[ɣak][iak]麥[ɣæk][ɣuæk]	皆來[ai][uai][iai]
(緝[ip]④)屋[uk][iuk]燭[iuok] 沃[uok]術[iuit]物[iut]没[uot]	魚模[u][iu]
物[iut]没[uot]鐸[ɑk][uɑk] 藥[iɐk][iuɐk]覺[ɣʌk]末[uɑt] 曷[ɑt]合[əp]盍[ɑp]	歌戈[o][uo][io]
陌[Ɣak]月[iɐt][iuɐt]薛[iɛt][iuɛt] 屑[iet][iuet]葉[iɛp]帖[iep]業[iɐp]	車遮[iɛ][iuɛ]
末[uɑt]曷[ɑt]合[əp]盍[ɑp]洽[ɣæp]狎[ɣɑp]月 [iɐt][iuɐt]乏[iɐp]鎋[ɣat][ɣuat]黠[ɣæt][ɣuæt]	家麻[a][ua][ia]
鐸[ɑk][uɑk]藥[iɐk]覺[ɣʌk](末[uɑt]⑤)	蕭豪[au][iau][iɛu]

具體看來,韻母系統的變化體現在下面三個方面:

第一,陰聲韻韻部減少,韻母數量也減少。

《廣韻》陰聲韻有二十六個韻部:支、脂、之、微、魚、虞、模、齊、灰、咍、佳、皆、祭、泰、夬、廢、蕭、宵、肴、豪、歌、戈、麻、尤、侯、幽,它們演變到《中原音韻》時期,只有九個陰聲韻部(共二十個韻母):支思、齊微、魚模、皆來、蕭豪、歌戈、家麻、車遮、尤侯。

第二,陽聲韻韻部減少,韻母數量也減少。

《廣韻》東、冬、鍾、江、真、諄、臻、文、欣、魂、痕、元、寒、桓、删、山、先、仙、陽、唐、庚、耕、清、青、蒸、登、侵、覃、談、鹽、添、咸、銜、嚴、凡等三十五個陽聲韻演變爲《中原音韻》的十個陽聲韻部(共二十四個韻母):東鍾、江陽、真文、寒山、桓歡、先天、庚青、侵尋、監咸、廉纖,按韻尾可以分爲[m]、[n]、[ŋ]三類。

第三,入聲韻消失,歸入了陰聲韻。

---

① 支思韻入聲作上聲有《廣韻》德、櫛、緝韻各一字:塞[sɨ]、瑟[ʂɨ]、澀[ʂɨ]。

② 例外字:側[tʃai]、測[tʃhai]色[ʃai],皆來入聲作上聲。

③ 例外字:塞[sai],皆來去。

④ 例外字:入[ʎʒiu],鱼模入;又齐微入[ʎʒi]。

⑤ 例外字:末沫二字在歌戈韻,又收入蕭豪韻入聲作去聲。

中古的三十四個入聲韻部在《中原音韻》中分别歸入了八個陰聲韻部(共二十個韻母):支思、齊微、魚模、皆來、蕭豪、歌戈、家麻、車遮。從中古到近代,漢語韻母系統最大的變化是以[p]、[t]、[k]收尾的入聲韻韻尾消失,入聲韻的消失不是一蹴而就的。大約在唐代甚至更早的時候,就有了入聲韻不同韻尾可以通押的現象。入聲韻相混的結果是某些韻尾消失,直至各類入聲韻尾完全消失。北方話入聲韻尾消失的過程大約如下:

[p]、[t]、[k]⟶[t]、[k]⟶[k]⟶[ʔ]⟶陰聲韻

入聲韻尾消失,使得中古時不相同的入聲韻與陰聲韻在元代成了相同的韻部或韻母,於是在《中原音韻》中被歸入了陰聲韻。

這樣,從《廣韻》到《中原音韻》,漢語韻部系統就大大簡化了。

三、《中原音韻》的聲調系統

《中原音韻》的聲調分爲陰平、陽平、上聲、去聲四個調類。與中古漢語平、上、去、入四聲的格局相比,最突出的不同有三個方面:平分陰陽、濁上變去(中古的上聲字減少而去聲字增多)、入派三聲。入聲消失是逐漸完成的,《中原音韻》是第一部徹底改變過去漢語韻書、韻譜平、上、去、入四聲並立格局的書。下面分别介绍《中原音韻》平、上、去、入四聲的一般情況。

第一,平分陰陽。

《中原音韻》十九個韻部的平聲都分爲陰平和陽平,周德清用的術語是平聲陽和平聲陰。《中原音韻》對調值没有明確的説明。

《中原音韻》十九韻部平分陰陽的條件是:中古全清和次清聲母的平聲字變成陰平調,全濁和次濁聲母的平聲字變成陽平調。這是近代漢語聲調發展的一條重要規律。

根據向熹先生的統計,這種分化,"全書只有39字是例外。其中有24個中古平聲濁音字讀成陰平,就是'沖、翀、種'(澄)、'松'(邪)、'缸'(匣)、'邳'(並)、'枹'(奉)、'駘'(定)、'汾'(奉)、'蹁'(並)、'掏'(定)、'鴞'(喻三)、'詑'(定)、'瘥、鹺'(從)、'麽'(明)、'查、楂、踷'(床三)、'呀'(疑)、'鮆'(從)、'酣'(匣)、'樾'(匣)、'粘'(泥)。15個非平聲濁音字讀成陽平,其中'羆'(幫)、'娠'(審)、'谺'(曉)、'瑋'(曉)、'傳'(幫)、'犫'(照)、'惆'(徹)、'樛'(見)、'鑱、劖、巉'(初)、'幨'(昌)是中古平聲清音字讀陽平,'漅'(精)、'鍖'(徹)是中古上聲清音讀陽平,'胖'(並)是中古去聲濁音讀陽平"①。

① 向熹《簡明漢語史》(上)第337頁,高等教育出版社1998年。

第二，濁上變去。

在《中原音韻》裏，中古清聲母的上聲字仍歸入上聲，如"普、比、短、體、粉、紙、楚、手、走、草、死、襖"等。次濁聲母字除了極個别的例外則都和清聲母字一起仍歸入上聲。如"五、女、染、老、暖、買、武、有"等等。次濁上聲歸入上聲只有兩字例外：誄（來）歸入去聲，麽（明）歸入平、去兩種聲調。

中古濁聲母的上聲字中，全濁聲母字除少數例外都歸入了去聲，全濁上聲歸入去聲的如"倍、淡、近、柱、是、坐、厚、社"等。這一類有少數例外没有歸入去聲而是歸入上聲[①]，如：殍、諞（並）｜唪（奉）｜詒、紿、艇、挺、袒、誕、萏（定）｜盾（床$_{三}$）｜趲、吮（從）｜噤、窘（群）、汞、沆、狠、獫、澣（匣）。

所以，近代漢語聲調發展變化的一條重要規律是全濁上聲歸入去聲，即濁上變去。這樣，中古的上聲字在《中原音韻》中數量減少了。

第三，去聲比中古增多

中古去聲字在《中原音韻》中全部歸在去聲類。此外，次濁聲母的入聲字歸入去聲[②]，如納、入、六、物、岳、藥等。加上從全濁上聲變來的去聲字，《中原音韻》的去聲字比中古增加了不少。

第四，入派三聲

中古入聲字在《中原音韻》中分别歸入了陽平、上聲、去聲。入派三聲的規律主要有三條：

(1)全濁入聲歸陽平

根据向熹先生的統計[③]，收入《中原音韻》的分屬中古十個全濁聲母（並、定、群、從、邪、澄、床、禪、奉、匣）的入聲字共 176 個，其中有 166 個在元代都歸入了陽平，如：白薄拔别（並）｜複服乏（奉）｜讀鐸達（定）｜直逐濁（澄）｜實術舌（床）｜石淑芍涉（禪）｜集雜絶（從）｜習俗續（邪）｜局竭撅（群）｜鶻畫鶴滑合俠洽（匣）等。例外的字是：甓闢暴（pù，並）｜滌（定）｜檄覡（匣）｜轍撤澈（澄），此九字派入上聲。劇（群）——此一字派入去聲。

(2)次濁入聲歸去聲

根據向熹先生的統計[④]，收入《中原音韻》的分屬中古七個次濁聲母（明、微、泥娘、來、日、疑、喻）的入聲字 188 個中，有 187 個在元代歸入了去聲，如：蜜木没

---

① 以下例外字均引自向熹《簡明漢語史》（上）第 342 頁，高等教育出版社 1998 年。

② 詳見下文第四入派三聲(2)次濁入聲歸去聲。

③ 向熹《簡明漢語史》（上）第 338 頁～339 頁。

④ 向熹《簡明漢語史》（上）第 339 頁。

滅(明)｜物襪(微)｜匿納捏(泥娘)｜力勒律略落樂臘獵(來)｜入弱肉熱(日)｜逆玉客樂虐臬(疑)｜易溢液欲藥越(喻)等。一個例外的字是:“抹(明)”字歸入上聲。

(3)清聲母入聲歸上聲

根據向熹先生的統計①,收入《中原音韻》的分屬中古十八個清音聲母(幫、滂、非、敷、端、透、知、徹、照、穿、審、精、清、心、見、溪、曉、影)的入聲字357個,其中331個歸入了上聲。例外的26個字是:逼博(幫)｜遬撻踏(透)｜葺鏃睫(精),這8個字歸入陽平;刷(生)｜惡堊鴨謁噎約藥决屋鬱厄益一乙邑憶揖(影),這18個字歸入去聲。

(二十九)近代漢語詞彙特點

和中古漢語一樣,近代漢語也是一個比較寬泛的概念,它的時間上限和下限在學術界也有争議。我們這裏所説的近代漢語主要是指元、明、清三代的漢語,時間跨度大約是13世紀中後期至20世紀初約600年左右。近代漢語是漢語發展史上一個極其重要的時期,和現代漢語的關係十分密切。

漢語詞彙是隨著中國社會的發展而發展的,新詞新語不斷産生,詞義日趨豐富,構詞法逐漸完備,複音化(尤其是雙音化)傾向明顯,這些特徵在漢語詞彙發展史中一以貫之,在近代漢語中也不例外。同時,由於近代社會對外交流空前頻繁,民間講唱文學和詞曲盛行,自然科學和社會科學發展迅速,加以近代漢語在漢語史中所處的發展階段也不同於中古以前,種種因素導致近代漢語詞彙和詞義變化具有不同於前代的特點,顯現出自己獨特的風貌。這一時期漢語詞彙的主要特點是口語詞、方言詞大量出現,新詞新義中出現了不少科技術語,除雙音節詞外三音節以上的多音節詞大量涌現,新出現的借詞和意譯詞數量達到前所未有的高峰。

一、近代漢語詞彙的新詞

近代漢語的基本詞彙大體沿著前代漢語基本詞彙的軌迹繼續延伸,而一般詞彙則有很大的變化。近代中國社會生活的各個方面都有重大發展,反映各種新概念和新事物當然就成爲漢語詞彙的任務。近代漢語詞彙裏出現了許多反映生産、生活和技藝的新詞語以滿足新的交際交流的需要。例如:

---

① 向熹《簡明漢語史》(上)第340～341頁。

料絲燈　以瑪瑙、紫石英等做原料，抽絲制成的燈。明朗瑛《七修類稿》四四《事物類》有"料絲"。清王夫之《薑齋文集》九《雜物咏・料絲燈》："燒藥石爲之，六方合成，外加絲，内如屏，花卉蟲鳥五采斯備，然鐙其中，尤爲綺麗。"

炮　《元史・方技》記載元代開始我國始有火炮，明宋應星《天工開物》中有"神煙炮、流星炮、西洋炮、八面轉百子連珠炮"以及"大將軍、二將軍、襄陽、佛郎機"等多種炮名。

火輪　唐代指太陽，後稱汽船爲火輪。清袁昶《讀袁康沙船嘆歌以贈之》："南北風濤秋複春，海舶何年來火輪。"

又如"牙祭、牙刷、主顧、燈漏"(元代計時的儀器)等都是近代産生的。

從詞義内容看，近代漢語中的新詞有關於風俗習慣的，如"射柳、撒帳、暖房"；有關於飲食的，如"三鮮面、燒餅、麻糖"；有關於行業作坊的，如"裁縫作、米市、針鋪"；有關於農作物品種的，比如關於稻米的新詞"早稻、黄米、箭子米"等共有幾十種[①]。另外還有關於典章制度等方面的新詞。

近代是科學技術進步很快的時期，漢語中出現了相當數量的反映生産、生活以及科技發展的新詞新語。如明末宋應星《天工開物》中涉及的紡織機具就有"布機、小機、花機、腰機、包頭機、織絨褐機"等[②]。同時西方傳教士和中國學者合作譯述了不少科技書籍，一批近代科技術語出現在漢語詞彙中，如"測量、月球、儀器、幾何、鈍角、三角形、比例、面積、體積、射線、透視"等等。

二、近代漢語的口語詞和方言詞

近代是漢語口語詞大發展的時期。漢魏以後，漢語書面語和口語逐漸脱節，二者在詞彙上的差異越來越大。至近代，民間講唱文學和詞曲盛行，白話文學發展到一個高峰，給書面語帶來極大影響。大量口語詞和方言詞源源不斷地進入文學作品中。例如：

好歹　指各種結果。元關漢卿《五侯宴》四："孩兒也，不争你有些好歹呵，著誰人侍養我也。"這是指意外、死亡。《元曲選・争報恩》一："則願得姐姐長命富貴，若有些好歹，我少不得報答姐姐之恩。"這是指情况好轉。也指好壞，《紅樓夢》三十七回："我憑怎麼胡塗，連個好歹也不知，還是個人嗎？"

白相　閑遊，吴方言詞。明馮夢龍《雙雄記》五《青樓憶舊》："我做小娘官樣，天生極會白相。"今仍保留在吴方言中。

---

① 蔣冀騁《近代漢語詞彙研究》第 239、244、248 頁，湖南教育出版社 1991 年。

② 王紹新、施光亨《〈天工開物〉術語研究》，《宋元明漢語研究》第 492 頁，山東教育出版社 1992 年。

短命　上古指壽命短，近代成了駡人的話。元侯正卿《黄鍾醉花陰》："短命寃家，斷不了踈狂性！"今四川等地方言仍保留。

好生　很、多麽。元關漢卿《關大王獨赴單刀會》一："這荆州斷然不可取，想關雲長好生勇猛，你索荆州呵，他弟兄怎肯和你甘罷。"又指好好地，《三國演義》七十四回："吾今爲先鋒，義當效死疆場。我若死，汝可好生看養吾兒。"這種用法至今仍保留在四川等地方言中。

好在　中古爲問候用語，是好麽、無恙的意思。唐白居易《初到忠州贈李六》："好在天涯李使君，江頭相見日黄昏。"近代義爲幸虧。《官場現形記》四十一回："好在囊橐充盈，倒也無所顧慮。"今方言中仍用。

巴　貼近、靠近。《水滸》三十七回："如今閃得前不巴村，後不著店，却是投那裏去宿是好？"今四川等地方言中仍用。

丢　抛弃。元康進之《李逵負荆》一："把煩惱都也波丢，都丢在腦背後。"也指失落、丢失。《紅樓夢》一百一十九回："糊塗東西，你同二叔在一處，怎麽他就丢了？"

搬弄　挑撥。元王實甫《西厢記》二本五折："玉容深鎖繡幃中，怕有人搬弄。"

巴結　《紅樓夢》六十四回："若説一二百，奴才還可巴結；這五六百，奴才一時那裏辦得來？"指盡力。《兒女英雄傳》二十四回："憑你怎的巴結他，他怎肯忍心害理的違天行事？"指奉承討好。

還有許多今天仍然十分活躍的口語詞都在近代出現，如"巴不得、油嘴、拴、支使、巴掌、老伯"等，這些詞語隨著文學作品的傳播而流傳。"從宋元話本和明清小説所反映的當代口語狀況可以清楚地看到漢語詞彙一步步接近它的現狀的歷史進程"①。

三、民族交往對近代漢語詞彙的影響

近代漢語時期，漢族和外族交往極爲頻繁。在中國内部，契丹、女真、蒙古、滿等民族與漢族關係十分密切，元朝、清朝分别是蒙古族和滿族統治中國，不少蒙語和滿語的詞借入漢語；明代開始，中國與西洋文化接觸，使漢語中出現了比之此前任何時代都多的借詞和意譯詞，它們大大地豐富了漢語詞彙。這兩方面的因素對漢語詞彙産生的影響是近代外來文化對漢語影響的主要方面。

（一）來自北方民族語言的借詞

① 張永言《漢語詞彙》，《語言學論集》第256頁，語文出版社1992年。

宋元以來，中國各民族的交流一直非常密切，元代、清代漢族與北方民族的交往更加頻繁。這些民族語言中的詞語有一部分爲漢語借用。例如：

歹　源自蒙語 tai，意思是不好，常見於宋元間平話小説。《新編五代史平話・梁史》卷上："邀小人今夜做些歹生活。"《新編五代史平話・晋史》："朝廷料其有歹意。"元關漢卿《竇娥冤》三："地也，你不分好歹何爲地？天也，你錯勘賢愚枉做天！"《紅樓夢》五十七回："他們這裏人多嘴雜，説好話的人少，説歹話的人多。"可構成複音詞。元曲李文蔚《燕青博魚》一："哥，您兄弟不是歹人。"《紅樓夢》六十五回："他心裏歹毒，口裏尖快。"

胡同　蒙語 gudumr 的音譯。元人稱街巷爲"胡同"，《正字通・行部》"衚衕"也省作"胡同"。元關漢卿《單刀會》第三折："你孩兒到那江東，旱路裏擺著馬軍，水路裏擺著戰船，直殺一個血胡同。"清袁啓旭《燕九竹枝詞》："鞭梢亂點出胡同，道遇諸王一陣風。"《老殘遊記》第六回："我也是聽人家説的，府裏南門大街西邊小胡同裏，有一家子，只有父子兩個。"後成爲北方話街巷的通稱。

喇叭　源自蒙語 labai，一種吹奏樂器。明戚繼光《紀效新書・號令》："凡喇叭吹擺隊伍，是要各兵即於行次，每哨一聚。"

答剌孫　酒。又作"答剌、打剌孫"。源自蒙語 darasun。《古今雜劇・李嗣源奪紫泥宣》一："明日個使臣來到，答剌孫把他犒勞；他們在帳中飲酒，俺厨房裏只情耍笑。"

戈什哈　清代高級官員的侍從。又稱"戈什"。源自滿語 gocika。清薛福成《庸盦筆記・藎臣憂國》："有合肥人，劉姓，嘗在胡文忠公麾下爲戈什哈。"

薩齊瑪　一種滿族糕點。又作"薩其瑪"。源自滿語 sacima。清富察敦崇《燕京歲時記》："薩齊瑪乃滿洲餑餑，以冰糖、奶油合白麵爲之，形如糯米，用不灰木烘爐烤熟，遂成方塊，甜膩可食。"

有一些借詞在競爭中站穩了腳跟，甚至排擠掉了漢語固有的詞。"站"就是一個典型的例子。站（又叫站赤），是蒙語 jam 的音譯，原意指路，後指驛站、車站，《儒林外史》一回："王冕一路風餐露宿，九十里大站，七十里小站，一徑來到山東濟南府地方。"慢慢取代了漢語中原有的"驛"，並逐漸具有了比較强的構詞能力。現代漢語中"站"構成的複合詞很多，如"車站、糧站、水電站、廣播站"等，至今保持著旺盛的生命力。而"驛"則只保留在一些地名中了。

有些詞從漢語中借到蒙語或滿語，又從蒙語或滿語中借回漢語，例如：博士⟶bagši（蒙，指老師）⟶把式，太子⟶taiji（蒙）⟶台吉（蒙古王公的爵號),夫人──→fujin(滿)──→福晋(清代親王等貴族正室的封號),師父──→sefu(滿)──→瑟夫(先生,師父),這種現象從側面反映出蒙漢、滿滿交往的頻繁。

不過近代漢語吸收蒙語和滿語的借詞並不多,這些借詞也大多是一些事物名稱。

(二)西洋文化對漢語詞彙的影響

近代漢語借詞的最大特點是從西洋傳入了大量自然科學和社會科學術語。元明時代從伊斯蘭世界傳入了一些科技知識和觀測儀器。明末以後,歐洲傳教士來到中國,在傳教的同時也介紹了近代西方文化和科技知識。他們和中國知識分子合作譯述了不少西方科技書籍。許多新事物新概念傳入,漢語中産生了一大批借詞和意譯詞。鴉片戰争以後,帝國主義的大炮,打開了清朝緊閉的大門,使人們認識到學習西方先進經驗勢在必行,從而掀起了學習西方文化的高潮。北京同文館(後改爲譯學館)、上海方言館和江南制造局附設翻譯館、廣東同文館等相繼設立,翻譯了大量西方書籍。同時,戊戌變法前後,以康有爲爲首的維新派撰寫了大量文章,向國民宣傳介紹資産階級的民主主義。在這些著作和文章中,新的名詞成批出現,涉及到政治、軍事、經濟、文化思想、科技、工商業、農業以及社會生活各個方面,其數量之多、涉及面之廣,是前所未有的。

近代西方文化對漢語詞彙的影響主要體現在以下幾方面:

1. 借詞大量涌現

近代借詞主要來自日語和印歐語。

甲午戰争以後,中國向日本派遣了大量留學生,此後日語借詞成爲近代漢語借詞的大宗,有幾百個之多。例如"見習、手續、場合、立場、印鑒、取締、出口、公認、權益、日程、人選、集結、尖兵"。

來自印歐語的借詞,以來自英語爲主,例如"焦耳、引得、引擎、德律風、咖啡"等等。

也有一些來自其他語言的借詞。例如"阿芙蓉"是阿拉伯語 afyum 的對音,後來爲英語借詞"鴉片"(opium)代替。"嗩吶",指一種管樂器,流傳於波斯、阿拉伯一帶,金元時傳入中國,源自波斯語 surnā,zurnā。

2. 意譯詞使用普遍

近代一大批新的意譯詞産生。如來自英語的意譯詞:雇員(hire labour)、公司(company)、工廠(factory, mill)、工會(labour union)、郵政(post)、郵票(stamp)、報紙(newspaper)、日報(daily)、機器(machine)、火車(train)、競争

(compete)、罷工(strike)、探險(explore)、壓迫(oppress)、協商(consult)、機動(motorized)、辯證(dealectical)、必然(inevitable, certain)、集體(collective)等等,逐步成爲漢語中的一般詞彙。這些詞大都是在翻譯西方作品時,利用漢語固有的語素組合進行意譯,從而造就了大量漢語的新詞,大大豐富了漢語詞彙。

日本在明治維新(1868)以後,翻譯了大量西方的科學文化書籍,很多詞是用漢字構成新詞對原文意譯,或者用現成的古漢語的詞代表新概念。這一部分詞又被漢語借用,成爲間接的意譯詞。例如"間接、建築、公僕、權威、講座、講演、接吻、立憲、催眠、錯覺、契機、瞭解、世界觀"。又如:

交换　人們相互交换活動和勞動産品的過程,是社會再生産過程的一個環節。源自日語"交换",日讀 kōkan,意譯英語 exchange。古漢語"交换"本指更替。《魏書·盧昶傳》:"胸山戍今將交换,有可圖之機。"

經濟　社會生産關係的總和,是政治和思想意識等上層建築的基礎。來自日語,日讀 keizai,意譯英語 economy。古漢語中"經濟"義本爲經國濟民。《晋書·殷浩傳》:"足下沈識淹長,思綜通練,起而明之,足以經濟。"李白《贈别舍人弟台卿之江南》:"令弟經濟士,謫居我何傷。"《宋史·王安石傳》:"朱熹嘗論安石,以文章節行高一世,而尤以道德經濟爲已任。"

儲蓄　把錢存到銀行等信用機構。日語"儲蓄",日讀 chochiku,意譯英語 saving。古漢語"儲蓄"本指積貯備用。《尉繚子·治本》:"民無二事,則有儲蓄。"《後漢書·章帝紀》:"古者急耕稼之業,致耒耜之勤,節用儲蓄,以備凶災。"

世紀　歷史上的紀年單位,一百年爲一個世紀。日語"世紀",日讀 seiki,意譯英語 century。古漢語"世紀"本是記録帝王世系的書。晋皇甫謐有《帝王世紀》,載上古以來帝王事迹。

審問　司法機關對案件當事人查問有關事實的行爲。日語"審問",日讀 shinmon,意譯英語 interrogate, question。《禮記·中庸》:"博學之,審問之。""審問"是詳細地詢問,還不是一個詞。

類似的還有"階級、教授、交通、交際、綱領、理性、輸入"。

這些日譯詞由於與漢語詞彙有著與生俱來的聯繫,很容易進入到漢語詞彙中,並很快在漢語中扎下根。

3. 漢語舊詞獲得新義

一些漢語中固有的詞,由於用來意譯外語詞,從而在舊義基礎上獲得了新的意義。例如：

文學　《論語・先進》："文學，子遊，子夏。"指文章博學，是孔門四科之一。《漢書・武帝紀》："選豪俊，講文學。"指文獻經典。後來泛指文才或文藝作品。後以"文學"對譯英語 literature。

地理　《易・繫辭》上："仰以觀於天文，俯以察於地理。"指山川土地的環境形勢。《漢書》有《地理志》，"紀天下山川形勢行政區域"。後也指研究地球表面現象以及行政區劃等的科學，用以意譯英語 geography。

政治　《周禮・地官・遂人》："掌其政治禁令。"《漢書・匡衡傳》："是時，有日蝕地震之變，上問以政治得失。"指治理國家的措施。用以意譯英語 political。

法官　《商君書・定分》："吏民知法令者，皆問法官。"指掌法律刑獄的官吏。《紅樓夢》二十九回："只聽鍾鳴鼓響，早有張法官執香披衣，帶領衆道士在路旁迎接。"指有身份的道士。用以意譯英語 judge，justice。

公路　《詩經・魏風・汾沮洳》："殊異乎公路。"是春秋時官名，掌路車，主居守。用以意譯英語 road。

又如"總統、檢閱、博士、自由、專制、算術、公園"等也屬此類。

四、近代漢語複音詞的發展

近代漢語複音詞大量產生，超過以前任何一個時期，使漢語的複音節詞佔壓倒優勢。其中雙音詞繼續保持優勢，多音節詞有所發展，三音節、四音節以及更多音節的詞語和熟語較前代都有增加。例如"抱不平、小老婆、小二哥、沉甸甸、兩口子、忙忙碌碌、扭扭捏捏、抽抽搭搭、惜玉憐香、丟三忘四、没精打采、情投意合、望穿秋水、明槍好躲，暗箭難防"等等，均在近代漢語中常見。

(一)新生雙音節詞大量產生

近代產生的新詞，雙音詞佔有絶對優勢。例如：

爺有的，就馬上説了罷！(《元曲選・陳州糶米》)

凡蓋隔火，則炭易滅，須於爐四圍用筯直搠數十眼，以通火氣。(明屠隆《香箋》。隔火，香爐中蓋火的東西)

今人眠小兒竹籃名搖籃。(明李詡《戒菴漫筆》三)

我幾時借他銀子來？就是問你借的，也等慢慢好講，如何這等撒野？(《金瓶梅》十九回)

漢語基本詞彙中有的詞具有極强的構詞能力。例如"打"：

你母子二位敢未打火？叫莊客安排飯來。(《水滸》第一回。打火，行人在途中吃飯)

那時秦鍾正騎著馬隨他父親的轎，忽見寶玉的小厮跑來請他去打尖。(《紅樓夢》十五回。打尖，途中休息或進食)

我原打算去告訴老太太，接二姐回來，誰知太太不依。(《紅樓夢》八十一回)

若告我，我拼的把這金銀官府上下打點使用，我也不見的便輸與他。(元鄭廷玉《看錢奴》)

你却不可躁暴，便去動手動脚，打攪了事，那時我不管你。(《水滸》二十四回)

且把衙門俺上，如有星相求見與鄉里來打抽豐的，不可放進。(明楊珽《龍膏記羅織》。打抽豐，即打秋風)

(二)三音節和多音節詞數量大增

三音節詞中古開始産生，元代以後獲得了巨大發展，這是近代漢語詞彙發展的一個特點。例如：

司馬公置獨樂園，當春明之際，卉木繁盛，觀者咸以錢與園丁吕直，謂之茶湯錢。(元陳世隆《北軒筆記》。客來設茶，客臨去設湯，故名茶湯錢)

元遺山好問裕之，……其妹爲女冠，……至則方自手補天花板。(元蔣子正《山房隨筆》)

既而燒煙火於庭，有所謂地老鼠者，徑至大母聖座下。(元周密《齊東野語》十一。地老鼠，一種煙花炮)

此外"冷板凳、小妮子、假惺惺、巴不得、摇錢樹、小鬼頭、小老婆、看錢奴、秋茶褐"等三音節詞都産生於近代。這些三音節詞的口語化强，一些複合詞層次複雜，内部理據清晰，這是其獲得巨大發展的重要原因。

三音節詞中 ABB 式大量使用，如"赤條條、光溜溜、喜孜孜、雄赳赳、氣呼呼"等。這種三音節詞，唐代已有一定數量，到元明時代，這種結構非常能産，尤其是在元曲和明清小説中這類詞極其常見。例如：

便把那嬌滴滴豔質從頭兒相。(元曲《連環記》三)

我睡啊黑甜甜倒身如酒醉，忽嘍嘍酣睡似雷鳴。(元曲《陳摶高卧》第一折)

亂紛紛東逃西竄，鬧烘烘兵慌馬亂，一路奔回氣尚喘。(明陸華甫《雙鳳齊鳴記》)

只見家人兒子小鐵棍兒，笑嘻嘻在跟前舞旋旋的，且拉著敬濟要炮丈放。(《金瓶梅》二十四回)

這類三音節詞具有濃厚的口語色彩，生動形象，通俗上口。其中一部分經文學作品的傳播逐漸進入共同語中，至今仍在使用。

至近代後期，三音節詞進一步發展，其中很大一部分反映了由於近代社會物質文化和科學技術方面的發展而產生的新概念，如“資本家、實驗室、蒸汽機、導火線”等。這些詞利用原有的單音詞和雙音詞進行組合，表達由於社會變化而帶來的新的複雜的概念，直接而明確，很容易融入到漢語詞彙中。

近代漢語還出現了一些新的四音節詞，例如“天衣無縫、你死我活、品頭論足”等，但總的來説，四音節詞的數量不算太多。

近代複音詞大量出現有多方面的原因。從宋到元，複音詞不斷增加；與此同時，漢語語音系統繼續簡化，這種簡化又增加了一大批同音詞，它要求詞彙必須繼續朝著複音化方向前進。實際上，從兩漢至中古，漢語詞彙複音化的趨勢已不可逆轉。語音的大大簡化，給既有的雙音化爲主的格局帶來了壓力，因爲詞彙量的急增，使雙音詞在表義上同樣會出現多義等問題（事實上，雙音詞的多義化在中古已經出現），再延長音節不失爲一個解决矛盾的辦法，三音節詞的大量出現便是對這種缺陷的一種彌補。

近代是中國社會發生劇烈變化的時期，資本主義萌芽，工商業逐步發展，對外交往日益頻繁，科學技術有了長足進步，新事物、新觀念不斷涌現，反映社會變化最爲敏感的詞彙必然發生巨變。此時，複音化進程已進入完全自覺狀態，新詞的産生自然以複音詞爲主體。並且，隨著各種複雜概念的大量出現，詞彙也必然在構詞上作出回應，一大批三音節、四音節乃至更多音節的詞語隨之産生，以滿足漢語從詞語的形式推知其意義的需求習慣。

語體的變化也是促使近代漢語詞彙向多音化發展的重要原因。秦漢以後，文言和口語的差距日益擴大，典籍中難覓口語蹤影。唐以後，市民階層逐步壯大，審美取向日趨通俗化，白話小説繁榮。唐代的變文和禪師語録中也出現了不少口語。至宋代，語録體産生，如《五燈會元》、《朱子語類》。此後，元雜劇、戲曲和明清小説的繁榮，使口語在文學作品中佔據了主導地位。書面語的口語化，爲複音詞尤其是三音節詞的發展創造了條件。三音節詞雖在雙音詞結構的基礎上構詞，但它不求音律的嚴整，形式自由，詞内部的理據清楚，生動活潑，通俗易懂，與書面語的口語化正好合拍。語體的這種變化還促使了一些俗語的産生，例如元曲吴昌齡《東坡夢》：“葛藤接斷老婆禪，打破沙鍋璺（問）到底。”《紅樓夢》九十六回：“只爲寶玉不上進，所以時常恨他，也不過是恨鐵不成鋼的意思。”這類俗語顯然來自於口語。

五、近代漢語詞義的發展

和中古漢語相同，在漢語原有的詞中增加新義，依然是詞義發展的主要方面。例如：

結果[①]　本寫作“結裹”，是用衣被裹紮。《老子化胡經》：“父母世間驚怪我，複畏寒凍來結裹，身著天衣誰知我。”引申爲裝殮，《水滸》二十一回：“閻婆道：‘……我女兒死在床上，怎地斷送？’宋江道：‘這個容易，我去陳三郎家買一具棺材與你。……我再取十兩銀子與你結果。’”又引申爲殺死，《古今雜劇》元李文蔚《燕青博魚》四：“我們且結果了那個綁的，去與你拔了這眼中的釘子哩！”

好　上古有美善義。中古産生完畢義，唐韓偓《無題》：“粧好方長嘆，歡餘却淺嚬。”又産生出便於、合宜義，唐杜甫《聞官軍收河南河北》：“白日放歌須縱酒，青春作伴好還鄉。”至近代，又可以作副詞，義爲很，《紅樓夢》四十二回：“説的好可憐見兒的，連我們也軟了，饒了他罷。”

頂　本義是人頭的最上端。《莊子·人間世》：“支離疏……肩高於頂。”引申爲物體的最上部，《淮南子·脩務》：“今不稱九天之頂，則言黄泉之底，是兩末之端議，何可以公論乎？”中古可指以頭承戴，宋周邦彦《汴都賦》：“其敗也抉目而折骨，其成也頂冕而垂裳。”近代又有幾個新義。明李詡《戒菴漫筆》五《頭通稱》：“今人以物之極大者爲頂，意亦同，如稱大瓜爲頂瓜也。”指最大。《西遊記》四十四回：“我家裏燒火的，也是他；掃地的，也是他；頂門的，也是他。”《紅樓夢》七十五回：“我昨日把王善保的老婆打了，我還頂著徒罪呢。”這是支撑、承擔義。《西遊記》二回：“你這潑猴，十分無狀！師父傳你道德，如何不學，却與師父頂嘴？”是抵觸義。

短　近代産生攔住義，《古今雜劇·徐伯株貧富興衰記》：“看他穿的襖子布衫靴子帽，則怕有短路的。”《儒林外史》三十九回：“木耐將曾短路遇郭孝子及將他收爲徒弟的一番話，説了一遍。”現代四川方言中“短”還有截住義。

腳色　中古指履歷。宋范仲淹《范文正公集·尺牘》中《與韓魏公》：“其子得殿侍左班，養母未得，此中又無指使闕，曾申腳色狀，今上呈，如有指示安排處，乞留意。”腳色狀，即履歷書。近代指傳統劇中演員的類别。清李斗《揚州畫舫録·新城北録》下：“梨園以副末開場，爲領班。副末以下老生、正生、老外、大面、二面、三面七人，謂之男腳色。老旦、正旦、小旦、貼旦四人，謂之女腳色。打渾一人，謂之雜。此江湖十二腳色，元院本舊制也。”

---

① 吕叔湘《釋“結果”》，轉引自蔣紹愚《古漢語詞彙綱要》第264頁，北京大學出版社1989年。

有些詞的詞義發生變化後，新義在口語中逐漸成爲詞的中心意義。例如：

瞧　中古義爲目昏蒙，嵇康《難自然好學論》："覩文籍則目瞧，修揖讓則變傴。"

又如："心動"原是心跳，常指突感不安，引申指受引誘而動心；"交手"上古有手攙手和拱手義，中古又指交兵，近代引申爲角力、比賽武藝；"交心"中古指交集於心中，近代引申出開誠相見義；"下場"本是戲曲用語，指退場，引申爲收場、結局；"主意"中古有創意義，近代又產生辦法、主張義。"包"原爲包裹、裹紮義，近代產生保證、統攬義。

近代社會出現了很多新事物，也使一些詞增加了新義。例如"表"的鐘錶義、"廠"的工廠義、"輪"的輪船義、"煙"的煙草義等均產生於近代[①]。此外，近代西方文化的傳播也使漢語的一些詞語增加了新義。

（三十）近代漢語語法的發展

一、近代漢語的詞類

經過長期的發展，近代漢語的詞類系統和古代漢語詞類系統已有很大不同，例如新的代詞系統產生，助詞"地、底、的"產生等。近代漢語的詞類系統和現代漢語詞類系統，例如代詞、副詞、連詞、助詞、語氣詞等，已經很接近。

（一）近代漢語的代詞

1. 人稱代詞

(1)第一人稱代詞

近代漢語第一人稱代詞中，"我"是基本的形式，使用頻率最高。此外，"俺、咱"以及由其派生的一些第一人稱代詞，如"俺們(每)、咱們(每)、咱家、偺、偺們(每)、洒家"等也有廣泛的應用。這些代詞，除了"偺們(每)"只用於複數，其餘都是既可用於單數（相當於"我"），也可用於複數（相當於"我們"）。用於複數時，有的是包括式，有的是排除式。包括式是所指稱的對象包括聽話人在內，排除式是所指稱的對象不包括聽話人在內。排除式和包括式的對立是在近代漢語中出現的。吕叔湘説："包容排除二式之分，疑非漢語所固有。""頗疑緣於北方外族語言之影響。"[②]梅祖麟認爲，漢語中排除式和包括式對立的出現，是受了

① 向熹《簡明漢語史》第644頁，高等教育出版社1993年。

② 吕叔湘《釋您、俺、咱，附論們字》，《漢語語法論文集》，商務印書館1984年。

阿爾泰語的影響①。

俺

產生於宋代，元明以後普遍應用。“俺”是“我們”的合音②，單數和複數都可用。如：

俺早知有這個去處，不奪他那桶酒吃。（《水滸傳》四回）——單數

俺兩口兒與人家舂米爲生。（元無名氏《舉案齊眉》三折）——複數（排除式）

少數時候，“俺”用來指聽話人而不用來指説話人自己這一方。如：

我見俺一針撚一絲，一針針不造次，一針針那真至，想俺那不容易的恩情，怎敢道待的輕視。（元劉時中《一枝花・羅帕傳情》套曲）——指對方

“俺們（每）”相當於“我們”，主要用於排除式，少數用於包括式。“俺們”也有用於第一人稱單數的，大都是表示謙虛的説法。如：

劉姐他諸般曲兒倒都知道，俺們却不曉的。（《金瓶梅》二十一回）

咱

吕叔湘先生指出，“‘咱’是‘自家’的切音，爲‘自家’轉變而成”③。“咱”作第一人稱代詞單數時相當於“我”，用於複數時相當於“咱們”，主要是包括式用法。如：

咱兩個永世千年，休要見面。（《金瓶梅》二十一回）——包括式複數

由“咱”參與構成的合成詞“咱家”相當於“我”，用於第一人稱單數，如：

緊拽住咱家衣袂，則待要步步追隨。（楊顯之《酷寒亭》二折）

“咱們（每）”在元代可用於第一人稱單數，但明代以後除了個别例子，一般用於第一人稱複數，不過，既可以是排除式用法，又可以是包括式用法，其中，包括式用法居多。

偺（又作喒、昝）

是“咱們”二字的合音，最初見於元代戲曲，一般寫作“喒、昝”，“偺”的寫法要晚些，意義相當於“我”或“咱們”。用於複數時主要是包括式用法。“偺”參與構成的合成詞“偺們（偺每或喒每）”一般用於複數，大都是包括式用法。

---

① 梅祖麟《關於近代漢語指代詞》，《中國語文》1986年第6期。

② 吕叔湘先生認爲：“宋金白話文獻裏的俺只是取奄之聲來諧我們的合音。”現代學者大都同意這種觀點。見吕叔湘《漢語語法論文集》第162頁。

③ 吕叔湘《漢語語法論文集》第170頁。

(2)第二人稱代詞

近代漢語第二人稱代詞,尤其是元明以後的白話作品裏,“你”幾乎是第二人稱代詞的唯一形式。從來源上看,“你”就是古漢語中的“爾”,今天看起來讀音不同,那是古今音不同的緣故。宋代也用“你”,但更多的是用“汝”,比如《朱子語類》就是這樣。

此期還出現了“您”,最早見於宋元話本和金元諸宫調,這是第二人稱代詞一個比較重要而明顯的變化。“您”是“你們”二字的合音,相當於“你”或“你們”,即既可用於單數又可用於複數。如:

來時節肯不肯盡由他,見時節親不親在於您。(王實甫《西厢記》三本四折)——單數

您文武百官計議,怎生退了番兵?(馬致遠《漢宫秋》三折)——複數

現代漢語北方話中“您”是第二人稱單數的敬稱代詞,近代漢語中“您”却不表示尊敬,“您每”也不一定表示複數。如:

李克用兵馬答曰:“黄巢反賊,您若會事之時,束手歸降。”(《五代史平話·唐史上》)——第二人稱,指稱“反賊黄巢”,不是尊稱

朱五經看了這詩道:“秀才,您每下第不歸故鄉?”(《五代史平話·梁史上》)——朱五經的話是對黄巢一人説的,“您每”用於單數

清代以後,“您”已不表示複數,“您每”的形式也基本消失。

(3)第三人稱代詞

近代漢語第三人稱代詞,“他”是主要形式,另外,“伊、伊家”也可用作第三人稱代詞。如:

薛蟠因伊倔强,將酒照臉潑去。(《紅樓夢》九十九回)

負伊家,萬愁千恨,甚時是足。(趙長卿《瑞鶴仙·殘秋有感》)

“伊”在近代作品中不少見,“伊家”産生於宋代,元明詞曲中用得較多。不過,此期“伊”和“伊家”還可用作第二人稱代詞,相當於“你”,這種用法在現代漢語中已消失。

2. 指示代詞

近代漢語中,中古産生的一部分指示代詞逐漸取得形式上的統一,如近指代詞“這、遮、者、拓、只”等統一爲“這”;一部分指示代詞在近代被廣泛應用,如“這邊、這個、這裏、這般、這樣、那個、那邊、那裏、那般、那樣、恁地、恁麽”等;另外,又産生了一批新的複音指示代詞:

(1)由“這”構成的複音指示代詞

由"這"構成的複音指示代詞大致有下面幾個類型：

指示較近的兩個以上的人或事物：這些、這些個、這些兒("這些兒"還能夠表示時間，義爲這時候，此義也可寫作"這歇兒")。

指示處所，義爲這裏、這邊：這兒、這搭兒、這答兒、這坨兒、這厢、這壁、這壁厢。

表示時間，義爲這時候：這會兒、這會子、這早晚、這咱(偺)。其中，"這咱(這偺)"是"這早晚"的合音。

指示人、事物、性質、狀態、方式、程度等，相當於"這樣"：這等、這的、這般樣、這們、這麽、這麽個、這麽樣、這麽些、這麽著。其中，"這的"在中古文獻中寫作"這底"或"遮底"，近代統一爲"這的"。又，"這們(懣、每)"是近代前期的寫法，明以前只寫作"這們"，《紅樓夢》裏才開始出現"這麽"，早期義指這些人，後來指人或事物、方式。

(2)由"那"構成的複音指示代詞

由"那"構成的複音指示代詞大致有下面幾種類型：

指示較遠的兩個以上的人或事物：那些、那些個。

指示較遠的處所，相當於"那裏、那邊"：那搭兒(也寫作那答兒、那塔兒、那坨兒)、那厢、那壁、那壁厢。

指示時間，相當於"那時候"：那會兒、那會子、那早晚、那咱。

指示人物、處所或事物的性質、狀態、程度、數量等：那等、那的、那們、那麽、那麽些、那麽著。

(3)由"恁"構成的複音指示代詞

指示人或事物，相當於"這個"：恁個。

相當於"如此、這樣"：恁般、恁地、恁的般、恁樣。

另外，近代漢語指示代詞中還有兩個相當常見的代詞"兀那、兀的"。

"兀那"可以指示人、地或事情，相當於"那、那個"。"兀的(亦作兀底、阿的)"指示人或事物，相當於"這、這個"。如：

> 兀那彈琵琶的是那位娘娘？(馬致遠《漢宫秋》一折)
>
> 兀的不悶殺人也麽哥！(王實甫《西厢記》雜劇第四本第三折)

"該"作代詞，用於指代上文中提到過的人或事物，多用於公文。如：

> 應令該節度審明實情，妥擬具題。(《紅樓夢》九十九回)

3. 疑問代詞

近代漢語的疑問代詞中，許多都是從中古傳承下來的，新産生的疑問代詞絶大多數是以已有的疑問代詞爲詞根構成的複音詞,如以"那(相當於"哪")、甚、怎、多"爲詞根構成的複音詞,數量多達三十個以上。這些複音疑問代詞,有的問事物性質狀態,有的問時間處所,和現代漢語的疑問代詞相當接近。問人的疑問代詞中,"誰、那個"產生在古代,近代通用。有兩個近代產生而現代已經不用或已發生變化的問人疑問代詞:兀誰、那位。

"兀誰"由中古疑問代詞"阿誰"變來,相當於"誰",在現代漢語中已經消失。如:

我只心在張三身上,兀誰奈煩相伴這廝!(《水滸傳》二十一回)

"那位"是問人的客氣説法,現代漢語中寫作"哪位",仍是問人的客氣方式。如:

你是那位姑娘屋裏的?(《紅樓夢》二十七回)

另外,近代也產生了一些單音節疑問代詞:啥、�、煞、乍、咱。"啥"明清時寫作"傘、煞",現代一般寫作"啥",用來問事物的疑問代詞。"咱、乍"相當於"怎、怎麼",用來詢問原因或方式。

(二)近代漢語的副詞、介詞、連詞、助詞

1. 近代漢語的副詞

根據副詞的意義類别,近代漢語的副詞和中古一樣,仍可分爲程度副詞(如"到大、怪、好生",均表示程度高)、範圍副詞(如"光、僅僅、盡都、另外、一併"等)、時間副詞(如"半合兒"表示時間短,"才剛、剛然"表示時間短)、情態副詞(如"白、好在、一準、準定"等)、否定副詞(如"别、没、没有"等)、語氣副詞(如"不成"表示反問語氣,"到敢"表示揣測語氣,"顛倒"表示轉折語氣,"多管、多定"表示估計和不肯定的語氣)等幾個小類,但是近代漢語的副詞豐富得多。據統計,《水滸傳》裏出現各類副詞三百四十多個,可以推測,整個近代漢語的副詞數量當遠在此數以上。

2. 近代漢語的介詞

近代漢語的介詞大多是從上古和中古繼承而來。近代產生了不少新的介詞,使得此期介詞系統已經比較完善,可大致分爲幾類:

表示時間的:如"趕",用在時間詞前面表示某個時候,相當於"趁"。

表示處所的:如"打、打從"表示動作的起點,"朝、朝著、照、照著"表示動作的方向,相當於"對、向"。

表示工具、憑藉或依據的:如"拿",表示工具、材料、方法,相當於"用",大約產生於元代;"據"引進動作依據的對象或方式;"靠、靠著"表示有所憑藉或依據。

表示關係對象的：如“給”，放在動詞後面，引進動詞的間接賓語；“跟”引進共同行動的對象，相當於“同、和”。

表示目的或原因的：如“爲著、爲了”。

這些近代新産生的介詞中，除了表示目的或原因的“爲著、爲了”以外，都是由動詞轉化來的。

3. 近代漢語的連詞

近代漢語的連詞也是既繼承前代的連詞，又産生新的成員，但總體看來，連詞系統比其他詞類顯得更紛繁複雜。從連詞所表示的語義關係來説，可以分爲以下幾類：

表示並列關係：如連接名詞或名詞性詞組的“並”（上古時“並”是表示遞進關係的連詞，宋代以後産生表示並列關係的用法，近代表示並列的用法較多，相當於“和、與”）、“合”（相當於“和”）、“同、以及、與同”等。連接動詞或動詞性詞組或分句的連詞如：一邊……一邊……、一面……一面……、一頭……一頭……、一行……一行……（都表示兩個以上的動作同時進行）。

表示承接關係：承接關係是前後兩事相承而出現。如“就、便乃、比是……就……、一……就……”等。

表示選擇關係：如“比及……不如……、不是……就（便）是……、或是……或是……、或者……或者……、却是……却是……”等。

表示遞進關係：如“並且、而且、又且、况且、不但……還……、不但……就是……、不止（不只）……連（則）……”等。

表示轉折關係：如“但是、不過”等。

表示因果關係：如表示原因的“不争（相當於“只因爲”）、爲是、爲因、因爲、既然”等；表示結果的“故此、故爾、因此上”等。還有配對使用的連詞如“因爲……所以……、既是……就……、只因……所以（才）……”等。

表示假設關係：如“待、待要、果然、假是、倘然、倘是間、要是”等。

表示條件關係：如“但凡、無論、只除、則除、只除非、只除是、則除非、則除是”等。

表示讓步關係：如“便做、便道、更做、更做到、就算、是則是、縱然”等，都是用在偏句中表示讓步。

就新産生的連詞來説，突出的是兩個連詞套用，共同組成一個連接關係的形式，如“一邊……一邊……、既是……就……”等。

4. 近代漢語的助詞

(1)結構助詞

近代漢語的結構助詞值得關注的是“的”和“價”。

中古漢語的結構助詞主要是“地”和“底”，到了近代，統一寫作“的”。“的”最早出現在宋代，在近代使用頻率非常高，兼有“底、地、得”的各種用法。“的”可以用在定語和中心語之間，表示領屬關係和修飾關係，相當於中古的“底”；可以跟在名詞、代詞、動詞、形容詞或詞組後構成“的”字結構在句中充當各種句法成分；可以用在狀語和中心語之間，相當於“地”；可以用在動詞後面，起連接中心語和補語的作用，或者單獨跟在動詞後面，充當可能補語或結果補語，相當於“得”。這四種用法，都和現代漢語結構助詞的用法相當，也很容易辨識。此外，近代“的”還有一些用法，今天已經消失或者發生了變異。

第一，用在動詞後面，表示動作的持續，相當於“著”。如：

那西門慶笑的出去了。(《金瓶梅》二十二回)

第二，用在動詞後面，表示動作已經完成或帶有祈使語氣要求某動作完成。如：

可是作怪，你與我唤的他來。(《水滸傳》第三回)

第三，用在動詞後面，表示行爲達到某種程度，或達到某種結果。如：

等明日慢慢凑的三二十人，一齊好過岡子了。(《水滸傳》二十三回)

第四，用在同位語中間。這是一種比較特殊的用法，明代以後就少見此用法了。如：

我這幾日告天地，願他的子母每早些兒歡會。(石君寶《秋胡戲妻》二折)

不過，“的”雖然有相當於“底、地”的用法，但元明時期“底”和“地”並没有消失，尤其是“地”，狀態形容詞充當的狀語和中心語之間常是用“地”來連接。如：

正吃時，只聽得外面必必剥剥地爆響。(《水滸傳》十回)

直到清代，“底”和“地”才完全被“的”代替，“五四”以後，“地”又和“的”分離。而“得”在元明時期就和“的”並存，其語法特點和語法功能一直保存到現代漢語。

近代還有一個結構助詞“價”(也寫作“家、假、加、介”)用得較普遍，主要用在狀語和中心語中間，也可以用在句末，相當於“地”。如：

每日價情思睡昏昏。(王實甫《西厢記》二本一折)

你們成日家跟他上學，他到底念了些什麽書！(《紅樓夢》九回)

幾年假,爲拐兒,是人都理會得我名兒。(元本高明《琵琶記》二十五出)

一會加上心來没是處,恨不得待跨鸞歸去。(馬致遠《壽陽曲·洞庭秋月》)

次日大排筵宴在後堂,管待徐能一夥七人,大吹大擂介飲酒。(《警世通言》卷十一)

不過,寫作“加”的,只見於元曲。

(2)近代漢語語氣助詞

新的語氣詞系統的産生,是近代漢語助詞發展的一個突出表現。古代漢語絶大多數語氣詞在近代往往只在正統的文言文裏使用,而口語中,從中古開始就逐漸形成了一個新的語氣詞系統。這些語氣詞,按其主要用法,可以分爲陳述、疑問、祈使、感嘆四類,這和現代漢語的語氣意義已經完全一致。

陳述語氣詞

中古産生的陳述語氣詞在近代仍然廣泛使用。近代新産生的語氣詞有如下幾個:

表示肯定語氣:如“的(用在句末)、便了”(用在陳述句末,相當於“就是了”)。

表示認可的語氣,含有滌清陳見的意味:如“罷了”(也寫作“罷咧、罷麽”,用在陳述句末,表示僅此而已,有往小裏誇張的意思);“著呢”(也寫作“著哩、著裏”,有往大裏誇張的意味);“著的呢、著的哪”(意思同“著呢”)。如:

賈母道:“什麽福,不過是老廢物罷咧。”(《紅樓夢》三十九回)

這厮倒聰明著哩。(關漢卿《謝天香》二折)

這可是該的,底下仗著舅母的地方兒多著的呢。(《兒女英雄傳》四十回)

疑問語氣詞

此期疑問語氣詞的特點是舊詞有了新的用法,或者舊詞有了新的寫法,而新産生的則很少。例如“麽”到清代時産生一個新的字形“嗎”,新舊字形並存。“裏”字形變成“哩”,後來,近代北方話系統中“呢”又取代了“哩”和“那”。

舊詞獲得新用法的如:

麽 中古“麽”主要用於是非問句,字形也寫作“末”,近代“麽”又用於反問句,表示反問語氣。如:

我知道麽?問你自己就明白了。(《紅樓夢》二十一回)

近代,“麽”還用於陳述句,表達要求、不滿等意味。如:

(行者)喝道:“呆子,你説麽!”(《西遊記》十九回)

黛玉冷笑道:“我就知道麽,别人不挑剩下的,也不給我呀!”(《紅樓夢》七回)

清代,“麽”演變成“嗎”,用於是非問或反問。

那　也寫作“哪”。中古主要用於是非問,相當於“呢”。近代用法有擴展,除了用於是非問,還可用於特指問、選擇問、正反問。此外,“那”還可用來表示揣度意味和表示感嘆。如:

正旦云:“只怕等著崔鶯鶯那?”(吴昌齡《張天師》二折)——表示揣度意味

可怎生得他回頭,我看他一看,可也好那!(石君寶《秋胡戲妻》三折)——表示感嘆

卜兒哭上科,云:“天那,兀的不是我媳婦兒!”(關漢卿《竇娥冤》三折)——表示感嘆

呢　元代開始出現,在清代北方話裏應用極爲廣泛,完全取代了“那”和“哩”,表示疑問語氣,可以用於特指問、選擇問和正反問。此外,這一時期的“呢”還可以用在陳述句末表示肯定語氣或用在句中表示停頓。

祈使語氣詞

近代廣泛使用的語氣詞中,“者、著、咱、則、則個”都是承前而來,表示祈求、命令、提醒或表白等語氣。到宋元,“罷”由罷休義的動詞虚化成爲語氣詞,元明以後,“罷”廣泛使用,逐漸取代了“者、著、咱、則個”,可以用來表示祈求、命令、提議、表白等語氣。近代的祈使語氣詞還有“波(或寫作“啵”,與“罷”同義)、休、罷休”,其中,只有“罷”的應用日益廣泛,其餘則先後消失。現代漢語語氣詞寫作“吧”,和動詞“罷”就區别開來。

感嘆語氣詞

近代的感嘆語氣詞主要有“呵(也寫作“阿、啊”)、呀、也麽哥”。“呵”可以用在句末表示感嘆語氣,也可以用在句中表示停頓;“呀”主要用在句末;“也麽哥”也作“也末哥、也波哥”,是句末語氣詞,表示感嘆。

二、近代漢語的句法

近代漢語的多種句法形式,如動補式、處置式、被動式、連字句、比字句都和中古漢語有了很大的不同而和現代漢語的句法很接近。

(一)動補式

近代漢語補語的特點主要表現在三個方面:一是動詞和補語的關係日益緊

密，賓語在句中的位置常在動詞和補語之外，即賓語和補語的位置日趨穩定；二是充當結果補語的成分日益豐富；三是産生了程度補語。

1. 賓語和補語的位置日趨穩定

中古補語主要有結果補語和趨向補語，結果補語又分帶"得(的)"和不帶"得(的)"兩類；還有少量由"得"構成的可能補語。帶"得(的)"的可能補語或結果補語在宋代用得很普遍。但是，當動詞既帶有賓語又帶有補語時，賓語和補語的位置、順序並不固定，到清代，這種狀況才有了改變。如：

大官人宅裏枉有許多，那裏討得一個趕得上這娘子的？(《水滸傳》二十四回)

若是捉下得那人時，那時送還令妹。(《水滸傳》三十六回)

宋江連夜攻城得緊。(《水滸傳》六十九回)

清代，動詞、"得"、補語三者關係日益密切，反映在結構上是它們常常緊密結合，賓語則往往被排擠在外。《紅樓夢》中，"動詞＋得＋補語＋賓語"(肯定式)的格局成爲補語的一般順序，有時也用"把"或"將"把賓語提到前面，如：

弄得衣食不周，那裏還娶得起媳婦呢？(《紅樓夢》六十四回)

又說："把酒燙得滾熱的拿來。"(《紅樓夢》三十八回)

賓語和補語在句中的這種基本順序一直持續到現代漢語。

2. 充當結果補語的成分日益豐富

中古充當結果補語的成分最主要的是動詞和形容詞(包括動詞、形容詞性質的短語)，元代以後，可以充當結果補語的成分大大豐富起來，狀態形容詞、代詞可以充當結果補語，各種謂詞性詞組甚至分句形式的成分也都可以充當"得(的)"後的結果補語。如：

若說哥哥不贏，我也輸得赤條條地。(《水滸傳》十五回)

那要是林姑娘，不知又鬧的怎麼樣，哭的怎麼樣呢。(《紅樓夢》三十二回)

把老婆子羞的站又站不住，立又立不住。(《金瓶梅》二十三回)

襲人羞得臉紫漲起來。(《紅樓夢》三十一回)

另外，動詞和結果補語之間加"個"的用法也出現在這一時期，現代漢語中還有此用法。如：

高廉軍馬神兵，被宋江、林冲殺個盡絶。(《水滸傳》五十四回)

湘雲只伏在寶釵懷裏，笑個不住。(《紅樓夢》五十回)

還有一個動詞重叠使用，第二個動詞充當前一個動詞的補語，現代漢語某些方言口語中還有這樣的説法，如：

我開開這門，那子母兩個在那裏？（鄭庭玉《後庭花》一折）

3. 産生了新的補語類型：程度補語

形容詞謂語帶補語、某些動詞帶“得（的）”再帶程度補語，都是元代開始出現的，明清以後逐漸發展起來。充當這類補語的有“很、緊、甚、厲害、多著呢、了不得、要不得”等，其中一些直到現代漢語還常作程度補語，如“很、厲害”。

（二）處置式

處置是人、事物在某動作的作用或影響下會發生某種變化、産生某種結果。漢語表達這樣的意義，從中古到近代，常見的是用“把（將）”字句。近代漢語的“把（將）”字句，既有繼承又有發展。就繼承而言，主要是“把、將”都仍然既可以用來引進工具，相當於“用”，也可以用來引進動作所處置的對象。如：

（那個人）便將手把武松頭髮揪起來。（《水滸傳》三十二回）

且把唐僧將那鐵鏈鎖在後面。（《西遊記》九十一回）

但是，近代“把”的使用頻率，無論是用來引進工具還是引進動作所處置的對象，都遠高於“將”的使用頻率。而且，《紅樓夢》中，引進工具時用“拿”，引進處置對象時用“把”或“將”，這樣，這兩種作用有了不同的載體來實現。

就發展而言，近代處置式有以下幾個方面的表現：

第一是謂語複雜化。複雜化包含兩層意思：第一是近代處置式的謂語在保留中古特點的基礎上出現了一些結構複雜的謂語。中古處置式的謂語可以由一個單獨的動詞充當，不帶任何修飾成分和補足成分，否定詞也可以放在“把、將”的後面，近代處置式謂語除了保留這樣的用法之外，謂語可以是聯合式動詞短語、兼語式、連謂式，甚至可能是這些結構的套用或者是複句形式充當謂語。如：

把宋江面南背北，將戴宗面北背南。（《水滸傳》四十回）

謂語“面南背北”和“面北背南”都是兩個動賓短語構成的聯合短語。

我們把馬匹都叫人看守在這村裏。（《水滸傳》十九回）

謂語是兼語式。

第二是充當處置式謂語的元素更多。明代開始，出現了用疑問代詞作處置式謂語的用法，這一用法在現代漢語方言中仍在使用。如：

你也不要管他，左右是我，隨他把我怎麼的罷。（《金瓶梅》二十回）

平兒笑道：“多喝了，又把我怎麼樣？”（《紅樓夢》三十九回）

第三是“把（將）”的賓語複雜化。中古，“把（將）”所引進的成分一般是名詞或名詞性詞組，到了近代，“把(將)”的賓語可以是複雜的連帶成分或同位成分，可以是單句形式，也可以是複句形式。如：

你和大老婆串同了，把我家寄放的八箱子細軟玉帶寶石東西，都是當朝楊戩寄放應没官之物，都帶來嫁了漢子。(《金瓶梅》九十二回)

從語義上看，“我家寄放的……”和“都是當朝……”相互説明。從結構上看，也可看作是一個單句形式。

那婦人驚得魂魄都没了，只得從實招説，將那時放簾子因打著西門慶起，並做衣裳入馬通姦，一一地説。(《水滸傳》二十六回)

“將”的賓語“那時放簾子……入馬通姦”是複句形式。

第四是出現没有動詞相呼應的處置式。這種用法常出現在對話中，往往是説話者帶有强烈的語調、情緒，有話才説到一定程度就因爲情緒激烈而擁塞結舌的意思。如：

我把你這個大膽的潑猴，怎敢這等欺人！(《西遊記》三十五回)

黛玉聽了，翻身爬起來，按著寶玉笑道：“我把你這個爛了嘴的！我就知道你是編派我呢。”(《紅樓夢》十九回)

第五是處置式和被動式套用。這種句子把施動者變成介詞“被”的賓語放在句中，語意顯得更加意味深長。如：

今早帥衆與天王交戰，把七十二洞妖王與獨角鬼王盡被衆神捉了。(《西遊記》五回)

馮媽媽道：“還問甚麽好？把個見見成成做熟了飯的親事，吃人掇了鍋兒去了。”(《金瓶梅》十八回)

第六是出現了處置意味不濃的處置式。這一類用法在現代漢語口語中仍在使用，謂語除了可以是動詞，還可以是形容詞，句子顯得生動活潑，富於表現力。如：

把個西門慶歡喜的没入腳處。(《金瓶梅》十一回)

只得六十日，便把我孩兒都瘦了。(高明《琵琶記》四出)

婦人聽了此言，便把臉紅了。(《金瓶梅》二十三回)

(三)被動式

近代漢語被動式在中古漢語的基礎上有了進一步的發展。主要表現在以下幾個方面：

1. 能表示被動意義的詞增多

在“被”之外，又産生了多個表示被動意義的詞喫、吃、乞　“喫”本義是喫飯，唐、五代時引申出遭受、蒙受的意思，敦煌變文中已經開始用來表示被動，宋代逐漸多起來。“喫”表被動的用法在近代得到了延續。如：

若打不著，倒喫他笑。（《水滸傳》五十八回）

“吃”原本指口吃，後來喫飯義的“吃”也可以用“吃”書寫。表示被動關係主要用在元曲和明代小説中。如：

黄信怕吃他三個拿了，壞了名聲。（《水滸傳》三十四回）

“乞”表示被動的用例不太多，字也寫作“訖”。如：

只説武大郎自從武松説了去，整整的乞那婆娘罵了三四日。（《水滸傳》六十四回）

另外，“教（叫）、與、著、把、給”在近代表示被動都是由其動詞意義虚化而來。這些詞表示被動，在近代使用頻率不高，最常見的還是“被”。現代漢語，“被、給、叫”還在使用，“著”只在某些方言中仍被使用，讀蕭豪韻陽平。比如今四川方言中還有“遭（陽平）他騙了”的用法，“遭”即“著”的俗寫。

2. 被動句的結構更複雜，表義更精確

第一，“被”所引進的成分可以是各類複雜詞組。如：

西門慶家小老婆，今被這出走的小厮來旺兒，改名鄭旺，通姦拐騙財物，在外居住。（《金瓶梅》九十回）

“被”所引進的成分“這出走的小厮來旺兒，改名鄭旺”從意義上看，兩個部分相互補充説明；從結構上看，有點類似於單句形式。

第二，“被”字句的謂語可以是複雜的詞組甚至是複句形式的成分。如：

苗天秀……被陳三手持利刀，一下刺中脖下，推在洪波蕩裏。（《金瓶梅》四十七回）

“被”所引進的成分是“陳三手持利刀……洪波蕩裏”，這是個複句形式，而前兩個分句形式中的謂語動詞指向陳三，後一個分句形式中的謂語動詞指向整個句子的主語苗天秀。

第三，被動式和處置式結合。這在前面“處置式”部分已作分析。

3. 被動意義弱化，語義表達更耐人尋味。如：

兒啊，則被你愁殺我也。（張國賓《合汗衫》二折）

（四）連字結構

宋代開始，“連”和副詞“也、都、還”連用，構成“連……也（還/都）……”的格式，即“連”字結構，這種結構近代使用日漸廣泛，一直持續到現代漢語。這一結構的作用是强調"連"所引進的成分,隱含有甚而至於的意思。近代"連"字結構可以在句中充當句法成分,也可以充當複句的一個分句,還可以獨立成句。如:

我就不信連鷄蛋都没有了。(《紅樓夢》六十一回)——作賓語。

你也去,連你母親也去。(《紅樓夢》二十九回)——作分句。

衆人一頓罵道:"田主人,連你婆子都有主兒了!"(《儒林外史》四回)——獨立成句。

(五)"比"字句

"比"字句産生於中古。"比"字句由甲、乙兩個比較項和比較的内容三部分構成,可以用"甲+比+乙+比較内容"的格式來表示。中古比較内容部分常由形容詞來充任,唐宋以後有了變化。近代漢語裏,"比"字句有很大的發展,主要表現在下面兩個方面:

1. 比較的類型更多

中古"比"字句主要用於差比(即指出二者的差異),平比不用"比"字句而主要用"如(似)……一般、與(同)……一般、似……相似"等格式。近代"比"字句又可以用於平比(即指出二者相近或相似),或僅用此格式來表示甲、乙兩項的不同。如:

便依你説,比關王刀也打八十一斤的。(《水滸傳》四回)

"比關王刀"意思是比照關王刀,用"比"表示平比。

西胡月支國獻猛獸一頭,形如五六十日新生的小狗,不過比猫般大。(《拍案驚奇》卷三)

"比猫般大"意思是和猫差不多大,用"比"表示平比。

我家比你家,各有内外。(《水滸傳》四十九回)

用"比"表示"我家"和"你家"的不同。

這番比前不同,威風凜凜,殺氣森森。(《西遊記》四回)

用"比"表示"這番"和"前"的不同。

2. 比較的角度更廣

中古"比"字句中,比較的内容部分一般是用形容詞。近代,比較的内容更豐富,角度也更廣,因而比較的内容除了用形容詞,還可以是其他的詞或詞組。如:

(洞庭橘)後來熟了,却也甜美,比福橘之價十分之一。《初刻拍案驚奇》卷一——比較的是價格,"十分之一"是分數。

周守備見了春梅,生的模樣比舊時越又紅又白。(《金瓶梅》八十六回)——比較的内容是生的模様,“越又紅又白”是偏正詞組。

此外,還有中補詞組、動賓詞組、主謂詞組、疑問代詞等也能佔據比較的内容部分,不再一一舉例。

参考書目

程湘清《隋唐五代漢語研究》,山東教育出版社 1992 年

———《宋元明漢語研究》,山東教育出版社 1992 年

劉正埮、高名凱等《漢語外來詞詞典》,上海辭書出版社 1984 年

高守綱《古代漢語詞義通論》,語文出版社 1994 年

胡竹安、楊耐思、蔣紹愚編《近代漢語研究》,商務印書館 1992 年

蔣冀騁《近代漢語詞彙研究》,湖南教育出版社 1991 年

蔣冀騁　吴福祥《近代漢語綱要》,湖南教育出版社 1997 年

蔣紹愚《古漢語詞彙綱要》,北京大學出版社 1989 年

———《近代漢語研究概況》,北京大學出版社 1994 年

———《漢語詞彙語法史論文集》,商務印書館 2000 年

李智明《中國古代語言學史稿》,貴州教育出版社 1993 年

劉　堅編著《古代白話文獻選讀》,商務印書館 1999 年

羅常培《語言與文化》,語文出版社 1989 年

潘允中《漢語詞彙史概要》,上海古籍出版社 1989 年

王　力《漢語語音史》,中國社會科學出版社 1985 年

———《漢語史稿》,中華書局 1980 年

———《中國語言學史》,山西人民出版社 1981 年

向　熹《簡明漢語史》(上、下),高等教育出版社 1993 年

楊建國《近代漢語引論》,黄山書社 1993 年

楊耐思《中原音韻音系》,中國社會科學出版社 1981 年

———《近代漢語音論》,商務印書館 1997 年

俞光中、[日]植田均《近代漢語語法研究》,學林出版社 1999 年

袁　賓《近代漢語概論》,上海教育出版社 1992 年

張永言《詞彙學簡論》,華中工學院出版社 1982 年

———《訓詁學簡論》,華中工學院出版社 1985 年

———《語文學論集》,語文出版社 1992 年

周　荐《漢語詞彙研究史綱》,語文出版社 1995 年
祝敏徹《近代漢語句法史稿》,中州古籍出版社 1996 年

練習(二)

一、列簡表説明《中原音韻》聲母與中古漢語聲母的對應情況。

二、請寫出蘭茂《早梅詩》,並據此整理出明代漢語聲母簡表。

三、名詞解釋。

1. 濁音清化　　2. 平分陰陽　　3. 濁上變去

四、簡要説明近代漢語詞彙發展的特點。

五、分析下列句子的語法結構,指出其劃線部分中的主語、謂語、狀語、補語、賓語等成分。

1. 若是捉下得那人時,那時送還令妹。
2. 把老婆子羞的站又站不住,立又立不住。
3. 且把唐僧將那鐵鏈鎖在後面。
4. 黄信怕吃他三個拿了,壞了名聲。
5. 我就不信連鷄蛋都没有了。

第十一單元

古文獻原文選(一)

生民(《詩經·大雅》)

【説明】

《生民》所記故事大約發生在公元前 2000 年以前,是一首追叙周始祖后稷的史詩。詩中主要講述姜嫄生育后稷的傳奇和后稷教人稼穡的歷史故事。全詩帶有傳説的性質,同時亦藴涵著可信的史實。本文選自清阮元校勘《十三經注疏》(中華書局 1980 年影印本)。大字爲正文,雙行小字前面没有“箋云”的是西漢毛亨注,“箋云”後的是東漢鄭玄箋,圓圈之後是唐陸德明《經典釋文·毛詩音義》。正文或注文中圓括號内的字是阮元《校勘記》所出的校字,包括正字、脱字、少數衍字。略去校記。請參見原《校勘記》。

生民尊祖也后稷生於姜嫄文武之功起於后稷故推以配天焉 嫄音原姜姓嫄名有邰氏之女帝嚳元妃后稷母也 厥初生民時維姜嫄 生民本后稷也姜姓也后稷之母配高辛氏帝焉箋云厥其初始時是也言周之始祖其生之者是姜嫄也姜姓者炎帝之後有女名嫄當堯之時爲高辛氏之世妃本后稷之初生故謂之生民 生民如何克禋克祀以弗無子 禋敬弗去也去無子求有子古者必立郊禖焉玄鳥至之日以大牢祠于郊禖天子親往后妃率九嬪御乃礼天子所御帶以弓韣授以弓矢于郊禖之前箋云克能也弗之言袚也姜嫄之生后稷如何乎乃禋祀上帝於郊禖以袚除其無子之疾而得其福也能者言齊肅當神明意也二王之後得用天子之礼〇禋音因嬪婢人反韣音獨弓衣袚音拂又音廢下同齊側皆反本亦作齋篇未(末)齊敬同 履帝武敏歆攸介攸止載震載夙載生載育時維后稷 履踐也帝高辛氏之帝也武迹敏疾也從於帝而見于天將事齊敏也歆饗介大也(攸)止福禄所止也震動夙早育長也后稷播百穀以利民箋云帝上帝也敏拇也介左右也夙之言肅也祀郊禖之時時則有大神之迹姜嫄履之足不能満履其拇指之處心體歆歆然其左右所止住如有人道感已者也於是遂有身而肅戒不復御後則生子而養長之名之曰弃舜臣堯而舉之是爲后稷〇敏密謹反歆許金反介音戒震真慎反見賢遍反齊敏側皆反又如字 誕彌厥月先生如達 誕大彌終達生也姜嫄之子先生者也箋云達羊子也大矣后稷之在其母終人道十月而生生如達之生言易也〇彌面支反達他末反注同説文云小羊也沈云毛如字易以豉反下同 不拆(坼)不副無菑無害 言易也凡人在母母則病生則拆副菑害其母横逆人道〇拆(坼)勑宅反副孚逼反説文云分也字林云判也匹亦反菑音災注同 以赫厥靈上帝不寧不康禋祀居然生子 赫顯也不寧寧也不康康也箋云康寧皆安也姜嫄以赫然顯著之徵其有神靈審矣此乃天帝之氣也心猶不安之又不安徒以禋祀而無人道居默然自生子懼時人不信也 誕寘之隘巷牛羊腓字之 誕大寘置腓辟字愛也天生后稷異之於人欲以顯其靈也帝

不順天是不明也故承天意而異之於天下箋云天異之故姜嫄置后稷於牛羊之徑亦所以異之○寘之豉反下同隘於懈反巷户降反腓符非反避也誕寘之平林會伐平林牛羊而辟人者理也置之平林又爲人所收取之誕寘之寒冰鳥覆翼之大鳥來一翼覆之一翼藉之人而收取之又其理也故置之於寒冰○藉在夜反鳥乃去矣后稷呱矣於是知有天異往取之矣后稷呱呱然而泣○呱音孤泣聲也尚書云啓呱呱而泣是也實覃實訏厥聲載路誕實匍匐克岐克嶷以就口食覃長訏大路大也岐知意也嶷識也箋云實之言適也覃謂始能坐也訏謂張口鳴呼也是時聲音則已大矣能匍匐則岐岐然意有所知也其貌嶷嶷然有所識别也以此至于能就衆人口自食謂六七歲時○覃徒南反本或作譚訏況于反匍音蒲又音符本亦作扶匐蒲北反又音服本亦作服岐其宜反嶷魚極反説文作㘈云小兒有知長張丈反或如字别彼列反蓺之荏菽荏菽旆旆禾役穟穟麻麥幪幪瓜瓞唪唪荏菽戎(菽)也旆旆然長也役列也穟穟苗好美也幪幪然茂盛也唪唪然多實也箋云蓺樹也戎菽大豆也就口食之時則有種殖之志言天性也○蓺魚世反荏菽而甚反叔或作菽音同郭璞云今胡豆是旆蒲貝反穟音遂幪莫孔反瓞田節反唪布孔反徐又薄孔反長如字又張丈反誕后稷之穡有相之道相助也箋云大矣后稷之掌稼穡有見助之道謂若神助之力也○相息亮反注同茀厥豐草種之黄茂實方實苞實種實褎實發實秀實堅實好實穎實栗即有邰家室茀治也黄嘉穀也茂美也方極畝也苞本也種雜(襍)種也褎長也發盡(藎)發也不榮而實曰秀穎垂穎也栗其實栗栗然邰姜嫄之國也堯見天因邰而生后稷故國后稷於邰命使事天以顯神順天命耳箋云豐苞亦茂也方齊等也種生不雜也褎枝葉長也發發管時也栗成就也后稷教民除治茂草使種黍稷黍稷生則茂好孰則大成以此成功堯改封於邰就其成國之家室無變更也○茀音拂韓詩作拂拂弗也種支勇反注種雜種種生不雜下嘉種并注並同褎余秀反穎營并反穗也尚書云唐叔得禾異畝同穎是也邰他來反后稷所封國也今在京兆武功縣誕降嘉種維秬維秠維穈維芑天降嘉種秬黑黍也秠一稃二米也穈赤苗也芑白苗也箋云天應堯之顯后稷故爲之下嘉種○秬音巨秠孚鄙反亦黑黍也又孚卑反郭芳婢反穈音門爾雅作虋同郭亡偉反赤粱粟也芑音起徐又巨已反郭云白粱粟也稃芳于反字書云䆐穅也應應對之應爲于僞反下天爲已同恒之秬秠是穫是畝恒之穈芑是任是負以歸肇祀恒徧肇始也始歸郊祀也箋云任猶抱也肇郊之神位也后稷以天爲已下此四穀之故則徧種之成熟則穫而畝計之抱負以歸於郊祀天得祀天者二王之後也○恒古鄧反本又作亘穫户郭反任音壬注同肇音兆徧音遍下同誕我祀如何或舂或揄或簸或蹂釋之叟叟烝之浮浮揄抒臼也或簸穅者或蹂黍者釋淅米也叟叟聲也浮浮氣也箋云蹂之言潤也大矣我后稷之祀天如何乎美而將説其事也舂而抒出之簸之又潤濕之將復舂之趣於鑿也釋之烝之以爲酒及簠簋之實○舂傷容反揄音由又以朱反説文作舀弋紹反簸波我反蹂音柔叟所留反字又作溲濤米聲也爾雅作溞音同郭音騷烝之丞反浮如字爾雅説文並作烰云烝也抒食汝反蒼頡篇云取出也穅音康字亦作康俗米旁作康(穅)非淅星歷反説文云汏也汏音太復扶又反鑿子洛反精米也字林作毇云糲米一斛舂爲八斗也子沃反簠音甫簋音軌載謀載惟取蕭祭脂取羝以軷載燔載烈嘗之日涖卜來歲之芟獮之日涖卜來歲之戒社之日涖卜來歲之稼所以興來而繼往也穀熟而謀陳祭而卜矣取蕭合黍稷臭達牆屋先奠而後爇蕭合馨香也羝牡羊也軷道祭也傅火曰燔貫之加於火曰烈箋云惟思也烈之言爛也后稷既爲郊祀之酒及其米則諏謀其日思念其礼至其時取蕭草與祭牲之脂爇之於行神之位馨香既聞取羝羊之體以祭神又燔烈其肉爲尸羞焉自此而往郊○羝都礼反字亦作羝軷蒲末反説文云出必告道神爲壇而祭爲軷字林同父末反燔音煩後皆同涖音利又音類芟所銜反獮息淺反奠徒練反爇如悦反馨呼丁反傅音附貫古亂反諏足須反以興嗣歲興來歲繼往歲也箋云嗣歲今新歲也以先歲之物齊敬犯軷而祀天者將求新歲之豐年也孟春之月令曰乃擇元日祈穀于上帝卬盛于豆于豆于登其香始升上帝居歆胡臭亶時卬我也木曰豆瓦曰登豆薦葅醢也登大羹也箋云胡之言何也亶誠也我后稷盛葅醢之屬當于豆者于登者其馨香始上行上帝則安而歆享之何芳臭之誠得其時乎美之也祀天用瓦豆陶器質也○卬五郎反盛音成注同其香一本作馨亶都但反葅莊居反醢音海上時掌反后稷肇祀庶無罪悔以迄于今迄至也箋云庶衆也后稷肇祀上帝於郊

而天下衆民咸得其所無有罪過也子孫蒙其福以至於今故推以配天焉○迄許乞反

橘頌(《楚辭·九章》)

【説明】

《橘頌》歌咏橘的美好,以此來比喻詩人志節如橘、深固難徙的品行,抒發詩人崇高的愛國情懷。本文選自中華書局1983年出版的宋洪興祖的《楚辭補注》,大字爲正文,雙行小字爲東漢王逸注。選文去掉了標點。

后皇嘉樹橘徠服兮后后土也皇皇天也服習也言皇天后土生美橘樹異於衆木來服習南土便其風氣屈原自喻才德如橘樹亦異於衆也受命不遷生南國兮南國謂江南也遷徙也言橘受天命生於江南不可移徙種於別北地則化而爲枳也屈原自比志節如橘亦不可移徙也深固難徙更壹志兮屈原見橘根深堅固終不可徙則專一己志守忠信也緑葉素榮紛其可喜兮緑猶青也素白也言橘青葉白華紛然盛茂誠可喜也以言己行清白可信任也曾枝剡棘圓果摶兮剡利也棘橘枝刺若棘也摶圜也楚人名圜爲摶言橘枝重累又有利棘以象武也其實圓摶又象文也以喻己有文武能方圓也青黄雜糅文章爛兮橘葉青其實黄雜糅俱盛爛然而明以言己敏達道德亦爛然有文章也精色内白類可任兮精明也類猶貌言橘實赤黄其色精明内懷潔白以言賢者亦然外有精明之貌内有潔白之志故可任以道而事用之也紛緼宜脩姱而不醜兮紛緼盛貌醜惡也言橘類紛緼而盛如人宜修飾形容盡好無有醜惡也嗟爾幼志有以異兮爾汝也幼小也言嗟乎衆臣女少小之人其志易徙有異於橘也獨立不遷豈不可喜兮屈原言己之行度獨立堅固不可遷徙誠可喜也深固難徙廓其無求兮蘇世獨立横而不流兮蘇寤也言屈原自知爲讒佞所害心中覺寤然不可變節猶行忠直横立自持不隨俗人也閉心自慎不終失過兮言己閉心捐欲勅慎自守終不敢有過失也秉德無私參天地兮秉執也言己執履忠正行無私阿故參配天地通之神明使知之也願歲并謝與長友兮謝去也言己願與橘同心并志歲月雖去年且衰老長爲朋友不相遠離也淑離不淫梗其有理兮淑善也梗强也言己雖設與橘離别猶善持己行梗然堅强終不淫惑而失義也年歲雖少可師長兮言己年雖幼少言有法則行有節度誠可師用長老而事之行比伯夷置以爲像兮像法也伯夷孤竹君之子也父欲立伯夷伯夷讓弟叔齊叔齊不肯受兄弟弃國俱去之首陽山下周武王伐紂伯夷叔齊扣馬諫之曰父死不葬謀及干戈可謂孝乎以臣弑君可謂忠乎左右欲殺之太公曰不可引而去之遂不食周粟而餓死屈原亦自以脩飾潔白之行不容於世將餓餒而終故曰以伯夷爲法也

吴公子札來聘(《左傳·襄公二十九年》)

【説明】

《左傳》由晋杜預注,唐孔穎達等疏,唐陸德明《經典釋文·左傳音義》附在注文中。公子札,或稱季札,又稱季子,是吴王壽夢最小的兒子。因食采邑於延陵、州來兩地，故又稱延陵季子、延州來季子。壽夢去世後，國人欲立之爲王，季札固辭不受。魯襄公二十九年，季札乃歷聘於魯、齊、晋、鄭、衛等國。本文記述季札聘於魯國“觀樂”的故事，説明觀一國之樂，可知一國禮樂之興衰，可曉一國之禍福。本文選自清阮元校勘《十三經注疏》（中華書局 1980 年影印本）的《春秋左傳正義》，並參校上海古籍出版社 1997 年出版的《左傳（春秋經傳集解）》，篇名爲編者所加。大字爲正文，雙行小字是杜預注、孔穎達疏，圓卷後是陸德明的音義。正文或注中圓括號内的字是編者依阮元《校勘記》所增的校字，包括正字、異文、脱字和衍字。校記請參見原《校勘記》。

吴公子札來聘見叔孫穆子説之謂穆子曰子其不得死乎不得以壽終○説音悦壽音授好善而不能擇人吾聞君子務在擇人吾子爲魯宗卿而任其大政不慎舉何以堪之禍必及子爲昭四年豎牛作亂起本〔疏〕好善而不能擇人○正義曰昔有當塗貴邳國公蘇威嘗問曰知人是善然後好之何以言其不能擇人有（貴）曰好善仁擇人鑒雖有仁心鑒不周物故好而不能擇也劉炫以此言亦有所切於彼請觀於周樂魯以周公故有天子禮樂〔疏〕注魯以至禮樂○正義曰明堂位云成王以周公爲有勳勞於天下是以封周公於曲阜命魯公世世祀周公以天子之禮樂又曰凡四代之服器魯兼用之是魯以周公故有天子之禮樂也使工爲之歌周南召南此皆各依其本國歌所常用聲曲○召上照反本或作邵〔疏〕歌周南召南○正義曰歌周南召南之詩而以樂音爲之節也周南召南皆文王之詩也周召者岐山之陽地名周之先公曰大王者自豳始遷焉而脩德建王業大王生王季王季生文王於時雍梁荆豫徐揚之民皆歸文王文王三分天下有其二以服事殷文王改都於豐乃分岐邦周召之地賜周公旦召公奭以爲采邑使此二公施教於己所職之國爲文王行先公賢化與己聖化使二公雜而施行之但南土感化有深有淺其作詩也或感聖化或感賢化及武王伐紂定天下巡守述職陳諸國之詩以觀民風俗其六州所作詩其得聖人之化者謂之周南其得仁賢之化者謂之召南其實皆是文王之化而分繫周召二公耳必分繫者文王以諸侯之身行王者之化詩人述其本志爲作聖賢之風此詩體實是風不可以雅名之文王身有王號不可以風繫之名無所繫詩不可弃因二公爲王行化是故繫之二公周公聖以聖化繫之召公賢以賢化繫之周南十一篇召南十四篇季札此時徧觀周樂詩篇三百不可歌盡或每詩歌一篇兩篇以示意耳未必盡歌之也劉炫云不直言周召者以其實非二公身化也言南者詩序云言化自北而南也謂從岐周南被江漢也○注此皆至聲曲○正義曰詩人觀時政善惡而發憤作詩其所作文辭皆準其樂音令宫商相和使成歌曲樂人采其詩辭以爲樂章述其詩之本音以爲樂之定聲其聲既定其法可傳雖多歷年世而其音不改今此爲季札歌者各依其本國歌所常用聲曲也由其各有聲曲故季札聽而聽之言本國者變風諸國之音各異也曰美哉美其聲〔疏〕注美其聲○正義曰先儒以爲季札所言觀其詩辭而知故杜顯而異之季札所云美哉者皆美其聲也詩序稱詩者志之所之也在心爲志發言爲詩情動於中而形於言言之不足故嗟嘆之長歌以申意也及其八音俱作取（歌）詩爲章則人之情意更復發見於樂之音聲出言爲詩各述己情聲能寫情情皆可見聽音而知治亂觀樂而曉盛衰神瞽人賢師曠季札之徒其當有以知其趣也始基之矣周南召南王化之基猶未也猶有商紂未盡善也○盡津忍反然勤而不怨矣未能安樂然其音不怨怒○樂音洛下和樂聲下文樂而不荒同注〔疏〕注未能至怨怒○正義曰詩序云治世之音安以樂亂世之音怨以怒此作周召之詩其時猶有紂存音雖未能安樂已得不怨怒矣爲之歌邶鄘衛武王伐紂分其地爲三監三監叛周公滅之更封康叔并三監之地故三國盡被康叔之化○鄘音容被皮義反〔疏〕注武王伐紂分其地三監○正義曰邶鄘衛者商紂畿内之地名也漢書地理志云周既滅殷分其畿内爲三國詩風邶鄘衛國是也邶以封紂子武庚鄘管叔尹之衛蔡叔尹之以監殷民謂之三監故書序曰武王崩三監叛周公誅之盡以其地封弟康叔故邶鄘衛三國之詩相與同風此注取漢志爲説也漢世大儒孔安國賈逵馬融之徒皆以爲然故杜亦同之鄭玄詩譜云武王伐紂以其京師封紂子武庚爲殷後庶殷頑民被紂化日久未可以建諸侯乃三分其地置三監管叔蔡叔霍叔使尹而監教之自紂城而北謂之邶南謂之鄘東謂之衛武王崩後五年周公居攝三監

道武庚叛成王既黜殷命殺武庚復伐三監更於此三國建諸侯以殷餘民封康叔於衛使爲之長後世子孫稍彊兼并彼二國混其地而名之先儒唯鄭言然康叔以後七世至頃侯仁人不遇邶人作柏舟之詩以刺之以後繼作十九篇爲邶風十篇爲鄘風十篇爲衛風皆美刺衛君而分爲三耳此三國之風實同是衛詩而必爲三者鄭玄云作者各有所傷從其本國分而異之故爲邶鄘衛之詩焉其意以爲邶鄘衛各是大國土風不同作者雖俱有美刺而各述土風故大師各從其本分而異之曰美哉淵乎憂而不困者也淵深也亡國之音哀以思其民困衛康叔武公德化深遠雖遭宣公淫亂懿公滅亡民猶秉義不至於困○思息嗣反下憂思同吾聞衛康叔武公之德如是是其衛風乎康叔周公弟武公康叔九世孫皆衛之令德君也聽聲以爲別故有疑言○別彼列反

[疏]注康叔至疑言○正義曰康叔周公弟武公康叔九世孫世本世家文也魯爲季札作樂爲之歌聲曲耳不告季札以所歌之樂名也札言吾聞康叔武公之德如是是先聞其善今聲合其意雖不知其名而疑是衛風也言是其衛風乎疑之辭也直聽聲以爲別不因名而後知故有疑言焉爲之歌王王黍離也幽王遇西戎之禍平王東遷王政不行於天下風俗下與諸侯同故不爲雅[疏]注王黍離至爲雅○正義曰王詩黍離爲首王非國名故舉首篇以表之王者周東都王城畿内方六百里之地也始武王作邑於鎬是爲西都周公攝政營洛邑謂之王城是爲東都成王既居洛邑復還歸西都十一世至幽王遇西戎之禍平王東遷王城於時王政不行於天下其風俗下同諸侯王畿内之人怨刺者以其政同諸侯皆作風詩不復爲雅其音既是風體故大師别之謂之王國之變風也謂之王者以王當國猶春秋之王人天命未改尚尊之故不言周也曰美哉思而不懼其周之東乎宗周隕滅故憂思猶有先王之遺風故不懼爲之歌鄭詩第七[疏]爲之歌鄭○正義曰周宣王封母弟友於西都畿内是爲鄭桓公於漢則京兆鄭縣是其都也幽王之時桓公爲大司徒見幽王政荒問於史伯曰王室多故余懼及焉其何所可以逃死史伯教之濟洛河潁之間有虢鄶之國取而守之唯是可以少固及幽王爲犬戎所殺桓公死之其子武公爲晋文侯定平王於東都王城卒取史伯所云虢鄶之地而居之於漢則河南新鄭縣是其都也武公入作卿士國人作緇衣之篇以美之以後凡二十一篇皆鄭風也曰美哉其細已甚民弗堪也是其先亡乎美其有治政之音譏其煩碎知不能久[疏]曰美至亡乎○正義曰樂歌詩篇情見於聲美哉者美其政治之音有所善也鄭君政教煩碎情見於詩以樂播詩見於聲内言其細碎已甚矣下民不能堪也民不堪命國不可久是國其將在先亡乎居上者寬則得衆爲政細密庶事煩碎故民不能堪也爲之歌齊詩第八[疏]爲之歌齊○正義曰齊者古少皞之世爽鳩氏之虚也武王伐紂封大師吕望於齊是爲齊太公其封域在禹貢青州岱山之陰濰淄之野於漢則齊郡臨淄縣是其都也太公後五世哀公荒淫怠慢國人作鷄鳴之詩以刺之後凡十一篇皆齊風也曰美哉泱泱乎大風也哉泱泱弘大之聲○泱於良反韋昭於康反表東海者其大公乎大公封齊爲東海之表式○大音泰國未可量也言其或將復興○復扶又反下不復譏同爲之歌豳詩第十五豳周之舊國在新平漆縣東北○豳彼貧反[疏]爲之歌豳○正義曰豳者禹貢雍州岐山之北原隰之野其地西近戎北近狄豳是彼土之地名於漢則扶風栒邑縣是其都也周室之先后稷之曾孫曰公劉者自邰而遷彼焉由能脩后稷之業教民以農桑民咸歸之而成國積九世至大王乃入處於岐山世世脩德卒成王業武王崩成王幼周公攝政管蔡流言云公將不利於孺子周公於是舉兵東伐之乃陳后稷先公風化之所由致王業之艱難作七月之詩以表志大師以其主意於先公在豳時之事故别其詩以爲豳國之變風凡七篇皆是周公之事也曰美哉蕩乎樂而不淫其周公之東乎蕩乎蕩然也樂而不淫言有節周公遭管蔡之變東征三年爲成王陳后稷先公不敢荒淫以成王業故言其周公之東乎○樂而不淫音岳又音洛注同下而又何樂而可以樂倣此爲成于僞反王業如字又于況反[疏]曰美至東乎○正義曰美哉亦美其聲也蕩蕩寬大之意好樂不已則近於荒淫故美其樂而不淫也先聞周公之德此聲同於所聞故疑之云其周公之在東乎言在東之時爲此聲也爲之歌秦詩第十一後仲尼删定故不同○删所姦反[疏]爲之歌秦○正義曰秦者隴西山谷之名於漢則隴西郡秦亭秦谷是也堯時有伯益者佐禹治水有功帝舜賜之姓曰嬴氏其後世之孫曰非子事周孝王孝王使之養馬於汧渭之間封之爲附庸邑之於秦谷非子曾孫秦仲宣王又命以爲大夫始有車馬禮樂侍御之好國人作車鄰之詩以美之秦仲之孫襄公平王之初興兵討西戎以救周王既東遷乃以岐豐之地賜之始列爲諸侯更有駟驖以下凡十篇皆秦風也○注詩第至不同○正義曰此爲季札歌詩風有十五國其名皆與詩同唯其次第異耳則仲尼以前篇目先具其所删削蓋亦無多記傳引詩亡逸甚少知本先不多也史記孔子世家云古者詩三千餘篇孔子去其重取三百五篇蓋馬遷之謬耳曰此之謂夏聲夫能夏則大

大之至也其周之舊乎秦本在西戎汧隴之西秦仲始有車馬禮樂去戎狄之音而有諸夏之聲故謂之夏聲及襄公佐周平王東遷而受其地故曰周之舊○汧苦賢反去起吕反又如字

爲之歌魏詩第九魏姬姓國閔元年晉獻公滅之[疏]爲之歌魏○正義曰魏者虞舜夏禹所都之地在禹貢冀州雷首之北析城之西於漢則河東郡河北縣是其都也周以封同姓世本無魏君名謚不知始封之君何所名也鄭玄以爲周王平桓之世魏君儉嗇且褊急不務施德國人作葛屨之詩以刺之後凡七篇皆魏風也曰美哉渢渢乎大而婉險而易行以德輔此則明主也渢渢中庸之聲婉約也險當爲儉字之誤也大而約則儉節易行惜其國小無明君也○渢扶弓反徐敷劍反韋昭音凡婉紆阮反險依注音儉易以豉反注同

爲之歌唐詩第十唐晉詩[疏]爲之歌唐○正義曰唐者帝堯舊都之地於漢則太原郡晉陽縣是也周成王封母弟叔虞於堯之故虚曰唐侯其地南有晉水虞子燮父改爲晉侯燮父後六世至僖侯甚嗇愛物儉不中禮國人閔之作蟋蟀之詩以刺之以後凡十二篇皆唐風也詩序云此晉也而謂之唐本其風俗憂深思遠有堯之遺風又叔虞初國亦以唐爲名故名其詩爲唐風曰思深哉其有陶唐氏之遺民(風)乎不然何(其)憂之遠也晉本唐國故有堯之遺風憂深思遠情發於聲○思息嗣反非令德之後誰能若是[疏]曰思深哉至能若是○正義曰陶唐之化遺法猶在作歌之民與唐世民同故察此歌曰思慮深遠哉見其思深故疑之云其有陶唐氏之遺民乎若其不是唐民何其憂思之遠也非承令德之後誰能如此深慮也令德謂唐堯也

爲之歌陳詩第十二[疏]爲之歌陳○正義曰陳者太皥伏羲氏之虚也於漢則淮陽郡陳縣是其都也帝舜之胄有虞閼父者爲周武王陶正武王賴其利器用又以其人是聖舜神明之後乃封其子槁於陳使奉虞舜之祀賜姓曰嬀是爲陳胡公後五世至幽公荒淫無度國人作宛丘之詩以刺之以後凡十篇皆陳風也曰國無主其能久乎淫聲放蕩無所畏忌故曰國無主

自鄶以下無譏焉鄶第十三曹第十四言季子聞此二國歌不復譏論之以其微也○鄶古外反[疏]注鄶第至微也○正義曰言以下知兼有曹也鄶者古高辛氏火正祝融之虚也國在禹貢豫州外方之北滎波之南居溱洧之間於漢則河南郡密縣竟内有其都也祝融之後分爲八姓唯有妘姓爲鄶國者處祝融之故地焉鄶是小國世本無其號謚不知其君何所名也鄭玄以爲周王夷厲之時鄶公不務政事而好衣服大夫作羔裘之詩以刺之凡四篇皆鄶風也其後鄭武公滅其國而處之曹者禹貢兖州陶丘之地名於漢則濟陰郡定陶縣是其都也周武王封其弟叔振鐸於曹後十一世當周惠王時昭公好奢而任小人國人作蜉蝣之詩以刺之以後凡四篇皆曹風也鄶曹二國皆國小政狹季子不復譏之以其微細故也

爲之歌小雅小雅小正亦樂歌之常[疏]爲之歌小雅○正義曰詩序云言天下之事形四方之風謂之雅雅者正也政有小大故有小雅焉有大雅焉然則小雅大雅皆天子之詩也立政所以正下故詩序訓雅爲正又以政解之天子以政教齊正天下故民述天子之政還以齊正而爲名故謂之雅也王者政教有大有小詩人述之亦有大小故有小雅大雅焉據詩以小雅所陳有飲食賓客賞勞群燕賜以懷諸侯征伐以彊中國樂得賢者長育人材於天子之政皆小事也大雅所陳有受命作周伐殷繼代受先王之福禄尊祖考以配天醉酒飽德官人用士澤被昆蟲仁及草木於天子之政皆大事也詩人歌其大事制爲大體述其小事制爲小體體有大小故分爲二焉詩體既異樂音亦殊其音既定其法可傳後之作者各從其舊二雅正經述小政爲小雅述大政爲大雅既有小雅大雅之體亦有小雅大雅之音王道既衰變雅並作取小雅之音歌其政事之變者謂之變小雅取大雅之音歌其政事之變者謂之變大雅故變雅之美刺皆由音制有大小不復由政事之大小也風述諸侯之政非無大小但化止一國不足分别頌則功成乃作歸美報神皆是大事無復小體故風頌不分唯雅分爲二也周自文王受命發迹肇基武王伐紂功成業就及成王周公而治致升平頌聲乃作此功成之頌本由此風雅而來故録周南召南之風鹿鳴文王之雅以爲詩之正經計周南召南之風鹿鳴文王之雅所述文王之事亦有同時者也但文王實是諸侯而有天子之政詩人所作立意不同述諸侯之政則爲之作風述天子之政則爲之作雅就雅之内又爲大小二體是由體制異非時節異也詩見積漸之義小雅先於大雅故魯爲季札亦先歌小雅曰美哉思而不貳思文王之德無貳叛之心怨而不言有哀音其周德之衰乎衰小也猶有先王之遺民焉謂有殷王餘俗故未大衰[疏]曰美至民焉○正義曰杜以此言皆嘆正小雅也言其時之民思文武之德不有二心也雖怨時政而能忍而不言其是周德衰小之時乎猶有殷先王之遺民故使周德未得大也服虔以爲此嘆變小雅也其意言思上世之明聖而不貳於當時之王怨當時之政而不有背叛之志也其周德之衰微乎疑其幽厲之政也劉炫以服言爲是而謂杜解錯謬今知不然者以小雅大雅二詩相對今歌大雅云其文王之德乎是歌其善者以大雅準之明知歌小雅亦歌其善者也若其不然何意大雅歌善小雅

歌不善且魯爲季札歌詩不應揚先王之惡以示遠夷劉不達此旨以服意而規杜非也〇注衰小也〇正義曰衰者差也九章算術謂差分爲衰分言從大漸差而小故杜以衰爲小也服虔讀爲衰微之衰謂幽厲之時也

爲之歌大雅 大雅陳文王之德以正天下 [疏]注大雅至天下〇正義曰大雅亦有武王成王之詩杜唯言文王者以下云其文王之德乎故也 曰廣哉熙熙乎 熙熙和樂聲 曲而有直體 論其聲 其文王之德乎 雅頌所以咏盛德形容故但歌其美者不皆歌變雅 爲之歌頌 頌者以其成功告於神明 [疏]注頌者至神明〇正義曰鄭玄云頌之言容也天子之德光被四表格于上下無不覆燾無不持載此謂之容也詩序云頌者美盛德之形容以其成功告於神明可(者)也言天子盛德有形容可美可美之形容謂道教周備也成功者營造之功畢也天之所營在於命聖聖之所營在於任賢賢之所營在於養民民安而財豐衆和而事濟如是則司牧之功畢矣故告於神明也劉炫又云干戈既戢夷狄來賓嘉瑞悉臻遠近咸服群生遂其性萬物得其所即功成之驗也萬物本於天人本於祖天之所命者牧人祖之所本者成業人安業就告神明使知雖社稷山川四嶽河海皆以民爲主欲民安樂故作詩歌其成功徧告神明所以報神明恩也王者政有興廢未嘗不祭群神祖廟(但)政未太平則神無恩力故大平德洽始報神功也頌詩止述祭祀之狀不言德神之力者美其祭祀是報德可知言其降福是荷恩可知幽王小雅云先祖非人胡寧忍予則於時之意豈復美其祭乎故美其祭則報情顯以成功告神明之意如此正謂周頌也其商頌則異雖是祭祀之歌祭先祖王廟述其生時之功乃是死後頌德非以成功告神意同大雅與周頌異魯則止頌僖公纔如變風之美者文體類小雅又與商頌異也此當是歌周頌杜解盛德所同兼殷魯三頌皆歌也 曰至矣哉 言道備〇至矣哉一本無矣字 直而不倨 倨傲〇倨音據徐音居傲五報反 曲而不屈 屈橈〇橈乃孝反 邇而不偪 謙退〇偪彼力反 遠而不攜 攜貳 遷而不淫 淫過蕩 復而不厭 常日新〇厭於豔反徐於贍反 哀而不愁 知命 樂而不荒 節之以禮 用而不匱 德弘大〇匱其位反 廣而不宣 不自顯 施而不費 因民所利而利之〇施始豉反費芳味反 取而不貪 義然後取 處而不底 守之以道〇底丁禮反 行而不流 制之以義 五聲和 宮商角徵羽謂之五聲〇徵張里反 八風平 八方之氣謂之八風 節有度守有序 八音克諧節有度也無相奪倫守有序也 盛德之所同也 頌有殷魯故曰盛德之所同 [疏]曰至至同也〇正義曰至矣哉言其美之至也以王道周備故爲至美也自直而不倨至行而不流凡十四事皆音有此意明王者之德季札或取於人或取於物以形見此德每句皆下字破上字而美其能不然也人性直者失於倨傲此直而能不倨也謂王者體性質直雖富有四海而不倨傲慢易在下物有曲者失於屈橈此曲而能不屈也謂王者曲降情意以尊接下恒守尊嚴不有屈橈相去近者失於相偪此邇而能不偪也謂王者雖爲在下與之親近能執謙退不陵偪在下相去遠者失於乖離此遠而能不攜也謂王者雖爲在下與之疏遠而能不有攜離倩(猜)疑在下數遷徙者失於淫佚此遷而能不淫也謂王者雖有遷動流去能以德自守不至放蕩去而復反則爲人所厭此復而能使不厭也謂王者政教日新雖反覆而行不爲下之厭薄哀者近於憂愁此哀而不憂愁也謂王者雖遇凶災知運命如此不有憂愁樂者失於荒廢此樂而能不荒廢也用之不已物將匱乏此用而不可匱也志寬大者多自宣揚此雖廣而不自宣揚也好施與者皆費財物此能施而不費損也取人之物失於貪多此雖取而不爲貪多也處而不動則失於留滯此雖久處而能不底滯也謂王者相時而動時未可行雖復止處意不底滯行而不已則失於流放此雖常行而能不流放也謂王者量時可行施布政教能制之以義不妄流移五等之聲皆和八方之風皆平八音之作有節其節皆有常度音之所守有分其守各有次序周魯與商皆有盛德此上諸事盛德之所同也〇注八音至序也〇正義曰八音克諧無相奪倫舜典文也倫理也言八音能和諧是其音有節度也八音不相奪道理是音各守其分有次序也〇注頌有至所同〇正義曰杜以爲之歌頌言其亦歌商魯故以盛德之所同謂商魯與周其德俱盛也劉炫以爲魯頌只美僖公之德本非德洽之歌何知不直據周頌而云頌有商魯乎今知不然者但頌之大體皆述其大平祭祀告神之事魯頌雖非大平經稱皇皇后帝皇祖后稷又云周公皇祖亦其福女美其祭神獲福與周頌相似且季文子請周作頌取其美名又季札至魯欲褒崇魯德取其一善故云盛德所同若直歌周頌宜加周字不得唯云歌頌故杜爲此解劉以爲魯頌不得與周頌同而規杜氏非也 見舞象箾南籥者 象箾舞所執南籥以籥舞也皆文王之樂〇箾音朔籥羊略反 [疏]見舞象箾南籥者〇正義曰樂之爲樂有歌有舞歌則咏其辭而以聲播之舞則動其容而以曲隨之歌者樂器同而辭不一聲隨辭變曲盡更歌故云爲之歌風爲之歌雅及其舞則每樂別舞其舞不同季札請觀周樂魯人以次而舞每見一舞各有所嘆故以見舞爲文不言爲之舞也且歌則聽其聲舞則觀其容歌以主人爲文故言爲歌也舞以季札爲文故言見舞

也樂有音聲唯言舞者樂以舞爲主周禮大司樂云以樂舞教國子舞雲門大卷大咸大磬大夏大濩大武又云乃分樂而序之以祭以享以祀舞雲門以祀天神舞咸池以祭地祇舞大韶以祀四望舞大夏以祭山川舞大濩以享先妣舞大武以享先祖凡六樂者文之以五聲播之以八音鄭玄云播之言被也是其以舞爲主而被以音聲故魯作諸樂於季札皆云見舞也禮法歌在堂而舞在庭故郊特牲云歌者在上匏竹在下貴人聲也以貴人聲樂必先歌後舞故魯爲季札先歌諸詩而後舞諸樂其實舞時堂上歌其舞曲也○注象箾至之樂○正義曰賈逵云箾舞曲名言天下樂箾去無道杜云箾舞者所執二者俱無所據各以意言之耳詩述碩人之善舞云左手執籥右手秉翟籥是舞者所執則箾亦舞者所執杜説當得其實但不知箾是何等器耳杜云皆文王之樂則象箾與南籥各是一舞南籥既是文舞則象箾當是武舞也詩(序)云維清奏象舞(即)此象箾之舞故鄭玄注詩云象用兵時刺伐之舞是武舞可知其名之曰南其義未聞也知是武王制者以爲人子者貴其成父之事文王既有大功武王無容不述於周公之時已象伐紂之功作大武之樂不應復象文王之伐制爲别樂故知此舞是武王制焉王者之作禮樂必太平乃得爲之武王未及大平而得作此樂者一代大典須待大平此象文王之功非爲易代大法故雖未制禮亦得爲之周公大平雖作大武尊重文王之功留播之以爲别樂故六代之樂不數此象也周禮分樂而序之象舞不以祭祀或當祈告所用故魯今亦有之劉炫云知是文王樂者詩云維清緝熙文王之典此象樂之所舞故知是文王樂也鄭玄注象又云此樂名象而已以其象事有舞音故詩序謂之象舞舞非此樂名故此直言舞(象)也其箾籥是可執之物司馬相如上林賦曰拂翳鳥捎鳳凰(皇)則捎亦拂之類今人謂拂爲拂捎此必傳於古其箾捎字同也杜不解南劉炫謂南如周南之意南在箾籥之間蓋二者共有南義

曰美哉猶有憾美哉美其容也文王恨不及己致太平○憾本亦作感胡暗反大平音泰[疏]注美哉至大平○正義曰歌聽聲而舞觀形故知美者美其容也歌詩由口而出樂音以詩爲章人歌君德情見於音聽聲知政容或可爾計聖人之德非舞容可象而季札觀舞皆知其德者聖人之作樂也各象當時之事時事見於舞故觀之可以知也樂記稱賓牟賈問大武之樂云敢問遲之遲而又久何也子曰夫樂者象成者也揔干而山立武王之事也發揚蹈厲大公之志也武亂皆坐周召之治也且夫武始而北出再成而滅商三成而南四成而南國是疆五成而分周公左召公右六成復綴以崇天子夾振之而四伐盛威於中國也分夾而進事早濟也久立於綴以待諸侯之至也彼言大武之舞是象武王之事則知諸樂之舞皆象時王功德也聖王功德見於舉動之容故觀其舞容各知其德也

見舞大武者武王樂[疏]見舞大武者○正義曰鄭玄周禮注云大武武王樂也武王伐紂以除其害言其德能成武功此舞四代之樂從後代而稍前也象是文王之樂事在大武之先先舞象而後舞武者以象非一代大樂故先舞之

曰美哉周之盛也其若此乎見舞韶濩者殷湯樂○韶上昭反本或作招濩音護又户郭反[疏]見舞韶濩者○正義曰周禮謂之大濩鄭玄云大濩湯樂也湯以寬治民而除其邪言其德能使天下得其所也然則以其防濩下民故稱濩也此言韶濩不解韶之義韶亦(言)紹也言其能紹繼大禹也

曰聖人之宏(治)也而猶有慙德聖人之難也慙於始伐見舞大夏者禹之樂[疏]見舞大夏者○正義曰樂記解此樂名(云)夏大也鄭玄云言禹能大堯舜之德又周禮注云禹治水敷土言其德能大中國也季札見此舞嘆禹勤苦爲民而不以爲恩德則鄭周禮注是也

曰美哉勤而不德非禹其誰能脩之盡力溝洫勤也○洫况域反見舞韶箾者舜樂○韶箾音簫[疏]見舞韶箾者○正義曰樂記解此樂名云韶繼也鄭玄云韶之言紹也言舜能繼紹堯之德杜不解箾義箾即簫也尚書曰簫韶九成鳳皇來儀此云韶箾即彼簫韶是也孔安國云言簫見細器之備也蓋韶樂兼簫爲名簫字或上或下耳

曰德至矣哉大矣如天之無不幬也幬覆也○幬徒報反如地之無不載也雖甚盛德其蔑以加於此矣觀止矣若有他樂吾不敢請已魯用四代之樂故及韶箾而季子知其終也季札賢明才博在吳雖已涉見此樂歌之文然未聞中國雅聲故請作周樂欲聽其聲然後依聲以參時政知其興衰也聞秦詩謂之夏聲聞頌曰五聲和八風平皆論聲以參政也舞畢知其樂終是素知其篇數[疏]注魯用至數篇○正義曰明堂位云四代之服器官魯兼用之是魯之所用四代而已唯用四代之樂不得用雲門大咸故舞及韶箾而季札知其終也先儒以爲季札在吳未嘗經見此樂爲歌諸詩其所嘆美皆以詩辭之内求所嘆之意故杜辨之在吳雖已見此樂歌之文但未聞中國雅聲其所言者皆聽聲而知非察其文辭故取傳文證之明是素知其篇數也

和聲之道(《禮記·樂記》)

【説明】

《禮記》由東漢郑玄注,唐陸德明《經典釋文·禮記音義》附在注文中。音由心生,感物而生。無論是表現樂心的嘽緩之聲、喜心的發散之聲、敬心的直廉之聲、愛心的和柔之聲,還是表現怒心的粗厲之聲、哀心的噍殺之聲,都不是自然而生的,而是"感於物而後動"的。因此作君主必須慎於感物,做到"同民心而出治道"。本文選自《禮記正義》,清阮元校勘《十三經注疏》中華書局 1980 年影印本,篇名爲編者所加。大字爲正文。双行小字爲鄭玄注,圓圈後爲陸德明音義。選文删去了句讀和孔穎達疏。圓括號内的字是清阮元《十三經注疏校勘記》校記的字,包括正字、異文、脱字和衍字。校記請參見原《校勘記》。

音之起由人心生也人心之動物使之然也感於物而動故形於聲宮商角徵羽雜比曰音單出曰聲形猶見也○徵張里反後放此比毗志反下文同見賢遍反聲相應故生變樂之器彈其宮則衆宮應然不足樂是以變之使雜也易曰同聲相應同氣相求春秋傳曰若以水濟水誰能食之若琴瑟之專一誰能聽之○應應對之應篇内同彈徒丹反樂音岳又音洛變成方謂之音方猶文章也比音而樂之及干戚羽旄謂之樂干盾也戚斧也武舞所執也羽翟羽也旄旄牛尾也文舞所執周禮舞師樂師掌教舞有兵舞有干舞有羽舞有旄舞詩曰左手執籥右手秉翟○旄音毛盾本又作楯述允反又音允翟音狄籥羊灼反樂者音之所由生也其本在人心之感於物也是故其哀心感者其聲噍以殺其樂心感者其聲嘽以緩其喜心感者其聲發以散其怒心感者其聲粗以厲其敬心感者其聲直以廉其愛心感者其聲和以柔六者非性也感於物而(後)動言人聲在所見非有常也噍踧也嘽寬綽貌發猶揚也粗麄也○噍子遥反徐在堯反沈子遥反踧也謂急也殺色界反徐所列反其樂音洛嘽昌善反寬緩也散思旦反粗采都反又才古反踧子六反綽處約反是故先王慎所以感之者故禮以道其志樂以和其聲政以一其行刑以防其姦禮樂刑政其極一也注極至也○道音導行下孟反所以同民心而出治道也此其所謂至也○治直吏反下文同凡音者生人心者也情動於中故形於聲聲成文謂之音是故治世之音安以樂其政和亂世之音怨以怒其政乖亡國之音哀以思其民困聲音之道與政通矣言八音和否隨政也玉藻曰御瞽幾聲之上下○治世之音絶句安以樂音洛絶句雷讀上至安絶句樂音岳以樂二字爲句其政和崔讀上句依雷下以樂其政和總爲一句下亂世亡國各放此思息吏反又音笥否音不藻音早瞽音古幾居希反又音祈上下時掌反宮爲君商爲臣角爲民徵爲事羽爲物五者不亂則無怗懘之音矣五者君臣民事物也凡聲濁者尊清者卑怗懘敝敗不和貌○怗徐昌廉反弊也懘昌制反又昌紙反敗也敝音弊宮亂則荒其君驕商亂則陂其官壞角亂則憂其民怨徵亂則哀其事勤羽亂則危其財匱五

者皆亂迭相陵謂之慢如此則國之滅亡無日矣君臣民事物其道亂則其音應而亂荒猶散也陂傾也書曰王(耄)荒易曰無平不陂〇陂彼義反注同傾也匱其媿反乏也迭田節反散蘇旦反耄莫報反鄭衛之音亂世之音也比於慢矣比猶同也〇毗志反注同又如字桑間濮上之音亡國之音也其政散其民流誣上行私而不可止也濮水之上地有桑間者亡國之音於此之水出也昔殷紂使師延作靡靡之樂已而自沈於濮水後師涓過焉夜聞而寫之爲晋平公鼓之是之謂也桑閒在濮陽南誣罔也〇濮音卜水名誣音無注同涓古玄反爲于僞反下爲作法度同凡音者生於人心者也樂者通倫理者也倫猶類也理分也〇分扶問反是故知聲而不知音者禽獸是也知音而不知樂者衆庶是也唯君子爲能知樂禽獸知此爲聲耳不知其宫商之變也八音竝作克諧曰樂〇諧户皆反是故審聲以知音審音以知樂審樂以知政而治道備矣是故不知聲者不可與言音不知音者不可與言樂知樂則幾於禮矣禮樂皆得謂之有德德者得也幾近也聽樂而知政之得失則能正君臣民事物之禮也〇治直吏反下民治行同幾音譏一音巨依反注同是故樂之隆非極音也食饗之禮非致味也隆猶盛也極(猶)窮也〇食音嗣下食饗同清廟之瑟朱弦而疏越壹倡而三嘆有遺音者矣大饗之禮尚玄酒而俎腥魚大羹不和有遺味者矣清廟謂作樂歌清廟也朱弦練朱弦練則聲濁越瑟底孔也畫疏之使聲遲也倡發歌句也三嘆三人從嘆之耳大饗祫祭先王以腥魚爲俎實不臑熟之大羹肉湆不調以鹽菜遺猶餘也〇疏音踈下同倡昌諒反注同腥音星和胡卧反底都禮反畫音獲祫音洽臑音而湆去及反是故先王之制禮樂也非以極口腹耳目之欲也將以教民平好惡而反人道之正也教之使知好惡也〇好惡上呼報反下烏路反又竝如字後好惡二字相連者皆放此人生而静天之性也感於物而動性之(欲)也言性不見物則無欲物至知知然後好惡形焉至來也知知每物來則又有知也言見物多則欲益衆形猶見也〇見賢遍反好惡無節於内知誘於外不能反躬天理滅矣節法度也知猶欲也誘猶道也引也躬猶己也理猶性也〇誘音酉道音導夫物之感人無窮而人之好惡無節則是物至而人化物也(隨物變化)人化物也者滅天理而窮人欲者也窮人欲言無所不爲於是有悖逆詐僞之心有淫泆作亂之事是故强者脅弱衆者暴寡知者詐愚勇者苦怯疾病不養老幼孤獨不得其所此大亂之道也〇悖布内反下同佚音逸强其良反脅許劫反知音智怯起劫反是故先王之制禮樂人爲之節言爲作法度以遏其欲(也)〇遏於葛反本亦作節衰麻哭泣所以節喪紀也鐘鼓干戚所以和安樂也昏姻冠笄所以别男女也射鄉食饗所以正交接也男二十而冠女許嫁而笄成人之禮射鄉大射鄉飲酒也〇衰七雷反樂音洛冠古亂反注同笄音鷄别彼列反下文注皆同禮節民心樂和民聲政以行之刑以防之禮樂刑政四達而不悖則王道備矣樂者爲同禮者爲異同則相親異則相敬同謂協好惡也異謂别貴賤也樂勝則流禮勝則離流謂合行不敬也離謂析居不和也〇勝治證反析思麻反合情(飾)貌者禮樂之事也欲其竝行斌斌然〇飾音勅本亦作飾音式斌彼貧反本又作彬禮義立則貴賤等矣

樂文同則上下和矣好惡著則賢不肖别矣刑禁暴爵舉賢則政均矣仁以愛之義以正之如此則民治行矣等階級也〇著張慮反肖音笑樂由中出和在心也禮自外作敬在貌也樂由中出故静禮自外作故文文猶動也大樂必易大禮必簡易簡若於清廟大饗然〇易以豉反注同樂至則無怨禮至則不争揖讓而治天下者禮樂之謂也至猶達也行也〇争争鬭之争暴民不作諸侯賓服兵革不試五刑不用百姓無患天子不怒如此則樂達矣合父子之親明長幼之序以敬四海之内天子如此則禮行矣賓協也試用也〇長丁丈反大樂與天地同和大禮與天地同節言順天地之氣與其數和故百物不失不失其性節故祀天祭地成物有功報焉明則有禮樂教人者幽則有鬼神助天地成物者也易曰是故知鬼神之情狀與天地相似五帝德説黄帝德曰死而民畏其神者百年春秋傳曰若敖氏之鬼然則聖人之精氣謂之神賢知之精氣謂之鬼〇敖五羔反賢知音智如此則四海之内合敬同愛矣禮者殊事合敬者也樂者異文合愛者也禮樂之情同故明王以相(沿)也沿猶因述也孔子曰殷因於夏禮所損益可知也周因於殷禮所損益可知也沿或作緣〇沿悦專反因也述也故事與時並(舉)事在其時也禮器曰堯授舜舜授禹湯放桀武王伐紂時也名與功偕爲名在其功也偕猶俱也堯作大章舜作大韶禹作大夏湯作大濩武王作大武名(各)因其得天下之功〇偕古諧反俱也濩户故反下同故鐘鼓管磬羽籥干戚樂之器也屈伸(詘信)俯仰綴(級)兆舒疾樂之文也簠簋俎豆制度文章禮之器也升降上下周還裼襲禮之文也綴謂酇舞者之位也兆其外營域也〇伸音申綴丁劣反徐丁衛反下綴遠綴短皆同簠簋上音甫下居洧反並祭器名上下時掌反還音旋裼思歷反襲音習酇作管反後同故知禮樂之情者能作識禮樂之文者能述述謂訓其義也作者之謂聖述者之謂明明聖者述作之謂也樂者天地之和也禮者天地之序也和故百物皆化序故群物皆别化猶生也别謂形體異也樂由天作禮以地制言法天地也過制則亂過作則暴過猶誤也暴失文武之意明於天地然後能興禮樂也

學而時習之(《論語·學而》)

【説明】

《論語》由魏何晏集解，唐陸德明《經典釋文·論語音義》附在注文中。何晏云："以學爲首者，明人必須學也。"邢昺説："此篇論君子孝弟、仁人、忠信，道國之法，主友之規。"君子審問，慎思明辨，篤行其道，則耳聰目明而行無過。本文選自清阮元校勘《十三經注疏》中的《論語注疏》(中華書局1980年影印本)。大字爲正文，双行小字爲注，圓圈後爲陸德明音義。選文删去了句讀和邢昺的疏。圓括號中的字是《十三經注疏校勘記》中出校記的字，包括正字、脱字和衍字。校記請參見原《校勘記》。

子曰學而時習之不亦（説）乎馬（融）曰子者男子之通稱謂孔子也王（肅）曰時者學者以時誦習之誦習以時學無廢業所以爲説懌（有）朋
自遠方來不亦樂乎包曰同門曰朋人不知而不慍不亦君子乎慍怒也凡人有所不知君子不怒○説音悦注同稱尺證反懌音亦
有或作友非朋蒲弘反樂音洛有子曰孔子弟子有若其爲人也孝（弟）而好犯上者鮮矣鮮少也上謂凡在己上者言孝弟之人必恭順好欲
犯其上者少也不好犯上而好作亂者未之有也君子務本本立而道生本基也基立而後可大成孝弟
也者其爲仁之本與（苞氏曰）先能事父兄然後仁道可（大）成（也）○弟大計反本或作悌下同好呼報反下及注同鮮仙善反少也鄭云寡也注同與音餘子曰巧言
令色鮮矣（有）仁包曰巧言好其言語令色善其顏色皆欲令人説之少能有仁也○令力呈反説音悦曾子曰馬曰弟子曾參吾日三省吾身
爲人謀而不忠乎與朋友交（言）而不信乎傳不習乎言凡所傳之事得無素不講習而傳之○參所金反又七南反三息
暫反又如字省悉井反視也鄭云思察己之所行也爲于僞反又如字傳直專反注同鄭注云魯讀傳爲專今從古案鄭校周之本以齊古讀正凡五十事鄭本或無此注者然皇覽引魯讀六事則無者非也後皆放此子
曰道（導）千乘之國馬曰道謂爲之政教司馬法六尺爲步步百爲畞畞百爲夫夫三爲屋屋三爲井井十爲通通十爲成成出革車一乘然則千乘之賦其地千成居地方三百一十六里
有畸唯公侯之封乃能容之雖大國之賦亦不是過焉包曰道治也千乘之國者百里之國也古者井田方里爲井十井（井十）爲乘百里之國適千乘也（馬）融依周禮包依王制孟子義疑故兩存焉敬事而信
包曰爲國者舉事必敬慎與民必誠信節用而愛人包曰節用不奢侈國以民爲本故愛養之使民以時包曰作（事）使民必以其時不妨奪農務○道音導本或作導包云治也注同
乘繩證反注同千乘大國之賦也司馬法史記齊景公時有司馬田穰苴善用兵周禮司馬掌征伐六國時齊威王使大夫追論古者兵法附穰苴於其中凡一百五十篇號曰司馬法畸居宜反田之殘也封甫用反又如字包依王制孟
子王制及孟子皆以百里爲大國侈尺紙反又尺氏反子曰弟子入則孝出則悌（弟）謹而信汎愛衆而親仁行
有餘力則以學文馬曰文者古之遺文（也）○弟音悌本亦作悌汎孚劍反行下孟反下章觀其行并注同文馬曰文古之遺文也鄭云文道藝也子夏曰賢賢易
色孔曰子夏弟子卜商也言以好色之心好賢則善事父母能竭其力事君能致其身孔曰盡忠節不愛其身與朋友交言
而有信雖曰未學吾必謂之學矣○夏户雅反好呼報反下章好學同盡津刃反下注同子曰君子不重則不威
學則不固孔曰固蔽也一曰言人不能敦重既無威（嚴）學又不能堅固識其義理主忠信無（毋）友不如己者過則勿憚改
鄭曰主親也憚難也○憚徒旦反難乃旦反曾子曰慎終追遠民德歸厚矣孔曰慎終者喪盡其哀追遠者祭盡其敬（人）君能行此二者民化其德（而）皆歸於厚也
子禽問於子貢（贛）曰夫子至於是邦也必聞其政求之與抑與之與鄭曰子禽弟子陳亢
也（字子禽也）子貢弟子姓端木名賜（字子貢也）亢怪孔子所至之邦必與聞其國政求而得之邪抑人君自願與之爲治子貢曰夫子温良恭儉讓以得之
夫子之求之也其諸異乎人之求之與鄭曰言夫子行此五德而得之與人求之異明人君自與之○貢本亦作贛音同之與音餘下之與同抑於力反亢
音剛又苦浪反必與之與音預治直吏反子曰父在觀其志父没觀其行孔曰父在子不得自專故觀其志而已父没乃觀其行三年無改於
父之道可謂孝矣孔曰孝子在喪哀慕猶若父存無所改於父之道有子曰禮之用和爲貴先王之道斯爲美

小大由之有所不行知和而和不以禮節之亦不(可)行也馬曰人知禮貴和而每事從和不以禮爲節亦不可行有子曰信近於義言可復也復猶覆也義不必信信非(不必)義也以其言可反覆故曰近義恭近於禮遠恥辱也恭不合禮非禮也以其能遠恥辱故曰近(於)禮也因不失其親亦可宗(敬)也孔曰因親也言所親不失其親亦可宗敬○近附近之近下及注同又如字覆芳服反下同遠于萬反子曰君子食無求飽居無求安鄭曰學者之志有所不暇敏於事而慎於言就有道而正焉可謂好學也已(矣)孔曰敏疾也有道有道德者正謂問(事)是非子貢(問)曰貧而無諂(諂)富而無驕何如子曰可也孔曰未足多未若貧而樂(道)富而好禮者也鄭曰樂謂志於道不以貧(賤)爲憂苦子貢曰詩云如切如磋如琢如磨(摩)其斯之謂與孔曰能貧而樂道富而好禮者能自切磋琢磨子曰賜也始可與言詩已矣告諸往而知來者孔曰諸之也子貢知引詩以成孔子義善取類故然之往告之以貧而樂道來答以切磋琢磨○諂勅檢反樂音洛好呼報反注同切治骨曰切磋七多反治象曰磋琢治玉曰琢謂與之與音餘子曰不患人之不己知患不知(人)也

人皆有不忍人之心(《孟子·公孫丑上》)

【説明】

《孟子》由東漢趙岐注,宋孫奭疏。孟子認爲:人都是有不忍之心的。比如突然看見一個小孩兒將要掉進井中,你都會驚嚇急忙去拯救,這時你不會考慮其父母是否是你的鄰居、朋友。不忍之心中包含著惻隱、羞惡、辭讓、是非四心,分别代表著仁、義、禮、智,它們猶如人的四肢,是人立身行事、待人接物、齊家治國的根本。本文選自清阮元校勘《十三經注疏》(中華書局 1980 年影印本)《孟子注疏》,篇名爲編者所加。大字爲正文,雙行小字爲趙岐注和孫奭疏。選文删去了句讀。圓括號内的字是《十三經注疏校勘記》中出校記的字,包括前字的正字、異文、脱字和衍字。校記請參見原《校勘記》。

孟子曰人皆有不忍人之心言人人皆有不忍加惡於人之心也先王有不忍人之心斯有不忍人之政矣以不忍人之心行不忍人之政治天下可運之掌上先聖王推不忍害人之心以行不忍傷民之政以是治天下易於轉丸於掌上也所以謂人皆有不忍人之心者今人乍見孺子將入於井皆有怵惕惻隱之心非所以内(納)交於孺子之父母也非所以要譽於鄉黨朋友也非惡其聲而然也乍暫也孺子未有知(之)小子(也)所以言人皆有是心凡人暫見小孺子將入井賢愚皆有驚駭之情(情)發於(其)中非爲人也非惡有不仁之聲名故(爲之)怵惕(者而然)也由是觀之無惻隱之心非人也無羞惡之心非人也無辭讓之心非人也無

是非之心非人也言無此四者當若禽獸非人心耳爲人則有之矣凡人但不能演(引)用爲行耳惻隱之心仁之端也羞惡之心義之端也辭讓之心禮之端也是非之心智之端也端者首也人皆有仁義禮智之首可引用之(也)人之有是四端也猶其有四體也有是四端而自謂不能者自賊者也自謂不能爲善自賊害其性使不爲善也謂其君不能者賊其君者也謂君(其非)不能爲善而不匡正者賊其君使陷惡也凡有四端於我者知皆擴(擴)而充之矣若火之始然泉之始達苟能充之足以保四海苟不充之不足以事父母擴廓此(也)凡有四端在於我者知皆廓而充大之若火泉(水火)之始微小廣大之則無所不至以喻人之四端也人誠能充大之可保安四海之民誠不充大之内不足以事父母言無仁義禮智何以事父母也［疏］孟子至曰不足以事父母〇孟子曰至不足以事父母正義曰此章言人之行當内求諸已(以演大四端充擴其道上以匡君下以榮身)也孟子曰人皆有不忍人之心者孟子言人之爲人皆有不忍加惡於人之心也先王有不忍人之心斯有不忍人之政至掌上者又言古先聖王有不忍加惡於人之心斯有不忍傷民之政既以不忍加惡於人之心以行其不忍傷民之政其治天下之易但若轉運走丸於掌上之易者也所以謂人皆有不忍人之心者今人乍見孺子將入井至然也者孟子又言所以謂人之爲人皆有不忍加惡於人之心者且以今人乍見孺子言之孺子無知之小子也今人乍見無知之小子相將匍匐欲墜於井但見之者皆有怵惕恐懼惻隱痛忍之心所以然者非是内嘗結交於孺子之父母然後如此也又非是所以欲要求美譽於鄉黨朋友也又非所以惡有不仁之聲而然也由是觀之無惻隱之心非人也至無是非之心非人也者孟子言由此見孺子將入於井人皆有怵惕惻隱之心觀察之是無惻隱羞惡辭讓是非四者之心(皆)非是人也乃若禽獸之類也禽獸所以無惻隱不忍之心又無羞惡慚恥之心又無辭讓揖遜之心又無是非好惡之心者也言苟無此四者所以皆謂之非人也乃禽獸之類也惻隱之心至智之端也者孟子言人有惻隱之心是仁之端本起於此也有羞惡之心者是義之端本起於此也有辭讓是非之心者是禮智之端本起於此者也以其仁者不過有不忍惻隱也此孟子所以言惻隱羞惡辭讓是非四者是爲仁義禮智四者之端本也人之有是四端也猶其有四體也至賊其君者也者孟子又言人有是惻隱羞惡辭讓是非爲仁義禮智之四端若其人之有四肢也既有此四端而自謂已之不能爲善者是自賊害其善而不爲善也以之事君如謂其君不能爲善不匡正之者是亦賊害其君使陷於惡也無他以其人之爲人皆有此四端也但不推用而行之耳如能推此四端行之是爲仁義禮智者矣所謂仁義禮智者即善也然則人人皆有善矣故孟子所以言之以此凡有四端於我者知皆擴而充之至不足以事父母者孟子又言凡人所以有四端在於我已者能皆廓而充大之是若火之初燃泉之始達而終極乎燎原之熾襄陵之蕩也苟能充大之雖四海之大亦足保安之也苟不能充大之雖已之父母亦不足以奉事之故曰苟能充之足以保四海苟不充之不足以事父母是亦推恩足以保四海不推恩無以保妻子之意也

開宗明義(《孝經》)

【説明】

《孝經》由唐玄宗李隆基注,宋邢昺疏。文中闡明了孔子關於"夫孝,德之本也"的基本思想,言簡意賅,耐人深思。孝是華夏民族的傳統美德,我們的祖先上自帝王聖賢,下至學子平民,或以修身,或以和人,或以治國。孝可以"立身行道,揚名於後世,以顯父母"。本文選自清阮元校勘《十三經注疏·孝經》第一章(中華書局 1980 年影印本)。大字爲正文,雙行小字爲李隆基注和邢昺疏。選文删去了句讀。圓括號内的字是《十三經注疏校勘記》中的校字,包括前字的正字、异字、脱字和衍字。校記請參見原《校勘記》。

開宗明義章第一

[疏]正義曰開張也宗本也明顯也義理也言此章開張一經之宗本顯明五孝之義理故曰開宗明義章也第次也一數之始也以此章揔標諸章以次結之故爲第一冠諸章之首焉案孝經遭秦坑焚之後爲河間顏芝所藏初除挾書之律芝子貞始出之長孫氏及江翁后倉翼奉張禹等所説皆十八章及魯恭王壞孔子宅得古文二十二章孔安國作傳劉向校經籍比量二本除其煩惑以十八章爲定而不列名又有荀昶集其録及諸家疏並無章名而援神契自天子至庶人五章唯皇侃標其目而冠於章首今鄭注見章名豈先有改除後人追遠而爲之也御注依古今集詳議儒官連狀題其章名重加商量遂依所請章者明也謂分析科段使理章明説文曰樂歌竟爲一章章字從音從十謂從一至十十數之終諸書言章者蓋因風雅凡有科段皆謂之章焉言天子庶人雖列貴賤而立身行道無限高卑故次首章先陳天子等差其貴賤以至庶人次及三才孝治聖治三章並叙德教之所由生也紀孝行章叙孝子事親爲先與五刑相因即夫孝始於事親也廣要道章廣揚名章即先王有至德要道揚名於後世也揚名之上因諫諍之臣從諫之君必有應感三章相次不離於揚名事君章即忠(中)於事君也喪親章繼於諸章末言孝子事親之道紀也皇侃以開宗及紀孝行喪親等三章通於貴賤今案諫諍章大夫以上皆有争臣而士有争友父有争子亦該貴賤則通於貴賤者有四焉**仲尼居**仲尼孔子字居謂閒居**曾子侍**曾子孔子弟子侍謂侍坐[疏]仲尼曾子侍正義曰夫子以六經設教隨事表名雖道由孝生而孝綱未舉將欲開明其道垂之來裔以曾參之孝先有重名乃假因閒居爲之陳説自摽(標)己字稱仲尼居呼參爲子稱曾子侍建兩兩句以起師資問答之體似若别有承受而記録之○注仲尼至閒居○正義曰云仲尼孔子字者案家語云孔子父叔梁紇娶顏氏之女徵在徵在既往廟見以夫年長懼不時有男而私禱尼丘山以祈焉孔子故名丘字仲尼夫伯仲者長幼之次也仲尼有兄字伯故曰仲其名則案桓六年左傳申繻曰名有五其三曰以類命爲象杜注云若孔子首象尼丘蓋以孔子生而汙(圩)頂象尼丘山故名丘字仲尼而劉瓛述張禹之義以爲仲者中也尼者和也言孔子有中和之德故曰仲尼殷仲文又云夫子深敬孝道故稱表德之字至梁武帝又以丘爲娶(聚)以尼爲和今並不取仲尼之先殷之後也案史記殷本紀曰帝嚳之子契爲堯司徒有功堯封之於商賜姓子氏契後世孫湯滅夏而爲天子至湯裔孫有位無道周武王殺之封其庶兄微子啓於宋案家語及孔子世家皆云孔子其先宋人也宋閔公有子弗父何長而當立讓其弟厲公何生宋父周周生世子勝勝生正考父正考父受命爲宋卿生孔父嘉嘉别爲公族故其後以孔爲氏或以爲用乙配子或以滴溜穿石其言不經今不取也孔父嘉生木金父木金父生臯夷父臯夷父生防叔避華氏之禍而奔魯防叔生伯夏伯夏生叔梁紇紇生孔子也云居謂閒居者古文孝經云仲尼閒居蓋謂乘閒居而坐與論語云居吾語汝義同而與下章居則致其敬不同○注曾子至侍坐○正義曰云曾子孔子弟子者案史記仲尼弟子傳稱曾參南武城人字子輿少孔子四十六歲孔子以爲能通孝道故授之業作孝經死於魯故知是仲尼弟子也云侍謂侍坐者言侍孔子而坐也案古文云曾子侍坐故知侍謂侍坐也卑者在尊側曰侍故經謂之侍凡侍有坐有立此曾子侍即侍坐也曲禮有侍坐於先生侍坐於所尊侍坐於君子據此而言明侍坐於夫子也**子曰先王有至德要道以順天下民用和睦上下無怨**孝者德之至道之要也言先代聖德之主(王)能順天下人心行此至要之化則上下臣人和睦無怨**汝(女)知之乎曾子避(辟)席曰參不敏何足以知之**參曾子名也禮師有問避席起答敏達也言參不達何足知此至要之義**子曰夫孝德之本也**人之行莫大於孝故爲德本**教之所由生也**言教從孝而生**復坐吾語汝**曾參起對故使復坐[疏]子曰至語汝○正義曰子者孔子自謂案公羊傳云子者男子通稱也古者謂師爲子故夫子以子自稱曰者辭也言先代聖帝明王皆行至美之德要約之道以順天下人心而教化之天下之人被服其教用此之故並自相和睦上下尊卑無相怨者參汝能知之乎又假言參聞夫子之説乃避所居之席起而對曰參性不聰敏何足以知先王至德要道之言義既叙曾子不知夫子又爲釋之曰夫孝德行之根本也釋先王有至德要道謂至德要道元出於孝孝爲之本也云教之所生也者此釋以順天下民用和睦上下無怨謂王教由孝而生也孝道深廣非立可終故使復坐吾語汝也○注孝者至無怨○正義曰云孝者德之至道之要也者依王肅義德以孝而至道以孝而要是道德不離於孝殷仲文曰窮理之至以一管衆爲要劉炫曰性未達何足知言性未達何足知至要之義者謂自云性不達何足知此先王至德要道之義也○注人之至德本○正義曰此依鄭注引其聖治章文也言孝行最大故爲德之本也德則至德也○注言教從孝而生○正義曰此依韋注也案禮記祭義稱曾子云衆之本教曰孝尚書敬敷五教解者謂教父以義教母以慈教兄以友教弟以恭教子以孝舉此則其餘順人之教皆可知也○注曾參至復坐正義曰此義已見於上**身體髮膚受之父母不敢毁傷孝之始也**父母全而生之已當全而歸之故不敢毁傷**立身行道揚名於後世以顯父母孝之終也**言能立身行此孝道自然名揚後世光顯其親故行孝以不毁爲先揚名爲後

[疏]身體至終也○正義曰身謂躬也體謂四支也髮謂毛髮膚謂皮膚禮運曰四體既正膚革充盈詩曰鬒髮如雲此則身體髮膚之謂也言爲人子者常須戒慎戰戰兢兢恐致毀傷此孝行之始也又言孝行非唯不毀而已須成立其身使善名揚於後代以光榮其父母此孝行之終也若行孝道不至揚名榮親則未得爲立身也注父母至毀傷○正義曰云父母全而生之已當全而歸之者此依鄭注引祭義樂正子春之言也言子之初生受全體於父母故當常自念慮至死全而歸之若曾子啓手啓足之類是也云故不敢毀傷者毀謂虧辱傷謂損傷故夫子云不虧其體不辱其身可謂全矣及鄭注周禮禁殺戮云見血爲傷是也○注言能至其(爲)後○正義曰云言能立身行此孝道者謂人將立其身先須行此孝道也其行孝道之事則下文始於事親中於事君是也云自然名揚後世光榮其親者皇侃云若生能行孝没而揚名則身有德譽乃能光榮其父母也因引祭義曰孝也者國人稱願然曰幸哉有子如此又引哀公問稱孔子對曰君子也者人之成名也百姓歸之名謂之君子之子是使其親爲君子也此則揚名榮親也云故行孝以不毀爲先者全其身爲孝子之始也云揚名爲後者謂後行孝道爲孝之終也夫不敢毀傷闔棺乃止立身行道弱冠須明經雖言其始終此略示有先後非謂不敢毀傷唯在於始立身獨在於終也明不敢毀傷立身行道從始至末兩行無怠此於次有先後非於事理有始終也 夫孝始於事親中於事君終於立身 言行孝以事親爲始事君爲中忠孝道著乃能揚名榮親故曰終於立身也 [疏]夫孝至立身○正義曰夫爲人子者先能全身而後能行其道也夫行道者謂先能事親而後能立其身前言立身未示其迹其迹始者在於内事其親也中者在於出事其主忠孝皆備揚名榮親是終於立身○注言行至身也○正義曰云言行孝以事親爲始事君爲中者此釋始於事親中於事君也云忠孝道著乃能揚名榮親故曰終於立身也者此釋終於立身也然能事親事君理兼士庶則終於立身此通貴賤焉鄭玄以爲父母生之是事親爲始四十强而仕是事君爲中七十致仕是立身爲終也者劉炫駁云若以始爲在家終爲致仕則兆庶皆能有始人君所以無終若以年七十者始爲孝終不致仕者皆爲不立則中壽之輩盡曰不終顔子之流亦無所立矣 大雅云無(毋)念爾祖聿脩厥德 詩大雅也無念念也聿述也厥其也義取恒念先祖述脩其德 [疏]大雅至厥德○正義曰夫子叙述立身行道揚名之義既畢乃引大雅文王之詩以結之言凡爲人子孫者常(當)念爾之先祖常述脩其功德也注詩大至其德○正義曰云無念念也聿述也者此並毛傳文厥其也釋言文云義取常念先祖述脩其德者此依孔傳也謂述脩先祖之德而行之此經有十一章引詩及書劉炫云夫子叙經申述先王之道詩書之語事有當其義者則引而證之示言不虚發也七章不引者或事義相違或文勢自足則不引也五經唯傳引詩而禮則雜引詩書及易並意及則引若汎指則云詩曰詩云若指四始之名即云國風大雅小雅魯頌商頌若指篇名即言句(勺)曰武曰皆隨所便而引之無定例也鄭注云雅者正也方始發章以正爲始亦無取焉

至樂(《莊子·至樂》)

【説明】

莊子認爲"至樂"就是最大的快樂,它是人生的最高境界。人怎樣才能獲得最大的快樂呢?就是要徹底做到"無爲","天地無爲也而無不爲也"。本文選自中華書局 1962 年版的清郭慶藩的《莊子集釋》。《莊子》由晋郭象注,唐陸德明《經典釋文·莊子音義》附在注文中。

天下有至樂無有哉有可以活身者無有哉 忘歡而後樂足樂足而後身存將以爲有樂耶而至樂無歡將以爲無樂耶而身以存而無憂○樂音洛篇内不出者皆同 今奚爲奚據奚避奚處奚就奚去奚樂奚惡 擇此八者莫足以活身唯無擇而任其所遇者乃全耳○惡烏路反 夫天下之所尊者富貴壽善也所樂者身安厚味美服好色音聲也所下者貧賤夭惡也所苦者身不得安逸口不得厚味形不得美服目不得好色耳

不得音聲若不得者則大憂以懼其爲形也亦愚哉凡此失之無傷於形而得之有損於性今反以不得爲憂故愚夫富者苦身疾作多積財而不得盡用其爲形也亦外矣内其形者知足而已夫貴者夜以繼日思慮善否其爲形也亦疏矣故親其形者自得於身中而已人之生也與憂俱生壽者惛惛久憂不死何苦也其爲形也亦遠矣夫遺生然後能忘憂忘憂而後生可樂生可樂而後形是我有富是我物貴是我榮也〇惛音昏烈士爲天下見善矣未足以活身吾未知善之誠善邪誠不善邪若以爲善矣不足活身以爲不善矣足以活人善則適當故不周濟故曰忠諫不聽蹲循勿争唯中庸之德爲然〇蹲七旬反故夫子胥争之以殘其形不争名亦不成誠有善無有哉故當緣督以爲經也今俗之所爲與其所樂吾又未知樂之果樂邪果不樂邪吾觀夫俗之所樂舉群趣者誙誙然如將不得已舉群趣其所樂乃不避死也〇誙户耕反而皆曰樂者吾未之樂也亦未之不樂也無懷而恣物耳果有樂無有哉吾以無爲誠樂矣夫無爲之樂無憂而已又俗之所大苦也故曰至樂無樂至譽無譽俗以鏗鎗爲樂美善爲譽天下是非果未可定也雖然無爲可以定是非我無爲而任天下之是非是非者各自任則定矣至樂活身唯無爲幾存百姓足則吾身近乎存也請嘗試言之天無爲以之清地無爲以之寧皆自清寧耳非爲之所得故兩無爲相合萬物皆化不爲而自合故皆化若有意乎爲之則有時而滯也芒乎芴乎而無從出乎皆自出耳未有爲而出之也〇芒李音荒又呼晃反下同芴音忽下同芴乎芒乎而無有象乎無有爲之象萬物職職皆從無爲殖皆自殖耳故曰天地無爲也而無不爲也若有爲則有不濟也人也孰能得無爲哉得無爲則無樂而樂至矣

尊師(《吕氏春秋·孟夏紀》)

【説明】

《吕氏春秋》由東漢高誘注。“一日爲師，終生爲父”，中華民族從來都把老師視爲人生之本而尊敬之。本文用大量的事例來説明“君子之學也，説義必稱師以論道，聽從必盡力以光明”的尊師思想。本文依據上海書局 1986 年影印的世界書局編印的《諸子集成》本。

神農師悉諸黄帝師大撓悉姓諸名也大撓作甲子帝顓頊師伯夷父帝嚳師伯招帝堯師子州支父帝舜師許由禹師大成贄湯師小臣小臣謂伊尹文王武王師吕望周公旦齊桓公師管夷吾晋文公師咎犯隨會咎犯狐偃也隨會范武子秦穆公師百里奚公孫枝

百里奚故虞臣也公孫枝大夫子桑也楚莊王師孫叔敖沈尹巫沈縣大夫吴王闔閭師伍子胥文之儀文氏之儀名越王句踐師范蠡大夫種范蠡字少伯楚人也大夫種姓文字禽楚呈人此十聖人六賢者未有不尊師者也今尊不至於帝智不至於聖而欲無尊師奚由至哉至於道此五帝之所以絶三代之所以滅言五帝三代之後不復重道尊師故所以絶滅且天生人也而使其耳可以聞不學其聞不若聾聾無所聞也使其目可以見不學其見不若盲盲無所見也使其口可以言不學其言不若爽爽病無所别也使其心可以知不學其知不若狂闇行妄發之謂狂故凡學非能益也達天性也能全天之所生而勿敗之是謂善學敗毁也子張魯之鄙家也鄙小顔涿聚梁父之大盗也學於孔子段干木晉國之大駔也駔儈人也學於子夏子夏孔子弟子卜商之字高何縣子石齊國之暴者也指於鄉曲其暴虐爲鄉曲人所斥也學於子墨子墨翟索盧參東方之鉅狡也鉅大狡滑學於禽滑黎禽滑黎墨子弟子此六人者刑戮死辱之人也今非徒免於刑戮死辱也由此爲天下名士顯人以終其壽壽年也王公大人從而禮之此得之於學也學以致之無鬼神也故曰得之凡學必務進業心則無營營惑疾諷誦疾力謹司聞司候觀驩愉問書意視師歡悦以問書意順耳目不逆志不自逆力學之志退思慮求所謂求所思慮是而行之時辨説以論道辨别道之義也不苟辨必中法不苟口辨反是爲非言中法制得之無矜失之無慙矜自伐無慙慍也必反其本本謂本性也生則謹養謹養之道養心爲貴貴尚也死則敬祭敬祭之術時節爲務四時之節此所以尊師也治唐圃疾灌寖務種樹唐隄以壅水圃農圃也樹稼也織葩屨結罝網捆蒲葦之田野力耕耘事五穀事治也如山林入川澤如往也川澤有水故言入也取魚鼈求鳥獸此所以尊師也視輿馬慎駕御適衣服務輕煖臨飲食必蠲絜蠲讀曰圭也善調和務甘肥必恭敬和顔色審辭令疾趨翔必嚴肅此所以尊師也君子之學也説義必稱師以論道論明聽從必盡力以光明從師所行聽從不盡力命之曰背説義不稱師命之曰叛背戾也叛换也言學者聽從不盡其力猶民背國説義不稱其師猶臣叛君背叛之人賢主弗内之於朝賢明君子不與交友不與背叛之人爲交友故教也者義之大者也學也者知之盛者也義之大者莫大於利人利人莫大於教以仁義利之教然後知故曰莫大於教也知之盛者莫大於成身成身莫大於學成身遂爲君子以致之故曰莫大於學身成則爲人子弗使而孝矣爲人臣弗令而忠矣爲人君弗彊而平矣有大勢可以爲天下正矣天下正者正天下也故子貢問孔子曰後世將何以稱夫

子孔子曰吾何足以稱哉勿已者則好學而不厭好教而不倦其惟此邪天子入太學祭先聖則齒嘗爲師者弗臣所以見敬學與尊師也太學明堂也

蘇秦始將連横(《戰國策·秦策一》)

【説明】

《戰國策》由漢劉向輯録,宋鮑彪注,元吴師道補正。蘇秦,東周洛陽人,戰國時期著名的外交家。本文記述蘇秦先以"連横"之策遊説秦惠王而失敗,後發憤攻讀,以"合縱"之術遊説趙王,終得趙王信任而"取卿相之尊"的故事。蘇秦"讀書欲睡,引錐自刺其股,血流至足"的苦读精神,激勵著一代代學子廢寢忘食、奮發向上。本文選自上海古籍出版社1978年出版的《戰國策》。

蘇秦始將連横文穎曰關東爲從西爲横孟康曰南北爲從東西爲横瓚曰以利合曰從以威勢相脅曰横正曰高注連關中之謂横合關東之謂從大事記取説秦惠王曰大王之國西有巴蜀漢中之利三郡並屬益州北有胡貉胡樓煩林胡之類集韻貉似狐代馬之用代幽州郡南有巫山在南郡巫補曰正義云夔州巫山縣黔中之限黔故楚地秦地距此二郡耳故言限秦昭三十年始定爲黔中郡後爲武陵郡見後志補曰大事記今黔辰施元等州正曰高注皆有塞險故謂之限東有殽函之固始皇紀注殽二殽函函關也在弘農補曰左氏殽有二陵杜注在澠池縣西函見周策田肥美民殷富殷盛也戰車萬乘奮擊百萬士之能奮擊者沃野千里沃言其肥潤蓄積饒多地勢形便地勢與形便於攻守此所謂天府言蓄聚之富非人力也天下之雄國也物之雄者强以大王之賢士民之衆車騎之用騎士之便馬者兵法之教可以并諸侯吞天下稱帝而治願大王少留意臣請奏其効奏進効功也秦王曰寡人聞之毛羽不豐满者不可以高飛文章不成者文章法令也不可以誅罰道德不厚者不可以使民政教不順者逆人之心不可以煩大臣逆人心則行之難故大臣勞今先生儼然不遠千里而庭教之教之於廣庭願以異日異猶他也俟成順然後承教以此知爲惠王初補曰史時方誅商鞅疾辨士弗用蘇秦曰臣固疑大王之不能用也昔者神農伐補遂黄帝伐涿鹿屬上谷而禽蚩尤蚩尤九黎氏之後事見史堯伐驩兜書止言憂之豈嘗伐之而不服邪正曰書放驩兜又堯伐驩兜禹伐共工見荀子此游士之辭下言五帝三王不能坐而致地故以戰續之此不過欲售其攻戰之説耳凡戰國言帝王事類如此皆不足辨後放此舜伐三苗國名縉雲氏之後正曰事見書不必泛引禹伐共工伐乃流之湯伐有夏文王伐崇武王伐紂齊桓任戰任猶用也作内政寄軍令是也而伯天下由此觀之惡有不戰者乎古者使車轂擊馳轂輻所凑也相擊而馳言其衆補曰轂擊説見齊策言語相結天下爲一約從連横兵革不藏約親也補曰後語注結音吉此古韻協也下文悉然文士並餝諸侯

亂惑（文謂辨也餝飭同）萬端俱起不可勝理科條既備（科程也集韻條件也）民多僞態書策稠濁（策簡也大事書之稠多也言有司文書多閲者昏亂）百姓不足上下相愁民無所聊（集韻聊賴也）明言章理（文章法理正曰章亦明也謂明著之言章顯之理下句文辭謂辭之文者三語文勢同）兵甲愈起辯言偉服（偉奇也補曰偉一作僞）戰攻不息繁稱文辭（游説也正曰明言者教令辯言者游説文辭者書策明言章理即科條既備辯言偉服即言語相結繁稱文辭即書策稠濁）天下不治舌敝耳聾不見成功行義約信天下不親於是乃廢文任武厚養死士（敢死之士）綴甲厲兵（集韻厲嚴也正曰厲即礪）効勝於戰場（効致其功也）夫徒處而致利（徒猶空也言無所爲）安坐而廣地雖古五帝三王五伯明主賢君常欲坐而致之其勢不能故以戰續之寬則兩軍相攻迫則杖戟相撞（迫近也杖如杖劍戟謂持戟戟有支矛撞手擣也正曰杖持執也直亮反戟有支兵）然後可建大功是故兵勝於外義强於内（論戰故獨言義）威立於上民服於下今欲并天下凌萬乘（集韻凌侵尚也當從人夊）詘敵國（詘服也）制海内子元元（元善也民之類善故稱元）臣諸侯非兵不可今之嗣主（言敵國又言諸侯則侯非其敵者時君皆繼世者也）忽於至道皆惛於教（惛不明也）亂於治迷於言惑於語沈於辯（沉猶溺）溺於辭（溺謂爲所冒没）以此論之王固不能行也

説秦王書十上而説不行黑貂之裘弊（貂鼠屬大而黄黑出丁零國）黄金百斤盡資用乏絶（資貨也）去秦而歸羸縢履蹻（方言擔齊蹻屐也楚陳宋曰攍通作羸縢緘也正曰一本羸縢是羸與縲纍字通用倫追反易羸其角羸其瓶孔穎達云揭纍纏繞也詩邪幅在下注如今行縢即禮所謂偪也注説下與履蹻不倫而擔囊又已言矣史虞卿躡蹻注草履也蹻與屩通）負書擔橐（高注橐囊也然則此字元作橐從此説則上縢字當從巾囊也橐無底囊有底正曰一本作橐高注橐囊通言）形容枯槁面目犂黑（補曰古字黧犂通借集韻黧黑黄色正曰黧黑色集韻誤見魏策）狀有歸（補曰當作愧）色歸至家妻不下紝（機縷也不下言自若）嫂不爲炊父母不與言蘇秦喟然嘆曰（喟太息也）妻不以我爲夫嫂不以我爲叔父母不以我爲子是皆秦之罪也乃夜發書陳篋數十（篋藏也）得太公陰符之謀（漢志有陰符經正曰陰符經恐非此所指索隱云陰符是太公兵法）伏而誦之簡練以爲揣摩（簡猶擇練湅帛也取其熟揣量摩研也游説之術或量其情或研切之）讀書欲睡引錐自刺其股（錐鋭也鍼之類）血流至足曰安有説人主不能出其金玉錦繡取卿相之尊者乎朞年揣摩成曰此真可以説當世之君矣於是乃摩燕烏集闕（摩言切近過之闕名未詳補曰高注闕塞名也）見説趙王（肅侯）於華屋之下（見説見而説也華高麗也）抵掌而談（集韻抵側擊也）趙王大説封爲武安君（補曰正義云潞州武安縣）受相印革車百乘錦繡千純（集韻四端曰純正曰徒本反）白璧百雙（補曰璧玉環也肉倍好曰璧）黄金萬溢（溢作鎰一鎰二十四兩）以隨其後約從散横以抑强秦故蘇秦相於趙而關不通（六國之關不通秦也正曰即所謂秦兵不敢窺函谷關者）當此之時天下之大萬民之衆王侯之威謀臣之權皆欲决於蘇秦之策（决言用之不疑策謀也）不費斗糧未煩一兵未戰一士未絶

一絃未折一矢諸侯相親賢於兄弟賢猶勝夫賢人在而天下服一人用而天下從故曰式於政不式於勇式皆用也式於廊廟之内廊東西序廟以尊先祖人君之居謂之岩廊廟堂尊嚴之稱正曰文穎云廊殿下外屋顔師古云堂下周廂又岩廊高屋也愚按此言宮與廟也廟堂字見徐樂梅福傳劉向九嘆王逸注人君爲政舉事告宗廟議於明堂今人稱宰相爲廟堂蓋誤不式於四境之外當秦之隆蘇秦隆盛之時黄金萬溢補曰此書溢鎰通爲用轉轂連騎後車之盛正曰車騎之盛炫熿於道光耀也山東之國從風而服以草偃爲喻也使趙大重爲從主諸侯尊之且夫蘇秦特窮巷掘門鑿垣爲門補曰掘即窟古字通齊策掘穴窮巷鄒陽書策死掘穴楚策亦有桑户棬樞之士耳樞門牝也楺木爲之如棬棬屈木盂也伏軾車前横木撙銜集韻撙挫也蓋猶頓銜勒也横歷天下歷遇也猶横行廷説諸侯之主猶庭教云杜左右之口杜猶塞天下莫之伉集韻匹也正曰姚云錢劉作抗當也一本天下莫之能伉伉抗古字通將説楚王路過洛陽漢爲河南郡父母聞之清宮除道清洒埽也張樂設飲郊迎三十里迎於郊妻側目而視側耳而聽嫂蚍行匍伏蛇不直行伏音匐匍匐伏地也四拜自跪而謝集韻跪小拜也既拜復膝地蘇秦曰嫂何前倨而後卑也倨不避也嫂曰以季子位尊而多金譙周曰秦字季子正曰司馬貞曰此嫂呼小叔爲季子未必字也蘇秦曰嗟乎貧窮則父母不子富貴則親戚畏懼人生世上勢位富貴蓋可(以)忽乎哉忽輕也此策史畧同合從在趙肅侯十六年此四年彪謂秦之自刺可謂有志矣而志在於金玉卿相故其所成就適足誇嫂婦而此史極口稱頌之是亦利禄徒耳惡睹所謂大丈夫之事哉正曰按史秦出游數歲困歸兄弟嫂妹妻妾竊笑之於是得周書陰符讀之以出揣摩乃求説周顯王弗信至秦説惠王弗用乃之趙奉陽君弗説之去就燕文侯資之至趙奉陽君死乃説肅侯合從説楚後還過洛陽顯王除道郊勞與策小異

第十二單元

古文獻原文選(二)

垓下突圍

【説明】

《項羽本紀》叙述項羽與劉邦争奪天下的過程,重點寫巨鹿之戰、鴻門宴、垓下之圍三件大事。本篇所選“垓下突圍”部分,叙述項羽英雄末路的悲壯故事。本文選自百衲本《史記·項羽本紀》,收三家注(裴駰集解、司馬貞索隱、張守節正義)。

是時漢兵盛食多項王兵罷食絶漢遣陸賈説項王請太公項王弗聽漢王復使侯公往説項王項王乃與漢約中分天下割鴻溝以西者爲漢文穎曰於滎陽下引河東南爲鴻溝以通宋鄭陳蔡曹衞與濟汝淮泗會於楚即今官渡水也〇正義曰應劭云在滎陽東二十里張華云大梁城在浚儀縣北縣西北渠水東經此城南又北屈分爲二渠其一渠東南流始皇鑿引河水以灌大梁謂之鴻溝楚漢會此處也其一渠東經陽武縣南爲官渡水案張華此説是鴻溝而東者爲楚項王許之即歸漢王父母妻子軍皆呼萬歲漢王乃封侯公爲平國君正義曰楚漢春秋云上欲封之乃肯見曰此天下之辨士所居傾國故號曰平國君案説歸太公呂后能和平邦國匿弗肯復見曰此天下辯士所居傾國故號爲平國君項王已約乃引兵解而東歸

漢欲西歸張良陳平説曰漢有天下太半韋昭曰凡數三分有二爲太半一爲少半而諸侯皆附之楚兵罷食盡此天亡楚之時也不如因其機而遂取之今釋弗擊此所謂養虎自遺患也正義遺唯季反漢王聽之

漢五年漢王乃追項王至陽夏如淳曰夏音賈〇正義曰括地志云陳州太康縣本漢陽夏縣也續漢書郡國志云陽夏縣屬陳國案太康縣城夏后太康所築隋改陽夏爲太康南止軍與淮陰侯韓信建成侯彭越期會而擊楚軍至固陵徐廣曰在陽夏駰案晋灼曰即固始也〇正義曰括地志云固陵縣名也在陳州宛丘縣西北四十二里而信越之兵不會楚擊漢軍大破之漢王復入壁深塹而自守謂張子房曰諸侯不從約爲之奈何對曰楚兵且破信越未有分地李奇曰信越等未有益地之分也韋昭曰信等雖名爲王未有所畫經界其不至固宜君王能與共分天下今可立致也即

不能事未可知也君王能自陳以東傅海正義曰傅音附著也陳即陳州古陳國都也自陳著海并齊舊地盡與齊王韓信也盡與韓信睢陽以北至穀城正義曰括地志云穀城故在濟州東阿縣東二十六里睢陽宋州也自宋州以北至濟州穀城際黃河盡與相國彭越以與彭越使各自爲戰正義曰爲于僞反則楚易敗也漢王曰善於是乃發使者告韓信彭越曰并力擊楚楚破自陳以東傅海與齊王睢陽以北至穀城與彭相國使者至韓信彭越皆報曰請今進兵韓信乃從齊往劉賈軍從壽春並行屠城父如淳曰並行並擊之○正義曰父音甫壽州壽春縣也城父亳州縣也屠謂多刑殺也劉賈入圍壽州引兵過淮北屠殺亳州城父而東北至垓下至垓下徐廣曰在沛之洨縣洨下交切駰案應劭曰垓音該李奇曰沛洨縣聚邑名也索隱曰張揖三蒼注云垓堤名在沛郡○正義曰按垓下是高岡絕岩今猶高三四丈其聚邑及堤在垓之側因取名焉今在亳州真源縣東十里與老君相接洨音户交反大司馬周殷叛楚以舒屠六如淳曰以舒之衆屠破六縣○正義曰括地志云舒今廬江之故舒城是也故六城在壽州安豐南百三十二里匽姓咎繇之後案周殷叛楚兼舉九江郡之兵隨劉賈而至垓下舉九江兵正義曰九江郡壽州也楚考烈王二十二年自陳徙壽春號云郢至王負芻爲秦將王翦蒙武所滅於此置九江郡應劭云自廬江尋陽分爲九江隨劉賈彭越皆會垓下詣項王

項王軍壁垓下兵少食盡漢軍及諸侯兵圍之數重夜聞漢軍四面皆楚歌應劭曰楚歌者謂鷄鳴歌也漢已略得其地故楚歌者多鷄鳴時歌也○正義曰颜師古云楚人之歌也猶言吴謳越吟若鷄鳴爲歌之名於理則可不得云鷄鳴時也高祖戚夫人楚舞自爲楚歌豈亦鷄鳴時乎案顔説是也項王乃大驚曰漢皆已得楚乎是何楚人之多也項王則夜起飲帳中有美人名虞徐廣曰一云姓虞氏○正義曰括地志云虞姬墓在濠州定遠縣東六十里長老傳云項羽美人冢也常幸從駿馬名騅正義曰音佳顧野王云青白色也釋畜云蒼白雜毛騅也常騎之於是項王乃悲歌忼慨自爲詩曰力拔山兮氣蓋世時不利兮騅不逝騅不逝兮可奈何虞兮虞兮奈若何歌數闋美人和之正義曰和音胡卧反楚漢春秋云歌曰漢兵已略地四方楚歌聲大王意氣盡賤妾何聊生項王泣數行下正義曰數色庾反行户郎反左右皆泣莫能仰視

於是項王乃上馬騎正義曰其倚反凡單乘曰騎後同麾下正義曰麾亦作戲同呼危反壯士騎從者八百餘人直夜潰圍南出馳走平明漢軍乃覺之令騎將灌嬰以五千騎追之項王渡淮騎能屬者正義曰屬音燭百餘人耳項王至陰陵徐廣曰在淮南○正義曰括地志云陰陵縣故城在濠州定遠縣西北六十里地理志云陰陵縣屬九江郡迷失道問一田父田父紿曰左文穎曰紿欺也欺令左去左乃陷大澤中以故漢追及之項王乃復引兵而東至東城漢書音義曰縣名屬臨淮○正義曰括地志云東城縣故城在濠州定遠縣東南五十里地理志云東城縣屬九江郡乃有二十八騎漢騎追者數千人

項王自度不得脱謂其騎曰吾起兵至今八歲矣身七十餘戰所當者破所擊者服未嘗敗北遂霸有天下然今卒困於此正義曰卒子律反此天之亡我非戰之罪也今日固决死願爲諸君快戰必三勝之爲諸君潰圍斬將刈旗令諸君知天亡我非戰之罪也乃分其騎以爲四隊四嚮漢軍圍之數重項王謂

其騎曰吾爲公取彼一將令四面騎馳下期山東爲三處正義曰期遇山東分爲三處漢軍不知項羽處括地志云九頭山在滁州全椒縣西北九十六里江表傳云項羽敗至烏江漢兵追羽至此一日九戰因名於是項王大呼正義曰火故反馳下漢軍皆披靡正義曰上披彼反靡言精體低垂遂斬漢一將是時赤泉侯爲騎將追項王項王瞋目而叱之赤泉侯人馬俱驚辟易數里正義曰言人馬俱驚開張易舊處乃至數里與其騎會爲三處漢軍不知項王所在乃分軍爲三復圍之項王乃馳復斬漢一都尉殺數十百人復聚其騎亡其兩騎耳乃謂其騎曰何如騎皆伏曰如大王言

於是項王乃欲東渡烏江瓚曰在牛渚○索隱曰案晋初屬臨淮○正義曰括地志云烏江亭即和州烏江縣是也晋初爲縣注水經云水又北左得黄律口漢書所謂烏江亭長艤船以待項羽即此也烏江亭長檥船待徐廣曰檥音儀一音俄騆案應劭曰檥正也孟康曰檥音蟻附也附船著岸也如淳曰南方人謂整船向岸曰檥○索隱曰檥字諸家各以意解爾鄒誕本作樣船以尚反劉氏亦有此音謂項王曰江東雖小地方千里衆數十萬人亦足王也願大王急渡今獨臣有船漢軍至無以渡項王笑曰天之亡我我何渡爲且籍與江東子弟八千人渡江而西今無一人還縱江東父兄憐而王我我何面目見之縱彼不言籍獨不愧於心乎乃謂亭長曰吾知公長者吾騎正義曰音奇此馬五歲所當無敵嘗一日行千里不忍殺之以賜公乃令騎皆下馬步行持短兵接戰獨籍所殺漢軍數百人項王身亦被十餘創顧見漢騎司馬吕馬童曰若非吾故人乎馬童面之張晏曰以故人故難視斫之故背之如淳曰面不正視也指王翳曰如淳曰指示王翳此項王也項王乃曰吾聞漢購我頭千金正義曰漢以一斤金爲千金當一萬錢也邑萬户吾爲若德徐廣曰亦可是功德之德○正義曰爲于僞反言吕馬童與項羽先是故人舊有恩德於羽一云德行也乃自刎而死王翳取其頭餘騎相蹂踐争項王相殺者數十人最其後郎中騎楊喜騎司馬吕馬童郎中吕勝楊武各得其一體五人共會其體皆是故分其地爲五封吕馬童爲中水侯索隱曰按晋書地道記其中水縣屬河間○正義曰地理志云中水縣屬涿郡應劭云在易滱二水之中故曰中水封王翳爲杜衍侯索隱曰按地理志縣在南陽按表作王翥也○正義曰括地志云杜衍侯故縣在鄧州南陽縣西八里封楊喜爲赤泉侯索隱曰南陽有丹水縣疑赤泉後改案漢書表及後漢作憙音火志反封楊武爲吴防侯索隱曰地理志縣名屬汝南故房子國○正義曰吴防豫州縣括地志云吴房縣本漢舊縣孟康云吴王闔廬弟夫概奔楚楚封於此爲堂谿氏本房子國以封吴故曰吴房封吕勝爲涅陽侯徐廣曰五人後卒皆謚壯侯○索隱曰地理志南陽縣名○正義曰涅年結反括地志云涅陽故地城在鄧州穰縣東北六十里本漢舊縣也應劭云在涅水之陽

項王已死徐廣曰漢五年之十二月也項王以始皇十五年己巳歲生死時年三十一楚地皆降漢獨魯不下漢乃引天下兵欲屠之爲其守禮義爲主死節乃持項王頭視魯魯父兄乃降始楚懷王初封項籍爲魯公及其死魯最後下故以魯公禮葬項王穀城皇覽曰項羽冢在東郡穀城東去縣

十五里〇正義曰括地志云項羽墓在濟州東阿縣東二十七里穀城西三里述征記項羽墓在穀城西北三里半許毁壞有碣石項王之墓漢王爲發哀泣之而去

諸項氏枝屬漢王皆不誅乃封項伯爲射陽侯徐廣曰項伯名纏字伯〇正義曰射音食夜反括地志云楚州山陽本漢射陽縣吴地志云在射水之陽故曰射陽桃侯徐廣曰名襄其子舍爲丞相〇正義曰括地志云故城在滑州胙城縣東四十里漢書云高祖十二年封劉襄爲桃侯也平皋侯徐廣曰名佗〇正義曰括地志云平皋故城在懷州武德縣東二十里漢平皋縣案佗音徒何反玄武侯徐廣曰諸侯表中不見皆項氏賜姓劉氏

秦楚之際月表序

【説明】

《秦楚之際月表》起陳涉發難，迄劉邦稱帝，即公元前209年至公元前202年，共八年。表序追溯三代以來天下一統的艱難歷程，分析秦楚之際“號令三嬗”的原因，得出“鄉秦之禁，適足以資賢者”的結論。本文選自百衲本《史記》，收三家注（裴駰集解、司馬貞索隱、張守節正義）。

索隱曰張晏云時天下未定參錯變易不可以年記故列其月今案秦楚之際擾攘僭簒運數又促故以月紀事名表也

太史公讀秦楚之際曰初作難發於陳涉虐戾滅秦自項氏撥亂誅暴平定海内卒踐帝祚成於漢家五年之間號令三嬗音善〇索隱曰古禪字音市戰反三嬗謂陳涉項氏漢高祖也自生民以來未始有受命若斯之亟索隱曰音己力反亟訓急也也昔虞夏之興積善累功數十年德洽百姓攝行政事考之于天韋昭曰謂舜受禪在璇璣玉衡以齊七政然後在位湯武之王乃由契后稷修仁行義十餘世不期而會孟津八百諸侯猶以爲未可其後乃放弑索隱曰案謂湯放桀武王討紂也秦起襄公章於文繆獻孝之後稍以蠶食六國百有餘載至始皇乃能并冠帶之倫以德若彼索隱曰即契后稷及秦襄公文公穆公也用力如此索隱曰謂湯武及始皇也蓋一統若斯之難也

秦既稱帝患兵革不休以有諸侯也於是無尺土之封墮壞名城銷鋒鏑徐廣曰一作鍉〇索隱曰鏑音的注鍉字亦音的案秦銷鋒鏑作金人十二以弱天下之兵也鉏豪桀維萬世之安索隱曰維訓度謂計度令萬代安也然王迹之興起於閭巷合從討伐軼於三代鄉秦之禁適足以資賢者爲驅除難耳索隱曰鄉音向許亮反謂秦前時之禁兵及不封樹諸侯適足以資後之賢者即高帝也言爲之驅除患難也故憤發其所爲天下雄索隱曰指漢高祖安在無土不王白虎通曰聖人無土不王使舜不遭堯當如夫子老於闕里也此乃傳之所謂大聖乎索隱曰高祖起布衣卒傳之天位實所謂大聖豈非天哉豈非天哉非大聖孰能當此受命而帝者乎

蕭相國世家

【説明】

《蕭相國世家》講述一代賢相蕭何的事迹。蕭何一生行事分前後兩期：前期輔佐劉邦奪取天下，勞苦功高；後期任相國，明哲保身。本文選自百衲本《史記》，收三家注（裴駰集解、司馬貞索隱、張守節正義）。

蕭相國何者沛豐人也索隱曰案春秋緯蕭何感昴精而生典獄制律以文無害漢書音義曰文無害有文無所枉害也律有無害都吏如今言公平吏一曰無害者如言無比陳留間語也○索隱曰裴注已列數家今更引二説應劭云雖爲吏而不刻害韋昭云爲有文理無傷害也爲沛主吏掾索隱曰漢書云何爲主吏主吏功曹也又云何爲沛掾是何爲功曹掾

高祖爲布衣時何數以吏事護高祖索隱曰説文云護救視也高祖爲亭長常左右之高祖以吏繇咸陽吏皆送奉錢三何獨以五李奇曰或三百或五百也○索隱曰奉音扶用反謂資俸之如字讀謂奉送之也劉氏云時錢有重者一當百故有送錢三者

秦御史監郡者與從事常辨之張晏曰何與共事修辨明何素有方略也蘇林曰辟何與從事也秦時無刺史以御史監郡○索隱曰何與御史從事常辨明言稱職也何乃給泗水卒史徐廣曰沛縣有泗水亭又秦以沛爲泗水郡駰案文穎曰何爲泗水郡卒史○索隱曰如淳案律郡卒史書佐各十人也卒祖忽反事第一索隱曰謂課最居第一秦御史欲入言徵何何固請得毋行

及高祖起爲沛公何常爲丞督事索隱曰謂高祖起沛令何爲丞常監督庶事也沛公至咸陽諸將皆争走金帛財物之府分之索隱曰走音奏奏者趨向之也何獨先入收秦丞相御史律令圖書藏之沛公爲漢王以何爲丞相項王與諸侯屠燒咸陽而去漢王所以具知天下阸塞户口多少彊弱之處民所疾苦者以何具得秦圖書也何進言韓信漢王以信爲大將軍語在淮陰侯事中

漢王引兵東定三秦何以丞相留收巴蜀填撫諭告使給軍食漢二年漢王與諸侯擊楚何守關中侍太子治櫟陽爲法令約束立宗廟社稷宫室縣邑輒奏上可許以從事即不及奏上輒以便宜施行上來以聞應劭曰上來還乃以所爲聞之關中事計户口轉漕給軍索隱曰轉劉氏音張戀反漕水運也漢王數失軍遁去何常興關中卒輒補缺上以此專屬任何關中事

漢三年漢王與項羽相距京索之閒上數使使勞苦丞相鮑生謂丞相

曰王暴衣露蓋數使使勞苦君者有疑君心也爲君計莫若遣君子孫昆弟能勝兵者悉詣軍所上必益信君於是何從其計漢王大説

漢五年既殺項羽定天下論功行封群臣争功歲餘功不决高祖以蕭何功最盛封爲酇侯文穎曰音贊瓚曰今南陽酇縣也孫檢曰有二縣音字多亂其屬沛郡者音嵯屬南陽者音讃按茂陵書蕭何國在南陽宜呼讃今多呼嵯嵯舊字作鄌今皆作酇所由亂也〇索隱曰鄒氏云屬沛郡音嵯屬南陽音贊又臣瓚按茂陵書蕭何國在南陽則字當音贊今多呼爲嵯也注瓚云今南陽酇縣顧氏云南鄉郡名也太康地理志云魏武帝建安中分南陽立南鄉郡晉武帝改曰順陽郡是也所食邑多功臣皆曰臣等身被堅執鋭多者百餘戰少者數十合攻城掠地大小各有差今蕭何未嘗有汗馬之勞徒持文墨議論不戰顧反居臣等上何也高帝曰諸君知獵乎曰知之知獵狗乎曰知之高帝曰夫獵追殺獸兔者狗也而發蹤指示獸處者人也今諸君徒能得走獸耳功狗也至如蕭何發蹤指示功人也且諸君獨以身隨我多者兩三人今蕭何舉宗數十人皆隨我功不可忘也群臣皆莫敢言

列侯畢已受封及奏位次皆曰平陽侯曹參身被七十創攻城掠地功最多宜第一上已橈功臣多封蕭何應劭曰橈屈也〇索隱曰音女教反至位次未有以復難之然必欲何第一關内侯鄂君進曰索隱曰功臣表鄂君鄂千秋封安平侯君群臣議皆誤夫曹參雖有野戰略地之功此特一時之事夫上與楚相距五歲常失軍亡衆逃身遁者數矣然蕭何常從關中遣軍補其處非上所詔令召而數萬衆會上之乏絶者數矣夫漢與楚相守滎陽數年軍無見糧蕭何轉漕關中給食不乏陛下雖數亡山東蕭何常全關中以待陛下此萬世之功也今雖亡曹參等百數何缺於漢漢得之不必待以全奈何欲以一旦之功而加萬世之功哉蕭何第一曹參次之高祖曰善於是乃令蕭何第一賜帶劍履上殿入朝不趨

上曰吾聞進賢受上賞蕭何功雖高得鄂君乃益明於是因鄂君故所食關内侯邑封爲安平侯徐廣曰以謁者從定諸侯有功秩舉蕭何功故因侯二千户封九年卒至玄孫但坐與淮南王安通弃市國除正義曰括地志云澤州安平縣本漢安平縣是日悉封何父子兄弟十餘人皆有食邑乃益封何二千户以帝嘗繇咸陽時何送我獨贏奉錢二也索隱曰謂人皆三何獨五所以爲贏二也音盈

漢十一年陳豨反高祖自將至邯鄲未罷淮陰侯謀反關中吕后用蕭何計誅淮陰侯語在淮陰事中上已聞淮陰侯誅使使拜丞相何爲相國益封五千户令卒五百人一都尉爲相國衛諸君皆賀召平獨弔召平者故秦東陵侯秦破爲布衣貧種瓜於長安城東瓜美故世俗謂之東陵瓜從召平以爲名也召平謂相國曰禍自此始矣上暴露於外而君守於中非被矢石

之事而益君封置衛者以今者淮陰侯新反於中疑君心矣夫置衛衛君非以寵君也願君讓封勿受悉以家私財佐軍則上心説相國從其計高帝乃大喜

漢十二年秋黥布反上自將擊之數使使問相國何爲相國爲上在軍乃拊循勉力百姓悉以所有佐軍如陳豨時客有説相國曰君滅族不久矣夫君位爲相國功第一可復加哉然君初入關中得百姓心十餘年矣皆附君常復孳孳得民和上所爲數問君者畏君傾動關中今君胡不多買田地賤貰貸正義曰貰音世又食夜反賖也下天得反以自汙上心乃安於是相國從其計上乃大説

上罷布軍歸民道遮行上書言相國賤彊買民田宅數千萬上至相國謁上笑曰夫相國乃利民索隱曰謂相國取人田宅以爲己利故云乃利人也所以令相國自謝之民所上書皆以與相國曰君自謝民相國因爲民請曰長安地狹上林中多空地弃願令民得入田毋收槁爲禽獸食索隱曰苗子還種田人留槁入宮上大怒曰相國多受賈人財物乃爲請吾苑乃下相國廷尉械繫之數日王衛尉侍如淳曰百官公卿表衛尉王氏無名字前問曰相國何大罪陛下繫之暴也上曰吾聞李斯相秦皇帝有善歸主有惡自與今相國多受賈豎金而爲民請吾苑以自媚於民故繫治之王衛尉曰夫職事苟有便於民而請之真宰相事陛下奈何乃疑相國受賈人錢乎且陛下距楚數歲陳豨黥布反陛下自將而往當是時相國守關中摇足則關以西非陛下有也相國不以此時爲利今乃利賈人之金乎且秦以不聞其過亡天下李斯之分過索隱曰李斯歸惡而自予是分過也又何足法哉陛下何疑宰相之淺也韋昭曰用意淺高帝不懌是日使使持節赦出相國相國年老素恭謹入徒跣謝高帝曰相國休矣相國爲民請苑吾不許我不過爲桀紂主而相國爲賢相吾故繫相國欲令百姓聞吾過也

何素不與曹參相能及何病孝惠自臨視相國病因問曰君即百歲後誰可代君者對曰知臣莫如主孝惠曰曹參何如何頓首曰帝得之矣臣死不恨矣

何置田宅必居窮處爲家不治垣屋曰後世賢師吾儉不賢毋爲勢家所奪

孝惠二年相國何卒東觀漢記云蕭何墓在長陵東司馬門道北百步〇正義曰括地志云蕭何墓在雍州咸陽縣東北三十七里謚爲文終侯徐廣曰功臣表蕭何以客初起從也

後嗣以罪失侯者四世絶天子輒復求何後封續酇侯功臣莫得比焉

太史公曰蕭相國何於秦時爲刀筆吏録録未有奇節（索隱録音禄）及漢興依日月之末光何謹守管籥因民之疾奉法順流與之更始淮陰黥布等皆以誅滅而何之勳爛焉位冠群臣聲施後世與閎夭散宜生等爭烈矣

索隱述贊蕭何爲吏文而無害及佐興王舉宗從沛關中既守轉輸是賴漢軍屢疲秦兵必會約法可久收圖可大指獸發蹤其功實最政稱畫一居乃非泰繼絶寵勤式旌礪帶

商君列傳(節選)

【説明】

本篇主要記述商鞅變法的過程。選文爲《商君列傳》的前面部分，省略了後面商鞅領兵作戰、受封商君及獲罪等事。本文選自百衲本《史記》，收三家注（裴駰集解、司馬貞索隱、張守節正義）。

商君者（正義曰秦封於商故號商君）衛之諸庶孽公子也名鞅姓公孫氏其祖本姬姓也

鞅少好刑名之學事魏相公叔座（索隱曰公叔氏座名也座音在戈反）爲中庶子（索隱曰官名也魏已置之非自秦也周禮夏官謂之諸子禮記文王世子謂之庶子掌公族也）公叔座知其賢未及進會座病魏惠王親往問病（索隱曰即魏侯之子名罃後徙大梁而稱梁也）曰公叔病有如不可諱將奈社稷何公叔曰座之中庶子（索隱曰戰國策云御庶子也）公孫鞅年雖少有奇才願王舉國而聽之王嘿然王且去座屏人言曰王既不聽用鞅必殺之無令出境王許諾而去公叔座召鞅謝曰今者王問可以爲相者我言若王色不許我我方先君後臣因謂王即弗用鞅當殺之王許我汝可疾去矣且見禽鞅曰彼王不能用君之言任臣又安能用君之言殺臣乎卒不去惠王既去而謂左右曰公叔病甚悲乎欲令寡人以國聽公孫鞅也豈不悖哉（索隱曰疾重而悖亂也○正義曰悖音背）

公叔既死公孫鞅聞秦孝公下令國中求賢者將修繆公之業東復侵地乃遂西入秦因孝公寵臣景監以求見孝公（索隱曰景姓楚之族也監音甲彡去聲平聲並通）孝公既見衛鞅語事良久孝公時時睡弗聽罷而孝公怒景監曰子之客妄人耳安足用邪景監以讓衛鞅衛鞅曰吾説公以帝道其志不開悟矣後五日復求見鞅

鞅復見孝公益愈然而未中旨罷而孝公復讓景監景監亦讓鞅鞅曰吾説公以王道而未入也請復見鞅鞅復見孝公孝公善之而未用也罷而去孝公謂景監曰汝客善可與語矣鞅曰吾説公以霸道其意欲用之矣誠復見我我知之矣衛鞅復見孝公公與語不自知厀之前於席也語數日不厭景監曰子何以中吾君吾君之驩甚也鞅曰吾説君以帝王之道比三代索隱曰比三比者頻也謂頻三見孝公言帝王之道也比音必耳反○正義曰比必寐反説者以五帝三王之事比至孝公以三代帝王之道方興孝公曰太久遠吾不能而君曰久遠吾不能待且賢君者各及其身顯名天下安能邑邑待數十百年以成帝王乎故吾以彊國之術説君索隱曰音税君大説之耳索隱曰音悦然亦難以比德於殷周矣

孝公既用衛鞅鞅欲變法恐天下議己衛鞅曰疑行無名疑事無功且夫有高人之行者固見非於世索隱曰商君書非作負有獨知之慮者必見敖於民索隱曰商君書作必見鶩於人也○正義曰敖五到反愚者闇於成事知者見於未萌民不可與慮始而可與樂成論至德者不和於俗成大功者不謀於衆是以聖人苟可以彊國不法其故索隱曰言救弊爲政之術所爲苟可以彊國則不必要須法於故事也苟可以利民不循其禮孝公曰善甘龍曰索隱曰孝公之臣甘姓名龍也甘氏出春秋時甘昭公子帶後不然聖人不易民而教知者不變法而治因民而教不勞而成功緣法而治者吏習而民安之衛鞅曰龍之所言世俗之言也常人安於故俗學者溺於所聞以此兩者居官守法可也非所與論於法之外也三代不同禮而王五伯不同法而霸智者作法愚者制焉賢者更禮不肖者拘焉索隱曰言賢智之人作法更禮而愚不肖者不明變通而輒拘制不使之行斯亦信然矣杜摯曰利不百不變法功不十不易器法古無過循禮無邪衛鞅曰治世不一道便國不法古故湯武不循古而王索隱曰商君書作脩古夏殷不易禮而亡索隱曰指殷紂夏桀也反古者不可非而循禮者不足多孝公曰善以衛鞅爲左庶長卒定變法之令

令民爲什伍索隱曰劉氏云五家爲保十家相連也○正義曰或爲十保或爲伍保而相牧司連坐索隱曰牧司謂相糾發也一家有罪而九家連舉發若不糾舉則十家連坐恐變令不行故設重禁不告姦者腰斬告姦者與斬敵首同賞索隱曰謂告姦一人則得爵一級故云與斬敵首同賞也匿姦者與降敵同罰索隱曰律降敵者誅其身没其家今匿姦者言當與之同罰也民有二男以上不分異者倍其賦正義曰民有二男不別爲活者一人出兩課有軍功者各以率音律受上爵爲私鬭者各以輕重被刑大小僇力本業耕織致粟帛多者復其身事末利及怠而貧者舉以爲收孥索隱曰末利謂工商也蓋農桑爲本故上云本業耕織也怠者懈也周禮謂之疲民以言懈怠不事事之人而貧者則糾舉而收録其妻子没爲官奴婢蓋其法特又重於古制也孥音奴宗室非有軍功論不得爲屬

籍索隱曰謂宗室若無軍功則不得入屬籍謂除其籍則雖無功不及爵秩也明尊卑爵秩等級各以差次名田宅臣妾衣服以家次索隱曰謂各隨其家爵秩之班次亦不使僭侈踰等也有功者顯榮無功者雖富無所芬華

令既具未布恐民之不信已乃立三丈之木於國都市南門募民有能徙置北門者予十金民怪之莫敢徙復曰能徙者予五十金有一人徙之輒予五十金以明不欺卒下令

令行於民期年秦民之國都言初令之不便者以千數索隱曰謂鞅新變之法令爲初令於是太子犯法衞鞅曰法之不行自上犯之將法太子太子君嗣也不可施刑刑其傅公子虔黥其師公孫賈明日秦人皆趨令索隱曰趨音七逾反趨者向也附也

行之十年秦民大說道不拾遺山無盜賊家給人足民勇於公戰怯於私鬬鄉邑大治秦民初言令不便者有來言令便者衞鞅曰此皆亂化之民也盡遷之於邊城其後民莫敢議令

藝文志序

【説明】

《漢書・藝文志》是當時公家藏書的分類目録，也是我國現存最早的一部文獻目録。分爲六藝、諸子、詩賦、兵書、術數、方技等六部分，共收書三十八種，五百九十六家，一萬三千二百六十九卷。每種之後有小序，每部分之後有總序，對先秦、秦漢學術思想的源流和演變，都作了簡明的叙述。本篇爲其簡短的總序。本單元《漢書》文選均選自百衲本《漢書》，顔師古注。

昔仲尼没而微言絶李奇曰隱微不顯之言也師古曰精微要妙之言耳七十子喪而大義乖師古曰七十子謂弟子達者七十二人舉其成數故言七十故春秋分爲五韋昭曰謂左氏公羊穀梁鄒氏夾氏也詩分爲四韋昭曰謂毛氏齊魯韓易有數家之傳戰國從衡真僞分争師古曰從音子容反諸子之言紛然殽亂師古曰殽雜也至秦患之乃燔滅文章以愚黔首師古曰燔燒也秦謂人爲黔首言其頭黑也燔音扶元反黔音其炎反又音琴漢興改秦之敗大收篇籍廣開獻書之路迄孝武世書缺簡脱禮壞樂崩師古曰編絶散落故簡脱脱音吐活反聖上喟然而稱曰師古曰喟嘆息之貌也音丘位反朕甚閔焉於是建藏書之策如淳曰劉歆七略曰外則有太常太史博士之藏内則有延閣廣内秘室之府置寫書之官下及諸子傳説皆充秘府至成帝時以書頗散亡使謁者陳農求遺書於天下詔光禄大夫劉向校經傳諸子詩賦步兵校尉任宏校兵書太史令尹咸校數術

（師古曰占卜之書）侍醫李柱國校方技（師古曰醫藥之書）每一書已（師古曰已畢也）向輒條其篇目撮其指意録而奏之（師古曰撮總取也音千括反）會向卒哀帝復使向子侍中奉車都尉歆卒父業（師古曰卒終也）歆於是總群書而奏其七略故有輯略（師古曰輯與集同謂諸書之總要）有六藝略（師古曰六藝六經也）有諸子略有詩賦略有兵書略有術數略有方技略今删其要以備篇籍（師古曰删去浮冗取其指要也其每略所條家及篇數有與總凡不同者轉寫脱誤年代久遠無以詳知）

晁錯傳(節選)

【説明】

本篇節選自《漢書》卷四十九。晁錯(前200～前154),西漢文帝景帝時期的學者和政治家。西漢初年,景帝繼位後,晁錯奏請削藩,以吴王劉濞爲首的諸侯發動叛亂。景帝爲平息諸侯不满,將晁錯處死。本文記叙了這一段歷史。

時賈誼已死對策者百餘人唯錯爲高第繇是遷中大夫（師古曰繇讀與由同）

錯又言宜削諸侯事及法令可更定者書凡三十篇孝文雖不盡聽然奇其材當是時太子善錯計策爰盎諸大功臣多不好錯

景帝即位以錯爲内史錯數請閒言事輒聽幸傾九卿法令多所更定丞相申屠嘉心弗便力未有以傷内史府居太上廟堧中（師古曰堧者内垣之外游地也音人緣反）門東出不便錯乃穿門南出鑿廟堧垣丞相大怒欲因此過爲奏請誅錯錯聞之即請閒爲上言之丞相奏因言錯擅鑿廟垣爲門請下廷尉誅上曰此非廟垣乃堧中垣不致於法丞相謝（師古曰以所奏不當天子意故謝）罷朝因怒謂長史曰吾當先斬以聞乃先請固誤丞相遂發病死錯以此愈貴

遷爲御史大夫請諸侯之罪過削其支郡（師古曰支郡在國之四邊者也）奏上上令公卿列侯宗室雜議莫敢難獨竇嬰争之繇此與錯有隙（師古曰繇讀與由同）錯所更令三十章（師古曰更改也）諸侯讙譁錯父聞之從潁川來謂錯曰上初即位公爲政用事（如淳曰錯爲御史大夫位三公也）侵削諸侯疏人骨肉口讓多怨公何爲也（師古曰讓責也）錯曰固也（師古曰言固當如此）不如此天子不尊宗廟不安父曰劉氏安矣而晁氏危吾去公歸矣遂飲藥死曰吾

不忍見禍逮身

後十餘日吳楚七國俱反以誅錯爲名上與錯議出軍事錯欲令上自將兵而身居守會竇嬰言爰盎詔召入見上方與錯調兵食師古曰調謂計發之也音徒釣反上問盎曰君嘗爲吳相知吳臣田祿伯爲人虖今吳楚反於公意何如對曰不足憂也今破矣上曰吳王即山鑄錢煮海爲鹽師古曰即就也誘天下豪桀白頭舉事此其計不百全豈發虖何以言其無能爲也盎對曰吳銅鹽之利則有之安得豪傑而誘之誠令吳得豪傑亦且輔而爲誼不反矣吳所誘皆亡賴子弟亡命鑄錢姦人故相誘以亂錯曰盎策之善上問曰計安出盎對曰願屏左右上屏人獨錯在盎曰臣所言人臣不得知乃屏錯錯趨避東箱甚恨上卒問盎師古曰卒竟也對曰吳楚相遺書言高皇帝王子弟各有分地師古曰分音扶問反今賊臣鼂錯擅適諸侯削奪之地師古曰適讀曰讁以故反名爲西共誅錯復故地而罷方今計獨有斬錯發使赦吳楚七國復其故地則兵可毋血刃而俱罷於是上默然良久曰顧誠何如吾不愛一人謝天下師古曰顧念也誠實也盎曰愚計出此唯上孰計之乃拜盎爲太常密裝治行

後十餘日丞相青翟中尉嘉廷尉歐師古曰張歐也音區劾奏錯曰吳王反逆亡道欲危宗廟天下所當共誅今御史大夫錯議曰兵數百萬獨屬群臣不可信師古曰屬委也音之欲反陛下不如自出臨兵使錯居守徐僮之旁吳所未下者可以予吳鄧展曰徐僮臨淮二縣也錯不稱陛下德信欲疏群臣百姓又欲以城邑予吳亡臣子禮大逆無道錯當要斬父母妻子同産無少長皆弃市臣請論如法制曰可錯殊不知乃使中尉召錯紿載行市師古曰詐云乘車案行市中也行音下更反錯衣朝衣斬東市師古曰朝衣朝服也

錯已死謁者僕射鄧公爲校尉擊吳楚爲將還上書言軍事見上上問曰道軍所來如淳曰道路從吳軍所來也師古曰道軍所來即是從軍所來耳無煩更說道路也聞鼂錯死吳楚罷不鄧公曰吳爲反數十歲矣發怒削地以誅錯爲名其意不在錯也且臣恐天下之士拑口不敢復言矣師古曰拑音其炎反上曰何哉鄧公曰夫鼂錯患諸侯彊大不可制故請削之以尊京師萬世之利也計畫始行卒受大戮師古曰卒竟也内杜忠臣之口外爲諸侯報仇師古曰杜塞也臣竊爲陛下不取也於是景帝喟然長息曰公言善吾亦恨之乃拜鄧公爲城陽中尉

鄧公成固人也師古曰漢中之縣多奇計建元年中上招賢良公卿言鄧先師古曰鄧先猶云鄧先生也一曰先者其名也鄧先時免起家爲九卿一年復謝病免歸其子章以修黃老言顯諸公閒

酈食其傳

【説明】

酈食(yì)其(jī)(？～前204)，秦雍丘縣高陽里人。出身貧寒，聰穎好學，足智多謀。因性情放蕩不羈，常借酒發洩不平，人稱“狂生”，自稱“高陽酒徒”。酈食其初投奔劉邦，終被田廣所烹。本文講述了這個故事。

酈食其陳留高陽人也師古曰食音異其音基好讀書家貧落魄無衣食業鄭氏曰魄音薄應劭曰志行衰惡之貌也師古曰落魄失業無次也酈音是爲里監門然吏縣中賢豪不敢役師古曰吏及賢者豪者皆不敢使役食其皆謂之狂生

及陳勝項梁等起諸將徇地過高陽者數十人師古曰徇亦略也音辭峻反食其聞其將皆握齱好荷禮應劭曰握齱急促之貌師古曰荷與苛同苛細也齱音初角反自用不能聽大度之言食其乃自匿後聞沛公略地陳留郊沛公麾下騎士適食其里中子服虔曰食其里中子適會作沛公騎士沛公時時問邑中賢豪騎士歸食其見謂曰吾聞沛公嫚易人有大略此真吾所願從游莫爲我先師古曰先謂紹介也若見沛公師古曰若汝也謂曰臣里中有酈生年六十餘長八尺人皆謂之狂生自謂我非狂騎士曰沛公不喜儒師古曰喜好也音許吏反諸客冠儒冠來者沛公輒解其冠溺其中師古曰溺讀曰尿音乃釣反與人言常大罵未可以儒生説也食其曰第言之師古曰第但也騎士從容言食其所戒者師古曰從音千容反

沛公至高陽傳舍師古曰傳舍者人所止息前人已去後人復來轉相傳也一音張戀反謂傳置之舍也其義兩通它皆類此使人召食其食其至入謁沛公方踞床令兩女子洗師古曰洗足也音先典反而見食其食其入即長揖不拜曰足下欲助秦攻諸侯乎欲率諸侯破秦乎沛公罵曰豎儒師古曰言其賤劣如僮豎夫天下同苦秦久矣故諸侯相率攻秦何謂助秦食其曰必欲聚徒合義兵誅無道秦不宜踞見長者於是沛公輟洗起衣師古曰輟止也起衣著衣也延食其上坐謝之食其因言六國從衡時師古曰從音子容反衡横也沛公喜賜食其食問曰計安出食其曰足下起瓦

合之卒師古曰瓦合謂如破瓦之相合雖曰聚合而不齊同收散亂之兵不滿萬人欲以徑入彊秦此所謂探虎口者也夫陳留天下之衝四通五達之郊也如淳曰四面往來通之并數中央凡五達也臣瓚曰四通五達言無險阻也今其城中又多積粟臣知其令師古曰素與其縣令相知今請使令下足下師古曰下降也即不聽足下舉兵攻之臣爲内應於是遣食其往沛公引兵隨之遂下陳留號食其爲廣野君

食其言弟商使將數千人從沛公西南略地食其常爲説客馳使諸侯

漢三年秋項羽擊漢拔滎陽漢兵遁保鞏楚人聞韓信破趙彭越數反梁地則分兵救之師古曰救趙及梁韓信方東擊齊漢王數困滎陽成皋計欲捐成皋以東屯鞏雒以距楚食其因曰臣聞之知天之天者王事可成不知天之天者王事不可成王者以民爲天而民以食爲天夫敖倉天下轉輸久矣臣聞其下乃有臧粟甚多楚人拔滎陽不堅守敖倉乃引而東令適卒分守成皋師古曰適讀曰讁讁卒謂卒之有罪讁者即所謂讁戍此乃天所以資漢方今楚易取而漢反却自奪便師古曰不圖進取是爲自奪便利也却音丘略反臣竊以爲過矣且兩雄不俱立楚漢久相持不決百姓騷動海内搖蕩農夫釋耒紅女下機師古曰耒手耕曲木也音盧對反紅讀曰工天下之心未有所定也願足下急復進兵收取滎陽據敖庾之粟師古曰敖庾即敖倉塞成皋之險杜太行之道師古曰太行山名在河内野王之北上黨之南行音胡剛反距飛狐之口如淳曰上黨壺關也臣瓚曰飛狐在代郡西南師古曰瓚説是壺關無飛狐之名守白馬之津以示諸侯形制之勢師古曰以地形而制服則天下知所歸矣方今燕趙以定唯齊未下今田廣據千里之齊田間將二十萬之衆軍於歷城諸田宗彊負海岱阻河濟師古曰負背也岱泰山也南近楚齊人多變詐足下雖遣數十萬師未可以歲月破也臣請得奉明詔説齊王使爲漢而稱東藩上曰善

乃從其畫復守敖倉而使食其説齊王曰王知天下之所歸乎曰不知也曰知天下之所歸則齊國可得而有也若不知天下之所歸即齊國未可保也齊王曰天下何歸食其曰天下歸漢齊王曰先生何以言之曰漢王與項王戮力西面擊秦約先入咸陽者王之項王背約不與而王之漢中項王遷殺義帝漢王起蜀漢之兵擊三秦出關而責義帝之負處收天下之兵立諸侯之後降城即以侯其將得賂則以分其士與天下同其利豪英賢材皆樂爲之用諸侯之兵四面而至蜀漢之粟方船而下師古曰方併也項王有背約之名殺義帝之負於人之功無所記於人之罪無所忘師古曰言項羽吝爵賞而念舊惡戰勝而不得其

賞拔城而不得其封非項氏莫得用事師古曰言唯任同姓之親爲人刻印玩而不能授孟康曰刻斷無復廉鍔也臣瓚曰項羽吝於爵賞玩惜侯印不能以封人師古曰韓信傳作刓此作玩其義各通孟說非也攻城得賂積財而不能賞天下畔之賢材怨之而莫爲之用故天下之士歸於漢王可坐而策也夫漢王發蜀漢定三秦涉西河之外援上黨之兵師古曰援引也音爰下井陘誅成安君破北魏師古曰謂魏豹也梁地既有魏名故謂此爲北舉三十二城此黃帝之兵非人之力天之福也今已據敖庾之粟塞成皋之險守白馬之津杜太行之阸距飛狐之口天下後服者先亡矣王疾下漢王齊國社稷可得而保也不下漢王危亡可立而待也田廣以爲然乃聽食其罷歷下兵守戰備與食其日縱酒師古曰日日縱意而飲酒

韓信聞食其馮軾下齊七十餘城師古曰馮讀曰憑憑據也軾車前橫板隆起者也云憑軾者言但安坐乘車而游說不用兵衆乃夜度兵平原襲齊齊王田廣聞漢兵至以爲食其賣己師古曰言其與韓信通謀乃亨食其引兵走

漢十二年曲周侯酈商以丞相將兵擊黥布有功高祖舉功臣思食其食其子疥師古曰疥音介數將兵上以其父故封疥爲高梁侯後更食武陽卒子遂嗣三世侯平有罪國除

鄭玄傳

【說明】

鄭玄(127～200),東漢末年的經學大師。其著述以古文經說爲主,兼采今文經說。今通行本《十三經注疏》中《毛詩》、《三禮》注,均采用鄭注。又曾注《周易》、《論語》、《尚書》及緯書。作《發墨守》、《箴膏肓》、《起廢疾》等。撰《六藝論》、《駁五經異義》等,均佚。

鄭玄字康成北海高密人也八世祖崇哀帝時尚書僕射玄少爲鄉嗇夫前書曰鄉有嗇夫掌聽訟收賦稅也得休歸常詣學官不樂爲吏父數怒之不能禁鄭玄別傳曰玄年十二隨母還家正臘會同列十數人皆美服盛飾語言閑通玄獨漠然如不及母私督數之乃曰此非我志不在所願也遂造太學受業師事京兆第五元先始通京氏易公羊春秋三統歷九章算術三統曆劉歆所撰也九章筭術周公作也凡有九篇方田一粟米二差分三少廣四均輸五方程六傍要七盈不足八鉤股九又從東郡張恭祖受周官禮記左氏春秋韓詩古文尚書以山東無足問者乃西入關因涿郡盧植事扶風馬融

融門徒四百餘人升堂進者五十餘生融素驕貴玄在門下三年不得見乃使高業弟子傳授於玄玄日夜尋誦未嘗怠倦會融集諸生考論圖緯聞玄善算乃召見於樓上玄因從質諸疑義問畢辭歸融喟然謂門人曰鄭生今去吾道東矣前書曰田何授易於丁寬學成寬東歸何謂門人曰易東矣

玄自游學十餘年乃歸鄉里家貧客耕東萊學徒相隨已數百千人及黨事起乃與同郡孫嵩等四十餘人俱被禁錮嵩字賓石見趙岐傳遂隱修經業杜門不出時任城何休好公羊學遂著公羊墨守言公羊義理深遠不可駮難如墨翟之守城也左氏膏肓説文曰肓隔也心下爲膏喻左氏之疾不可爲也穀梁癈疾玄乃發墨守鍼膏肓起癈疾休見而嘆曰康成入吾室操吾矛以伐我乎初中興之後范升陳元李育賈逵之徒争論古今學後馬融答北地太守劉瓌及玄答何休義據通深由是古學遂明

靈帝末黨禁解大將軍何進聞而辟之州郡以進權戚不敢違意遂迫脅玄不得已而詣之進爲設几杖禮待甚優玄不受朝服而以幅巾見一宿逃去時年六十弟子河内趙商等自遠方至者數千後將軍袁隗表爲侍中以父喪不行國相孔融深敬於玄屣履造門屣謂納履未正曳之而行言趨賢急也告高密縣爲玄特立一鄉曰昔齊置士鄉管仲相桓公制國爲二十一鄉工商鄉六士鄉十五以居工商士也事見國語也越有君子軍皆異賢之意也吴越相攻越王句踐乃中分其師爲左右軍以其私卒君子六千人爲中軍注云君子王所親近有志行者見國語鄭君好學實懷明德昔太史公廷尉吴公謁者僕射鄧公皆漢之名臣又南山四皓有園公夏黄公潛光隱耀世嘉其高皆悉稱公吴公文帝時爲河南守鄧公景帝時爲謁者僕射太史公司馬談武帝時四皓高帝時也有園公夏黄公角里先生綺里季也須眉皓白故言皓秦末隱於商雒南山以待天下之定漢興迎而致之也然則公者仁德之正號不必三事大夫也今鄭君鄉宜曰鄭公鄉昔東海于公僅有一節猶或戒鄉人侈其門閭一節謂決獄也昭帝時東海于公爲縣獄吏決獄平郡爲生立祠號曰于公祠先是于公閭門壞父老方共修之于公曰少高大其門令容駟馬車我決獄多陰德子孫必有興者也矧乃鄭公之德而無駟牡之路可廣開門衢令容高車號爲通德門

董卓遷都長安公卿舉玄爲趙相道斷不至趙王乾之相也會黄巾寇青部乃避地徐州徐州牧陶謙接以師友之禮建安元年自徐州還高密道遇黄巾賊數萬人見玄皆拜相約不敢入縣境玄後嘗疾篤自慮以書戒子益恩曰吾家舊貧不爲父母群弟所容去厮役之吏厮賤也游學周秦之都往來幽并兖豫之域獲覲乎在位通人處逸大儒得意咸從捧手有所受焉處逸謂處士隱逸之大儒遂博稽

六藝粗覽傳記時覩秘書緯術之奥年過四十乃歸供養假田播殖以娱朝夕遇閹尹擅埶坐黨禁錮十有四年而蒙赦令舉賢良方正有道辟大將軍三司府公車再召比牒併名早爲宰相（比牒猶連牒也併名謂齊名也言連牒齊名被召者並爲宰相也併音步鼎反）惟彼數公懿德大雅克堪王臣故宜式序（式用也序列也）吾自忖度無任於此但念述先聖之元意思整百家之不齊亦庶幾以竭吾才故聞命罔從而黄巾爲害萍浮南北復歸邦鄉入此歲來已七十矣宿素衰落仍有失誤案之禮典便合傳家（傳家謂家事任子孫也曲禮曰七十老而傳）今我告爾以老歸爾以事將閑居以安性覃思以終業自非拜國君之命問族親之憂展敬墳墓觀省野物胡嘗扶杖出門乎家事大小汝一承之咨爾煢煢一夫曾無同生相依其勗求君子之道研鑽勿替敬慎威儀以近有德（詩大雅人勞篇之言也）顯譽成於僚友德行立於已志若致聲稱亦有榮於所生可不深念邪可不深念邪吾雖無紱冕之緒頗有讓爵之高（謂頻被辟不就也）自樂以論贊之功庶不遺後人之羞末所憤憤者徒以亡親墳壟未成所好群書率皆腐敝不得於禮堂寫定傳與其人（其人謂好學者也前書司馬遷曰僕誠已著此書傳之其人也）日西方暮其可圖乎家今差多於昔勤力務時無恤飢寒菲飲食薄衣服節夫二者尚令寡恨若忽忘不識亦已焉哉

時大將軍袁紹總兵冀州遣使要玄大會賓客玄最後至乃延升上坐身長八尺飲酒一斛秀眉明目容儀温偉紹客多豪俊並有才説見玄儒者未以通人許之競設異端百家互起玄依方辯對咸出問表皆得所未聞莫不嗟服時汝南應劭亦歸於紹因自贊曰故太山太守應中遠北面稱弟子何如玄笑曰仲尼之門考以四科（四科謂德行言語政事文學顔淵閔子騫及子游子夏並見論語也）回賜之徒不稱官閥劭有慙色紹乃舉玄茂才表爲左中郎將皆不就公車徵爲大司農給安車一乘所過長吏送迎玄乃以病自乞還家

五年春夢孔子告之曰起起今年歲在辰來年歲在巳（北齊劉晝高才不遇傳論玄曰辰爲龍巳爲蛇歲至龍蛇賢人嗟玄以讖合之蓋謂此也）既寤以讖合之知命當終有頃寢疾時袁紹與曹操相拒於官度（官度津名也在今鄭州中牟縣北前書音義曰於滎陽下引河東南爲洪溝以通宋鄭淮泗即今官度）令其子譚遣使逼玄隨軍不得已載病到元城縣疾篤不進其年六月卒年七十四遺令薄葬自郡守以下嘗受業者縗絰赴會千餘人

門人相與撰玄答諸弟子問五經依論語作鄭志八篇凡玄所注周易

尚書毛詩儀禮禮記論語孝經尚書大傳中候乾象歷又著天文七政論魯禮禘祫義六藝論毛詩譜駁許慎五經異義答臨孝存周禮難凡百餘萬言案謝承書載玄所注與此略同不言注孝經唯此書獨有也

玄質於辭訓通人頗譏其繁至於經傳洽孰稱爲純儒齊魯閒宗之其門人山陽郗慮至御史大夫東萊王基清河崔琰著名於世又樂安國淵任嘏慮字鴻豫基字伯興魏鎮南將軍安樂鄉侯琰字季珪魏東西曹掾遷中尉淵字子尼魏司空掾遷太僕嘏字昭光魏黄門侍郎也時並童幼玄稱淵爲國器嘏有道德其餘亦多所鑒拔皆如其言玄唯有一子益恩孔融在北海舉爲孝廉及融爲黄巾所圍益恩赴難隕身有遺腹子玄以其手文似已名之曰小同魏氏春秋曰小同高貴鄉公時爲侍中嘗詣司馬文王文王有密疏未之屏也如厠還問之曰卿見吾疏乎答曰不文王曰寧我負卿無卿負我遂酖之

論曰自秦焚六經聖文埃滅埃塵也漢興諸儒頗修藝文及東京學者亦各名家而守文之徒滯固所稟稟受滯固猶固執也言學者各守所見不疏通也異端紛紜互相詭激遂令經有數家家有數説章句多者或乃百餘萬言學徒勞而少功後生疑而莫正鄭玄括囊大典網羅衆家括結也易坤卦曰括囊無咎也删裁繁誣刊改漏失自是學者略知所歸王父豫章君每考先儒經訓而長於玄王父祖父也爾雅曰父之父爲王父也范曄祖父甯字武子晋孝武帝時爲豫章太守經義每以玄爲長也常以爲仲尼之門不能過也及傳授生徒並專以鄭氏家法云言甯教授專崇鄭學也

宦者傳序

【説明】

外戚、宦官和士大夫的相互争鬥，構成了東漢王朝大部分的宫廷政治史，也是東漢政治的一個突出特點。《宦者列傳》選擇鄭衆、單超、曹節、張讓等十位宦官的所作所爲，集中反映東漢宦官勢力的興衰過程。本文爲十位宦官傳記的總序。節選自百衲本《後漢書》卷七十八《宦者列傳》（范曄著，李賢注）。

易曰天垂象聖人則之易繫辭之文也宦者四星在皇位之側故周禮置官亦備其數閽者守中門之禁周禮曰閽人掌守王宫中門之禁鄭玄注云中門於外内爲中也閽即刖足者寺人掌女宫之戒周禮曰寺人掌王宫之内人及女宫之戒命也又云王之正内者五人周禮曰寺人掌王之正内五人注云正内路寢也月令仲冬命閹尹審門閭謹房室鄭玄注月令云奄尹主領奄豎之官者也於周則爲内宰掌理王之内政宫令譏出入開閉之屬也詩之小雅亦有巷伯刺讒之篇毛詩序曰巷伯刺幽

王也寺人傷於讒而作是詩也毛萇注云巷伯內之小臣也然宦人之在王朝者其來舊矣將以其體非全氣情志專良通關中人易以役養乎關涉也中人內人也然而後世因之才任稍廣其能者則勃貂管蘇有功於楚晉勃貂即寺人披也一名勃鞮字伯楚左傳曰呂郤畏偪將焚公宮殺晉文公寺人披見公以難告遂殺呂郤新序曰楚恭王有疾告諸大夫曰管蘇犯我以義違我以禮與處不安不見不思然而有得焉吾死之後爵之於朝也景監繆賢著庸於秦趙史記曰商君人秦因孝公寵臣景監以求見又曰藺相如爲趙宦者令繆賢舍人趙求人使報秦者未得繆賢曰臣舍人藺相如可使也著庸謂薦鞅及相如也及其敝也則豎刁亂齊伊戾禍宋左傳曰齊桓公卒易牙入與寺人貂因內寵以殺群吏而立公子無虧孝公奔宋杜預注曰寺人即閹官刁即貂也音彫又曰楚客聘于晉過宋太子知之請野享之公使往寺人伊戾請從之至則坎用牲加書徵之而騁告公曰太子將爲亂公使視之則信有焉太子死公徐聞其無罪乃亨伊戾也

漢興仍襲秦制置中常侍官然亦引用士人以參其選皆銀璫左貂給事殿省及高后稱制乃以張卿爲大謁者出入臥內受宣詔命前書曰齊人田生求事呂后所幸大謁者張釋卿音義曰奄人也仲長統昌言曰宦豎傅近房臥之內交錯婦人之閒文帝時有趙談北宮伯子頗見親倖至於孝武亦愛李延年前書曰孝文時宦者則趙談北宮伯子孝武時宦者李延年也帝數宴後庭或潛游離館故請奏機事多以宦人主之至元帝之世史游爲黃門令勤心納忠有所補益前書曰急就一篇元帝黃門令史游作董巴輿服志曰禁門曰黃闥中人主之故曰黃門也其後弘恭石顯以佞險自進卒有蕭周之禍損穢帝德焉前書曰前將軍蕭望之及光祿大夫周堪建白以爲宜罷中常侍官應古不近刑人由是大與石顯忤後皆害焉望之自殺堪廢錮不得復進用也

中興之初宦官悉用閹人不復雜調它士至永平中始置員數中常侍四人小黃門十人和帝即祚幼弱而竇憲兄弟專總權威內外臣僚莫由親接所與居者唯閹宦而已故鄭衆得專謀禁中終除大憝憝惡也音大對反謂誅竇憲也遂享分土之封超登宮卿之位宮卿謂爲大長秋也於是中官始盛焉

自明帝以後迄乎延平委用漸大而其員稍增中常侍至有十人小黃門二十人改以金璫右貂兼領卿署之職鄧后以女主臨政而萬機殷遠朝臣國議無由參斷帷幄稱制下令不出房闈之閒爾雅曰宮中小門謂之闈也不得不委用刑人寄之國命手握王爵口含天憲非復掖廷永巷之職閨牖房闥之任也永巷及掖廷並署名也爾雅曰小閨謂之閤其後孫程定立順之功曹騰參建桓之策續以五侯合謀梁冀受鉞迹因公正恩固主心故中外服從上下屏氣或稱伊霍之勳無謝於往載或謂良平之畫復興於當今雖時有忠公而竟見排斥謂皇甫嵩蔡雍等並被排也舉動回山海呼吸變霜露阿旨曲求則光寵三族父族母族妻族也直情忤意則參夷五宗夷滅也參夷夷三族也五宗五服內親故也漢之綱紀大亂矣

若夫高冠長劍紆朱懷金者布满宫闈楚辭曰高余冠之岌岌又曰撫長劍兮玉珥楊雄法言曰或問使我紆朱懷金其樂不可量也李軌注曰朱朱紱也金金印也苴茅分虎南面臣人者蓋以十數封諸侯各以其方色土苴以白茅而分銅虎符也府署第館棋列於都鄙棋列如棋之布列史記曰往往棋置子弟支附過半於州國南金和寶冰紈霧縠之積盈仞珍臧詩頌曰大路南金鄭玄注云荆楊之州貢金三品和謂卞和也嬙媛侍兒歌童舞女之玩充備綺室左傳曰夫差宿有妃嬙嬪御焉杜預注曰妃嬙貴者嬙音牆前書曰初爰盎爲吴相時從史盜私盎侍兒昌言曰爲音樂則歌兒舞女千曹而迭起左傳晏子曰高臺深池撞鐘舞女綺室室之綺麗者狗馬飾雕文土木被緹繡前書東方朔曰木土衣綺繡狗馬被繢罽緹厚繒也皆剥割萌黎競恣奢欲搆害明賢專樹黨類其有更相援引希附權彊者皆腐身熏子以自衒達前書曰史遷熏胥以刑韋昭曰古者腐刑必熏合之同敝相濟故其徒有繁敗國蠹政之事不可單書單盡也所以海内嗟毒志士窮棲寇劇緣閒摇亂區夏寇盜劇賊緣閒隙而起也雖忠良懷憤時或奮發而言出禍從旋見孥戮因復大考鉤黨轉相誣染鉤黨謂李膺杜密等凡稱善士莫不離被災毒竇武何進位崇戚近乘九服之囂怨協群英之埶力九服已見上群英謂劉猛朱寓之屬見竇武傳而以疑留不斷至於殄敗斯亦運之極乎雖袁紹龔行芟夷無餘然以暴易亂亦何云及尚書曰龔行天罰左傳曰芟夷蘊崇之史記曰以暴易亂兮不知其非也自曹騰説梁冀竟立昏弱謂立桓帝也魏武因之遂遷龜鼎龜鼎國之守器以諭帝位也尚書曰寧王遺我大寶龜左傳曰鼎遷于商也所謂君以此始必以此終信乎其然矣此謂宦官也言漢家初寵用宦官其後終爲宦官所滅左傳楚屈蕩曰君以此始必以此終也

官渡之戰

【説明】

《三國志》，晋陳壽著，劉宋裴松之注。本文節選自《三國志·魏書·武帝紀》，記述了曹操在官渡(今河南中牟境)擊敗袁紹集團主力的戰略决戰，集中體現了曹操卓越的用兵謀略和指揮才能。文本依據中華書局 1982 年版的《三國志》。

是時袁紹既并公孫瓚兼四州之地衆十餘萬將進軍攻許諸將以爲不可敵公曰吾知紹之爲人志大而智小色厲而膽薄忌克而少威兵多而分畫不明將驕而政令不一土地雖廣糧食雖豐適足以爲吾奉也

秋八月公進軍黎陽使臧霸等入青州破齊北海東安留于禁屯河上

九月公還許分兵守官渡

冬十一月張繡率衆降封列侯

十二月公軍官渡袁術自敗於陳稍困袁譚自青州遣迎之術欲從下邳北過公遣劉備朱靈要之會術病死程昱郭嘉聞公遣備言於公曰劉備不可縱公悔追之不及備之未東也陰與董承等謀反至下邳遂殺徐州刺史車胄舉兵屯沛遣劉岱王忠擊之不克獻帝春秋曰備謂岱等曰使汝百人來其無如我何曹公自來未可知耳魏武故事曰岱字公山沛國人以司空長史從征伐有功封列侯魏略曰王忠扶風人少爲亭長三輔亂忠飢乏噉人隨輩南向武關值婁子伯爲荆州遣迎北方客人忠不欲去因率等仵逆擊之奪其兵聚衆千餘人以歸公拜忠中郎將從征討五官將知忠嘗噉人因從駕出行令俳取冢間髑髏繫著忠馬鞍以爲歡笑廬江太守劉勳率衆降封爲列侯

五年春正月董承等謀泄皆伏誅公將自東征備諸將皆曰與公争天下者袁紹也今紹方來而弃之東紹乘人後若何公曰夫劉備人傑也今不擊必爲後患孫盛魏氏春秋云答諸將曰劉備人傑也將生憂寡人臣松之以爲史記言既多潤色故前載所述有非實者矣後之作者又生意改之於凡孫盛製書多用左氏以易舊文如此者非一嗟乎後之學者將何取信哉且魏武方以天下勵志而用夫差分死之言尤非其類袁紹雖有大志而見事遲必不動也郭嘉亦勸公遂東擊備破之生禽其將夏侯博備走奔紹獲其妻子備將關羽屯下邳復進攻之羽降昌豨叛爲備又攻破之公還官渡紹卒不出

二月紹遣郭圖淳于瓊顔良攻東郡太守劉延于白馬紹引兵至黎陽將渡河

夏四月公北救延荀攸説公曰今兵少不敵分其勢乃可公到延津若將渡兵向其後者紹必西應之然後輕兵襲白馬掩其不備顔良可禽也公從之紹聞兵渡即分兵西應之公乃引軍兼行趣白馬未至十餘里良大驚來逆戰使張遼關羽前登擊破斬良遂解白馬圍徙其民循河而西紹於是渡河追公軍至延津南公勒兵駐營南阪下使登壘望之曰可五六百騎有頃復白騎稍多步兵不可勝數公曰勿復白乃令騎解鞍放馬是時白馬輜重就道諸將以爲敵騎多不如還保營荀攸曰此所以餌敵如何去之紹騎將文醜與劉備將五六千騎前後至諸將復白可上馬公曰未也有頃騎至稍多或分趣輜重公曰可矣乃皆上馬時騎不滿六百遂縱兵擊大破之斬醜良醜皆紹名將也再戰悉禽紹軍大震公還軍官渡紹進保陽武關羽亡歸劉備

八月紹連營稍前依沙埠爲屯東西數十里公亦分營與相當合戰不利習鑿齒漢晋春秋曰許攸説紹曰公無與操相攻也急分諸軍持之而徑從他道迎天子則事立濟矣紹不從曰吾要當先圍取之攸怒時公兵不滿萬傷者十二三臣松之以爲魏武初起兵已有衆五千自後百戰百勝敗者十二三而已矣但一破黄巾受降卒三十餘萬餘所吞并不可悉紀雖征戰損傷未應如此之少也夫結營相守異於摧鋒决戰本紀云紹衆十餘萬屯營東西數十里魏太祖

雖機變無方略不世出安有以數千之兵而得逾時相抗者哉以理而言竊謂不然紹爲屯數十里公能分營與相當此兵不得甚少一也紹若有十倍之衆理應當悉力圍守使出入斷絶而公使徐晃等擊其運車公又自出擊淳于瓊等揚旌往還會無抵閡明紹力不能制是不得甚少二也諸書皆云公坑紹衆八萬或云七萬夫八萬人奔散非八千人所能縛而紹之大衆皆拱手就戮何緣力能制之是不得甚少三也將記述者欲以少見奇非其實録也按鍾繇傳云公與紹相持繇爲司隸送馬二千餘匹以給軍本紀及世語並云公時有騎六百餘匹繇馬爲安在哉紹復進臨官渡起土山地道公亦於内作之以相應紹射營中矢如雨下行者皆蒙楯衆大懼時公糧少與荀彧書議欲還許彧以爲紹悉衆聚官渡欲與公決勝敗公以至弱當至彊若不能制必爲所乘是天下之大機也且紹布衣之雄耳能聚人而不能用夫以公之神武明哲而輔以大順何向而不濟公從之

孫策聞公與紹相持乃謀襲許未發爲刺客所殺汝南降賊劉辟等叛應紹略許下紹使劉備助辟公使曹仁擊破之備走遂破辟屯

袁紹運穀車數千乘至公用荀攸計遣徐晃史渙邀擊大破之盡燒其車公與紹相拒連月雖比戰斬將然衆少糧盡士卒疲乏公謂運者曰却十五日爲汝破紹不復勞汝矣

冬十月紹遣車運穀使淳于瓊等五人將兵萬餘人送之宿紹營北四十里紹謀臣許攸貪財紹不能足來奔因説公擊瓊等左右疑之荀攸賈詡勸公公乃留曹洪守自將步騎五千人夜往會明至瓊等望見公兵少出陳門外公急擊之瓊退保營遂攻之紹遣騎救瓊左右或言賊騎稍近請分兵拒之公怒曰賊在背後乃白士卒皆殊死戰大破瓊等皆斬之曹瞞傳曰公聞攸來跣出迎之撫掌笑曰子卿遠來吾事濟矣既入坐謂公曰袁氏軍盛何以待之今有幾糧乎公曰尚可支一歲攸曰無是更言之又曰可支半歲攸曰足下不欲破袁氏邪何言之不實也公曰向言戲之耳其實可一月爲之奈何攸曰公孤軍獨守外無救援而糧穀已盡此危急之日也今袁氏輜重有萬餘乘在故市烏巢屯軍無嚴備今以輕兵襲之不意而至燔其積聚不過三日袁氏自敗也公大喜乃舉精鋭步騎皆用袁軍旗幟銜枚縛馬口夜從間道出人抱束薪所歷道有問者語之曰袁公恐曹操鈔略後軍遣兵以益備聞者信以爲然皆自若既至圍屯大放火營中驚亂大破之盡燔其糧穀寶貨斬督將眭元進騎督韓莒子吕威璜趙叡等首割得將軍淳于仲簡鼻未死殺士卒千餘人皆取鼻牛馬割脣舌以示紹軍將士皆怛懼時有夜得仲簡將以詣麾下公謂曰何爲如是仲簡曰勝負自天何用爲問乎公意欲不殺許攸曰明旦鑒於鏡此益不忘人乃殺之紹初聞公之擊瓊謂長子譚曰就彼攻瓊等吾攻拔其營彼固無所歸矣乃使張郃高覽攻曹洪郃等聞瓊破遂來降紹衆大潰紹及譚弃軍走渡河追之不及盡收其輜重圖書珍寶虜其衆獻帝起居注曰公上言大將軍鄴侯袁紹前與冀州牧韓馥立故大司馬劉虞刻作金璽遣故任長畢瑜詣虞爲説命録之數又紹與臣書云可都鄄城當有所立擅鑄金銀印孝廉計吏皆往詣紹從弟濟陰太府叙與紹書云今海内喪敗天意實在我家神應有徵當在尊兄南兄臣下欲使即位南兄言以年則北兄長以位則北兄重便欲送璽會曹操斷道紹宗族累世受國重恩而凶逆無道乃至於此輒勒兵馬與戰官渡乘聖朝之威得斬紹大將淳于瓊等八人首遂大破潰紹與子譚輕身迸走凡斬首七萬餘級輜重財物巨億公收紹書中得許下及軍中人書皆焚之魏氏春秋曰公云當紹彊强孤猶不能自保而况衆人乎冀州諸郡多舉城邑降者

周　瑜

【説明】

周瑜(175～210),字公瑾,廬江舒縣人,出身於官宦世家。文武雙全,多才多藝。本文選自中華書局1982年版《三國志·吴書·周瑜魯肅吕蒙傳》。記叙周瑜率軍與劉備聯合,擊敗曹操,取得赤壁之戰勝利的故事。

其年九月曹公入荆州劉琮舉衆降曹公得其水軍船步兵數十萬將士聞之皆恐權延見群下問以計策議者咸曰曹公豺虎也然託名漢相挾天子以征四方動以朝廷爲辭今日拒之事更不順且將軍大勢可以拒操者長江也今操得荆州奄有其地劉表治水軍蒙衝鬬艦乃以千數操悉浮以沿江兼有步兵水陸俱下此爲長江之險已與我共之矣而勢力衆寡又不可論愚謂大計不如迎之瑜曰不然操雖託名漢相其實漢賊也將軍以神武雄才兼仗父兄之烈割據江東地方數千里兵精足用英雄樂業尚當横行天下爲漢家除殘去穢況操自送死而可迎之邪請爲將軍籌之今使北土已安操無内憂能曠日持久來争疆埸又能與我校勝負於船楫閒乎今北土既未平安加馬超韓遂尚在關西爲操後患且舍鞍馬仗舟楫與吴越争衡本非中國所長又今盛寒馬無藁草驅中國士衆遠涉江湖之閒不習水土必生疾病此數四者用兵之患也而操皆冒行之將軍禽操宜在今日瑜請得精兵三萬人進住夏口保爲將軍破之權曰老賊欲廢漢自立久矣徒忌二袁吕布劉表與孤耳今數雄已滅惟孤尚存孤與老賊勢不兩立君言當擊甚與孤合此天以君授孤也江表傳曰權拔刀斫前奏案曰諸將吏敢復有言當迎操者與
此案同及會罷之夜瑜請見曰諸人徒見操書言水步八十萬
而各恐懾不復料其虛實便開此議甚無謂也今以實校之彼所將中國人不過十五六萬且軍已久疲所得表衆亦
極七八萬耳尚懷狐疑夫以疲病之卒御狐疑之衆衆數雖多甚未足畏得精兵五萬自足制之願將軍勿慮權撫背
曰公瑾卿言至此甚合孤心子布文表諸人各顧妻子挾持私慮深失所望獨卿與子敬與孤同耳此天以卿二人贊
孤也五萬兵難卒合已選三萬人船糧戰具俱辦卿與子敬程公便在前發孤當續發人衆多載資糧爲卿後援卿能
辦之者誠快邂逅不如意便還就孤孤當與孟德决之臣松之以爲建計拒曹公實始魯肅於時周瑜使鄱陽肅勸權
呼瑜瑜使鄱陽還但與肅闇同故能共成大勳本傳直云權延見群下問以計策瑜擺撥人之議獨言抗拒之計了不
云肅先有謀殆
爲攘肅之善也

時劉備爲曹公所破欲引南渡江與魯肅遇於當陽遂共圖計因進住夏口遣諸葛亮詣權權遂遣瑜及程普等與備並力逆曹公遇於赤壁時曹公軍衆已有疾病初一交戰公軍敗退引次江北瑜等在南岸瑜部將黄蓋

曰今寇衆我寡難與持久然觀操軍船艦首尾相接可燒而走也乃取蒙衝鬬艦數十艘實以薪草膏油灌其中裹以帷幕上建牙旗先書報曹公欺以欲降江表傳載蓋書曰蓋受孫氏厚恩常爲將帥見遇不薄然顧天下事有大勢用江東六郡山越之人以當中國百萬之衆衆寡不敵海内所共見也東方將吏無有愚智皆知其不可惟周瑜魯肅偏懷淺戇意未解耳今日歸命是其實計瑜所督領自易摧破交鋒之日蓋爲前部當因事變化效命在近曹公特見行人密問之口敕曰但恐汝詐耳蓋若信實當授爵賞超於前後也又豫備走舸各繫大船後因引次俱前

曹公軍吏士皆延頸觀望指言蓋降蓋放諸船同時發火時風盛猛悉延燒岸上營落頃之煙炎張天人馬燒溺死者甚衆軍遂敗退還保南郡江表傳曰至戰日蓋先取輕利艦十舫載燥荻枯柴積其中灌以魚膏赤幔覆之建旌旗龍幡於艦上時東南風急因以十艦最著前中江舉帆蓋舉火白諸校使衆兵齊聲大叫曰降焉操軍人皆出營立觀去北軍二里餘同時發火火烈風猛往船如箭飛埃絶爛燒盡北船延及岸邊營柴瑜等率輕鋭尋繼其後雷鼓大進北軍大壞曹公退走

備與瑜等復共追曹公留曹仁等守江陵城徑自北歸瑜與程普又進南郡與仁相對各隔大江兵未交鋒吴録曰備謂瑜云仁守江陵城城中糧多足爲疾害使張翼德將千人隨卿卿分二千人追我相爲從夏水入截仁後仁聞吾入必走瑜以二千人益之瑜即遣甘寧前據夷陵仁分兵騎别攻圍寧寧告急於瑜瑜用吕蒙計留凌統以守其後身與蒙上救寧寧圍既解乃渡屯北岸克期大戰瑜親跨馬擽陳會流矢中右脅瘡甚便還後仁聞瑜卧未起勒兵就陳瑜乃自興案行軍營激揚吏士仁由是遂退

權拜瑜偏將軍領南郡太守以下雋漢昌瀏陽州陵爲奉邑屯據江陵

秋興賦並序

【説明】

潘岳(247～300),字安仁,滎陽中牟人。能詩賦,與陸機齊名。潘岳少爲"奇童",22 歲因《藉田賦》而聲名大噪。才高名大却長期沉淪下僚,潘岳心情焦慮,32 歲已長出白髮。這年秋天,潘岳揮筆寫下《秋興賦》,抒發長期受壓制的抑鬱凄凉心境。本文節選自上海古籍出版社 1986 年版的《文選》。

潘安仁劉熙釋名曰秋就也言萬物就成也興者感秋而興此賦故因名之

晋十有四年余春秋三十有二始見二毛十四年晋武帝太始十四年也左氏傳宋襄公曰不禽二毛杜預曰二毛頭白有二色也以太尉掾兼虎賁中郎將寓直於散騎之省臧榮緒晋書雲賈充爲太尉又曰岳爲賈充掾漢書曰期門僕射秩比千石平帝更名虎賁郎置中郎將寓寄也世説曰桓玄既篡將改置直館問左右虎賁中郎將省合在何處有人答云無省當時殊迕旨問何以知無答曰潘岳秋興賦叙云兼虎賁中郎將寓直於散騎之省玄咨嗟稱善劉謙之晋紀云玄欲復虎賁中郎將疑訪之

僚屬咸莫能定參軍劉荀之對昔潘岳秋興賦叙云兼虎賁中郎將寓直於散騎之省以言之是也玄從之高閣連雲陽景罕曜言閣之高而且深故曰罕曜其中珥蟬冕而襲紈綺之士此焉游處珥猶插也蔡邕獨斷曰侍中中常侍加貂附蟬鄭玄禮記注曰襲重衣也漢書曰班伯與王許子弟爲群在於綺襦紈袴之間鷫鷞賦曰感平生之遊處僕野人也偃息不過茅屋茂林之下禮記曰唯饗野人皆酒吕氏春秋田替曰若夫偃息之義則未聞也范曄後漢書曰王霸隱居止茅屋蓬户論衡曰山種棗栗名曰茂林談話不過農夫田父之客説文曰話會合善言也胡快切毛詩曰帥時農夫播厥百穀禮記曰上農夫食九人尹文子曰魏田父有耕於野者攝官承乏猥厠朝列左氏傳韓厥謂齊侯曰敢告不敏攝官承乏蒼頡篇曰厠次也雜也禮記曰爵禄有列於朝夙興晏寢匪遑底寧毛詩曰夙興夜寐又曰不遑寧處譬猶池魚籠鳥有江湖山藪之思於是染翰操紙慨然而賦翰筆毫也説文曰慨太息也字林曰慨壯士不得志也許既切於時秋也故以秋興命篇鄭玄周禮注曰興者記事於物其辭曰

四時忽其代序兮萬物紛以迴薄莊子黄帝曰陰陽四時運行各得其序楚辭曰日月忽其不淹兮春與秋兮代序鵩鳥賦曰萬物迴薄覽花蒔之時育兮察盛衰之所託字林曰蒔更别種上吏切周易曰時育萬物感冬索而春敷兮嗟夏茂而秋落孔安國尚書傳曰索盡也又曰敷布也又曰已布而生也吕氏春秋曰春氣至則草木産秋氣至則草木落雖末士之榮悴兮伊人情之美惡舞賦曰慢末士之歈曲文子曰有榮悴者必末愁悴善乎宋玉之言曰悲哉秋之爲氣也王逸注曰寒氣聊戾歲將暮也蕭瑟兮陰氣促急風暴疾也草木摇落花葉隕落肥潤去也而變衰形體易色枝枯槁也憀慄兮息念卷戾心自傷若在遠行遠出之他方登山臨水升高遠望視江河也送將歸族親别還故鄉已上宋玉九辯之文夫送歸懷慕徒之戀兮言懷思慕戀徒侣也遠行有羈旅之憤左氏傳陳敬仲曰羈旅之臣杜預曰羈寄旅客臨川感流以嘆逝兮登山懷遠而悼近論語曰子在川上曰逝者如斯夫不舍晝夜包曰逝往也言凡往者如川之流也晏子春秋曰景公遊於牛山臨齊國乃流涕而嘆曰奈何去此堂堂之國而死乎使古而無死不亦樂乎左右皆泣晏子獨笑曰夫盛之有衰生之有死天之數也物有必至事有當然曷有悲老而哀死古無死古之樂也君何有焉懷遠悼近齊景之謂也彼四慼之疚心兮遭一塗而難忍毛詩曰既來既往使我心疚鄭玄曰疚病也嗟秋日之可哀兮諒無愁而不盡野有歸燕隰有翔隼楚辭曰燕翩翩其辭歸鶩擊之鳥通呼曰隼一曰鶻春化爲布穀文子曰鷹隼未擊羅網不得張遊氛朝興槁葉夕殞杜預左氏傳注曰氛氣也鄭玄毛詩箋曰木葉槁得風乃落

於是乃屏輕箑所甲釋纖絺吕氏春秋曰冬不用箑非愛箑也清有餘也高誘曰箑扇也孔安國尚書傳曰纖細也絺細葛也藉莞蒻御袷衣鄭玄毛詩箋曰莞小蒲席也胡官切説文曰蒻蒲子以爲華席也又曰袷衣無絮也古洽切庭樹槭以灑落兮勁風戾而吹帷槭枝空之貌所隔切戾勁疾之貌蟬嘒嘒而寒吟兮鴈飄飄而南飛毛詩曰菀彼柳斯鳴蜩嘒嘒毛萇詩曰嘒嘒小聲也飄飄飛貌楚辭曰鴈雝雝而南遊天晃朗以彌高兮日悠陽而浸微言秋日天氣高朗晃朗明貌悠陽日入貌杜篤吊王子比干曰霞霏尾而四除言晃朗而高明楚辭曰天高而氣清禮記曰仲秋殺氣浸盛陽氣曰衰何微陽之短晷覺凉夜之方永尚書曰日短星昴以正仲冬毛詩曰夏之日冬之夜毛萇曰言長也月朣朧以含光兮露淒清以凝冷埤蒼曰朣朧欲明也朣徒東切朧力東切熠燿粲於階闥兮蟋蟀鳴乎軒屏毛詩曰熠燿宵行毛萇曰熠燿燐也燐螢火也毛詩曰蟋蟀在

堂毛萇曰蟋蟀蛬也崔豹古今注曰熠燿蟒也一曰燿夜腐草爲之食蚊蚋又曰蟋蟀名蛬初秋生得寒則鳴噪濟南謂之嬾婦也聽離鴻之晨吟兮望流火之餘景毛詩曰七月流火毛萇曰大火也流下也宵耿介而不寐兮獨展轉於華省王逸楚辭注曰耿介執節守度毛詩曰耿耿不寐如有隱憂又曰悠哉悠哉展轉反側悟時歲之遒盡兮慨俛首而自省楚辭曰歲忽忽而遒盡毛萇詩傳曰遒終也廣雅曰遒急也列子曰師曠俛首而聽之曾子曰君子旦就業夕而自省也斑鬢髟以承弁兮素髮颯以垂領服虔通俗文曰發垂而髟方料切說文曰白黑髮雜而髟字林亦同周禮曰士弁服白虎通曰皮弁冠名仰群儁之逸軌兮攀雲漢以遊騁登春臺之熙熙兮珥金貂之炯炯高閣連雲雲升之以攀雲漢也言群儁自致高遠老子曰衆人熙熙如享太牢如登春臺漢書谷永對詔曰戴金貂之飾執常伯之職也董巴輿服志曰侍中冠金璫附蟬爲文貂尾爲飾廣雅曰炯炯光也苟趣舍之殊塗兮庸詎識其躁静六韜太公曰夫人皆有性趣舍不同司馬遷書曰趣舍異路莊子王倪曰吾庸詎知吾所謂知非不知邪司馬彪曰庸猶何用也老子曰重爲輕根静爲躁君聞至人之休風兮齊天地於一指莊子曰不離於真謂之至人又曰以指喻指之非指不若以非指喻指之非指也以馬喻馬之非馬不若以非馬喻馬之非馬也天地一指也萬物一馬也郭象曰夫自是而非彼我之常情也故以我指喻彼指則彼指於我指獨爲非指矣此以喻指之非指也若覆以彼指還喻我指則我指於彼指復爲非指矣此以非指喻指之非指也將明無是無非莫若反覆相喻反覆相喻則彼之與我既同於自是又均於相非均於相非則天下無是同於自是則天下無非何以明其然邪是若果是則天下不得復有非之者也非若果非亦不得復有是之者也今是非無主紛然殽亂明此區區各信其偏見而同於一致耳仰觀俯察莫不皆然是以至人知天地一指也萬物一馬也故浩然大寧而天下萬物各當其分同於自得而無是無非也彼知安而忘危兮故出生而入死周易曰安不忘危存不忘亡老子曰出生入死韓子曰人始於生而卒於死始之謂出卒之謂入故曰出生入死也行投趾於容迹兮殆不踐而獲底闕側足以及泉兮雖猴猨而不履言人之行投趾在乎容迹之地近不踐而獲安若以足外爲無用欲闕之及泉雖則捷若猴猨亦不能履也莊子惠子謂莊子曰子言無用莊子曰知無用而可與言用矣夫地非不廣且大也人之所用容足耳然則側足而墊之致黄泉人尚有用乎惠子曰無用莊子曰然則無用之爲用也亦明矣郭璞爾雅注曰底止也龜祀骨於宗祧兮思反身於緑水莊子曰莊子釣於濮水楚王使二大夫往聘莊子曰願以境内累子莊子持竿不顧曰吾聞楚有神龜死已三千歲矣王巾笥而藏之廟堂之上此龜者寧其死爲留骨而貴乎寧其生而曳尾塗中乎二大夫曰寧生而曳尾塗中莊子曰往矣吾將曳尾於塗中矣

且斂衽以歸來兮忽投紱以高厲衽襟也字林曰紱綬也楚辭曰颯弭節而高厲耕東皋之沃壤兮輸黍稷之餘稅水田曰皋東者取其春意漢書鄭明曰將歸延陵之皋修農圃之疇張晏曰隱耕皋澤之中阮籍奏記曰將耕東皋之陽輸黍稷之稅說文曰稅租也泉涌湍於石間兮菊揚芳於崖澨禮記曰仲秋菊有黄華澡秋水之涓涓兮玩遊鯈之潎潎莊子曰秋水時至百川灌河金人銘曰涓涓不壅將成江河莊子曰莊子與惠子遊於濠梁上莊子曰鯈魚出遊從容是魚樂也惠子曰子非魚安知魚樂莊子曰子非我安知我不知魚之樂也潎潎遊貌也匹曳切逍遥乎山川之阿放曠乎人間之世莊子有逍遥遊篇司馬彪曰言逍遥無爲者能游大道也又有人間世篇司馬彪曰言處人間之宜居亂世之理與人群者不得離人然人間之事故世世異宜唯無心而不自用者爲能唯變所適而何足累優哉遊哉聊以卒歲家語孔子歌曰優哉游哉聊以卒歲王肅曰言優遊以終歲也

附録一

中國傳統語言學簡介

我國和印度、希臘都是語言學的摇籃。我國的傳統語言學最初叫做小學，是從對文字的學習和研究發展起來的。古代兒童進入小學首先學習文字，《説文解字·叙》説："《周禮》八歲入小學，保氏教國子先以六書。"所以，漢代人稱文字學爲小學。文字包括形體、聲音和意義三個方面，後來這三個方面的研究逐漸發展成爲文字學、音韻學和訓詁學。因而在隋唐以後，小學便成爲這三門學科的總稱。宋代晁公武説(《郡齋讀書志》卷一)："文字之學凡三：其一體制，謂點畫有衡縱曲直之殊；其二訓詁，謂稱謂有古今雅俗之異；其三音韻，謂呼吸有高下之不同。論體制之書，《説文》之類是也；論訓詁之書，《爾雅》、《方言》之類是也；論音韻之書，沈約《四聲譜》及西域反切之學是也。三者雖各一家，其實皆小學之類。"清朝末年，章炳麟認爲"小學"這一名稱不够恰當，提出應當改稱爲"語言文字之學"①。從時間上看，我國傳統語言學一般是指從先秦到五四運動這段時間的語言研究。"五四"以後，由於引進了西方的語言學理論，采用了新觀點和新方法，使用了一大批新材料，擴大了研究範圍，因而使我國的語言研究進入到了現代階段，與傳統語言學有了很大不同。我國的傳統語言學又可以分爲廣義的和狹義的兩種。廣義的還應當包括我國境内各個民族的古代語言研究，而狹義的則專指漢族的傳統語言學，我們這裏采用後者。

一、中國傳統語言學的分期

我國的傳統語言學大致可以劃分爲五個時期，每個時期都有自己的特點。

第一期　先秦時代。這是我國傳統語言學的萌芽時期。這個時期，是我國社會劇烈變化的時期，代表不同階級、不同社會集團利益的各個學派之間，展開了激烈的争論和鬥争，出現了我國學術史上百家争鳴的局面。一般説來，先秦思想家的争論，主要集中在"名"、"實"關係上，即關於事物的名稱(一般指語言中的詞)與事物本身之間關係的問題。這個問題是語言學理論中的基本問題，因爲它涉及到了語言的社會本質。因此，先秦的思想家在語言學理論方面作出

① 見《論語言文字之學》，《國粹學報》第二年第五册第二十四期、二十五期。

了不可磨滅的貢獻。其中最傑出的是後期墨家學派和儒家的後繼者荀子。例如《墨子·經上》説:“聞,耳之聽也。循所聞而得其意,心之察也。言,口之利也。執所言而意得見,心之辯也。”這不僅講清楚了語言的交際功能,而且闡明了語言的交際過程,尤其是其中的心理過程。荀子在其《正名》篇中論述了語言(主要指語言中的詞)在社會生活和交際中的重大作用,指出名稱(詞)同它所代表的事物之間並不存在必然的聯繫,它們的關係完全是由社會約定的①。荀子還認識到語言具有穩固性、繼承性,同時又是發展著的②。但是,先秦的“名”、“實”之争,只是名學的一個部分,並没有發展成爲獨立的語言研究,而且,我國傳統語言學中的三個主要組成部分——文字學、音韻學、訓詁學,這時都還没有誕生。因此,先秦只能算作是我國語言學的萌芽時期。

第二期　兩漢。這一時期在語言文字方面進行了比較全面和系統的研究,出現了一批語言文字的專著,這完全不同於先秦時期對語言文字的零星論述和研究。這一切標誌著我國傳統語言學的正式建立。漢代的語言研究是由於當時閲讀、整理和解釋古代典籍的需要而産生的。漢代崇尚經學,由於語言文字的不斷發展,漢代人在誦讀先秦典籍時遇到一些困難,因此,漢代經師爲整理和注釋古籍,進行了一系列的語言文字方面的研究。另外,當時的朝廷重視小學,也是漢代語言研究發達的原因。

第三期　從魏晋南北朝到五代。這一時期語言研究的重點集中在音韻方面。漢末出現了反切的拼音方法,接著在反切的基礎上産生了韻書。與此同時,在文字學和訓詁學方面也有一定的成績。

第四期　從宋到明。這一時期不但繼續有一批韻書問世,而且分析漢語發音原理和發音方法的等韻學也發展了起來。此外,在文字學、訓詁學方面也有不少貢獻。古文字學和古音學也萌芽於這一時期。

第五期　從清代到五四運動以前。這是我國傳統語言學最光輝的時期,無論從研究的範圍和研究方法來看,都取得了巨大的進展,文字學、音韻學、訓詁學都得到了全面的發展,其成就遠遠超過以往任何一個時代。

二、音韻學、文字學、訓詁學

音韻學是我國傳統語言學中的一個重要組成部分,它研究漢語的語音系統,著重分辨字音中的聲、韻、調,以及漢語語音在不同歷史時期的分合

① 《荀子·正名》:“名无故宜,約之以命,約定俗成謂之宜,異於約則謂之不宜。名無故實,約之以命實,約定俗成謂之實名。”

② 《荀子·正名》:“若有王者起,必將有循於舊名,有作於新名。”

異同。

音韻學萌芽於漢代。漢代經師開始使用一些專門術語來表示字的讀音，例如内言、外言、急言、緩言、長言、短言、讀若等。東漢末年發明了反切的拼音方法，采用兩個漢字來拼讀另一個漢字的讀音。反切上字的聲母與所拼字的聲母相同，它們是雙聲關係；反切下字的韻母和聲調，與所拼字的韻母和聲調相同，它們是叠韻關係。例如“東，德紅切”：“東、德”聲母相同，雙聲；“東、紅”的韻母和聲調相同，叠韻。三國魏的孫炎作《爾雅音義》，開始系統地使用反切注音，從此，反切大行於世。反切的出現，説明當時的人已經具備了分析語音和重新組合語音的能力，這在音韻學史上具有劃時代的意義。反切開了韻書的先河，以後人們類集反切下字，編定成書，於是韻書開始出現。最早的韻書是三國魏李登的《聲類》，接著，晋代吕静仿照《聲類》撰寫《韻集》。韻書的出現標誌著我國音韻學的正式建立。據統計，魏晋南北朝各類韻書多達二十五種，但今天已經全部亡佚。

隋代陸法言撰寫的《切韻》，是中古時代最重要的韻書。《切韻》依據當時最著名的音韻學家的意見，基本上以當時士人的讀書音爲標準，參考前人的韻書，兼收部分古音和方音而寫成的，是以後唐宋韻書的始祖，在音韻學史上具有很高的地位。《切韻》原書已不傳，據研究，全書共五卷，按聲調排列，平聲兩卷，上、去、入三聲各一卷，共分一百九十三韻。繼《切韻》之後，唐孫愐作《唐韻》，是爲《切韻》增字加注而寫成的，原書今也不傳。今天所能見到的最古老的完整韻書是宋陳彭年等所修的《廣韻》，它是爲增廣《切韻》及唐代韻書而作的。全書仿《切韻》體例，分爲二百零六韻，收字二萬六千多。《廣韻》是研究漢語中古時代語音的重要依據，研究上古漢語語音、近代漢語語音，乃至現代漢語的語音（包括現代漢語各個方言的語音），都要把它作爲重要的對比材料，是漢語音韻學中最重要的一部韻書。《切韻》一系的韻書可以稱爲今音韻書，屬於這一類的韻書還有宋代丁度等人的《禮部韻略》、《集韻》等。

元代周德清根據當時大都（今北京）的實際語音，撰寫了《中原音韻》，這是爲滿足當時北曲的需要而作的。《中原音韻》純粹以一個地點的語音爲據，在描寫語言學和歷史語言學上都具有很高的價值。《中原音韻》分十九部。每部内包含陰平、陽平、上聲、去聲，無入聲。這一類的韻書叫北音韻書。屬於北音韻書的還有元代卓從之的《中州樂府音韻類編》、明代樂韶鳳等的《洪武正韻》、明代蘭茂的《韻略易通》、清代樊騰鳳的《五方元音》等等。

韻書是依照四聲和韻部排列的,可以據此瞭解每個字的韻母和聲調,但不能依靠韻書了解每個字聲母的情况。唐末沙門守温参照印度梵文的原理,制定三十字母。守温三十字母是對中古漢語聲母的首次歸納,到宋代增加六個字母,成爲三十六字母。

在唐末已經按等分韻[①],宋代則是等韻學昌盛的時期。等韻學的目的在於審音,它以等呼來分析韻母的結構[②],以七音來分析聲母的發音部位[③],以清濁來分析聲母的發音方法。等韻學使用等韻圖來拼讀漢字的字音。圖表内同一直行表示聲母相同或相近,同一横行表示相同的韻母和聲調,分兩呼四等,相拼而成字音。最重要的等韻學著作有宋人的《韻鏡》、宋鄭樵的《七音略》、宋人的《切韻指掌圖》、宋人的《四聲等子》,以及元代劉鑑的《切韻指南》等等。

古音學的對象是以《詩經》爲代表的上古漢語的語音。古音學萌芽於宋代,吴棫的《韻補》是第一部古音學著作。郑庠作《古音辨》,分古韻爲六部。明陳第著《毛詩古音考》、《屈宋古音義》、《讀詩拙言》,指出了語音演變的時地理論,爲古音學的正式建立奠定了理論基礎。從此,古音學作爲一門學科建立起來了。清顧炎武著《音學五書》,在理論、材料和方法上爲古音學的全面發展作出了重大貢獻,開創了以後近三百年古音研究的歷史。顧炎武分古韻爲十部,其後的學者在他的基礎上不斷研究,基本上弄清了上古漢語的韻部系統。繼顧炎武之後,江永《古韻標準》分十三部,戴震《聲類表》分九類二十五部,段玉裁《六書音均表》分十七部,孔廣森《詩聲類》分十八部,江有誥《音學十書》分二十一部,王念孫分二十一部[④],章炳麟在《國故論衡·二十三部音準》中分二十三部。在上古聲母方面,錢大昕作出了重大貢獻[⑤]。

訓詁學是我國傳統語言學中研究詞義的學科。它主要研究代文獻古書中的詞義,同時也分析其中的語法、修辭等現象。

---

① 等是漢語等韻學的術語,它根據韻母中[i]介音的有無、主要元音的洪細(指發音時口腔開口的大小),把韻母分爲四等。清代學者江永説(《音學辨微·辨等列》):"一等洪大,二等次大,三四皆細,而四尤細。"

② 呼指開口呼和合口呼兩類,凡介音或主要元音是[u]的韻母,屬於合口呼,其餘則是開口呼。

③ 七音指屬於七種不同發音部位的聲母,即唇、舌、齒、牙、喉、半舌、半齒。

④ 見王引之《經義述聞》卷三十一。

⑤ 見《十駕齋養新録》卷五《古無輕唇音》和《舌音類隔之説不可信》。

訓詁學起源於西漢，可以把訓詁方面的著作分爲兩類：一類是專爲解釋某一著作而寫的，凡經傳注疏都可歸於這一類，如毛亨的《毛詩故訓傳》，鄭玄的《毛詩箋》、《周禮注》、《儀禮注》、《禮記注》等。這一傳統爲後世所繼承，留下了大量的訓詁材料。另一類是訓詁專著，西漢初年彙集成書的《爾雅》、西漢揚雄的《方言》、東漢劉熙的《釋名》，都是訓詁學上的重要專著。《爾雅》是第一部訓詁專著，它將古書中的同義詞分類歸併，每條用一個通用的詞來作解釋，是研究古代詞義的重要資料之一。《爾雅》在訓詁學上有很高的地位，到唐宋時被列爲十三經之一。《方言》的體例摹仿《爾雅》，是揚雄親自收集和調查當時的實際語言，經過二十七年的整理而完成的著作。《方言》開創了我國方言學的新紀元，是研究漢代方言分布的主要依據，在訓詁學上也有極大的價值，因而在訓詁上也有一定的地位。

漢代以後，三國魏張揖撰《廣雅》，這是繼《爾雅》之後的一部重要的訓詁著作。唐陸德明的《經典釋文》、唐玄應的《一切經音義》和慧琳的《一切經音義》也是著名的訓詁專著。在注疏方面，孔穎達的《五經正義》和李善的《文選注》有很高的水平。

宋代的訓詁著作有陸佃的《埤雅》、羅願的《爾雅翼》。明代朱謀㙔的《駢雅》收集材料非常廣博。方以智的《通雅》有極高的學術價值。

清代訓詁學的成就超過前代，這是因爲清代學者懂得文字是有聲語言的代表，他們在訓詁研究中能擺脱文字形體的束縛，“就古音義求古義，引申觸類，不限形體”①。這一時期訓詁學上的重要著作有：王念孫的《廣雅疏證》、《讀書雜志》，王引之的《經義述聞》、《經傳釋詞》，郝懿行的《爾雅義疏》，俞樾的《群經平議》、《諸子平議》、《古書疑義舉例》，章炳麟的《文始》、《新方言》、《國故論衡》等。此外，段玉裁的《説文解字注》，朱駿聲的《説文通訓定聲》也是訓詁學上的重要著作。

文字學以文字爲研究對象，它研究文字的各個方面，尤其注意文字形體、聲音和意義之間的關係。嚴格説來，對文字形體的研究不同於對文字聲音和意義的研究，它不屬於語言學的範圍。但是，由於漢字的表意特徵以及大量形聲字的存在，聲音和意義往往可以借助於文字的形體來研究，因而我國傳統語言學把文字形體的研究也包括在内。

---

① 王念孫《廣雅疏證・自序》。

漢代是我國文字學開創的時期。東漢許慎的《説文解字》是我國第一部文字學專著。《説文》收字 9353 個,收重文(異體字)1163 個。字體以小篆爲主,按 540 部排列,首創部首排列法。全書依據六書解釋文字,先談字義,再解説形體構造和讀音,是我國第一部系統分析字形和考察字源的著作,對後世有極大的影響。《説文》以後,晋吕忱的《字林》、南朝梁顧野王的《玉篇》是重要的字書。這兩部書的體例仿效《説文》,按部首編排,收字都在一萬以上。五代宋初的徐鉉、徐鍇兄弟是研究《説文》的專家。徐鉉校訂和補充過《説文》,徐鍇著《説文解字繫傳》,已經注意到形聲相生、音義相轉的道理。清代是《説文》研究的鼎盛時期。丁福保的《説文解字詁林》中就收了二百多家。最著名的有段玉裁、桂馥、朱駿聲和王筠。段玉裁在《説文解字注》中對《説文》進行了校勘工作,闡明了《説文》的凡例,補充了大量的例據,講清了引申義和假借義,克服了《説文》只講本義不講引申義和假借義的缺點。另外,在辨析同義詞方面也作了大量的工作。桂馥的《説文解字義證》則大量引用古書以推尋《説文》説解的缘由。此書資料非常豐富。朱駿聲的《説文通訓定聲》包括説文、通訓和定聲三個方面:"説文"就《説文》的字形結構來考察字的本義,"通訓"主要講引申和假借,"定聲"則把全書文字按照古韻分爲十八部,完全打破了《説文》的部首體例。這實際上是從形、音、義三個方面對文字作全面的綜合研究。王筠的《説文句讀》和《説文釋例》著重在於綜合整理諸家之説,最便於初學者學習。

古文字包括金文、甲骨文、戰國文字等。金文研究始於宋代,歐陽修的《集古録》、趙明誠的《金石録》收集了銅器上的古文字;薛尚功的《歷代鐘鼎彝器款識法帖》除録有歷代彝器上的文字外,還作了考釋。清代的金文研究人才輩出,其中以阮元的《集古齋鐘鼎彝器款識》、吴大澂的《説文古籀補》、羅振玉的《三代吉金文存》、王國維的《史籀篇疏證》以及《觀堂集林》中的一些文章爲重要著作。甲骨文是從 1899 年發現後便開始了研究,孫詒讓的《契文舉例》、羅振玉的《殷商貞卜文字考》、《殷虚書契考釋》以及王國維的《戬壽堂所藏殷虚文字》是開拓性的著作。

三、我國傳統語言學的獨特性

我國傳統語言學的獨特性表現在五個方面:

第一,注重實用。從歷史上看,中華民族喜歡研究實際問題,而不太喜歡作純理論的探討。語言研究也不例外。清人張之洞説(《書目答問·國朝著述諸家姓名略》):"由小學入經學者,其經學可信。由經學入史學者,其史學可信。由經學史學入理學者,其理學可信。以經學史學兼詞章者,其詞章有用。以經學史學兼經濟者,其經濟成就遠大。"可見,過去人們研究小學,其目的在於通過它來研究經學,從而掌握當時的其他學問。我國古代語言文字方面的著作,大都是爲了實用的目的而撰寫的。例如,《説文解字・敘》説:"蓋文字者,經藝之本,王政之始。"《切韻・序》説:"凡有文藻,即須聲韻。"揚雄《方言》是經過實際調查而寫成的,描寫了當時方言詞語分布的情況,是我國第一部比較方言詞彙,其方法"簡直是現代語言工作者在田野調查時記録卡片和立刻排比整理的工夫"[①]。但他的寫作目的是"其不勞戎馬高車,令人君坐幃幕之中,知絶遐異域之語"(揚雄《答劉歆書》)。至於古音研究的目的,也在於通經,在於致用。顧炎武説(《亭林文集》卷四《答李子德書》):"讀九經自考文始,考文自知音始,以至諸子百家之書亦莫不然。"注重實用固然是一個優點,但一切都以實用爲目的却嚴重阻礙了理論方面的研究,因此我國傳統語言學在語言理論方面始終建樹較少。

第二,重視材料和觀點相結合。江永説(《古韻標準・例言》):"凡著述有三難:淹博難,識斷難,精審難。"淹博就是要充分佔有材料,識斷指具有正確的觀點,精審就是掌握科學的方法[②]。就是説,在研究語言文字的時候,先收集和整理大量的材料,然後在豐富可靠的材料基礎上進行分析、比較、歸納,從而得到正確的結論。例如,揚雄爲寫《方言》,不辭勞苦,親自大量地收集材料,加以排比整理,用了整整二十七年的時間,臨終時尚未完成《方言》一書。顧炎武爲研究古音,收集了大量的語言材料,爲證明"行"字在上古只有"行"音,他的材料竟達三百七十二條之多(見《唐韻正》卷五)。

第三,重視對古代尤其是對先秦兩漢的研究。在一般情況下,我國傳統語言學是經學的附庸,研究小學的目的是爲了通經。儒家的經典一般寫於先秦時期,而最早的一批對經書的注釋,以及爲讀懂經典而撰寫的《爾雅》、《説文》等辭書、字書,則成於兩漢。因此,我國傳統語言學的研究對象主要集中在這段時期。只要統計一下歷代的小學著作,便可以清楚地看到這點。過份重視對古代的研究,必然忽視對後世的研究,因此我國傳統語言學始終存在著厚古薄今的傾向。另外,我國傳統語言學在多數情況下是經學的附庸,這就使它往往只具有語文學(philology)的性質,而没有發展成爲純粹的以語言本身爲研究對象的獨立的語言學(linguistics)。

---

① 羅常培《揚雄〈方言〉在中國語言學史上的地位》,《羅常培語言學論文選集》第178頁,中華書局1963年。

② 這是根據王力先生的解釋,見《中國語言學的繼承和發展》,載《中國語文》1962年10月號。

第四,特別重視對文字的研究。我國古代語言學家在研究語言時,往往是從文字的角度出發。漢字具有表意特點,一個漢字大體代表一個音節,在古代,一個漢字同時大體上也代表一個詞。文字、音節、詞在單位上的基本一致,給研究工作帶來了方便,只要對個别字的音義進行研究,實際上也就研究了語言中詞的音節結構和詞的意義。漢字的表意特點還使詞義研究往往可以借助漢字字形的幫助,而大量的形聲字則是研究上古語音的重要材料。這就决定了中國傳統語言學特别重視文字的特點。文字學、音韻學、訓詁學實際上都是圍繞著文字的形、音、義三個方面展開的。這也帶來了消極的一面,就是由於過份重視文字的形體,没有認識到文字只是記録語言的符號而不是語言本身,文字不可以繞過聲音而直接代表意義。因而在詞義的研究上,往往被文字形體束縛,而不大重視通過語音來考察詞義。這一缺點直到清代才有所克服。

第五,善於吸收外來的優點。在我國語言學史上,有兩次大規模的外來影響:第一次是隨著佛教的傳入而受到印度語言學的影響,這種影響主要表現在音韻學方面。反切的興起可能與佛教有關,而守温三十字母和後來的三十六字母,以及宋代的等韻學,則明顯地是佛教文化影響的結果①。第二次影響來自歐洲。明代末年,西方傳教士來到中國,開始用羅馬字母分析漢字的讀音。傳教士利瑪竇(Matteo Ricci,1552～1610)著的《西字奇迹》,金尼閣(Nicolas Trigault,1577～1628)著的《西儒耳目資》有較大的影響。方以智的《通雅·切韻聲原》、楊選杞的《聲韻同然集》、劉獻廷的《新韻譜》都受到他們的影響。清末馬建忠的《馬氏文通》則是仿照拉丁語語法而寫成的。至於"五四"以後所受到的西方普通語言學理論的影響,則是衆所周知的事實。

參考書目

何九盈《中國古代語言學史》,河南人民出版社 1985 年。
胡奇光《中國小學史略》,上海人民出版社 1987 年。
李恕豪《中國古代語言學簡史》,巴蜀書社 2003 年。
濮之珍《中國語言學史》,上海古籍出版社 1987 年。
王力《中國語言學史》,山西人民出版社 1981 年。
趙振鐸《中國語言學史》,河北教育出版社 2000 年。

① 見張建木《佛教對於中國音韻學的影響》,載《中國語文》1956 年 11 月號。

附録二

上古音韻部諧聲表

(一)上古音29韻部諧聲表

説明:此表爲王力上古音系統韻部諧聲表,分爲29韻部。後附有分部簡表。關於王力上古音系統,請參見本書第五章的介紹。本表采自王力《漢語音韻》(中華書局1991年)。原表爲簡體字,現改用繁體,少數僻字用通行字代替,並在後面的方括號内標出代表字。

(1)之部

㞢(之)[蚩寺時恃]　㠯(以)[似矣台能]　絲　其　𦣞(頤)[姬熙]　里　才[在哉載]　兹　來　思　不[否丕]　龜　某　母　尤　郵　丘　牛　止　喜　己　巳　史　耳　子　士　宰[梓]　采　音　又[右有友灰]　舊　久　婦　負　司　事　佩　而　台　疑

散字:裘

(2)職部

戠　弋[忒式]　亟　塞　葡(備)　北[背]　畐　直　力　食[飾蝕]　敕　息　則[賊]　畟　色　棘[穡]　或　奭　导　匿　克　黑　革　伏　服　牧　戒　異[翼]　意

散字:特膩

(3)蒸部

丞　徵　夌　應　朋　仌(冰)　黽　升　朕[勝騰縢]　兢　興　登　曾　厷(肱)[弘雄]　弓　瞢[夢薨]　亘[恒]　乘

散字:陾

(4)幽部

幺[幽]　求　九　丣[劉留柳茆]　卯[昴聊]　酉　流　秋　斿　攸　由　翏　收　州　周　舟[朝]　舀　孚　牟　憂　囚　休　叟　矛　雔[讎]　壽　咎　舅　叉(爪)[蚤騷]　缶[寶]　𣌭[曹]　牢　包　裒　丑　丂[考栲朽]

韭　首　手　阜　卣　受　秀　鳥　昊　早[草阜]　棗　呆(保)　𠦝[鴇]　帚　牡　戊　好　簋　守　臭　褎　售　報　冃(帽)[冒]

散字:椒

(5)覺部

尗[俶戚蹙]　祝　六[陸]　复　宿　夙　肅　畜　學[覺]　毒　竹[篤鞠]　逐　匊　肉[育]　穆　告　就　奥

散字:穋(稑)迪滌

(6)宵部

小[肖]　朝　麃　苗　要　票　爻　尞　勞　堯　巢　䍃　夭　交　高[喬]　敖　毛　刀　兆　丩　梟　到　盗　号　吊　少　焦

散字:呶

(7)藥部

卓　丵[鑿]　勺[的]　龠　弱[溺]　虐　樂　翟　暴　皃(貌)　鶴

散字:沃　駮

(8)侯部

侯　區　句　婁　禺　芻　需　俞　殳　朱　取　豆　口　后　後　厚　斗　主　臾　侮　奏　冓　扇　具　付　畀　壴[樹厨]

散字:飫

(9)屋部

谷　屋　蜀　賣[讀續]　設　束　鹿　族　業　卜　木　玉　獄　辱　曲　足　角　豖[琢琢]　局

(10)東部

東[童重]　同　丰[邦逢]　充　公　工[江]　冢　囪　从　龍　容　用[庸誦勇]　封　凶　邕[雝]　共[巷]　送　雙　龐

(11)魚部

魚　余[舍]　與[舉]　旅　者[書]　古　車　疋(雅)[胥楚]　巨　且　去　于[華]　虍[虎虚盧虞]　父[甫]　瓜　乎　壺　無　土[徒]　女[奴如]　烏　叚(假)[瑕葭]　家　巴　牙[邪]　五[吾]　圉　宁(貯)　卸[御]　鼠　黍　雨　午　户[所顧]　吕　鼓　股[羖]　馬　下　寡　夏　吴　武　羽　禹　兔　素　亞　罜　䀠(瞿)

(12)鐸部

睪　各　蒦　屰(逆)[朔]　昔　舄　夕　石[柘槖]　壑　若　霍　郭

百　白　合(朦)[綌]　乇[宅托]　尺　亦[夜]　赤[赫]　炙　戟　庶[度席]　乍　射　莫

散字:薄

(13)陽部

羊　莊　畺　昌　方　章　商　香　襄　相　向　昜　亡[良喪]　長　爿[將莊臧床]　办(創)[梁粱]　尚[堂常]　上　倉　王　㞷[往狂匡]　央　桑　爽　网[岡]　兩(兩)　卬　光　黄　亢　庚[唐康]　京　羹　明　象　亨　兵　兄[貺況]　行[衡]　皀[鄉卿]　慶　丙[更]　永　竞

(14)支部

支　斯　圭　巂　卑　虒　氏　是　此　只

(15)錫部

益　易　厄　析　狊[鶪闃]　狄　辟　帝[揥適讁蹢]　脊　鬲　解　朿(刺)[責]

(16)耕部

丁[成]　争　生[青]　嬴　盈　𤇾　貞　壬[廷庭聽酲程]　殸　正[定]　名　頃[穎潁熲]　騂　巠　𠱠[靈]　寍　冥　平　敬　鳴　甹

散字:刑　屏

(17)歌部

可[奇]　左　差　我[義羲]　沙　加　皮　爲　吹　離　羅　那　多[移侈哆宜]　禾　它　也[地池施馳]　瓦　呙　化　罷[羆]

散字:傩

(18)月部

兑[脱説閲]　世[泄勩]　彗[雪]　丯[害]　萬[邁厲蠆]　匃(丐)[曷]　乂　大[達]　帶　外　會　介　祭[察]　拜　貝[敗]　吠　喙　最[撮]　衛　欮　戌[歲威]　列　舌　昏[活括佸]　折[逝哲晣]　伐[蔑]　市[肺芾旆]　月　戉[越鉞]　犮[拔髮]　癶[發]　末　寽(捋)　叕(綴)[掇惙輟]　羍　截　桀　熱　役　奪　㕭[薛孽]　徹　設

散字:怛

(19)元部

泉[原]　袁[還遠環]　亘[垣宣]　爰　釆(辯)[番卷]　樊　繁　半　言　干　𠃬　叩(喧)[單]　難[漢嘆熯]　安　奴　莧[寬]　戔　元[完]　丸　專　丱(卵)[關]　厂[彦雁顔]　反　官　山　閒　閑　睘　犬[然]　延　丹[旃]

廛　連　肙　虔　夗　展　巽　憲　柬　虔　衍　焉　肩　奐　亂　段　曼　毌(貫)　弁　羡　散　見　燕　鮮　𦾔

(20)脂部

二[次]　匕[旨]　夷　弟　飢　氏　犀　屖[穉]　尸　厶(私)　示[祁視]　矢[翳]　米　齊　妻　美　𠂔　死　履　豊[禮體]　㸚(爾)　皆　眉　癸　伊　師　豈　几[1]

(21)質部

一　七　至　必[瑟密毖]　疐　日　乙[失]　疾　實　桼　匹　吉[壹]　栗　血　穴　逸　卩(節)[即]　抑　畢　季　隸[肆]　弃　替　惠　戾　肄　畀　四　兕　利

散字:洫届

(22)真部

因　臣[堅賢]　人[仁]　信　申[神陳電]　頻[賓]　㐱　粦　真　塵　民　身　旬　匀　命　令　千[年]　田　肙　玄　天　扁　𦘒[盡]　引　卂[訊迅]

散字:矜

(23)微部

𠂤(堆)[追歸]　隹[崔唯雟隼]　畾[累雷]　貴[遺匱]　虫[虺]　回　鬼　畏　褱　韋　尾　辠(罪)　微　非　飛　幾[2]　希　衣[哀]　水　毁　妥[綏]　枚　威　委

散字:火

(24)物部

勿　卒[醉萃瘁]　殳[没]　孛　聿　朮　出　弗　鬱　气[仡]　旡[既愛]　退　内　對　未　胃　㒸[隊遂]　位　類　尉

(25)文部

文　困　分　屯　胤　辰　巾　殷　享[錞犉敦]　先　西　門[問聞]　云　員　焚　尹[君]　熏　斤[祈旂頎]　堇　昆　孫　飧　存　軍[輝翬]　川　罤[鰥]　刃　允　昷　豚　壺[閫]　免　卉[奔濆]　亹　昏[緍痻]　垔　典

(26)緝部

① 此處應列"几"。王力《漢語音韻》第166～167頁(20)脂部漏列"几聲"。

② 此處當爲"幾"。王力《漢語音韻》第168頁此處誤爲"几聲"。

咠　合　𡒄　執　立　入　及　邑　集

散字:軜

(27)侵部

㝯　旡(簪)[僭譖潛]　林　品[臨]　罙　甚　壬　心　今[念含金錦陰歆]　音　彡[参]　三　南　男　冘[枕耽沈髧]　马[函]　㲋　凡　臽　占覃　冬　眔　宗　中　蟲[融]　戎　宫[躳窮]　農　夅　宋

散字:貶

(28)葉部

枼　業　疌　涉　甲　厭

(29)談部

炎　甘　監　詹　敢[嚴]　斬　兼　僉

(二)上古音 58 韻類諧聲表

此表爲鄭張尚芳上古音系統韻部諧聲表,分爲 58 韻類。後附有分部簡表。關於鄭張尚芳上古音系統,請參見本書第五章的介紹。此表采自鄭張尚芳《上古音系》(上海教育出版社 2003 年)。

聲符後方括内爲後世通用字形及容易忽略的被諧字例,其中印大字的爲可獨立諧聲的二級聲符。有的聲符太冷僻,就用後世通用字形或代表字標示(如之、得)。少數聲符有非同韻母的异讀或作异韻聲符時,用 2、3 標出。有些字開合口字變化有異,則合口另置 W 後。

之部　ɯ

之[寺蚩]丝[兹]其𦣞里才[在𢦏]來[麥麳嗇]思不[否丕音]負某母[毐]止喜己[改]巳[熙巳起目以台矣]史[事]司耳子士而疑𠦑臺宰[梓]采佩亥再乃甾灰　W 丘又[有右尤]久龜

獨字:市鄙辭　W 牛舊裘郵　散字:醫婦

職部　ɯg[代 ɯgs]

戠弋[式]亟塞北畐直[德]力食[飾]敕息則[賊]畟棘皕[奭]得匿克黑[墨]革伏服陟嗇麥仄亥[核刻]　W 或[彧]有[囿郁]

備戒異意

獨字:牧矢色　散字:特螣態愎

蒸部　ɯŋ

徵夌朋夊蠅[繩]升丞[承]朕興登曾瞢夢亘乘鷹[膺應]仍稱能　W 厷[弘雄]弓

獨字:兢肯　散字:陾凭孕

幽部 1　u(uw)

求九卯[丣留]酉[酋]流斿州舟[受]舀孚牟憂囚休叟矛[楙柔]雔[讎]壽咎臼爪蚤缶曹包裒丑丂韭首阜秀昊(原作界)顥皋(俗作臯)早枣保鴇帚戊好[孂]守肘[疛紂酎討]臭售老孝罶匋造嫑𣪘

獨字:牢牖蒐埽　散字:媪敦$_3$

幽部 2　ɯw

秋攸繇由翏手周鳥彪丩$_1$[收]肅$_1$[蕭]麀幽幼$_1$　W 咎$_2$[晷]九$_2$[宄軌氿馗]Ⲁ

獨字:褎簋牡卣　散字:聊

幽部 3　iw

幼$_2$[黝窈]丩$_2$[糾叫莜]擾髟

散字:椒嬄

覺部 1　ug[奥 ugs]

复目竹畜毒育六夙[宿]粥肉𦥯匊穆孰昱先[坴竈賣$_2$]

就祝告冃[冒]奥

獨字:報晝

覺部 2　ɯwɢ 奥[ɯwgs]

逐尗[叔戚]肃$_2$由$_2$[迪笛軸]

散字:覿戮滌

覺部 3　iwɢ[弔 iwɢs]

弔[逓]

終部　uŋ

冬中蟲[融]農宗宋眾戎船[宫躬]夅[隆]充豐

獨字:彤　散字:慒嵩賵

宵部 1　aw

猋表麃毛刀[到]羔勞巢兆$_1$ 高[豪]喬$_1$ 尞$_1$ 敖号爻[肴教]喿囂弢肈貌呶

獨字:盜晁(今作晁)杲　散字:郊

宵部 2　ew

票焦小[少]肖淼刀$_2$[刁召]釗交尧鬧要尞$_2$ 喬$_2$ 兆$_2$ 敫梟裹(梟)苗朝皛窅䍃幺㔾𠬪

獨字:料了杳杓尿　散字:弔$_2$

宵部 3　ow

笑夭孚$_2$

藥部 1　awG[豹 awGS]

暴卓樂凿虐爻$_2$[駁較]

散字:蹻$_2$

藥部 2　ewG[豹 ewGS]

翟爵雀弱勺[約的豹]貌敫$_2$ 肖[削]卓[掉]

藥部 3　owG[豹 owGS]

隺沃龠[籥]暴$_2$ 凿$_2$

獨字:盜　散字:嚣熇

侯部　o

侯俞朱豆婁尌後主取屚斗奏殳需臾芻具付厚區禺口[句]后須冓兜乳寇陋部豎

獨字:戍鬥走　散字:侮飫

屋部　og[竇 ogs]

鹿束屋角玉辱木業曲谷獄[哭]族局足蜀卜賣[櫝]录秃敄豖殼

獨字:粟亍彔斵　散字:斛

東部　oŋ

東[童重]丰[夆奉]公从[從]容封同囪[匆]茸凶叟[揔]邕[雍]雙龍用[庸甬]工[巩]冢共送尨弄舂豐叢冗竦蒙

獨字:孔　散字:講

魚部　a

巴父[甫]古[居]虍[虎盧豦處]叚[家]巨吕旅[者]馬宁女[奴]且鱻去乎素兔烏無[无]五[吾]午[卸]武巫步下夏[寡]牙疋[楚梳]亞於舁予與舍[余]魚[穌]魯鹵羽黍土夫互賈凵舄[寫]股所　W 鼓瓜户瞿吴于[亐夸]壺雨禹

獨字:車卤圖鼠圉斝初蠱冶　散字:普毋

鐸部　ag[暮 ags]

昔莫夕射赤[赫赦]亦[夜]白[百]石[橐磔]各[路]屰[斥咢]睪若叒隻豦戟舄乍尃[薄]乇[宅]谷[却]索炙亰　W 郭霍蒦[獲]矍虢

庶[席度]亞[惡]固[涸]霸

獨字:壑尺辵

陽部　aŋ

明永昌丙[更]庚[唐康]京兩相兄行[衡]印亢爿[床將臧]刅象享(亨)羊[羕]望亡荒[喪]長良畺[彊]昜香爽竞向[杏]尚堂方[旁]匚[匠]网[岡]章商襄[囊]竟秉皿[孟]並緗皀

[鄉卿]丈央量倉桑𦋹[莽葬]彭宕　W 王[皇]枉[往尪狂匡]光黄亚[橆]囧

獨字:兵㚘慶上㒰誩　W 允(尣)

　　支部　e

卑虒支氏兮是兒知此只斯解豸[廌]卮奚買啟幵[羿笄]企圭$_2$[佳厓]　W 圭$_1$ 巂危$_1$

独字:企醯　散字:埽弭$_2$

　　錫部　eg[賜 egs]

狄鬲朿[責]脊辟益易析厄秝[厤歷]𠂢[覛覓]册殼糸冖[鼏冪]　W 狊畫役

帝[啻商]系繼

獨字:覭彳　散字:闃擲汨迹

　　耕部　eŋ

丁[亭][成]生青争甹鼎[貞]贏[嬴]并井[刑荆]省頃幸冥[耿]寍壬[呈]廷巠正[定]

盈殸敬霝平名賏[嬰]　W 熒[營榮]冋敻

獨字:晶炅轟鳴　散字:形鄭聽聖

　　歌部 1　al

皮罷麻[靡]多[宜]它也那羅离左差沙加可[哥奇]我[義羲]叉叵番$_2$　W 瓦化爲𠂤

獨字:詈些羈卧　散字:儺播

　　歌部 2　el

丽彖[蠡]徙　W 乖規

散字:爾$_2$ 地

　　歌部 3　ol

朵妥隋坐吹[炊]垂戈果委禾[科]惢肙咼贏[羸]蓏危$_2$ 耑[惴瑞]夋[梭]

散字:火$_2$ 贳$_2$

　　月部 1　ad[祭 ads]

伐末匃[曷]桀發剌[賴]辣旦$_2$[怛笪]獻$_2$[讞]辥[薛孽]　W 曰月戉

貝帶泰大[達]乂丯害萬[厲邁蠆]罽　W 歲衛夬　{蓋　入-b}

獨字:罰犖　W 粤外

　　月部 2　ed[祭 eds]

八别蔑列杀徹折设截孑㓞[契絜]威臬　W 夬$_2$

曳祭制介敝埶[藝]筮觢　W 彗[雪]　{世瘞入-b}

獨字:离舌裔堯　散字:袂

　　月部 3　od[祭 ods]

奪寽友絶叕出$_2$ 厥市[肺]舌昏[栝]月[刖]

兑最睿毳[脆]拜　{芮會 入-b}

獨字:贅吠刷竄$_1$劣㬊　散字:喙祋

元部 1　an

半反般番丹單旦㢾延戔$_1$散[潸]干倝[韓]姦建言嘆[漢嘆難]厂[雁][彥]屵[岸炭]憲安焉侃柬樊繁衍鬳[獻 1]奴[粲餐]赧次寒贊删煩班戔$_1$　W亘爰袁丸奐原[泉]

獨字:片萬看宦件

元部 2　en

面丏展連前戔$_2$山產$_1$扇善虔間肩見犬燕㫃[匽宴]并$_2$[騈胼]閑釆辡幵蔨然孱䙴[遷]邊便遣輦彝[羼羶鮮]　W肙縣夐$_2$睘旋

獨字:緜綿顯尟芇$_2$　W巂幻　散字:霰

元部 3　on

弁卞曼芇[菛]全專卷官毌[患]元[完冠]吅雚萑莧[寬]夗巽$_2$彖㕣允[兖夋酸]卵[關聯]亂䜌斷冤耑[耎]段雋祘算爨免丱賛[鑽]雋$_2$川$_2$舛

獨字:筭短盥竄$_2$穿

脂部 1　il

匕眉氐夷弟爾弥妻齊示[祁]厶屖犀[遲]尼旨皆几伊黎　W癸

脂部 2　i

比[昆]米師尸[履]矢雉医[殹]耆豕二[貳]次豊礼囟細乩㡀𠂔[秭]弭　W水唯[雖奞]

獨字:死兕彝

質部 1　id[至 ids]

七疾悉質吉畢頁乚[乞䰟軋札]　W矞

替利自四畀計　W彗$_2$季惠　{摯　入-b}

獨字:逸肆弃閉　散字:汃戌黺$_1$寐　W闋

質部 2　ig[至 igs]

匹必一栗或日壹[懿]桼乙[失]卩[即節]實益$_2$[謚溢鎰]　W血穴

𦤎(𦤎)至疐

獨字:抑戛　散字:蝨

真部 1　in

扁賓頻民天寅引粦晉藺[進]秦信真[顛]申[电]身人[千仁]玄[弦牽]因聿[津㶳盡賮]淵卂垔　W匀旬玄尹隼

獨字:燊齔

真部 2　iŋ

陳田令臣[嚚堅鏗摼]奠辛[騂觪垶新薪]年

獨字:印　散字:命矜訇佞黽

　　微部 1　ɯl

西非飛妃肥美尾幾希韋衣[哀]豈冀微斤$_2$[頎]

獨字:枚開

　　微部 2　ul

畾厽皋衰隹[崔]鬼危$_1$ 卉火$_1$ 毇[毀]回畏威委追[自歸]貴[遺][頹]褱耒豨敦夋$_1$
軍$_2$[輝]

獨字:虫夔磊　散字:绥浼凷(塊)

　　物部 1　ɯd[隊 ɯds]

弗孛勿未㕣乞气旡[既愛]毅隶戾肙[肸屑]叡[瀣薤]　{位[涖]　入-b}

獨字:弼器轡　散字:鬵$_2$ 配餮屆

　　物部 2　ud[隊 uds]

聿突朮類卒率帥出[祟]貴骨$_1$ 兀胃[彙]叡(同喟,一本作歒)[蒯]尉圣鬱彖昷桒
{對退内位　入-b}

　　文部 1　ɯn

本奔[賁]分[釁璺]奮糞焚門文[紊閔吝]吞典先刃慭艮巾斤堇昏殷殿辰胤㥯[檼]豩
薦荐参因$_2$[恩]　W 云

獨字:筋塵彬疢(疹)

　　文部 2　un

免$_2$ 享[淳敦]屯[春]允[夋]盾寸[尊]存孫鯀巽川$_1$昆鰥君軍困圂[棻]熏員濬閏困侖
舛[舜]豚坤昷$_1$

獨字:飧壼衮　散字:髡臀穩脣

　　緝部 1　ɯb[内 ɯbs>ɯs 隊]

立十[汁]及邑溼隰蹀習$_2$[熠]燮　{-s}位[涖]

獨字:皀廿丗疊　散字:泣

　　緝部 2　ib[内 ibs>is 至]

執咠[戢]茶㬥(縶)囟　{-s}摯[贄鷙]

獨字:挹

　　緝部 3　ub[内 ubs>us 隊]

沓集[雜]習合[翕]眔入内[納軜]襲帀(匝)替[噆]　{-s}對退内

獨字:濕(漯)

侵部 1　ɯm

林心彡[寻]今[禽貪][金钦锦][念]咸音㲋侵稟$_{1}$[廩]審覃$_{2}$ 壬朁[僭憯]

獨字:朕森闖㕣　散字:熊歆

侵部 2　im

忝占$_{1}$ 甜[恬餂]執$_{2}$[蟄]

侵部 3　um

風品覃南參壬冘臽朁[蠶]罙甚函弇貪稟$_{2}$ 宋[倲浨]

獨字:男三

盍部 1　ab[蓋 abs>as 祭]

灋(法)甲業盍劫[怯]巤曷及$_{2}$[极笈衱]曄　{-s}蓋

散字:脅

盍部 2　eb[蓋 ebs>es 祭]

聂劦妾夾厭枼耴疌臿　{-s}世瘞荔

獨字:涉聑㕣叶　散字:籋帖

盍部 3　ob[蓋 obs>os 祭]

奄[罨腌]弇[鞥媕]歙雪譶乏$_{1}$　{-s 會芮}

談部 1　am

斬僉冉甘敢[嚴]監[覽鹽]炎詹奄$_{1}$㲋$_{2}$凡$_{2}$氾[犯]㚇$_{1}$

獨字:芟广　散字:銜𪏆

談部 2　em

兼占$_{2}$ 韱夾猒㚇$_{2}$

獨字:閃　散字:銛鹼(又作鹻)

談部 3　om

染贛奄$_{2}$ 弇凡$_{1}$ 乏$_{2}$[貶]欠[坎]臽$_{2}$[閻]

散字:潛

附録三

《廣韻》常用字表

一、同一韻中,不同等的字分行列出。

二、同一韻中,列字依聲母“幫/非、端、泥、精、知、莊、章、日、見、曉、影”十二組次序,用逗號隔開;同組聲母字依全清、次清、全濁、次濁、又次清、又次濁排列。

三、一字多音的分别列出。例如:上平聲寒第二十五“翰汗”,去聲翰第廿八“翰汗”。

四、少數字説明意義。例如:上平聲殷(欣)第二十一,殷衆也大也;上平聲山第二十八,殷赤黑色。

五、同一韻中字形相同但聲母不同的字,在該字後括號内注出聲紐。例如:上平聲灰第十五,瑰(見),瑰(匣)。

六、根據《集韻》補充的字,在左上方加星號“*”。例如:*糰。

七、《廣韻》《集韻》都没有的字,用方括號標出。例如:[嫖][瞧]。

八、通常寫法與《廣韻》不同的字,用圓括號將通用的寫法列在本字後。例如:*啁(叨)。

九、本字表的整理和校對參考了中國社會科學院語言研究所編《方言調查字表》(修訂本,商務印書館 2002 年)、周祖謨《廣韻校本》(中華書局 1998 年)。

上平聲東第一,獨用

蓬篷蒙艨,東涷通同銅桐洞筒峒侗恫童僮瞳潼,籠聾礱朧瓏窿,蔥匆怱葱囪驄聰鬆叢,公蚣功工攻空倥,烘洪紅鴻虹訌,翁

風楓瘋豐酆馮夢,隆,嵩,中衷忠盅忡蟲種,崇,螽終充,戎絨,弓躬宫芎穹窮,雄熊融

上平聲冬第二,鍾同用

冬彤,農儂膿,宗淙(從)鬆,淙(崇)

上平聲鍾第三

封峰蜂鋒烽逢逢縫,濃龍,蹤縱從樅(清)樅(從)淞松,重憧(澄)沖,鍾鐘盅衝憧(昌)舂,茸,共恭供龔邛蛩喁,胸匈洶凶兇,雍癰壅邕容蓉鎔溶榕庸墉鏞慵傭

上平聲江第四,獨用

邦肨龐,椿幢噇,窗雙,腫,江扛豇腔,夯降缸

上平聲支第五,脂之同用

碑卑陂羆罷倦也披皮疲脾陴糜縻彌,離籬璃罹漓驪鸝蠡麗酈,貲訾劑雌疵斯隨厮撕隋,知蜘螭魑池馳篪褫,差篩,支枝肢梔卮坻氏眵吹炊施匙垂陲提,兒痿(日),規畸羈虧窺崎奇騎岐歧琦宜儀涯危,犧曦麾羲墮睢,萎痿(影)逶委倭漪椅爲移蛇

上平聲脂第六

悲丕琵枇比貔眉楣麋嵋黴薇,尼怩梨犁羸累,資姿咨瓷餈茨私雖綏,追槌胝錘遲墀坻椎,師獅篩衰,脂錐推鴟尸屍蓍誰,蕤,飢肌龜饑祁鰭夔耆逵葵馗,伊帷夷姨痍彝維惟遺寅

上平聲之第七

釐狸,兹滋孜仔慈磁司絲思辭詞祠,癡笞持,輜緇淄,之芝嗤蚩詩時鰣,而,几語助基箕姬居欺其棋期旗淇騏祺琪綦疑嶷嶷,嬉僖嘻熹禧戲熙,醫噫姬頤台飴怡貽

上平聲微第八,獨用

非飛妃肥微扉緋誹霏菲痱腓薇,幾(見)幾乎機譏饑磯歸譏幾(群)近祈圻頎沂巍,希稀揮輝暉徽幃欷,衣依威葳違韋圍

上平聲魚第九,獨用

廬驢閭櫚慮,且疽趄狙苴蛆沮睢咀胥徐,豬除儲躇滁屠,初鋤梳疏蔬,諸書舒紓,如茹,居車裾據墟渠魚漁衙,虚嘘,於淤余餘蜍舁予譽輿與

上平聲虞第十,模同用

夫膚跗敷俘孵麩桴符扶芙無巫誣孚拊鳧蚨毋蕪,鏤婁,諏趨須鬚需,誅蛛株邾厨,芻雛,朱硃珠侏樞姝輸殊洙,儒襦濡嚅懦,拘駒枸俱區驅嶇軀瞿劬衢句愚禺虞娱隅,吁,迂於紆于盂竽芋榆逾愉瑜諛腴萸臾籲覦俞揄渝喻

上平聲模第十一

逋鋪蒲菩脯模模子模模範謨膜摹,都都城都都是徒屠途塗荼圖,奴孥帑駑盧爐壚鱸瀘櫨艫顱轤鸕,租粗*徂蘇酥,姑沽蛄辜鴣孤觚菰呱箍枯吴蜈吾梧齬,呼葫(曉)胡湖糊瑚鬍葫(匣)壺狐弧乎瓠,烏惡

上平聲齊第十二,獨用

篦批鼙迷,低氐堤梯題提蹄啼締折詆荑,泥犁黎黧驪,妻萋凄齊臍蠐西棲犀嘶撕擠,鷄稽圭閨溪睽奎倪霓兒,奚兮嵇攜畦

上平聲佳第十三，皆同用

牌簰，釵差柴篩，佳街媧蝸涯崖*捱，歪鞋，娃哇蛙

上平聲皆第十四

排俳埋霾，齋儕豺，皆階稭楷喈乖揩偕，虺馬病諧懷槐淮骸，挨

上平聲灰第十五，咍同用

杯胚坯醅培陪賠裴梅枚媒煤，堆推敦，雷，催崔摧，瑰(見)傀盔魁恢桅詼嵬，灰虺馬病回茴徊瑰(匣)，煨偎隈

上平聲咍第十六

懛今作獃胎台臺苔抬，能來崍萊徠，災栽哉猜才材財裁纔腮鰓，該垓陔開獃皚*磑，孩咳頦，哀埃唉

上平聲真第十七，諄臻同用

彬賓檳濱豳斌貧頻蘋顰閩民岷泯瑉緡，紉鄰鱗燐麟粼磷轔嶙，津親秦辛新薪，珍填陳塵，榛臻溱，真唇振畛甄神身申伸紳呻娠辰晨臣，人仁，巾銀垠狺鄞，因姻*洇茵氤堙寅夤

上平聲諄第十八

倫淪輪掄，遵皴逡竣荀洵詢恂峋旬循巡馴，屯椿，肫諄春脣純蒓醇淳鶉，均鈞，筠匀

上平聲臻第十九

榛臻莘

上平聲文第二十，獨用

分芬紛焚墳文紋蚊聞氛(滂)氛(並)汾賁豶雯，君軍群裙，熏勳薰葷曛，氳蘊云雲耘芸員鄖

上平聲殷(欣)第二十一

斤筋勤芹蘄，欣昕，殷衆也大也

上平聲元第二十二，魂痕同用

藩翻幡煩蕃繁蕃(幫)番(滂)反番(並)蕃(並)樊，犍言元沅原源，喧軒掀萱塤，蔫冤宛怨鴛蜿袁猿園援轅爰媛

上平聲魂第二十三

奔*錛噴盆門捫，敦墩暾燉屯豚飩臀，掄論崙，尊村存蹲孫蓀，昆崑琨鯤坤髡，昏

婚閽魂餛渾溷,温*瘟

上平聲痕第二十四

吞,跟根垠,痕,恩

上平聲寒第二十五,桓同用

丹單殫鄲灘攤嘆檀壇彈,難蘭攔欄闌瀾讕,餐殘珊,干肝竿乾幹奸看刊,鼾寒韓翰汗,安鞍

上平聲桓第二十六

般搬潘拚胖拌繁盤瘢蟠瞞饅曼謾鰻漫,端湍團*糰摶,鸞鑾欒巒灤,鑽攢爨酸,官倌棺莞草名觀冠寬,歡獾桓丸紈完莞草可爲席洹萑,豌剜

上平聲删第二十七,山同用

班斑頒扳攀扳般蠻,删*閂栓訕潸,奸關菅姦顔,還環鬟寰患,彎灣

上平聲山第二十八

孱潺山,艱間鰥慳頑,閑,殷赤黑色

下平聲先第一,仙同用

邊蝙編駢眠,顛巔滇(端)滇池佃作田天田滇(定)大水貌鈿闐填,年零蓮憐,箋濺疾流貌先前千阡,堅涓鵑蠲肩牽纖研妍,賢舷玄縣懸弦訇地名,燕國名咽煙淵

下平聲仙第二

鞭編篇翩扁小舟偏便僻平綿棉,連漣聯令蓮攣,鐫煎躚遷千詮痊全悛荃錢泉仙癬宣鮮涎旋,纏椽傳澶(澄),顓氈專穿川船羶搧扇蟬禪嬋澶(禪)地名澶淵遄篅單單于,然燃,搴騫愆乾虔權拳鍵蜷卷千捐犍地名犍爲,嫣(曉),嫣(影)鄢蔫娟嬋娟圓焉延筵緣鳶鉛捐弃也沿

下平聲蕭第三,宵同用

刁貂雕凋挑調調和苕迢條跳佻祧,聊寥遼嘹撩獠料,瀟蕭簫艘,驍澆徼梟堯僥,幺

下平聲宵第四

鑣飆臕標杓飄瓢[嫖]剽漂苗描猫,燎,焦蕉椒鍬繰繰邊樵[瞧]憔硝消霄宵銷逍哨綃,朝今朝超朝朝代潮,昭招招燒韶韶關劭,蟯橈饒,釗驕嬌橇翹喬嶠橋僑轎蕎,枵囂,妖腰要要求邀摇遥謡窰姚陶鷂繇

下平聲肴第五,獨用

包苞胞泡炮抛泡跑炮刨咆麅茅猫[錨],鐃*撓,嘲嘮,抓抄略取,抄寫鈔巢稍梢樹梢

捎捎帶鞘,咬茭交佼蛟鮫郊膠教敲,哮肴爻淆崤姣,坳山坳

下平聲豪第六,獨用

褒袍毛髦旄,刀*啁(叨)綢饕韜滔搯(透)掏出掏(定)掏擇桃逃*洮(定)淘米陶萄套,猱勞撈牢澇嘮醪,遭糟操曹漕槽嘈騷臊臊氣繅搔,皋高膏篙進船竿咎糕羔熬敖鰲翱,撓蒿篷蒿薅除田草豪壕毫號,爊爊白菜

下平聲歌第七,戈同用

多拖他馱馱起來跎沱佗陀駝,那挪羅鑼籮蘿,搓嵯磋蹉娑獻犧尊,歌哥柯珂軻俄蛾鵝娥峨俄哦,呵苛訶河何荷荷花蚵,倭阿阿膠,阿哥

下平聲戈第八

迦波*菠菠菜番頗坡玻玻璃皤婆魔磨磨刀摩麼饃麽,囉嘍囉覼覼縷委曲騾螺腡,矬矮蓑梭莎莎草,渦過鍋戈科窠訛渦,和和氣禾,倭踒踒了腳窩
茄瘸,靴

下平聲麻第九,獨用

笆巴芭疤鈀兵車葩爬琶琵琶杷枇杷杷收麦器麻痲蟆[媽],拿,哆张口貌茶搽,樝/柤(査)山査柤(渣)煎药渣叉杈差差别茬[査]調査沙紗鯊裟,迦媧蝸珈枷迦貌瘕家加痂嘉傢誇笳瓜吾地名牙芽衙伢小孩子呀(疑),呀(曉)張口貌*蝦鱼虾*騢~腰花霞瑕遐蝦蝦蟆華驊樺划,窪哇啞鴉丫丫頭椏蛙
嗟些邪斜,爹,遮車蛇奢賒佘姓,耶爺椰揶

下平聲陽第十,唐同用

方肪芳妨房防坊魴亡芒忘望,娘良凉量量長短糧粱粱,將蔣草名漿槍搶鏘墻嬙檣薔驤緗相互相箱廂湘襄鑲祥詳翔庠,張場長長短倀腸,裝莊妝瘡床霜孀,章樟障彰漳璋昌菖菖蒲倡閶猖商傷觴殤常嘗裳償,禳攘鑲瓤穰禾莖,韁疆僵礓礓石薑繮姜羌强匡筐眶狂,香鄉,央秧殃泱鴦王楊洋烊陽揚瘍潰瘍徉佯瘍煬

下平聲唐第十一

幫滂旁螃螃蟹磅膀傍彷忙芒茫邙,襠當當時湯堂棠螳螳螂唐糖塘搪,囊踉浪郎廊狼琅螂,[髒]倉滄蒼藏隱藏桑喪喪事,剛崗岡綱鋼甌(缸)胱光康糠昂,慌荒黃簧皇蝗遑煌隍凰惶璜潢行航杭亢吭,[骯]汪

下平聲庚第十二,耕清同用

砰抨烹彭膨榜棚盲虻氓,趟丁撐橙澄瞠,鐺錚傖崢生牲甥笙猩,觥更粳庚羹,亨行行爲衡珩蘅横

兵平坪評鳴明盟，京荆驚卿擎檠鯨迎，兄，英瑛榮

下平聲耕第十三

浜繃棚萌，橙，争箏，耕賡，轟揈訇姓莖閎宏，鶯嶸嚶鸚櫻泓

下平聲清第十四

娉名，菁旌精晶睛清請情晴睛睛受，貞蟶蟶子偵程呈，正征聲成城誠盛盛滿了，輕傾瓊，嬰櫻盈嬴瀛營塋

下平聲青第十五，獨用

姘拼瓶屏冥溟螟瞑暝萍銘，仃丁釘靪疔聽聽見町廳汀霆亭停廷庭蜓，寧靈零鈴伶拎欞齡翎苓玲苓玲憐零，青蜻星腥醒惺，經涇扃，馨形型刑陘熒螢滎

下平聲蒸第十六，登同用

冰憑馮瞢，陵菱凌，繒，徵徵求征澄懲*橙，蒸稱乘繩澠塍田塍升勝承丞，仍扔，矜兢凝，興興旺，膺應鷹蠅

下平聲登第十七

崩鵬朋，登燈騰謄藤滕癱（疼），能稜楞，增曾（精）姓憎曾（從）曾經層僧，肱，恒弘

下平聲尤第十八，侯幽同用

浮蜉桴罘謀矛牟眸繆，瀏劉流留榴石榴硫硫黄瑠琉璃騮瘤，啾遒（精）盡湫揫揫住秋秋天秋秋千鞦牛鞦酋遒（從）盡修羞囚泅，抽妯稠綢籌儔疇售，緅鄒騶陬搊愁搜颼餿叟蒐，周舟惆州洲收讎匹酬，柔蹂揉，鳩鬮糾丘邱求裘球馗又音逵仇姓牛，休貅，憂優尤郵由油游猶猷疣悠攸繇

下平聲侯第十九

兜偷頭投，樓摟耬農具髏螻婁僂簍，陬勾句鉤溝摳瞘眼瞘，侯喉猴瘊瘊子，區謳漚鷗歐甌

下平聲幽第二十

彪滮繆綢繆，幽

下平聲侵第二十一，獨用

林淋琳臨霖，侵心尋，椹琛郴沉湛，簪参岑森参人参，箴針斟深諶忱，任姓壬妊，今金欽衾禁襟琴黔黄而黑亦姓禽擒吟，歆，喑音陰淫

下平聲覃第二十二，談同用

耽貪探潭譚，南男嵐婪，簪参驂蠶，堪龕戡，含函涵頷，諳庵

下平聲談第二十三，談

澹擔擔任坍(坍)坍下來談痰郯，藍籃襤，慚三，甘柑泔，憨蚶酣

下平聲鹽第二十四，添同用，嚴同用

砭以石刺病府，黏黏米粘俗黏廉鐮簾奩，尖漸入也漬也殲簽籤潛纖暹孅，霑(*沾)霑濕也沾水名[粘]粘貼，瞻苫詹占占卜蟾，髯，鉗箝黔黑黃色，崦淹閹醃鹽醃炎鹽饜閻檐簷同檐

下平聲添第二十五

占佔佢輕薄也敁(掂)掂掇添沾水名甜恬，鲇拈指取物也，縑兼*搛謙，嫌

下平聲嚴第二十六

嚴，杴鍬屬，醃鹽漬魚

下平聲咸第二十七，銜同用，凡同用

喃，饞讒攙刺也杉摻，緘尷(尷)尷尬鴿，鹹咸

下平聲銜第二十八

攙攙搶星名衫芟，監嵌巖岩同巖，銜

下平聲凡第二十九

凡帆

上聲董第一，獨用

懵蠓，董懂桶侗動，攏籠，總，孔，汞

上聲腫第二，獨用

捧奉，隴壟，聳竦悚，塚寵重，踵腫種，冗氄鳥細毛，拱鞏恐，擁壅勇涌踴俑蛹溶

上聲講第三，獨用

棒蚌，講港耩，項

上聲紙第四，旨止同用

髀彼俾被婢靡弭彌，累，訾紫嘴此璽徙髓，褫(徹)褫(澄)奪衣，揣，紙捶枳砥咫只侈弛舐豕是氏，爾邇蘂，詭綺企跬技妓跪蟻，毀，倚椅委

上聲旨第五

鄙匕髀比秕否痞圮美，履壘誄，秭姊死兕，雉，旨指坻矢屎水視，几荼几晷宄軌癸揆，唯

上聲止第六

你裏理悝李俚鯉娌，子仔梓似姒巳祀，徵耻痔峙，滓士仕柿俟史使駛，芷止趾址齒始市恃，耳，己紀起杞擬，喜嬉，矣已以

上聲尾第七，獨用

匪非斐蜚尾，幾幾個鬼豈，卉虺蛇虺，偉韙煒葦

上聲語第八，獨用

女吕旅侣膂，沮咀序緒嶼抒，貯褚宁杼(邪)，俎阻楚礎所，渚煮處杵紓抒(船)杼暑鼠黍墅，汝茹，莒舉去巨詎炬拒距語圉圄禦，許，與予

上聲麌第九，姥同用

甫脯腑斧俯府拊剖撫父滏腐輔武侮舞鵡，縷嶁窶僂，聚取，拄柱，數，主豎樹，乳，矩枸，煦詡栩，傴，雨宇栩羽禹愈庾

上聲姥第十

補圃譜普溥浦部簿姥莽，堵肚賭睹土吐杜，怒努弩魯櫓鹵虜，組祖，賈古詁估牯酤蠱瞽股鼓苦五午伍，虎琥滸户祜扈雇滬怙，塢

上聲薺第十一，獨用

陛米，底抵邸詆坻體涕弟悌遞，禰嬭楚人呼母禮醴澧，擠濟薺洗，啓

上聲蟹第十二，駭同用

擺罷買，嬭乳，今作奶，灑，解解開，解姓蟹枴拐夥，矮

上聲駭第十三

楷鍇，駭

上聲賄第十四，海同用

倍每浼，腿，儡蕾，璀罪，傀隗，賄悔匯，猥

上聲海第十五

蓓，等待怠殆詒，乃鼐，宰載采彩在，改姟鎧愷，海醢亥

上聲軫第十六，準同用

牝敏憫閔泯，嶙，盡，軫診稹縝賑昣腎蜃，忍，緊，隕殞引蚓

上聲準第十七

隼笋*榫，準純蠢盾吮，窘菌，允尹

上聲吻第十八，隱同用

粉憤*忿墳土膏肥吻刎，蘊惲

上聲隱第十九

謹近迫,隱

上聲阮第二十,混很同用

返阪反飯晚娩,蹇圈綣键阮,偃堰苑宛婉蜿遠

上聲混第二十一

本笨,囤盾沌,樽忖損,*滚鯀閫,混棍,穩

上聲很第二十二

懇墾齦嚙,很

上聲旱第二十三,緩同用

撣坦誕但袒,懶,散傘,桿稈稻稈擀擀面侃,罕旱

上聲緩第二十四

伴拌滿懣,短疃斷,暖卵,纂攢趲算,管盥館款,緩皖浣,碗

上聲潸第二十五,産同用

板版,赧,撰,潸,莞莞爾而笑,綰

上聲産第二十六

盞鏟羼棧閣産,簡襉柬揀眼,限

上聲銑第二十七,獮同用

扁匾辮眄,典腆殄,撚撵,銑跣燹野火,繭筧以竹筧水犬,顯峴蜆,宴

上聲獮第二十八

辨辯免勉娩分娩冕緬沔沔,碾輦孌璉,翦錢田器戩淺踐餞鮮少吮细竹選癬,展轉篆,

闡喘善單姓,軟,捲搴蹇遣件卷鍵圈猪圈,演衍兖

上聲筱二十九,小同用

鳥窕挑掉,嬈了繚瞭蓼,繳僥皎,曉,杳窈,

上聲小第三十

表裱標漂縹渺秒眇藐淼,燎僚,剿悄小,趙兆,沼少紹,擾繞,矯,夭舀

上聲巧第三十一,獨用

飽鮑卯,撓,爪炒吵,狡絞姣鉸攪搞巧咬,拗

上聲晧第三十二,獨用

寶堡葆褓保抱，禱島倒討道稻，腦惱老潦潦，早繅藻棗蚤澡草皂造燥掃嫂，稿杲縞考烤槁，好浩昊顥鎬灝，襖懊媼

上聲哿第三十三，果同用

柁沱灖沱舵爹北方人呼父，娜，左娑，哿舸可坷軻我，荷

上聲果第三十四

跛簸叵頗，揣搖朵妥隋惰墮垛，裸瘰卵，坐鎖瑣，果裹餜，火夥禍

上聲馬第三十五，獨用

把馬，灑傻，賈瘕假寡剮雅瓦，夏下厦踝，啞

姐且寫瀉，赭者扯哆脣下垂貌舍捨社，惹若地名，冶也野

上聲養第三十六，蕩同用

紡倣倣效仿相似彷彷佛惘網罔魍，兩，蔣獎槳搶想像象橡，長漲丈仗杖，爽，掌廠氅敞賞晌上，攘壤嚷，强倔强繈仰，享響向，枉往鞅怏養癢

上聲蕩第三十七

榜莽蟒，黨儻蕩，曩朗，髒骯髒蒼磉，廣慷，慌謊晃幌沆，盎泱

上聲梗第三十八，耿静同用

猛，打，冷，省節省、省長，哽埂梗礦，杏，永

丙炳秉皿，憬景境警，影

上聲耿第三十九

耿，幸

上聲静第四十

餅屏，嶺領，井睛請静靖省反省，逞騁，整，頸頃，郢穎潁

上聲迥第四十一，獨用

並茗溟酩，酊鼎頂挺艇鋌金鋌町，醒，剄，脛迥炯

上聲拯第四十二，等同用

拯抍撜(二字同拯)，庱，殑

上聲等第四十三

倗不肯，等，能，肯肎(同肯)

上聲有第四十四，厚黝同用

否缶婦負阜，鈕扭柳瀏，酒，肘丑紂，帚醜首手守受壽綬，蹂，久玖九韭灸糗咎舅

臼,朽,有友右酉莠誘牖

上聲厚第四十五

剖培某畝牡拇母,蚪斗抖陡敨展开,走取趣趣马擻叟,垢狗枸苟口叩扣偶藕耦,吼後厚,毆歐嘔同歐,吐

上聲黝第四十六

糾赳,黝

上聲寑第四十七,獨用

朕禀品,凜,寑,枕沈葚審嬸甚,飪稔荏恁,錦,飲

上聲感第四十八,敢同用

漤漤菜、漤鹽,慘,感坎,頷撼,揞手揞住

上聲敢第四十九

膽毯淡啖,覽攬欖,嵌,敢橄,喊,埯

上聲琰第五十,忝同用

貶,斂,漸,諂,陝閃,染冉,檢*臉儉广因岩爲屋,險,奄掩罨揜魘琰

上聲忝第五十一

玷點忝舔簟,歉食不飽

上聲豏第五十二,檻同用

湛,斬摻,減歉,闞虎聲喊(曉)喊(匣),黯

上聲檻第五十三

艦檻濫

上聲儼第五十四,范同用

儼儼然广因岩爲屋

上聲范第五十五

范範笵犯

去聲送第一,獨用

凍棟痛洞慟,齈多涕鼻疾弄譶,糉送,貢贛空空缺控,鬨哄,甕諷鳳夢,中射中衷仲,衆銃放銃,*嗅用鼻子聞

去聲宋第二,用同用

統,綜織布机上的綜宋

去聲用第三

封俸縫一條縫,縱放縱從誦訟頌,重(澄)更爲,種種樹,供供養恐共同,用

去聲絳第四,獨用

胖今胖,撞,*雙淙,絳降下降虹天上的虹洚,巷

去聲寘第五,至志同用

陂臂譬譬喻被被迫避,荔離去詈累,積刺漬賜,智,惴啻翅施豉豆豉吹睡瑞,寄企騎芰誼義議僞,戲戲弄,餧萎萎牛諉爲助易难易

去聲至第六

畀毖泌比庇祕泌轡庇痹屁備鼻篦眉篦媚寐魅,地,膩利莉痢類泪,恣醉次翠自萃四駟肆粹祟遂隧邃燧穗,致稚治墜,帥,至鷙贄摯出示謚視嗜,二貳副,冀愧季昆季驥覬器弃暨悸饋匱簣櫃劓,肄懿遺位

去聲志第七

吏,字牸牝牛伺思寺嗣飼,置治植值,厠事使,识志痣誌試織識侍,餌珥,記忌,意異食人名

去聲未第八,獨用

痱熱瘖誹沸費翡蜚未味,既溉貴氣(溪)氣息*汽魏毅,諱氣(曉)餼客芻米卉慨大息也,衣畏慰蔚尉候也緯胃渭謂

去聲御第九,獨用

女以女妻人慮*濾,狙沮絮,著箸筷子除,詛楚楚利又木名助疏注疏,翥飛舉處處所庶恕署曙薯,茹如,據踞鋸去詎遽御*禦馭語,噓,譽預豫與參與歟

去聲遇第十,暮同用

付賦傅赴訃附駙務霧騖鳥名鶩馳也奔也,屨,足足添物,本音入聲趣娶*續,駐註住,數名詞,注蛀鑄戍輸樹,孺,句瞿視貌又音衢驅具懼寓遇禺母猴,煦同昫酗,嫗芋雨喻諭裕

去聲暮第十一

布佈圃鋪設也怖步捕埠商埠哺暮慕墓募,妬同妒妒蠹食木蟲吐歐也兔度渡鍍,怒路賂露鷺,*作做醋措錯祚素訴塑嗉鳥嗉,故固錮雇顧酤庫袴褲苦困也誤悟寤捂忤,戽戽水互護瓠匏,惡可恶

去聲霽第十二,祭同用

閉箅甑箅濞水聲*鐾鐾刀布薜謎，帝諦替涕剃屜第遞睇弟娣棣締題逮逮及，泥滯陷不通麗隸戾乖捩唳荔薜荔香草離《漢書》云附離著也，濟霽擠排擠砌切妻以女妻人齊火齊劑細壻女夫，計繼繫(見)髻薊草名桂契詣羿，系繫(匣)《易》之繫辭*係彗慧惠蕙，縊瞖目瞖

去聲祭第十三

蔽敝弊幣斃袂，例厲勵礪，祭際穄脆歲彗星名，綴滯彘，制製贅掣世勢蛻蛻皮稅說說誘誓逝噬，芮，鱖蹶行急遽貌揭憩偈藝囈，衛曳裔泄水名銳

去聲泰第十四，獨用

貝狽沛，帶太汰泰蛻大小大兌，奈賴癩瀨糲蟲米酹以酒沃地，最蔡，蓋丐會會計劊檜膾魚膾艾外，害會開會會會不會繪，靄

去聲卦第十五，怪夬同用

派稗賣，債曬，懈卦掛，解(見)除解(匣)曲解畫，隘

去聲怪第十六

拜湃憊韛韋囊吹火，祭周大夫邑名，殺殺害，介界芥尬疥屆戒誡怪蒯*塊墳喟聵，械瀣壞，噫

去聲夬第十七

敗唄邁行也，寨，夬快[筷]，話，喝哄聲

去聲隊第十八，代同用*廢同用

輩背脊背配佩背弃背*焙悖心亂孛星昧妹，對碓退隊，内累儽耒，淬碎，塊，晦誨悔潰

去聲代第十九

戴態貸代袋岱黛逮及，耐賚睞，再載(精)年也菜棌木名載(從)運在裁制裁栽築墻長板賽塞邊塞，概溉慨鎧甲礙止，劾推劾，愛

去聲廢第二十

廢肺吠，刈，穢

去聲震第二十一

殯擯鬢，吝啬藺磷薄石，進晉縉親親家信訊汛燼，鎮填定趁陣診候脈，櫬近身衣，振震娠妊娠賑贈慎蜃，刃認軔，僅饉覲瑾，釁挑釁，印胤引

去聲稕第二十二

俊駿(精)馬之俊迅浚浚河濬深駿(心)殉徇，諄順舜瞬，閏潤

去聲問第二十三，獨用*焮同用

拚除糞奮忿怒份(分)一份兩份問聞璺裂璺紊汶水名,郡,訓,熨(*煴)愠員姓也運鄆邑名暈韻

去聲第二十四焮

勁(劤)有劤靳近附也斤斤斤,察,隱隈隱之貌

去聲願第二十五,慁恨同用

販嬔鳥下蛋飯萬曼長蔓瓜蔓,建勸券健腱圈願,獻憲楦鞋楦子,郾遠堰怨

去聲慁第二十六

逩(奔)噴吐氣悶,頓扽敦豎[褪]鈍遁,嫩論議論,寸遜,[棍]困,溷

去聲恨第二十七

艮卦名,恨

去聲翰第二十八,換同用

旦炭嘆但彈行丸憚,難灘水奔攤按攤爛讕逸言,贊濽濺燦璨散分散,館幹看侃正岸,漢汗翰鳥羽瀚悍銲,案按

去聲換第二十九

半絆判泮胖牲之半體叛縵幔漫謾欺,斷決斷鍛鍛鍊段緞椴,亂,鑽木工用具竄蒜筭,貫灌*罐(鑵)觀寺觀冠冠軍館盥澡手玩,焕唤涣喚换,腕鑽錐鑽惋

去聲諫第三十,襇同用

襻鞋襻慢謾,錠篡棧汕疝疝气訕栅涮,諫澗鐧串慣雁,患宦豢,晏晚綰

去聲襇第三十一

扮盼瓣辦,綻破綻,間間斷,間或,莧莧菜幻

去聲霰第三十二

徧周遍俗徧片麪,電殿澱甸奠佃鈿填塞填,練揀楝楝树鍊,薦濺茜倩先霰,見(見)狷牽硯,現見(匣)研炫縣眩,宴咽燕嚥

去聲線第三十三

變騗騗馬卞汴弁拚便方便面,輾水輾戀,箭濺濺一身水煎賤餞餞行餞線選羨旋鏇,轉轉圓圈纏纏繞物傳傳記,戰顫穿貫釧串(穿)扇煽火盛貌膳單姓禪禪讓擅,眷卷絹譴縫遣倦彥諺,院援媛瑗堰衍緣

去聲嘯第三十四,笑同用

釣弔吊跳(趒)眺糶掉調音調調調動藋灰藋菜,尿料尥嘹病呼,嘯,叫竅,嬈

去聲笑第三十五

裱驃(幫)驃(滂)驃(並)剽漂水中打絮廟妙，療燎，醮俏俠哨噍嚼誚笑肖似鞘，召，照詔燒放火少邵，繞，轎嶠，要曜耀鷂鷙鳥也摇摇動約

去聲第效三十六，獨用

豹爆砲灼貌礮礮石泡鉋貌，鬧淖，罩櫂，笊鈔同抄稍潲豕食潲雨濺，教教訓校(見)檢校較酵窖覺睡覺敲擊，孝效校學校校(匣)校尉官名，樂好

去聲號第三十七，獨用

報暴菢鷄伏卵瀑瀑雨冒帽旄狗足旄毛，到倒倒懸*套悼導盜蹈踐，勞勞慰澇淹，躁竈灶竈的簡體字操持糙造至漕水運穀掃噪，告誥膏膏車部縞白縑靠犒傲驁馬名，好耗號，奥懊澳

去聲箇第三十八，過同用

大馱，那奈邏，左左右佐作些楚語辭，個軻轗軻不遇坷坎坷不平餓，荷薄荷賀

去声過第三十九

播簸破*蔢薄荷磨磑，剁唾惰，*稬糯米摞，挫銼莝坐被罪座，過課卧，貨和聲相應，涴泥著物

去聲禡第四十，獨用

霸欛柄垻平川靶*壩堤*爸灞怕*杷帕杷犁耙罵，吒詫，詐榨岔乍*厦，假借架駕嫁稼價胯跨砑碾砑瓦泥瓦屋訝迓，嚇罅化下行下夏春夏暇樺華，亞

借笡藉褯瀉卸謝榭，蔗炙炙肉柘射麝赦舍釋也，駱母牛馬，夜

去聲漾第四十一，宕同用

放舫並兩船妨妨礙訪謀防守禦忘妄望，釀亮諒兩車數量合斗斛掠奪，醬將將帥匠相視，帳帷帳漲大水張脹暢悵仗長多，壯創狀，嶂瘴障唱倡導引先餉尚上上面償，讓，誑逛仰，向况，怏王旺樣漾養煬恙

去聲宕第四十二

謗傍，當典當擋燙湯蕩儻蕩宕碭，浪，葬藏庫藏*臟喪亡，鋼桄織機壙曠炕抗囥藏亢高，吭鳥咽行次第，盎

去聲映第四十三，諍勁同用

榜榜人孟盟，偵掌椅子掌儿鋥鋥光，更易硬，行品行横

柄病評命，敬竟鏡慶競檠迎，映咏泳

去聲諍第四十四

迸迸裂,諍,轟

去聲勁第四十五,獨用

併合併娉聘,令,倩假倩凈請性姓,偵鄭,正政聖盛興盛晟,勁勁敵輕

去聲徑第四十六,獨用

暝,定(端)釘釘住訂訂約聽待,聆定(定)廷錠,寧寧可佞[另],醒,徑經經緯,經線罄磬鐘磬,脛,瑩

去聲證第四十七,嶝同用

瞪瞪眼,證驗,證候稱相稱秤一杆秤剩乘媵(船)勝勝敗,凝凍結,興高興,應應對孕媵(以)

去聲嶝第四十八

凳橙鐙鞍鐙蹬鄧澄澄渾水使清,蹭磨蹭贈

去聲宥第四十九,候幼同用

富副複復復興覆伏,溜餾瘤赤瘤腫病留宿留停侍廖姓,就鷲秀繡宿星宿*銹袖岫,晝畜宙,皺縐驟漱漱口瘦,咒臭獸首自首前罪收穫多守狩壽授售,蹂,救究疚灸猶(見)舊柩,嗅,又右佑祐侑宥囿柚鼬黃鼬*釉油猶(以)

去聲候第五十

戊茂貿懋,鬥透豆逗竇,漏陋鏤,奏走疾趨凑嗽咳嗽,彀張弓,够(彀)到構遘媾購勾勾當句扣扣住詬(溪)寇蔻偶偶然,詬(曉)吼聲也候厚後逅,漚久浸水中

去聲幼第五十一

謬繆,幼

去聲沁第五十二,獨用

賃租賃臨,浸沁吣犬吐,沈鴆,讖滲水滲透,枕深甚,任責任妊衽紝縫紝,禁捺撳、按*妗舅母吟,蔭屋子很蔭窨地窨子飲飲馬

去聲勘第五十三,闞同用

*撢探,試探,參暫,淦勘勘探,憾,暗

去聲闞第五十四

擔負淡澹,濫纜,暫蹔蹔花三三思,瞰闞視又姓,憨

去聲豔第五十五,㮇同用*釅同用

砭,殮斂,潛,占佔苫贍,驗,厭饜俺豔灩焰鹽腌

去聲㮇第五十六

墊下店沾㮇忝辱也，念，僭，兼*歉

去聲陷第五十七，鑑同用*梵同用

站立賺，蘸蘸醬油，陷𧸘餡

去聲鑑第五十八

懺讒釤大镰，鑒鑑監領

去聲釅第五十九，梵同用

劍欠釅釅茶，淹

去聲梵第六十

泛帆梵

入聲屋第一，獨用

卜樸(幫)濮撲醭仆*鶩僕曝瀑暴樸(並)木沐，竺啄禿獨讀牘犢髑瀆黷櫝，碌祿淥鹿麓轆，鏃簇族速，穀縠谷哭，斛，屋

福幅蝠輻副複腹蝮馥覆匐服伏栿茯復目穆牧睦，忸忸怩六陸戮，蹴(精)蹴(清)蹙肅夙宿，竺竹築矗(徹)畜(徹)逐軸舳柚，矗(初)縮謖，祝粥叔菽孰塾熟淑，肉，菊掬麴，畜(曉)蓄，郁囿育煜鬻毓

入聲沃第二，燭同用

僕，篤督毒，告酷，鵠，沃

入聲燭第三

逯淥綠録，足促粟俗續，躅，矚燭囑觸贖束蜀屬，辱褥，鋦曲局玉獄，旭，欲慾浴

入聲覺第四，獨用

爆趵剥駁樸璞雹邈，搦，桌卓琢啄涿戳擢濯濁，捉鐲浞朔數，覺較角桷餃確搉殼嶽岳樂，學，握幄喔

入聲質第五，術櫛同用

筆畢必泌(幫)匹弼泌(並)密蜜謐，蛭(端)，昵栗，唧七漆疾蒺嫉悉膝，茁室姪秩，質郅桎蛭(章)水蛭侄實失室，日，吉詰佶，乙一壹逸佚軼溢

入聲術第六

律*率(來)，卒焌*駿戌恤，怵黜术，茁率(生)蟀帥，出術述秫，橘，聿

入聲櫛第七

櫛瑟蝨

入聲物第八,獨用*迄同用

紱不弗彿佛拂物勿芴,厥詘屈掘倔堀崛(群)崛(疑),尉蔚熨鬱

入聲迄第九

訖吃乞契屹,迄

入聲月第十,没同用

髪發伐筏垡閥罰襪,揭(見)高舉羯訐厥蹶蹷蕨竭闕碣揭(群)堀掘橛月刖,歇蠍,閼謁噦越樾鉞曰粤

入聲没第十一

孛勃埻渤悖餑没殁,咄突凸,訥,卒猝,骨滑(見)汩汨没窟兀杌刖,紇忽笏滑(匣)*核

入聲曷第十二,末同用

妲獺撻達,捺辣剌瘌(*瘌),擦*撒薩,割葛渴,喝曷褐,遏

入聲末第十三

鉢撥潑拔跋鈸末沫抹秣,掇敠咄脱奪,捋,撮,括聒闊,豁活,斡

入聲黠第十四,鎋同用

八拔抹,札紮察殺,楔戛嘎秸頡擖,黠滑猾,軋挖

入聲鎋第十五

刹鍘刷,刮刖,瞎轄

入聲屑第十六,薛同用

憋撇瞥蔑篾蠛,蛭鐵跌迭,揑涅捩,節癤切竊截屑楔,結潔鍥决訣抉(見)譎挈契缺蒐,血擷(曉)擷(匣)絃頡穴,咽噎抉(影)

入聲薛第十七

别(幫)鼈别(並)滅,吶列冽烈裂劣,絶薛泄褻雪,哲蜇綴輟掇徹撤轍澈,折(章)浙拙掣啜(知)舌設説折(禪)啜(禪),熱,揭(見)揭(溪)揭(群)碣竭杰,悦閲

入聲藥第十八,鐸同用

縛,略掠,爵雀鵲嚼削,著(知)著(澄),繳酌灼綽皵焯爍鑠勺芍,若弱,腳矍钁攫却虐瘧,謔,約籰藥櫟鑰躍

入聲鐸第十九

博搏(幫)搏(滂)膊濼(泊)(滂)梁山泊粕薄礴泊(並)箔亳莫膜幕寞漠摸,魄託拓(托)手承物橐鐸度踱,諾落烙駱酪洛絡樂,作迮錯厝鑿昨柞索,各格閣(擱)胳郭恪廓*擴

鄂噩諤鰐愕，郝姓壑蠚霍藿劐鶴涸貉鑊，惡善惡蠖

入聲陌第二十，麥昔同用

百柏伯迫拍魄白帛舶掐陌貊貉，坼（*拆）開皴皴澤擇宅翟，窄嘖迮䟳咋，格虢客額，赫嚇

碧，戟隙劇劇烈劇戲劇屐逆

入聲麥第廿一

擘檗麥脉，摘讁（知）讁（澄），責嘖（莊）咋策册栅嘖（崇），革鬲隔幗蟈，翮核審核核果子核繳獲畫劃，扼軛

入聲昔第廿二

璧辟（幫）辟（滂）癖僻辟（並）闢，借積迹迹脊鯽磧籍藉瘠惜昔席蓆夕汐，擲，適（章）隻炙摭赤斥尺射適（書）釋螫石碩，益亦弈奕譯驛繹易蜴液腋掖疫役

入聲錫廿三，獨用

壁劈癖霹覓汨水名，的滴嫡鏑適吊摘惕踢剔逖倜笛敵滌狄荻翟糴，溺歷櫪瀝曆礫櫟鬲，績戚寂錫析淅，擊激喫（吃），闃覡檄

入聲職第廿四，德同用

逼愎，匿力，即唧鯽稷息熄媳，陟稙飭敕直值，仄側測惻色嗇穡，織職食蝕識式拭軾飾殖植，亟殛棘極嶷，憶億抑蜮域弋翌翼

入聲德第廿五

北匐墨默冒，得德忒特，肋勒，則賊塞，國刻克，黑劾或惑蜮

入聲緝第廿六，獨用

立笠粒，緝集輯習襲隰，蟄，澀，執汁濕十什拾，入，急級汲給泣噏及岌，吸歙，邑挹揖熠（云）熠（以）

入聲合第廿七，盍同用

答搭踏搨沓，衲納拉，雜颯，合蛤鴿溘，喝合盒

入聲盍第廿八

塔榻*塌溻，臘蠟鑞，鉀嗑（見）磕，盍闔嗑（匣）

入聲葉第廿九，帖同用*業同用

聶鑷躡獵，接楫睫婕妾捷，輒，霎，摺褶慴攝歙涉，饜燁葉頁

入聲帖第三十

跌喋(端)帖貼叠碟牒蝶諜蹀喋(定),茶,燮,荚頰*挾篋,協俠

入聲洽第卅一,狎同用*乏同用

劄札,眨插閘炸霎,夾袷恰掐,狹峽洽

入聲狎第卅二

喋,甲胛鉀,呷匣狎,鴨押壓

入聲業第卅三,乏同用

刦怯業鄴,脅,腌

入聲乏第卅四

法乏

附 録 四

《中原音韻》字音表

一、《中原音韻》音系爲 19 韻部，21/25 聲母，全濁聲母清化合併，入聲派入平上去三聲。已經與普通話音系接近(《中原音韻》音系的有關介紹請參見本書第十單元)。

二、同一韻部中，按聲調分類排列。

三、同一聲調下，以韻母排列。韻頭不同另起行。以開口、齊齒、合口爲序，同韻字前標出構擬的韻母。

四、每一韻母内的字以聲母爲序排列，不同聲母的字之間以逗號隔開。本表采用《中原音韻》爲 21 聲母的構擬。聲母排列的順序是：p、ph、f、m、v、t、th、n、l、ts、tsh、s、tʃ、tʃh、ʃ、ʎʒ、k、kh、ŋ、h、0。聲母没有標出，没有字的聲母不留空位。讀者可根据字表中字的聲韻調的位置拼出構擬音值。

五、《中原音韻》的音系構擬采用鄭張尚芳系統。與王力系統的主要不同點是，没有 tʂ、tʂh、ʂ、ʐ 四個卷舌聲母，日母爲 ʎʒ，支思韻爲 ɨ。

六、少數地方，可能原本有誤。不同小韻而實際同音者，用“術術/淑蜀”表示；同一小韻而不同音者，亦用“盥/澣”表示。

七、本表的整理和校對參照了楊耐思的《中原音韻音系》(中國社會科學出版社 1981 年)。

第一部　東鍾

平聲陰

[uŋ]崩繃，烹，風楓豐封葑峰鋒烽丰蜂，東冬，通，宗椶騣，匆葱聰驄囪，鬆，鍾鐘中忠衷終，冲充衝舂揰忡艟种，工功攻公蚣弓躬恭宫龔供肱觥，空悾，烘轟薨，翁癰廱壅泓

[iuŋ]蹤縱樅，松嵩，穹芎傾，凶汹胸洶兄，邕嗈雍

平聲陽

[uŋ]蓬篷芃彭鵬棚，馮逢縫，蒙濛朦矇甍盲瞢萌，同筒銅桐峒童僮曈瞳朣潼橦，膿農儂，朧曨籠櫳瓏礱聾嚨，叢藂琮，重蟲慵鱅崇，紅虹洪鴻紘宏横弘嶸

[iuŋ]濃穠醲，龍隆癃窿，從，戎絨茙茸駥，窮藭蛩邛笻，熊雄，容溶蓉瑢鎔庸傭鄘鏞墉融榮

上聲

[uŋ]唪，捧，蠓懵猛艋蜢，董懂，桶統，筼攏，總，腫踵種冢，寵，拱鞏珙，孔恐，汞

[iuŋ]隴壠，聳竦，冗，洶詾，勇涌踴慂俑永

去聲

[uŋ]迸，鳳奉諷縫，夢孟，洞動棟凍蝀，痛慟，弄齈，綜，宋送，衆中仲重種，銃，貢共供，控空鞚，哄閧横，甕齆

[iuŋ]縱從粽，訟誦頌，用咏瑩

第二部 江陽

平聲陰

[aŋ]邦梆幫，鎊滂雱，方芳枋妨肪坊，當璫襠，湯鏜，贓臧，倉蒼，桑喪，章漳獐樟璋彰張麞，昌猖菖娼閶，商傷殤觴湯，岡剛鋼綱缸扛亢，康糠

[iaŋ]漿將，搶鏘蹡，相湘廂箱襄驤，姜江杠釭薑疆韁殭僵，腔羌蜣，香鄉，鴦央殃秧泱

[uaŋ]莊粧裝樁，牕瘡，雙霜孀，光胱，匡筐眶，荒肓，汪

平聲陽

[aŋ]旁傍房龐逄，房防，忙茫邙芒鋩厖，忘亡，唐糖搪塘堂棠，囊，郎廊榔螂浪稂琅狼，藏，長萇腸場常裳嚐償，穰瓤瓤，杭行頏航，昂卬

[iaŋ]娘，粮良凉輬梁粱量，牆檣嬙戕，詳祥翔，强，降，陽揚楊暘昜颺羊徉洋佯

[uaŋ]床幢撞，狂，黄潢簧鰉蝗皇篁凰惶艎遑隍，王

上聲

[aŋ]榜挷，放舫倣昉訪，莽漭蟒，網罔輞，黨讜，帑倘，朗，髒，嗓顙，掌長，敞氅昶，賞晌，壤穰，沆

[iaŋ]兩魎，蔣獎槳，搶，想鯗，講錙港，强，響享饗夯，仰，養痒鞅

[uaŋ]爽，廣，恍謊，枉往

去聲

[aŋ]謗傍蚌棒，胖，放訪，望忘妄，蕩宕碭當擋，湯盪，浪閬，葬藏臟，喪，帳脹漲丈杖仗墇障瘴，唱倡暢悵鬯，上尚餉，讓釀，鋼，炕亢抗，行，盎

[iaŋ]釀，亮諒量輛，匠將醬，象像相，絳降虹洚，巷向項，仰，煬養快殃漾恙樣

[uaŋ]狀壯撞，創刱/愴，誑，曠壙纊，晃幌/況貺，旺王

第三部　支思

平聲陰

[ɨ]髭貲觜兹孳孜滋諮資咨淄姿，雌，斯廝澌鷥颸思司私絲偲，支枝肢巵梔氏之芝脂胝，差眵，施詩師獅尸屍鳲蓍

平聲陽

[ɨ]慈鶿磁玆茨疵玼玭，詞祠辭辤，時塒鰣匙，兒而

上聲

[ɨ]子紫姊梓，此玼泚，死，紙砥旨指止沚芷趾祉阯址徵咫，齒侈，史使駛弛豕矢始屎，爾邇耳珥餌駬

入聲作上聲

[ɨ]澀瑟(音死)，塞(音史)

去聲

[ɨ]字漬牸自恣骴胔，次刺，似兕賜巳汜祀嗣飼笥耜涘俟寺食思四肆泗駟姒，志至誌，翅廁，是氏市柿侍士仕使示謚蒔恃事施嗜豉試弒筮視噬，二貳餌

第四部　齊微

平聲陰

[i]篦，批紕鈚，非扉緋霏騑菲妃飛，低氐堤羝磾，梯，虀齎擠躋，妻凄萋棲悽，西犀嘶，知蜘，笞癡郗蚩媸螭鴟絺，機幾磯璣譏肌飢笄朞稽饑基箕鷄姬奇羈羇，溪欺欹，希稀豨羲曦犧醯熹嘻僖熙，衣依伊醫猗漪噫

[uei]杯悲卑碑陂，醅披邳丕胚衃，堆，崔催衰榱，雖荽綏尿睢，追騅錐，吹炊推，歸圭龜閨規，魁盔虧窺瑰奎，灰揮暉輝翬麾徽隳，威偎隈煨

平聲陽

[i]脾疲比毗羆，肥淝，迷彌瀰，微維薇惟，蹄啼提題醍稊綈，泥尼，黎黧犂梨藜璨離璃籬醨羅离鸝驪罹狸鳌漓蜊，齊臍，池馳遲墀篪持，奇騎琦其期旗旂棋祁祈其畿祇耆鬐芪歧麒琪蘄，奚兮畦攜蹊，移兒鯢霓倪猊輗姨夷痍疑嶷沂宜儀彝貽怡眙飴圯頤遺虵

[uei]裴陪培皮，梅枚莓媒煤眉湄楣嵋縻麋糜，頹魋，雷檑纍罍羸，摧，隋隨，垂陲鎚，誰，蕤，葵馗夔逵，回徊迴，圍闈韋幃違嵬巍危桅爲

入聲作平聲陽

[i]逼，荻狄逖敵笛糴，疾嫉葺集寂籍，夕習席襲，直值姪秩擲，實十什石射食蝕

拾,及極

[ei]劾,賊

[uei]惑

去聲作平聲陽

[i]鼻

上聲

[i]妣比匕,米眯弭,你旎禰,尾亹,底邸詆柢骶,體,禮醴里裏理鯉娌李蠡履,濟擠,洗壐枲屣徙,恥侈,起棨啓綮綺杞豈,蟣幾已几麂紀,喜嬉,迤旖,倚椅錡扆蟻已矣苡以擬

[uei]彼鄙,痞否嚭圮秕,浼美,腿,餒,壘磊儡蕾,觜,髓,捶箠,水,蕊,鬼簋癸軌詭晷宄,悔賄毀卉譭燬虺,委猥唯隈葦偉

入聲作上聲

[i]必畢蹕篳碧壁璧甓,匹闢劈僻,的嫡滴,滌剔踢,唧積稷績迹脊鯽即,七戚漆刺,昔惜息錫淅,質隻炙織隲汁只,尺赤喫勅叱,失室識適拭軾飾釋濕奭,吉擊激棘戟急汲給亟,乞泣訖,吸隙翕檄覡,一

[ei]德得,黑

[uei]筆北,國

去聲

[i]閉蔽畀箆斃襞庇比秘陛賁,吠沸費肺廢芾,謎氽,未味,帝諦締弟娣第悌地遞蔕棣,替剃涕嚏,膩泥,利痢莉俐例唳戾沴隸癘礪厲涖荔詈劙麗離吏,霽濟祭際劑,砌妻,細壻,製制置滯雉稚致彘治智幟熾質,世勢逝誓,計記寄繫繼妓忮技髻偈忌季縊騎既驥冀薊鱖,氣器弃憩契褉,戲系係,異裔義議誼毅藝易翳瘞枻曳瞖詣刈乂意劓懿

[uei]背貝狽焙倍婢備避輩被弊幣臂詖帔,配佩珮轡霈沛悖誖,妹昧媚魅袂瑁寐,對隊碓兑,退蜕,内,泪累酹擂類纇誄耒,罪醉最,翠脆頪倅悴淬萃焠,歲碎粹祟邃繸穗燧隧遂彗,墜贅綴縋懟,吹喙,睡税説瑞,鋭芮蚋,貴櫃餽愧桂檜膾鱠跪繪,簣揆,會晦誨諱惠蕙慧潰,胃蝟渭謂尉慰緯穢衛魏畏餧位餵爲

入聲作去聲

[i]覓蜜,匿,立粒笠曆歷厲櫪瀝靂皪力,日入,劇,逸易譯驛益溢鎰鷁液腋掖疫役一佾泆逆乙邑憶揖射翊翼

[ei]勒肋

[uei]墨密

第五部　魚模

平聲陰

[u]逋餔晡，膚夫鈇玞趺敷麩孚鄜莩枹桴郛，都，租，粗芻，蘇酥甦，初，梳蔬疏踈，孤姑辜鴣沽蛄菰觚，枯刳，呼，嗚汙烏

[iu]蛆趨，疽沮趄苴狙雎，須胥需鬚繻，諸猪潴朱姝株珠蛛誅侏邾，樞樗攄，書舒輸紓，居裾琚車駒拘俱，區軀驅嶇貙，虛墟噓歔嘘吁，迂紆於

平聲陽

[u]蒲脯酺捕，扶夫蚨符芙鳧浮，模謨摸謀，無蕪巫誣，徒圖菟屠荼途瘏塗，奴帑駑，盧蘆顱鱸轤艫瀘罏櫨爐，殂徂，雛鋤，胡糊湖醐瑚鶘壺狐弧乎，吾蜈吴梧娛鼯

[iu]廬閭驢臚蔞，徐，除滁蜍厨躕儲，殊茱銖洙，如茹儒蕭襦繻嚅濡，渠蕖磲軥瞿衢臞，魚漁虞余餘竽于畬雩與輿旟璵舁妤歟譽愚盂隅禺臾榆愉俞覦瑜窬逾渝腴諛萸

入聲作平聲陽

[u]僕，復佛伏鵩袱服，讀牘瀆犢毒突纛，族鏃，鵠鶻斛槲

[iu]俗續，逐軸，贖屬述秫術术/淑蜀孰熟塾，局

上聲

[u]補浦圃，普溥譜，甫斧撫黼脯府俯父否，母某牡姥畝，武舞鵡侮廡，覩睹堵，土吐，弩努，魯櫓虜鹵滷，祖組，俎阻，楚礎，數所，古罟詁沽牯蠱估鹽鼓瞽股羖賈，苦，虎滸，五伍午仵忤塢鄔

[iu]女，吕侶旅膂縷僂，咀，取，嶼，主煮拄渚麈豎豎，杵楮褚處杼，鼠黍暑，汝乳，舉矩莒櫸，傴去，許詡，語雨與圄圉齬敔禦愈羽宇禹庾

入聲作上聲

[u]卜不，暴撲，復福幅蝠腹覆拂，督篤，秃，卒，簇，蔌縮謖速，觸束，谷穀轂骨，哭窟酷，笏忽，屋沃兀

[iu]足/蹙，促，粟宿，築燭竹粥，出黜畜，叔菽，菊踘局，曲屈

去聲

[u]布怖佈部簿哺捕步，鋪，赴父釜輔付賦傅富仆鮒賻訃拊婦附阜負，暮慕墓募，務霧騖戊，杜妬肚渡鍍斁蠹度，兔吐，怒，路潞鷺輅露賂，做祚胙詛，醋措錯，助，素訴塑溯泝嗉，數疏，故錮固顧雇，户扈護瓠互戽頀岵怙，誤悞悟寤惡汙

[iu]慮濾屢，聚，覷趣娶，絮序叙緒，注澍住著柱註鑄炷駐紵苧竚貯，處，庶恕樹戍豎署曙，茹孺，鋸懼句據詎巨拒秬距炬苣踞屨具，去，禦馭遇嫗裕諭芋譽預豫

入聲作去聲

[u]木沐穆睦没牧目,物勿,訥,禄鹿漉麓

[iu]録籙緑醁陸戮律,辱入褥,玉獄欲浴郁育鴿

第六部 皆來

平聲陰

[ai]台胎駘哈邰,哉栽灾,猜,腮,齊,釵差,篩,該垓荄陔,開,哀埃唉

[iai]皆堦階喈街偕稭楷,揩,挨

[uai]揣,衰,乖,歪

平聲陽

[ai]排牌俳,埋霾,能,來萊,臺薹擡儓苔炱籉,才材財裁纔,柴柴豺儕,孩頦,騃皚

[iai]鞋諧骸,崖厓捱

[uai]懷槐淮褢

入聲作平聲陽

[ai]白舶帛,宅澤擇

[uai]畫劃

上聲

[ai]擺,買,鯠詒紿,奶乃,宰載,采彩采綵,改,凱鎧塏,海醢,靄藹

[iai]解,楷,駭蟹,矮

[uai]揣,拐夬,蒯

入聲作上聲

[ai]伯百栢迫檗擘,拍珀魄,則,責幘摘讁側窄仄昃簀,策册栅蹦測,色穡索

[iai]骼革隔格,客刻,嚇

[uai]摔,摑

去聲

[ai]拜湃敗憊稗,派,賣邁,帶戴迨怠待代袋大黛岱,態泰太汰,奈柰耐鼐,賴籟瀨賚癩,再在載,菜蔡,賽塞,寨豸瘵債蠆眦,曬灑鎩煞,蓋丐,慨,害亥,艾愛餲

[iai]戒誡廨解界介芥疥玠屆悈,懈械薤解獬/瀣,捱隘搤阨

[uai]帥率,怪,快噲塊,壞,外

入聲作去聲

[ai]麥貊陌驀脈,搦

[iai]額厄

第七部　真文

平聲陰

[ən]吞，莘詵，榛臻，根跟，哏，恩

[iən]賓濱彬，津，親，新薪辛，真珍振甄，嗔瞋，申紳伸身，巾斤筋，欣忻昕，因姻菌殷湮

[uən]奔賁犇，噴，分紛芬氛汾，敦墩燉，暾，尊樽，村，孫蓀飧，鯤昆鵾裩，坤髡，昏婚葷閽，温瘟

[iuən]遵，逡皴，詢荀，諄，春椿，君軍均鈞，醺薰勳曛燻，氳煴

平聲陽

[ən]痕

[iən]貧瀕頻蘋顰嚬，民珉抿緡旻，紉，鄰燐轔粼鱗磷麟，秦，陳臣塵辰娠宸晨，神，人仁，勤懃芹，銀誾齦垠寅夤嚚鄞

[uən]盆，墳焚棼，門捫，文紋聞蚊，豚屯飩臀，論崙，存蹲，魂渾

[iuən]倫綸掄輪淪，巡旬馴循，脣純蓴淳醇鶉，群裙，雲芸云紜耘匀員筠

上聲

[ən]肯懇墾齦，狠

[iən]牝品，閔憫泯愍敏，儘，軫疹診稹，蜃哂，忍，緊槿謹瑾卺，隱引蚓尹

[uən]本畚，粉，刎吻，忖，損，衮，壼悃閫，穩

[iuən]筍隼，准準，蠢，盾/瞬，窘囷，允殞隕狁

去聲

[ən]嫩，襯齔，恨

[iən]鬢殯臏，吝悋藺磷，盡晋進，信訊迅燼贐，震陣振賑鎮，趁，慎腎，刃認仞訒，近覲，釁，印孕

[uən]奔，噴，坌分糞奮憤，悶懣，問紊，頓囤鈍沌盾遁，褪，論，寸，遜巽，困，混，諢搵

[iuən]峻浚殉噀，俊駿，舜順，閏潤，郡，訓，醖愠運藴惲暈韻

第八部　寒山

平聲陰

[an]班斑般扳頒，攀，番蕃藩旛翻反，丹單殫簞鄲，灘攤，餐，珊跚，趟，山潸删，干玕竿肝乾，刊看，安鞍

[ian]姦奸間艱菅,慳,殷
[uan]跧,拴櫖(閂),關綸鰥擐,彎灣
平聲陽
[an]煩繁膰礬蟠帆樊凡,蠻,壇檀彈,難,闌蘭欄斕攔,殘戔,潺,寒邯韓汗翰
[ian]鵬癇閑,顔
[uan]還環鬟寰圜鐶,頑
上聲
[an]板鈑,反返坂,晚挽,癉亶,坦袒,赧,懶,趲,散傘繖,盞琖,産鏟剗,趕稈簳,侃,罕
[ian]簡揀,眼
[uan]綰
去聲
[an]辦瓣扮絆,盼,飯販畈範泛范犯,慢謾嫚,萬蔓曼,旦誕彈憚但,嘆炭,難,爛,贊讃瓚,散,棧綻,粲燦璨,訕疝汕,幹榦,看,旱悍漢翰瀚汗骭,案按岸犴旰閈
[ian]間澗諫,限莧,鴈贗晏鷃
[uan]譔饌,篡,涫,慣攢,患幻宦擐豢,腕

第九部 桓歡

平聲陰
[on]搬般,潘,端耑,湍,鑽,攛,酸狻,官冠棺觀,寬,歡驩讙貛獾,剜豌蜿
平聲陽
[on]鸞鑾巒欒圝灤,瞞謾縵鏝漫饅,桓,丸刓綄完紈瓛,團慱漙摶,盤槃瘢磐般磻蟠弁胖,攢
上聲
[on]滿懣,短,疃,暖餪,卵,纂纘,館管琯脘,款,盥/澣,椀
去聲
[on]半伴泮畔絆,判拚,幔鏝漫墁,斷鍛段,彖,愞,亂,鑽,竄攛爨躥,蒜算,貫冠觀灌鸛祼,喚換煥渙緩逭奐,腕玩翫惋

第十部 先天

平聲陰
[iɛn]邊籩編鞭鯿,篇扁蹁偏翩,顛瘨巔,天,煎湔箋韉濺,千阡芊遷韆,先仙躚鮮,

氈鸇饘饘邅旃栴，羶扇煽，堅肩甄，牽愆褰騫，軒掀，烟燕胭咽嫣

[iuɛn]鐫，痊詮筌銓悛荃，宣揎，專磚，喧暄萱喧，川穿，鵑涓娟蠲，圈，淵冤宛鵷鴛蜿

平聲陽

[iɛn]胼駢便，眠綿，田畋闐填鈿，年，連蓮憐，前錢，涎，廛躔纏禪蟬，然燃，乾虔，賢弦弦舷懸，延筵鋋埏蜒緣妍言研焉沿

[iuɛn]聯攣，全泉，旋還璇，船傳椽，拳顴權鬈，玄，元黿圓員捐園圜袁猿轅原嫄源垣鉛鳶湲援

上聲

[iɛn]貶扁匾艑緶，諞，沔湎黽免冕勉俛眄，典，腆殄沴，拈輾碾讞，輦璉，剪，淺，鮮跣洗銑毨筅獮蘚癬，展，闡，蹇繭筧梘，遣，顯，兗偃演堰鼴衍

[iuɛn]臠孌，吮，選，囀轉，喘舛，軟，卷，犬，遠阮苑畹

去聲

[iɛn]變便遍徧辨辮卞汴弁，片騙，面麵，電殿甸佃鈿填闐靛奠，練煉楝，箭薦煎賤濺餞踐牮，線羨霰，戰顫纏，扇善煽鱔禪饍擅單，見建健絹件，遣牽，獻現憲縣，硯燕嚥讌諺堰緣掾宴彥喭嬿

[iuɛn]戀，鏇選旋漩，傳囀轉篆，釧穿串，眷倦圈綣絹狷罥，勸券，眩絢，院願愿怨遠援

第十一部　蕭豪

平聲陰

[au]包胞苞/褒，抛胞脬，刀叨舠魛，條掏饕叨滔韜慆，遭糟，操，騷搔艘臊繅，嘲抓啁，抄，梢捎弰筲鞘，高篙膏羔糕皐槔櫜鼛，蒿鏖，鏖鏖爊

[iau]交蛟咬郊茭鮫膠教，敲磽，哮虓烋，坳凹

[iɛu]標膘臕幖杓飈，飄漂，刁貂凋彫琱鵰，挑，蕉焦椒燋，鍬，蕭簫瀟蟰飀綃消銷宵霄硝蛸痟魈翛，昭招朝，超，燒，嬌驕，趫橇，梟鴞囂枵驍歊，邀夭么喓腰妖要葽

平聲陽

[au]袍炮跑鞄匏咆庖，毛芼旄茅猫髦，桃逃咷鞀陶萄綯醄淘濤，猱鐃呶怓撓譊，牢勞澇醪撈，曹漕槽嘈螬，巢漅，鰲嗷敖璈嫯鷔遨謷，豪毫號濠嗥

[iau]爻肴淆殽

[iɛu]瓢，苗描緢，迢髫蜩調條佻跳，寮遼僚鷯憀聊，樵瞧譙，潮朝韶晁，鐃橈蕘，喬蕎橋僑翹，遙搖謠瑤飖窰堯陶姚嶢

入聲作平聲陽

[au]薄箔泊博，縛，鐸度踱，鑿，濁濯鐲擢，鶴涸/鑊(此六小韻又入歌戈韻)

[iau]學(又入歌戈韻)鷽

[iɛu]著，芍杓(此二小韻又入歌戈韻)

上聲

[au]寶保堡褓葆/飽，剖，缶，卯昴，倒島擣禱，討，腦惱碯嫋/撓，老栳獠潦橑撩，早棗澡藻蚤璪，草，掃嫂，爪，炒，稍，杲藁縞鎬鄗槁，考栲，好，襖懊媼

[iau]狡攪鉸姣茭絞，巧，齩

[iɛu]表，殍漂僄剽勡，眇渺杪藐淼，挑窕，裊鳥嫋，了瞭燎蓼，悄愀，小篠謏，沼，少，遶繞嬈擾，皎繳矯撟，曉，杳夭殀舀

入聲作上聲

[au]剥駁，託拓槖魄飥柝，柞作，錯遣，索，捉卓琢，戳槊，朔，閣各，郭廓，壑

[iau]角覺腳桷

[iɛu]爵，鵲雀趞，削，斫酌繳灼，綽婥，爍鑠，謔

去聲

[au]豹爆瀑/抱報暴鮑，砲泡，覆，貌冒帽耄眊茂，道纛翿盜導悼蹈稻到倒，鬧淖，澇勞嫪，竈皂造漕慥躁，糙操造，噪燥譟掃，罩笊棹，鈔，哨，告誥部，傲奡鏊，號皓好昊皞耗浩顥灝，奥懊澳

[iau]窖校教覺珓鉸較徼酵，孝効傚校，拗樂凹

[iɛu]俵鰾，妙廟，釣吊調掉，糶眺跳，溺，料鐐廖療，醮噍，俏峭誚，笑嘯肖鞘，趙兆照旐詔召肇，少紹邵燒，叫轎嶠，竅，曜耀要鷂

入聲作去聲

[au]末幕漠寞莫沫，掿諾，落絡烙洛酪樂珞，萼鶚鰐惡愕(此四小韻又入歌戈韻)

[iau]岳樂藥約躍鑰瀹(又入歌戈韻)

[iɛu]略掠，弱蒻箬，虐瘧(又入歌戈韻)

第十二部　歌戈

平聲陰

[o]歌哥柯，軻珂，呵訶，阿痾，

[uo]波玻皤番，坡頗，麽，多，他拖佗詑，磋瑳蹉瘥搓，莎蓑唆朘梭娑挲，戈過鍋呵訶，科蝌窠，窩渦倭踒

平聲陽

[o]哦蛾娥峨峩鵝俄,何河荷苛菏

[uo]婆皤鄱播,摩磨魔,駝紽陀跎鮀酡沱鼉馱,挪那挼儺,羅蘿籮儸囉鑼攞騾灑蠡,矬,禾和,訛

入聲作平聲陽

[o]薄箔勃泊渤,縛佛,鐸度,鑿,濁濯鐲(此五小韻又入蕭豪韻),合盒鶴盍

[io]著,杓,學(此三小韻又入蕭豪韻)

[uo]跋魃,奪,活鑊獲穫

上聲

[o]舸哿,可坷軻,我,荷欱,婀

[uo]頗叵,跛簸,嬤,朶趓觶跢鬌,妥,娜那,裸蠃攞夥,左,脞,鎖瑣,果裹蜾,顆,火

入聲作上聲

[o]葛割鴿閤蛤,渴

[uo]鉢撥跋,潑粕,抹,掇,脱,撮,括聒,闊

去聲

[o]箇個,嗑,賀荷,餓

[uo]簸播譒,破,磨麽,舵墮鬌惰剁垛大馱,唾,糯懦那奈,邏摞,佐左坐座,銼挫剉磋,些,過,課,禍貨和,臥涴

入聲作去聲

[o]萼鶚鍔惡堊鄂(又入蕭豪韻)

[io]略掠,若弱蒻,虐瘧,岳樂約藥躍鑰(此四小韻又入蕭豪韻)

[uo]幕末沫莫寞,諾搙,落洛絡酪樂烙(此三小韻又入蕭豪韻)

第十三部　家麻

平聲陰

[a]巴疤笆豝芭,葩,查楂踏吒,叉杈差艖,沙砂紗鯊裟

[ia]家加珈笳枷袈迦痂葭豭佳嘉,蝦,鴉丫呀

[ua]撾抓髽,瓜,誇夸,花,蛙洼窪哇媧蝸

平聲陽

[a]琶杷爬,麻蟆痲,拏,咱,茶槎搽

[ia]牙芽涯衙,霞遐瑕

[ua]譁划華驊

入聲作平聲陽

[a]拔,乏伐筏罰,達撻踏沓,雜,閘

[ia]狎轄鍸俠峽洽匣袷

[ua]滑猾

上聲

[a]把,馬媽,打,姹詫,洒傻

[ia]賈假斝,雅瘂

[ua]耍,寡冎剮,瓦

入聲作上聲

[a]八,法發髮,答搭嗒踏,塔獺榻塌,咂匝,颯撒薩靸,劄扎,察插鍤/笈,殺霎

[ia]甲胛夾,恰掐,瞎

[ua]刮

去聲

[a]罷霸壩靶壩鈀弝,帕怕,罵,大,那,詐乍榨,咤姹詫

[ia]駕嫁稼價架假,下夏嚇罅暇厦,亞迓訝婭

[ua]卦掛,跨胯髁,化畫華樺話,凹

入聲作去聲

[a]抹,襪,納衲,臘蠟鑞拉糲辣

[ia]壓押鴨

[ua]刷

第十四部　車遮

平聲陰

[iɛ]爹,嗟罝,些,遮,車,奢賒

[iuɛ]靴

平聲陽

[iɛ]俠,斜邪,蛇佘,爺耶琊呆

[iuɛ]瘸

入聲作平聲陽

[iɛ]别,叠迭牒揲喋諜垤絰凸蝶跌,捷截睫,折舌涉,傑竭碣,協穴俠挾纈

[iuɛ]絶,鐝撅

上聲

[iɛ]姐,且,寫瀉,者赭,撦哆,捨舍,惹若喏,野也冶

入聲作上聲

[iɛ]鼈别,瞥撇,鐵餮帖貼,節接楫癤,切竊妾沏,屑薛紲泄媟褻燮屧疶,哲褶摺折浙,轍撤澈掣,設攝漯,結潔劫頰鋏莢,怯挈篋客,血歇嚇蝎

[iuɛ]雪,拙輟,啜,説,玦決訣譎蕨鴂,闕缺闋

去聲

[iɛ]借藉,趄,謝卸榭瀉,柘鷓炙蔗,撦,舍社射麝貰赦,夜射

[入聲作去聲]

[iɛ]滅篾蔑,揑聶躡鑷囓臬櫱,裂冽獵鬣列,熱,業鄴額,拽噎謁葉燁

[iuɛ]劣,爇,月悦説閲軏越鉞樾刖

第十五部　庚青

平聲陰

[əŋ]登簦燈,憎曾矰罾增,僧,箏争,鐺錚猙琤撑瞠,生甥笙牲猩,亨罿

[iəŋ]冰兵并,丁釘仃,汀廳聽,精睛晶旌鶄菁,青清鯖,星醒惺鯹腥騂,征正貞禎征蒸烝,稱秤頳檉蟶,聲升勝昇陞,京庚鶊賡更粳羹耕驚荆經兢矜涇,輕坑卿誙硜傾鏗,馨興,英瑛鷹應膺櫻嬰嚶膺鸚纓瓔縈

[uəŋ]崩绷,烹,觥肱,轟薨,泓(此五小韻又入東鍾韻)

[iuəŋ]扃炯,兄(此小韻又入東鍾韻)

平聲陽

[əŋ]藤滕騰縢謄疼,能獰,楞稜,層曾,橙棖,莖恒

[iəŋ]平評萍枰憑馮凭屏瓶俜娉,明盟名銘鳴冥溟瞑螟蓂,亭停婷廷庭蜓霆,寧,靈櫺令零苓伶聆鈴齡蛉泠瓴翎鴒陵凌菱綾凌,情晴繒,餳,澄呈程酲成城宬誠盛承丞懲乘塍,繩,仍,檠擎鯨黥勍,行刑形邢桁衡鉶珩硎,盈嬴攍瀛瑩螢營迎蠅凝羸

[uəŋ]鵬朋棚,盲氓甍萌,横宏紘閎嶸鋐弘(此三小韻又入東鍾韻)

[iuəŋ]瓊煢惸,熒瞢,榮(此小韻又入東鍾韻)

上聲

[əŋ]等,冷,眚省

[iəŋ]丙炳邴秉餅屏,茗皿酩,鼎酊頂,艇挺誔町奵,領嶺,井,請,惺醒省,整拯,騁逞,景儆璟撒骾鯁綆梗警境頸耿哽,涬,影郢穎癭

[uəŋ]艋蜢(此小韻又入東鍾韻),礦獷懭

[iuəŋ]惘冏，頃檾，永（此小韻又入東鍾韻）

去聲

[əŋ]鄧凳嶝隥鐙磴，贈，諍挣，撑，亘

[iəŋ]病並柄凭，娉聘，命暝，定錠矴釘訂飣，聽，佞濘甯，濘，令凌，净静穽甑靖清圊，倩請，性姓，正政鄭證，稱秤，聖賸勝乘剩盛，敬徑俓經鏡獍竟競勁更，慶磬罄罄，杏幸倖脛興行，暎應膺凝硬

[uəŋ]迸，孟，横（此三小韻又入東鍾韻）

[iuəŋ]迥詗敻，咏瑩（此小韻又入東鍾韻）

第十六部　尤侯

平聲陰

[əu]兜篼，偷媮，鄒諏鯫陬騶緅，篘搊，溲鎪餿/搜颼，鈎勾篝溝，摳，齁，謳鷗漚甌歐區

[iəu]彪，啾揫湫，秋鰍鞧楸秌鞦鶖，脩修羞饈，周賙啁洲州舟輈，抽瘳，收，鳩鬮，丘坵，休咻貅庥，憂幽優櫌麀

平聲陽

[əu]抔裒，頭投骰，樓婁艛摟髏慺，愁，侯猴喉鍭篌

[iəu]繆矛眸鍪蝨牟麰侔，劉留遛瘤榴鶹騮流旒，酋遒，囚泅，紬稠綢犨讎酬籌儔躊疇惆，柔揉鍒蹂輮，求賕銶毬逑球俅仇椂裘虬，尤蚰疣訧遊游蝣由油郵牛猷輶猶繇楢悠攸

入聲作平聲

[iəu]軸逐，熟（此兩小韻又入魚模韻）

上聲

[əu]剖，否，斗枓蚪陡抖，摟塿簍，走，叟瞍藪，傷，瞜，狗垢苟耇枸，口，吼，藕耦偶嘔毆

[iəu]杻狃紐鈕忸，柳罶，酒，肘箒酎，丑醜，首手守，揉，九韭久玖糾灸疚，扭，朽，有酉牖羑友誘莠黝

入聲作上聲

[iəu]竹燭粥，宿（此兩小韻又入魚模韻）

去聲

[əu]貿楙，豆脰竇鬭逗，透，耨，漏陋鏤瘻，奏，凑輳甃，嗽漱，皺驟，僽，瘦，搆遘媾購姤彀詬勾，扣寇蔻，后逅候堠後厚

[iəu]謬繆，溜霤留餾鎦瘤瀏，就鷲，秀岫袖綉琇宿，晝呪咒胄紂宙籀味，臭，受授綬壽獸首售狩，臼舅舊咎救柩厩究，嗅，又右佑佑宥柚幼囿侑

入聲作去聲

[iəu]肉褥（又入魚模韻），六

第十七部　侵尋

平聲陰

[əm]簪，森槮參

[iəm]駸綅浸，侵，心，針斟箴砧椹瑊，琛賝郴，深，金今衿襟禁，欽衾嶔，歆，音瘖陰喑

平聲陽

[əm]岑鐕涔

[iəm]林淋琳痳霖臨綝，琴芩禽檎擒噙，尋潯鱘鐔燖鬵，沉鈂湛霃，忱煁，任壬紝鵀，吟淫崟滛霪蟫

上聲

[əm]怎，磣墋

[iəm]您，廩懍凜，寢，枕，審嬸沈瞫，稔飪淰袵荏，錦噤，飲

去聲

[əm]唔，啉，譖，讖，滲罧

[iəm]賃，臨淋，浸祲，沁伈，朕沈鴆枕，甚糂，任衽紝姙，禁噤澿矜，蔭廕窨飲恁

第十八部　監咸

平聲陰

[am]擔聃儋湛酖躭眈，貪探，簪篸鐕，參驂，三毿毶，詀，攙，杉衫，甘柑疳泔，堪龕戡弇，憨酣，菴庵鵪醃唵諳

[iam]監緘椷，嵌/鵮，渰

平聲陽

[am]覃潭談餤譚燂蕈曇痰，南諵喃楠男，婪爁燣藍籃嵐，啽，饞巉，讒毚饞鑱劖巉，含涵邯

[iam]咸鹹諴函銜啣，巖岩

上聲

[am]毯禫倓萏，俺/腩，覽攬欖爦，膽澹紞，昝歜，慘黲，糝，斬，感鱤撼敢，坎/砍，

喊，揞晻醃

[iam]減鰜，黯

去聲

[am]淡啖惔擔，探，濫艦纜爁，暫蹔揝篸，慘，三，蘸站賺湛，儳，贛淦紺，勘磡/瞰嵌闞，憾撼頷琀莟唅，暗闇

[iam]鑑監，轞檻艦餡陷，涔

第十九部 廉纖

平聲陰

[iɛm]掂，添，尖漸殲，僉槧，籤纖銛憸暹，瞻詹占粘沾霑，襜韂覘，苫，兼縑鶼鰜，謙，枕忺，淹腌醃閹猒懕

平聲陽

[iɛm]甜恬，鮎黏拈，廉簾臁奩帘，潛，撏燖，蟾憺，髯，鈐鉗黔，嫌，鹽炎閻簷嚴

上聲

[iɛm]點，忝舔，歛臉，颭，諂，閃陝，染苒冉，撿鐮瞼，險譣，掩魘黶埯奄晻崦琰剡

去聲

[iɛm]玷店墊，念，瀲歛殮，僭漸，塹茜，占，韂，贍苫，染，劍儉，欠芡歉，艷焰厭饜驗灩釅篭

附録五

古書的用字

文字是記録語言的書寫符號系統，漢字是記録漢語的書寫符號。一般認爲，從先秦以來漢語中的詞是從單音節詞逐漸向複音詞發展的，漢字是根據漢語的單音節詞創造的，一個字代表一個音節。一個漢字有較固定的形體，表示一定的意義，記録特定的聲音，形、音、義三位一體。在長達三千多年的記録漢語的過程中，漢字在它的歷史演變中出現過異體字、古今字、通假字、繁簡字等情況。

一、異體字

異體字是指一組形體不同、讀音和意義完全一樣的字。從廣義上説，是指今字體對古字體説的，如小篆對甲金文、隸書真書對小篆、行書草書對楷書，都可以視爲異體字，因爲雖然同音同義，但形體却不一樣。小篆是甲、金文的異體，隸書和真書是小篆的異體。這是從漢字縱的歷史發展來説的。狹義的異體字是從漢字横的發展來説的，漢字的演變，在每個階段都有異體字，不論甲金文或小篆、隸書、楷書都各有異體字，如甲骨文中：

"牢"作　"逐"作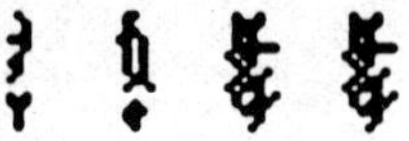

一般所説的異體字，是就隸書和楷書而言的，限於兩千年來通行的方塊字——今體。異體字主要有以下一些形式：

（一）結構和部件都相同。

部件位置不同，構成異體字，如：

和咊　群羣　蟹蠏　鞍鞌　裏裡　雜襍　够夠　慚慙　峰峯　略畧

翅翄　稿稾　界畍　崩⿰山朋　甜甛　概槩　秋秌　词⿱司言

少數部件位置變化却不構成異體字，如：

忡忠　怠怡　含吟　命呤　和呆　景晾

（二）書寫時小幅度的變化，如：

册冊　穎頴　教敎　冰氷　德徳　歷歴　兔兎　今仐　寧寕　曹曺

土圡　况況

（三）適當的簡化，如：

灋法　雧集　蜙蚣　蟁蚊　靁雷　纍累　曐星

(四)從篆書演變到隸書、楷化方式的差異(筆劃訛變),如:

春萅　珍珎　虚虗　丐匄　雝雍　吴吳　亯享　悤怱　壘垒　歬前

秊年　竝并

(五)構造形式不同。

1. 象形字與形聲字,有的是象形字又加聲旁或形旁,如:

网罔　刅创　鬲䰛　韭韮　皃貌　丘坵　傘繖

2. 會意字與形聲字,如:

泭泗　弜彈　嵩崧　埜野　羴羶　岩巖　岳嶽　㳄涎　耻恥　泪淚

床牀　磊磥

(六)構造形式相同,但部件形體不同。

1. 同爲會意字,如:

多夛　明朙　弃棄　災灾　塵尘　御馭　葬塟　綿緜

2. 同爲形聲字。

(1)聲符相同而形符不同,形符意義必相通,如:

豺犲　謌歌　杯盃　覩睹　遍徧　溪谿　煖暖　逾踰　榜牓　鷄雞

豬猪　咏詠　敺驅　欣忻　糠糠　嘆歎　阱穽　咬齩　褌幝　醫毉

胯骻　瓶缾　輝煇　憔顦　貓猫　甕罋　甖罌　盎瓷　貛獾　偪逼

(2)形符相同而聲符不同,聲符讀音必相同或相近,如:

蚓螾　煙烟　線綫　啼嗁　蜨蝶　勳勲　譌訛　饋餽　梅楳　掩揜

鱔䱇　蚌蜯　時旹　憐怜　糧粮　秔稉　柄棅　詬訽

(3)聲符、形符都不同,如:

村邨　蹟迹　視眡　剩賸　愬訴　椀盌　妝粧

有些異體字成員較多,如:

鵝鵞䳘　愈瘉癒　耀燿曜　腭顎齶　暗闇晻　呆獃騃　酬醻酧

辞辭辤　碗椀盌　窗窻窓　凭凴凴　箋牋椾　裸臝躶倮　暖煖煗㬉

并併並竝　拿拏挐舒　袜襪韈韤　鲜尠尟鱻　粗麤觕麄　櫓艪艣樐𣏩

更有甚者,宋朝人丁度編的《集韻》“饘”的異體字就收了十個。

我們學習異體字,要有史的觀念。有些異體字,在以前是同義的,但後來可能發生變化,如“喻”和“諭”就是這樣:

《禮記·學記》:“和易以思,可謂善喻矣。”

《論語·里仁》:“子曰:‘君子喻於義,小人喻於利。’”

曹植《七啟》:“假靈龜以託喻,寧掉尾於塗中。”

《漢書·董仲舒傳》:"子大夫明先聖之業,習俗化之變,終始之序,講聞高誼之日久矣,其明以諭朕。"

《戰國策·齊策四》:"請以市諭:市,朝則滿,夕則虛,非朝愛市而夕憎之也;求存故往,亡故去。"

這裏的"喻"和"諭"都既可表示明白、曉諭,也可表示比喻,是異體字。但後來它們有了分工,明白、曉諭用"諭",比喻用"喻",就再不是異體字了。

"炮"和"砲"恰好相反。"炮"本是一種烹調方法,用火燒烤,故從"火";"砲"是古代的一種兵器,拋石擊敵,故從"石",原非異體,但由於後來拋的東西從石頭發展爲投擲火藥包,也用"炮"來記此兵器。現在把它們當作異體字合併,"炮"行而"砲"廢。

我們所説的異體字,是音義完全相同,任何情況下都可以互相代替。因此以下幾種情況不能視爲異體字:

第一,有些字,意義相近,後代讀音也相同,但不能看作異體字,如"寔"和"實",都有"是"義,如《公羊傳·桓公六年》:"'寔來'者何?猶曰是人來。"《左傳·僖公五年》:"鬼神非人實親,惟德是依。"也都有確實,實在義,如張衡《東京賦》:"寔蕃有徒(徒衆確實很多)。"曹操《陳損益表》:"統領二州,内參機事,實所不堪。"其餘如果實、填塞、真實等義,"寔"都不具備。它們的古音也不同,寔,上古音禪母職部;實,船母質部。"置"和"寘"在放置、擱置、放逐等意義上通用,但"置"還有一些意義,如置辦,《漢書·蘇武傳》:"既至匈奴,置幣遺單于。"赦免、釋免,《史記·淮陰侯列傳》:"高帝曰:'置之。'"驛站,蘇軾《荔枝歎》:"十里一置飛塵灰,五里一堠兵火催。"這些意義,"寘"都没有。它們的古音也不同,寘,上古音照母錫部;置,知母職部。

第二,有些字,自古音同,但意義廣狹不同,有相通之處,也有不相通之處,因此不能看作異體字,如"游"和"遊","游"的本義是關於水的,"遊"的本義是關於行走的,但實際上,凡"遊"都可以寫作"游"。《墨子》用"游"十二次,都與行走有關,用"遊"一次,"子墨子南遊使卫"(《貴義》)。可是關於水中的活動,就只能用"游",如《詩經·邶風·谷風》:"就其淺矣,泳之游之。"其他如"沽"和"酤"、"修"和"脩"等都是這樣。在"買賣酒"義上,"沽、酤"都可用,但買玉、求(名),就只能用"沽"。在整修、修理、裝飾等義項上,"修、脩"都可用,但乾肉,就只能用"脩"。

第三,有些字只是偶爾通用,更不能看作異體字,如《詩經·豳風·七月》:"八月剥棗。"把"剥"用作"撲"。兩字意義完全不同,只是聲音相同或相近,臨時借用,屬古音通假。

二、古今字

古今字,本是傳統訓詁學的術語。我們説的古今字,是指時間上有先後關係、意義有關聯的一組字。古今字的産生,是由漢字的表意特點決定的,由於古字所表示的意義過多,以古字形體爲基礎,增加或改變意符,另造一個新字,取代或分化古字中的一些意義,如"説",在先秦有説明、解釋的意思,《論語·八佾》:"成事不説。"又有喜悦的意思,《論語·學而》:"學而時習之,不亦説乎?"《左傳·僖公三十年》:"秦伯説。"後來,喜悦的意思由"悦"表示,"説"和"悦"在這個意義上就成了古今字。再如"賈",有商人之意,《孟子·梁惠王上》:"商賈皆欲藏於王之市。"又有價格的意思,《孟子·滕文公上》:"布帛長短同,則賈相若。"後來,價格的意思由"價"表示,於是"賈"和"價"在這個意義上成了古今字。

(一)從今字産生的過程看,一般有四種情況:

1. 古字表示假借義,今字表示本義。

古字因假借而産生新義,本字被假借義代替,因而只得另造今字表示本義,如"求",本義爲皮衣,假借爲尋找,《孟子·梁惠王上》:"以若所爲,求若所欲,猶緣木而求魚也。"又爲請求,《戰國策·趙策二》:"趙氏求救於齊。"後來另造"裘"字表示本義,而本字"求"專表假借義。又如"縣",本義是懸掛,《左傳·僖公二十六年》:"室如縣罄。"後假借爲州縣之"縣",於是另造"懸"字表示本義。

2. 古字表示本義,今字表示假借義。

古字因假借而産生新義,又孳乳出表示假借義的今字,如"舍",本義是賓館,《莊子·説劍》:"夫子休就舍。"當房舍講是由此義引申出來的。"舍"又假借爲放棄,《左傳·隱公元年》:"賜之食,食舍肉。"《荀子·勸學》:"鍥而舍之,朽木不折。"這個意義後來寫作"捨"。又如"戚",本義是兵器,《詩經·大雅·公劉》:"弓矢斯張,干戈戚揚。"假借爲悲哀,《論語·八佾》:"喪,與其易(易,禮儀周到)也甯戚。"這個意義後來寫作"慼"以區别本字"戚"。

3. 古字表示引申義,今字表示本義。

古字因引申産生新義,本字被引申義所奪,因而另造新字表示本義,如"益",本義爲水漫出來,《吕氏春秋·察今》:"澭水暴益。"引申爲增加,利益,《孟子·告子下》:"曾益其所不能。"《左傳·僖公三十年》:"若亡鄭而有益於君,敢以煩執事。"後來,本字專表引申義,另造"溢"表本義,《國語·越語下》:"天道盈而不溢,今君王未盈而溢。”又如“暴”,本義爲曬,《孟子·滕文公下》:“秋陽以暴之。”引申爲兇惡,《史記·伯夷列傳》:“以暴易暴兮,不知其非也。”後來,另造“曝”表本義,《東觀漢記·高鳳傳》:“妻嘗之田,曝麥於田。”

4. 古字表示本義,今字表示引申義。

古字因引申而産生新義,又孳乳出表示引申義的今字,如“赴”,本義是奔向,《荀子·議兵》:“若赴水火,入焉焦没耳。”引申爲奔告喪事,《左傳·襄公七年》:“公子駟使賊夜弑僖公,而以瘧疾赴於諸侯。”這個意義後來寫作“訃”,《禮記·雜記》:“凡訃於其君,曰:君之臣某死。”又如“景”,本義是日光,《後漢書·班彪傳》:“吐金景兮歊浮雲。”引申爲影子,賈誼《過秦論》:“天下……贏糧而景從。”曹植《雜詩六首》之一:“形景忽不見,翩翩傷我心。”這個意義後來寫作“影”,《後漢書·朱浮傳》:“引鏡窺影,何施眉目?”

(二)古字與今字的對應關係。

一般是一個古字與一個今字對應,如:

昏婚　坐座　責債　大太　知智　竟境　弟悌　莫暮

要腰　反返　田畋

也有一個古字與數個今字對應,如:

牟哞眸　或国域　采採彩綵婇　辟避闢僻嬖

還有古字與今字輾轉對應,如:气氣餼

“气”本義是雲氣,“氣”本義是送給人的穀物柴草,也指將穀物柴草送人,所以從“米”。古代典籍中表示雲氣、空氣時用“氣”,而不用本字“气”,故又另造了一個“餼”來表示“氣”的本義。這樣,“气”和“氣”、“氣”和“餼”分别是古今字。

(三)正確認識古今字。

古今字中的“古今”,是一個動態的觀念。清代學者段玉裁説:“古今無定時,周爲古則漢爲今,漢爲古則晉宋爲今。”

古今字反映了時間次序,但不能用著作的早晚來判斷古今字。《荀子·天論》:“夫星之隊,木之鳴,是天之變。”用的是古字。相反,《尚書·金縢》:“無墜天之降寶命。”用的却是今字。這種現象的産生,有的是由於古書在流傳過程中傳抄或重印造成的錯誤,有的是作者書寫習尚的不同而導致的差異,如《漢書》就比《史記》用的古字多。

究竟由哪個詞義佔據原形,詞義分化出去另造新字,不是隨意的,而是往往受使用頻率的支配。通常是那些常用的、使用頻率高的詞義佔據原形,因爲它筆劃簡單,能提高書寫效率,而那些非常用的、使用頻率低的讓出原形,添加偏旁，另造新字。因此，佔據原形的不一定是本義、古義，如鬍須的"須"不如必須的"須"使用率高，只好讓位給必須的"須"，另造了一個"鬚"。

三、通假字

古書中一些聲音相同或相近的字可以通用，這就是古音通假。這種通用情況沿用成習，就成了通假字。我們讀古書有時讀不懂，就在於不明古音通假，若能找出通假字，就能解決困難和清除障礙。正如王引之《經義述聞》卷三十二言："學者改本字讀之，則怡然理順，依借字讀之，則以文害辭。"下舉幾例：

信—伸。《孟子·告子上》："今有無名之指，屈而不信。"此處"信"若理解爲誠信等義就講不通，應理解爲與"屈"相對的伸展義，本字應是"伸"。

壺—瓠。《詩經·豳風·七月》："七月食瓜，八月斷壺。""壺"與"瓜"相對，本字是"瓠"。

頒—斑。《孟子·梁惠王上》："今謹庠序之教，申之以孝悌之義，頒白者不負戴於道路矣。""頒"的本義是大頭，"頒白者"在文中指髮白年老者，"頒"是通假字，本字是"斑"。

形成通假字的必要條件是語音相同相近，這裏的語音是指古音，而非今天讀音。由於語音變化大，古代相同相近的音，今天可能相差很遠了，反之，今天讀音相同的字，古代可能是不同的。所以，我們判斷古音通假，一定要運用上古音知識，不可只憑今音作標準。

通假字與古今字的區別。從時間上看，通假字的本字和通假字是同時存在的，如"錫"和"賜"在春秋時期都存在，但古今字則有造字的先後相承關係，先有古字，然後才有今字，如"悦"是"説"的今字，用"悦"表示喜悦義，是先秦以後的事。從意義上，通假字的本字和通假字之間没有意義上的聯繫，如"畔"和"叛"可以通假，"畔"是田界，"叛"是背叛，二者意義毫不相關，只是音同而已；古今字的古字和今字，要麽是本義和引申義關係，如"取"和"娶"，要麽是本義和假借義關係，如"然"和"燃"，並且語音上也有聯繫。從字形上看，通假字的本字和通假字多數没有關聯，如"要"和"邀"，古今字的古字和今字，在字形上往往有造字相承的關係，今字一般在古字基礎上加一意符，如"要"和"腰"。

四、繁簡字

繁簡字是從筆劃的多少而言的。從體形不同的角度來看，繁體和簡體也是異體字。漢字由繁趨簡，本是發展的主體趨勢，自古以來就有繁簡字，並不是現在才有的。因爲書寫的形體是爲了交流，越簡單越好，只要符合交際需要就行了。甲骨文中就有大量的繁簡字，如：

“郭”,有形,也有形;“韋”,有形,也有形。

後者均爲簡體。以後歷代均有文字簡化的情況。我們今天所説的“繁簡字”是有特定含義的,簡體字是指 1956 年國務院公布的《漢字簡化方案》頒布的簡體字,繁體字指與簡化字對應的楷書繁寫字體。簡化字大致來源於以下幾種情況:

有的是古代的異體字,如:

達达　糧粮　棄弃　釁衅　與与

有的是古體字,如:

颳刮　迴回　剋克　捲卷　禮礼　氣气　癢痒

有的是同音替代字,如:

幾几　僕仆　穀谷　後后　餘余　醜丑　薑姜

有的是歷代的簡體或俗體字,如:

辦办　寶宝　蠶蚕　遞递　蓋盖　顧顾　憐怜　黴霉　廟庙

廳厅　陰阴

有的是草書楷化而成的,如:

貝贝　長长　單单　東东　過过　會会　見见　臨临　舉举

喬乔　頭头

有的是簡化一些構形部分,如:

觸触　點点　廣广　節节　離离　條条　繭茧

有的是用符號來轉换某些部件,如:

鄧邓　鳳凤　觀观　艱艰　權权　勸劝　聖圣　劉刘　這这

趙赵　讒谗

我們在掌握繁簡字的時候,要注意以下幾個問題:

第一,兩字共一形。一個簡化字通常是對應一個繁體字,但有的簡化字有兩個相應的繁體字,如:

当—當(應當)、噹(叮噹)　　历—歷(經歷)、曆(曆法)

签—簽(簽字)、籤(籤牌)　　钟—鍾(容器)、鐘(鐘鼓)

证—証(証諫)、證(證明)　　药—葯(草名)、藥(藥物)

须—須(必須)、鬚(鬍鬚)　　汇—滙(滙合)、彙(詞彙)

复—復(重復)、複(複雜)　　获—獲(抓獲)、穫(收穫)

纤—縴(縴索)、纖(纖細)　　饥—飢(飢餓)、饑(饑荒)

脏—臟(腑臟)、髒(骯髒)　　发—發(發射)、髮(毛髮)

第二,同形字。簡化字跟古書中的未簡化字同形,但音義不同,如

适適　适 kuò,本義爲疾速。適 shì,往,到。

蜡蠟　蜡 zhà,祭名。蠟 là,蜂蠟。

宁寧　宁 zhù,本義爲貯蓄。寧 níng,安寧。

术術　术 zhú,藥名,本作"朮"。術 shù,本義爲邑中道路。

叶葉　叶 xié,和洽。葉 yè,树葉。

胜勝　胜 xīng,古"腥"字。勝 shèng,勝利。

虫蟲　虫 huǐ,古"虺"字,毒蛇。蟲 chóng,古代泛指動物。

厂廠　厂 hǎn,崖側岩穴。廠 chǎng,工廠。

广廣　广 yǎn,依山而建的房屋。廣 guǎng,广大。

第三,同音替代字。簡化字跟古書中的一個或數個同音字形體相同,也可以理解爲使用古書中的一個同音字來作爲某字或某幾字的簡化字,如:

表錶　表,表示。錶,鐘錶。

才纔　才,才能。纔,僅。

冲沖衝　沖,水湧動。衝,交通要道。冲,簡化字。

丑醜　丑,地支之一。醜,醜陋。

种種　种,姓。種,栽种。

出齣　出,進出。齣,一折戲。

党黨　党,姓。黨,黨派。

冬鼕　冬,四季之一。鼕,鼓聲。

范範　范,姓。範,模範。

发髮發　fà 髮,頭髮。fā 發,出發,發射。发,簡化字。

丰豐　丰,草木茂盛。豐,豐满。

帘簾　帘,酒帘。簾,門簾,窗簾。

借藉　借,假借。藉,依靠。

据據　据,拮据。據,依憑。

里裏　里,鄰里。裏,與"内"相反。

蔑衊　蔑,小。衊,污染。

苹蘋　苹,浮萍。蘋,蘋果。

凭憑　凭,靠几。憑,依。

确確　确,貧瘠。確,堅固。

松鬆　松,樹名。鬆,鬆散。

听聽　听,笑貌。聽,用耳感知。

咸鹹　咸,都。鹹,鹹味。

准準　准,准許。準,標準。

致緻　致,到。緻,精緻。

筑築　筑,古弦樂器。築,建造。

征徵　征,遠行。徵,驗徵。

願愿　願,心願。愿,老實。

御禦　御,駕馬。禦,抵抗。

向嚮　向,北開的窗户。嚮,趨嚮。

系係繫　系,系統。係,關係;jì,捆綁。繫,維繫。

只衹隻　只,語氣詞。衹,僅。隻,量詞。

台臺檯颱　台,敬稱。臺,土築物。檯,桌子類家具。颱,颱風。

參考書目

洪成玉《古今字字典》,商務印書館 2013 年。

劉又辛《通假概説》,巴蜀書社 1988 年。

劉志成主編《漢字學》,天地出版社 2001 年。

裘錫圭《文字學概要》(修訂本),商務印書館 2013 年。

王力《古代漢語》(校訂重排本),中華書局 1999 年第 3 版。

王寧《通用規范漢字字典》,商務印書館 2013 年。

王寧《通用規范漢字表》解讀,商務印書館 2013 年。

張書巖等編著《簡化字溯源》,語文出版社 1997 年。

附録六

第一至第十單元練習參考答案

第一單元練習(一)參考答案

一、解釋下列句子中加點字的意義。

1. 寤:通"牾",倒,逆。
2. 斃:倒下。這裏指摔跟頭,跌跤。
3. 鄙:邊境上的城邑。貳:動詞,兩屬,指同時臣屬於兩個主人。
4. 虞:料到。
5. 共:即"供",供給。徵:問,責問。
6. 次:臨時駐紮。
7. 軍:動詞,駐紮。
8. 説:即"悦",喜悦,高興。
9. 胹:煮。
10. 嗾:發出聲音來指使狗。
11. 遺:贈送,送給。
12. 慼:憂愁,悲哀。
13. 將:動詞,率領。
14. 憾:不滿。
15. 屬:適,恰好。

二、用漢語拼音給下列句子中加點字注音。

1. 亟:qì　2. 祭:zhài　3. 棣:dì　4. 縋:zhuì
5. 鮮:xiǎn　6. 飲:yìn　7. 擐:huàn

三、説明下列句子中加點字的詞性、功能和意義。

1. 姑:副詞,姑且。
2. 其:語氣詞,表示委婉語氣,在祈使句中有"還是"的意思。
3. 敢:表敬副詞,斗膽地,冒昧地。
4. 微:否定副詞,用於事後的假設,大致相當於"如果不是"。
5. 再:數詞,作狀語,兩次。

四、分析下列句子的語法結構,指出劃線部分中的主語、謂語和(或)賓語。

1. 制:主語。巖邑:謂語。
2. 寡人:主語。是:前置賓語。問:謂語。
3. 我:前置賓語。之:代詞,複指前置賓語。謂:謂語。
4. 晋與魯、衛:主語。兄弟:謂語。

5. 這是一個兼語句。寡君：主語。使：謂語。群臣："使"的賓語，"請"的主語。

五、將下列文字譯爲現代漢語。

等到莊公登上君主之位，姜氏爲段請求把制這個地方作爲采邑。莊公說："制，是險要的城邑。虢叔就死在那裏。如果是别的城邑就聽你的。"姜氏又請求把京作爲段的采邑，鄭莊公就讓段居住在京這個地方，叫他京城太叔。祭仲說："都市的城牆超過了一百雉，是國家的禍患。先王的規定，大的都市城牆不能超過國都城牆的三分之一，中等城市的城牆不能超過國都城牆的五分之一，小的城邑城牆不能超過國都城牆的九分之一。如今京不合法度，您將不能忍受。"莊公說："姜氏將要這樣，哪裏能够回避禍患呢?"祭仲回答說："姜氏有什麽满足呢? 不如早點安排他們個地方，不要讓他們的勢力滋生蔓延。他們的勢力蔓延了，就難對付了。蔓延的草尚且難以根除，何况您那尊貴的弟弟呢?"莊公說："多做不義的事情，一定會自己摔跟頭的，您姑且等著吧。"

六、填空。

1.《左氏春秋》，《春秋左氏傳》，魯國，左丘明。

2. 魯，編年，哀公十四，242。

3.《春秋左氏傳》，《春秋穀梁傳》，《春秋公羊傳》。《左傳》，先秦，漢隸。

4.《春秋經傳集解》，孔穎達，《十三經注疏》，《春秋左傳注》。

七、用現代標點符號標點下列文字。

齊景公出獵，上山見虎，下澤見蛇。歸，召晏子而問之曰："今日寡人出獵，上山則見虎，下澤則見蛇，殆所謂之不祥也!"晏子曰："國有三不祥，是不與焉。夫有賢而不知，一不祥；知而不用，二不祥；用而不任，三不祥也。所謂不祥，乃若此也。今上山見虎，虎之室也；下澤見蛇，蛇之穴也。如虎之室，如蛇之穴，而見之，曷爲不祥也?"

第一單元練習(二)參考答案

一、解釋下列句子中加點字的意義。

1. 謗：公開議論或批評、指責。
2. 壅：堵塞。
3. 憲則：法度。
4. 賂：贈送人禮物。
5. 孥：兒女。
6. 去：離開。

7. 乘:四馬一車爲一乘。奮擊:指奮力作戰的士兵。

8. 誅:指責。

9. 弊:損壞。這裏用如使動。

10. 病:這裏指羞辱。

二、用漢語拼音給下列句子中加點字注音。

1. 瞽:gǔ　2. 没:mò　3. 女,女:nǚ,nǜ

4. 惡:wū　5. 謁:yè　6. 簴:jú

三、説明下列句子中加點字的詞性、功能和意義。

1. 以:介詞,用,把。

2. 莫:否定性無定代詞,没有誰,没有人。

3. 其:表示特指的代詞,可以譯爲"那個"。

4. 少:程度副詞,稍微。

5. 曾:情態副詞,竟然,竟。

四、分析下列句子的語法結構,指出其劃線部分中的主語、謂語和(或)賓語。

1. 是:主語。障:謂語。之:賓語。

2. 莫:主語。之:前置賓語。哀:謂語。

3. 何後:前置賓語。之:代詞,複指前置賓語。有:謂語。

4. 王、觸:主語。人君、人臣:謂語。

5. 觸:主語。前:謂語。

五、將下列文字譯爲現代漢語。

越王句踐駐兵在會稽山上,於是對著軍隊發號施令,説:"凡是我的父老兄弟和國中的百姓,有能够幫助我出謀劃策擊退吴國的,我和他共同主持越國的國政。"大夫文種上前回答説:"我聽説,商人在夏天就蓄積皮貨,在冬天就蓄積布匹,天旱時就蓄積船隻,發大水時就蓄積車輛,用來準備缺乏的時候用。即使没有四鄰各國的進攻侵擾,然而有謀略的大臣和得力的幹將,不能不有選擇地蓄養。就像蓑衣和斗笠一樣,應時而下的雨到了,就一定要它們才行。如今大王您已經駐兵在會稽山上了,才來尋找有謀略的臣子,恐怕有點晚了吧?"句踐説:"假如能够聽一聽您的見解,有什麽晚的呢?"(於是)句踐拉著文種的手,和他一起出謀劃策(共同治理越國)。

六、填空。

1. 左丘明,二十一,八。

2.《國語注》,《國語正義》。

3.《國策》,《國事》,《長書》,戰國。

4. 劉向,33。姚宏,鮑彪。吴師道。

七、用現代標點符號標點下列文字。

子皮欲使尹何爲邑。子産曰:“少。未知可否。”子皮曰:“願,吾愛之,不吾叛也。使夫往而學焉,夫亦愈知治矣。”子産曰:“不可。人之愛人,求利之也。今吾子愛人則以政,猶未能操刀而使割也,其傷實多。子之愛人,傷之而已,其誰敢求愛於子? 子於鄭國,棟也;棟折榱崩,僑將厭焉,敢不盡言! 子有美錦,不使人學制焉。大官大邑,身之所庇也,而使學者制焉。其爲美錦,不亦多乎? 僑聞學而後入政,未聞以政學者也。若果行此,必有所害。譬如田獵,射御貫,則能獲禽。若未嘗登車射御,則敗績厭覆是懼,何暇思獲?”

第一單元練習(三)參考答案

一、填空。

1.《説文》,許慎,字典,十五。9353,1163,以部首統率漢字,540。

2. 徐中舒,形、音、義,56000,單字。

3. 語詞,綜合。十萬,部首,214,筆畫,字數。

4. 語文,上海辭書,12,2200,37 萬,5 千餘,檢索表和附録。

5.《詞詮》,周、秦、兩漢。裴學海,十。

二、解釋。

1. 詞的本義:就是詞的本來意義,我們這裏所説的本義是指由漢字和漢字記録的古代書面語體現出來的詞本來的意義。

2. 詞的引申義:是指在本義基礎上發展、派生出來的意義。

三、簡答。

1.《古漢語常用字字典》的主要特點:第一,收字收義都是古代漢語中常用的。第二,注意詞義的發展,儘可能地注出哪些意義是後起的。第三,注意詞義的辨析。第四,除了解釋本字意義外,還另立【辨】項,對與之意義相同相近之詞進行辨析。第五,一些不便於在義項中或【辨】中解釋的意義,又另立【注意】一項。這一項的内容比較廣泛,有語音方面的,有字形方面的,也有意義方面的。

2. 詞義古今變化的基本情況:一,古今詞義基本没有變化。二,古今詞義差别明顯。三,古今詞義有同有異。古今詞義差别的主要表現:義項的多少不同;義項方面有理性意義的變化,有的詞義範圍擴大,有的詞義範圍縮小,有的詞義範圍轉移;還有感情色彩的變化。

3. 古代單音詞向現代雙音詞發展的主要途徑有兩個:第一,用完全不同的雙音詞替换了原來的單音詞。第二,利用原來的單音詞作爲構詞語素,加上其他語素構成複音詞。又有兩種情况,一是添加實語素,另一種情况是添加虚語素,即用原來的單音詞加上詞綴構成雙音詞。

四、分析。

(一)单纯詞:躑躅　珊瑚　須臾　蒲服　崔嵬　鳳凰

(二)

1. 該:完備。現在爲"應該"。屬於古今詞義完全不同,差别明顯。

2. 好:女子貌美。後用來泛指各種事物的美好。屬於古今詞義範圍的擴大。

3. 走:跑。現在爲"行走"。屬於古今詞義完全不同,差别明顯。

4. 葷:上古指有辛辣味的蔬菜。後來"葷"指肉食。屬於詞義範圍的轉移。

5. 肥:最初的意義是肌肉豐滿。現在"肥"的這個義項一般只用來形容動物,形容人時僅限於罵人或開玩笑,意義所指範圍縮小。

6. 客氣:言行虚矯,不是出自真誠,貶義。今天則轉爲褒義,指謙恭有禮。屬於感情色彩的變化。

(三)

1. 陟:登高。本義。

2. 奉:進獻。引申義。

3. 字:生孩子。本義。

4. 長:擅長。引申義。

5. 網:廣泛搜求。引申義。

6. 兵:軍隊。引申義。

第二單元練習(一)參考答案

一、解釋下列句子中加點字的意義。

1. 鮮:少,稀少。

2. 錯:通"措",放置。

3. 杇:用泥土抹牆的工具,這裏用作動詞,意思是把牆壁抹平。

4. 衣:去聲,動詞,穿。

5. 厭:满足。

6. 博:使……廣博,形容詞用作使動。

7. 彌:更加。

8. 攝:夾,局促、窘迫地處於。饑饉:指饑荒。《爾釋·釋天》:"穀不熟爲饑,菜不熟爲饉。"

9. 哂:亦作"吲",微笑。這裏有譏笑的意思。

10. 不敏:謙詞,不聰明,遲鈍。

11. 病:病缺,不完善,這裏指没有完全做到。

12. 疾:動詞,痛恨。 13. 歸:通"饋",贈送。

14. 黜:罷免。 15. 絶:絶弃。

二、用漢語拼音給下列句子中的加點字注音。

1. 坫:diàn 2. 釜:fǔ 3. 篤:dǔ 4. 蹜:sù

5. 覿:dí 6. 比:bì 7. 顓臾:zhuānyú 8. 來:lài

三、説明下列句子中加點字的詞性、功能和意義。

1. 而:連詞,放在主語和謂語之間表示假設,在意義上屬於逆接關係,可譯爲"假如、假若"。

2. 與:句中語氣詞,可不譯。

3. 唯:句中語氣詞,可不譯。

4. 焉:形容詞後綴。忽焉:相當於"忽然"。

5. 安:疑問代詞,哪裏。

6. 諸:"之乎"的合音,指示代詞兼語氣詞。

四、分析下列句子的語法結構,指出其劃線部分中的主語、謂語和(或)賓語。

1. 何:前置賓語。謂:謂語。

2. 吾:前置賓語。知:謂語。

3. 莫:主語。予:前置賓語。違:謂語。

4. 丘:主語。聞:謂語。有國有家者,不患寡而患不均,不患貧而患不安:賓語。

5. 子路、曾皙、冉有、公西華:主語。侍坐:謂語。

五、將下列文字譯爲現代漢語。

孔子説:"忠實誠信喜好學習,牢牢地守住好的道義。危險的國家不要去,混亂的國家不要住。天下太平有道就出現,混亂無道就隱居。國家有道却貧窮低賤,那是恥辱;國家無道却富貴顯赫,那是恥辱。"

六、填空。

1. 孔子及其弟子言行,戰國初期。

2. 丘,仲尼。魯國。

3. 教育,整理古代文獻。

4. 何晏,《論語集注》,《論語譯注》。

七、用現代標點符號標點下列文字。

長沮、桀溺耦而耕。孔子過之,使子路問津焉。長沮曰:"夫執輿者爲誰?"子路曰:"爲孔丘。"曰:"是魯孔丘與?"曰:"是也。"曰:"是知津矣。"問於桀溺,桀溺曰:"子爲誰?"曰:"爲仲由。"曰:"是孔丘之徒與?"對曰:"然。"曰:"滔滔者天下皆是也,而誰以易之? 且而與其徒辟人之士也,豈若從辟世之士哉?"耰而不輟。

第二單元練習(二)參考答案

一、解釋下列句子中加點字的意義。

1. 明:形容詞用作使動,使……明亮。

2. 格:推究。

3. 揜:遮蔽,掩藏。著:表現,顯露。

4. 弟:即"悌",弟弟對待兄長的正確態度。

5. 樹:種植。

6. 經:原指織布機上的縱線,這裏引申爲原則。

7. 篋:箱子,這裏作動詞,意思是打開書箱(發給學生書籍)。孫:即"逊",恭順,這裏用作使動,使(學生)恭順學業。

8. 躐:超越,越級。　　9. 篤:厚,指感情深厚,這裏用作使動。

10. 與:動詞,參加,參與。蜡:祭名,古代年終大祭。賓:行蜡祭時的陪祭者。

11. 賴:仰賴。　　12. 匪:非,不。　　13. 資:取。

14. 忝:動詞,辱。　　15. 患:擔心。

二、用漢語拼音給下列句子中的加點字注音。

1. 惡惡:wù;好好:hào　　2. 胖:pán　　3. 僩:xiàn

4. 中:zhòng　　5. 跲:jiá　　6. 語:yù

三、説明下列句子中加點字的詞性、功能和意義。

1. 毋:否定副詞,不要。

2. 焉:指示代詞,相當於"此"。

3. 啻:副詞,只,僅。

4. 須臾:時間副詞,頃刻,一會兒。

5. 所以:所字結構,用來……的方法。

四、分析下列句子的語法結構,指出其劃線部分中的主語、謂語和(或)賓語。

1. 天命:直接賓語。之:指示代詞,複指前置的賓語"天命"。謂:謂語。性:間接賓語。

2. 五者:主語。天下之達道:謂語。

3. 君子:主語。知:謂語。至學之難易:賓語。

4. 兼之者:主語。父:謂語。

五、將下列文字譯爲現代漢語。

古代的教育,在家有私塾,在鄉黨有鄉校,在遠郊有村校,在國家有學校。每年入學,間隔一年考核。一年考察學生讀經斷句的能力,辨别學生的意志傾向。三年考察學生是否敬業是否有良好的人際交往。五年考察學生是否學習廣博是否親近師長。七年考察學生是否有獨立的辨别知識的能力,是否能够恰當地選擇好友。這就叫做有了小的成就。九年知曉事理,明白通達,堅定自己的見解,不違反老師的教導,這就叫做有了大的成就。這樣,然後可以感化老百姓,改變不良的行爲習慣,近處的人心悦誠服,遠處的人歸順歸附,這就是大的學問的道理。

六、填空。

1.《大戴禮記》,《小戴禮記》,49。

2.《禮記注疏》,陳澔,《禮記訓纂》,《禮記集解》。

3. 戰國晚期,朱熹,吴澄。

4. 鄭玄,《孝經集解》,《孝經注疏》,《孝經鄭注疏》。

七、用現代標點符號標點下列文字。

公叔文子卒,其子戍請謚於君曰:“日月有時,將葬矣,請所以易其名者。”君曰:“昔者衛國凶饑,夫子爲粥與國之餓者,是不亦惠乎?昔者衛國有難,夫子以其死衛寡人,不亦貞乎?夫子聽衛國之政,修其班制,以與四鄰交,衛國之社稷不辱,不亦文乎?故謂夫子貞惠文子。”

第二單元練習(三)參考答案

一、判斷正誤。

1. ×;2. ×;3. √;4. √;5. √;6. ×;7. ×;8. √

二、簡答。

1. 古漢語賓語前置句的主要類型:(1)否定句中代詞作賓語前置;(2)疑問句中,疑問代詞作賓語前置;(3)叙述句中的賓語前置,包括賓語用指示代詞“是、之”複指,和賓語爲代詞“是”直接前置。

2. 古漢語判斷句的主要格式:(1)主語後用語氣詞“者”字表示提頓,謂語後用語氣詞“也”字煞尾;(2)只在謂語後用“也”字煞尾;(3)只在主語後用“者”字表示提頓;(4)"者、也"都不用;(5)在名詞前加副詞和語氣詞,如"乃、即、惟、維"等,以加强肯定的語氣;(6)表示否定判斷,一般在主謂之間加副詞"非"。

3. 古漢語判斷句的主要表意類型:(1)表示判斷,句中的主語和謂語是同一事物或同一類别;(2)表示比喻;(3)表示對事物的解釋與説明;(4)還有一種常見的靈活用法,在複句中解釋原因,表示因果關係的判斷。

三、找出下面句子中的前置賓語並説明其前置的條件(或類型)

1. 爾、我:否定句中代詞作賓語前置。

2. 誰:疑問句中疑問代詞作賓語前置。

3. 是:指示代詞作賓語前置。

4. 我:否定句中代詞作賓語前置。

5. 亡、群臣:賓語前置後用代詞"之"和"是"複指。

6. 奚:疑問代詞作賓語前置。

第二單元練習(四)參考答案

一、解釋。

1. 詞類的活用:有些詞,按照一定的語言習慣可以靈活運用,在句中臨時改變它的語法功能,這種靈活運用的現象叫詞類的活用。

2. 使動用法:屬於詞類的活用。名詞的使動用法,就是使後面的詞成爲這個名詞所指的人或事物。動詞的使動用法,即這個動詞具有使賓語怎麽樣的意思。形容詞的使動用法表示使賓語所代表的人或事物具有這個形容詞的性質或狀態。

3. 意動用法:屬於詞類的活用。名詞的意動用法,是把賓語看成是名詞所代表的人或物。形容詞作意動,是主觀上認爲後面賓語具有這個形容詞的性質或狀態。

二、簡答。

1. 古漢語有標誌被動句式的幾種情況:(1)於字句。用介詞"於"字,引出行爲的主動者。(2)爲字句。用介詞"爲"放在動詞之前引進行爲的主動者,使主語的被動性質明顯地表現出來。有時,"爲"字後面所引進的行爲主動者也可以不出現,"爲"直接放在動詞前面,仍然形成被動句式。漢代以後,出現了一種新的被動表示格式,用介詞"爲"字引進行爲的主動者,再用"所"字放在動詞前,構成"爲……所"式。(3)見字句。"見"字在動詞之前形成被動句式。"見"字句用

“於”字引進動作的主動者。(4)被字句。動詞之前用“被”字表示被動。

2. 名詞作狀語的幾種情況:第一,表示比喻。第二,表示對人的態度。第三,表示工具或行爲方式。第四,表示處所。

三、找出下面被動句的標誌。

1. 先發制人,後發制於人。被動句式。

2. 身死人手,爲天下笑者,何也? 被動句式。

3. 少北,則爲匈奴所得。被動句式。

4. 厚者爲戮,薄者見疑。被動句式。

5. 萬乘之國,被圍於趙。被動句式。

四、找出下面句子中的詞類活用現象,並説明活用的條件。

1. 漢敗楚,楚以故不能過滎陽而西。名詞“西”用“而”連接,活用爲動詞,意思是向西挺進。

2. 趙主之子孫侯者,其繼有在者乎? 兩個名詞連用,没有構成並列或偏正結構,其中一個名詞活用爲動詞。這裏,“侯”活用爲動詞,意思是做侯。

3. 然則仲尼之聖堯奈何? 形容詞“聖”用在名詞前面,没有構成偏正結構,活用爲動詞,這裏是意動用法,意思是以……爲聖,認爲……聖明。

4. 田單乃起,引還,東鄉坐,師事之。師,名詞作狀語,表示對人的態度,意思是用對待師長的態度。活用的條件是:名詞用在動詞前面,並不是動作的施動者,不作主語。

5. 養備而動時,則天不能病。……養略而動罕,則天不能使之全。病,名詞的使動用法,意思是使……困頓。活用的條件是:名詞用在能願動詞後面。

6. 伍子胥橐載而出昭關。橐,名詞用作狀語,表示工具,意思是用口袋裝。活用的條件是:名詞用在動詞前面,並不是動作的施動者,不作主語。

7. 晋侯飲趙盾酒。飲,是動詞的使動用法,意思是使……飲酒,讓……喝酒。這是根據上下文義決定的。

第三單元練習(一)參考答案

一、解釋下面句子中加點字的意義。

1. 缺:缺損,殘缺。弊:衰敗。

2. 窮:盡。

3. 訥:語言遲鈍。

4. 正:模范,楷模。

5. 信:言語真實。

6. 與:動詞,給予。

7. 隱:倚,靠著。
8. 覺:覺醒,睡醒。
9. 姚:美好,妖艷,輕浮。
10. 藏:即“臟”,臟腑。賅:完全。
11. 適:往,到。
12. 辯:通“辨”,區别。
13. 隱:隱蔽,消失。
14. 因:凭借。
15. 由:經由,走。因:沿襲,順著。
16. 喻:説明。
17. 寓:寄。
18. 昭:明白。
19. 顧:回頭看。輟:停止。
20. 女:汝。予:我。若:你。
21. 幾:接近,差不多。
22. 應:中,合,合乎。
23. 黨:阿附,偏私,偏愛。
24. 蹊:小路。隧:道路,指開山劈石形成的道路。梁:橋。連屬:連結。

二、説明下面句子中加點字的詞性、功能和意義。

1. 莫:無定代詞,没有人。
2. 特:副詞,只,只是。
3. 其:語氣副詞,還是。
4. 乎:介詞,用法與“於”同。
5. 奚:疑問代詞,何,什麽。
6. 其:表示委婉的語氣詞,可譯爲“恐怕、大概”。
7. 莫若:不如。
8. 已:通“矣”。
9. 夫:句首語氣詞,表示要發議論。
10. 使:連詞,假如。也:句中語氣詞。而:連詞,這裏連接主謂結構。
11. 惡:疑問詞,怎麽。
12. 直:副詞,特,只,不過。以:連詞,因此。爲:介詞,這裏的作用是引進行爲的主動者。

三、用漢語拼音給下列句子中的加點字注音。

1. 牖:yǒu　2. 緘:jiān　3. 憰:jué　4. 輟:chuò　5. 齕:hé

四、將下面這段文字譯爲現代漢語。

江海能成爲百川歸往之處的原因,是因爲它們善處於百川之下,所以能成爲百川之王。因此聖人想要處於萬民之上,一定要處於萬民之下;想要處於萬民之前,一定要身處萬民之後。因此聖人處於萬民之上而萬民不認爲是負擔,處於萬民之前而萬民不認爲有妨害,因此天下人樂於推舉聖人而不厭惡。由於其不争,所以天下没有誰能同他相争。

五、填空。

1.《道德經》,竹簡本,帛書,甲、乙,《老子章句》,《老子注》。

2.《南華經》。

六、用現代標點符號標點下面的古文。

孔子與柳下季爲友,柳下季之弟,名曰盜跖。盜跖從卒九千人,横行天下,侵暴諸侯;穴室樞户,驅人牛馬,取人婦女;貪得忘親,不顧父母兄弟,不祭先祖。所過之邑,大國守城,小國入保,萬民苦之。孔子謂柳下季曰:"夫爲人父者,必能詔其子;爲人兄者,必能教其弟。若父不能詔其子,兄不能教其弟,則無貴父子兄弟之親矣。今先生,世之才士也,弟爲盜跖,爲天下害,而弗能教也,丘竊爲先生羞之。丘請爲先生往説之。"柳下季曰:"先生言爲人父者必能詔其子,爲人兄者必能教其弟,若子不聽父之詔,弟不受兄之教,雖今先生之辯,將奈之何哉?且跖之爲人也,心如涌泉,意如飄風,强足以距敵,順其心則喜,逆其心則怒,易辱人以言。先生必無往。"孔子不聽,顔回爲馭,子貢爲右,往見盜跖。

第三單元練習(二)參考答案

一、解釋下面句子中加點字的意義。

1. 蹶:顛仆,跌倒。趨:跑,疾走。
2. 閔:擔憂。揠:拔。芒芒然:疲倦的樣子。
3. 詖:偏頗。淫:過分。
4. 班:同等,齊等。
5. 君:用作動詞,做君主。朝:動詞的使動用法,使朝拜。
6. 汚:誇大。阿:偏私,偏袒。
7. 等:比較,衡量。
8. 保:保護,養育。
9. 差等:等級,區別,指親疏厚薄的差别。
10. 委:放弃,丢弃。
11. 誠:的確。是:對,正確的。
12. 成:確定。
13. 憚:畏懼,害怕。舉:發動。
14. 劫:威脅,强迫。
15. 工:擅長。
16. 北:逃跑。
17. 幾:達到。
18. 簡:怠慢,荒疏。
19. 被:披。
20. 貨賂:財貨。

二、説明下面句子中加點字的詞性、功能和意義。

1. 夫:指示代詞,那個。
2. 惡:感嘆詞,表示驚訝。
3. 固:副詞,本來。且:副詞,將要。
4. 蓋:副詞,大概。
5. 雖:連詞,即使,即便。

三、用漢語拼音給下面句子中的加點字注音。

1. 惡:wū　2. 揠:yà　3. 閒:jiān　4. 愨:què　5. 期:jī

四、將下面文字譯爲現代漢語。

名稱没有本來就合適的，大家共同約定某個名稱來爲某種事物命名，約定俗成就成爲事物合適的名稱，跟約定不同的就是不合適的。名稱没有本來就指稱某個實體的，大家約定來給事物命名，約定俗成就成爲實體的名稱。名稱(没)有本來就好的，直接平易而不相矛盾，就稱之爲好名稱。事物有外表相同而實體不同的，有外表不同而實體相同的，可以分别。外表相同而實體不同的，雖可合用一個名稱，但是兩種不同的實體。外表改變但實體没有分别的差異，叫做變化。有變化而没有差别，就是一個實體。這就是所以要考察事物的實質，確定制定事物名稱的法度的緣故，這是制定名稱的關鍵所在。

五、填空。

1.《孟子章句》，朱熹，焦循。

2. 趙，儒家。

七、用現代標點符號標點下列文字。

昔者彌子瑕見愛於衛君。衛國之法，竊駕君車者罪至刖。既而彌子之母病，人聞，往夜告之，彌子矯駕君車而出。君聞之而賢之曰："孝哉，爲母之故而犯刖罪！"與君游果園，彌子食桃而甘，不盡而奉君。君曰："愛我哉，忘其口而念我！"及彌子色衰而愛弛，得罪於君。君曰："是嘗矯駕吾車，又嘗食我以其餘桃。"故彌子之行未變於初也，前見賢而後獲罪者，愛憎之至變也。故有愛於主，則知當而加親；見憎於主，則罪當而加疏。故諫説之士不可不察愛憎之主而後説之矣。夫龍之爲蟲也，可擾狎而騎也。然其喉下有逆鱗徑尺，人有嬰之，則必殺人。

第三單元練習(三)參考答案

一、簡答。

1. 古代漢語中"者"和"所"有一定的稱代作用，但與其他代詞不同的是它們作代詞時不能獨立充當句子成分，必須放在别的詞語後面或前面，構成"者"字結構和"所"字結構，使整個結構具有名詞性，作爲整體成爲句子的一個成分。因此，可以把它們叫做輔助性代詞。

2. 程度副詞通常修飾動詞和形容詞，表示行爲、性狀的程度。古代漢語程度副詞大致可以分爲三類：1)表示程度高，如"甚、極、至、最、太"等；2)表示程度輕微，如"少、略、微、頗"等；3)表示程度有所變化，如"加、更、益、彌、兹、愈"等。

二、説明下面句子中加點字的詞性和意義。

1. 特:副詞,只,僅。
2. 卬:人稱代詞,我。
3. 直:副詞,只,不過。
4. 甚:副詞,很。
5. 惡:疑問代詞,哪裏。
6. 鄉:副詞,過去,原來。
7. 徒:副詞,只,僅僅。
8. 是:代詞,這。
9. 第:副詞,僅,只。
10. 都:副詞,完全。
11. 時:代詞,這。
12. 卒:副詞,最後。
13. 但:副詞,只。
14. 之:代詞,這。
15. 凡:副詞,全部,所有。舉:副詞,全部。
16. 夫:代詞,那個。
17. 頗:副詞,略,稍。
18. 它:代詞,其他的。
19. 雅:副詞,很,非常。
20. 稍:副詞,漸漸。
21. 胡:疑問代詞,什麼。
22. 既:副詞,已經。
23. 少:副詞,逐漸。
24. 曾:副詞,完全。
25. 微:副詞,如果不是。

三、多項選擇題。

1. B　2. ABE　3. BCE　4. BCDE　5. CE　6. BCDE

四、找出下面句子中的"所"字結構和"者"字結構。

1. 所以爲此者
2. 所惡
3. 行仁義者、工文學者
4. 所以距子
5. 言外事者
6. 所立
7. 所謂知之非不知、所謂不知之非知
8. 所爲使
9. 所以降志辱自居市井屠者
10. 所賤
11. 猛如虎、狠如羊、貪如狼、强不可使者
12. 在於王所者、在王所者
13. 所爲有名、所緣以同異
14. 所以起者

第三單元練習(四)參考答案

一、簡答。

1. 古代漢語中連接定語和中心語的"之"一般可以用現代漢語的"的"來對譯,但二者的詞性並不相同。"之"是連詞,它所連接的定語和中心語都必須出現;"的"在現代漢語中是結構助詞,有時候"的"後面的中心語可以不出現。

2."於(于)"的用法主要有:(1)引進行爲動作發生的時間;(2)引進與行爲動

作有關的處所；(3)引進與行爲動作有關的對象；(4)引進比較對象；(5)引進行爲動作的工具或依據；(6)引進行爲動作的主動者。(例略)

二、説明下面加點詞在句中的詞性和作用(或意義)。

以

1. 介詞，引進動作憑藉的工具。
2. 介詞，引進動作憑藉的身份。
3. 連詞，表示原因。
4. 介詞，引進行爲動作發生的時間。
5. ①連詞，表示原因。②動詞，用。
6. 連詞，連接狀語和中心語。
7. 動詞，率領。
8. 介詞，省略賓語。
9. 動詞，認爲。
10. 介詞，引進行爲動作的依據。
11. 連詞，連接並列的兩項。

爲

1. 介詞，引進行爲動作涉及的對象。
2. 介詞，引進行爲動作的原因。
3. 介詞，相當於“因此”。
4. 動詞，做。
5. 介詞，引進行爲主動者。
6. 介詞，引進行爲動作的原因。
7. 動詞，做。
8. 動詞，成爲。

而

1. 第二人稱代詞，你。
2. 連詞，連接狀語和中心語。
3. 連詞，用在主謂結構中，有假設意味。
4. 連詞，連接並列結構中的兩項，表示兩項的平行關係。
5. 連詞，連接並列結構中的兩項，兩項間具有轉折關係。
6. 連詞，連接狀語和中心語。
7. 連詞，連接狀語和中心語。

則

1. 動詞，效法。
2. 連詞，表示順承關係。
3. 連詞，連接在意義上有轉接關係的兩件事情。
4. 連詞，表示轉折。
5. 連詞，在並列複句中，表示意義上的對舉。
6. 連詞，用在表示假設的分句中。
7. 連詞，用在表示讓步的分句中。

乎

1. 介詞，相當於“於”。
2. 介詞，相當於“於”。
3. 句末語氣詞，表示反問。
4. 形容詞詞尾。
5. 介詞，相當於“於”。
6. 語氣詞，用在選擇問句中。
7. 語氣詞，用在一般疑問句中。

與

1. 動詞，給。
2. 動詞，幫助。
3. 介詞，引進行爲動作有關的人。
4. 介詞，相當於“爲”。
5. 連詞，連接並列的各項。
6. 疑問語氣詞。
7. 語氣詞，表示感嘆。

8. 句中語氣詞,無實義。

且

1. 連詞,表示遞進關係。
2. 連詞,表示選擇關係。
3. 副詞,將近。
4. 副詞,相當於“還是”。
5. 副詞,將要。
6. 連詞,相當於“又……又……”。
7. 連詞,連接兩個動詞,表示兩件事同時進行。
8. 副詞,尚且。

三、指出下面各句中的語氣詞,並説明其作用。

1. 也:表示停頓。
2. 乎:表示疑問。
3. 也:表示確定。已:表示限止。矣:表示陳述。
4. 乎:表示疑問。
5. 邪:表示疑問。
6. 哉:表示感嘆。
7. 也:表示停頓。
8. 也:表示停頓。

第四單元練習(一)參考答案

一、解釋下列句子中加點字的意義。

1. 倫:類,輩。
2. 少:稍,稍微。概:梗概,大略。
3. 且:將要。
4. 忽焉:忽然,指迅速、突然。
5. 與:幫助。
6. 厭:飽,吃飽。卒:最終。
7. 蹈:踏,往。徑:小路。
8. 淫:過份。
9. 會:恰巧。
10. 絶:斷。
11. 間:暗中。指:意旨。
12. 素:向來,舊時。過:拜訪,探望。
13. 繆:通“謬”,詐僞,假裝。朝:拜訪。
14. 第:但,且。假貸:借貸。
15. 志:記住,想念。
16. 卒然:突然。故:舊,指過去的事情、友情等。

二、用漢語拼音給下面句子中的加點字注音。

1. 徂:cú　2. 施:yì　2. 閒:xián　4. 扞:hàn　5. 齎:jī

三、找出句子中活用的詞,并説明其意義和用法。

1. 兵:名詞用如動詞,用兵器刺殺。去:動詞的使動用法。
2. 死:爲……而死。
3. 屬:動詞的使動用法,使……歸屬。臣:名詞用作狀語,像臣一樣。

4. 從，動詞的使動用法，使……跟隨。

5. 異：形容詞的意動用法，認爲……奇異。

6. 少：形容詞的意動用法，認爲……少。

四、將下列文字譯爲現代漢語。

有人説："天道没有親疏之分，它永遠幫助好人。"像伯夷、叔齊，可以説是好人不是？積累仁德保持行爲高潔到這個地步却飢餓至死！再説七十子之徒，仲尼單單推舉顔淵爲好學。但顔回一直貧困潦倒，酒糟谷皮都吃不飽，而最終早早地死了。上天回報善人，到底是怎麽的啊？盗蹠天天殺戮無罪之人，吃人肝，殘酷凶惡，胡作非爲，聚衆幾千人横行天下，最後還得善終。這是依照的什麽德啊？這些是其中特别明顯突出的。

五、填空。

1.《太史公書》或《太史公記》，紀傳體通史。

2.《史記集解》，《史記索隱》，《史記正義》。

七、用現代標點符號標點下列文字。

張夫子問褚先生曰："詩言契、后稷皆無父而生。今案諸傳記咸言有父，父皆黄帝子也，得無與詩謬乎？"褚先生曰："不然。詩言契生於卵，后稷人迹者，欲見其有天命精誠之意耳。鬼神不能自成，須人而生，奈何無父而生乎！一言有父，一言無父，信以傳信，疑以傳疑，故兩言之。堯知契、稷皆賢人，天之所生，故封之契七十里，後十餘世至湯，王天下。堯知后稷子孫之後王也，故益封之百里，其後世且千歲，至文王而有天下。詩傳曰：湯之先爲契，無父而生。契母與姊妹浴於玄丘水，有燕銜卵墮之，契母得，故含之，誤吞之，即生契。契生而賢，堯立爲司徒，姓之曰子氏。子者兹；兹，益大也。詩人美而頌之曰：殷社芒芒，天命玄鳥，降而生商。商者質，殷號也。文王之先爲后稷，后稷亦無父而生。后稷母爲姜嫄，出見大人迹而履踐之，知於身，則生后稷。姜嫄以爲無父，賤而弃之道中，牛羊避不踐也。抱之山中，山者養之。又捐之大澤，鳥覆席食之。姜嫄怪之，於是知其天子，乃取長之。堯知其賢才，立以爲大農，姓之曰姬氏。姬者，本也。詩人美而頌之曰：厥初生民，深修益成，而道后稷之始也。孔子曰：'昔者堯命契爲子氏，爲有湯也。命后稷爲姬氏，爲有文王也。大王命季歷，明天瑞也。太伯之吴，遂生源也。'天命難言，非聖人莫能見。舜、禹、契、后稷皆黄帝子孫也。黄帝策天命而治天下，德澤深後世，故其子孫皆復立爲天子，是天之報有德也。人不知，以爲氾從布衣匹夫起耳。夫布衣匹夫安能無故而起王天下乎？其有天命然。"

第四單元練習(二)參考答案

一、解釋下面句子中加點字的意義。

1. 乖:背離,不一致。
2. 要:要點,關鍵。
3. 放:放蕩,放任。
4. 泥:拘泥。數:技能。
5. 更:經過。
6. 饒:多。
7. 給:供給。
8. 具:全部。
9. 輒:總是。
10. 當:判罪。
11. 候:望,偵察。希:稀少。
12. 亡:没有。
13. 零:落。臻:至。
14. 除:拜官授職。
15. 比:並列,指趕上。
16. 撥:矯正。
17. 指:意旨,用意。分别:分明,明白易懂。
18. 爛:燦爛。
19. 類:類似。
20. 勒:刻。

二、用漢語拼音給下面句子中的加點字注音。

1. 諼:xuān　2. 更:gēng　3. 亡:wú　4. 占:zhān　5. 校:jiào

三、找出下面句子中有後起字的古字,並説明其在句中的意義。

1. 辟:即"僻",邪僻。
2. 田:即"畋",田獵,打獵。
3. 反:即"返"。
4. 説:即"悦"。
5. 道:即"導",引導,帶路。

四、將下面這段話譯爲現代漢語。

大宛聽説漢物産豐富,想要與漢聯繫却不能,見到張騫很高興,問他想要到什麽地方。張騫説:"爲漢出使月氏而被匈奴封鎖了道路,現在逃脱,希望大王派人帶路送我去。果真能到那裏,回到漢朝後,漢將送給大王的財物説也説不完。"大宛認爲的確如此,送走張騫,給他派了翻譯和向導,抵達康居。康居用驛車送到大月氏。大月氏王已被胡所殺,立了他的夫人爲王。又已經讓大夏臣服而做了他們的國君,土地肥沃,少賊寇,希望安樂,又自認爲地域相隔遥遠而疏遠漢朝,完全没有報復胡人的想法。張騫從月氏到大夏,最終没能得到月氏明確的表示。

五、填空。

1. 班固,紀傳體斷代史。

2.《論衡》。

3.《詩》,《書》,《易》,《禮》,《樂》,《春秋》。

七、用現代標點符號標點下列文字。

夫儒者以六藝爲法。六藝經傳以千萬數,累世不能通其學,當年不能究其禮,故曰"博而寡要,勞而少功"。若夫列君臣父子之禮,序夫婦長幼之别,雖百家弗能易也。墨者亦尚堯舜道,言其德行曰:"堂高三尺,土階三等,茅茨不翦,采椽不刮。食土簋,啜土刑,糲粱之食,藜霍之羹。夏日葛衣,冬日鹿裘。"其送死,桐棺三寸,舉音不盡其哀。教喪禮,必以此爲萬民之率。使天下法若此,則尊卑無别也。夫世異時移,事業不必同,故曰"儉而難遵"。要曰彊本節用,則人給家足之道也。此墨子之所長,雖百長弗能廢也。法家不别親疏,不殊貴賤,一斷於法,則親親尊尊之恩絶矣。可以行一時之計,而不可長用也,故曰"嚴而少恩"。若尊主卑臣,明分職不得相踰越,雖百家弗能改也。名家苛察繳繞,使人不得反其意,專決於名而失人情,故曰"使人儉而善失真"。若夫控名責實,参伍不失,此不可不察也。道家無爲,又曰無不爲,其實易行,其辭難知。其術以虚無爲本,以因循爲用。無成埶,無常形,故能究萬物之情。不爲物先,不爲物後,故能爲萬物主。有法無法,因時爲業;有度無度,因物與合。故曰"聖人不朽,時變是守。虚者道之常也,因者君之綱"也。

第四單元練習(三)參考答案

一、填空。

1.《儀禮注》,《周禮注》,《禮記注》。

2.《毛詩故訓傳》,《孟子章句》,《楚辭章句》,《戰國策注》、《吕氏春秋注》、《淮南子注》。

3.《老子注》,《論語集解》,《莊子注》,《春秋左氏經傳集解》,《山海經注》,《方言注》,《爾雅注》,《三國志注》,《世説新語注》,《水經注》。

4.《大學章句》,《中庸章句》,《論語集注》,《孟子集注》。

二、名詞解釋。

1. 不僅解釋正文,而且給前人的注解作注,這種注解叫"疏"或"正義"。

2. 司馬貞《史記索隱》、張守節《史記正義》、裴駰《史記集解》合稱"《史記》三家注”。

3. 這個古注術語一般用於聲訓，訓釋詞和被釋詞除了意義上的聯繫外，還有音同音近的關係。

4. 這個古注術語一般用於以本字解釋假借字。

5.“衍文”又叫“衍字”，簡稱“衍”，這是校勘古書的專門用語，用來指明古籍中多出了文字的現象。

6. 爲了修辭上的需要，作者不用某個事物固有的名稱，而臨時借用與該事物有某種内在聯繫的詞語作爲它的稱謂，這就是代稱，又叫借代。

7. 古人行文時有時把本來應該寫成兩個句子或兩個短語的話合併爲形式上的一個句子或一個短語，這樣客觀上造成一個句子或短語同時表達兩件事情的結果，這種修辭方式叫並提，或者叫分承、合叙。

三、爲下面的經文和古注加上現代標點符號。

《柏舟》詁訓傳第四 〇陸曰：鄘音容。鄭云：紂都以南曰鄘。王云：王城以西曰鄘也。

《柏舟》，共姜自誓也。衛世子共伯蚤死，其妻守義，父母欲奪而嫁之，誓而弗許，故作是詩以絶之。共伯，僖侯之世子。〇共音恭。下同。姜，居羊反。共姜，共伯之妻也，婦人從夫謚。姜，姓也。蚤，音早。僖，許其反。《史記》作“釐”，曹大家音僖。

汎彼柏舟，在彼中河。興也。中河，河中。箋云：舟在河中，猶婦人之在夫家，是其常處。〇汎，芳劍反。處，昌慮反。髧彼兩髦，實維我儀。髧，兩髦之貌。髦者，髮至眉。子事父母之飾。儀，匹也。箋云：兩髦之人，謂共伯也。實是我之匹，故我不嫁也。《禮》世子“昧爽而朝”，亦“櫛、纚、笄、總、拂髦、冠、緌、纓”。〇髧，本又作优。徒坎反。髦，音毛。《説文》作“髳”，音同。《禮》子生三月“翦髮爲鬌”，長大作髦以象之。鬌音丁果反。昧，莫背反。朝，直遥反。櫛，側乙反。纚，色蟹反。又色綺反。總，子孔反。緌，汝誰反。之死矢靡它。矢，誓。靡，無之至也。至已之死，信無它心。〇它音他。母也天只，不諒人只。諒，信也。母也，天也，尚不信我。天謂父也。〇只音紙。汎彼柏舟，在彼河側。髧彼兩髦，實維我特。特，匹也。〇特，如字。《韓詩》作“直”，云相當值也。之死矢靡慝。慝，邪也。〇慝，他得反。邪，似嗟反。母也天只，不諒人只。

四、指出下面句子各采用了哪種修辭手法。

1. 比喻　2. 並提　3. 代稱　4. 互文　5. 代稱

6. 倒置　7. 代稱　8. 比喻

第五單元練習(一)參考答案

一、解釋下列句子中加點字的意義。

1. 永：水流長。方：用木筏渡河。

2. 楚：即荆，一種叢生落葉灌木。

3. 歸：女子出嫁。秣(mò)：喂馬的穀物，這裏用作動詞。

4. 畿(jī):門檻。
5. 梁:即魚梁,擋水的石堰,留有缺口讓魚通過。發:打開。
6. 襄(xiāng):除去。
7. 集:群鳥棲樹上。
8. 湄(méi):水邊,水草交接處。
9. 澤:指汗衣,即內衣。
10. 士:通"事",從事。
11. 施(yì):延伸。宇:屋檐。
12. 縭(lí):古代女子係在身上的佩巾。
13. 火:指大火,星名。
14. 績:用紡錘或紡輪把麻的纖維紡成紗線。
15. 葵:即冬葵,俗名冬寒菜。
16. 盬(gǔ):止息。
17. 腓(féi):庇護。字:哺乳。
18. 豆:盛食物的器皿,木制。登:食器,形與豆相似,陶制。
19. 立:通"粒",以穀米爲食。這裏用作使動。極:極至,至德。
20. 錢(jiǎn):翻土的農具。

二、用漢語拼音給下列句子中的加點字注音。

1. 適:dí　2. 重:tóng　3. 雨:yù　4. 呱:gū　5. 恒:gèng

三、説明下列句子中加點字的詞性、功能和意義。

1. 思:句尾語氣詞,表示感嘆。
2. 有:形容詞詞頭,無實義。
3. 也:句中語氣詞,表示語氣加重和延長。
4. 其:句中語氣詞,幫助表示反問語氣。
5. 于:動詞詞頭,無實義。

四、分析下列句子的語法結構,指出劃線部分中的主語、謂語和(或)賓語。

1. 蟋蟀,主語。在、在、在、入,謂語。野、宇、户、我床下,賓語。
2. 主語省略。穫、畝,動詞,謂語。是、是,指示代詞,賓語,直接放在動詞前。
3. 主語"后稷"承前省。貽,謂語。我,賓語。來牟,賓語。
4. 主語承前省。饗,動詞,謂語。朋酒,賓語。斯,指示代詞。

五、將下列文字譯爲現代漢語。

我們的祭祀怎麽樣?有人舂谷,有人舀粟。有人簸揚,有人踩蹂。淘米肅肅,蒸飯卜嚕嚕。籌劃思謀,采來香蒿,和上牛油。奉獻公羝,神佑道途。烈火熊熊,來年有福。

盛祭品於木豆,盛祭品於陶登。馨香升上天庭,上帝安享犧牲,香味濃烈美甚。后稷初開郊祀,周人幸無罪過,(上帝保佑)子子孫孫到如今。

六、填空。

1. 11 世紀,前 6 世紀,三百零五,風,雅,頌。春秋。

2. 毛亨,鄭玄,孔穎達。《詩集傳》。

3. 上古漢語,音韻。

4. 齊詩,魯詩,韓詩,毛詩。毛詩。

5. 夏,中原。

七、用現代標點符號標點下列文字。

國者,諸侯所封之域;而風者,民俗歌謠之詩也。謂之風者,以其被上之化以有言,而其言又足以感人。如物因風之動以有聲,而其聲又足以動物也。是以諸侯采之以貢於天子,天子受之而列於樂官。於以考其俗尚之美惡而知其政治之得失焉。舊説二南爲正風,所以用之閨門鄉黨邦國而化天下也。十三國爲變風,則亦領在樂官,以時存肄,備觀省而垂監戒耳。合之凡十五國云。

第五單元練習(二)參考答案

一、解釋下列句子中加點字的意義。

1. 阿:山角落。
2. 篁(huáng):大的竹林。
3. 離:通"罹",遭受。
4. 旌(jīng):用羽毛和牦牛尾裝飾的旗幟。
5. 凌:侵犯。
6. 懲:受創而戒懼。
7. 素榮:白花。
8. 醜:種類。
9. 勞(lào):慰勞。
10. 偷:苟且。
11. 謝:致歉。
12. 顔:眉目之間。色:指臉上的氣色。
13. 淈(gǔ):濁。這裏用作使動,使……渾濁。
14. 枻(yì):船舷的木板。
15. 濯(zhuó):洗。

二、用漢語拼音給下列句子中加點字注音。

1. 被:pī　2. 枹:fú　3. 曾:céng　4. 父:fǔ　5. 滑:gǔ

三、説明下列句子中加點字的詞性、功能和意義。

1. 善窈窕:善良美好。窈窕:美好的樣子。
2. 從(zòng):及物動詞的使動用法,使……跟隨。
3. 羌:《楚辭》所特有的語氣詞。
4. 端:使動用法,使……端正。
5. 力耕:下力氣耕作。力:名詞作狀語。

四、分析下列句子的語法結構,指出劃線部分中的主語、謂語和(或)賓語。

1. 猨,主語。啾啾,謂語。又,通"狖"(yòu),主語。鳴,謂語。

2. 左驂,主語。殪,謂語。右,主語。傷,謂語。

3. 主語承前省。師長,謂語,名詞用作動詞。

4. 子,主語。非三閭大夫,判斷句謂語。

5. 主語省略。安能……受,謂語。物之汶汶者,賓語。

五、指出下列詩歌中的押韻字和所屬的上古韻部。

1. 貍、旗、思、來:之部。下、雨、予:魚部。

2. 忠、窮:冬部。耕、名:耕部。身:真部;生:耕部;真耕合韻。真、人:真部。清、楹:耕部。斯、兒:支部。稽:脂部;韋:微部;脂微合韻。駒、軀:侯部。軛、迹:錫部。翼、食:職部。凶、從:東部。清、輕、鳴、名、貞:耕部。

六、填空。

1. 戰國,楚地民歌,南方。

2.《九歌》,《天問》,《九章》。

3. 漢字,《詩經》,官方。

4. 劉向。

5.《楚辭章句》,《楚辭補注》,《楚辭集注》。

七、用現代標點符號標點下列文字。

《離騷經》者,屈原之所作也。屈原與楚同姓,仕於懷王,爲三閭大夫。三閭之職,掌王族三姓,曰:昭、屈、景。屈原序其譜屬,率其賢良,以厲國士。入則與王圖議政事,決定嫌疑;出則監察群下,應對諸侯。謀行職脩,王甚珍之。同列大夫上官、靳尚妬害其能,共譖毁之。王乃疏屈原。屈原執履忠貞而被讒衺,憂心煩亂,不知所愬,乃作《離騷經》。離,别也;騷,愁也;經,徑也。言己放逐離别,中心愁思,猶陳道徑以風諫君也。故上述唐、虞、三后之制,下序桀、紂、羿、澆之敗,冀君覺悟,反於正道而還己也。是時秦昭王使張儀譎詐懷王,令絶齊交。又使誘楚,請與俱會武關。遂脅與俱歸,拘留不遣。卒客死於秦。其子襄王復用讒言,遷屈原於江南。屈原放在草野,復作《九章》,援天引聖,以自證明。終不見省。不忍以清白久居濁世,遂赴汨淵自沈而死。

第五單元練習(三)參考答案

一、填空。

1. 先秦兩漢,公元前11世紀～公元2,《詩經》。

2. 六朝至唐宋,3～12,陸法言,《切韻》。

3. 元明清,13～19,周德清,《中原音韻》。

4. 拼音文字材料;系統記録音系的韻書;韻文作品;其他比較零散的材料,如表意文字中的通假、聲符等等。

5.《詩經》韻字歸納,諧聲偏旁分部,古音重建。

6. 陰聲韻,入聲韻,陽聲韻。

7. 幫滂並明,非敷奉微。

8. 知徹澄娘,端透定泥,舌上音,舌頭音。

9. *l-。

10. 複聲母。

二、因爲上古漢語缺乏兩項最重要的材料:拼音文字材料;系統記録音系的韻書。漢字屬於意音文字體系,不能直接反映上古漢語語音的面貌。

三、對上古漢語的語音進行研究利用了兩種材料、一個方法:(1)西周初年至春秋早期寫成的《詩經》以及先秦時期的其他韻文材料。(2)漢字形聲字中大量的聲符(即諧聲系統)所提供的漢字的語音信息。這是因爲漢字屬於意音文字,形聲字占 80%以上(以《説文解字》計)。形聲字的聲符可以給我們提供上古漢語詞根的線索。(3)運用歷史語言學的方法,研究漢語上古音向中古音的發展規律,比較上古漢語和其他親屬語言的對應關係,從而重建漢語上古音的音值。

四、高本漢構擬上古音值的方法和步驟主要是:(1)根據現代漢語方言和中古韻書的音系以及部分域外對音材料,構擬出中古音值;(2)根據清儒劃分好的上古韻類(即韻部)和中古音之間的聯繫,構擬出上古音值。

五、顧炎武是以《詩經》中的入韻字和《廣韻》韻系進行比較而分出的。把《廣韻》同一韻下的字分開,歸屬於不同的上古韻部。這種劃分建立在完全以《詩經》押韻字歸納韻部的客觀基礎上,跳出了長期以來人們總是以多個完整的中古韻的合併來歸納上古韻部的誤區。這種成就隱含了語言學最基本的原則:严守語言事實,從中尋找規律。

六、20 世紀 60 年代以來漢語上古音的研究取得了比較大的進展。這是由於在以下兩個方面獲得了新的研究方法和研究資料:(一)系統地清理諧聲關係,更詳盡地利用諧聲材料。特别是將其用於上古聲母的研究;(二)采用外部比較構擬的方法,將漢語和親屬語言相比較,例如漢藏語比較。

七、不是的。漢語的親屬語言藏語在 7、8 世紀尚未産生聲調,現代藏語拉薩話的聲調是後來産生的，而藏語安多方言至今未産生音位意義上的聲調。漢語的聲調也是漢語在發展過程中産生的。

第五單元練習(四)參考答案

一、填空。

1. 單純詞，雙聲，叠韻。

2. 詞根，語音，語義。

3. 古音同詞根，古義相通。

4. 讀音，意義或詞性，附加後綴。

二、聯綿詞有三個特點：①聯綿詞是單純詞，只有一個語素，因此不能拆開來講。②一個聯綿詞往往有不同的書寫形式。③聯綿詞大多是形容詞性的，且大多有雙聲或叠韻的關係。

三、人類記録語言最直接也是最方便的辦法是記音，即按照表音的規則，用一個統一的簡單的符號記下它的聲音，語言環境能够幫助人們理解其意義。在公元前的十幾個世紀中，世界各地的人類集團在記録自己的語言時，都不約而同地向表音方向發展，包括原爲表意符號的文字，例如古埃及聖書文字和蘇美爾楔形文字。漢字也在向這個方向發展。漢字中的假借字、聲符和通假用字都是這種傾向在這個特定歷史時期的體現。

四、注出下列句子中加點字的本字和讀音。

1. 具：通“俱”，讀 jū。

2. 信：通“伸”，讀 shēn。

3. 適：通“謫”，讀 zhé。

4. 適：通“敵”，讀 dí。

5. 亡：通“無”，讀 wú。

6. 無：通“毋”，讀 wù。

7. 内：通“納”，讀 nà。

8. 剥：通“攴”，讀 pū。

五、同源詞的字形可以有聯繫，也可以完全不同。兩詞同源，是根據古音同詞根、古義相通來判定的。“脱、奪”是同源詞，它們共有的詞根爲*loot-，意義爲解開、釋放。古音關係也可答爲：古聲母透定同部位，古韻同屬月部。

六、確定通假是根據借字與本字語音（上古音）相同或相近的原則。而探求同源詞是根據構詞方式上的共源聯繫，並不一定要語音相同或相近。正如法國歷史語言學家梅耶（A. Meillet）所説：“有效的語源上的符合决不是根據一些語言形式間的相似而確定的，而是根據一些對應規律。”

七、注出下列句子中加點字的讀音和詞性。

1. 乘 chéng,動詞,乘車,乘坐。/乘 shèng,名(量)詞,一車四馬爲一乘。

2. 觀 guān,動詞,觀察。/觀 guàn,名詞,宗廟或宫庭大門外兩旁高大的建築物。

3. 傳 chuán,動詞,傳遞。/傳 zhuàn,名詞,傳遞信件的車馬,驛車。

4. 藏 cáng,動詞,收藏。/藏 zàng,名詞,儲存財物的庫房。

5. 冠 guān,名詞,帽子。/冠 guàn,動詞,戴(帽子)。

6. 好 hǎo,形容詞,貌美。/好 hào,動詞,愛好。

7. 從 cóng,跟隨。/從 zòng,及物動詞的使動意義,使……跟隨。

8. 勞 láo,形容詞,辛勞。/勞 lào,動詞,慰勞。

9. 使 shǐ,動詞,派遣。/使 shì,名詞,使者。

10. 騎 qí,動詞,騎馬。/騎 jì,名詞,騎兵。

八、古人的詩歌是押韻的,後世的人讀起來不押韻了,這是語音發展變化的結果。清代以前的人們不懂得這個道理。有人錯誤地認爲上古音與他們自己的時代的語音是相同的。爲什麽古代詩歌他們讀起來不押韻了呢?他們錯誤地解釋爲古人寫詩時,臨時改變了韻腳字的讀音,以求和諧。這就叫做叶音。叶音説的代表人物是南宋的朱熹,在他的著作《詩集傳》和《楚辭集注》中以叶音來解釋當時讀音不和諧的押韻字。叶音説的錯誤在於不瞭解漢語語音在漫長的歷史中是發展變化的。

第六單元練習(一)參考答案

一、解釋下列句子中加點字的意義。

1. 蒙塵:帝王遭受磨難。
2. 天府:天然的府庫。
3. 臧否:表揚和批評。
4. 恨:遺憾,可惜。
5. 躬親:親自。
6. 兒息:兒子。
7. 薄:近,臨近。
8. 土風:當地風俗。
9. 克弭:制止,消除。
10. 行:出嫁。
11. 響:回聲。
12. 妓女:女樂。
13. 委:拋弃。
14. 楚:語音不標準,方音重。
15. 狎:親近而不莊重。

二、用漢語拼音給下列句子中的加點字注音。

1. 否:pǐ　2. 鮮:xiǎn　3. 屬:zhǔ　4. 語語:yǔyù

三、説明下列句子中加點字的詞性、功能和意義。

1. 焉:指示代詞兼語氣詞,於是。

2. 將:副詞,表揣測的語氣,恐怕、大概、或許。

3. 或:肯定性無定代詞,有的。

4. 蓋:連詞,表示原因。

5. 之:連詞,置於原來的主謂結構之間,使之變成一個偏正結構,作整個句子的主語(此句是一個倒裝句)。

四、分析下列句子的語法結構,指出其劃線部分中的主語、謂語和(或)賓語。

1. 孤之有孔明,主語。猶,謂語。魚之有水,賓語。

2. 主語省略。爲,動詞,謂語。之,間接賓語。下,直接賓語。

3. 富貴不歸故鄉,主語。如,動詞,謂語。衣錦夜行,賓語。

4. 是,代詞,主語。司,動詞,謂語。神,賓語。

5. 諸王豪侈,主語。之,賓語。有,動詞,謂語。

五、將下列文字譯爲現代漢語。

劉伶酒醒後非常疲弊,口很渴,向妻子索要酒來解渴。妻子把酒倒掉並毁壞了酒器,哭泣著勸告他説:"您飲酒太過分了,這不是保養身體的辦法,一定要戒掉才行。"劉伶説:"你講得很好。但我不能够控制自己,只有禱告鬼神,發誓後才能够戒掉。"妻子説:"好吧。"於是妻子將酒肉供奉在神像面前,請劉伶發誓。劉伶跪在神像前發誓道:"天生一個劉伶,他把酒當成命根;一飲就是十斗,五斗酒就可以解除他酒後的疲弊。女人的話,絶不可以聽信。"説完就開始飲酒吃肉,站立不穩醉倒了。

六、填空。

1. 陳壽,《魏書》,《蜀書》,《吴書》,裴松之,《三國志注》。

2. 地方志,西南,常璩。

3. 酈道元,注。

4. 劉義慶,東漢末年,東晋之間。

5. 顔之推。

七、用現代標點符號標點下列文字。

(江水)又東,過秭歸縣之南。縣,故歸鄉。《地理志》曰:歸子國也。《樂緯》曰:昔歸典叶聲律。宋忠曰:歸即夔,歸鄉,蓋夔鄉矣。古楚之嫡嗣有熊摯者,以廢疾不立,而居於夔,爲楚附庸,後王命爲夔子。《春秋・僖公二十六年》:楚以其不祀,滅之者也。袁山松曰:屈原有賢姊,聞原放逐,亦來歸,喻令自寬,全鄉人冀其見從，因名曰秭歸。"即《離騷》所謂"女嬃嬋媛以詈余"也。

縣城東北依山即坂，周迴二里，高一丈五尺，南臨大江。古老相傳，謂之劉備城，蓋備征吴所築也。縣東北數十里，有屈原舊田宅，雖畦堰縻漫，猶保屈田之稱也。縣北一百六十里，有屈原故宅，累石爲室基，名其地曰樂平里。宅之東北六十里，有女嬃廟，擣衣石猶存。故《宜都記》曰：秭歸，蓋楚子熊繹之始國，而屈原之鄉里也。原田宅於今具存，指謂此也。

第六單元練習（二）參考答案

一、解釋下列句子中加點字的意義。

1. 遲：慢，緩慢。
2. 塵勞：煩惱。
3. 次第：秩序，順序。
4. 因緣：内因與外緣，指直接原因與間接原因。
5. 了：完全
6. 等一：相同的。
7. 偏黨：偏私，偏心。
8. 周給：接濟
9. 饒益：利益。
10. 作務：勞動。
11. 合：應當。
12. 適來：剛才。
13. 次第：情景，情况。
14. 男女：家伙。
15. 新婦：已婚婦女的自稱。

二、用漢語拼音給下列句子中的加點字注音。

1. 稱：chèn。　2. 著：zhuó。　3. 藏：zàng。　4. 般若：bōrě。　5. 那：nǎ。

三、將下列文字譯爲現代漢語。

弘忍和尚問惠能説："你是哪裏的人？到這山裏來禮拜我。你現在到我這裏想要求得什麽東西？"惠能回答説："弟子是嶺南人，新州的百姓，今天特地遠來禮拜和尚，並不企求其他的東西，只要求作佛。"大師就責備惠能説："你是嶺南人，又是個獦獠，怎麽能够作佛呢？"惠能回答説："人是有南北，但是佛性却没有南北，我這個獦獠的身體與和尚不同，但佛性有什麽差别呢？"大師想繼續談下去，但是看見左右的人在旁邊，大師就不説話了。於是派遣惠能跟隨衆人參加勞動。當時有一個住在寺院中帶髮修行的人，就帶領惠能到舂米的房屋中去，在那裏踏碓八個多月。

四、填空。

1. 净土，康僧鎧。
2. 鳩摩羅什，龜兹，庫車。

3. 禪宗,《壇經校釋》。

4. 禪宗史,五代。

五、用現代標點符號標點下列文字。

從山谷西行廿里,到張花普通院,共九僧斷中。院有粥飯。齋後行谷十里,到茶鋪普通院。過院西行十里,踰大復嶺,嶺東溪水向東流,嶺西溪水向西流。過嶺漸下,或向西行,或向南行。峰上松林,谷里樹木,直而且長,竹林麻園,不足爲喻。山嶺崎嶇,欲接天漢,松翠碧與青天相映。嶺西木葉未開張,草未至四寸。從茶鋪行卅里,薄暮到角詩普通院宿。

第六單元練習(三)參考答案

一、填空。

1. 雙音節詞。

2. 與舊詞完全没有關係,舊詞。

3. 印度,佛教。

4. 社會的發展,語言内部各個要素的相互制約。

二、"腳"在上古的意思是小腿,到了中古時期則取代了上古的"足"。在上古,"伯叔"表示排行,"伯"是老大,"叔"是年齡較小的,因此,"伯、叔"可以分别指哥哥和弟弟。到了中古時期,"伯、叔"則可以分别表示伯父和叔父。

三、梵漢"合璧"詞是指複合詞中的構詞語素分别來自梵語和漢語。例如"尼姑",其中的"尼"係來自梵語借詞"比丘尼"的略稱,而"姑"則來自漢語。"魔鬼"中的"魔"係梵語借詞"魔羅"的略稱,"鬼"則是漢語中的固有成分。

四、漢語使用了兩種意譯的方法來表達來源於印度的佛教概念:一種是直接使用漢語中固有的詞,但賦予了專門的表示佛教概念的意義,例如對於來自梵語的借詞"達磨",使用漢語中固有的詞"法"來表示,指一切事物,如有形的事物叫"色法",無形的事物叫"心法";另一種則是使用漢語本有的語言材料,依照漢語的構詞法,創造新的複合詞來表達佛教的概念,如"衆生、因緣、因果"等。

第六單元練習(四)參考答案

一、填空。

1. 阿,老,子,兒,頭。

2. 了,著,過。

3. 指示。

4. 宋代,懣,滿,門。每。

5. 指示,這。

6. 甚麽、甚末、什摩、什没、拾没,甚,是物,是勿。

7. 復,自。

8. 的,之,者。

9. 指示代詞。

10. 介詞,動詞。

二、《虞美人》中的"了"是一個動詞,意思是終結。而《烏夜啼》中的"了"置於動詞"謝"之後,已經虛化成一個表示動詞情貌的構形成分。這兩個"了"在意義和詞性上雖然不同,但在歷史上,兩者是密切相關的,後者是從前者逐漸虛化而來的。

三、上古漢語表示數量時,是在數詞後面直接加上名詞,而不使用量詞,例如《論語·述而》:"三人行,必有我師焉。"其中的數詞"三"直接放在名詞"人"的前面。而在中古漢語中,數詞和名詞不能直接組合,要在它們之間插入一個量詞,例如《樂府·折楊柳枝歌》:"門前一株棗,歲歲不知老。"在數詞"一"和名詞"棗"之間有一個量詞"株"。這與現代漢語中的用法是一樣的。

四、《莊子·養生主》中"雖然"的意思是雖然如此,"然"是一個指示代詞,意思是如此。而《敦煌變文·降魔變文》中的"然"已經虛化成了詞尾,"雖然"就成了一個表示讓步的連詞。

五、中古漢語中新出現的比較句式與原先的比較句相比,有兩個方面的差别:一是不使用"於"而是使用介詞"比"來引進比較的對象,二是這個介賓結構置於形容詞(或具有形容詞性質的短語)的前面。例句:①《孟子·梁惠王上》:"王知如此,則無望民之多於鄰國也。"②李清照《醉花陰》:"莫道不消魂,簾卷西風,人比黄花瘦。"

第七單元練習(一)參考答案

一、解釋下列句子中加點字的意義。

1. 玄:黑色。

2. 造:到達。

3. 文章:錯雜的色彩花紋。

4. 援:拿過來。

5. 袂:衣袖。

6. 究:窮盡。

7. 閒:間隙。

8. 逸:奔跑。

9. 矯:高舉。

10. 曠:耽誤,荒廢。

11. 襲:重疊。
12. 枉:委屈。
13. 辟:罪。
14. 嚮使:假使。舉:行動,舉動。
15. 殊:不同。
16. 靡:無。
17. 抵:排擠。
18. 委:放下,扔下。掉:摇。
19. 阜:大山。屬:連接。糾紛:重疊交錯。
20. 垂:邊。
21. 即:靠近。
22. 永:長。
23. 被:覆蓋。
24. 麗:附著。
25. 羞:美味的食物。這裏用作動詞。
26. 崇:高峻。
27. 埒:等同。
28. 程:法式,典範。

二、用漢語拼音給下面句子中的加點字注音。

1. 省:xǐng　2. 埒:liè　3. 將:qiāng　4. 譎:jué
5. 袂:mèi　6. 沫:huì　7. 阿:ē　8. 差:cī

三、指出這段韻文中的押韻字和所押的上古漢語韻部。

客徒欲朱丹吾轂(屋),不知一跌將赤吾之族(屋)也! 往昔周網解結(質),群鹿争逸(質),離爲十二,合爲六七(質),四分五剖,並爲戰國(職)。士無常君(文),國無定臣(真),得士者富,失士者貧(文)。矯翼厲翮,恣意所存(文)。故士或自盛以橐,或鑿坏以遁(文)。是故鄒衍以頡頏而取世資(脂),孟軻雖連蹇猶爲萬乘師(脂)。

五、用現代標點符號標點下列文字。

鄭玄在馬融門下,三年不得相見,高足弟子傳授而已。嘗算渾天不合,諸弟子莫能解;或言玄能者,融召令算,一轉便决,衆咸駭服。及玄業成辭歸,既而融有"禮樂皆東"之嘆,恐玄擅名而心忌焉。玄亦疑有追,乃坐橋下,在水上據屐。融果轉式逐之,告左右曰:"玄在土下水上而據木,此必死矣。"遂罷追。玄竟以得免。

王右軍年减十歲時,大將軍甚愛之,恒值帳中眠。大將軍嘗先出,右軍猶未起,須臾錢鳳入,屏人論事,都忘右軍在帳中,便言逆節之謀。右軍覺,既聞所論,知無活理,乃陽吐汙頭面被褥,詐孰眠。敦論事造半,方憶右軍未起,相與大驚曰:"不得不除之!"及開帳,乃見吐唾縱横,信其實孰眠,於是得全。於時稱其有智。

第七單元練習(二)參考答案

一、解釋下列句子中加點字的意義。

1. 逆:迎。
2. 羞:進獻。
3. 罄:盡,空。陳:陳列,展示。
4. 邁:行。
5. 族:類。
6. 景:日光。
7. 班:鋪。
8. 謝:辭别。依然:依戀的樣子。
9. 迭:更替。
10. 薄:迫近。
11. 範:法式。
12. 履:踐,踏。
13. 資:靠,憑藉。
14. 寫:描繪。
15. 味:體會,體味。
16. 苟:隨便,不嚴肅。
17. 章:通"彰",明顯。

二、用漢語拼音給下列句子中的加點字注音。

1. 愒:kài 2. 抆:wěn 3. 摽:biāo 4. 芟:shān 5. 間:jiàn

三、説明下列句子中加點字的詞性、功能和意義。

1. 惟:句中語氣詞。
2. 曾:副詞,乃,竟。
3. 以:介詞,引進動作發生的時間。
4. 若夫:連詞,相當於"至於"。
5. 詎:副詞,表反問,豈,哪裏。

四、指出這段韻文中的押韻字和所押的上古漢語韻部。

歲惟丁卯,律中無射(鐸)。天寒夜長,風氣蕭索(鐸);鴻雁于征,草木黄落(鐸)。陶子將辭逆旅之館,永歸於本宅(鐸)。故人悽其相悲,同祖行於今夕(鐸),羞以嘉蔬,薦以清酌(藥)。候顔已冥,聆音愈漠(鐸)。嗚呼哀哉!

六、用現代標點符號標點下列文字。

若夫一枝之上,巢父得安巢之所;一壺之中,壺公有容身之地。况乎管寧藜床,雖穿而可坐;嵇康鍛竈,既暖而堪眠。豈必連闥洞房,南陽樊重之第;緑墀青瑣,西漢王根之宅。余有數畝弊廬,寂寞人外,聊以擬伏臘,聊以避風霜。雖復晏嬰近市,不求朝夕之利;潘岳面城,且適閑居之樂。况乃黄鶴戒露,非有意於輪軒;爰居避風,本無情於鐘鼓。陸機則兄弟同居,韓康則舅甥不别。蝸角蚊睫,又足相容者也。

第七單元練習(三)參考答案

一、填空。

1. 編年體,紀傳體,紀事本末體。
2.《太史公自序》。
3. 司馬遷的《史記》。
4.《過秦論》。
5. 論,説,辯,原。
6. 筆記。
7. 奏議。
8. 鋪陳事物,戰國末期。
9. 古賦,俳賦,律賦,文賦。
10. 序,亂(訊)
11. 時文。

二、漢賦的篇幅一般比較長,多采用問答體的形式,韻文中夾雜散文,全篇基本上押韻,但也有不押韻的地方。句式以四言和六言爲主,這是繼承了《詩經》和楚辭的句式,但又有所變革,靈活地運用了散文的句式,三言、五言乃至一些長句摻雜其間,長句短句穿插於過於緊湊的鋪叙内容和華麗整飭的韻文中,造成韻散結合的效果。漢賦把散文納入自己的文體因素中,應該説是對中國古代韻文的一次革新。用詞方面,漢賦好用僻字,賦家也時常造字,在賦中常常羅列名物,且語言有復古傾向。(例略)

三、六朝時,賦中用對偶已經定型,往往全篇都是四字對和六字對,盡可能避免同字相對,而且講究平仄。它實際上是有韻的駢體文,既有駢體文的一般特點,又體現賦的鋪陳誇張的特色。用典是六朝賦的一個重要特點,六朝人作賦喜歡將典故融化在句子中。(例略)

四、(1)賦往往换韻,一韻到底的極少。(2)賦的换韻,往往與内容段落是一致的。(3)賦的押韻一般是偶句押韻,除全篇首句或换韻的開頭外,奇句不用韻。(4)賦的韻脚不一定在句末。如果句末是語氣詞,韻脚往往在語氣詞前面。(5)賦的韻脚不能同字相押。

五、找出下面這段文字中的典故並指出其在文中的作用。

1. 物極不反:古人認爲事物發展的規律是物極必反,而梁朝的復興却始終没有轉機,因此説“物極不反”。這表達了自己的失望之情。

2. 傅燮:爲漢陽(今甘肅天水一帶)太守。被王國、韓遂圍攻,兵少糧盡,其子勸他弃城歸鄉,他説:“世亂不能養浩然之志,食禄又欲避其難乎!吾行何之?必死於此!”終戰死。這裏用傅燮事比喻自己的遭遇,梁不能復興,自己又身陷異國,無處求生,只能悲嘆自己的身世。

3. 袁安:東漢人,官至司徒。袁安因和帝年幼,外戚竇憲兄弟擅權,每當朝會進見或與公卿談論國事時,總是嗚咽流泪。這裏用袁安自比,表示對梁朝滅亡的時時悲嘆。

4. 桓君山:名譚,東漢人,官給事中,著有《新論》二十九篇。杜元凱:名預,西晋人,著有《春秋左氏經傳集解》。據載,桓、杜二人均有自序,庾信在賦序中提到,有援例之意。

5. 潘岳:晋人,著名文學家,曾作《家風詩》。陸機:陸機祖父陸遜是吴國丞相,父親陸抗是吴國大司馬,都有功於吴。晋人,長於詩賦,以文才名重一時,曾作《祖德》、《述先》二賦,其《文賦》中又有"咏世德之駿烈,誦先人之清芬"這句子。庾信這裏有要向潘陸學習之意。

6. 周粟:周武王滅商,伯夷、叔齊恥食周粟,餓死於首陽山。這裏反用成語,一語雙關,説自己先失節於梁,又失節於西魏而仕北周,不像伯夷、叔齊那樣,表示慚愧悔恨。

7. 下亭:路上寄宿的亭。《後漢書·獨行列傳》記載,東漢孔嵩被徵召爲公府,在去京師的路上,宿於下亭,馬被盜去。這裏借指旅途漂泊之苦。

8. 高橋:又作臯橋,在江蘇吴縣閶門内,相傳東漢時吴郡大姓臯伯通住在此橋旁。《後漢書·梁鴻傳》記載,東漢梁鴻曾避禍至吴,依臯伯通,居廡(廊下小屋)下。這是指自己寄居在異鄉。

9. 楚歌:項羽被圍垓下,夜聞漢軍四面楚歌。楚歌後指懷鄉的悲歌。

10. 魯酒:《莊子·胠篋》:"魯酒薄而邯鄲圍。"陸德明《經典釋文》引許慎注《淮南子》:"楚會諸侯,魯趙皆獻酒于楚王。主酒吏求酒於趙,趙不與。吏怨,乃以趙厚酒易魯薄者。楚王以趙酒薄,遂圍邯鄲。"後世以魯酒爲薄酒。

第八單元練習(一)參考答案

一、解釋下列句子中加點字的意義。

1. 里:秦漢二十五家爲里,十里爲亭,十亭爲鄉。
2. 旅:不種而自生的。
3. 郭:外城。
4. 梟(xiāo):勇健。
5. 覺:醒來。
6. 媚:愛。
7. 陂(bēi):山坡。
8. 英:花。
9. 章:紡織品上的紋理。
10. 旋:立即。
11. 領:脖子。
12. 羈(jī):馬絡頭。
13. 泫(xuàn):水下滴。
14. 企:踮起腳跟而立。
15. 筋竿:指弓。
16. 梁:橋。
17. 案:古代放置食物的托盤。
18. 甍(méng):屋脊。
19. 練:潔白的熟絹。

20. 鬒(zhěn),黑髮。

二、用漢語拼音給下列句子中加點字注音並釋義。

1. 慊慊:qiànqiàn 叠音詞,思念的樣子。

2. 蕭瑟:xiāosè 雙聲聯綿詞,秋風吹過樹木的聲音。

3. 扶疏:fúshū 叠韻聯綿詞,樹木枝葉茂盛的樣子。

4. 逶迤:wēiyí 叠韻聯綿詞,彎曲綿延的樣子。

5. 蹀躞:diéxié 叠韻聯綿詞,小步走路的樣子。

三、説明下列句子中加點字的詞性、功能和意義。

1. 阿:詞頭。

2. 諒:副詞,作狀語,確實。

3. 忽:動詞,謂語,看輕,不重視。

4. 鳴:不及物動詞的使動用法,使……發出聲音。

5. 零:動詞,謂語,落下。

四、指出下列詩歌中的押韻字和上古韻部。

1. 女、杼、雨、許、語:魚部。

2. 幃、徊、歸、誰、衣:微部。

3. 海、峙、起、裏、志:之部;茂:幽部;之幽合韻。

4. 食、息、翼、息、側、織、直:職部。

五、填空。

1. 宋代,《樂府詩集》。

2. 漢代,《昭明文選》。

3.《步出夏門行》,《樂府詩集》。

4.《穆天子傳》,晋太康,魏安釐王。

5. 攀援樹木的猿猴,箭靶。

六、用現代標點符號標點下列樂府詩,並指出押韻字。

1. 中庭雜樹多,偏爲梅咨嗟。問君何獨然?念其霜中能作花,露中能作實。摇蕩春風媚春日,念爾零落逐風飈,徒有霜華無霜質。(上古韻:多、嗟:歌部。實、日、質:質部)

2. 北風涼,雨雪雱,京洛女兒多嚴妝。遥豔帷中自悲傷,沉吟不語若爲忘。問君何行何當歸,苦使妾坐自傷悲。慮年至,慮顔衰;情易復,恨難追。(上古韻:涼、雱、妝、傷、忘:陽部。歸、悲、衰、追:微部)

3. 燭龍棲寒門,光曜猶旦開。日月照之何不及此?唯有北風號怒天上來。

燕山雪花大如席，片片吹落軒轅臺。幽州思婦十二月，停歌罷笑雙蛾摧。倚門望行人，念君長城苦寒良可哀。别時提劍救邊去，遺此虎文金鞞釵。中有一雙白羽箭，蜘蛛結網生塵埃。箭空在，人今戰死不復回。不忍見此物，焚之已成灰。黄河捧土尚可塞，北風雨雪恨難裁。（廣韻：哈灰同用）

4. 紫騮黄金瞳，啾啾摇緑鬃。平明相馳逐，結客洛門東。少年學劍術，凌轢白猿公。珠袍曳錦帶，匕首插吴鴻。由來萬夫勇，挾此生雄風。托交從劇孟，買醉入新豐。笑盡一杯酒，殺人都市中。羞道易水寒，從令日貫虹。燕丹事不立，虚没秦帝宫。武陽死灰人，安可與成功。（廣韻：東韻）

第八單元練習(二)參考答案

一、解釋下列句子中加點字的意義。

1. 信：誠實。
2. 執：至交，好友。
3. 崇墉：高牆。墉（yōng）：牆。
4. 偶然：再這樣，又如此。
5. 絶塞：極遠的邊塞。塞：邊境上的關隘，常有軍事設防。
6. 薄：草木叢生。
7. 涵虚：包容了天宇。虚：指天空。
8. 菑（zī）：耕種了一年的地。這裹泛指田地。
9. 開濟：開創和輔濟。濟：辅佐。
10. 景（yǐng）：即“影”，日光。霽（jì）：雨停，這裹指霜雪停止。
11. 逸：馬奔跑迅速。
12. 乖：違背，不順。
13. 絶：横穿。
14. 醅（pēi）：未濾過的米酒。
15. 鐵馬：指披著鎧甲的戰馬。

二、用漢語拼音給下列句子中加點字注音並釋義。

1. 魑魅（chīmèi）：傳説中的山林中的鬼怪。
2. 潺湲（chányuán）：叠韻聯綿詞，水流動的樣子。
3. 迢遞（tiáodì）：雙聲聯綿詞，高遠的樣子。
4. 娉娉（pīng）：美好的樣子。嫋嫋（niǎo）：柔弱的樣子。

三、説明下列句子中加點字的詞性、功能和意義。

1. 酣：形容詞，用作動詞，暢飲。
2. 空：副詞，白白地。
3. 甘：形容詞，用作意動，認爲……甘甜。
4. 低：形容詞，用作使動，使……（顯得）低矮。
5. 尋常：本指距離短小，引申爲平常，作狀語。

四、指出下列詩歌中的押韻字和所屬的中古韻(《廣韻》)韻目。

1. 山、間、閒:山韻;關、灣、還、顔:删韻;山、删同用。

2. 額、劇:陌韻;來、猜、開、臺、哀、苔:咍韻;梅、回、灰、堆:灰韻;咍灰同用。掃、早、草、老:晧韻。巴、家、沙:麻韻。

3. 尋、森、音、心、襟:侵韻。

4. 零、銘、亭、青、汀:青韻。

五、填空。

1. 清,王琦,清,仇兆鼇。

2. 今四川江油縣,725 年。

3.759,十。

4.1172 年,1178 年,崇州,樂山,宜賓。

5.《劍南詩稿》。

七、用現代標點符號標點下列文字。

草堂先生,謂子美也。草堂,子美之故居,因其所居而號之曰“草堂先生”。先生自同谷入蜀,遂卜居成都浣花江上、萬里橋之西,爲草堂以居焉。唐史前後牴牾,先生至成都之年月不可考。其後有寄題草堂詩云:“經營上元始,斷手寶應年。”然則先生之來成都,殆上元之初乎? 嚴武入朝,送武至巴西,遂如梓州。蜀亂,乃之閬州。將赴荆楚,會武再鎮兩川,自閬州挈妻子歸草堂。武辟爲參謀。武卒,蜀又亂。去之東川,移居夔州。遂下荆渚,泝沅湘,上衡山,卒於耒陽。先生以詩鳴於唐。凡出處去就,動息勞佚,悲歡憂樂,忠憤感激,好賢惡惡,一見於詩。讀之可以知其世,學士大夫謂之“詩史”。其所遊歷好事者,隨處刻其詩於石。及至成都則闕然。先生之故居,松竹荒凉,略不可記。今丞相吕公鎮成都,復作草堂於先生之舊址而繪像於其上。宗愈假符於此,乃録先生詩,刻石置於草堂之壁間。先生雖去此,而其詩之意有在於是者,亦附於後。庶幾好事者得以考當時去來之迹云。元祐庚午,資政殿學士中大夫知成都軍府事胡宗愈序。

第八單元練習(三)參考答案

一、填空。

1.《中國音韻學研究》。

2. 601,陸法言,6、7。

3. 廣韻，廣韻，1008，陳彭年、邱雍，大宋重修廣韻。

4. 韻，字典，平、上、去、入四聲，206。

5. 開口或合口，介音的有無，入聲韻尾，主要元音。

6. 唐，同用，獨用，106，詩韻，平水韻。

7. 守温，三十六字母，11 世紀初。

8. 重唇，舌頭，牙，全清，次清，全濁，次濁。

9. 陰平，陽平，上聲，去聲，平，上，去，入。

10. 東漢末年，聲母，韻母，聲調。

二、以下四個方面的材料是語言學家構擬漢語中古音音值的重要依據：(1)中古時期系統記録漢語語音系统的韻書、韻圖；(2)現代漢語方言；(3)中古漢語在非漢語語言中的借詞；(4)佛經翻譯文獻中的音譯詞。

三、有四個主要的不同之處：(1)無輕唇音非、敷、奉、微；(2)有正齒音莊、初、崇、山；(3)喻$_{三}$和喻$_{四}$未合併；(4)娘母尚未從泥母中分出。

四、《切韻》聲母系统發展到現代漢語普通話聲母系統有五個主要的變化：(1)濁音清化：濁塞音或濁塞擦音字變爲相應的清輔音；(2)雙唇音輕唇化：一部分雙唇音字變爲唇齒音；(3)舌面音聲母卷舌化：舌葉音聲母莊、初、崇、山，和舌面前音聲母知、徹、澄，章、昌、船、書、禪變爲普通話中的卷舌音聲母；(4)舌尖音和舌根音聲母舌面化：中古音精組聲母（ts、tsh、dz、s、z）和見曉組聲母（k、kh、g、h、ɦ）的齊齒呼和撮口呼字顎化爲普通話中的 tɕ、tɕh、ɕ；(5)零聲母形成：中古漢語的云、余、影、疑（部分）、微五個聲母演變成了普通話中的零聲母。

五、中古的入聲字分别進入普通話的平、上、去三個聲調，即所謂“入派三聲”。又以聲母的清濁分爲三類：(1)清聲母的變化不規則，分别讀爲陰平、陽平、上聲、去聲，如“八、博、北、作”；(2)全濁聲母讀爲陽平，如“薄、讀、直、食”；(3)次濁聲母的普通話讀爲去聲，如“力、日、入”。

六、1. 當時反切上字（甫、敷、武）都是與被切字相應的雙唇音，尚未輕唇化。

2. 當時被切字是舌頭音，尚未分化，其聲母與相應的反切上字是一致的。

3. 在《切韻》時代，被切字還都是舌根音或喉音聲母，尚未顎化。

4. 在《切韻》時代，這些被切字還都是舌尖音，尚未顎化。

5. 在《切韻》時代，這些被切字和反切上字都是不送氣濁音。

6. 在《切韻》時代，平聲字没有陰陽之分。

7. 在《切韻》時代，這些被切字是全濁聲母的上聲字，後來變成了去聲。

8. 這些反切下字都是入聲字,反切上字都是全濁聲母字。被切字按規律歸入普通話陽平不送氣。

9. 這些反切下字是入聲字,反切上字是次濁聲母字,被切字按規律歸入普通話去聲。

10. 這些反切下字是入聲字,反切上字是清聲母字,被切字讀入普通話四個聲調,無規律。

第八單元練習(四)參考答案

一、填空。

1. 古詩,樂府詩,五言詩,七言詩。
2. 近體詩,今體詩,五七言律詩,五七言絶句。
3. 格律詩,古風,平仄,嚴格的格律。
4. 平水韻,同用。
5. 十三元。
6. 陰平,陽平,上、去、入,上聲,去聲,平聲。
7. 一字多義。
8. 借音對。
9. 借義對。
10. 聞幾家野哭(聯想到)戰伐,(聽)數處夷歌(揚)起(於)漁樵。

二、近體詩的押韻有如下的規則:(1)偶句尾字押韻。第一句尾字可以押韻也可不押韻;不押韻的句子尾字要用仄聲字。(2)一般押平聲韻。(3)不能出韻,不能换韻。

三、今普通話陽平字有三個來源:(1)古平聲濁聲母字,讀送氣,如"成、同、唐、徒";(2)古入聲全濁聲母字,讀不送氣,如"白、集、濁、達、敵、獨、讀、逐、局";(3)少數古入聲清聲母字,如"伯、博、國、革、得、迫"。

四、今普通話陰平字有二個來源:(1)古平聲清聲母字,占了陰平字的絶大部分,如"東、歌、瓜、家、居、灰、之"等;(2)古入聲清聲母字的一部分,占陰平字的一少部分,如"一、七、八、發、逼、剔、夾、鴨、壓、接、摘、屈、失、約、屋、忽、出、叔、哭"等。

六、用粘、對的規則寫出近體詩的平仄格式。

1. ㊀仄仄平平,平平㊀仄平。㊉平平仄仄,㊀仄仄平平。㊀仄平平仄,平平仄⃝仄平。平⃝平平仄仄，仄⃝仄仄平平。

2. 平⃝平平⃝仄仄，仄⃝仄仄平平。仄⃝仄平平仄，平平仄⃝仄平。平⃝平平仄仄，仄⃝仄仄平平。仄⃝仄平平仄，平平仄⃝仄平。

3. 平⃝平仄仄⃝平平仄，仄⃝仄平平仄⃝仄平。仄⃝仄平⃝平平仄仄，平⃝平仄⃝仄仄平平。平⃝平仄⃝仄平平仄，仄⃝仄平平仄⃝仄平。仄⃝仄平⃝平平仄仄，平⃝平仄⃝仄仄平平。

4. 仄仄平平仄仄平，平⃝平仄⃝仄仄平平。平⃝平仄⃝仄平平仄，仄⃝仄平平仄⃝仄平。仄⃝仄平⃝平平仄仄，平⃝平仄⃝仄仄平平。平⃝平仄⃝仄平平仄，仄⃝仄平平仄⃝仄平。

七、寫出下列五言律詩和七言律詩的平仄格式。

寫出正格，可平可仄處用了相反平仄的字加圈，拗字用斜體，救字下加點。入聲字下加線。

1. 贈孟浩然　李白

吾愛孟夫子　仄仄*仄*平仄，
風流天下聞　平平平仄平。
紅顏弃軒冕　平平*仄*平仄，
白首卧松雲　仄仄仄平平。
醉月頻中聖　仄仄平平仄，
迷花不事君　平平仄仄平。
高山安可仰　平平平仄仄，
徒此揖清芬　仄⃝仄仄平平。

2. 送友人　李白

青山横北郭　平平平仄仄，
白水繞東城　仄仄仄平平。
此地一爲别　仄仄*仄*平仄，
孤蓬萬里征　平平仄仄平。
浮雲遊子意　平平平仄仄，
落日故人情　仄仄仄平平。
揮手自兹去　仄⃝仄*仄*平仄，
蕭蕭班馬鳴　平平平仄平。

3. 蜀相　杜甫

丞相祠堂何處尋　仄⃝仄平平仄⃝仄平，
錦官城外柏森森　平平仄⃝仄仄平平。
映階碧草自春色　平⃝平仄仄*仄*平仄，
隔葉黄鸝空好音　仄仄平平平仄平。
三顧頻煩天下計　仄⃝仄平平平仄仄，
兩朝開濟老臣心　平⃝平仄⃝仄仄平平。
出師未捷身先死　平平仄仄平平仄，
長使英雄泪滿襟　平⃝仄平平仄仄平。

4. 夜泊水村　陸游

腰間羽箭久凋零　平平仄仄仄平平，
太息燕然未勒銘　仄仄平平仄仄平。
老子猶堪絶大漠　仄仄平平*仄*仄仄，
諸君何至泣新亭　平平仄⃝仄仄平平。
一身報國有萬死　平⃝平仄仄*仄仄*仄，
雙鬢向人無再青　仄⃝仄*仄*平平仄平。
記取江湖泊船處　仄仄平平*仄*平仄，
卧聞新雁落寒汀　平⃝平仄⃝仄仄平平。

第九單元練習(一)參考答案

一、解釋下列句子中加點字的意義。

1. 夢斷:夢醒。
2. 西風:指秋風。闕:陵墓前面的牌樓。
3. 攬:采摘。遺(wèi):贈送。
4. 玉筯:本指玉箸,借指眼泪。
5. 衰:容易凋謝。儂:我。這裏是女子自稱。
6. 等閒:無端。
7. 定:"疋"字的形訛,匹,與……媲美。
8. 闇鳥:黄昏時分的鳥。闇:同"暗"。
9. 狂殺:狂歡,狂喜。
10. 驟:使馬奔馳。
11. 娥:美女。
12. 槿籬:密栽槿樹作爲籬笆。
13. 寒砧:寒夜中搗衣的聲音。砧(zhēn):洗衣用的搗衣石。
14. 櫳:有横直格的窗子。
15. 擎:舉。
16. 騎:騎兵。
17. 會:將要。
18. 故國:指故鄉。京華:京城。
19. 趁:伴隨,追逐。
20. 岑寂:寂寞。
21. 迢遞:遥遠。
22. 榭:建在高臺上的房屋。
23. 緑肥紅瘦:枝葉繁茂,花朵却憔悴了。緑:代指葉。紅:代指花。
24. 莽然:草木茂密的樣子。
25. 區脱:古代北方民族在邊境上築的土室,以供軍事上防守偵察之用。
26. 零:盡。
27. 懷遠:指安撫北方少數民族,詞中指當時朝廷與金人屈辱講和。

二、用漢語拼音給下列句中加點的字注音。

1. 遺 wèi	2. 畬 shē	3. 闇 àn	4. 纖 xiān
5. 驟 zhòu	6. 菰 gū;蕻 hóng	7. 軋 yà	8. 騎 jì
9. 堠 hòu	10. 榭 xiè	11. 區 ōu	12. 磻 pán

三、將下列文字譯爲現代漢語。

从漫長的淮河岸邊極目望遠,關塞連著茫茫草原。北伐的征塵已暗淡,寒冷的秋風勁吹,邊塞上静寂悄然。凝神佇望,心緒黯淡。追想當年中原淪陷,怕是天意運數,人力难扭轉;孔學故乡洙、泗水岸,絃歌回響曾爲禮樂之原,如今已成膻腥一片。隔河相望敵軍氈帳,夕陽西下牛羊歸牧,縱横滿眼是胡人的據點。看番將黑夜出獵,敌騎火炬照平川,胡笳战鼓鸣聲壯,令人心寒。　想我腰間雕弓,鞘中寳劍,蛀蟲塵埃遭蝕染,恢復壯志難施展。時機易流失,雄心空有願,壯歲將成殘。望汴京路渺遠,當今尚懷柔,邊境無烽烟,敵我暫相安。使者們華蓋高冠,往來匆匆爲苟安,令人羞愧汗顔。聞説淪陷中原的父老常向南,盼大宋車仗旌旗還。使得過客到此,一腔忠憤,怒氣填膺,熱泪滿胸前。

玉簫的聲音悲凉嗚咽,秦娥從夢中驚醒時,秦家的樓上正掛著一彎明月。秦家樓上的明月,年年映著橋邊青青的柳色,染著霸陵橋上悽愴的離别。遥望樂遊原上冷落凄凉的秋日佳節,通往咸陽的古路上音信早已斷絶。西風輕拂,夕陽餘照,眼前只剩漢朝留下的陵墓和宫闕。

四、分别對下面三首詞的押韻進行分析,並指出押韻字。

1. 上片:晚:阮韻;暖、滿:缓韻。人、塵、晨:真韻。

下片:酒、手、柳:有韻。昏、魂:魂韻。

2. 曲、緑、促:燭韻;屋:屋韻;屋燭通押。

3. 上片:水:旨韻;醉、地、泪:至韻;是:紙韻;洗:薺韻;旨至紙薺通押。

下片:志:志韻;起、已、恃、士、矣:止韻;蕊:纸韻;志止紙通押。

五、填空。

1. 樂天,元白,劉白,《白氏長慶集》。

2. 女校書,薛濤箋,薛濤詩,《薛濤李冶詩集》。

3. 李璟,南唐後主,南唐滅亡。

4. 清真居士,杭州市,大晟府,《片玉集》。

六、指出下列各句中的典故。

1.“牽黄”用的是李斯黄犬嘆的典故。《史記·李斯列傳》載:李斯受趙高陷害,“論腰斬咸陽市。斯出獄,與其中子俱執,顧謂其中子曰:‘吾欲與若復牽黄犬,俱出上蔡東門逐狡兔,豈可得乎?’”

2. 孫郎:指孫權,這裏是作者自喻。《三國志·吴書·吴主傳第二》:“建安二十三年十月,權將如吴,親乘馬射虎於庱亭,馬爲虎所傷,權投以雙戟,虎却廢,常從張世擊以戈,獲之。”

3.“持節”二句:用馮唐持節赦魏尚的典故。《史記·張釋之馮唐列傳》載,漢文帝時,雲中郡守魏尚愛惜士卒,優待軍吏賓客,匈奴遠避。後因在報功狀上報多了六顆首級而被判刑。馮唐當時任郎中署長,代爲辯白,指出對魏尚賞罰不當。漢文帝“是日令馮唐持節赦魏尚,復以爲雲中守”。蘇軾因反對新法被貶爲地方官,故以魏尚自許。

4. 洛陽花石:徽宗采民間花石,在汴京東北隅作土山,叫艮(gèn)岳。金人破汴時,民衆壞之以洩恨。北宋時洛陽多名園,這裏用洛陽借指汴京。黍離:《詩經·王風》的篇名。舊説周平王東遷之後,周大夫經過西周的故都,見原來的宗廟宫室都長满了禾黍,作詩吊之。後來凡用這個故事的,都代表對故土的懷念。

5. 中流擊楫:《晋書·祖逖傳》:"逖統兵北伐,渡江中流擊楫而誓曰:'不清中原而復濟者,有如此江。'"

第九單元練習(二)參考答案

一、解釋下列句子中加點字的意義。

1. 儉:少,不足。
2. 拘鉗:管束。
3. 忺:高興,適意。
4. 山:指華山。河:指黄河。
5. 揎:挽袖露臂。
6. 寧貼:舒適。
7. 徹:完,終結。
8. 取應:應試,趕考。
9. 倩:請,讓。
10. 靨:臉上的酒窩。
11. 則索:只須,只得。
12. 掙揣:博取,努力争取到。
13. 奈時間:這時節。
14. 諗知:熟知,深知。
15. 就裏:指内容,情况。
16. 玉醅:泛指酒。
17. 不待要:難道不要,豈不。
18. 賡:續,酬和。

二、用漢語拼音給下面句中的加點字注音。

1. 忺 xiān　2. 苫 shān　3. 揎 xuān　4. 哄 hòng
5. 蛩 qióng　6. 驄 cōng　7. 倩 qiàn　8. 迍迍 zhūnzhūn
9. 釧 chuàn　10. 靨 yè　11. 諗 shěn

三、將下列文字譯爲現代漢語。

裝模作樣的人居然早早當上了王朝公卿,惡狠好鬥、蠻横無禮的人竟享受著萬鍾的俸禄,胡説八道、欺世盗名的人竟能在社會上暢行無阻,總而言之都是胡鬧,説英雄可到底誰是英雄? 五眼鷄居然成了岐山的鳳凰,兩頭蛇竟被當成了南陽的諸葛亮,三腳猫也會被捧爲姜子牙!

四、指出下列各句中的典故。

1. 南陽卧龍:指諸葛亮。諸葛亮未出山以前,躬耕於南陽(今河南省南陽市)。《三國志·蜀書·諸葛亮傳》:"徐庶謂先主曰:'諸葛孔明,卧龍也。'"

2. 渭水飛熊:指吕尚。據《史記·齊世家》載,西伯周文王要出獵,先占卜,卜辭説:"所獲非龍非彲,非熊非羆,所獲霸王之輔。"後來果然在渭水之陽遇到吕尚。後世俗語把"非熊"誤爲"飛熊",以"飛熊入夢"代表文王遇吕尚的故事。

3. 夢蝶:《莊子·齊物論》:"昔者莊周夢爲蝴蝶,栩栩然蝴蝶也。自喻適志與,不知周也。俄然覺,則蘧蘧然周也。"這句是説人的一生就像一場夢。

4. 鳩巢計拙:《詩經・召南・鵲巢》:“維鵲有巢,維鳩居之。”朱熹《集傳》注:“鳩性拙不能爲巢,或有居鵲之成巢者。”《方言》:“鳩,蜀謂之拙鳥,不善營巢,取他鳥巢居之。”這裏指不善營生。

5. 舉案齊眉:《後漢書・梁鴻傳》記載,梁鴻的妻子孟光每次遞飯給梁鴻時總要舉案齊眉。後世就用“舉案齊眉”表示夫妻相敬。這裏用來表示像夫妻那樣親熱地一起吃飯。

五、對下面這首曲的押韻進行分析,並指出押韻字。

聚、怒、路、躕、處、土、苦、苦:魚模韻。

六、填空。

1. 元曲四大家,《天籟集》,《梧桐雨》,《牆頭馬上》,《東牆記》。

2. 曲狀元,十五種,《漢宮秋》,《青衫泪》,《東籬樂府》,元曲四大家。

第九單元練習(三)參考答案

一、名詞解釋。

1. 詞調:填詞時所依據的樂譜。唐宋時代,詞調主要的來源有:來自民間的“里巷之曲”,來自西域等地的外來音樂,來自樂工、歌伎、詞人自製以及國家音樂機關的創制等。

2. 詞牌:每種詞調都有一個特定的名稱,叫做詞牌。詞牌的命名起初和詞的內容有關,詞牌往往就是詞的題目。

3. 詞譜:匯集詞調的各種體式分類編排的工具書。詞譜是詞調內容的具體化。現存最早的詞譜是明代張綖的《詩餘圖譜》,其他還有清代萬樹的《詞律》和康熙時陳廷敬、王奕清奉敕編纂的《欽定詞譜》(簡稱《詞譜》)。

4. 雙調:從詞的分段劃分,詞可分爲單調、雙調、三叠、四叠等。雙調是指一首詞有兩個段落。

5. 小令:從字數來劃分,詞可分爲小令、中調、長調。清代人毛先舒認爲,五十八字以內爲小令。

6. 攤破:詞的增減的術語。攤破指用增加字數來改變原有的句式。

7. 偷聲:就是用減少字數的辦法改變原來的句式,以適應樂曲的需要。和減字意思差不多。

8. 套數:由若干曲牌聯組而成的大型套曲。散曲中的套數稱爲散套,雜劇中的套數稱爲劇套。

9. 又一格:曲譜中所收曲牌,有些有别體,字句可以增减。

10. 帶過曲:就是把宫調相同、音律又能銜接的小令銜接起來。

二、同調異名:是説一種詞調有幾種調名,例如“憶秦娥”又名“秦樓月”,“卜算子”又名“缺月掛疏桐”等。詞調的别名大都取自這一詞調的某一名作。

同調異體:是説一種詞調有幾種别體,如“江城子”有單調的,也有雙調的;“满江紅”有押仄韻的,也有押平韻的。别體又表現在字數差異或句法差異等方面。

三、令、近、引、慢、偷聲、减字、攤破、促拍等字加在詞牌上之後,除了加令的與本調一致以外,其餘的與本調字數都不相同。其中加引、近、慢、攤破、促拍的,字數比本調多;加偷聲、减字的,字數比本調少。

四、詞的用韻與近體詩的不同有:

1. 詞可以同部上去通押,近體詩不能通押;

2. 詞可以異部平仄换韻,而近體詩不能换韻。

詞的平仄與近體詩的不同有:

1. 可以有近體詩中不能出現的拗句;

2. 詞在許多地方平仄比近體詩要求更嚴格,如律詩裏有些平仄不拘的地方,詞裏却不能變通;

3. 律詩裏仄聲中的上、去、入可以通用,而詞裏的仄聲有時要上、去、入分清,不能通用。尤其是去、入二聲,有些詞調有明確規定,不能改用他聲。

詞的對仗與近體詩不同的有:

1. 近體詩必須講究對仗,而詞的對仗則没有固定要求,至於在什麽位置上對仗則更自由。

2. 近體詩的對仗聲調上要求平仄相對,而詞的對仗平仄可以不相對。

3. 近體詩避免同字相對,而詞却不避免同字相對。

此外,還有兩種對仗是詞所特有的,都出現在一字豆之後:

1. 一般詞在上下句字數相同的時候常用對仗,但有時上下兩句字數不相同也可以用對仗。

2. 扇面對,就是上兩句和下兩句對仗。

五、詞是隋唐時興起的一種新文學樣式,開始時是爲配合隋唐以來流行的以西域音樂爲主的燕樂而作的歌詞。胡樂初傳入時,主要是在宫廷宴饗中演奏(包括管、弦、擊樂器。而有多段的大型歌舞曲叫大曲),其後傳入民間,在宫廷演出時由於是大型歌舞所以不須文辭,而一旦傳入民間,由於民間藝人必須在筵席前演唱,所以就必須有歌詞才行。如安史之亂後不少宮廷樂工歌手散入民間,如許和子、李龜年。剛開始時歌者選一些短詩配樂,後來才自作歌詞,而這種詞便是最早的詞。

詞又作辭、詩餘、長短句等。唐五代時稱爲曲詞或曲子詞。宋代稱爲歌詞、小歌詞,或稱曲、曲子。對於詞的起源有很多説法,有人認爲自詩經以來的長短句即是,也有認爲源於樂府者,更有認爲出於唐五代的近體詩,經過加散聲、和聲、泛聲而成。

六、此調音聲悲壯,慷慨激揚。雙調,上片十九句,押八平韻,七十一字;下片十九句,押八平韻,七十二字,共一百四十三字。也可平仄同部互押,或换用仄韻。

平平〔仄〕仄,〔平〕仄仄平平(韻)。平〔平〕仄,平平仄,仄平平(韻)。仄平平(韻)。〔平〕仄平平仄,〔仄〕平仄,平〔平〕仄,〔平〕〔仄〕仄,平〔平〕仄,仄平平(韻)。〔仄〕仄〔平〕平,〔仄〕仄平平仄,〔平〕仄平平(韻)。仄〔平〕平〔平〕仄,〔仄〕仄仄平平(韻)。〔平〕仄平平(韻)。仄平平(韻)。仄平平仄,〔仄〕平仄,平〔平〕仄,仄平平(韻)。〔平〕〔仄〕仄,平〔平〕仄,仄平平(韻)。仄平平(韻)。〔平〕仄平平仄,〔仄〕〔平〕仄,仄平平(韻)。平〔仄〕仄,〔平〕〔平〕仄,仄平平(韻)。〔平〕仄〔平〕平〔平〕仄,〔平〕平仄、〔仄〕仄平平(韻)。仄〔平〕平〔仄〕仄,〔平〕仄仄平平(韻)。〔仄〕仄平平(韻)。

七、1. 東鐘　2. 江陽　3. 支思　4. 齊微　5. 魚模　6. 皆來　7. 真文
　8. 寒山　9. 桓歡　10. 先天　11. 蕭豪　12. 歌戈　13. 家麻　14. 車遮
　15. 庚青　16. 尤侯　17. 侵尋　18. 監咸　19. 廉纖

八、詞與曲的不同,大體上可就襯字、用韻、語言、題材四個部分來説明:

1. 襯字:詞有詞牌,曲有曲牌。每個詞牌和曲牌的字數、句式、平仄、押韻都有一定的規定,稱爲定格。無論詞、曲都須按照詞牌或曲牌的定格填寫。定格所規定的字稱爲正字,正字以外的字便稱爲襯字。詞一般不能隨意增加襯字,曲則可以有襯字。

2. 用韻:詞韻跟曲韻不同,詞韻較寬,韻部相近的可通押;而曲的韻腳及聲調通常較爲固定。北曲曲韻以元人周德清的《中原音韻》爲依據,分爲 19 個韻部,凡入聲都派入平、上、去三聲中,這是和詞韻最大不同之處。曲的用韻較密,有的曲子甚至句句協韻。且詞忌重韻,曲則較不忌重韻。

3. 語言:詞的語言通常較典雅、含蓄;曲的語言則較通俗、淺顯、自然、接近口語,且不避俗語方言,尤其是在襯字、襯句上。即詞媚曲俗。

4. 題材:詞的題材跟曲比較起來偏窄了很多,詞的題材大體不脱羈旅行役、

傷感、離别的内容,曲的題材則十分廣泛,不論隱逸、愛情、鄉居、嘆世、自況、嘲諷等都可以入曲,充分表現民間生活的活潑性與多樣化。

第十單元練習(一)參考答案

一、解釋下列句子中加點字的意義。

1. 只:就。
2. 下:住(旅店)。
3. 打火:(在旅店裏)用餐。
4. 迭:猶言及。
5. 將次:馬上,即刻。比及:等到。
6. 廝:互相。
7. 偢倸:瞅睬,理睬。
8. 定害:侵擾。
9. 越:表示程度而不表示遞加,格外,特别。
10. 是:一定,必定。
11. 賫:音 ㄐ,"齎"的俗字,帶,持。
12. 打點:清點。
13. 干:相干的,有關的。
14. 准折:折算,折抵。
15. 根底:跟在代詞、名詞性成分後面,猶言"方面、那邊、那種"等。
16. 兀自:尚,還。
17. 兀誰:誰。
18. 區處:打算,安排。

二、説明下列句子中加點字的詞性、功能和意義。

1. 的:同"得",助詞,附在動詞後,表示動作完成。
2. 的:同"得",助詞,表示可能。
3. 的:同"得",助詞,表示結果。
4. 的:助詞,用於列舉。

三、將下列文字譯爲現代漢語。

一些官僚倉庫裏的錢物有偷來的,有佔用國家資産的,這樣的官吏查獲了不少。這些人中揮霍掉了錢財而賠不起的,就把他家的田産、人口、牲畜什麽的,折合充官。地不够賠的,教他的擔保人幫著賠。若還不够數,就教他本人服勞役。服勞役的,給他算工錢,錢數到了就釋放。這樣做如何?奏摺這麽説的。

四、填空。

1. 元朝末年,明朝。
2. 元代前期、中期。

五、用現代標點符號標點下列文字。

朝鮮《李朝實録》成宗十一年十月乙丑條記載:"御書講。侍讀官李昌臣啓曰:‘前者承命質正漢語於頭目戴敬,敬見《老乞大》、《朴通事》,曰:“此乃元朝時語也,與今華語頓異,多有未解處。”即以時語改數節,皆可解讀。請令能漢語者盡改之。曩者領中樞李邊與高靈府院君申叔舟以華語作爲一書,名曰《訓世評話》,其元本在承文院。’上曰:‘其速刊行,且選其能漢語者删改《老乞大》、《朴通事》。’”

第十單元練習(二)參考答案

三、名詞解釋。

1. 濁音清化:在漢語語音發展歷史上,在北方方言和大部分南方方言中,中古的濁塞音、擦音、塞擦音聲母在近代逐漸歸入了同部位的清音聲母,即濁音清化。

2. 平分陰陽:中古平聲聲調在近代以聲母的清濁爲條件分化爲陰平和陽平兩個調類。這是近代漢語發展的規律之一。

3. 濁上變去:在北方方言和大部分南方方言中,中古全濁聲母上聲字除少數例外都歸入了去聲,清聲母字和次濁聲母字(除了極個别的例外)則仍是上聲。這是近代漢語發展的規律之一。

四、簡要説明近代漢語辭彙發展的特點。

這一時期漢語詞彙的主要特點是口語詞、方言詞大量出現,新詞新義中出現了不少科技術語,除雙音節詞外三音節以上的多音節詞大量涌現,新出現的借詞和意譯詞數量達到前所未有的高峰。

五、分析下列句子的語法結構,指出其劃線部分中的主語、謂語、狀語、補語、賓語等成分。

1. 捉,謂語。下,補語。那人,賓語。

2. 把老婆子,狀語。羞,謂語。站又站不住,立又立不住,補語。

3. 把唐僧,狀語。將那鐵鏈,狀語。鎖,謂語。在後面,補語。

4. 黄信,主語。怕,謂語。吃他三個,狀語。拿,謂語。

5. 不,狀語。信,謂語。連鷄蛋都没有了,賓語。

附録七

第十一、十二單元古文獻原文選標點

生民(《詩經·大雅》)

生民尊祖也，后稷生於姜嫄。文武之功，起於后稷，故推以配天焉。嫄，音原。姜，姓；嫄，名。有郃氏之女，帝嚳元妃，后稷母也。厥初生民，時維姜嫄。生民本后稷也，姜，姓也。后稷之母配高辛氏帝焉。箋云："厥，其初始時是也。言周之始祖，其生之者是姜嫄也。姜姓者，炎帝之後，有女名嫄，當堯之時，爲高辛氏之世妃。本后稷之初生，故謂之生民。生民如何？克禋克祀，以弗無子。禋，敬。弗，去也，去無子求有子。古者必立郊禖焉，玄鳥至之日，以大牢祠于郊禖，天子親往，后妃率九嬪御。乃禮天子所御，帶以弓韣，授以弓矢于郊禖之前。箋云："克，能也。弗之言祓也。姜嫄之生后稷如何乎？乃禋祀上帝於郊禖，以祓除其無子之疾而得其福也。能者，言齊肅當神明意也。二王之後得用天子之禮。"〇禋，音因。嬪，婢人反。韣，音獨，弓衣。祓，音拂，又音廢，下同。齊，側皆反。本亦作齋。篇未[末]齊敬同。履帝武敏歆，攸介攸止。載震載夙，載生載育，時維后稷。履，踐也。帝，高辛氏之帝也。武，迹。敏，疾也。從於帝而見于天，將事齊，敏也。歆，饗。介，大。止，福禄所止也。震，動。夙，早育長也。后稷播百穀以利民。箋云："帝，上帝也。敏，拇也。介，左右也。夙之言肅也。祀郊禖之時，時則有大神之迹，姜嫄履之足，不能满，履其拇指之處，心體歆歆然。其左右所止住，如有人道感己者也。於是遂有身，而肅戒不復御，後則生子而養長之，名曰弃。舜臣堯而舉之，是爲后稷。"〇敏，密謹反。歆，許金反。介，音戒。震，真慎反。見，賢遍反。齊敏，側皆反，又如字。誕彌厥月，先生如達。誕，大。彌，終。達，生也。姜嫄之子先生者也。箋云："達，羊子也。大矣，后稷之在其母終人道十月而生，生如達之生，言易也。"〇彌，面支反。達，他末反，注同。《説文》云："小羊也。"沈云："毛如字。"易，以豉反，下同。不拆[坼]不副，無菑無害。言易也。凡人在母，母則病，生則拆副菑害其母，横逆人道。〇拆(坼)，勅宅反。副，孚逼反。《説文》云"分也"，《字林》云"判也"，匹亦反。菑，音災，注同。以赫厥靈，上帝不寧。不康禋祀，居然生子。赫，顯也。不寧，寧也。不康，康也。箋云："康、寧，皆安也。姜嫄以赫然顯著之徵，其有神靈審矣。此乃天帝之氣也，心猶不安之。又不安徒以禋祀而無人道，居默然自生子，懼時人不信也。"誕寘之隘巷，牛羊腓字之。誕，大。寘，置。腓，辟。字，愛也。天生后稷，異之於人，欲以顯其靈也。帝不順，天是不明也，故承天意而異之於天下。箋云："天異之，故姜嫄置后稷於牛羊之徑，亦所以異之。"〇寘，之豉反，下同。隘，於懈反。巷，户降反。腓，符非反，避也。誕寘之平林，會伐平林。牛羊而辟人者，理也。置之平林，又爲人所收取之。誕寘之寒冰，鳥覆翼之。大鳥來，一翼覆之，一翼藉之。人而收取之，又其理也。故置之於寒冰。〇藉，在夜反。鳥乃去矣，后稷呱矣。於是知有天異，往取之矣。后稷呱呱然而泣。〇呱，音孤，泣聲也。《尚書》云"啓呱呱而泣"，是也。實覃實訏，厥聲載路。誕實匍匐。克岐克嶷，以就口食。覃，長。訏，大。路，大也。岐，知意也。嶷，識也。箋云："實之言適也。覃，謂始能坐也。訏，謂張口鳴呼也。是時聲音則已大矣。能匍匐，則岐岐然意有所知也，其貌嶷嶷然有所識别也，以此至於能就衆人口自食，謂六七歲時。〇覃，徒南反，本或作譚。訏，况于反。匍，音蒲，又音符，本亦作扶。匐，蒲北反，又音服，本亦作服。岐，其宜反。嶷，魚極反。《説文》作啜，云："小兒有知。"長，張丈反，或如字。别，彼列反。蓺之荏菽，荏菽旆旆，禾役穟穟，麻麥幪幪，瓜瓞唪唪。荏菽，戎（菽）也。旆，旆然長也。役，列也。穟穟，苗好美也。幪，幪然盛茂也。唪，唪然多實也。箋云："蓺，樹也。戎菽，大豆也。就口食之時，則有種殖之志，言天性也。○蓺，魚世反。荏菽，而甚反。叔，或作菽，音同。郭璞云："今胡豆是。"旆，蒲貝反。穟，音遂。幪，莫孔反。瓞，田節反。唪，布孔反，徐又薄孔反。長，如字，又張丈反。誕后稷之穡，有相之道。相，助也。箋云："大矣，后稷之掌稼穡，有見助之道，謂若神助之力也。"○相，息亮反，注同。茀厥豐草，種之黄茂。實方實苞，實種實褎，實發實秀，實堅實好，實穎實栗。即有邰家室。茀，治也。黄，嘉穀也。茂，美也。方，極畝也。苞，本也。種，雜（褈）種也。褎，長也。發，盡（藎）發也。不榮而實曰秀。穎，垂穎也。栗，其實栗栗然。邰，姜嫄之國也。堯見天因邰而生后稷，故國后稷於邰，命使事天以顯神，順天命耳。箋云："豐、苞，亦茂也。方，齊等也。種，生不雜也。褎，枝葉長也。發，發管時也。栗，成就也。后稷教民除治茂草，使種黍稷，黍稷生則茂好，孰則大成，以此成功。堯改封於邰，就其成國之家室，無變更也。○茀，音拂。韓詩作拂。拂，弗也。種，支勇反。注：種，雜種。種生不雜。下嘉種并注並同。褎，余秀反。穎，營并反，穗也。《尚書》云"唐叔得禾，異畝同穎"是也。邰，他來反，后稷所封國也，今在京兆武功縣。誕降嘉種，維秬維秠，維穈維芑。天降嘉種。秬，黑黍也。秠，一稃二米也。穈，赤苗也。芑，白苗也。箋云："天應堯之顯后稷，故爲之下嘉種。○秬，音巨。秠，孚鄙反，亦黑黍也。又孚卑反。郭芳婢反。穈，音門。《爾雅》作虋，同。郭亡偉反，赤粱粟也。芑，音起，徐又巨己反。郭云："白粱粟也。"稃，芳于反。《字書》云："麤穅也。"應，應對之應。爲，于僞反，下"天爲己"同。恒之秬秠，是穫是畝；恒之穈芑，是任是負。以歸肇祀。恒，徧。肇，始也，始歸郊祀也。箋云："任，猶抱也。肇，郊之神位也。后稷以天爲己下此四穀之故，則徧種之，成熟則穫而畝計之，抱負以歸，於郊祀天。得祀天者，二王之後也。"○恒，古鄧反，本又作亘。穫，户郭反。任，音壬，注同。肇，音兆。徧，音遍，下同。誕我祀如何？或舂或揄，或簸或蹂。釋之叟叟，烝之浮浮。揄，抒臼也。或簸穅者，或蹂黍者。釋，淅米也。叟叟，聲也。浮浮，氣也。箋云："蹂之言潤也。大矣，我后稷之祀天如何乎？美而將説其事也。舂而抒出之，簸之，又潤濕之，將復舂之，趣於鑿也。釋之烝之，以爲酒及簠簋之實。○舂，傷容反。揄，音由，又以朱反。《説文》作舀，弋紹反。簸，波我反。蹂，音柔。叟，所留反，字又作溲，濤米聲也。《爾雅》作溞，音同，郭音騷。烝，之丞反。浮，如字。《爾雅》、《説文》並作烰，云"烝也"。抒，食汝反。《蒼頡篇》云："取出也。"穅，音康，字亦作康，俗米旁作康（糠），非。淅，星歷反。《説文》云："汰也。"汰，音太。復，扶又反。鑿，子洛反，精米也，《字林》作毇，云："糲米一斛舂爲八斗也。子沃反。"簠，音甫。簋，音軌。載謀載惟，取蕭祭脂，取羝以軷，載燔載烈，嘗之日涖，卜來歲之芟；獮之日涖，卜來歲之戒；社之日涖，卜來歲之稼。所以興來而繼往也。穀熟而謀，陳祭而卜矣。取蕭合黍稷，臭達牆屋，先奠而後爇蕭，合馨香也。羝，牡羊也。軷，道祭也。傅火曰燔，貫之加於火曰烈。箋云："惟，思也。烈之言爛也。后稷既爲郊祀之酒及其米，則諏謀其日，思念其礼。至其時，取蕭草與祭牲之脂，爇之於行神之位。馨香既聞，取羝羊之體以祭神。又燔烈其肉，爲尸羞焉。自此而往郊。"○羝，都礼反。字亦作羝。軷，蒲末反。《説文》云："出必告道神，爲壇而祭爲軷。"《字林》同，父末反。燔，音煩，後皆同。涖，音利，又音類。芟，所銜反。獮，息淺反。奠，徒練反。爇，如悦反。馨，呼丁反。傅，音附。貫，古亂反。諏，足須反。以興嗣歲。興來歲繼往歲也。○箋云："嗣歲，今新歲也。以先歲之物，齊敬犯軷而祀天者，將求新歲之豐年也。《孟春之月令》曰：'乃擇元日祈穀于上帝。'"卬盛于豆，于豆于登。其香始升，上帝居歆。胡臭亶時。卬，我也。木曰豆，瓦曰登。豆，薦葅醢也；登，大羹也。箋云："胡之言何也。亶，誠也。我后稷盛葅醢之屬當于豆者于登者，其馨香始上行，上帝則安而歆享之。何芳臭之誠得其時乎？美之也。祀天用瓦豆陶器，質也。"○卬，五郎反。盛，音成，注同。其香，一本作馨。亶，都但反。葅，莊居反。醢，音海。上，時掌反。后稷肇祀，庶無罪悔，以迄于今。迄，至也。箋云："庶，衆也。后稷肇祀上帝於郊，而天下衆民咸得其所，無有罪過也。子孫蒙其福，以至於今。故推以配天焉。"〇迄，許乞反。

橘頌(《楚辭·九章》)

后皇嘉樹，橘徠服兮。后，后土也。皇，皇天也。服，習也。言皇天后土生美橘樹，異於衆木。來服習南土，便其風氣也。屈原自喻才德如橘樹，亦異於衆也。受命不遷，生南國兮。南國，謂江南也。遷，徙也。言橘受天命，生於江南，不可移徙。種於北地，則化而爲枳也。屈原自比志節如橘，亦不可移徙。深固難徙，更壹志兮。屈原見橘根深堅固，終不可徙，則專一己志，守忠信也。緑葉素榮，紛其可喜兮。緑，猶青也。素，白也。言橘青葉白華，紛然盛茂，誠可喜也。以言己行清白，可信任也。曾枝剡棘，圓果摶兮。剡，利也。棘，橘枝刺若棘也。摶，圜也。楚人名圜爲摶。言橘枝重累，又有利棘，以象武也。其實圓摶，又象文也。以喻己有文武，能方圓也。青黄雜糅，文章爛兮。言橘葉青，其實黄，雜糅俱盛，爛然而明。以言已敏達道德，亦爛然有文章也。精色内白，類可任兮。精，明也。類，猶貌也。言橘實赤黄，其色精明，内懷潔白。以言賢者亦然，外有精明之貌，内有潔白之志，故可任以道，而事用之也。紛緼宜脩，姱而不醜兮。紛緼，盛貌。醜，惡也。言橘類紛緼而盛，如人宜修飾，形容盡好，無有醜惡也。嗟爾幼志，有以異兮。爾，汝也。幼，小也。言嗟乎衆臣，女少小之人，其志易徙，有異於橘也。獨立不遷，豈不可喜兮。屈原言己之行度，獨立堅固，不可遷徙，誠可喜也。深固難徙，廓其無求兮。蘇世獨立，横而不流兮。蘇，寤也。言屈原自知爲讒佞所害，心中覺寤，然不可變節，猶行忠直，横立自持，不隨俗人也。閉心自慎，終不失過兮。言己閉心捐欲，勑慎自守，終不敢有過失也。秉德無私，參天地兮。秉，執也。言已執履忠正，行無私阿，故參配天地，通之神明，使知之也。願歲并謝，與長友兮。謝，去也。言己願與橘同心并志，歲月雖去，年且衰老，長爲朋友，不相遠離也。淑離不淫，梗其有理兮。淑，善也。梗，强也。言己雖設與橘離别，猶善持己行，梗然堅强，終不淫惑而失義也。年歲雖少，可師長兮。言己年雖幼少，言有法則，行有節度，誠可師用長老而事之。行比伯夷，置以爲像兮。像，法也。伯夷，孤竹君之子也。父欲立伯夷，伯夷讓弟叔齊，叔齊不肯受。兄弟弃國，俱去之首陽山下。周武王伐紂，伯夷、叔齊扣馬諫之曰："父死不葬，謀及干戈，可謂孝乎？以臣弑君，可謂忠乎？"左右欲殺之，太公曰："不可。"引而去之。遂不食周粟而餓死。屈原亦自以脩飾潔白之行，不容於世，將餓餒而終，故曰：以伯夷爲法也。

吴公子札來聘(《左傳·襄公二十九年》)

吴公子札來聘，見叔孫穆子，説之。謂穆子曰："子其不得死乎？不得以壽終。〇説，音悦。壽，音授。好善而不能擇人。吾聞'君子務在擇人'。吾子爲魯宗卿，而任其大政，不慎舉，何以堪之？禍必及子。"爲昭四年豎牛作亂起本。[疏]好善而不能擇人〇正義曰："昔有當塗貴，邳國公蘇威嘗問曰：'知人是善，然後好之。何以言其不能擇人？'有(貴)曰：'好善，仁；擇人，鑒。雖有仁心，鑒不周物，故好而不能擇也。'劉炫以此言亦有所切於彼。請觀於周樂。魯以周公故，有天子禮樂。[疏]注“魯以”至“禮樂”。○正義曰：“《明堂位》云：‘成王以周公爲有勳勞於天下，是以封周公於曲阜，命魯公世世祀周公以天子之禮樂。’又曰：‘凡四代之服器，魯兼用之。’是魯以周公故，有天子之禮樂也。”**使工爲之歌《周南》、《召南》。**此皆各依其本國歌所常用聲曲。○召，上照反本或作邵。[疏]注“歌《周南》、《召南》”。○正義曰：“歌《周南》、《召南》之詩，而以樂音爲之節也。《周南》、《召南》皆文王之詩也。周、召者，岐山之陽地名。周之先公曰大王者，自豳始遷焉，而脩德建王業。大王生王季，王季生文王。於時雍、梁、荆、豫、徐、揚之民皆歸文王。文王三分天下有其二，以服事殷。文王改都於豐，乃分岐邦周召之地，賜周公旦、召公奭以爲采邑，使此二公施教於己所職之國。爲文王行先公賢化與己聖化，使二公雜而施行之。但南土感化有深有淺，其作詩也，或感聖化或感賢化。及武王伐紂定天下，巡守述職，陳諸國之詩以觀民風俗。其六州所作詩，其得聖人之化者，謂之《周南》，其得仁賢之化者，謂之《召南》。其實皆是文王之化而分繫周召二公耳。必分繫者，文王以諸侯之身，行王者之化。詩人述其本志，爲作聖賢之風。此詩體實是風，不可以雅名之。文王身有王號，不可以風繫之。名無所繫，詩不可弃，因二公爲王行化，是故繫之二公。周公聖，以聖化繫之；召公賢，以賢化繫之。《周南》十一篇，《召南》十四篇。季札此時徧觀周樂，詩篇三百不可歌盡，或每詩歌一篇兩篇以示意耳，未必盡歌之也。劉炫云：“不直言周召者，以其實非二公身化也。言南者，《詩序》云：‘言化自北而南也，謂從岐周南被江漢也。’”○注“此皆”至“聲曲”。○正義曰：“詩人觀時政善惡而發憤作詩，其所作文辭皆準其樂音，令宫商相和，使成歌曲。樂人采其詩辭，以爲樂章。述其詩之本音，以爲樂之定聲。其聲既定，其法可傳，雖多歷年世而其音不改。今此爲季札歌者，各依其本國歌所常用聲曲也。由其各有聲曲，故季札聽而識之。言本國者，變風。諸國之音各異也。”**曰：“美哉。**美其聲。[疏]注“美其聲”。○正義曰：“先儒以爲季札所言觀其詩辭而知故，杜顯而異之。季札所云‘美哉’者，皆美其聲也。《詩序》稱‘詩者，志之所之也。在心爲志，發言爲詩。情動於中而形於言。言之不足，故嗟嘆之，長歌以申意也’。及其八音俱作，取(歌)詩爲章，則人之情意更復發見於樂之音聲。出言爲詩，各述己情。聲能寫情，情皆可見。聽音而知治亂，觀樂而曉盛衰。神瞽、人賢、師曠、季札之徒，其當有以知其趣也。”**始基之矣，**《周南》、《召南》，王化之基。**猶未也，**猶有商紂未盡善也。○盡，津忍反。**然勤而不怨矣！”**未能安樂然，其音不怨怒。○樂，音洛。下“和樂聲”、下“文樂而不荒”同注。[疏]注“未能”至“怨怒”。○正義曰：“《詩序》云：‘治世之音安以樂，亂世之音怨以怒。’此作周召之詩，其時猶有紂存，音雖未能安樂，已得不怨怒矣。”

爲之歌《邶》、《鄘》、《衛》。武王伐紂，分其地爲三監。三監叛，周公滅之。更封康叔，并三監之地，故三國盡被康叔之化。”○鄘，音容。被，皮義反。[疏]注“武王伐紂，分其地三監”。○正義曰：“邶、鄘、衛者，商紂畿内之地名也。《漢書·地理志》云：‘周既滅殷，分其畿内爲三國，《詩風》邶、鄘、衛國是也。’邶以封紂子武庚。鄘，管叔尹之。衛，蔡叔尹之。以監殷民，謂之三監。故《書》序曰：‘武王崩，三監叛，周公誅之，盡以其地封弟康叔。’故邶、鄘、衛三國之詩，相與同風。此注取《漢志》爲説也。漢世大儒孔安國、賈逵、馬融之徒，皆以爲然，故杜亦同之，鄭玄《詩譜》云：‘武王伐紂，以其京師封紂子武庚，爲殷後庶。殷頑民被紂化日久，未可以建諸侯，乃三分其地，置三監：管叔、蔡叔、霍叔。使尹而監教之。自紂城而北謂之邶，南謂之鄘，東謂之衛。武王崩後五年，周公居攝，三監道武庚叛，成王既黜殷命，殺武庚，復伐三監。更於此三國建諸侯，以殷餘民封康叔於衛，使爲之長。後世子孫稍彊，兼并彼二國，混其地而名之。’先儒唯鄭言然。康叔以後七世至頃侯，仁人不遇，邶人作《柏舟》之詩以刺之。以後繼作十九篇爲《邶風》，十篇爲《鄘風》，十篇爲《衛風》，皆美刺衛君而分爲三耳。此三國之風實同。是衛詩而必爲三者。鄭玄云：‘作者各有所傷，從其本國分而異之，故爲邶、鄘、衛之詩焉。’其意以爲邶、鄘、衛各是大國，土風不同。作者雖俱有美刺，而各述土風，故大師各從其本分而異之。”**曰：“美哉，淵乎！憂而不困者也。**淵，深也。亡國之音哀以思，其民困。衛康叔、武公德化深遠，雖遭宣公淫亂、懿公滅亡，民猶秉義不至於困。○思，息嗣反。下“憂思”同。**吾聞衛康叔、武公之德如是。是其衛風乎？”**康叔，周公弟。武公，康叔九世孫。皆衛之令德君也。聽聲以爲別，故有疑言。○別，彼列反。[疏]注“康叔”至“疑言”。○正義曰：“康叔，周公弟。武公，康叔九世孫，《世本》、《世家》文也。魯爲季札作樂，爲之歌聲曲耳，不告季札以所歌之樂名也。札言‘吾聞康叔、武公之德如是’，是先聞其善。今聲合其意，雖不知其名，而疑是衛風也。言‘是其衛風乎’，疑之辭也。直聽聲以爲別，不因名而後知，故有疑言焉。”**爲之歌《王》。**《王·黍離》也。幽王遇西戎之禍，平王東遷，王政不行於天下，風俗下與諸侯同，故不爲《雅》。[疏]注“《王·黍離》”至

"爲《雅》"。○正義曰:"《王》詩《黍離》爲首,'王'非國名,故舉首篇以表之。王者,周東都王城畿内方六百里之地也。始,武王作邑於鎬,是爲西都;周公攝政,營洛邑,謂之王城,是爲東都;成王既居洛邑,復還歸西都。十一世至幽王,遇西戎之禍,平王東遷王城。於時王政不行於天下,其風俗下同諸侯。王畿内之人怨刺者,以其政同諸侯,皆作《風》詩,不復爲《雅》。其音既是風體,故大師别之,謂之《王》,國之變風也。謂之《王》者,以王當國,猶《春秋》之王人,天命未改,尚尊之,故不言周也。"曰:"美哉,思而不懼!其周之東乎?"宗周隕滅,故憂思。猶有先王之遺風,故不懼。爲之歌《鄭》。《詩》第七。[疏]"爲之歌《鄭》"。○正義曰:"周宣王封母弟友於西都畿内,是爲鄭桓公,於漢則京兆鄭縣是其都也。幽王之時,桓公爲大司徒,見幽王政荒,問於史伯曰:'王室多故,余懼及焉。其何所可以逃死?'史伯教之:濟、洛、河、潁之間,有虢、鄶之國,取而守之,唯是可以少固。及幽王爲犬戎所殺,桓公死之。其子武公,爲晋文侯定平王於東都王城,卒取史伯所云虢、鄶之地而居之,於漢則河南新鄭縣是其都也。武公入作卿士,國人作《緇衣》之篇以美之。以後凡二十一篇皆《鄭風》也。"曰:"美哉,其細已甚,民弗堪也!是其先亡乎?"美其有治政之音,譏其煩碎,知不能久。[疏]"曰美"至"亡乎"。○正義曰:"樂歌詩篇,情見於聲。美哉者,美其政治之音有所善也。鄭君政教煩碎,情見於詩,以樂播詩,見於聲内,言其細碎已甚矣,下民不能堪也。民不堪命,國不可久,是國其將在先亡乎?居上者寬則得衆。爲政細密,庶事煩碎,故民不能堪也。"爲之歌《齊》。《詩》第八。[疏]"爲之歌齊"。○正義曰:"齊者,古少皡之世爽鳩氏之虚也。武王伐紂,封大師吕望於齊,是爲齊太公。其封域在《禹貢》青州岱山之陰,濰淄之野,於漢則齊郡臨淄縣是其都也。太公後五世,哀公荒淫怠慢,國人作《鷄鳴》之詩以刺之。後凡十一篇皆《齊風》也。"曰:"美哉,泱泱乎,大風也哉!泱泱,弘大之聲。○泱,於良反,韋昭於康反。表東海者,其大公乎?大公封齊,爲東海之表式。○大,音泰。國未可量也。"言其或將復興。○復,扶又反。下"不復譏"同。爲之歌《豳》。《詩》第十五。豳,周之舊國,在新平漆縣東北。○豳,彼貧反。[疏]"爲之歌《豳》"。○正義曰:"豳者,《禹貢》雍州岐山之北,原隰之野。其地西近戎,北近狄。豳是彼土之地名,於漢則扶風栒邑縣是其都也。周室之先后稷之曾孫曰公劉者,自邰而遷彼焉,由能脩后稷之業,教民以農桑,民咸歸之而成國。積九世至大王,乃入處於岐山,世世脩德,卒成王業。武王崩,成王幼,周公攝政,管蔡流言云:'公將不利於孺子。'周公於是舉兵東伐之。乃陳后稷先公風化之所由,致王業之艱難,作《七月》之詩以表志。大師以其主意於先公在豳時之事,故别其詩以爲《豳》。國之變風,凡七篇,皆是周公之事也。"曰:"美哉,蕩乎!樂而不淫。其周公之東乎?"蕩乎,蕩然也。樂而不淫,言有節。周公遭管蔡之變,東征三年,爲成王陳后稷先公,不敢荒淫,以成王業,故言"其周公之東乎"。○樂而不淫,音岳,又音洛。注同。下"而又何樂"、"而可以樂",倣此。爲成,于僞反。王業,如字,又于況反。[疏]"曰美"至"東乎"。○正義曰:"美哉,又美其聲也。蕩蕩,寬大之意。好樂不已,則近於荒淫,故美其樂而不淫也。先聞周公之德,此聲同於所聞,故疑之云'其周公之在東乎?'言在東之時爲此聲也。"爲之歌《秦》。《詩》第十一。後仲尼删定,故不同。○删,所姦反。[疏]"爲之歌《秦》"。○正義曰:"秦者,隴西山谷之名。於漢則隴西郡秦亭秦谷是也。堯時有伯益者,佐禹治水有功,帝舜賜之姓曰嬴氏。其後世之孫曰非子,事周孝王。孝王使之養馬於汧、渭之間,封之爲附庸,邑之於秦谷。非子曾孫秦仲。宣王又命以爲大夫,始有車馬禮樂侍御之好。國人作《車鄰》之詩以美之。秦仲之孫襄公,平王之初興兵討西戎以救周,王既東遷,乃以岐豐之地賜之,始列爲諸侯。更有《駟驖》以下凡十篇,皆《秦風》也。"○"《詩》第"至"不同"。○正義曰:"此爲季札歌《詩》,風有十五國,其名皆與《詩》同,唯其次第異耳。則仲尼以前,篇目先具,其所删削,蓋亦無多。記傳引詩,亡逸甚少,知本先不多也。《史記·孔子世家》云:'古者詩三千餘篇,孔子去其重,取三百五篇。'蓋馬遷之謬耳。"曰:"此之謂夏聲。夫能夏則大,大之至也。其周之舊乎?"秦本在西戎汧隴之西,秦仲始有車馬禮樂,去戎狄之音,而有諸夏之聲,故謂之夏聲。及襄公佐周平王東遷而受其地,故曰周之舊。○汧,苦賢反。去,起吕反,又如字。爲之歌《魏》。《詩》第九。魏姬姓國,閔元年晋獻公滅之。[疏]"爲之歌《魏》"。○正義曰:"魏者,虞舜、夏禹所都之地,在《禹貢》冀州雷首之北,析城之西,於漢則河東郡河北縣是其都也。周以封同姓,《世本》無魏君名謚,不知始封之君何所名也。鄭玄以爲周王平桓之世,魏君儉嗇且褊急，不務施德，國人作《葛屨》之詩以刺之。後凡七篇皆《魏風》也。”曰：“美哉，渢渢乎！大而婉，險而易，行以德輔。此則明主也。”渢渢，中庸之聲。婉，約也。險，當爲儉字之誤也。大而約，則儉節易行，惜其國小無明君也。○渢，扶弓反，徐敷劍反，韋昭音凡。婉，紆阮反。險，依注音儉。易，以豉反。注同。爲之歌《唐》。《詩》第十。《唐》，晉詩。［疏］“爲之歌《唐》”。○正義曰：“唐者，帝堯舊都之地，於漢則太原郡晉陽縣是也。周成王封母弟叔虞於堯之故虚，曰唐侯。其地南有晉水。虞子父燮改爲晉侯。燮父後六世至僖侯，甚嗇愛物，儉不中禮，國人閔之作《蟋蟀》之詩以刺之。以後凡十二篇，皆《唐風》也。《詩序》云：‘此晉也，而謂之唐，本其風俗，憂深思遠，有堯之遺風。’又叔虞初，國亦以唐爲名，故名其詩爲《唐風》。”曰：“思深哉！其有陶唐氏之遺民（風）乎？不然，何（其）憂之遠也？晉本唐國，故有堯之遺風。憂深思遠，情發於聲。○思，息嗣反。非令德之後，誰能若是。”［疏］“曰思深哉”至“能若是”。○正義曰：“陶唐之化，遺法猶在，作歌之民，與唐世民同。故察此歌曰思慮深遠哉，見其思深，故疑之云‘其有陶唐氏之遺民乎？’若其不是唐民，何其憂思之遠也？非承令德之後，誰能如此深慮也。令德，謂唐堯也。”爲之歌《陳》。《詩》第十二。［疏］“爲之歌陳”。○正義曰：“陳者，太皞伏羲氏之虚也。於漢則淮陽郡陳縣是其都也。帝舜之冑有虞閼父者，爲周武王陶正。武王賴其利器用，又以其人是聖舜神明之後，乃封其子滿於陳，使奉虞舜之祀，賜姓曰嬀，是爲陳胡公。後五世至幽公，荒淫無度，國人作《宛丘》之詩以刺之。以後凡十篇皆《陳風》也。”曰：“國無主，其能久乎？”淫聲放蕩，無所畏忌，故曰“國無主”。自《鄶》以下無譏焉。《鄶》第十三，《曹》第十四。言季子聞此二國歌，不復譏論之，以其微也。○鄶，古外反。［疏］注“鄶第”至“微也”。○正義曰：“言‘以下’，知兼有《曹》也。鄶者，古高辛氏火正祝融之虚也，國在《禹貢》豫州外方之北、滎波之南，居溱、洧之間，於漢則河南郡密縣竟内有其都也。祝融之後，分爲八姓，唯有妘姓爲鄶國者，處祝融之故地焉。鄶是小國，《世本》無其號謚，不知其君何所名也。鄭玄以爲周王夷厲之時，鄶公不務政事，而好衣服，大夫作《羔裘》之詩以刺之。凡四篇，皆《鄶風》也。其後鄭武公滅其國而處之。曹者，《禹貢》兗州陶丘之地名，於漢則濟陰郡定陶縣是其都也。周武王封其弟叔振鐸於曹，後十一世當周惠王時，昭公好奢，而任小人，國人作《蜉蝣》之詩以刺之。以後凡四篇，皆《曹風》也。鄶、曹二國，皆國小政狹，季子不復譏之，以其微細故也。”爲之歌《小雅》。《小雅》，小正，亦樂歌之常。［疏］“爲之歌小雅”。○正義曰：“《詩序》云：‘言天下之事，形四方之風，謂之雅。雅者，正也。政有小大，故有小雅焉，有大雅焉。’然則《小雅》、《大雅》，皆天子之詩也。立政所以正下，故《詩序》訓雅爲正。又以政解之。天子以政教齊正天下，故民述天子之政，還以齊正而爲名，故謂之雅也。王者政教有大有小，詩人述之亦有大小，故有《小雅》、《大雅》焉。據詩，以《小雅》所陳，有飲食賓客賞勞群臣，燕賜以懷諸侯，征伐以彊中國，樂得賢者，長育人材，於天子之政皆小事也；《大雅》所陳，有受命作周，伐殷繼代，受先王之福禄，尊祖考以配天，醉酒飽德、官人用士、澤被昆蟲、仁及草木，於天子之政皆大事也。詩人歌其大事，制爲大體；述其小事，爲小體。體有大小，故分爲二焉。詩體既異，樂音亦殊；其音既定，其法可傳。後之作者，各從其舊。二《雅》正經，述小政爲《小雅》，述大政爲《大雅》。既有《小雅》、《大雅》之體，亦有《小雅》、《大雅》之音。王道既衰，變雅並作，取《小雅》之音，歌其政事之變者，謂之變小雅；取大雅之音，歌其政事之變者，謂之變大雅。故變雅之美刺，皆由音制。有大小，不復由政事之大小也。《風》述諸侯之政，非無大小，但化止一國，不足分别；《頌》則功成，乃作歸美報神，皆是大事，無復小體。故《風》、《頌》不分，唯《雅》分爲二也。周自文王受命發迹，肇基武王伐紂功成業就，及成王、周公而治致升平，頌聲乃作。此功成之《頌》，本由此《風》、《雅》而來。故録《周南》、《召南》之風，《鹿鳴》、《文王》之雅，以爲詩之正經。計《周南》、《召南》之風，《鹿鳴》、《文王》之雅所述文王之事，亦有同時者也。但《文王》實是諸侯而有天子之政，詩人所作，立意不同。述諸侯之政，則爲之作《風》；述天子之政，則爲之作《雅》。就《雅》之内，又爲大小二體，是由體制異非時節異也。《詩》見積漸之義，《小雅》先於《大雅》，故魯爲季札亦先歌《小雅》。”曰：“美哉，思而不貳，思文王之德，無貳叛之心。怨而不言！有哀音。其周德之衰乎？衰，小也。猶有先王之遺民焉。”謂有殷王餘俗，故未大衰。［疏］“曰”至“民焉”。○正義曰：“杜以此言皆嘆正《小雅》也。言其時之民，思文武之德，不有二心也。雖怨時政而能忍，而不言其是周德衰小之時乎，猶有殷先王之遺民，故使周德未得大也。服虔以爲此嘆變小雅也。其意言思上世之明聖，而不貳於當時之王；怨當時之政，而不有背叛之志也。其周德之衰微乎，疑其幽厲之政也。劉炫以服言爲是，而謂杜解錯謬。今知不然者，以《小雅》、《大雅》二詩相對，今歌《大雅》云其文王之德乎，是歌其善者。以《大雅》準之，明知歌《小雅》亦歌其善者也。若其不然，何意《大雅》歌善《小雅》歌不善？且魯爲季札歌《詩》，不應揚先王之惡，以示遠夷。劉不達此旨，以服意而規杜，非也。○注"衰小也"。○正義曰："衰者，差也。《九章算術》謂差分爲衰分，言從大漸差而小，故杜以衰爲小也。服虔讀爲衰微之衰，謂幽厲之時也。"爲之歌《大雅》。《大雅》陳文王之德，以正天下。［疏］注"《大雅》"至"天下"。○正義曰："《大雅》亦有武王、成王之詩，杜唯言文王者，以下云'其文王之德乎'故也。"曰："廣哉，熙熙乎！熙熙，和樂聲。曲而有直體。論其聲。其文王之德乎？"《雅》、《頌》所以咏盛德形容，故但歌其美者，不皆歌變雅。爲之歌《頌》。頌者，以其成功告於神明。［疏］注"頌者"至"神明"。○正義曰："鄭玄云：'頌之言容也。天子之德，光被四表，格于上下，無不覆燾，無不持載，此謂之容也。'《詩序》云：'頌者，美盛德之形容，以其成功告於神明可(者)也。'言天子盛德有形容可美。可美之形容，謂道教周備也；成功者，營造之功畢也。天之所營，在於命聖；聖之所營，在於任賢；賢之所營，在於養民。民安而財豐，衆和而事濟，如是則司牧之功畢矣，故告於神明也。劉炫又云：'干戈既戢，夷狄來賓；嘉瑞悉臻，遠近咸服。群生遂其性，萬物得其所，即功成之驗也。'萬物本於天，人本於祖。天之所命者牧人，祖之所本者成業。人安業就，告神明使知，雖社稷、山川、四岳、河海，皆以民爲主。欲民安樂，故作詩歌其成功，徧告神明，所以報神明恩也。王者政有興廢，未嘗不祭群神。祖廟(但)政未大平，則神無恩力。故大平德洽，始報神功也。《頌》詩止法(述)祭祀之狀，不言德神之力者，美其祭祀，是報德可知，言其降福，是荷恩可知。幽王《小雅》云：'先祖匪人，胡寧忍予？'則於時之意，豈復美其祭乎。故美其祭，則報情顯，以成功告神明之意。如此正謂《周頌》也。其《商頌》則異，雖是祭祀之歌，祭先祖王廟，述其生時之功，乃是死後頌德，非以成功告神，意同《大雅》，與《周頌》異。魯則止頌僖公，纔如變風之美者，文體類《小雅》，又與《商頌》異也。此當是歌《周頌》。杜解盛德所同，兼殷魯三頌皆歌也。"曰："至矣哉！言道備。○至矣哉，一本無矣字。直而不倨，倨，傲。○倨，音據。徐音居。傲，五報反。曲而不屈；屈，撓。○撓，乃孝反。邇而不偪，謙退。偪，彼力反。遠而不攜；攜，貳。遷而不淫，淫，過蕩。復而不厭；常日新。○厭，於艷反。徐於瞻反。哀而不愁，知命。樂而不荒；節之以禮。用而不匱，德弘大。○匱，其位反。廣而不宣；不自顯。施而不費，因民所利而利之。○施，始豉反。費，芳味反。取而不貪；義然後取。處而不底，守之以道。○底，丁禮反。行而不流。制之以義。五聲和，宮、商、角、徵、羽，謂之五聲。○徵，張里反。八風平，八方之氣，謂之八風。節有度，守有序。八音克諧，節有度也；無相奪倫，守有序也。盛德之所同也。"《頌》有《殷》、《魯》，故曰盛德之所同。［疏］"曰至"至"同也"。○正義曰："至矣哉，言其美之至也。以王道周備，故爲至美也。自'直而不倨'至'行而不流'凡十四事，皆音有此意，明王者之德。季札或取於人，或取於物，以形見此德。每句皆下字破上字，而美其能不然也。人性直者，失於倨傲。此直而能不倨也，謂王者體性質直，雖富有四海而不倨傲慢易在下。物有曲者，失於屈撓。此曲而能不屈也，謂王者曲降情意以尊接下，恒守尊嚴，不有屈撓。相去近者，失於相偪。此邇而能不偪也，謂王者雖爲在下與之親近，能執謙退不陵偪在下。相去遠者，失於乖離。此遠而能不攜也，謂王者雖爲在下與之疏遠，而能不有攜離倩(猜)疑在下。數遷徙者，失於淫佚。此遷而能不淫也，謂王者雖有遷動流去，能以德自守，不至放蕩。去而復反，則爲人所厭。此復而能使不厭也，謂王者政教日新，雖反覆而行，不爲下之厭薄。哀者，近於憂愁。此哀而不愁也，謂王者雖遇凶災，知運命如此，不有憂愁。樂者，失於荒廢。此樂而能不荒廢也。用之不已，物將匱乏，此用而不可匱也。志寬大者，多自宣揚。此雖廣而不自宣揚也。好施與者，皆費財物。此能施而不費損也。取人之物，失於貪多。此雖取而不爲貪多也。處而不動，則失於留滯。此雖久處而能不底滯也，謂王者相時而動，時未可行，雖復止處，意不底滯。行而不已，則失於流放。此雖常行而能不流放也，謂王者量時可行，施布政教，能制之以義，不妄流移。五等之聲皆和，八方之風皆平。八音之作有節，其節皆有常度。音之所守有分，其守各有次序。《周》、《魯》與《商》皆有盛德。此上諸事，盛德之所同也。"○注"八音"至"序也"。○正義曰："'八音克諧，無相奪倫'，《舜典》文也。倫，理也。言八音能和諧，是其音有節度也。八音不相奪道理，是音各守其分，有次序也。"○注"頌有"至"所同"。○正義曰："杜以爲之歌《頌》，言其亦歌《商》、《魯》，故以'盛德之所同'，謂《商》、《魯》與《周》，其德俱盛也。劉炫以爲《魯頌》只美僖公之德，本非德洽之歌。何知不直據《周頌》，而云《頌》有《商》、《魯》乎？今知不然者，但頌之大體，皆述其大平祭祀告神之事，《魯頌》雖非大平經，稱'皇皇后帝'、'皇祖后稷'，又云'周公皇祖，亦其福女'，美其祭神獲福，與《周頌》相似。且季文子請周作頌，取其美名。又季札至魯，欲褒崇魯德，取其一善，故云'盛德所同'。若直歌《周頌》，宜加'周'字，不得唯云歌《頌》，故杜爲此解。劉以爲《魯頌》不得與《周頌》同，而規杜氏，非也。"

見舞《象箾》、《南籥》者，《象箾》，舞所執；《南籥》，以籥舞也。皆文王之樂。○箾，音朔。籥，羊略反。［疏］"見舞《象箾》、《南籥》者"。○正義曰："樂之爲樂，有歌有舞。歌則咏其辭而以聲播之；舞則動其容而以曲隨之。歌者，樂器同而辭不一，聲隨辭變，曲盡更歌，故云'爲之歌《風》，爲之歌《雅》'。及其舞，則每樂别舞，其舞不同。季札請觀周樂，魯人以次而舞。每見一舞，各有所嘆。故以見舞爲文，不言爲之舞也。且歌則聽其聲；舞則觀其容。歌以主人爲文，故言爲歌也；舞以季札爲文，故言見舞也。樂有音聲，唯言舞者，樂以舞爲主。《周禮·大司樂》云：'以樂舞教國子，舞《雲門》、《大卷》、《大咸》、《大磬》、《大夏》、《大濩》、《大武》。'又云：'乃分樂而序之，以祭，以享，以祀。舞《雲門》以祀天神，舞《咸池》以祭地祇，舞《大韶》以祀四望，舞《大夏》以祭山川，舞《大濩》以享先妣，舞《大武》以享先祖。凡六樂者，文之以五聲，播之以八音。'鄭玄云：'播之言被也。'是其以舞爲主，而被以音聲。故魯作諸樂，於季札皆云'見舞'也。禮法，歌在堂而舞在庭。故《郊特牲》云：'歌者在上，匏竹在下，貴人聲也。'以貴人聲，樂必先歌後舞。故魯爲季札先歌諸詩，而後舞諸樂。其實舞時，堂上歌其舞曲也。"○注"《象箾》"至"之樂"。○正義曰："賈逵云：'箾，舞曲名。言天下樂箾去無道。'杜云：'箾，舞者所執。'二者俱無所據，各以意言之耳。《詩》述碩人之善舞云：'左手執籥，右手秉翟。'籥是舞者所執，則箾亦舞者所執。'杜説當得其實。但不知箾是何等器耳？杜云皆文王之樂，則《象箾》與《南籥》，各是一舞。《南籥》既是文舞，則《象箾》當是武舞也。《詩(序)》云'維清奏象舞'，則(即)此《象箾》之舞。故鄭玄注《詩》云：'《象》，用兵時刺伐之舞。'是武舞可知。其名之曰'南'，其義未聞也。知是武王制者，以爲人子者貴其成父之事。文王既有大功，武王無容不述。於周公之時，已象伐紂之功作《大武》之樂，不應復象文王之伐制爲别樂，故知此舞是武王制焉。王者之作禮樂，必大平乃得爲之。武王未及大平，而得作此樂者，一代大典須待大平。此象文王之功，非爲易代大法，故雖未制禮，亦得爲之。周公大平雖作《大武》，尊重文王之功，留播之以爲别樂。故六代之樂不數此《象》也。《周禮》分樂而序之，《象》舞不以祭祀，或當祈告所用。故魯今亦有之。劉炫云：'知是文王樂者，《詩》云：'維清緝熙，文王之典。"此《象》樂之所舞。故知是文王樂也。'鄭玄注《象》又云：'此樂名《象》而已，以其象事有舞音，故《詩序》謂之《象舞》，舞非此樂名，故此直言舞(象)也。'其箾、籥，是可執之物。司馬相如《上林賦》曰：'拂鷖鳥，捎鳳凰(皇)。'則捎亦拂之類。今人謂'拂'爲'拂捎'，此必傳於古，其'箾'、'捎'字同也。杜不解'南'，劉炫謂'南'如《周南》之意。'南'在箾、籥之間，蓋二者共有南義。"曰："美哉！猶有憾。"美哉，美其容也。文王恨不及己致大平。○憾，本亦作感，胡暗反。大平，音泰。［疏］注"美哉"至"大平"。○正義曰："歌聽聲而舞觀形，故知'美'者美其容也。歌詩由口而出，樂音以詩爲章。人歌君德，情見於音，聽聲知政，容或可爾。計聖人之德，非舞容可象。而季札觀舞，皆知其德者，聖人之作樂也，各象當時之事。時事見於舞，故觀之可以知也。《樂記》稱賓牟賈問《大武》之樂云：'敢問遲之，遲而又久，何也？'子曰：'夫樂者，象成者也。揔干而山立，武王之事也；發揚蹈厲，大公之志也；武亂皆坐，周召之治也。'且夫武，始而北出，再成而滅商，三成而南，四成而南國是疆，五成而分：周公左、召公右，六成復綴，以崇天子，夾振之而四伐，盛威於中國也。分夾而進，事早濟也；久立於綴，以待諸侯之至也。彼言《大武》之舞，是象武王之事，則知諸樂之舞，皆象時王功德也。聖王功德見於舉動之容，故觀其舞容，各知其德也。"見舞《大武》者，武王樂。［疏］"見舞大武者"。○正義曰："鄭玄《周禮》注云：'《大武》，武王樂也。武王伐紂以除其害。言其德能成武功。'此舞四代之樂，從後代而稍前也。《象》是文王之樂，事在《大武》之先。先舞《象》而後舞《武》者，以《象》非一代大樂，故先舞之。"曰："美哉！周之盛也，其若此乎！"見舞韶濩者，殷湯樂。○韶，上昭反。本或作招。濩，音護，又户郭反。［疏］"見舞《韶濩》者"。○正義曰："《周禮》謂之《大濩》。鄭玄云：'《大濩》，湯樂也。'湯以寬治民而除其邪。言其德能使天下得其所也。然則以其防濩下民，故稱《濩》也。此言《韶濩》，不解'韶'之義。韶，亦(言)紹也。言其能紹繼大禹也。"曰："聖人之宏(治)也，而猶有慙德。聖人之難也。"慙於始伐。見舞《大夏》者，禹之樂。

[疏]"見舞《大夏》者"。○正義曰:"《樂記》解此樂名(云):'夏,大也。'鄭玄云:'言禹能大堯舜之德。'又《周禮》注云:'禹治水敷土,言其德能大中國也。'季札見此舞,嘆禹勤苦爲民而不以爲恩德,則鄭《周禮》注是也。"曰:"美哉!勤而不德。非禹,其誰能脩之。" 盡力溝洫,勤也。○洫,況域反。 見舞《韶箾》者, 舜樂。○韶箾,音簫。 [疏]"見舞《韶箾》者"。○正義曰:"《樂記》解此樂名云:'韶,繼也。'鄭玄云:'韶之言紹也。言舜能繼紹堯之德。'杜不解'箾'義。箾即簫也。《尚書》曰:'《簫韶》九成,鳳皇來儀。'此云《韶箾》,即彼《簫韶》是也。孔安國云:'言簫,見細器之備也。'蓋《韶》樂兼簫爲名。'簫'字或上或下耳。"曰:"德至矣哉,大矣!如天之無不幬也, 幬,覆也。○幬,徒報反。 如地之無不載也。雖甚盛德,其蔑以加於此矣,觀止矣。若有他樂。吾不敢請已。" 魯用四代之樂,故及《韶箾》,而季子知其終也。季札賢明才博,在吳雖已涉見此樂歌之文然,未聞中國雅聲,故請作周樂,欲聽其聲,然後依聲以參時政,知其興衰也。聞《秦》詩,謂之'夏聲';聞《頌》曰'五聲和,八風平'。皆論聲以參政也。舞畢,知其樂終。是素知其篇數。 [疏]注"魯用"至"數篇"。○正義曰:"《明堂位》云:'四代之服器官,魯兼用之。'是魯之所用四代而已。唯用四代之樂,不得用《雲門》、《大咸》,故舞及《韶箾》,而季札知其終也。先儒以爲季札在吳,未嘗經見此樂,爲歌諸詩,其所嘆美,皆以詩辭之内求所嘆之意。故杜辨之:在吳雖已見此樂歌之文,但未聞中國雅聲,其所言者,皆聽聲而知,非察其文辭。故取傳文證之,明是素知其篇數也。"

和聲之道(《禮記·樂記》)

音之起,由人心生也。人心之動,物使之然也。感於物而動,故形於聲。 宮、商、角、徵、羽雜比曰音,單出曰聲。形猶見也。○徵,張里反。後放此。比,毗志反。下文同。見,賢遍反。 聲相應,故生變。 樂之器,彈其宮則衆宮應,然不足樂,是以變之使雜也。《易》曰:"同聲相應,同氣相求。"《春秋傳》曰:"若以水濟水,誰能食之。若琴瑟之專一,誰能聽之。"○應,應對之應。篇内同。彈,徒丹反。樂,音岳,又音洛。 變成方,謂之音。 方,猶文章也。 比音而樂之,及干戚羽旄,謂之樂。 干,盾也;戚,斧也。武舞所執也。羽,翟羽也;旄,旄牛尾也。文舞所執。《周禮》:"舞師、樂師,掌教舞。有兵舞,有干舞,有羽舞,有旄舞。"《詩》曰:"左手執籥,右手秉翟。"○旄,音毛。盾,本又作楯,述允反,又音允。翟,音狄。籥,羊灼反。 樂者,音之所由生也,其本在人心之感於物也。是故其哀心感者,其聲噍以殺;其樂心感者,其聲嘽以緩;其喜心感者,其聲發以散;其怒心感者,其聲粗以厲;其敬心感者,其聲直以廉;其愛心感者,其聲和以柔。六者非性也,感於物而(後)動。 言人聲在所見非有常也。噍,踧也;嘽,寬綽貌;發,猶揚也;粗,麄也。○噍,子遥反。徐在堯反,沈子遥反,踧也,謂急也。殺,色界反。徐所列反。其樂,音洛。嘽,昌善反,寬緩也。散,思旦反。粗,采都反,又才古反。踧,子六反。綽,處約反。 是故先王慎所以感之者。故禮以道其志,樂以和其聲,政以一其行,刑以防其姦。禮、樂、刑、政,其極一也, 極,至也。○道,音導。行,下孟反。 所以同民心而出治道也。 此其所謂至也。○治,直吏反。下文同。 凡音者,生人心者也。情動於中,故形於聲,聲成文謂之音。是故治世之音安以樂,其政和;亂世之音怨以怒,其政乖;亡國之音哀以思,其民困。聲音之道,與政通矣。言八音和否隨政也。《玉藻》曰："御瞽幾聲之上下。"〇"治世之音"絶句。安以樂，音洛，絶句。雷讀上至"安"絶句。樂，音岳。"以樂"二字爲句。"其政和"，崔讀上句依雷，下"以樂其政和"總爲一句。下"亂世……"、"亡國……"各放此。思，息吏反，又音笥。否，音不。藻，音早。瞽，音古。幾，居希反，又音祈。上下，時掌反。宫爲君，商爲臣，角爲民，徵爲事，羽爲物。五者不亂，則無怗懘之音矣。五者，君、臣、民、事、物也。凡聲，濁者尊，清者卑。怗懘，敝敗不和貌。〇怗，徐昌廉反。弊也。懘，昌制反，又昌紙反。敗也。敝，音弊。宫亂則荒，其君驕；商亂則陂，其官壞；角亂則憂，其民怨；徵亂則哀，其事勤；羽亂則危，其財匱。五者皆亂，迭相陵謂之慢。如此，則國之滅亡無日矣。君、臣、民、事、物，其道亂，則其音應而亂。荒，猶散也。陂，傾也。《書》曰："王（耄）荒。"《易》曰："無平不陂。"〇陂，彼義反。注同，傾也。匱，其媿反，乏也。迭，田節反。散，蘇旦反。耄，莫報反。鄭、衛之音，亂世之音也。比於慢矣。比，猶同也。〇比，毗志反，注同。又如字。桑間濮上之音，亡國之音也。其政散，其民流。誣上行私，而不可止也。濮水之上地有桑間者，亡國之音於此之水出也。昔殷紂使師延作靡靡之樂，已而自沈於濮水。後師涓過焉，夜聞而寫之，爲晋平公鼓之，是之謂也。桑間在濮陽南。誣，罔也。〇濮，音卜。水名。誣，音無，注同。涓，古玄反。爲，于僞反。下"爲作法度"同。凡音者，生於人心者也；樂者，通倫理者也。倫，猶類也；理，分也。〇分，扶問反。是故知聲而不知音者，禽獸是也；知音而不知樂者，衆庶是也。唯君子爲能知樂。禽獸知此爲聲耳，不知其宫、商之變也。八音竝作克諧曰樂。〇諧，户皆反。是故審聲以知音，審音以知樂，審樂以知政，而治道備矣。是故不知聲者，不可與言音；不知音者，不可與言樂。知樂則幾於禮矣。禮、樂皆得謂之有德。德者，得也。幾，近也。聽樂而知政之得失，則能正君、臣、民、事、物之禮也。〇治，直吏反。下"民治行"同。幾，音譏。一音巨依反。注同。是故樂之隆，非極音也；食饗之禮，非致味也。隆，猶盛也。極，（猶）窮也。〇食，音嗣。下"食饗"同。清廟之瑟，朱（弦）而疏越，壹倡而三嘆，有遺音者矣；大饗之禮，尚玄酒而俎腥魚，大羹不和，有遺味者矣。清廟，謂作樂歌清廟也。朱弦練，朱弦練則聲濁。越，瑟底孔也，畫疏之使聲遲也。倡，發歌句也。三嘆，三人從嘆之耳。大饗，祫祭先王，以腥魚爲俎實，不臑熟之。大羹，肉湇，不調以鹽菜。遺，猶餘也。〇疏，音疎。下同。倡，昌諒反。注同。腥，音星。和，胡卧反。底，都禮反。畫，音獲。祫，音洽。臑，音而。湇，去及反。是故先王之制禮樂也，非以極口腹耳目之欲也，將以教民平好惡而反人道之正也。教之，使知好惡也。〇好惡，上呼報反，下烏路反。又竝如字。後"好惡"二字相連者，皆放此。人生而静，天之性也，感於物而動，性之（欲）也。言性不見物，則無欲。物至知知，然後好惡形焉。至，來也。知知，每物來則又有知也。言見物多則欲益衆。形，猶見也。〇見，賢遍反。好惡無節於内，知誘於外，不能反躬，天理滅矣。節，法度也。知，猶欲也。誘，猶道也，引也。躬，猶己也。理，猶性也。〇誘，音酉。道，音導。夫物之感人無窮，而人之好惡無節，則是物至而人化物也。（隨物變化。）人化物也者，滅天理而窮人欲者也。窮人欲，言無所不爲。於是有悖逆、詐僞之心，有淫泆作亂之事。是故强者脅弱，衆者暴寡，知者詐愚，勇者苦怯，疾病不養，老幼孤獨不得其所，此大亂之道也。○悖，布内反。下同。泆，音逸。强，其良反。脅，許劫反。知，音智。怯，起劫反。是故先王之制禮樂，人爲之節。言爲作法度，以遏其欲（也）。○遏，於葛反。本亦作節。衰麻、哭泣，所以節喪紀也；鐘鼓、干戚，所以和安樂也；昏姻、冠笄，所以别男女也；射鄉、食饗，所以正交接也。男二十而冠，女許嫁而笄，成人之禮。射鄉，大射鄉飲酒也。○衰，七雷反。樂，音洛。冠，古亂反。注同。笄，音鷄。别，彼列反。下文注皆同。禮節民心，樂和民聲，政以行之，刑以防之。禮、樂、刑、政四達而不悖，則王道備矣。樂者爲同，禮者爲異。同則相親，異則相敬。同，謂協好惡也；異，謂别貴賤也。樂勝則流，禮勝則離。流，謂合行不敬也；離，謂析居不和也。○勝，治證反。析，思歷反。合情（飾）貌者，禮樂之事也。欲其竝行（斌斌）然。○飾，音勑。本亦作飭，音式。斌，彼貧反。本又作彬。禮義立則貴賤等矣，樂文同則上下和矣，好惡著則賢不肖别矣，刑禁、暴爵、舉賢則政均矣。仁以愛之，義以正之，如此則民治行矣。等，階級也。○著，張慮反。肖，音笑。樂由中出，和在心也。禮自外作。敬在貌也。樂由中出，故静；禮自外作，故文。文猶動也。大樂必易，大禮必簡。易簡若於清廟大饗然。○易，以豉反。注同。樂至則無怨，禮至則不争。揖讓而治天下者，禮樂之謂也。至，猶達也，行也。○争，争鬬之争。暴民不作，諸侯賓服，兵革不試，五刑不用，百姓無患，天子不怒，如此則樂達矣。合父子之親，明長幼之序，以敬四海之内。天子如此，則禮行矣。賓，協也；試，用也。○長，丁丈反。大樂與天地同和，大禮與天地同節。言順天地之氣與其數（也）。和，故百物不失；不失其性。節，故祀天祭地。成物有功報焉。明，則有禮樂；教人者。幽，則有鬼神。助天地成物者也。《易》曰："是故知鬼神之情狀，與天地相似。"《五帝德》説黄帝德曰："死而民畏其神者百年。"《春秋傳》曰："若敖氏之鬼。"然則聖人之精氣謂之神，賢知之精氣謂之鬼。○敖，五羔反。賢知，音智。如此，則四海之内合敬同愛矣。禮者，殊事合敬者也；樂者，異文合愛者也。禮樂之情同，故明王以相（沿）也。沿，猶因述也。孔子曰："殷因於夏禮，所損益可知也；周因於殷禮，所損益可知也。"沿，或作緣。○沿，悦專反，因也，述也。故事與時竝，（舉）事在其時也。《禮器》曰："堯授舜，舜授禹，湯放桀，武王伐紂，時也。"名與功偕。爲名在其功也。偕，猶俱也。堯作《大章》，舜作《大韶》，禹作《大夏》，湯作《大濩》，武王作《大武》，名（各）因其得天下之功。○偕，古諧反，俱也。濩，户故反。下同。故鐘鼓管磬、羽籥干戚，樂之器也；屈伸（詘信）俯仰、綴（級）兆舒疾，樂之文也；簠簋俎豆、制度文章，禮之器也；升降上下、周還裼襲，禮之文也。綴，謂酇舞者之位也。兆，其外營域也。○伸，音申。綴，丁劣反，徐丁衛反。下"綴遠"、"綴短"皆同。簠簋，上音甫，下居洧反。並祭器名。上下，時掌反。還，音旋。裼，思歷反。襲，音習。酇，作管反。後同。故知禮樂之情者能作，識禮樂之文者能述。述，謂訓其義也。作者之謂聖，述者之謂明。明聖者，述作之謂也。樂者，天地之和也；禮者，天地之序也。和，故百物皆化；序，故群物皆別。化，猶生也；別，謂形體異也。樂由天作，禮以地制。言法天地也。過制則亂，過作則暴。過，猶誤也。暴，失文武之意。明於天地，然後能興禮樂也。

學而時習之（《論語·學而》）

子曰：“學而時習之，不亦（説）乎？馬（融）曰：“子者，男子之通稱，謂孔子也。”王（肅）曰：“時者，學者以時誦習之。”誦習以時，學無廢業，所以爲説懌。（有）朋自遠方來，不亦樂乎？包曰：“同門曰朋。”人不知而不愠，不亦君子乎？”愠，怒也。凡人有所不知，君子不怒（愠）。○説，音悦。注同。稱，尺證反。懌，音亦。有，或作友，非。朋，蒲弘反。樂，音洛。有子曰：孔子弟子有若也。“其爲人也孝（弟），而好犯上者，鮮矣。鮮，少也。上，謂凡在己上者（也）。言孝弟之人必（有）恭順，好欲犯其上者，少也。不好犯上，而好作亂者，未之有也。君子務本。本立而道生。本，基也。基立而後可大成。孝弟也者，其爲仁之本與！”先能事父兄，然後仁道可大成。○弟，大計反。本或作悌。下同。好，呼報反。下及注同。鮮，仙善反，少也。鄭云：“寡也。”注同。與，音餘。子曰：“巧言令色，鮮矣（有）仁。”包曰：“巧言，好其言語；令色，善其顔色。皆欲令人説之，少能有仁也。”○令，力呈反。説，音悦。曾子曰：馬曰：“弟子曾參。”“吾日三省吾身：爲人謀而不忠乎？與朋友交（言）而不信乎？傳不習乎？”言凡所傳之事，得無素不講習而傳之（乎）？○參，所金反，又七南反。三，息暫反，又如字。省，悉井反，視也。鄭云：“思察己之所行也。”爲，于僞反，又如字。傳，直專反。注同。鄭注云：“魯讀傳爲專。今從古。”案：鄭校周之本，以齊古讀正凡五十事。鄭本或無此注者，然《皇覽》引魯讀六事，則無者，非也。後皆放此。子曰：“道（導）千乘之國，馬曰：“道謂爲之政教。《司馬法》（曰）：“六尺爲步，步百爲畝，畝百爲夫，夫三爲屋，屋三爲井，井十爲通，通十爲成（城），成（城）出革車一乘。”然則千乘之賦，其地千成，居地方三百一十六里有畸。唯公侯之封，乃能容之，雖大國之賦，亦不是過焉。包曰：“道，治也。”千乘之國者，百里之國也。古者井田，方里爲井，十井（井十）爲乘。百里之國，適千乘也。（馬）融依《周禮》，包（苞氏）依《王制》、《孟子》義疑，故兩存焉。敬事而信，包曰：“爲國者，舉事必敬慎，與民必誠信。”節用而愛人，包曰：“節用，不奢侈。國以民爲本，故愛養之。”使民以時。”包曰：“作（事）使民必以其時，不妨奪農務。”○道，音導。本或作導。包云：“治也。”注同。乘，繩證反。注同。千乘，大國之賦也。《司馬法》，《史記》齊景公時，有司馬田穰苴，善用兵。《周禮》“司馬掌征伐”。六國時，齊威王使大夫追論古者兵法，附穰苴於其中，凡一百五十篇，號曰《司馬法》。畸，居宜反。田之殘也。封，甫用反，又如字。包依《王制》、《孟子》。《王制》及《孟子》皆以百里爲大國。侈，尺紙反，又尺氏反。子曰：“弟子入則孝，出則悌（弟），謹而信，汎愛衆，而親仁。行有餘力，則以學文。”馬曰：“文者，古之遺文（也）。”○弟，音悌。本亦作悌。汎，孚劍反。行，下孟反。下章“觀其行”并注同。文，馬曰：“文，古之遺文也。”鄭云：“文，道藝也。”子夏曰：“賢賢，易色；孔曰：“子夏，弟子卜商也。”言以好色之心好賢，則善。事父母，能竭其力；事君，能致其身；孔曰：“盡忠節，不愛其身。”與朋友交，言而有信。雖曰未學，吾必謂之學矣。”○夏，户雅反。好，呼報反。下章“好學”同。盡，津刃反。下注同。子曰：“君子不重，則不威，學則不固。孔曰：“固，蔽也。”一曰言人不能敦重，既無威(嚴)，學又不能堅固、識其義理。主忠信，無(毋)友不如己者，過則勿憚改。”鄭曰：“主，親也。憚，難也。”○憚，徒旦反。難，乃旦反。曾子曰：“慎終，追遠，民德歸厚矣。”孔曰：“慎終者，喪盡其哀；追遠者，祭盡其敬。(人)君能行此二者，民化其德，(而)皆歸於厚也。”子禽問於子貢(贑)曰：“夫子至於是邦也，必聞其政，求之與？抑與之與？”鄭曰：“子禽，弟子陳亢也(字子禽也)。子貢，弟子姓端木名賜(字子貢也)。”亢怪孔子所至之邦，必與聞其國政，求而得之邪，抑人君自願與之爲治(耶)？子貢曰：“夫子温、良、恭、儉、讓以得之。夫子之求之也，其諸異乎人之求之與？”鄭曰：“言夫子行此五德而得之，與人求之異。”明人君自與之。○貢，本亦作贑，音同。之與，音餘。下“之與”同。抑，於力反。亢，音剛，又苦浪反。“必與”之與，音預。治，直吏反。子曰：“父在，觀其志；父没，觀其行。孔曰：“父在，子不得自專，故觀其志而已；父没，乃觀其行。”三年無改於父之道，可謂孝矣。”孔曰：“孝子在喪，哀慕猶若父存，無所改於父之道。”有子曰：“禮之用，和爲貴。先王之道，斯爲美，小大由之。有所不行，知和而和，不以禮節之，亦不(可)行也。”馬曰：“人知禮貴和，而每事從和，不以禮爲節，亦不可行。”有子曰：“信近於義，言可復也；復，猶覆也。義不必信，信非義也。以其言可反覆，故曰近義。恭近於禮，遠恥辱也；恭不合禮，非禮也。以其能遠恥辱，故曰近禮也。因不失其親，亦可宗也。”孔曰：“因，親也。言所親不失其親，亦可宗敬。”○近，附近之近。下及注同。又如字。覆，芳服反。下同。遠，于萬反。子曰：“君子食無求飽，居無求安，鄭曰：“學者之志有所不暇。”敏於事而慎於言，就有道而正焉，可謂好學也已(矣)。”孔曰：“敏，疾也。有道，有道德者。正，謂問(事)是非。”子貢(問)曰：“貧而無諂(諂)，富而無驕，何如？”子曰：“可也。孔曰：“未足多。”未若貧而樂(道)，富而好禮者也。”鄭曰：“樂，謂志於道，不以貧(賤)爲憂苦。”子貢曰：“《詩》云：‘如切如磋，如琢如磨(摩)。’其斯之謂與？”孔曰：“能貧而樂道，富而好禮者，能自切磋琢磨。”子曰：“賜也，始可與言《詩》已矣。告諸往而知來者(也)。”孔曰：“諸，之也。子貢知引《詩》以成孔子義，善取類，故然之。往告之以貧而樂道，來答以切磋琢磨。”○諂，勑檢反。樂，音洛。好，呼報反。注同。切，治骨曰切。磋，七多反，治象曰磋。琢，治玉曰琢。“謂與”之“與”，音餘。子曰：“不患人之不己知，患不知(人)也。”

人皆有不忍人之心(《孟子·公孫丑下》)

孟子曰：“人皆有不忍人之心。言人人皆有不忍加惡於人之心也。先王有不忍人之心，斯有不忍人之政矣。以不忍人之心行不忍人之政，治天下可運之掌上。先聖王推不忍害人之心，以行不忍傷民之政，以是治天下易於轉丸於掌上也。所以謂人皆有不忍人之心者，今人乍見孺子將入於井，皆有怵惕惻隱之心，非所以内（納）交於孺子之父母也，非所以要譽於鄉黨朋友也，非惡其聲而然也。乍，暫也。孺子，未有知（之）小子（也）。所以言人皆有是心，凡人暫見小孺子將入井，賢、愚皆有驚駭之情。（情）發於（其）中，非爲人也，非惡有不仁之聲名，故（爲之）怵惕（者而然）也。由是觀之，無惻隱之心，非人也；無羞惡之心，非人也；無辭讓之心，非人也；無是非之心，非人也。言無此四者，當若禽獸，非人心耳，爲人則有之矣。凡人但不能演（引）用爲行耳。惻隱之心，仁之端也；羞惡之心，義之端也；辭讓之心，禮之端也；是非之心，智之端也。端者，首也。人皆有仁、義、禮、智之首，可引用之（也）。人之有是四端也，猶其有四體也。有是四端而自謂不能者，自賊者也；自謂不能爲善，自賊害其性，使不爲善也。謂其君不能者，賊其君者也。謂君（其非）不能爲善而不匡正者，賊其君使陷惡也。凡有四端於我者，知皆擴（彍）而充之矣，若火之始然，泉之始達。苟能充之，足以保四海；苟不充之，不足以事父母。擴，廓此（也）。凡有四端在於我者，知皆廓而充大之，若火、泉（水火）之始微小，廣大之，則無所不至。以喻人之四端也。人誠能充大之，可保安四海之民；誠不充大之，内不足以事父母。言無仁、義、禮、智，何以事父母也。［疏］“孟子曰”至“不足以事父母”。○正義曰：“此章言人之行當内求諸己（以演大四端，充擴其道，上以匡君，下以榮身）也。孟子曰‘人皆有不忍人之心’者，孟子言人之爲人，皆有不忍加惡於人之心也。‘先王有不忍人之心，斯有不忍人之政’至‘掌上’者，又言古先聖王有不忍加惡於人之心，斯有不忍傷民之政，即以不忍加惡於人之心，以行其不忍傷民之政，其治天下之易，但若轉運走丸於掌上之易者也。‘所以謂人皆有不忍人之心者，今人乍見孺子將入井’至‘然也’者，孟子又言所以謂人之爲人，皆有不忍加惡於人之心者，且以今人乍見孺子言之。孺子，無知之小子也。今人乍見無知之小子相將匍匐欲墜於井，但見之者，皆有怵惕、恐懼、惻隱、痛忍之心。所以然者，非是内嘗結交於孺子之父母然後如此也；又非是所以欲要求美譽於鄉黨朋友也；又非所以惡有不仁之聲而然也。‘由是觀之，無惻隱之心，非人也’至‘無是非之心，非人也’者，孟子言由此見孺子將入於井，人皆有怵惕、惻隱之心。觀察之，是無惻隱、羞惡、辭讓、是非四者之心，皆非是人也，乃若禽獸之類也。禽獸所以無惻隱不忍之心，又無羞、惡、慚、耻之心，又無辭讓、揖遜之心，又無是非、好惡之心者也。言苟無此四者，所以（皆）謂之非人也，乃禽獸之類也。‘惻隱之心’至‘智之端也’者，孟子言人有惻隱之心，是仁之端本起於此也；有羞惡之心者，是義之端本起於此也；有辭讓、是非之心者，是禮智之端本起於此者也。以其仁者不過有不忍、惻隱也。此孟子所以言惻隱、羞惡、辭讓、是非四者，是爲仁、義、禮、智四者之端本也。‘人之有是四端也，猶其有四體也’至‘賊其君者也’者，孟子又言人有是惻隱、羞惡、辭讓、是非，爲仁、義、禮、智之四端，若其人之有四肢也。即有此四端，而自謂己之不能爲善者，是自賊害其善而不爲善也；以之事君，如謂其君不能爲善不匡正之者，是亦賊害其君使陷於惡也。無他，以其人之爲人，皆有此四端也，但不推用而行之耳。如能推此四端行之，是爲仁、義、禮、智者矣。所謂仁、義、禮、智者，即善也。然則人人皆有善矣。故孟子所以言之以此。‘凡有四端於我者，知皆擴而充之’至‘不足以事父母’者，孟子又言凡人所以有四端在於我已者，能皆廓而充大之，是若火之初燃，泉之始達，而終極乎燎原之熾、襄陵之蕩也。苟能充大之，雖四海之大，亦足保安之也；苟不能充大之，雖己之父母，亦不足以奉事之。故曰‘苟能充之，足以保四海；苟不充之，不足以事父母’。是亦‘推恩足以保四海，不推恩無以保妻子’之意也。”

開宗明義（《孝經》）

開宗明義章第一

[疏]正義曰：“開，張也；宗，本也；明，顯也；義，理也。言此章開張一經之宗本，顯明五孝之義理，故曰《開宗明義》章也。第，次也；一，數之始也。以此章揔標諸章，以次結之，故爲第一，冠諸章之首焉。案：《孝經》遭秦坑焚之後，爲河間顔芝所藏，初除挾書之律，芝子貞始出之。長孫氏及江翁后蒼、翼奉張禹等所説皆十八章。及魯恭王壞孔子宅，得古文二十二章，孔安國作傳，劉向校經籍，比量二本，除其煩惑，以十八章爲定，而不列名。又有荀昶集其録及諸家疏，並無章名，而《援神契》自《天子》至《庶人》五章，唯皇侃標其目而冠於章首。今鄭注見章名，豈先有改除，近人追遠而爲之也？御注依《古今集詳議》、《儒官連狀》題其章名，重加商量，遂依所請。章者，明也。謂分析科段，使理章明。《説文》曰：‘樂(歌)竟爲一章。’‘章’字從音從十，謂從一至十。十，數之終。諸書言‘章’者，蓋因《風》、《雅》，凡有科段，皆謂之章焉。言天子、庶人，雖列貴賤，而立身行道，無限高卑。故次首章，先陳《天子》，等差其貴賤，以至《庶人》，次及《三才》、《孝治》、《聖治》三章並敘，德教之所由生也。《紀孝行》章，叙孝子事親爲先，與《五刑》相因，即夫孝始於事親也。《廣要道》章、《廣揚名》章，即先王有至德要道，揚名於後世也。《揚名》之上(義)，因《諫諍》之臣從諫之君，必有應感，三章相次，不離於《揚名》。《事君》章，即忠(中)於《事君》也。《喪親》章繼於諸章之末，言孝子事親之道紀也。皇侃以《開宗》及《紀孝行》、《喪親》等三章通於貴賤。今案：《諫諍》章，大夫以上皆有争臣，而士有争友，父有争子，亦該貴賤。則通於貴賤者有四焉。”**仲尼居，**仲尼，孔子字。居，謂閒居。**曾子侍。**曾子，孔子弟子。侍，謂侍坐。[疏]“仲尼居曾子侍”。〇正義曰：“夫子以《六經》設教，隨事表名。雖道由孝生，而孝綱未舉，將欲開明其道，垂之來裔。以曾參之孝先有重名，乃假因閒居爲之陳説。自標己字，稱‘仲尼居’，呼參爲子，稱‘曾子侍’。建此兩句，以起師資問答之體，似若别有承受而記録之。”〇注“仲尼”至“閒居”。〇正義曰：“云仲尼，孔子字者，案《家語》云：‘孔子父叔梁紇，娶顔氏之女徵在。徵在即往廟見。以夫年長，懼。不時有男，而私禱尼丘山以祈焉。孔子故名丘，字仲尼。夫伯仲者，長幼之次也。仲尼有兄，字伯，故曰仲。’其名則案桓六年《左傳》：申繻曰‘名有五’，其三曰‘以類命爲象’。杜注云：‘若孔子首象尼丘。’蓋以孔子生而汙(圩)頂，象尼丘山，故名丘，字仲尼。而劉瓛述張禹之義，以爲仲者，中也；尼者，和也。言孔子有中和之德，故曰仲尼。殷仲文又云：‘夫子深敬孝道，故稱表德之字。’至梁武帝，又以丘爲取(聚)，以尼爲和。今並不取。仲尼之先，殷之後也。案《史記·殷本紀》曰：‘帝嚳之子契，爲堯司徒，有功，堯封之於商，賜姓子氏。契後世孫湯，滅夏而爲天子。至湯，裔孫有位無道，周武王殺之，封其庶兄微子啓於宋。’案：《家語》及《孔子世家》，皆云孔子其先宋人也。宋閔公有子弗父何，長而當立，讓其弟厲公。何生宋父周，周生世子勝，勝生正考父。正考父受命爲宋卿，生孔父嘉。嘉别爲公族，故其後以孔爲氏。或以爲用乙配子，或以滴溜穿石，其言不經，今不取也。孔父嘉生木金父，木金父生皐夷父，皐夷父生防叔，避華氏之禍而奔魯。防叔生伯夏，伯夏生叔梁紇，紇生孔子也。云‘居謂閒居’者，古文《孝經》云‘仲尼閒居’，蓋謂乘閒居而坐，與《論語》云‘居，吾語汝’義同，而與下章‘居則致其敬’不同。注“曾子”至“侍坐”。〇正義曰：“云‘曾子，孔子弟子’者，案《史記·仲尼弟子傳》稱：‘曾參，南武城人，字子輿。少孔子四十六歲。孔子以爲能通孝道，故授之業，作《孝經》。死於魯。’故知是仲尼弟子也。云‘侍謂侍坐’者，言侍孔子而坐也。案古文云：‘曾子侍坐。’故知侍謂侍坐也。卑者在尊側曰侍，故經謂之侍。凡侍有坐有立，此‘曾子侍’，即侍坐也。《曲禮》有‘侍坐於先生’、‘侍坐於所尊’、‘侍坐於君子’，據此而言，明侍坐於夫子也。**子曰：“先王有至德要道，以順天下。民用和睦，上下無怨。**孝者，德之至道之要也。言先代聖德之王，能順天下人心，行此至要之化，則上下臣人和睦無怨。**汝知之乎？”曾子避席曰：“參不敏，何足以知之？”**參，曾子名也。禮：師有問，避席起答。敏，達也。言參不達，何足知此至要之義？**子曰：“夫孝，德之本也，**人之行，莫大於孝，故爲德本。**教之所由生也。**言教從孝而生。**復坐，吾語汝。**曾參起對，故使復坐。[疏]“子曰”至“語汝”。〇正義曰：“子者，孔子自謂。案：《公羊傳》云：‘子者，男子通稱也。’古者謂師爲子，故夫子以子自稱。曰者，辭也。言先代聖帝、明王皆行至美之德、要約之道，以順天下人心而教化之。天下之人被服其教，用此之故，並自相和睦，上下尊卑無相怨者。‘參，汝能知之乎？’又假言參聞夫子之説，乃避所居之席，起而對曰：‘參性不聰敏，何足以知先王至德、要道之言義。’即叙曾子不知，夫子又爲釋之曰：‘夫孝，德行之根本也。’釋先王有至德、要道。謂至德元出於孝，孝爲之本也。云‘教之所生也’者，此釋以順天下，民用和睦，上下無怨。謂王教由孝而生也。孝道深廣，非立可終，故使‘復坐，吾語汝也’。”〇注“孝者”至“無怨”。〇正義曰：“云‘孝者，德之至道之要也’者，依王肅義。德以孝而至道，以孝而要，是道德不離於孝。殷仲文曰：‘窮理之至，

以一管衆爲要。’劉炫曰：‘性未達，何足知？’言性未達，何足知至要之義者，謂自云性不達，何足知此先王至德、要道之義也。”〇注“人之”至“德本”。〇正義曰：“此依鄭注，引其《聖治》章文也。言孝行最大，故爲德之本也。德，則至德也。”〇注“言教從孝而生”。〇正義曰：“此依韋注也。案：《禮記·祭義》稱：‘曾子云：“衆之本教曰孝。”’《尚書·敬敷》‘五教’，解者謂‘教父以義，教母以慈，教兄以友，教弟以恭，教子以孝’。舉此，則其餘順人之教皆可知也。”〇注“曾參”至“復坐”。〇正義曰：“此義已見於上。”**身體髮膚，受之父母，不敢毁傷，孝之始也；**父母全而生之，已當全而歸之，故不敢毁傷。**立身行道，揚名於後世，以顯父母，孝之終也。**言能立身，行此孝道，自然名揚後世，光顯其親。故行孝，以不毁爲先，揚名爲後。[疏]“身體”至“終也”。〇正義曰：“身，謂躬也。體，謂四支也。髮，謂毛髮。膚，謂皮膚。《禮運》曰：‘四體既正，膚革充盈。’《詩》曰：‘鬒髮如雲。’此則身、體、髮、膚之謂也。言爲人子者，常須戒慎，戰戰兢兢，恐致毁傷，此孝行之始也。又言孝行非唯不毁而已，須成立其身，使善名揚於後代，以光榮其父母。此孝行之終也。若行孝道，不至揚名榮親，則未得爲立身也。〇注“父母”至“毁傷”。〇正義曰：“云‘父母全而生之，已當全而歸之’者，此依鄭注引《祭義》樂正子春之言也。言子之初生，受全體於父母，故當常自念慮，至死全而歸之，若曾子啓手啓足之類是也。云‘故不敢毁傷’者，毁謂虧辱，傷謂損傷。故夫子云：‘不虧其體，不辱其身，可謂全矣。’及鄭注《周禮》‘禁殺戮’云‘見血爲傷’是也。〇注“言能”至“其(爲)後”。〇正義曰：“云‘言能立身，行此孝道’者，謂人將立其身，先須行此孝道也。其行孝道之事，則下文‘始於事親，中於事君’是也。云‘自然名揚後世，光榮其親’者，皇侃云：‘若生能行孝，没而揚名，則身有德譽，乃能光榮其父母也。’因引《祭義》曰：‘孝也者，國人稱願然曰：“幸哉！有子如此。”’又引哀公問稱孔子對曰：‘君子也者，人之成名也。百姓歸之名，謂之君子之子。是使其親爲君子也。’此則揚名榮親也。云‘故行孝以不毁爲先’者，全其身，爲孝子之始也。云‘揚名爲後’者，謂後行孝道，爲孝之終也。夫不敢毁傷，闔棺乃止。立身行道，弱冠須明經。雖言其始終，此略示有先後，非謂不敢毁傷唯在於始，立身獨在於終也。明不敢毁傷，立身行道，從始至末，兩行無怠。此於次有先後，非於事理有始終也。”**夫孝，始於事親，中於事君，終於立身。**言行孝，以事親爲始，事君爲中。忠孝道著，乃能揚名榮親。故曰“終於立身”也。[疏]“夫孝”至“立身”。〇正義曰：“夫爲人子者，先能全身，而後能行其道也。夫行道者，謂先能事親，而後能立其身。前言立身，未示其迹。其迹始者，在於内事其親也。中者在於出事其主。忠、孝皆備，揚名榮親，是終於立身。〇注“言行”至“身也”。〇正義曰：“云‘言行孝以事親爲始，事君爲中’者，此釋始於事親，中於事君也。云‘忠、孝道著，乃能揚名榮親，故曰終於立身也’者，此釋終於立身也。然能事親、事君，理兼士庶，則終於立身，此通貴賤焉。鄭玄以爲父母生之，是事親爲始；四十强而仕，是事君爲中；七十致仕，是立身爲終也者。劉炫駁云：‘若以始爲在家，終爲致仕，則兆庶皆能有始，人君所以無終；若以年七十者始爲孝終，不致仕者皆爲不立，則中壽之輩盡曰不終，顔子之流，亦無所立矣。’”**《大雅》云：‘無念爾祖，聿脩厥德。’”**《詩·大雅》也。無念，念也。聿，述也。厥，其也。義取恒念先祖，述脩其德。[疏]“大雅”至“厥德”。〇正義曰：“夫子叙述立身、行道、揚名之義既畢，乃引《大雅·文王》之詩以結之。言凡爲人子孫者，常(當)念爾之先祖，常述脩其功德也。〇注“《詩·大》”至“其德”。〇正義曰：“云‘無念，念也；聿，述也’者，此並《毛傳》文。‘厥，其也’，《釋言》文。云‘義取常念先祖，述脩其德’者，此依《孔傳》也，謂述脩先祖之德而行之。此經有十一章引《詩》及《書》。劉炫云：‘夫子叙經，申述先王之道。《詩》、《書》之語，事有當其義者，則引而證之，示言不虚發也。七章不引者，或事義相違，或文勢自足，則不引也。《五經》唯傳引《詩》，而《禮》則雜引《詩》、《書》及《易》，並意及則引；若汎指，則云‘《詩》曰’、‘《詩》云’；若指四始之名，即云《國風》、《大雅》、《小雅》、《魯頌》、《商頌》；若指篇名，即言‘《勺》曰’、‘《武》曰’，皆隨所便而引之，無定例也。鄭注云：‘雅者，正也。方始發章，以正爲始。’亦無取焉。”

至樂(《莊子·至樂》)

天下有至樂無有哉？有可以活身者無有哉？忘歡而後樂足，樂足而後身存，將以爲有樂耶？而至樂無歡，將以爲無樂耶？

而身以存而無憂。○樂，音洛。篇内不出者皆同。今奚爲奚據？奚避奚處？奚就奚去？奚樂奚惡？擇此八者，莫足以活身，唯無擇而任其所遇者，乃全耳。○惡，烏路反。夫天下之所尊者，富、貴、壽、善也；所樂者，身安、厚味、美服、好色、音聲也；所下者，貧賤、夭惡也；所苦者，身不得安逸，口不得厚味，形不得美服，目不得好色，耳不得音聲。若不得者，則大憂以懼，其爲形也亦愚哉！凡此，失之無傷於形，而得之有損於性。今反以不得爲憂，故愚。夫富者，苦身疾作，多積財而不得盡用，其爲形也亦外矣；内其形者，知足而已。夫貴者，夜以繼日，思慮善否，其爲形也亦疏矣。故親其形者，自得於身中而已。人之生也，與憂俱生。壽者惽惽，久憂不死，何苦也！其爲形也亦遠矣。夫遺生然後能忘憂，忘憂而後生可樂，生可樂而後形是我有，富是我物，貴是我榮也。○惽，音昏。烈士爲天下見善矣，未足以活身。吾未知善之誠善邪？誠不善邪？若以爲善矣，不足活身；以爲不善矣，足以活人。善則適當，故不周濟。故曰："忠諫不聽，蹲循勿争。"唯中庸之德爲然。○蹲，七旬反。故夫子胥争之，以殘其形；不争，名亦不成。誠有善無有哉？故當緣督以爲經也。今俗之所爲與其所樂，吾又未知樂之果樂邪？果不樂邪？吾觀夫俗之所樂，舉群趣者，誙誙然如將不得已，舉群趣其所樂，乃不避死也。○誙，户耕反。而皆曰樂者，吾未之樂也，亦未之不樂也。無懷而恣物耳。果有樂無有哉？吾以無爲誠樂矣，夫無爲之樂，無憂而已。又俗之所大苦也。故曰："至樂無樂，至譽無譽。"俗以鏗鎗爲樂，美善爲譽。天下是非，果未可定也。雖然，無爲可以定是非。我無爲而任天下之是非。是非者，各自任則定矣。至樂活身，唯無爲幾存。百姓足，則吾身近乎存也。請嘗試言之：天無爲以之清，地無爲以之寧。皆自清、寧耳，非爲之所得。故兩無爲相合，萬物皆化。不爲而自合，故皆化；若有意乎爲之，則有時而滯也。芒乎芴乎，而無從出乎！皆自出耳，未有爲而出之也。○芒，李音荒，又呼晃反。下同。芴，音忽。下同。芴乎芒乎，而無有象乎！無有爲之象。萬物職職，皆從無爲殖。皆自殖耳。故曰：天地無爲也而無不爲也。若有爲，則有不濟也。人也孰能得無爲哉！得無爲，則無樂而樂至矣。

尊師（《吕氏春秋·孟夏紀》）

神農師悉諸，黄帝師大撓，悉姓，諸名也。大撓作甲子。帝顓頊師伯夷父，帝嚳師伯招，帝堯師子州支父，帝舜師許由，禹師大成贄，湯師小臣，小臣謂伊尹。文王、武王師吕望、周公旦，齊桓公師管夷吾，晋文公師咎犯、隨會，[咎犯，狐偃也。隨會，范武子。]秦穆公師百里奚、公孫枝，[百里奚，故虞臣也。公孫枝，大夫子桑也。]楚莊王師孫叔敖、沈尹巫，[沈縣大夫。]吴王闔閭師伍子胥、文之儀，[文，氏；之儀，名。]越王句踐師范蠡、大夫種。[范蠡，字少伯。楚人也。大夫種，姓文，字禽。楚郢人。]此十聖人、六賢者，未有不尊師者也。今尊不至於帝，智不至於聖，而欲無尊師，奚由至哉？[至於道。]此五帝之所以絶，三代之所以滅。[言五帝三代之後，不復重道尊師，故所以絶滅。]且天生人也，而使其耳可以聞，不學，其聞不若聾；[聾，無所聞也。]使其目可以見，不學，其見不若盲；[盲，無所見也。]使其口可以言，不學，其言不若爽；[爽，病無所别也。]使其心可以知，不學，其知不若狂。[闇行妄發之謂狂。]故凡學非能益也，達天性也。能全天之所生而勿敗之，是謂善學。[敗，毁也。]子張，魯之鄙家也，[鄙，小。]顔涿，聚梁父之大盗也，學於孔子；段干木，晋國之大駔也，[駔，儈人也。]學於子夏；[子夏，孔子弟子卜商之字。]高何縣子石，齊國之暴者也，指於鄉曲，[其暴虐爲鄉曲人所斥也。]學於子墨子；[墨翟。]索盧參，東方之鉅狡也，[鉅，大；狡，滑。]學於禽滑黎。[禽滑黎，墨子弟子。]此六人者，刑戮死辱之人也，今非徒免於刑戮死辱也，由此爲天下名士、顯人以終其壽，[壽，年也。]王公大人從而禮之，此得之於學也。[學以致之，無鬼神也，故曰得之。]凡學，必務進業，心則無營。[營，惑也。]疾諷誦，[疾，力。]謹司聞；[司，候。]觀驩愉，問書意；[視師歡悦，以問書意。]順耳目，不逆志；[不自干逆力學之志。]退思慮，求所謂；[求所思慮，是而行之。]時辨説，以論道；[辨别道之義也。]不苟辨，必中法；[不苟口辨，反是爲非，言中法制。]得之無矜，失之無慙。[矜，自伐。無慙，恷也。]必反其本。[本，謂本性也。]生則謹養，謹養之道，養心爲貴；[貴，尚也。]死則敬祭，敬祭之術，時節爲務。[四時之節。]此所以尊師也。治唐圃，疾灌寖，務種樹；[唐，隄以壅水。圃，農圃也。樹，稼也。]織葩屨，結罝網，捆蒲葦；之田野，力耕耘，事五穀；[事，治也。]如山林，入川澤，[如，往也。川澤有水，故言入也。]取魚鼈，求鳥獸。此所以尊師也。視輿馬，慎駕御；適衣服，務輕煗；臨飲食，必蠲絜，[蠲，讀曰圭也。]善調和，務甘肥，必恭敬。和顔色，審辭令，疾趨翔，必嚴肅。此所以尊師也。君子之學也，説義必稱師以論道，[論，明。]聽從必盡力以光明。[聽從師所行。]聽從不盡力，命之曰背；説義不稱師，命之曰叛。[背，戾也；叛，换也。言學者聽從不盡其力，猶民背國；説義不稱其師，猶臣叛君。]背叛之人，賢主弗内之於朝，[賢，明。]君子不與交友。不與背叛之人爲交友。故教也者，義之大者也；學也者，知之盛者也。義之大者，莫大於利人；利人，莫大於教；以仁義利之，教然後知，故曰：莫大於教也。知之盛者，莫大於成身；成身，莫大於學。成身遂爲君子，以致之，故曰莫大於學。身成，則爲人子弗使而孝矣，爲人臣弗令而忠矣，爲人君弗彊而平矣，有大勢可以爲天下正矣。天下正者，正天下也。故子貢問孔子曰："後世將何以稱夫子？"孔子曰："吾何足以稱哉？勿已者，則好學而不厭，好教而不倦。其惟此邪？"天子入太學祭先聖，則齒嘗爲師者弗臣，所以見敬學與尊師也？太學，明堂也。

蘇秦始將連横(《战國策·秦策一》)

蘇秦始將連横，文穎曰："關東爲從，西爲横。"孟康曰："南北爲從，東西爲横。"瓚曰："以利合曰從，以威勢相脅曰横。"正曰："高注：'連關中之謂横，合關東之謂從。'"《大事記》取。説秦惠王曰："大王之國，西有巴蜀、漢中之利，三郡並屬益州。北有胡貉、胡，樓煩、林胡之類。《集韻》："貉似狐。"代馬之用，代，幽州郡。南有巫山、在南郡巫。補曰："正義云：'夔州巫山縣。'"黔中之限，黔，故楚地，秦地距此二郡耳，故言限。秦昭三十年始定爲黔中郡，後爲武陵郡，見《後志》。補曰："《大事記》：今黔、辰、施、元等州。"正曰："高注：'皆有塞險，故謂之限。'"東有殽、函之固。《始皇紀》注："殽，二殽。函，函關也。在弘農。"補曰："《左氏》'殽有二陵'杜注：'在澠池縣西。'函，見《周策》。"田肥美，民殷富；殷，盛也。戰車萬乘，奮擊百萬；士之能奮擊者。沃野千里，沃，言其肥潤。蓄積饒多，地勢形便。地勢與形便於攻守。此所謂天府，言蓄聚之富，非人力也。天下之雄國也。物之雄者强。以大王之賢，士民之衆，車騎之用，騎士之便馬者。兵法之教，可以并諸侯，吞天下，稱帝而治。願大王少留意。臣請奏其効。"奏，進。効，功也。秦王曰："寡人聞之：'毛羽不豐滿者不可以高飛，文章不成者文章，法令也。不可以誅罰，道德不厚者不可以使民，政教不順者逆人之心。不可以煩大臣。'逆人心，則行之難，故大臣勞。今先生儼然，不遠千里而庭教之，教之於廣庭。願以異日。"異，猶他也。俟成順然後承教。以此知爲惠王初。補曰："《史》時方誅商鞅，疾辨士弗用。"蘇秦曰："臣固疑大王之不能用也。昔者，神農伐補遂，黄帝伐涿鹿屬上谷。而禽蚩尤，九黎氏之後。事見《史》。堯伐驩兜，《書》止言憂之，豈嘗伐之而不服邪？正曰："《書》：'放驩兜。'又'堯伐驩兜'、'禹伐共工'，見《荀子》。此游士之辭。下言'五帝三王不能坐而致地，故以戰續之'，此不過欲售其攻戰之説耳。凡《戰國》言帝王事類如此，皆不足辨。後放此。"舜伐三苗，國名，縉雲氏之後。正曰："事見《書》，不必泛引。"禹伐共工，伐，乃流之。湯伐有夏，文王伐崇，武王伐紂，齊桓任戰任，猶用也。作内政，寄軍令是也。而伯天下。由此觀之，惡有不戰者乎？古者使車轂擊馳，轂，輻所湊也。相擊而馳，言其衆。補曰："轂擊，説見《齊策》。"言語相結，天下爲一；約從連橫，兵革不藏；約，親也。補曰："《後語》注：'結，音吉。'此古韻協也，下文悉然。文士並餝，諸侯亂惑；文，謂辨也。餝、飭同。萬端俱起，不可勝理；科條既備，科，程也。《集韻》："條，件也。"民多僞態；書策稠濁，策，簡也，大事書之。稠，多也。言有司文書多，閲者昏亂。百姓不足；上下相愁，民無所聊；《集韻》："聊，賴也。"明言章理，文章法理。正曰："章，亦明也。謂明著之言，章顯之理。下句'文辭'，謂辭之文者。三語文勢同。"兵甲愈起；辯言偉服，偉，奇也。補曰："偉，一作僞。"戰攻不息；繁稱文辭，游説也。正曰："明言者，教令；辯言者，游説；文辭者，書策。明言章理，即科條既備；辯言偉服，即言語相結；繁稱文辭，即書策稠濁。"天下不治；舌弊耳聾，不見成功；行義約信，天下不親。於是乃廢文任武，厚養死士，敢死之士。綴甲厲兵，《集韻》："厲，嚴也。"正曰："厲，即礪。"効勝於戰場。効，致其功也。夫徒處而致利，徒，猶空也。言無所爲。安坐而廣地，雖古五帝、三王、五霸、明主、賢君，常欲坐而致之，其勢不能。故以戰續之，寬則兩軍相攻，迫則杖戟相撞，迫，近也。杖，如杖劍。戟，謂持戟。戟有支矛。撞，手擣也。正曰："杖，持執也。直亮反。戟有支兵。"然後可建大功。是故兵勝於外，義强於内；論戰，故獨言義。威立於上，民服於下。今欲并天下，凌萬乘，《集韻》："凌，侵尚也。當從仌。"詘敵國，詘，服也。制海内，子元元，元，善也。民之類善，故稱元。臣諸侯，非兵不可。今之嗣主，言敵國，又言諸侯，則侯非其敵者。時君，皆繼世者也。忽於至道，皆惽於教，惽，不明也。亂於治，迷於言，惑於語，沈於辯，沈，猶溺。溺於辭。溺，謂爲所冒没。以此論之，王固不能行也。"説秦王書十上而説不行。黑貂之裘弊，貂，鼠屬，大而黄黑。出丁零國。黄金百斤盡，資用乏絶，資，貨也。去秦而歸，羸縢履蹻，羸作嬴。《方言》："擔，齊、楚、陳、宋曰攍，通作嬴。"縢，緘也。正曰："一本'羸縢'，是。'羸'與'縲'、'纍'字通用，倫追反。《易》：'羸其角，羸其瓶。'孔穎達云：'揭纍纏繞也。'《詩》'邪幅在下'注：'如今行縢，即《禮》所謂偪也。'注説下與'履蹻'不倫，而擔囊又已言矣。'《史》'虞卿躡蹻'注：'草履也。'蹻與屩通。"負書擔橐，橐作囊。高注："橐，囊也。然則此字元作'槖'。從此説則上'縢'字當從巾，囊也。槖無底，囊有底。"正曰："一本作槖。"高注："槖、囊通言。"形容枯槁，面目犁黑，犁作黧。補曰："古字'黧'、'犂'通借。"《集韻》："黧，黑黄色。"正曰："黧，黑色。"《集韻》誤，見《魏策》。狀有歸補曰："當作'愧'。"色。歸至家，妻不下紝，機縷也。不下，言自若。嫂不爲炊，父母不與言。蘇秦喟然嘆曰：喟，太息也。"妻不以我爲夫，嫂不以我爲叔，父母不以我爲子，是皆秦之罪也。"乃夜發書，陳篋數十，篋，藏也。得《太公陰符》之謀，《漢志》有《陰符經》。正曰："《陰符經》恐非此所指。《索隱》云：'《陰符》是太公兵法。'"伏而誦之，簡練以爲揣摩。簡，猶擇。練，湅帛也。取其熟。揣，量；摩，研也。游説之術，或量其情，或研切之。讀書欲睡，引錐自刺其股，錐，鋭也，鍼之類。血流至足。曰："安有説人主不能出其金玉錦繡，取卿相之尊者乎？"朞年，揣摩成。曰："此真可以説當世之君矣！”於是乃摩燕烏集闕，摩，言切近過之。闕，名未詳。補曰：“高注：‘闕，塞名也。’。”見説趙王肅侯。於華屋之下，見説，見而説也。華，高麗也。抵掌而談。《集韻》：“抵，側擊也。”趙王大説，封爲武安君，補曰：“正義云：‘潞州武安縣。’”受相印，革車百乘，錦繡千純，《集韻》：“四端曰純。”正曰：“徒本反。”白璧百雙，璧作璧。補曰：“璧，玉環也。肉倍好曰璧。”黄金萬溢，溢作鎰。一鎰四十四兩。以隨其後，約從散横，以抑强秦。故蘇秦相於趙而關不通。六國之關不通秦也。正曰：“即所謂秦兵不敢窺函谷關者。”當此之時，天下之大，萬民之衆，王侯之威，謀臣之權，皆欲决於蘇秦之策。决，言用之不疑。策，謀也。不費斗糧，未煩一兵，未戰一士，未絶一絃，未折一矢，諸侯相親，賢於兄弟。賢，猶勝。夫賢人在而天下服，一人用而天下從。故曰：式於政，不式於勇；式，皆用也。式於廊廟之内，廊，東西序。廟，以尊先祖。人君之居，謂之岩廊、廟堂，尊嚴之稱。正曰：“文穎云：‘廊，殿下外屋。’顔師古云：‘堂下周厢，又岩廊高屋也。’愚按：此言宫與廟也。‘廟堂’字見《徐樂梅福傳》。劉向《九嘆》王逸注：‘人君爲政，舉事告宗廟，議於明堂。’今人稱宰相爲‘廟堂’，蓋誤。”不式於四境之外。當秦之隆，蘇秦隆盛之時。黄金萬溢爲用，補曰：“此書‘溢’、‘鎰’通。”轉轂連騎，後車之盛。正曰：“車騎之盛。”炫熿於道，光耀也。山東之國，從風而服，以草偃爲喻也。使趙大重。爲從主，諸侯尊之。且夫蘇秦，特窮巷掘門、鑿垣爲門。補曰：“‘掘’即‘窟’，古字通。《齊策》‘掘穴窮巷’。《鄒陽書》‘伏死掘穴’。《楚策》亦有。”桑户棬樞之士耳，樞，門牝也。楺木爲之，如棬。棬，屈木盂也。伏軾車前横木。撙銜，《集韻》：“撙，挫也。”蓋猶頓。銜，勒也。横歷天下，歷，遇也。猶横行。廷説諸侯之主，猶庭教云。杜左右之口，杜，猶塞。天下莫之伉。《集韻》：“匹也。”正曰：“姚云：錢、劉作‘抗’，當也。一本‘天下莫之能伉’。‘伉’、‘抗’古字通。”將説楚王，路過洛陽，漢爲河南郡。父母聞之，清宫除道，清，洒埽也。張樂設飲，郊迎三十里。迎於郊。妻側目而視，側耳而聽；嫂虵行匍伏，蛇不直行。伏，音匐。匍匐，伏地也。四拜，自跪而謝。《集韻》：“跪，小拜也。”既拜復膝地。蘇秦曰：“嫂，何前倨而後卑也？”倨，不避也。嫂曰：“以季子之位尊而多金。”譙周曰：“秦，字季子。”正曰：“司馬貞曰：‘此嫂呼小叔爲季子。未必字也。’”蘇秦曰：“嗟乎！貧窮則父母不子，富貴則親戚畏懼。人生世上，勢位富貴，蓋可忽乎哉？”“可”下有“以”字。忽，輕也。此《策》、《史》略同。合從，在趙肅侯十六年，此四年。彪謂：秦之自刺，可謂有志矣。而志在於金玉、卿相，故其所成就，適足誇嫂、婦。而此《史》極口稱頌之，是亦利禄徒耳，惡睹所謂大丈夫之事哉？正曰：“按《史》，秦出游數歲，困歸，兄弟、嫂妹、妻妾竊笑之，於是得《周書陰符》讀之，以出揣摩。乃求説周顯王，弗信；至秦説惠王，弗用；乃之趙，奉陽君弗説之；去就燕，文侯資之；至趙，奉陽君死，乃説肅侯合從。説楚後，還過洛陽，顯王除道郊勞，與《策》小異。”

垓下突圍

是時，漢兵盛食多，項王兵罷食絶。漢遣陸賈説項王，請太公，項王弗聽。漢王復使侯公往説項王，項王乃與漢約，中分天下，割鴻溝以西者爲漢，文穎曰："於滎陽下引河東南爲鴻溝，以通宋、鄭、陳、蔡、曹、衞，與濟、汝、淮、泗會於楚，即今官渡水也。"〇正義曰：應劭云："在滎陽東二十里。"張華云："大梁城在浚儀縣北，縣西北渠水東經此城南，又北屈分爲二渠。其一渠東南流，始皇鑿，引河水以灌大梁，謂之鴻溝，楚漢會此處也。其一渠東經陽武縣南，爲官渡水。"案：張華此説是。鴻溝而東者爲楚。項王許之，即歸漢王父母妻子。軍皆呼萬歲。漢王乃封侯公爲平國君。正義曰：《楚漢春秋》云："上欲封之，乃肯見。曰：'此天下之辨士，所居傾國，故號曰平國君。'"案：説歸太公、吕后，能和平邦國。匿，弗肯復見。曰："此天下辯士，所居傾國，故號爲平國君。"項王已約，乃引兵解而東歸。

漢欲西歸，張良、陳平説曰："漢有天下太半，韋昭曰："凡數三分，有二爲太半，一爲少半。"而諸侯皆附之。楚兵罷食盡，此天亡楚之時也，不如因其機而遂取之。今釋弗擊，此所謂'養虎自遺患'也。"正義曰：遺，唯季反。漢王聽之。

漢五年，漢王乃追項王至陽夏如淳曰："夏音賈。"〇正義曰：《括地志》云："陳州太康縣，本漢陽夏縣也。《續漢書·郡國志》云陽夏縣屬陳國。"案：太康縣城夏后太康所築，隋改陽夏爲太康。南，止軍，與淮陰侯韓信、建成侯彭越期會而擊楚軍。至固陵，徐廣曰："在陽夏。"駰案：晋灼曰"即固始也"。〇正義曰：《括地志》云："固陵，縣名也。在陳州宛丘縣西北四十二里。"而信、越之兵不會。楚擊漢軍，大破之。漢王復入壁，深塹而自守。謂張子房曰："諸侯不從約，爲之奈何？"對曰："楚兵且破，信、越未有分地，李奇曰："信、越等未有益地之分也。"韋昭曰："信等雖名爲王，未有所畫經界。"其不至固宜。君王能與共分天下，今可立致也。即不能，事未可知也。君王能自陳以東傅海，正義曰：傅音附，著也。陳即陳州，古陳國都也。自陳著海，并齊舊地，盡與齊王韓信也。盡與韓信；睢陽以北至穀城，正義曰：《括地志》云："穀城故在濟州東阿縣東二十六里。"睢陽，宋州也。自宋州以北至濟州穀城際黄河，盡與相國彭越。以與彭越。使各自爲戰，正義曰：爲，于僞反。則楚易敗也。"漢王曰："善。"於是乃發使者告韓信、彭越曰："并力擊楚。楚破，自陳以東傅海與齊王，睢陽以北至穀城與彭相國。"使者至，韓信、彭越皆報曰："請今進兵。"韓信乃從齊往，劉賈軍從壽春並行，屠城父，如淳曰："並行，並擊之。"〇正義曰：父音甫。壽州壽春縣也。城父，亳州縣也。屠謂多刑殺也。劉賈入圍壽州，引兵過淮北，屠殺亳州、城父，而東北至垓下。至垓下。徐廣曰："在沛之洨縣。洨，下交切。"駰案：應劭曰"垓音該"。李奇曰"沛洨縣，聚邑名也。"〇索隱曰：張揖《三蒼注》云："垓，堤名，在沛郡。"〇正義曰：垓下是高岡絶巖，今猶高三四丈，其聚邑及堤在垓之側，因取名焉。今在亳州真源縣東十里，與老君廟相接。洨音户交反。大司馬周殷叛楚，以舒屠六，如淳曰："以舒之衆屠破六縣。"〇正義曰：《括地志》云："舒，今廬江之故舒城是也。故六城在壽州安豐南百三十二里，偃姓，咎繇之後。"案：周殷叛楚，兼舉九江郡之兵，隨劉賈而至垓下。舉九江兵，正義曰：九江郡壽州也。楚考烈王二十二年，自陳徙壽春，號云郢。至王負芻爲秦將王翦、蒙武所滅，於此置九江郡。應劭云："自廬江尋陽分爲九江。"隨劉賈、彭越皆會垓下，詣項王。

項王軍壁垓下，兵少食盡，漢軍及諸侯兵圍之數重。夜聞漢軍四面皆楚歌，應劭曰："楚歌者，謂'鷄鳴歌'也。漢已略得其地，故楚歌者多，鷄鳴時歌也。"○正義曰：顔師古云："楚人之歌也，猶言'吴謳'、'越吟'。若鷄鳴爲歌之名，於理則可，不得云'鷄鳴時'也。高祖戚夫人楚舞，自爲楚歌，豈亦鷄鳴時乎？"案：顔説是也。項王乃大驚曰："漢皆已得楚乎？是何楚人之多也！"項王則夜起，飲帳中。有美人名虞，徐廣曰："一云姓虞氏。"○正義曰：《括地志》云："虞姬墓在濠州定遠縣東六十里。長老傳云項羽美人冢也。"常幸從；駿馬名騅，○正義曰：音隹。顧野王云青白色也。《釋畜》云："蒼白雜毛，騅也。"常騎之。於是項王乃悲歌忼慨，自爲詩曰："力拔山兮氣蓋世，時不利兮騅不逝。騅不逝兮可奈何，虞兮虞兮奈若何！"歌數闋，美人和之。正義曰：和音胡卧反。《楚漢春秋》云："歌曰'漢兵已略地，四方楚歌聲。大王意氣盡，賤妾何聊生'。"項王泣數行下，正義曰：數，色庚反。行，户郎反。左右皆泣，莫能仰視。

於是項王乃上馬騎，正義曰：其倚反。凡單乘曰騎。後同。麾下正義曰：麾亦作"戲"，同呼危反。壯士騎從者八百餘人，直夜潰圍南出，馳走。平明，漢軍乃覺之，令騎將灌嬰以五千騎追之。項王渡淮，騎能屬者正義曰：屬音燭。百餘人耳。項王至陰陵，徐廣曰："在淮南。"○正義曰：《括地志》云："陰陵縣故城在濠州定遠縣西北六十里。《地理志》云陰陵縣屬九江郡。"迷失道，問一田父，田父紿曰"左"。文穎曰："紿，欺也。欺令左去。"左，乃陷大澤中。以故漢追及之。項王乃復引兵而東，至東城，《漢書音義》曰："縣名，屬臨淮。"○正義曰：《括地志》云："東城縣故城在濠州定遠縣東南五十里。《地理志》云東城縣屬九江郡。"乃有二十八騎。漢騎追者數千人。

項王自度不得脱。謂其騎曰："吾起兵至今八歲矣，身七十餘戰，所當者破，所擊者服，未嘗敗北，遂霸有天下。然今卒困於此，正義曰：卒，子律反。此天之亡我，非戰之罪也。今日固決死，願爲諸君快戰，必三勝之，爲諸君潰圍、斬將、刈旗，令諸君知天亡我，非戰之罪也。"乃分其騎以爲四隊，四嚮。漢軍圍之數重。項王謂其騎曰："吾爲公取彼一將。"令四面騎馳下，期山東爲三處。正義曰：期遇山東，分爲三處，漢軍不知項羽處。《括地志》云："九頭山在滁州全椒縣西北九十六里。《江表傳》云項羽敗至烏江，漢兵追羽至此，一日九戰，因名。"於是項王大呼正義曰：火故反。馳下，漢軍皆披靡，正義曰：上披彼反。靡，言精體低垂。遂斬漢一將。是時，赤泉侯爲騎將，追項王，項王瞋目而叱之，赤泉侯人馬俱驚，辟易數里，正義曰：言人馬俱驚，開張易舊處，乃至數里。與其騎會爲三處。漢軍不知項王所在，乃分軍爲三，復圍之。項王乃馳，復斬漢一都尉，殺數十百人，復聚其騎，亡其兩騎耳。乃謂其騎曰："何如？"騎皆伏曰："如大王言。"

於是項王乃欲東渡烏江。瓚曰："在牛渚。"○索隱曰：案晋初屬臨淮。○正義曰：《括地志》云："烏江亭即和州烏江縣是也。晋初爲縣。《注水經》

云江水又北，左得黄律口，《漢書》所謂烏江亭長艤船以待項羽，即此也。"烏江亭長檥船待，徐廣曰："檥音儀。一音俄。"駰案：應劭曰："檥，正也。"孟康曰："檥音蟻，附也，附船著岸也"。如淳曰"南方人謂整船向岸曰檥"。○索隱曰：檥字，諸家各以意解爾。鄒誕生作"樣船"，以尚反，劉氏亦有此音。謂項王曰："江東雖小，地方千里，衆數十萬人，亦足王也。願大王急渡。今獨臣有船，漢軍至，無以渡。"項王笑曰："天之亡我，我何渡爲！且籍與江東子弟八千人渡江而西，今無一人還，縱江東父兄憐而王我，我何面目見之？縱彼不言，籍獨不愧於心乎？"乃謂亭長曰："吾知公長者。吾騎正義曰：音奇。此馬五歲，所當無敵，嘗一日行千里，不忍殺之，以賜公。"乃令騎皆下馬步行，持短兵接戰。獨籍所殺漢軍數百人。項王身亦被十餘創。顧見漢騎司馬吕馬童，曰："若非吾故人乎？"馬童面之，張晏曰："以故人故，難視斫之，故背之。"如淳曰："面，不正視也。"指王翳曰：如淳曰："指示王翳。""此項王也。"項王乃曰："吾聞漢購我頭千金，正義曰：漢以一斤金爲一金，當一萬錢也。邑萬户，吾爲若德。"徐廣曰："亦可是'功德'之'德'。"○正義曰：爲，于僞反。言吕馬童與項羽先是故人，舊有恩德於羽。一云德行也。乃自刎而死。王翳取其頭，餘騎相蹂踐，争項王，相殺者數十人。最其後，郎中騎楊喜，騎司馬吕馬童，郎中吕勝、楊武各得其一體。五人共會其體，皆是。故分其地爲五：封吕馬童爲中水侯，索隱曰：按《晋書地道記》，其中水縣屬河間。○正義曰：《地理志》云中水縣屬涿郡。應劭云："在易、滱二水之中，故曰中水。"封王翳爲杜衍侯，索隱曰：按《地理志》，縣在南陽。按：表作"王翥"也。○正義曰：《括地志》云："杜衍侯故縣在鄧州南陽縣西八里。"封楊喜爲赤泉侯，索隱曰：南陽有丹水縣，疑赤泉後改。案：《漢書》表及《後漢》作"憙"，音火志反。封楊武爲吴防侯，索隱曰：《地理志》縣名，屬汝南，故房子國。○正義曰：吴防，豫州縣。《括地志》云："吴房縣本漢舊縣。孟康云吴王闔廬弟夫概奔楚，楚封於此，爲堂谿氏，本房子國，以封吴，故曰吴房。"封吕勝爲涅陽侯。徐廣曰："五人後卒，皆謚壯侯。"○索隱曰：《地理志》南陽縣名。○正義曰：涅，年結反。《括地志》云："涅陽故城在鄧州穰縣東北六十里，本漢舊縣也。應劭云在涅水之陽。"

項王已死，徐廣曰："漢五年之十二月也。項王以始皇十五年己巳歲生，死時年三十一。"楚地皆降漢，獨魯不下。漢乃引天下兵欲屠之，爲其守禮義，爲主死節。乃持項王頭視魯，魯父兄乃降。始，楚懷王初封項籍爲魯公，及其死，魯最後下，故以魯公禮葬項王穀城。《皇覽》曰："項羽冢在東郡穀城，東去縣十五里。"○正義曰：《括地志》云："項羽墓在濟州東阿縣東二十七里，穀城西三里。"《述征記》："項羽墓在穀城西北三里半許，毁壞，有碣石'項王之墓'。"漢王爲發哀，泣之而去。

諸項氏枝屬，漢王皆不誅。乃封項伯爲射陽侯。徐廣曰："項伯名纏，字伯。"○正義曰：射音食夜反。《括地志》云："楚州山陽，本漢射陽縣。《吴地志》云在射水之陽，故曰射陽。"桃侯、徐廣曰："名襄。其子舍爲丞相。"○正義曰：《括地志》云："故城在滑州胙城縣東四十里。《漢書》云高祖十二年封劉襄爲桃侯也。"平皋侯、徐廣曰："名佗。"○正義曰：《括地志》云："平皋故城在懷州武德縣東二十里，漢平皋縣。"案：佗音徒何反。玄武侯徐廣曰："《諸侯表》中不見。"皆項氏，賜姓劉。

秦楚之際月表序

索隱曰：張晏云："時天下未定，參錯變易，不可以年記，故列其月。"今案：秦楚之際，擾攘僭篡，運數又促，故以月紀事名表也。

太史公讀秦楚之際，曰：初作難，發於陳涉；虐戾滅秦，自項氏；撥亂誅暴，平定海内，卒踐帝祚，成於漢家。五年之間，號令三嬗，音善。○索隱曰：古"禪"字，音市戰反。三嬗，謂陳涉、項氏、漢高祖也。自生民以來，未始有受命若斯之亟索隱曰：音己力反。亟訓急也。也。

昔虞、夏之興，積善累功數十年，德洽百姓，攝行政事，考之於天，韋昭曰："謂舜受禪，在璇璣玉衡以齊七政。"然後在位。湯、武之王，乃由契、后稷修仁行義十餘世，不期而會孟津八百諸侯，猶以爲未可，其後乃放弑。索隱曰：後乃放殺。殺音弑，謂湯放桀，武王討紂也。秦起襄公，章於文、繆，獻、孝之後，稍以蠶食六國，百有餘載，至始皇乃能并冠帶之倫。以德若彼，索隱曰：即契、后稷及秦襄公、文公、穆公也。用力如此，索隱曰：謂湯、武及始皇。蓋一統若斯之難也。

秦既稱帝，患兵革不休，以有諸侯也，於是無尺土之封，墮壞名城，銷鋒鏑，徐廣曰："一作'鍉'。"○索隱曰：鏑音的。注"鍉"字亦音的。案：秦銷鋒鏑，作金人十二，以弱天下之兵也。鉏豪桀，維萬世之安。索隱曰：維訓度，謂計度令萬代安也。然王迹之興，起於閭巷，合從討伐，軼於三代。鄉秦之禁，適足以資賢者爲驅除難耳。索隱曰：鄉音向，許亮反。謂秦前時之禁兵及不封樹諸侯，適足以資後之賢者，即高帝也。言爲之驅除患難耳。故憤發其所，爲天下雄，索隱曰：指漢高祖。安在無土不王。《白虎通》曰："聖人無土不王，使舜不遭堯，當如夫子老於闕里也。"此乃傳之所謂大聖乎？索隱曰：言高祖起布衣，卒傳之天位，實所謂大聖。豈非天哉，豈非天哉！非大聖孰能當此受命而帝者乎？

蕭相國世家

蕭相國何者，沛豐人也。索隱曰：案《春秋緯》"蕭何感昴精而生，典獄制律"。以文無害《漢書音義》曰："文無害，有文無所枉害也。律有無害都吏，如今言公平吏。一曰，無害者如言'無比'，陳留間語也。"○索隱曰：裴注已列數家，今更引二説。應劭云："雖爲文吏，而不刻害也。"韋昭云"爲有文理，無傷害也"。爲沛主吏掾。索隱曰：《漢書》云"何爲主吏"。主吏，功曹也。又云"何爲沛掾"，是何爲功曹掾也。

高祖爲布衣時,何數以吏事護高祖。索隱曰:《説文》云:"護,救視也。"高祖爲亭長,常左右之。高祖以吏繇咸陽,吏皆送奉錢三,何獨以五。李奇曰:"或三百,或五百也。"○索隱曰:奉音扶用反,謂資俸之。如字讀,謂奉送之也。劉氏云:"時錢有重者一當百,故有送錢三者。"

秦御史監郡者與從事,常辨之。張晏曰:"何與共事修辨明,何素有方略也。"蘇林曰:"辟何與從事也。秦時無刺史,以御史監郡。"○索隱曰:何與御史從事常辨明,言稱職也。何乃給泗水卒史徐廣曰:"沛縣有泗水亭。又秦以沛爲泗水郡。"駰案:文穎曰"何爲泗水郡卒史。"○索隱曰:如淳案:律,郡卒史書佐各十人也。卒,祖忽反。事,第一。索隱曰:謂課最居第一也。秦御史欲入言徵何,何固請,得毋行。

及高祖起爲沛公,何常爲丞督事。索隱曰:謂高祖起沛,令何爲丞,常監督庶事也。沛公至咸陽,諸將皆争走金帛財物之府分之,索隱曰:走音奏。奏者,趨向之也。何獨先入,收秦丞相御史律令圖書藏之。沛公爲漢王,以何爲丞相。項王與諸侯屠燒咸陽而去。漢王所以具知天下阸塞,户口多少,彊弱之處,民所疾苦者,以何具得秦圖書也。何進言韓信,漢王以信爲大將軍。語在《淮陰侯》事中。

漢王引兵東定三秦,何以丞相留收巴蜀,填撫諭告,使給軍食。漢二年,漢王與諸侯擊楚,何守關中,侍太子,治櫟陽。爲法令約束,立宗廟社稷宫室縣邑,輒奏上,可,許以從事;即不及奏上,輒以便宜施行,上來以聞。應劭曰:"上來還,乃以所爲聞之。"關中事計户口轉漕給軍,索隱曰:轉,劉氏音張戀反。漕,水運也。漢王數失軍遁去,何常興關中卒,輒補缺。上以此專屬任何關中事。

漢三年,漢王與項羽相距京索之閒,上數使使勞苦丞相。鮑生謂丞相曰:"王暴衣露蓋,數使使勞苦君者,有疑君心也。爲君計,莫若遣君子孫昆弟能勝兵者悉詣軍所,上必益信君。"於是何從其計,漢王大説。

漢五年,既殺項羽,定天下,論功行封。群臣争功,歲餘功不决。高祖以蕭何功最盛,封爲酇侯,文穎曰:"音贊。"瓚曰:"今南陽酇縣也。孫檢曰'有二縣,音字多亂。其屬沛郡者音嵯,屬南陽者音讚'。按《茂陵書》,蕭何國在南陽,宜呼讚。今多呼嵯,嵯舊字作鄌,今皆作'酇',所由亂也。"○索隱曰:鄒氏云:"屬沛郡音嵯,屬南陽音贊。"又臣瓚案《茂陵書》:"蕭何國在南陽,則字當音贊,今多呼爲嵯也。"《注》瓚云:"今南陽酇縣。"顧氏云:"南鄉,郡名也。《太康地理志》云'魏武帝建安中分南陽立南鄉郡,晋武帝改曰順陽郡是也'。"所食邑多。功臣皆曰:"臣等身被堅執鋭,多者百餘戰,少者數十合,攻城略地,大小各有差。今蕭何未嘗有汗馬之勞,徒持文墨議論,不戰,顧反居臣等上,何也?"高帝曰:"諸君知獵乎?"曰:"知之。""知獵狗乎?"曰:"知之。"高帝曰:"夫獵,追殺獸兔者狗也，而發蹤指示獸處者人也。今諸君徒能得走獸耳，功狗也。至如蕭何，發蹤指示，功人也。且諸君獨以身隨我，多者兩三人。今蕭何舉宗數十人皆隨我，功不可忘也。”群臣皆莫敢言。

列侯畢已受封，及奏位次，皆曰：“平陽侯曹參身被七十創，攻城略地，功最多，宜第一。”上已橈功臣，多封蕭何，應劭曰：“橈，屈也。”○索隱曰：音女教反。至位次未有以復難之，然心欲何第一。關内侯鄂君進曰：索隱曰：《功臣表》，鄂君即鄂千秋，封安平侯。“群臣議皆誤。夫曹參雖有野戰略地之功，此特一時之事。夫上與楚相距五歲，常失軍亡衆，逃身遁者數矣。然蕭何常從關中遣軍補其處，非上所詔令召，而數萬衆會上之乏絶者數矣。夫漢與楚相守滎陽數年，軍無見糧，蕭何轉漕關中，給食不乏。陛下雖數亡山東，蕭何常全關中以待陛下，此萬世之功也。今雖亡曹參等百數，何缺於漢？漢得之，不必待以全。奈何欲以一旦之功而加萬世之功哉！蕭何第一，曹參次之。”高祖曰：“善。”於是乃令蕭何第一，賜帶劍履上殿，入朝不趨。

上曰：“吾聞進賢受上賞。蕭何功雖高，得鄂君乃益明。”於是因鄂君故所食關内侯邑封爲安平侯。徐廣曰：“以謁者從，定諸侯有功。秩舉蕭何功，故因侯二千户。封九年卒。至玄孫但，坐與淮南王安通，弃市，國除。”○正義曰：《括地志》云：“澤州安平縣，本漢安平縣。”是日，悉封何父子兄弟十餘人，皆有食邑。乃益封何二千户，以帝嘗繇咸陽時何送我獨贏奉錢二也。索隱曰：謂人皆三，何獨五，所以爲贏二也。音盈。

漢十一年，陳豨反，高祖自將，至邯鄲。未罷，淮陰侯謀反關中，吕后用蕭何計，誅淮陰侯，語在《淮陰》事中。上已聞淮陰侯誅，使使拜丞相何爲相國，益封五千户，令卒五百人一都尉爲相國衛。諸君皆賀，召平獨吊。召平者，故秦東陵侯。秦破，爲布衣，貧，種瓜於長安城東，瓜美，故世俗謂之“東陵瓜”，從召平以爲名也。召平謂相國曰：“禍自此始矣！上暴露於外而君守於中，非被矢石之事而益君封置衛者，以今者淮陰侯新反於中，疑君心矣。夫置衛衛君，非以寵君也。願君讓封勿受，悉以家私財佐軍，則上心説。”相國從其計，高帝乃大喜。

漢十二年秋，黥布反，上自將擊之，數使使問相國何爲。相國爲上在軍，乃拊循勉力百姓，悉以所有佐軍，如陳豨時。客有説相國曰：“君滅族不久矣。夫君位爲相國，功第一，可復加哉？然君初入關中，得百姓心，十餘年矣，皆附君，常復孳孳得民和。上所爲數問君者，畏君傾動關中。今君胡不多買田地，賤貰貸正義曰：貰音世，又食夜反，賒也。下天得反。以自汙？上心乃安。”於是相國從其計，上乃大説。

上罷布軍歸，民道遮行上書，言相國賤彊買民田宅數千萬。上至，相國謁。上笑曰：“夫相國乃利民！”索隱曰：謂相國取人田宅以爲己利，故云“乃利人”也。所以令相國自謝之。民所上書皆以與相國，曰：“君自謝民。”相國因爲民請曰：“長安地狹，上林中多空地，弃，願令民得入田，毋收稾爲禽獸食。”索隱曰：苗子還種田人，留稾入官。上大怒曰：“相國多受賈人財物，乃爲請吾苑！”乃下相國廷尉，械繫之。數日，王衛尉侍，如淳曰：“《百官公卿表》衛尉王氏，無名字。”前問曰：“相國何大罪，陛下繫之暴也？”上曰：“吾聞李斯相秦皇帝，有善歸主，有惡自與。今相國多受賈豎金而爲民請吾苑，以自媚於民，故繫治之。”王衛尉曰：“夫職事苟有便於民而請之，真宰相事，陛下奈何乃疑相國受賈人錢乎！且陛下距楚數歲，陳豨、黥布反，陛下自將而往，當是時，相國守關中，摇足則關以西非陛下有也。相國不以此時爲利，今乃利賈人之金乎？且秦以不聞其過亡天下，李斯之分過，索隱曰：李斯歸惡而自予，是分過也。又何足法哉。陛下何疑宰相之淺也。”韋昭曰：“用意淺。”高帝不懌。是日，使使持節赦出相國。相國年老，素恭謹，入，徒跣謝。高帝曰：“相國休矣！相國爲民請苑，吾不許，我不過爲桀紂主，而相國爲賢相。吾故繫相國，欲令百姓聞吾過也。”

何素不與曹參相能，及何病，孝惠自臨視相國病，因問曰：“君即百歲後，誰可代君者？”對曰：“知臣莫如主。”孝惠曰：“曹參何如？”何頓首曰：“帝得之矣！臣死不恨矣！”

何置田宅必居窮處，爲家不治垣屋。曰：“後世賢，師吾儉；不賢，毋爲勢家所奪。”

孝惠二年，相國何卒，《東觀漢記》云：“蕭何墓在長陵東司馬門道北百步。”〇正義曰：《括地志》云：“蕭何墓在雍州咸陽縣東北三十七里。”謚爲文終侯。徐廣曰：“《功臣表》蕭何以客初起從也。”

後嗣以罪失侯者四世，絶，天子輒復求何後，封續酇侯，功臣莫得比焉。

太史公曰：蕭相國何於秦時爲刀筆吏，録録未有奇節。索隱曰：録音禄。及漢興，依日月之末光，何謹守管籥，因民之疾，奉法順流，與之更始。淮陰、黥布等皆以誅滅，而何之勳爛焉。位冠群臣，聲施後世，與閎夭、散宜生等争烈矣。

《索隱述贊》：蕭何爲吏，文而無害。及佐興王，舉宗從沛。關中既守，轉輸是賴。漢軍屢疲，秦兵必會。約法可久，收圖可大。指獸發蹤，其功實最。政稱畫一，居乃非泰。繼絶寵勤，式旌礪帶。

商君列傳（節選）

商君者，正義曰：秦封於商，故號商君。衛之諸庶孽公子也，名鞅，姓公孫氏，其祖本姬姓也。

鞅少好刑名之學，事魏相公叔座，索隱曰：公叔，氏；座，名也。座音在戈反。爲中庶子。索隱曰：官名也。魏已置之，非自秦也。《周禮·夏官》謂之"諸子"，《禮記·文王世子》謂之"庶子"，掌公族也。公叔座知其賢，未及進。會座病，魏惠王親往問病，索隱曰：即魏侯之子，名罃，後徙大梁而稱梁也。曰："公叔病有如不可諱，將奈社稷何？"公叔曰："座之中庶子索隱曰：《戰國策》云衛庶子也。公孫鞅，年雖少，有奇才，願王舉國而聽之。"王嘿然。王且去，座屏人言曰："王既不聽用鞅，必殺之，無令出境。"王許諾而去。公叔座召鞅謝曰："今者王問可以爲相者，我言若，王色不許我。我方先君後臣，因謂王即弗用鞅，當殺之。王許我。汝可疾去矣，且見禽。"鞅曰："彼王不能用君之言任臣，又安能用君之言殺臣乎？"卒不去。惠王既去，而謂左右曰："公叔病甚，悲乎！欲令寡人以國聽公孫鞅也，豈不悖哉！"索隱曰：疾重而悖亂也。○正義曰：悖音背。

公叔既死，公孫鞅聞秦孝公下令國中求賢者，將修繆公之業，東復侵地，乃遂西入秦，因孝公寵臣景監索隱曰：景姓，楚之族也。監音甲乡，去聲平聲並通。以求見孝公。孝公既見衛鞅，語事良久，孝公時時睡，弗聽。罷而孝公怒景監曰："子之客妄人耳，安足用邪！"景監以讓衛鞅。衛鞅曰："吾説公以帝道，其志不開悟矣。"後五日，復求見鞅。鞅復見孝公，益愈，然而未中旨。罷而孝公復讓景監，景監亦讓鞅。鞅曰："吾説公以王道而未入也。請復見鞅。"鞅復見孝公，孝公善之而未用也。罷而去，孝公謂景監曰："汝客善，可與語矣。"鞅曰："吾説公以霸道，其意欲用之矣。誠復見我，我知之矣。”衛鞅復見孝公。公與語,不自知厀之前於席也。語數日不厭。景監曰:“子何以中吾君?吾君之驩甚也。”鞅曰:“吾説君以帝王之道比三代,索隱曰:比三。比者頻也。謂頻三見孝公,言帝王之道也。比音必耳反。〇正義曰:遠,吾比,必寐反。説者以五帝三王之事比至孝公,以三代帝王之道方興。孝公曰“太久不能”。而君曰:‘久遠,吾不能待。且賢君者,各及其身顯名天下,安能邑邑待數十百年以成帝王乎?’故吾以彊國之術説索隱曰:音税。君,君大説之耳。索隱曰:音悦。然亦難以比德於殷周矣。”

孝公既用衛鞅,鞅欲變法,恐天下議己。衛鞅曰:“疑行無名,疑事無功。且夫有高人之行者,固見非於世;索隱曰:《商君書》“非”作“負”。有獨知之慮者,必見敖於民。索隱曰:《商君書》作“必見驁於人”也。〇正義曰:敖,五到反。愚者闇於成事,知者見於未萌。民不可與慮始而可與樂成。論至德者不和於俗,成大功者不謀於衆。是以聖人苟可以彊國,不法其故;索隱曰:言救弊爲政之術,所爲苟可以彊國,則不必要須法於故事也。苟可以利民,不循其禮。”孝公曰:“善。”甘龍曰:索隱曰:孝公之臣,甘姓,龍名也。甘氏出春秋時甘昭公王子帶後。“不然。聖人不易民而教,知者不變法而治。因民而教,不勞而成功;緣法而治者,吏習而民安之。”衛鞅曰:“龍之所言,世俗之言也。常人安於故俗,學者溺於所聞。以此兩者居官守法可也,非所與論於法之外也。三代不同禮而王,五伯不同法而霸。智者作法,愚者制焉;賢者更禮,不肖者拘焉。”索隱曰:言賢智之人作法更禮,而愚不肖者不明變通,而輒拘制不使之行,斯亦信然矣。杜摯曰:“利不百,不變法;功不十,不易器。法古無過,循禮無邪。”衛鞅曰:“治世不一道,便國不法古。故湯武不循古而王,索隱曰:《商君書》作“脩古”。夏殷不易禮而亡。索隱曰:指殷紂、夏桀也。反古者不可非,而循禮者不足多。”孝公曰:“善。”以衛鞅爲左庶長,卒定變法之令。

令民爲什伍,索隱曰:劉氏云“五家爲保,十保相連”也。〇正義曰:或爲十保,或爲伍保。而相牧司連坐。索隱曰:牧司,謂相糾發也。一家有罪而九家連舉發,若不糾舉則十家連坐。恐變令不行,故設重禁。不告姦者腰斬,告姦者與斬敵首同賞,索隱曰:謂告姦一人則得爵一級,故云“與斬敵首同賞”也。匿姦者與降敵同罰。索隱曰:律,降敵者誅其身,没其家。今匿姦者,言當與之同罰也。民有二男以上不分異者,倍其賦。正義曰:民有二男不別爲活者,一人出兩課。有軍功者,各以率音律。受上爵;爲私鬭者,各以輕重被刑大小。僇力本業,耕織致粟帛多者復其身。事末利及怠而貧者,舉以爲收孥。索隱曰:末利,謂工商也。蓋農桑爲本,故上云“本業耕織”也。怠者,懈也,《周禮》謂之“疲民”,以言懈怠不事事之人而貧者,則糾舉而收録其妻子,没爲官奴婢,蓋其法特又重於古制也。孥音奴。宗室非有軍功論,不得爲屬籍。索隱曰:謂宗室若無軍功,則不得入屬籍。謂除其籍，則雖無功不及爵秩也。明尊卑、爵秩、等級，各以差次；名田宅、臣妾、衣服以家次。索隱曰：謂各隨其家爵秩之班次，亦不使僭侈踰等也。有功者顯榮，無功者雖富無所芬華。

令既具，未布，恐民之不信，已乃立三丈之木於國都市南門，募民有能徙置北門者予十金。民怪之，莫敢徙。復曰："能徙者予五十金。"有一人徙之，輒予五十金，以明不欺。卒下令。

令行於民期年，秦民之國都言初令索隱曰：謂鞅新變之法令爲"初令"。之不便者以千數。於是太子犯法。衛鞅曰："法之不行，自上犯之。"將法太子。太子，君嗣也，不可施刑。刑其傅公子虔，黥其師公孫賈。明日，秦人皆趨令。索隱曰：趨音七逾反。趨者，向也，附也。

行之十年，秦民大説，道不拾遺，山無盜賊，家給人足。民勇於公戰，怯於私鬭，鄉邑大治。秦民初言令不便者有來言令便者，衛鞅曰："此皆亂化之民也。"盡遷之於邊城。其後民莫敢議令。

藝文志序

昔仲尼没而微言絶，李奇曰："隱微不顯之言也。"師古曰："精微要妙之言耳。"七十子喪而大義乖。師古曰："七十子，謂弟子達者七十二人。舉其成數，故言七十。"故《春秋》分爲五，韋昭曰："謂《左氏》、《公羊》、《穀梁》、《鄒氏》、《夾氏》也。"《詩》分爲四，韋昭曰："謂《毛氏》、《齊》、《魯》、《韓》。"《易》有數家之傳。戰國從衡，真僞分爭，師古曰："從音子容反。"諸子之言紛然殽亂。師古曰："殽，雜也。"至秦患之，乃燔滅文章，以愚黔首。師古曰："燔，燒也。秦謂人爲黔首，言其頭黑也。燔音扶元反。黔音其炎反，又音琴。"漢興，改秦之敗，大收篇籍，廣開獻書之路。迄孝武世，書缺簡脱，禮壞樂崩，師古曰："編絶散落，故簡脱。脱音吐活反。"聖上喟然而稱曰：師古曰："喟，嘆息之貌也，音丘位反。""朕甚閔焉！"於是建藏書之策，如淳曰："劉歆《七略》曰'外則有太常、太史、博士之藏，内則有延閣、廣内、秘室之府'。"置寫書之官，下及諸子傳説，皆充秘府。至成帝時，以書頗散亡，使謁者陳農求遺書於天下。詔光禄大夫劉向校經傳諸子詩賦，步兵校尉任宏校兵書，太史令尹咸校數術，師古曰："占卜之書。"侍醫李柱國校方技。師古曰："醫藥之書。"每一書已，師古曰："已，畢也。"向輒條其篇目，撮其指意，録而奏之。師古曰："撮，總取也，音千括反。"會向卒，哀帝復使向子侍中奉車都尉歆卒父業。師古曰："卒，終也。"歆於是總群書而奏其《七略》，故有《輯略》，師古曰："輯與集同，謂諸書之總要。"有《六藝略》，師古曰："六藝，六經也。"有《諸子略》，有《詩賦略》，有《兵書略》，有《術數略》，有《方技略》。今删其要，以備篇籍。師古曰："删去浮冗，取其指要也。其每略所條家及篇數，有與總凡不同者，轉寫脱誤，年代久遠，無以詳知。"

晁錯傳(節選)

時賈誼已死，對策者百餘人，唯錯爲高第，繇是遷中大夫。師古曰："繇，讀與由同。"

錯言宜削諸侯事，及法令可更定者，書凡三十篇。孝文雖不盡聽，然奇其材。當是時，太子善錯計策，爰盎諸大功臣多不好錯。

景帝即位，以錯爲内史。錯數請閒言事，輒聽，幸傾九卿，法令多所更定。丞相申屠嘉心弗便，力未有以傷。内史府居太上廟堧中，師古曰："堧者，内垣之外游地也，音人緣反。"門東出，不便，錯乃穿門南出，鑿廟堧垣。丞相大怒，欲因此過爲奏請誅錯。錯聞之，即請閒爲上言之。丞相奏事，因言錯擅鑿廟垣爲門，請下廷尉誅。上曰："此非廟垣，乃堧中垣，不致於法。"丞相謝。師古曰："以所奏不當天子意，故謝。"罷朝，因怒謂長史曰："吾當先斬以聞，乃先請，固誤。"丞相遂發病死。錯以此愈貴。

遷爲御史大夫，請諸侯之罪過，削其支郡。師古曰："支郡，在國之四邊者也。"奏上，上令公卿列侯宗室雜議，莫敢難，獨竇嬰争之，繇此與錯有隙。師古曰："繇，讀與由同。"錯所更令三十章，師古曰："更，改也。"諸侯讙譁。錯父聞之，從潁川來，謂錯曰："上初即位，公爲政用事，如淳曰："錯爲御史大夫，位三公也。"侵削諸侯，疏人骨肉，口讓多怨，公何爲也！"師古曰："讓，責也。"錯曰："固也。師古曰："言固當如此。"不如此，天子不尊，宗廟不安。"父曰："劉氏安矣，而晁氏危，吾去公歸矣！"遂飲藥死，曰："吾不忍見禍逮身。"

後十餘日，吴楚七國俱反，以誅錯爲名。上與錯議出軍事，錯欲令上自將兵，而身居守。會竇嬰言爰盎，詔召入見，上方與錯調兵食。師古曰："調，謂計發之也，音徒釣反。"上問盎曰："君嘗爲吴相，知吴臣田禄伯爲人虖？今吴楚反，於公意何如？"對曰："不足憂也，今破矣。"上曰："吴王即山鑄錢，煮海爲鹽，師古曰："即，就也。"誘天下豪傑，白頭舉事，此其計不百全，豈發虖？何以言其無能爲也？"盎對曰："吴銅鹽之利則有之，安得豪傑而誘之？誠令吴得豪傑，亦且輔而爲誼，不反矣。吴所誘，皆亡賴子弟，亡命鑄錢姦人，故相誘以亂。"錯曰："盎策之善。"上問曰："計安出？"盎對曰："願屏左右。"上屏人，獨錯在。盎曰："臣所言，人臣不得知。"乃屏錯。錯趨避東箱，甚恨。上卒問盎，師古曰："卒，竟也。"對曰："吴楚相遺書，言高皇帝王子弟各有分地，師古曰："分音扶問反。"今賊臣晁錯擅適諸侯，削奪之地，師古曰："適讀曰讁。"以故反。名爲西共誅錯，復故地而罷。方今計，獨有斬錯，發使赦吴楚七國，復其故地，則兵可毋血刃而俱罷。"於是上默然良久，曰："顧誠何如，吾不愛一人謝天下。"師古曰："顧，念也。誠，實也。"盎曰："愚計出此，唯上孰計之。"乃拜盎爲太常，密裝治行。

後十餘日，丞相青翟、中尉嘉、廷尉歐師古曰："張歐也，音區。"劾奏錯曰："吴王反逆亡道，欲危宗廟，天下所當共誅。今御史大夫錯議曰：'兵數百萬，獨屬群臣，不可信，師古曰："屬，委也，音之欲反。"陛下不如自出臨兵，使錯居守。徐、僮之旁吴所未下者可以予吴。'鄧展曰："徐、僮，臨淮二縣也。"錯不稱陛下德信，欲疏群臣百姓，又欲以城邑予吴，亡臣子禮，大逆無道。錯當要斬，父母妻子同産無少長皆弃市。臣請論如法。"制曰："可。"錯殊不知。乃使中尉召錯，紿載行市。師古曰："詐云乘車案行市中也。行音下更反。"錯衣朝衣斬東市。師古曰："朝衣，朝服也。"

錯已死，謁者僕射鄧公爲校尉，擊吴楚爲將。還，上書言軍事，見上。上問曰："道軍所來，如淳曰："道路從吴軍所來也。"師古曰："道軍所來，即是從軍所來耳，無煩更説道路也。"聞晁錯死，吴楚罷不？"鄧公曰："吴爲反數十歲矣，發怒削地，以誅錯爲名，其意不在錯也。且臣恐天下之士拑口不敢復言矣。"師古曰："拑音其炎反。"上曰："何哉？"鄧公曰："夫晁錯患諸侯彊大不可制，故請削之，以尊京師，萬世之利也。計畫始行，卒受大戮，師古曰："卒，竟也。"内杜忠臣之口，外爲諸侯報仇，師古曰："杜，塞也。"臣竊爲陛下不取也。"於是景帝喟然長息，曰："公言善，吾亦恨之。"乃拜鄧公爲城陽中尉。

鄧公，成固人也，師古曰："漢中之縣。"多奇計。建元年中，上招賢良，公卿言鄧先。師古曰："鄧先，猶云鄧先生也。一曰，先者其名也。"鄧先時免，起家爲九卿。一年，復謝病免歸。其子章，以修黄老言顯諸公閒。

酈食其傳

酈食其，陳留高陽人也。師古曰："食音異。其音基。"好讀書，家貧落魄，無衣食業。鄭氏曰："魄音薄。"應劭曰："志行衰惡之貌也。"師古曰："落魄，失業無次也。鄭音是。"爲里監門，然吏縣中賢豪不敢役，師古曰："吏及賢者豪者皆不敢使役食其。"皆謂之狂生。

及陳勝、項梁等起，諸將徇地過高陽者數十人，師古曰："徇亦略也，音辭峻反。"食其聞其將皆握齱好荷禮應劭曰："握齱，急促之貌。"師古曰："荷與苛同。苛，細也。齱音初角反。"自用，不能聽大度之言，食其乃自匿。後聞沛公略地陳留郊，沛公麾下騎士適食其里中子，服虔曰："食其里中子適會作沛公騎士。"沛公時時問邑中賢豪。騎士歸，食其見，謂曰："吾聞沛公嫚易人，有大略，此真吾所願從游，莫爲我先。師古曰："先謂紹介也。"若見沛公，師古曰："若，汝也。"謂曰'臣里中有酈生，年六十餘，長八尺，人皆謂之狂生，自謂我非狂'。"騎士曰："沛公不喜儒，師古曰："喜，好也，音許吏反。"諸客冠儒冠來者，沛公輒解其冠，溺其中。師古曰："溺讀曰尿，音乃釣反。"與人言，常大罵。未可以儒生説也。"食其曰："第言之。"師古曰："第，但也。"騎士從容言食其所戒者。師古曰："從音千容反。"

沛公至高陽傳舍，師古曰："傳舍者，人所止息，前人已去，後人復來，轉相傳也。一音張戀反，謂傳置之舍也，其義兩通。它皆類此。"使人召食其。食其至，入謁，沛公方踞床令兩女子洗，師古曰："洗足也，音先典反。"而見食其。食其入，即長揖不拜，曰："足下欲助秦攻諸侯乎？欲率諸侯破秦乎？"沛公罵曰："豎儒！師古曰："言其賤劣如僮豎。"夫天下同苦秦久矣，故諸侯相率攻秦，何謂助秦？"食其曰："必欲聚徒合義兵誅無道秦，不宜踞見長者。"於是沛公輟洗，起衣，師古曰："輟，止也。起衣，著衣也。"延食其上坐，謝之。食其因言六國從衡時。師古曰："從音子容反。衡，横也。"沛公喜，賜食其食，問曰："計安出？"食其曰："足下起瓦合之卒，師古曰："瓦合，謂如破瓦之相合，雖曰聚合而不齊同。"收散亂之兵，不滿萬人，欲以徑入彊秦，此所謂探虎口者也。夫陳留，天下之衝，四通五達之郊也，如淳曰："四面往來通之，并數中央，凡五達也。"臣瓚曰："四通五達，言無險阻也。"今其城中又多積粟。臣知其令，師古曰："素與其縣令相知。"今請使，令下足下。師古曰："下，降也。"即不聽，足下舉兵攻之，臣爲内應。"於是遣食其往，沛公引兵隨之，遂下陳留。號食其爲廣野君。

食其言弟商，使將數千人從沛公西南略地。食其常爲説客，馳使諸侯。

漢三年秋，項羽擊漢，拔滎陽，漢兵遁保鞏。楚人聞韓信破趙，彭越數反梁地，則分兵救之。師古曰："救趙及梁。"韓信方東擊齊，漢王數困滎陽、成皋，計欲捐成皋以東，屯鞏、雒以距楚。食其因曰："臣聞之，知天之天者，王事可成；不知天之天者，王事不可成。王者以民爲天，而民以食爲天。夫敖倉，天下轉輸久矣，臣聞其下乃有臧粟甚多。楚人拔滎陽，不堅守敖倉，乃引而東，令適卒分守成皋，師古曰："適讀曰謫。謫卒謂卒之有罪謫者，即所謂謫戍。"此乃天所以資漢。方今楚易取而漢反却自奪便，師古曰："不圖進取，是爲自奪便利也。却音丘略反。"臣竊以爲過矣。且兩雄不俱立，楚漢久相持不决，百姓騷動，海内摇蕩，農夫釋耒，紅女下機，師古曰："耒，手耕曲木也，音盧對反。紅讀曰工。"天下之心未有所定也。願足下急復進兵，收取滎陽，據敖庾之粟，師古曰："敖庾即敖倉。"塞成皋之險，杜太行之道，師古曰："太行，山名，在河内野王之北，上黨之南。行音胡剛反。"距飛狐之口，如淳曰："上黨壺關也。"臣瓚曰："飛狐在代郡西南。"師古曰："瓚説是。壺關無飛狐之名。"守白馬之津，以示諸侯形制之勢，師古曰："以地形而制服。"則天下知所歸矣。方今燕、趙以定，唯齊未下。今田廣據千里之齊，田間將二十萬之衆軍於歷城，諸田宗彊，負海岱，阻河濟，師古曰："負，背也。岱，泰山也。"南近楚，齊人多變詐，足下雖遣數十萬師，未可以歲月破也。臣請得奉明詔説齊王，使爲漢而稱東藩。"上曰："善。"

乃從其畫，復守敖倉，而使食其説齊王，曰："王知天下之所歸乎？"曰："不知也。"曰："知天下之所歸，則齊國可得而有也；若不知天下之所歸，即齊國未可保也。"齊王曰："天下何歸？"食其曰："天下歸漢。"齊王曰："先生何以言之？"曰："漢王與項王戮力西面擊秦，約先入咸陽者王之，項王背約不與，而王之漢中。項王遷殺義帝，漢王起蜀漢之兵擊三秦，出關而責義帝之負處，收天下之兵，立諸侯之後。降城即以侯其將，得賂則以分其士，與天下同其利，豪英賢材皆樂爲之用。諸侯之兵四面而至，蜀漢之粟方船而下。師古曰："方，併也。"項王有背約之名，殺義帝之負；於人之功無所記，於人之罪無所忘；師古曰："言項羽吝爵賞而念舊惡。"戰勝而不得其賞，拔城而不得其封；非項氏莫得用事；師古曰："言唯任同姓之親。"爲人刻印，玩而不能授；孟康曰："刻斷無復廉鍔也。"臣瓚曰："項羽吝於爵賞，玩惜侯印，不能以封人。"師古曰："《韓信傳》作刓，此作玩，其義各通。孟説非也。"攻城得賂，積財而不能賞。天下畔之，賢材怨之，而莫爲之用。故天下之士歸於漢王，可坐而策也。夫漢王發蜀漢，定三秦；涉西河之外，援上黨之兵；師古曰："援，引也，音爰。"下井陘，誅成安君；破北魏，師古曰："謂魏豹也。梁地既有魏名，故謂此爲北。"舉三十二城：此黄帝之兵，非人之力，天之福也。今已據敖庾之粟，塞成皋之險，守白馬之津，杜太行之阸，距飛狐之口，天下後服者先亡矣。王疾下漢王，齊國社稷可得而保也；不下漢王，危亡可立而待也。"田廣以爲然，乃聽食其，罷歷下兵守戰備，與食其日縱酒。師古曰："日日縱意而飲酒。"

韓信聞食其馮軾下齊七十餘城，師古曰："馮讀曰憑。憑，據也。軾，車前横板隆起者也。云憑軾者，言但安坐乘車而游説，不用兵衆。"乃夜度兵平原襲齊。齊王田廣聞漢兵至，以爲食其賣己，師古曰："言其與韓信通謀。"乃亨食其，引兵走。

漢十二年，曲周侯酈商以丞相將兵擊黥布，有功。高祖舉功臣，思食其。食其子疥師古曰："疥音介。"數將兵，上以其父故，封疥爲高梁侯。後更食武陽，卒，子遂嗣。三世，侯平有罪，國除。

鄭玄傳

鄭玄字康成，北海高密人也。八世祖崇，哀帝時尚書僕射。玄少爲鄉嗇夫，《前書》曰"鄉有嗇夫，掌聽訟收賦税"也。得休歸，常詣學官，不樂爲吏，父數怒之，不能禁。《鄭玄别傳》曰"玄年十一二，隨母還家，正臘會。同列十數人，皆美服盛飾，語言閑通，玄獨漠然如不及，母私督數之，乃曰：'此非我志，不在所願'"也。遂造太學受業，師事京兆第五元先，始通《京氏易》、《公羊春秋》、《三統歷》、《九章算術》。《三統曆》，劉歆所撰也。《九章算術》，周公作也，凡有九篇，《方田》一，《粟米》二，《差分》三，《少廣》四，《均輸》五，《方程》六，《傍要》七，《盈不足》八，《鉤股》九。又從東郡張恭祖受《周官》、《禮記》、《左氏春秋》、《韓詩》、《古文尚書》。以山東無足問者，乃西入關，因涿郡盧植，事扶風馬融。

融門徒四百餘人，升堂進者五十餘生。融素驕貴，玄在門下，三年不得見，乃使高業弟子傳授於玄。玄日夜尋誦，未嘗怠倦。會融集諸生考論圖緯，聞玄善算，乃召見於樓上，玄因從質諸疑義，問畢辭歸。融喟然謂門人曰："鄭生今去，吾道東矣。"《前書》曰："田何授《易》於丁寬，學成，寬東歸，何謂門人曰：'《易》東矣。'"

玄自游學，十餘年乃歸鄉里。家貧，客耕東萊，學徒相隨已數百千人。及黨事起，乃與同郡孫嵩等四十餘人俱被禁錮，嵩字賓石，見《趙歧傳》。遂隱修經業，杜門不出。時任城何休好《公羊》學，遂著《公羊墨守》、言《公羊》義理深遠，不可駁難，如墨翟之守城也。《左氏膏肓》、《説文》曰："肓，隔也。"心下爲膏，喻《左氏》之疾不可爲也。《穀梁癈疾》；玄乃發《墨守》，鍼《膏肓》，起《癈疾》。休見而嘆曰："康成入吾室，操吾矛，以伐我乎！"初，中興之後，范升、陳元、李育、賈逵之徒争論古今學，後馬融答北地太守劉瓌及玄答何休，義據通深，由是古學遂明。

靈帝末，黨禁解，大將軍何進聞而辟之。州郡以進權戚，不敢違意，遂迫脅玄，不得已而詣之。進爲設几杖，禮待甚優。玄不受朝服，而以幅巾見。一宿逃去。時年六十，弟子河内趙商等自遠方至者數千。後將軍袁隗表爲侍中，以父喪不行。國相孔融深敬於玄，屣履造門。屣謂納履未正，曳之而行，言趨賢急也。告高密縣爲玄特立一鄉，曰："昔齊置'士鄉'，管仲相桓公，制國爲二十一鄉，工商鄉六，士鄉十五，以居工商士也。事見《國語》也。越有'君子軍'，皆異賢之意也。吴越相攻，越王句踐乃中分其師爲左右軍，以其私卒君子六千人爲中軍。注云："君子，王所親近有志行者。"見《國語》。鄭君好學，實懷明德。昔太史公、廷尉吴公、謁者僕射鄧公，皆漢之名臣。又南山四皓有園公、夏黄公，潛光隱耀，世嘉其高，皆悉稱公。吴公，文帝時爲河南守。鄧公，景帝時爲謁者僕射。太史公司馬談，武帝時。四皓，高帝時也，有園公、夏黄公、角里先生、綺里季也。須眉皓白，故言皓。秦末隱於商雒南山，以待天下之定，漢興，迎而致之也。然則公者仁德之正號，不必三事大夫也。今鄭君鄉宜曰'鄭公鄉'。昔東海于公僅有一節，猶或戒鄉人侈其門閭，一節謂决獄也。昭帝時，東海于公爲縣獄吏，决獄平，郡爲生立祠，號曰'于公祠'。先是于公閭門壞，父老方共修之。于公曰"少高大其門，令容駟馬車。我决獄多陰德，子孫必有興者"也。矧乃鄭公之德而無駟牡之路，可廣開門衢，令容高車，號爲'通德門'。"

董卓遷都長安，公卿舉玄爲趙相，道斷不至。趙王乾之相也。會黄巾寇青部，乃避地徐州，徐州牧陶謙接以師友之禮。建安元年，自徐州還高密，道遇黄巾賊數萬人，見玄皆拜，相約不敢入縣境。玄後嘗疾篤，自慮，以書戒子益恩曰："吾家舊貧，不爲父母群弟所容，去厮役之吏，厮，賤也。游學周、秦之都，往來幽、并、兗、豫之域，獲覲乎在位通人，處逸大儒，得意者咸從捧手，有所受焉。處逸謂處士隱逸之大儒。遂博稽“六蓺”，粗覽傳記，時覩秘書緯術之奥。年過四十，乃歸供養，假田播殖，以娱朝夕。遇閹尹擅執，坐黨禁錮，十有四年，而蒙赦令，舉賢良方正有道，辟大將軍三司府。公車再召，比牒併名，早爲宰相。比牒猶連牒也，併名謂齊名也，言連牒齊名被召者並爲宰相也。併音步鼎反。惟彼數公，懿德大雅，克堪王臣，故宜式序。式，用也。序，列也。吾自忖度，無任於此，但念述先聖之元意，思整百家之不齊，亦庶幾以竭吾才，故聞命罔從。而黄巾爲害，萍浮南北，復歸邦鄉。入此歲來，已七十矣。宿素衰落，仍有失誤，案之禮典，便合傳家。傳家謂家事任子孫也。《曲禮》曰：“七十老而傳。”今我告爾以老，歸爾以事，將閑居以安性，覃思以終業。自非拜國君之命，問族親之憂，展敬墳墓，觀省野物，胡嘗扶杖出門乎！家事大小，汝一承之。咨爾煢煢一夫，曾無同生相依。其勗求君子之道，研鑽勿替，敬慎威儀，以近有德。《詩·大雅·人勞篇》之言也。顯譽成於僚友，德行立於己志。若致聲稱，亦有榮於所生，可不深念邪！可不深念邪！吾雖無紱冕之緒，頗有讓爵之高。謂頻被辟不就也。自樂以論贊之功，庶不遺後人之羞。末所憤憤者，徒以亡親墳壟未成，所好群書率皆腐敝，不得於禮堂寫定，傳與其人。其人謂好學者也。《前書》司馬遷曰“僕誠已著此書，傳之其人也”。日西方暮，其可圖乎？家今差多於昔，勤力務時，無恤飢寒。菲飲食，薄衣服，節夫二者，尚令吾寡恨。若忽忘不識，亦已焉哉！”

時大將軍袁紹總兵冀州，遣使要玄，大會賓客，玄最後至，乃延升上坐。身長八尺，飲酒一斛，秀眉明目，容儀温偉。紹客多豪俊，並有才說，見玄儒者，未以通人許之，競設異端，百家互起。玄依方辯對，咸出問表，皆得所未聞，莫不嗟服。時汝南應劭亦歸於紹，因自贊曰：“故太山太守應中遠，北面稱弟子何如？”玄笑曰：“仲尼之門考以四科，四科謂德行、言語、政事、文學，顔淵、閔子騫及子游、子夏，並見《論語》也。回、賜之徒不稱官閥。”劭有慙色。紹乃舉玄茂才，表爲左中郎將，皆不就。公車徵爲大司農，給安車一乘，所過長吏送迎。玄乃以病自乞還家。

五年春，夢孔子告之曰：“起，起，今年歲在辰，來年歲在巳。”北齊劉晝《高才不遇傳》論玄曰"辰爲龍，巳爲蛇，歲至龍蛇賢人嗟，玄以讖合之"，蓋謂此也。既寤，以讖合之，知命當終，有頃寢疾。時袁紹與曹操相拒於官度，官度，津名也，在今鄭州中牟縣北。《前書音義》曰："於滎陽下引河東南爲洪溝，以通宋、鄭、淮、泗，即今官度。"令其子譚遣使逼玄隨軍。不得已，載病到元城縣，疾篤不進，其年六月卒，年七十四。遺令薄葬。自郡守以下嘗受業者，縗絰赴會千餘人。

門人相與撰《玄答諸弟子問五經》，依《論語》作《鄭志》八篇。凡玄所注《周易》、《尚書》、《毛詩》、《儀禮》、《禮記》、《論語》、《孝經》、《尚書大傳》、《中候》、《乾象歷》，又著《天文七政論》、《魯禮禘祫義》、《六藝論》、《毛詩譜》、《駁許慎五經異義》、《答臨孝存周禮難》，凡百餘萬言。案：謝承《書》載玄所注與此略同，不言注《孝經》，唯此書獨有也。

玄質於辭訓，通人頗譏其繁。至於經傳洽孰，稱爲純儒，齊魯閒宗之。其門人山陽郗慮至御史大夫，東萊王基、清河崔琰著名於世。又樂安國淵、任嘏，慮字鴻豫。基字伯輿，魏鎮南將軍安樂鄉侯。琰字季珪，魏東曹掾，遷中尉。淵字子尼，魏司空掾，遷太僕。嘏字昭光，魏黄門侍郎也。時並童幼，玄稱淵爲國器，嘏有道德，其餘亦多所鑒拔，皆如其言。玄唯有一子益恩，孔融在北海，舉爲孝廉；及融爲黄巾所圍，益恩赴難隕身。有遺腹子，玄以其手文似己，名之曰小同。《魏氏春秋》曰："小同，高貴鄉公時爲侍中。嘗詣司馬文王，文王有密疏，未之屏也，如厠還，問之曰：'卿見吾疏乎？'答曰：'不。'文王曰：'寧我負卿，無卿負我'。遂酖之。"

論曰：自秦焚《六經》，聖文埃滅。埃，塵也。漢興，諸儒頗修藝文；及東京學者亦各名家。而守文之徒，滯固所稟，稟，受；滯固猶固執也。言學者各守所見，不疏通也。異端紛紜，互相詭激。遂令經有數家，家有數説，章句多者或乃百餘萬言。學徒勞而少功，後生疑而莫正。鄭玄括囊大典，網羅衆家，括，結也。《易·坤卦》曰"括囊無咎"也。删裁繁誣，刊改漏失，自是學者略知所歸。王父豫章君每考先儒經訓，而長於玄，王父，祖父也。《爾雅》曰"父之父爲王父"也。范曄祖父甯，字武子，晋孝武帝時爲豫章太守，經義每以玄爲長也。常以爲仲尼之門不能過也。及傳授生徒，并專以鄭氏家法云。言甯教授專崇鄭學也。

宦者傳序

《易》曰："天垂象，聖人則之。"《易·繫辭》之文也。宦者四星，在皇位之側，故

《周禮》置官，亦備其數。閽者守中門之禁，《周禮》曰："閽人掌守王宮中門之禁。"鄭玄注云："中門，於外内爲中也。閽即刖足者。"寺人掌女宮之戒。《周禮》曰"寺人掌王宮之内人及女宮之戒命"也。又云"王之正内者五人。"《周禮》曰："寺人掌王之正内五人。"注云："正内，路寢也。"《月令》："仲冬，命閹尹審門閭，謹房室。"鄭玄注《月令》云："奄尹，主領奄豎之官者也。於周則爲内宰，掌理王之内政、宮令，譏出入開閉之屬也。"《詩》之《小雅》，亦有《巷伯》刺讒之篇。《毛詩·序》曰："《巷伯》，刺幽王也。寺人傷於讒，而作是詩也。"毛萇注云："巷伯，内之小臣也。"然宦人之在王朝者，其來舊矣。將以其體非全氣，情志專良，通關中人，易以役養乎？關，涉也。中人，内人也。然而後世因之，才任稍廣。其能者，則勃貂、管蘇有功於楚、晉，勃貂即寺人披也。一名勃鞮，字伯楚。《左傳》曰，吕、郤畏偪，將焚公宮，殺晉文公。寺人披見公，以難告，遂殺吕、郤。《新序》曰"楚恭王有疾，告諸大夫曰'管蘇犯我以義，違我以禮，與處不安，不見不思，然而有得焉，吾死之後，爵之於朝'"也。景監、繆賢著庸於秦、趙。《史記》曰，商君入秦，因孝公寵臣景監以求見。又曰，藺相如爲趙宦者令繆賢舍人，趙求人使報秦者，未得，繆賢曰："臣舍人藺相如可使也。"著庸謂薦鞅及相如也。及其敝也，則豎刁亂齊，伊戾禍宋。《左傳》曰，齊桓公卒，易牙入，與寺人貂因内寵以殺群吏而立公子無虧，孝公奔宋。杜預注曰："寺人即閹官。"刁即貂也，音彫。又曰，楚客聘於晉，過宋，太子知之，請野享之，公使往。寺人伊戾請從之。至則坎用牲，加書徵之，而馳告公曰："太子將爲亂。"公使視之，則信有焉。太子死，公徐聞其無罪，乃亨伊戾也。

漢興，仍襲秦制，置中常侍官。然亦引用士人，以參其選，皆銀璫左貂，給事殿省。及高后稱制，乃以張卿爲大謁者，出入卧内，受宣詔命。《前書》曰：齊人田生求事吕后所幸大謁者張釋卿。《音義》曰："奄人也。"仲長統《昌言》曰："宦豎傅近房卧之内，交錯婦人之間。"文帝時，有趙談、北宮伯子頗見親倖。至於孝武，亦愛李延年。《前書》曰：孝文時宦者則趙談、北宮伯子，孝武時宦者李延年也。帝數宴後庭，或潛游離館，故請奏機事，多以宦人主之。至元帝之世，史游爲黄門令，勤心納忠，有所補益。《前書》曰：《急就》一篇，元帝黄門令史游作。董巴《輿服志》曰"禁門曰黄闥，中人主之，故曰黄門"也。其後弘恭、石顯以佞險自進，卒有蕭、周之禍，損穢帝德焉。《前書》曰：前將軍蕭望之及光禄大夫周堪建白，以爲宜罷中常侍官，應古不近刑人，由是大與石顯忤，後皆害焉。望之自殺，堪廢錮不得復進用也。

中興之初，宦官悉用閹人，不復雜調它士。至永平中，始置員數，中常侍四人，小黄門十人。和帝即祚幼弱，而竇憲兄弟專總權威，内外臣僚，莫由親接，所與居者，唯閹宦而已。故鄭衆得專謀禁中，終除大憝，憝，惡也，音大對反。謂誅竇憲也。遂享分土之封，超登宮卿之位。宮卿謂爲大長秋也。於是中官始盛焉。

自明帝以後，迄乎延平，委用漸大，而其員稍增。中常侍至有十人，小黄門二十人，改以金璫右貂，兼領卿署之職。鄧后以女主臨政，而萬機殷遠，朝臣國議，無由參斷帷幄，稱制下令，不出房闈之閒，《爾雅》曰"宮中之門謂之闈"也。不得不委用刑人，寄之國命。手握王爵，口含天憲，非復掖廷永巷之職，閨牖房闥之任也。永巷及掖廷，並署名也，《爾雅》曰："小閨謂之閤。"其後孫程定立順之功，曹騰參建桓之策，續以五侯合謀，梁冀受鉞，迹因公正，恩固主心，故中外服從，上下屏氣。或稱伊、霍之勳，無謝於往載；或謂良、平之畫，復興於當今。雖時有忠公，而竟見排斥。謂皇甫嵩、蔡雍等並被排也。舉動回山海，呼吸變霜露。阿旨曲求，則光寵三族；父族、母族、妻族也。直情忤意，則參夷五宗。夷，滅也。參夷，夷三族也。五宗，五服内親故也。漢之綱紀大亂矣。

若夫高冠長劍，紆朱懷金者，布滿宮闈；《楚辭》曰："高余冠之岌岌。"又曰："撫長劍兮玉珥。"楊雄《法言》曰："或問使我紆朱懷金，其樂不可量也。"李軌注曰："朱，朱紱也。金，金印也。"苴茅分虎，南面臣人者，蓋以十數。封諸侯各以其方色土，苴以白茅，而分銅虎符也。府署第館，棋列於都鄙；棋列，如棋之布列。《史記》曰："往往棋置。"子弟支附，過半於州國。南金、和寶、冰紈、霧縠之積，盈牣珍臧；《詩·頌》曰："大路南金。"鄭玄注云："荆、揚之州，貢金三品。"和謂卞和也。嬙媛、侍兒、歌童、舞女之玩，充備綺室。《左傳》曰："夫差宿有妃嬙嬪御焉。"杜預注曰："妃嬙，貴者。"嬙音牆。《前書》曰："初，爰盎爲吴相時，從史盜私盎侍兒。"《昌言》曰："爲音樂則歌兒舞女，千曹而迭起。"《左傳》晏子曰："高臺深池，撞鍾舞女。"綺室，室之綺麗者。狗馬飾雕文，土木被緹繡。《前書》東方朔曰："木土衣綺繡，狗馬被繢罽。"緹，厚繒也。皆剥割萌黎，競恣奢欲，搆害明賢，專樹黨類。其有更相援引、希附權彊者，皆腐身熏子，以自銜達。《前書》曰："史遷熏胥以刑。"韋昭曰："古者腐刑必熏合之。"同敝相濟，故其徒有繁，敗國蠹政之事，不可單書。單，盡也。所以海内嗟毒，志士窮棲，寇劇緣閒，摇亂區夏。寇盜劇賊緣閒隙而起也。雖忠良懷憤，時或奮發，而言出禍從，旋見孥戮。因復大考鉤黨，轉相誣染。鉤黨謂李膺、杜密等。凡稱善士，莫不離被災毒。竇武、何進，位崇戚近，乘九服之囂怨，協群英之執力，九服已見上，群英謂劉猛、朱寓之屬。見《竇武傳》。而以疑留不斷，至於殄敗。斯亦運之極乎！雖袁紹龔行，芟夷無餘，然以暴易亂，亦何云及！《尚書》曰："龔行天罰。"《左傳》曰："芟夷藴崇之。"《史記》曰："以暴易亂兮，不知其非"也。自曹騰説梁冀，竟立昏弱。謂立桓帝也。魏武因之，遂遷龜鼎。龜鼎，國之守器，以諭帝位也。《尚書》曰："寧王遺我大寶龜。"《左傳》曰"鼎遷于商"也。所謂"君以此始，必以此終"，信乎其然矣！此謂宦官也。言漢家初寵用宦官，其後終爲宦官所滅。《左傳》楚屈蕩曰"君以此始，必以此終"也。

官渡之戰

是時袁紹既并公孫瓚，兼四州之地，衆十餘萬，將進軍攻許。諸將以爲不可敵，公曰："吾知紹之爲人，志大而智小，色厲而膽薄，忌克而少威，兵多而分畫不明，將驕而政令不一，土地雖廣，糧食雖豐，適足以爲吾奉也。"

秋八月，公進軍黎陽，使臧霸等入青州破齊、北海、東安，留于禁屯河上。

九月，公還許，分兵守官渡。

冬十一月，張繡率衆降，封列侯。

十二月，公軍官渡。袁術自敗於陳，稍困，袁譚自青州遣迎之。術欲從下邳北過，公遣劉備、朱靈要之。會術病死。程昱、郭嘉聞公遣備，言於公曰："劉備不可縱。"公悔，追之不及。備之未東也，陰與董承等謀反。至下邳，遂殺徐州刺史車胄，舉兵屯沛。遣劉岱、王忠擊之，不克。《獻帝春秋》曰：備謂岱等曰："使汝百人來，其無如我何；曹公自來，未可知耳！"《魏武故事》曰：岱字公山，沛國人。以司空長史從征伐有功，封列侯。《魏略》曰：王忠，扶風人，少爲亭長。三輔亂，忠飢乏噉人，隨輩南向武關。值婁子伯爲荆州遣迎北方客人；忠不欲去，因率等仵逆擊之，奪其兵，聚衆千餘人以歸公。拜忠中郎將，從征討。五官將知忠嘗噉人，因從駕出行，令俳取冢間髑髏繫著忠馬鞍，以爲歡笑。廬江太守劉勳率衆降，封爲列侯。

五年春正月，董承等謀泄，皆伏誅。公將自東征備，諸將皆曰："與公争天下者，袁紹也。今紹方來而弃之東，紹乘人後，若何？"公曰："夫劉備，人傑也，今不擊，必爲後患。孫盛《魏氏春秋》云：答諸將曰："劉備，人傑也，將生憂寡人。"臣松之以爲史之記言，既多潤色，故前載所述，有非實者矣，後之作者又生意改之，於失實也，不亦彌遠乎！凡孫盛製書，多用《左氏》以易舊文，如此者非一。嗟乎，後之學者將何取信哉？且魏武方以天下勵志，而用夫差分死之言，尤非其類。袁紹雖有大志，而見事遲，必不動也。"郭嘉亦勸公，遂東擊備，破之，生禽其將夏侯博。備走奔紹。獲其妻子。備將關羽屯下邳，復進攻之，羽降。昌豨叛爲備，又攻破之。公還官渡，紹卒不出。

二月，紹遣郭圖、淳于瓊、顔良攻東郡太守劉延於白馬，紹引兵至黎陽，將渡河。

夏四月，公北救延。荀攸説公曰："今兵少不敵，分其勢乃可。公到延津，若將渡兵向其後者，紹必西應之，然後輕兵襲白馬，掩其不備，顔良可禽也。”公從之。紹聞兵渡，即分兵西應之。公乃引軍兼行趣白馬，未至十餘里，良大驚，來逆戰。使張遼、關羽前登，擊破，斬良。遂解白馬圍，徙其民，循河而西。紹於是渡河追公軍，至延津南。公勒兵駐營南阪下，使登壘望之，曰：“可五六百騎。”有頃，復白：“騎稍多，步兵不可勝數。”公曰：“勿復白。”乃令騎解鞍放馬。是時，白馬輜重就道。諸將以爲敵騎多，不如還保營。荀攸曰：“此所以餌敵，如何去之！”紹騎將文醜與劉備將五六千騎前後至。諸將復白：“可上馬。”公曰：“未也。”有頃，騎至稍多，或分趣輜重。公曰：“可矣。”乃皆上馬。時騎不滿六百，遂縱兵擊，大破之，斬醜。良、醜皆紹名將也，再戰，悉禽，紹軍大震。公還軍官渡。紹進保陽武。關羽亡歸劉備。

八月，紹連營稍前，依沙塠爲屯，東西數十里。公亦分營與相當，合戰不利。習鑿齒《漢晋春秋》曰：許攸説紹曰：“公無與操相攻也。急分諸軍持之，而徑從他道迎天子，則事立濟矣。”紹不從，曰：“吾要當先圍取之。”攸怒。時公兵不滿萬，傷者十二三。臣松之以爲魏武初起兵，已有衆五千，自後百戰百勝，敗者十二三而已矣。但一破黄巾，受降卒三十餘萬，餘所吞并，不可悉紀；雖征戰損傷，未應如此之少也。夫結營相守，異於摧鋒决戰。《本紀》云：“紹衆十餘萬，屯營東西數十里。”魏太祖雖機變無方，略不世出，安有以數千之兵，而得逾時相抗者哉？以理而言，竊謂不然。紹爲屯數十里，公能分營與相當，此兵不得甚少，一也。紹若有十倍之衆，理應當悉力圍守，使出入斷絶，而公使徐晃等擊其運車，公又自出擊淳于瓊等，揚旌往還，會無抵閡，明紹力不能制，是不得甚少，二也。諸書皆云公坑紹衆八萬，或云七萬。夫八萬人奔散，非八千人所能縛，而紹之大衆皆拱手就戮，何緣力能制之？是不得甚少，三也。將記述者欲以少見奇，非其實録也。按《鍾繇傳》云：“公與紹相持，繇爲司隸，送馬二千餘匹以給軍。”《本紀》及《世語》並云公時有騎六百餘匹，繇馬爲安在哉？紹復進臨官渡，起土山地道。公亦於内作之，以相應。紹射營中，矢如雨下，行者皆蒙楯，衆大懼。時公糧少，與荀彧書，議欲還許。彧以爲：“紹悉衆聚官渡，欲與公决勝敗。公以至弱當至彊，若不能制，必爲所乘，是天下之大機也。且紹，布衣之雄耳，能聚人而不能用。夫以公之神武明哲而輔以大順，何向而不濟！”公從之。

孫策聞公與紹相持，乃謀襲許，未發，爲刺客所殺。汝南降賊劉辟等叛應紹，略許下。紹使劉備助辟，公使曹仁擊破之。備走，遂破辟屯。

袁紹運穀車數千乘至，公用荀攸計，遣徐晃、史涣邀擊，大破之，盡燒其車。公與紹相拒連月，雖比戰斬將，然衆少糧盡，士卒疲乏，公謂運者曰：“却十五日爲汝破紹，不復勞汝矣。”

冬十月，紹遣車運穀，使淳于瓊等五人將兵萬餘人送之，宿紹營北四十里。紹謀臣許攸貪財，紹不能足，來奔，因説公擊瓊等。左右疑之，荀攸、賈詡勸公。公乃留曹洪守，自將步騎五千人夜往，會明至。

瓊等望見公兵少，出陳門外。公急擊之，瓊退保營，遂攻之。紹遣騎救瓊。左右或言"賊騎稍近，請分兵拒之"。公怒曰："賊在背後，乃白！"士卒皆殊死戰，大破瓊等，皆斬之。《曹瞞傳》曰：公聞攸來，跣出迎之，撫掌笑曰："子卿遠來，吾事濟矣！"既入坐，謂公曰："袁氏軍盛，何以待之？今有幾糧乎？"公曰："尚可支一歲。"攸曰："無是，更言之！"又曰："可支半歲。"攸曰："足下不欲破袁氏邪，何言之不實也！"公曰："向言戲之耳。其實可一月，爲之奈何？"攸曰："公孤軍獨守，外無救援而糧穀已盡，此危急之日也。今袁氏輜重有萬餘乘，在故市、烏巢，屯軍無嚴備；今以輕兵襲之，不意而至，燔其積聚，不過三日，袁氏自敗也。"公大喜，乃選精鋭步騎，皆用袁軍旗幟，銜枚縛馬口，夜從間道出，人抱束薪，所歷道有問者，語之曰："袁公恐曹操鈔略後軍，遣兵以益備。"聞者信以爲然，皆自若。既至，圍屯，大放火，營中驚亂。大破之，盡燔其糧穀寶貨，斬督將眭元進、騎督韓莒子、吕威璜、趙叡等首，割得將軍淳于仲簡鼻，未死，殺士卒千餘人，皆取鼻，牛馬割脣舌，以示紹軍。將士皆怛懼。時有夜得仲簡，將以詣麾下，公謂曰："何爲如是？"仲簡曰："勝負自天，何用爲問乎！"公意欲不殺。許攸曰："明旦鑒於鏡，此益不忘人。"乃殺之。紹初聞公之擊瓊，謂長子譚曰："就彼攻瓊等，吾攻拔其營，彼固無所歸矣！"乃使張郃、高覽攻曹洪。郃等聞瓊破，遂來降。紹衆大潰，紹及譚弃軍走，渡河。追之不及，盡收其輜重圖書珍寶，虜其衆。《獻帝起居注》曰：公上言"大將軍鄴侯袁紹前與冀州牧韓馥立故大司馬劉虞，刻作金璽，遣故任長畢瑜詣虞，爲説命録之數。又紹與臣書云：'可都鄄城，當有所立。'擅鑄金銀印，孝廉計吏，皆往詣紹。從弟濟陰太守叙與紹書云：'今海内喪敗，天意實在我家，神應有徵，當在尊兄。南兄臣下欲使即位，南兄言：'以年則北兄長，以位則北兄重。'便欲送璽，會曹操斷道。'紹宗族累世受國重恩，而凶逆無道，乃至於此。輒勒兵馬，與戰官渡，乘聖朝之威，得斬紹大將淳于瓊等八人首，遂大破潰。紹與子譚輕身迸走。凡斬首七萬餘級，輜重財物巨億。"公收紹書，中得許下及軍中人書，皆焚之。《魏氏春秋》曰：公云："當紹之彊，孤猶不能自保，而況衆人乎！"冀州諸郡多舉城邑降者。

周　瑜

其年九月，曹公入荆州，劉琮舉衆降，曹公得其水軍、船，步兵數十萬，將士聞之皆恐。權延見群下，問以計策。議者咸曰："曹公豺虎也，然託名漢相，挾天子以征四方，動以朝廷爲辭，今日拒之，事更不順。且將軍大勢可以拒操者，長江也。今操得荆州，奄有其地。劉表治水軍，蒙衝鬬艦乃以千數，操悉浮以沿江，兼有步兵，水陸俱下。此爲長江之險已與我共之矣。而勢力衆寡又不可論。愚謂大計，不如迎之。"瑜曰："不然。操雖託名漢相，其實漢賊也。將軍以神武雄才，兼仗父兄之烈，割據江東，地方數千里，兵精足用，英雄樂業，尚當横行天下，爲漢家除殘去穢。況操自送死，而可迎之邪？請爲將軍籌之：今使北土已安，操無内憂，能曠日持久來争疆埸，又能與我校勝負於船楫間乎？今北土既未平安，加馬超、韓遂尚在關西，爲操後患。且舍鞍馬、仗舟楫與吴越争衡，本非中國所長。又今盛寒，馬無藁草。驅中國士衆遠涉江湖之閒，不習水土，必生疾病。此數四者，用兵之患也，而操皆冒行之。將軍禽操，宜在今日。瑜請得精兵三萬人，進住夏口，保爲將軍破之。”權曰：“老賊欲廢漢自立久矣，徒忌二袁、吕布、劉表與孤耳。今數雄已滅，惟孤尚存。孤與老賊，勢不兩立。君言當擊，甚與孤合，此天以君授孤也。”《江表傳》曰：權拔刀斫前奏案曰：“諸將吏敢復有言當迎操者，與此案同！”及會罷之夜，瑜請見曰：“諸人徒見操書，言水步八十萬，而各恐懾，不復料其虚實，便開此議，甚無謂也。今以實校之，彼所將中國人，不過十五六萬，且軍已久疲，所得表衆，亦極七八萬耳，尚懷狐疑。夫以疲病之卒，御狐疑之衆，衆數雖多，甚未足畏。得精兵五萬，自足制之，願將軍勿慮。”權撫背曰：“公瑾，卿言至此，甚合孤心。子布、文表諸人，各顧妻子，挾持私慮，深失所望。獨卿與子敬與孤同耳，此天以卿二人贊孤也。五萬兵難卒合，已選三萬人，船糧戰具俱辦，卿與子敬、程公便在前發，孤當續發人衆，多載資糧，爲卿後援。卿能辦之者誠決，邂逅不如意，便還就孤，孤當與孟德决之。”臣松之以爲，建計拒曹公，實始魯肅。於時周瑜使鄱陽，肅勸權呼瑜，瑜使鄱陽還，但與肅闇同，故能共成大勳。本傳直云權延見群下，問以計策，瑜擺撥衆人之議，獨言抗拒之計，了不云肅先有謀，殆爲攘肅之善也。

時劉備爲曹公所破，欲引南渡江，與魯肅遇於當陽，遂共圖計，因進住夏口，遣諸葛亮詣權。權遂遣瑜及程普等與備并力逆曹公，遇於赤壁。時曹公軍衆已有疾病，初一交戰，公軍敗退，引次江北。瑜等在南岸。瑜部將黄蓋曰：“今寇衆我寡，難與持久。然觀操軍船艦首尾相接，可燒而走也。”乃取蒙衝鬬艦數十艘，實以薪草，膏油灌其中，裹以帷幕，上建牙旗。先書報曹公，欺以欲降。《江表傳》載蓋書曰：“蓋受孫氏厚恩，常爲將帥，見遇不薄。然顧天下事有大勢，用江東六郡山越之人，以當中國百萬之衆，衆寡不敵，海内所共見也。東方將吏，無有愚智，皆知其不可。惟周瑜、魯肅偏懷淺戇，意未解耳。今日歸命，是其實計。瑜所督領，自易摧破。交鋒之日，蓋爲前部，當因事變化，效命在近。”曹公特見行人，密問之，口敕曰：“但恐汝詐耳。蓋若信實，當授爵賞，超於前後也。”又豫備走舸，各繫大船後，因引次俱前。

曹公軍吏士皆延頸觀望，指言蓋降。蓋放諸船，同時發火。時風盛猛，悉延燒岸上營落。頃之，煙炎張天，人馬燒溺，死者甚衆，軍遂敗退，還保南郡。《江表傳》曰：至戰日，蓋先取輕利艦十舫，載燥荻枯柴積其中，灌以魚膏，赤幔覆之，建旌旗龍幡於艦上。時東南風急，因以十艦最著前，中江舉帆。蓋舉火白諸校，使衆兵齊聲大叫曰：“降焉！”操軍人皆出營立觀。去北軍二里餘，同時發火。火烈風猛，往船如箭，飛埃絶爛，燒盡北船，延及岸邊營柴。瑜等率輕鋭尋繼其後，雷鼓大進，北軍大壞，曹公退走。

備與瑜等復共追。曹公留曹仁等守江陵城，徑自北歸。瑜與程普又進南郡，與仁相對，各隔大江。兵未交鋒，《吴録》曰：備謂瑜云：“仁守江陵城，城中糧多，足爲疾害。使張翼德將千人隨卿，卿分二千人追我，相爲從夏水入截仁後，仁聞吾入必走。”瑜以二千人益之。瑜即遣甘寧前據夷陵。仁分兵騎别攻圍寧。

寧告急於瑜。瑜用吕蒙計，留凌統以守其後，身與蒙上救寧。寧圍既解，乃渡屯北岸，克期大戰。瑜親跨馬擽陳，會流矢中右脅，瘡甚，便還。後仁聞瑜卧未起，勒兵就陳。瑜乃自興，案行軍營，激揚吏士，仁由是遂退。

權拜瑜偏將軍，領南郡太守。以下雋、漢昌、劉陽、州陵爲奉邑，屯據江陵。

秋興賦並序

潘安仁劉熙《釋名》曰："秋，就也。言萬物就成也。"興者，感秋而興此賦。故因名之。

晋十有四年，余春秋三十有二，始見二毛。十四年，晋武帝太始十四年也。《左氏傳》："宋襄公曰：'不禽二毛。'"杜預曰："二毛，頭白有二色也。"以太尉掾兼虎賁中郎將，寓直於散騎之省。臧榮緒《晋書》云："賈充爲太尉。"又曰："岳爲賈充掾。"《漢書》曰："期門僕射，秩比千石，平帝更名虎賁郎，置中郎將。"寓，寄也。《世説》曰："桓玄既篡，將改置直館，問左右：'虎賁中郎將省合在何處？'有人答云：'無省。'當時殊迕旨。問：'何以知無？'答曰：'潘岳《秋興賦叙》云："兼虎賁中郎將，寓直於散騎之省。"'玄咨嗟稱善。"劉謙之《晋紀》云："玄欲復虎賁中郎將，疑，訪之僚屬，咸莫能定，參軍劉荀之對：'昔潘岳《秋興賦叙》云："兼虎賁中郎將，寓直於散騎之省。"以言之，是也。'玄從之。"高閣連雲，陽景罕曜，言閣之高而且深，故曰罕曜其中。珥蟬冕而襲紈綺之士，此焉游處。珥，猶插也。蔡邕《獨斷》曰："侍中、中常侍加貂附蟬。"鄭玄《禮記注》曰："襲，重衣也。"《漢書》曰："班伯與王、許子弟爲群，在於綺襦紈袴之間。"《鸚鵡賦》曰："感平生之遊處。"僕，野人也，偃息不過茅屋茂林之下，《禮記》曰："唯饗野人皆酒。"《吕氏春秋》："田替曰：'若夫偃息之義，則未聞也。'"范曄《後漢書》曰："王霸隱居，止茅屋蓬户。"《論衡》曰："山種棗栗，名曰茂林。"談話不過農夫田父之客，《説文》曰："話，會合善言也，胡快切。"《毛詩》曰："帥時農夫，播厥百穀。"《禮記》曰："上農夫食九人。"《尹文子》曰："魏田父有耕於野者。"攝官承乏，猥厠朝列，《左氏傳》："韓厥謂齊侯曰：'敢告不敏，攝官承乏。'"《蒼頡篇》曰："厠，次也，雜也。"《禮記》曰："爵禄有列於朝。"夙興晏寢，匪遑底寧。《毛詩》曰："夙興夜寐。"又曰："不遑寧處。"譬猶池魚籠鳥，有江湖山藪之思，於是染翰操紙，慨然而賦。翰，筆毫也。《説文》曰："慨，太息也。"《字林》曰："慨，壯士不得志也，許既切。"於時秋也，故以"秋興"命篇。鄭玄《周禮注》曰："興者，記事於物。"其辭曰：

四時忽其代序兮，萬物紛以迴薄。《莊子》："黄帝曰：'陰陽四時，運行各得其序。'"《楚辭》曰："日月忽其不淹兮，春與秋兮代序。"《鵩鳥賦》曰："萬物迴薄。"覽花蒔之時育兮，察盛衰之所託。《字林》曰："蒔，更别種，上吏切。"《周易》曰："時育萬物。"感冬索而春敷兮，嗟夏茂而秋落。孔安國《尚書傳》曰："索，盡也。"又曰："敷，布也。"又曰："已布而生也。"《吕氏春秋》曰："春氣至則草木産，秋氣至則草木落。"雖末士之榮悴兮，伊人情之美惡。《舞賦》曰："慢末士之骫曲。"《文子》曰："有榮悴者必末愁悴。"善乎宋玉之言曰："悲哉，秋之爲氣也！王逸注曰："寒氣聊戾，歲將暮也。"飂瑟兮陰氣促急，風暴疾也。草木摇落花葉隕落，肥潤去也。而變衰。形體易色，枝枯槁也。憀了慄兮息念卷戾，心自傷。若在遠行，遠出之他方。登山臨水升高遠望，視江河也。送將歸。"族親别，還故鄉，已上宋玉《九辯》之文。夫送歸懷慕徒之戀兮，言懷思慕戀。徒，侣也。遠行有羈旅之憤。《左氏傳》："陳敬仲曰：'羈旅之臣。'"杜預曰："羈，寄。旅，客。"臨川感流以嘆逝兮，登山懷遠而悼近。《論語》曰："子在川上曰：'逝者如斯夫，不舍晝夜。'"包曰："逝，往也。言凡往者如川之流也。"《晏子春秋》曰："景公遊於牛山，臨齊國，乃流涕而嘆曰：'奈何去此堂堂之國而死乎，使古而無死，不亦樂乎？'左右皆泣，晏子獨笑曰：'夫盛之有衰，生之有死，天之數也。物有必至，事有當然，曷有悲老而哀死？古無死古之樂也，君何有焉？'"懷遠悼近，齊景之謂也。彼四感之疚心兮，遭一塗而難忍。《毛詩》曰："既來既往，使我心疚。"鄭玄曰："疚，病也。"嗟秋日之可哀兮，諒無愁而不盡。野有歸燕，隰有翔隼。《楚辭》曰："燕翩翩其辭歸。"鷙擊之鳥，通呼曰隼，一曰鷂，春化爲布穀。《文子》曰："鷹隼未擊，羅網不得張。"游氛朝興，槁葉夕殞。杜預《左氏傳注》曰："氛，氣也。"鄭玄《毛詩箋》曰："木葉槁，得風乃落。"

於是乃屏輕箑所甲，釋纖絺。《吕氏春秋》曰："冬不用箑，非愛箑也，清有餘也。"高誘曰："箑，扇也。"孔安國《尚書傳》曰："纖，細也。絺，細葛也。"藉莞蒻若，御袷衣。鄭玄《毛詩箋》曰："莞，小蒲席也，胡官切。"《説文》曰："蒻，蒲子，以爲華席也。"又曰："袷，衣無絮也。"古洽切。庭樹槭以灑落兮，勁風戾而吹帷。槭，枝空之貌，所隔切。戾，勁疾之貌。蟬嘒嘒而寒吟兮，鴈飄飄而南飛。《毛詩》曰："菀彼柳斯，鳴蜩嘒嘒。"毛萇《詩》曰："嘒嘒，小聲也。"飄飄，飛貌。《楚辭》曰："鴈雝雝而南遊。"天晃朗以彌高兮，日悠陽而浸微。言秋日天氣高朗。晃朗，明貌。悠陽，日入貌。杜篤《吊王子比干》曰："霞霏尾而四除，言晃朗而高明。"《楚辭》曰："天高而氣清。"《禮記》曰："仲秋殺氣浸盛，陽氣日衰。"何微陽之短晷，覺凉夜之方永。《尚書》曰："日短星昴，以正仲冬。"《毛詩》曰："夏之日，冬之夜。"毛萇曰："言長也。"月曈曨以含光兮，露凄清以凝冷。《埤蒼》曰："曈曨，欲明也。"曈，徒東切。曨，力東切。熠燿粲於階闥兮，蟋蟀鳴乎軒屏。《毛詩》曰："熠燿宵行。"毛萇曰："熠燿，燐也。"燐，螢火也。《毛詩》曰："蟋蟀在堂。"毛萇曰："蟋蟀，蛬也。"崔豹《古今注》曰："熠燿，燐也。一曰燿夜，腐草爲之，食蚊蚋。"又曰："蟋蟀名蛬，初秋生，得寒則鳴噪，濟南謂之嬾婦也。"聽離鴻之晨吟兮，望流火之餘景。《毛詩》曰："七月流火。"毛萇曰："大火也。流，下也。"宵耿介而不寐兮，獨展轉於華省。王逸《楚辭注》曰："耿介，執節守度。"《毛詩》曰："耿耿不寐，如有隱憂。"又曰："悠哉悠哉，展轉反側。"悟時歲之遒盡兮，慨俛首而自省。《楚辭》曰："歲忽忽而遒盡。"毛萇《詩傳》曰："遒，終也。"《廣雅》曰："遒，急也。"《列子》曰："師曠俛首而聽之。"曾子曰："君子旦就業，夕而自省也。"斑鬢髟以承弁兮，素髮颩以垂領。服虔《通俗文》曰："髮垂而髟，方料切。"《説文》曰："白黑髮雜而髟。"《字林》亦同。《周禮》曰："士弁服。"《白虎通》曰："皮弁，冠名。"仰群俊之逸軌兮，攀雲漢以游騁。登春臺之熙熙兮，珥金貂之炯炯。高閣連雲，升之以攀雲漢也。言群俊自致高遠。《老子》曰："衆人熙熙，如享太牢，如登春臺。"《漢書》："谷永對詔曰：'戴金貂之飾，執常伯之職也。"董巴《輿服志》曰："侍中冠金璫，附蟬爲文，貂尾爲飾。"《廣雅》曰："炯炯，光也。"苟趣舍之殊塗兮，庸詎識其躁静。《六韜》："太公曰：'夫人皆有性，趣舍不同。'"司馬遷書曰："趣舍異路。"

《莊子》："王倪曰：'吾庸詎知吾所謂知非不知邪？'司馬彪曰："庸，猶何用也。"《老子》曰："重爲輕根，静爲躁君。"聞至人之休風兮，齊天地於一指。《莊子》曰："不離於真，謂之至人。"又曰："以指喻指之非指，不若以非指喻指之非指也。以馬喻馬之非馬，不若以非馬喻馬之非馬也。天地一指也，萬物一馬也。"郭象曰："夫自是而非彼，我之常情也。故以我指喻彼指，則彼指於我指獨爲非指矣。此以喻指之非指也。若覆以彼指還喻我指，則我指於彼指復爲非指矣。此以非指喻指之非指也。將明無是無非，莫若反覆相喻；反覆相喻，則彼之與我既同於自是，又均於相非；均於相非，則天下無是；同於自是，則天下無非。何以明其然邪？是若果是，則天下不得復有非之者也。非若果非，亦不得復有是之者也。今是非無主，紛然殽亂，明此區區，各信其偏見，而同於一致耳。仰觀俯察，莫不皆然。是以至人知天地一指也，萬物一馬也。故浩然大寧，而天下萬物，各當其分，同於自得而無是無非也。"彼知安而忘危兮，故出生而入死。《周易》曰："安不忘危，存不忘亡。"《老子》曰："出生入死。"《韓子》曰："人始於生而卒於死，始之謂出，卒之謂入，故曰出生入死也。"行投趾於容迹兮，殆不踐而獲底。闕側足以及泉兮，雖猴猨而不履。言人之行，投趾在乎容迹之地，近不踐而獲安，若以足外爲無用，欲闕之及泉，雖則捷若猴猨，亦不能履也。《莊子》："惠子謂莊子曰：'子言無用。'莊子曰：'知無用而可與言用矣。夫地非不廣且大也，人之所用容足耳。然則側足而墊之致黄泉，人尚有用乎？'惠子曰：'無用。'莊子曰：'然則無用之爲用也亦明矣。'"郭璞《爾雅注》曰："底，止也。"龜祀骨於宗祧兮，思反身於緑水。《莊子》曰："莊子釣於濮水，楚王使二大夫往聘莊子，曰：'願以境内累子。'莊子持竿不顧，曰：'吾聞楚有神龜，死已三千歲矣。王巾笥而藏之廟堂之上，此龜者寧其死爲留骨而貴乎？寧其生而曳尾塗中乎？'二大夫曰：'寧生而曳尾塗中。'莊子曰：'往矣，吾將曳尾於塗中矣。'"

且斂衽以歸來兮，忽投紱以高厲。衽，襟也。《字林》曰："紱，綬也。"《楚辭》曰："颯弭節而高厲。"耕東皋之沃壤兮，輸黍稷之餘税。水田曰皋，東者取其春意。《漢書》："鄭明曰：'將歸延陵之皋，修農圃之疇。'"張晏曰："隱耕皋澤之中。"阮籍《奏記》曰："將耕東皋之陽，輸黍稷之税。"《説文》曰："税，租也。"泉涌湍於石間兮，菊揚芳於崖澨。《禮記》曰："仲秋菊有黄華。"澡秋水之涓涓兮，玩遊鯈之潎潎。《莊子》曰："秋水時至，百川灌河。"《金人銘》曰："涓涓不壅，將成江河。"《莊子》曰："莊子與惠子遊於濠梁上，莊子曰：'鯈魚出遊從容，是魚樂也。'惠子曰：'子非魚，安知魚樂？'莊子曰：'子非我，安知我不知魚之樂也？'"潎潎，遊貌也，匹曳切。逍遥乎山川之阿，放曠乎人間之世。《莊子》有《逍遥遊》篇。司馬彪曰："言逍遥無爲者能游大道也。"又有《人間世》篇。司馬彪曰："言處人間之宜，居亂世之理，與人群者，不得離人，然人間之事故，世世異宜，唯無心而不自用者，爲能唯變所適而何足累。"優哉遊哉，聊以卒歲。《家語》："孔子歌曰：優哉游哉，聊以卒歲。"王肅曰："言優遊以終歲也。"